2025 공사공단 · 공기업 채용 대비

팩트기출 NCS 통합기본서

모듈형 / PSAT형 / 피듈형 대비

취업채널 · 카이교육컨설팅 공저

북스케치
합격을 스케치하다

 팩트기출 NCS 통합기본서

합격으로 가는 순서

APPENDIX ● 특별부록

2024 공사 · 공단 NCS 기출 문제 · 002

2023 공사 · 공단 NCS 기출 문제 · 032

2022 공사 · 공단 NCS 기출 문제 · 074

PART 1 ● 직업기초능력평가

Chapter 01 의사소통능력

- **START** NCS 모듈 학습 · · · · · · · · · · · · · · · 004
- **FOCUS** 하위능력 공략 · · · · · · · · · · · · · · · 034
- **CHECK** 주요 기출유형 익히기 · · · · · · · · · · · 044
- **FINISH** 기출 · 예상문제 마무리 · · · · · · · · · · 054
- 간추린 HIDDEN NOTE 어휘 정리 · · · · · · · 026

Chapter 02 수리능력

- **START** NCS 모듈 학습 · · · · · · · · · · · · · · · 088
- **FOCUS** 하위능력 공략 · · · · · · · · · · · · · · · 110
- **CHECK** 주요 기출유형 익히기 · · · · · · · · · · · 120
- **FINISH** 기출 · 예상문제 마무리 · · · · · · · · · · 130
- 간추린 HIDDEN NOTE 수리공식 정리 · · · · · 104

Chapter 03 문제해결능력

- **START** NCS 모듈 학습 · · · · · · · · · · · · · · · 156
- **FOCUS** 하위능력 공략 · · · · · · · · · · · · · · · 176
- **CHECK** 주요 기출유형 익히기 · · · · · · · · · · · 190
- **FINISH** 기출 · 예상문제 마무리 · · · · · · · · · · 198
- 간추린 HIDDEN NOTE 명제와 참 · 거짓 정리 170

Chapter 04 자기개발능력

- **START** NCS 모듈 학습 · · · · · · · · · · · · · · · 226
- **FOCUS** 하위능력 공략 · · · · · · · · · · · · · · · 240
- **CHECK** 주요 기출유형 익히기 · · · · · · · · · · · 246
- **FINISH** 기출 · 예상문제 마무리 · · · · · · · · · · 248

Chapter 05 자원관리능력

- **START** NCS 모듈 학습 · · · · · · · · · · · · · · · 256
- **FOCUS** 하위능력 공략 · · · · · · · · · · · · · · · 264
- **CHECK** 주요 기출유형 익히기 · · · · · · · · · · · 282
- **FINISH** 기출 · 예상문제 마무리 · · · · · · · · · · 288

Chapter 06 대인관계능력

- **START** NCS 모듈 학습 · · · · · · · · · · · · · · · 314
- **FOCUS** 하위능력 공략 · · · · · · · · · · · · · · · 338
- **CHECK** 주요 기출유형 익히기 · · · · · · · · · · · 348
- **FINISH** 기출 · 예상문제 마무리 · · · · · · · · · · 350

Chapter 07 정보능력

- **START** NCS 모듈 학습 · · · · · · · · · · · · · · · 356
- **FOCUS** 하위능력 공략 · · · · · · · · · · · · · · · 370
- **CHECK** 주요 기출유형 익히기 · · · · · · · · · · · 374
- **FINISH** 기출 · 예상문제 마무리 · · · · · · · · · · 380
- 간추린 HIDDEN NOTE 주요 단축키 정리 · · · 366

이 책의 차례

Chapter 08 기술능력
- *START* NCS 모듈 학습 · · · · · · 394
- *FOCUS* 하위능력 공략 · · · · · · 410
- *CHECK* 주요 기출유형 익히기 · · · · · · 416
- *FINISH* 기출·예상문제 마무리 · · · · · · 422

Chapter 09 조직이해능력
- *START* NCS 모듈 학습 · · · · · · 442
- *FOCUS* 하위능력 공략 · · · · · · 464
- *CHECK* 주요 기출유형 익히기 · · · · · · 472
- *FINISH* 기출·예상문제 마무리 · · · · · · 478

Chapter 10 직업윤리
- *START* NCS 모듈 학습 · · · · · · 488
- *FOCUS* 하위능력 공략 · · · · · · 498
- *CHECK* 주요 기출유형 익히기 · · · · · · 502
- *FINISH* 기출·예상문제 마무리 · · · · · · 510
- **간추린 HIDDEN NOTE**
  직장 내 성예절 등 관련 정리 · · · · · · 504

PART 2 • NCS 직업기초능력평가 실전모의고사

- 제1회 실전모의고사 (영역 분리형) · · · · · · 518
- 제2회 실전모의고사 (영역 통합형) · · · · · · 570
- 제3회 실전모의고사 (기출 혼합형) · · · · · · 606

PART 3 • 인성검사

- Chapter 01 인성검사 안내 · · · · · · 638
- Chapter 02 인성검사 실전연습 · · · · · · 640

정답과 해설

- Part 01 직업기초능력평가 정답과 해설 · · · · · · 002
- Part 02 NCS 실전모의고사 정답과 해설 · · · · · · 050

당신의 이유 있는 선택

- 2024 서울교통공사
- 2024 코레일
- 2024 도로교통공사
- 2024 한국전력공사
- 2024 공무원연금공단
- 2024 한국토지주택공사
- 2024 경기도 공공기관 통합채용
- 2024 국민연금공단
- 2024 한국남부발전
- 2024 근로복지공단
- 2024 국민건강보험공단

FACT 팩트기출 NCS 활용법

 **활용법 1** PART 1 직업기초능력평가의 단계적인 학습

START NCS 모듈 학습 → 이론 정리 및 바로확인문제를 통해 모듈형 학습을 다질 수 있습니다.

FOCUS 하위능력 공략 → 출제 포인트와 대표 유형 문제를 통해 학습 방향을 잡을 수 있습니다.

CHECK 주요 기출유형 익히기 → 기출유형 문제를 통해 여러 유형의 풀이 방법을 익힐 수 있습니다.

FINISH 기출·예상문제 마무리 → 기출·예상문제를 통해 학습 내용을 점검하고 마무리할 수 있습니다.

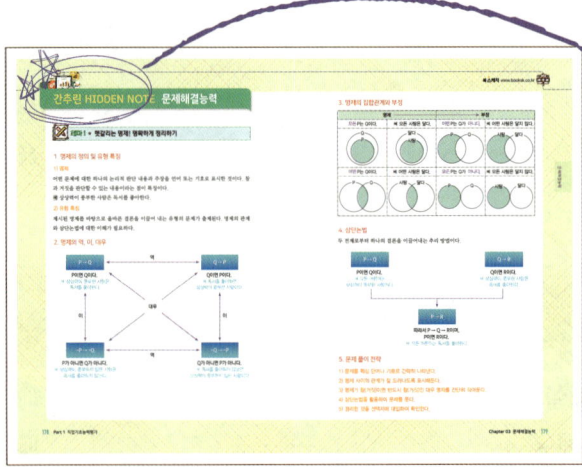

NCS 워크북만으로 준비할 수 없는 어휘, 수리공식 등의 학습 자료!
곳곳에 숨어 있는 간추린 HIDDEN NOTE를 찾아보세요! 꼭 필요하고 중요한 내용들이 깔끔하게 정리되어 있습니다.

이 책의 특장

 **활용법 2** 실전처럼 풀어보는 PART 2 실전모의고사 및 PART 3 인성검사

기출문제를 포함한 실전모의고사를 통해 다시 한번 실력을 점검해볼 수 있습니다. NCS 워크북 모듈 이론이 반영된 기초 모듈형 문제, 응용 모듈형 문제, PSAT 유형의 문제까지 최근 출제 경향이 반영된 여러 문제를 두루 풀어볼 수 있도록 구성하였습니다. 실전처럼 풀어보고 부족한 부분이 있다면 PART 1으로 돌아가서 더욱 꼼꼼하게 학습할 수 있습니다.

 **활용법 3** 이해 쏙쏙! 효과적인 학습이 가능한 정답과 해설

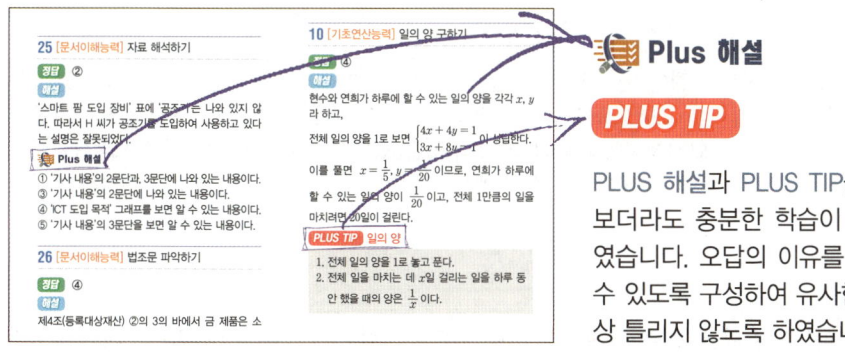

PLUS 해설과 PLUS TIP을 통해 해설만 보더라도 충분한 학습이 가능하도록 하였습니다. 오답의 이유를 확실히 파악할 수 있도록 구성하여 유사한 문제는 더 이상 틀리지 않도록 하였습니다.

NCS 한눈에 제대로 보기

직업기초능력평가

직업인으로서 기본적으로 갖추어야 할 공통역량을 말합니다. 10개 영역 34개의 하위 영역으로 구성됩니다.

직업기초능력 영역	하위능력
의사소통능력	문서이해능력, 문서작성능력, 경청능력, 의사표현능력, 기초외국어능력
수리능력	기초연산능력, 기초통계능력, 도표분석능력, 도표작성능력
문제해결능력	사고력, 문제처리능력
자기개발능력	자아인식능력, 자기관리능력, 경력개발능력
자원관리능력	시간관리능력, 예산관리능력, 물적자원관리능력, 인적자원관리능력
대인관계능력	팀워크능력, 리더십능력, 갈등관리능력, 협상능력, 고객서비스능력
정보능력	컴퓨터활용능력, 정보처리능력
기술능력	기술이해능력, 기술선택능력, 기술적용능력
조직이해능력	경영이해능력, 체제이해능력, 업무이해능력, 국제감각
직업윤리	근로윤리, 공동체윤리

NCS 출제 유형 파악

✔ 모듈형이란?

모듈형이란 NCS 홈페이지에서 제공하는 직업기초능력 학습모듈 내용을 기반으로 출제되는 유형으로, 이른바 NCS 기본형이자 정통 교과서형으로 불립니다. **NCS 홈페이지(ncs.go.kr) → NCS 통합 → 직업기초능력**으로 가면 10개 영역의 이론 파일, 확인 문제, 동영상 강의 자료를 모두 이용할 수 있습니다.

✔ PSAT형이란?

PSAT(피샛형)이란 5급 공무원(행정 및 외무고시, 민간경력자) 및 7급 공무원 시험인 **공직적격성평가 유형과 연계된 출제유형**을 말합니다. PSAT 출제과목인 언어논리, 자료해석, 상황판단은 NCS의 의사소통능력, 수리능력, 문제해결능력과 연계성이 높습니다. 시중의 많은 NCS 출제대행사가 여러 기관의 필기시험에서 PSAT 유형을 출제한 바 있어, NCS 시험의 한 트렌드를 형성하여 현재까지 연계성을 유지하고 있습니다.

✔ 피듈형이란?

피듈형은 NCS 학습 모듈 이론 중심인 **모듈형과 PSAT 유형**을 조합한 말로 NCS **기본이론**과 자료 중심의 **응용형 문제가 혼합된 형태**라고 파악하시면 됩니다. 공기업마다 문항 구성과 영역 분류 등은 다를 수 있으나, 직업기초능력 10개 영역 중 5개 이상 영역으로 구성하여 피듈형으로 출제하는 기관이 많아진 추세입니다.

APPENDIX 특별부록

2024 공사·공단 NCS 기출 문제

특별부록 APPENDIX
2024 공사공단 NCS 최신 기출문제

※ 본 기출문제는 실제 시험 응시자로부터 수집한 후기를 바탕으로 복원되었습니다.

 출제영역 ● 의사소통능력

01 다음 문장에서 밑줄 친 단어의 맞춤법이 옳게 쓰이지 않은 것은? 〔2024 코레일〕

① 넌 언제나 **허구한** 날 신세타령만 하니?
② 햇볕 강한 날 밖에 빨래를 널었더니 **금세** 말랐다.
③ 몸살로 며칠 호되게 앓았더니 얼굴이 **핼쑥해졌다**.
④ 발길에 **채인** 공이 횡단보도로 굴러갔다.
⑤ 다른 사람이 듣지 못하게 **나지막이** 중얼거렸다.

 문서작성능력 / 맞춤법 이해하기

'차이다'가 맞는 표기이고 '채이다'는 틀린 표기이다. '차이다'의 모음 '이' 때문에 종종 '채이다'로 말하거나 쓰는 경우가 있는데 '차이다'로 바르게 표기해야 한다. 따라서 '발길에 차인 공이 횡단보도로 굴러갔다'가 맞게 쓴 표현이다.
① 허구(許久)하다 : 날, 세월 등이 매우 오래다.
  '허구헌 날'로 쓰는 경우가 많으나 '허구한 날'이 맞는 표현이다.
② 금세 : 지금 바로. '금시에'가 줄어든 말이다.
③ 핼쑥하다 : 얼굴에 핏기가 없고 파리하다. ('핼숙하다, 헬쑥하다' 등은 잘못된 표현이다)
⑤ 나지막이 : 위치나 소리가 꽤 낮게 ('나지막히'는 잘못된 표현이다)

정답 ④

02 다음 중 밑줄 친 부분의 띄어쓰기가 잘못된 문장을 고르면? 〔2024 코레일〕

① 중학생이 **고등학생만큼** 키가 크구나.
② 전에 나에게 **약속한 대로** 이행하세요.
③ 외근 나온 김에 **인사차** 들렀습니다.
④ 이 넓은 공간에 고작 우리 **셋 뿐이구나**.
⑤ 회사 **규정상** 내용을 공개할 수 없습니다.

> 💡 **문서작성능력 / 띄어쓰기 이해하기**

'뿐'은 체언 뒤에서 한정을 나타낼 때는 조사로써 붙여 쓴다. 따라서 '셋뿐이구나'로 붙여야 한다.
① '만큼'은 체언 뒤에서 '앞말과 비슷한 정도'의 의미인 조사로 쓰였다. 따라서 붙여 쓰는 것이 맞다.
② '대로'는 용언의 관형사형 뒤에 나타난 경우 의존명사로 쓰이므로, 띄어 쓰는 것이 맞다.
③ '차'는 '목적'의 뜻을 더하는 경우 조사로 쓰이므로 붙여 쓰는 것이 맞다.
⑤ '상'은 '그것과 관계된 입장' 또는 '그것에 따름'의 뜻을 더하는 접사이므로 붙여 쓰는 것이 맞다.

정답 ④

---

03 다음 문장에서 밑줄 친 말의 표준발음이 옳지 않은 것은? `2024 코레일`

① 이 마을은 지대가 낮아서 지난여름에 홍수로 큰 **물난리[물랄리]**를 겪었다.
② 그런 행동을 서슴없이 한다니, 이렇게 **몰상식[몰쌍식]**한 사람인 줄 몰랐어.
③ 그 사람은 자신의 **공권력[공뀐력]**을 이용하여 교묘하게 범법행위를 하였다.
④ 올리브유가 몸에 좋은 건 알지만 가격이 비싸서 **식용유[시공뉴]**를 사용한다.
⑤ **넓죽한[넙쭈칸]** 내 얼굴이 싫어서 항상 머리로 얼굴을 가리는 편이다.

> **문서작성능력 / 표준발음 이해하기**

표준발음법 제20항에 따르면 'ㄴ'은 'ㄹ'의 앞이나 뒤에서 [ㄹ]로 발음한다. 다만, 다음과 같은 단어들은 'ㄹ'을 [ㄴ]으로 발음하도록 규정하고 있다.
의견란[의ː견난]   임진란[임ː진난]   생산량[생산냥]
결단력[결딴녁]   공권력[공꿘녁]   동원령[동ː원녕]
상견례[상견녜]   횡단로[횡단노]   이원론[이ː원논]
입원료[이붠뇨]   구근류[구근뉴]
따라서 공권력은 [공꿘녁]으로 발음하는 것이 맞다.

> 🔍 **Plus 해설**

① 물난리는 '물+난리'의 합성어인데, 표준발음법 제20항에 따라 난리는 [날리]로 발음하고(유음화), 물과 결합하여 [물랄리]가 된다. 따라서 맞는 발음이다.
② 표준발음법 제26항에 따라 한자어에서 'ㄹ' 받침 뒤에 연결되는 'ㄴ, ㅅ, ㅈ'은 된소리로 발음한다. 따라서 몰상식은 [몰쌍식]으로 발음한다.
④ 표준발음법 제29항에 따르면 합성어 및 파생어에서, 뒤 단어나 접미사의 첫음절이 '이, 야, 여, 요, 유'인 경우에는 'ㄴ'을 첨가하여 [니, 냐, 녀, 뇨, 뉴]로 발음한다. 따라서 식용유는 [시공뉴]로 발음한다.
⑤ '넓'에서 ㄹ이 탈락하고, '죽'에서 된소리 ㅉ으로 교체되며, ㄱ과 ㅎ이 합쳐져 ㅋ으로 교체되어 [넙쭈칸]으로 발음한다.

정답 ③

04 다음 글을 통해 알 수 있는 사실은?

2024 한국전력공사

> 뼈는 생명이 없는 유기물 및 미네랄 성분으로 되어 있음에도 불구하고 살아 있는 세포를 포함하는, 역동적으로 살아 있는 조직이다. 뼈가 역동적으로 살아 있는 조직이라는 것은 아동기에 성장할 능력이 있다는 사실뿐만 아니라 골절 후 스스로를 치유할 수 있고 뼈에 가해지는 힘에 반응하여 구조를 적응시킬 수 있다는 사실로도 분명히 드러난다. 뼈의 이러한 변화를 재형성이라고 한다.
> 뼈의 재형성에서 중심적 역할을 하는 것은 골모 세포와 파골 세포라는 이동성 세포이다. 이들은 둘 다 뼈조직의 외부 표면과 골수강에서 찾아볼 수 있다. 골모 세포는 뼈조직을 만드는 일을 하는데, 이 과정을 뼈의 침착이라고 한다. 파골 세포는 뼈조직을 분해하는 일을 하는데, 이 과정을 흡수라고 한다. 골모 세포의 활동이 파골 세포의 활동보다 왕성할 때, 즉 침착이 흡수를 초과할 때 뼈의 성장이 이루어진다.
> 골모 세포는 유골을 저장하여 뼈의 침착을 시작하게 한다. 그리고 이어서 석회화라고 하는 인산칼슘의 침착 과정이 이루어진다. 뼈 형성 과정에서 골모 세포는 골세포라고 하는 다른 형태의 세포로 전환된다. 골세포는 골모 세포와는 달리 더 이상 능동적으로 새로운 뼈조직을 저장하지는 않는다. 골세포는 골세관이라고 하는 뼈조직 내의 통로를 통해 뻗어 있는 긴 필라멘트 모양의 돌기가 있어서 다른 뼈세포와 구별되는데, 이 통로를 통해 다른 세포들과 다양한 물질을 교환한다. 파골 세포는 침착 과정에서 형성된 인산칼슘 결정을 용해시키는 산을 분비하고 유골을 분해하는 효소를 분비하여 뼈조직의 흡수 작용을 한다. 뼈 흡수의 결과 용해된 칼슘과 인산이 혈류 속으로 방출된다.
> 키의 성장은 긴 뼈의 성장으로 이루어지므로, 뼈의 침착은 키가 크는 데도 필요하다. 일반적으로 우리가 알고 있는 긴 뼈의 모양은 거의 원통형의 긴축을 중심으로 양쪽 끝에 둥근 모양의 골단이 있는 구조로 되어 있다. 성장하는 어린이의 뼈에서 골단판이라는 얇은 층의 조직이 골단과 축을 분리하는데, 이 조직은 유골과 비슷한 연조직 물질인 연골로 되어 있다.
> 성장기에는 뼈의 축 양쪽 끝에 새로운 골조직이 추가되면서 뼈의 길이가 늘어난다. 이 과정은 골단판에 있는 연골 세포의 활동으로부터 시작된다. 이 세포는 뼈가 아니라 연골을 생성한다는 점을 제외하면 골모 세포와 비슷하다. 성장 호르몬의 영향 하에 연골 세포는 크기와 수가 늘어나 연골층을 형성하여 골단판이 더 넓어지도록 한다. 새로운 연골이 생성되면서 축 근처의 연골 세포는 죽고 가까이에 있는 골조직의 골모 세포가 이들을 대체한 후 연골을 뼈로 전환하기 시작한다. 이런 방법으로 새로운 뼈가 뼈의 축 끝부분에 추가된다.

① 긴 뼈의 구조
② 성장이 중단되는 원리
③ 골단판 폐쇄의 과정과 결과
④ 뼈의 형성을 위한 칼슘 섭취의 방법

 문서이해능력 / 세부 내용 파악하기

이 글은 뼈의 재형성 과정, 특히 긴 뼈가 어떻게 작용하면서 성장을 하는가를 설명하는 글이다. 뼈는 역동적으로 살아 있는 조직이라는 시각에서 뼈의 구조나 성장 등을 설명하고 있다.

정답 ①

05 다음 글의 제목으로 적절한 것은?

`2024 한국남부발전`

해저는 대륙 주변부와 대양저의 두 지역으로 나눌 수 있다. 대양저는 지구 표면의 절반 이상을 차지하고 있으며, 주로 대양저 산맥과 부근의 평원으로 이루어져 있는데 열수공, 해산, 기요, 해구 등과 같은 지형들이 나타난다.

대양저 산맥은 지각의 확장 축을 따라 발달한 젊은 현무암으로 이루어진 산악이 연결되어 있다. 대양저 산맥은 그 길이가 지구 둘레의 1.5배에 해당하는 65,000km 정도에 이르고, 마치 야구공의 봉합선처럼 지구를 둘러싸고 있다. 대양저에는 열수공이라 불리는 지형이 있다. 열수공은 주로 뜨거운 온도의 검은 물을 분출하는 곳으로, 검은 연기라고도 불린다. 물이 대양저 바닥의 깨어져 있는 틈 사이로 내려가 마그마나 뜨거운 암석을 만나고, 거기서 초고온으로 가열되어 융해된 광물과 기체들이 함께 열수공으로 빠져나오는 것으로 추측되고 있다.

대양저에는 수면 밖으로 나오지 않는 수천 개의 화산들이 돌출해 있다. 이들 화산들은 해저 지각판의 확장 중심부에서 만들어진 다음에 활동이 멈춘 채 물속에 잠겨 있는 것으로 해산이라고 불린다. 특히 중앙 태평양의 서부에는 꼭대기가 평평한 해산들이 있는데, 이를 기요라고 한다. 기요는 한때 수면 밖이나 거의 수면 가까이 올라 왔던 해산이다. 꼭대기가 평평한 것은 이것들이 해수면 부근에 있을 때 파도에 의해 침식된 것을 나타내고 있다.

해구는 대양저에서 가장 깊은 곳으로, 주위 대양저보다 약 3~4km 정도 더 깊다. 수온은 주변 해저의 수온보다 더 낮아 거의 빙점에 근접한데, 이는 오래되고 차가운 해양 지각이 비교적 밀도가 작은 지각 아래로 들어가 있는 것을 나타낸다.

① 대양저와 해저 지형 ② 대륙 주변부와 대양저
③ 해저 지형의 화산 활동 ④ 해저 지형의 지각 운동

 문서이해능력 / 글의 제목 파악하기

1문단에서 해저는 대륙 주변부와 대양저의 두 지역으로 나눈 후, 2~4문단에서 대양저에 있는 '대양저 산맥과 열수공, 해산, 해구' 등에 대한 설명을 이어가고 있다.

정답 ①

06 다음은 코레일에서 진행하는 행사인 'KTX 특가 상품'에 대한 내용이다. 본문의 내용과 일치하지 않는 것은?

`2024 코레일`

> 코레일은 신년을 맞이하여 2024년 1월 1일부터 2월 29일까지 한정 기간 동안 주말, 연휴 상관없이 할인을 받을 수 있는 'KTX 특가 상품'을 운영합니다.
>
> *4명이 10만 원으로 KTX 여행 가자! '넷이서 10만 원 할인'
> - 누가 : 코레일 멤버십 회원이면 누구나
> - 언제 : 열차 출발일 1개월 전부터 출발 2일 전까지
> - 어디서 : 코레일톡 또는 레츠코레일 홈페이지에서
> - 무엇을 : 2024년 1월 1일부터 2월 29일까지 운행하는 KTX를
> - 어떻게 : 구간에 상관없이 4명이 함께 구매하면 10만 원 정액 할인
>
> *모일수록 즐겁다! 3~9명이 함께 모이면 할인되는 '369할인'
> - 누가 : 코레일 멤버십 회원이면 누구나
> - 언제 : 열차 출발일 1개월 전부터 출발 2일 전까지
> - 어디서 : 코레일톡 또는 레츠코레일 홈페이지에서
> - 무엇을 : 2024년 1월 1일부터 2월 29일까지 운행하는 KTX를
> - 어떻게 : 3~9명이 함께 승차권을 구매하면 최대 50%까지 할인
>
> *반환 시 수수료 비율은 인원 및 열차별로 상이
>
> | 구분 | 출발 1일 전 | 출발 당일 ~ 출발 전 | 출발 후 |
> |---|---|---|---|
> | '넷이서 10만 원 할인' '369 할인' | 15% | 40% | 70% |
>
> (단, 구입 당일 반환하는 경우 반환수수료가 없지만, 역 창구에서 반환할 경우에는 좌석 당 최저 수수료 400원이 부과됨)
>
> *열차 도착 시간 이후에는 반환되지 않습니다.

① 코레일 멤버십 회원인 A 씨가 친구 3명과 떠나는 신년 여행을 위해 12월 28일에 일주일 후 출발하는 KTX를 예매하면 무조건 교통비 10만 원을 절약할 수 있다. .
② 신년 맞이 행사를 이용해 표를 구매한 B 씨의 가족이 구입 당일 역 창구에서 반환하게 되면 최저 수수료 400원씩 제하고 받게 된다.
③ '369 할인'을 이용해 78,000원짜리 표를 3장 구매한 C 씨 일행이 날짜와 시간을 착각해 열차 도착 시간 이후 반환하게 되면 수수료 15%를 제하고 받게 된다.
④ '넷이서 10만 원 할인' 행사의 기간은 60일이다.
⑤ 이 행사 상품의 판매는 역 창구에서는 진행되지 않는다.

문서이해능력 / 세부 내용 파악하기

본문의 마지막 부분에 '열차 도착 시간 이후에는 반환되지 않습니다.'라고 명시되어 있으므로 C 씨는 '수수료 15%를 제하고 받는 것'이 아니라 반환 자체가 불가능한 상황이다.

🎌 **Plus 해설**
① '넷이서 10만 원 할인'행사는 '열차 출발일 1개월 전부터 출발 2일 전까지' 구매가 가능한데, A 씨가 열차 출발일 일주일 전인 12월 28일에 예매를 하였으므로 적절한 시기이다. 또한 A 씨가 여행을 떠나는 출발일이 1월 4일이 되므로 1월 1일 이후 출발하는 KTX 열차에 해당하므로 맞는 내용이다.
② 본문 마지막 부분을 보면 구입 당일 반환하는 경우에는 반환수수료가 없으나 역 창구에서 반환할 경우에는 최저 수수료인 400원이 부과된다고 되어 있으므로 맞는 내용이다.
④ 2024년 1월 1일부터 2월 29일까지 진행되는 행사이므로 총 기간을 계산해 보면 60일간 이어지는 행사임을 알 수 있다.
⑤ '넷이서 10만 원 할인'행사와 '369 할인'행사는 '코레일톡 또는 레츠코레일 홈페이지에서'만 이루어짐을 알 수 있다. 따라서 구입 당일 역 창구에서의 반환을 제외하고는 역 창구에서는 이용할 수 없다.

정답 ③

07 다음 중 원활한 의사표현을 위한 지침으로 옳은 것을 모두 고르면? `2024 한국남부발전`

> ㉠ 올바른 화법을 위해 독서를 해야 한다.
> ㉡ 부정적인 말투로 말해야 한다.
> ㉢ 이성과 감성의 조화를 꾀한다.
> ㉣ 무리해서라도 웃겨 분위기를 조성한다.
> ㉤ 강압적으로 말한다.
> ㉥ 칭찬을 아끼지 말아야 한다.

① ㉠, ㉡, ㉣
② ㉠, ㉢, ㉥
③ ㉠, ㉤, ㉥
④ ㉢, ㉣, ㉥

 의사표현능력 / 원활한 의사표현 방법 알기

원활한 의사표현을 위해서는 올바른 화법을 위해 독서를 하고, 이성과 감성의 조화를 꾀하며 칭찬을 아끼지 말아야 한다.

정답 ②

08 다음 중 맞춤법에 맞게 쓰인 문장은? `2024 경기도 공공기관 통합채용`

① 이국에서 온 편지를 뜯어본 그의 심정은 착찹하기 이를 데 없었다.
② 이렇게 통증이 심해질 줄 알았더라면 진즉 병원에 가 볼 걸 그랬다.
③ 멀쩡해 보였던 그가 그렇게 흉칙스러운 일을 저질렀다는 게 믿어지지 않아.
④ 살다 보니 별 희안한 일을 다 겪는구나.

 문서작성능력 / 맞춤법 이해하기

'진즉'은 '좀 더 일찍이'의 뜻을 지닌 말로, '진작'과 같은 표준어이다.

🎗️ **Plus 해설**
- 착잡(錯雜)하다 : 갈피를 잡을 수 없이 뒤섞여 어수선하다.
- 흉측(凶測)스럽다 : 몹시 흉악한 데가 있다.
- 희한(稀罕)하다 : 매우 드물거나 신기하다.

정답 ②

09 다음 중 공문서를 작성할 때의 작성법이 아닌 것은? `2024 경기도 공공기관 통합채용`

① 복잡한 내용은 '-다음-', '-아래-' 등 항목별로 구분하여 작성한다.
② 장기간 보관되는 대외적인 문서이므로 정확하게 기술한다.
③ 회사 외부로 전달되는 문서로 육하원칙이 정확하게 드러나도록 작성한다.
④ 한 장 안에 작성하고, 날짜 다음에 괄호를 사용할 때는 마침표를 찍는다.

 문서작성능력 / 공문서 작성하기

공문서는 한 장 안에 작성해야 하고 마지막에 '끝' 자로 마무리한다.
날짜는 연도와 월, 일을 함께 기입하고, 날짜 다음에 괄호를 사용할 경우에는 마침표를 찍지 않는다.

정답 ④

10 다음 중 글의 맥락에 맞게 문단 순서를 바르게 배열한 것은? `2024 경기도 공공기관 통합채용`

> (가) 과거에 한 월간잡지가 여성 모델이 정치인과 사귄다는 기사를 내보냈다가 기자도 손해배상을 하고 잡지는 폐간된 경우가 있었다. 일부는 추측 기사이고 일부는 사실도 있었지만, 사실이든 허위든 관계없이 남의 명예와 인격을 침해하였기에 그 책임을 진 것이다.
>
> (나) 인권이라는 이름으로 남의 사생활을 침해하는 일은 자기 인권을 내세워 남의 불행을 초래하는 것이므로 보호받을 수 없다. 통상 대중스타나 유명인들의 사생활은 일부 노출되어 있고, 이러한 공개성 속에서 상품화되므로 비교적 보호 강도가 약하기는 하지만, 그들도 인간으로서 인권이 보호되는 것은 마찬가지다.
>
> (다) 우리 사회에서 이제 인권이라는 말은 강물처럼 넘쳐흐른다. 과거에는 인권을 말하면 붙잡혀 가고 감옥에도 가곤 했지만, 이제는 누구나 인권을 스스럼없이 주장한다. 그러나 중요한 점은 인권이라 하더라도 무제한 보장되는 것이 아니라 남의 행복과 공동체의 이익을 침해하지 않는 범위 안에서만 보호된다는 것이다.
>
> (라) 그런데 남의 명예를 훼손하여도 손해배상을 해주면 그로써 충분하고, 자기 잘못을 사죄하는 광고를 신문에 강제로 싣게 할 수는 없다. 헌법재판소는 남의 명예를 훼손한 사람이라 하더라도 강제로 사죄 광고를 싣게 하는 것은 양심에 반하는 가혹한 방법 이라 하여 위헌으로 선고했다.

① (가)-(나)-(다)-(라)
② (나)-(가)-(다)-(라)
③ (다)-(나)-(가)-(라)
④ (다)-(나)-(라)-(가)

문서이해능력 / 글의 제목 파악하기

(가)는 인격 침해 기사를 게재한 기자가 책임을 졌다고 하였으므로 (가) 앞에는 인격 침해 기사의 책임에 대한 일반적인 이야기가 나와야 한다. (나)에서는 인권이라는 이름으로 남의 사생활을 침해해서는 안 된다는 것을 밝히고 있다. (가)는 (나)의 구체적 사례가 되기 때문에 (나) 다음에 (가)가 연결되는 것이 자연스럽다. (다)에서는 우리 사회가 인권이 존중되는 사회라는 것을 밝힌 다음, 마지막 문장에서 인권이 보호되기 위한 조건을 제시해 놓고 있다. 이 문장이 (나)의 첫 문장과 연결되므로 (다) 다음에는 (나)가 나와야 한다. 마지막으로 (라)에서는 (가)에서 다룬 책임의 범위를 제시하고 있다. 즉, 손해배상을 하면 되는 것이지 사죄 광고를 강제로 게재하게 할 수는 없다는 것이다. 그러므로 (라)는 (가) 다음에 오는 것이 좋다.
따라서 문맥에 맞게 연결하면 (다)–(나)–(가)–(라)가 된다.

정답 ③

 수리능력

11 주사위 3개를 동시에 던졌을 때 세 개의 주사위 합이 4가 나올 확률은?

2024 한국전력공사

① $\frac{1}{9}$ ② $\frac{1}{36}$ ③ $\frac{1}{72}$ ④ $\frac{1}{54}$

 기초연산능력 / 확률 구하기

주사위 3개를 동시에 던졌을 때에 세 개의 주사위 합이 4인 경우는 (1, 1, 2) (1, 2, 1) (2, 1, 1)세 가지이다.
따라서 세 개의 주사위 합이 4가 나올 확률은 $\frac{3}{6 \times 6 \times 6} = \frac{3}{216} = \frac{1}{72}$ 이다.

정답 ③

12 남학생 3명과 여학생 8명 중 회장 1명과 남자 부회장 1명, 여자 부회장 1명을 선출하는 경우의 수를 구하면?

2024 한국전력공사

① 156가지   ② 178가지   ③ 216가지   ④ 223가지

 기초연산능력 / 경우의 수 구하기

남자 회장을 선출했을 때와 여자 회장을 선출했을 때 경우의 수를 각각 구해 더한다.
1) 남학생 중 회장을 뽑는 경우의 수는 3가지
  남은 남학생 2명 중 부회장을 뽑는 경우의 수는 2가지
  여학생 중 부회장을 뽑는 경우의 수는 8가지
  따라서 남자 회장을 뽑으면, 부회장을 뽑는 경우의 수는 $2 \times 8 = 16$(가지)
2) 여학생 중 회장을 뽑는 경우의 수는 8가지
  남은 여학생 7명 중 부회장을 뽑는 경우의 수는 7가지
  남학생 중 부회장을 뽑는 경우의 수는 3가지
  따라서 여자 회장을 뽑으면, 부회장을 뽑는 경우의 수는 $7 \times 3 = 21$(가지)
$(3 \times 16) + (8 \times 21) = 216$(가지)

정답 ③

13 농도 5%인 소금물 3kg에 물을 더 넣어 농도가 0.5%인 소금물을 만들려고 한다. 이때 넣어야 할 물의 양을 구하면?   `2024 도로교통공사`

① 23kg ② 25kg ③ 27kg ④ 29kg

 기초연산능력 / 소금물의 양 구하기

5%의 소금물 3kg(=3,000g)에 들어있는 소금의 양은 $\frac{5}{100} \times 3,000 = 150(g)$이다.
이때, 더 넣을 물의 양을 xg이라고 하면
0.5%의 소금물 3,000+xg에 들어있는 소금의 양은 $\frac{5}{1,000} \times (3,000 + x)$이다.
농도는 다르지만, 두 소금물에 들어있는 소금의 양은 같으므로
$\frac{5}{1,000} \times (3,000 + x) = 150$ (g) $\frac{5}{1,000}x = 150 - 15$ (g)

$x = 27,000$이므로 더 넣을 물의 양은 27,000g, 즉 27kg이다.

Plus 해설

소금의 양(g) = $\frac{\text{소금물 농도}}{100} \times$ 소금물의 양

정답 ③

14 P 회사와 J 회사까지의 거리는 180km이다. 박 대리는 P 회사에서 택시를 타고 시속 60km로 출발하여 J 회사로 가다가 도중에 놓고 온 물건이 있어서 시속 90km로 P 회사에 돌아와서 다시 시속 90km로 J 회사까지 곧장 갔더니 총 5시간이 걸렸다. 박 대리는 P 회사로부터 몇 km 떨어진 지점에서 되돌아왔는가?   `2024 경기도 공공기관 통합채용`

① 108km ② 110km
③ 112km ④ 114km

 기초연산능력 / 거리, 속력, 시간

P 회사에서 되돌아온 중간지점까지의 거리를 x라고 하면,
P 회사에서 중간 지점까지 걸린 시간 : $\frac{x}{60}$
다시 P 회사로 돌아가는 데 걸린 시간 : $\frac{x}{90}$
P 회사에서 A 회사까지 가는 데 걸린 시간 : $\frac{180}{90} = 2$
$\frac{x}{60} + \frac{x}{90} + 2 = 5$
$3x + 2x = 540$ $5x = 540$ $x = 108$
따라서 박 대리는 P 회사에서 108km 떨어진 지점에서 되돌아왔다.

정답 ①

15 다음 자료에 대한 설명이 옳은 것을 모두 고르면?

`2024 경기도 공공기관 통합채용`

[단위 : 매출액(조 원), 수출액(천 달러)]

구분	2019년 매출액	2019년 수출액	2020년 매출액	2020년 수출액	2021년 매출액	2021년 수출액
계	126.70	10,189,026	128.29	11,924,284	137.51	12,452,897
출판	21.30	214,732	21.65	345,960	24.70	428,379
만화	1.30	46,010	1.53	62,715	2.13	81,980
음악	6.80	756,198	6.06	679,633	9.37	775,274
게임	15.60	6,657,777	18.89	8,193,562	20.99	8,672,865
영화	6.40	37,877	2.99	54,157	3.25	43,033
애니메이션	0.60	194,148	0.55	134,532	0.76	156,835
방송(영상)	20.80	474,359	21.96	692,790	23.97	717,997
광고	18.10	139,083	17.42	119,935	18.92	258,167
캐릭터	12.60	791,338	12.22	715,816	5.00	412,990
지식정보	17.70	649,623	19.37	691,987	19.95	660,850
콘텐츠솔루션	5.40	227,881	5.64	233,196	8.47	244,527

㉠ 출판의 매출액은 매년 가장 높다.
㉡ 2021년 수출액이 가장 낮은 항목은 매출액도 가장 낮다.
㉢ 조사 기간 동안 수출액이 꾸준히 증가하는 항목은 총 5개이다.
㉣ 문화산업 전체 수출액이 가장 많았던 해의 수출액은 가장 적었던 해보다 2,263,871천 달러 더 많다.
㉤ 2021년 광고 매출액은 전년 대비 약 8.6% 증가하였다.
㉥ 2020년 지식정보 매출액은 전년 대비 약 4.9% 증가하였다.

① ㉠, ㉡, ㉥   ② ㉠, ㉣, ㉤
③ ㉢, ㉣, ㉤   ④ ㉢, ㉣, ㉥

 도표분석능력 / 도표 자료 이해하기

㉢ 조사 기간 동안 수출액이 꾸준히 증가하는 항목은 출판, 만화, 게임, 방송(영상), 콘텐츠솔루션으로, 총 5개이다.
㉣ 문화산업 전체 수출액이 가장 많았던 해(2021년)의 수출액은 가장 적었던 해(2019년)보다 12,452,897-10,189,026=2,263,871천 달러 더 많다.
㉤ 2021년 광고 매출액은 전년 대비 $\frac{18.92-17.42}{17.42} \times 100 ≒ 8.6\%$ 증가하였다.

Plus 해설
㉠ 2020년은 방송(영상)의 매출액이 가장 높다.
㉡ 2021년 수출액이 가장 낮은 항목은 영화이고, 매출액이 가장 낮은 항목은 애니메이션이다.
㉥ 2020년 지식정보 매출액은 전년 대비 $\frac{19.37-17.70}{17.70} \times 100 ≒ 9.4\%$ 증가하였다.

정답 ③

16 다음은 서울교통공사의 지하 역사 공기질 측정결과에 대한 자료이다. 이에 대한 설명으로 옳지 않은 것을 고르면?

`2024 서울교통공사`

구분	유지기준				권고기준			기타
	PM-10	CO_2	HCHO	CO	NO_2	TVOC	라돈	PM-2.5
	140	1,000	100	9	0.05	500	148	70
전체 평균	65.4	552	6.9	0.7	0.026	42.5	27.3	42.5
1호선 평균	67.3	567	5.7	0.8	0.033	26.1	24.2	44.4
2호선 평균	63.7	608	5.6	0.7	0.027	32.1	27.7	44.8
3호선 평균	57.3	579	6.1	0.6	0.029	30.8	30.5	38.8
4호선 평균	68.0	543	6.8	0.6	0.031	42.3	30.3	42.7
5호선 평균	67.2	514	7.6	1.0	0.020	54.0	31.2	46.6
6호선 평균	66.6	511	8.2	0.7	0.024	36.3	26.7	36.0
7호선 평균	72.6	560	7.8	0.7	0.021	53.0	31.1	48.5
8호선 평균	60.7	532	7.6	0.5	0.023	65.0	17.0	38.0
9호선 평균	81.5	507	8.5	0.9	0.032	82.2	16.0	35.7

① 기타 PM-2.5 수치의 평균과 CO_2의 평균 수치가 가장 낮은 곳은 9호선이다.
② PM-10 기준 수치의 48% 이상인 호선은 모두 5곳이다.
③ 현재 1호선은 총 5개 항목에서 전체 평균을 초과하고 있다.
④ 권고기준 중 'TVOC' 수치에 대해 기준의 7.5%대 미만인 호선은 모두 5개이다.
⑤ 현재 지하 역사들은 모두 기준에 부합하는 공기질로 엄격하게 관리하고 있다.

 도표분석능력 / 도표 자료 이해하기

TVOC 권고기준 수치 500의 7.5%(10%의 3/4)는 37.50이다. 따라서 해당 수치 미만인 호선은 모두 4개(1호선, 2호선, 3호선, 6호선)이다.

Plus 해설

① PM-2.5 수치의 평균과 CO_2의 평균 수치가 가장 낮은 곳은 9호선이다.
② PM-10 기준 수치는 140으로 해당 수치의 48%(=50%-2%)에 해당하는 수치는 67.2이다. 67.2 이상인 호선은 1호선, 4호선, 5호선, 7호선, 9호선 총 5곳이다.
③ 1호선은 총 5개 항목(PM-10, CO_2, CO, NO_2, PM-2.5)에서 전체 평균을 초과했다.
⑤ 기준 이상인 수치가 없으므로, 해당 내용은 옳은 설명이다.

정답 ④

17 다음은 노인이 현재 일을 하는 이유에 대해 조사한 결과이다. 자료에 대한 설명으로 적절하지 않은 것은?

2024 국민연금공단

〈노인이 현재 일을 하는 이유〉

(단위 : %)

구분		생계비 마련	용돈 마련	건강 유지	친교, 사교	시간 보내기	기타
전체		73.0	11.5	6.0	0.7	5.8	3.0
성별	남자	76.9	7.6	6.2	0.3	5.5	3.5
	여자	68.7	15.8	5.8	1.0	6.2	2.5
결혼상태	배우자 있음	74.4	9.4	6.4	0.5	5.9	3.4
	배우자 없음	69.0	17.2	4.8	1.0	5.4	2.6
가구형태	노인독거	71.3	15.0	4.6	1.2	5.6	2.3
	노인부부	73.3	8.8	7.4	0.5	6.5	3.5
	자녀동거	72.3	15.9	3.8	0.6	5.0	2.4
	기타	79.3	10.4	4.4	0.7	1.5	3.7

① 일을 하는 이유가 용돈 마련인 여성 노인의 수는 일을 하는 이유가 용돈 마련인 남성 노인의 수보다 두 배 이상 많다.
② 독거노인이 현재 일을 하는 이유 중 용돈 마련의 비율은 생계비 마련을 제외한 나머지 비율을 모두 더한 것보다 높다.
③ 가구형태 중 용돈 마련의 비율이 친교, 사교 비율의 15배 이상인 것은 노인부부와 자녀동거의 두 가지 경우이다.
④ 배우자가 있는 경우 생계비 마련과 용돈 마련의 비율 차는 배우자가 없는 경우 둘의 차이보다 크다.

도표분석능력 / 도표 자료 이해하기

여성 노인 중 일을 하는 이유가 용돈 마련인 비율은 15.8%이고, 남성 노인 중 일을 하는 이유가 용돈 마련인 비율은 7.6%로 두 배 이상 차이가 나지만, 사람의 수는 알 수 없으므로 틀린 설명이다.

Plus 해설
② 독거노인이 현재 일을 하는 이유 중 용돈 마련의 비율은 15.0%이고, 생계비 마련을 제외한 나머지를 다 더한 비율은 4.6+1.2+5.6+2.3=13.7%로 용돈 마련의 비율이 더 높다.
③ 각 가구형태 중 용돈 마련의 비율이 친교, 사교 비율의 몇 배인지 구하면 다음과 같다.
  노인독거 : 15.0÷1.2=12.5배   노인부부 : 8.8÷0.5=17.6배
  자녀동거 : 15.9÷0.6=26.5배   기타 : 10.4÷0.7=14.85…배
  따라서 용돈 마련의 비율이 친교, 사교 비율의 15배 이상인 것은 노인부부와 자녀동거 두 가지 경우이다.
④ 배우자가 있는 경우 생계비 마련과 용돈 마련의 비율 차는 74.4-9.4=65이고, 배우자가 없는 경우 둘의 비율 차는 69-17.2=51.8이므로 배우자가 있는 경우의 차이가 더 크다.

정답 ①

출제영역 • 문제해결능력

18 다음 중 분석적 문제에 대한 설명으로 옳지 않은 것은? 『2024 경기도 공공기관 통합채용』

① 현재의 문제점이나 미래의 문제로 예견될 것에 대한 문제이다.
② 문제 자체가 명확하고 해답의 수가 적으며 한정되어 있다.
③ 창의력에 의한 많은 아이디어 작성을 통해 해결할 수 있다.
④ 주로 논리적 방법을 통하여 해결하며 공통성의 특징이 있다.

 문제해결능력 / 문제의 분류 파악하기

창의력에 의한 많은 아이디어 작성을 통해 해결할 수 있는 것은 창의적 문제이다.

구분	창의적 문제	분석적 문제
문제 제시 방법	현재 문제가 없지만 보다 나은 방법을 찾기 위한 문제 탐구로, 문제 자체가 명확하지 않음	현재의 문제점이나 미래의 문제로 예견될 것에 대한 문제 탐구로, 문제 자체가 명확함
해결 방법	창의력에 의한 많은 아이디어 작성을 통해 해결	분석, 논리, 귀납과 같은 논리적 방법을 통해 해결
해답 수	해답의 수가 많으며, 많은 답 중에서 보다 나은 것을 선택	해답의 수가 적으며, 한정되어 있음
주요 특징	주관적, 직관적, 감각적, 정성적, 개별적, 특수성	객관적, 논리적, 정량적, 이성적, 일반적, 공통성

정답 ③

19 다음은 어느 유형의 문제에 해당하는가? 『2024 경기도 공공기관 통합채용』

> 문제란 업무를 수행함에 있어 답을 요구하는 질문이나 의논하여 해결해야 하는 사항을 의미한다. 이러한 문제 중 이 유형은 눈에 보이지 않는 문제로, 현재 상황을 개선하거나 효율을 높이기 위한 문제를 의미한다.

① 발생형 문제
② 탐색형 문제
③ 설정형 문제
④ 창의적 문제

 문제해결능력 / 문제의 유형 파악하기

탐색형 문제(찾는 문제)는 눈에 보이지 않는 문제로 이는 잠재문제, 예측문제, 발견문제로 구분된다.

🛒 **Plus 해설**
- **잠재문제** : 문제가 잠재되어 있어 인식하지 못하다가 결국은 문제가 확대되어 해결이 어려운 문제
- **예측문제** : 현재로서는 문제가 없으나 앞으로 일어날 가능성이 있는 문제
- **발견문제** : 현재로서는 문제가 없으나 유사 타 기업 혹은 선진 기업의 업무 방법 등의 정보를 얻음으로써 환경을 보다 개선, 향상시킬 수 있는 문제

정답 ②

20 다음 명제가 모두 참일 때, 항상 옳은 것은?   2024 서울교통공사

- 스트레스를 받으면 신진대사가 원활하지 않다.
- 과식·폭식을 하지 않으면 신진대사가 원활하다.
- 과식·폭식을 하면 건강이 나빠진다.

① 과식·폭식을 하지 않으면 건강이 좋아진다.
② 스트레스를 받으면 과식·폭식을 하게 된다.
③ 신진대사가 원활하지 않으면 스트레스를 받는다.
④ 스트레스를 받지 않으면 신진대사가 원활하다.
⑤ 신진대사가 원활하면 과식·폭식을 하지 않는다.

 사고력 / 참인 명제 찾기

두 번째 명제의 대우만 알면 세 가지 명제를 삼단논법으로 엮을 수 있다. 두 번째 명제의 대우는 '신진대사가 원활하지 않으면 과식·폭식을 한다.'이다. 간단하게 나타내면 다음과 같다.
'스트레스 받음 → 신진대사 원활하지 않음 → 과식·폭식을 함 → 건강이 나빠짐'
따라서 항상 참인 것은 ②이다.

정답 ②

21 의류 업체에서 근무하는 C 과장은 아래의 자료를 보고 팀원들과 회의를 하였고, 팀원들은 여러 가지 전략을 제시하였다. 다음 중 ST전략을 제시한 팀원은? `2024 근로복지공단`

강점 (Strength)	• 10년 이상의 의류 판매 경험 • 넓은 인맥 • 제조, 유통에 대한 깊은 이해도
약점 (Weakness)	• 가격경쟁력 하락 • 유통업체의 영향력 확대 • 타 업체의 유사상품 생산
기회 (Opportunity)	• 해외 진출 가능성 증대 • 높은 신뢰도 • 획기적인 마케팅 전략
위협 (Threat)	• 낮은 진입장벽으로 인한 경쟁사 증대 • 느린 배송으로 인한 고객의 불평 증가

① T 사원 : 빠른 배송을 위해 힘쓰고 무료 배송과 같은 이벤트를 열어 가격경쟁력을 갖추어야 합니다.
② O 대리 : 많은 판매 경험과 인맥을 활용하여 해외 진출에 성공하여 우리 업체를 국제적인 기업으로 만들어야 합니다.
③ W 팀장 : 제조, 유통에 대한 이해도와 넓은 인맥을 활용해 새로운 배송 시스템을 도입하여 빠른 배송을 위해 힘써야 할 것 같습니다.
④ S 인턴 : 획기적인 마케팅 전략을 활용해 타 업체의 유사상품과 우리 업체의 고품질 제품은 차이가 있다는 점을 적극적으로 홍보하여야 합니다.

💡 **문제처리능력 / SWOT 분석하기**

판매 규제 완화의 기회를 이용해 부족한 마케팅과 노후된 이미지의 약점을 극복하는 WO전략이다. WT전략은 내부 약점과 내부 위협을 최소화하는 전략이다.

📣 **Plus 해설**
① 기회 요인인 유명 인사의 긍정적인 제품 후기를 활용해 강점인 투자자들의 적극적인 투자를 극대화하는 SO전략이다.
② 고급 연구 인력, 독자적 기술의 강점을 활용해 경쟁업체의 위협 요인을 최소화하는 ST전략이다.
③ 유명 인사의 긍정적 제품 후기라는 기회를 활용하여 부족한 마케팅 전략을 세우고 약점인 노후된 이미지를 탈피하려는 WO전략이다.

정답 ④

[22~23] 다음 자료는 ☆☆공단의 2023년도 서울시 지사별 약제비 지급 현황을 표로 정리한 것이다. 이어지는 물음에 답하시오.

2024 국민건강보험공단

지사명	청구건수	청구액	수급자	지급건수	지급액	1인 평균 약제비
서울지역본부	3,222	436,439,670	649	3,222	436,334,980	672,319
서울강남지사	1,219	154,232,220	382	1,219	154,232,220	403,749
서울서초지사	2,055	232,337,970	287	2,055	232,284,690	809,354
서울동부지사	4,619	257,560,460	1,042	4,619	257,245,760	246,877
서울성동지사	808	29,989,960	225	808	29,989,960	133,289
서울서부지사	5,556	348,456,210	998	5,556	348,455,200	349,154
서울남부지사	8,890	415,864,680	1,866	8,890	415,848,230	222,855
서울북부지사	11,209	566,572,240	2,333	11,209	566,158,860	242,674
서울관악지사	6,598	155,792,410	1,361	6,598	155,786,930	114,465

22 제시된 자료를 바탕으로 청구건수, 지급액, 1인 평균약제비 세 항목 중 건수와 액수가 가장 큰 지사의 1순위를 순서대로 고른 것은?

	청구건수	지급액	1인 평균약제비
①	서울북부지사	서울지역본부	서울지역본부
②	서울남부지사	서울지역본부	서울지역본부
③	서울남부지사	서울북부지사	서울서초지사
④	서울북부지사	서울북부지사	서울서초지사

문제처리능력 / 조건 비교 및 분석하기

선택지에 제시된 지사는 서울지역본부, 서울서초지사, 서울남부지사, 서울북부지사 네 곳이므로, 네 개의 지사별 수치만 살펴보면 된다.
청구건수는 서울북부지사가 11,209로 제일 건수가 많다. 지급액도 566,158,860원으로 서울북부지사가 제일 크다. 1인 평균약제비는 서울서초지사가 809,354원으로 제일 크다.
따라서 정답은 ④ '서울북부지사, 서울북부지사, 서울서초지사'이다.

정답 ④

23 제시된 표의 내용과 일치하지 않는 설명을 고르면?

① 지사별로 약제비를 청구한 것은 모두 지급되었다.
② 수급자가 가장 적은 지사가 1인 평균약제비가 크다.
③ 청구액과 지급액이 같은 지사는 두 곳이다.
④ 서울지역본부와 서울강남지사의 수급자 합이 서울동부지사 수급자보다 작다.

문제처리능력 / 자료 내용 파악하기

수급자가 가장 적은 지사는 서울성동지사이고 1인 평균약제비가 가장 큰 지사는 서울서초지사이다.

📜 **Plus 해설**
① 지사별 청구건수와 지급건수가 모두 일치한다.
③ 청구액과 지급액이 같은 지사는 서울강남지사와 서울성동지사 두 곳이다.
④ 서울지역본부와 서울강남지사의 수급자 합은 649+382=1,031이다. 따라서 서울동부지사 수급자 1,042명보다 작다.

정답 ②

24 ○○ 회사의 직원들이 업무평가점수에 대해서 다음과 같은 대화를 나누었다. 이 중에서 세 명은 참을 말하고 한 사람만이 거짓을 말한다고 할 때, 다음 중 거짓말을 하는 사람은 누구인가?

`2024 경기도 공공기관 통합채용`

> 김 대리 : 저는 점수가 제일 낮습니다.
> 안 대리 : 저는 이 팀장님보다 점수가 낮습니다.
> 이 팀장 : 저는 김 대리와 안 대리보다 점수가 낮습니다.
> 유 과장 : 제가 여러분들보다 점수가 높습니다.

① 김 대리 ② 안 대리 ③ 이 팀장 ④ 유 과장

문제처리능력 / 조건으로 진위 판단하기

한 명만 거짓말을 하고 있으므로 네 개의 진술 가운데 대립되는 진술을 하는 사람을 찾아낸다. 김 대리의 말이 참이면 이 팀장의 말은 거짓이므로 둘 중 한 명이 거짓말을 한다는 것을 알 수 있다.
1) 김 대리의 말이 참이고, 이 팀장의 말이 거짓일 경우
→ 유 과장 〉이 팀장 〉안 대리 〉김 대리가 되므로 모순되는 점이 없다.
2) 김 대리의 말이 거짓이고, 이 팀장의 말이 참일 경우
→ 김 대리, 안 대리의 진술이 거짓이 되므로 한 명이 거짓말을 한다는 조건에 위배된다.
따라서 거짓말을 하는 사람은 이 팀장이다.

정답 ③

출제영역 ● 자원관리능력

25 승진제도의 유형에 대한 설명으로 적절하지 않은 것은? 〔2024 경기도 공공기관 통합채용〕

① 나이, 근속연수, 경력 등의 요소에 따라 자동 승진시키는 것은 연공승진이다.
② 직무와 임금의 변화 없이 직위만 승진하는 형식적인 승진은 대용승진이다.
③ 경영조직을 변화시켜 승진기회를 마련하는 동태적 승진제도는 역직승진이다.
④ 자격승진은 직원의 승진에 일정한 자격을 정하여 그 자격을 취득하면 승진시키는 것이다.

 인적자원관리능력 / 승진제도 파악하기

경영조직을 변화시켜, 승진기회를 마련하는 동태적 승진제도는 OC승진(조직변화승진)이다. 즉 새로운 직위나 직무를 만들어 승진시키는 제도이다.
역직승진은 가장 일반적인 승진형태로서, 조직구조의 편성과 조직운영의 원리에 따라 결정한다. 조직에서는 부장, 과장, 계장과 같은 역직이 발생하게 되며 이에 따른 승진이 역직승진이다.

정답 ③

26 다음 중 시간자원과 시간관리능력에 대한 설명으로 적절하지 않은 것은?

〔2024 경기도 공공기관 통합채용〕

① 시계와 달력으로 잴 수 있는 양적인 시간은 크로노스이다.
② 가치와 의미를 부여하는 주관적이며 질적인 시간은 카이로스이다.
③ 기업은 시간관리 및 시간단축을 통해 시장 점유율 증가, 위험 감소 등을 거둘 수 있다.
④ 기업은 시간을 통제함으로써 생산성을 높일 수 있고 조직의 문제를 개선할 수 있다.

 시간관리능력 / 시간자원 이해하기

기업은 시간을 통제하는 것이 아닌 효율적으로 관리함으로써 생산성을 높이고 문제를 개선할 수 있다.
크로노스와 카이로스는 시간을 구분하는 개념으로, 시간관리를 잘 하려면 카이로스의 시간을 크로노스의 시간으로 관리해야 한다.
• 크로노스(Chronos) : 물리적 시간으로 객관적·정량적 시간이다.
• 카이로스(Kairos) : 질적인 시간으로 주관적·정성적 시간이다.

정답 ④

27 총무팀 박 대리는 자신의 업무를 도와준 A, B, C, D 4명의 동료들에게 원하는 음료를 대접하려고 한다. 다음 조건을 참고하여 계산했을 때 박 대리가 지불하여야 할 금액은 총 얼마인가?

〈2024 한국서부발전〉

〈동료들이 주문할 음료〉

A : 녹차 큰 잔
B : 꿀을 추가한 쌍화차 작은 잔
C : 식혜 작은 잔
D : 수정과 큰 잔

박 대리는 유자차 작은 잔을 주문할 예정이며 자신의 회원카드를 제시하려고 한다. 박 대리의 적립금은 3,800점이고, 적립금을 최대한 사용할 예정이다.

〈가격〉

종류	작은 잔(원)	큰 잔(원)
녹차	2,500	2,800
식혜	3,500	3,800
수정과	3,800	4,200
쌍화차	3,300	3,800
유자차	3,500	3,800

추가 시 금액 : 꿀-500원, 대추-600원(잔의 크기는 상관없음)

〈할인혜택〉

- 오늘의 차 : 유자차 (균일가 3,000원)
- 찻집 2주년 기념행사 : 총 20,000원 초과 시 5% 할인
- 10,000원 이상 결제 시 회원카드를 제시하면 총 결제 금액에서 1,000원 할인
- 적립금이 2,000점 이상인 경우, 현금처럼 사용가능(1점당 1원, 100원 단위로만 사용가능하고, 타 할인혜택 적용 후 최종금액의 5%까지만 사용가능)
- 할인혜택은 중복적용 가능

① 15,000원   ② 15,500원   ③ 16,000원   ④ 16,500원

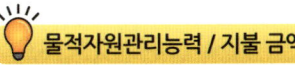
물적자원관리능력 / 지불 금액 계산하기

A : 2,800원, B : 3,800원, C : 3,500원, D : 4,200원, 박 대리 : 3,000원
2,800+3,800+3,500+4,200+3,000=17,300원
17,300−1,000(회원카드 제시)=16,300원
16,300원의 5%(=815원)는 100원 단위로 적립금 사용 가능
16,300−800=15,500

정답 ②

[28~29] ○○회사 기획팀은 금요일, 토요일 이틀 동안 워크숍을 진행할 예정이다. 다음을 보고 이어지는 물음에 답하시오.

2024 한국토지주택공사

〈버스회사별 비용〉

회사명	등급	좌석 수	금액
A	프리미엄	16인승	20만 원
A	우등	28인승	24만 원
A	일반	45인승	28만 원
B	프리미엄	24인승	22만 원
B	우등	28인승	26만 원
B	일반	45인승	30만 원
C	프리미엄	12인승	15만 원
C	우등	26인승	23만 원
C	일반	45인승	29만 원

※ 위의 금액은 1일 금액이며, 버스 등급과 관계없이 1일 추가 시 1대당 8만 원이 추가됩니다.

J 대리 : 워크숍 준비는 잘 되고 있나요?
K 사원 : 네. 버스회사에서 견적을 받아 버스를 결정하려 합니다. 팀원 모두가 참여하는 거죠?
J 대리 : 네. 우리 팀 인원이 총 45명인데, 외부인력 5~6명 정도 더 갈 수 있으니 버스 좌석을 넉넉하게 예약해야 해요.
K 사원 : 네. 알겠습니다. 정해진 예산은 얼마인가요?
J 대리 : 최대 75만 원이에요. 하지만 되도록 최소한의 예산으로 버스를 예약하도록 하세요. 그리고 1대 이상 예약할 경우 버스 등급은 같게 맞춰야 합니다.
K 사원 : 네. 알겠습니다.

28 J 대리와의 대화를 마친 후, K 사원이 버스를 예약할 때 고려해야 할 사항으로 적절한 것을 모두 고르면?

① 예산, 대여일수, 외부 인력 명단
② 예산, 대여일수, 버스 등급
③ 예산, 대여일수, 버스 좌석 수, 버스 등급
④ 예산, 대여일수, 외부 인력 명단, 버스 좌석 수

예산관리능력 / 예약 조건 확인하기

대화를 통해 K 사원은 예산, 대여일수, 버스 좌석 수, 버스 등급을 고려하여 버스를 예약해야 한다는 것을 알 수 있다. 외부 인력 명단은 고려할 필요가 없다.

정답 ③

29 K 사원이 워크숍을 위해 예약할 버스회사와 버스 등급으로 가장 적절한 것을 고르면?

① A, 우등   ② A, 일반
③ B, 우등   ④ C, 우등

 예산관리능력 / 조건에 따라 예약하기

워크숍을 가는 인원이 50~51명 정도이기 때문에 인원을 고려하여 버스를 예약해야 한다. 이때 버스 등급은 같게 맞춰야 하므로 같은 등급의 버스를 선택하도록 한다.

A	프리미엄	(20만×4)+(8만×4) = 112만 원
	우등	(24만×2)+(8만×2) = 64만 원
	일반	(28만×2)+(8만×2) = 72만 원
B	프리미엄	(22만×3)+(8만×3) = 90만 원
	우등	(26만×2)+(8만×2) = 68만 원
	일반	(30만×2)+(8만×2) = 76만 원
C	프리미엄	(15만×5)+(8만×5) = 115만 원
	우등	(23만×2)+(8만×2) = 62만 원
	일반	(29만×2)+(8만×2) = 74만 원

최소한의 예산으로 버스를 예약해야 하므로 가장 저렴한 경우를 고르면 'C, 우등'이다.

정답 ④

출제영역 • 대인관계능력

30 다음 중 고객 불만 유형에 따른 대처 방법으로 적절하지 않은 것은?

2024 공무원연금공단

① 빨리빨리형 - 만사를 시원스럽게 처리하는 모습을 보인다.
② 트집형 - 고객의 트집에 하나하나 짚어서 설득한다.
③ 의심형 - 확실한 증거나 근거를 제시하여 확신을 갖도록 유도한다.
④ 거만형 - 정중하게 대한다.

 고객서비스능력 / 고객 응대하기

트집형 고객은 사소한 것으로 까다롭게 트집을 잡기 때문에 맞장구를 치면서 이야기를 경청하며 설득하는 것이 효과적이다.

정답 ②

31 다음 상황에서 박 팀장이 윤 차장과 후배 직원들과의 갈등을 해결하기 위해 고민한 내용으로 적절하지 않은 것은?

2024 서울주택도시공사

> 몇 달 전 박 팀장이 부임한 후부터 팀 분위기가 어수선하다. 이전에는 팀원들 간 소통은 물론이고 팀원 각자가 자율성을 가지고 업무를 하는 팀으로 인정받았던 팀이었기 때문이다. 팀의 고참 차장인 윤 차장은 대리 시절부터 업무 능력이 좋고 성과 역시 우수한 직원이다. 그러나 차장 승진 이후 본인 기준을 따라오지 못하는 후배 직원에 대해 질책하고 간섭하는 모습을 보이고 있다. 직원들은 윤 차장 눈치를 보며 가급적 말을 섞지 않으려고 한다.
> 윤 차장은 박 팀장에게 팀원들이 일을 설렁하게 해서 답답하다고 하는 반면, 팀원들은 박 에게 윤 차장님 때문에 너무 힘들어 다른 데로 가고 싶다고 넋두리를 한다.

① 팀원들이 승패를 가르는 것보다 문제를 해결하는 것이 중요하다고 깨닫게 해야겠어.
② 자신만의 입장을 고수하면 갈등을 더 크게 유발할 수 있다고 윤 차장과 팀원들에게 주의를 줘야겠어.
③ 우리 부서 내 갈등은 모두 사라져야 하니 팀장인 내가 갈등을 완전히 해소할 수 있는 방안을 강구해야겠어.
④ 이렇게 계속해서 갈등 상황이 방치되면 우리 팀이 발전할 수 없으니 이대로 내버려둘 수는 없겠어.

갈등관리능력 / 직장에서의 갈등 해결하기

조직에서 갈등이나 의견의 불일치는 불가피하기 때문에 갈등을 완전히 없애는 것은 불가능하다. 오히려 적정 수준의 갈등은 조직의 직무 성과에 기여할 수 있다. 따라서 갈등을 완전히 해소할 수 있는 방안을 강구해야 하겠다는 것은 적절하지 않다.

정답 ③

32 다음 중 현대에 필요한 리더십과 리더의 특징으로 적절한 것은?　　2024 서울교통공사

① 리더는 '올바른 일'을 하는 것에 초점을 두어 현재의 문제점을 구체적으로 다루어야 한다.
② 조직의 리더는 관리자의 역할을 수행하는 상사가 될 때 효과가 크게 나타난다.
③ 강력한 리더십을 가지기 위해서는 의사 결정권을 리더가 가지고 있어야 한다.
④ 팀의 목적을 이루기 위해서 팀장뿐만 아니라 팀원이 리더십을 발휘해야 한다.

 리더십능력 / 리더십 이해하기

변화의 속도가 빠른 현대에는 각자의 위치에서 신속하고 효율적인 의사결정을 해야 하기 때문에 개인마다 별도의 주체적인 리더십이 필요하다. 현재의 구체적인 문제를 다루는 것은 리더가 아닌 관리자의 역할이며, 효율적인 의사결정을 위해서는 개개인마다 별도의 주체적인 리더십이 필요하다.

정답 ④

33 다음은 어떤 차원의 협상 전략인가?　　2024 서울교통공사

> A기업 고 부장은 최근 출시한 신제품을 거래처인 G사 담당자와 협상 미팅을 진행하였다. 고 부장은 신제품의 우수성과 예상 매출액 등의 자료를 준비하여 업체 담당자에게 설명하였다.

① 이해 당사자들이 자신들의 욕구를 충족시키는 것을 목적으로, 상대방으로부터 최선의 것을 얻어내기 위해 상대방을 설득하는 '커뮤니케이션 과정'이다.
② 갈등관계에 있는 이해 당사자들이 대화를 통하여 '갈등을 해결하고자 하는 과정'이다.
③ 둘 이상의 이해 당사자들이 여러 대안들 가운데서 이해 당사자들 모두가 수용 가능한 대안을 찾기 위한 '의사결정 과정'이다.
④ 선호가 다른 협상 당사자들이 합의에 도달하기 위해 공동으로 '의사결정 하는 과정'이다.

 협상능력 / 협상 전략 이해하기

제시된 상황은 이해 당사자들이 자신들의 욕구를 충족시키는 것을 목적으로, 상대방으로부터 최선의 것을 얻어내기 위해 상대방을 설득하는 커뮤니케이션 과정인 '의사소통 차원의 협상'에 해당한다.
② 갈등 해결 차원, ③ 의사결정 차원, ④ 교섭 차원에 대한 설명이다.

정답 ①

출제영역 • 정보능력

34 기획부는 이번 신입사원 채용 결과를 정리 중이다. 세 항목의 평균이 85점 이상인 사람은 합격이고, 85점 미만인 사람은 불합격이라고 할 때 괄호 안에 들어갈 합격, 불합격을 표시하는 함수식은 무엇인가?

2024 한국산업인력공단

	A	B	C	D	E	F
1	이름	필기	발표	인성	평균	평가
2	김아람	79	78	80	79	( )
3	박인영	76	60	90	76	
4	오태수	91	93	90	91	
5	윤영석	77	65	88	77	
6	이새롬	90	88	92	90	

① =COUNTIF(E2〉85, "합격", "불합격")
② =COUNTIF(E2〈85, "합격", "불합격")
③ =IF(E2〉85, "합격", "불합격")
④ =IF(E2〈85, "합격", "불합격")

컴퓨터활용능력 / 엑셀 이해하기

85점 이상은 "합격"으로 표시하고, 85점 미만은 "불합격"으로 표시하려면 IF 함수를 사용한다. IF 함수는 'IF(조건, A, B)'로 쓰고 조건이 참이면 A를, 아니면 B를 실행한다.

정답 ③

35 다음 중 정보(Information)에 대한 설명으로 적절하지 않은 것은?

2024 한국산업인력공단

① 일정한 프로그램에 따라 컴퓨터가 처리·가공한 자료
② 유의미하게 가공한 2차 자료
③ 아직 특정의 목적에 대해 평가되지 않은 상태의 숫자나 문자들의 단순한 나열
④ 특정 목적 달성 및 특정한 의미를 가진 것으로 다시 생산된 자료

정보능력 / 자료와 정보 이해하기

아직 특정의 목적에 대해 평가되지 않은 상태의 숫자나 문자들의 단순한 나열은 자료(Data)이다.

정답 ③

36 다음 엑셀 시트에서 표1의 판매현황을 통해 표2의 믹스커피 총 판매금액을 구하는 식으로 알맞은 것은? (자동채우기 기능은 고려하지 않는다) `2024 한국도로공사`

	A	B	C	D	E	F	G
1							
2	표1						
3	제품	판매량	단가	금액		표2	
4	믹스커피	6	10,000	30,000		제품	금액
5	원두커피	7	10,000	30,000		믹스커피	
6	녹차	3	2,000	5,000		원두커피	300,000
7	핸드워시	9	10,000	20,000		녹차	90,000
8	녹차	5	5,000	15,000		핸드워시	320,000
9	원두커피	9	5,000	10,000			
10	믹스커피	30	2,000	5,000			
11	핸드워시	14	5,000	10,000			
12	캡슐커피 A	4	10,000	20,000			
13	캡슐커피 B	9	20,000	40,000			
14							

① =SUM(D4, D13)

② =SUM(A4:A13, F5, D4:D13)

③ =SUMIF(A4:A13, F7, D4:D13)

④ =COUNTIF(A4:A13, F5)

💡 **컴퓨터활용능력 / 엑셀 이해하기**

믹스커피의 총 판매금액을 구하기 위해서는 표1의 물품 중 믹스커피의 금액을 모두 더해야 한다. 따라서 지정한 범위의 셀 값 중 조건에 만족하는 셀의 합을 구하는 SUMIF 함수를 사용하고 =SUMIF(지정한 범위, 조건식, 합을 구할 범위)를 적용하면 된다. 따라서 정답은 ③이다.

정답 ③

 출제영역 ● 조직이해능력

37 헨리 민츠버그는 경영자의 업무와 역할을 10가지로 구분했는데 다음 중 '대인관계 역할'에 해당하는 것을 모두 고르면?　2024 경기도 공공기관 통합채용

> ㉠ 탐색자　㉡ 보급자　㉢ 연락자　㉣ 문제해결자
> ㉤ 대표자　㉥ 대변인　㉦ 리더　㉧ 기업가
> ㉨ 협상가　㉩ 자원배분자

① ㉢, ㉤, ㉦
② ㉤, ㉥, ㉦
③ ㉣, ㉧, ㉨, ㉩
④ ㉠, ㉡, ㉨

 경영이해능력 / 경영자의 역할 알기

민츠버그는 경영자의 업무와 역할을 대인적 역할, 정보적 역할, 의사결정 역할로 나누어 10가지로 구분하였다. 이중에서 대인관계 역할에 해당하는 것은 대표자, 리더, 연락자이다.

🛎 Plus 해설

경영자의 역할(민츠버그)

- **대인관계 역할**
1. 대표자 : 사회적으로 요구되는 대표적이고 일상적 의무 수행(행사 주관, 내방 접견, 서류서명 등)
2. 지도자(리더) : 직원 동기 훈련 및 채용, 훈련 등
3. 연락자 : 정보 제공자와 상호작용 유지

- **정보수집 역할**
1. 탐색자 : 정보탐색과 획득
2. 보급자 : 조직에게 정보 전파(정보 관련 회의 주관)
3. 대변인 : 외부에 조직의 정보를 알림

- **의사결정 역할**
1. 기업가 : 기회를 찾고 사업 추진
2. 문제해결자 : 예상치 못한 어려움에 당면했을 때 올바른 행동 수행
3. 자원배분자 : 조직의 자원 할당
4. 협상가 : 교환, 노사협정 등에서 조직을 대표

정답 ①

38 다음 중 경영참가제도에서 자본에 참가하는 것과 관련이 있는 제도는?

① 공동의사결정제도 ② 이윤분배제도
③ 노사협의회제도 ④ 종업원지주제도

 경영이해능력 / 경영참가제도 이해하기

근로자 또는 노동조합을 경영의 파트너로 인정하는 협력적 노사관계가 중시됨에 따라 이들을 조직의 경영의사 결정 과정에 참여시키는 경영참가의 중요성이 커지고 있다. 근로자 또는 노동조합이 경영과정에 참여하여 자신의 의사를 반영함으로써 공동으로 문제를 해결하고, 노사 간의 세력 균형을 이룰 수 있다.
경영참가제도는 조직의 경영에 참가하는 공동의사결정제도와 노사협의회제도, 이윤에 참가하는 이윤분배제도, 자본에 참가하는 종업원지주제도 및 노동주제도 등이 있다.

Plus 해설

경영참가제도의 종류
- **경영에 참가** : 경영자의 권한인 의사결정과정에 근로자 또는 노동조합이 참여하는 것(공동의사결정제도, 노사협의회제도)
- **이윤에 참가** : 조직의 경영성과에 대하여 근로자에게 배분하는 것(이윤분배제도)
- **자본에 참가** : 근로자가 조직 재산의 소유에 참여하는 것(종업원지주제도, 노동주제도)

정답 ④

39 다음 중 기계적 조직에 대한 설명으로 적절하지 않은 것은?

① 구성원들의 업무가 분명하게 규정된다.
② 비공식적인 상호의사소통이 이루어진다.
③ 다수의 규칙과 규정이 존재한다.
④ 엄격한 상하 간 위계질서가 존재한다.

 체제이해능력 / 조직의 구조 이해하기

조직구조는 의사결정 권한의 집중정도, 명령계통, 최고경영자의 통제, 규칙과 규제의 정도 등에 따라 기계적인 조직과 유기적인 조직으로 구분할 수 있다.
- **기계적 조직** : 구성원들의 업무가 분명하게 규정되며, 많은 규칙과 규제가 있고, 상하 간 의사소통이 공식적인 경로를 통해 이루어지며, 엄격한 위계질서가 존재한다. 대표적인 기계적 조직으로는 군대와 정부, 공공기관 등이 있다.
- **유기적 조직** : 비공식적인 상호 의사소통이 원활히 이루어지며, 규제나 통제의 정도가 낮아 변화에 맞춰 쉽게 변할 수 있는 특징을 가진다. 대표적인 유기적 조직으로는 권한위임을 받아서 독자적으로 활동하는 사내 벤처팀, 특정한 과제 수행을 위해 조직된 프로젝트팀 등이 있다.

정답 ②

출제영역 • 직업윤리

40 다음이 설명하는 직업윤리는 무엇인가? `2024 서울교통공사`

> 자신이 하고 있는 일이 사회나 기업을 위해 중요한 역할을 하고 있다고 믿고 자신의 활동을 수행하는 태도

① 직분의식
② 책임의식
③ 전문가의식
④ 봉사의식
⑤ 천직의식

직업윤리 / 직업윤리의 종류 알기

- 소명의식 : 자신이 맡은 일은 하늘에 의해 맡겨진 일이라고 생각하는 태도
- 천직의식 : 자신의 일이 자신의 능력과 적성에 꼭 맞는다 여기고 그 일에 열성을 가지고 성실히 임하는 태도
- 직분의식 : 자신이 하고 있는 일이 사회나 기업을 위해 중요한 역할을 하고 있다고 믿고 자신의 활동을 수행하는 태도
- 책임의식 : 직업에 대한 사회적 역할과 책무를 충실히 수행하고 책임을 다하는 태도
- 전문가의식 : 자신의 일이 누구나 할 수 있는 것이 아니라 해당 분야의 지식과 교육을 밑바탕으로 성실히 수행해야만 가능한 것이라 믿고 수행하는 태도
- 봉사의식 : 직업 활동을 통해 다른 사람과 공동체에 대하여 봉사하는 정신을 갖추고 실천하는 태도

정답 ①

41 다음이 설명하는 직업윤리의 덕목은 무엇인가? `2024 서울교통공사`

> 이는 행위자가 환경과의 대립을 극복해 나가는 과정에서 발현되며, 고난을 극복하고자 금전과 시간, 에너지를 사용할 수 있도록 준비하고, 가치지향적인 목표 속에서 재생산된다.

① 정직 ② 성실 ③ 근면 ④ 예절 ⑤ 창의

직업윤리 / 직업윤리의 덕목 알기

사전에서 근면(勤勉)은 '부지런히 일하며 힘씀'(표준국어대사전)으로 풀이하고 있으며, 사회 과학적 연구에서는 근면의 개념적 특성을 지문에 제시된 내용과 같이 설명하고 있다.

정답 ③

APPENDIX 특별부록

2023 공사·공단 NCS 기출 문제

특별부록 APPENDIX
2023 공사공단 NCS 최신 기출문제

※ 본 기출문제는 실제 시험 응시자로부터 수집한 후기를 바탕으로 복원되었습니다.

 출제영역 • 의사소통능력

[01~02] 다음을 읽고 이어지는 물음에 답하시오. `2023 코레일`

　한국철도(코레일)이 인공지능(AI) 기술을 이용해 '까치와의 전쟁'에 나섰다. 한국철도는 까치가 철로 위 전차선에 주로 집을 짓는 이달부터 5월까지를 '전차선 특별 관리 기간'으로 정하고 AI기술을 적용한 '실시간 까치집 자동검출시스템'을 활용해 단전사고를 예방하고 있다고 16일 밝혔다. (㉠)
　그동안 한국철도는 까치집에 포함된 나뭇가지나 철사 등으로 인한 전차선 단전사고를 막기 위해 현장 직원의 도보 순회나 기관사의 육안 점검을 통해 까치집 제거작업을 해왔다. 그런데 이번에 도입한 시스템은 열차 운전실에 설치된 별도의 검측장비로 전차선을 모니터링하고, AI로 영상정보를 분석해 까치집 등 위험요인을 찾아 현장 직원에게 즉시 전송하는 방식이다. (㉡)
　시속 150km로 달리는 열차에서도 위험요인을 판독할 수 있는 고성능 영상처리장치와 GPS 등 최첨단 IT기술을 적용했다. AI가 스스로 학습하는 딥러닝 방식으로 까치집과 전차선을 구분해 정확도를 95% 이상 높였다. (㉢)
　아울러 역 구내 또는 차량기지의 전차선 설비를 입체적으로 촬영하고 송전선로 점검에도 드론을 활용할 수 있도록 국가 R&D 과제로 '무인이동체 기반 접근취약 철도시설물 자동화 점검시스템'도 개발 중이다. (㉣)
　한국철도는 까치집, 폐비닐 등 전차선 2m 이내 위험요인을 신고하는 '국민 신고포상제도'를 운영하고 있으며 사고 예방에 기여한 경우 소정의 사은품을 제공한다. (㉤)

출처 : 부산일보, 2021. 03. 16. 기사

01 위의 기사문의 제목으로 가장 적절한 것을 고르면?

① 한국철도, 전차선 까치집·폐비닐 수거
② 까치집 제거하다 감전사한 50대
③ 안전보건공단, 까치집 제거 중 추락 및 감전사고 주의보 발령
④ 코레일, 인공지능(AI) 기술로 철로 위 까치집 제거
⑤ 까치집으로 정전에 인명 사고까지… "봄철 골칫거리"

 문서이해능력 / 글의 제목 찾기

제시된 글은 코레일이 AI 기술을 이용해 철로 위의 까치집을 제거한다는 내용이다. 따라서 기사문의 제목으로는 ④가 가장 적절하다.

정답 ④

02 다음의 문단이 들어갈 위치로 가장 적절한 곳을 고르면?

> 이와 함께 드론도 까치집 제거에 활용한다. 한국철도는 지난해 말부터 정기열차가 운행하지 않거나 작업자가 접근하기 쉽지 않은 차량정비시설 등에 드론을 띄워 전차선 까치집을 발견하는 기술을 개발해 시범운영하고 있다.

① ㉠   ② ㉡   ③ ㉢
④ ㉣   ⑤ ㉤

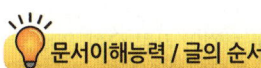 문서이해능력 / 글의 순서 이해하기

㉢의 앞부분은 AI 기술로 까치집을 제거하는 내용이고, 뒷부분은 드론을 이용하여 까치집을 제거하는 내용이다. 따라서 '드론'과 관련된 내용은 ㉢의 뒤에 들어가야 함을 알 수 있다.

정답 ③

[03~04] 다음을 읽고 이어지는 물음에 답하시오.　　2023 경기도공공기관 통합채용

> (가) 또 면역력이 낮아지면 피로 회복이 더디고 몸에 생기는 염증이 잘 낫지 않거나 각종 질환에 노출된다. 주로 실내에서 생활하는 환절기에는 건조한 환경과 오염된 공기 탓에 비염, 인후염, 감기 등에 취약해질 수도 있다. 환절기 질환 예방을 위해서는 실내 습도를 **50%정도**로 조절하고 적정 온도는 19~23도를 유지해 주는 게 좋다. 자기 전에는 카페인과 알코올 섭취를 자제하고 소음과 빛을 최대한 통제해 숙면을 취할 수 있는 환경을 **조성 해야** 하며 하루 **7~8시간정도** 충분한 수면 시간을 가져야 한다.
>
> (나) **요즘 처럼** 낮과 밤의 온도 차가 커지는 환절기에는 쉽게 피로를 느끼고 무기력해지는 등 다양한 증세가 나타나곤 한다. 특히 춘곤증은 몸에서 면역력 저하를 알리는 신호탄으로 알려져 있다. **겨울동안** 항상 낮은 기온에 적응됐던 몸이 바뀌는 날씨에 적응하면서 피부, 근육, 혈관, 교감신경 등 여러 기관에서 에너지를 **평소 보다** 많이 쓰기 때문이다.
>
> (다) 면역력 저하가 심각할 때는 줄기세포 **주사같은** 의학적 방법을 활용하는 것도 해결책이 **될수 있다.** ○○병원 원장은 "일교차가 큰 환절기에는 줄기세포를 통해 원활한 산소와 영양소를 공급하면 항노화 작용과 피로 개선 등의 효과와 함께 빠른 면역력 회복이 가능하다."고 조언했다.
>
> (라) 환경 변화에 몸이 적응하는 과정에서 과도하게 활성화된 교감신경은 식욕을 **떨어뜨리고** 영양 섭취에도 문제를 일으켜 면역세포가 잘 만들어지지 않는다. 특히 비타민은 대사 과정에서 많이 소진돼 부족해지기 **쉬운 만큼** 비타민B와 C가 풍부한 사과, 귤, 고추, 양파 등 채소 및 과일과 냉이, 쑥, 달래 등 **봄나물**을 통해 비타민을 섭취해 주는 게 좋다.
>
> 출처 : 아시아경제, 2023.04.23. 기사

03 위의 글을 맥락에 맞게 순서대로 배열한 것은?

① (나)-(다)-(라)-(가)　　② (나)-(라)-(가)-(다)
③ (라)-(가)-(다)-(라)　　④ (라)-(나)-(가)-(다)

 문서작성능력 / 문단 배열하기

제시된 글은 환절기의 면역력 저하에 대해 말하고 있다. 따라서 (나)로 글을 시작하는 것이 가장 적절하다. (나)는 '교감신경 등에서 에너지를 평소보다 많이 쓴다'는 내용으로 끝나고 있으므로, 다음에 이어져야 할 문단은 '과도하게 활성화된 교감신경'이라는 문장으로 시작하는 (라)이다. (라)에는 면역세포가 잘 만들어지지 않는다는 내용이 있으므로, 뒤이어 면역력 저하에 관한 내용이 나와야 함을 알 수 있다. (가)는 면역력이 낮아졌을 때의 증상이 주된 내용이고, (다)는 면역력 저하가 심각할 경우의 해결책이 주된 내용이므로, (가)가 글의 맥락상 먼저 나와야 함을 알 수 있다. 따라서 적절한 배열은 (나)-(라)-(가)-(다)이다.

정답 ②

04 밑줄 친 부분의 띄어쓰기가 모두 옳은 문단을 고르면?

① (가)　　　② (나)　　　③ (다)　　　④ (라)

문서작성능력 / 띄어쓰기 이해하기

밑줄 친 부분의 띄어쓰기가 모두 옳은 문단은 (라)이다.
- (가) • 50%정도로 → 50% 정도로 (수량을 나타내는 말 뒤에 쓰이는 '정도'는 명사이므로 앞말과 띄어 쓴다.)
  - 조성 해야 → 조성해야 ('~하다'는 앞의 명사와 붙여야 한다.)
  - 7~8시간정도 → 7~8시간 정도(수량을 나타내는 말 뒤에 쓰이는 '정도'는 명사이므로 앞말과 띄어 쓴다.)
- (나) • 요즘 처럼 → 요즘처럼 ('처럼'은 조사이므로 앞말과 붙여야 한다.)
  - 겨울동안 → 겨울 동안 ('동안'은 의존 명사로 쓰였으므로 앞의 말과 띄어 쓴다.)
  - 평소 보다 → 평소보다 (비교의 뜻으로 쓰이는 조사 '보다'는 앞의 말과 붙여야 한다.)
- (다) • 주사같은 → 주사 같은 (비교나 비유로 쓰이거나 어떤 기준을 나타내는 형용사 '같은'은 앞의 말과 띄어 쓴다.)
  - 될수 있다 → 될 수 있다 (어떤 일을 할 만한 능력이나 어떤 일이 일어날 가능성을 나타내는 '수'는 의존 명사이기 때문에 앞말과 붙여 쓸 수 없다.)
- (라) • '떨어뜨리다'와 '떨어트리다'는 복수표준어로 둘 다 맞는 표현이다.
  - 앞의 내용에 상당한 수량이나 정도를 나타내는 '~만큼'은 의존명사로 띄어 쓴다.
  - '봄나물'은 합성어로 붙여 쓰는 것이 맞다.

따라서 띄어쓰기가 모두 옳은 문단은 (라)이다.

정답 ④

05 다음 중 철도 용어를 잘못 순화한 것을 고르면?

`2023 서울교통공사`

① 역사시설 계획 시 여객수요 등을 감안하여 적정 면적의 **콩코스(→여객합류공간)**를 설치한다.
② 열차가 **신호모진(→신호위반)**하여 신호기를 지나서 정지하였다.
③ 이번 열차는 계획보다 **조발(→빠른출발)**을 하였다.
④ 악천후로 인하여 열차의 **운전휴지(→운행중지)**가 결정되었다.
⑤ 서울역은 경부고속철도의 **시발역(→처음역)**이다.

문서작성능력 / 표준어 이해하기

⑤ 시발역(始發驛, departure station) → 출발역 : 열차 운행의 기점이 되는 역

Plus 해설

① 콩코스(concourse) → 여객합류공간 : 열차를 타는 여객과 열차에서 나오는 여객이 합류하는 곳에 혼잡을 방지하기 위하여 만들어 놓은 공간
② 신호모진(信號冒進, signal over run) → 신호위반 : 열차가 신호기의 정지신호를 무시하고 신호기를 지나쳐 운전하는 행위
③ 조발(早發, starting ahead of time schedule) → 빠른출발 : 열차가 정거장에서 계획된 출발 시각보다 미리 출발하는 것을 말함
④ 운전휴지(運轉休止, cancelled operation) → 운행중지 : 열차의 운행을 일시 중지하는 것

정답 ⑤

[06~07] 다음을 읽고 이어지는 물음에 답하시오.　　2023 코레일

　　한국철도공사(코레일)는 안경처럼 착용하고 철도시설물 점검을 자동화할 수 있는 '스마트글라스'를 도입한다고 14일 밝혔다.

　　스마트글라스는 안경 형태의 스마트기기로 모든 동작이 음성인식 기반으로 동작하며, 검사와 판독, 데이터 송수신과 보고서 작성까지 자동으로 이뤄지는 시스템이다. 작업자는 눈앞에 보이는 액정표시에 따라 시설을 점검하며 '사진 촬영' 등을 음성으로 명령하면 기기가 자동으로 동작하고 해당 정보와 검사 결과를 전송해 보고서 형태로 작성한다.

　　기존 점검은 작업 전 자료조사부터 실사 측정, 시스템 등록 등의 여러 단계를 작업자가 수기 입력하며 직접 진행했지만, 스마트글라스는 이를 한 번에 처리하고 중앙서버가 점검 이력까지 종합 관리한다.

　　스마트글라스는 작업자의 안전 향상에도 크게 기여한다. 두 손이 자유로워 추락 사고를 예방할 수 있으며 기기 내부 센서가 충격과 기울기를 감지해 작업자에게 이례 상황이 발생하면 지정된 컴퓨터로 바로 통보한다.

　　코레일은 지난 1월부터 현장검증 등을 거치며 국내 철도환경에 맞게 시스템을 개선했으며 측정 데이터를 총괄제어 할 수 있는 '안전점검 플랫폼'망도 함께 마련했다.

　　코레일은 이달부터 주요 거점 현장에서 스마트글라스를 보급해 성과분석을 거치고 내년부터 전사적으로 확대 보급할 계획이다.

출처 : 충남일보, 2022. 09. 14. 기사

06 다음 기사문의 제목으로 가장 적절한 것을 고르면?

① 코레일, 음성인식 '스마트글라스'로 시설물 점검한다
② 코레일, 스마트기술 활용 철도안전 향상
③ 코레일, 첨단기술 KTX급 속도로 도입… 철도안전 총력전
④ AI·드론…코레일, 기술혁신 싣고 달린다
⑤ 현장 '스마트 안전장비' 도입 속속

 문서이해능력 / 기사문 제목 찾기

제시된 기사문은 '스마트글라스'에 대한 내용이다. 스마트글라스는 안경 형태의 스마트기기로 모든 동작이 음성인식 기반으로 동작하는 것으로, 코레일은 안경처럼 착용하고 철도시설물 점검을 자동화할 수 있는 스마트글라스를 도입하였다. 따라서 정답은 ①이다.

정답 ①

07 스마트글라스에 대한 내용으로 옳은 것은 모두 몇 개인가?

> ㉠ 모든 동작이 음성인식 기반으로 동작한다.
> ㉡ 기기 내부 센서가 충격과 기울기를 감지할 수 있다.
> ㉢ 중앙서버가 점검 이력까지 종합 관리할 수 있다.
> ㉣ 스마트글라스를 이용하면 작업자가 작업할 때 두 손을 자유롭게 이용할 수 있다.
> ㉤ 검사와 판독, 데이터 송수신과 보고서 작성까지 자동으로 이루어진다.

① 1개 ② 2개 ③ 3개
④ 4개 ⑤ 5개

 문서이해능력 / 글의 내용 이해하기

㉠~㉤ 모두 옳은 내용이다.

정답 ⑤

---

08 다음 중 맞춤법이 옳게 짝지어진 것을 고르면?   `2023 경기도공공기관 통합채용`

> • 그는 매일 반복되는 생활에 [실증/싫증]을 느끼고 있다.
> • 나는 직장에 나가 일을 하면서도 [틈틈이/틈틈히] 외국어 공부를 했다.
> • 앞집 아저씨께서 어젯밤 갑자기 [뇌졸증/뇌졸중]으로 쓰러지셨다고 한다.

① 실증, 틈틈이, 뇌졸증 ② 실증, 틈틈히, 뇌졸중
③ 싫증, 틈틈이, 뇌졸중 ④ 싫증, 틈틈히, 뇌졸증

 문서작성능력 / 맞춤법 이해하기

• 싫증 : 싫은 생각이나 느낌.
  '실증'은 '싫증'의 비표준어이다.
• 틈틈이 : 겨를이 있을 때마다.
  '틈틈히'는 틀린 표기이다.
• 뇌졸중 : 뇌에 혈액 공급이 제대로 되지 않아 손발의 마비, 언어 장애, 호흡 곤란 따위를 일으키는 증상.
  '뇌졸증'은 틀린 표기이다.
따라서 옳게 짝지어진 것은 '싫증, 틈틈이, 뇌졸중'이다.

정답 ③

[09~10] 다음 글을 읽고 각 물음에 답하시오.　　2023 경기도공공기관 통합채용

　온라인 광고를 시작하게 되면 CPM·CPC·CPA 등 다소 생소한 영문 용어들을 종종 접하게 된다. CPM(Cost Per Mille)은 1,000번의 노출에 대해 광고비를 지급하는 정액제 방식이며, CPC(Cost Per Click)는 이용자가 광고를 한번 클릭할 때마다 요금이 부과되는 종량제 방식이다. CPA(Cost Per Action)는 주로 제휴마케팅에서 사용되는데, 광고를 클릭한 이용자가 웹사이트의 회원으로 가입하거나 설문을 작성하는 등 광고주와 매체가 상호 협의한 특정한 반응을 보일 경우에 요금이 부과되는 또 다른 방식의 종량제 광고다.
　이와 같이 다양한 광고 방식들은 각각 장점과 단점들을 가지고 있다. 따라서 광고주나 사이트 운영자는 광고의 목적 및 타겟 고객의 특성에 따라 이들을 적절히 배합해 최대의 효과를 끌어내는 '광고 믹스' 전략을 수립해야 한다.
　CPM은 광고의 총비용을 전체 노출 수로 나눈 결과에 1,000을 곱해 계산한다. 대부분의 배너 광고들이 채택하고 있는 정액제 방식인 CPM은 온라인 광고의 등장과 함께 나타난 가장 오래된 광고비 산정방식으로, 무엇보다 관리가 간편하다는 장점이 있다. 일정 금액을 지불하면 계약기간 동안의 광고를 보장받을 수 있으며, 이 동안 게재되는 광고는 다른 광고주에 의해 침해를 받지 않는다. 단 광고효과가 나쁠 경우 계약 해지에 페널티가 발생하며 좋은 위치에 광고를 게재하기 위해서는 치열한 경쟁을 뚫어야 한다는 단점이 있다.
　CPC는 광고의 총비용을 클릭 수로 나누어 계산하게 된다. 클릭 수에 따라 요금을 부과하는 종량제 방식인 CPC는 좀 더 합리적으로 광고를 집행할 수 있다는 장점이 있다. 원하는 자리를 따내지 못하면 타사의 광고 계약기간이 끝날 때까지 노출이 불가능한 CPM과는 달리 CPC는 실시간 입찰제와 효과에 따라 언제라도 광고를 중단하거나 재개할 수 있는 기능을 갖추고 있어 보다 전략적인 광고의 운영이 가능하다. CPC의 특성들을 잘 이해하고 활용한다면 상대적으로 적은 예산을 활용해 효과적인 광고를 집행하는 것이 가능하지만, 끊임없이 변동하는 실시간 경쟁에서의 노출 순위 및 광고비 지출 현황 등에 대한 지속적인 관리가 필요하다.
　CPA는 클릭에 의해 들어온 유저가 광고주가 원하는 반응을 보일 때만 광고비를 지불하는 방식이기 때문에 광고주의 입장에서 유리하여 가장 선호되고 있다. 하지만 매체사가 큰 위험부담을 떠안게 되기 때문에 주로 제휴마케팅을 통해 집행된다. CPA 광고를 집행하기 위해서는 충분한 사전 커뮤니케이션을 통해 이용자의 반응에 대한 명확한 정의를 내리고 광고주와 매체사 모두에게 원윈(win-win) 결과를 이끌어낼 수 있는 단가 산정방식으로 사후 분쟁의 소지가 없도록 견고한 이해관계를 구축하는 것이 필요하다.

출처 : 전자신문, 2006. 01. 09. 기사

09 광고비가 500,000원이고, 클릭이 100번 일어났을 때의 CPC를 구하면?

① 500　　　　　　　　　　② 5,000
③ 10,000　　　　　　　　　④ 50,000

문서이해능력 / 글의 내용 이해하기

4문단을 보면, CPC는 광고의 총비용을 클릭 수로 나누어 계산한다고 나와 있다. 따라서 CPC는 500,000÷100 =5,000이다.

정답 ②

10 CPM에 대한 내용이 아닌 것은 모두 몇 개인가?

> (가) 1,000번의 노출에 대해 광고비를 지급하는 정액제 방식이다.
> (나) 가장 오래된 광고비 산정방식으로 관리가 간편하다.
> (다) 실시간 입찰제로 언제라도 광고를 중단하거나 재개할 수 있다.
> (라) 계약기간 동안 게재되는 광고는 다른 광고주에 의해 침해받지 않는다.
> (마) 광고주가 원하는 반응을 보일 때만 광고비를 지불하게 된다.

① 0개　　　　② 1개　　　　③ 2개　　　　④ 3개

문서이해능력 / 글의 내용 파악하기

(다)는 CPC에 대한 내용이고, (마)는 CPA에 대한 내용이다. 따라서 정답은 ③이다.

정답 ③

11 다음 글을 읽고, 코레일이 개발한 드론에 대한 설명으로 옳지 않은 것을 고르면?

`2023 코레일`

> 한국철도공사(코레일)가 자율비행 드론을 활용해 철도시설물을 정밀 진단하고 체계적으로 관리하는 통합 안전관리시스템을 개발했다. 코레일은 4일 세종 연동면 미호천교에서 코레일, 국토교통부 등 유관기관이 참여해 자율비행 드론 성능 시험을 위한 공개 시연회를 진행했다.
> 자율비행 드론 시스템은 드론이 철도시설물 주위를 자율비행하며 촬영한 영상을 3차원으로 분석해 이상 유무를 판별하고 통계화해 관리하는 체계다. 모든 과정이 자동화돼 점검·보수 이력이 과학적으로 관리된다.
> 코레일은 높은 철도교량이나 송전철탑 등 접근이 어려운 철도시설물을 보다 안전하고 고도화된 방식으로 점검하기 위해 2019년부터 철도현장 맞춤형 드론 시스템 개발을 진행했다.
> 또 코레일은 최적 경로로 비행하며 고해상도 사진을 자동으로 촬영하는 드론을 개발했다. 개발된 드론은 6개 날개로 고속열차의 바람을 견딜 수 있고 예비 경로를 확보하는 복합항법으로 고압전류와 전자기의 방해에도 정상 작동한다.
> 코레일 기술안전연구처장은 "정밀한 검사와 선제적 예방관리를 위해 자율비행 드론을 개발했다."며 "성능과 안전성을 면밀히 검증하고 전사적으로 확대 적용하겠다."고 말했다. 코레일 사장은 "드론과 인공지능 등 첨단 IT기술 중심의 과학적 관리체계를 적극 도입하겠다."며 "안전한 작업환경을 위해 철도유지보수분야 고도화에 주력하겠다."고 밝혔다.
>
> 출처 : 충남일보, 2022. 05. 05. 기사

① 자율비행 드론 시스템은 드론이 철도시설물 주위를 자율비행하며 촬영한 영상을 3차원으로 분석한다.
② 모든 과정이 자동화돼 점검·보수 이력이 과학적으로 관리된다.
③ 드론의 날개는 6개로, 고압전류와 전자기의 방해에도 정상 작동한다.
④ 코레일이 개발한 드론은 최적 경로로 비행하여 고해상도 사진을 자동으로 촬영한다.
⑤ 코레일은 2017년부터 철도현장 맞춤형 드론 시스템 개발을 진행했다.

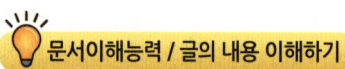

코레일은 2019년부터 철도현장 맞춤형 드론 시스템 개발을 진행했다.

정답 ⑤

출제영역 • 수리능력

12 일정한 규칙으로 수를 나열할 때, 빈칸에 들어갈 수로 가장 적절한 것은?

`2023 서울교통공사`

$$2 \quad -10 \quad (\ ) \quad -250 \quad 1{,}250$$

① −100 ② −50 ③ 30
④ 50 ⑤ 100

 기초연산능력 / 수의 규칙 찾기

나열된 수는 ×(−5)씩 곱해지고 있다. 따라서 빈칸에 들어갈 수는 (−10)×(−5)=50이다.

정답 ④

13 일정한 규칙으로 수를 나열할 때, 빈칸에 들어갈 수로 가장 적절한 것은?

`2023 경기도공공기관 통합채용`

$$2 \quad 6 \quad 12 \quad 20 \quad (\ ) \quad 42$$

① 28 ② 30 ③ 32 ④ 34

 기초연산능력 / 수의 규칙 찾기

나열된 수는 +4, +6, +8, +10, +12의 규칙을 가지고 있다. 따라서 빈칸에 들어갈 수는 20+10=30이다.

정답 ②

14 어떤 일을 하는데 A는 8일, B는 12일, C는 16일이 걸린다. B가 혼자서 3일 일한 뒤, A와 C가 이어서 일을 같이 마무리 지었다면, 이 일을 끝내는 데 걸린 총 기간은? 2023 코레일

① 4일 ② 5일 ③ 6일
④ 7일 ⑤ 8일

 기초연산능력 / 일의 양 구하기

A와 C가 이어서 한 기간을 x라 하면
$$\frac{1}{12} \times 3 + \left(\frac{1}{8} + \frac{1}{16}\right) \times x = 1$$
$$\frac{3}{12} + \frac{3}{16}x = 1$$
$$\frac{3}{16}x = \frac{9}{12}$$
$$x = 4$$
따라서 일을 끝내는 데 걸린 총 기간은 7일이다.

정답 ④

15 어느 회사의 올해 남자 직원 수는 작년보다 8% 감소하였고, 여자 직원 수는 6% 증가하였다. 작년의 전체 직원 수는 850명이었으며, 올해는 작년보다 12명 감소하였다면, 올해 여자 직원은 몇 명인가? 2023 코레일

① 400명 ② 414명 ③ 424명
④ 434명 ⑤ 450명

 기초연산능력 / 직원 수 구하기

작년 남자 직원 수를 x, 작년 여자 직원 수를 y라고 하면,
올해 남자 직원 수는 $0.92x$, 올해 여자 직원 수는 $1.06y$이다.
$x+y=850$ …… ①
$0.92x+1.06y=850-12$ …… ②
①과 ②를 연립하면,
$1.06x+1.06y=901$
$0.92x+1.06y=838$
$0.14x=63$
$x=450$
$y=400$
따라서 올해 여자 직원 수는 $1.06y=1.06 \times 400=424$명이다.

정답 ③

16 다음은 프로스포츠 경기 수에 대한 자료이다. 자료에 대한 설명으로 틀린 것은 모두 몇 개인가?

`2023 경기도공공기관 통합채용`

(단위 : 번)

구분	2018년	2019년	2020년	2021년	2022년
야구	737	733	733	731	738
축구	412	412	299	414	454
농구(남)	293	292	213	290	275
농구(여)	112	112	83	100	98
배구	230	229	192	230	267

㉠ 여자 농구는 매년 경기 수가 가장 적다.
㉡ 2022년 야구 경기 수는 전년 대비 1% 미만으로 증가하였다.
㉢ 2021년 축구 경기 수는 전년 대비 약 32.5% 증가하였다.
㉣ 2020년 여자 농구 경기 수는 전년 대비 약 25.9% 감소하였다.
㉤ 2021년 남자 농구 경기 수는 전년 대비 약 42.2% 증가하였다.
㉥ 2022년 배구 경기 수는 2020년 대비 약 28% 증가하였다.

① 1개 ② 2개
③ 3개 ④ 4개

도표분석능력 / 자료 해석하기

(○) ㉠ 여자 농구는 매년 경기 수가 가장 적다.

(○) ㉡ 2022년 야구 경기 수는 전년 대비 $\dfrac{738-731}{731} \times 100 ≒ 0.96\%$ 증가하였다.

(×) ㉢ 2021년 축구 경기 수는 전년 대비 $\dfrac{414-299}{299} \times 100 ≒ 38.5\%$ 증가하였다.

(○) ㉣ 2020년 여자 농구 경기 수는 전년 대비 $\dfrac{83-112}{112} \times 100 ≒ -25.9\%$ 감소하였다.

(×) ㉤ 2021년 남자 농구 경기 수는 전년 대비 $\dfrac{290-213}{213} \times 100 ≒ 36.2\%$ 증가하였다.

(×) ㉥ 2022년 배구 경기 수는 2020년 대비 $\dfrac{267-192}{192} \times 100 ≒ 39\%$ 증가하였다.

정답 ③

17 1~6까지의 눈이 있는 서로 다른 주사위 2개를 동시에 던져서 나온 눈의 수의 합이 3일 확률을 구하면?　　2023 경기도공공기관 통합채용

① $\dfrac{1}{18}$　　② $\dfrac{1}{24}$　　③ $\dfrac{1}{36}$　　④ $\dfrac{1}{40}$

💡 기초연산능력 / 확률 구하기

주사위를 던졌을 때 나오는 전체 경우의 수는 6×6=36이고, 주사위의 합이 3일 경우는 (1, 2), (2, 1)로 2가지이다. 따라서 정답은 $\dfrac{2}{36} = \dfrac{1}{18}$ 이다.

정답 ①

18 다음은 주요 도시 연평균 미세먼지 농도에 관한 자료이다. 자료에 대한 설명으로 옳은 것은 모두 몇 개인가?　　2023 코레일

(단위 : $\mu g/m^3$)

구분	2016년	2017년	2018년	2019년	2020년	2021년
서울	48	44	40	42	35	38
부산	44	44	41	36	30	32
대구	43	42	39	39	34	35
인천	49	46	40	43	34	39
광주	40	40	41	42	30	34
대전	44	45	44	42	33	36
울산	43	43	40	37	30	30

㉠ 2016년과 2021년의 미세먼지 농도가 가장 높은 도시는 인천이다.
㉡ 2021년 서울의 미세먼지 농도는 전년 대비 약 8.6% 증가하였다.
㉢ 2020년 부산의 미세먼지 농도는 2016년 대비 약 14.8% 감소하였다.
㉣ 2019년 대구의 미세먼지 농도는 2017년 대비 약 7.1% 감소하였다.
㉤ 2021년 광주의 미세먼지 농도는 전년 대비 약 13.3% 증가하였다.
㉥ 2019년 울산의 미세먼지 농도는 2016년 대비 약 14% 감소하였다.

① 2개　　② 3개　　③ 4개
④ 5개　　⑤ 6개

도표분석능력 / 자료 이해하기

(○) ㉠ 2016년과 2021년의 미세먼지 농도가 가장 높은 도시는 인천이다

(○) ㉡ 2021년 서울의 미세먼지 농도는 전년 대비 $\frac{38-35}{35} \times 100 ≒ 8.6\%$ 증가하였다.

(×) ㉢ 2020년 부산의 미세먼지 농도는 2016년 대비 $\frac{30-44}{44} \times 100 ≒ -31.8\%$ 감소하였다.

(○) ㉣ 2019년 대구의 미세먼지 농도는 2017년 대비 $\frac{39-42}{42} \times 100 ≒ -7.1\%$ 감소하였다.

(○) ㉤ 2021년 광주의 미세먼지 농도는 전년 대비 $\frac{34-30}{30} \times 100 ≒ 13.3\%$ 증가하였다.

(○) ㉥ 2019년 울산의 미세먼지 농도는 2016년 대비 $\frac{37-43}{43} \times 100 ≒ -14\%$ 감소하였다.

정답 ④

[19~20] 다음은 철도 여객 수송량에 관한 자료이다. 다음을 보고 이어지는 물음에 답하시오.

2023 코레일

(단위: 천 명)

구분	2019년	2020년	2021년	2022년
총 여객 수송량	1,352,708	964,977	1,009,850	1,161,211
− 간선철도 수송량	169,551	106,251	113,098	145,509
− 광역전철 수송량	(A)	(B)	896,752	1,015,702

19 위의 자료에 대한 설명으로 옳지 않은 것을 고르면?

① 조사 기간 동안 총 여객 수송량과 간선철도 수송량의 증감 추이는 같다.
② 2022년 간선철도 수송량은 전년 대비 약 28.7% 증가하였다.
③ 2021년 총 여객 수송량은 전년 대비 44,873천 명 증가하였다.
④ 2022년 광역전철 수송량은 전년 대비 118,950천 명 증가하였다.
⑤ 2021년 간선철도 수송량은 전년 대비 약 10.4% 증가하였다.

 도표분석능력 / 자료 이해하기

2021년 간선철도 수송량은 전년 대비 $\dfrac{113{,}098 - 106{,}251}{106{,}251} \times 100 \fallingdotseq 6.4\%$ 증가하였다.

Plus 해설

① 조사 기간 동안 여객 수송량과 간선철도 수송량의 증감 추이는 감소 → 증가 → 증가로 같다.
② 2022년 간선철도 수송량은 전년 대비 $\dfrac{145{,}509 - 113{,}098}{113{,}098} \times 100 \fallingdotseq 28.7\%$ 증가하였다.
③ 2021년 총 여객 수송량은 전년 대비 1,009,850−964,977=44,873천 명 증가하였다.
④ 2022년 광역전철 수송량은 전년 대비 1,015,702−896,752=118,950천 명 증가하였다.

정답 ⑤

20 B−A의 절댓값을 구하면?

① 314,431 ② 324,431 ③ 334,431
④ −314,431 ⑤ −324,431

 도표분석능력 / 자료 이해하기

A : 1,352,708−169,551=1,183,157
B : 964,977−106,251=858,726
B−A = 858,726−1,183,157 = −324,431
따라서 B−A의 절댓값은 324,431이다.

정답 ②

출제영역 ● 문제해결능력

21 다음에 해당하는 업무 수행 시트는 무엇인가?　　　　　　　　　　　　2023 코레일

- 일의 흐름을 동적으로 보여준다.
- 도형을 다르게 표현함으로써 주된 작업과 부차적인 작업 등을 구분해서 표현할 수 있다.

① 간트 차트　　　　② 워크 플로 차트　　　　③ 체크리스트
④ 경영분석표　　　　⑤ 기안서

문제처리능력 / 워크 플로 차트 이해하기

워크 플로 차트는 일이나 문제의 처리 절차를 공정도 기호로 도식화한 것으로, 일의 흐름을 동적으로 보여주는 데 효과적이다. 플로 차트에 사용하는 도형을 다르게 표현함으로써 주된 작업과 부차적인 작업, 혼자 처리할 수 있는 일과 다른 사람의 협조를 필요로 하는 일 등을 구분해서 표현할 수 있다.

Plus 해설
① 간트 차트 : 단계별로 업무를 시작해서 끝나는 데 걸리는 시간을 바 형식으로 표시한 것이다.
③ 체크리스트 : 업무의 각 단계를 효과적으로 수행했는지 자가 점검해 볼 수 있는 도구이다.
④ 경영분석표 : 경영 성과를 분석한 결과를 기록하는 서식이다.
⑤ 기안서 : 기업활동 중 어떤 사항의 문제해결을 위해 해결방안을 작성하여 결재권자에게 의사결정을 요청하는 문서이다.

정답 ②

22 논리적 오류 중 다른 하나를 고르면?　　　　　　　　　　　　2023 경기도공공기관 통합채용

① 그는 그 사건이 진실이라고 말한 적이 없으니, 그 사건은 거짓이야.
② 나를 좋아하지 않는다고 한 것으로 보아 싫어하는 것이 틀림없어.
③ 네가 내게 한 약속을 지키지 않은 것은 곧 나를 좋아하지 않는다는 증거야.
④ 자장면을 싫어하니 짬뽕을 좋아하겠구나?

사고력 / 논리적 오류 이해하기

①·②·④ 흑백사고의 오류로, 어떤 주장에 대해 선택 가능성이 두 가지밖에 없다고 생각함으로써 발생하는 오류이다.
③ 의도 확대의 오류는 의도하지 않은 행위의 결과를 의도가 있었다고 판단할 때 생기는 오류이다. '약속을 지키지 않은 것'으로 '좋아하지 않는다'로 결론을 내리는 것은 의도 확대의 오류이다. 약속을 지키지 않은 데에는 여러 가지 의도가 있을 텐데, '사랑하지 않는 것'이라고 확대해석을 했기 때문이다.
따라서 정답은 ③이다.

정답 ③

23 ○○기업은 신입사원 채용을 진행 중이다. A~E가 서류전형에서 받은 점수와 최종점수 계산 방법은 다음과 같으며, 이들 중 점수가 가장 낮은 1인이 불합격한다고 할 때, 불합격자를 고르면?

2023 서울교통공사

구분	직무적합성(100)	직무이해도(100)	지원동기(100)	전공능력(100)
A	90	80	90	80
B	70	75	90	70
C	95	80	85	85
D	90	90	80	65
E	90	65	95	95

• 최종점수는 각 항목에 다음의 가중치를 적용하여 계산한다.
  – 직무적합성(30), 직무이해도(30), 지원동기(20), 전공능력(20)
• 전공능력 점수가 85점 이상이면 최종 점수에 2점을 가산한다.

① A ② B ③ C
④ D ⑤ E

 문제처리능력 / 최종 합격자 찾기

가중치를 적용한 최종 점수는 다음과 같다.
A : (90×0.3)+(80×0.3)+(90×0.2)+(80×0.2)=85
B : (70×0.3)+(75×0.3)+(90×0.2)+(70×0.2)=75.5
C : (95×0.3)+(80×0.3)+(85×0.2)+(85×0.2)+2=88.5
D : (90×0.3)+(90×0.3)+(80×0.2)+(65×0.2)=83
E : (90×0.3)+(65×0.3)+(95×0.2)+(95×0.2)+2=86.5
따라서 불합격자는 B이다.

정답 ②

24 다음에서 설명하는 것은 문제해결을 위한 어떤 사고에 해당하는가?

`2023 경기도공공기관 통합채용`

> 전체를 각각의 요소로 나누어 그 요소의 의미를 도출한 다음 우선순위를 부여하고 구체적인 문제해결방법을 실행하는 사고

① 전략적 사고 ② 분석적 사고
③ 발상의 전환 ④ 자원의 활용

 문제처리능력 / 문제해결을 위한 사고 이해하기

분석적 사고 : 전체를 각각의 요소로 나누어 그 요소의 의미를 도출한 다음 우선순위를 부여하고 구체적인 문제해결방법을 실행하는 사고

Plus 해설

① 전략적 사고 : 현재의 문제와 해결에 그치지 않고, 그 문제와 해결방안이 상위 시스템과 어떻게 연결되어 있는지를 생각하는 사고
③ 발상의 전환 : 기존 인식의 틀을 전환하여 새로운 관점에서 바라보는 사고
④ 자원의 활용 : 문제해결 시 필요한 기술, 재료, 방법, 사람 등 자원 확보 계획을 수립하고 내·외부자원을 활용하는 사고

정답 ②

25 비판적 사고에 대한 설명으로 옳지 않은 것을 고르면?

`2023 경기도공공기관 통합채용`

① 비판적 사고의 주요 목적은 어떤 주장의 단점을 파악하려는 데 있다.
② 비판적 사고를 하려면 감정을 철저히 배제해야 한다.
③ 맹목적이고 무원칙적으로 사고하는 것은 비판적 사고가 아니다.
④ 비판적 사고는 어떤 주제나 주장에 대해서 적극적으로 분석하는 것이다.

 문제처리능력 / 비판적 사고 이해하기

비판적 사고의 목적은 단순히 그 주장의 단점을 찾아내는 것이 아니라, 종합적인 분석과 검토를 통해서 그 주장이 타당한지 그렇지 않은지를 밝혀내는 것이다.

Plus 해설

② 비판적 사고를 하려면 감정을 철저히 배제해야 한다. 중립적인 입장에서 어떤 주장이나 의견을 파악해야 한다.
③ 맹목적이고 무원칙적으로 사고하는 것은 비판적 사고가 아니다. 비판적 사고는 부정적으로 생각하는 것이 아니라, 지식과 정보에 바탕을 둔 합당한 근거를 기초로 생각하는 것이다.
④ 비판적 사고를 하기 위해서는 적극적인 분석과 종합이 필요하다.

정답 ①

[26~27] 인사팀, 기획팀, 회계팀, 총무팀, 전산팀은 6월 둘째 주 월요일부터 금요일까지 1시나 4시 중 대회의실 또는 소회의실 중 하나를 사용하려고 한다. 재무팀의 경우는 이미 정해졌다고 할 때, 나머지 팀에 대하여 다음 주어진 〈상황〉과 〈조건〉을 보고 물음에 답하시오. (단, 하루에 한 부서만 회의실을 사용할 수 있으며, 회의 시간은 1시간 30분이다.)

2023 인천항만공사

〈상황〉
- 월요일 3시부터 6시까지 소회의실과 대회의실 정기점검이 있다.
- 화요일은 회사 견학 프로그램으로 대회의실을 이용할 수 없다.
- 매월 2, 4번째 목요일 오후 내내 소회의실에서 세미나가 진행된다.
- 금요일에는 오후 1시부터 재무1팀과 2팀은 각기 다른 회의실에서 정기회의가 진행된다.

〈조건〉
- 회계팀 바로 전날 회의한 팀은 대회의실을 사용할 수 없었다.
- 전산팀 바로 전날과 다음날 회의한 팀은 소회의실을 사용하였다.
- 총무팀은 정기적으로 목요일에 회의를 한다.
- 회계팀 바로 전날과 다음날 회의한 팀은 1시에 회의를 하였다.
- 총무팀 전날 회의한 팀은 회계팀이었다.

26 주어진 조건을 근거로 하여 항상 옳은 것을 고르면?

① 회계팀은 대회의실에서 회의를 하였다.
② 기획팀은 금요일에 회의를 하였다.
③ 전산팀은 4시에 회의를 하였다.
④ 총무팀은 인사팀이 회의한 전날에 회의를 하였다.
⑤ 회계팀은 전날 회의한 팀과 같은 회의실을 사용하였다.

 사고력 / 순서 배치하기

〈상황〉과 〈조건〉의 내용을 표로 나타내면 다음과 같다.

	월	화	수	목	금
회의시간	1시	1시		1시	4시
회의실	소회의실	소회의실	소회의실	대회의실	
회의팀		전산팀	회계팀	총무팀	

주어진 〈상황〉과 〈조건〉에서는 인사팀과 기획팀이 월요일과 금요일 중에 회의했다는 사실만 알 수 있고 각각 언제인지 알 수 없다. 회계팀은 수요일에 회의를 했지만 회의 시간은 알 수가 없다. 전산팀과 총무팀은 회의 요일 및 시간과 사용한 회의실을 알 수 있다. 따라서 항상 옳은 것은 ⑤이다.

정답 ⑤

27 인사팀은 타 부서에 비해 직원 수가 많아 소회의실은 이용할 수 없다고 할 때, 알 수 있는 사실은 무엇인가?

① 회계팀은 4시에 회의를 해야 한다.
② 기획팀은 대회의실을 이용해야 한다.
③ 총무팀이 유일하게 대회의실을 사용한다.
④ 기획팀은 월요일에 회의를 한다.
⑤ 인사팀은 소회의실을 이용한다.

사고력 / 순서 배치하기

인사팀이 소회의실을 이용할 수 없다면 대회의실을 이용해야 한다. 앞에서 월요일은 소회의실을 이용해야 하기 때문에 인사팀은 금요일에 대회의실에서 회의를 해야 한다. 따라서 추가적으로 정해진 사실은 다음과 같다.
- 월요일 1시 소회의실에서 기획팀이 회의를 한다.
- 금요일 4시 대회의실에서 인사팀이 회의를 한다.
- 추가로 조건이 주어져도 수요일에 회계팀이 몇 시에 회의를 하는지 알 수 없다.

따라서 알 수 있는 사실은 ④이다.

정답 ④

출제영역 • 자기개발능력

28 자아에 대한 설명으로 틀린 것은 몇 개인가? 〔2023 서울교통공사〕

> ㉠ 자아란 자신에 대한 인식과 신념의 체계적이고 일관된 집합이다.
> ㉡ 자아는 내면적인 성격이며, 정신이다.
> ㉢ 자아는 자신의 삶에서 갖고 있는 경험과 경험에 대한 해석에 영향을 받는다.
> ㉣ 자아존중감이란 개인의 가치에 대한 주관적인 평가와 판단을 통해 자기결정에 도달하는 과정이다.
> ㉤ 자아인식은 일과 관련된 경험을 관리하는 것이다.
> ㉥ 다른 사람과의 대화를 통해 자아를 인식할 수 있다.
> ㉦ 자아인식은 자기개발의 가장 첫 단계에서 이루어지는 것이다.
> ㉧ 표준화 검사를 통해 자신을 알아갈 수 있다.

① 1개 ② 2개 ③ 3개
④ 4개 ⑤ 없음

 자아인식능력 / 자아존중감 이해하기

㉤ 일과 관련된 경험을 관리하는 것은 '경력관리'이다.

Plus 해설
- 자아란 자신에 대한 인식과 신념의 체계적이고 일관된 집합으로, 내면적인 성격이며 정신이다. 자아는 자신의 삶에서 갖고 있는 경험과 경험에 대한 해석에 영향을 받는다.
- 자아존중감이란 개인의 가치에 대한 주관적인 평가와 판단을 통해 자기결정에 도달하는 과정이다.
- 자아인식은 자신의 흥미, 적성, 특성 등을 이해하고 자기 정체감을 확고히 하는 능력이다. 자기개발의 첫 단계에서 이루어지며, 표준화된 검사를 통해 자신을 알아갈 수 있고, 다른 사람과의 대화를 통해 자아를 인식할 수 있다.

정답 ①

29 다음 중 경력닻에 대한 설명으로 틀린 것을 고르면? 〔2023 서울교통공사〕

① 경력닻이란 자신의 관심 영역이 아닌 다른 어떤 직업이나 경력을 선택하더라도 자신의 관점과 가치를 포기하지 않는 것이다.
② 자신에 대해서 고민하면서 점차 한곳에 정착하게 되는데, 정착하는 곳이 경력닻이다.
③ 경력닻은 자신의 가치관, 욕구, 재능에 대해 일관된 자기평가로 변화 없는 특성을 가진다.
④ 경력닻은 현실의 어려움을 이겨내는 의지를 키워주는 매개체가 될 수 있다.
⑤ 경력닻은 인생의 과정에서 항상 일관성을 유지하는 것은 아니다.

경력개발능력 / 경력닻 이해하기

경력닻은 인생의 과정에서 일관성을 유지하는 특성을 가진다.

Plus 해설
- 경력닻이란 자신의 관심 영역이 아닌 다른 어떤 직업이나 경력을 선택하더라도 자신의 관점과 가치를 포기하지 않는 것을 의미한다.
- 사람이 살아가다 보면 자신을 잘 모른 채로 살아가는 경우가 많은데, 시간이 흐르면서 조직에서 일을 하며 자신의 재능과 능력을 깨닫고, 조직의 가치와 규범을 접하면서 자신의 가치와 태도를 알게 된다. 자신에 대해서 고민하면서 자신이 무엇을 해야 하는지를 인식하게 되고, 점차 한곳에 정착하게 되는데, 정착하는 곳을 경력닻이라고 한다.
- 경력닻은 인생의 과정에서 일관성을 유지하는 특성을 가지고, 자신의 가치관, 욕구, 재능에 대해 일관된 자기평가로 변화 없는 특성을 가지며, 현실의 어려움을 이겨내는 의지를 키워주는 매개체라는 특징을 가진다.

정답 ⑤

30 다음이 설명하는 경력개발 단계에 해당하는 설명으로 옳은 것은? 2023 한국연구재단

> 이 시기는 자신이 그동안 성취한 것을 재평가하고, 생산성을 그대로 유지하는 단계이다. 이 시기에는 과학기술, 관리방법의 변화 등 새로운 환경의 변화에 직면하여 생산성을 유지하는 데 어려움을 겪기도 한다.
> 또한 개인적으로 현 직업이나 생활스타일에 불만을 느끼기도 한다. 이에 따라 현재의 경력 경로와 관련 없는 다른 직업으로 이동하는 경력변화가 일어나기도 한다.

① 이 시기는 조직에서 수직적인 승진 가능성이 적은 정체를 겪는다.
② 이 시기는 조직에서 자신의 가치를 지속적으로 유지하려고 한다.
③ 이 시기는 자신의 환경과 특성을 고려하여 직무를 선택하게 된다.
④ 이 시기는 조직에서 자신의 입지를 다져나가 승진에 관심을 갖는다.

 경력개발능력 / 경력개발 단계 이해하기

제시된 내용은 경력개발 단계 중 '경력중기'에 해당되며 이와 관련한 내용은 ①이다.
경력중기에 이르면 직업 및 조직에서 어느 정도 입지를 굳히게 되어 더 이상 수직적인 승진가능성이 적은 경력정체시기에 이르게 되며, 일반적으로 40~55세의 성인중기가 해당된다.
② 경력말기 : 사람들은 조직의 생산적인 기여자로 남고 자신의 가치를 지속적으로 유지하기 위하여 노력하며, 동시에 퇴직을 고려하게 된다.
③ 조직입사 : 일반적으로 학교를 졸업하고 자신이 선택한 경력분야에서 원하는 조직의 일자리를 얻으며, 직무를 선택하는 과정이다.
④ 경력초기 : 조직에 입사하면, 직무와 조직의 규칙과 규범에 대해 배우고 적응해 나가며, 궁극적으로 조직에서 자신의 입지를 확고히 다져나가 승진에 많은 관심을 갖게 된다.

정답 ①

출제영역 • 자원관리능력

31 다음에서 설명하는 물품보관의 원칙은 무엇인가?

> 2023 경기도공공기관 통합채용

- 입·출하의 빈도가 높은 품목은 출입구 가까운 곳에 보관한다.
- 물품의 활용 빈도가 상대적으로 높은 것은 가져다 쓰기 쉬운 위치에 먼저 보관한다.

① 통로대면보관의 원칙 ② 선입선출의 원칙
③ 높이 쌓기의 원칙   ④ 회전대응 보관의 원칙

 물적자원관리능력 / 물품 보관 원칙 알기

회전대응 보관의 원칙은 입·출하의 빈도가 높은 품목은 출입구 가까운 곳에 보관하는 것을 말한다. 즉, 물품의 활용 빈도가 상대적으로 높은 것은 가져다 쓰기 쉬운 위치에 먼저 보관하는 것이다.

Plus 해설
① 통로대면보관의 원칙 : 제품의 용이한 입고·출고와 효율적 보관을 위해 통로 면에 보관하는 것이다.
② 선입선출의 원칙 : 먼저 입고된 제품을 먼저 출고하는 것이다. 이 원칙은 일반적으로 제품의 재고회전율이 낮은 경우에 많이 적용된다.
③ 높이 쌓기의 원칙 : 평평하게 적재하는 것보다 높이 쌓게 되면 창고의 용적 효율을 높일 수 있다.

정답 ④

32 효율적인 인적자원관리에 대한 설명으로 틀린 것은 모두 몇 개인가?

> 2023 경기도공공기관 통합채용

> ㉠ 해당 직무 수행에 가장 적합한 인재를 배치하는 것은 '적재적소 배치의 원리'이다.
> ㉡ 근로자의 인권을 존중하고 노동의 대가를 공정하게 지급하는 것은 '공정 인사의 원칙'이다.
> ㉢ 근무 평가, 임금, 직무 배당, 승진 등을 공정하게 처리하는 것은 '공정 보상의 원칙'이다.
> ㉣ 근로자가 현 직장에서 계속 일할 수 있다는 믿음을 주는 것은 '종업원 안정의 원칙'이다.
> ㉤ 창의력을 발휘할 수 있는 기회와 성과에 따른 보상을 주는 것은 '창의력 계발의 원칙'이다.
> ㉥ 직장에서 소외감을 갖지 않도록 배려하고 협동하는 체제를 이루는 것은 '단결의 원칙'이다.

① 1개   ② 2개   ③ 3개   ④ 4개

인적자원관리능력 / 효율적인 인적자원관리 원칙 알기

ⓒ 근로자의 인권을 존중하고 노동의 대가를 공정하게 지급하는 것은 '공정 보상의 원칙'이다.
ⓒ 근무 평가, 임금, 직무 배당, 승진 등을 공정하게 처리하는 것은 '공정 인사의 원칙'이다.
따라서 정답은 ②이다.

정답 ②

33 다음이 설명하는 인력배치 유형을 바르게 짝지은 것은?　　2023 경기도공공기관 통합채용

> (가) 능력이나 성격 등과 가장 적합한 위치에 배치하는 것
> (나) 작업량과 조업도, 여유 또는 부족 인원을 감안하여 소요 인원을 결정하는 것
> (다) 팀원의 적성 및 흥미에 따라 배치하는 것

① (가) 질적 배치, (나) 양적 배치, (다) 적성 배치
② (가) 질적 배치, (나) 적성 배치, (다) 양적 배치
③ (가) 양적 배치, (나) 질적 배치, (다) 적성 배치
④ (가) 양적 배치, (나) 적성 배치, (다) 질적 배치

인적자원관리능력 / 인력배치 이해하기

인력배치의 유형으로는 질적, 양적, 적성 배치가 있다.
(가) 질적 배치 : 능력이나 성격 등과 가장 적합한 위치에 배치하는 것
(나) 양적 배치 : 작업량과 조업도, 여유 또는 부족 인원을 감안하여 소요 인원을 결정하는 것
(다) 적성 배치 : 팀원의 적성 및 흥미에 따라 배치하는 것
따라서 정답은 ①이다.

정답 ①

[34~35] ○○기업은 상품 생산을 A~E 업체 중 한 곳에 맡기려고 한다. 다음을 보고 이어지는 물음에 답하시오.

2023 서울교통공사

구분	A 업체	B 업체	C 업체	D 업체	E 업체
제작 단가(개)	120,000원	110,000원	80,000원	90,000원	100,000원
하루당 인건비	30,000원	20,000원	50,000원	60,000원	20,000원
제작 기간	5일	6일	9일	8일	8일
운송비	20,000원	30,000원	30,000원	20,000원	30,000원
비고	10% 할인	5% 할인	–	5만 원 할인	–

34 상품 200개를 최소의 비용으로 생산을 맡기려고 할 때, 가장 적합한 업체와 금액을 구하면? (단, 표에서 주어진 모든 요소들을 고려한다.)

① A 업체, 14,560,000원
② B 업체, 16,480,000원
③ C 업체, 16,480,000원
④ D 업체, 18,450,000원
⑤ E 업체, 14,560,000원

예산관리능력 / 업체 선정하기

A : {(120,000×200)+(30,000×5)+20,000}×0.9=21,753,000원
B : {(110,000×200)+(20,000×6)+30,000}×0.95=21,042,500원
C : (80,000×200)+(50,000×9)+30,000=16,480,000원
D : {(90,000×200)+(60,000×8)+20,000}−50,000=18,450,000원
E : (100,000×200)+(20,000×8)+30,000=20,190,000원
따라서 모든 요소들을 고려했을 때, 가장 저렴한 업체는 C 업체이고, 금액은 16,480,000원이다. 정답 ③

35 ○○기업에서 상품 생산에 사용할 수 있는 금액이 30,000,000원일 경우, E 업체에서는 최대 몇 개의 상품을 생산할 수 있는가? (단, 표에서 주어진 모든 요소들을 고려한다.)

① 292개
② 294개
③ 296개
④ 298개
⑤ 300개

예산관리능력 / 비용 계산하기

{(100,000×x)+(20,000×8)+30,000}=30,000,000
100,000x+160,000+30,000=30,000,000
100,000x=30,000,000−160,000−30,000
100,000x=29,810,000
x=298.1
따라서 최대 298개의 상품을 생산할 수 있다. 정답 ④

36 핸드폰 부품을 만드는 중소기업의 생산팀 팀장인 J 씨는 제품의 생산 비용을 25% 줄이고자 노력 중이다. 단계별 부품단가들이 다음과 같이 개선되었을 때, 다음 중 옳은 것만을 고른 것은?

[2023 국가철도공단]

단계	1개 생산 비용(원)	
	개선 전	개선 후
1단계	5,000	4,500
2단계	3,000	2,100
3단계	2,000	1,500
4단계	3,500	A
5단계	4,500	2,700
6단계	8,000	6,400

㉠ A에 들어갈 수는 2,800이다.
㉡ 비율적으로 가장 많이 개선된 단계는 5단계이다.
㉢ 비용절감이 가장 많이 된 단계는 1단계이다.

① ㉠　　　　② ㉡　　　　③ ㉠, ㉡
④ ㉡, ㉢　　　⑤ ㉠, ㉢

물적자원관리능력 / 생산 비용 계산하기

㉠ (×) 개선 전 총합은 26,000원이고 제품의 생산 비용을 25% 줄이고자 노력 중이라 하였으므로, 개선 후 생산 비용은 19,500원(26,000원×75%)이다. 따라서 (A)는 2,300원이다.
㉡ (○) 5단계가 40%를 절감하였으므로 가장 큰 비율로 개선되었다.
㉢ (×) 5단계에서 4,500원의 40%가 절감되어 총 1,800원이 절감되었으므로 비용절감이 가장 큰 단계는 5단계이다.

정답 ②

 출제영역 • 대인관계능력

37 다음 중 빈칸에 들어갈 말을 바르게 나열한 것은?   2023 서울교통공사

> 여러 개의 단어나 정보가 주어졌을 때 처음 제시된 단어나 정보를 중간에 위치한 것들보다 잘 기억하는 현상으로, 서열 위치 효과의 맥락에서 설명할 수 있다. 서열 위치 효과는 정보를 순차적으로 제시할 때 가장 처음 제공된 정보와 가장 나중에 제공된 정보일수록 사람들이 더 잘 기억하며, 중간에 위치한 정보일수록 회상률이 낮아지는 현상을 의미하는데, 전자가 (㉠)이며, 후자가 (㉡)이다.

	㉠	㉡
①	초두효과	최신효과
②	후광효과	대비효과
③	최신효과	후광효과
④	대비효과	초두효과
⑤	풍선효과	후광효과

 대인관계능력 / 초두효과, 최신효과 이해하기

㉠ 초두효과 : 처음 입력된 정보가 나중에 습득하는 정보보다 더 강한 영향력을 발휘하는 것
㉡ 최신효과 : 어떤 물건이나 사물에 대해 마지막에, 즉 가장 최근에 제시된 정보를 더 잘 기억하는 현상

Plus 해설

- 후광효과 : 한 대상의 두드러진 특징이 그 대상의 다른 세부 특성을 평가하는 데에도 영향을 미치는 현상
- 대비효과 : 각 대상을 독립적으로 지각하지 않고 최근에 상호작용했던 대상과의 비교하에 대조 평가하는 경우
- 풍선효과 : 어떤 현상이나 문제를 억제하면 다른 현상이나 문제가 새로이 불거져 나오는 상황을 가리키는 말

정답 ①

38 다음 중 변혁적 리더십에 관한 설명으로 옳은 것을 고르면? 〔2023 서울교통공사〕

① 정책 의사결정과 대부분의 핵심 정보를 스스로에게만 국한하여 소유하고 고수하려는 경향이 있다.
② 리더와 집단 구성원 구분이 희미하다.
③ 집단이 가시적인 성과물을 보이지 않을 때 효과가 있다.
④ 그룹에 정보를 잘 전달하고, 전체 그룹 구성원 모두를 목표방향 설정에 참여하게 하여 구성원에게 확신을 심어주고자 노력한다.
⑤ 개개인과 팀이 유지해 온 이제까지의 업무수행 상태를 뛰어넘고자 한다.

 리더십능력 / 변혁적 리더십 이해하기

변혁적 유형 : 개개인과 팀이 유지해 온 이제까지의 업무수행 상태를 뛰어넘고자 한다. 전체 조직이나 팀원들에게 변화를 가져오는 원동력으로 작용한다.

Plus 해설
- 독재자 유형 : 정책 의사결정과 대부분의 핵심 정보를 스스로에게만 국한하여 소유하고 고수하려는 경향이 있음. 집단이 통제가 없이 방만한 상태에 있을 때, 가시적인 성과물이 보이지 않을 때 효과가 있음
- 민주주의적 유형 : 그룹에 정보를 잘 전달하고, 전체 그룹 구성원 모두를 목표방향 설정에 참여하게 하여 구성원에게 확신을 심어주고자 노력함
- 파트너십 유형 : 리더와 집단 구성원 구분이 희미하며, 리더가 조직에서 한 구성원이 되기도 함

정답 ⑤

39 다음 중 분배적 협상에 관한 내용을 모두 고르면? 〔2023 서울교통공사〕

㉠ 제한된 자원 중, 자신의 몫을 극대화하기 위한 협상
㉡ 자원의 양이 제한되어 있지 않고, 모두의 이익이 되는 해결책이 있다고 믿음
㉢ 협상에 승자와 패자가 있음
㉣ 상호 이익이 되는 해결책을 찾아 가치를 창출하는 협상
㉤ 주로 장기적인 관계에서 이루어 짐
㉥ 고정된 크기의 자원을 분배하기 때문에 한쪽이 이익을 보면 다른 한쪽은 손실을 보게 됨

① ㉠, ㉡, ㉤   ② ㉠, ㉢, ㉥   ③ ㉡, ㉣, ㉤
④ ㉡, ㉢, ㉥   ⑤ ㉢, ㉣, ㉥

협상능력 / 분배적 협상 이해하기

㉠, ㉢, ㉥는 분배적 협상에 대한 설명이고, ㉡, ㉣, ㉤는 통합적 협상에 대한 설명이다.

📖 **Plus 해설**
- 분배적 협상
  - 제한된 자원 중, 자신의 몫을 극대화하기 위한 협상
  - 협상에 승자와 패자가 있음
  - 고정된 크기의 자원을 분배하기 때문에 한쪽이 이익을 보면 다른 한쪽은 손실을 보게 됨
- 통합적 협상
  - 상호 이익이 되는 해결책을 찾아 가치를 창출하는 협상
  - 자원의 양이 제한되어 있지 않고, 모두의 이익이 되는 해결책이 있다고 믿음
  - 주로 장기적인 관계에서 이루어짐

정답 ②

40 중소기업에 입사한 P는 회사 조직 구성원들 사이에서 여러 갈등이 있음을 알게 되었다. P가 생각한 갈등 해결 방안으로 적절하지 않은 것은? 　2023 인천교통공사

① 갈등은 팀의 발전을 저해하므로 절대 생기면 안 돼. 열심히 업무에 임하면서 갈등을 완전히 해소해야겠어.
② 옳고 그름을 따지기보다 문제를 해결하는 것이 더 중요하다는 것을 사람들과 이야기해야겠어.
③ 나의 입장만 주장하는 것은 갈등을 더 크게 만들 수 있다는 것을 잊지 말아야겠어.
④ 객관적인 근거도 없이 다른 사람의 의견을 비판만 하는 사람이 있으면 조치를 취하도록 건의해야겠어.

 갈등관리능력 / 조직에서의 갈등 해결하기

어느 조직이든 갈등은 생길 수 있으므로 갈등을 완전히 해소하는 것은 불가능하다. 오히려 적정 수준의 갈등은 조직의 직무성과에 기여할 수 있다.

정답 ①

출제영역 • 정보능력

41 다음 순서도에서 인쇄되는 a의 값을 구하면?   [2023 서울교통공사]

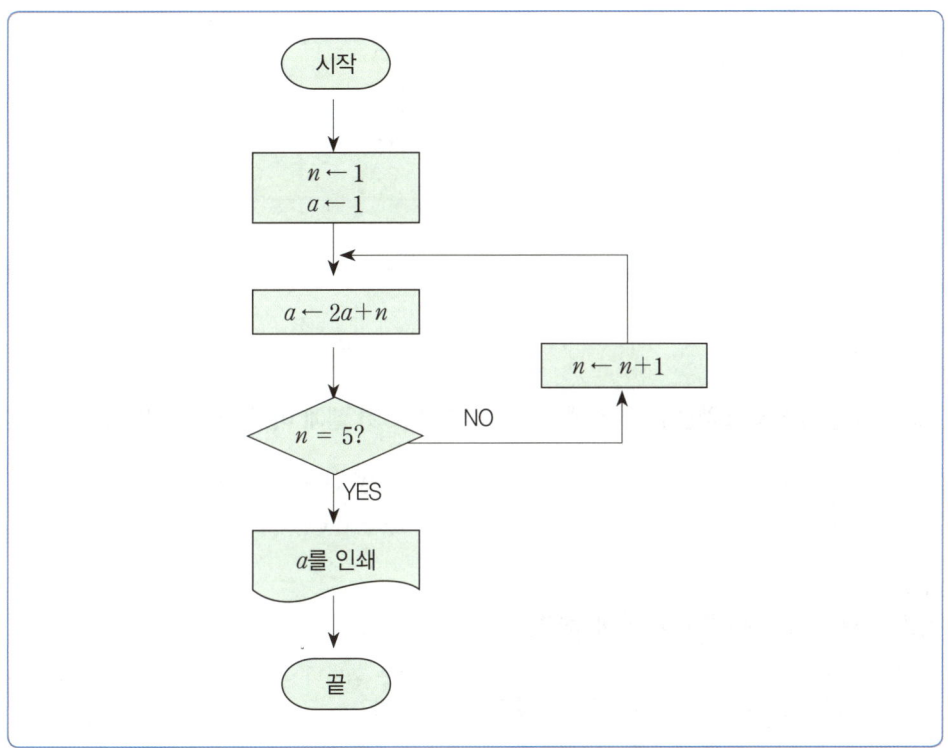

① 57   ② 63   ③ 75
④ 89   ⑤ 91

정보능력 / 순서도 이해하기

$a \leftarrow 2a+n$이므로, $a_{n+1}=2a_n+n+1$의 관계식을 추론할 수 있다.
$a_1=2\times1+1=3$
$a_2=2\times3+2=8$
$a_3=2\times8+3=19$
$a_4=2\times19+4=42$
$a_5=2\times42+5=89$
따라서 정답은 89이다.

정답 ④

[42~43] 다음 식을 보고 물음에 답하시오.　　　　　　　　　2023 한국도로공사

	A	B	C	D	E	F	G
1							
2							
3		영업소명	계약 건수	고객 현황	매출액(만 원)		
4		서울 영업소	71	287	1480		
5		경기 영업소	45	183	760		
6		강원 영업소	37	120	580		
7		경북 영업소	49	176	698		
8		경남 영업소	58	210	821		
9							
10							
11							

42 5개 영업소의 계약건수 중 최댓값을 구하려면 [C9] 셀에 어떤 함수를 입력해야 하는가?

① =MAX(C4:C8), 71　　　　　② =MAX(C4:C8), 1480
③ =LARGE(C4:C8), 71　　　　④ =LARGE(C4:C8), 1480

 컴퓨터활용능력 / 엑셀 함수식 이해하기

최댓값은 MAX 함수를 이용하며, 이때 함수에 입력하는 인수는 함수의 적용 범위인 C4:C8을 기입해야 한다. LARGE 함수는 해당 범위 내 n번째로 큰 값을 찾기 위한 함수이다.

정답 ①

43 K 사원은 서울 영업소의 매출 대비 각 영업점의 매출 비중을 구하기 위해 F4셀에 =E4/E4 함수를 입력하고 채우기 핸들로 [F8]까지 같은 함수를 입력했으나 모두 결과 값이 1로 나왔다. 이를 해결하기 위해 입력해야 하는 함수로 적절한 것은?

① =$E$4/$E$4　　② =E4/$E$4　　③ =E4:E8/E4　　④ =E4:E8/$E$4

 컴퓨터활용능력 / 엑셀 함수식 이해하기

기준점이 되는 분모의 [E4]셀에 절대참조를 설정해야 한다.

정답 ②

44 D사원은 은행 애플리케이션으로 이체거래를 하던 중 인증이 필요하다고 하여 QR코드를 스캔했다가 돈이 빠져나가는 피해를 입었다. 이와 가장 가까운 용어는 무엇인가?

[2023 코레일네트웍스]

① 스미싱 ② 피싱 ③ 큐싱 ④ 파밍

 컴퓨터활용능력 / 보안 용어 이해하기

큐싱은 QR코드를 스캔하면 가짜 웹사이트로 연결시켜 정보를 도용하거나, 위치추적 서비스에 연결하는 등 사생활 침해를 유발하는 해킹 수법이다.
① 스미싱은 SMS(문자메시지)와 피싱(Phishing)을 합성한 말로 문자메시지를 이용한 휴대전화 해킹을 뜻한다.
② 피싱은 이메일이나 메신저를 통해 개인정보를 유출하는 것을 의미한다.
④ 파밍(pharming)은 사용자가 자신의 웹 브라우저에서 정확한 웹 페이지 주소를 입력해도 가짜 웹 페이지에 접속하게 하여 개인정보를 훔치는 것을 말한다.

Plus 해설

보이스피싱, 스미싱 등 피해 사전 예방 방법
- 문자 속 인터넷 주소나 전화번호 클릭하지 않고 바로 삭제하기
- 해당 전화번호로 전화 연결하지 않기
- 택배 배송 조회 등의 명목으로 개인정보나 금융정보 요구 시 입력하지 않기
- 휴대전화에 주민등록증, 신용카드 사진 저장하지 않기
- 스마트폰에 백신 프로그램 깔기
- 소액결제 차단 기능 설정하기
- 악성 애플리케이션 감염이나 개인정보 유출 의심될 경우 신속히 경찰(신고전화 112)에 신고하기

피해신고 방법
- 경찰청(신고전화 112)
- 경찰청 사이버안전국
- 금융감독원(민원상담 1332)
- 금융감독원 보이스피싱 지킴이

정답 ③

 출제영역 • 기술능력

45 다음에서 설명하는 용어를 바르게 짝지은 것은?　　2023 서울교통공사

> ㉠ 자율 항법 장치에 의하여 자동 조종되거나 무선 전파를 이용하여 원격 조종되는 무인 비행 물체
> ㉡ 기존의 데이터베이스로는 수집·저장·분석 따위를 수행하기가 어려울 만큼 방대한 양의 데이터
> ㉢ 인터넷을 기반으로 모든 사물을 연결하여 정보를 상호 소통하는 지능형 기술 및 서비스

① ㉠ IoT, ㉡ 빅데이터, ㉢ 드론
② ㉠ IoT, ㉡ 드론, ㉢ 빅데이터
③ ㉠ 드론, ㉡ IoT, ㉢ 빅데이터
④ ㉠ 드론, ㉡ 빅데이터, ㉢ IoT
⑤ ㉠ 빅데이터, ㉡ 드론, ㉢ IoT

 기술능력 / 용어 이해하기

㉠ 드론 : 무선전파의 유도에 의해 비행하는 비행기나 헬리콥터 모양의 비행체
㉡ 빅데이터 : 디지털 환경에서 생성되는 데이터로 그 규모가 방대하고, 생성 주기도 짧고, 형태도 수치 데이터뿐 아니라 문자와 영상 데이터를 포함하는 대규모 데이터
㉢ IoT(사물인터넷) : 생활 속 사물들을 유무선 네트워크로 연결해 정보를 공유하는 환경으로, 각종 사물들에 통신 기능을 내장해 인터넷에 연결되도록 한 것

정답 ④

46 다음 중 기술경영자보다는 기술관리자에게 더 요구되는 능력으로 알맞은 것을 고르면?　　2023 한전KPS

① 기술을 기업의 전반적인 전략 목표에 통합시키는 능력
② 복잡하고 서로 다른 분야에 걸쳐 있는 프로젝트를 수행할 수 있는 능력
③ 기술적, 사업적, 인간적인 능력을 통합할 수 있는 능력
④ 효과적으로 새로운 기술을 습득하고 기존의 기술에서 탈피하는 능력

기술적용능력 / 기술경영자와 기술관리자의 능력 이해하기

기술경영자는 기술의 성격 및 이와 관련된 동향, 사업 환경 등을 이해해야 통합적인 문제해결과 함께 기술혁신을 달성할 수 있다. 기술경영자는 기술적인 전문성을 갖춰야 팀원들 간의 대화를 효과적으로 이끌어 낼 수 있다. 반면, 중간급 매니저라고 할 수 있는 기술관리자는 기술경영자와는 조금 다른 능력이 필요하다. 기술관리자에게 요구되는 능력은 다음과 같다.

기술관리자에게 요구되는 능력
- 기술을 운용하거나 문제를 해결할 수 있는 능력
- 기술직과 의사소통을 할 수 있는 능력
- 혁신적인 환경을 조성할 수 있는 능력
- 기술적, 사업적, 인간적인 능력을 통합할 수 있는 능력
- 시스템적인 관점에서 인식하는 능력
- 공학적 도구나 지원방식을 이해할 수 있는 능력
- 기술이나 추세를 이해할 수 있는 능력
- 기술팀을 통합할 수 있는 능력

🗣 **Plus 해설**

기술경영자에게 요구되는 능력
- 기술을 기업의 전반적인 전략 목표에 통합시키는 능력
- 빠르고 효과적으로 새로운 기술을 습득하고 기존의 기술에서 탈피하는 능력
- 효과적으로 평가할 수 있는 능력
- 기술 이전을 효과적으로 할 수 있는 능력
- 제품개발 시간을 단축할 수 있는 능력
- 복잡하고 서로 다른 분야에 걸쳐 있는 프로젝트를 수행할 수 있는 능력
- 기술 전문 인력을 운용할 수 있는 능력

정답 ③

47 다음 중 기술능력을 향상시키기 위한 방법으로 적절하지 않은 것은? `2023 국가철도공단`

① 전문연수원을 통한 기술과정 연수를 통해 이론 중심의 교육을 받도록 한다.
② e-Learning을 활용한 기술교육으로 개별화된 맞춤형 교육을 받도록 한다.
③ 폴리텍대학, 인력개발원과 같은 상급학교 진학을 통해 최신 기술 기술교육을 받는다.
④ OJT를 활용하여 업무 수행의 중단 없이 업무 수행에 필요한 능력을 교육 받는다.

 기술능력 / 기술능력을 향상시키는 방법 알기

전문 연수원을 통한 기술과정 연수에서는 이론을 겸한 실무 중심의 교육을 받도록 한다.

정답 ①

48 다음 지식재산권 중 기술적 창작 수준이 소발명 정도인 창작을 보호하기 위한 제도는 무엇인가?

`2023 한국전력기술`

① 저작인접권　　② 정보재산권　　③ 의장　　④ 실용신안

기술선택능력 / 지식재산권의 개념과 종류 알기

지식재산권(intellectual property)은 인간의 창조적 활동 또는 경험 등을 통해 창출하거나 발견한 지식·정보·기술이나 표현, 표시 그 밖에 무형적인 것으로서 재산적 가치가 실현될 수 있는 지적 창작물에 부여된 권리로 지적소유권이라고도 한다.

지식재산권은 ① 산업분야의 창작물과 관련된 산업재산권(특허권, 실용신안권, 상표권, 디자인권 등) 또는 공업소유권 ② 문화예술분야의 창작물과 관련된 저작권 ③ 반도체 배치설계나 온라인디지털콘텐츠와 같이 경제, 사회·문화의 변화나 과학기술의 발전에 따라 새로운 분야에서 출현하는 '신지식 재산권'으로 분류한다.

산업재산권	특허	기술적 창작인 원천 핵심 기술(대발명)
	실용신안	Life-Cycle이 짧고 실용적인 주변 개량 기술(소발명)
	의장	심미감을 느낄 수 있는 물품의 형상, 모양
	상표	타 상품과 식별할 수 있는 기호, 문자, 도형
저작권	협의저작권	문학, 예술분야 창작물
	저작인접권	실연, 음반제작자, 방송사업자 권리
신지식재산권	첨단산업저작권	반도체집적회로배치설계, 생명공학, 식물신품종
	산업저작권	컴퓨터프로그램, 인공지능, 데이터베이스
	정보재산권	영업비밀, 멀티미디어, 뉴미디어 등

정답 ④

49 다음 중 기술의 의미에 대한 설명으로 적절하지 않은 것은?

`2023 인천항만공사`

① 하드웨어나 인간에 의해 만들어진 비자연적인 대상, 혹은 그 이상을 의미한다.
② 기술은 노하우(know-how)와 노와이(know-why)로 나눌 수 있으며, 기술은 노하우를 포함한다.
③ know-how란 특허권을 수반한 과학자, 엔지니어 등이 가지고 있는 체화된 기술이다.
④ know-why는 어떻게 기술이 성립하고 작용하는 가에 관한 원리적 측면에 중심을 둔 개념이다.

기술능력 / 기술의 개념 이해하기

know-how란 특허권을 수반하지 않은 과학자, 엔지니어 등이 가지고 있는 체화된 기술이다.

정답 ③

출제영역 ● 조직이해능력

50 퀸의 경쟁가치모형 중 '관계 지향 문화'에 해당하는 설명을 모두 고르면? 2023 서울교통공사

> ㉠ 결과 중심적, 성공 지향적
> ㉡ 협업, 신뢰, 지원 등을 중요시
> ㉢ 명확한 규칙과 절차, 하향식 접근 방식
> ㉣ 과업보다 사람이 중요
> ㉤ 안정성보다 신축성과 변화를 우선시
> ㉥ 강한 관계와 가족 같은 분위기
> ㉦ 창의성과 혁신을 중시

① ㉠, ㉢, ㉤　　② ㉠, ㉣, ㉦　　③ ㉡, ㉣, ㉥
④ ㉡, ㉤, ㉦　　⑤ ㉢, ㉣, ㉥

체제이해능력 / 퀸의 경쟁가치모형 이해하기

㉠ 과업 지향 문화
㉡ · ㉣ · ㉥ 관계 지향 문화
㉢ 위계 지향 문화
㉤ · ㉦ 혁신 지향 문화

Plus 해설

경쟁가치모형 : 내부 지향과 외부 지향을 한 축으로 하고, 통제와 신축성을 또 한 축으로 하여, 조직 문화의 유형을 4가지로 구분

- 관계 지향 문화
  - 강한 관계와 가족 같은 분위기
  - 협업, 신뢰, 지원 등을 중요시
  - 과업보다 사람이 중요
- 혁신 지향 문화
  - 창의성과 혁신을 중시
  - 위험 감수와 실험을 장려
  - 안정성보다 신축성과 변화를 우선시
- 위계 지향 문화
  - 명확한 규칙과 절차, 하향식 접근 방식
  - 안정성, 통제, 예측가능성 중시
  - 유연성과 적응성보다 질서와 구조를 우선시
- 과업 지향 문화
  - 결과 중심적, 성공 지향적
  - 경쟁, 성취, 효율성 중시
  - 사람보다 과업이 중요

정답 ③

51 매슬로우와 앨더퍼의 욕구이론에 대한 설명으로 옳지 않은 것을 고르면? `2023 서울교통공사`

① 매슬로우는 상위욕구가 좌절될 시 그보다 낮은 하위욕구의 중요성이 커진다고 보았다.
② 매슬로우는 인간의 욕구는 하위욕구로부터 상위욕구까지 계층을 이루고 있다고 보았다.
③ 앨더퍼는 두 가지 욕구가 동시에 작용할 수 있다고 보았다.
④ 앨더퍼는 하위욕구가 충족되지 않아도 상위욕구가 발생할 수 있다고 보았다.
⑤ 앨더퍼는 매슬로우의 위계이론을 3단계로 단순화했다.

 체제이해능력 / 욕구이론 이해하기

① 앨더퍼에 관한 설명이다. 앨더퍼는 욕구에 좌절과 퇴행요소가 있어서 상위욕구가 좌절될 시 하위욕구의 중요성이 커진다고 보았다.

Plus 해설

• 매슬로우의 욕구위계이론
  – 인간의 욕구는 하위욕구로부터 상위욕구까지 계층을 이루고 있다.
  – 생리적 욕구는 인간이 먹고, 마시고자 하는 가장 기초적인 욕구이다.
  – 안전 욕구는 외부의 침입, 공격으로부터 보호받기를 원하는 욕구이다.
  – 사회적 소속 욕구는 어떤 그룹에 소속되고 사랑을 받고 싶어 하는 욕구이다.
  – 존경의 욕구는 타인으로부터 존경받고 싶어 하는 욕구이다.
  – 자아실현의 욕구는 자신의 잠재능력을 실현하고자 하는 욕구이다.
• 앨더퍼의 생존–관계–성장(ERG)이론
  – 앨더퍼는 매슬로우의 위계이론을 3단계로 단순화했다.
  – 생존 욕구(Existence)는 생존하기 위한 욕구이다.
  – 관계 욕구(Relativeness)는 다른 사람과 만족스러운 관계를 맺으려는 요구이다.
  – 성장 욕구(Growth)는 자신의 잠재가능성을 실현하려는 욕구이다.
  – 앨더퍼는 매슬로우와 다르게 하위욕구가 충족되지 않아도 상위욕구가 발생할 수 있으며, 두 가지 욕구가 동시에 작용할 수 있다고 보았다. 또한 욕구는 좌절과 퇴행요소가 있어서 상위욕구가 좌절될 시 하위욕구의 중요성이 커진다고 보았다.

정답 ①

52 다음에 해당하는 리더십 유형을 고르면? `2023 경기도공공기관 통합채용`

• 정책 의사결정과 대부분의 핵심 정보를 혼자 소유하려는 경향
• 집단이 통제가 없이 방만한 상태에 있을 때 효과가 좋음

① 변혁적 유형　　　　　　② 민주주의적 유형
③ 파트너십 유형　　　　　④ 독재자 유형

> 조직이해능력 / 리더십 유형 이해하기

④ 독재자 유형 : 정책 의사결정과 대부분의 핵심 정보를 스스로에게만 국한하여 소유하고 고수하려는 경향이 있음. 집단이 통제가 없이 방만한 상태에 있을 때, 가시적인 성과물이 보이지 않을 때 효과가 있음

🍱 **Plus 해설**

① 변혁적 유형 : 개개인과 팀이 유지해 온 이제까지의 업무수행 상태를 뛰어넘고자 함
② 민주주의적 유형 : 그룹에 정보를 잘 전달하고, 전체 그룹 구성원 모두를 목표방향 설정에 참여하게 하여 구성원에게 확신을 심어주고자 노력함
③ 파트너십 유형 : 리더와 집단 구성원 구분이 희미하며, 리더가 조직에서 한 구성원이 되기도 함

정답 ④

53 다음 설명은 마이클 포터의 경쟁전략 중 어느 것에 해당하는가? `2023 경기도공공기관 통합채용`

> 원가절감을 통해 해당 산업에서 우위를 점하는 전략으로, 이를 위해서는 대량생산을 통해 단위원가를 낮추거나 새로운 생산기술을 개발할 필요가 있다. 온라인 소매업체가 오프라인에 비해서 저렴한 가격과 구매의 편의성을 내세워서 시장 점유율을 넓히는 사례가 대표적이다.

① 차별화 전략　　　　　　　　　② 집중화 전략
③ 원가우위 전략　　　　　　　　④ 조직 전략

> 경영이해능력 / 경쟁전략 유형 이해하기

위의 설명은 마이클 포터의 경쟁전략 중 '원가우위 전략'에 대한 설명이다.

🍱 **Plus 해설**

마이클 포터의 본원적 경쟁전략은 해당 사업에서 경쟁우위를 확보하기 위한 전략으로, 원가우위 전략, 차별화 전략, 집중화 전략이 있다.
- 원가우위 전략 : 원가절감을 통해 해당 산업에서 우위를 점하는 전략으로, 이를 위해서는 대량생산을 통해 단위 원가를 낮추거나 새로운 생산기술을 개발할 필요가 있다.
- 차별화 전략 : 조직이 생산품이나 서비스를 차별화하여 고객에게 가치가 있고 독특하게 인식되도록 하는 전략이다. 차별화 전략을 활용하기 위해서는 연구개발이나 광고를 통하여 기술, 품질, 서비스, 브랜드 이미지를 개선할 필요가 있다.
- 집중화 전략 : 특정 시장이나 고객에게 한정된 전략으로, 원가우위나 차별화 전략이 산업 전체를 대상으로 하는 것과 달리 특정 산업을 대상으로 한다. 즉 경쟁조직들이 소홀히 하고 있는 한정된 시장을 원가우위나 차별화 전략을 써서 집중 공략하는 방법이다.

정답 ③

54 수직적 통합에 대한 설명으로 틀린 것은 모두 몇 개인가?   `2023 경기도공공기관 통합채용`

> ㉠ 한 기업이 수직적으로 연관된 사업부문을 동시에 소유하는 것이다.
> ㉡ 수직적 통합을 통해 원가를 낮출 수 있다.
> ㉢ 수직적 통합을 통해 시장 지배력을 강화할 수 있다.
> ㉣ 부품업체, 유통업체 등을 통제하기가 쉬워 외부환경에 조직적으로 대응할 수 있다.
> ㉤ 환경변화에 대응이 빠르다.
> ㉥ 조직의 유연성이 떨어질 수 있다.

① 1개   ② 2개   ③ 3개   ④ 4개

경영이해능력 / 경쟁전략 유형 이해하기

㉤ 환경변화에 대응이 느릴 수 있다.

Plus 해설

수직적 통합(Vertical Combination)이란 원자재나 부품 공급원, 유통망 등 제품의 전체 공급과정을 수직적으로 통합함으로써 사업을 다각화하고 확대하는 것이다. 기업은 수직적 통합을 통해 원가를 낮출 수 있고, 원자재나 부품 공급원, 유통망을 통합함으로써 시장 지배력을 강화할 수 있으며, 부품업체·유통업체 등을 통제하기가 쉬워 외부환경에 조직적으로 대응할 수 있다. 반면, 수직적 통합을 할 경우 환경변화에 대응이 느릴 수 있고 조직의 유연성이 떨어질 수 있다. 그리고 서로 다른 형태의 사업들을 수직적 통합으로 묶었으므로 효율적으로 관리하기가 어려운 것도 단점이다.

정답 ①

55 맥킨지 7S 모델의 요소 중 하드웨어 영역에 속하는 것을 모두 고르면?   `2023 서울교통공사`

> ㉠ 관리기술(Skill)   ㉡ 구조(Structure)   ㉢ 구성원(Staff)
> ㉣ 리더십 스타일(Style) ㉤ 전략(Strategy)   ㉥ 제도 절차(System)
> ㉦ 공유가치(Shared values)

① ㉠, ㉡, ㉦   ② ㉡, ㉤, ㉥   ③ ㉢, ㉣, ㉥
④ ㉣, ㉤, ㉦   ⑤ ㉤, ㉥, ㉦

체제이해능력 / 맥킨지 7S 모델 이해하기

맥킨지의 7S 전략은 3개의 하드웨어 영역과 4개의 소프트웨어 영역으로 구성되어 있다.
하드웨어 영역 : 전략(Strategy), 구조(Structure), 제도 절차(System)
소프트웨어 영역 : 공유가치(Shared values), 리더십 스타일(Style), 구성원(Staff), 관리기술(Skill)

정답 ②

출제영역 • 직업윤리

56 다음 중 직장에서의 인사 예절로 적절하지 않은 것은? [2023 서울교통공사]

① 악수를 할 때는 오른손을 사용하고, 너무 강하게 잡지 않으며 윗사람이 아랫사람에게 청한다.
② 직장 내에서의 서열과 직위를 고려한 소개의 순서는 나이 어린 사람을 연장자에게, 동료를 고객에게 소개한다.
③ 명함을 건넬 때는 일어서서 정중하게 인사한 뒤 회사명과 이름을 밝히며, 손아랫사람이 손윗사람에게 먼저 건네고 상사와 함께라면 상사가 먼저 건넨 뒤 건넨다.
④ 이메일을 쓸 때는 메일 제목은 반드시 쓰고 간결하면서 핵심을 알 수 있게 작성하며, 마지막에는 소속과 이름을 꼭 쓰도록 한다.

 공동체 윤리 / 직장에서의 예절이해하기

이메일을 쓸 때는 메일 서두에 소속과 이름을 밝힌다.

정답 ④

57 다음에 해당하는 것은 무엇인가? [2023 서울교통공사]

> 기업이 지속적으로 존속하기 위한 이윤추구 활동 이외에 법령과 윤리를 준수하고, 기업의 이해관계자의 요구에 적절히 대응함으로써 사회에 긍정적 영향을 미치는 책임 있는 활동

① CSR   ② CSV   ③ SRI
④ ESG   ⑤ CRM

 직업윤리 / 기업의 사회적 책임 알기

① CSR(기업의 사회적 책임) : 기업이 지속적으로 존속하기 위한 이윤추구 활동 이외에 법령과 윤리를 준수하고, 기업의 이해관계자의 요구에 적절히 대응함으로써 사회에 긍정적 영향을 미치는 책임 있는 활동

🎖 **Plus 해설**

② CSV(기업의 공유가치 창출) : 기업이 수익 창출 이후에 사회공헌 활동을 하는 것이 아니라 기업활동 자체가 사회적 가치를 창출하면서 동시에 경제적 수익을 추구할 수 있는 방향으로 이루어지는 행위
③ SRI(기업의 사회책임 투자) : 기업의 재무적 성과뿐 아니라, 인권·환경·노동·지역사회 공헌도 등 다양한 사회적 성과를 잣대로 기업에 투자하는 금융 활동
④ ESG(비재무적 기업 평가요소) : 기업의 비재무적 요소인 환경(Environment)·사회(Social)·지배구조(Governance)를 뜻하는 말
⑤ CRM(고객 관계 관리) : 기업이 고객 관계를 관리해 나가기 위해 필요한 방법론이나 소프트웨어 등을 가리키는 용어

정답 ①

58 다음 중 직장 내 성희롱에 대한 내용으로 옳지 않은 것은? `2023 한국남부발전`

① 직장 내 성희롱은 현재 고용관계가 아닌 채용 과정의 구직자도 범위에 포함된다.
② 사적인 만남에서 상사가 직원에게 가한 성희롱은 직장 내 성희롱에 해당되지 않는다.
③ 남녀고용평등법상 거래처 관계자는 직장 내 성희롱의 가해자에 포함되지 않는다.
④ 직원에게 성적 굴욕감을 유발하여 고용환경을 악화시키는 경우는 직장 내 성희롱에 해당된다.

 직업윤리 / 직장 내 성희롱 요건 알기

직장 내 성희롱이 성립되기 위해서는 1. 성희롱의 당사자 요건 2. 지위를 이용하거나 업무와의 관련성이 있을 것 3. 성적인 언어나 행동, 또는 이를 조건으로 하는 행위일 것 4. 고용상의 불이익을 초래하거나 성적 굴욕감을 유발하여 고용환경을 악화시키는 경우일 것을 들 수 있다.
직장 내 성희롱은 장소가 단지 '직장 내'에 국한하는 것이 아니며, 업무관련성이 있거나 지위를 이용한 경우 발생하므로 ②의 경우는 직장 내 성희롱에 해당된다.
③ 남녀고용평등법상 가해자는 고용 및 근로조건에 관한 결정권한을 가지고 있는 사업주나 직장 상사를 비롯하여 동료 근로자와 부하직원까지 포함되지만, 거래처 관계자나 고객 등 제3자는 가해자의 범위에서 제외되고 있다.

정답 ②

APPENDIX 특별부록

2022 공사·공단 NCS 기출 문제

팩트기출 NCS 통합기본서

특별부록

2022 공사공단 NCS 최신 기출문제

※ 본 기출문제는 실제 시험 응시자로부터 수집한 후기를 바탕으로 복원되었습니다.

출제영역 ● 의사소통능력

01 다음 밑줄 친 형태소가 가장 많이 포함된 문장은?   `2022 상반기 코레일`

> 형태소는 뜻을 가진 가장 작은 말의 단위로, 자립할 수 있느냐 없느냐에 따라 자립형태소와 의존형태소로 나뉜다. '자립형태소'는 홀로 쓰일 수 있는 형태소로, 명사·대명사·수사·관형사·부사·감탄사 등이 해당한다. 반면 '의존형태소'는 다른 말에 의존하여 쓰이는 형태소로, 어간·어미·조사·접사 등이 있다. 형태소는 다시 의미의 유무에 따라 실질형태소와 형식형태소로 구분된다. '실질형태소'는 실질적인 의미를 지닌 형태소인 반면, '**형식형태소(문법형태소)**'는 실질형태소에 붙어 문법적 기능을 한다.

① 나는 네가 좋다.
② 꽃과 나무가 많다.
③ 철수가 책을 읽었다.
④ 이 꽃은 매우 예뻤다.
⑤ 나는 언니가 참 좋다.

 문서이해능력 / 형태소 구분하기

① -는, -가, -다 (3개) / ② -과, -가, -다 (3개) / ③ -가, -을, -었-, -다 (4개) / ④ 은, -었-, -다 (3개) / ⑤ -는, -가, -다 (3개)

정답 ③

02 다음 밑줄 친 부분의 맞춤법이 옳지 않은 것을 모두 고르면? `2022 상반기 코레일`

> (ㄱ) **서슴치** 않고 만행을 저질렀다.
> (ㄴ) 자물쇠로 서랍을 **잠가야** 합니다.
> (ㄷ) **뒤뜰**에 난 잡초를 싹 뽑았다.
> (ㄹ) 염치 **불구하고** 부탁드립니다.

① (ㄱ), (ㄴ)　　② (ㄱ), (ㄷ)　　③ (ㄱ), (ㄹ)
④ (ㄴ), (ㄷ)　　⑤ (ㄷ), (ㄹ)

문서작성능력 / 맞춤법 이해하기

(ㄱ) '서슴지'는 '결단을 내리지 못하고 머뭇거리며 망설이다'라는 의미이다.
(ㄹ) '불고(不顧)'는 '돌아보지 아니함'을 의미한다.

정답 ③

03 다음 중 빈칸에 들어갈 말로 가장 적절하지 않은 것은? `2022 한국수자원공사`

> • 이번 일은 너랑 상관 없는 일이니 네가 (　　)할 바가 아니다.
> • 공무원은 정당, 기타 정치 단체의 결성에 (　　)하거나 이에 가입할 수 없다.
> • 이번 대회에 아쉽게 (　　)하지 못했지만 다음 도전을 위해 포기하지 않을 것이다.

① 참가　　② 관여　　③ 간여　　④ 참관

문서작성능력 / 어휘 이해하기

• 간여하다 : 어떤 일에 간섭하여 참여하다.
• 관여하다 : 어떤 일에 관계하여 참여하다.
• 참가하다 : 모임이나 단체 또는 일에 관계하여 들어가다.
• 참관하다 : 어떤 자리에 직접 나아가서 보다.
'참관'은 수업, 회의 등에 직접 나아가서 '보는' 것을 의미하므로 제시된 문장에 들어갈 말로는 적절하지 않다.

정답 ④

04 다음 글을 읽고 얼굴인식 기술의 장점으로 옳지 않은 것을 고르면?   2022 한국전력공사

> 얼굴인식 기술은 이미 주요 산업 영역에서 폭넓게 활용되고 있다. 대표적으로, 치안 및 보안 분야를 들 수 있다. 국내외의 주요 공공기관은 범죄자 색출이나 테러범 차단을 위해서 얼굴인식 기술을 적극적으로 활용한다. 인천공항도 얼굴인식을 통한 출국 서비스를 구축하는 중이다. 출국 수속 시 승객의 신분증과 여권, 항공권을 확인하는 절차가 얼굴인식으로 간소화될 예정이다. 승객이 탑승권과 여권, 얼굴 정보를 등록하면 인천국제공항공사가 승객 여권 사진과 현장 얼굴을 비교해 동일 인물인지를 판단한다.
>
> 국내 경찰에서도 범죄예방 및 수사를 위한 얼굴인식 기술을 개발해왔다. 경찰청은 2차원 얼굴 영상의 한계를 해결하기 위해서, 3차원 얼굴 촬영 시스템도 함께 운영하는 중이다. 현재 얼굴 정면과 측면, 전신사진을 찍는 기존 방식에 3차원 얼굴 모델까지 같이 사용하고 있다. 이젠 CCTV(폐쇄회로카메라)로 촬영한 범죄 용의자 얼굴의 촬영 각도가 변화될 때도 3차원 정합이 가능하다.
>
> 이외에도 얼굴인식 기술은 다양한 분야에 활용된다. 금융 분야에서는 통장이나 카드 없이도 얼굴인식으로 결제나 송금 등의 서비스를 할 수 있다. 중국 최대 전자상거래업체 ◎◎나 ○○의 무인 편의점 매장 등에서는 미리 정보를 등록하면, 상품 구매 시 얼굴인식 결제가 가능하다.
>
> 한편, 얼굴인식 기술을 안전하게 적용하기 위해선 해결할 문제도 적지 않다. 자신도 모르는 사이에 공항 또는 상가 등에서 이동경로가 분석되고 개인정보가 수집될 수도 있다는 점이 문제다. 사람들의 행동을 감시하는 절대권력 '빅 브라더(Big Brother)'와 같이 감시에 의한 개인정보 유출 및 사생활 침해 문제가 대두된다. 우리나라는 아직 얼굴인식 기술의 확산이 더딘 편이나, 비대면·비접촉기술이 주목받으면서 향후 활용이 촉진될 것으로 전망된다. 앞으로, 얼굴인식 기술 산업의 발전과 시민의 권리와 자유를 조화롭게 가져갈 수 있는 제도적·기술적 노력에 힘써야 할 것이다.

① 범죄자 색출, 테러범 차단
② 출국 수속 시 절차 간소화
③ 이동경로 분석, 개인정보 수집
④ 간편한 결제와 송금 서비스

 문서이해능력 / 세부 내용 파악하기

자신도 모르는 사이에 공항 또는 상가 등에서 이동경로가 분석되고 개인정보가 수집될 수 있다는 것은 얼굴인식 기술을 안전하게 적용하기 위해서 해결해야 할 문제이므로 장점으로 볼 수 없다. 4문단을 통해서 알 수 있다.

Plus 해설
①, ② 첫 번째 문단을 통해 알 수 있다.
④ 세 번째 문단의 내용을 통해 알 수 있다.

정답 ③

05 다음 밑줄 친 어휘의 쓰임이 어색한 것은?

2022 상반기 코레일

  입법 활동의 핵심은 넓게는 헌법이념을 실현하는 데에 있고, 좁게는 법령이 헌법을 최고 규범으로 하는 법질서에 위반되지 않도록 함으로써 전체 법령체계 간에 조화를 이루고 정부의 정책 의지가 정확하게 반영되어 차질 없이 <u>공시(公示)</u>되도록 하는 데에 있다. 법령에 사용하는 용어는 하나의 법령 또는 서로 밀접한 관련이 있는 법령 간에 통일성을 유지해야 한다. 하위법령에서는 상위법령에서 사용하는 용어를 특별한 사정이 없으면 다른 용어로 바꾸어 사용하면 안 된다. 또한 둘 이상의 용어가 같은 뜻으로 사용되고 있으면 용어 사용에 혼란이 없도록 가장 적절하고 순화된 용어로 통일하여 쓴다.
  <u>약칭(略稱)</u>이란 법령에서 반복하여 사용되는 문구나 단어군을 맨 처음 나오는 조항에서 그 문구나 단어군을 대표할 수 있는 문구나 단어로 줄여 간단하게 표시하는 방법을 말한다. 이는 법령 조항의 복잡한 내용을 간결하게 표현한다는 점에서 의미가 있다. 또한 정의 <u>규정(規定)</u>과 같이 법령에서 사용되는 용어의 정확한 의미를 밝히기 위해 사용되는 경우도 있다. 일반적으로 법령의 목적 조문 다음에 별도의 조문으로 두는 것과 다르게, 예외적으로 해당 용어가 나오는 조문에서 괄호 안에 그 의미를 밝히는 방식을 사용하거나 반대로 조문에서 의미를 자세히 밝혀주고 이를 한 단어로 약칭하는 방식도 사용된다.
  <u>준용(準用)</u>이란 특정 조문을 그와 성질이 유사한 규율 대상에 대해 그 성질에 따라 다소 수정하여 적용하도록 하는 것을 말한다. 이 방식은 동일한 규정의 반복을 회피한다는 점에서 입법 경제를 촉진할 수 있는 장점이 있어 <u>규율(規律)</u> 대상이 유사하고 입법의 간결성을 기하려는 경우에 주로 활용한다. 그러나 규정의 속성상 규정만으로는 무엇이 법령의 내용인지를 명확히 알 수 없는 경우가 있고, 다른 법령 규정을 함께 보아야 법령의 내용을 알 수 있다는 점에서 규정의 내용을 이해하기 어렵게 만들기도 한다.

① 공시(公示)　　② 약칭(略稱)　　③ 규정(規定)
④ 준용(準用)　　⑤ 규율(規律)

문서작성능력 / 어휘 이해하기

'공시(公示)'는 '일정한 내용을 공개적으로 게시하여 일반에게 널리 알리는 것이나 알리는 글' 또는 '공공기관이 권리의 발생·변경·소멸 따위의 내용을 공개적으로 게시하여 일반에게 널리 알리는 것이나 알리는 글'을 의미한다.
따라서 입법 활동의 핵심을 설명하고 있는 첫 문단의 빈칸에 들어갈 어휘로 '실지로 행함' 또는 '법령을 공포한 뒤에 그 효력을 실제로 발생시키는 일'을 의미하는 '시행(施行)'을 사용하는 것이 적절하다.

정답 ①

06 제시된 기사문을 읽고 내용과 일치하지 않는 것을 고르면? [2022 한국전력공사]

대선정국을 맞아 '메기론'이 곳곳에서 들린다. 수조에 미꾸라지의 천적인 메기를 집어넣으면 미꾸라지가 더 활발하고 건강해진다는 그럴듯한 '이론'을 특정 의원에게 적용하는가 하면, 어느 정당은 '보수의 메기'를 자처하기도 한다. 야구나 시장에도 '메기론'이 나오는 걸 보니 요즘 제법 인기 있는 비유임에 틀림없다. 그런데 이 주장은 과연 과학적으로 타당할까?

문헌을 뒤져봐도 미꾸라지에 대한 메기 효과를 직접 조사한 연구는 없지만, 포식자와 먹이의 관계는 생태학의 주요 관심사여서 비슷한 사례를 찾기는 어렵지 않다. 미국 과학자들은 메뚜기를 들판의 사육장에서 길렀다. 새들은 사육장 위에 앉아 주변에서 잡은 메뚜기를 먹는 등 메뚜기에게 공포를 일으켰다. 천적을 의식한 메뚜기는 움직임을 삼가고 풀 위로 높이 올라가지 않았다. 하지만 생존에 급급하다 보니 번식에 신경 쓸 겨를이 없어 번식률은 떨어졌다. 이스라엘 네게브 사막에 사는 도마뱀을 대상으로 천적인 때까치가 있을 때 먹이동물의 행동이 어떻게 달라지는지 살펴본 연구에서도, 도마뱀이 덜 움직이는 경향이 분명했다. 평소 좋아하는 먹이를 찾아다니기보다는 가까운 곳에서 구할 수 있는 먹이로 만족했다. 더 극적인 사례도 있다. 미국 미주리 주의 호수에 사는 잠자리 애벌레를 포식 물고기인 블루길 곁에서 키웠다. 수조에 칸막이를 쳐 천적의 냄새만 맡을 뿐 직접 잡아먹힐 걱정이 없는데도 애벌레의 사망률은 포식자가 없는 수조에서보다 4배나 높았다. 스트레스가 면역 약화를 불렀기 때문이다.

포식자와 먹이로 이뤄진 생태계의 먹이그물은 알려진 것보다 훨씬 복잡하다는 사실이 드러나고 있다. 육식동물이 약하고 병든 초식동물을 잡아먹고, 살아남은 강한 초식동물이 다시 늘어난다는 식의 일방적이고 단선적인 관계가 아니란 것이다. 오히려 직접 잡아먹지 않고도 먹이동물의 행동과 생리 변화를 통해 생태계에 더 큰 영향을 끼친다는 연구 결과도 나오고 있다.

최근 〈사이언스〉에 실린 메뚜기 연구는 포식자가 먹이동물의 화학조성을 바꾸어 놓으며, 결국 토양 생태계까지 변화시킨다는 결과를 보고해 눈길을 끈다. 연구진은 메뚜기 사육장 두 곳 가운데 하나에 천적인 거미를 집어넣었다. 거미의 입을 접착제로 붙여 메뚜기는 잡아먹히지는 않지만 공포에 사로잡히도록 했다. 공포는 메뚜기에게 스트레스 반응을 일으켜 몸속의 에너지 소비가 증가하고 결과적으로 공포를 겪지 않은 메뚜기에 비해 영양물질인 질소의 체내 함량이 줄어들었다. 연구진은 스트레스에 시달린 메뚜기와 정상 메뚜기의 주검이 분해해 흙으로 돌아가는 과정을 정밀하게 추적했다. 분해 기간은 약 40일로 같았지만 스트레스 메뚜기의 주검에 질소 함량이 낮아 토양 미생물 성장이 억제되고 결국 토양의 영양순환이 느려지는 것으로 드러났다.

'메기론'은 약자에 대한 강자의 억압을 합리화하고 그로 인한 스트레스를 미화하는 치명적 약점을 지닌다. 최근의 생태 연구는 과학적으로도 그 주장이 근거가 없음을 알 수 있다. 굳이 과학을 들이대지 않더라도, 과밀한 수조에 메기를 넣어 미꾸라지를 놀라게 하면 당장은 생기를 불어넣은 것처럼 보일지라도 머지않아 산소와 에너지 고갈로 사망률이 높아질 것임은 쉽게 짐작할 수 있다.

출처 : 한겨레

① '메기론'은 약자에 대한 강자의 억압을 합리화하고 그로 인한 스트레스를 미화하는 치명적 약점을 지닌다.
② 수조에 칸막이를 쳐 천적의 냄새만 맡을 뿐 직접 잡아먹힐 걱정이 없는 수조의 애벌레의 사망률이 포식자가 없는 수조에서보다 4배나 높았다.
③ 거미에 의해 공포에 사로잡힌 메뚜기가 공포를 겪지 않은 메뚜기에 비해 영양물질인 질소의 체내 함량이 줄어들었다.
④ 미꾸라지에 대한 메기 효과를 직접 조사한 연구는 많지만 연구마다 결과가 달라 명확한 효과를 알 수 없다.

문서이해능력 / 세부 내용 파악하기

2문단 첫 번째 문장의 '문헌을 뒤져봐도 미꾸라지에 대한 메기 효과를 직접 조사한 연구는 없지만~'을 통해 ④가 정답임을 알 수 있다.

🎀 **Plus 해설**

① 마지막 문단 첫 번째 문장을 통해 알 수 있다.
② 두 번째 문단의 내용을 통해 알 수 있다.
③ 네 번째 문단의 내용을 통해 알 수 있다.

정답 ④

07 다음은 경청을 방해하는 요인에 대한 설명이다. ㉠~㉢에 들어갈 내용으로 올바른 것은?

2022 경기도 공공기관 통합채용

- (㉠) : 자신이 다음에 할 말을 생각하기 바빠 상대의 말을 잘 듣지 않는 것
- (㉡) : 상대의 말을 듣기는 하지만 전하는 메시지를 온전하게 듣지 않는 것
- (㉢) : 상대방의 문제를 본인이 직접 해결해주고자 하는 것

① ㉠ 준비하기, ㉡ 걸러내기, ㉢ 조언하기
② ㉠ 걸러내기, ㉡ 준비하기, ㉢ 조언하기
③ ㉠ 넘어가기, ㉡ 짐작하기, ㉢ 판단하기
④ ㉠ 짐작하기, ㉡ 넘어가기, ㉢ 판단하기

 경청능력 / 경청을 방해하는 요인 알기

㉠ 준비하기 : 상대방의 말을 듣고 자신이 다음에 할 말을 생각하는 데 집중해 상대방이 말하는 것을 잘 듣지 않는 것을 말한다.
㉡ 걸러내기 : 상대의 말을 듣기는 하지만 상대방의 메시지를 온전하게 받아들이는 것이 아니라 듣고 싶지 않은 상대방의 메시지는 회피하는 것이다.
㉢ 조언하기 : 상대방의 문제를 본인이 직접 해결해 주려고 하는 것이다.

🎀 **Plus 해설**

- 넘어가기 : 대화가 너무 사적이거나 위협적이면 주제를 바꾸거나 농담으로 넘기려 하는 것이다.
- 짐작하기 : 상대방의 말을 자신의 생각대로 넘겨짚어 생각하는 것이다.
- 판단하기 : 상대를 부정적으로 판단하고 비판하기 위해 상대방의 말을 온전히 듣지 않는 것이다.

정답 ①

08 다음 보도자료에 대한 내용으로 적절하지 않은 것은?

`2022 서울교통공사`

마그네틱 승차권부터 5G 체험까지 … 광화문역에 서울지하철 역사 담은 '시대관'

서울지하철의 48년 역사를 한 곳에서 볼 수 있는 전시관이 광화문역 내에 문을 연다. 서울교통공사는 지하철 5호선 광화문역 지하 1층 대합실 인근에 36㎡ 규모로 '서울지하철 시대관'을 조성하여 4일(금) 문을 연다고 밝혔다. 1974년 1호선 최초 운영을 시작한 이래 서울지하철이 걸어온 길부터 옛 모습이 담긴 사진, 당시 역 직원들이 입었던 제복, 2009년을 끝으로 역사 속으로 사라진 마그네틱 승차권, 사보 등 옛 기록물까지 평소 만나기 힘든 다양한 콘텐츠를 만날 수 있다.

'서울지하철 시대관'은 문화체육관광부가 총괄하고 한국콘텐츠진흥원이 진행을 맡은 '광화시대 프로젝트'와 연계해 추진된 것으로, 바로 옆에는 광화시대 콘텐츠 체험 통합 알림터도 설치된다. '광화시대(光化時代, Age of Light)'는 역사적 상징성이 있는 광화문 지역을 AI(인공지능), AR(증강현실) 같은 실감콘텐츠 체험공간 중심으로 만들어 한국의 우수한 기술과 문화를 전 세계에 알리기 위한 프로젝트이다. '5세대 이동통신 실감형 콘텐츠가 선사하는 새로운 시대의 빛'을 주제로 광화문역뿐만 아니라 경복궁역(3호선)에서도 실감형 콘텐츠를 체험할 수 있다.

통합 알림터는 시민들이 광화시대 프로젝트의 실감형 콘텐츠인 광화수, 광화담, 광화경을 체험할 수 있도록 다양한 기기를 빌릴 수 있을 뿐만 아니라 광화시대 프로젝트의 전반적인 내용을 안내하는 곳이다. 스마트폰, AR 기기를 빌려 광화문, 세종문화회관, 대한민국 역사박물관 등 광화문 일대 주요 장소에서 다양한 실감형 콘텐츠를 체험할 수 있다. 예컨대, 광화문 앞 월대 터에서 스마트폰으로 광화문을 비추면 광화문의 역사를 볼 수 있고, 세종문화회관의 계단을 비추면 미션 게임도 할 수 있다.

출처 : 서울교통공사 보도자료, 2022. 02.

① '서울지하철 시대관'은 지하철 5호선 광화문역 지하 1층에서 찾아볼 수 있다.
② '광화시대 프로젝트'는 광화문 일대를 실감형 콘텐츠를 체험할 수 있는 공간으로 만들었다.
③ '서울지하철 시대관' 바로 옆에는 광화시대 콘텐츠 체험 통합 알림터가 설치된다.
④ '광화시대 프로젝트'는 광화문 앞 월대 터에서만 실감형 콘텐츠를 체험할 수 있다.
⑤ 통합 알림터에서 스마트폰, AR 기기를 빌려 광화문 일대 주요 장소에서 실감형 콘텐츠를 체험할 수 있다.

 문서이해능력 / 세부 내용 파악하기

두 번째 문단에 따르면 광화시대 프로젝트는 '광화문역뿐만 아니라 경복궁역(3호선)에서도 실감형 콘텐츠를 체험할 수 있다.'

정답 ④

[09~10] 다음 기사문을 읽고 물음에 답하시오.　　2022 한국전력공사

> 기후변화라는 거대한 흐름에 올라탄 세계 경제가 탄소중립에 속도를 내면서 원자재 가격이 내년까지 상승 압력을 받을 것이란 관측이 나온다. 전기차, 태양광·풍력발전 등 저탄소 인프라 구축에 필요한 원자재 수요는 급증하는 가운데 공급은 이에 한참 못 미칠 것으로 예상되기 때문이다. 국제통화기금(IMF)은 "친환경 경제로의 전환에 필요한 금속 수요가 향후 수십 년간 30억 톤에 달하는 전례 없는 수준으로 치솟을 수 있다"고 전망했다.
>
> 이미 세계 경제는 고(高)물가와 코로나 대유행, 공급망 차질이라는 삼중고에 시달리고 있는데, 앞으로 친환경 정책에 따른 원자재 가격 상승이 물가를 밀어 올리는 '그린플레이션(Greenflation)'도 걱정해야 하는 상황에 직면했다.
>
> 친환경 경제로의 전환이 역설적으로 경제 회복을 지연시키는 요인으로 작용할 수 있다는 우려도 나온다. 원자재 가격 급등으로 기업의 생산비용이 높아지면 수익성이 악화되고, 기업이 비용 상승분을 제품 가격에 전가해 물가가 오르면 소비 위축으로 이어질 수 있기 때문이다. 한국은행은 이달 발표한 통화신용정책 보고서에서 "저탄소·친환경 경제로의 전환이 장기적인 물가 상승 압력으로 작용하고 있다"며 "친환경 산업에 대한 투자 확대로 구리, 니켈 등 관련 원자재 가격이 급등했다"고 진단했다.
>
> 한국경제학회가 최근 실시한 탄소중립 설문조사를 보면 국내 경제 전문가들도 탄소중립 정책의 가장 큰 문제로 탄소감축에 동반되는 비용과 이에 따른 기업의 경쟁력 악화를 꼽았다. 일례로 태양광·풍력 등 재생에너지의 발전효율이 기존 화석연료보다 낮고 단가도 높기 때문에 국가의 에너지믹스(energy mix)에서 재생에너지 비중이 높아질수록 기업과 가정이 부담해야 하는 전기요금이 비싸질 수밖에 없다.
>
> 글로벌 에너지 정보업체 S&P글로벌 플래츠도 "광물자원 공급이 수요에 못 미치는 현상이 장기화되면서 가격 상승세가 일시적인 현상에 그치지 않고 당분간 지속될 가능성이 높다"고 분석했다.
>
> 출처 : 조선일보.

09 제시된 ㄱ~ㄹ 중에서 지문과 일치하는 것을 모두 고르면?

> ㄱ. 세계 경제는 앞으로 친환경 정책에 따른 원자재 가격 상승이 물가를 밀어 올리는 '그린플레이션(Greenflation)'을 걱정해야 하는 상황에 직면했다.
> ㄴ. 저탄소·친환경 경제로의 전환이 단기적인 물가 상승 압력으로 작용하고 있다.
> ㄷ. 친환경 경제로의 전환이 역설적으로 경제 회복을 지연시키는 요인으로 작용할 수 있다.
> ㄹ. 원자재 가격이 내년까지 상승 압력을 받을 것이라고 관측되었다.

① ㄱ, ㄴ　　② ㄱ, ㄴ, ㄹ　　③ ㄱ, ㄷ, ㄹ　　④ ㄷ, ㄹ

문서이해능력 / 세부 내용 파악하기

세 번째 문단의 내용을 통해 '저탄소·친환경 경제로의 전환이 장기적인 물가 상승 압력으로 작용하고 있다.'는 것을 알 수 있다.

정답 ③

10 다음 주어진 문장의 괄호에 들어갈 말로 가장 옳은 것은?

> 친환경 경제로의 전환에서 환경적인 문제보다 (　　)인 문제가 더 중요하다.

① 경제적　　② 사회적　　③ 문화적　　④ 정치적

 문서이해능력 / 세부 내용 파악하기

친환경 정책이 그린플레이션을 나타나게 할 수 있고, 물가도 오르게 하며, 경제 회복을 지연시키는 요인이 되기도 하는 등의 문제를 일으킬 수 있다는 것을 제시된 지문을 통해 알 수 있다. 따라서 문장의 괄호 안에 들어갈 말로 가장 알맞은 것은 '① 경제적'이다.

정답 ①

[11~12] 다음 글을 읽고 물음에 답하시오.　　`2022 상반기 코레일`

　　재화 또는 자원은 경합성(Rivalry)과 배제성(Excludability)의 특성을 기준으로 네 가지로 구분된다. 경합성은 한 사람이 재화를 소비하는 것이 다른 사람의 소비를 방해하는가, 배제성은 대가를 치르지 않은 사람을 소비에서 배제하는가 여부이다. 경합성과 배제성을 동시에 갖는 (ㄱ)은(는) 시장 매커니즘의 수요·공급 법칙에 따라 조절되고 분배되는 것이 가장 합리적이고 효율적이라는 특징이 있다. 일반적으로 시장에서 구매하는 옷, 신발, 식품 등의 재화가 (ㄱ)에 속한다.
　　경합성과 배제성 중 한 가지 특성만 갖는 재화는 공유재나 요금재에 속한다. 바닷속 물고기나 목초지 같은 자연자원은 공유재에 해당하는데, 대가를 지불하지 않고 사용할 수 있는 반면 (ㄴ)이 있어 과대소비되기 쉽다. 요금재는 공동으로 소비할 수 있지만, 대가를 지불하지 않을 경우 소비에서 배제시킬 수 있는 재화이다. 특성상 초기 구축비용이 많이 들고 여러 기업보다 한 기업이 독점적으로 생산할 때 비용이 적게 들어 (ㄷ)이 발생할 수 있다. 따라서 정부가 직접 공급하거나 공기업을 통하여 공급하는 경우가 많다. 전기, 가스, 수도 등이 이에 속한다.
　　경합성과 배제성 중 아무런 특성도 공유하지 않는 재화는 대가를 지불하지 않아도 모든 사람이 함께 소비할 수 있는 (ㄹ)로, 국방·도로·항만 등이 대표적이다. (ㄹ)은 한 사람이 그것을 소비한다고 해서 다른 사람이 소비할 수 있는 기회가 줄어들지 않을 뿐만 아니라, 대가를 치르지 않는 사람이라 할지라도 소비에서 배제할 수 없다. 따라서 적절한 가격을 책정하는 것이 힘들고, 사회적으로 적절한 수준으로 생산되지 않을 수 있기 때문에 주로 정부나 (ㅁ)에서 직접 생산하고 공급한다.

11 윗글을 읽고 이해한 내용으로 적절하지 않은 것은?

① 재화는 모든 사람이 공동으로 사용할 수 있는가와 대가를 지불하지 않고 사용할 수 있는가에 따라 네 가지로 구분된다.
② 경합성과 배제성을 동시에 갖는 재화는 경합성과 배제성이 모두 없는 재화보다 정부의 개입이 적다.
③ 공유재는 비배제성과 경합성의 특징을 보이는 반면, 요금재는 배제성과 비경합성의 특징을 보인다.
④ 요금재의 특성상 규모의 경제 효과가 크기 때문에 정부나 공공부문의 개입이 필요하다.
⑤ 비경합성과 비배제성의 특징을 띠는 재화는 모든 사람이 함께 소비할 권리를 보장하기 위해 정부의 개입이 요구된다.

 문서이해능력 / 세부 내용 파악하기

마지막 문단에 따르면 비경합성과 비배제성의 특징을 띠는 재화는 정부가 직접 생산하고 공급한다는 것을 알 수 있다. 또한 비경합성은 한 사람이 재화를 소비한다고 해서 다른 사람이 소비할 수 있는 기회가 줄어들지 않는다는 뜻으로, 모든 사람이 함께 소비할 수 있음을 의미한다.

🍀 **Plus 해설**

규모의 경제
생산량이 증가함에 따라 평균 비용이 감소하는 현상이다. 대규모 생산설비를 갖추어야 하는 사업의 초기 비용은 많이 소요되지만, 이후 생산설비가 일정할 때 총비용을 생산량으로 나눈 평균 비용은 감소한다.

정답 ⑤

12 윗글의 흐름상 빈칸 (ㄱ) ~ (ㅁ)에 들어갈 용어로 적절하지 않은 것은?

① (ㄱ) — 민간재
② (ㄴ) — 경합성
③ (ㄷ) — 자연독점
④ (ㄹ) — 공공재
⑤ (ㅁ) — 시장

 문서이해능력 / 글의 흐름 파악하기

(ㅁ)에 들어갈 용어로 적절한 것은 '지방자치단체' 또는 '공기업'이다.

🍀 **Plus 해설**

재화의 유형

구분	배제성	비배제성
경합성	민간재	공유재
비경합성	요금재	공공재

정답 ⑤

[13~14] 다음 글을 읽고 물음에 답하시오. `2022 상반기 코레일`

　공직선거법과 근로기준법에 따라 대통령·국회의원 선거일과 지방선거일을 공휴일로 지정하고 있다. 그러나 직장인들은 회사에 가지 않는 날로, 학생들은 학교에 가지 않는 날로 인식하고 투표에 무관심한 경우가 대부분이다. 국민이 주권을 행사하는 가장 기본적인 방법이며 정책 결정 과정에 참여하는 대표적인 과정임에도 불구하고, '나 하나쯤이야' 또는 '어차피 누가 되든 똑같아'라는 안일한 생각은 저조한 투표율로 이어진다.

　투표에 참여하지 않는 대표적인 이유는 자신의 의사 결정이 선거 결과에 미치는 영향이 미미하다고 판단하기 때문이다. 또한 후보들의 공약과 경력, 도덕성 등 여러 가지를 비교하여 판단을 내려야 하는데 그러기에 선거 유세 기간은 너무 짧다. 설령 시간과 노력을 들여 여러 후보에 대한 자체적인 검증을 마치고 투표를 하였다고 해도 내가 선택한 후보가 반드시 당선된다는 보장이 없으며, 당선된다고 하더라도 기대에 미치는 인물이 아닐 수도 있다.

　국민이라면 누구나 유능하고 진정성 있는 사람이 대통령이나 국회의원이 되어야 한다고 생각하지만, 각 후보에 대하여 비판적이고 분석적인 판단을 내리는 데 있어서 항상 충분한 시간과 정보가 주어지는 것은 아니다. 그래서 우리는 모든 상황에서 체계적이고 합리적인 판단을 하거나 모든 정보를 종합적으로 판단하기보다 신속하게 어림짐작하는 경향이 있다. 이를 휴리스틱(Heuristics)이라고 한다.

　대표성 휴리스틱(Representativeness Heuristic)은 새로운 사건이나 불확실한 상황이 자신이 경험했던 고정관념이나 기억 속에 있는 원형(Prototype)과 얼마나 유사한가에 기초해서 판단하는 전략이다. 대표적인 예로 "린다 문제(Linda Problem)"가 있다. 린다는 31세이고 독신이며, 본인 생각을 기탄없이 이야기하는 성격이고 매우 머리가 좋다. 대학에서는 철학을 전공했다. 학창 시절 그녀는 인종차별과 사회정의에 깊이 관여하는 한편 반핵 시위에도 참여했다.

　이러한 설명을 한 후 린다가 '페미니스트', '은행원', '은행원이면서 페미니스트' 중 무엇일지 예측하라고 했다. 실험 결과 85%의 응답자가 '페미니스트' > '은행원이면서 페미니스트' > '은행원'의 순서로 린다를 예측했다. 세 가지 경우 중 현실에서는 은행원의 수가 절대적으로 많기 때문에 린다가 은행원일 확률이 가장 높아야 하는데 그렇게 예측하지 않았다. 또한 린다가 '은행원이면서 페미니스트'일 확률은 다른 두 경우의 특성을 동시에 갖고 있어야 하기 때문에 '페미니스트'일 확률이나 '은행원'일 확률보다 절대로 클 수 없다.

　또 다른 대표적인 휴리스틱에는 가용성 휴리스틱(Availability Heuristic)이 있다. 가용성 휴리스틱은 머릿속에 쉽게 떠오르는 정보나 사례에 근거해서 해당 사건이나 상황이 일어날 확률이 더 높다고 여기는 인지적 경향성을 의미한다. 즉, 미디어가 자주 다룬 사건일수록 실제보다 해당 사건이 많이 일어나는 것으로 간주하기 쉽다. 유권자들이 후보들에 대해 아는 정보가 적다면, 최근 미디어 노출이 많고 긍정적인 기억을 유발한 후보를 선택할 가능성이 높은 것이다.

　우리는 평소에 자신이 알고 있던 것이나 경험했던 것 또는 그 순간 머리에 떠오른 생각 등을 바탕으로 의사 결정하는 경향이 있다. 판단을 할 때마다 오랜 시간을 들여 모든 정보를 꼼꼼하게 분석할 수 있으면 좋겠지만, 보통 우리에게 주어진 시간과 정보의 양은 한계가 있기 때문에 휴리스틱이라는 일종의 판단 기술을 사용하는 것이다. 그러나 휴리스틱에 지나치게 의존하면 편향된 결정을 내릴 가능성이 있다. 따라서 공직자 선거와 같이 중요한 사안에 대해서는 다양한 정보를 충분히 살펴본 후 심사숙고하여 결정해야 한다.

13 윗글에서 대표성 휴리스틱의 사례를 제시한 방법에 대한 설명으로 옳은 것은?

① 과거 자료를 바탕으로 설득한다.
② 수치와 통계를 이용해 구체적인 예시를 든다.
③ 타인의 사례나 일화를 제시해 설득한다.
④ 직업 판단의 오류에 근거하여 설명한다.
⑤ 다른 휴리스틱 개념과 대조하여 설명한다.

 문서이해능력 / 사례 제시방법 파악하기

대표성 휴리스틱을 설명하기 위해 린다의 특성을 바탕으로 직업을 판단하는 "린다 문제(Linda Problem)"를 사례로 제시하였다.

정답 ④

14 윗글의 주제로 가장 적절한 것은?

① 투표에 참여하는 것은 중요하다.
② 휴리스틱에 기반해 판단하는 것은 중요하다.
③ 휴리스틱의 종류에 따라 적절하게 활용해야 한다.
④ 휴리스틱에 기반해 선거 후보자들을 검증해야 한다.
⑤ 의사 결정 시 신중하게 판단해야 한다.

 문서이해능력 / 글의 주제 이해하기

마지막 문단에 따르면 우리에게 주어진 시간과 정보의 양은 한계가 있기 때문에 휴리스틱에 기반해 의사 결정하는 경향이 있지만, 편향된 결정을 내릴 가능성이 있으므로 중요한 사안에 대해서는 심사숙고하여 결정해야 한다고 하였다. 따라서 윗글의 주제로 가장 적절한 것은 ⑤이다.

정답 ⑤

출제영역 • 수리능력

15 다음 식에서 a×b×c×d의 값을 구하면? `2022 경기도 공공기관 통합채용`

$$\frac{275}{123} = a + \cfrac{1}{b + \cfrac{1}{c + \cfrac{1}{d}}}$$

① 164   ② 186   ③ 224   ④ 248

 기초연산능력 / 번분수 이해하기

$\frac{275}{123} = 2 + \frac{29}{123} = 2 + \cfrac{1}{\frac{123}{29}} = 2 + \cfrac{1}{4 + \frac{7}{29}} = 2 + \cfrac{1}{4 + \cfrac{1}{\frac{29}{7}}} = 2 + \cfrac{1}{4 + \cfrac{1}{4 + \frac{1}{7}}}$

따라서 a = 2, b = 4, c = 4, d = 7이므로 a×b×c×d = 2×4×4×7 = 224이다.

정답 ③

16 어느 회사 제품의 불량률이 90%라고 한다. 이 회사에서 만든 제품 중 임의로 2개를 선택할 경우, 적어도 하나가 불량품일 확률은? `2022 경기도 공공기관 통합채용`

① $\frac{91}{100}$ ② $\frac{93}{100}$ ③ $\frac{97}{100}$ ④ $\frac{99}{100}$

 기초연산능력 / 불량품일 확률 구하기

(적어도 하나가 불량품일 확률) = (1 − 모두 불량품이 아닐 확률)

임의로 2개를 선택했을 때, 모두 불량품이 아닐 확률은 $\frac{10}{100} \times \frac{10}{100} = \frac{1}{100}$ 이므로, 적어도 하나가 불량품일 확률은 $1 - \frac{1}{100} = \frac{99}{100}$ 이다.

정답 ④

17 남자 2명과 여자 4명이 일렬로 나란히 설 때, 남자끼리 이웃하여 서는 경우의 수를 구하면?

<small>2022 한국수자원공사</small>

① 48가지 ② 64가지 ③ 120가지 ④ 240가지

 기초연산능력 / 이웃하는 경우의 수

남자 2명을 하나로 묶어 한 명으로 생각하면, 여자 4명과 합하여 총 5명을 일렬로 세우는 것과 같으므로 5×4×3×2×1=120가지이다. 남자 2명이 서로 자리를 바꾸는 경우까지 생각한다면 모든 경우의 수는 120×2=240가지이다.

정답 ④

18 다음은 통신서비스 시장 매출액에 관한 자료이다. 이에 대한 내용으로 옳지 않은 것은?

<small>2022 한국토지주택공사</small>

(단위 : 억 원)

구분	2014년	2015년	2016년	2017년	2018년	2019년
서비스 매출액 계	377,878	374,746	380,107	380,211	372,784	364,621
유선통신 서비스	109,410	106,658	106,227	105,830	105,543	101,557
무선통신 서비스	249,148	246,421	251,795	252,562	244,519	240,755
통신재판매 및 중개서비스	19,320	21,667	22,085	21,819	22,722	22,309

① 조사 기간 동안 유선통신 서비스 매출액은 꾸준히 감소하고 있다.
② 2019년 무선통신 서비스 매출액은 전년 대비 2% 이상 감소하였다.
③ 2015년 통신재판매 및 중개서비스 매출액은 전년 대비 12% 이상 증가하였다.
④ 2018년의 무선통신 서비스 매출액은 유선통신 서비스 매출액의 2배 이상이다.

도표분석능력 / 매출액 분석하기

② $\dfrac{240{,}755 - 244{,}519}{244{,}519} \times 100 ≒ -1.5\%$

Plus 해설

③ $\dfrac{21{,}667 - 19{,}320}{19{,}320} \times 100 ≒ 12.1\%$

④ 2018년의 무선통신 서비스 매출액은 244,519억 원이고, 유선통신 서비스 매출액은 105,543억 원이므로, 2배 이상이 맞다.

정답 ②

[19~20] 다음은 인구 10만 명당 의료인 수에 관한 자료이다. 다음을 보고 이어지는 물음에 답하시오.

`2022 경기도 공공기관 통합채용`

(단위 : 명)

구분	2017년	2018년	2019년	2020년	2021년
의료인	1,081	1,124	1,174	1,220	1,274
- 의사	235	(B)	245	250	256
- 한의사	47	48	49	50	52
- 치과의사	59	60	61	(C)	64
- 조산사	(A)	16	16	16	16
- 간호사	724	761	803	842	887

19 다음 중 위의 자료에 대한 설명으로 옳은 것을 고르면? (단, 소수 둘째 자리에서 반올림한다.)

① 2018년 인구 10만 명당 한의사 수는 전년 대비 3.1% 증가하였다.
② 2019년 인구 10만 명당 간호사 수는 2017년 대비 8.9% 증가하였다.
③ 2020년 인구 10만 명당 의료인 수는 전년 대비 2.9% 증가하였다.
④ 2021년 인구 10만 명당 치과의사 수는 2019년 대비 4.9% 증가하였다.

도표분석능력 / 자료 분석하기

④ $\frac{64-61}{61} \times 100 ≒ 4.91\%$

Plus 해설

① $\frac{48-47}{47} \times 100 ≒ 2.21\%$ ② $\frac{803-724}{724} \times 100 ≒ 10.91\%$ ③ $\frac{1,220-1,174}{1,174} \times 100 ≒ 3.91\%$

정답 ④

20 주어진 자료의 빈칸 A, B, C에 들어갈 숫자를 모두 더한 값은?

① 317 ② 363 ③ 415 ④ 469

기초연산능력 / 자료 빈칸 채우기

A : 1,081 - 235 - 47 - 59 - 724 = 16
B : 1,124 - 48 - 60 - 16 - 761 = 239
C : 1,220 - 250 - 50 - 16 - 842 = 62
따라서 A + B + C = 16 + 239 + 62 = 317이다.

정답 ①

[21~22] 다음을 보고, 이어지는 물음에 답하시오.

적용일자 : 2022년 4월 1일

구간		기본요금(원/호)	전력량 요금(원/kWh)
1	300kWh 이하 사용	910	93.2
2	301~450kWh	1,600	187.8
3	450kWh 초과	7,300	280.5

적용일자 : 2022년 10월 1일

구간		기본요금(원/호)	전력량 요금(원/kWh)
1	300kWh 이하 사용	910	100.6
2	301~450kWh	1,600	195.2
3	450kWh 초과	7,300	287.9

21 2022년 4월의 전력 사용량이 400kWh라면, 전기 요금은 얼마인가?

① 47,160원   ② 47,680원   ③ 48,340원   ④ 48,820원

 도표분석능력 / 전기요금 구하기

1,600 + (300 × 93.2) + (100 × 187.8) = 48,340원

정답 ③

22 2022년 4월의 전력 사용량이 500kWh, 10월의 전력 사용량이 500kWh로 동일할 경우, 10월의 전기 요금은 4월보다 얼마나 많아지는가?

① 3,700원   ② 3,900원   ③ 4,100원   ④ 4,300원

 도표분석능력 / 전기요금 구하기

4월 : 7,300 + (300 × 93.2) + (150 × 187.8) + (50 × 280.5) = 77,455원
10월 : 7,300 + (300 × 100.6) + (150 × 195.2) + (50 × 287.9) = 81,155원
81,155 − 77,455 = 3,700원

정답 ①

23 다음은 교육기관별 교원 1인당 학생 수를 나타낸 자료이다. 이에 대한 설명으로 옳지 않은 것은?

〔2022 한국문화재단〕

(단위 : 명)

구분	2016년	2017년	2018년	2019년	2020년
유치원	13.3	12.9	12.3	11.9	11.4
초등학교	14.6	14.5	14.5	14.6	14.2
중학교	13.3	12.7	12.1	11.7	11.8
고등학교	12.9	12.4	11.5	10.6	10.1

① 조사 기간 동안 유치원과 고등학교의 교원 1인당 학생 수는 감소하는 추세이다.
② 2020년 중학교의 교원 1인당 학생 수는 2016년에 비해 약 11% 감소하였다.
③ 2019년 고등학교의 교원 1인당 학생 수는 전년 대비 약 13% 감소하였다.
④ 2016년과 2020년의 교원 1인당 학생 수의 차이가 가장 큰 교육기관은 고등학교이다.

도표분석능력 / 학생 수 분석하기

2019년 고등학교의 교원 1인당 학생 수는 2018년에 비해 $\dfrac{10.6-11.5}{11.5} \times 100 ≒ -7.8\%$로 약 8% 감소하였다.

Plus 해설

① 조사 기간 동안 유치원과 고등학교의 교원 1인당 학생 수는 꾸준히 감소하고 있다.
② $\dfrac{11.8-13.3}{13.3} \times 100 ≒ -11.3\%$이므로 약 11% 감소하였다.
④ 2016년과 2020년의 교원 1인당 학생 수의 차이는 유치원 13.3−11.4=1.9명, 초등학교 14.6−14.2=0.4명, 중학교 13.3−11.8=1.5명, 고등학교 12.9−10.1=2.8명이다. 따라서 차이가 가장 큰 교육기관은 고등학교이다.

정답 ③

24 다음 제시된 자료를 보고 옳지 않은 것을 고르면?

`2022 국민연금공단`

다문화가족 자녀의 성별 및 연령별 분포

(단위 : %)

구분		국내에서만 성장	외국에서만 성장	국내외 거주 경험	전체
계	비율	100	100	100	100
	인원수	50,165	12,782	19,529	82,476
성별	여성	48.6	49.6	50.7	49.2
	남성	51.4	50.4	49.3	50.8
연령별	8세 이하	22.6	68.7	17.4	28.5
	9~11세	33.9	8.4	36.8	30.7
	12~14세	24.2	9.7	29.3	23.2
	15~17세	19.3	13.2	16.5	17.6

① 국내에서만 성장한 다문화가족 자녀의 수는 외국에서만 성장한 다문화가족 자녀의 수와 국내외 모두에서 거주 경험이 있는 다문화가족 자녀의 수의 합보다 많다.
② 국내에서만 성장한 12~14세 다문화가족 자녀의 수는 국내외 거주 경험이 있는 12~14세 다문화가족 자녀의 수보다 많다.
12~14세 다문화가족 자녀 중 국내에서만 성장한 자녀의 수는 국내외 거주 경험이 있는 자녀의 수보다 많다.
③ 9~11세 다문화가족 자녀는 전체 다문화가족 자녀 인원 중에서 가장 많다.
④ 국내외 거주 경험이 있는 다문화가족 자녀의 여성 수는 국내에서만 성장한 다문화가족 자녀의 여성 수보다 많다.

도표분석능력 / 다문화가족 분포 파악하기

국내외 거주 경험이 있는 다문화가족 자녀의 여성 수는 전체 19,529명 중 50.7%를 차지하므로 19,529 × 0.507 ≒ 9,901명이고, 국내에서만 성장한 다문화가족 자녀의 여성 수는 전체 50,165명 중 48.6%를 차지하므로 50,165 × 0.486 ≒ 24,380명이다. 따라서 국내에서만 성장한 다문화가족 자녀의 여성 수가 더 많다.

Plus 해설
① 외국에서만 성장한 다문화가족 자녀의 수와 국내외 모두에서 거주 경험이 있는 다문화가족 자녀의 수는 총 12,782+19,529=32,311이고, 국내에서만 성장한 다문화가족 자녀의 수는 50,165명이다.
② 12~14세 다문화가족 자녀 중 국내에서만 성장한 자녀의 수는 전체 50,165명 중 24.2%를 차지하므로 50,165 × 0.242 ≒ 12,139명이고, 국내외 거주 경험이 있는 자녀의 수는 전체 19,529명 중 29.3%를 차지하므로 19,529 × 0.293 ≒ 5,721명이다. 따라서 국내에서만 성장한 12~14세 다문화가족 자녀의 수가 더 많다.
③ 9~11세 다문화가족 자녀는 전체의 30.7%로 가장 많다.

정답 ④

 출제영역 ● 문제해결능력

25 다음 명제가 모두 참일 때, 항상 옳은 것은? ｜2022 경기도 공공기관 통합채용｜

> • 고양이 인형을 갖고 있는 사람은 호랑이 인형을 갖고 있지 않다.
> • 다람쥐 인형을 갖고 있는 사람은 고양이 인형도 갖고 있다.
> • 토끼 인형을 갖고 있는 사람은 호랑이 인형을 갖고 있지 않다.

① 호랑이 인형을 갖고 있는 사람은 다람쥐 인형을 갖고 있지 않다.
② 다람쥐 인형을 갖고 있지 않는 사람은 고양이 인형도 갖고 있지 않다.
③ 고양이 인형을 갖고 있는 사람은 다람쥐 인형도 갖고 있다.
④ 호랑이 인형을 갖고 있는 사람은 토끼 인형도 갖고 있다.

 사고력 / 참인 명제 찾기

주어진 명제와 그 대우를 간략히 정리하면 다음과 같다.
• 고양이 → ~호랑이, 호랑이 → ~고양이
• 다람쥐 → 고양이, ~고양이 → ~다람쥐
• 토끼 → ~호랑이, 호랑이 → ~토끼
∴ 다람쥐 → 고양이 → ~호랑이
   호랑이 → ~고양이 → ~다람쥐
따라서 항상 참인 명제는 ①이다.

정답 ①

26 다음 중 퍼실리테이션의 기본 역량에 해당하는 것이 아닌 것은? ｜2022 경기도 공공기관 통합채용｜

① 문제의 탐색과 발견
② 현상에 대한 분석력
③ 문제해결을 위한 구성원 간의 커뮤니케이션 조정
④ 합의를 도출하기 위한 구성원들 사이의 갈등 관리

 문제해결능력 / 퍼실리테이션 이해하기

퍼실리테이션은 문제해결 방법 중 하나로 집단이 의사결정을 잘하도록 도와주는 것을 의미한다. 깊이 있는 커뮤니케이션을 통해 서로의 문제점을 이해하고 공감함으로써 창조적인 문제해결을 도모한다.
퍼실리테이션의 기본역량은 '문제의 탐색과 발견', '문제해결을 위한 구성원 간의 커뮤니케이션 조정', '합의를 도출하기 위한 구성원들 사이의 갈등 관리'이다.

정답 ②

27 다음 결론이 반드시 참이 되기 위한 [전제 2]를 고르면?

> [전제 1] 모든 피아노는 예술작품이다.
> [전제 2] _____
> [결 론] 어떤 예술작품은 중고품이다.

① 모든 중고품은 예술작품이 아니다.
② 어떤 중고품은 피아노가 아니다.
③ 모든 중고품은 피아노가 아니다.
④ 어떤 피아노는 중고품이다.

 사고력 / 참이 되는 전제 찾기

'모든 피아노가 예술작품'이라는 전제는 '어떤 예술작품은 피아노'라는 것이므로, 어떤 피아노가 중고품이라면 '어떤 피아노인 예술작품은 중고품'이다. 따라서 '어떤 피아노는 중고품이다'가 결론을 참이 되게 하는 전제로 타당하다.

정답 ④

28 미국의 범죄학자 조지 켈링(George Kelling)과 정치학자 제임스 윌슨(James Wilson)이 최초로 명명한 '깨진 유리창 이론'으로 설명할 수 없는 사례는?

① 고객센터에 제기된 고객의 민원이 온라인상에 확산되어 불매운동이 일어날 수 있다.
② 직원 한 명의 미숙한 고객 대응과 느린 서비스는 매출하락까지 이어질 수 있다.
③ 기사의 실제 내용과 상관없는 자극적인 제목을 내세워 기사의 조회수를 높인다.
④ 지하철 강력범죄가 늘자 역사 내 모든 낙서를 지우고, 청소를 하도록 지시했다.
⑤ 사람들은 유리창이 깨지고 번호판도 없이 거리에 방치된 차의 부품을 훔쳐갔다.

 문제처리능력 / 깨진 유리창이론 적용하기

③은 '맥거핀 효과(MacGuffin Effect)'의 사례이다. 맥거핀 효과는 실제로 맥락상 중요한 부분이 아닌데도 중요한 것처럼 사용하는 극적 장치나 속임수를 의미한다.

Plus 해설

깨진 유리창 이론
유리창이 깨진 자동차를 거리에 방치하면 사회의 법과 질서가 지켜지지 않고 있다는 의미로 해석되어 더 큰 범죄로 이어질 가능성이 높다는 이론이다. 즉, 일상생활에서 경범죄가 발생했을 때 이를 제때 처벌하지 않으면 강력범죄로 발전할 수 있다는 것을 경고하는 이론이다.
'깨진 유리창 이론'은 범죄학뿐만 아니라 기업경영과 조직관리에도 적용되어, 사소한 위기관리의 부재가 기업의 총체적 위기까지 야기할 수 있다는 시사점을 준다.

정답 ③

[29~30] 다음은 ☆☆공사 인턴평가 점수표이다. 이어지는 물음에 답하시오. `2022 한국전력공사`

구분	근무실적	직무수행능력	직무수행태도	동료평가	총점
김○○	89	84	81	95	
이◎◎	92	85	79	98	
박□□	84	79	89	96	
오△△	74	86	96	97	

29 다음 인턴평가 점수표에서 가장 총점이 높은 사람은 누구인가?

① 김○○   ② 이◎◎   ③ 박□□   ④ 오△△

 문제처리능력 / 조건에 맞게 계산하기

① 김○○ : 89 + 84 + 81 + 95 = 349
② 이◎◎ : 92 + 85 + 79 + 98 = 354
③ 박□□ : 84 + 79 + 89 + 96 = 348
④ 오△△ : 74 + 86 + 96 + 97 = 353
따라서 가장 총점이 높은 사람은 '② 이◎◎'이다.

정답 ②

30 다음의 주어진 조건을 보고 희망부서와 소속부서가 일치하는 사람은 누구인가?

- 영업부, 홍보부, 재무부 3개의 부서에 최소 한 명 이상이 배치된다.
- 인턴 평가의 총점이 가장 낮은 사람은 영업부에 배치된다.
- 인턴 평가에서 두 번째로 점수가 높은 사람은 재무부에 배치된다.
- 김○○와 오△△는 같은 부서에 배치되었다.
- 김○○와 박□□는 홍보부를 희망하였다.
- 이◎◎는 재무부와 영업부를 희망하였다.
- 오△△는 영업부를 제외한 다른 부서를 희망하였다.

① 김○○   ② 이◎◎   ③ 박□□   ④ 오△△

문제처리능력 / 조건에 맞게 배치하기

구분	희망부서	배치부서
김○○	홍보부	재무부
이◎◎	재무부, 영업부	홍보부
박□□	홍보부	영업부
오△△	홍보부, 재무부	재무부

따라서 정답은 '④ 오△△'이다.

정답 ④

31 4층짜리 ○○빌라에 A~E 5명이 거주하고 있다. ○○빌라는 서관과 동관으로 나누어져 있으며, 서관과 동관은 서로 마주 보고 있다. 다음 조건을 보고, A가 살고 있는 곳을 고르면?

> 2022 한국문화재단

서관	동관
㉠	㉢
	㉣
㉡	

- A~E 모두 각각 따로 살고 있다.
- B의 바로 아래층에는 A가 살고 있고, A의 아래층은 비어 있다.
- D의 맞은편에는 B가 살고 있다.
- C는 서관에 살고 있고, C의 위층과 맞은편은 비어 있다.
- E는 C의 바로 아래층에 살고 있다.

① ㉠   ② ㉡   ③ ㉢   ④ ㉣

사고력 / 조건에 맞게 추론하기

주어진 조건을 정리하면 다음과 같다.

서관	동관
D	B
–	A
C	–
E	

정답 ④

출제영역 • 자원관리능력

32 다음의 물적자원관리 과정 중 ㉠의 특성으로 가장 옳은 것을 고르면?

2022 경기도 공공기관 통합채용

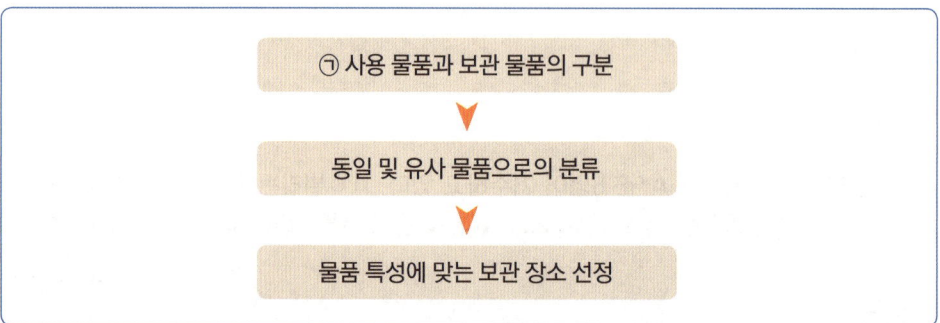

① 물품의 소재
② 물품의 형상
③ 반복 작업 방지
④ 유사성의 원칙

물적자원관리능력 / 물적자원관리 과정 알기

㉠ 사용 물품과 보관 물품의 구분	• 반복 작업 방지 • 물품활용의 편리성
동일 및 유사 물품으로의 분류	• 동일성의 원칙 • 유사성의 원칙
물품 특성에 맞는 보관 장소 선정	• 물품의 형상 • 물품의 소재

정답 ③

33 사무실의 가로 10m, 세로 2m의 벽면에 타일을 붙이기 위해 타일 업체를 선정한다고 할 때, 팀원들의 의견을 모두 만족하는 타일은 어느 업체인가?

`2022 한국전력공사`

구분	A업체	B업체	C업체	D업체
모양	정사각형	직사각형	직사각형	정육각형
크기(개당)	10×10(cm)	10×20(cm)	15×20(cm)	10×10(cm)
가격(개당)	1,100원	2,100원	1,900원	1,800원

- 팀원 1 : "사각형 모양의 타일을 고르는 것이 좋을 거 같아요."
- 팀원 2 : "가장 저렴하게 공사할 수 있는 업체로 선정해야 해요."
- 팀원 3 : "잘라서 사용하는 타일 없이 정확하게 벽면 사이즈에 맞게 공사할 수 있는 타일로 선정해야 해요."

① A업체   ② B업체   ③ C업체   ④ D업체

  물적자원관리능력 / 조건에 맞는 업체 구하기

- 팀원 1의 의견에 따라 D업체의 타일은 선정에서 제외된다.
- 팀원 3의 의견에 따라 C 업체의 타일은 선정에서 제외되며, A업체의 타일과 B업체의 타일의 필요한 총 개수와 공사비를 계산하면 다음과 같다.

- A업체 : 가로 100개 × 세로 20개를 붙일 수 있으며, 총 2,000개의 타일이 필요하며, 총 공사비용은 2,000개 × 1,100원 = 2,200,000원이다.
- B업체 : 가로 100개 × 세로 10개 또는 가로 50개 × 세로 20개로 붙일 수 있으며, 총 1,000개의 타일이 필요하며, 총 공사비용은 1,000개 × 2,100원 = 2,100,000원이다.

따라서 팀원 2의 의견에 따라 가장 저렴하게 공사할 수 있는 B업체의 타일을 선정해야 한다.

정답 ②

34 당산역 인근에 거주하는 A 씨는 자녀 B 양과 함께 올림픽공원에서 열리는 공연을 관람하기 위해 지하철로 이동하기로 했다. 9호선 당산역에서 승차하여 올림픽공원역에서 하차하는 경로로 결정한 뒤 A 씨는 교통카드를 이용하고, B 양은 1회권을 이용하여 지하철에 탑승하기로 했다. A 씨와 B 양의 총 운임요금 차이는? (단, B 양은 만 12세이며, 자료에 제시된 사항만 고려하여 계산한다.)

2022 서울교통공사

서울시 9호선 지하철 노선도 및 요금표

▶ 운임체계
 - 2구간 적용 시 5km마다 추가 운임요금
 - 3구간 적용 시 8km마다 추가 운임요금

Start	1구간	10km	2구간	50km	3구간	END
	출발역에서 10km 까지		출발역에서 10km 초과		출발역에서 50km 초과	

▶ 운임구간

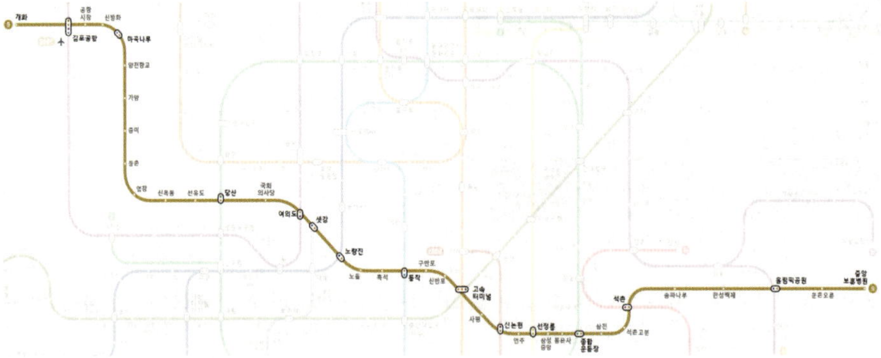

(단위 : km)

역명	개화	김포공항	공항시장	신방화	마곡나루(서울식물원)	양천향교	가양	증미	등촌	염창
역간거리	0	3.6	0.8	0.8	0.9	1.4	1.3	0.7	1	0.9
역명	신목동	선유도	당산	국회의사당	여의도	샛강	노량진	노들	흑석(중앙대입구)	동작(현충원)
역간거리	0.9	1.2	1	1.5	0.9	0.8	1.2	1.1	1.1	1.4

역명	구반포	신반포	고속터미널	사평	신논현(르메르디앙호텔)	언주(강남차병원)	선정릉	삼성중앙	봉은사	종합운동장
역간거리	1	0.7	0.8	1.1	0.9	0.8	0.9	0.8	0.8	1.4
역명	삼전	석촌고분	석촌	송파나루	한성백제	올림픽공원(한국체대)	둔촌오륜	중앙보훈병원		
역간거리	1.4	0.8	1	0.8	0.8	1.4	1	1.7		

▶ 운임요금

구분		교통카드	1회권
기본운임	어른	1,250원	1,350원
	청소년	720원	1,350원
	어린이	450원	450원
추가운임	어른	100원	100원
	청소년	80원	100원
	어린이	50원	50원

* 어른 : 만 19세 이상 / 청소년 : 만 13~18세 / 어린이 만 6~12세

① 900원 ② 1,100원 ③ 1,350원
④ 1,750원 ⑤ 2,000원

 예산관리능력 / 운임요금 계산하기

교통카드를 이용하는 A 씨의 기본 운임요금은 1,250원이고, 1회권을 이용하는 B 양(만 12세)의 기본 운임요금은 450원이다.
9호선 당산역에서 올림픽공원역까지 총거리를 계산하면 다음과 같다.
(1.5+0.9+0.8+1.2+1.1+1.1+1.4+1+0.7+0.8+1.1+0.9+0.8+0.9+0.8+0.8+1.4+1.4+0.8+1+0.8+0.8+1.4=) 23.4km이다. 출발역에서 10km 초과 시(2구간 적용 시) 5km마다 추가 운임요금이 발생하므로, 당산역에서 올림픽공원역까지 이동하는 데 추가 운임요금은 두 번(15km, 20km) 발생하게 된다.
교통카드를 이용하는 어른의 추가운임은 100원이고, 1회권을 이용하는 어린이의 추가운임은 50원이다. 따라서 A 씨와 B 양의 총 운임요금 차이는 다음과 같다.
{1,250원+(100원×2)}-{450원+(50원×2)}=1,450-550=900원

정답 ①

35 다음 중 ESG 경영의 사례로 적절하지 않은 것은?   2022 서울교통공사

① 국내 최초 샴푸, 컨디셔너, 바디워시의 리필을 도입해 기존에 사용하던 용기에 충전할 수 있는 리필스테이션을 선보인 ○○코스메틱
② 국내 물류 차량을 모두 친환경차로 대체하고, 사업장 내부 폐기물을 전량 재활용 자원화해 폐기물 0%를 달성한 △△운수업체
③ 기후위기를 유발하거나 생물 다양성을 파괴하는 기업 활동을 중대한 리스크로 보고 투자 시 이를 고려하기 위한 선언문을 발표한 ㅁㅁ투자사
④ 사업규모 확장으로 인한 공장 증축으로 온실가스 배출량이 상승해도 식물성 원료를 사용하며, 동물복지 인증을 받은 원료만 취급하는 ◇◇식품
⑤ 매장 내 일회용컵을 없애고, 전체 임직원의 10%를 장애인·중장년·경력단절 여성 등 취약계층으로 채울 방침을 발표한 ☆☆커피

 자원관리능력 / ESG 경영 이해하기

온실가스 배출은 환경파괴의 주범이다. 따라서 ④ '◇◇식품'은 ESG 경영의 사례로 적절하지 않다.

📖 **Plus 해설**

ESG 경영
ESG는 기업의 비재무적 요소인 환경(Environment)·사회(Social)·지배구조(Governance)를 의미하는 것으로, 기업의 재무적 성과만을 판단하던 전통적 방식과 달리 장기적 관점에서 기업의 사회적·윤리적 가치와 지속가능성에 영향을 주는 ESG 등의 비재무적 요소를 고려해 기업을 경영하는 것을 일컫는다.

정답 ④

36 사람중심 HRM과 직무중심 HRM을 비교한 항목 중 옳지 않은 것은?   2022 경기도 공공기관 통합채용

	구분	사람중심 HRM	직무중심 HRM
①	인재상	성실, 근면, 충성도	직무에 적합한 기술, 능력
②	인사평가	성과·결과 중심의 평가	인성·특성·행위 중심의 평가
③	승진	근속연수, 근무태도	직무성과, 직무수행능력
④	보상	연공급	직무급, 성과급

 인적자원관리능력 / 사람중심·직무중심 HRM 알기

인사평가를 할 때, 사람중심 HRM(Human Resources Management, 인적자원관리)은 인성·특성·행위 중심의 평가를 하고, 직무중심 HRM은 성과·결과 중심의 평가를 한다.

정답 ②

37 다음 중 총체적 품질관리(TQM)에 대한 설명으로 옳지 않은 것을 모두 고르면?

2022 한국전력공사

> (ㄱ) Y이론적 인간관에 기반하고 있다.
> (ㄴ) 무결점을 향한 지속적인 개선을 중시한다.
> (ㄷ) 개별 구성원이 아닌 집단 중심의 활동을 바탕으로 한다.
> (ㄹ) 집권화된 기획과 사후적 통제를 강조한다.
> (ㅁ) 고객 만족도보다 조직 내부 성과를 향상시키는 데 초점을 둔다.

① (ㄱ), (ㄷ) ② (ㄱ), (ㄴ), (ㅁ) ③ (ㄷ), (ㅁ)
④ (ㄷ), (ㄹ), (ㅁ) ⑤ (ㄹ), (ㅁ)

 물적자원 관리능력 / TQM 이해하기

(ㄹ), (ㅁ) '목표관리(MBO)'에 대한 설명이다. '목표관리(MBO)'는 결과 지향적이며 사후적 관리 특성을 보이고, 대외적 고객만족보다 대내적 성과향상을 중시한다.
'총체적 품질관리(TQM)'는 조직 구성원에 대한 권한 부여(분권화)와 사전적·예방적 관리를 강조하며, 고객의 요구를 존중하고 고객만족도 중심의 대응성에 초점을 둔다.

정답 ⑤

---

38 다음 중 개인의 성격이나 성향, 진로와 적성 등을 검사하기 위하여 표준화된 심리검사 도구가 아닌 것은?

2022 서울교통공사

① TCI ② MMPI ③ MBTI
④ CESD ⑤ STRONG

 인적자원 관리능력 / 개인성향 심리검사

'CESD(우울척도)'는 우울증 자가진단 테스트이다.

Plus 해설
① TCI : 성격 및 기질검사
② MMPI : 다면적 임상검사
③ MBTI : 성격유형검사
⑤ STRONG : 직업흥미검사

정답 ④

출제영역 • 정보능력

39 다음을 읽고, 틀린 내용을 고르면?   2022 한국전력공사

　　클라우드 서비스란 각종 자료를 내부 저장공간이 아닌 외부 클라우드 서버에 저장한 뒤 다운로드받는 서비스로, 서비스 모델에 따라 세 가지로 분류된다.
　　SaaS는 클라우드 환경에서 운영되는 애플리케이션 서비스를 말한다. 모든 서비스가 클라우드에서 이뤄진다. 소프트웨어를 구입해서 PC에 설치하지 않아도 웹에서 소프트웨어를 빌려 쓸 수 있다. SaaS는 필요할 때 원하는 비용만 내면 어디서든 곧바로 쓸 수 있다는 장점이 있다. PC나 기업 서버에 소프트웨어를 설치할 필요가 없다. 소프트웨어 설치를 위해 비용과 시간을 들이지 않아도 된다. SaaS는 중앙에서 해당 소프트웨어를 관리하기 때문에 사용자가 일일이 업그레이드나 패치 작업을 할 필요도 없다.
　　IaaS는 인터넷을 통해 서버와 스토리지 등 데이터센터 자원을 빌려 쓸 수 있는 서비스를 일컫는다. 이용자는 직접 데이터센터를 구축할 필요 없이 클라우드 환경에서 필요한 인프라를 꺼내 쓰면 된다. 이렇게 빌려온 인프라에서 사용자는 운영체제를 설치하고, 애플리케이션 등을 설치한 다음 원하는 서비스를 운영할 수 있다. IaaS는 가상 서버, 데이터 스토리지 같은 기존 데이터센터가 제공하는 서비스를 제공한다. 사용자는 이런 서비스를 조합해 애플리케이션을 실행하거나 운영할 수 있다. 게다가 물리적으로 만들어진 환경이 아니기 때문에 사용하지 않을 때 시스템을 해체하는 것도 손쉽다.
　　PaaS는 소프트웨어 서비스를 개발할 때 필요한 플랫폼을 제공하는 서비스다. 사용자는 PaaS에서 필요한 서비스를 선택해 애플리케이션을 개발하면 된다. PaaS 운영 업체는 개발자가 소프트웨어를 개발할 때 필요한 API를 제공해 개발자가 좀 더 편하게 앱을 개발할 수 있게 돕는다.

① 클라우드 서비스란 각종 자료를 내부 저장공간이 아닌 외부 클라우드 서버에 저장한 뒤 다운로드받는 서비스이다.
② SaaS는 별도로 소프트웨어 설치가 필요 없고, 웹에서 소프트웨어를 빌려서 바로 사용이 가능하다.
③ 소프트웨어 서비스를 개발할 때 필요한 플랫폼을 제공하는 서비스는 PaaS이다.
④ IaaS는 중앙에서 해당 소프트웨어를 관리하기 때문에 사용자가 일일이 업그레이드나 패치 작업을 할 필요가 없다.

 컴퓨터활용능력 / 클라우드 서비스 이해하기

④는 SaaS에 관한 내용이다.

정답 ④

[40~41] 다음은 바코드 생성 방식에 관한 자료이다. 이어지는 물음에 답하시오.

자리수	1	2	3	4	5	6	7	8	9	10	11	12	13
의미	생산시기		제품종류			생산공장				배송방법			체크숫자

생산시기	2020년	2021년	2022년
	12	13	14
제품종류	과일류	채소류	곡물류
	356	357	358
생산공장	1공장	2공장	3공장
	6971	6972	6973
배송방법	당일배송	일반배송	새벽배송
	826	827	828

※ 체크숫자 산정방법
(1) : 홀수 번째 자리의 수를 더한다.
(2) : 짝수 번째 자리의 수를 더한 후, 그 합에 2를 곱한다.
(3) : (1), (2)의 합에 더해져 10의 배수가 되도록 하는 최소 숫자를 찾는다.

40 위에서 제시된 바코드의 의미를 해석한 내용으로 옳은 것은?

① 2020년 1공장에서 생산된 과일류를 당일배송한다.
② 2021년 3공장에서 생산된 채소류를 새벽배송한다.
③ 2021년 3공장에서 생산된 곡물류를 일반배송한다.
④ 2022년 1공장에서 생산된 과일류를 새벽배송한다.

 정보처리능력 / 바코드 생성 파악하기

13 : 2021년, 357 : 채소류, 6973 : 3공장, 828 : 새벽배송
따라서 정답은 ②이다.

정답 ②

41 위에서 제시된 바코드의 13번째 자리에 올 체크숫자로 적절한 것은?

① 1   ② 2   ③ 3   ④ 4

 정보처리능력 / 알맞은 바코드 파악하기

(1) : 1+3+7+9+3+2=25
(2) : (3+5+6+7+8+8)×2=74
(3) : 25+74=99이므로 10의 배수가 되도록 하는 최소 숫자는 1이다.
따라서 13번째 자리에 올 체크숫자는 1이다.

정답 ①

42 다음 중 엑셀에서 중앙값을 구할 때 사용하는 함수를 고르면? `2022 한국전력공사`

① MODE   ② ROUND   ③ MEDIAN   ④ SUMIF

 컴퓨터활용능력 / 클라우드 서비스 이해하기

① MODE : 최빈값을 구함
② ROUND : 선택한 셀을 지정한 자릿수까지 반올림함
③ MEDIAN : 중앙값을 구함
④ SUMIF : 조건에 만족하는 셀의 합을 구함

정답 ③

출제영역 ● 조직이해능력

43 다음은 ○○식품회사의 SWOT 분석 결과이다. 주어진 자료를 보고 세운 전략으로 가장 적절하지 않은 것은?

`2022 경기도 공공기관 통합채용`

강점(S)	• 다양한 유기농 제품 보유 • 맑고 깨끗한 브랜드 이미지 구축 • 타사 대비 낮은 가격
약점(W)	• 해외에서의 낮은 인지도 • 신제품 마케팅 부족
기회(O)	• 세계적으로 유기농 식품 시장 성장 • 국내에서 유기농 식품을 즐기는 소비자 증가 • SNS상의 긍정적인 반응
위협(T)	• 국내 시장의 경쟁 격화 • 불경기에 따른 소비 심리 위축

① SO 전략 : 유기농 식품에 관심이 있는 소비자를 대상으로 다양한 유기농 제품을 홍보하여 매출을 높인다.
② ST 전략 : 저렴한 가격을 유지하고, 맑고 깨끗한 브랜드 이미지를 강조하여 국내 경쟁업체와 차별을 둔다.
③ WO 전략 : SNS를 활용한 해외 마케팅 전략을 세워 해외에서의 인지도를 높인다.
④ WT 전략 : 낮은 가격을 계속 유지하여 불경기에도 소비자들이 소비를 할 수 있게 유도한다.

 경영이해능력 / SWOT 분석 이해하기

④는 강점을 사용하여 위협을 회피하는 전략으로 ST 전략에 해당한다.

정답 ④

44 다음은 앤소프 매트릭스의 어떤 전략에 해당하는가? `2022 경기도 공공기관 통합채용`

> 수익성이 높은 기존 시장의 경쟁사 고객을 공략하여 시장 점유율을 확대하고, 기존 고객의 제품 사용률을 증가시켜 기업을 성장시키는 방법이다. 기존 제품과 시장을 다루기 때문에 가장 안정적인 방법으로 간주하고 있으며, 브랜드 리뉴얼 전략이라고도 한다.

① 시장 침투   ② 제품 개발
③ 시장 개발   ④ 다각화

 경영이해능력 / 앤소프 매트릭스 이해하기

제시된 내용은 앤소프 매트릭스의 '시장 침투'에 해당한다.

Plus 해설

앤소프 매트릭스
기업들이 지속적으로 성장하기 위해 제품과 시장에 대해 어떤 전략을 선택할 것인지 의사결정하기 위한 도구로, 4가지 성장전략 유형이 있다.
① 시장 침투 : 수익성이 높은 기존 시장의 경쟁사 고객을 공략하여 시장 점유율을 확대하고, 기존 고객의 제품 사용률을 증가시켜 기업을 성장시키는 방법이다. 기존 제품과 시장을 다루기 때문에 가장 안정적인 방법으로 간주하고 있으며, 브랜드 리뉴얼 전략이라고도 한다.
② 제품 개발 : 기존 시장에 신제품을 개발 및 출시하여 시장 점유율을 확대하는 전략으로, 기존 고객에게 신제품을 추가로 판매해 제품 라인 확장 전략이라고도 부른다.
③ 시장 개발 : 기업이 기존 제품을 새로운 시장에 판매하여 이익을 창출하는 전략으로, 판매 지역을 확대하거나 고객층을 다양화하는 방법이다.
④ 다각화 : 새로운 제품이나 서비스를 개발하여 새로운 고객층에게 판매하고 신시장을 개척하는 전략으로, 네 가지 성장전략 유형 중 가장 적극적이고 혁신성도 높지만 그만큼 리스크도 가장 크다.

정답 ①

45 전략경영 중에서 같은 산업 내에서 기업을 통합하는 것을 무엇이라 하는가?

2022 경기도 공공기관 통합채용

① 수직적 통합 ② 수평적 통합
③ 다각화 ④ 전략적 제휴

 경영이해능력 / 전략경영 이해하기

같은 산업 내에서 기업을 통합하는 것은 '수평적 통합'이다.

🏆 **Plus 해설**

전략경영
1) 전사적 수준의 전략 : 여러 시장에서 다양한 사업을 동시에 추구해 경쟁우위를 점하는 전략
    ① 수직적 통합 : 제품의 생산과정상이나 유통경로상에서 공급자나 수요자를 통합하는 전략
    ② 수평적 통합 : 경쟁력을 강화하려는 목적이 아니라 경쟁의 정도를 줄이기 위해 같은 산업 내에서 기업을 통합
    ③ 다각화 : 새로운 사업영역에 진출하는 전략
    ④ 전략적 제휴 : 경쟁관계에 있는 기업이 일부 사업 또는 기능별 활동부분에서 경쟁사와 일시적인 협조관계를 갖는 것
2) 사업부 수준의 전략 : 기업이 한 시장이나 산업에서 경쟁우위를 점하는 전략

정답 ②

46 맥킨지가 개발한 7-S 모델은 기업 내부환경을 분석하여 조직의 문제를 진단하거나 조직을 이해하고 설계하는 데 있어 효과적인 방법으로, 조직을 유기체적인 관점에서 접근하여 분석한다. 다음 중 7-S 모델의 구성요소에 대한 설명으로 옳지 않은 것은?

2022 서울교통공사

① 전략(Strategy) - 조직이 추구하며 나아가야 할 방향
② 능력(Skill) - 조직 수준에서 보유하고 있는 능력
③ 스타일(Style) - 조직의 경영방식이나 관리자의 행동양식
④ 제도(System) - 조직별 역할·권한·책임 등 조직도
⑤ 구성원(Staff) - 조직구성원의 능력과 전문성, 가치관과 신념

체제이해능력 / 조직문화 구성요소 이해하기

7-S 모델

하드 3요소	전략(Strategy)	– 조직이 추구하며 나아가야 할 방향 및 전략 – 어떤 전략을 취하느냐에 따라 조직의 예산 및 자원배분 방안이 달라짐
	구조(Structure)	– 조직도, 즉 조직별 역할·권한·책임 – 구조는 전략에 따라 달라지며, 그에 따라 구성원의 수행 업무가 변함
	제도(System)	– 조직의 관리체계·운영절차·제도 – 시스템은 전략을 실행하기 위하여 필요한 성과관리, 인사제도, 의사결정 지원, 경영정보시스템 등을 말함
소프트 4요소	능력(Skill)	– 조직 수준에서 보유하고 있는 능력, 즉 조직구성원의 능력과 전문성 – 가치사슬관점에서 볼 수 있는 능력으로 제조기술, 효율적 운영능력, 리스크 관리 등을 들 수 있음
	경영 스타일 (Style)	– 조직의 경영방식, 관리자의 행동양식, 기업문화 – 스타일은 조직문화와 연결되어 있어서 리더십 스타일이나 구성원 간의 관계에서 드러나며, 오랫동안 형성된 것으로 쉽게 바뀌지 않는다는 특성이 있음
	구성원(Staff)	– 조직 내 인력자원의 구성, 직원 수, 인사형태 – 조직구성원의 능력과 전문성, 가치관과 신념, 욕구와 동기, 행동패턴 등
	공유가치 (Shared Value)	– 기업의 비전이나 미션체계, 임직원들이 공유하는 공동의 가치·이념·목적 등 – 조직은 공유가치를 중심으로 움직이고, 공유가치는 전략에 영향을 주고 전략은 다른 5가지 변수 구성에 영향을 줌

Plus 해설

조직문화 구성요소(7-S 모형)
7-S 모형은 세계적인 다국적 컨설팅 기업 맥킨지(Mckinsey & Company)에서 조직문화를 분석하기 위해 개발한 도구로, 조직문화를 구성하고 있는 7개 요인은 상호 연결되어 있으며, 어느 한 변수의 변화는 다른 변수의 변화를 초래한다고 본다. 즉, 7가지 요소가 모두 균형 잡힌 수준이어야 좋은 조직으로 평가받는다.

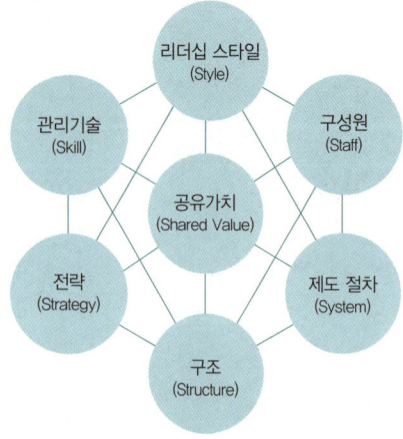

정답 ④

생 각 을 스 케 치 하 다
세 상 을 스 케 치 하 다

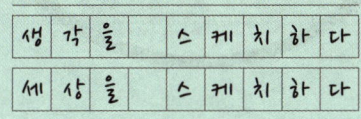

www.booksk.co.kr

Chapter 01
의사소통능력

의사소통능력은 상호 간 전달하고자 하는 의미를 말하기, 쓰기, 듣기를 통하여 정확하게 전달하는 능력이다.

일 경험에서 필요한 문서이해능력과 문서작성능력이 주를 이루고, 원활한 의사소통을 위해 필요한 경청능력, 자신의 의사를 효과적으로 전달하는 의사표현능력, 업무 수행 시 외국어로 의사소통할 수 있는 기초외국어능력 등으로 구분된다.

01 Chapter — START
NCS 모듈 학습

개념정리 • 의사소통능력

① 의사소통의 개념

의사소통이란 두 사람 또는 그 이상의 사람들 사이에서 의사의 전달과 상호교류가 이루어진다는 뜻이며, 어떤 개인 또는 집단이 개인 또는 집단에 대해서 정보, 감정, 사상, 의견 등을 전달하고 그것들을 받아들이는 과정이다.

② 의사소통의 중요성

직업생활에 있어서의 의사소통은 공식적인 조직 안에서의 의사소통을 의미하고, 이때의 목적은 정보를 전달하고 설득하려는 데 있다.
- 서로에 대한 지각의 차이를 좁혀준다.
- 선입견을 줄이거나 제거할 수 있다.
- 팀워크를 높이고 조직의 사기를 진작시켜 생산성을 높일 수 있다.

③ 의사소통의 종류

언어적인 의사소통능력	경청능력	상대방의 이야기를 듣고 의미를 파악	유동성↑ 정확성↓
	의사표현능력	자신의 의사를 설득력 있게 표현	
문서적인 의사소통능력	문서이해능력	업무에 관련된 문서를 통해 정보를 획득·수집·종합	권위감↑ 정확성↑ 전달성↑ 보존성↑
	문서작성능력	상황과 목적에 적합한 문서 작성	
기초외국어능력	외국어로 된 자료이해, 외국인과의 전화응대 및 간단한 대화 등 외국인의 의사표현을 이해하고, 자신의 의사를 기초외국어로 표현할 수 있는 능력		

4 의사소통의 유형

지배형	자신감 있고 지도력이 있으나, 논쟁적이고 독단적인 면이 강함
실리형	이해관계에 예민하고 성취 지향적이며 경쟁적이고 자기중심적임
냉담형	이성적이며 의지력이 강한 반면, 타인의 감정에 무관심함
고립형	혼자 있는 것을 선호하고 사회적 상황을 회피하며 지나치게 자신의 감정을 억제함
복종형	수동적이고 의존적이며 자신감이 없음
순박형	단순하고 솔직하지만 자기주관이 부족함
친화형	따뜻하고 인정이 많고 자기희생적이나, 타인의 요구를 거절하지 못함
사교형	외향적이며 타인에 대한 높은 관심으로 간섭하려는 경향이 있고, 남에게 인정받고자 하는 욕구가 강함

5 의사소통을 저해하는 요소

무책임한 마음	'일방적'으로 말하고 듣는 것으로 의사소통 기법의 미숙, 표현 능력의 부족, 이해 능력의 부족으로 인해 발생
고정관념 및 선입견	'말하지 않아도 아는' 문화에 안주하는 마음으로 과거의 경험이나 선입견, 고정관념으로 인해 발생
착각	'전달했는데', '아는 줄 알았는데'라고 착각하는 마음으로 평가적이며 판단적인 태도나 잠재적인 의도로 인해 발생
지위 및 과업지향성	전문용어 사용으로 인한 소통 단절 및 지위를 활용한 폐쇄적인 의사소통 분위기 등과 같은 구조상의 권한으로 인해 발생
분명하지 않은 메시지	과도하거나 부족한 정보, 또는 메시지의 복잡성 및 메시지의 경쟁으로 발생

6 의사소통능력 개발 방법

사후검토와 피드백 주고받기	의사소통의 왜곡에서 오는 오해와 부정확성을 줄이기 위하여, 전달한 내용이 실제로 어떻게 해석되었는지 직접 말로 물어보거나 얼굴 표정 등으로 정확한 반응을 관찰해야 한다. 이때 상대방이 원하는 경우에는 그 행동을 개선할 수 있는 기회를 제공해 줄 수도 있다.
언어의 단순화	전문용어는 그 언어를 사용하는 집단 구성원들 사이에서 이해를 촉진시키지만, 조직 밖의 사람들, 즉 고객에게 사용했을 때에는 의외의 문제를 야기할 수 있으므로 명확하고 쉽게 이해 가능한 단어를 선택해야 한다.
적극적인 경청	상대방의 이야기를 듣는 것은 수동적인 데 반해 경청은 능동적인 의미의 탐색이다. 상대방의 입장에서 생각하려고 노력하며 감정을 이입하여 능동적으로 집중하여 경청해야 한다.
감정의 억제	자신이 처한 상황에 따라 문서의 의미를 다르게 해석하기 쉽고, 반대로 자신이 전달하고자 하는 의사표현을 명확하게 하지 못할 경우가 많다. 따라서 감정적으로 메시지를 다르게 해석하지 않도록 침착하게 의사소통해야 한다.

하위능력 1 • 문서이해능력

1 문서이해능력이란?

- 다양한 종류의 문서에서 전달하고자 하는 핵심 내용을 요약, 정리하여 이해하는 능력
- 문서에서 전달하는 정보의 출처를 파악하고, 옳고 그름까지 판단하는 능력

2 일 경험 중 현장에서 요구되는 문서이해능력 `NEW`

- 업무 관련 인쇄물부터 기호화된 정보로 된 메모 등 업무와 관련된 문서의 내용을 이해하고, 요점을 파악하며 통합할 수 있는 능력이 필요하다.
- 문서의 내용 파악뿐 아니라 문서의 정보를 바탕으로 업무와 관련된 행동을 추론하는 능력, 효율성을 높이기 위해 자신이 이해한 업무 지시의 적절성을 판단하는 능력까지 포함한다.
- 문서의 기능 : 의사전달의 기능, 필요한 업무를 지시, 업무 진행 상황을 기록으로 보존 → 문서이해능력이 부족하면 직업생활에서 본인의 업무를 이해하고 수행하는 데 막대한 지장을 끼치게 된다.

3 문서이해의 구체적인 절차

1단계	문서의 목적을 이해
2단계	문서 작성되게 된 배경 및 내용, 주제 파악
3단계	문서에 쓰인 정보 파악과 문서가 제시한 문제 파악
4단계	문서를 통한 상대의 의도와 욕구를 분석하고 나에게 요구되는 행동과 내용을 분석
5단계	문서를 이해한 목적을 달성하기 위한 행동 및 생각 결정
6단계	상대의 의도를 도표, 그림 등으로 메모하여 요약 및 정리

4 문서이해에 요구되는 능력

- 각 문서에서 필요한 내용을 이해하고 정보를 획득하여, 수집한 내용을 종합하는 능력 필요
- 문서를 읽고 자신만의 방식으로 소화하여 작성할 수 있는 능력 필요

⑤ 문서의 종류와 용도

공문서	정부 행정기관에서 대내적 혹은 대외적 공무를 집행하기 위해 작성하는 문서 - 엄격한 규격과 양식에 따라 작성해야 하며, 최종 결정권자의 결재가 있어야 문서로서의 기능이 성립	
기획서	적극적으로 아이디어를 내고 기획해 하나의 프로젝트를 문서 형태로 만들어 상대방에게 기획의 내용을 전달하여 시행하도록 설득하는 문서	
보고서	특정한 일에 관한 현황이나 그 진행 상황 또는 연구·검토 결과 등을 보고하고자 할 때 작성하는 문서	
	영업보고서	재무제표와 달리 영업상황을 문장 형식으로 기재해 보고하는 문서
	결산보고서	진행됐던 사안의 수입과 지출 결과를 보고하는 문서
	일일업무보고서	매일의 업무를 보고하는 문서
	주간업무보고서	한 주간에 진행된 업무를 보고하는 문서
	출장보고서	회사 업무로 출장을 다녀와 외부 업무나 그 결과를 보고하는 문서
	회의보고서	회의 결과를 정리해 보고하는 문서
기안서	흔히 사내 공문서를 말하는 것으로 회사의 업무에 대한 협조를 구하거나 의견을 전달할 때 작성하는 문서	
설명서	상품의 특성이나 사물의 성질과 가치, 작동 방법, 과정 등을 소비자에게 설명하는 것을 목적으로 작성한 문서	
	상품소개서	소비자들이 내용을 쉽게 이해하도록 하는 문서 - 소비자에게 상품의 특징을 잘 전달해 상품을 구입하도록 유도
	제품설명서	제품의 특징과 활용도에 대해 세부적으로 언급하는 문서 - 구입의 유도보다 제품 사용법을 더 자세히 알려주는 것이 주목적
보도자료	정부기관이나 기업체, 각종 단체 등이 언론을 상대로 자신들의 정보가 기사로 보도되도록 하기 위해 보내는 자료	
자기 소개서	개인의 가정환경과 성장과정, 입사 동기와 근무자세 등을 구체적으로 기술하여 자신을 소개하는 문서	
비즈니스 레터 (E-mail)	사업상의 이유로 고객이나 단체에 편지 형태로 작성하는 문서	
	공식적 문서	제안서나 보고서 등
	비공식적 문서	직장업무나 개인 간의 연락, 직접 방문하기 어려운 고객관리 등
비즈니스 메모	사업상의 이유로 고객이나 단체에 편지 형태로 작성하는 문서	
	전화 메모	전화의 전달사항 등을 간단히 작성하여 당사자에게 전달하는 메모
	회의 메모	회의 미참석자에게 회의 내용을 간략하게 적어 전달하거나 회의 내용 자체를 참고자료로 남기기 위해 적은 메모
	업무 메모	개인이 추진하는 업무나 상대의 업무 추진 상황을 적은 메모

1 ● 문서이해능력 》 바로확인문제

01 다음 중 일 경험에서 의사소통에 대한 내용으로 적절하지 않은 것은?

① 일 경험에서 의사소통이란 공식적인 조직 안에서의 의사소통을 의미한다.
② 일 경험에서의 원활한 의사소통은 조직의 생산성을 높이고, 조직 내 구성원들의 사기를 진작시킨다.
③ 일 경험에서 발생하는 의사소통은 조직과 팀의 생산성 증진을 목적으로 구성원 간 정보와 지식을 전달하는 과정이다.
④ 직장에서의 원활한 의사소통과 조직 내 팀워크 향상은 다른 개념으로 이해해야 한다.
⑤ 메시지는 주고받는 화자와 청자 간의 상호작용에 따라 다양하게 변형될 수 있다.

 의사소통능력 / 일 경험에서 의사소통 이해하기

직장에서 상사나 동료 혹은 부하와의 의사소통이 원활하게 이루어지면 구성원 간 공감이 증가하고, 조직 내 팀워크가 향상된다. 향상된 팀워크는 직원들의 사기 진작과 능률 향상으로 이어지므로 둘을 다른 개념으로 이해해야 한다는 것은 적절하지 않다.

정답 ④

02 다음은 일 경험에서 접할 수 있는 의사소통의 사례이다. 제시된 사례 중 의사소통의 종류가 다른 것을 고르면?

① 고객사에서 보내온 수취확인서
② 수취확인 문의전화
③ 영문 운송장 작성
④ 업무 지시 메모
⑤ 주간업무보고서 작성

 의사소통능력 / 의사소통의 종류 구분하기

업무 중 하게 되는 문의전화는 언어적인 의사소통인 반면, 나머지는 문서적인 의사소통이다.

정답 ②

03 다음 중 의사소통의 유형의 특징으로 가장 옳지 않은 것은?

① 지배형 – 지도력이 없고 논쟁적이고 독단적인 면이 강함
② 복종형 – 수동적이고 의존적이며 자신감이 없음
③ 실리형 – 이해관계에 예민하고 성취지향적이며 경쟁적이고 자기중심적임
④ 냉담형 – 이성적이며 의지력이 강한 반면 타인의 감정에 무관심함
⑤ 고립형 – 혼자 있는 것을 선호하고 사회적 상황을 회피하며 지나치게 자신의 감정을 억제함

 의사소통능력 / 의사소통의 유형 이해하기

의사소통 유형의 지배형은 자신감과 지도력은 있으나 논쟁적이고 독단적인 면이 강한 것이 특징이다. 따라서 대인 갈등을 겪을 수 있으므로 타인의 의견을 경청하고 수용하는 자세가 필요하다.
• 순박형 : 단순하고 솔직하지만 자기주관이 부족함
• 친화형 : 따뜻하고 인정이 많고 자기희생적이나, 타인의 요구를 거절하지 못함
• 사교형 : 외향적으로 타인에 대한 높은 관심으로 간섭하려는 경향이 있고, 남에게 인정받고자 하는 욕구가 강함

정답 ①

04 보고서는 특정한 일에 관한 현황이나 그 진행 상황 또는 연구 및 검토 결과 등을 보고하고자 할 때 작성하는 문서이다. 이러한 보고서의 종류 중 진행됐던 사안의 수입과 지출결과를 보고하는 문서는 무엇인가?

① 영업보고서　　② 결산보고서　　③ 출장보고서
④ 회의보고서　　⑤ 업무보고서

 문서이해능력 / 문서의 종류 이해하기

진행됐던 사안의 수입과 지출 결과를 보고하는 문서는 결산보고서이다.

🔑 오답풀이
① 영업보고서 : 재무제표와 달리 영업상황을 문장 형식으로 기재해 보고하는 문서
③ 출장보고서 : 회사 업무로 출장을 다녀와 외부 업무나 그 결과를 보고하는 문서
④ 회의보고서 : 회의 결과를 정리해 보고하는 문서
⑤ 업무보고서 : 진행된 업무를 보고하는 문서

정답 ②

05 다음 중 일 경험에서 접하게 되는 문서이해의 구체적인 절차 6단계의 다섯 번째에 해당하는 것은?

① 문서가 작성된 배경과 문서의 주제 파악하기
② 상대방의 의도를 도표·그림 등으로 메모하여 요약 및 정리하기
③ 문서의 정보를 밝혀내고, 문서가 제시하는 현안 파악하기
④ 이해한 목적 달성을 위해 취해야 할 행동 생각하고 결정하기
⑤ 상대의 의도와 자신에게 요구되는 행동에 대한 내용 분석하기

 문서이해능력 / 문서이해의 절차 파악하기

문서이해의 구체적인 절차는 다음과 같다.

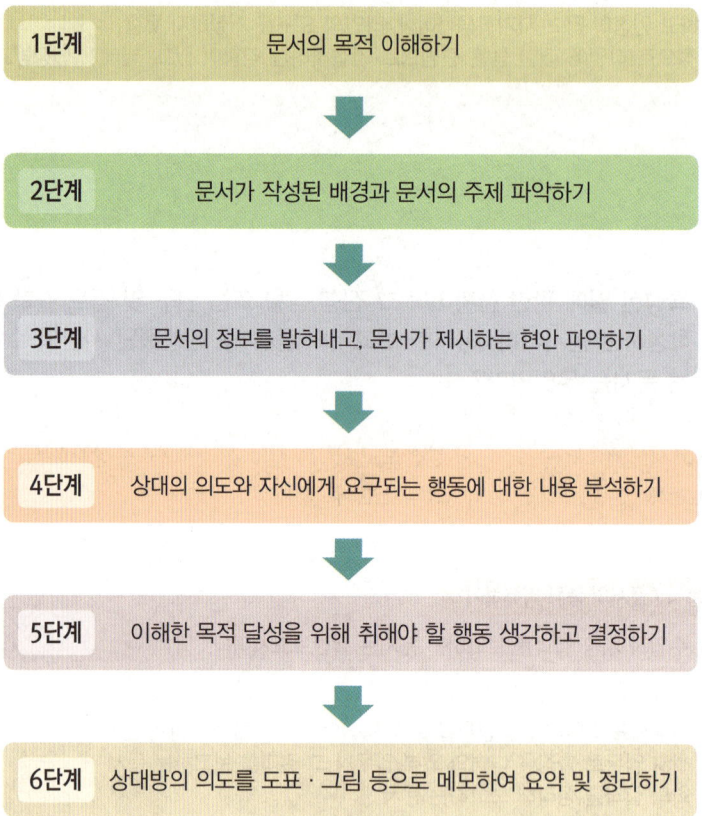

정답 ④

하위능력 2 ● 문서작성능력

1 문서작성능력이란?

일 경험에서 요구되는 업무의 목적과 상황에 적합한 아이디어나 정보를 전달할 수 있도록 문서로 작성할 수 있는 능력을 의미한다. 직장인은 자신에게 주어진 업무에 관하여 필요한 문서를 작성할 때 읽는 대상과 상황, 목적에 따라 적절하게 작성할 수 있어야 한다.

2 문서작성의 중요성

일 경험에서의 문서작성은 업무와 관련된 일로 조직의 비전을 실현시키는 생존을 위한 것이라 할 수 있다. 그렇기 때문에 개인의 의사표현이나 의사소통을 위한 과정으로서의 업무일 수도 있지만 이를 넘어 조직의 사활이 걸린 중요한 업무이기도 하다.

3 문서작성 시 고려사항

문서작성은 작성하는 개인의 사고력과 표현력이 총동원된 결정체이다. 그러므로 문서작성 시에 고려해야 할 사항은 대상, 목적, 시기가 포함되어야 하며, 기획서나 제안서 등 형식에 따라 기대효과 등이 포함되어야 한다.

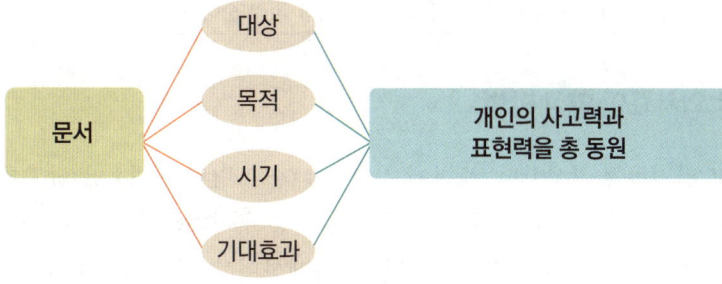

4 종류에 따른 문서 작성법

보통 각 회사나 기관별로 고유의 문서양식이 있어서 상황에 따라 적합한 문서를 선정하여 작성하게 된다. 별도의 양식이 없다면 일반적으로 많이 쓰이는 양식을 선정하여 작성한다.

공문서	회사 외부로 전달되는 문서로 '누가, 언제, 어디서, 무엇을, 어떻게, 왜'가 정확하게 드러나도록 작성해야 한다.
	– 한 장 안에 작성해야 하고, 마지막에 '끝'자로 마무리한다. – 날짜는 연도와 월, 일을 함께 기입하고, 날짜 다음에 괄호를 사용할 경우에는 마침표를 찍지 않는다. – 복잡한 내용은 항목별로 구분한다. ('–다음–', '–아래–') – 대외 문서이고, 장기간 보관되는 문서성격에 따라 정확하게 기술한다.
기획서	상대가 채택하게끔 설득력을 갖춰야 하므로, 상대가 요구하는 것이 무엇인지 고려하여 작성해야 하고, 목적을 달성할 수 있는 핵심 사항이 정확하게 기입되었는지 확인한다.
	– 한눈에 파악할 수 있는 목차를 구성한다. – 핵심 내용의 표현에 신경을 써야 한다. – 효과적인 내용 전달을 위해 표나 그래프를 활용한다. – 충분한 검토를 한 후에 제출하도록 한다. – 인용한 자료의 출처가 정확한지 확인한다.
보고서	업무 진행과정에서 쓰는 보고서는 진행과정에 대한 핵심내용을 구체적으로 작성하여야 한다.
	– 내용의 중복을 피하고 핵심 사항만을 산뜻하고 간결하게 작성하여야 한다. – 참고자료는 정확하게 제시한다. – 복잡한 내용일 때에는 도표나 그림을 활용한다. – 충분한 검토를 한 후에 제출하도록 한다. – 내용에 대한 예상 질문을 추출해 보고, 답을 미리 준비한다.

5 원활한 의사표현 향상 방법

- 문장은 **짧고 간결하게** 작성한다. 표현에 기교를 삼가고 명확한 내용을 담도록 한다.
- 우회적 표현이나 현혹적 문구 사용을 피하고, 상대방이 이해하기 쉽게 쓴다.
- 문서 의미의 전달에 불필요한 **한자의 사용을 자제**하며, 사용이 필요한 경우 상용한자의 범위에서 벗어나지 않도록 한다.
- **간단한 표제**를 붙이고, 간결체로 작성한다.
- 부정문이나 의문문의 형식은 되도록 피하고 **긍정문으로 작성**한다.
- 핵심이 되는 결론이나 문서의 중요한 내용을 먼저 쓰도록 한다.

6 상황에 따른 문서 작성법

요청·확인	▶ 업무 요청사항이나 확인절차 요구 시 일반적으로 공문서를 사용
정보제공	▶ • 기업정보 홍보물, 보도자료, 제품관련 설명서, 안내서 등 • 시각적인 자료 활용이 효과적이며, 정보제공은 신속하고 정확해야 함
명령·지시	▶ • 관련부서, 외부기관, 단체 등에 지시를 내릴 때 업무지시서를 작성 • 상황에 적합하고 명확한 내용을 작성하며, 즉각적인 업무 추진이 실행되도록 해야 함
제안·기획	▶ • 업무를 어떻게 개선할지, 어떤 방향으로 추진할지 의견을 제시하려는 목적 • 관련된 내용을 깊이 전달할 수 있는 종합적인 판단과 예견력이 요구됨
약속·추천	▶ • 고객·소비자에게 제품의 이용 정보를 제공할 때 • 추천서 개인이 다른 회사에 지원할 때 일반적으로 상사가 작성해주는 문서

7 문서작성 시 주의사항

- 문서는 그 작성시기를 정확하게 기입해야 한다.
- 문서작성 후 반드시 다시 한 번 내용을 검토해야 한다.
- 문서의 첨부자료는 반드시 필요한 자료 외에는 첨부하지 않도록 한다.
- 문서내용 중 금액, 수량, 일자 등의 기재에 정확성을 기해야 한다.

8 문서표현의 시각화

차트	주로 통계적 수치 등을 그래프나 차트를 통해 명확하고 효과적으로 전달
다이어그램	개념·주제 등 중요한 정보를 도형, 선, 화살표 등 여러 상징으로 표현
이미지	전달하고자 하는 내용을 그림이나 사진 등으로 나타내는 것

2. 문서작성능력 》 바로확인문제

01 문서작성의 의미와 고려사항에 대한 설명으로 옳은 것은?

① 문서란 제안서, 보고서, 기획서, 편지, 메모, 공지사항 등이 문자로 구성된 것을 말한다.
② 문서를 작성할 때는 문장을 길게 쓰는 것이 좋다.
③ 모든 문서에는 반드시 대상, 목적, 시기 및 기대효과가 포함되어야 한다.
④ 문서작성은 개인의 표현력보다는 객관적 정보의 전달을 우선으로 해야 한다.
⑤ 직장인에게는 문서작성 능력보다 상대방의 말을 잘 귀담아듣고 이야기하는 능력이 더 중요하다.

 문서작성능력 / 문서의 의미와 중요성 알기

문서의 의미는 제안서, 보고서, 기획서, 편지, 메모, 공지사항 등이 문자로 구성된 것이다.
② 문서를 작성할 때는 문장을 짧고, 간결하게 작성해야 한다.
③ 문서 내용에는 대상, 목적, 시기가 포함되어야 하며, 기획서나 제안서는 경우에 따라 기대효과가 포함되어야 한다.
④ 문서작성은 개인의 사고력과 표현력을 총동원해야 하는 능력의 결정체이다.
⑤ 직장인에게 문서 작성은 개인의 의사표현이나 의사소통을 위한 과정의 업무일 수도 있지만, 이를 넘어 조직의 사활이 걸린 중요한 업무이기도 하다.

정답 ①

02 공문서의 특성에 대한 설명으로 옳은 것은?

① 공문서는 여러 장에 담아내는 것이 원칙이다.
② 날짜 다음에 괄호를 사용할 경우 반드시 마침표를 찍어야 한다.
③ 마지막엔 반드시 '끝' 자로 마무리해야 한다.
④ 내용이 복잡할 경우, 내용을 정확하게 전달하기 어려우므로 간결하게 작성한다.
⑤ 회사 내부로 전달되는 글이므로 '누가, 언제, 어디서, 무엇을, 어떻게, 왜'가 드러나지 않아도 된다.

 문서작성능력 / 공문서의 특성 이해하기

공문서를 작성할 때는 마지막에 '끝' 자로 마무리해야 한다.
① 공문서는 한 장에 담아내는 것이 원칙이다.
② 날짜는 연도와 월, 일을 반드시 함께 기입하고, 날짜 다음에 괄호를 사용할 때는 마침표를 찍지 않는다.
④ 내용이 복잡할 경우 '-다음-', 또는 '-아래-'와 같은 항목을 만들어 구분한다. 공문서는 대외문서이고, 장기간 보관되는 문서이기 때문에 정확하게 기술한다.
⑤ 회사 외부로 전달되는 글인 만큼 '누가, 언제, 어디서, 무엇을, 어떻게, 왜'가 드러나도록 작성해야 한다.

정답 ③

03 다음은 신입사원 이나래 씨가 문서작성법에 대한 교육을 듣고 정리한 내용이다. 이나래 씨가 정리한 내용은 어떤 문서의 작성법인가?

> 효과적인 문서작성법
> 1. 보통 업무 진행 과정에서 쓰는 경우가 대부분!
> 2. 무엇을 도출하고자 했는지 핵심내용을 구체적으로 제시할 것
> 3. 간결하고 핵심적인 내용의 도출이 중요함, 내용의 중복을 피할 것
> 4. 상사에게 제출하는 문서이므로 질문받을 것을 대비해놓을 것

① 공문서　　　② 설명서　　　③ 보고서
④ 기획서　　　⑤ 제안서

문서작성능력 / 문서작성법 파악하기

제시된 정리 내용은 보고서의 문서작성법에 대한 설명이다.

정답 ③

04 다음 중 문서작성의 원칙으로 옳은 것은 모두 몇 개인가?

> • 문장을 짧고, 간결하게 작성하도록 한다.
> • 상대방이 이해하기 쉽게 작성한다.
> • 한자를 가급적 많이 사용하여 단어의 혼동을 최소화시킨다.
> • 긍정문으로 작성한다.
> • 문서의 주요한 내용은 마지막에 작성한다.
> • 간단한 표제를 붙인다.

① 6개　　　② 5개　　　③ 4개
④ 3개　　　⑤ 2개

문서작성능력 / 문서작성의 원칙 이해하기

• 문장을 짧고, 간결하게 작성하도록 한다.
• 상대방이 이해하기 쉽게 작성한다.
• 한자의 사용을 자제한다.
• 긍정문으로 작성한다.
• 문서의 주요한 내용은 먼저 쓰도록 한다.
• 간단한 표제를 붙인다.

정답 ③

하위능력 3 • 경청능력

① 경청능력이란?

다른 사람의 말을 주의 깊게 듣고 공감하는 능력으로, 직장에서의 원활한 의사소통을 위해서는 경청 능력을 필수적으로 갖추어야 한다.

② 바람직한 경청의 방법

- 혼자서 대화를 독점하지 않고, 상대방의 말을 가로채지 않는다.
- 의견이 다르더라도 일단 수용하고, 논쟁에서는 상대의 주장을 들어준다.
- 말하는 순서를 지키고, 이야기를 가로막지 않는다.
- 시선(Eye-Contact)을 맞추고, 오감을 동원해 적극적으로 경청한다.

③ 경청을 방해하는 요인

짐작하기	상대방의 말을 자신의 생각대로 넘겨짚어 생각하는 것
준비하기	자신이 다음에 할 말을 생각하기 바빠 상대의 말을 잘 듣지 않는 것
걸러내기	상대의 말을 듣기는 하지만 전하는 메시지를 온전하게 듣지 않는 것
판단하기	상대를 부정적으로 판단하고 비판하기 위해 온전히 듣지 않는 것
다른 생각	상황을 회피하고 있다는 위험한 신호로 상대가 말할 때 자꾸 다른 생각을 하게 되거나 관심을 기울이기 힘들어지는 것
조언하기	상대방의 문제를 본인이 직접 해결해주고자 하는 것
언쟁하기	단지 논쟁하고 반대하기 위해 상대의 말을 듣는 것
자존심	자존심 때문에 자신의 부족한 점에 대한 상대의 말을 듣지 않는 것
넘어가기	대화가 너무 사적이거나 위협적이면 주제를 바꾸거나 농담으로 슬쩍넘기려 하는 것
비위맞추기	상대를 위로하거나 비위를 맞추기 위해 너무 빨리 동의하는 것

4 적극적 경청과 소극적 경청 NEW

적극적 경청	• 자신이 상대방의 이야기에 주의를 집중하고 있음을 행동을 통해 외적으로 표현하며 듣는 것 • 상대의 말 중 이해가 안 되는 부분을 질문하거나, 자신이 이해한 내용을 확인하기도 하고, 상대의 발언 내용과 감정에 대해 공감하기도 함
소극적 경청	• 상대의 이야기에 특별한 반응을 표현하지 않고 수동적으로 듣는 것 • 상대방이 하는 말을 중간에 자르거나 다른 화제로 돌리지 않고 상대의 이야기를 수동적으로 따라가는 것을 의미

5 적극적 경청을 위한 태도

- ① 비판적·충고적인 태도를 버리고, ② 상대방이 말하는 의미를 이해하고, ③ 단어 이외의 보여지는 표현에도 신경을 쓰며, ④ 상대방이 말하는 동안 경청하고 있다는 것을 표현하며, ⑤ 대화 시 흥분하지 않는다.
- 적극적 경청은 의사소통에 있어 기본이 되는 태도이므로 관리·감독자를 대상으로 하는 대인 능력 향상 프로그램으로 채택되는 일이 많다.

6 경청의 올바른 자세

- 상대를 정면으로 마주하는 자세 : 의논할 준비가 되었음을 알리는 표시
- 손이나 다리를 꼬지 않는 자세 : 상대에게 마음을 열어 놓고 있다는 표시
- 상대방을 향하여 상체를 기울여 다가앉은 자세 : 자신이 열심히 듣고 있다는 사실을 강조
- 우호적인 눈의 접촉 : 자신이 관심을 가지고 있음을 알리는 표시
- 비교적 편안한 자세를 취하는 것 : 전문가다운 자신만만함과 아울러 편안한 마음을 상대에게 전하는 것

7 대화법을 통한 경청 훈련

- 대화 시 주의를 기울이고 정확성을 위해 요약한다.
- 상대방의 경험을 인정하고 더 많은 정보를 요청한다.
- 화자가 주도적으로 말할 수 있도록 개방적으로 질문하되, '왜?'라는 질문은 삼간다.

3 · 경청능력 » 바로확인문제

01 다음 중 경청을 방해하는 요인이 아닌 것은?

① 상대방의 말을 짐작하면서 듣기
② 대답할 말을 준비하며 듣기
③ 상대의 마음상태를 이해하며 듣기
④ 상대의 말을 판단하며 듣기
⑤ 내 판단에 따라 상대의 말을 걸러내기

 경청능력 / 경청 방해요인 파악하기

상대의 마음상태를 이해하며 듣는 것은 올바른 경청방법이므로 방해요인에 해당하지 않는다.

정답 ③

02 올바른 경청방법에 대한 내용으로 옳지 않은 것은?

① 우호적인 눈의 접촉(Eye-Contact)은 자신이 상대방에게 관심을 가지고 있음을 알려준다.
② 상대방을 향하여 상체를 기울여 다가앉은 자세는 자신이 열심히 듣고 있다는 사실을 강조하는 것이다.
③ 손이나 다리를 꼬지 않는 개방적인 자세는 상대에게 마음을 열어놓고 있음을 알려주는 신호이다.
④ 비교적 편안한 자세를 취하는 것은 전문가다운 자신만만함과 아울러 편안한 마음을 상대방에게 전하는 것이다.
⑤ 상대를 정면으로 마주하는 자세는 상대방이 자칫 위축되거나 부담스러워할 수 있으므로 지양한다.

 경청능력 / 올바른 경청 방법 이해하기

상대를 정면으로 마주하는 자세는 그와 함께 의논할 준비가 되었음을 알리는 자세이다.
올바른 경청방법
• 상대를 정면으로 마주하는 자세는 그와 함께 의논할 준비가 되었음을 알림
• 손이나 다리를 꼬지 않는 개방적인 자세는 상대에게 마음을 열어놓고 있음을 알림
• 상대방을 향하여 상체를 기울여 다가앉은 자세는 자신이 열심히 듣고 있다는 사실을 강조
• 우호적인 눈의 접촉은 자신이 관심을 가지고 있음을 알림
• 비교적 편안한 자세는 전문가다운 자신만만함과 아울러 편안한 마음을 상대방에게 전함

정답 ⑤

03 다음 중 경청의 방해 요인에 해당하는 것은 모두 몇 개인가?

- 짐작하기
- 걸러내기
- 주의 집중하기
- 판단하기
- 다른 생각하기
- 예측하기
- 준비하기
- 자존심 세우기
- 언쟁하기
- 조언하기
- 질문하기
- 슬쩍 넘어가기
- 비위맞추기
- 요약하기
- 반응하기
- 대답할 말 준비하기

① 8개 ② 9개 ③ 10개 ④ 11개 ⑤ 12개

경청능력 / 경청의 방해요인과 효과적인 경청방법 이해하기

경청의 방해요인		
• 짐작하기 • 판단하기 • 언쟁하기 • 비위 맞추기	• 대답할 말 준비하기 • 다른 생각하기 • 자존심 세우기	• 걸러내기 • 조언하기 • 슬쩍 넘어가기

정답 ③

04 다음 중 대화를 통한 경청훈련에 대한 설명으로 옳지 않은 것은?

① 상대방의 이야기에 주의를 기울이고 자신의 관심을 상대방에게 충분히 보여주도록 한다.
② 상대방의 경험을 인정하되 더 많은 정보는 요청하지 않도록 주의한다.
③ 정확성을 위해 요약한다. 요약하는 기술은 자신과 상대방을 서로 알게 하며 자신과 상대방의 메시지를 공유할 수 있도록 한다.
④ 개방적인 질문을 한다. 개방적인 질문은 보통 "누가, 무엇을, 어디에서, 언제 또는 어떻게"라는 어휘로 시작된다.
⑤ '왜'라는 질문을 피한다. '왜'라는 질문은 부정적 · 추궁적인 표현이므로 사용하지 않는 것이 좋다.

경청능력 / 대화를 통한 경청훈련 파악하기

상대방의 경험을 인정하고 더 많은 정보를 요청한다. 다른 사람의 메시지를 인정하는 것은 상대가 인도하는 쪽으로 따라가고 있다는 것을 언어적 · 비언어적인 표현을 통하여 상대방에게 알려주는 반응이다.

정답 ②

하위능력 4 • 의사표현능력

① 의사표현능력이란?

말하는 사람이 자신의 생각과 감정을 듣는 사람에게 음성 언어나 신체 언어로 표현하는 능력이다. 조직의 관계를 유지하고 업무 성과를 높이기 위해 필수적으로 요구되는 능력이다.

② 의사표현의 종류

공식적 말하기 (대중을 상대로 사전에 준비된 내용을 말하는 것)	연설	말하는 사람 혼자 여러 사람을 대상으로 자신의 사상이나 감정에 관하여 일방적으로 말하는 방식
	토의	여러 사람이 모여서 공통의 문제에 대하여 가장 좋은 해답을 얻기 위해 협의하는 말하기 방식
	토론	어떤 논제에 관하여 찬성자와 반대자가 각기 논리적인 근거를 발표하고, 상대의 논거가 부당하다는 것을 명백하게 하는 말하기 방식
의례적 말하기		정치적·문화적 행사 등의 의례 절차에 따라 하는 말하기 예 식사, 주례, 회의 등
친교적 말하기		매우 친근한 사람들 사이에 가장 자연스러운 상태에 떠오르는 대로 주고받는 말하기

③ 의사표현에 영향을 미치는 비언어적 요소

연단공포증	▶	남 앞에 섰을 때의 떨림, 홍조 등 생리적 현상
말	▶	말의 장단, 발음, 속도, 쉼, 등
몸짓	▶	청자에게 인식되는 겉모습, 동작, 자세, 방향 등의 비언어적 요소
유머	▶	웃음을 주는 것으로 흥미 있는 이야기, 풍자 또는 비교, 방향전환, 아이러니 등의 방법을 활용함

④ 효과적인 의사표현 방법

- 말하는 이는 자신이 전달하고자 하는 내용을 분명하게 인식해야 한다.
- 전달하고자 하는 내용을 명료하고 적절한 메시지로 바꾸어야 한다.
- 메시지를 전달하는 매체와 경로를 신중하게 선택해야 한다.
- 듣는 이가 어떻게 자신의 메시지를 받아들였는지 피드백을 받아야 한다.

- 표정, 몸짓 등 비언어적 요소를 활용하여 의사표현의 메시지를 강조한다.
- 반복적으로 전달해야 확실하게 의사표현이 된다.

5 대상과 상황에 따른 적절한 의사표현

상황	의사표현 방법
지적할 때	장점이나 잘한 행동을 먼저 칭찬한 다음, 잘못한 점이나 지적할 사항을 상대가 이해할 수 있도록 전달하기 → 샌드위치 화법(칭찬 → 질책 → 격려)
칭찬할 때	정말 칭찬하고 싶은 중요한 내용을 칭찬하거나, 대화 서두에 분위기 전환 용도로 간단하게 칭찬하기
요구할 때	도와줄 수 있는지 확인한 후 응하기 쉽게 구체적으로 부탁하기
거절할 때	정중히 사과하되 이유는 명확하고 분명하게 설명하기
설득할 때	일방적인 강요보다는 서로 양보했을 때의 효과를 강조하기

6 설득력 있는 의사표현 지침 NEW

- 상대의 도움이 필요한 경우, 협상과 절충을 통해 내가 원하는 도움을 효과적으로 얻을 수 있다.
- 문 안에 한 발 들여놓기 기법(Foot-in-the-Door Technique) : 말하는 이가 요청하고 싶은 도움이 100이라면 처음에는 상대방이 'Yes'라고 할 수 있도록 50, 60 정도로 부탁을 하고 점차 도움의 내용을 늘려서 상대방의 허락을 유도하는 방법이다.
- 얼굴 부딪히기 기법(Door-in-the-Face Technique) : 말하는 이가 원하는 도움의 크기가 50이라면 처음에 100을 상대방에게 요청하고 거절을 유도하는 것이다.

4. 의사표현능력 >> 바로확인문제

01 다음 중 의사표현에 대한 설명으로 잘못된 것은?

① 의사표현에는 음성으로 표현하는 것과 신체로 표현하는 것이 있다.
② 의사표현을 통해 말하는 이는 듣는 이의 생각이나 태도에 영향을 미칠 수 있다.
③ 의사표현은 현대사회에서 자신을 표현하는 중요한 수단이다.
④ 의사표현의 종류에는 공식적인 말하기와 의례적인 말하기가 있고, 친구들끼리의 친교적 대화는 포함되지 않는다.
⑤ 의사표현을 통해 전달하는 이미지들은 우리에 대한 다른 사람들의 순응을 얻는 데 도움이 될 수 있다.

 의사표현능력 / 의사표현의 의미 이해하기

의사표현의 종류는 상황에 따라 공식적 말하기, 의례적 말하기, 친교적 말하기로 구분하며 매우 친근한 사람들 사이에 가장 자연스런 상태에서 자연스럽게 주고받는 말하기가 친교적 말하기이다.

정답 ④

02 다음은 의사표현에 영향을 미치는 비언어적 요소에 대한 내용이다. 적절하지 않은 설명은?

① 청중 앞에서 발표를 할 때 가슴이 두근거리고 얼굴이 달아오르는 등의 생리적 현상인 연단 공포증을 잘 통제하면서 의사표현을 한다면 청자는 그것을 더 인간적으로 생각할 수 있다.
② 정확한 발음을 위해서는 천천히 복식호흡을 하여 깊은 소리를 내며 침착하게 이야기하는 습관을 가져야 한다.
③ 빨리 말하면 바쁘고 성의 없는 느낌을 줄 수 있고, 느리게 말하면 분위기가 처지게 되어 청중이 내용에 집중을 하지 못할 수 있으므로 말의 속도도 신경을 써야 한다.
④ 몸의 방향은 의사표현의 비언어적인 요소 중 가장 덜 모호한 유형이다.
⑤ 의도적인 쉼을 잘 활용하면 의사표현 시 논리성, 감정제고, 동질감 등을 확보할 수 있다.

 의사표현능력 / 의사표현의 비언어적 요소 파악하기

의사표현의 비언어적인 요소 중 가장 덜 모호한 유형은 '자세'이다. 상대의 자세를 통해 그 사람의 감정을 파악할 수 있으므로, 언어적 요소와는 다른 중요한 정보를 얻을 수 있다.
'몸의 방향'은 주로 말하는 이의 머리, 몸, 발 등이 듣는 이를 향하는가 혹은 피하는가를 판단하는 준거로 작용한다.

정답 ④

03 다음은 상황과 대상에 따른 의사표현에 대한 설명이다. 옳은 것을 모두 고르면?

> ㉠ 상대방에게 칭찬하는 경우에는 예를 들거나 비유법을 사용하면 효과적이다.
> ㉡ 상대방에게 명령해야 할 때는 강압적 표현보다 청유형으로 부드럽게 하는 것이 효과적이다.
> ㉢ 상대방의 잘못을 질책하는 경우에는 샌드위치 화법을 사용하면 듣는 사람이 반발하지 않고 부드럽게 받아들일 수 있다.
> ㉣ 상대방의 요구를 거절해야 할 때는 먼저 응할 수 없는 이유를 분명하게 설명한 뒤 정중하게 사과하는 것이 좋다.
> ㉤ 상대방에게 부탁할 때는 상대방의 사정을 듣고, 상대방이 가능한 상황인지 확인한 후, 응하기 쉽게 구체적으로 부탁한다.

① ㉠, ㉡, ㉢
② ㉡, ㉢, ㉣
③ ㉡, ㉢, ㉤
④ ㉠, ㉣, ㉤
⑤ ㉡, ㉢, ㉣, ㉤

의사표현능력 / 적절한 의사표현법 파악하기

㉠ 상대방에게 '충고'하는 경우에는 예를 들거나 비유법을 사용하면 효과적이다. '칭찬'은 상대방을 기분 좋게 만드는 전략으로, 상대에게 중요한 내용을 칭찬하거나 대화 서두에 분위기 전환을 위해 간단한 칭찬을 한다.
㉣ 상대방의 요구를 거절해야 할 때는 먼저 거절에 대한 사과를 한 후, 응할 수 없는 이유를 분명하게 설명하는 것이 좋다.
따라서 옳은 것을 모두 고르면 ㉡, ㉢, ㉤이다.

정답 ③

하위능력 5 ● 기초외국어능력

① 기초외국어능력이란?

일 경험에 필요한 문서이해, 문서작성, 의사표현, 경청 등 기초적인 의사소통을 기초적인 외국어로 할 수 있는 능력을 의미한다. 기초외국어능력은 크게 외국어로 된 간단한 자료 이해, 외국인과의 전화통화 및 간단한 대화, 외국인의 의사표현을 이해하고 자신의 의사를 외국어로 표현할 수 있는 능력으로 나눌 수 있다.

② 기초외국어능력이 필요한 경우

비서 업무를 하는 경우	▶	전화 또는 업무 안내 시 기초외국어로 응대하는 경우
기계 업무를 하는 경우	▶	외국어 매뉴얼을 통해 기계의 기능을 습득하는 경우
일반 회사원	▶	외국으로 보낼 서류를 작성하거나 메일을 보내는 경우

③ 외국인과 의사소통할 때 반드시 피해야 할 행동

- 상대방의 시선을 피하거나 아예 보지 않는 행동
- 무표정하게 대화하거나 팔이나 다리를 꼬는 행동
- 다리를 흔들거나 펜을 돌리는 행동
- 맞장구를 치지 않거나 고개를 끄덕이지 않는 행동
- 생각 없이 부산하게 메모하는 행동과 바른 자세로 앉지 않는 행동
- 한숨·하품을 하는 행동, 다른 일을 하며 듣는 행동
- 상대의 이름 및 호칭을 물어보지 않고 마음대로 부르는 행동

④ 기초외국어로 의사소통할 때 필요한 능력

- 자신이 전달하고자 하는 내용을 먼저 생각하는 사고력
- 생각한 내용을 어떤 형태로 전달할 것인지 결정하는 표현력

5. 기초외국어능력 》 바로확인문제

01 다음 중 기초외국어 능력이 필요한 상황과 관련된 설명으로 잘못된 것은?

① 누구에게나 똑같은 상황에서 기초외국어능력이 필요하다.
② 외국어라고 해서 영어만 필요한 것이 아니고, 자신이 주로 상대하는 외국인이 구사하는 언어가 필요한 것이다.
③ 자신에게 기초외국어능력이 언제 필요한지 잘 아는 것이 중요하다.
④ 자신의 업무에서 필요한 기초외국어를 적절하게 구사하는 것이 중요하다.

기초외국어능력 / 기초외국어능력의 필요성 인식하기

외국인과 함께 일하는 국제 비즈니스에서는 의사소통이 매우 중요하다. 직업인은 자신이 속한 조직의 목적을 달성하기 위해 외국인을 설득하거나 이해시켜야 한다. 하지만 이런 설득이나 이해의 과정이 외국인의 전화 응대, 기계 매뉴얼 보기 등 모든 업무에서 똑같이 이뤄지는 것은 아니다.

정답 ①

02 다음은 외국인과의 의사소통에서 비언어적인 의사소통에 대한 설명이다. 잘못된 설명은?

① 눈을 마주치고 쳐다보는 것은 흥미와 관심이 있음을 나타낸다.
② 어조가 높으면 만족과 안심을 나타낸다.
③ 말씨가 매우 빠르거나 짧게 얘기하면 공포나 노여움을 나타내는 것이다.
④ 자주 말을 중지하면 결정적인 의견이 없음을 의미하거나 긴장 또는 저항을 의미한다.

기초외국어능력 / 비언어적 의사소통 이해하기

비언어적인 의사소통은 조금만 주의를 기울이면 상대방의 의도나 감정상태를 쉽게 파악할 수 있다. 보통 의사소통에서 어조가 높다는 것은 만족과 안심의 상태를 나타내기보다는 흥분과 적대감을 나타내는 것이므로 주의해야 한다.

외국인과 대화 시 음성으로 판단할 수 있는 사항

어조	• 높은 어조 – 적대감이나 대립감 • 낮은 어조 – 만족이나 안심
목소리 크기	• 큰 목소리 – 내용 강조, 흥분, 불만족 • 작은 목소리 – 자신감 결여
말의 속도	• 빠른 속도 – 공포나 노여움 • 느린 속도 – 긴장 또는 저항

정답 ②

간추린 HIDDEN NOTE 의사소통능력

테마1 ● 의미 관계 용어 이해하기

1. 유의어와 반의어

1) 유의어 : 소리는 서로 다르지만 의미가 비슷한 말

예) 격려(激勵) – 고무(鼓舞), 부족(不足) – 결핍(缺乏), 실제(實際) – 현실(現實), 의도(意圖) – 취지(趣旨), 지시(指示) – 명령(命令), 판단(判斷) – 변별(辨別), 혼잡(混雜) – 번잡(煩雜)

2) 반의어 : 의미가 서로 반대되는 말

예) 간섭(干涉) – 방임(放任), 남자(男子) – 여자(女子), 막연(漠然) – 명확(明確), 실제(實際) – 가공(架空), 유보(留保) – 결정(決定), 후대(厚待) – 냉대(冷待)

2. 다의어와 동음이의어

1) 다의어 : 두 가지 이상의 뜻을 가진 단어

그리다	1. 연필, 붓 따위로 어떤 사물의 모양을 그와 닮게 선이나 색으로 나타내다. 　예) 방학 숙제로 그림을 **그렸다**. 2. 생각, 현상 따위를 말이나 글, 음악 등으로 나타내다. 　예) 이 영화는 직장인의 애환을 **그리고** 있다. 3. 어떤 모양을 일정하게 나타내거나 어떤 표정을 짓다. 　예) 별똥별이 포물선을 **그리며** 떨어졌다. 4. 상상하거나 회상하다. 　예) 그녀는 할아버지와의 추억을 **그리며** 잠이 들었다.
띠다	1. 물건을 몸에 지니다. 　예) 추천서를 **띠고** 회사를 찾아가도록 해라. 2. 용무나 직책, 사명 따위를 지니다. 　예) 중요한 임무를 **띠고** 있는 그의 행보에 눈길이 간다. 3. 빛깔이나 색채 따위를 가지다. 　예) 사과가 홍조를 **띠면서** 굵어질 채비를 하고 있다. 4. 감정이나 기운 따위를 나타내다. 　예) 그의 얼굴은 미소를 **띠고** 있었다. 5. 어떤 성질을 가지다. 　예) 그 모임은 정치적 성격을 **띠고** 있다.

맵다	1. 고추나 겨자와 같이 맛이 알알하다. 　예 라면이 **맵다**. 2. 성미가 사납고 독하다. 　예 어머니는 **매운** 시집살이를 하셨다. 3. 날씨가 매우 춥다. 　예 겨울바람이 **맵고** 싸늘하게 불어왔다. 4. 연기 따위가 눈이나 코를 아리게 하다. 　예 연기 때문에 눈이 **매웠다**. 5. 결기가 있고 야무지다. 　예 그녀는 하는 일마다 **맵게** 잘 처리한다.
쌓다	1. 물건을 차곡차곡 포개어 얹어서 구조물을 이루다. 　예 장작을 **쌓아** 불을 붙였다. 2. 밑바탕을 닦아서 든든하게 마련하다. 　예 책을 쓰기 위해서는 학문의 기초부터 **쌓아야** 한다. 3. 경험, 기술, 업적, 지식 따위를 거듭 익혀 많이 이루다. 　예 그는 경험을 **쌓기** 위해 떠났다. 4. 재산, 명예 또는 불명예, 신뢰 또는 불신 따위를 많이 얻거나 가지다. 　예 약속을 어기지 않아야 신뢰를 **쌓을** 수 있다.
울다	1. 기쁨, 슬픔 따위의 감정을 억누르지 못하거나 아픔을 참지 못하여 눈물을 흘리다. 또는 그렇게 눈물을 흘리면서 소리를 내다. 　예 그는 서러운 마음이 들어 슬피 **울었다**. 2. 짐승, 벌레, 바람 따위가 소리를 내다. 　예 첫닭이 **울었다**. 3. 물체가 바람 따위에 흔들리거나 움직여 소리가 나다. 　예 전깃줄이 바람에 **운다**. 4. 종이나 천둥, 벨 따위가 소리를 내다. 　예 천둥이 **우는** 소리에 잠에서 깼다.

2) 동음이의어 : 소리는 같지만 의미가 다른 단어

배	배[1]	사람이나 동물의 몸에서 위장, 창자, 콩팥 따위의 내장이 들어 있는 곳으로 가슴과 엉덩이 사이의 부위
	배[2]	사람이나 짐 따위를 싣고 물 위로 떠다니도록 나무나 쇠 따위로 만든 물건
	배[3]	배나무의 열매

테마 2 • 단어 간의 의미 관계 파악하기

1. 유의 관계
의미가 거의 같거나 비슷한 단어 간의 관계
예 어머니 – 엄마 – 모친, 이름 – 성명 – 존함 – 함자, 노랗다 – 노르스름하다 – 노리끼리하다

2. 반의 관계
의미가 서로 반대되거나 대립하는 단어 간의 관계

1) **모순관계** : 두 개념 사이에 중간 개념이 존재하지 않는 배타적 대립관계
   예 남자 – 여자, 살다 – 죽다, 있다 – 없다

2) **반대관계** : 두 개념 사이에 중간 개념이 존재하는 대립관계
   예 검다 – 희다, 길다 – 짧다, 크다 – 작다

3. 상하 관계
한 단어의 의미가 다른 단어의 의미를 포함하는 관계
예 동물 – 포유류 – 돼지, 아시아 – 대한민국 – 서울, 악기 – 건반악기 – 피아노

4. 부분 – 전체 관계
한 단어가 다른 단어의 부분이 되는 관계
예 나무 – 가지 – 나뭇잎, 몸 – 팔 – 손 – 손톱, 자동차 – 바퀴 – 휠

5. 원료 – 제품 관계
어느 제품·완성품의 재료 및 원료가 되는 관계
예 우유 – 치즈, 가죽 – 구두, 누룩 – 막걸리, 메주 – 된장, 고무 – 타이어

6. 주체 – 행위 관계
한 단어의 의미가 다른 대상의 역할이 되는 관계
예 변호사 – 변론, 의사 – 진료, 학자 – 연구, 선수 – 경기

테마 3 ● 자주 혼동하는 어휘 정리하기

가늠/가름/갈음	가늠	사물을 어림잡아 헤아림 예 **가늠**이 안 되는 높이
	가름	쪼개거나 나누어 따로따로 되게 함. 또는 승부나 등수 따위를 정함 예 승패의 **가름**은 가위바위보로 하자.
	갈음	다른 것으로 바꾸어 대신함 예 제 소개는 춤으로 **갈음**하겠습니다.
걷잡다/겉잡다	걷잡다	한 방향으로 치우쳐 흘러가는 형세 따위를 붙들어 잡음. 또는 마음을 진정하거나 억제함 예 **걷잡**을 수 없이 흐르는 눈물
	겉잡다	겉으로 보고 대강 짐작하여 헤아림 예 **겉잡아서** 한 달은 걸릴 일
결재/결제	결재(決裁)	결정할 권한이 있는 상관이 부하가 제출한 안건을 검토하여 허가하거나 승인함 예 **결재** 서류
	결제(決濟)	증권 또는 대금을 주고받아 매매 당사자 사이의 거래 관계를 끝맺는 일 예 **결제** 자금
고안/착안	고안(考案)	연구하여 새로운 안을 생각해 냄 예 신제품 **고안**
	착안(着眼)	어떤 일을 주의하여 봄. 또는 어떤 문제를 해결하기 위한 실마리를 잡음 예 **착안** 사항
곤욕/곤혹	곤욕(困辱)	심한 모욕. 또는 참기 힘든 일 예 구설수로 **곤욕**을 치르다.
	곤혹(困惑)	곤란한 일을 당하여 어찌할 바를 모름 예 갑작스런 질문에 **곤혹**을 느끼다.
독선/독단	독선(獨善)	자기 혼자만이 옳다고 믿고 행동하는 일 예 **독선**에 빠지다.
	독단(獨斷)	남과 상의하지 않고 혼자서 판단하거나 결정함 예 **독단**으로 일을 처리하다.
동의/동조	동의(同意)	다른 사람의 행위를 승인하거나 시인함 예 **동의**를 구하다.
	동조(同調)	남의 주장에 자기의 의견을 일치시키거나 보조를 맞춤 예 그녀는 그의 말에 **동조**하는 듯했다.
들르다/들리다	들르다	지나는 길에 잠깐 들어가 머무름 예 친구 집에 **들르**다.
	들리다	'사람이나 동물이 소리를 감각 기관을 통해 알아차리다.'의 피동사 예 노래 소리가 **들린**다.
막역/막연	막역(莫逆)	'허물 없이 아주 친하다'의 어근 예 **막역**한 친구
	막연(漠然)	'갈피를 잡을 수 없게 아득하다. 뚜렷하지 못하고 어렴풋하다.'의 어근 예 **막연**한 기대
명분/명색	명분(名分)	일을 꾀할 때 내세우는 구실이나 이유 따위 예 그럴듯한 **명분**
	명색(名色)	실속 없이 그럴듯하게 불리는 허울만 좋은 이름 예 **명색**만 반장
반증/방증	반증(反證)	어떤 사실이나 주장이 옳지 아니함을 그에 반대되는 근거를 들어 증명함. 또는 그런 증거 예 그의 주장에 **반증**을 대기가 어렵다.
	방증(傍證)	사실을 직접 증명할 수 있는 증거가 되지는 않지만, 주변의 상황을 밝힘으로써 간접적으로 증명에 도움을 줌. 또는 그 증거 예 **방증** 자료

벌리다/벌이다	벌리다	둘 사이를 넓히거나 멀게 함 예 줄 간격을 **벌리다.**
	벌이다	일을 계획하여 시작하거나 펼쳐 놓음 예 잔치를 **벌이다**.
실용성/실효성	실용성(實用性)	실제적인 쓸모가 있는 성질이나 특성 예 예쁘지만 **실용성**이 떨어진다.
	실효성(實效性)	실제로 효과를 나타내는 성질 예 **실효성** 있는 대책
일절/일체	일절(一切)	아주, 전혀, 절대로의 뜻으로, 흔히 행위를 그치게 하거나 어떤 일을 하지 않을 때에 쓰는 말 예 출입을 **일절** 금지하다.
	일체(一切)	'전부' 또는 '완전히'의 뜻을 나타내는 말 예 재산 **일체**를 기부하다.
임대/임차	임대(賃貸)	돈을 받고 자기의 물건을 남에게 빌려줌 예 **임대** 아파트
	임차(賃借)	돈을 내고 남의 물건을 빌려 씀 예 사무실을 **임차**하였다.
좇다/쫓다	좇다	목표, 이상, 행복 따위를 추구함 예 이상을 **좇는** 젊은이
	쫓다	어떤 대상을 잡거나 만나기 위하여 뒤를 급히 따름 예 그의 뒤를 **쫓아** 건물로 들어갔다.
지그시/지긋이	지그시	슬며시 힘을 주는 모양 예 **지그시** 밟다.
	지긋이	나이가 비교적 많아 듬직하게 예 그는 나이가 **지긋이** 들어 보인다.
지양/지향	지양(止揚)	더 높은 단계로 오르기 위하여 어떠한 것을 하지 아니함 예 갈등을 **지양**하다.
	지향(志向)	어떤 목표로 뜻이 쏠리어 향함. 또는 그 방향이나 그쪽으로 쏠리는 의지 예 평화를 **지향**하다.
째/채/체	-째	'그대로' 또는 '전부'의 뜻을 더하는 접미사 예 껍질**째** 먹어라.
	채	이미 있는 상태 그대로 있다는 뜻을 나타내는 말 예 앉은 **채**로 잠들다.
	체	그럴듯하게 꾸미는 거짓 태도나 모양 예 그는 모르는 **체**를 했다.
찬성/찬조	찬성(贊成)	어떤 행동이나 견해, 제안 따위가 옳거나 좋다고 판단하여 수긍함 예 과반수의 **찬성**
	찬조(贊助)	어떤 일에 찬동하여 도와줌 예 저명인사들의 **찬조**
출연/출현	출연(出演)	연기, 공연, 연설 따위를 하기 위하여 무대나 연단에 나감 예 신인 배우를 **출연**시키다.
	출현(出現)	나타나거나 또는 나타나서 보임 예 문명의 **출현**
한참/한창	한참	시간이 상당히 지나는 동안 예 **한참** 동안 기다리다.
	한창	어떤 일이 가장 활기 있고 왕성하게 일어나는 때. 또는 어떤 상태가 가장 무르익은 때 예 축제가 **한창**인 대학가
햇볕/햇빛	햇볕	해가 내리쬐는 기운 예 **햇볕**이 따사롭다.
	햇빛	해의 빛 예 **햇빛**이 비치다.
홀몸/홑몸	홀몸	배우자나 형제가 없는 사람 예 그는 **홀몸**이 되었다.
	홑몸	아이를 배지 아니한 몸 예 **홑몸**이 아니다.

테마 4 • 자주 틀리는 외래어 표기 정리하기

X	O	X	O
나레이션	내레이션	넌센스	난센스
다이나믹	다이내믹	도너츠	도넛
런닝셔츠	러닝셔츠	레포트	리포트
로보트	로봇	로케트	로켓
리더쉽	리더십	리모콘	리모컨
매니아	마니아	메세지	메시지
미스테리	미스터리	밀크쉐이크	밀크셰이크
바디랭기지	보디랭귀지	바베큐	바비큐
발렌타인데이	밸런타인데이	밧데리	배터리
부저	버저	불독	불도그
비지니스	비즈니스	상들리에	샹들리에
샌달	샌들	샵	숍
소세지	소시지	쇼파	소파
수퍼마켓	슈퍼마켓	쉬림프	슈림프
스케쥴	스케줄	스탭	스태프
싱가폴	싱가포르	아울렛	아웃렛
악세사리	액세서리	알콜	알코올
엑센트	악센트	엔돌핀	엔도르핀
쥬라기	쥐라기	쥬스	주스
째즈	재즈	초콜렛	초콜릿
카운셀러	카운슬러	카톨릭	가톨릭
카페트	카펫	캬라멜	캐러멜
커텐	커튼	컨닝	커닝
컨텐츠	콘텐츠	컴플렉스	콤플렉스
케익	케이크	케찹	케첩
쿠테타	쿠데타	클라이막스	클라이맥스
타겟	타깃	타올	타월
텔레비젼	텔레비전	팜플렛	팸플릿
페스티발	페스티벌	프로포즈	프러포즈
플래쉬	플래시	플룻	플루트

테마 5 • 복수 표준어 및 추가 표준어 바로 알기

1. 복수표준어(표준어 규정)

1) **제2장 제5절 제18항** : 다음 단어는 ㄱ을 원칙으로 하고, ㄴ도 허용한다.

ㄱ	ㄴ	ㄱ	ㄴ
네	예	쇠–	소–
괴다	고이다	꾀다	꼬이다
쐬다	쏘이다	죄다	조이다

2) **제2장 제5절 제19항** : 어감의 차이를 나타내는 단어 또는 발음이 비슷한 단어들이 다 같이 널리 쓰이는 경우에는, 그 모두를 표준어로 삼는다.(ㄱ, ㄴ을 모두 표준어로 삼음)

ㄱ	ㄴ	ㄱ	ㄴ
거슴츠레–하다	게슴츠레–하다	고까	꼬까
고린–내	코린–내	구린–내	쿠린–내
꺼림–하다	께름–하다	나부랭이	너부렁이

3) **제3장 제5절 제26항** : 한 가지 의미를 나타내는 형태 몇 가지가 널리 쓰이며 표준어 규정에 맞으면, 그 모두를 표준어로 삼는다.

가뭄/가물	가엾다/가엽다
감감–무소식/감감–소식	–거리다/–대다
게을러–빠지다/게을러–터지다	관계–없다/상관–없다
깃–저고리/배내–옷/배냇–저고리	꼬까/때때/고까
넝쿨/덩굴	녘/쪽
다달–이/매–달	뒷–갈망/뒷–감당
뒷–말/뒷–소리	들락–날락/들랑–날랑
딴–전/딴–청	–뜨리다/–트리다
모–내다/모–심다	보–조개/볼–우물
보통–내기/여간–내기/예사–내기	뽀두라지/뽀루지
서럽다/섧다	–(으)세요/–(으)셔요
–스레하다/–스름하다	아무튼/어떻든/어쨌든/하여튼/여하튼
알은–척/알은–체	어이–없다/어처구니–없다
여태/입때	옥수수/강냉이
우레/천둥	좀–처럼/좀–체

2. 새롭게 인정된 주요 표준어

기존 표준어	추가된 표준어	기존 표준어	추가된 표준어
간질이다	간지럽히다	거치적거리다	걸리적거리다
-고 싶다	-고프다	괴발개발	개발새발
굽실	굽신	~기에	~길래
까다롭다	까탈스럽다	꺼림칙하다	꺼림직하다
께름칙하다	께름직하다	꾀다	꼬시다
끼적거리다	끄적거리다	날개	나래
남우세스럽다	남사스럽다	냄새	내음
두루뭉술하다	두리뭉실하다	딴죽	딴지
뜰	뜨락	마을	마실
만날	맨날	묫자리	못자리
복사뼈	복숭아뼈	삐치다	삐지다
새치름하다	새초롬하다	섬뜩	섬찟
손자	손주	실몽당이	실뭉치
쌉싸래하다	쌉싸름하다	아옹다옹	아웅다웅
어수룩하다	어리숙하다	예쁘다	이쁘다
오순도순	오손도손	잎사귀	잎새
자장면	짜장면	주책없다	주책이다
찌뿌듯하다	찌뿌둥하다	차지다	찰지다
추어올리다	추켜올리다	추어올리다/추켜올리다	치켜올리다
치켜세우다	추켜세우다	태껸	택견
푸르다	푸르르다	품세	품새
허섭스레기	허접쓰레기	허접스럽다	허접하다

01 Chapter FOCUS
하위능력 공략

하위능력 1 • 문서이해능력

출제 포인트

글의 주제 및 중심내용 찾기·글의 내용과 일치하는 것과 일치하지 않는 것 찾기 문제가 주를 이루며, 적절한 어휘 찾기·어휘의 의미 파악하기 등의 문제도 출제된다. 해당 기업과 관련된 내용이 출제되는 경우가 많지만 최근에는 시사 일반으로 범위가 확대되는 추세이다. 즉, 문서이해능력은 제시된 글을 얼마나 정확하게 이해했는지를 평가한다.

대표 기출문제

다음을 보고, 신종 다중이용업소에서 발생할 수 있는 안전사고를 사전에 예방하기 위한 개선과제를 잘못 이해한 것을 고르면?

`2020 국민건강보험공단`

> 행정안전부는 신종 다중이용업소에서 발생할 수 있는 안전사고를 사전에 예방하기 위해 관계기관과 민간 전문가가 참여하는 재난원인조사반을 구성하여 사고 사례에 대한 원인조사를 실시, 7개의 개선과제를 발굴하여 관계기관에 이행을 권고한다고 밝혔다.
> 　신종 다중이용업소는 기존 다중이용업소의 특성을 가지면서도 「다중이용업소법」이 적용되지 않는 새로운 형태의 업소들로 가상체험 체육시설(야구, 양궁 등), 신종카페(방탈출카페, 키즈카페) 등이다. 신종업소는 「다중이용업소법」의 적용에서 벗어나, 내부구조와 영업 형태 측면에서 화재·붕괴 등 사고 발생 시 인명피해의 위험성이 높은 것으로 나타났다.
> 　특히 이번 조사에서는 안전사고가 우려되는 신종업종에 대해서 직접 업소를 방문하여 사고 사례를 분석하였으며, 실제 이용객으로 체험하면서 영업장 운영 및 안전관리 실태를 점검했다. 이번 조사는 국토부, 문체부, 식약처, 소방청 등 관계기관이 참여하고 민간전문가들이 제시한 의견을 심층적으로 논의한 후에 개선과제를 마련하였고, 그 주요 내용은 다음과 같다.
> 　첫째, 신종업소를 현행법 적용의 테두리 안으로 넣기 위해 다중이용업소법 적용범위에 위험성이 높은 '가상체험 체육시설업', '방탈출카페업', '키즈카페업' 등을 추가하기로 하였다. 다중이용업소법 적용 업소는 안전시설 설치, 간이스프링클러 설치, 비상구·내부피난통로, 화재배상책임보험 가입, 소방안전교육 등이 의무사항이다.
> 　둘째, 소관부처가 지정되지 않는 신종업소는 소방관서장에게 사전 허가를 받아야만 영업을 할 수 있도록 제도개선을 추진하고, 다중이용업소 사업자 현황 정보를 국세청에 요청할 수 있는 근거를 다중이용업소법에 마련할 예정이다.

셋째, 가상체험 체육시설(스크린골프장, 스크린야구장 등)의 프로그램 시작 전에 영상을 통해 피난안내도, 이용자 안전수칙 등을 홍보할 예정이다.

넷째, 신종업소 등을 관리하는 관계기관 간 건축물 안전정보도 공유된다. 우선 국토부가 구축·운영하는 '건축물 생애이력 관리시스템'에 소방·전기·가스 등 건축물 단위 안전정보를 기관 간 연계 공유하고, 단계적으로 '국가안전정보 통합공개시스템(행안부)'을 구축해 승강기, 체육시설 등 각 분야를 확대하여 점검결과를 공유하기로 했다.

마지막으로, 지자체 차원의 건축물 안전관리 역량강화를 위해 '지역건축안전센터' 설치를 확대하는 방안을 마련하기로 했다.

행안부는 이번 도출된 기관별 개선대책이 실제 현장에서 적용될 수 있도록 이행 상황을 주기적(상·하반기)으로 점검·관리하고, '국가재난조사 정보관리시스템'을 통해 제도 개선과제의 실행력을 강화한다는 방침이다.

① 신종업소 등을 관리하는 관계기관 간 건축물 안전정보가 공유될 예정이다.
② 신종카페 입장 전에 영상을 통해 피난안내도, 이용자 안전수칙 등을 홍보할 예정이다.
③ 다중이용업소 사업자 현황 정보를 국세청에 요청할 수 있는 근거를 다중이용업소법에 마련할 예정이다.
④ 소관부처가 지정되지 않는 신종업소는 소방관서장에게 사전 허가를 받아야만 영업을 할 수 있도록 제도를 개선할 예정이다.

문서이해능력 / 세부 내용 파악하기

개선과제 세 번째 내용을 보면, 가상체험 체육시설(스크린골프장, 스크린야구장 등)의 프로그램 시작 전에 영상을 통해 피난안내도, 이용자 안전수칙 등을 홍보할 예정이라고 되어 있다.

정답 ②

HELPFUL TIPS⁺

✅ **문서이해능력을 키우기 위한 방법**
- 전달하는 정보를 나만의 방식으로 소화하여 작성할 수 있어야 한다.
- 많은 정보를 이해하고 기억하기 위한 방식은 각자 다르다. 누군가에게는 도표가, 누군가에게는 3~4개의 핵심 단어 요약이 더 적합한 방식일 수 있다.
- 평소에 다양한 종류의 문서를 읽고, 구체적인 절차에 따라 이해하고, 정리하는 습관을 들이되 본인에게 적합한 정리 방식을 찾는 노력이 필요하다.

하위능력 2 • 문서작성능력

출제 포인트

업무 관련 메일, 업무 보고서, 업무 결과 발표문 등 여러 문서를 글로 작성할 때 주의해야 할 사항을 묻거나, 제시된 공문서에서 어법이나 맞춤법이 잘못된 부분을 파악하여 바르게 수정하는 문제 등이 출제된다. 빈칸에 들어갈 알맞은 어휘나 문장을 고르는 문제도 출제되므로 문서작성능력은 글의 이해가 뒷받침되어야 원활하게 해결할 수 있는 능력이라고도 볼 수 있다.

대표 기출문제

01 다음 중 단어의 쓰임이 옳게 짝지어진 것을 고르면? `2020 코레일`

> ㉠ 이번 사건은 [유래/유례]가 없는 참사로 기록될 것이다.
> ㉡ 우리는 건강할 때부터 각종 질병에 대한 [대비/대처]를 해 둘 필요가 있다.
> ㉢ 그녀는 가상의 인물이 아니라 [실재/실제]의 인물이다.

	㉠	㉡	㉢
①	유래	대처	실재
②	유래	대처	실제
③	유래	대비	실재
④	유례	대비	실제
⑤	유례	대비	실재

문서작성능력 / 어휘 이해하기

- 유례 : 같거나 비슷한 사례
- 대비 : 앞으로 일어날지도 모르는 어떠한 일에 대응하기 위하여 미리 준비함
- 실재 : 실제로 존재함

오답풀이

- 유래 : 사물이나 일이 생겨남 또는 그 사물이나 일이 생겨난 바
- 대처 : 어떤 정세나 사건에 대하여 알맞은 조치를 취함
- 실제 : 사실의 경우나 형편

정답 ⑤

02 다음 중 밑줄 친 단어의 쓰임이 적절하지 않은 것은? 　　2020 코레일

① 그 건물의 높이는 **가늠**이 안 된다.
② 두 상품은 이름이 너무 비슷하여 소비자들에게 **혼돈**을 일으킨다.
③ 협상이 계속 진행되었지만 결론 **도출**은 어렵다는 전망이 지배적이다.
④ 장기적인 관점에서 보면 이 문제는 **재고**의 여지가 있다.
⑤ **참조**할 수 있는 문헌은 다음과 같다.

문서작성능력 / 어휘 이해하기

- 혼돈 : 마구 뒤섞여 있어 갈피를 잡을 수 없음
- 혼동 : 서로 다른 사물을 구별하지 못하고 뒤섞어서 보거나 생각함

오답풀이
- 가늠 : 사물을 어림잡아 헤아림
- 도출 : 판단이나 결론 따위를 이끌어 냄
- 재고 : 어떤 일이나 문제 따위에 대하여 다시 생각함
- 참조 : 참고로 비교하고 대조하여 봄

정답 ②

03 다음 중 밑줄 친 단어의 맞춤법이 올바르지 않은 것은? 　　2020 지역농협

① 학생들은 모의고사를 치른 후 답안지를 정답과 **맞추어** 보았다.
② 일주일에 한 번씩 자가용에 주유하기 위해 주유소에 **들른다**.
③ 4차 산업 혁명에 **걸맞는** 기술 혁신과 인재 채용에 앞장서다.
④ 그는 수화기 **너머**에 있는 그녀에게 애원하다시피 말하고 있다.

문서작성능력 / 맞춤법 이해하기

형용사 '걸맞다'는 '두 편을 견주어 볼 때 서로 어울릴 만큼 비슷하다'는 의미이며, 활용형은 '걸맞은'이다.

오답풀이
① '맞추다'는 '대상끼리 서로 비교하거나 살피는 것'을 의미한다. 따라서 '적중하다'라는 의미를 가진 '맞히다'가 아닌 '맞추다'의 활용형 '맞추어'를 사용하는 것이 적절하다.
② '들르다'는 '지나는 길에 잠깐 들어가 머무르는 것'을 의미한다. 따라서 '감각기관을 통해 소리를 알아차리다'라는 의미를 가진 '들리다'가 아닌 '들르다'의 활용형 '들른다'를 사용하는 것이 적절하다.
④ '너머'는 '높이나 경계로 가로막은 사물의 저쪽 또는 공간'을 의미한다. 따라서 '일정한 기준이나 한계 따위를 벗어나 지나다'라는 의미를 가진 '넘다'의 활용형 '넘어'가 아닌 '너머'를 사용하는 것이 적절하다.

정답 ③

하위능력 3 ● 경청능력

출제 포인트

상사나 거래처 고객 등과 업무상 의사소통을 할 때 바르게 경청하는 자세를 묻거나 제시된 대화문을 통해 대화의 내용을 바르게 파악하는 문제 등이 출제된다.

대표 유형 문제

다음은 박 대리가 라디오로 들은 토론의 일부 내용을 정리한 것이다. 박 대리가 |보기|의 내용을 이 토론에 활용하고자 할 때, 그 활용 방안으로 가장 적절한 것은?

사회자 : 찬성 측 입론해 주시기 바랍니다.
찬성 1 : 천문학적인 자금이 소요되는 도로의 건설에 민간 자본을 적극적으로 유치해야 한다고 생각합니다. 정부나 지방 자치 단체가 도로 건설에 소요되는 자본을 모두 감당하기에는 재정적인 부담이 너무 큽니다. 민간 자본을 유치하여 도로 건설 사업을 추진하고, 민간 자본은 이 사업을 운영할 수 있는 권리를 통해 수익을 거둬들일 수 있다면 서로에게 도움이 되는 전략이 될 수 있습니다.
반대 2 : 반대 측 확인 질문하겠습니다. 민간에서 도로 건설에 막대한 자본을 투자하는 것은 공익적인 목적 때문일까요? 이익을 추구하기 때문일까요?
찬성 1 : 이익의 추구가 더 중요한 목적이겠죠.
반대 2 : 그렇다면 민간 자본에 의해 건설된 도로를 민간 자본에서 운영할 때 수익성을 높이려고 통행료를 올리는 경우가 있을 수 있겠죠? 그럴 경우 인상된 통행료는 고스란히 시민들의 부담이 되지 않을까요?
찬성 1 : 통행료가 조금 비싸질 수는 있지만 이로 인해 얻는 이익이 더 많다고 생각합니다.
반대 1 : 이상 확인 질문 마치고 반대 측 입론하겠습니다. 현재 추진되는 방식의 민간 자본 유치는 득보다 실이 많다고 생각합니다. 우선 현재 민간 자본으로 건설된 도로 중에는 운영권이 민간 자본에 있는 경우가 많기 때문에 투자금의 회수와 수익의 창출을 위해 과도한 통행료를 책정한 경우가 많습니다. 따라서 시민들에게 경제적 부담을 안기는 민간 자본 유치사업을 무분별하게 추진하는 것은 바람직하지 않습니다. 이상 입론 마치겠습니다.
찬성 2 : 찬성 측 확인 질문하겠습니다. 오늘 아침 제가 민간 자본에 의해 건설된 도로를 이용하여 이곳까지 왔는데, 기존 도로를 이용할 때보다 30분 이상 단축됐습니다. 통행료는 조금 비쌌지만 시간 단축으로 인한 유류비 절감을 생각하면 높은 통행료가 아깝지 않더군요. 저와 같은 생각을 가진 사람들은 민간 자본에 의해 건설된 도로를 환영하지 않겠습니까?
반대 1 : 그럴 수 있다고 생각합니다.
찬성 2 : 민간 자본에 의해 건설된 도로를 이용하면 기존 도로의 수요도 분산되어 교통 정체가 줄어들지 않을까요? 또한 민간 자본으로 건설된 도로로 인해 도시와 도시 간의 접근성이 좋아진다면 공장의 대도시 집중 현상을 완화하여 중소 도시의 경제 발전에도 도움이 되지 않을까요?
반대 1 : 두 가지 다 경우에 따라서는 그럴 수 있다고 생각합니다.

찬성 2 : 이상 확인 질문 마치겠습니다.
반대 2 : 반대 측 마무리 발언하겠습니다. 민간 자본으로 건설된 도로로 인해 도시 간 이동 시간이 줄어들게 되면 중소 도시에서 이루어졌던 소비 활동이 서비스 기반이 잘 갖추어진 대도시로 옮아갈 가능성도 높아집니다. 따라서 중소 도시의 쇼핑이나 의료 등의 서비스 산업이 치명타를 입을 가능성도 역시 높아질 것입니다. 민간 자본 유치 사업이 전적으로 긍정적인 측면만 있는 것이 아니라는 점을 분명하게 말씀드립니다.
찬성 1 : 찬성 측 마무리 발언하겠습니다. 반대 측에서 우려하는 점은 충분히 이해합니다만 이동 시간이 짧아진 만큼 도시 간의 접근성이 좋아져서 지역 경제의 활성화에 이바지하는 측면이 더 클 것이라고 생각합니다. 정부나 지방 자치 단체의 경제적 부담도 줄이고, 도로 사업에 참여한 민간 자본에도 득이 되며, 무엇보다도 도로를 이용하는 시민들에게 이익이 될 수 있는 이 제도는 실보다 득이 많다고 생각합니다.

| 보기 |

　최근 운영되고 있는 민간 자본 유치 도로의 경우 민간 업자의 수요 예측에 따라 정부나 지방 자치 단체가 운영 수입을 보장해 주는 방식, 즉 이용자의 수 예상에 미치지 못할 경우 그 손실을 보전해 주는 방식으로 계약을 맺은 것이 많이 있습니다. 그런데 계약 과정에서 수요 예측이 부풀려져 있는 경우가 많습니다.

① 민간 자본 유치 도로를 통해 정부나 지방 자치 단체는 도로 건설에 소요되는 자금의 부담을 일시적으로 줄일 수 있다는 점을 들어 찬성 주장의 근거로 활용한다.
② 민간 자본 유치 도로의 수요 예측이 잘못되었을 경우 장기적으로는 정부나 지방 자치 단체에 경제적 부담이 가중될 수 있다는 점을 들어 반대 주장의 근거로 활용한다.
③ 민간 자본 유치 도로를 통해 경기를 활성화시킬 수 있다는 점을 들어 찬성 주장의 근거로 활용한다.
④ 민간 자본 유치 도로를 이용하는 사람들의 수가 증가함에 따라 기존 도로에 비해 통행료가 낮아질 수 있다는 점을 들어 찬성 주장의 근거로 활용한다.
⑤ 민간 자본 유치 도로의 운영권을 두고 민간 자본과 정부 및 지방 자치 단체 사이에 갈등이 심화될 수 있다는 점을 들어 반대 주장의 근거로 활용한다.

경청능력 / 자료 활용하기

|보기에 따르면 정부나 지방 자치 단체가 민간 업자에게 일정한 운영 수입을 보장해 주는 방식으로 계약을 맺은 경우가 많다는 것을 알 수 있다. 이로 인해 발생할 수 있는 부정적 결과로는 수요 예측이 과하게 되어 있거나 예기치 못한 일로 수요가 많이 줄어들 경우 그 부족분을 정부나 지방 자치 단체가 메워 주어야 한다는 점을 들 수 있다. 이는 곧 장기적으로 볼 때 정부와 지방 자치 단체에 재정적 부담을 안겨 줄 것이므로 |보기의 내용은 반대 측의 논거로 활용 가능하다.

정답 ②

하위능력 4 ● 의사표현능력

출제 포인트

업무 수행 시 자신이 뜻한 바를 말로 나타내는 능력으로, 직무상 접하게 되는 여러 상황에서 해당 직무상황에 어울리는 의사소통 방식을 찾는 문제가 출제된다. 공문서, 공고문, 매뉴얼 등을 참고하여 고객이나 업무 관계자와의 질문에 적절하게 응답할 수 있는지를 측정하는 문제도 출제되고 있다.

대표 기출문제

다음은 한국도로공사의 고객 응대 서비스에 관한 내용이다. |보기|의 ㉠에 들어갈 말로 가장 적절한 것을 고르면? [2019 한국도로공사]

고객 응대 서비스

1. 방문하시는 경우
   - 항상 친절하고 밝은 표정으로 고객을 먼저 맞이하겠습니다.
   - 고객의 소리를 충분히 경청하겠습니다.
   - 고객 요구사항을 현장에서 정확하게 처리하겠습니다.
   - 고객상담실은 항상 청결하고 정돈된 상태로 유지하여 고객이 이용하시는 데 불편사항이 없도록 하겠습니다.

2. 전화하시는 경우
   - 전화는 벨이 3회 이상 울리기 전에 신속히 받겠습니다.
   - 명랑하고 밝은 목소리로 소속과 이름을 정확히 밝히겠습니다.
   - 다른 직원에게 연결하여야 하는 경우 고객에게 양해를 구한 후 담당 직원을 정확히 알려드리고 연결해 드리겠습니다.
   - 담당자가 없을 경우 반드시 메모를 전달하여 당일 업무종료 전에 고객에게 전화를 드리겠습니다.
   - 고객 만족 확인 후 인사말과 함께 통화를 마치도록 하겠습니다.
   - 청각 및 언어장애인의 콜센터 접근성 향상을 위한 수화 상담 중계서비스를 제공하겠습니다.
   - 콜센터로 전화해 주시는 경우, 응대율을 90% 수준으로 유지하겠습니다.

3. 온라인으로 상담하시는 경우
   - 인터넷 홈페이지, 인터넷 카페 및 블로그 등을 통해 불편사항과 문의사항을 상시 접수하겠습니다.
   - 고속도로와 관련된 다양한 정보를 최대한 정확하고, 신속하게 제공하겠습니다.
   - 온라인으로 제시하신 의견은 성실히 검토하여 반드시 그 결과를 알려드리겠습니다.
   - 장애인의 홈페이지 접근성을 향상하고, 각 기관 고객상담실 컴퓨터에 시각장애인을 위한 화면 낭독 서비스를 제공하겠습니다.

4. 서면(FAX, 우편)으로 의견을 제기하시는 경우
   - 서면으로 제출된 의견에 대해서는 공식적으로 접수하겠습니다.

- 서면으로 내용 확인이 어려울 경우에는 당사자 문의 또는 관련 기관 확인을 통해 사실관계를 명확히 검토하겠습니다.
- 서면으로 제기된 의견은 성실히 검토하여 당사자 또는 관련 기관에 반드시 그 결과를 알려드리겠습니다.

5. 고객정보 보호와 알 권리 보장
   - 고객의 정보보호를 위해 공공기관의 「개인정보 보호에 관한 법률」을 준수하겠습니다.
   - 개인의 정보는 외부에 유출되지 않도록 지정된 장소에 보관하겠습니다.
   - 정보공개제도를 충실히 이행하여 고객의 알 권리를 충족하고 행정업무의 투명성을 확보하겠습니다.
   - 우리 공사의 주요 업무 현황을 홈페이지에 공개하여 항상 열람할 수 있도록 하겠습니다.

| 보기 |

직원 : 안녕하십니까? 고객지원팀 ○○○입니다.
고객 : 안녕하세요. 고속도로 휴게소 관련해서 문의드릴 게 있어서 전화했어요.
직원 : 죄송하지만, 지금은 담당자가 잠시 자리를 비운 상태입니다.
         (㉠   )

① 1시간 후에 담당자와 통화가 가능하니, 그때 다시 연락해 주시면 감사하겠습니다.
② 메모 가능하시면, 지금 담당자 휴대전화 번호를 안내해 드리겠습니다.
③ 연락처를 남겨주시면 담당자가 직접 연락드릴 수 있도록 메모 남겨드리겠습니다.
④ 오늘은 담당자와 통화가 어려우니, 내일 다시 전화해 주시면 감사하겠습니다.

 의사표현능력 / 매뉴얼에 맞게 응답하기

담당자가 자리에 없을 경우, 담당자에게 메모를 전달하여 당일 업무종료 전에 고객에게 전화할 수 있도록 해야 한다.

정답 ③

 HELPFUL TIPS

- 의사표현에 사용되는 적절한 언어
  - 이해하기 쉬운 언어, 상세하고 구체적인 언어, 대화체의 언어
  - 간결한 언어, 필요하고 정확한 말, 감각적 언어, 문법적 언어
- 잘못된 언어 습관
  중얼거림, 소리 지름, 단조로움, 간조어 사용, 헤맴 등

하위능력 5 ● 기초외국어능력

출제 포인트

기초외국어능력은 직업기초능력평가 의사소통능력에서 출제비중이 가장 낮은 하위능력이다. 그러나 외국인과의 업무상 계약이나 소통이 많은 공사·공단 및 특정 직군에서는 외국인 담당자와 소통할 경우 기초적으로 알고 있어야 할 지식이나 이메일 작성 예절, 전화 응대 예절 등이 출제되기도 한다. NCS 모듈 학습의 내용을 기반으로 간단한 업무 관련 회화나 용례 등을 알아두도록 한다.

대표 유형 문제

01 다음은 인천공항에서 근무하는 K 사원(W)과 남자 외국인 승객(M)과의 대화이다. K 사원이 남자 외국인 승객에게 제공해야 할 서비스는 무엇인가?

> W : Sorry, sir. Your flight has been cancelled because of heavy fog.
> M : Oh, no! What should I do?
> W : We can give you a free night at our airport hotel, or an upgrade on the next available flight.
> M : I'll take the more comfortable seat. Thanks.

① 무료 식사권 제공 ② 좌석 등급 승격
③ 무료 호텔 숙박 ④ 항공권 취소

기초외국어능력 / 외국인 고객 응대하기

> W : 죄송합니다, 고객님. 안개가 짙어 비행기가 취소되었습니다.
> M : 아, 이런! 그럼 제가 어떻게 해야 하나요?
> W : 저희가 공항 호텔에서 무료로 숙박하실 수 있게 하겠습니다. 아니면 다음 비행기를 타실 때 좌석 등급을 올려드릴게요.
> M : 저는 편한 좌석으로 해주시는 게 더 좋겠네요. 감사합니다.

안개가 짙은 기상 악화로 비행기가 결항된 상황에서 승객에게 보상 내용을 안내하는 상황이다. K 사원은 호텔 무료 숙박과 좌석 등급 승격을 안내하였고, 외국인 승객은 좌석 등급 승격을 선택하였으므로 정답은 ②이다.

정답 ②

02 다음은 국제협력단에서 근무하는 A 부장과 B 사원의 대화이다. 밑줄 친 부분에 들어갈 말로 가장 적절한 것은?

> A : Hey, is everything ready for the business trip?
> B : Yes, I prepared my ticket and passport.
> A : Ok. And don't forget about the meeting with buyers.
> B : Sure. I wrote the draft proposal.
> A : Good. When is the meeting?
> B : _____

① I will show you the paper.
② The third day of the business trip.
③ We need a meeting room.
④ It will be held at the hotel meeting room.

기초외국어능력 / 비즈니스 회화 이해하기

A : 출장 준비 잘 되어 가나요?
B : 네, 티켓과 여권 준비했습니다.
A : 네, 그리고 바이어들과 미팅 있는 거 잊지 마세요.
B : 그럼요. 제안서 초안도 작성해 놓았어요.
A : 좋아요. 미팅이 언제죠?
B : 출장 세 번째 날입니다.

① 문서를 보여 드릴게요.
③ 우리는 회의실이 필요합니다.
④ 호텔 회의실에서 열릴 예정입니다.

정답 ②

03 다음 중 기초외국어능력이 필요한 상황으로 적절하지 않은 것은?

① 외국인과의 의사소통 상황에서 전화응대를 하는 경우
② 외국에서 일하는 우리나라 상사에게 업무 상황을 보고하는 경우
③ 업무 요청을 하기 위해 외국인 담당자에게 메일을 작성하는 경우
④ 외국에서 들여 온 기계가 어떻게 작동되는지 매뉴얼을 이해해야 하는 경우

기초외국어능력 / 기초외국어가 필요한 상황 판단하기

외국에서 일하는 우리나라 상사는 우리와 같은 언어를 사용하므로 외국어로 보고하지 않아도 된다.

정답 ②

01 Chapter
CHECK 주요 기출유형 익히기

01 다음 중 맞춤법이 옳게 짝지어진 것을 고르면?　　　2020 코레일

> ㉠ 그 이야기를 들으니 [왠지/웬지] 불길한 예감이 든다.
> ㉡ 사과[던지/든지] 배[던지/든지] 다 좋다.
> ㉢ 오늘이 [며칠/몇 일]이지?

	㉠	㉡	㉢
①	왠지	든지	며칠
②	왠지	든지	몇 일
③	왠지	던지	며칠
④	웬지	던지	몇 일
⑤	웬지	든지	며칠

 문서작성능력 / 어법 이해하기

㉠ '왜 그런지 모르게'라는 뜻을 나타내는 말은 '왠지'이다.
㉡ 어느 것이 선택되어도 차이가 없는 둘 이상의 일을 나열할 때는 '든지'를 쓴다.
㉢ '그달의 몇째 되는 날'의 뜻을 가진 명사는 '며칠'로 쓴다.

정답 ①

02 다음 문장의 밑줄 친 부분과 같은 의미로 사용된 것은?　　　2020 지역농협

> 강원도 동해 바다로 연어잡이에 **나서다**.

① 어린 나이에 장사하러 **나서다**.　　② 여행을 떠나려고 길을 **나서다**.
③ 함부로 상관없는 일에 **나서다**.　　④ 가시넝쿨 틈새로 길이 **나서다**.

문서이해능력 / 어휘의 의미 파악하기

제시된 문장과 보기 ① 의 '나서다'는 '어떠한 일을 적극적으로 또는 직업적으로 시작하다'라는 의미로 사용되었다.

 오답풀이

② 어디를 가기 위해서 있던 곳을 나오거나 떠난다는 의미이다.
③ 어떠한 일을 가로맡거나 간섭한다는 의미이다.
④ 구하던 사람이나 물건 따위가 나타난다는 의미이다.

정답 ①

HELPFUL TIPS

✓ 어휘 문제 학습 방법
① 같은 한자가 들어간 비슷한 어휘, 혼동하기 쉬운 어휘들은 예문과 함께 학습한다.
② 여러 가지 의미를 가지고 있는 다의어는 각 의미에 맞는 용례와 함께 학습한다.
③ 어법에 맞게 수정하기, 맞춤법 문제도 꾸준히 출제되므로 기출 문제를 통해 유형을 익혀둔다.

---

03 제시된 기사문의 제목으로 가장 적절한 것은?   `2020 한국도로공사`

> 한국도로공사는 정체구간에서 발생하는 후미추돌 사고와 사망자를 줄이기 위해 '정체 시 비상등 켜기' 캠페인을 수도권 지역에서 시범 실시한다고 밝혔다. 고속도로는 일반도로보다 주행속도가 빨라 선행차량이 급하게 정차할 경우 큰 사고로 이어질 수 있기 때문에, 갑작스럽게 차량이 정체되면 뒤에 오는 차량에게 비상등으로 정체상황을 알려야 추돌사고를 예방할 수 있다.
> 한국도로공사는 지난 4월 전국민 공모로 선정한 슬로건 「달릴 때 전조등, 멈출 때 비상등」을 수도권 지역 고속도로 상습정체 구간에 가로등 배너로 설치하고 도로전광표지(VMS) 등을 통해 운전자들에게 홍보했다. 수도권 지역 고속도로는 일평균 통행량이 약 200만 대 이상으로 상습 정체로 인한 후미 추돌사고 다발구간도 많기 때문에, 한국도로공사는 해당 구간에서 캠페인 효과를 분석해 전국으로 확대한다는 방침이다.
> 한국도로공사 관계자는 "갑작스러운 정체나 사고구간에서는 비상등을 점멸해 뒤따르는 차량에 정체상황을 신속히 알려주면 사고 발생 위험을 대폭 줄일 수 있다."며, "안전한 고속도로를 만들기 위해 비상등 켜기에 적극 동참해줄 것을 부탁드린다."고 말했다.

① 한국도로공사, 고속도로 정체 시 비상등 켜기 캠페인 전개
② 한국도로공사, 추돌사고 예방 슬로건 공모전 개최
③ 한국도로공사, 정체구간 예방 캠페인 진행
④ 한국도로공사, 교통정체 해소 위해 도로 확장공사 본격 추진

 문서이해능력 / 글의 제목 찾기

제시된 기사문의 주된 내용은 정체구간에서 발생하는 후미추돌 사고와 사망자를 줄이기 위해 '정체 시 비상등 켜기' 캠페인을 실시한다는 것이다. 따라서 기사문의 제목으로 가장 적절한 것은 ①이다.

정답 ①

04 다음 글의 내용과 일치하지 않는 것은?   [2020 농협은행 6급]

우리는 하루에 차를 얼마나 타는가? 우리나라 자동차 수는 약 2,000만 대로, 국민 2.3명당 자동차 1대를 보유하고 있다. 그러나 하루 평균 차량 이용 시간은 불과 1시간 밖에 안 된다고 한다. 나머지 시간은 주차장에 방치되어 있는 것이다. 카셰어링 서비스 대표업체인 한 업체는 이러한 점에 착안하여 차량공유서비스를 도입하였고, 공유를 통해 무인 차량 대여서비스를 제공하는 이 회사는 지난해 말 기준으로 회원수가 600만 명에 육박하는 등 급속한 성장세를 보였다. 이는 기존의 소유중심에서 공유중심으로 경제모델의 패러다임이 전환되고 있음을 보여주는 대표적 사례이다.

공유경제는 자원낭비와 환경오염을 줄이고자 하는 지속가능한 성장 패러다임의 등장과 함께 유휴자원을 활용하여 부가가치를 창출하는 새로운 방식의 경제형태로 많은 관심을 받기 시작했다. 2000년대 중반 하버드대학의 로런스 레식 교수는 소유중심의 기존 자본주의 경제와 구분하여, 이미 생산된 재화를 공유하며 가치를 극대화하는 새로운 소비 형태로 공유경제를 개념화하였다.

공유경제는 사실 인류가 공동생활을 시작하면서 발달되어온 생활방식 중의 한 형태로, 전통적으로는 두레나 품앗이가 있었다. 그리고 오늘날에는 ICT 기술을 접목한 온라인 플랫폼 서비스가 도입되면서 거침없는 성장세를 보이고 있다. 이러한 유휴자원 공유를 통한 경제활동은 제공자에게는 새로운 수익 창출을, 이용자에게는 비용부담을 줄여 주는 Win-Win효과로 많은 관심을 받고 있다.

공유경제는 공간, 물건, 지식을 공유하는 세 가지 형태로 나눌 수 있다. '공간'을 공유하는 형태로 셰어하우스, 공유주방, 공유사무실, 공유미용실 등이 운영되고 있고, '물건'을 공유하는 형태로는 공유자동차, 공유자전거, 공유킥보드 등이 있으며, 강의 및 문화강좌, 체험교실 등을 통해 재능 및 지적재산을 공유하는 '지식' 공유 사례 등이 있다. 이처럼 사회 전반에 걸쳐 불고 있는 공유의 바람은 공공부문에까지 영역을 넓히고 있다. 작년 추석 연휴기간 동안 전국 공공기관 주차장 1만6천여 곳을 무료로 개방하였던 사례와 같이 공공기관, 지자체에서 보유하고 있는 공유자원을 유휴시간에 개방하여 주민이 이를 활용할 수 있도록 하는 것이다.

출처 : 전라일보, '같이의 가치, 공유경제'

① 차량공유서비스는 기존의 소유중심에서 공유중심으로 경제모델의 패러다임이 전환되고 있음을 보여주는 대표적인 사례이다.
② 공유경제는 인류가 공동 생활을 시작하면서 발달되어온 생활방식 중 한 형태이다.
③ 공유경제는 자원 낭비와 환경오염을 줄이고자 하는 지속가능한 성장 패러다임의 등장과 함께 많은 관심을 받기 시작했다.
④ 셰어하우스, 공유주방, 체험교실 등은 공유경제에서 '공간'을 공유하는 형태이다.
⑤ 하버드대 로런스 레식 교수는 공유경제를 소유중심의 기존 자본주의 경제와 구분하여 새로운 소비 형태로 개념화하였다.

> **문서이해능력 / 글의 내용 파악하기**

4문단을 통해 체험교실은 '지식' 공유의 사례임을 알 수 있다.

 오답풀이

① 1문단 마지막 문장, ② 3문단 첫 번째 문장, ③ 2문단 첫 번째 문장, ⑤ 2문단의 마지막 문장에서 확인할 수 있다.

정답 ④

05 다음 글의 내용과 일치하지 않는 것은?

[2020 코레일]

> 최근 3년간(2017~2019) 발생한 초등학생 보행사고를 살펴본 결과 7,894명의 사상자(사망 42명, 부상 7,852명)가 집계되었다. 1학년부터 6학년순으로 사고가 많이 발생했으며, 특히 처음 학교생활을 시작하고 등하굣길을 경험하게 되는 1학년이 가장 많은 사상자를 기록(1,763명, 22.3%)했다. 3학년 이하 저학년은 전체 사상자의 62.4%를 차지했다.
> 어린이는 성인에 비해 시야가 좁고 위험한 상황에 대처하는 순발력 등이 부족해 차량을 피하거나 안전한 곳으로 이동하기 어렵다. 관심 있는 것에 몰입하는 경향이 있고 충동적인 성향이 있어 위험을 인지하지 못하거나 갑자기 차도로 뛰어드는 돌발적인 행동을 보이기도 한다. 신체적으로도 성인에 비해 키가 작아 운전자의 시야에서 잘 보이지 않을 수 있기 때문에 운전자는 어린이의 신체 및 행동의 특성을 이해하고 어린이의 안전에 유의하며 어린이보호구역 내에서는 각별히 주의를 기울여야 한다.
> 어린이를 교통사고로부터 보호하기 위해 2020년 3월, 도로교통법과 특정범죄 가중처벌 등에 관한 법률을 개정한 '민식이법'이 시행되었다. 도로교통법 개정으로 무인 교통단속용 장비 설치가 의무화되었고 횡단보도 신호기, 속도 제한 및 횡단보도 안전에 관한 안전표지, 과속방지 시설 등의 안전시설물이 확대 설치되고 있다. 가중처벌법 개정안은 운전자가 '안전 의무를 다하지 않아 발생한 사고에 한한 것'으로 어린이를 사망에 이르게 한 경우 무기 또는 3년 이상 징역에 처하고, 어린이를 상해에 이르게 하면 1년 이상 15년 이하의 징역 또는 500만 원 이상 3천만 원 이하 벌금을 부과하는 것이다.
> 어린이들의 안전을 최우선으로 하여 안전기준을 높인 '민식이법'이 실효성을 갖고 효과적으로 시행되기 위해서 운전자들은 경각심을 갖고 주의를 다해야 하고, 운전자뿐 아니라 사고 당사자인 어린이와 어린이의 보호자의 노력 또한 수반되어야 한다. 어린이가 지켜야 할 안전수칙으로는 '서기, 보기, 걷기' 세 가지를 기억해야 한다. 신호를 기다릴 때에는 한 발 뒤로 물러서서 일단 멈춰 서기, 신호가 바뀌면 차가 오는 방향에 맞게 왼쪽, 오른쪽 양방향 살펴 확인하여 보기, 횡단보도를 건널 때에는 뛰지 말고 천천히 걷기이다. 보호자는 가정 내에서 반복적인 체험 교육을 통해 교통안전 의식을 자연스럽게 갖게 하고 올바른 교통습관을 형성하여 지속적인 행동으로 이어질 수 있도록 교육하는 것이 중요하며 보호자 또한 안전의식을 갖고 어린이들 앞에서 모범적인 모습을 보여주도록 노력해야 한다.

① 최근 3년간 초등학생 보행사고는 1학년부터 6학년순으로 많이 발생했다.
② '민식이법'은 도로교통법과 특정범죄 가중처벌 등에 관한 법률을 개정한 것이다.
③ 어린이는 성인에 비해 시야가 좁고 위험한 상황에 대처하는 순발력이 부족하다.
④ 어린이가 지켜야 할 안전수칙으로는 '서기, 보기, 걷기' 세 가지가 있다.
⑤ 어린이의 교통안전 의식 교육은 가정이 아닌 학교에서 이루어져야 한다.

 문서이해능력 / 글의 내용 이해하기

가정 내에서 반복적인 체험 교육을 통해 교통안전 의식을 자연스럽게 갖게 하고 올바른 교통습관을 형성하여 지속적인 행동으로 이어질 수 있도록 교육하는 것이 중요하다.

정답 ⑤

06 다음은 ○○군에서 구축한 농축 시스템에 대한 기사의 일부이다. 기사에 대한 내용으로 적절한 것은?　　　　　　　　　　　　　　　　　　　　　　　　　　　2019 농협은행 6급

> ### ○○군, 클로렐라 대량 배양시스템 구축
>
> 　○○군이 클로렐라 농법을 활용한 우수농작물 재배의 발판을 마련했다. 4일 군에 따르면 지역발전의 필수조건인 친환경농업기반조성을 위해 농업용 클로렐라 대량배양시스템 설치를 완료하고 시험가동을 거쳐 오는 11일부터 농가에 공급한다고 밝혔다.
> 　클로렐라는 식물성 플랑크톤 혹은 미세조류의 일종인 미생물로 광합성을 하는 녹조류를 말한다. 클로렐라의 세포 내에는 단백질, 미네랄, 엽록소, 비타민 등 각종 영양소가 균형 있게 함유되어 있어 기능성 식품소재로 널리 알려져 있다.
> 　1회 배양 시 2톤을 생산할 수 있는 규모로 연간 약 30톤 이상 공급하면서 연속 배양생산이 가능해진 클로렐라 신농업 확대가 농축산물의 품질개선 및 생산성 증대로 이어져 친환경농업 발전에 기여할 것으로 기대된다.
> 　또한 농촌진흥청 축산과학원에 의하면 축산사료와 클로렐라를 혼합해 가축에 급여하면 사료의 효율증대 및 면역성이 증강하는 것으로 보고됐다. 최근에는 새로운 생물소재로서 농축산업 분야의 연구가 활발하게 진행 중이며 전국 자치단체에서 작물 실증시험을 통해 클로렐라 효과가 여러 작목에서 확인되고 있다. 특히 딸기, 들깨, 상추, 고추, 오이, 토마토 등의 작목에서 수확량 증가 및 병해 감소, 저장성 향상에 크게 효과가 있는 것으로 나타났다.
> 　군 관계자는 "클로렐라 대량배양시스템은 직접 배양 관리하는 형식으로 농가에 클로렐라 배양액을 보급하고 신뢰할 수 있는 농산물 생산에 의미가 크다."며 "클로렐라는 농작물 생육 촉진, 냉해 예방은 물론 토양의 질도 증진하는 효과가 있는 만큼 농업인들에게 큰 도움이 되기를 바란다."고 말했다.

① 클로렐라 대량배양시스템은 간접 배양 관리하는 형식으로 농가에 클로렐라 배양액을 보급하고 신뢰할 수 있는 농산물을 생산하는 데 의미가 있다.
② 클로렐라 배양시스템은 1회 배양 시 2톤을 생산할 수 있으며 연간 약 30톤 이상을 공급하지만 연속 배양생산은 불가능하다.
③ 클로렐라는 동물성 플랑크톤 혹은 미세조류의 일종인 미생물로 광합성을 하는 녹조류를 말한다.
④ 클로렐라의 세포 내에는 비타민, 엽록소, 미네랄, 단백질 등 각종 영양소가 균형 있게 함유돼 있어 기능성 식품소재로 알려져 있으며 특히 딸기, 들깨, 토마토 등의 작목에서 수확량 증가 및 병해 감소에 크게 효과가 있다.
⑤ 축산사료와 클로렐라를 혼합해 가축에 급여하면 사료의 효율성은 증대하지만 가축의 면역성은 떨어지는 것으로 보고되었다.

 문서이해능력 / 기사문 이해하기

2문단 두 번째 줄과 4문단 네 번째 줄에 언급되어 있는 내용이다.

 오답풀이

① 5문단 군 관계자의 말을 보면 클로렐라 대량배양시스템은 직접 배양 관리하는 형식이라고 나와 있다. 간접 배양이 아니라 직접 배양이므로 ①의 내용은 잘못되었다.
② 3문단을 보면 연속 배양생산이 가능해진 클로렐라 신농업 확대가 친환경농업의 발전에 기여할 것으로 기대된다고 나와 있다. 따라서 ②의 연속 배양생산이 불가능하다는 설명은 틀린 설명이다.
③ 2문단 첫 번째 줄을 보면 클로렐라는 식물성 플랑크톤 혹은 미세조류의 일종인 미생물로 광합성을 하는 녹조류를 말한다고 나와 있다. 동물성이 아닌 식물성 플랑크톤이므로 ③의 내용은 틀린 설명이다.
⑤ 4문단을 보면 축산사료와 클로렐라를 혼합해 가축에 급여하면 사료의 효율도 증대하고 면역성도 증강한다고 나와 있다. 가축의 면역성이 떨어지는 것으로 보고되었다는 ⑤의 내용은 잘못된 설명이다.

정답 ④

HELPFUL TIPS

✅ **글의 중심내용 찾기**
① 단락별로 나뉘어 있을 때는 각 단락과 보기를 하나씩 비교·대조 하면서 확인한다.
② 글의 시작과 마지막, 전환이 되는 접속어 등을 잘 살펴보고 포인트가 되는 핵심어를 표시하며 읽는다.

✅ **글의 빈칸에 들어갈 어휘 찾기**
① 빈칸의 앞뒤 문장을 집중해서 살펴보고, 포인트가 되는 단어나 접속어를 통해 글의 내용을 빠르게 파악한다.
② 각 선택지에 제시된 어휘를 빈칸에 넣어보고, 자연스럽게 연결되는지 판단해본다. 선택지를 비교할 때 답이 아닌 것은 바로 삭제한다.

✅ **문단 순서대로 배열하기**
① 각 문단을 빠르게 읽으면서 문단별 중심내용을 찾는다.
② 각 문단 앞에 있는 접속어와 지시어를 중심으로 글의 흐름을 파악한다.
③ 선택지에 나온 순서를 적용해본다. 이때, 선택지에서 첫 문단과 끝 문단 등이 모두 같은 것으로 시작하는지도 빠르게 살펴보도록 한다.

07 다음 글의 순서를 바르게 배열한 것은?

2019 IBK 기업은행

> (가) 이러니 산재 피해자 가족들이 안전관리 의무를 다하지 않아 노동자를 죽음에 이르게 한 기업을 직접 처벌할 수 있는 '중대재해기업처벌법'의 제정을 촉구하는 것 아니겠는가. 한국은 노동자 1만 명당 사고로 숨지는 사망 만인율이 0.51로 경제협력개발기구(OECD) 최고 수준이다. 한 해 1,000명 가까운 노동자가 '일터에서의 사고'로 목숨을 잃고 있다는 사실을 잊으면 안 된다. 정부와 기업은 모든 역량을 동원하여 '안전한 일터' 만들기에 집중해야 한다.
> (나) 그럼에도 산재사고가 급증하는 것은 산재 인정 문턱을 낮춰 더 많은 피해자를 '보호망'으로 끌어안았기 때문만은 아닐 것이다. 대한민국의 일터가 '후진국형'에 머물고 있기 때문이라는 것은 부정할 수 없다. 노동자의 주의 태만도 있겠으나 "2022년까지 산재 사망사고를 절반으로 줄이겠다."던 정부의 책임을 묻지 않을 수 없다. 기업의 관리 책임은 더 크다.
> (다) 고용노동부는 지난해 산업현장에서 재해를 당한 노동자가 10만 2,305명으로 전년도보다 14% 늘었다고 발표했다. 산재 사망자는 10% 가까이 증가했다. 사고로 971명이, 질병으로 1,171명이 각각 숨졌다. 산재 노동자가 증가한 것은 적용 사업장을 확대하고, 신청·심사 과정 등을 개선해 승인이 쉽도록 한 덕분이라고 정부는 말했다. 일터에서 사고를 당하거나 질병을 얻은 노동자가 산재 피해자로 인정받으면 배·보상 등을 통해 최소한의 삶을 유지할 수 있다는 점에서 그나마 다행스러운 일이다.
> (라) 사정이 이런데도 최근 산업안전보건법 시행령이 입법 예고되자, 한국경영자총협회 등 경영계가 반발하고 있다. '중대 재해가 발생했거나, 발생할 급박한 위험이 있는 경우' 정부가 작업중지를 명령할 수 있도록 한 조항을 두고, 작업중지 명령권이 남발되면 수백억~수천억 원의 피해가 우려된다는 것이다. 원청업체에 산재사고의 책임을 일부 물리도록 한 조항에 대해서도 "기업을 범법자로 만들겠다는 것이냐."며 불만을 토로했다고 한다. 중대 재해가 일어나면 작업을 중지하고 일터가 안전한지를 살피는 일은 정부와 기업의 의무이자 책임이다. 경영계의 반발은 "위험과 함께 책임도 외주화하겠다."는 것이나 다를 바 없다.

① (라) – (가) – (나) – (다)
② (라) – (가) – (다) – (나)
③ (다) – (나) – (라) – (가)
④ (다) – (나) – (가) – (라)

 문서작성능력 / 문단 배열하기

(다)를 제외한 문단은 연결어로 시작되기 때문에 글의 맨 처음에 올 수 없다. 따라서 (다)의 고용노동부가 발표한 결과가 제일 앞에 제시되는 것이 적절하다. (다)에서 승인이 쉽도록 한 덕분에 산재 노동자가 늘었다고 한 정부의 발표가 나왔으므로, (나)의 그럼에도 그것 때문만은 아닐 것이라는 내용이 이어지는 것이 자연스럽다. 남은 (라)와 (가)의 내용을 살펴보면 내용상 (라)가 앞에 나와야 하며, 정부와 기업의 역할을 상기시키며 글을 마무리 짓는 (가)가 마지막에 나오는 것이 적절하다.

정답 ③

08 다음 (가)~(라) 단락을 맥락에 맞게 순서대로 배열한 것은? [2019 코레일]

> 정부 주도의 주택 보급이 활성화되던 1970년대에서 1990년대는 '벽돌의 시대'였다. 그러나 이후 구조와 건축 재료의 발달로 벽돌은 저렴한 저층 건축 재료로 낙인찍혔다. 하지만 벽돌은 최근 개성 넘치는 새로운 옷으로 다시금 주목받고 있다.
>
> (가) 과거 벽돌은 근대성을 상징하는 재료였다. 또한 벽돌은 재활용이 가능한 재료로 광복 후 전란으로 폐허가 된 서울을 신속하게 복구하는 데에도 쓰였다. 근대화와 함께 도입된 벽돌은 1970년대까지 활발하게 사용되었는데, 소규모 주택을 공급하는 건축업자들이 만드는 '블란서 2층 양옥집'이 유행했을 때에도, 대부분이 붉은 벽돌집이었다. 이후에 '집' 하면 자연스레 '붉은 벽돌집'을 떠올릴 정도로 많은 벽돌집이 지어졌다.
>
> (나) 최근엔 구조재가 아닌 치장재로 새롭게 주목받기 시작하며 다양한 색깔과 독특한 쌓기 방식으로 건물의 외벽에서 개성을 드러내고 있다. 여기에는 크게 두 가지 이유가 있다. 우선 건축 기술의 발달로 벽돌이 건물의 힘을 받는 구조체로부터 독립해 외장재로 자유롭게 사용할 수 있게 되었다는 점이다. 벽돌을 활용한 다양한 쌓기 방법이 개발되고 철물의 개발로 높이 쌓는 것이 가능해지면서 고층 건물의 외부를 벽돌로 장식하여 얻는 시각적 독특함이 눈길을 끌 수 있게 된 것이다.
>
> (다) 1980~90년대 이후 아파트 시장의 활황으로 대형 건설업자들이 콘크리트로 아파트를 수없이 짓고 있을 때, 소규모 주택 시장의 건축업자들은 공동주택에 '빌라'라는 이름을 붙이고 콘크리트 내력벽 위에 화강석을 건식으로 붙인 저품질 주택을 양산했고, 자연스레 대중은 붉은 벽돌집은 싸구려 집이라는 인식을 갖게 되었다. 기술의 발달과 재료의 다양화 역시 벽돌을 멀어지게 만든 원인 중 하나다. 어떤 건축가들은 물성을 드러내는 재료로써 노출 콘크리트를 진지하게 탐구하기 시작했으며, 어떤 건축가들은 건물의 '스킨'이라 하여 건물 외벽을 금속 패널로 치장하는 데 몰두하기도 했다. 이 사이에 벽돌건축은 점차 건축가들의 관심에서도 멀어져 갔다.
>
> (라) 그러나 무엇보다 가장 중요한 것은 벽돌에는 자연스럽고 친숙한 이미지와 느낌이 있다는 것이다. 벽돌은 흙을 구워서 만든다. 그리고 천연 재료라는 이미지와 더불어 가지런한 줄눈은 안정감을 준다. 게다가 한국처럼 다습하며 기온 변화가 심한 곳에선 건축 재료의 오염이 많은 편인데 벽돌은 다른 건축 재료에 비해 변형이나 오염으로 인한 문제가 상대적으로 적다. 이것이 많은 사람들이 벽돌 외벽을 선호하는 이유다.

① (가) – (나) – (다) – (라)
② (가) – (다) – (나) – (라)
③ (가) – (다) – (라) – (나)
④ (나) – (라) – (가) – (다)
⑤ (라) – (나) – (가) – (다)

문서작성능력 / 글의 논리적 전개 이해하기

이 글은 시간 순서대로 진행되고 있다. (가)에서 1970년대까지 벽돌의 쓰임이 활발했음을 말하고 있고 (다)에서 1980~90년대 이후에 벽돌에 대한 인식이 변화했음을 이야기하고 있다. (나)와 (라)는 최근 이야기를 하고 있는데, (나)에서 최근에 벽돌이 다시 주목받기 시작했음을 알리고 (라)에서 '무엇보다 중요한 것은'으로 문장을 시작하며 (나)의 내용을 보충하고 있다. 따라서 정답은 (가)–(다)–(나)–(라)이다.

정답 ②

09 다음은 농협이 실천하는 공익사업에 대한 기사 내용이다. 다음 글의 (가)~(마) 문단을 요약한 내용으로 가장 적절하지 않은 것은? 2019 농협은행 6급

NH농협금융지주가 다양한 사회공헌사업으로 고령화 및 일손 부족 등을 겪고 있는 농업인 복지증진에 앞장서는 모습이다. 농촌과 함께 성장해온 농협금융은 '같이의 가치, 나눔의 가치'를 실천한다는 사회공헌이념을 바탕으로 공익사업을 전개한다. 지주에서 운영하는 사회공헌활동은 주주의 이익이 아닌 농업, 농촌, 농민을 비롯한 지역사회에 초점을 맞췄다는 점이 특징이다.

(가) 농협금융은 도·농 상생을 도모하는 나눔경영 활동을 기획, 운영한다. 2016부터 시행하고 있는 '또 하나의 마을 만들기' 운동이 대표적이다. 해당 사업을 통해 농협금융은 기업 CEO, 기관·단체장을 농촌마을 명예이장으로 위촉하고 소속 직원들을 명예주민으로 임명한다. 명예이장은 각각의 마을과 정보공유를 하고 벤치마킹 등을 통해 상생 협력 체계를 구축하고 명예주민들은 농번기 일손돕기, 농촌마을 숙원사업 등에 직접 참여한다. '또 하나의 마을 만들기' 운동을 통해 농가가 겪고 있는 고충에 대해 기업의 관심을 환기할 수 있는 도·농 간 징검다리 역할을 하는 셈이다. 2017년 말 기준 1,651명의 기관·단체장이 명예이장으로 참여해 활발하게 활동을 이어오고 있다.

(나) 농촌인구 감소와 급속한 고령화로 홀몸노인이 급증하는 사회현상에 발맞춘 독특한 사업도 눈에 띈다. 임직원 재능기부로 진행되는 '독거어르신 말벗 서비스'는 2008년부터 11년째 운영하는 농협금융만의 차별화된 사업이다. NH농협은행 고객행복센터 상담사는 농촌에 홀로 거주하는 70세 이상 어르신들을 대상으로 매주 전화를 걸어 안부 인사 및 불편사항 등을 확인한다. 각종 생활 정보, 금융사기 대응방법 등도 함께 안내한다. 매주 2~3회가량 1,200여 명의 어르신들을 대상으로 진행되던 말벗 서비스는 올해부터 1,500여 명에게 확대 시행될 계획이다. 농협금융에 따르면 농촌어르신들 사이에서는 해당 서비스가 '자식보다 낫다'는 우스갯소리가 생길 만큼 반응이 좋다.

(다) 미래 금융소비자인 아동·청소년들을 위한 경제·금융교육도 활발하다. 농협금융은 대학생 봉사단 'N돌핀'을 통해 농촌, 다문화가정, 새터민 등을 대상으로 금융교육과 농촌 일손돕기 등의 활동을 전개한다. 2015년 개설한 '모두레 어린이 경제·금융교실'에서는 어린이들에게 금융의 개념과 중요성, 보험의 중요성 등을 가르친다. 해당 교육 프로그램들은 대도시에 비해 상대적으로 교육 혜택이 열악한 지역사회, 농촌 및 다문화가정 어린이를 위해 마련됐다. 2017년 말 기준 모두레 어린이 경제·금융교실은 총 189회 실시됐으며 5,533명의 어린이가 참여했다.

(라) 농협금융은 노후된 시설을 개·보수하고 주거환경을 개선하는 '사랑의 집 고치기 농가희망봉사단'도 발족해 운영하고 있다. 봉사단은 노후화된 벽과 장판, 지붕 등을 새로 교체하고 주변 환경정화 활동 등을 도맡는다. 봉사는 농업인 가정 중 홀몸노인·장애인·소년소녀가장처럼 복지 사각지대에 있는 취약농가를 대상으로 진행된다. 2005년부터 매월 실시하고 있는 주거개선사업에는 2017년 말 기준 7,200여 명이 참여했으며 총 596가구가 새로운 보금자리를 마련했다.

(마) 의료지원 사업도 꾸준하다. NH농협생명은 1960년대부터 '농촌순회 무료진료' 서비스를 제공하고 있다. 이 서비스는 경제적 형편이 어려워 진료를 받지 못하거나 의료 환경이 열악한 농업인들을 위한 맞춤형 의료 원스톱서비스이다. 2006년부터는 서울대병원과 협약을 맺고 전문의료진이 농촌을 방문하는데 내과, 정형외과, 산부인과 등 8개 과목에 걸쳐 진료가 이뤄진다. 2006년부터 2017년까지 농협금융은 의료지원사업에 총 126억 원을 지

원했으며 129회에 걸쳐 15만 8,000여 명이 무료진료 혜택을 받았다. 농협금융 관계자는 "2014년 한 농업인은 안과 진료 중 각막 이상을 발견해 시력을 잃을 위기를 넘겼고 초기 난소암을 발견한 환자는 치료비·수술비를 지원받아 건강을 지킬 수 있었다."며 "농촌지역에서 접하기 어려운 의료기관의 진료서비스를 제공해 큰 호응을 얻고 있다."고 설명했다.

우리 농업의 역사적 유산을 발굴·보전하는 데도 힘쓴다. 농협금융은 1987년 서울 중구에 농업박물관을 개관하고 농업 발전상과 농민문화를 연구해 국내외에 알리는 데 기여하고 있다. 2005년 새 단장한 박물관에는 농업홍보관, 농업역사관, 농업생활관 등을 구성해 농촌문화 체험교실 등 다양한 교육 프로그램도 운영하고 있다. 이밖에 농협금융은 주요 계열사와 함께 가뭄·홍수 등 피해지역 극복 지원, 소외계층 금융교육, 농업인 법률상담 교육, 농기계 사고예방 캠페인, 농업인 자녀 장학금 지원, 일자리 창출 사업 등 농가소득 5,000만 원 시대를 위한 공익사업을 적극 전개하고 있다.

① (가) '또 하나의 마을 만들기' 사업과 명예이장, 명예주민의 역할
② (나) '독거어르신 말벗 서비스' 사업 내용과 반응
③ (다) 아동·청소년들을 위한 경제·금융교육의 내용과 효과
④ (라) '사랑의 집 고치기 농가희망봉사단'의 역할과 대상
⑤ (마) 의료지원 사업 내용과 결과

 문서이해능력 / 문단 핵심 내용 요약하기

(다) 문단에서는 아동·청소년들을 위한 경제·금융교육 대상과 교육 내용, 실시 횟수와 참여 인원이 나타나있지만, 그 효과에 대해서는 언급하고 있지 않다. 따라서 ③이 문단을 요약한 내용으로 가장 적절하지 않다.

정답 ③

 HELPFUL TIPS

✓ 문단 요약하기
① 한 문단씩 읽고 선택지와 비교하며 소거해 나가는 방식으로 학습한다.
② 문단의 내용을 요약할 때는 문단에서 반복적으로 언급하는 개념에 관한 세부 내용을 모두 포함해야 한다.
③ 글의 일부 내용만을 포함한 선택지나 언급하지 않은 내용이 포함된 선택지는 오답이므로 소거한다.

01 Chapter
FINISH 기출·예상문제 마무리

정답과 해설 002p

01 표준어규정의 표준발음법 제5항에 따른 발음으로 적절하지 않은 것은?   [2020 코레일]

> 제5항 'ㅑ ㅒ ㅕ ㅖ ㅘ ㅙ ㅛ ㅝ ㅞ ㅠ ㅢ'는 이중 모음으로 발음한다.
> 다만 1. 용언의 활용형에 나타나는 '져, 쪄, 쳐'는 [저, 쩌, 처]로 발음한다.
>   가지어→가져[가저]   찌어→쪄[쩌]   다치어→다쳐[다처]
>
> 다만 2. '예, 례' 이외의 'ㅖ'는 [ㅔ]로도 발음한다.
>   계집[계:집/게:집]   계시다[계:시다/게:시다]   시계[시계/시게](時計)
>   연계[연계/연게](連繫) 메별[몌별/메별](袂別)   개폐[개폐/개페](開閉)
>   혜택[혜:택/헤:택](惠澤) 지혜[지혜/지헤](智慧)
>
> 다만 3. 자음을 첫소리로 가지고 있는 음절의 'ㅢ'는 [ㅣ]로 발음한다.
>   늴리리   닁큼   무늬   띄어쓰기   씌어
>   틔어   희어   희떱다   희망   유희
>
> 다만 4. 단어의 첫음절 이외의 '의'는 [ㅣ]로, 조사 '의'는 [ㅔ]로 발음함도 허용한다.
>   주의[주의/주이]   협의[혀븨/혀비]
>   우리의[우리의/우리에]   강의의[강:의의/강:이에]

① 예약[예약] ② 계산[게산] ③ 가정의[가정이]
④ 동의[동이] ⑤ 희미하다[히미하다]

02 다음 밑줄 친 부분과 의미가 유사한 어휘는?   [2020 지역농협]

> 대개 북방 사람들은 남방 사람들보다 성격이 <u>급하다</u>.

① 가즈럽다   ② 성마르다
③ 무사하다   ④ 저어하다

03 다음 글의 순서를 바르게 배열한 것은?

(가) 그린본드는 2007년 유럽투자은행에서 최초 발행 후, 2011년 12억 달러에서 2017년 1,300억 달러, 2018년 약 1,700억 달러로 발행이 기하급수적으로 증가하고 있는 자금조달 수단이다. 국내도 예외는 아니다. 미세먼지 저감과 온실가스 규제 등 정부의 친환경 정책 강화로 그린본드 발행 시장이 꾸준히 커져, 2016년 9억 달러였던 것이 2019년 7월 기준 36억 900만 달러로 급증했다. 앞으로도 그린본드는 단기간 고수익보다는 안전자산 확보와 사회적 책임 투자에 집중하는 투자수요와 세계적인 흐름에 발맞춰 꾸준히 증가할 것으로 기대를 모으고 있다.

(나) 영국 가디언, BBC방송 등의 보도에 따르면, 최근 153개국 1만 1,000명의 과학자들이 국제학술지 〈바이오사이언스〉에 기후 변화 대응을 촉구하는 성명을 냈다. 국내에서도 지난 9월 국내 원로 지식인과 연구자 등 664명이 모여 '기후 위기 선포를 촉구하는 지식인・연구자 선언문'을 발표하고 정부에 기후 위기를 적극적으로 대응할 것을 촉구하기도 했다. 선박용 연료의 황 함유량 기준을 기존 3.5%에서 0.5% 이하로 강화하는 국제해사기구의 황산화물 배출규제(IMO 2020)도 올해부터 시행된다. 이렇듯 국제 환경 규제 강화와 더불어 환경에 대한 사회적 관심이 고조되고 있는 상황에서 환경을 생각하는 녹색 채권인 그린본드(Green Bond)의 발행도 증가 추세를 보이고 있다.

(다) 그린본드는 신재생에너지, 에너지효율, 지속가능한 폐기물 관리 및 토지 이용, 생물 다양성 보전, 청정운송, 정수 등과 같은 친환경 프로젝트에 투자할 자금 마련을 위해 발행되는 특수목적채권이다. 자금 용도가 친환경에 한정된다는 점이 우선 기존 채권과 다르지만, 국제공인기관으로부터 녹색인증을 받아야 하는 등 발행 절차가 까다로운 점도 차이점 중 하나다. 과정이 이렇다 보니 초기에는 국제기구만 발행했는데 최근에는 정부나 지자체, 금융기관, 민간기업으로 그 주체가 확대되고 있다. 그린본드 발행 자체가 친환경 비즈니스를 인정받은 것으로 여겨져 기업 이미지 제고로 이어질 수 있다는 점도 매력적이지만, 비용 절감과 더불어 신용평가등급 상승을 기대할 수 있고 투자유치 등에도 유리하게 작용한다는 장점이 기업들이 앞다퉈 그린본드 발행에 합류하는 또 다른 이유로 해석된다.

출처 : KOGAS 사보 2020.01

① (가) – (다) – (나)
② (나) – (가) – (다)
③ (나) – (다) – (가)
④ (다) – (가) – (나)
⑤ (다) – (나) – (가)

[04~05] 다음을 보고 이어지는 물음에 답하시오. `2020 국민건강보험공단`

2020년도 상반기 ○○공단 신입 및 경력직 채용 공고

1. 채용인원

구분	행정				전산	회계	계
	일반	보훈	고졸	소계			
신입	9명	3명	2명	14명	2명	–	16명
경력	–	–	–	–	–	5명	5명
계							21명

2. 지원자격

구분	직무		지원자격
신입	행정	일반	성별, 학력, 전공 제한 없음
		보훈	「국가유공자 등 예우 및 지원에 관한 법률」 등에 따른 취업지원 대상자 성별, 학력, 전공 제한 없음
		고졸	• ①, ② 조건 중 하나를 충족하는 자 ① 최종학력이 고교졸업자로 고등학교장의 추천을 받은 자 ② 고졸 검정고시는 전 과목 평균성적이 90점 이상인 자 　(학교장 추천 불요) ※ (전문)대학 이상의 졸업(예정)/재학/휴학자 지원 불가
	전산		• 관련 자격증 소지자 ※ 관련 자격증은 다음과 같으며, 1개 이상 소지 시 지원 가능함 SQL 개발자, SQL 전문가, 정보처리기사, 전자계산기기사, 정보통신기사, 정보관리기술사, 정보통신기술사, 정보시스템감리사 • 성별, 학력, 전공 제한 없음
경력	회계		• ①, ② 조건 중 하나를 충족하는 자 ① 한국공인회계사 자격증 소지자로서 실무경력 2년 이상인 자 ② 세무사 자격증 소지자로서 실무경력 2년 이상인 자

3. 공통 지원자격
① 임용일(2020. 8. 1.) 현재 만 18세 이상 만 60세 이하인 자
② 합격 후 즉시 근무가 가능한 자(입사유예 불가)
　※ 근무시작일 : 2020. 8. 1.
③ 타 기관에서 징계처분에 의하여 파면 또는 해임되지 않은 자
④ 그 밖에 법률 등에 따라 취업·채용에 제한되지 않는 자

4. 원서 접수기간 및 접수방법
　① 접수기간 : 2020. 4. 29.(수) 10:00 ~ 5. 12.(화) 18:00까지
　② 접수방법 : 인터넷 원서접수처에 온라인 접수

　　　③ 문의방법 : 채용(입사지원) 사이트 게시판
　　　　※ 공단 방문, 이메일, 우편접수는 불가함

5. **기타사항**
　① 입사지원 시 작성요령을 반드시 숙지하고, 각종 기재사항을 정확히 확인하여 제출하며, 입사지원서의 기재 착오, 누락 등으로 인한 불이익은 지원자 본인에게 있습니다.
　② 블라인드 채용상 공정성 문제를 제기할 수 있는 사항(학교명, 출신지역, 가족관계 등 인적사항)이 표시된 경우 평가에 불이익을 받을 수 있습니다.
　③ 입사지원서, 각종 증명서의 기재내용이 지원자에게 유리하게 작성되어 사실과 다르거나 증빙서류의 기한 내 미제출, 부정행위자, 전형에 관한 규정을 위반한 자는 전형을 정지 또는 무효로 하며, 사후 적발 시 합격 또는 임용을 취소합니다.
　④ 적격자가 없다고 판단되는 경우, 채용하지 않을 수 있습니다.
　⑤ 불합격자는 채용 여부가 확정되는 날로부터 14일 이내에 이의신청이 가능합니다.
　⑥ ○○공단의 사정에 따라 전형방법 및 일정은 변경될 수 있습니다(변경 시 공단 홈페이지 및 채용 사이트 공지사항에 공고).

04 다음 중 윗글의 내용을 잘못 이해한 것을 고르면?

① 이번 채용은 신입과 경력을 포함하여 총 21명을 선발하며, 원서 접수는 온라인을 통한 이메일로만 가능하다.
② ○○공단은 입사지원에 학교, 출신지역, 가족관계 등을 기재하지 않는 블라인드 채용으로 진행되며, 적격자가 없을 경우에는 채용하지 않을 수 있다.
③ 경력직 모집은 한국공인회계사 또는 세무사 자격증을 취득한 사람 중 실무경력이 2년 이상인 자가 지원할 수 있다.
④ 신입과 경력 모두 합격 후 즉시 근무가 가능해야 하며, 불합격자는 채용 여부가 확정된 날로부터 2주 이내에 이의신청을 할 수 있다.

05 윗글을 참고하였을 때, 지원 자격에 맞지 않는 사람은?

지원자	지원부문	최종학력	자격사항	경력사항	기타사항
김유리	신입/행정/일반	대졸	없음	없음	없음
박선주	신입/행정/고졸	고졸	없음	없음	고등학교장 추천
이현민	신입/전산	대졸	없음	없음	없음
최유진	경력/회계	대졸	세무사 자격증	실무경력 3년	없음

① 김유리　　　　　　　　　　　② 박선주
③ 이현민　　　　　　　　　　　④ 최유진

06 다음 기사에 대한 내용으로 적절하지 않은 것은? [2019 한국토지주택공사]

> 서울 세운상가를 중심으로 진행돼 온 도시재생을 주변으로 확산하는 작업이 주민공모사업을 통해 추진된다. 주민공모는 일반과 기획, 시설개선 3개 분야로 나눠 진행되며, 총 10억여 원이 지원금으로 투입된다. 서울시는 종로구 세운상가 일대 도시재생활성화지역 내 공동체 발굴 및 도시재생사업 활성화를 위해 '2019년 다시·세운 프로젝트 주민공모사업'을 추진한다고 밝혔다. 세운상가 일대 도시재생활성화지역은 총면적 43만 9,356.4㎡의 세운재정비촉진지구 모든 구역을 포함하는 범위로, 지난 2015년 '2025 서울시 도시재생 전략계획'에 따라 지정됐다.
>
> 이번 '다시·세운 프로젝트 주민공모'에서는 세운상가 일대 주민 공동체 활성화를 위한 '일반공모', 도심산업 및 문화·예술, 보행 활성화를 위한 '기획공모', 상가 등 건물의 시설 성능 및 경관 개선을 위한 '시설개선공모' 3개 분야로 나눠 사업을 선정하고, 이를 통해 세운상가군을 중심으로 추진해 온 도시재생사업을 세운재정비촉진지구 등 주변 지역으로 확산하는 방안을 찾을 계획이다.
>
> 일반공모는 세운상가군 도시재생활성화지역 내 주민 또는 사업자, 직장인, 비영리 민간단체 등이 참여할 수 있으며, 자부담 10% 포함 최대 500만 원을 지원한다. 기획공모는 도심산업의 특성을 고려해 사업내용을 '역량 강화 교육형' 및 '지역자원 활용형', '지역문화 부흥형'으로 세분하고, 최대 1,500만 원(자부담 10%)을 지원한다. 단, '지역의 특성을 반영한 상품 개발'의 경우 심사를 통해 최대 2,500만 원(자부담 10%)까지 지원한다.
>
> 시설개선공모는 상가 및 아파트에 대한 성능·경관개선 외에도 주변 지역 공용이용시설 성능개선을 위한 사업도 참여할 수 있으며, 최대 1억 5,000만 원(자부담 10~30%)을 지원한다. 여기에는 세운 2단계 공간 조성공사 구간 주변 상가 시설개선 및 입면 개선을 위한 '가꿈가게' 사업(최대 2,000만 원 지원·자부담 10~30%)도 포함한다.
>
> 공모 참여 희망자는 사업신청서와 사업계획서 등 관련 서류를 다시·세운 프로젝트 소통방(거버넌스팀)에 방문 접수하거나 이메일로 접수하면 된다. 심사는 1차 서면 심사에 이어 2차 면접 심사, 3차 보조금심의위원회 총 3단계로 진행한다. 사업의 필요성 및 실현 가능성, 사업 준비도, 자부담 사업비 확보율, 공공성 등을 종합적으로 고려할 계획이다. 최종 선정자는 서울시와 협약을 체결하고 사업비를 받아 올해 말까지 사업을 진행하게 된다.
>
> 서울시 도시재생실장은 "올해 진행되는 주민공모사업은 그간 세운상가군에 집중되던 도시재생사업을 주변 지역까지 확장하기 위한 다양한 내용을 마련한 만큼 세운상가 일대의 도시재생이 한 단계 더 성장할 수 있는 계기가 될 것으로 기대한다."고 말했다.

① 기획공모는 사업내용을 '역량 강화 교육형', '지역자원 활용형', '지역문화 부흥형'으로 세분하고, '지역의 특성을 반영한 상품 개발'의 경우 최대 1,500만 원(자부담 10%)을 지원한다.
② 공모 참여 희망자는 사업신청서와 사업계획서 등 관련 서류를 지참하여 방문 접수하거나, 이메일로 접수할 수 있다.
③ 심사는 서면심사, 면접 심사, 보조금심의위원회 총 3단계로 진행하며, 사업의 필요성 및 실현 가능성, 사업 준비도, 자부담 사업비 확보율, 공공성 등을 종합적으로 고려한다.
④ 주민공모는 일반공모, 기획공모, 시설개선공모 3개 분야로 나눠 진행되며, 총 10억여 원이 지원금으로 투입된다.
⑤ 시설개선공모는 상가 및 아파트에 대한 성능·경관개선 외에도 주변 지역 공용이용시설 성능개선을 위한 사업도 참여할 수 있으며, '가꿈가게'사업도 포함한다.

07 다음 글의 내용과 일치하는 것은? `2020 코레일`

> 겨울철 교통사고를 유발하며 '시한폭탄'으로 불리는 블랙아이스(도로 살얼음)를 예측하기 위한 기술 개발이 시작된다. 국립기상과학원은 한국건설생활환경시험연구원과 함께 블랙아이스 관련 공동연구를 위한 업무협약(MOU)을 체결했다고 밝혔다. 국립기상과학원은 2021년까지 겨울철 도로결빙 취약지역을 중심으로 블랙아이스 예측기술 개발을 추진할 방침이다. 현재 행정안전부·국토교통부·한국건설기술연구원·한국도로공사 등과 협력해 블랙아이스 취약구간에 대한 자료를 수집, 데이터베이스를 구축하고 있다. 그 밖에도 관측장비 및 시설 공동 활용, 결빙 관측 장비의 성능 평가 공동실험, 기상·기후환경 실험시설 운영 기술교류, 블랙아이스 예측기술 공동연구, 블랙아이스 발생 환경 공동조사 등 한국건설생활환경시험연구원과의 상호 협력체계를 구축한다.
>
> 블랙아이스는 겨울철 교통사고의 주요 원인 중 하나다. 블랙아이스는 기온이 갑자기 떨어지면서 녹았던 눈이나 비가 얇은 빙판으로 변하는 현상이다. 비나 눈이 내리지 않아도 도로 위 물이나 습기가 밤과 새벽 사이 결빙되는 경우도 해당된다. 도로 위 살얼음은 아스팔트 노면 색깔을 그대로 투영하기 때문에 운전자가 운전 중 눈으로 식별하기 어려워 교통사고 위험이 높아진다. 자동차 매연 등으로 인해 살얼음 색깔이 검게 변할 경우 식별은 사실상 불가능하다.
>
> 블랙아이스가 생긴 도로는 일반도로보다 제동 거리가 7배 안팎으로 길어져 사고가 날 경우 대형 참사로 연결될 가능성이 높은 것으로 알려져 있다. 지난해 12월 14일 경상북도 상주-영천고속도로에서 블랙아이스로 인해 47대 다중 추돌사고가 발생해 40여 명의 사상자가 발생하기도 했다. 경찰청에 따르면 지난해 기준 최근 5년간 블랙아이스 사고 사망자는 706명으로, 같은 기간 눈길 사고 사망자(186명)보다 4배가량 많았다.
>
> 국립기상과학원장은 "블랙아이스는 겨울철 교통사고의 주범 중 하나로 예측정보 제공의 필요성이 해마다 제기되어 왔다."며 "이번 협약을 통해 정확도 높은 블랙아이스 예측기술을 개발해 국민 생명과 안전을 지키기 위해 최선을 다할 것"이라고 전했다.
>
> 출처 : 뉴스핌, 2020.06.18. 기사

① 국립기상과학원은 블랙아이스 예측기술 개발을 완료하였다.
② 블랙아이스는 비나 눈이 내리는 날에만 나타나는 현상이다.
③ 블랙아이스가 생긴 도로는 일반도로보다 제동거리가 더 짧아져 위험하다.
④ 아스팔트 위의 살얼음은 운전자가 운전 중 눈으로 쉽게 식별할 수 있다.
⑤ 블랙아이스는 기온이 갑자기 떨어지면서 녹았던 눈이나 비가 얇은 빙판으로 변하는 현상이다.

[08~11] 다음 글을 읽고 질문에 답하시오.   2020 서울교통공사

　스마트 스테이션은 안전, 보안 및 운영 효율 향상을 위해 지능형 통합 관리 시스템을 도입한 미래형 도시철도 정거장이다. 기존 지하철 역사와 차량에 IoT 센서, 센서 네트워킹, 첨단 CCTV 등을 적용해서 역뿐만 아니라 역사 내 여러 장비를 통합하여 관리할 수 있는 시스템을 구축해 안전 위협이나 지진 등 재난에 대비하고 안전의 사각지대를 없애는 것을 목적으로 한다.
　이에 앞장서 서울교통공사는 4차 산업혁명 시대에 걸맞은 첨단 안전 기술을 적용해 서울 지하철 전역을 스마트 스테이션으로 탈바꿈하고 있다. 2018년부터 서울 지하철 5호선 군자역에서 시범적으로 운영된 스마트 스테이션은 2호선을 시작으로 서울 전역에 도입될 예정이다. 군자역에 스마트 스테이션을 시범 구축한 결과 역사 순회시간이 평균 28분에서 10분으로 줄고 돌발 상황 시 대응 시간이 평균 11분에서 3분으로 단축되는 등 효율성이 높은 것으로 나타나 확대를 결정했다. (가) 공사는 정보통신기술(ICT)을 기반으로 현재 분산되어 있는 분야별 역사 관리 정보를 통합·관리할 수 있는 스마트 스테이션을 2호선 50개 전 역사에 우선 구축한다고 밝혔다.
　2호선 도입은 기존의 통합 모니터링 시스템을 개량하는 방식으로 추진되고 있다. 군자역에 적용된 스마트 스테이션 기능을 보완하여 역 직원이 역무실 밖에서도 역사를 모니터링 할 수 있도록 모바일 버전을 구축할 뿐만 아니라 휠체어를 자동으로 감지하여 역 직원에게 통보해 주는 기능을 추가하는 등 교통약자 서비스를 강화하는 것이 주요 개선 사항이다. 또한 시설물 장애 등에 빠르게 대응할 수 있도록 각 부서에서 운용 중인 IoT 단말 수집 정보를 표준화하고 LTE-R 기반의 IoT 플랫폼을 구축하는 내용도 포함된다.
　(나) 스마트 스테이션이 도입되면 3D 맵, IoT 센서, 지능형 CCTV 등이 하나의 시스템을 통해 유기적으로 기능하면서 보안, 재난, 시설물, 고객 서비스 분야 등에서 일괄적인 역사 관리가 가능해진다. 3D 맵은 직원이 역사 내부를 3D 지도로 한 눈에 볼 수 있어 화재 등 긴급 상황이 발생했을 때 위치와 상황을 기존 평면형 지도보다 정확하고 입체적으로 파악하여 신속하게 대응할 수 있도록 해 준다. 또한 위치별 실시간 화면을 통한 가상 순찰도 가능해진다. 지능형 CCTV는 200만 화소 이상으로 화질이 높고 객체 인식 기능이 탑재되어 있어 제한 구역 내 무단 침입이나 역사 화재 등이 발생했을 때 실시간으로 알려준다. (다) 하지만 지능형 CCTV의 도입은 사회 감시 시스템의 효율 증대와 함께 개인정보 보호에 대한 새로운 과제도 함께 던져주고 있다. 고화질의 CCTV 시스템이 구축되면 터널 내부의 선로 상황 또한 파악이 가능해 위기 상황에 빠르게 대처할 수 있다. 기존 CCTV는 2008년 설치된 것으로, 화질이 40만 화소에 불과하기 때문에 대상물 식별에 한계가 있어 구체적으로 사람을 인식하거나 장비를 확인하는 데는 어려움이 있었다.
　시설물의 유지·보수도 혁신 기술을 만나 진화할 것이다. 선로 시설물을 점검하기 위해 열차운행이 종료될 때까지 기다리지 않아도 된다. 운행 중인 전동차의 선로 및 선로 시설의 안전 방해 요소를 자동으로 사전에 인지할 수 있는 시스템을 구축 중이기 때문이다. (라) 2021년까지 1~8호선 전동차 12편성에 선로 시설 검측 시스템을 설치할 예정이다. 지하철 역사 승강기, 송풍기, 공조기 등 기계 시설물은 IoT 센서를 통해 자동 감시 및 제어된다. 전동차와 관련된 다양한 빅데이터를 수집해 전동차의 고장 징후를 사전에 인지할 수 있는 전동차 데이터 분석 시스템도 올해까지 2호선 모든 전동차에 도입될 예정이다. (마) 공사는 수집된 빅데이터를 분석해 고장 징후를 사전에 알려주는 단계까지 이르렀다.
　서울교통공사는 점진적으로 전 호선에 스마트 스테이션 도입을 확대해 나갈 예정이며 승객 안전을 최우선으로 하는 스마트 스테이션을 미래형 도시철도 역사 관리 시스템의 표준으로 정립하고, 머지않아 해외에도 수출할 수 있도록 기회를 모색해 나갈 것이라고 했다. 또한 스마트 스테이션에 이어 스마트 트레인도 상당 부분 완성되어 가고 있으며 향후 차량 분야에 디지털 트윈 기술, 인공지능(AI) 기술 등을 적용하는 2단계 혁신도 차질 없이 추진해 도시철도 분야의 4차 산업혁명을 선도할 것이라고 밝혔다.

참고기사 : 서울교통공사

08 윗글의 제목으로 가장 적절한 것은?

① 서울교통공사의 도시철도 혁신 전략
② 도시철도 내 4차 산업혁명 기술 적용
③ 스마트 스테이션의 기능 및 활용 방안
④ 스마트 스테이션의 사례 비교 및 분석
⑤ 서울 지하철 내 스마트 스테이션 도입

09 윗글을 읽고 추론할 수 있는 내용으로 적절한 것은?

① 5호선 군자역에는 이미 첨단 CCTV 등 혁신 기술이 적용되어 제한 구역 내 무단 침입, 역사 화재 등이 발생했을 때 실시간으로 알 수 있다.
② IoT 센서를 통해 부서별 정보를 표준화한다면 긴급 상황에 신속하게 대처할 수 있을 뿐 아니라 타 부서 업무까지 효율적으로 관리할 수 있다.
③ 스마트 스테이션 구축 전 선로 주변 시설물의 유지·보수는 점검 시간의 제약과 작업자 감각에 의존한 점검 등의 한계가 있었다.
④ 스마트 스테이션 구축 전 기계 시설물은 사후 조치 및 정기 점검 방식에 의존하는 등 관리의 효율성이 떨어지는 문제가 있었다.
⑤ 스마트 스테이션은 운행 중인 전동차의 실시간 성능 정보 및 유지·보수 이력 등 모든 정보가 유기적으로 연결되어 정비 과정이 디지털화되는 것이다.

10 윗글의 (가)~(마) 중에서 전체 흐름과 맞지 않는 것은?

① (가) ② (나)
③ (다) ④ (라)
⑤ (마)

11 밑줄 친 (가)와 (마)에 쓰인 단어 '공사'의 한자 표기로 알맞은 것은?

① 工思
② 工事
③ 公事
④ 公社
⑤ 公思

[12~13] 다음을 읽고 이어지는 물음에 답하시오.

㉠ 한편, 유럽연합(EU) 집행위원회는 기업의 사회적 책임에 대해 다음과 같이 정의하고 있다. 기업의 사회적 책임은 기업들이 자발적으로 그들의 사업 영역에서 이해관계자들의 사회적 그리고 환경적 관심사들을 수용해 적용함으로써 이해 당사자들과 지속적인 상호작용을 이루는 것이다. (European Commission, 2010) 즉, 유럽연합 집행위원회는 기업의 사회적 책임은 기업의 사업 관련 활동과 기업 이해 당사자들이 가지고 있는 관심사가 결합된 형태라고 정의하고 있는 것이다.

㉡ 기업의 사회적 책임(CSR, Corporate Social Responsibility)이란 무엇인가? 이 질문에 학자들은 다음과 같이 정의하고 있다. 윌리엄 워서(William Werther)와 데이비드 챈들러(David Chandler)는 기업의 사회적 책임을 '과정'인 동시에 '목표'라고 정의했다. 그들의 정의에 따르면, 기업의 사회적 책임은 '기업 전략의 통합적인 요소'로 기업이 시장에 제품 또는 서비스를 전달하는 방식인 동시에 '과정'이라는 것이다. 나아가 기업의 사회적 책임은 기업이 기업과 관련된 이해 당사자들의 관심사를 중요하게 고려하고 다룸으로써 사회에서 기업 활동의 정당성을 유지하는 하나의 방식이며 기업 운영의 '목표'라고 정의하고 있다.

㉢ 이 두 정의에서 알 수 있듯이, 기업의 사회적 책임은 기업 경영 활동에 매우 유익한 전략 중 하나로, 기업의 비전과 목표 설정 과정에 포함시켜 적극적으로 활용할 필요가 있다. 그런데 기업의 사회적 책임에 대한 계획과 활동은 해당 기업이 가지고 있는 비전과 목적에 부합되게 운영해야 하기 때문에 기업의 비전과 목적을 세우는 과정에서부터 기업의 사회적 책임에 대한 계획을 반드시 함께 고려하고 포함시켜야 한다. 즉, 기업의 사회적 책임은 기업의 목적이나 비전과 경쟁 관계에 있는 것이 아니라, 기업의 임무 수행을 위한 상호 보완적 관계라는 것이다.

㉣ 워서와 챈들러가 기업의 사회적 책임을 기업이 제품이나 서비스를 소비자들에게 전달하는 '과정'인 동시에 사회에서 기업 활동의 정당성을 유지하기 위한 방안이며 '목표'라고 정의한 것은, 기업 활동 과정에서 수행하는 모든 활동에 사회적인 책임을 중요한 기준으로 삼는 것이 기업의 성패에 중요한 영향을 미치기 때문이다. 기업이 경영 활동에 사회적인 책임을 반영하는 것은 순수하게 기업의 재정적인 이익뿐만 아니라 관련 이해 당사자들과 이들이 생활하는 사회조직에 긍정적인 영향을 미치게 된다. 따라서 기업의 사회적 책임을 수행하기 위해 사회와 기업 이해 당사자들의 광범위한 고려 사항들을 인식하고, 경영 활동이 그것들과 연관될 때 기업은 사회적 선(善)과 공공의 이익에 가장 잘 공헌할 수 있게 되는 것이다.

12 다음 글을 읽고 문단을 순서대로 바르게 배열한 것은?

① ㄴ-ㄱ-ㄷ-ㄹ   ② ㄴ-ㄱ-ㄹ-ㄷ   ③ ㄴ-ㄷ-ㄱ-ㄹ
④ ㄴ-ㄹ-ㄱ-ㄷ   ⑤ ㄴ-ㄹ-ㄷ-ㄱ

13 다음 글의 내용으로 옳지 않은 것은?

① 기업이 경영 활동에 사회적인 책임을 반영하는 것은 순수하게 기업의 재정적인 이익에 영양을 미치게 된다.
② 기업의 사회적 책임에 대한 계획은 기업의 비전과 목적을 세우는 과정에서부터 반드시 함께 고려하고 포함시켜야 한다.
③ 워서와 챈들러에 따르면 기업의 사회적 책임은 기업이 시장에 제품 또는 서비스를 전달하는 방식인 동시에 '과정'이다.
④ 기업의 사회적 책임은 기업 경영 활동에 매우 유익한 전략이며, 기업의 목적이나 비전과 경쟁 관계에 있다.
⑤ EU 집행위원회는 기업의 사회적 책임은 기업 경영 활동에 매우 유익한 전략이며 기업의 사업 관련 활동과 기업 이해 당사자들이 가지고 있는 관심사가 결합된 형태라고 정의하고 있다.

[14~15] 다음 자료를 보고 질문에 답하시오. ⎡2019 코레일⎤

> 　134년 전인 1884년 10월 13일, 국제 자오선 회의에서 영국의 그리니치 자오선을 본초 자오선으로 채택하면서 지구상의 모든 지역은 하나의 시간을 공유하게 됐다. 본초 자오선을 정하기 전, 인류 대부분은 태양의 위치로 시간을 파악했다. 그림자가 생기지 않는 정오를 시간의 기준점으로 삼았는데, 관측 지점마다 시간이 다를 수밖에 없었다. 지역 간 이동이 활발하지 않던 그 시절에는 지구상에 수많은 시간이 공존했던 것이다. 그러나 세계가 확장하고 지역과 지역을 넘나들면서 문제가 발생했다.
> 　기차의 발명이 변화의 시초였다. 기차는 공간을 빠르고 편리하게 이동할 수 있어 산업혁명의 바탕이 됐지만, 지역마다 다른 시간의 충돌을 야기했다. 역마다 시계를 다시 맞춰야 했고, 시간이 엉킬 경우 충돌 등 대형 사고가 일어날 가능성도 높았다. 이런 문제점을 공식 제기하고 세계 표준시 도입을 주장한 인물이 '세계 표준시의 아버지' 샌퍼드 플레밍이다. 그는 1876년 아일랜드의 시골 역에서 그 지역의 시각과 자기 손목시계의 시각이 달라 기차를 놓치고 다음 날 런던에서 출발하는 배까지 타지 못했다. 당시의 경험을 바탕으로 기준시의 필요성을 주장하고 경도를 기준으로 시간을 정하는 구체적 방안까지 제안했다. 그의 주장이 받아들여진 결과가 1884년 미국 워싱턴에서 열린 국제 자오선 회의다.
> 　시간을 하나로 통일하는 회의 과정에서는 영국이 주장하는 그리니치 표준시와 프랑스가 밀어붙인 파리 표준시가 충돌했다. 자존심을 건 전쟁이었다. 결과는 그리니치 표준시의 일방적인 승리로 끝났다. 이미 30년 이상 영국의 그리니치 표준시를 기준 삼아 기차 시간표를 사용해 왔고, 미국의 철도 회사도 이를 따르고 있다는 게 이유였다. 당시 결정한 그리니치 표준시(GMT)는 1972년 원자시계를 도입하면서 협정세계시(UTC)로 대체했지만, 여전히 GMT 표기를 사용하는 경우도 많다. 둘의 차이는 1초보다 작다.
> 　㉠<u>표준시</u>를 도입했다는 건 완전히 새로운 세상이 열렸음을 의미한다. 세계의 모든 인구가 하나의 표준시에 맞춰 일상을 살고, 국가마다 다른 철도와 선박, 항공 시간을 체계적으로 정리할 수 있게 됐다. 지구 곳곳에 파편처럼 흩어져 살아가던 인류가 하나의 세계로 통합된 것이다.
> 　협정세계시에 따르면 한국의 표준시는 UTC+ 09:00이다. 그리니치보다 9시간 빠르다는 의미다. 우리나라가 표준시를 처음으로 도입한 것은 고종의 대한제국 시절이며 동경 127.5도를 기준으로 UTC+ 08:30, 그러니까 지금보다 30분 빠른 표준시를 썼다. 현재 한국은 동경 135도를 기준으로 한 표준시를 쓰고 있다.

14 윗글의 ㉠을 설명하기 위해 적용된 방식으로 가장 적절한 것은?

① ㉠을 일정한 기준에 따라 나누고, 각각의 장점과 단점을 열거하고 있다.
② ㉠에 적용된 과학적 원리를 검토하고, 역사적 변천 과정을 되짚어보고 있다.
③ ㉠의 본격적인 도입에 따라 야기된 문제점을 지적하고, 대안을 모색하고 있다.
④ ㉠이 한국에 적용되게 된 시기를 살펴보고, 다른 나라의 사례와 비교하고 있다.
⑤ ㉠의 필요성이 대두하게 된 배경과 도입과정을 밝히고, 그에 따른 의의를 설명하고 있다.

15 윗글의 내용에 대한 이해로 적절하지 않은 것은?

① 표준시는 그림자가 생기지 않는 시간을 기준으로 삼아 제정된 개념이다.
② 기차와 같은 교통수단의 발달은 표준시 제정의 필요성을 촉진한 계기가 되었다.
③ 표준시 도입을 위한 회의 과정에서 영국과 프랑스는 자국의 입장을 관철하고자 했다.
④ 현재 사용하는 협정세계시는 1884년에 제정된 그리니치 표준시와 1초 미만의 차이를 보인다.
⑤ 대한제국 시기에 도입된 표준시는 동경 127.5도를 기준으로 하여 오늘날 한국의 표준시보다 30분가량 빠르다.

16 밑줄 친 단어의 의미와 동일하게 쓰인 것은? `2019 코레일`

> 흔히들 경제는 심리라고 합니다. 1997년 외환 위기에 의해 IMF 구제 금융을 받기 전까지 한국 경제는 활기찼습니다. 누가, 어느 그룹이 신사업 분야, 신시장에 먼저 진출하여 선점하느냐, 어느 기업이 매출과 점유율 면에서 앞서고 있느냐 등 양적 경쟁이 치열했습니다. 따라서 투자 면에서도 과열된 분위기를 **띠고** 있었고, 자연히 투자 실패로 인한 경영 부실도 많았습니다.

① 이야기를 잘해 두었으니 정성스럽게 작성한 추천서를 **띠고** 회사를 찾아가도록 해라.
② 일을 하다 보니까 더 배우고 싶은 것들이 생기고 이 분야에 대해서 전문성을 **띠고** 싶다.
③ 어떤 정부 수행원보다 중요한 임무를 **띠고** 있는 송 장관의 이번 방북 행보에 눈길이 간다.
④ 고향 들판 여기저기 보이는 과수원에는 사과가 슬쩍 홍조를 **띠면서** 굵어질 채비를 하고 있다.
⑤ 서류 가방을 직접 챙겨 든 총수들은 시종일관 미소를 **띤** 채 북한 경제인들과 인사를 나누었다.

17 다음 글을 논리적 순서에 맞게 배열한 것은?

(가) 그러나 이런 이질적 개인의 삶과 그 하위 세계들은 서로 긴밀한 관계를 가지고 서로 영향을 주고받으면서 변화해 나간다. 때로는 서로 협동하기도 하고, 때로는 갈등하거나 투쟁하면서 자신의 존재 양식을 결정하기도 하고, 수많은 세계가 복합적으로 얽혀서 간단히 예상할 수 없는 결과를 초래하기도 한다. 세계의 모든 순간이 서로 연관되어 움직이며 인간과 인간, 인간과 외부 세계 사이에는 연속적인 변증법적 변화가 진행된다. 유기체로서 세계는 어느 한 쪽이 독립적으로 존재하거나 이해될 수 없으며, 반드시 얽혀진 나머지 요소를 필연적으로 함의하고 있다.

(나) 따라서 개인이 어느 사회에, 어느 부류에 속하는가에 따라 하나의 사건, 사물, 인간 활동을 이해하는 것이 현저하게 달라질 수 있다. 어느 사람에게는 피상적으로 보이는 것이 다른 사람에게는 본질적인 것으로 보일 수도 있고, 한 지역에서는 대단히 중요한 가치를 가지는 것이 다른 지역에서는 전혀 무가치한 것으로 간주되기도 한다. 그런 점에서 자신의 삶을 개선하고 외부 세계를 이해하기 위해서 각자가 노력하는 것도 중요하지만, 각 개인이 어느 세계의 울타리 안에 속해 있느냐가 대단히 중요한 의미를 지닌다.

(다) 그런데 우리 인간이 이렇게 다양하고도 복잡하게 변하는 외부 세계를 인식할 때는 외부 세계를 있는 그대로 받아들이는 것이 아니라 자신의 지각과 주관적 인식을 바탕으로 받아들이게 된다. 우리가 접하는 어떤 외부 세계도 절대적으로 순수한 상태로 우리의 의식 세계에 나타날 수 없다. 생활 속에서 나타나는 사건, 사물, 인간 활동 등은 그것에 대한 수용자, 해석자의 관점이 무엇인가에 따라 전혀 다른 위상을 가지는 실체로 드러나게 된다.

(라) 또 인간이 살아가면서 외부 세계를 인식하는 것은, 자신만의 지각으로 이루어지는 것이 아니라, 서로 교류하고 영향을 주고받는 가운데 상대방의 인식에 어느 정도 영향을 받으면서, 서로 다른 점을 확인하면서도 동질적인 부분이 많아지도록 강제되면서 이루어진다. 앞에서 언급한 것처럼 세계는 받아들이는 사람만의 독특한 인식 체계를 구축하지만 그 구축은 홀로 이루어지는 것이 아니라, 삶을 공유하고 교류하는 사람들 사이에서 상호 공통적인 요소를 확인하면서 이루어지고 그것은 하나의 세계관을 형성하게 된다.

(마) 우리의 생활 세계는 무수하고도 다양한 하위 세계들로 구성되어 있다. 다시 말해 우리의 생활은 서로 환원될 수 없는 전혀 다른 이질적 세계들이 교차하는 복합적 영역이다. 눈에 보이지는 않지만 인간들은 서로 다른 목표, 구조, 관계, 적응방식, 하는 일들을 가지고 있다. 각 사람의 세계는 확실히 객관적 실체를 가지고 있으며 독립적인 것으로 인정된다. 사람들이 살아가는 모습은 한 사람 한 사람 모두 개성을 가지고 있고, 한 사람의 삶을 자세히 분석해 보면 한정할 수 없는 다양한 요소들로 구성되고 통제되고 있는 것을 알 수 있다.

① (마) – (가) – (다) – (라) – (나)
② (마) – (나) – (다) – (라) – (가)
③ (마) – (가) – (라) – (나) – (다)
④ (가) – (나) – (다) – (라) – (마)
⑤ (나) – (라) – (다) – (가) – (마)

18 다음은 '선거 여론조사'와 관련하여 한 신문사에 기고된 칼럼이다. 글쓴이의 의견으로 볼 수 없는 것은?

마음속 깊이 혼자만 간직하고 있는 생각은 신념이다. 이런 신념들이 다른 사람들과 서로 공유되고 확인되면서 형성되는 것이 바로 여론이다. 그리고 여론조사란 이런 여론의 구도와 추세를 파악하는 과정이라 하겠다.
　선거 때마다 여론조사는 늘 뜨거운 관심의 대상이었다. 언론은 매일 여론조사 결과를 보도하며 선거 향방을 점치기에 바빴고, 정치권도 여론조사 결과에 촉각을 곤두세우며 일희일비를 거듭하였다. 유권자들 역시 스스로가 만들어낸 여론조사 지지율 그래프의 등락을 보며 급변하는 민심의 흐름을 절감하였다.
　선거에서 여론조사의 영향력이 커지자 이를 경계하는 목소리도 나왔다. 일단 여론조사의 정확성 문제로 여론조사마다 결과의 차이가 너무 크다는 지적이다. 실제로 1위와 2위 후보 간 격차가 크게는 6% 이상 차이를 보이기도 했고, 후보 간 지지율 순위가 뒤바뀐 조사 결과가 같은 날 발표되어 유권자들을 어리둥절하게 만든 적도 있었다. 하지만 이는 여론조사 자체보다 결과를 보도하는 언론에 더 책임이 크다. 어떤 여론조사든 정확한 결과를 꼭 집어낼 수는 없기에 반드시 오차범위라는 것을 명시한다. 오차범위 이내의 격차는 사실상 통계적으로 의미가 없는 결과다. 그럼에도 불구하고 언론은 소수점 수치까지 따지며 굳이 우열과 순위를 갈라 보도한다. 정작 문제는 언론의 이런 경마식 보도에 있는 것이지 여론조사 그 자체에 있다고 볼 수 없다.
　또 다른 지적은 여론조사가 미칠 영향력에 대한 우려이다. 여론조사 결과가 유권자들의 표심을 한쪽으로 몰리게 만들어 여론의 왜곡 현상을 초래한다는 비판이 그것이다. 그런데 여론조사 결과가 이후의 여론 동향에 영향을 미치는 것은 문제점이라고 보기 어렵다. 앞서 이야기했듯 여론이란 나의 신념과 다른 사람들의 생각이 서로 공유되고 확인되면서 만들어지는 것이다. 다수의 여론 지형 속에서 자신의 신념을 더욱 공고히 하거나 혹은 신념을 바꾸는 과정은 지극히 정상적인 여론 형성의 과정일 뿐이다.
　선거 기간 중에는 다른 어느 때보다 국민의 알 권리가 한층 더 보장되어야 한다. 후보자 정보나 정책에 대한 알 권리 못지않게 중요한 것이 바로 여론 동향에 대한 알 권리다. 지금 여론조사 말고 이를 온전히 충족시켜주는 다른 유용한 수단이 과연 또 있을까?

① 여론조사는 국민의 알 권리를 충족시켜 준다.
② 결과가 정확한 여론조사는 존재할 수 없다.
③ 자신의 신념을 바꾸는 것은 이상한 것이 아니다.
④ 여론조사 결과로 유권자들의 표심이 변할 수 있다.
⑤ 여론조사의 부정확성 문제보다 언론사의 보도태도가 더 문제이다.

[19~20] 다음 글을 읽고 이어지는 문제에 답하시오.

　현대문학을 전공하시는 교수님의 말씀을 듣자면 소설을 직접 쓰는 사람과 그 작품을 평론하는 사람들 사이에는 묘한 긴장감이 있을 수밖에 없다고 한다. 소설가는 평론가의 평가에 신경을 안 쓰기 어려운 한편, 부정적 평가에는 '그렇게 잘 알면 네가 한번 써봐라!'라고 말하고 싶은 순간도 있을 것이다. 평론가 입장에서는 소설 창작 자체와 그 결과물에 대한 해명 작업이 갖는 서로 다른 전문성의 차이를 제대로 이해하지 못하는 소설가들의 태도가 답답할 것이다.
　과학자와 과학철학자 간의 관계도 이와 유사하다. 과학자는 과학철학자가 실제 과학 연구를 하는 것도 아니면서 과학의 본성이나 과학 연구의 의미에 대해 이런저런 이야기를 하는 것에 의심스러운 눈길을 보내기 쉽다. 그렇다면 과학자들이 가장 좋아하는 과학철학자는 누구일까? 아마도 반증주의 철학자 칼 포퍼일 것이다. 포퍼는 오스트리아 출신의 철학자로 오랫동안 런던정경대학에서 과학과 과학이 아닌 것을 가르는 기준으로 반증주의를 역설했다. 포퍼는 진정한 과학 연구의 특징으로 '지적 정직함'을 꼽았다. 자연현상을 설명하기 위해 일단 가설을 제시하고 이를 관찰이나 실험과 대조해서 만약 어긋나면 깨끗하게 '패배'를 시인하면서 자신의 가설을 포기하고, 대안 가설을 찾아 나서는 모습이 과학 정신의 핵심이라는 것이다. 포퍼는 끊임없이 대안을 모색하고 경험적으로 틀린 가설은 미련 없이 포기하는 이런 자세가 과학을 과학이 아닌 것과 가르는 가장 중요한 기준이라 생각했다. 포퍼는 지적 정직함의 전형을 아인슈타인으로부터 찾는다. 젊은 시절 포퍼는 아인슈타인이 자신의 일반상대성이론을 제시하는 강연에 참석한 경험이 있다. 그곳에서 포퍼는 아인슈타인이 자신의 이론이 예측하는 별빛이 휘어지는 정도를 명확히 제시하고 동료 물리학자들에게 이를 검증해 볼 것을 제안하는 모습에 깊은 감명을 받았다. 포퍼에 따르면 아인슈타인은 자신의 예측이 경험과 일치하지 않으면 이는 곧 자신의 이론이 틀렸다는 것을 의미한다고 선언했다고 한다. 포퍼는 아인슈타인의 이런 정직한 모습에서 과학 연구가 추구해야 할 이상을 보았던 것이다.
　포퍼는 이런 생각을 바람직한 사회변화를 설명하는 과정에도 그대로 적용했다. 포퍼가 보기에 사회를 운용하는 방식이나 제도적 장치 역시 과학 연구와 동일한 방식으로 작동할 때 가장 바람직하다. 즉, 자유로운 토론을 통해 다양한 사회제도와 정치체제에 대한 검토가 이루어지고 이를 통해 특정 정치체제를 선택한 다음에도 경험을 통해 그것이 적당하지 않다고 판단되면 미련 없이 새로운 제도로 이행해야 하는 것이다. 이런 이행이 보장된 사회를 포퍼는 '열린사회'라고 칭하고 그렇지 못한 '닫힌사회'와 대비했다.
　패러다임 개념으로 유명한 토머스 쿤은 과학 연구가 진행되는 방식에 대해 포퍼와는 다른 견해를 제시했다. 쿤은 과학 연구가 성공적이고 축적적으로 지식을 산출하기 위해서는 근본 전제에 대한 끊임없는 반성을 잠시 보류한 채 잘 확립된 문제풀이 방법에 기초하여 세상을 최대한 잘 설명하려고 노력해야 한다고 보았다. 물론 기존 패러다임으로 풀 수 없는 문제가 많아지면 과학자들은 대안적 패러다임을 찾기 마련이다. 만약 대안적 패러다임이 미해결 문제들을 인상적으로 풀어내면서 자신의 성장잠재력을 보여주면, 다수의 과학자가 새로운 패러다임을 채택하면서 비로소 '과학혁명'이 일어나게 된다.
　기존 패러다임과 새로운 패러다임 사이의 선택은 절대 간단하지 않다. 오랜 세월 수많은 과학자에 의해 발전되어 온 오래된 패러다임에 비해 지금 막 등장한 새로운 패러다임은 문제풀이 능력에 있어 초반에는 뒤처질 수밖에 없다. 하지만 과학자들은 단순히 현재 성적만으로 패러다임을 평가하지 않고 미래 잠재력까지 함께 보고 패러다임을 선택한다. 그래서인지 과학의 역사를 보면 기존 패러다임에 익숙한 나이든 과학자보다 젊은 세대 과학자들이 새로운 패러다임에 더 긍정적인 경우가 많다.
　쿤은 포퍼와 달리 자신의 철학적 입장을 철저하게 과학 연구를 설명하는 데 한정하였다. 하지만 중요한 사회적 결정을 앞둔 우리에게는 쿤의 과학관이 사회변혁에 어떻게 확장될 수 있을지를 묻는 것도 흥미로운 질문이 될 것이다.

19 다음 글의 주제로 가장 적절한 것은?

① 쿤과 포퍼의 과학에 대한 시각 차이와 방법론의 차이에 대한 설명
② 패러다임에 대한 쿤과 포퍼의 가치관에 대한 차이가 생긴 이유
③ 쿤과 포퍼의 과학 연구가 진행되는 방식에 대한 차이와 사회 변혁에 대한 이용
④ 역사적 관점에서 살펴본 패러다임이라는 명칭의 유래
⑤ 쿤의 과학관이 가지는 한계와 포퍼의 과학 연구에 대한 이상

20 다음 글의 내용과 일치하지 않는 것은?

① 과학의 역사를 살펴보면, 나이든 과학자보다 젊은 과학자들이 새로운 패러다임을 받아들이는 데 더 긍정적 태도를 보인다.
② 토머스 쿤은 대안적 패러다임이 미해결 문제들을 잘 풀어나가면 '과학혁명'이 일어난다고 생각한다.
③ 포퍼는 토론을 통해 사회제도와 정치체제를 계속 검토해야 하고, 문제점이 있으면 새로운 제도로 이행해야 한다고 주장한다.
④ 아인슈타인도 자신의 예측이 경험과 일치하지 않으면 이는 곧 자신의 이론이 틀렸다는 점을 선언하는 '지적 정직함'을 갖고 있었다고 볼 수 있다.
⑤ 포퍼는 자신의 철학적 입장을 철저하게 과학 연구를 설명하는 데 한정했고, 이를 어떻게 사회변혁에 확장시킬지를 고민하였다.

21 밑줄 친 ㉠~㉤을 수정한 것으로 바르지 않은 것은?

벤담은 국민들이 행복하게 사는 것에 관심이 많았다. 그래서 인생의 목적이 쾌락에 있다고 생각했다. 그에게 행복은 쾌락이고 불행은 고통이었기 때문이다.
㉠ **그리고 그는 행복이 한 사람 차원에서 그치면 안 된다고 생각했다**. 여러 사람이 행복을 누리는 '공중적 쾌락주의'로 발전해야 한다고 주장한 것이다. 그는 많은 사람이 행복을 느끼면 그게 바로 옳은 것이라고 생각하였다. 이런 이유로 벤담은 가장 많은 사람에게 최대의 행복을 주는 '최대 다수의 최대 행복'을 외쳤다. 이런 그의 철학을 '공리주의'라고 한다.
그 시대에는 많은 철학자가 무엇이 옳고 그른지, 또 무엇이 선이고 악인지를 명쾌하게 풀기 위해 ㉡ **오랜동안 골머리를 앓았다**. 하지만 벤담은 대담하게 그런 논의는 불필요하다고 생각했다. "진리와 도덕을 멀리서 찾지 말라!"라고 하면서 말이다. 그는 도덕에 무슨 원인이 있어야 하냐고 반박하며, 그냥 결과가 좋고 많은 사람이 행복하면 도덕적인 것이라고 했다. '최대 다수의 최대 행복!'이란 그의 생각이 ㉢ **오롯이 담겨 있는 말이 아닐 수 없다**.
벤담은 올바른 행동이란 쾌락의 양을 늘리고 고통의 양을 줄이는 것이라고 하며, 쾌락의 양을 객관적으로 계산할 수 있는 쾌락 계산법을 내놓았다. 그는 쾌락을 평가하는 기준으로 '강도, 확실성, 근접성, 다산성, 지속성, 순수성, 범위'라는 7가지를 꼽았다.
강도는 어떤 행동으로 인한 쾌락의 정도가 ㉣ **얼마나 큰 지를**, 확실성은 그 행동이 얼마나 확실하게 쾌락을 주는지를 평가하는 것이다. 근접성은 쾌락을 얼마나 빨리 얻을 수 있는지를, 다산성은 쾌락이 단지 ㉤ **일회적인것인지**, 다른 쾌락들을 동반하는지를 측정하는 것이다. 지속성은 쾌락이 얼마나 지속될 수 있는지를, 순수성은 쾌락 속에 혹시 고통의 요소가 섞여 있지는 않은지를, 범위는 쾌락이 얼마나 많은 사람에게 미치는지를 묻는 것이다. 벤담은 이 7가지 기준마다 쾌락을 '+'로, 고통을 '−'로 정해 쾌락을 계산하였다.

① ㉠ : 문맥상 앞의 내용과 전환되는 부분이므로 '그리고'를 '그런데'로 수정한다.
② ㉡ : 맞춤법에 맞도록 '오랜동안'을 '오랫동안'으로 수정한다.
③ ㉢ : 문맥에 따라 '오롯이'를 '온전히'로 수정한다.
④ ㉣ : '-지'가 연결어미이기 때문에 붙여 쓴다.
⑤ ㉤ : '것'은 의존명사이므로 앞 어절과 띄어 쓴다.

22 다음 글에서 설명하고 있는 내용을 바탕으로 만든 예문 중 밑줄 친 부분의 의미가 나머지와 다른 것은?

> '모호(模糊)하다'와 동일한 의미로 쓰이는 '애매(曖昧)하다'는 일본에서 만들어진 이른바 일본어식 한자어이다. 결과적으로 '애매모호하다'라는 단어는 중첩어(重疊語)로서 동일한 의미를 지니는 '애매'와 '모호'가 중복해서 쓰인 것이니 국어 순화 차원에서 보자면 '애매'는 제외하고 '모호하다'로만 쓰는 것이 바람직한 우리말이라고 할 수 있다.
>
> 주지하는 바와 같이, 우리말 '모호하다'는 '희미하여 분명하지 아니하다.'라는 의미를 지니고 있다. 이러한 '모호성' 때문이었을까. '모호하다'만으로는 뭔가 분명하지 않은 구석이 있어 국어 화자들은 일본어인 '애매하다'를 빌려 '애매모호하다'라는 단어를 만들어 쓴 게 아닐까 하는 생각이 들기도 한다.
>
> '애매하다'에 대해서는 한 가지를 더 언급해야 한다. 일본어식 한자어가 아닌 고유어로서의 '애매하다'가 있어 '모호하다'는 것과는 다른 의미로 쓰인다는 것이다. 그렇다면 고유어 '애매하다'의 의미는 무엇일까? 고유어로서의 '애매하다'는 '아무 잘못 없이 꾸중을 듣거나 벌을 받아 억울하다.'라는 의미를 가지고 있다.

① 그는 **모호하게** 대답을 얼버무렸다.
② 그의 태도에는 **애매모호한** 것이 많았다.
③ 괜히 엉뚱한 사람 **애매하게** 만들지 마라.
④ 내 질문에 **애매하게** 대답하지 않기를 바라.
⑤ 그는 시종일관 긍정도 부정도 않는 **모호한** 태도를 보였다.

23 다음 글의 논리적 순서로 적절한 것을 고르면?

> (가) 다만 그전에 소득을 파악하는 방법에도 개선이 있어야 할 것이다. 그리고 전체적으로 3단계에 걸쳐 소득 보험료 비중을 현재의 50%에서 75%로 높이고, 고령층 등 특정 계층의 부담이 한꺼번에 늘어나지 않도록 소득과 재산이 많은 피부양자부터 단계적으로 축소할 방침이다.
>
> (나) 이처럼 소득에 부과하는 보험료 비중이 높아지게 되면, 퇴직 후 지역 가입자로 전환된 사람 대다수는 보험료가 약 45% 정도로 하락하는 효과가 있다. 또한 한 직장에서 1년 이상을 근무하다 퇴사하면, 퇴사 후 2년 동안은 직장에서 근로자 몫으로 부담하던 보험료를 그대로 내도록 하는 임의계속가입 제도 이용도 가능하다.
>
> (다) 그리고 저소득 지역 가입자의 부담을 줄이고, 고소득 피부양자의 무임승차를 막을 수 있다. 기본적으로는 서민들의 부담을 덜어주고 형평성을 강화하겠다는 것이 이번 건강보험 부과 체계 개편의 핵심인 것이다. 이번 부과 체계 개편이 서민들의 적정 급여를 가능하게 하고 국민들 간의 형평성을 줄이는 데 기여하기를 바란다.
>
> (라) 우리나라 건강보험 제도의 시초는 1972년 200인 이상 사업장 근로자를 대상으로 시작한 것이었다. 이후 약 40여 년 동안 건강보험 제도는 수많은 변화와 개선의 역사를 이루어 왔다. 최근 국민건강보험제도는 다시 전환점을 맞이하였다. 기존과 달리 건강보험료 부과 체계가 소득 중심으로 달라질 예정이다. 즉, 수익이 높고 재산이 많은 이들에게 더 많은 보험료를 부과하겠다는 의미이다. 그 방법과 효과는 다음과 같다.
>
> (마) 지금까지는 높은 소득과 재산이 있어도 피부양자로 등재되어 있으면 보험료를 내지 않았다. 앞으로 이러한 사람들을 지역 가입자로 전환해 보험료를 납부하게 할 방침이다. 소득의 경우 연간 최대 1억 원 기준에서 4천만 원 초과, 재산은 과표 6억 원에서 3억 5천만 원 및 연소득 3천만 원 이상부터 적용이 된다. 직장 가입자 역시 마찬가지이다. 월급 외 고소득 직장인도 단계적으로 부과를 확대한다.

① (라) - (나) - (다) - (가) - (마)
② (라) - (마) - (가) - (나) - (다)
③ (라) - (가) - (나) - (다) - (마)
④ (나) - (다) - (라) - (마) - (가)
⑤ (마) - (라) - (다) - (가) - (나)

24 다음 글을 읽고 본문의 내용과 일치하지 않는 것을 고르면?

> 4차 산업혁명은 인공지능으로 자동화와 연결성이 극대화되는 산업 환경의 변화를 말한다. 2005년부터 여러 도서를 통해 알려지기 시작한 후, 2009년 스위스 다보스에서 열린 세계 경제포럼에서 언급되기 시작했다. 인공지능과 네트워크로 모든 것이 연결되는 '4차 산업혁명'이 전 세계의 화두로 떠오른 가운데 자동차 업계도 4차 산업혁명에 대비하고 시장을 선점하기 위한 경쟁이 치열하다. 자동차는 각종 반도체와 센서, 인공지능 등의 정보통신기술(ICT)과 결합하면서 점차 '전자 제품화'되어 가는 추세이다. 자동차에 들어가는 전자부품을 만드는 '전장사업'이 유망 사업으로 주목받는 이유이다. 미국 시장조사 기관인 스타틱애널로지(SA)는 2010년 26%에 불과하던 자동차의 전장화 원가 비율이 2025년에는 65%가 넘을 것으로 전망하고 있다.
>
> 자동차 업계의 4차 산업혁명을 주도할 유력한 전장기술로 '자율 주행'이 가장 먼저 꼽힌다. 자율 주행은 기술화 수준에 따라 4단계로 구분된다. 가장 낮은 단계인 '레벨 0'은 자동차의 충돌, 차선이탈 등에 대해 각종 위험경고를 해주는 수준이다. 다음 단계인 '레벨 2'는 운전자의 판단 아래 주행 기능이 일부 자동화되는 수준을 의미한다. 이어 운전자 개입 없이도 자동차가 부분적으로 자율 주행할 수 있는 수준이 '레벨 4'이다.
>
> 한국 ○○는 경기도 용인의 국내 기술연구소를 중심으로 북미, 유럽, 중국, 인도 등에 글로벌 연구, 개발 거점을 두고 자율 주행 기술 개발에 박차를 가하고 있다. '레벨 2' 단계의 자율 주행 기술은 상용화에 근접했다. 고속도로상에서 차선 변경이나 분기로 진입이 가능한 '레벨 2' 단계의 고속도로주행지원기술(HDA2)을 확보하고 2020년부터 양산을 준비 중이다.
>
> HDA2는 현재 일부 국내 상용 자동차에 적용된 기존 '고속도로주행지원시스템'의 성능을 개선한 기술이다. 현행 HDA1 시스템은 고속도로에서 차선을 유지한 채 앞차의 궤적을 그대로 따라가는 방식을 취하고 있다. 차선변경이나 인터체인지 등의 분기로 진입하기 위해서는 운전자가 수동으로 조작해야 하고, 센서 인지 범위의 한계로 자율 주행 중 갑자기 끼어드는 차량에 대한 대응이 늦은 편이다.
>
> HDA2 시스템은 고속도로 자율 주행 시 운전자가 방향 지시등만 켜주면 차 스스로 차선 변경이나 분기로 진입, 본선 합류가 가능하다. 전방과 측방에 레이더를 추가로 장착해 갑자기 끼어드는 차량이 있을 경우 속도 제어를 통한 빠른 대응도 가능하다.

① 한국 ○○는 자율 주행 기술에 박차를 가하여 레벨 2 단계에 근접해 있다.
② 자율 주행은 기술화 수준에 따라 4단계로 구분된다.
③ 스타틱애널로지(SA)는 2025년의 자동차 전장화 원가 비율이 2010년 대비 39% 이상 증가할 것으로 전망하고 있다.
④ HDA1 시스템은 자율 주행 중 갑자기 끼어드는 차량에 대한 대응이 빠른 편이다.
⑤ HDA2 시스템은 전방과 측방에 레이더를 추가로 장착하였다.

25 다음은 귀농한 H 씨가 사용한 스마트 팜 관련 자료와 기사 내용이다. 다음 자료의 내용과 일치하지 않는 것은?

2019 농협은행 6급

H 씨의 성공요인 스마트 팜

- 스마트 팜 도입 장비

구분	통합제어		양액제어	에너지 절감시설	기타
	판넬	디지털제어기			
종류	보온커튼, 유통, 환기팬 국산 / 2016	통합제어기 국산 / 2016	국산 2016	국산 2016	CCTV / 액화탄산 공급장치 국산 / 2016

- ICT(Information and Communications Technologies) 도입 목적

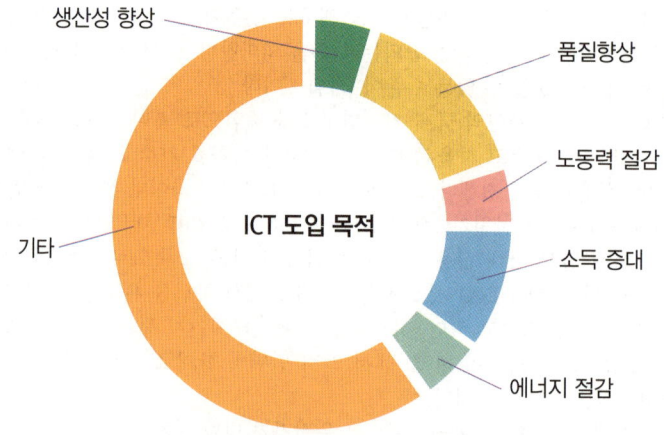

- 기사 내용

 귀농한 지 3년 차인 H 씨 농가의 현재 점수는 완벽에 가깝다. 설비를 갖추는 단계에서부터 스마트 팜을 공부하고 실제 매출로 증가시키기까지 안정적으로 큰 무리 없이 계단을 밟아왔다. 농업과는 직접적인 관련이 없는 것처럼 보이는 전자 공학과 생명 과학 공부를 하다가 시작한 딸기 농장 운영. H 씨는 정말 딸기 천재인 것일까? "스마트 팜 없이는 이렇게 못했어요. 혼자서 시작하겠다고는 엄두도 못 냈을 거예요." 그는 농장 운영의 성공 요인 첫 번째로 스마트 팜을 꼽는다. 다른 누구도 아닌 정보통신기술이 딸기 농장의 성공 파트너인 셈이다.
 현재 H 씨의 농가에 상시 근무하는 인원은 2명으로 기존 농가 시스템에 비교하면 매우 적다. 가장 바쁜 딸기 육묘를 심는 시기에도 단기적인 일꾼이 최대 6명 정도면 충분하다. 농장의 주 업무라고 볼 수 있는 스마트 팜 프로그램은 H 씨 혼자 숙지하여 운영시킬 수 있기 때문에 최소한의 노동력으로도 무리 없이 농장이 운영된다. 그뿐만 아니라 인터넷이 가능한 모든 곳에서 작물을 볼 수 있다는 점이 큰 매력이다. 아직 미혼인 H 씨는 농사일한다고 결혼하기 어려운 것도 옛말 아니겠냐고 웃어 보인다. "예전에는 농사짓는 일이 너무 힘든 일이었고, 일 년 내내 바빴잖아요. 그런데 지금은 많이 바뀐 거 같아요. 저만 해도 시간적인 여유를 가질 수 있고, 활동에 제약도 없거든요." 기존 농업 방식이 가족 구성원 전체는 물론이고 마을 주민들의 노동력까지 가져올 수밖에 없었다면, 스마트 팜 농업은 다르다. 농사가 개인이 갖는 하나의

직업이 될 수 있도록 노동 환경의 부담을 축소해준다. H 씨는 이러한 자유로움을 스마트 팜의 가장 큰 장점이라고 말했다.
　구구단을 외우려면 2단보다 3단 외우기가 그리고 5단보다 7단 외우기가 더 까다로운 것이 당연하다. 이처럼 다음 관문의 난이도가 점점 더 어려워지는 여타의 기술과 달리 스마트 팜 농업은 처음 적응 기간이 가장 어렵다. 시작하는 공부를 잘 배워두면 그다음 심화 부분은 쉽다는 말이다. H 씨 농가의 경우 비교적 다른 농가 분들보다 시스템 활용이나 정보 습득에 어려움이 없었다. 중요한 것은 초기 교육 과정 이후에도 지속적인 관심을 통해 정보를 업데이트 해나가는 것이다. "저는 운 좋게도 처음 귀농을 결정했을 때 견학 차원에서 방문했던 농가들이 모두 스마트 팜을 활용하고 있는 농가들이었어요. 조사 대상 단계에서부터 자연스럽게 스마트 팜에 노출된 점이 시스템에 대한 부담으로 연결되지 않았죠. 스마트 팜으로 하는 게 당연하다고 생각했어요. 왜냐하면 귀농의 경우 지금 처음 농사를 시작하는 거잖아요. 이전의 농업 정보가 전무하다시피한데 그 부분을 스마트 팜이 상당 부분 메워주었어요. 귀농할 때 스마트 팜은 선물 같아요." 스마트 팜의 활용은 귀농한다면 으레 당연한 순서로 겪어야 했던 시행착오와 실패 기간을 대폭 줄여주었다. 그 시간이 대신 더 빠른 성공으로 채워졌다. 아직 성공이라고 말할 수 없다고 말하는 이 묵묵한 청년의 발걸음이 귀농의 길을 또 한 갈래 새로 만들고 있었다.

① 스마트 팜은 농사가 개인이 갖는 하나의 직업이 될 수 있도록 노동 환경의 부담을 축소해주며 다른 기술과 달리 처음 적응 기간이 어렵지만 잘 배워두면 심화 부분은 쉽게 익힐 수 있다.
② H 씨는 보온커튼, 통합제어기, 공조기, 양액제어기, CCTV 등의 장비를 도입하여 사용하고 있다.
③ H 씨는 인터넷이 가능한 모든 곳에서 작물을 볼 수 있으며, 혼자 스마트 팜 프로그램을 숙지하여 운영할 수 있기 때문에 최소한의 노동력으로도 무리 없이 농장을 운영할 수 있다.
④ H 씨가 ICT를 도입한 이유는 소득 증대의 목적보다 품질 향상의 목적이 더 크다.
⑤ 스마트 팜을 활용하면 귀농 후 겪는 시행착오와 실패 기간을 줄일 수 있으며 더 빨리 성공할 수 있다.

26 다음은 공직자윤리법의 법령 일부이다. 이에 대한 설명으로 적절하지 않은 것은?

2019 한국산업인력공단

공직자윤리법

제2장 재산등록 및 공개

제4조(등록대상재산)
① 등록의무자가 등록할 재산은 다음 각 호의 어느 하나에 해당하는 사람의 재산(소유 명의와 관계없이 사실상 소유하는 재산, 비영리법인에 출연한 재산과 외국에 있는 재산을 포함한다)으로 한다.
  1. 본인
  2. 배우자
  3. 본인의 직계존속·직계비속. 다만, 혼인한 직계비속인 여성과 외증조부모, 외조부모, 외손자녀 및 외증손자녀는 제외한다.
② 등록의무자가 등록할 재산은 다음 각 호와 같다.
  1. 부동산에 관한 소유권·지상권 및 전세권
  2. 광업권·어업권, 그 밖에 부동산에 관한 규정이 준용되는 권리
  3. 다음 각 목의 동산·증권·채권·채무 및 지식재산권
    가. 소유자별 합계액 1천만 원 이상의 현금(수표를 포함한다)
    나. 소유자별 합계액 1천만 원 이상의 예금
    다. 소유자별 합계액 1천만 원 이상의 주식·국채·공채·회사채 등 증권
    라. 소유자별 합계액 1천만 원 이상의 채권
    마. 소유자별 합계액 1천만 원 이상의 채무
    바. 소유자별 합계액 500만 원 이상의 금 및 백금(금 제품 및 백금 제품을 포함한다)
    사. 품목당 500만 원 이상의 보석류
    아. 품목당 500만 원 이상의 골동품 및 예술품
    자. 권당 500만 원 이상의 회원권
    차. 소유자별 연간 1천만 원 이상의 소득이 있는 지식재산권
    카. 자동차·건설기계·선박 및 항공기
  4. 합명회사·합자회사 및 유한회사의 출자 지분
  5. 주식매수선택권

제5조(재산의 등록기관과 등록시기 등) 공직자는 등록의무자가 된 날부터 2개월이 되는 날이 속하는 달의 말일까지 등록의무자가 된 날 현재의 재산을 다음 각 호의 구분에 따른 기관에 등록하여야 한다. 다만, 등록의무자가 된 날부터 2개월이 되는 날이 속하는 달의 말일까지 등록의무를 면제받은 경우에는 그러하지 아니하며, 전보·강임·강등 또는 퇴직 등으로 인하여 등록의무를 면제받은 사람이 3년(퇴직한 경우에는 1년) 이내에 다시 등록의무자가 된 경우에는 전보·강임·강등 또는 퇴직 등을 한 날 이후 또는 제11조 제1항에 따른 재산변동사항 신고 이후의 변동사항을 신고함으로써 등록을 갈음할 수 있다.
  1. 국회의원과 그 밖의 국회 소속 공무원 : 국회사무처
  2. 법관과 그 밖의 법원 소속 공무원 : 법원행정처
  3. 헌법재판소장, 헌법재판소재판관 및 헌법재판소 소속 공무원 : 헌법재판소사무처
  4. 중앙선거관리위원회 및 각급 선거관리위원회 소속 공무원 : 중앙선거관리위원회사무처
  5. 정부의 부·처·청 소속 공무원 : 그 부·처·청

　　6. 감사원 소속 공무원 : 감사원사무처
　　7. 국가정보원 소속 공무원 : 국가정보원
　　8. 지방자치단체 소속 공무원 : 그 지방자치단체
　　9. 지방의회의원과 지방의회 소속 공무원 : 그 지방의회
　10. 특별시·광역시·특별자치시·도·특별자치도교육청 소속 공무원 : 그 특별시·광역시·특별자치시·도·특별자치도교육청
　12. 공직유관단체의 임직원 : 그 공직유관단체를 감독하는 부·처·청. 다만, 특별시·광역시·특별자치시·도·특별자치도 및 시·군·구의 감독을 받는 공직유관단체의 임직원은 특별시·광역시·특별자치시·도·특별자치도 및 시·군·구에 등록한다.
　13. 그 밖의 등록의무자, 제5호부터 제7호까지 및 제12호 본문에도 불구하고 정부의 부·처·청 소속 공무원과 감사원·국가정보원 소속 공무원 및 공직유관단체의 임원으로서 제10조 제1항에 따라 재산등록사항을 공개하는 공직자 : 인사혁신처

① 공직자는 등록의무자가 된 날부터 2개월이 되는 날이 속하는 달의 말일까지 등록의무를 면제받은 경우가 아니면, 등록의무자가 된 날부터 2개월이 되는 날이 속하는 달의 말일까지 등록의무자가 된 날 현재의 재산을 정해진 기관에 등록해야 한다.
② 감사원 소속 공무원은 감사원사무처에, 국가정보원 소속 공무원은 국가정보원에, 지방자치단체 소속 공무원은 그 지방자치단체에 재산을 등록해야 한다.
③ 등록의무자는 본인과 배우자, 혼인한 직계비속인 여성과 외증조부모, 외조부모, 외손자녀 및 외증손자녀를 제외한 본인의 직계존속과 직계비속의 재산을 등록해야 한다.
④ 소유자별 합계액 700만 원의 채무와 소유자별 합계액 700만 원의 금 제품은 등록 대상에 포함되지 않는다.
⑤ 품목당 500만 원 이상의 골동품 및 예술품, 권당 500만 원 이상의 회원권, 소유자별 연간 1천만 원 이상의 소득이 있는 지식재산권은 재산 등록 대상에 해당된다.

[27~28] 다음 글을 읽고 이어지는 문제에 답하시오.

　손해보험협회에 따르면, 2017년 음주 운전 사고는 4만 8천 건에 이르고 관련 사망자는 1,800여 명에 육박한다. 경찰은 음주 운전에 따른 사고를 막기 위해 밤늦은 거리에서 음주 운전 여부를 (㉠)하기 위한 검문을 하는데, 이때 사용하는 것이 음주 측정기이다. 음주 측정기로 측정 가능한 혈중 알코올 농도가 0.05% 이상이 되면 면허 정지부터 구속까지 다양한 벌이 가해진다. 그런데 어떤 사람들은 호흡만으로 음주 여부를 측정할 수 있느냐며 음주 측정 자체를 거부하기도 한다. 하지만 이들도 음주 측정기에 담긴 여러 과학적 원리를 알게 된다면 기계가 보여주는 수치를 신뢰할 수 있을 것이다.
　음주 측정기는 분광학적인 방법, 전기 화학 방법 등으로 호흡에 포함된 알코올양을 측정하여 혈액에 들어있는 알코올의 농도를 (㉡)하는 기계이다. 이 중 대표적인 것이 분광학적 방법을 이용한 것으로 이 기계 안에는 황산 · 질산은 · 다이크로뮴산칼륨 용액이 들어 있다. 술의 주원료는 알코올의 일종인 에탄올로, 에탄올은 황산이 포함된 산성 용액에 녹으면 진산은을 촉매로 하여 적황색의 다이크로뮴산 이온에 의해 산화된다. 그리고 다이크로뮴산 이온이 환원되면서 초록색의 크로뮴 이온이 생성된다. 결국 음주 후 음주 측정기를 불면 호흡에 있던 에탄올은 산화되고, 크로뮴 이온은 환원 과정을 거치면서 용액의 색깔이 변화하는 것을 기계로 읽는 것이다. 에탄올의 양이 많으면 환원되는 크로뮴 이온이 많아 짙은 초록색이 된다.
　우리가 눈으로 보는 색에 해당하는 빛의 파장과 그 물질이 흡수하는 빛의 파장은 보색 관계에 있다. 분광학적 방법을 이용한 음주 측정기에 사용되는 광전지 검출기는 이런 원리를 활용하여 특정한 빛의 파장에만 감응하도록 맞추어 놓는다. 검출기가 크로뮴 이온의 흡수 파장에 감응하도록 고정을 하고, 술을 마시기 전의 호흡을 불어넣으면 검출기에 도달하는 빛의 양은 많을 것이다. 왜냐하면 호흡에 포함된 알코올이 없을 경우 크로뮴 이온이 생성되지 않기 때문에 용액에서 빛의 흡수가 일어나지 않고, 용액에서 빛의 흡수가 일어나지 않아 검출기에 도달하는 빛의 양이 줄어들지 않는 것이다. 하지만 음주를 한 후에는 호흡에 포함된 에탄올이 측정 용액에 녹아 크로뮴 이온을 생성하는 화학 반응이 진행된다. 용액에 크로뮴 이온이 증가하면 용액을 통과하는 빛이 용액에 포함된 크로뮴 이온에 의해 흡수되기 때문에 검출기에 도달하는 빛의 양은 크로뮴 이온 농도에 비례하여 감소한다. 결국 검출기에 도달하는 빛의 변화를 전류, 전압의 변화로 표시할 수 있도록 고안된 장치로부터 숫자를 읽으면 호흡에 포함된 알코올의 농도를 알 수 있는 것이다.
　일부 운전자 사이에 음주 측정기를 무력하게 만들려면 초콜릿을 비롯한 다양한 종류의 음식을 먹으면 된다는 소문이 돌고 있지만 사실 별 효과가 없다고 밝혀졌다. 또 음주 테스트에 철저히 대처한다고 구강 청정 용액으로 입가심을 하기도 하는데, 시중에서 팔리는 일부 구강 청정 용액 제품에는 소주에 포함된 에탄올보다 더 많은 양의 에탄올을 포함하고 있는 것도 있어 오히려 본인의 혈중 알코올 농도보다 더 높은 수치가 나올 수도 있다. 따라서 음주 운전을 피하기 위해 꼼수를 부리기보다는 자신과 타인의 안전을 위해 술을 조금이라도 마신 후에는 절대로 운전대를 잡지 말아야 한다.

27 본문의 빈칸 ㉠, ㉡에 들어갈 단어로 바르게 짝지어진 것은?

	㉠	㉡
①	판단(判斷)	결단(決斷)
②	판별(判別)	추정(推定)
③	판정(判定)	예측(豫測)
④	판결(判決)	추리(推理)
⑤	판독(判讀)	유추(類推)

28 윗글의 내용과 일치하지 않는 것을 |보기|에서 모두 고르면?

| 보기 |

김 사원 : "분광학적 방법은 검출기가 크로뮴 이온의 흡수 파장에만 반응하도록 만들어진 기계로군요."
윤 팀장 : "그리고 음주 측정기는 에탄올이 산성 용액에 녹을 때 적황색의 다이크로뮴산 이온에 의해 흡수되는 원리를 이용한 기계라네요."
강 사원 : "사실은 제가 어제 정말로 맥주 한 잔만 마시고 음주 운전을 했어요. 집에 가다가 음주 검문을 하길래 당황해서 차에 있던 구강 청정제로 입가심을 하고 불었는데, 면허 취소가 됐어요. 이런 경우도 있나요?"
조 부장 : "분광학적 방법은 여러 과정을 거쳐 검출기에 도달하는 빛의 양이 크로뮴 이온 농도에 반비례하여 증가하는 수치를 이용하는 방법이에요. 매우 복잡한 원리가 숨어 있군요."
이 과장 : "술을 많이 마신 후 음주 측정기를 불면 환원되는 크로뮴 이온이 많아져 짙은 초록색이 되고 이것을 기계 수치로 읽는 것이군요."

① 김 사원, 강 사원 ② 조 부장, 이 과장
③ 윤 팀장, 조 부장 ④ 김 사원, 이 과장
⑤ 강 사원, 조 부장

29 다음은 산업인력공단 인사규정의 일부이다. 이에 대한 설명으로 적절하지 않은 것은?

인사규정

제5절 징계

제51조(징계) 직원이 다음 각 호의 어느 하나에 해당하는 때에는 인사위원회의 심의를 거쳐 징계 처분할 수 있다.
1. 법령 및 공단의 제 내규에 위반하였을 때
2. 직무상의 의무를 위반하거나 직무를 태만히 하였을 때
3. 금품비위, 성범죄, 채용비리, 갑질문화 등 직무의 내외를 불문하고 공단의 명예와 위신을 손상하는 행위를 하였을 때
4. 고의 또는 중과실로 공단에 손해를 끼쳤을 때

제51조의2(징계부가금) 제51조 제1항에 따라 징계처분을 하는 경우 그 징계사유가 금품 및 향응 수수, 공금의 횡령·유용인 경우에는 해당 징계 외에 금품 및 향응 수수액, 공금의 횡령액·유용액의 5배 내의 징계부가금을 부과하여야 한다.

제52조(징계의 종류 및 효력) 징계는 견책, 감봉, 정직, 강등, 면직 및 파면으로 구분하고 그 효력은 다음과 같다.
1. 견책 : 전과에 대하여 훈계하고 회개하게 한다.
2. 감봉 : 보수규정에서 정하는 바에 따라 보수를 감하여 지급한다.
3. 정직 : 1월 이상 3월 이하의 기간으로 하며 그 기간 중 신분은 보유하나 직무에 종사할 수 없으며 정직기간 동안 보수규정에서 정하는 바에 따라 보수를 감하여 지급한다.
4. 강등 : 현 직급에서 한 직급 아래로 내리고 직원의 신분은 보유하나 3개월간 직무에 종사할 수 없으며, 그 기간 동안 보수규정에서 정하는 바에 따라 보수를 감하여 지급한다.
5. 면직 : 그 직을 면하게 한다.
6. 파면 : 그 직에서 해임한다.

제53조(징계권자)
① 직원의 징계는 인사위원회의 의결을 거쳐 이사장이 행하되 소속기관 보통 인사위원회의 의결에 의한 징계는 소속기관의 장이 행한다. 다만, 신규채용 임용권이 위임되어 있지 아니한 직원의 파면, 면직은 이사장이 행한다.

제54조(재심) 피징계자가 징계 처분된 내용에 대하여 불복하는 때에는 재심을 청구할 수 있다.

제55조(징계사유의 시효)
① 징계의결요구는 징계사유가 발생한 날로부터 3년(금품·향응 수수 및 공금횡령·유용, 채용비리의 경우에는 5년)이 지나면 하지 못한다.
② 제56조 제2항부터 제3항까지에 따라 징계절차를 진행하지 못하여 제1항의 기간이 지나거나 그 남은 기간이 1개월 미만인 경우에는 제1항의 징계시효는 감사원의 조사나 검찰·경찰, 그 밖의 수사기관의 수사의 종료 통보를 받은 날부터 1개월이 지난 날에 끝나는 것으로 본다.
③ 인사위원회 등의 구성·징계 의결 등, 그 밖에 절차상의 흠이나 징계양정의 과다를 이유로 법원에서 징계처분의 무효 또는 취소 판결을 한 경우에는 제1항의 기간이 지나거나 그 남은 기간이 3개월 미만인 경우에도 그 판결이 확정된 날부터 3개월 이내에는 다시 징계의결을 요구할 수 있다.

> 제56조(형사사건과의 관계 등)
> ① 징계대상자가 동일한 사유로 형사사건으로 구속 기소된 경우에는 확정판결이 있을 때까지 징계처분을 보류하고 직위해제를 명할 수 있다.
> ② 감사원에서 조사 중인 사건에 대하여는 조사개시 통보를 받은 날부터 징계 의결의 요구나 그 밖의 징계 절차를 진행하지 못한다.
> ③ 검찰·경찰, 그 밖의 수사기관에서 수사 중인 사건에 대하여는 수사 개시 통보를 받은 날부터 징계 의결의 요구나 그 밖의 징계 절차를 진행하지 아니할 수 있다.
>
> 제58조(징계 등 처분기록의 말소) 징계 또는 직위해제 처분을 받은 직원 중 일정기간 성실히 근무한 직원에 대하여는 징계 또는 직위해제 처분기록을 말소할 수 있다.

① 금품비위, 성범죄, 채용비리 등 직무의 내외를 불문하고 공단의 명예와 위신을 손상하는 행위를 하였을 때 징계 처분을 할 수 있다.
② 채용비리를 저질렀을 경우 징계사유가 발생한 날로부터 3년이 지나면 징계의결요구를 하지 못한다.
③ 강등 처분을 받으면 현 직급에서 한 직급 아래로 직급이 내려가고 직원의 신분은 보유하나 3개월간 직무에 종사할 수 없으며, 그 기간 동안 보수규정에서 정하는 바에 따라 보수를 감하여 지급한다.
④ 징계사유가 금품 및 향응 수수, 공금의 횡령·유용인 경우에는 해당 징계 외에 금품 및 향응 수수액, 공금의 횡령액·유용액의 5배 내의 징계부가금을 부과하여야 한다.
⑤ 감사원에서 조사 중인 사건에 대하여는 조사개시 통보를 받은 날부터 징계 의결의 요구나 그 밖의 징계 절차를 진행하지 못한다.

30 다음은 공공기관의 정보공개에 관한 법률이다. 이에 대한 설명으로 옳지 않은 것은?

공공기관의 정보공개에 관한 법률

제2장 정보공개 청구권자와 공공기관의 의무

제7조(행정정보의 공표 등) 공공기관은 다음 각 호의 어느 하나에 해당하는 정보에 대해서는 공개의 구체적 범위와 공개의 주기·시기 및 방법 등을 미리 정하여 공표하고, 이에 따라 정기적으로 공개하여야 한다. 다만, 제9조의 어느 하나에 해당하는 정보에 대해서는 그러하지 아니하다.
1. 국민 생활에 매우 큰 영향을 미치는 정책에 관한 정보
2. 국가의 시책으로 시행하는 공사(工事) 등 대규모 예산이 투입되는 사업에 관한 정보
3. 예산집행의 내용과 사업평가 결과 등 행정 감시를 위하여 필요한 정보
4. 그 밖에 공공기관의 장이 정하는 정보

제3장 정보공개의 절차

제9조(비공개 대상 정보) 공공기관이 보유·관리하는 정보는 공개 대상이 된다. 다만, 다음 각 호의 어느 하나에 해당하는 정보는 공개하지 아니할 수 있다.
1. 다른 법률 또는 법률에서 위임한 명령(국회규칙·대법원규칙·헌법재판소규칙·중앙선거관리위원회규칙·대통령령 및 조례로 한정한다)에 따라 비밀이나 비공개 사항으로 규정된 정보
2. 국가안전보장·국방·통일·외교관계 등에 관한 사항으로서 공개될 경우 국가의 중대한 이익을 현저히 해칠 우려가 있다고 인정되는 정보
3. 공개될 경우 국민의 생명·신체 및 재산의 보호에 현저한 지장을 초래할 우려가 있다고 인정되는 정보
4. 진행 중인 재판에 관련된 정보와 범죄의 예방, 수사, 공소의 제기 및 유지, 형의 집행, 교정, 보안처분에 관한 사항으로서 공개될 경우 그 직무수행을 현저히 곤란하게 하거나 형사피고인의 공정한 재판을 받을 권리를 침해한다고 인정할 만한 상당한 이유가 있는 정보
6. 해당 정보에 포함되어 있는 성명·주민등록번호 등 개인에 관한 사항으로서 공개될 경우 사생활의 비밀 또는 자유를 침해할 우려가 있다고 인정되는 정보. 다만, 다음 각 목에 열거한 개인에 관한 정보는 제외한다.
   가. 법령에서 정하는 바에 따라 열람할 수 있는 정보
   나. 공공기관이 공표를 목적으로 작성하거나 취득한 정보로서 사생활의 비밀 또는 자유를 부당하게 침해하지 아니하는 정보
   다. 공공기관이 작성하거나 취득한 정보로서 공개하는 것이 공익이나 개인의 권리 구제를 위하여 필요하다고 인정되는 정보
   라. 직무를 수행한 공무원의 성명·직위
   마. 공개하는 것이 공익을 위하여 필요한 경우로서 법령에 따라 국가 또는 지방자치단체가 업무의 일부를 위탁 또는 위촉한 개인의 성명·직업
7. 법인·단체 또는 개인의 경영상·영업상 비밀에 관한 사항으로서 공개될 경우 법인 등의 정당한 이익을 현저히 해칠 우려가 있다고 인정되는 정보. 다만, 다음 각 목에 열거한 정보는 제외한다.

> 가. 사업활동에 의하여 발생하는 위해로부터 사람의 생명·신체 또는 건강을 보호하기 위하여 공개할 필요가 있는 정보
> 나. 위법·부당한 사업활동으로부터 국민의 재산 또는 생활을 보호하기 위하여 공개할 필요가 있는 정보
> 8. 공개될 경우 부동산 투기, 매점매석 등으로 특정인에게 이익 또는 불이익을 줄 우려가 있다고 인정되는 정보

① 범죄의 예방, 수사, 공소의 제기 및 유지, 형의 집행, 교정, 보안처분에 관한 사항으로서 공개될 경우 그 직무수행을 현저히 곤란하게 하거나 형사피고인의 공정한 재판을 받을 권리를 침해한다고 인정할 만한 상당한 이유가 있는 정보는 공개하지 않을 수 있다.
② 직무를 수행한 공무원의 성명·직위는 공개될 경우 사생활의 비밀 또는 자유를 침해할 우려가 있다고 인정되므로 공개하지 않을 수 있다.
③ 공개될 경우 국민의 생명·신체 및 재산의 보호에 현저한 지장을 초래할 우려가 있다고 인정되는 정보는 공개하지 않을 수 있다.
④ 예산집행의 내용과 사업평가 결과 등 행정 감시를 위하여 필요한 정보는 공개의 구체적 범위와 공개의 주기·시기 및 방법 등을 미리 정하여 공표하고, 이에 따라 정기적으로 공개해야 한다.
⑤ 국가안전보장·국방·통일·외교관계 등에 관한 사항으로서 공개될 경우 국가의 중대한 이익을 현저히 해칠 우려가 있다고 인정되는 정보는 공개하지 않을 수 있다.

[31~32] 다음 글을 읽고 질문에 답하시오.

2019 코레일

우리가 경험하고 이해하는 공간은 다양하다. 하늘, 바다, 경관의 공간, 또는 높은 빌딩에서 내려다볼 때 발아래에 펼쳐진 도시라는 공간, 또 외부에서 바라보거나 내부에서 경험하게 되는 가로나 건물들로 구성된 공간, 지도나 계획도, 천체도, 기하학, 별과 별 사이의 공간 같은 추론의 공간, 또 사물들이 점유한 공간, 국가가 영토로 규정한 공간, 신에게 바쳐진 공간, 이처럼 공간의 범위는 다양하다. 공간은 형태가 없고, 손으로 만져볼 수도 없고 또 직접 묘사하거나 분석할 수 있는 실체가 아니다. 그러나 우리가 어떻게 공간을 느끼고, 알고 또 설명하더라도, 거기에는 항상 장소감이나 장소 개념이 관련되어 있다. 일반적으로 공간이 장소에 맥락을 주는 것처럼 보이지만, 공간은 그 의미를 특정한 장소들로부터 얻는다.

공간의 본질은 철학자나 과학자들이 많이 논의해온 주제이다. 그러나 이러한 논의는 아직까지 해결되지 않았으며, 다양한 형태의 공간들을 모두 포괄하면서 상당히 일관된 틀을 정식화하는 것은 쉬운 일이 아니다. 그러므로 이런 논쟁에 휘말리는 것은 적절치 못할 것이다. 하지만 공간과 장소 간의 관계를 명확히 하고, 그에 따라 장소를 개념적, 경험적 맥락에서 분리시키지 않는 일이 중요하다. 이 딜레마는 직접 경험과 추상적 사고라는 양극단을 가진 연속체 속에 다양한 형태의 공간이 자리 잡고 있음을 인식함으로써 어느 정도 해결될 수 있다. 이 연속체를 다시 몇 가지 형태의 공간으로 구분해 볼 수 있다. 예를 들어 무의식적이고 실용적인 경험 공간, 개별적인 인간들이 의식적으로 경험하는 지각 공간, 건축물 같은 '인공 공간(built space)'이 더 적절하지 않을까? 그리고 추상적인 기하학적 공간 등이 있다. 이 중에서 '실존' 또는 '생활' 공간이 특히 중요하다. 이 공간은 장소에 대한 현상학적 이해와 관련되기 때문이다. 물론 개념이나 경험, 창조된 공간이 항상 이러한 범주 가운데 하나에 딱 들어맞는 것은 아니다. 하지만 이러한 분류는 공간-장소 관계를 밝히는 데 사용할 수 있는 사실상 유일한 발견적 방안이다. 이러한 분류는 공간과 관련된 관념, 경험, 활동 등 매우 넓은 범위를 포괄하며, 장소의 다양한 의미를 전달해 주기 때문에 유용하다.

일상생활에서 장소는 위치나 외관으로 간단하게 기술될 수 있는, 독립적이고 명확하게 규정되는 실체로 경험되는 것이 아니다. 오히려 장소는 환경 · 경관 · 의식 · 일상적인 일 · 다른 사람들 · 개인적인 체험 · 가정에 대한 배려와 같은 것들이 뒤섞인 데서, 그리고 다른 장소들과의 맥락 속에서 느껴진다. 장소는 나의 장소, 너의 장소, 거리, 동네, 시내, 시 · 군, 지역, 국가와 대륙 등 공간적 정체화가 가능한 모든 수준에서 나타난다. 하지만 장소가 반드시 이렇게 깔끔하게 위계적으로 분류되는 것은 아니다. 모든 장소는 서로 겹치고, 서로 섞이며, 다양하게 해석될 수 있다. 그러나 우리의 장소 경험 측면에서 보면, 장소 규모의 복잡성과 다양성이 당연히 바람직한 특성이지만, 장소를 하나의 현상으로 이해하려고 하게 되면, 이 특성이 매우 골치 아픈 문제가 된다. 그러나 장소를 명확하게 인식할 수 있는 한 가지 방법이 있다. 장소를 다차원적인 경험 현상으로 보고, 위치나 경관 같은 장소의 다양한 속성 및 개인적 장소 경험 등을 탐구하는 것이다. 바로 이런 것들이 우리의 장소 경험과 장소감에 필수 요소로 평가될 수 있다. 이런 방식으로 장소 의미의 원천이나 본질을 밝힐 수 있다.

장소는 인간의 질서와 자연의 질서가 융합된 것이고, 우리가 세계를 직접적으로 경험하는 의미 깊은 중심이다. 장소는 고유한 입지, 경관, 공동체에 의하여 정의되기보다는 특정 환경에 대한 경험과 의도에 초점을 두는 방식으로 정의된다. ㉠ **장소는 추상이나 개념이 아니다**. 장소는 생활 세계가 직접 경험되는 현상이다. 그래서 장소는 의미, 실재 사물, 계속적인 활동으로 가득 차 있다. 이것은 개인과 공동체 정체성의 중요한 원천이며, 때로는 사람들이 정서적 · 심리적으로 깊은 유대를 느끼는 인간 실존의 심오한 중심이 된다. 사실 장소와 인간의 관계는 사람들과의 관계와 마찬가지로 필수적이고, 다양하며, 때로는 불쾌한 것이다.

　장소로서 경험되는 공간 규모는 방의 한구석에서부터 대륙 전체에 이를 수 있다. 그러나 규모에 상관없이 모든 장소는 자연물과 인공물, 활동과 기능, 그리고 의도적으로 부여된 의미가 종합된 총체적인 실체이다. 이런 구성 요소들로 특정 장소의 정체성이 만들어지지만, 구성 요소가 이 정체성을 규정하는 것은 아니다. 장소의 정체성이란 특별한 성격을 가진 내부성이자 내부에 있다는 경험으로서, 장소들을 공간상에 분리시키는 역할을 한다. 내부성은 중세 도시의 성곽같이 물리적 형태와 관련이 있고, 또 물리적 형태에 반영되기도 한다. 또는 장소의 고유한 특질을 유지하려는 의식(儀式)과 주기적인 활동으로 내부성이 표출될 수도 있다. 하지만, 무엇보다도 내부성은 장소 경험의 강렬함과 관련이 있다.

31 윗글에서 설명하고 있는 '장소'의 특성과 가장 거리가 먼 것은?

① 맥락성　　　　　　② 내부성
③ 연속성　　　　　　④ 총체성
⑤ 관념성

32 ㉠을 통해 필자가 말하고자 하는 바로 적절하지 않은 것은?

① 장소는 개인의 경험과 밀접하게 관련되어 있다.
② 장소는 복잡하고 다양한 연속체 안에서 설명된다.
③ 장소는 공간과는 독립적으로 이해해야 한다.
④ 장소를 현상이 아닌 실체로서 파악하는 것이 중요하다.
⑤ 공간과 달리 장소에 대한 개념은 정서적이다.

33 다음 보도자료와 일치하지 않는 내용을 말한 직원을 고르면?

○○공사와 K 사는 역 공기 질 개선, 안전사고와 범죄 예방, 에너지 효율화를 위한 정보통신기술(ICT) 시스템을 우선 지하철 5호선 주요 역사와 차량기지에만 시범 설치했다고 밝혔다.

○○공사와 K 사는 2017년 12월 안전하고 깨끗한 지하철을 만들고 미래 교통기술을 연구하기 위해 업무협약을 맺었다. 이 협약에 따라 양 사는 K 사가 개발한 그린 서브웨이(Green Subway) 시스템 효과 검증 사업을 진행하고 있다.

역 공기 질 개선을 위해 지하철 5호선 광화문역, 왕십리역, 장한평역에 실시간으로 역 공기 질 상태를 분석할 수 있는 장치가 부착되었다. K 사의 공기 질 관리 솔루션이 적용된 이 장치는 역사 내 초미세먼지는 물론 미세먼지, 이산화탄소, 온도, 습도, 소음까지 측정한다. 관제센터에서는 공기 질 데이터를 실시간으로 확인해 역 환기시스템 운영 시점과 횟수를 조절할 수 있다.

또한 지하철 성범죄의 주요 발생 장소이지만 개인 프라이버시 보호를 위해 CCTV가 설치될 수 없었던 여자 화장실에는 비명을 감지해 실시간으로 긴급 상황을 알려주는 시스템이 설치되었다. 이 세이프 메이트(Safe Mate) 장치는 비명이 감지되면 화장실 입구의 경광등이 울리고 역 직원의 휴대전화로 모든 상황을 전달하는 기능을 한다. 범죄예방센터와 협력하여 경찰서로도 사고 상황이 전송될 수 있는 시스템을 앞으로 구축할 예정이다.

세이프 메이트 장치를 설치한 역은 지하철 5호선 방화역, 을지로4가역, 군자역, 영등포구청역, 광화문역, 왕십리역, 장한평역, 상일동역, 우장산역, 마천역 10개 역이고, 광화문역, 천호역, 고덕차량기지에는 지능형 CCTV와 사물인터넷 기반 관제 시스템이 설치되었다. 관제센터에서는 이 시스템을 통해 승객이 쓰러지거나 역 대합실이 매우 혼잡한 상황, 출입금지 구역의 문이 열리는 상황 등을 발생 즉시 알 수 있다. 이에 따라 차량기지에 무단으로 침입해 그라피티를 그리는 등 범죄 사건의 발생을 예방할 수 있을 것으로 보인다.

① A 사원 : "세이프 메이트 장치는 여자 화장실에서 비상 상황이 발생할 경우 경광등이 울리고 경찰서로도 사고 상황이 전송되는 아주 좋은 장치네요."
② B 과장 : "광화문역에는 사물인터넷 기반 관제 시스템이 있다고 하니, 굉장히 유용할 것 같아요."
③ C 주임 : "저는 집에 가려면 지하철 5호선 영등포구청역에서 하차하는데요. 여자인 저로서는 역 화장실을 이용할 때 불안감이 있었는데 이젠 안심이 되네요."
④ D 부장 : "지하철역 공기의 질을 역 관제센터가 항상 점검할 수 있게 되었으니 안심이 되네요."
⑤ E 사원 : "5호선에만 설치하지 말고 다른 노선으로도 확대되었으면 좋겠어요."

Chapter 02
수리능력

수리능력은 직장에서 업무를 수행함에 있어 필요한 사칙연산을 원활히 수행하고, 기초적인 통계를 이해하며 여러 종류의 도표 자료를 분석하고 작성할 수 있는 능력을 가리킨다. 더 나아가 자료를 이해하고 분석한 결과를 토대로 합리적인 의사결정을 위한 객관적인 근거를 제시할 수 있는 능력도 의미한다.

직장생활에서 기본적으로 필요한 기초연산능력과 기초통계능력을 기반으로, 그림·표·그래프 등의 도표를 분석하고 그 흐름을 이해할 수 있는 도표분석능력, 이러한 자료를 응용하고 심화하여 새로운 데이터를 작성할 수 있는 도표작성능력 등으로 구분된다.

02 Chapter — START
NCS 모듈 학습

개념정리 • 수리능력

1. 수리능력의 개념

수리능력이란 '직장생활에서 필요한 사칙연산과 기초적 통계를 이해하고, 도표 또는 자료(데이터)를 정리, 요약하여 의미를 파악하거나 도표를 이용해서 합리적인 의사결정을 위한 객관적인 판단 근거로 제시하는 능력'을 말한다.

2. 수리능력의 구성

기초연산능력	'직장생활에서 필요한 기초적인 사칙연산과 계산방법을 이해하고 활용하는 능력'을 의미
기초통계능력	'직장생활에서 평균, 합계, 빈도와 같은 기초적인 통계기법을 활용하여 자료를 정리하고 요약하는 능력'을 의미
도표분석능력	'직장생활에서 도표의 의미를 파악하고, 필요한 정보를 해석하여 자료의 특성을 규명하는 능력'을 의미
도표작성능력	'직장생활에서 자료(데이터)를 이용하여 도표를 효과적으로 제시하는 능력'을 의미

3. 수리능력이 중요한 이유

- **업무상 중요성** : 수리능력은 여러 가지 자연 현상이나 사회 현상들을 추상화, 계량화하여 그 본질적 성질에 대해 설명하는 능력으로, 단순히 숫자 계산만을 말하거나 특정 직업에 종사하는 사람에게만 필요한 것이 아니다.
- **수학적 사고를 통한 문제해결** : 수학적 사고를 적용하는 습관을 갖게 되면 여러 문제들을 쉽게 분류하고, 그 해결 방법을 찾을 수 있다.
- **직업 세계 변화에 적응** : 전직, 이직 등 직업 세계의 변화에 적응하기 위해 수리능력이 필요하다.
- **실용적 가치의 구현** : 수리능력을 통해 업무상 필요한 수학적 지식을 습득할 수 있을 뿐만 아니라 이를 통해서 수량적인 사고를 할 수 있는 아이디어나 개념을 도출할 수 있다.

하위능력 1 • 기초연산능력

① 기초연산능력이란?

업무수행과정에서 필요한 기초적인 사칙연산과 계산방법을 이해하고 활용하는 능력이다.

② 사칙연산

수 또는 식에 관한 덧셈(+), 뺄셈(−), 곱셈(×), 나눗셈(÷) 등 네 종류의 계산법이다. 업무를 원활하게 수행하기 위해서는 기본적인 사칙연산 외에 다단계의 복잡한 사칙연산까지도 수행할 수 있어야 한다.
- 괄호가 있는 식은 괄호 안을 가장 먼저 계산한다.
- 덧셈과 뺄셈만 있는 식은 왼쪽부터 차례대로 계산한다.
- 곱셈과 나눗셈만 있는 식은 왼쪽부터 차례대로 계산한다.
- 네 연산이 혼합된 경우, 곱셈과 나눗셈을 먼저 하고, 덧셈과 뺄셈을 나중에 한다.

③ 검산법

- 역연산법 : 본래의 풀이와 반대로 연산을 해가면서 본래의 답이 맞는지를 확인해 나가는 과정이다. 즉 덧셈은 뺄셈으로, 뺄셈은 덧셈으로, 곱셈은 나눗셈으로, 나눗셈은 곱셈으로 연산하여 확인하는 것이다.
- 구거법 : 원래의 수를 9로 나눈 나머지와 각 자릿수의 합을 9로 나눈 나머지가 같다는 원리를 이용하는 것으로써, 각 수를 9로 나눈 나머지만 계산해서 좌변과 우변의 9로 나눈 나머지가 같은지 확인하는 방법이다.

④ 단위환산

단위	단위환산		
길이	1cm = 10mm	1m = 100cm	1km = 1,000m
넓이	$1cm^2 = 100mm^2$	$1m^2 = 10,000cm^2$	$1km^2 = 1,000,000m^2$
부피	$1cm^3 = 1,000mm^3$	$1m^3 = 1,000,000cm^3$	$1km^3 = 1,000,000,000m^3$
들이	$1ml = 1cm^3$	$1dl = 100cm^3 = 100ml$	$1L = 1,000cm^3 = 10dl$
무게	1kg = 1,000g	1t = 1,000kg = 1,000,000g	−
시간	1분 = 60초	1시간 = 60분 = 3,600초	−
할푼리	1푼 = 0.1할	1리 = 0.1푼 = 0.01할	1모 = 0.1리 = 0.01푼 = 0.001할

1 • 기초연산능력 ≫ 바로확인문제

[01~03] 다음 제시된 식의 값을 구하시오.

01
$$47 \times 7 - 28$$

① 329　　② 311　　③ 301　　④ 893　　⑤ −893

 기초연산능력 / 사칙연산 계산하기

사칙연산은 곱셈과 나눗셈을 먼저 하고, 덧셈과 뺄셈을 나중에 한다. 따라서 순서대로 계산하면 301이 정답이다. 이 문제도 역시 계산 후 오게 될 일의 자리 1을 먼저 확인한 후 답을 찾으면 시간을 줄일 수 있다.

정답 ③

02
$$5.3 + (17.2 \times 1.9) \div 0.4$$

① 81.7　　② 78　　③ 82.4　　④ 83　　⑤ 87

 기초연산능력 / 사칙연산 계산하기

괄호 안, 나눗셈, 덧셈 순으로 계산한다.
$5.3+(17.2 \times 1.9) \div 0.4 = 5.3+(32.68 \div 0.4) = 5.3+81.7 = 87$

정답 ⑤

03
$$\left\{\left(\frac{4}{5}-\frac{5}{10}\right)+\frac{1}{3}\right\} \times \frac{2}{5}$$

① $\frac{23}{50}$　　② $\frac{18}{65}$　　③ $\frac{19}{55}$　　④ $\frac{19}{75}$　　⑤ $\frac{39}{75}$

 기초연산능력 / 분수식 계산하기

소괄호, 대괄호 순으로 괄호 안을 먼저 계산한다.
$\left\{\left(\frac{4}{5}-\frac{5}{10}\right)+\frac{1}{3}\right\} \times \frac{2}{5} = \left\{\left(\frac{8}{10}-\frac{5}{10}\right)+\frac{1}{3}\right\} \times \frac{2}{5} = \left(\frac{3}{10}+\frac{1}{3}\right) \times \frac{2}{5} = \left(\frac{9}{30}+\frac{10}{30}\right) \times \frac{2}{5} = \frac{19}{75}$

정답 ④

04 다음 중 계산했을 때의 결과 값이 가장 큰 것을 고르면?

① 12,551.5 − 7,375.6
② 3,686.3 + 1,598.8
③ −2,037.6 + 7,364.3
④ 23,241.5 − 17,897.7
⑤ 2,689.9 + 2,694.8

 기초연산능력 / 사칙연산 계산하기

① 12,551.5 − 7,375.6 = 5,175.9
② 3,686.3 + 1,598.8 = 5,285.1
③ −2,037.6 + 7,364.3 = 5,326.7
④ 23,241.5 − 17,897.7 = 5,343.8
⑤ 2,689.9 + 2,694.8 = 5,384.7
따라서 결과 값이 가장 큰 것은 ⑤이다.

정답 ⑤

05 다음 중 단위를 올바르게 환산한 것을 모두 고르면?

㉠ 1리 = 0.01푼
㉡ 1km = 100,000cm
㉢ 1mL = 0.001L
㉣ 1시간 = 3,600초
㉤ 1m² = 100,000cm²

① ㉠, ㉡
② ㉠, ㉤
③ ㉡, ㉢, ㉣
④ ㉡, ㉤
⑤ ㉡, ㉣, ㉤

 기초연산능력 / 단위 환산 이해하기

㉠ 1리 = 0.1푼
㉤ 1m² = 10,000cm²

정답 ③

하위능력 2 • 기초통계능력

1 통계의 개념

통계란 집단적 현상 또는 수집된 자료에서 구체적인 양적 표현을 나타내는 숫자를 의미한다. 자연적 현상 및 사회집단의 현상을 정리하거나 분석하는 수단으로 널리 활용된다.

2 통계의 기능

- 많은 수량적 자료 처리가 가능하고 쉽게 이해할 수 있는 형태로 축소시킨다.
- 표본을 통해 연구 대상 집단의 특성을 유추한다.
- 의사결정의 객관적인 근거 수단이 된다.
- 관찰 가능한 자료를 통해 논리적으로 어떠한 결론을 추출하거나 검증한다.

3 통계의 조사 방법

전수조사	분석대상을 모두 조사하는 것으로, 엄청난 시간과 비용이 든다.
표본조사	전체(모집단)를 대표하는 일부분(표본)을 뽑고 표본을 조사, 분석하여 전체(모집단)의 특성을 유추하는 것이다.

4 빈도와 백분율

- 빈도 : 어떤 사건이 일어나거나 나타나는 정도를 의미한다.
- 빈도분포 : 빈도를 표나 그래프로 종합적이고 일목요연하게 표시하는 것으로, 보통 빈도수와 백분율로 표시하는 경우가 많으며, 상대적 빈도분포와 누가적 빈도분포로 나누어 표시하기도 한다.
- 백분율 : 백분율은 전체 수량을 100%로 할 때, 나타내려는 수량이 차지하는 비율이다. %(퍼센트)로 나타내며, 100분의 1이 1%에 해당된다. 백분율은 오래전부터 실용계산의 기준으로 널리 사용되고 있으며, 원형 그래프 등을 이용하면 이해하기 쉽다.

5 평균

평균은 모든 자료의 자료값을 합한 후 자료값의 개수로 나눈 값을 말한다. 자료값 전부에 대한 정보를 담고 있으나 극단적인 값이나 이질적인 값에 의해 쉽게 영향을 받아 전체를 대표

하지 못할 가능성이 있다. 예를 들면 1, 2, 3, 4, 5의 평균은 3으로 관찰값 전체를 대표하기에는 적절하지만, 1, 2, 3, 4, 100의 평균은 22로 관찰값 전체를 대표하기에 적절하지 않다.

- **산술평균** : 전체 관찰값을 모두 더한 후 관찰값의 개수로 나눈 값
- **가중평균** : 각 관찰값에 자료의 상대적 중요도(가중치)를 곱하여 모두 더한 값을 가중치의 합계로 나누어 구한 값

대푯값과 퍼진 정도

범위	· 관찰값의 흩어진 정도를 가장 간단하게 알아보는 방법으로, 최댓값에서 최솟값을 뺀 값에 1을 더한 값이다. · 집단의 관찰값이 3, 4, 6, 7이라면 최고값이 7이고, 최저값이 3이기 때문에 최고값에서 최저값을 뺀 값, 즉 7-3+1=5가 이 집단의 범위가 된다.
분산	· 자료의 퍼져 있는 정도를 구체적인 수치로 알려주는 도구이다. · 각 관찰값과 평균값과의 제곱을 모두 더한 값을 관찰값의 개수로 나누어 구한다. · 집단의 관찰값이 1, 2, 8, 9이고 평균이 5라면, 집단의 분산은 $(1-5)^2+(2-5)^2+(8-5)^2+(9-5)^2$을 4로 나눈 값을 의미한다. 따라서 이 집단의 분산은 16+9+9+16=50을 4로 나눈 값인 12.5가 된다.
표준편차	· 평균으로부터 얼마나 떨어져 있는가를 나타내는 것으로 분산값의 제곱근 값을 의미한다. · 집단의 관찰값이 1, 2, 8, 9이고 평균이 5라면, 집단의 분산은 위에서 구한 바와 같이 12.5가 되며, 여기서 표준편차는 12.5의 제곱근 값이 된다.
최솟값 최댓값 최빈값	· 최솟값은 원자료 중 값의 크기가 가장 작은 값을 의미한다. · 최댓값이란 원자료 중 값의 크기가 가장 큰 값을 의미한다. · 최빈값이란 표본에서 가장 많이 관측되는 수이며 주어진 값 중에서 가장 자주 나오는 값을 말한다.
중앙값	· 중앙값은 평균값과는 달리 정확하게 중간에 있는 값을 의미한다. · 관찰값을 최솟값부터 최댓값까지 크기순으로 배열하였을 때 순서상 중앙에 위치하는 관찰값을 말한다.
하위 25%값(Q_1) 상위 25%값(Q_2)	· 원자료를 크기순으로 배열하여 4등분한 값을 의미한다. · 백분위 수의 관점에서 제25백분위수, 제75백분위수로 표기할 수도 있다.

2 • 기초통계능력 » 바로확인문제

01 다음은 5개 나라의 하루 코로나 확진자 수이다. 이 자료를 바탕으로 5개국의 코로나 확진자 수의 중앙값, 평균, 분산을 순서대로 나열한 것은?

$$34 \quad 30 \quad 35 \quad 33 \quad 28$$

① 33, 30, 6.5 ② 33, 32, 6.5 ③ 33, 32, 6.8
④ 35, 32, 6.8 ⑤ 35, 33, 6.8

 기초통계능력 / 통계기법 이해하기

- 중앙값(변량을 크기 순서로 나열했을 때 중앙에 위치하는 값)=33
- 평균값(자료 전체의 합을 자료의 개수로 나눈 값)=$(34+30+35+33+28) \div 5 = 32$
- 분산(주어진 변량이 평균으로부터 떨어져 있는 정도를 나타내는 값, (편차)^{2}의 평균)
 = $\{(34-32)^2+(30-32)^2+(35-32)^2+(33-32)^2+(28-32)^2\} \div 5 = (4+4+9+1+16) \div 5 = 6.8$

정답 ③

02 다음 자료의 평균값, 최빈값, 중앙값을 모두 더한 값은?

구분	ㄱ	ㄴ	ㄷ	ㄹ	ㅁ	ㅂ	ㅅ	ㅇ	ㅈ	ㅊ	ㅋ
자료	108	103	98	101	103	95	89	116	121	103	107

① 295 ② 303 ③ 308
④ 310 ⑤ 322

 기초통계능력 / 평균값, 최빈값, 중앙값 파악하기

자료의 평균값은 $(108+103+98+101+103+95+89+116+121+103+107) \div 11 = 104$이고, 최빈값은 가장 많이 나온 103이다. 중앙값은 자료를 최솟값부터 최댓값까지 크기순으로 배열해보면 알 수 있다.

| 자료 | 121 | 116 | 108 | 107 | 103 | 103 | 103 | 101 | 98 | 95 | 89 |

따라서 평균값, 최빈값, 중앙값을 모두 더하면 $104+103+103=310$이다.

정답 ④

03 다음은 폐기물협회에서 제공하는 전국 폐기물 발생 현황 자료이다. ㉠, ㉡에 들어갈 값으로 적절한 것은? (단, 소수점 둘째 자리에서 반올림한다.)

연도별 폐기물 발생 현황

(단위 : 톤/일, %)

구분		2012	2013	2014	2015	2016	2017
총계	발생량	382,009	380,709	388,486	404,812	415,345	414,626
	증감률	2.3	−0.3	2.0	4.2	2.6	−0.17
생활 폐기물	발생량	48,990	48,728	49,915	51,247	53,772	53,490
	증감률	0.1	㉠	2.4	2.7	4.9	−0.5
사업장 배출시설계 폐기물	발생량	146,390	148,443	153,189	155,305	162,129	164,874
	증감률	6.1	1.4	3.2	1.4	㉡	1.7
건설 폐기물	발생량	186,629	183,538	185,382	198,260	199,444	196,262
	증감률	0.1	−1.7	1.0	6.9	0.6	−1.6

- 생활 폐기물은 가정 생활 폐기물, 사업장 생활 폐기물, 공사장 생활계 폐기물을 함께 포함한 수치임
- 증감률은 전년 대비 증감률을 나타냄

	㉠	㉡
①	−0.3	4.4
②	−0.3	4.3
③	−0.4	4.2
④	−0.5	4.3
⑤	−0.5	4.4

 기초통계능력 / 증감률 구하기

㉠, ㉡ 모두 전년 대비 증감률을 구하는 문제이다. 식은 다음과 같다.

㉠ $\dfrac{48,728 - 48,990}{48,990} \times 100 ≒ -0.5\%$

㉡ $\dfrac{162,129 - 155,305}{155,305} \times 100 ≒ 4.4\%$

따라서 정답은 ㉠ −0.5, ㉡ 4.4이다.

정답 ⑤

하위능력 3 • 도표분석능력

① 도표분석능력이란?

업무수행과정 중 도표의 의미를 파악하고 필요한 정보를 해석하여 자료의 특성을 규명하는 능력이다.

② 도표의 유용성

- 복잡한 수치도 그래프를 그려봄으로써 쉽게 파악할 수 있다.
- 전체와 부분의 비교가 쉬워 다른 사람에게 설명할 때 더욱 설득력을 얻게 된다.

③ 도표의 구분

종류	설명
선(절선) 그래프	• 주로 시간의 경과에 따른 변화의 추이를 꺾은선으로 나타내는 그래프
막대그래프	• 수량을 나타내는 막대의 길이를 비교하여 각 수량 간의 대소 관계를 나타내는 그래프
원그래프	• 하나의 원을 전체 수량에 대한 부분의 비율에 따라 비례하는 면적의 부채꼴로 나타내는 그래프 • 구성비, 비중을 나타낼 때 많이 쓰임
점그래프	• 가로축과 세로축의 요소가 각기 다른 데이터들의 분포를 점으로 나타내는 그래프 • 위치 · 크기 · 성격 등을 표시(눈에 보이는 자료값)
층별 그래프	• 선 그래프의 변형된 형태로, 각 부분의 크기를 백분율로 하고, 시간적 변화를 보고할 때 많이 쓰임
방사형 그래프	• 비교하는 수량을 직경 또는 반경으로 나누어 원의 중심에서의 거리에 따라 각 수량의 관계를 나타내는 그래프 • 다양한 요소를 비교할 때 경과를 표현하기 적합 • 레이더 차트(거미줄 그래프)로도 불림

④ 도표 해석상 유의사항

- **요구되는 지식의 수준**

  도표의 해석은 특별한 지식을 요구하지 않는 경우가 대부분이나 지식의 수준에는 차이가 있어 어떤 사람에게는 상식이 어떤 사람에게는 지식일 수 있다. 따라서 직업인으로서 자신의 업무와 관련된 기본적인 지식의 습득을 통해 특별한 지식을 상식화할 필요가 있다.

- **도표에서 제시된 자료의 의미를 정확히 숙지**

  주어진 도표를 무심코 해석하다 보면 자료가 지니고 있는 진정한 의미를 확대 해석할 수도 있다.

- **도표로부터 알 수 있는 것과 알 수 없는 것의 구별**

  주어진 도표로부터 알 수 있는 것과 알 수 없는 것을 완벽하게 구별할 필요가 있다. 즉 주어진 도표로부터 의미를 확대하여 해석하여서는 곤란하며, 주어진 도표를 토대로 자신의 주장을 충분히 추론할 수 있는 보편타당한 근거를 제시해주어야 한다.

- **총량의 증가와 비율의 증가 구분**

  비율이 같더라도 총량에 있어서는 많은 차이가 있을 수 있다. 또한 비율에 차이가 있더라도 총량이 표시되어 있지 않은 경우에는 비율 차이를 근거로 절대적 양의 크기를 평가할 수 없다. 따라서 이에 대한 세심한 검토가 요구된다.

- **백분위수와 사분위수의 이해**

  백분위수는 크기순으로 배열한 자료를 100등분하는 수의 값을 의미한다.

  예컨대 제 p백분위수란 자료를 크기순으로 배열하였을 때 p%의 관찰값이 그 값보다 작거나 같고, (100-p%)의 관찰값이 그 값보다 크거나 같게 되는 값을 말한다. 한편 사분위수란 자료를 4등분한 것으로 제1사분위수는 제25백분위수, 제2사분위수는 제50백분위수(중앙치), 제3사분위수는 제75백분위수에 해당한다.

3. 도표분석능력 » 바로확인문제

01 ○○공사의 정 사원이 올해 회사의 제품별 매출액 구성비를 그래프로 나타내기 위해 활용할 도표의 종류로 가장 적절한 것은?

① 방사형 그래프　　② 막대(봉) 그래프　　③ 원 그래프
④ 점 그래프　　⑤ 층별 그래프

💡 **도표분석능력 / 도표의 종류 이해하기**

원 그래프는 일반적으로 내역이나 내용의 구성비를 분할하여 나타내고자 할 때 활용한다. 두 개의 동심원을 그림으로써 투시점에서의 매출액 크기와 구성비를 비교해볼 수도 있다.

정답 ③

02 다음의 용도를 가지고 있는 그래프로 가장 옳은 것은?

> • 합계와 각 부분의 크기를 백분율로 나타내고 시간적 변화를 보고자 할 때
> • 합계와 각 부분의 크기를 실수로 나타내고 시간적 변화를 보고자 할 때

① 막대 그래프　　② 원 그래프　　③ 점 그래프
④ 층별 그래프　　⑤ 방사형 그래프

💡 **도표분석능력 / 도표의 종류 이해하기**

선(절선) 그래프	주로 시간의 경과에 따른 수량의 변화를 절선의 기울기로 나타내는 그래프 예 연도별 매출액 추이 변화 등
막대(봉) 그래프	비교 수량을 막대 길이로 표시하고 각 수량 간의 대소 관계를 나타내는 그래프 예 영업소별 매출액, 성적별 인원 분포 등
원 그래프	일반적으로 내역이나 내용의 구성비를 분할하여 나타내고자 할 때 활용 예 제품별 매출액 구성비 등
점 그래프	주로 지역 분포, 도시·지방·기업·상품 등의 평가나 위치, 성격을 표시하는 데 이용 예 광고비율과 이익률의 관계 등
층별 그래프	선 그래프의 변형으로서 연속내역 봉 그래프라고 볼 수 있고, 선의 움직임보다는 선과 선 사이의 크기로써 데이터 변화를 나타내는 그래프 예 상품별 매출액 추이 등
방사형 그래프 (레이더 차트)	원 그래프의 일종으로 거미줄 그래프라고도 하며, 비교하는 수량을 직경 또는 반경으로 나누어 원의 중심에서의 거리에 따라 각 수량의 관계를 나타내는 그래프 예 매출액의 계절변동 등

정답 ④

03 S 시와 A 시의 주민들이 아래의 연도별 예산현황 자료를 보고 토론하고 있다. 다음 중 자료를 잘못 이해한 주민은?

S 시, A 시의 연도별 예산현황

(단위 : 백만 원)

구분	S 시			A 시		
	합계	일반회계	특별회계	합계	일반회계	특별회계
2015년	917,000	695,000	222,000	803,040	696,400	106,640
2016년	1,117,265	800,000	317,265	776,600	697,000	79,600
2017년	1,242,037	984,000	258,037	866,000	754,500	111,500
2018년	1,503,338	1,132,000	371,338	1,020,000	897,800	122,200
2019년	1,551,611	1,155,000	396,611	1,070,000	966,200	103,800

① D 주민 : S 시의 예산액 합계는 꾸준히 증가하고 있지만 A 시는 그렇지 않아요.
② R 주민 : S 시의 특별회계 예산액은 항상 A 시의 특별회계 예산액보다 2배 이상 더 많아요.
③ I 주민 : 2018년 S 시의 일반회계 예산액은 A 시의 일반회계 예산액보다 1.2배 이상 더 많네요.
④ N 주민 : 2017년 A 시 전체 예산액에서 특별회계 예산액이 차지하는 비중은 12% 이상이에요.
⑤ K 주민 : 2016년 S 시 전체 예산액에서 일반회계 예산액이 차지하는 비중은 70% 미만을 차지해요.

 도표분석능력 / 예산 현황 분석하기

2016년 S 시 전체 예산액에서 일반회계 예산액이 차지하는 비중 $\frac{800,000}{1,117,265} \times 100 = 71.60 \cdots$ 으로 70% 이상이다.

오답풀이

① S 시의 예산액 합계는 꾸준히 증가하고 있고, A 시는 2016년에 감소했다가 다시 증가하고 있다.
② S 시 특별회계 예산액과 A 시 특별회계 예산액 2배를 비교하면 다음과 같다.
  2015년 : 222,000 > 213,280 / 2016년 : 317,265 > 159,200 / 2017년 : 258,037 > 223,000 / 2018년 : 371,338 > 244,400 / 2019년 : 396,611 > 207,600
③ 2018년 A 시 일반회계 예산액의 1.2배는 897,800×1.2 = 1,077,360으로 S 시의 일반회계 예산액이 더 많다.
④ 2017년 A 시 전체 예산액에서 특별회계 예산액이 차지하는 비중은 $\frac{111,500}{866,000} \times 100 = 12.8 \cdots$ 로 12% 이상이다.

정답 ⑤

하위능력 4 ● 도표작성능력

1 도표작성능력이란?

자료를 이용하여 여러 도표를 작성함으로써 업무의 성과 및 결과를 효과적으로 제시하는 능력이다.

2 도표작성의 업무활용

- 도표를 사용하여 업무결과를 제시하는 경우
- 업무의 목적에 맞게 계산 결과를 묘사하는 경우
- 업무 중 계산을 수행하고 결과를 정리하는 경우
- 업무에 소요되는 비용을 시각화하는 경우
- 고객과 소비자의 정보를 조사하고 결과를 설명하는 경우

3 도표작성 시 유의사항

- 보기 쉽고 깨끗하게 그리고, 하나의 도표에 여러 가지 내용을 넣지 않음
- 순서가 없는 것은 큰 것부터, 왼쪽에서 오른쪽으로, 위에서 아래로 그려야 함
- 적정한 눈금을 잡아 그리고, 최대한 수치를 생략하지 않고 그려야 함

4 도표의 작성 절차

- **어떠한 도표로 작성할 것인지를 결정**
  업무수행 과정에서 도표를 작성할 때에는 우선 주어진 자료를 면밀히 검토하여 어떠한 도표를 활용하여 작성할 것인지를 결정한다. 도표는 목적이나 상황에 따라 올바르게 활용할 때 실효를 거둘 수 있으므로 우선적으로 어떠한 도표를 활용할 것인지를 결정하는 일이 선행되어야 한다.

- **가로축과 세로축에 나타낼 것을 결정**
  주어진 자료를 활용하여 가로축과 세로축에 무엇을 나타낼 것인지를 결정하여야 한다. 일반적으로 가로축에는 명칭구분(연, 월, 장소 등), 세로축에는 수량(금액, 매출액 등)을 나타내며 축의 모양은 L자형이 일반적이다.

- **가로축과 세로축의 눈금의 크기를 결정**
  주어진 자료를 가장 잘 표현할 수 있도록 가로축과 세로축의 눈금의 크기를 결정해야 한다. 한 눈금의 크기가 너무 크거나 작으면 자료의 변화를 잘 표현할 수 없으므로, 자료를 가장 잘 표현할 수 있는 눈금의 크기를 정하는 것이 바람직하다.

- **자료를 가로축과 세로축이 만나는 곳에 표시**
  자료 각각을 결정된 축에 표시한다. 이때 가로축과 세로축이 만나는 곳에 정확히 표시해야 정확한 그래프를 작성할 수 있으므로 주의해야 한다.

- **표시된 점에 따라 도표 작성**
  표시된 점들을 활용하여 실제로 도표를 작성한다. 선 그래프라면 표시된 점들을 선분으로 이어 도표를 작성하고 막대 그래프라면 표시된 점들을 활용하여 막대를 그려 도표를 작성한다.

- **도표의 제목 및 단위 표시**
  도표를 작성한 후에는 도표의 상단 혹은 하단에 제목과 함께 단위를 표기한다.

⑤ 종류별 도표 작성 유의사항

- **선 그래프** : 세로축에 수량(금액, 매출액 등), 가로축에 명칭구분(연, 월, 장소 등)을 제시하며, 축의 모양은 L자형으로 하는 것이 일반적이다.
- **막대 그래프** : 가로축은 명칭구분(연, 월, 장소, 종류 등)으로, 세로축은 수량(금액, 매출액 등)으로 정하며, 막대 수가 많을 경우에는 눈금선을 기입하는 것이 알아보기 쉽다. 막대의 폭은 반드시 모두 같게 해야 한다.
- **원 그래프** : 정각 12시의 선을 시작선으로 하여 오른쪽으로 그리는 것이 보통이다. 또한, 분할선은 구성비율이 큰 순서로 그리되, '기타' 항목은 가장 뒤에 그리는 것이 좋다.

4 • 도표작성능력 >> 바로확인문제

01 다음 중 도표작성 시 주의사항으로 옳지 않은 것은?

① 보기 쉽게 깨끗이 그린다.
② 하나의 도표에 여러 가지 내용을 넣는다.
③ 컴퓨터 프로그램을 이용한 그래프를 최대한 활용한다.
④ 눈금을 잡기에 따라 크게 보이거나 작게 보일 수 있으므로 주의한다.
⑤ 특별히 순서가 정해 있지 않은 것은 큰 것부터 그리고, 왼쪽에서 오른쪽으로 또는 위에서 아래로 그린다.

도표작성능력 / 도표작성 시 주의사항 알기

도표작성 시 하나의 도표에 여러 가지 내용을 넣지 않는다.

정답 ②

02 다음의 도표작성 절차를 순서대로 나열한 것으로 옳은?

> ㉠ 어떠한 도표로 작성할 것인지를 결정
> ㉡ 자료를 가로축과 세로축이 만나는 곳에 표시
> ㉢ 가로축과 세로축의 눈금의 크기를 결정
> ㉣ 표시된 점에 따라 도표 작성
> ㉤ 가로축과 세로축에 나타낼 것을 결정
> ㉥ 도표의 제목 및 단위 표시

① ㉠-㉡-㉢-㉤-㉣-㉥ ② ㉠-㉢-㉤-㉡-㉣-㉥
③ ㉠-㉤-㉢-㉡-㉣-㉥ ④ ㉠-㉤-㉢-㉣-㉡-㉥
⑤ ㉠-㉣-㉤-㉢-㉡-㉥

도표작성능력 / 도표작성 절차 이해하기

1단계	어떠한 도표로 작성할 것인지를 결정
2단계	가로축과 세로축에 나타낼 것을 결정
3단계	가로축과 세로축의 눈금의 크기를 결정
4단계	자료를 가로축과 세로축이 만나는 곳에 표시
5단계	표시된 점에 따라 도표 작성
6단계	도표의 제목 및 단위 표시

정답 ③

03 G 사원은 보고서 발표를 앞두고 시청각 자료를 준비하기 위해 그래프를 만들고 있다. 다음 중 아래의 내용을 그래프로 적절하게 옮긴 것은?

> 2018년을 기준으로 신규 투자액은 평균 53.26백만 원으로 나타났으며, 유지보수 비용으로는 평균 35.17백만 원을 사용한 것으로 나타났다. 반면, 2019년 예상 투자액의 경우 신규투자는 12.04백만 원 감소한 ㉠원으로 예상하였으며, 유지보수 비용의 경우 0.28백만 원 증가한 ㉡원으로 예상하고 있다.

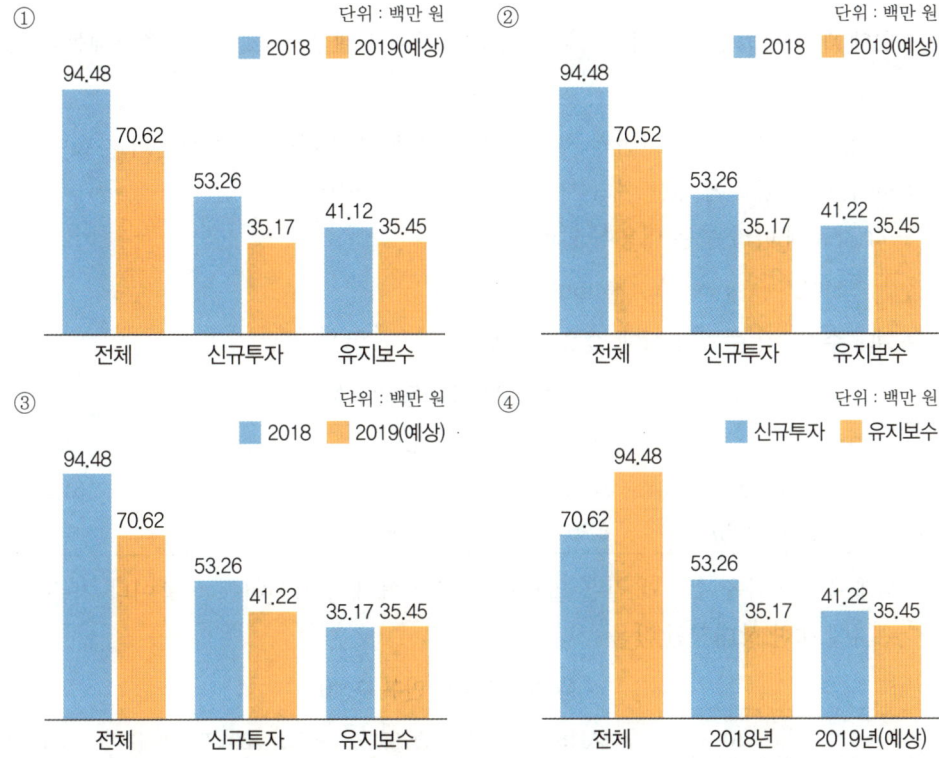

 도표작성능력 / 그래프 활용하기

㉠, ㉡의 값과 전체의 값을 구하면 다음과 같다.

	신규투자	유지보수
2018년	53.26	35.17
2019년(예상)	㉠ 41.22	㉡ 35.45
전체	94.48	70.62

이를 가장 적절하게 배치시킨 그래프는 ③이다.

정답 ③

간추린 HIDDEN NOTE 수리능력

 테마 1 ● 수리의 과반! 자료해석 쉽게 다가가기

1. 자료해석 유형 풀이 방법

1) 자료의 소재와 제목을 확인한다.
무엇에 대한 자료인지 살펴봄으로써 자료의 내용과 계산법 등을 미리 추론해볼 수 있다.

2) 여러 항목의 시점을 확인한다.
여러 항목에 대한 같은 시점의 자료인지, 같은 항목에 대한 여러 시점의 자료인지를 파악한다. 여러 항목에 대한 여러 시점의 자료일 수도 있다.
→ 각 자료에 따라 묻는 내용이 달라진다.

3) 절대 수치인지 상대 수치인지를 파악한다.
- 절대 수치 : 각 수치가 실제 값을 나타냄

총인구수와 아동 인구수

	2015	2016	2017	2018
총인구수(천 명)	51,529	51,696	51,778	51,826
아동 인구수(천 명)	8,961	8,736	8,480	8,176

- 상대 수치 : 비율 수치와 같은 말로서 자료 전체에서 차지하는 비중이나 기준이 되는 수치에 대한 상대적인 값을 나타냄

총인구 중 아동 인구 구성비

	2015	2016	2017	2018
아동 인구 비율(%)	17	17	16	16

4) 지문을 확인한다.
계산이 필요 없는 지문부터 확인하여 처리하고, 계산이 필요한 지문은 계산 과정을 줄여 계산한다. 계산하려는 숫자 간의 차이가 클 경우 일의 자리 숫자까지 계산할 필요가 없다.

2. 자료해석 빈출 공식

1) 증감률 : 증가하거나 감소하는 비율

$$A(기준) \text{ 대비 } B(비교대상)\text{의 증감률} = \frac{B(비교대상) - A(기준)}{A(기준)} \times 100$$

예 2017년 대비 2018년의 아동 인구수 증감률

	2017	2018
아동 인구수(천 명)	8,480	8,176

→ $\dfrac{8,176 - 8,480}{8,480} \times 100 ≒ -3.6\%$

> **PLUS TIP**
>
> % 수치 사이의 증가폭은 그 차이를 의미한다. 이때 단위는 %p로 표시한다.
>
> **예** 2015년~2018년의 아동 인구 비율 증가폭
>
> | | 2015 | 2018 |
> |---|---|---|
> | 아동 인구 비율(%) | 17 | 16 |
>
> → $16 - 17 = -1\%p$
>
> • %p : % 간의 차이를 나타내는 단위

2) 구성비(비중) : 전체에서 부분이 차지하는 크기

$$\dfrac{\text{부분}}{\text{전체}} \times 100$$

예 2018년 총인구 중 아동 인구의 구성비

	2018
총인구수(천 명)	51,826
아동 인구수(천 명)	8,176

→ $\dfrac{8,176}{51,826} \times 100 ≒ 16\%$

3) 평균

① **산술평균** : 여러 수의 합을 수의 개수로 나눈 값

$$\dfrac{x_1 + x_2 + \cdots + x_n}{n}$$

예 2016년~2018년 아동 인구수 평균

	2016	2017	2018
아동 인구수(천 명)	8,736	8,480	8,176

→ $\dfrac{8,736 + 8,480 + 8,176}{3} = 8,464$ 천 명

② **가평균** : 자료의 수가 많은 경우의 평균을 구할 때, 간단하게 계산하기 위해 임의로 정한 평균값

예 다섯 과목의 평균 점수

과목	국어	수학	국사	물리	체육
점수(점)	80	76	80	83	86

→ 80이 많으므로 80을 가평균으로 정하고, 80을 기준으로 남거나 모자라는 수를 계산한다.

→ $\dfrac{80 + (80-4) + 80 + (80+3) + (80+6)}{5} = \dfrac{80 \times 5}{5} + \dfrac{-4+3+6}{5} = 80 + \dfrac{5}{5} = 81$ 점

③ 가중평균 : 각 항의 수치에 그 중요도에 비례하는 계수를 곱한 다음 산출한 평균

$$\frac{각각의 (관찰값 \times 가중치)의 합}{가중치의 총합}$$

 다섯 과목의 가중평균 점수

과목	국어	수학	국사	물리	체육
점수(점)	80	76	80	83	86
가중치(%)	40	30	15	10	5

$$\rightarrow \frac{(80 \times 0.4) + (76 \times 0.3) + (80 \times 0.15) + (83 \times 0.1) + (86 \times 0.05)}{0.4 + 0.3 + 0.15 + 0.1 + 0.05}$$
$$= 32 + 22.8 + 12 + 8.3 + 4.3 = 79.4$$

테마 2 ● 알아두면 요긴한 수리 공식 정리

1. 집합

1) 합집합의 원소의 개수

집합 A, B, C가 유한집합일 때,
- $n(A \cup B) = n(A) + n(B) - n(A \cap B)$
- $n(A \cup B \cup C) = n(A) + n(B) + n(C) - n(A \cap B) - n(B \cap C) - n(C \cap A) + n(A \cap B \cap C)$

2) 부분집합의 개수

원소의 개수가 n개인 집합 A에서,
- A의 부분집합 개수 : 2^n
- 특정한 원소 m개를 포함하는(포함하지 않는) 부분집합의 개수 : 2^{n-m}

2. 경우의 수

1) 합의 법칙/곱의 법칙

어떤 사건 A가 일어나는 경우의 수를 m, 어떤 사건 B가 일어나는 경우의 수를 n이라고 하면,
- 두 사건 A, B가 동시에 일어나지 않을 때, 사건 A 또는 B가 일어나는 경우의 수 : $m + n$
- 두 사건 A, B가 동시에 일어나는 경우의 수 : $m \times n$

2) 한 줄로 세울 때의 경우의 수

- n명을 한 줄로 세울 때의 경우의 수 : $n!$
- n명 중 k명만 한 줄로 세울 때의 경우의 수 : $n \times (n-1) \times (n-2) \times \cdots \times (n-k+1)$

3) 대표를 뽑는 경우의 수

- n명 중 자격이 다른 2명의 대표를 뽑는 경우의 수 : $n \times (n-1)$
- n명 중 자격이 같은 2명의 대표를 뽑는 경우의 수 : $\dfrac{n(n-1)}{2}$

4) 동전 또는 주사위를 던질 때의 경우의 수

- n개의 동전을 던질 때의 경우의 수 : 2^n
- n개의 주사위를 던질 때의 경우의 수 : 6^n

3. 순열과 조합

1) 순열

- 서로 다른 n개에서 r개를 택하여 일렬로 배열하는 경우의 수 :
  $_nP_r = n(n-1)(n-2)\cdots\{n-(r-1)\} = \dfrac{n!}{(n-r)!}$ (단, $0 \leq r \leq n$)
- 서로 다른 n개에서 중복을 허락하여 r개를 택하는 경우의 수(중복순열) : n^r
- 서로 다른 n개를 원형으로 배열하는 경우의 수(원순열) : $(n-1)!$

2) 조합

서로 다른 n개에서 순서를 생각하지 않고 r개를 택하는 경우의 수 :
$_nC_r = \dfrac{_nP_r}{r!} = \dfrac{n!}{r!(n-r)!}$ (단, $0 \leq r \leq n$)

4. 확률

1) 확률

어떤 사건 A가 일어날 확률을 $P(A)$라고 하면,
- 사건 A가 일어날 확률 : $\dfrac{\text{사건 } A \text{가 일어날 경우의 수}}{\text{모든 경우의 수}}$
- 사건 A가 일어나지 않을 확률 : $1 - P(A)$

2) 확률의 덧셈/곱셈

사건 A가 일어날 확률을 p, 사건 B가 일어날 확률을 q, 사건 A, B가 동시에 일어날 확률을 r이라고 하면,
- 두 사건 A, B가 동시에 일어나지 않을 때, 사건 A 또는 B가 일어날 확률 : $p + q$
- 두 사건 A, B가 동시에 일어났을 때, 사건 A 또는 B가 일어날 확률 : $p + q - r$
- 두 사건 A, B가 서로 영향을 끼치지 않을 때, 두 사건 A, B가 동시에 일어날 확률 : $p \times q$

3) 조건부확률

두 사건 A, B에 대하여, 사건 A가 일어났다고 가정했을 때 사건 B가 일어날 확률 :
$$P(B \mid A) = \frac{P(A \cap B)}{P(A)} \text{ (단, } P(A) \neq 0\text{)}$$

5. 수열

1) 등차수열

- 각 항에 더해지는 일정한 수 : 공차
- 첫째항 a, 공차 d인 등차수열의 일반항 : $a_n = a + (n-1)d$
- 첫째항 a, 공차 d, 끝항 l인 등차수열의 합 :
  $S_n = \frac{1}{2}n(a+l)$ 또는 $S_n = \frac{1}{2}n\{2a+(n-1)d\}$
- a, b, c가 등차수열의 연속한 세 항일 때, b는 a, c의 등차중항이므로 $b = \frac{a+c}{2}$

2) 등비수열

- 각 항에 곱해지는 일정한 수 : 공비
- 첫째항 a, 공비 r인 등비수열의 일반항 : $a_n = ar^{n-1}$
- 첫째항 a, 공비 r인 등비수열의 합 :
  $S_n = na(r=1)$, $S_n = \frac{a(1-r^n)}{1-r} = \frac{a(r^n-1)}{r-1}(r \neq 1)$
- 0이 아닌 세 수 a, b, c가 등비수열의 연속한 세 항일 때, b는 a, c의 등비중항이므로 $b^2 = ac$

6. 기타 기출 공식

1) 거리, 속력, 시간

- 거리 = 속력×시간
- 속력 = $\frac{거리}{시간}$
- 시간 = $\frac{거리}{속력}$

2) 농도

- 용액의 농도(%) = $\frac{용질의 질량}{용액의 질량} \times 100$
- 소금물 농도(%) = $\frac{소금의 양}{소금물의 양} \times 100$
- 소금의 양 = $\frac{소금물 농도}{100} \times 소금물의 양$
- 소금물의 양 = 물의 양 + 소금의 양

3) 정가, 이익, 할인

- 정가 = 원가 + 이익
- 이익 = 판매가(정가 또는 할인가) − 원가
- 할인율(%) = $\left(\frac{정가 - 할인가}{정가}\right) \times 100$
- 할인가 = 정가 $\times \left(1 - \frac{할인율}{100}\right)$

4) 간격

일직선 도로에 같은 간격으로 심을 수 있는 최대 나무의 수 : (도로의 길이 ÷ 간격) + 1

5) 나이

현재 A, B의 나이가 각각 a, b일 때,
- 현재 A의 나이가 B 나이의 x배일 때 : $a = bx$
- y년 후 A의 나이가 y년 후 B 나이의 x배가 될 때 : $a + y = x(b + y)$

6) 시곗바늘 각도

- 분침 : 한 시간에 한 바퀴씩 움직이므로 1분에 6°씩(360° ÷ 60) 움직임
- 시침 : 한 시간에 숫자 한 칸씩 움직이므로 1분에 0.5°씩(숫자 사이 간격 30° ÷ 60) 움직임
- x시 y분일 때, 시침과 분침이 이루는 각도 : $|30x - 5.5y|$
- 시침과 분침이 겹쳐질 조건 : $30x + 0.5y = 6y$

7) 작업량

- 작업량 = 시간당 작업량 × 시간
- 시간당 작업량 = $\dfrac{작업량}{시간}$
- 시간 = $\dfrac{작업량}{시간당\ 작업량}$

02 Chapter FOCUS
하위능력 공략

하위능력 1 · 기초연산능력

출제 포인트

나열된 숫자나 문자열의 규칙을 파악하여 빈칸에 들어갈 숫자 또는 문자를 고르는 수·문자 추리 문제, 간단한 방정식을 세워 값을 도출하는 계산 문제, 기본 연산을 통해 속력, 농도, 나이, 일의 양 등을 구하는 문제, 경우의 수와 확률을 이용하는 문제 등이 출제된다. 수리능력 부분에서 차지하는 비중은 높지 않지만, 5문제 내외로 꾸준히 출제하는 기업들이 있으므로 제한 시간 내에 식을 세워 정확한 값을 구하는 연습을 해두어야 한다.

대표 기출문제

01 일정한 규칙으로 수를 나열할 때 빈칸에 들어갈 알맞은 숫자는?   〔2020 코레일〕

| 5 27 22   4 8 14   3 1 8   7 125 ( ) |

① 42　　　　　② 44　　　　　③ 46
④ 48　　　　　⑤ 50

 기초연산능력 / 수의 규칙 찾기

(첫 번째 수의 제곱)−(두 번째 수의 세제곱근)=(세 번째 수)이다.
- 5, 27, 22 ⇒ $25 - 3 = 22$
- 4, 8, 14 ⇒ $16 - 2 = 14$
- 3, 1, 8 ⇒ $9 - 1 = 8$
- 7, 125, ( ) ⇒ $49 - 5 = 44$

따라서 정답은 44이다.

정답 ②

02 다음 나열된 수의 규칙을 찾아 빈칸에 들어갈 알맞은 숫자를 고르면? `2020 한국도로공사`

$$1 \quad 3 \quad 9 \quad 11 \quad 33 \quad 35 \quad 105 \quad (\ )$$

① 107 ② 109
③ 315 ④ 321

 기초연산능력 / 수열 추리하기

나열된 수는 +2와 ×3이 반복되고 있다. 따라서 빈칸에 들어갈 알맞은 수는 105+2=107이다.

정답 ①

03 현재 아버지는 30세, 아들은 3세이다. 아버지의 나이가 아들 나이의 4배가 되는 때는 몇 년 후인가? `2020 한국전력공사`

① 6년 후 ② 7년 후 ③ 8년 후
④ 9년 후 ⑤ 10년 후

 기초연산능력 / 나이 계산하기

x년 후의 아버지의 나이는 $(30+x)$세이고, 아들의 나이는 $(3+x)$세이다. 아버지의 나이가 아들 나이의 4배가 되는 때를 구하려면, $30+x=4\times(3+x)$를 계산하면 된다. 계산하면 $x=6$이므로, 아버지의 나이가 아들 나이의 4배가 되는 때는 6년 후이다.

정답 ①

04 7개의 문자 M, I, N, I, M, U, M을 일렬로 배열할 수 있는 경우의 수를 구하면? `2020 경기도 공공기관 통합채용`

① 420 ② 580
③ 4,048 ④ 5,040

 기초연산능력 / 경우의 수 구하기

7개의 문자를 일렬로 배열하는 경우의 수는 7!=5,040이다. 여기서 중복되는 문자의 경우의 수를 나누어주면 된다. M은 3개가 있으므로 3!=6, I는 2개가 있으므로 2!=2이다.
5,040÷(6×2)=420이므로, 문자를 일렬로 배열할 수 있는 경우의 수는 420이다.

정답 ①

05 둘레가 2km인 공원을 A, B 두 사람이 같은 지점에서 동시에 출발하여 반대 방향으로 돌면 10분 후에 만나고, 같은 방향으로 돌면 50분 후에 만난다. A가 B보다 빠를 때, B가 공원을 한 바퀴 도는 데 걸리는 시간을 구하면? 2020 경기도 공공기관 통합채용

① 15분 ② 20분
③ 25분 ④ 30분

기초연산능력 / 시간 구하기

A가 1분 동안 걷는 속력을 x라 하고, B가 1분 동안 걷는 속력을 y라 하면,
1) 반대 방향으로 돌 경우
   $(10 \times x) + (10 \times y) = 2,000$
   $10x + 10y = 2,000$ ……㉠
2) 같은 방향으로 돌 경우
   $(50 \times x) - (50 \times y) = 2,000$
   $50x - 50y = 2,000$ ……㉡
㉠, ㉡을 연립하여 풀면, $x = 120$, $y = 80$
A는 1분 동안 120m의 속력으로 돌고, B는 1분 동안 80m의 속력으로 돌게 된다.
따라서 B가 한 바퀴 도는 데 걸리는 시간은 $2,000 \div 80 = 25$분이다.

정답 ③

06 남자 4명, 여자 6명 중에서 3명을 뽑을 때, 남자가 여자보다 많이 뽑힐 확률을 구하면?
(단, 소수점 둘째 자리에서 반올림한다.) 2020 한국중부발전

① 8.3% ② 16.6%
③ 25% ④ 33.3%
⑤ 35.3%

기초연산능력 / 확률 구하기

남자가 2명, 여자가 1명 뽑힐 확률 : $\dfrac{{}_4C_2 \times {}_6C_1}{{}_{10}C_3} = \dfrac{36}{120}$

남자만 3명 뽑힐 확률 : $\dfrac{{}_4C_3}{{}_{10}C_3} = \dfrac{4}{120}$

따라서 남자가 여자보다 많이 뽑힐 확률은 $\dfrac{36}{120} + \dfrac{4}{120} = \dfrac{40}{120} ≒ 0.33 \cdots$이므로 이를 %로 나타내면 33.3%이다.

정답 ④

07 A와 B는 제비뽑기를 하려고 한다. A가 당첨 제비를 뽑을 확률은 $\frac{1}{4}$이고, B가 당첨 제비를 뽑을 확률은 $\frac{2}{5}$일 때, 두 사람 중 한 사람만 당첨 제비를 뽑을 확률은? `2019 한국조폐공사`

① $\frac{1}{4}$
② $\frac{3}{7}$
③ $\frac{3}{10}$
④ $\frac{9}{20}$
⑤ $\frac{7}{23}$

 기초연산능력 / 확률 구하기

- A만 당첨 제비를 뽑을 확률 : $\frac{1}{4} \times \frac{3}{5} = \frac{3}{20}$
- B만 당첨 제비를 뽑을 확률 : $\frac{3}{4} \times \frac{2}{5} = \frac{6}{20}$

∴ $\frac{3}{20} + \frac{6}{20} = \frac{9}{20}$

정답 ④

08 사무실 A와 사무실 B, C, D가 각각 연결되어 있으며, 사무실 B, C, D와 사무실 E가 각각 연결되어 있다. 사무실 A와 사무실 B, C가 연결되는 통로는 각각 두 가지씩 있으며, 사무실 A와 사무실 D가 연결되는 통로는 세 가지이다. 또한 사무실 B, D와 사무실 E가 연결되는 통로는 각각 두 가지씩이며, 사무실 C와 사무실 E가 연결되는 통로는 한 가지이다. A에서 E까지 갈 수 있는 통로의 총 가짓수는? `2019 한국산업인력공단`

① 9가지
② 10가지
③ 11가지
④ 12가지
⑤ 13가지

 기초연산능력 / 경우의 수 계산하기

문제에서 설명하는 사무실 통로의 가짓수를 그림으로 나타내면 다음과 같다.

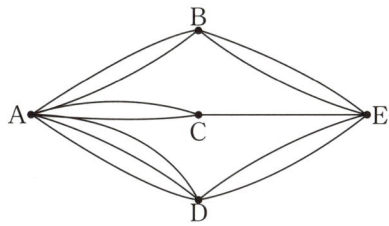

- A에서 B를 통해 E로 가는 경우 : $2 \times 2 = 4$가지
- A에서 C를 통해 E로 가는 경우 : $2 \times 1 = 2$가지
- A에서 D를 통해 E로 가는 경우 : $3 \times 2 = 6$가지

따라서 A에서 E까지 갈 수 있는 통로의 총 가짓수는 $4 + 2 + 6 = 12$가지이다.

정답 ④

하위능력 2 • 기초통계능력

출제 포인트

평균, 합계 등과 같은 기본적인 통계치들을 구하는 문제가 주로 출제되며, 최솟값·최댓값을 구하는 문제, 빈도와 백분율에 대한 자료를 해석하는 문제가 출제되기도 한다. 따라서 주어진 자료의 특성을 빠르게 파악하는 것이 중요하고, 정확히 계산하는 연습과 표와 그래프를 해석하는 연습도 필요하다.

대표 기출문제

01 다음은 N 기업의 부서별 근로자 수를 나타낸 표이다. 다음 A~E 다섯 부서 중 외국인 근로자 수의 비율이 가장 높은 부서는 어느 부서인가? (단, 소수 둘째 자리에서 반올림한다.)

`2019 농협은행 6급`

N 기업 부서별 근로자 수 현황

(단위 : 명)

	A 부서	B 부서	C 부서	D 부서	E 부서
한국인 근로자 수	221	263	384	168	342
외국인 근로자 수	48	56	81	35	73

① A 부서　　② B 부서　　③ C 부서
④ D 부서　　⑤ E 부서

 기초통계능력 / 비율 구하기

각 부서의 외국인 근로자 수의 비율을 구하면 다음과 같다.

- A 부서 : $\frac{48}{221+48} \times 100 ≒ 17.8\%$
- B 부서 : $\frac{56}{263+56} \times 100 ≒ 17.6\%$
- C 부서 : $\frac{81}{384+81} \times 100 ≒ 17.4\%$
- D 부서 : $\frac{35}{168+35} \times 100 ≒ 17.2\%$
- E 부서 : $\frac{73}{342+73} \times 100 ≒ 17.6\%$

따라서 다섯 부서 중 외국인 근로자 수의 비율이 가장 높은 부서는 A 부서이다.

정답 ①

02 ○○공사의 필기시험 응시자는 400명이었다. 응시자 전체의 필기시험 평균 점수는 60점, 합격자의 평균 점수는 74점, 불합격자의 평균 점수는 54점이라고 할 때, 합격자는 모두 몇 명인가?

　2019 한국도로공사

① 100명　　　　　　　　　② 120명
③ 130명　　　　　　　　　④ 140명

 기초통계능력 / 합격자 수 구하기

합격자 수를 x라고 하면, $60 \times 400 = 74 \times x + 54 \times (400 - x)$의 식을 세울 수 있다. 식을 계산하면 $x = 120$이므로 합격자는 120명이다.

정답 ②

03 신입사원연수 운영을 맡은 A 사원은 방 배정을 하고 있다. 신입사원이 사용할 수 있는 방에 인원 배정을 다음과 같이 조정하고 있다면, 신입사원을 배정할 수 있는 방은 최대 몇 개인가?

　2019 코레일

- 4명씩 방을 배정하면, 12명이 방을 배정받지 못한다.
- 6명씩 방을 배정하면, 방이 2개 남는다.

① 12개　　　　　② 14개　　　　　③ 16개
④ 24개　　　　　⑤ 26개

 기초통계능력 / 부등식의 최대·최소 활용

방의 개수를 x개라 하면 신입사원 수는 $4x + 12$명이다. 6명씩 방을 배정할 경우 2개의 방이 남았으므로 $x - 2$개의 방에 모두 6명씩 배정되었거나, $x - 3$개의 방에는 6명씩 배정되고 하나의 방에 6명 미만의 신입사원이 배정되었을 수 있다. 따라서 6명씩 배정했을 때의 신입사원 수는 최소 $6(x-3) + 1$명에서 최대 $6(x-2)$명이다. 이를 부등식으로 나타내면 $6(x-3) + 1 \leq 4x + 12 \leq 6(x-2)$이고, 연립부등식을 풀면 $12 \leq x \leq 14.5$이다. 따라서 신입사원을 배정할 수 있는 방은 최대 14개이다.

정답 ②

하위능력 3 • 도표분석능력

출제 포인트

수리능력 중에서도 가장 많은 문제가 출제되는 하위능력이라고 볼 수 있다. 그중에서도 표와 그래프를 해석하는 문제가 주로 출제되므로 증감률 공식, 구성비(비중) 공식 등 자주 출제되는 공식은 미리 외우는 것이 좋다. 또한 다양한 도표 자료와 그래프 자료를 접해보는 것이 중요하고, 특히 해당 기업과 관련 있는 자료가 출제되는 경우가 많기 때문에 관련 자료를 살펴보는 것이 도움이 된다.

대표 기출문제

01 다음은 우리나라의 수출입 현황과 관련된 자료이다. 자료를 바르게 해석한 것을 모두 고르면?

`2020 코레일`

(단위 : 억 불)

구분	2015년	2016년	2017년	2018년
수출액	5,268	4,954	5,737	6,049
수입액	4,365	4,062	4,785	5,352

(가) 조사 기간 동안 수출액은 매년 증가하고 있다.
(나) 조사 기간 동안 수출액과 수입액의 증감 패턴은 동일하다.
(다) 조사 기간 동안 수출액과 수입액의 차가 가장 큰 해는 2017년이다.
(라) 조사 기간 동안 수출액과 수입액의 차가 가장 작은 해는 2016년이다.

① (가), (나) ② (나), (다)
③ (나), (라) ④ (다), (라)
⑤ (가), (라)

도표분석능력 / 수출입 현황 파악하기

(가) 2016년 수출액은 전년 대비 감소하였다.
(나) 수출액과 수입액의 증감 패턴은 '감소, 증가, 증가'로 동일하다.
(다) 수출액과 수입액의 차가 가장 큰 해는 2017년(952억 불)이다.
(라) 수출액과 수입액의 차가 가장 작은 해는 2018년(697억 불)이다.

정답 ②

[02~03] 다음은 어린이집 수에 관한 자료이다. 다음을 보고 이어지는 물음에 답하시오.

2020 국민건강보험공단

(단위 : 개소)

구분		2016년	2017년	2018년	2019년
어린이집 수	계	41,084	40,238	39,171	37,371
	국공립	2,859	3,157	3,602	4,324
	사회복지법인	1,402	1,392	1,377	1,343
	법인 단체 등	804	771	748	707
	민간	14,316	14,045	13,518	12,568
	가정	20,598	19,656	18,651	17,117
	협동	157	164	164	159
	직장	948	1,053	1,111	1,153

02 다음 중 위의 자료에 대한 설명으로 옳지 않은 것을 고르면?

① 조사 기간 동안 전체 어린이집 수는 꾸준히 감소하는 추세를 보인다.
② 2016년부터 2019년까지 국공립 어린이집 수는 매년 증가하였다.
③ 2016년부터 2019년까지 민간 어린이집 수와 사회복지법인 어린이집 수의 증감패턴은 같다.
④ 2017년 가정 어린이집 수는 2017년 전체 어린이집 수의 50% 이상을 차지한다.

도표분석능력 / 자료 분석하기

2017년 가정 어린이집 수가 전체 어린이집 수의 50% 이상이 되려면 40,238 ÷ 2 = 20,119개소 이상이 되어야 하는데, 2017년의 가정 어린이집 수는 19,656개소이므로 ④는 틀린 설명이다.

정답 ④

03 2019년 전체 어린이집 수는 전년 대비 얼마나 감소하였는가? (단, 소수 둘째 자리에서 반올림한다.)

① 4.2%   ② 4.6%
③ 5.2%   ④ 5.6%

도표분석능력 / 자료 분석하기

$\frac{37,371 - 39,171}{39,171} \times 100 ≒ -4.59$ 이므로 소수 둘째 자리에서 반올림하면 -4.6이 된다. 따라서 2019년 전체 어린이집 수는 전년 대비 4.6% 감소하였다.

정답 ②

하위능력 4 • 도표작성능력

🎯 출제 포인트

다양한 종류의 그래프를 적절하게 활용할 수 있는지 묻는 문제가 출제된다. 상황에 맞는 그래프를 사용할 수 있어야 하고 잘못 작성된 그래프를 찾아낼 수 있어야 한다. 그래프의 제목과 가로축, 세로축이 무엇을 나타내는지, 단위와 각 수치가 바르게 적용되었는지를 빠르게 파악하는 연습이 필요하다.

⭐ 대표 기출문제

01 다음은 건강보험료 부담액에 관한 자료이다. 다음 자료를 이용하여 작성한 그래프로 옳지 않은 것은?

`2020 국민건강보험공단`

(단위 : 원)

구분	2015년	2016년	2017년	2018년
계(세대당 부담액)	94,040	98,128	101,178	104,201
지역가입자	80,876	84,531	87,458	85,546
직장가입자	100,510	104,507	107,449	112,635

①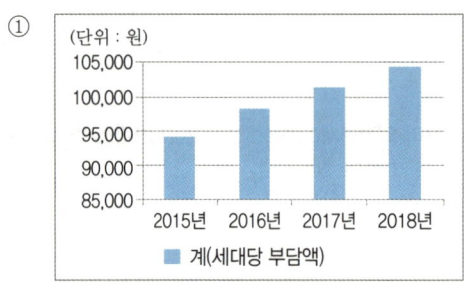

②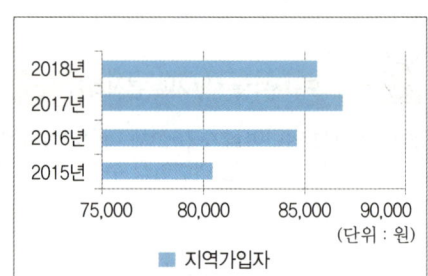

③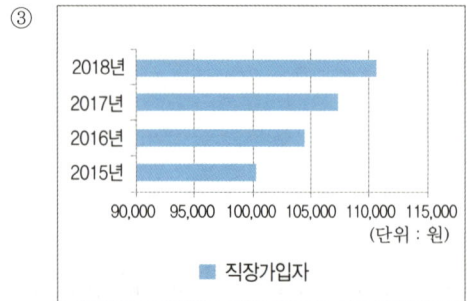

④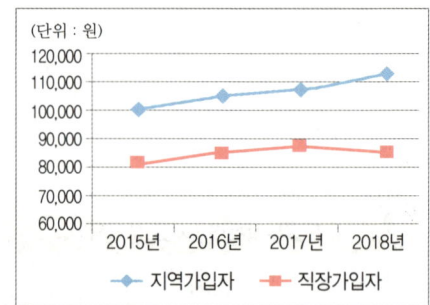

 도표작성능력 / 그래프 작성하기

④는 지역가입자와 직장가입자의 수치가 서로 바뀌었다.

정답 ④

02 다음의 자료를 이용하여 작성한 그래프로 옳지 않은 것을 고르면?　2019 국민건강보험공단

주요 질병 진료 인원

(단위 : 천 명)

구분	2011년	2017년	2018년
고혈압	5,322	6,054	6,310
당뇨병	2,161	2,863	3,043
심장질환	1,123	1,458	1,528
관절염	4,073	4,709	4,857
정신 및 행동장애	2,285	2,924	3,144

① 고혈압 진료 인원

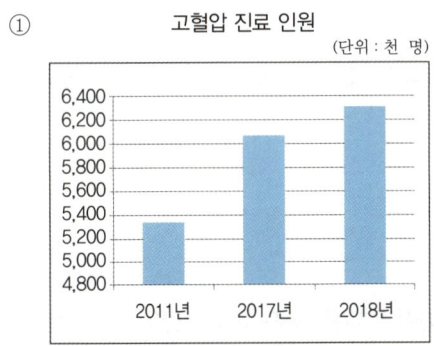

② 당뇨병 진료 인원

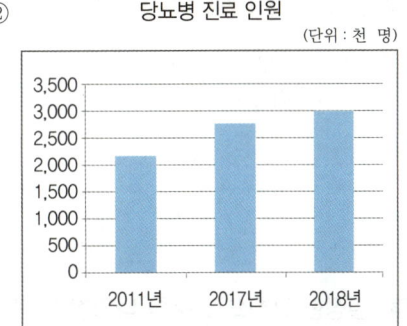

③ 관절염 진료 인원

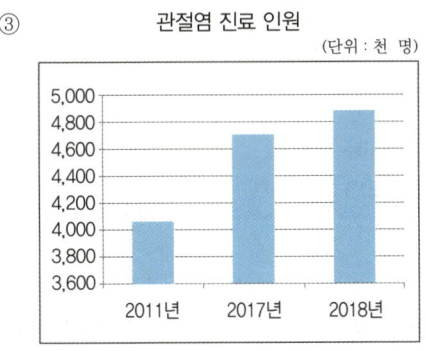

④ 정신 및 행동장애 진료 인원

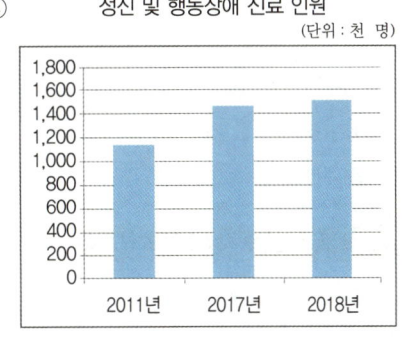

 도표작성능력 / 그래프 작성하기

④는 심장질환 진료 인원에 관한 그래프이다.

정답 ④

02 Chapter CHECK 주요 기출유형 익히기

01 일정한 규칙으로 수를 나열할 때 빈칸에 들어갈 알맞은 숫자를 고르면? `2020 한국전력공사`

> 5 7 11 19 35 67 (   )

① 93
② 105
③ 117
④ 129
⑤ 131

 기초연산능력 / 수의 규칙 찾기

주어진 수는 $(+2^1) \to (+2^2) \to (+2^3) \to (+2^4) \to \cdots$의 규칙을 갖고 있다. 따라서 빈칸에 들어갈 숫자는 $67 + 2^6 = 131$이다.

정답 ⑤

02 일정한 규칙으로 수를 나열할 때 빈칸에 들어갈 알맞은 숫자를 고르면? `2020 한국관광공사`

> 3 6 13 26 53 106 (   )

① 165
② 183
③ 204
④ 213

 기초연산능력 / 수의 규칙 찾기

주어진 수는 $(\times 2) \to (\times 2 + 1) \to (\times 2) \to (\times 2 + 1)$이 반복되는 규칙을 갖고 있다. 따라서 빈칸에 들어갈 숫자는 $106 \times 2 + 1 = 213$이다.

정답 ④

03 홍보팀 직원 2명과 개발팀 직원 3명이 일렬로 나란히 설 때, 홍보팀 직원끼리 이웃하여 서는 경우의 수를 구하면? `2020 인천교통공사`

① 12가지 ② 24가지 ③ 36가지
④ 48가지 ⑤ 64가지

 기초연산능력 / 경우의 수 계산하기

홍보팀 직원 2명을 하나로 묶어 한 명으로 생각하면, 개발팀 직원 3명과 합하여 총 4명을 일렬로 세우는 것과 같으므로 4 × 3 × 2 × 1 = 24가지이다. 홍보팀 직원 2명이 서로 자리를 바꾸는 경우까지 생각한다면 모든 경우의 수는 24 × 2 = 48가지이다.

정답 ④

04 신입사원 P 씨는 출퇴근 시 교통카드로 버스를 이용한다. 출근 시 마을버스와 광역버스를 이용하고, 퇴근 시에도 같은 방법으로 버스를 이용한다. 버스요금이 다음과 같을 때, P 씨가 한 달 동안 출퇴근에 사용하는 버스요금은 얼마인가? (단, P 씨는 한 달에 20일 출근하고, 주어진 조건 외 다른 요소는 고려하지 않는다.) `2020 한국도로공사`

구분	종류	교통카드	현금
간선버스	일반	1,200원	1,300원
	청소년	720원	1,000원
	어린이	450원	450원
광역버스	일반	2,300원	2,400원
	청소년	1,360원	1,800원
	어린이	1,200원	1,200원
마을버스	일반	900원	1,000원
	청소년	480원	550원
	어린이	300원	300원

① 106,000원 ② 112,000원
③ 128,000원 ④ 134,000원

 기초연산능력 / 버스요금 계산하기

마을버스(일반) 교통카드 요금은 900원, 광역버스(일반) 교통카드 요금은 2,300원이므로 P 씨가 하루에 사용하는 버스요금은 (900 + 2,300) × 2 = 6,400원이다. 따라서 P 씨가 한 달 동안 출퇴근에 사용하는 버스요금은 6,400 × 20 = 128,000원이다.

정답 ③

05 총길이가 1,120km인 거리에 동일한 간격으로 역을 설치하려 한다. 350km, 840km, 1,120km 지점에는 반드시 역을 설치한다고 할 때, 역을 설치할 수 있는 최소 개수는?
(단, 거리의 처음과 끝 지점에는 반드시 역을 설치한다.) `2020 코레일`

① 13개　　　② 14개　　　③ 15개
④ 16개　　　⑤ 17개

기초연산능력 / 최소 개수 구하기

350, 840, 1,120의 최대공약수는 70이므로 70m 간격으로 역을 설치해야 한다. 따라서 역을 설치할 수 있는 최소 개수는 1,120 ÷ 70 + 1 = 17개이다.

정답 ⑤

06 1시와 2시 사이에 시침과 분침이 가장 일직선에 가깝게 위치하는 시각을 구하면? `2020 코레일`

① 1시 37.57분　　　② 1시 38.18분　　　③ 1시 38.20분
④ 1시 38.48분　　　⑤ 1시 39.03분

기초연산능력 / 시곗바늘 각도 이해하기

분침은 1분에 6°씩 움직이고, 시침은 1분에 0.5°씩 움직인다.
1시 정각의 시침과 분침의 위치를 각도로 표현하면, 분침은 0°, 시침은 30°이다.
구하는 시각을 1시 x분이라 하면, 분침과 시침의 각도는 각각 $6x°$, $(30 + 0.5x)°$이다.
시침과 분침이 일직선이 되려면, 분침의 각도에서 시침의 각도를 뺀 값이 180°이면 된다.
$6x - (30 + 0.5x) = 180$　　$5.5x = 210$　　$x = 38.18$
따라서 정답은 1시 38.18분이다.

정답 ②

07 지한이의 동생은 올해로부터 20년 전에 6세였고, 지한이의 아버지는 작년에 54세였다. 지한이의 동생과 아버지의 내년 나이를 합한 수는? `2020 한국관광공사`

① 80　　　　　　　② 81
③ 82　　　　　　　④ 83

기초연산능력 / 나이 계산하기

지한이의 동생은 20년 전에 6세였으므로 현재 26세이고, 아버지는 작년에 54세였으므로 현재 55세이다. 내년 나이의 합을 구해야 하므로 답은 27 + 56 = 83이다.

정답 ④

08 다음은 노인 교통사고에 관한 자료이다. 자료에 대한 설명으로 옳지 않은 것은?

2020 코레일

(단위 : 건, 명)

구분		2016년	2017년	2018년	2019년
노인 교통사고	발생 건수	5,219	5,357	5,761	5,912
	사망자 수	128	139	121	103
	부상자 수	5,376	5,570	5,989	6,200

※ 노인 : 65세 이상

① 조사 기간 동안 노인 교통사고 발생 건수는 매년 증가하였다.
② 노인 교통사고 부상자 수가 가장 많은 해는 노인 교통사고 사망자 수도 가장 많다.
③ 조사 기간 동안 노인 교통사고 부상자 수는 노인 교통사고 발생 건수보다 항상 많다.
④ 조사 기간 동안 노인 교통사고 발생 건수와 부상자 수의 증감 패턴은 같다.
⑤ 조사 기간 동안 노인 교통사고 부상자 수는 매년 5,000명 이상이다.

도표분석능력 / 노인 교통사고 현황 파악하기

노인 교통사고 부상자 수가 가장 많은 해는 2019년이고, 노인 교통사고 사망자 수가 가장 많은 해는 2017년이다.

정답 ②

09 K 씨는 한 달에 한 번씩 비밀번호를 바꾼다. 다음과 같은 규칙으로 비밀번호를 바꾼다고 할 때, ㉠에 들어갈 비밀번호로 가장 적절한 것은?

2020 한국도로공사

기존 비밀번호			
첫째 자리	둘째 자리	셋째 자리	넷째 자리
1	2	4	2
4	2	1	5
3	0	6	4
8	5	4	3
3	4	6	1

⇒

새로운 비밀번호			
첫째 자리	둘째 자리	셋째 자리	넷째 자리
2	4	7	6
5	4	4	9
4	2	9	8
9	7	7	7
㉠			

① 4572 ② 4695
③ 5783 ④ 5806

기초연산능력 / 비밀번호 규칙 찾기

첫째 자리는 +1씩, 둘째 자리는 +2씩, 셋째 자리는 +3씩, 넷째 자리는 +4씩 커지는 규칙을 가지고 있다. 따라서 ㉠에 들어갈 비밀번호는 '4695'이다.

정답 ②

10 다음은 산업인력공단 직원의 평균 보수를 나타낸 표이다. 이에 대한 설명으로 적절하지 않은 것은?

`2019 한국산업인력공단`

직원 평균보수

(단위 : 천 원)

구분	2014년	2015년	2016년	2017년	2018년
기본급	31,140	31,652	31,763	32,014	34,352
고정수당	13,387	13,868	13,434	12,864	12,068
실적수당	2,158	2,271	2,220	2,250	2,129
급여성 복리후생비	963	946	1,056	985	1,008
경영평가 성과급	1,129	733	1,264	1,117	862
기타 성과상여금	5,987	5,935	5,985	6,979	5,795
1인당 평균 보수액	54,764	55,405	55,722	56,209	56,214

① 2014년~2018년의 기본급과 1인당 평균 보수액은 모두 꾸준히 증가하고 있다.
② 2017년의 기본급은 전년 대비 1% 이하로 증가하였다.
③ 2018년 고정수당은 2014년에 비해 약 10% 감소하였다.
④ 조사 기간 동안 급여성 복리후생비는 증감을 반복하고 있다.
⑤ 조사 기간 중 경영평가 성과급이 가장 높은 해는 가장 낮은 해의 1.5배 미만이다.

도표분석능력 / 직원 보수 현황 파악하기

조사 기간 중 경영평가 성과급이 가장 높은 해는 2016년으로 1,264천 원이고, 가장 낮은 해는 2015년으로 733천 원이다. 1,264 ÷ 733 ≒ 1.72이므로 1.5배 이상이다.

오답풀이

② 2017년 기본급의 전년 대비 증가율 = $\frac{32,014 - 31,763}{31,763} \times 100 ≒ 0.8\%$ 로, 1% 이하이다.

③ 2018년의 고정수당은 2014년에 비해 $\frac{12,068 - 13,387}{13,387} \times 100 ≒ -9.9\%$, 약 10% 감소하였다.

정답 ⑤

11 다음은 농가 및 농가 인구에 대한 자료이다. 자료에 대한 설명으로 적절한 것은?

농가 및 농가 인구

(단위 : 천 호, %, 천 명)

구분	2013	2014	2015	2016	2017
농가 수	1,142	1,121	1,089	1,068	1,042
└ 총가구 중 비중	6.3	6.1	5.7	5.5	5.3
농가 인구	2,847	2,752	2,569	2,496	2,422
└ 총인구 중 비중	5.7	5.5	5.0	4.9	4.7
└ 65세 이상 비중	37.3	39.1	38.4	40.3	42.5

① 조사 기간 동안 모든 데이터의 값이 꾸준히 감소하고 있다.
② 조사 기간 중 농가 인구가 가장 많이 감소한 해는 2014년이다.
③ 총가구 중 농가 수의 비중과 총인구 중 농가 인구의 비중은 5~6% 사이를 차지한다.
④ 2016년의 총가구는 약 1,941만 8천 호였다.
⑤ 2013년의 농가 인구 중 65세 이상 인구수는 백만 명 이하였다.

도표분석능력 / 도표 해석하기

2016년의 총가구 중 농가 수의 비중이 5.5%이므로, 총가구 수를 x라 하면 다음과 같은 식이 성립한다.

$\dfrac{1,068}{x} \times 100 = 5.5$ ∴ $x \fallingdotseq 19,418$ 천 호

오답풀이

① 나머지는 모두 꾸준히 감소하고 있지만, 농가 인구의 65세 이상 비중은 2015년을 제외하고 증가하고 있다.
② 조사 기간 동안의 농가 인구는 2014년에는 전년 대비 95천 명(2,847 − 2,752), 2015년에는 전년 대비 183천 명(2,752 − 2,569), 2016년에는 전년 대비 73천 명(2,569 − 2,496), 2017년에는 전년 대비 74천 명(2,496 − 2,422)이 감소하였다. 따라서 농가 인구가 가장 많이 감소한 해는 2015년이다.
③ 2013년과 2014년의 총가구 중 농가 수의 비중은 6%를 넘고, 2016년과 2017년의 총인구 중 농가 인구의 비중은 5%가 되지 않으므로 틀린 설명이다.
⑤ 2013년의 농가 인구 중 65세 이상 인구수는 $\dfrac{x}{2,847} \times 100 = 37.3$ ∴ $x \fallingdotseq 1,062$ 천 명, 즉 106만 2천 명이었다. 따라서 백만 명 이상이다.

정답 ④

[12~13] 다음은 고속국도 차량 이용 현황과 관련된 자료이다. 다음을 보고 이어지는 물음에 답하시오.

2019 한국도로공사

고속국도 차량 이용 현황

(단위 : 천 대)

구분	2012년	2013년	2014년	2015년	2016년	2017년
합계	1,430,642	1,375,443	1,546,444	1,622,955	1,700,286	1,750,655
승용차	1,239,940	1,192,987	1,344,436	1,413,902	1,482,703	1,528,827
중형차	55,931	50,670	52,782	52,001	50,845	49,250
화물차	134,771	131,786	149,226	157,052	166,738	172,578

12 다음 중 위 자료에 대한 설명으로 옳은 것을 고르면?

① 2017년 승용차의 고속국도 이용은 전년 대비 약 3.1% 증가하였다.
② 2015년 고속국도 총 이용 차량은 2012년 대비 약 19.4% 증가하였다.
③ 2017년 중형차의 고속국도 이용 비율은 전체 차량의 약 5% 이상을 차지한다.
④ 조사 기간 동안 고속국도 총 이용 차량 수는 매년 증가하고 있다.

> 도표분석능력 / 차량 이용 현황 파악하기

2017년 승용차의 고속국도 이용은 전년 대비 약 $\dfrac{1,528,827 - 1,482,703}{1,482,703} \times 100 ≒ 3.1\%$ 증가하였다.

> 오답풀이

② 2015년 고속국도 총 이용 차량은 2012년 대비 약 $\dfrac{1,622,955 - 1,430,642}{1,430,642} \times 100 ≒ 13.4\%$ 증가하였다.

③ 2017년 중형차의 고속국도 이용 비율은 전체 차량의 약 $\dfrac{49,250}{1,750,655} \times 100 ≒ 2.8\%$ 를 차지한다.

④ 2013년에는 고속국도 이용 차량 수가 감소하였다.

정답 ①

13 위 자료를 이용하여 작성한 그래프로 옳지 않은 것은?

① 전체 차량의 고속국도 이용 현황

② 승용차의 고속국도 이용 현황

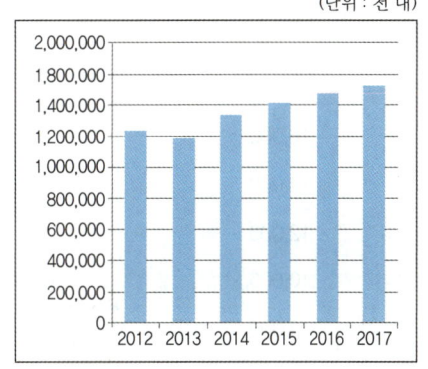

③ 중형차의 고속국도 이용 현황

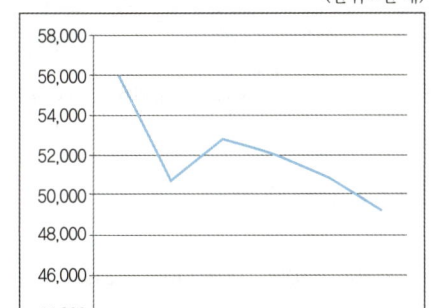

④ 화물차의 고속국도 이용 현황

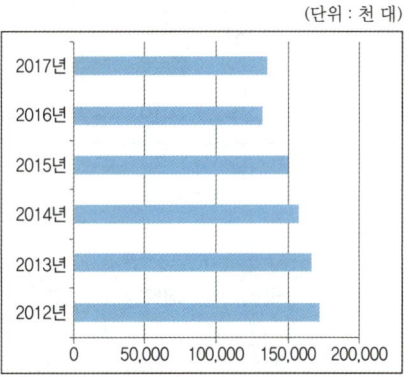

도표작성능력 / 그래프 작성하기

화물차의 고속국도 이용 현황 그래프의 연도와 데이터 수치가 맞지 않는다.

정답 ④

14 다음은 국내 어느 지역의 결혼이민자에 관한 자료이다. 자료를 통해 알 수 있는 것으로 옳은 것은? `2019 코레일`

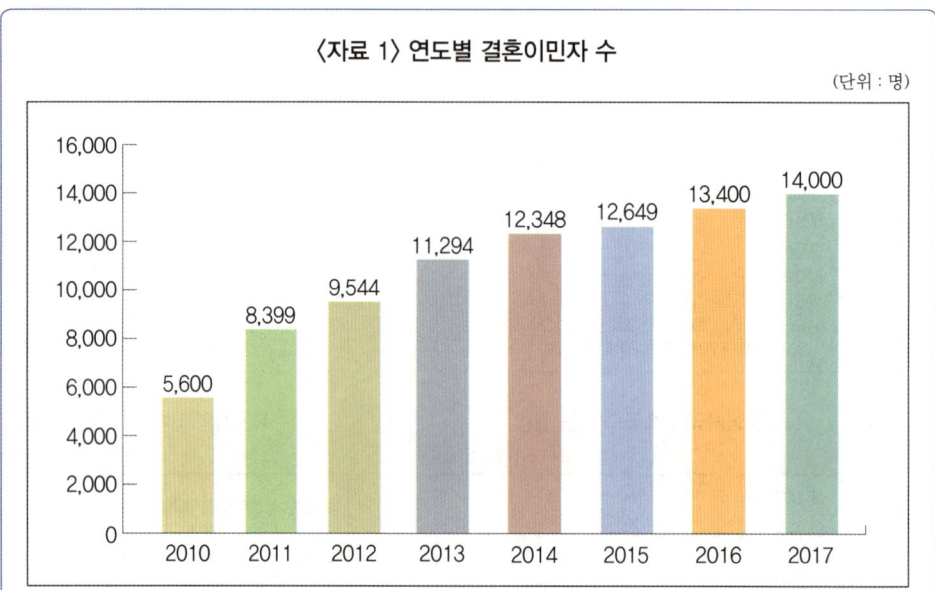

① 〈자료 1〉에서 2017년 결혼이민자 수는 2010년 대비 250% 증가하였다.
② 〈자료 1〉에서 결혼이민자 수의 전년 대비 증가율이 50% 이상인 연도가 존재한다.
③ 〈자료 2〉에서 2017년 베트남 국적의 결혼이민자 수는 해당 연도 전체 결혼이민자 수의 38%에 해당한다.
④ 〈자료 2〉에서 기타에 해당하는 국적 중에서 결혼이민자 수가 88명 이상인 국적이 존재한다.
⑤ 〈자료 2〉에서 2017년 중국(한국계)과 중국 국적의 결혼이민자 수의 합은 해당 연도 전체 결혼이민자 수의 과반수를 차지한다.

도표분석능력 / 결혼이민자 추이 파악하기

기타는 200명 미만인 16개 국적의 결혼이민자 수의 합계이다. 평균을 내면 1400 ÷ 16 = 87.5명이므로 결혼이민자 수가 88명 이상인 국적이 존재할 것임을 유추할 수 있다.

 오답풀이

① 2017년 결혼이민자 수는 2010년 대비 $\frac{14,000 - 5,600}{5,600} \times 100 = 150\%$ 증가하였다.

② 결혼이민자 수의 전년 대비 증가율이 50% 이상인 연도는 존재하지 않는다.

③ 2017년 베트남 국적의 결혼이민자 수는 해당 연도 전체 결혼이민자 수의 $\frac{3,920}{14,000} \times 100 = 28\%$ 에 해당한다.

⑤ 2017년 중국(한국계)과 중국 국적의 결혼이민자 수의 합은 3,360 + 2,800 = 6,160명이다. 이는 2017년 전체 결혼이민자 수의 과반수를 차지하지 않는다.

정답 ④

HELPFUL TIPS⁺

✅ **분수 이해하기**

① 분모가 커지면 전체 값이 작아지고, 분모가 작아지면 전체 값이 커진다.

예) $\frac{1}{2} > \frac{1}{5} > \frac{1}{10}$

② 분자가 커지면 전체 값이 커지고, 분자가 작아지면 전체 값이 작아진다.

예) $\frac{1}{10} < \frac{5}{10} < \frac{9}{10}$

③ 분모가 커지고 분자가 작아지면 값이 작아진다.

예) $\frac{8}{10} > \frac{6}{12} > \frac{3}{15}$

④ 분모가 작아지고 분자가 커지면 값이 커진다.

예) $\frac{1}{10} < \frac{4}{8} < \frac{5}{6}$

02 Chapter FINISH 기출·예상문제 마무리

정답과 해설 009p

[01~07] 일정한 규칙으로 수를 나열할 때 빈칸에 들어갈 알맞은 숫자를 고르시오.

01

1   1   2   (   )   24   120   720

2020 국민건강보험공단

① 4 ② 6
③ 12 ④ 18

02

6   3   5   10   8   4   6   12   10   (   )

2019 한국가스공사

① 5 ② 6 ③ 7
④ 8 ⑤ 9

03

3   4   2   6   −2   (   )

2019 신한은행

① 4 ② 6
③ 10 ④ 14

04 $\dfrac{2}{7}$ $\dfrac{6}{9}$ $\dfrac{8}{15}$ $\dfrac{14}{23}$ $\dfrac{22}{37}$ ( )

① $\dfrac{23}{51}$ ② $\dfrac{32}{53}$ ③ $\dfrac{34}{54}$
④ $\dfrac{36}{59}$ ⑤ $\dfrac{39}{61}$

05 -9 -4 8 13 -26 ( )

① -21 ② -18 ③ 11
④ 19   ⑤ 23

06 7 3 40   8 5 39   4 -4 ( )

① 0   ② 4   ③ 7
④ 16   ⑤ -16

07 4 9 13 23   6 5 11 19   8 3 ( ) 13

① 3   ② 7   ③ 9
④ 11   ⑤ 15

08 공장에서 작년에 2,000개의 부품을 생산하였더니 80개의 불량품이 나왔고, 올해는 부품을 2,800개 생산하려 한다. 작년보다 불량률을 낮추려면 불량품의 수는 최대 몇 개여야 하는가? `2020 코레일`

① 111개　　　② 112개　　　③ 121개
④ 122개　　　⑤ 131개

09 ○○기업의 김 대리는 신입사원들의 사내 메신저 임시비밀번호를 생성해야 한다. 영문 A~C 중 1개와 숫자 0~9 중 중복되지 않는 숫자 4개를 이용해서 총 5자리의 비밀번호를 생성해야 한다고 할 때 만들 수 있는 비밀번호의 경우의 수는 총 몇 가지인가? (단, 영문은 맨 앞에 위치하고 숫자는 천의 자리이어야 한다.) `2020 경기도 공공기관 통합채용`

① 8,482　　　　　　② 9,072
③ 13,608　　　　　　④ 17,160

10 현수와 연희가 동시에 4일간 작업하면 마칠 수 있는 일이 있다. 이 일을 현수가 먼저 3일간 작업한 뒤, 연희가 8일간 작업해서 끝마쳤다고 한다. 연희가 혼자서 일을 마치려면 며칠이 걸리겠는가?

① 17일　　　② 18일　　　③ 19일
④ 20일　　　⑤ 21일

11 희원이가 7km의 산길을 걷는데 처음에는 시속 3km로 걷다가 중간에서 내리막길이 되어 시속 4km로 걸어서 모두 2시간이 걸렸다고 한다. 내리막길의 거리를 구하면?

① 2km　　　② 3km　　　③ 4km
④ 5km　　　⑤ 6km

12 어느 물건의 정가를 원가의 2할의 이익을 붙여 정했다. 정가에서 1,500원씩 할인하여 팔아도 원가의 5% 이상의 이익을 얻으려고 한다면 원가를 얼마 이상으로 정해야 하는가?

① 9,000원 ② 10,000원 ③ 11,000원
④ 12,000원 ⑤ 13,000원

13 LED등 생산공장을 운영하는 A 씨는 기계 3대로 제품을 생산하고 있다. 이 공장의 전체 불량률은 얼마인가? (단, 모든 불량률 계산은 소수 셋째 자리에서 반올림한다.) [2019 코레일]

- 첫 번째 기계는 하루에 5,000개의 제품을 생산한다.
- 두 번째 기계는 첫 번째 기계보다 10% 더 많은 제품을 생산하며, 세 번째 기계는 두 번째 기계보다 500개 더 많은 제품을 생산한다.
- 첫 번째, 두 번째, 세 번째 기계의 하루 생산량의 불량률은 순서대로 0.7%, 1%, 0.3%이다.

① 0.5% ② 0.55% ③ 0.65%
④ 0.7% ⑤ 0.75%

14 ○○기업은 다음과 같이 월급을 지급했다고 한다. 현재 사원들에게 지급하고 있는 월급의 총액은? [2019 코레일]

- 현재 모든 사원에게 모두 동일한 금액의 월급을 지급하고 있다.
- 만약 사원이 10명 늘어났을 때 각 사원들의 월급을 기존 월급에서 100만 원씩 줄이면 모든 사원들에게 지급하는 월급의 총액은 처음의 80%가 된다.
- 만약 사원이 20명 줄었을 때 각 사원들의 월급을 기존 월급과 동일하게 유지하면, 모든 사원들에게 지급하는 월급의 총액은 처음의 60%가 된다.

① 1억 5천만 원 ② 1억 6천만 원 ③ 1억 8천만 원
④ 2억 1천만 원 ⑤ 2억 4천만 원

15 P 대리는 사내 워크숍 준비를 위해 간식 320개를 구매하였다. 500원, 1,000원, 5,000원짜리 간식을 섞어서 구매했고, 그중 500원짜리 간식은 128개라고 한다. 간식 구매로 사용한 예산이 500,000원이었을 때, 5,000원짜리 간식의 개수는? `2019 국민건강보험공단`

① 61개 ② 64개
③ 67개 ④ 69개

[16~17] 다음은 방송서비스 시장 매출액에 관한 자료이다. 다음을 보고 이어지는 물음에 답하시오. `2020 경기도 공공기관 통합채용`

(단위 : 십억 원)

구분	2015년	2016년	2017년	2018년
방송서비스 합계	15,319	13,126	13,043	13,294
- 지상파방송 서비스	4,111	4,009	3,695	3,807
- 유선방송 서비스	2,262	2,172	2,133	2,092
- 위성방송 서비스	550	566	575	555
- 프로그램 제작·공급	6,222	6,380	6,640	6,840

16 다음 중 위의 자료에 대한 설명으로 옳은 것을 고르면?

① 조사 기간 동안 방송서비스 시장 매출액은 꾸준히 감소하는 추세를 보인다.
② 2015년부터 2018년까지 프로그램 제작·공급 매출액은 매년 증가하였다.
③ 위성방송 서비스 매출액이 가장 적은 해는 유선방송 서비스 매출액도 가장 적다.
④ 지상파방송 서비스 매출액이 가장 많은 해는 프로그램 제작·공급 매출액도 가장 많다.

17 2018년의 방송서비스 전체 매출액은 전년 대비 몇 퍼센트 증가하였는가? (단, 소수 둘째 자리에서 반올림한다.)

① 1.9% ② 2.1%
③ 2.3% ④ 3.4%

18 다음은 한 기관의 유연근무 현황이다. 이에 대한 설명으로 옳은 것은?

유연근무 현황
(단위 : 명)

구분		2014년	2015년	2016년	2017년	2018년 남	2018년 여
탄력근무제	시차출퇴근형	279	259	447	420	134	163
	근무시간선택형	252	258	247	1,078	333	305
	집약근무형	3	5	14	11	10	0
원격근무제	재택근무형	0	0	0	0	0	0
	스마트워크근무형	6	15	20	28	31	15

- 시차출퇴근형 : 주 5일 근무, 1일 8시간 근무, 출근시간 자율 조정
- 근무시간선택형 : 주 5일 근무, 1일 8시간에 구애받지 않고 근무시간 자율 조정
- 집약근무형 : 주 5일 미만 근무, 주 40시간 유지 (예 : 주 4일, 하루 10시간)

① 조사 기간 동안 스마트워크근무를 이용한 사람은 집약근무를 이용한 사람보다 항상 2배 이상으로 많았다.
② 2018년 유연근무제의 모든 형태를 남자가 여자보다 많이 이용하였다.
③ 2014년부터 2018년까지 스마트워크근무를 이용한 사람은 꾸준히 늘어나다가 감소하였다.
④ 2017년에 시차출퇴근을 이용한 사람은 2014년에 비해 50% 이상 증가하였다.
⑤ 조사 기간 동안 1일 8시간에 구애받지 않고 근무시간을 자율 조정한 사람이 제일 많았던 해는 제일 적었던 해의 5배 이상이다.

19 다음은 2016년 공항철도 여객 수송실적을 나타낸 자료이다. 자료에 대한 해석으로 옳은 것은?

2016년 월별 여객 수송실적
(단위 : 천 명)

월	수송인원	승차인원	유입인원
1월	5,822	2,843	2,979
2월	5,520	2,703	(A)
3월	6,331	3,029	3,302
4월	6,237	3,009	3,228
5월	6,533	3,150	3,383
6월	6,361	3,102	3,259
7월	6,431	3,164	3,267
8월	(B)	3,103	3,617
9월	6,333	2,853	3,480
10월	6,875	3,048	3,827
11월	6,717	(C)	3,794
12월	6,910	3,010	3,900

- 유입인원 : 다른 철도를 이용하다가 공항철도로 환승하여 최종 종착지에 내린 승객의 수
- 수송인원 = 승차인원 + 유입인원

① 2016년 공항철도의 수송인원은 매월 증가하고 있다.
② 2016년 3분기 공항철도 총 수송인원은 1,950만 명 이상이다.
③ 2월 공항철도 유입인원은 1월에 비해 16만 2천 명 감소하였다.
④ 11월은 승차인원이 가장 적은 달로, 6월보다 18만 1천 명이 더 적었다.
⑤ 8월은 수송인원이 가장 많았던 달로, 12월보다 19만 명 더 많았다.

20 귀하는 여신 관련 전문업체에서 각종 자료의 조사 및 가공을 주업무로 취급하는 팀에 속해 있다. 아래 표는 여신금융협회에서 보내온 자료의 일부로 협회에서는 제시된 자료를 분석하여 보고할 것을 요청했다. 각 팀원은 일정한 부분을 나누어 분석한 뒤 자료를 취합하기로 하였는데 |보기는 팀 회의에서 보고한 팀원들의 분석 내용이다. 다음 중 적합하지 않은 분석은?

2018년도 어음교환 및 부도

어음교환 및 부도별	1월	2월	3월	4월	5월	6월
교환장수 (천 장)	8,437.0	7,292.2	7,615.9	7,198.4	7,422.1	6,249.7
교환금액 (십억 원)	192,581.8	183,594.5	201,244.6	193,719.8	190,928.3	174,761.1
1장당 평균금액 (천 원)	22,825.8	25,176.7	26,424.2	26,911.6	25,724.3	27,963.3
1일 평균 교환장수 (천 장)	383.5	405.1	362.7	342.8	353.4	328.9
1일 평균 교환금액 (십억 원)	8,753.7	10,199.7	9,583.1	9,224.8	9,091.8	9,198.0
부도장수(천 장)	3.2	2.7	2.3	3.9	3.0	2.3
부도금액(십억 원)	291.3	172.4	249.7	375.0	415.9	247.8
부도율 (장수기준) (%)	0.0	0.0	0.0	0.1	0.0	0.0
부도율(금액기준, 전자결제분제외) (%)	0.2	0.1	0.1	0.2	0.2	0.1
부도율(금액기준, 전자결제분포함) (%)	0.0	0.0	0.0	0.0	0.0	0.0
부도업체 수 (개)	44.0	31.0	50.0	39.0	39.0	45.0

출처 : 한국은행, 지급결제통계

보기

- ㉠ 귀하 : '교환장수'는 1월 이후 등락이 있었으나 결국 6월에는 1월 수치의 약 74%로 감소했습니다.
- ㉡ 박 대리 : '1일 평균 교환금액'의 경우 2월에 1조 4,460억 원 증가로 대폭 증가하였고 이후 꾸준히 감소하고 있습니다.
- ㉢ 고 대리 : '교환장수' 대비 '부도장수'의 비중이 가장 컸던 시기는 4월입니다.
- ㉣ 차 대리 : '교환금액' 대비 '부도금액'의 비중이 가장 컸던 시기도 역시 4월입니다.

① ㉠, ㉡ ② ㉠, ㉢ ③ ㉡, ㉢
④ ㉡, ㉣ ⑤ ㉢, ㉣

21 다음 농가 소득현황을 분석한 내용 중 옳은 것을 |보기|에서 모두 고른 것은? (단, 농가 소득은 소수 첫째 자리에서, 농업 의존도는 소수 둘째 자리에서 반올림한다.)

농가 소득현황

(단위 : 천 원, %)

	2013	2014	2015	2016	2017
농가 소득	ⓐ	34,950	37,215	37,197	38,239
└ 40~49세	43,135	45,083	50,043	48,170	48,976
└ 50~59세	54,745	57,816	60,703	63,151	65,082
└ 60~69세	34,223	35,533	40,133	42,637	44,551
└ 70세 이상	22,088	22,616	24,368	24,476	26,223
농업 소득	10,035	10,303	11,257	10,068	10,047
└ 농업 의존도	29.1	29.5	ⓑ	27.1	26.3
농업 이외 소득	24,489	24,647	25,959	27,130	28,193
도시근로자 가구 소득 대비 농가 소득 비율	62.5	61.5	64.4	63.5	-

• 농업 의존도 : 농업 소득이 농가 소득에서 차지하는 비중

| 보기 |

㉠ ⓐ에 들어갈 값은 34,485이다.
㉡ ⓑ에 들어갈 값은 28.2이다.
㉢ 조사 기간 동안 50~59세의 농가 소득이 가장 높았다.
㉣ 조사 기간 동안 농업 이외 소득이 가장 높았던 해는 가장 낮았던 해 대비 약 15.1% 증가하였다.
㉤ 도시근로자 가구 소득 대비 농가 소득 비율이 가장 높았던 해는 농업 소득도 가장 높다.

① ㉠, ㉢ ② ㉢, ㉣ ③ ㉡, ㉢, ㉤
④ ㉡, ㉣, ㉤ ⑤ ㉠, ㉢, ㉣, ㉤

22 다음은 2018년 농지규모화 매도 사업과 관련한 자료이다. 이 자료를 보고 |보기|에서 옳지 않은 것을 고르면?

2018년 농지규모화 매도 사업

(단위 : 건, ha, 백만 원)

지역	계약건수	계약면적	사업금액
경기	46	26	2,787
강원	71	63	6,602
충북	55	23	2,423
충남	321	203	21,473
전북	453	236	24,943
전남	753	475	47,006
경북	133	52	5,453
경남	92	32	3,345

| 보기 |

㉠ 지역별로 사업금액이 클수록 계약면적도 크다.
㉡ 계약건수가 큰 지역은 계약면적도 크다.
㉢ 계약면적당 사업금액이 가장 적은 지역은 경남이다.
㉣ 계약건수 당 사업금액은 전라도가 경상도보다 크다.

① ㉠, ㉡ ② ㉠, ㉢ ③ ㉡, ㉢
④ ㉡, ㉣ ⑤ ㉢, ㉣

23 부산에서 서울을 왕복하는 어떤 열차는 중간에 대구, 대전 그리고 수원에서만 정차한다고 한다. 각 역에서 발매하는 승차권에는 출발역과 도착역이 동시에 표시되어 있다. 예를 들어 부산에서 수원으로 가려는 사람이 구입한 승차권에는 부산→수원 이라고 표시된다. 5개의 역에서 준비해야 하는 서로 다른 승차권의 종류는 모두 몇 가지인가? (단, 왕복표는 준비하지 않는다.)

① 18 ② 19 ③ 20
④ 21 ⑤ 22

[24~25] 다음은 도로 종류별 평균 교통량과 관련된 자료이다. 다음을 보고 이어지는 물음에 답하시오.

[2019 한국도로공사]

도로 종류별 평균 교통량

(단위: 대/일)

구분	2012년	2013년	2014년	2015년	2016년	2017년
고속국도	43,689	45,236	46,403	48,505	50,098	47,917
일반국도	11,176	11,471	11,587	11,991	12,399	12,897
지방도	5,517	5,524	5,566	5,735	5,944	6,021

24 다음 중 위 자료에 대한 설명으로 옳은 것을 고르면?

① 조사 기간 동안 고속국도의 평균 교통량은 매년 증가하고 있다.
② 2016년 고속국도의 평균 교통량은 전년 대비 약 5.8% 증가하였다.
③ 2017년 일반국도의 평균 교통량은 2012년 대비 약 6.2% 증가하였다.
④ 2017년 지방도의 평균 교통량은 2014년 대비 약 8.2% 증가하였다.

25 주어진 자료를 이용하여 작성한 그래프로 옳지 않은 것은?

① 도로 종류별 평균 교통량
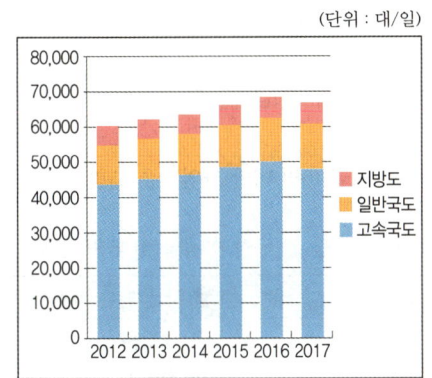

② 고속국도의 평균 교통량
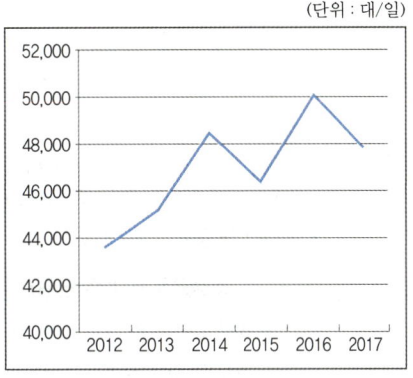

③ 일반국도의 평균 교통량
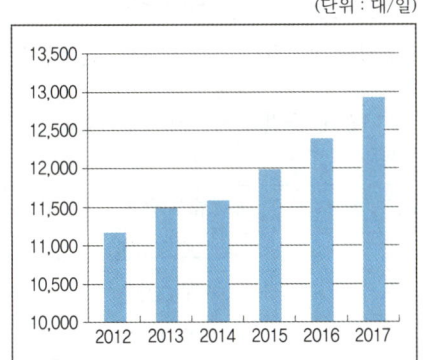

④ 지방도의 평균 교통량
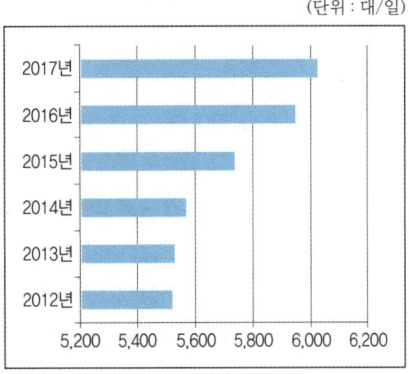

26 다음은 일자리 안정자금 지원금에 대한 자료이다. 자료를 참고하여 계산할 때, 아래 A~E 직원이 받을 수 있는 일자리 안정자금 지원금의 합은 얼마인가? (단, A~E 직원은 모두 일자리 안정자금 지원대상자이다.)

일자리 안정자금 지원금 지급

1. 지급금액
- 상용 노동자 : 노동자 1인당 월 13만 원 정액 지급 (5인 미만 사업장은 15만 원)
  - 월중 입·퇴사자는 근로일수 비례지원
- 단시간 노동자 : 근로시간에 비례하여 최대 월 12만 원 구간별 지급(아래 표 참조)

소정근로시간(주 단위)	월 지급액
30시간 이상~40시간 미만	120,000원
20시간 이상~30시간 미만	120,000원
10시간 이상~20시간 미만	90,000원
10시간 미만	60,000원

- 상용 및 단시간 노동자 중 지원대상자가 월중 입·퇴사·휴직한 경우 근무일수에 비례하여 지급
- 일용 노동자 : 월 근로일수에 따라 최대 월 13만 원 구간별 지급(아래 표 참조)
  → 건설업 일용노동자는 지원 대상에서 제외

월 근로일수	월 지급액
22일 이상	130,000원
19일 이상~21일 이하	120,000원
15일 이상~18일 이하	100,000원
10일 이상~14일 이하	80,000원

2. 지급방법 : 직접 '현금지급' 또는 '사회보험료 대납' 중 선택 가능
- 현금지급 : 사업주 통장으로 입금(2회분 이후 매월 자동 지급)
- 사회보험료 대납 : 지원금 산정 후 건강보험공단에서 사업장별 4대 보험 월별 고지 금액에 따라 대납

	구분	근로 내용
A 직원	상용 노동자(5인 미만 사업장)	한 달 근무
B 직원	일용 노동자	한 달간 14일 근무
C 직원	단시간 노동자	주 25시간씩 한 달 근무
D 직원	단시간 노동자	주 11시간씩 한 달 근무
E 직원	일용 노동자	한 달간 19일 근무

① 53만 원   ② 54만 원   ③ 56만 원   ④ 59만 원

27 다음은 인플루엔자 예방접종률 추이에 관한 자료이다. 이 자료를 통해 얻을 수 있는 정보로 적절하지 않은 것은?

인플루엔자 예방접종률 추이
(단위 : 명, %)

구분		2014		2015		2016		2017	
		응답자 수	접종률	응답자 수	접종률	응답자 수	접종률	응답자 수	접종률
전체	19~29세	504	16.2	645	16.4	670	14.8	707	15.9
	30~39세	783	29.0	698	33.8	1,039	34.3	857	33.9
	40~49세	780	20.1	891	20.7	1,082	22.0	1,063	24.1
	50~59세	888	26.7	1,057	27.7	1,052	33.1	1,152	30.2
	60~69세	818	57.4	943	58.4	975	63.7	1,042	59.4
	70세 이상	793	83.6	871	83.4	1,013	87.0	1,018	88.0
남자	19~64세	1,052	20.4	1,615	21.3	1,833	24.1	1,927	23.9
	65세 이상	576	75.7	579	75.6	664	83.5	654	80.5
여자	19~64세	2,192	29.0	2,160	30.6	2,495	32.7	2,399	32.8
	65세 이상	746	82.7	751	86.1	839	85.1	859	84.3

• 접종률 $= \dfrac{\text{접종자 수}}{\text{응답자 수}} \times 100$

① 2017년 19~29세의 접종률은 전년 대비 1%p 이상 증가했다.
② 65세 이상 남자의 응답자 수가 가장 많았던 해의 65세 이상 여자의 응답자 수 중 접종자 수는 약 713명이다.
③ 2015년 전체 응답자 수 중 65세 이상 여자의 응답자 수는 15% 이상을 차지한다.
④ 조사 기간 중 총응답자 수가 가장 많이 증가한 해는 2016년이다.

[28~29] 다음은 근로복지공단의 요양급여 신청에 관한 자료이다. 다음 자료를 보고 이어지는 물음에 답하시오.

요양급여 신청 현황

(단위 : 건, %)

연도	구분	신청	승인	승인율	불승인	불승인율
2014년	질병	9,211	4,391	47.7	4,820	52.3
	사고	88,433	83,261	94.2	5,172	5.8
	합계	97,644	87,652	89.8	9,992	10.2
2015년	질병	10,117	4,841	47.9	5,276	52.1
	사고	87,815	82,709	94.2	5,106	5.8
	합계	97,932	87,550	89.4	10,382	10.6
2016년	질병	10,301	4,741	46.0	5,560	54.0
	사고	86,951	82,474	94.9	4,477	5.1
	합계	97,252	87,215	89.7	10,037	10.3
2017년	질병	11,672	5,981	51.2	5,691	48.8
	사고	86,421	81,811	94.7	4,610	5.3
	합계	98,093	87,792	89.5	10,301	10.5
2018년	질병	12,975	7,733	59.6	5,242	40.4
	사고	95,966	91,911	95.8	4,055	4.2
	출퇴근	5,746	5,257	91.5	489	8.5
	합계	114,687	104,901	91.5	9,786	8.5

업무상 사고 유형별 승인현황(출퇴근재해 포함)

(단위 : 건, %)

연도	구분		신청	승인	승인율
2018	업무상 사고	업무수행 중 사고	91,849	88,232	96.1
		출장 중 재해	1,603	1,509	94.1
		시설물 결함 등에 따른 사고	279	253	90.7
		행사 중 사고	1,184	1,017	85.9
		휴게시간 중 사고	633	529	83.6
		제3자의 행위에 따른 사고	351	316	90.0
		특수한 장소에서의 사고	23	12	52.2
		기타 사고	44	43	97.7
	출퇴근재해	사업주 지배관리 하의 출퇴근	444	365	82.2
		통상의 출퇴근	5,302	4,892	92.3
	계		101,712	97,168	(A)

※ 승인율 : $\frac{승인 건수}{신청 건수} \times 100$

28 다음 중 위 자료에 대한 설명으로 옳은 것을 고르면?

① 2014년부터 2018년까지 매년 요양급여 신청 건수는 증가하고 있다.
② 출퇴근 관련 요양급여 신청 건수는 2018년 전체 신청 건수의 약 5%를 차지한다.
③ 2018년 질병 관련 요양급여 신청 건수는 2018년 전체 신청 건수의 약 16%를 차지한다.
④ 2018년 업무상 사고 중 두 번째로 신청 건수가 많은 유형은 승인율도 두 번째로 높다.

29 다음 중 업무상 사고 유형별 승인현황 자료의 빈칸 (A)에 들어갈 내용으로 옳은 것은?
(단, 소수 둘째 자리에서 반올림한다.)

① 88.5　　　　　　　　　② 90.5
③ 92.5　　　　　　　　　④ 95.5

[30~31] 다음 생활시간조사에 관한 자료를 보고 질문에 답하시오.　2019 코레일

〈자료 1〉 18세 이상 전체 인구의 생활 행동별 요일 내 평균 시간 추이

(단위 : 분)

행동 분류별		1999년	2004년	2009년	2014년
필수시간	수면	442	445	450	480
	식사	94	111	116	127
	건강관리	8	8	7	6
의무시간	근로시간	206	187	183	180
	가정관리	110	106	105	109
	학습시간	33	17	15	23
여가시간	게임시간	5	13	10	10
	여가활동	217	275	248	259

- 생활시간조사는 18세 이상의 국민이 각자 주어진 24시간을 보내는 양상을 파악하기 위한 것으로, 24시간을 필수시간, 의무시간, 여가시간으로 구분하여 행동 분류별 시간 사용량을 파악하고 있다.

〈자료 2〉 18세 이상 행위자 인구의 생활 행동별 요일 평균 시간

(단위 : 분)

행동 분류별		1999년	2004년	2009년	2014년
필수시간	수면	442	445	450	480
	식사	94	111	116	127
	건강관리	8	60	47	43
의무시간	근로시간	385	343	334	341
	가정관리	146	137	131	134
	학습시간	222	327	294	232
여가시간	게임시간	85	80	73	64
	여가활동	220	276	250	261

- 행위자 인구 : 18세 이상의 성인 중 하루 24시간 중 1분 이상이라도 필수시간, 의무시간, 여가시간에 속한 특정 행위를 한 사람들을 의미한다. 따라서 〈자료 2〉는 해당 생활 행동 행위자만을 대상으로 계산한 요일 평균 행위시간을 나타낸다.

30 〈자료 1〉에 대한 해석으로 적절한 것은?

① 수면과 식사, 게임시간은 증가하고, 학습시간, 가정관리, 근로시간은 감소하는 추세에 있다.
② 2014년 식사시간은 1999년에 비해 130% 이상 증가하여 가장 큰 증가폭을 보였다.
③ 가정관리에 시간을 투입하는 인구가 증가했는데, 1999년 54%에서 2014년 65%로 증가했다.
④ 전체적으로 필수시간의 총합은 증가하고, 근로시간은 감소한 경향이 있다.
⑤ 건강관리에 시간을 투자하는 인구가 계속 감소하고 있음을 알 수 있다.

31 다음 중 〈자료 1〉과 〈자료 2〉를 통해서 알 수 있는 사실이 아닌 것은?

① 건강관리를 하는 사람들이 건강관리에 투자하는 시간이 2004년에는 상당히 늘어났다.
② 수면과 식사시간을 제외한 모든 항목에서 행위자 평균이 전체 인구 평균보다 높게 나타났다.
③ 2014년 학습시간은 전체 인구 평균과 행위자 간 평균이 10배 이상의 차이를 보였다.
④ 게임시간의 경우 행위자 평균 시간은 계속 줄었지만 전체 인구가 게임을 하는 총 시간은 1999년과 비교해 2014년에는 증가하였다.
⑤ 2014년 건강관리 행위자의 평균 시간은 전체 인구 평균에 비해 7배 이상이다.

[32~33] 귀하가 근무하는 회사는 매년 의학 관련 심포지엄에 참여하고 있다. 올해는 영유아에 관련된 주제로 개최되었는데, 귀하는 '영아사망원인'이라는 주제를 가지고 참여하게 되었다. 발표를 위해 생존기간별 사망자 수, 영아사망률에 관한 통계를 가지고 자료를 만들었다. 다음 물음에 답하시오.

영·유아 생존기간별 사망원인

(단위 : 명)

성별	생존기간별	합계	감염성 질환	신생물	면역기전	대사 질환	신경 계통	순환기 계통	호흡기 계통	소화기 계통
계	계	104	17	14	3	14	14	22	14	4
	0~6일	11	0	3	0	6	0	2	0	0
	7~27일	13	3	2	1	2	3	0	0	1
	28일 이상	80	14	9	2	6	11	20	14	3
남자	계	57	7	11	1	8	8	11	7	2
	0~6일	10	0	3	0	6	0	1	0	0
	7~27일	9	2	2	0	0	3	0	0	1
	28일 이상	38	5	6	1	2	5	10	7	1
여자	계	47	10	3	2	6	6	11	7	2
	0~6일	1	0	0	0	0	0	1	0	0
	7~27일	4	1	0	1	2	0	0	0	0
	28일 이상	42	9	3	1	4	6	10	7	2

출처 : 통계청, 사망원인통계

32 귀하는 이 자료를 바탕으로 발표문을 작성하던 중, 발표문에서 잘못된 문장을 여럿 발견하게 되었다. 다음 중 수정이 필요한 문장을 |보기|에서 모두 고르면?

| 보기 |

㉠ 여아의 경우 사망인원이 1명인 사망원인은 4가지이다.
㉡ 남아의 경우 28일 미만으로 생존하는 경우는 28일 이상 생존하는 경우의 $\frac{1}{2}$이다.
㉢ 사망한 남아 수는 모든 사망원인에서 여아의 수보다 많다.
㉣ 전체에서 가장 큰 비중을 차지하는 사망원인은 '순환기 계통'으로 전체의 약 21.2%이다.

① ㉠, ㉡
② ㉠, ㉢
③ ㉡, ㉢
④ ㉠, ㉡, ㉢
⑤ ㉠, ㉢, ㉣

33 귀하는 프레젠테이션 자료로 활용할 그래프를 작성하려고 한다. 다음 중 옳지 않은 것은?

① 생존기간 0~6일 남자 사망원인별 비교

② 생존기간별 남녀 비교

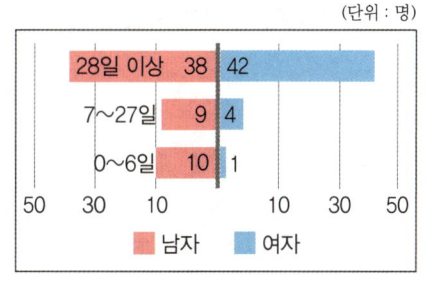

③ 영유아 전체에 대한 세 가지 질환의 비교

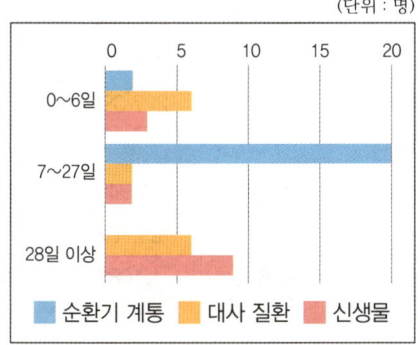

④ 생존기간 7~27일 남녀 사망원인별 비교

⑤ 감염성 질환 남녀 비교

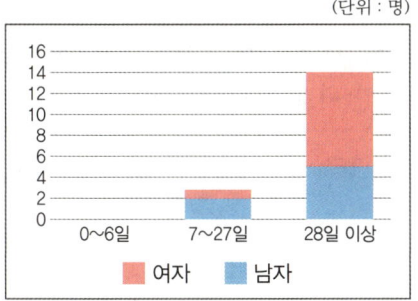

34 귀하는 본사 기획실에 국내 경기에 대한 최근 동향을 분석하여 보고해 줄 것을 주문받았고, 첫 번째 보고서를 위해 국내 경기의 흐름을 쉽게 알아볼 수 있는 건설경기를 먼저 분석하고자 한다. 아래 자료는 건설수주액에 대한 경상자료 중 발주자/공종별 자료만 조사해둔 자료이다. 아래 자료를 분석한 내용으로 바르지 않은 것은?

발주자/공종별 건설수주액(경상)

(단위 : 백만 원)

발주자별	공종별	1월	2월	3월	4월	5월
수주총액	계	11,885,120	7,946,447	10,509,180	9,193,856	12,090,487
	건축	6,120,240	5,174,489	8,897,938	7,999,396	8,269,327
	토목	5,764,880	2,771,958	1,611,242	1,194,460	3,821,160
공공부문	계	1,324,652	2,271,086	1,225,083	1,448,248	2,710,364
	건축	466,932	282,650	536,908	613,221	891,730
	토목	857,720	1,988,436	688,175	835,027	1,818,634
민간부문	계	6,339,121	5,659,828	9,183,405	7,476,576	9,285,468
	건축	5,649,084	4,889,111	8,361,002	7,136,830	7,377,018
	토목	690,037	770,717	822,403	339,746	1,908,450
국내 외국기관	계	358	3,716	42	227,083	579
	건축	100	2,728	28	227,083	579
	토목	258	988	14	0	0
민자	계	4,220,989	11,817	100,650	41,949	94,076
	건축	4,124	0	0	22,262	0
	토목	4,216,865	11,817	100,650	19,687	94,076

① 조사 기간 동안 '수주총액'의 합계금액은 매월 등락을 반복하는 형태를 보인다.
② 조사 기간 동안 '민간부분'의 '건축' 수주액이 가장 높았던 달은 같은 달 '토목'의 수주액과 비교할 때 10배 이상의 수주액을 기록하고 있다.
③ 조사 기간 동안 '민자' 합계금액이 가장 큰 달은 나머지 달들의 합계보다 20배 이상이다.
④ 조사 기간 동안 '국내 외국기관' 합계금액은 4월의 수주액이 최고치였고 이는 두 번째로 많았던 2월의 50배 이상이다.
⑤ 5월을 제외한 나머지 조사 기간 동안 공공부문과 민간부문의 건설수주총액 증감 추이는 매월 다른 양상을 보인다.

35. 2018년 4월 남북 정상회담 이후 화해 무드가 조성된 것과 관련하여 본사에서는 조직개편을 통해 남북해외철도사업단을 산하 조직으로 만드는 등 남북철도에 대하여 깊은 관심을 갖고 있다. 이와 같은 사업의 일환으로 남북한 무역 및 교역에 관한 자료를 분석하라는 지시가 있었다. 귀하는 아래의 남북한 무역총액 변화 및 남북한 교역액에 관한 자료를 바탕으로 재가공 보고하여야 한다. 다음 자료의 내용과 부합하지 않는 것은?

남북한 무역총액

(단위 : 만 달러, %)

구분	남한		북한		남북한 교역액
	무역총액	증감률	무역총액	증감률	소계
2011	1,079,626,750	21.1	6,357,060	52.3	1,713,850
2012	1,067,454,270		6,811,280	7.1	1,971,110
2013	1,075,217,950		7,344,790	7.8	1,135,850
2014	1,098,179,110		7,610,880	3.6	2,342,640
2015	963,255,480		6,251,820	−17.9	2,714,480
2016	901,618,830		6,531,690	4.5	332,560

※ 무역총액 = 수출액 + 수입액, 남북한 교역액 불포함

① 조사 기간 동안 남한의 무역총액이 가장 많이 감소한 해는 2015년으로 10% 이상 감소하였다.
② 위 자료의 내용으로 파악한 2010년의 북한 무역총액은 4,000,000만 달러 이하이다.
③ 2016년 남한의 무역총액은 북한 무역총액의 약 138배이다.
④ 2012년 북한의 수출액이 무역총액의 40%였다면 수입액은 4,000,000만 달러 이상이다.
⑤ 남북한 교역액이 가장 적은 해의 교역액은 교역액이 두 번째로 큰 해의 15% 미만이다.

36 ○○공단에서는 드론(초경량비행장치) 자격증 실기 시험에 사용될 제품을 구매하기 위하여 아래와 같이 5개 제품의 세부 평가를 실시하였다. 각 제품별 세부 평가에서는 회전력, 평형유지, 디자인, 가격의 4개 항목에 대하여 평가한 점수를 바탕으로 가장 적합한 제품을 선택하려고 한다. |보기|의 기준을 적용하여 계산한 제품별 총점이 가장 높은 제품을 선정한다고 할 때, 선정될 제품은 무엇인가?

드론 제품별 세부 평가

(단위 : 점)

구분	회전력	평형유지	디자인	가격
제품 1	8	5	5	6
제품 2	6	8	4	6
제품 3	7	6	6	7
제품 4	7	6	8	6
제품 5	5	5	6	8

| 보기 |

- 각 항목별 평가는 모두 10점 만점을 기준으로 평가한다.
- 최종 점수는 각 항목별 가중치를 적용한다.
- 회전력, 평형유지, 디자인, 가격에 대하여 각각의 평가 점수에 10%, 20%, 40%, 30%의 가중치를 적용한다.

① 제품 1 ② 제품 2 ③ 제품 3
④ 제품 4 ⑤ 제품 5

37 다음은 영국에 진출한 5개 계열사의 상반기 매출 비교 그래프이다. 본사에서는 사업지원의 일환으로 대대적인 홍보를 계획하고 있으며 이를 통해 하반기 각 계열사의 매출 신장을 기대하고 있다. |보기|의 내용이 정확히 지켜진다고 할 때, 하반기 매출이 가장 높을 것으로 예상되는 계열사는 어디인가?

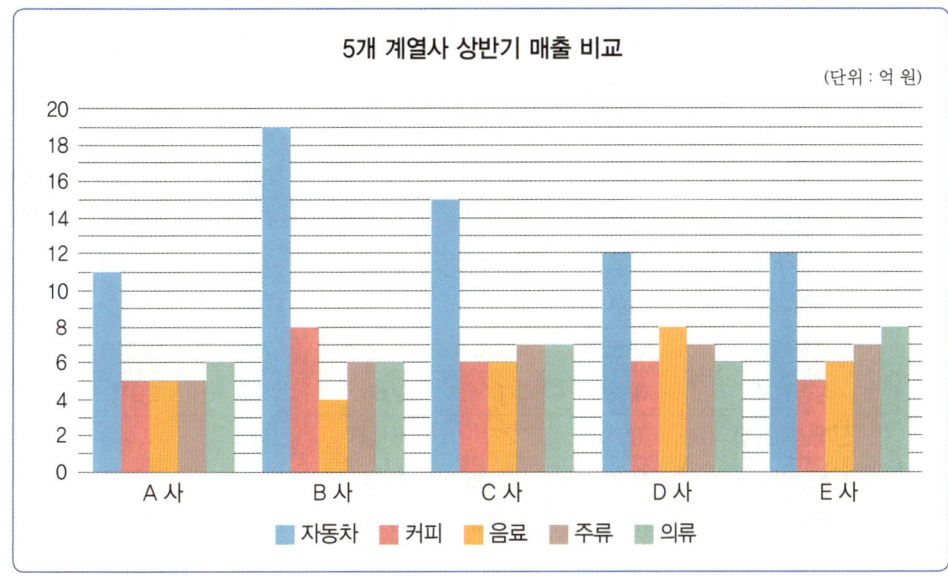

| 보기 |

- 본사에서 지원하는 홍보 효과 외에는 고려하지 않는다.
- 전략기획팀에서 분석한 매출 효과는 항목마다 다르며, 기대되는 매출 증가율은 자동차 10%, 커피 10%, 음료 30%, 주류 20%, 의류 40%로 5개 회사 모두 같다.
- 하반기 예상 매출액 = (상반기 매출액) + $\left(\text{상반기 매출액} \times \dfrac{\text{기대되는 매출 증가율}}{100}\right)$

① A 사 ② B 사 ③ C 사
④ D 사 ⑤ E 사

38 아래 자료는 국내 바이오 의약산업의 국내 판매 및 수출 규모를 2016년부터 2018년까지 정리한 자료이다. 이에 대한 내용으로 옳지 않은 것은?

바이오 의약산업 국내 판매 및 수출 규모

(단위 : 백만 원)

구분	2016		2017		2018	
	국내 판매액	수출액	국내 판매액	수출액	국내 판매액	수출액
항생제	60,262	63,520	67,367	68,133	77,902	65,301
항암제	33,126	16,347	36,298	22,408	40,157	26,050
백신	102,534	56,541	116,339	72,321	132,320	79,665
호르몬제	43,684	15,651	79,758	67,515	88,053	71,485
면역제제	20,221	698	26,004	716	42,069	11,153
혈액제제	210,148	27,514	148,077	17,451	165,231	20,019
저해제	57,857	1,293	37,221	725	46,718	1,501
성장인자	3,930	0	2,650	100	2,915	500
신개념치료제	1,512	271	6,593	577	17,138	2,300
진단키트	41,317	13,905	41,900	13,497	45,759	18,782
동물약품	52,623	6,530	67,603	8,551	68,418	10,356
기타바이오의약제품	26,421	4,050	66,434	4,838	75,371	5,900

① 2016년 국내 판매액이 가장 높은 바이오 의약품은 '혈액제제'이다.
② 2017년 '백신'의 국내 판매액은 같은 해 수출액의 2배 이하이다.
③ 2018년 '항암제'의 수출액은 2016년 '항생제' 수출액의 40% 이상이다.
④ 2016년과 2017년의 국내 판매액 최하위 의약품의 수출액의 차는 1,000(백만 원) 이상이다.
⑤ 2018년 '면역제제'의 수출액은 2017년에 비해 10배 이상 급증했다.

Chapter 03
문제해결능력

문제해결능력은 직장에서 업무를 수행함에 있어 문제 상황이 발생하였을 경우, 합리적이고 논리적인 사고를 통하여 이를 올바르게 인식하고 적절히 해결하는 능력이다.

문제해결능력은 문제를 바르게 인식하고 해결하기 위해 창의적, 논리적, 비판적으로 생각하는 능력인 사고력과 이를 바탕으로 최적의 해결책을 찾아 실행 및 처리, 평가까지 일련의 활동을 수행하는 능력인 문제처리능력 등으로 구분된다.

03 Chapter — START
NCS 모듈 학습

개념정리 • 문제해결능력

 1 문제해결능력의 개념

문제해결능력이란 목표와 현상을 분석하고 이 분석 결과를 토대로 과제를 도출하여 최적의 해결책을 찾아 시행·평가하는 능력이다. 하위능력은 사고력, 문제처리능력으로 구분된다.

 2 문제해결능력의 구성

사고력	업무와 관련된 문제를 인식하고 해결함에 있어 창의적, 논리적, 비판적으로 생각하는 능력 • 창의적 사고의 의미와 개발방법 • 논리적 사고의 의미와 개발방법 • 비판적 사고의 의미와 개발방법
문제처리능력	업무와 관련된 문제의 특성을 파악하여, 대안을 제시·적용하고 그 결과를 평가하여 피드백하는 능력 • 문제 해결 과정의 절차 • 문제 해결 절차의 세부 사항 이해

3 문제의 의미

문제란 업무를 수행함에 있어서 답을 요구하는 질문이나 의논하여 해결해야 하는 사항을 의미한다. 업무 상황에서는 발생하는 문제를 인식하고 해결하려는 실천적 의지가 중요하며, 이를 통해 개인과 조직도 발전할 수 있다.

4 문제와 문제점

문제는 흔히 문제점과 구분하지 않고 사용하는데, 사실 이 둘은 구분되어야 한다.
- 문제 : 발생한 상황
- 문제점 : 상황이 발생한 원인, 즉 문제해결을 위해 손을 써야 할 대상

예) 전복사고의 발생
　　문제 : 전복사고의 발생, 문제점 : 난폭 운전

5 문제의 분류와 유형

- 문제의 분류

구분	창의적 문제	분석적 문제
문제 제시 방법	현재 문제가 없지만 보다 나은 방법을 찾기 위한 문제 탐구로, 문제 자체가 명확하지 않음	현재의 문제점이나 미래의 문제로 예견될 것에 대한 문제 탐구로, 문제 자체가 명확함
해결 방법	창의력에 의한 많은 아이디어 작성을 통해 해결	분석, 논리, 귀납과 같은 논리적 방법을 통해 해결
해답 수	해답의 수가 많으며, 많은 답 중에서 보다 나은 것을 선택	해답의 수가 적으며, 한정되어 있음
주요 특징	주관적, 직관적, 감각적, 정성적, 개별적, 특수성	객관적, 논리적, 정량적, 이성적, 일반적, 공통성

- 문제의 유형

발생형 문제 (보이는 문제)		눈에 보이는 문제로, 우리 눈앞에 발생되어 해결하고자 고민하는 문제를 의미한다. 어떤 기준을 일탈함으로써 생기는 일탈 문제와 기준에 미달하여 생기는 미달 문제로 구분되며, 문제의 원인이 내재되어 있어서 원인 지향적 문제라고도 한다. 예) '매출목표 미달 대응 방안' 등
탐색형 문제 (찾는 문제)		눈에 보이지 않는 문제로, 현재 상황을 개선하거나 효율을 높이기 위한 문제를 의미한다.
	잠재 문제	문제가 잠재되어 있어 인식하지 못하다가 결국은 문제가 확대되어 해결이 어려운 문제
	예측 문제	현재로서는 문제가 없으나 앞으로 일어날 가능성이 있는 문제
	발견 문제	현재로서는 문제가 없으나 유사 타 기업 혹은 선진 기업의 업무 방법 등의 정보를 얻음으로써 환경을 보다 개선, 향상시킬 수 있는 문제
설정형 문제 (미래 문제)		미래 상황에 대응하는 장래의 경영 전략상 문제로, 앞으로 어떻게 할 것인가 하는 문제를 의미한다. 미래 지향적으로 새로운 과제 또는 목표를 설정함에 따라 일어나는 문제이므로 목표 지향적 문제, 창조적 문제라고 한다. 예) '장래 어떤 분야로 진출해야 하는가?' 등

6 문제해결의 개념

문제해결이란 목표와 현상을 분석하고, 이 분석 결과를 토대로 과제를 도출하여 최적의 해결책을 찾아 실행·평가하는 활동을 의미한다. 이러한 문제해결은 조직, 고객, 자신의 세 가지 측면에서 도움을 줄 수 있다.

구분	내용
조직의 측면	조직의 관련 분야에서 일류 수준을 지향하며, 경쟁사와 대비하여 우위를 확보할 수 있게 한다.
고객의 측면	고객의 불편을 개선하여 고객 만족을 높일 수 있게 한다.
자신의 측면	불필요한 업무를 제거·단순화하여 업무를 효율적으로 처리할 수 있고, 자신을 경쟁력 있는 사람으로 변할 수 있게 한다.

7 문제해결의 장애 요소

- **문제를 철저하게 분석하지 않는 경우** : 성급한 판단으로 인해, 문제의 본질을 명확하게 분석하지 않고 대책안을 수립·실행함으로써 근본적인 문제해결을 하지 못하게 된다.
- **고정관념에 얽매이는 경우** : 새로운 아이디어와 가능성을 무시하게 된다.
- **쉽게 떠오르는 단순한 정보에 의지하는 경우** : 단순한 정보에 의지하여 문제를 해결하지 못하거나 오류를 범하게 된다.
- **너무 많은 자료를 수집하려고 노력하는 경우** : 무계획적인 자료 수집은 제대로 된 자료를 알지 못하는 오류를 범하게 된다.

8 문제해결을 위한 사고

구분	내용
전략적 사고	현재의 문제와 해결에 그치지 않고, 그 문제와 해결방안이 상위 시스템과 어떻게 연결되어 있는지를 생각하는 사고를 말한다.
분석적 사고	전체를 각각의 요소로 나누어 그 요소의 의미를 도출한 다음 우선순위를 부여하고 구체적인 문제해결방법을 실행하는 사고를 말한다.
발상의 전환	기존 인식의 틀을 전환하여 새로운 관점에서 바라보는 사고를 지향한다.
자원의 활용	문제해결 시 필요한 기술, 재료, 방법, 사람 등 자원 확보 계획을 수립하고 내·외부자원을 활용하는 사고를 말한다.

9. 문제의 종류에 따라 필요한 분석적 사고

성과 지향의 문제	기대하는 결과를 명시하고 효과적으로 달성하는 방법을 사전에 구상한다.
가설 지향의 문제	현상 및 원인 분석 전에 일의 과정이나 결론을 가정한 후 일을 수행한다.
사실 지향의 문제	객관적 사실로부터 사고와 행동을 시작한다.

10. 문제해결 방법의 종류

소프트 어프로치	대부분의 기업에서 볼 수 있는 전형적인 스타일로, 조직 구성원들은 같은 문화적 토양을 가지고 이심전심으로 서로를 이해하는 상황을 가정한다. 소프트 어프로치에서는 문제해결을 위해서 직접적인 표현이 바람직하지 않다고 여기며, 무언가를 시사하거나 암시를 통하여 의사를 전달하고 서로 이해하게 함으로서 문제해결을 도모하려고 한다.
하드 어프로치	상이한 문화적 토양을 가지고 있는 구성원을 가정하고, 서로의 생각을 직설적으로 주장하고 논쟁이나 협상을 통해 서로의 의견을 조정해 가는 방법이다. 이때 중심적 역할을 하는 것이 논리, 즉 사실과 원칙에 근거한 토론이다.
퍼실리테이션	어떤 그룹이나 집단이 의사결정을 잘하도록 도와주는 일을 의미한다. 깊이 있는 커뮤니케이션을 통해 서로의 문제점을 이해하고 공감함으로써 창조적인 문제해결을 도모한다. 소프트 어프로치나 하드 어프로치 방법은 단순한 타협점의 조정에 그치지만, 퍼실리테이션에 의한 방법은 초기에 생각하지 못했던 창조적인 해결 방법이 도출된다.

하위능력 1 ● 사고력

① 사고력이란?

직장에서 발생한 문제를 해결하기 위해 창의적, 논리적, 비판적으로 생각하는 능력이다.

② 창의적 사고

당면한 문제를 해결하기 위해 개인이 가지고 있는 경험과 지식을 가치 있는 새로운 아이디어와 결합함으로써 참신한 아이디어를 산출하는 능력이다.

자유연상법	▶	생각나는 대로 자유롭게 발상 예) 브레인스토밍
강제연상법	▶	각종 힌트를 강제적으로 연결 지어서 발상 예) 체크리스트
비교발상법	▶	주제와 본질적으로 닮은 것을 힌트로 하여 발상 예) NM법, Synectics

● 브레인스토밍 : 미국의 알렉스 오즈번이 고안한 기법으로, 창의적인 사고를 낼 때 가장 흔히 사용되는 방법이다. 브레인스토밍은 집단의 효과를 살려서 아이디어의 연쇄반응을 일으켜 자유분방한 아이디어를 창출한다. 브레인스토밍의 4대 원칙은 다음과 같다.

자유분방(Silly)	무엇이든 자유롭게 말한다.
비판엄금(Support)	평가 단계 이전에 비판해서는 안 된다.
질보다 양(Speed)	가능한 많은 아이디어를 내도록 격려한다.
결합과 개선(Synergy)	아이디어 조합으로 더 좋은 아이디어를 만든다.

● 체크리스트법 : 캘리포니아 대학의 오스본 교수가 고안한 것으로 질문항목을 표로 만들어 정리하고, 하나씩 점검해가며 아이디어를 뽑아내는 방법이다. 내용을 항목별로 검토하기 때문에 누락의 염려가 없고, 반복적인 작업에는 편리하게 사용할 수 있으나, 범위를 벗어난 새로운 발상의 가능성과 창의적 발상의 유도가 부족하다는 한계가 있다.

③ 논리적 사고

사고의 전개에 있어서 전후 관계가 일치하고 있는가를 평가하는 사고능력이다.

피라미드 구조방법	▶	하위의 사실이나 현상부터 사고함으로써 상위의 주장을 만들어가는 방법
So What 방법	▶	눈앞에 있는 정보로부터 의미를 찾아내어 가치 있는 정보를 이끌어 내는 방법

이러한 논리적 사고의 구성요소는 다음과 같다.

- **생각하는 습관** : 생각하는 습관은 논리적 사고의 기본이다.
- **상대 논리의 구조화** : 자신의 논리로만 생각하면 독선에 빠지기 쉬우므로, 상대의 논리를 구조화하는 것이 필요하다.
- **구체적인 생각** : 상대가 말하는 것을 잘 알 수 없을 때에는 구체적인 이미지나 숫자로 표현하여 생각해 보는 것이 필요하다.
- **타인에 대한 이해** : 반론을 제시할 때에는 상대 주장의 전부 혹은 상대의 인격을 부정해서는 안 된다.
- **설득** : 자신의 사상을 강요하지 않고 의논과 반론을 통해 논리적으로 사고해야 한다.

4 비판적 사고

- **비판적 사고의 의미** : 비판적 사고는 어떤 논증, 추론, 증거, 가치를 표현한 사례를 타당한 것으로 수용할 것인가 아니면 불합리한 것으로 거절할 것인가에 대한 결정을 내릴 때 요구되는 사고능력이다.
- **비판적 사고의 개발 태도**

지적 호기심	사건의 원인과 설명, 문제에 대한 해답을 구하기 위해 여러 질문을 제기한다.
객관성	감정적, 주관적 요소를 배제하고 경험적 증거나 타당한 논증을 근거로 한다.
개방성	다양한 여러 신념들이 진실일 수 있다는 것을 받아들인다.
융통성	개인의 신념이나 탐구방법을 변경할 수 있다.
지적 회의성	적절한 결론이 제시되지 않는 한, 결론이 참이라고 받아들이지 않는다.
지적 정직성	우리의 신념과 대치되는 진술이어도 충분한 증거가 있으면 진실로 받아들인다.
체계성	결론에 이르기까지 문제의 핵심에서 벗어나지 않도록 한다.
지속성	해답을 얻을 때까지 탐색하는 인내심을 갖도록 한다.
결단성	증거가 타당할 땐 결론을 맺는다.
다른 관점에 대한 존중	자신의 아이디어가 아닌 타인의 것이 옳을 수 있음을 기꺼이 받아들인다.

- **비판적 사고의 개발 방법** : 비판적 사고를 개발하기 위해서는 어떤 현상에 대해서 문제의식을 가지고, 고정관념을 버려야 한다.

1 ● 사고력 ≫ 바로확인문제

01 S 대리는 다음과 같은 고민을 하던 중 P 과장에게 조언을 구했다. S 대리의 고민을 들은 P 과장이 S 대리에게 해줄 수 있는 조언으로 적절하지 않은 것은?

> 오늘도 팀장님에게 오전부터 싫은 소리를 들었다. 늘 하던 일을 늘 하던 방식으로 처리한 것이 빌미였다. "관행에 매몰되지 말고 창의적이고 발전적인 모습을 보여 달라"라는 팀장님의 주문은 너무 어렵다. '창의적인 일처리'라는 말을 들을 때마다 주눅이 든다. 그런 나를 발견할 때면 더욱 의기소침해지고 자신감이 없어진다. 어떻게 해야 창의적인 인재가 될 수 있을까 고민도 해보지만 뾰족한 수가 보이지 않는다. 나만 뒤처지는 것 같아 불안하기도 하고 남들은 어떤지 궁금하다.

① 창의적 사고를 하는 데 어느 정도의 전문 지식은 필요하지만 너무 많은 지식은 오히려 창의력을 저해할 수 있어요.
② 창의적인 사람은 새로운 경험을 찾아 나서는 사람을 말하는 것 같아요.
③ 그들의 독특하고 기발한 재능은 모두 선천적으로 타고나는 것이라 할 수 있지요.
④ 창의적인 사고는 후천적 노력에 의해서도 개발이 가능하다고 생각해요.
⑤ 창의적 사고를 하기 위해서는 고정관념을 버리고, 본인 스스로 자신의 틀에서 벗어나도록 노력해야 한다고 생각해요.

사고력 / 창의적으로 사고하기

창의적 사고는 선천적으로 타고나는 것으로만 정해지는 것이 아니라 후천적 노력에 의해 개발이 가능하며 창의력 교육훈련을 통해서 개발할 수 있다. 따라서 ③은 틀린 설명이다.

정답 ③

02 다음중 비판적 사고를 개발하기 위해 요구되는 태도가 아닌 것은?

① 체계성 ② 주관성
③ 지속성 ④ 지적 회의성
⑤ 다른 관점에 대한 존중

 사고력 / 비판적 사고 이해하기

감정적, 주관적 요소를 배제하고 경험적 증거나 타당한 논증을 근거로 하는 객관성이 요구된다.

🔑 오답풀이

① 체계성 : 결론에 이르기까지 문제의 핵심에서 벗어나지 않도록 한다.
③ 지속성 : 해답을 얻을 때까지 탐색하는 인내심을 갖도록 한다.
④ 지적 회의성 : 적절한 결론이 제시되지 않는 한, 결론이 참이라고 받아들이지 않는다.
⑤ 다른 관점에 대한 존중 : 자신의 아이디어가 아닌 타인의 것이 옳을 수 있음을 기꺼이 받아들인다.

정답 ②

03 다음은 창의적 사고의 개발 방법 중 무엇에 대한 설명인가?

> 캘리포니아 대학의 오스본 교수가 고안한 방법으로 어떤 개선점을 찾고자 할 때에 이에 대한 질문항목을 표로 만들어 정리하고 그에 따라 하나씩 점검해 가며 아이디어를 뽑아내는 방법이다.

① 자유연상법 – 브레인스토밍
② 강제연상법 – 브레인스토밍
③ 강제연상법 – 체크리스트
④ 비교발상법 – 체크리스트
⑤ 비교발상법 – 시네틱스

 사고력 / 창의적 사고의 개발방법 이해하기

강제연상법 – 체크리스트
캘리포니아 대학의 오스본 교수가 고안한 방법으로 어떤 개선점을 찾고자 할 때에 이에 대한 질문항목을 표로 만들어 정리하고 그에 따라 하나씩 점검해 가며 아이디어를 뽑아내는 방법이다. 적어놓은 내용을 항목별로 하나씩 검토하기 때문에 누락의 염려가 없고, 반복적인 작업에는 편리하게 사용할 수 있다. 그러나 문제의 범위를 벗어난 새로운 발상의 가능성이 적어지고, 창의적 발상을 유도하는 기본적인 자유성이 부족할 위험이 있다.

🔑 오답풀이

① 자유연상법 – 브레인스토밍 : 미국의 알렉스 오즈번이 고안한 그룹발산기법으로, 창의적인 사고를 위한 발산방법 중 가장 흔히 사용되는 방법이다. 브레인스토밍은 집단의 효과를 살려서 아이디어의 연쇄반응을 일으켜 자유분방한 아이디어를 내고자 하는 방법이다.
⑤ 비교발상법 – 시네틱스 : 서로 다른 성질이나 관련 없는 두 요소를 비교하여 새로운 아이디어를 발상하는 방법이다.

정답 ③

하위능력 2 ● 문제처리능력

1 문제처리능력이란?

목표와 현상을 분석하고, 그 분석 결과를 토대로 문제를 도출하여 최적의 해결책을 찾아 실행, 평가하는 활동을 할 수 있는 능력이다.

2 문제해결의 절차

문제 인식	• 문제해결과정 중 'WHAT'을 결정하는 단계 • 문제를 파악해 우선순위 및 목표를 명확히 하는 단계
문제 도출	• 문제를 분석해 해결점을 명확히 하는 단계 • 인과 관계 및 구조를 파악하는 단계
원인 분석	핵심 문제 분석을 통해 근본 원인 도출
해결안 개발	근본 원인을 해결할 수 있는 최적의 해결 방안을 수립하는 단계
실행 및 평가	• 실행 계획을 실제 상황에 맞게 적용하는 활동 • 장애가 되는 문제의 원인을 제거해 나감

3 문제 인식 단계

문제 인식은 문제해결 과정 중 "What"을 결정하는 단계이다. 해결해야 할 전체 문제를 파악하여 우선순위를 정하고, 선정문제에 대한 목표를 명확히 하는 절차를 거치며, 환경 분석, 주요 과제 도출, 과제 선정의 절차를 통해 수행된다.

환경 분석	▶	주요 과제 도출	▶	과제 선정
Business System 상 거시 환경 분석		분석 자료를 토대로 성과에 미치는 영향과 의미를 검토하여 주요 과제 도출		후보 과제를 도출하고 효과 및 실행가능성 측면에서 평가하여 과제 도출

(1) 환경 분석

환경 분석을 위해서 주요 사용되는 기법에는 3C 분석, SOWT 분석 방법이 있다.
- 3C 분석 : 사업 환경을 구성하고 있는 요소인 3C(자사, 경쟁사, 고객)에 대한 체계적인 분석이다.

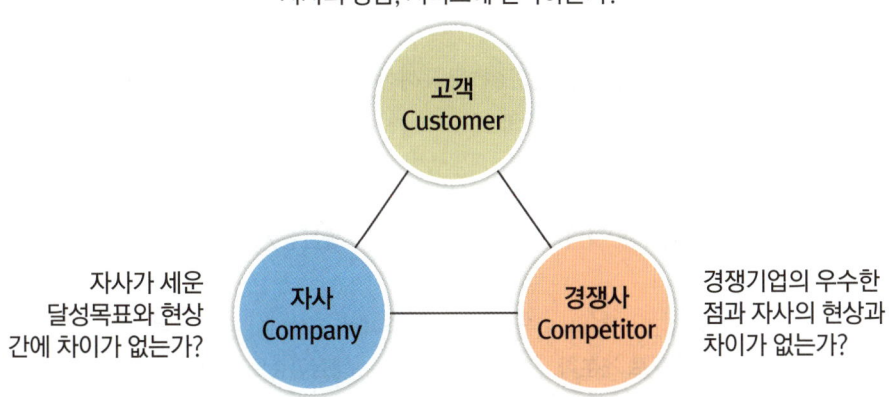

- SOWT 분석 : 기업 내부의 강점·약점과 외부환경의 기회·위협요인을 분석 및 평가하고, 이들을 서로 연관 지어 전략을 개발해 문제해결 방안을 제시하는 방법이다.

		내부환경요인	
		강점(Strength)	약점(Weakness)
외부환경요인	기회(Opportunity)	SO 내부강점과 외부기회요인을 극대화	WO 외부기회를 이용하여 내부약점을 강점으로 전환
	위협(Threat)	ST 외부위협을 최소화하기 위해 내부강점을 극대화	WT 내부약점과 외부위협을 최소화

SO 전략	외부 환경의 기회를 활용하기 위해 강점을 사용하는 전략
ST 전략	외부 환경의 위협을 회피하기 위해 강점을 사용하는 전략
WO 전략	자신의 약점을 극복함으로써 외부 환경의 기회를 활용하는 전략
WT 전략	외부 환경의 위협을 회피하고 자신의 약점을 최소화하는 전략

(2) 주요 과제 도출

환경 분석을 통해 현상을 파악한 후에는 분석결과를 검토하여 주요 과제를 도출해야 한다. 과제 도출을 위해서는 한 가지 안이 아닌 다양한 과제 후보안을 도출해내는 일이 선행되어야 한다.

(3) 과제 선정

과제 선정은 과제안 중 효과 및 실행가능성 측면을 평가하여 우선순위를 부여한 후 가장 우선순위가 높은 안을 선정한다. 우선순위 평가 시에는 과제의 목적, 목표, 자원현황 등을 종합적으로 고려하여 평가한다.

④ 문제 도출 단계

문제 도출 단계는 선정된 문제를 분석하여 해결해야 할 것이 무엇인지를 명확히 하는 단계로, 현상에 대한 문제를 분해해 인과관계 및 구조를 파악하는 단계이다. 문제 구조 파악, 핵심 문제 선정의 절차를 거친다.

문제 구조 파악	▶	핵심 문제 선정
문제를 작고, 다룰 수 있는 이슈들로 세분화		문제에 영향력이 큰 이슈를 핵심이슈로 선정

- Logic Tree 방법 : 문제 구조 파악을 위해서 주로 사용되는 기법으로, 주요 과제를 나무 모양으로 분해하여 정리하는 기술이다. 문제의 원인을 깊이 분석하여 해결책을 구체화할 때, 제한된 시간 속에서 넓이와 깊이를 추구하는 데 도움이 되는 기술이다.

⑤ 원인 분석 단계

원인 분석 단계는 파악된 핵심문제에 대한 분석을 통해 근본 원인을 도출해 내는 단계로, Issue 분석, Date 분석, 원인 파악의 절차로 진행된다.

Issue 분석	▶	Date 분석	▶	원인 파악
• 핵심이슈 설정 • 가설 설정 • Output 이미지 결정		• Date 수집계획수립 • Date 정리 및 가공 • Date 해석		• 근본 원인을 파악 • 원인 결과를 도출

⑥ 해결안 개발 단계

해결안 개발 단계는 문제로부터 도출된 근본 원인을 효과적으로 해결할 수 있는 최적의 해결방안을 수립하는 단계이다. 해결안 도출, 해결안 평가 및 최적안 선정의 절차로 진행된다.

해결안 도출	▶	해결안 평가 및 최적안 선정
문제로부터 최적의 해결안을 도출하고, 아이디어를 명확화		최적안 선정을 위한 평가 기준을 선정하고, 우선순위 선정을 통해 최적안 선정

- 해결안 도출 : 열거된 근본 원인을 어떠한 시각과 방법으로 제거할 것인지에 대한 독창적이고 혁신적인 아이디어를 도출하고, 같은 해결안끼리 분류하는 과정을 통해서 해결안을 정리한다.
- 해결안 평가 및 최적안 선정 : 문제(What), 원인(Why), 방법(How)에 따라 해결안을 평가하고, 중요성과 실현가능성을 고려하여 최종 해결안을 선택한다.

7 실행 및 평가 단계

실행 및 평가 단계는 해결안 개발을 통해 만들어진 실행 계획을 실제 상황에 적용하는 활동으로, 당초 장애가 되는 문제의 원인들을 해결안을 사용하여 제거해 나가는 단계이다. 실행 계획 수립, 실행, Follow-up의 절차로 진행된다.

실행 계획 수립	실행	Follow-up
최종 해결안을 실행하기 위한 구체적인 계획 수립	실행 계획에 따른 실행 및 모니터링	실행 결과에 대한 평가

- 실행 계획 수립 : 무엇을(What), 어떤 목적으로(Why), 언제(When), 어디서(Where), 누가(Who), 어떤 방법으로(How)에 대한 답을 이용해 계획하고 자원을 고려하여 수립한다. 이때 계획은 가급적 구체적으로 세우는 것이 좋으며 실행의 목적과 과정별 진행내용을 일목요연하게 정리해야 한다.
- 실행 및 Follow-up : 파일럿 시험(Pilot Test : 시스템을 부분적으로 사용하여 각각의 시스템이 어느 정도까지 견디는지 확인하는 시험)으로 문제점을 파악한 후 후속 조치를 전면적으로 실시한다. 더불어 실행상 문제점 및 장애요인의 신속한 해결을 위해 모니터링 체제를 구축하는 것이 바람직하다.

2. 문제처리능력 » 바로확인문제

01 C 대리는 업무 도중 시스템의 문제를 발견하여 D 팀장에게 보고하였다. 다음 두 사람의 대화 중 ㉠과 ㉡에 해당하는 문제해결 절차로 적절한 것은?

> C 대리 : 팀장님. 아무래도 저희 시스템에 문제가 좀 있는 것 같습니다.
> D 팀장 : 문제요? 어떤 문제요?
> C 대리 : (㉠   )
> D 팀장 : 그런 현상이 자주 발생한다면 큰 문제가 될 텐데, 왜 그런 현상이 나타나는 걸까요?
> C 대리 : (㉡   )

	㉠	㉡
①	문제 인식	문제 도출
②	문제 도출	원인 분석
③	문제 도출	해결안 개발
④	원인 분석	해결안 개발
⑤	해결안 개발	실행 및 평가

 문제처리능력 / 문제해결 절차 이해하기

문제해결 절차는 다음과 같다.

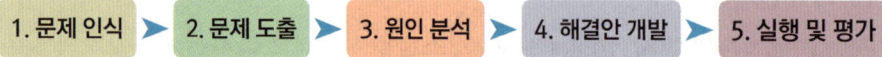

㉠은 문제 구조를 파악하여 문제에 큰 영향력을 미칠 수 있는 핵심 이슈에 대해 도출해내는 단계이므로 '문제 도출' 단계에 해당한다. ㉡은 문제가 나타나는 현상에 대한 근본 원인을 분석하는 단계이므로 '원인 분석' 단계에 해당한다.

정답 ②

02 환경 분석을 위해 사용되는 SWOT 분석에서 '자신의 약점을 극복함으로써 외부 환경의 기회를 활용하는 전략'을 무엇이라고 하는가?

① SO전략　　　　　　　　　　② ST전략
③ WO전략　　　　　　　　　　④ WT전략

 문제처리능력 / SWOT 분석 이해하기

'자신의 약점을 극복함으로써 외부 환경의 기회를 활용하는 전략'은 WO전략이다.

🔑 오답풀이
① SO전략 : 외부 환경의 기회를 활용하기 위해 강점을 사용하는 전략
② ST전략 : 외부 환경의 위협을 회피하기 위해 강점을 사용하는 전략
④ WT전략 : 외부 환경의 위협을 회피하고 자신의 약점을 최소화하는 전략

정답 ③

03 다음의 밑줄 친 부분은 문제해결 절차 중 어느 과정에 해당하는가?

> 신입사원 A 씨는 항상 업무 시간이 모자랐다. 입사동기들보다 일을 처리하는 속도가 현저히 느린 탓이었다. <u>A 씨는 업무를 이해하는 데 남들보다 많은 시간이 걸리고 있었다.</u> 이해력을 기르기 위해 일주일에 한 권 이상 책을 읽기로 다짐한 A 씨는 결심한 날 바로 퇴근길에 도서관에 들려 책을 빌렸다. 그리고 자기 전에 조금씩이라도 책을 읽기 시작했다.

① 문제 인식　　　　　　　　　　② 문제 도출
③ 원인 분석　　　　　　　　　　④ 해결안 개발
⑤ 실행 및 평가

 문제처리능력 / 문제해결 절차 이해하기

A 씨는 항상 업무 시간이 모자라다는 문제를 인식했으며(문제 인식), 일을 처리하는 속도가 느리다는 문제를 도출해냈다(문제 도출). 그리고 업무를 이해하는 데 시간이 많이 걸린다는 원인을 분석해냈으며(원인 분석), 해결안으로 책을 읽기로 다짐했다(해결안 개발). 마지막으로 자기 전에 책을 읽는 것을 '실행'했으며, 아직 '평가' 단계는 이루어지지 않았다. 따라서 답은 ③이다.

정답 ③

간추린 HIDDEN NOTE 문제해결능력

 테마 1 ● 헷갈리는 명제! 명확하게 정리하기

1. 명제의 정의 및 유형 특징

1) 명제

어떤 문제에 대한 하나의 논리적 판단 내용과 주장을 언어 또는 기호로 표시한 것이다. 참과 거짓을 판단할 수 있는 내용이라는 점이 특징이다.

예 상상력이 풍부한 사람은 독서를 좋아한다.

2) 유형 특징

제시된 명제를 바탕으로 올바른 결론을 이끌어 내는 유형의 문제가 출제된다. 명제의 관계와 삼단논법에 대한 이해가 필요하다.

2. 명제의 역, 이, 대우

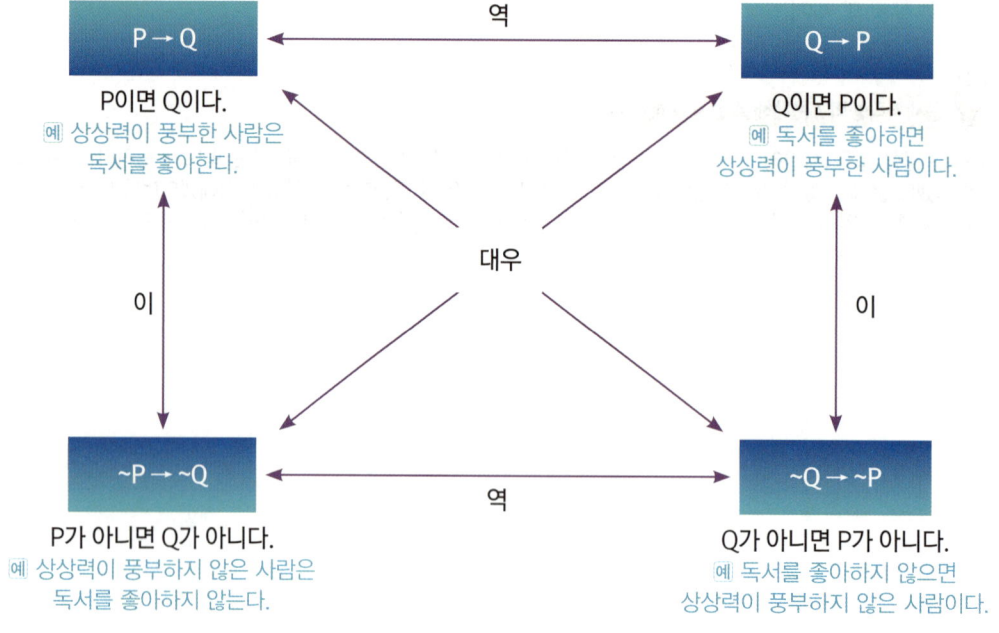

3. 명제의 집합관계와 부정

명제		부정	
모든 P는 Q이다.	예) 모든 사탕은 달다.	어떤 P는 Q가 아니다.	예) 어떤 사탕은 달지 않다.
어떤 P는 Q이다.	예) 어떤 사탕은 달다.	모든 P는 Q가 아니다.	예) 모든 사탕은 달지 않다.

4. 삼단논법

두 전제로부터 하나의 결론을 이끌어내는 추리 방법이다.

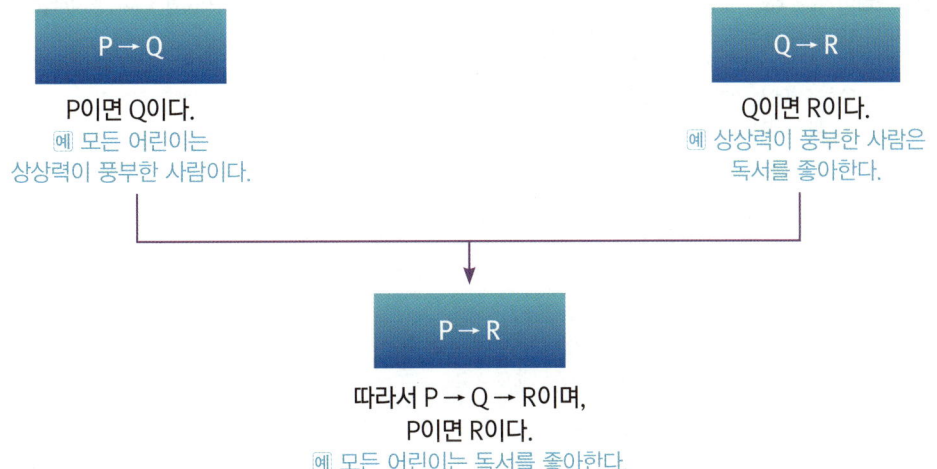

P → Q
P이면 Q이다.
예) 모든 어린이는 상상력이 풍부한 사람이다.

Q → R
Q이면 R이다.
예) 상상력이 풍부한 사람은 독서를 좋아한다.

P → R
따라서 P → Q → R이며, P이면 R이다.
예) 모든 어린이는 독서를 좋아한다.

5. 문제 풀이 전략

1) 문제를 핵심 단어나 기호로 간략히 나타낸다.
2) 명제 사이의 관계가 잘 드러나도록 표시해둔다.
3) 명제가 참(거짓)이면 반드시 참(거짓)인 대우 명제를 간단히 적어둔다.
4) 삼단논법을 활용하여 문제를 푼다.
5) 정리한 것을 선택지에 대입하여 확인한다.

전략 예제 다음 명제가 모두 참일 때, 언제나 참인 것은?

- 수영을 좋아하는 사람은 등산을 좋아한다.
- 달리기를 좋아하는 사람은 등산을 좋아한다.
- 줄넘기를 좋아하는 사람은 수영을 좋아한다.

① 수영을 좋아하는 사람은 달리기를 좋아한다.

② 줄넘기를 좋아하는 사람은 달리기를 좋아한다.

③ 줄넘기를 좋아하는 사람은 등산을 좋아한다.

④ 달리기를 좋아하는 사람은 수영을 좋아한다.

⑤ 수영을 좋아하지 않는 사람은 등산도 좋아하지 않는다.

문제 풀이 전략에 따른 해설

1) '수영을 좋아하는 사람=P, 등산을 좋아하는 사람=Q, 달리기를 좋아하는 사람=R, 줄넘기를 좋아하는 사람=S'와 같이 명제를 기호로 간략히 표시한다.
2) 'P → Q, R → Q, S → P'와 같이 명제 사이의 관계를 정리한다.
3) 명제가 참이므로 항상 참이 되는 대우 명제를 '~Q → ~P, ~Q → ~R, ~P → ~S'와 같이 표시해둔다.
4) 삼단논법이 적용되는 경우를 'S → P → Q(S → Q), ~Q → ~P → ~S(~Q → ~S)'와 같이 정리해둔다.
5) 정리한 내용을 바탕으로 선택지를 확인한다.
　　① 'P → R', ② 'S → R', ④ 'R → P', ⑤ '~P → ~Q'는 정리한 내용에 없으므로 참·거짓을 판단할 수 없다.
　　③ 'S → Q'는 4)에서 삼단논법으로 확인한 내용이므로 항상 참이다.
따라서 언제나 참인 명제는 ③이다.

정답 ③

실전 예제 다음의 명제가 모두 성립할 때, 선택지 중 거짓인 것은?

- 장미를 좋아하면 개나리를 좋아한다.
- 해바라기를 좋아하면 수선화를 좋아한다.
- 수선화를 좋아하면 개나리를 좋아하지 않는다.
- 나팔꽃을 좋아하지 않으면 장미를 좋아한다.

① 장미를 좋아하면 해바라기도 좋아한다.
② 개나리를 좋아하지 않으면 나팔꽃을 좋아한다.
③ 해바라기를 좋아하면 나팔꽃을 좋아한다.
④ 수선화를 좋아하면 장미를 싫어한다.
⑤ 나팔꽃을 좋아하지 않으면 개나리를 좋아한다.

해설
주어진 명제와 그 대우를 간략히 정리하면 다음과 같다.
- 장미 → 개나리, ~개나리 → ~장미
- 해바라기 → 수선화, ~수선화 → ~해바라기
- 수선화 → ~개나리, 개나리 → ~수선화
- ~나팔꽃 → 장미, ~장미 → 나팔꽃
  ∴ ~나팔꽃 → 장미 → 개나리 → ~수선화 → ~해바라기
     해바라기 → 수선화 → ~개나리 → ~장미 → 나팔꽃
따라서 거짓인 명제는 ①이다.

정답 ①

테마 2 ● 속도가 생명! 참과 거짓 신속하게 판단하기

1. 참·거짓의 정의 및 유형 특징

1) 참

명제가 진리인 것을 이른다.

2) 거짓

명제가 진리가 아닌 것을 이른다.

3) 유형 특징

참인 명제와 거짓인 명제가 혼용되어 조건으로 주어지며, 조건의 옳고 그름을 판단해야 하는 유형의 문제가 출제된다. 모순이 되는 점을 찾아 경우의 수를 최소화하는 것이 중요하다.

2. 문제 풀이 전략

1) 동시에 참일 수 없거나 동시에 거짓일 수 없는 모순점이 있는 명제, 동시에 참이거나 동시에 거짓일 수밖에 없는 명제를 찾아 분류한다.
2) 분류한 내용을 기준으로 한 가지 경우가 옳다고 가정한 후 문제를 풀어본다.
3) 가정이 틀렸을 경우 다른 경우를 옳다고 가정한 후 문제를 풀어나간다.
   ※ 만약 분류할 수 있는 내용이 없을 경우 각각의 진술을 참 또는 거짓이라 가정 후 검토해본다.

 A~D 중 한 명이 취업을 했다. 이 중 한 명만 진실을 말하고 있다고 할 때, 취업을 한 사람은 누구인가?

> A : 취업을 한 사람은 C입니다.
> B : 저는 취업을 하지 않았습니다.
> C : A는 거짓말을 하고 있습니다.
> D : A가 취업을 한 것이 확실합니다.

① 알 수 없음　　② A　　③ B
④ C　　⑤ D

 문제 풀이 전략에 따른 해설

1) A와 C의 진술이 모순되므로 둘 중 한 명이 진실을 말하고 있음을 알 수 있다.

2) A가 진실을 말하고 있다고 가정해본다.

A	B – 취업	C – 취업	D
진실	거짓	거짓	거짓

→ B의 말이 거짓이면 B가 취업을 했다는 뜻이므로, 취업을 한 사람이 C라는 A의 진술과 모순된다. 따라서 A가 진실을 말하고 있다는 가정은 틀린 가정이다.

3) C가 진실을 말하고 있다고 가정해본다.

A	B – 취업	C	D
거짓	거짓	진실	거짓

→ 모순되는 진술이 없으므로 취업을 한 사람은 B이다.
따라서 답은 ③이다.

정답 ③

실전 예제 A~D는 한 달에 한 번씩 다 함께 봉사활동을 가기로 약속했다. 하지만 한 명이 약속을 어겼고 네 명은 다음과 같은 진술을 하였다. 한 명만 진실을 말하고 있다고 할 때, 네 명 중 진실을 말하고 있는 사람과 약속을 어긴 사람을 순서대로 고르면?

> A : C가 약속을 어겼어.
> B : 나는 약속을 어기지 않았어.
> C : A의 말은 거짓말이야.
> D : A가 약속을 어겼어.

① A – B ② A – C ③ B – A ④ C – A ⑤ C – B

해설
A와 C의 진술이 모순되고 있으므로 둘 중 한 명이 진실을 말하고 있다.
가정 1) A가 진실을 말하는 경우

A	B	C	D
진실	거짓 – 약속 어김	거짓 – 약속 어김	거짓

→ A의 말이 진실일 경우 약속을 어긴 사람은 C인데, B의 말이 거짓이므로 약속을 어긴 사람이 두 명이 된다. 따라서 모순된다.

가정 2) C가 진실을 말하는 경우

A	B	C	D
거짓	거짓 – 약속 어김	진실	거짓

→ 모순되는 점이 없으므로 약속을 어긴 사람은 B이다.
따라서 진실을 말한 사람이 C이고, 약속을 어긴 사람이 B이므로 답은 ⑤이다.

정답 ⑤

03 Chapter
FOCUS 하위능력 공략

 하위능력 1 • 사고력

출제 포인트

명제 문제, 참·거짓을 판별하는 문제, 조건을 보고 답을 추론하는 문제, 위치·순서를 파악하는 문제 등이 꾸준히 출제되고 있다. 문제의 유형이 다양하므로 여러 형태의 문제를 풀어보는 것이 중요하고, 최근에는 문제가 더욱 복잡해지는 추세이므로 문제를 꼼꼼하게 읽은 후 적절한 풀이 방법을 떠올려 정확하게 푸는 연습을 해야 한다.

대표 유형 문제

01 ○○기업 기획부에서 근무하는 E 과장은 신입사원들과 함께 기업의 미래사업이라는 주제로 토론을 하고자 한다. 하지만 이런 토론이 익숙하지 않은 신입사원들은 쉽게 이야기를 꺼내지 못하고 머뭇머뭇하는 모습을 보였다. 이런 상황에서 신입사원들이 최대한 자유롭게 다양한 아이디어를 제시할 수 있도록 동기부여를 하기 위해 E 과장이 한 말로 가장 적절한 것은?

① 우리 기업이 미래에 어떤 모습일지 구체적으로 이미지를 떠올려보고 논리적으로 설명해서 듣는 사람들을 설득시켜보세요.
② 현재 우리 기업에서 주력으로 하고 있는 사업들이 무엇인지 한번 생각해보고 그와 관련된 단어들을 이야기해보면 좋을 것 같아요.
③ 우리 기업의 비전이나 미션을 생각해보고 그에 부합하는 주제로 이야기를 시작해보면 좋을 것 같아요.
④ 오늘의 토론주제는 미래사업입니다. 어차피 정답도 없고, 지금 현실을 꼭 반영하지 않아도 되니까 이 순간 머리에 떠오르는 것, 아무거나 자유롭게 얘기해보세요.
⑤ 기업 홈페이지 사업안내에 제시되어 있는 사업 분야 중 미래에도 지속적 경영이 가능한 주제를 골라서 이에 대한 이야기를 해주세요.

 사고력 / 창의적 사고 이끌어내기

나머지도 모두 토론을 할 때 할 수 있는 말이지만, 머뭇거리는 신입사원들에게 동기부여를 할 수 있는 말로는 정답이 없으니 생각나는 대로 자유롭게 이야기해보라고 하는 ④가 가장 적절하다.

정답 ④

02 K 대리는 최근 논리적 사고에 대한 사내 교육을 수강하며 논리적인 사고를 하기 위해서는 생각하는 습관, 상대 논리의 구조화, 구체적인 생각, 타인에 대한 이해, 설득의 5가지 요소가 필요하다는 것을 배웠다. 다음은 그중 설득에 대해 필기한 부분이다. 아래에서 설명하는 설득에 해당하는 발언으로 적절한 것은?

> 논리적 사고의 구성요소 중 설득은 자신의 사상을 강요하지 않고, 자신이 함께 일을 진행하는 상대와 의논하기도 하고 설득해 나가는 가운데 자신이 깨닫지 못했던 새로운 가치를 발견하고 발견한 가치에 대해 생각해내는 과정을 의미한다.

① 이것은 재미있지만, 왜 재미있는지 모르겠어. 왜 재미있을까? 이유가 뭘까?
② 너는 지금처럼 불안정한 시장 상황에서 무리하게 사업을 확장할 경우 리스크가 너무 크게 발생할 수 있다는 말을 하는 거지?
③ 네가 하는 말이 이해가 잘 안 되는데, 내가 이해한 게 맞는지 구체적인 사례를 들어서 한번 얘기해볼게.
④ 네가 왜 그런 생각을 하게 됐는지 이해가 됐어. 그래, 너와 같은 경험을 했다면 나도 그렇게 생각했을 것 같아.
⑤ 아, 네가 아까 했던 말이 이거였구나. 그래, 지금 생각해보니 아까 했던 이야기가 무슨 말인지 이해가 될 것 같아.

 사고력 / 논리적 사고 이해하기

논리적인 사고는 고정된 견해를 낳는 것이 아니며, 자신의 사상을 강요하는 것도 아니다. 자신이 함께 일을 진행하는 상대와 의논하기도 하고 설득해 나가는 가운데 자신이 깨닫지 못했던 새로운 가치를 발견하고 생각해 낼 수 있다. 또한 반대로 상대에게 반론을 하는 가운데 상대가 미처 깨닫지 못했던 중요한 포인트를 발견할 수도 있다. 따라서 선택지 중 설득에 해당하는 발언은 자신이 깨닫지 못했던 새로운 것을 발견한 경우인 ⑤이다.
① 생각하는 습관에 대한 발언이다. 논리적 사고에 있어서 가장 기본이 되는 것은 늘 생각하는 습관이다.
② 상대 논리의 구조화에 대한 발언이다. 자신의 논리로만 생각하면 독선에 빠지기 쉬우므로 상대의 논리를 구조화하는 것이 필요하다.
③ 구체적인 생각에 대한 발언이다. 상대가 말하는 것을 잘 알 수 없을 때는 구체적으로 생각해 보아야 하며 구체적인 이미지를 활용하면 단숨에 논리를 이해할 수 있는 경우가 생긴다.
④ 타인에 대한 이해에 관한 발언이다. 상대의 주장에 반론을 제시할 때는 상대 주장의 전부를 부정하지 않는 것이 좋으며 동시에 상대의 인격을 부정해서는 안 된다.

정답 ⑤

03 다음 밑줄 친 부분에 들어갈 전제로 옳은 것은?

> [전제 1] 어떤 학생은 독일어를 잘한다.
> [전제 2] _____
> [결론] 그러므로 독일어를 잘하는 어떤 학생은 유럽 여행을 다녀왔다.

① 모든 학생은 독일어를 잘한다.
② 유럽 여행을 다녀온 모든 사람은 학생이다.
③ 모든 학생은 독일어 수업을 들었다.
④ 어떤 학생은 유럽 여행을 다녀왔다.
⑤ 모든 학생은 유럽 여행을 다녀왔다.

 사고력 / 명제와 삼단논법 이해하기

학생 = P, 독일어를 잘함 = Q, 유럽 여행을 다녀옴 = R

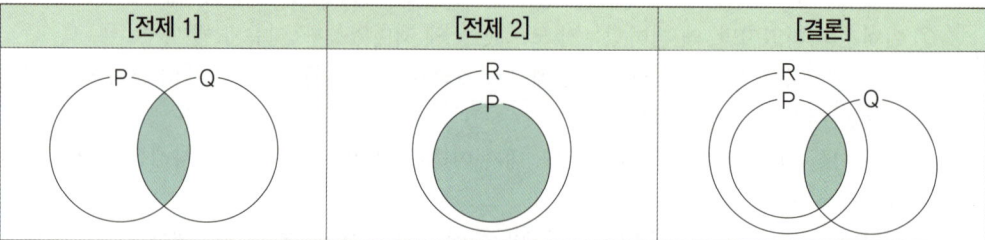

따라서 [전제 2]에 들어갈 문장은 '모든 학생은 유럽 여행을 다녀왔다.'이다.

오답풀이
①・③ 삼단논법에 위배되므로 답이 아니다.
②・④ 학생 = P, 독일어를 잘함 = Q, 유럽 여행을 다녀옴 = R

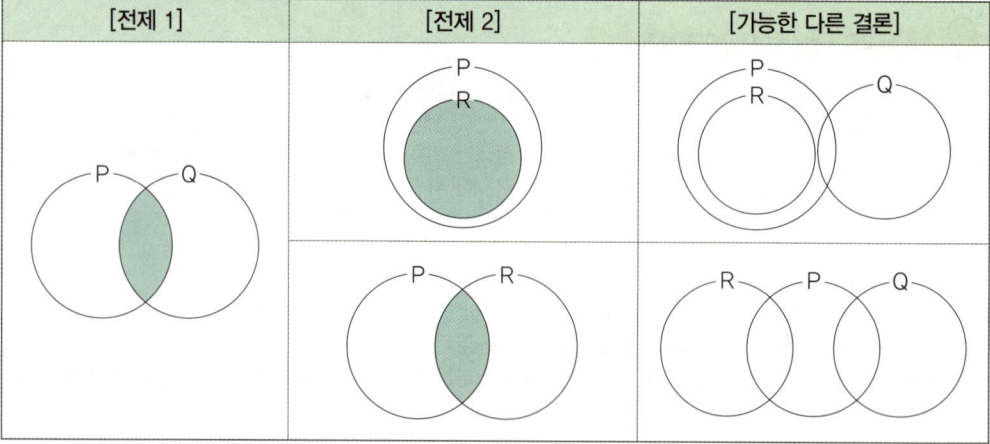

정답 ⑤

04 다음 전제가 모두 성립할 때, 결론이 반드시 참이 되기 위해 밑줄 친 부분에 들어갈 전제로 옳은 것은?

> [전제 1] 가야금 뜯는 것을 좋아하는 사람은 기타를 자주 친다.
> [전제 2] 피아노 치는 것을 좋아하는 사람은 기타를 치지 않는다.
> [전제 3] 첼로 켜는 것을 좋아하지 않는 사람은 피아노 치는 것을 좋아한다.
> [전제 4] 바이올린을 좋아하는 사람은 하모니카를 불어본 적이 있고 드럼 치는 것을 좋아한다.
> [전제 5] _____
> [결론] 그러므로 피아노 치는 것을 좋아하지 않는 사람은 하모니카를 불어본 적이 있고 드럼 치는 것을 좋아한다.

① 피아노 치는 것을 싫어하는 사람은 가야금 뜯는 것도 좋아하지 않는다.
② 하모니카를 불어본 적이 있는 사람은 첼로 켜는 것을 좋아한다.
③ 바이올린을 좋아하지 않는 사람은 첼로도 좋아하지 않는다.
④ 하모니카를 불어본 적이 있거나 드럼 치는 것을 좋아하는 사람은 바이올린도 좋아한다.
⑤ 첼로 켜는 것을 좋아하는 사람은 하모니카를 불어본 적이 있거나 드럼 치는 것을 좋아한다.

 사고력 / 명제와 삼단논법 이해하기

주어진 명제와 그 대우를 간략히 정리하면 다음과 같다.
전제 1 : **가야금 → 기타**, ~기타 → ~가야금
전제 2 : **피아노 → ~기타**, 기타 → ~피아노
전제 3 : **~첼로 → 피아노**, **~피아노 → 첼로**
전제 4 : **바이올린 → 하모니카 and 드럼**, ~하모니카 or ~드럼 → ~바이올린
결론 : ~피아노 → 하모니카 and 드럼
이를 바탕으로 결론이 반드시 참이 되는 [전제 5]를 예상해보면 다음과 같이 '첼로 → 바이올린(대우 : ~바이올린 → ~첼로)'을 성립시켜 주어야 한다.
~피아노 → 첼로 → 바이올린 → 하모니카 and 드럼
따라서 답은 ③이다.

정답 ③

⭐ 대표 기출문제

01 갑, 을, 병, 정 네 사람이 다음과 같은 방침에 따라 해외 출장을 가기로 했다. 다음 중 반드시 참이 아닌 것은? `2020 한국관광공사`

> - 갑이 출장을 간다면, 을도 간다.
> - 병이 출장을 간다면, 정도 간다.
> - 갑과 병 중 적어도 한 명은 출장을 간다.

① 을이 출장을 가지 않는다면, 병은 출장을 간다.
② 적어도 두 명은 출장을 간다.
③ 갑이 출장을 가지 않는다면, 출장을 가는 사람은 두 명이다.
④ 정이 출장을 가지 않게 되었다면, 다른 세 사람의 출장 여부가 모두 정해진다.

 사고력 / 명제 분석하기

첫 번째, 두 번째 명제와 그 대우를 간략히 나타내면 다음과 같다.
- 갑 → 을, ~을 → ~갑
- 병 → 정, ~정 → ~병

그리고 세 번째 명제를 보면 다음과 같이 세 가지 가정이 가능함을 알 수 있다.

가정 1) 갑이 출장을 가고, 병이 출장을 가지 않는 경우

갑	을	병	정
○	○	×	○ / ×

가정 2) 병이 출장을 가고, 갑이 출장을 가지 않는 경우

갑	을	병	정
×	○ / ×	○	○

가정 3) 갑과 병이 모두 출장을 가는 경우

갑	을	병	정
○	○	○	○

따라서 갑이 출장을 가지 않는다면, 출장을 가는 사람은 두 명 또는 세 명이다.

정답 ③

02 ○○공단 인사부장은 전국의 A, B, C, D, E, F(서울, 경기, 충북, 대전, 대구, 부산) 지사에 방문해야 할 일이 생겼다. 다음의 조건을 고려했을 때, 인사부장은 어떤 순서로 각 지사를 방문하는가?

`2020 한국전력공사`

- C는 처음이나 마지막에 방문해서는 안 된다.
- B는 첫 번째로 방문하거나 마지막으로 방문해야 한다.
- A와 B 사이에 두 개 이상의 지사를 방문해야 한다.
- A와 E는 연속으로 방문하지 않고, B와 C는 연속으로 방문한다.
- D를 방문했다면, 남은 방문 일정은 한 가지이다.
- A의 순서가 정해지면, 나머지 순서가 모두 정해진다.

① 대구 – 부산 – 서울 – 대전 – 충북 – 경기
② 경기 – 충북 – 부산 – 대구 – 대전 – 서울
③ 경기 – 충북 – 부산 – 서울 – 대전 – 대구
④ 경기 – 충북 – 대구 – 부산 – 대전 – 서울
⑤ 서울 – 부산 – 대구 – 대전 – 충북 – 경기

 사고력 / 방문 순서 파악하기

주어진 조건을 통해 확실하게 정해지는 순서를 먼저 정리해야 한다. 다섯 번째 조건을 보면 인사부장은 D를 다섯 번째로 방문함을 알 수 있고, 이에 따라 C와 연속으로 방문하는 B는 마지막에 방문할 수 없게 되므로 첫 번째로 방문하게 된다. 표로 정리하면 다음과 같다.

첫 번째	두 번째	세 번째	네 번째	다섯 번째	여섯 번째
B	C			D	

마지막 조건을 통해 A의 순서가 중요한 역할을 함을 추측해볼 수 있다. A와 B 사이에 두 개 이상의 지사를 방문해야 하므로 A를 방문하는 순서는 네 번째 아니면 여섯 번째일 것이다. 두 경우를 가정해보면 다음과 같다.

가정 1) A를 네 번째로 방문할 경우

첫 번째	두 번째	세 번째	네 번째	다섯 번째	여섯 번째
B	C	F	A	D	E

→ A와 E를 연속으로 방문하지 않으므로 모든 방문 순서가 정해진다.

가정 2) A를 여섯 번째로 방문할 경우

첫 번째	두 번째	세 번째	네 번째	다섯 번째	여섯 번째
B	C	E	F	D	A
		F	E		

→ 세 번째와 네 번째 방문 순서가 정해지지 않는다.
따라서 첫 번째 가정이 옳은 가정이며, 인사부장은 B(경기) – C(충북) – F(부산) – A(서울) – D(대전) – E(대구) 순서로 각 지사를 방문한다.

정답 ③

하위능력 2 · 문제처리능력

출제 포인트

SWOT 분석 문제, 고객 불만·민원 처리 문제, 조건에 맞는 업체·제품 선정 문제, 각종 규정 적용 문제 등이 출제된다. 제시된 자료를 이해하고 적용하여 문제를 해결해야 하는 문항이 대다수이므로 자료를 이해하는 능력을 기르는 것이 중요하다. 특히 기업과 관련된 각종 약관과 규정·규칙이 출제되는 경우가 많으므로, 평소 관심을 가지고 이를 살펴보는 것이 도움이 된다.

대표 유형 문제

01 얼마 전 입사한 B 사원은 업무 중 문제가 생겼을 때 어떻게 해결해야 할지 몰라 곤란할 때가 많았다. 이를 지켜보던 상사가 B 사원에게 문제해결을 위해 갖춰야 할 기본요소에 대해 조언해주었다고 할 때, 다음 중 상사의 조언으로 적절하지 않은 것은?

① 문제해결에 대한 외부 강의 등을 수강하며 문제해결을 위한 새로운 스킬을 습득하는 것이 필요해요.
② 문제해결 방법에 대한 지식이 아무리 많아도 해결하고자 하는 문제와 해당 업무에 대한 지식이 없으면 문제해결은 불가능해요. 담당 업무에 대한 풍부한 지식과 경험이 중요하지요.
③ 문제해결을 위해서는 고정관념, 편견을 극복하고 기존과 다른 방식으로 사고하려는 의식적인 노력을 기울여야 해요.
④ 해결하기 어려운 문제에 당면하더라도 도전의식과 끈기를 가지고 스스로를 더욱 발전시키겠다는 태도로 임해야 해요.
⑤ 문제를 조직의 전체적인 관점에서 바라보기 보다는 각 기능단위별로 문제점을 분석하고 해결안을 도출하기 위해 노력해야 해요.

 문제처리능력 / 문제해결의 기본요소 이해하기

문제를 조직 전체적인 관점에서 바라보지 않고 각 기능단위별로 바라보고 분석하고 해결안을 도출하면 각 기능과 기능 사이의 사각지대는 지속적으로 문제가 상존하여 문제해결의 결과가 성과에 미치는 영향이 아주 미미한 경우가 있다. 따라서 효과적인 문제해결을 위해서는 체계적으로 문제에 접근하여야 한다.

정답 ⑤

02 ○○기업의 직원들은 최근 여러 문제를 발견하고 문제를 해결하기 위해 노력하고 있다. 다음 중 문제 유형이 다른 하나는 무엇인가?

① S 사원은 인사 제도 개선을 위한 인력 산정 프로젝트를 추진하기 위해 해당 직무 담당자들과 인터뷰를 진행하였다.
② O 대리는 생산성을 향상시키기 위해 업무 프로세스, 작업방법 등을 개선시킬 수 있는 방안을 마련하여 발표하였다.
③ U 팀장은 해외로 진출하는 데 있어서 발생 가능한 문제를 파악하고, 해외 사업 진출 프로젝트 방안을 마련하여 발표하였다.
④ T 과장은 구성원들의 성과를 향상시킬 수 있는 방안을 마련하기 위하여, 구성원들에게 제공할 수 있는 교육·훈련 프로그램을 구상하여 발표하였다.
⑤ H 부장은 자사의 품질 수준을 높이기 위해 선진 기업의 정보를 얻음으로써 기술을 향상시키기 위한 노력을 하고 있다.

 문제처리능력 / 문제의 유형 파악하기

U 팀장의 문제는 미래를 생각하는 경영전략의 문제로 앞으로 어떻게 할 것인가 하는 문제를 의미하는 '설정형 문제' 유형이다. 설정형 문제는 지금까지 해오던 것과 전혀 관계없이 미래 지향적으로 새로운 과제 또는 목표를 설정함에 따라 일어나는 문제로서, 목표 지향적 문제라고 할 수 있다. 이러한 과제나 목표를 달성하는 데 따른 문제해결은 지금까지 경험한 바가 없기 때문에 많은 창조적인 노력이 요구되므로, 설정형 문제를 창조적 문제라고도 한다.

 오답풀이

① 현재의 인사 제도를 개선하여 인력 산정을 하기 위한 탐색형 문제 수행 과정이다.
② 현재의 생산성을 개선하고 효율을 높이기 위한 탐색형 문제 수행 과정이다.
④ 구성원의 현 성과를 향상시킬 수 있도록 교육 및 훈련 프로그램을 제공하기 위한 탐색형 문제 수행 과정이다.
⑤ 보다 좋은 제도나 기법, 기술을 발견하여 현재의 품질 수준을 개선, 향상시키기 위한 탐색형 문제 수행 과정이다.

정답 ③

HELPFUL TIPS

✓ **문제의 유형**
① 발생형 문제(보이는 문제) : 우리가 바로 직면하여 걱정하고 해결하기 위해 고민하는 문제로서 문제의 원인이 내재되어 있기 때문에 원인지향적 문제라고도 함
  • 일탈문제 : 어떤 기준을 일탈함으로써 생기는 문제
  • 미달문제 : 기준에 미달하여 생기는 문제
② 탐색형 문제(찾는 문제) : 현재의 상황을 개선하거나 효율을 높이기 위한 문제
  • 잠재문제 : 문제가 잠재되어 있어 인식하지 못하다가 결국 문제가 확대되어 해결이 어려운 문제
  • 예측문제 : 현재는 문제가 없으나 예측을 통해 찾아야 앞으로 일어날 수 있는 문제가 보이는 문제
  • 발견문제 : 현재는 문제가 없으나 선진기업의 업무 방법 등의 정보를 얻음으로써 보다 좋은 제도, 기법, 기술을 발견하여 개선시킬 수 있는 문제

03 ○○기업은 인턴들을 대상으로 진로탐색 검사를 실시하였고 책임자의 관찰 사항을 기록했다. 다음 인턴 중 소비자들의 불만을 접수하여 처리하는 업무를 맡기기에 가장 적절한 사람은?

이름	유형	유관직종	책임자의 관찰 사항
B 인턴	사회형 진취형	사회사업가, 여행안내원, 교사, 한의사, 응급구조 요원, 스튜어디스, 국회의원	부서 내 사원들에게 인기 있으나 일처리는 조금 늦은 편임
I 인턴	탐구형 예술형	건축설계, 게임기획, 번역, 연구원, 프로그래머, 의사, 네트워크엔지니어	분석적이나 부서 내에서 잘 융합되지 못하고 겉도는 것처럼 보임
R 인턴	관습형 현실형	회계사, 세무사, 공무원, 비서, 통역가, 영양사, 사서, 물류전문가	무뚝뚝하나 잘 흥분하지 않고 일처리가 신속하고 정확함
T 인턴	현실형 탐구형	DB개발, 요리사, 철도기관사, 항공기 조종사, 직업군인, 운동선수, 자동차 정비원	부서 내 기기 사용에 문제가 생겼을 때 해결 방법을 잘 찾아냄
H 인턴	예술형 사회형	배우, 메이크업 아티스트, 레크리에이션 강사, 광고기획자, 디자이너, 사회복지사	자기주장이 강하고 아이디어가 참신한 경우가 종종 있음

① B 인턴   ② I 인턴   ③ R 인턴
④ T 인턴   ⑤ H 인턴

 문제처리능력 / 불만 접수 · 처리 업무 담당자 찾기

소비자의 불만에 잘 흥분하지 않고 신속하고 정확하게 불만 사항을 처리할 수 있는 역량을 가진 R 인턴이 소비자 불만 접수 · 처리 업무를 맡기에 가장 적합하다.

정답 ③

 HELPFUL TIPS⁺

✅ **문제 해결을 위한 방법**
① 소프트 어프로치에 의한 문제해결
  • 대부분의 기업에서 볼 수 있는 전형적인 스타일로 조직 구성원들이 같은 문화적 토양을 가지고 서로를 이해하는 상황을 가정함
  • 직접적인 표현이 바람직하지 않다고 여기며, 암시를 통하여 의사를 전달하고 기분을 서로 통하게 함으로써 문제해결을 도모
② 하드 어프로치에 의한 문제해결
  • 상이한 문화적 토양을 가지고 있는 구성원을 가정함
  • 서로의 생각을 직설적으로 주장하고 논쟁이나 협상을 통해 서로의 의견을 조정해 가는 방법
③ 퍼실리테이션에 의한 문제해결
  • 커뮤니케이션을 통해 서로의 문제점을 이해하고 공감함으로써 창조적인 문제해결을 도모
  • 구성원의 동기가 강화되고 팀워크가 한층 강화됨

04 서비스 분야에서 오래 근무한 G 부장은 신입사원들에게 고객 불만 응대 프로세스에 대해 교육하고 있고, 신입사원들은 고객 상담을 하고 있는 상담사의 입장이 되어 고객 응대를 연습해보고 있다. 다음 중 '감사와 공감 표시' 단계에 해당하는 발언으로 적절한 것은?

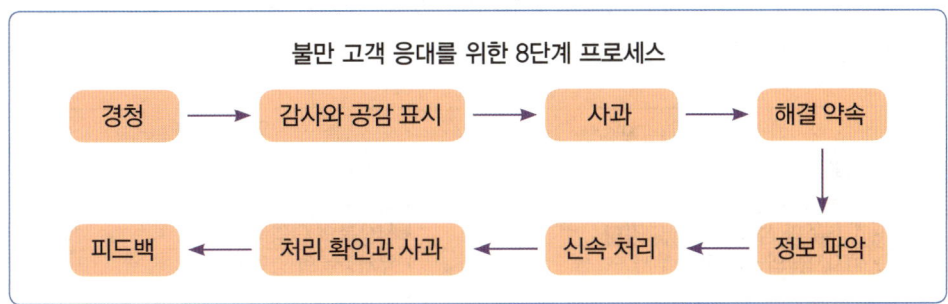

① D 사원 : 고객님이 말씀하신 내용을 정확히 확인한 후 바로 도움을 드리도록 하겠습니다.
② A 사원 : 내용을 확인하는 데 약 1분 정도 시간이 소요될 수 있는 점 양해 부탁드립니다.
③ N 사원 : 고객님, 혹시 어떤 부분이 불편하셨는지 구체적으로 말씀해주시면 감사하겠습니다.
④ C 사원 : 이렇게 전화 주셔서 감사합니다. 비도 오고 날도 추운데 고생 많으셨겠습니다.
⑤ E 사원 : 고객님, 말씀하신 내용 처리되었습니다. 불편하게 해드린 점 정말 죄송합니다.

 문제처리능력 / 고객 불만 처리 프로세스 이해하기

'감사와 공감 표시' 단계에 해당하는 발언을 한 사람은 C 사원이다.

오답풀이
① '해결 약속' 단계에서 언급할 내용이다.
② '신속 처리' 단계에서 언급할 내용이다.
③ '정보 파악' 단계에서 언급할 내용이다.
⑤ '처리 확인과 사과' 단계에서 언급할 내용이다.

정답 ④

대표 기출문제

01 ○○라면회사에 근무하는 Z 팀장은 신제품 개발 이전 라면 시장에 대한 환경 분석과 관련된 보고서를 제출하라는 과제를 받았다. 최근 라면 시장이 3년 만에 마이너스 성장한 것으로 나타났기 때문이다. 다음은 Z 팀장이 작성한 SWOT 분석이다. 다음 중 기회 요인에 작성될 수 있는 내용으로 적절하지 않은 것은?

`2020 경기도 공공기관 통합채용`

강점(Strength)	약점(Weakness)
• 식품그룹으로서의 시너지 효과 • 그룹 내 위상, 역할 강화 • A 제품의 성공적인 개발 경험 • 투자자들의 적극적인 투자	• 유통업체의 영향력 확대 • 과도한 신제품 개발 • 신상품의 단명 • 유사상품의 영역침범 • 원재료의 절대적 수입 비중 • 경쟁사의 공격적인 마케팅 대응 부족
기회(Opportunity)	위협(Threat)
	• 매출액 감소 • 다수의 경쟁업체 • 저출산, 고령화로 취식인구 감소 • 언론, 소비단체의 부정적인 이미지 이슈화

① 난공불락의 경쟁사
② 방송 프로그램 마케팅의 기회
③ 다이어트 시장의 확대
④ 1인 가구의 증대(간편식, 편의식)
⑤ 건강에 대한 관심 증대

문제처리능력 / SWOT 분석 이해하기

공격하기가 어려워 쉽사리 함락되지 않는 경쟁사에 대한 내용이므로 ①은 위협 요인에 해당한다.

오답풀이

② 방송을 통해 마케팅을 할 수 있으므로 기회 요인이고, ③·④·⑤는 새로 개척이 가능한 시장이므로 기회 요인에 해당한다.

정답 ①

02 다음은 한 카페의 SWOT 분석 결과이다. 주어진 자료를 보고 세운 전략으로 적절하지 않은 것은?

2020 한국관광공사

강점(Strength)	약점(Weakness)
• 다양한 커피 종류 • 저렴한 가격 • 신뢰성 있는 브랜드 이미지	• 유사 상품의 영역 침범 • 신메뉴 마케팅 부족
기회(Opportunity)	위협(Threat)
• 커피를 즐기는 소비자 증가 • 높은 신뢰도 • SNS상의 긍정적인 입소문	• 원두 가격 상승 • 한 신문사의 부정적인 기사 이슈화 • 낮은 진입장벽으로 인한 경쟁사 증대

① SO 전략 : 커피를 즐기는 소비자들을 대상으로 다양한 종류의 커피를 홍보하여 매출을 높인다.
② ST 전략 : 저렴한 가격을 유지하여 가격경쟁력을 갖추고, 신뢰성 있는 브랜드 이미지를 강조하여 경쟁업체와 차별을 둔다.
③ WO 전략 : SNS로 긍정적인 입소문을 타게 된 경로를 참고하여 입소문 마케팅 전략을 세우고, 같은 방식으로 신메뉴를 홍보한다.
④ WT 전략 : 신뢰성 있는 브랜드 이미지를 바탕으로 사실에 입각한 근거를 들어 부정적인 기사에 반박하고 브랜드 이미지의 신뢰성을 유지한다.

 문제처리능력 / SWOT 분석하기

④는 강점을 사용하여 위협을 회피하는 전략으로 ST 전략에 해당한다.

정답 ④

 HELPFUL TIPS

✓ **논리적 오류의 유형**
• 인신공격의 오류 : 말을 하는 사람의 인격을 손상하며 그의 주장을 꺾으려는 오류
• 피장파장의 오류 : 다른 사람의 잘못을 들어 자기의 잘못을 정당화하려는 오류
• 흑백사고의 오류 : 흑 아니면 백이라고 주장하는 오류
• 성급한 일반화의 오류 : 몇 개의 특수한 사례를 들어 전체를 판단하는 오류
• 권위에 호소하는 오류 : 관련이 없는 권위자나 권위 있는 기관을 인용함으로써 발생하는 오류
• 무지에의 오류 : 참이라고 밝혀진 것이 없으므로 거짓이라고 주장하거나 그 반대로 주장하는 오류
• 허수아비 공격의 오류 : 상대방의 주장을 곡해하여 상대방을 공격하는 오류
• 합성의 오류 : 부분이 참이므로 전체도 참이라고 주장하는 오류
• 분할의 오류 : 전체가 참이므로 부분도 참이라고 주장하는 오류

03 은행에 입사하여 근무를 시작한 신입사원 L 씨는 불만 고객을 응대하게 되었다. 다음 상황에 대응하는 L 씨의 행동으로 적절하지 않은 것은? `2019 농협은행 6급`

> 고객은 지난 금요일 통장을 개설하러 은행에 방문했다. 통장을 개설하면서 한 직원에게 은행 앱을 깔고 멤버스 서비스에 필수적으로 가입해야 한다는 안내를 받았고, 당시 다음 스케줄을 위해 다른 지역으로 이동해야 해서 시간이 촉박했으나 어쩔 수 없이 앱을 깔고 서비스에 가입하였다. 생각보다 많은 정보를 입력해야 해서 시간이 오래 걸렸고 다음 일정에도 차질이 생겼다. 하지만 알고 보니 멤버스 서비스에 가입하는 것은 필수적인 사항이 아니었고, 화가 나 전화로 멤버스 탈퇴 신청을 요구하였지만 3년 동안 개인정보를 삭제해줄 수 없다는 말을 들었다. 이에 대해 불만이 생긴 고객은 결국 은행에 직접 찾아오게 되었다.

① 고객의 항의를 끝까지 경청한 후 서비스에 가입하느라 다음 일정에 차질이 생겼을 때의 감정에 대해 공감을 표시하며, 일부러 시간을 내서 은행을 방문해 해결의 기회를 준 것에 대해 감사를 표시한다.
② 직원의 착각으로 필수적인 가입 사항이 아닌 멤버스 서비스에 가입하게 한 점에 대해 사과하고, 즉각적인 멤버스 탈퇴와 개인정보 삭제를 약속한다.
③ 문제해결을 위해 이름과 나이, 주민등록번호와 은행의 실수로 인해 차질이 생겼던 스케줄 내용, 직업과 가족관계 등을 질문하여 정보를 얻고 최선의 해결방법을 찾는다.
④ 멤버스 탈퇴와 개인정보 삭제를 완료한 후 고객에게 처리 결과에 만족하는지 물어보고 재발 방지를 위해 직원 교육을 강화하기로 약속한다.
⑤ 고객 불만 사례를 은행 및 전 직원에게 알려 다시는 동일한 문제가 발생하지 않도록 교육한다.

 문제처리능력 / 고객 불만 처리하기

정보를 파악할 때는 문제를 해결하는 데 필요한 질문만을 하여 정보를 얻어야 한다. 문제 해결에 필요하지 않은 정보에 대해 질문할 시 고객의 반발심을 불러일으킬 수도 있고, 너무 많은 정보를 얻게 되면 정리가 되지 않아 문제 해결이 느려질 수 있다.

정답 ③

HELPFUL TIPS

◆ 고객 불만 처리 8단계 프로세스

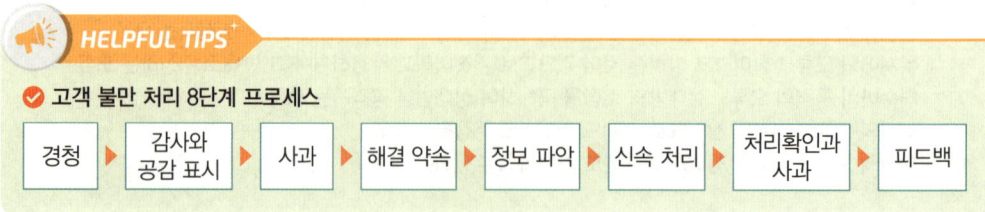

경청 → 감사와 공감 표시 → 사과 → 해결 약속 → 정보 파악 → 신속 처리 → 처리확인과 사과 → 피드백

04 K 사원은 인천국제공항의 이용객을 늘리기 위한 홍보방안을 마련하기 위해 SWOT 분석을 하였다. 분석한 결과를 활용하여 전략을 제시한다고 할 때, 다음 중 ST 전략으로 가장 적절한 것을 고르면?

<u>2019 인천국제공항공사</u>

강점 (Strength)	• 높은 서비스 품질 유지 • 다양한 항공사 및 노선 보유 • 제2여객터미널 개장
약점 (Weakness)	• 중국인 관광객 감소 • 30~40대의 해외여행 감소 • 마케팅 부족
기회 (Opportunity)	• 여행 관련 TV 프로그램 등 여행 콘텐츠 유행 • 입국장 면세점 오픈 예정 • 온라인을 통한 정보검색 증가 • 근거리 여행객 비율 증가
위협 (Threat)	• 유류할증료 증가 • 주변국과의 경쟁

① 입국장 면세점 도입이라는 이점을 내세워 30~40대를 사로잡는다.
② 여행 관련 TV 프로그램을 통해 제2여객터미널의 새로운 시스템을 홍보한다.
③ SNS를 활용한 온라인 홍보로 중국인 관광객을 유치한다.
④ 수준 높은 서비스 제공을 강조하여 주변국과의 경쟁에서 우위를 차지한다.
⑤ 근거리 여행객을 대상으로 하는 마케팅 전략을 수립한다.

문제처리능력 / SWOT 분석하기

ST 전략은 위협을 피하기 위해 강점을 사용하는 전략을 말한다. ④는 강점인 '높은 서비스 품질'을 활용하여 '주변국과의 경쟁'이라는 위협을 피하고자 하였으므로 ST 전략에 해당한다.

오답풀이

① '30~40대의 해외여행 감소'라는 약점을 극복하기 위해 '입국장 면세점 오픈 예정'이라는 이점을 활용하였으므로 WO 전략에 해당한다.
② '여행 콘텐츠 유행'이라는 이점을 활용하여 '제2여객터미널 개장'이라는 강점을 더욱 강화하는 전략이므로 SO 전략에 해당한다.
③ '중국인 관광객 감소'라는 약점을 극복하기 위해 '온라인 정보검색 증가'라는 이점을 활용하였으므로 WO 전략에 해당한다.
⑤ '마케팅 부족'이라는 약점을 극복하면서 '근거리 여행객 비율 증가'라는 이점을 살리고자 했으므로 WO 전략에 해당한다.

정답 ④

Chapter 03 CHECK 주요 기출유형 익히기

01 다음 밑줄 친 부분에 들어갈 전제로 옳은 것은? 〔2020 코레일〕

> [전제 1] 시험에 합격한 어떤 사람은 기본 강의를 수강했다.
> [전제 2] _____
> [결론] 그러므로 시험에 합격한 어떤 사람은 기본 강의와 심화 강의를 수강했다.

① 시험에 합격한 모든 사람은 기본 강의를 수강했다.
② 심화 강의를 수강한 모든 사람은 시험에 합격했다.
③ 시험에 합격한 모든 사람은 강의를 수강하지 않았다.
④ 기본 강의를 수강한 모든 사람은 심화 강의를 수강했다.
⑤ 시험에 합격한 모든 사람은 심화 강의를 수강했다.

사고력 / 명제와 삼단논법 이해하기

P=시험에 합격한 사람, Q=기본 강의 수강함, R=심화 강의 수강함

[전제 1]	[전제 2]	[결론]
P∩Q	P⊂R	P∩Q, R 포함

따라서 [전제 2]에 들어갈 문장은 '시험에 합격한 모든 사람은 심화 강의를 수강했다.'이다.

정답 ⑤

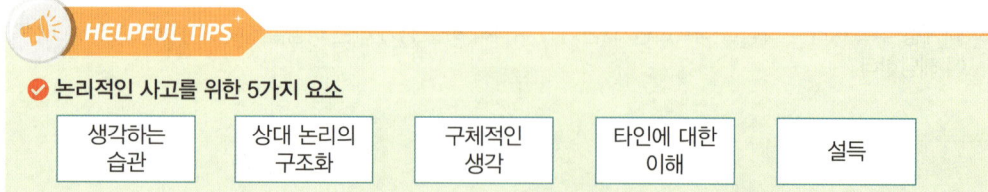

HELPFUL TIPS
✓ 논리적인 사고를 위한 5가지 요소

| 생각하는 습관 | 상대 논리의 구조화 | 구체적인 생각 | 타인에 대한 이해 | 설득 |

02 ○○공사에서 면접을 보게 될 6명(A~F)의 면접자들의 일정이 서로 겹치지 않도록 면접 순서를 정하려고 한다. 조건이 다음과 같을 때 면접자들의 면접 순서로 옳은 것은?

`2020` 한국전력공사

- A, B, C, D, E, F의 면접 일정은 겹치지 않는다.
- D는 세 번째로 면접을 본다.
- A와 D는 연이어 면접을 본다.
- C와 F는 연이어 면접을 본다.
- B는 A보다 먼저 면접을 본다.
- 네 번째로 면접을 보는 사람은 B 또는 F이다.

① B가 가장 먼저 면접을 본다.
② A와 B는 연이어 면접을 보지 않는다.
③ D와 F는 연이어 면접을 보지 않는다.
④ F가 C보다 늦게 면접을 본다.
⑤ 면접 순서는 B－A－D－F－E－C이다.

사고력 / 면접 일정 파악하기

조건에 따라 D가 세 번째로 면접을 본다. A와 D는 연이어서 면접을 보기 때문에 A는 두 번째와 네 번째에 면접을 볼 수 있지만 네 번째에 면접을 보는 사람은 B 또는 F이기 때문에 A는 두 번째로 면접을 보게 된다. B는 A보다 먼저 면접을 보기 때문에 B가 가장 첫 번째로 면접을 보게 되고 네 번째에 면접을 보는 사람은 F가 된다. F와 C는 연이어 면접을 보기 때문에 다섯 번째로 C가 면접을 보고 마지막으로 E가 면접을 보게 된다.

첫 번째	두 번째	세 번째	네 번째	다섯 번째	여섯 번째
B	A	D	F	C	E

따라서 면접 순서는 B－A－D－F－C－E이다.

정답 ①

03 신입사원 A, B, C, D, E, F 6명은 서로 일정한 간격으로 다음과 같은 원탁에 앉아있다. 다음 조건을 보고, A의 왼쪽에 앉아있는 사람을 고르면? `2020 한전 KPS`

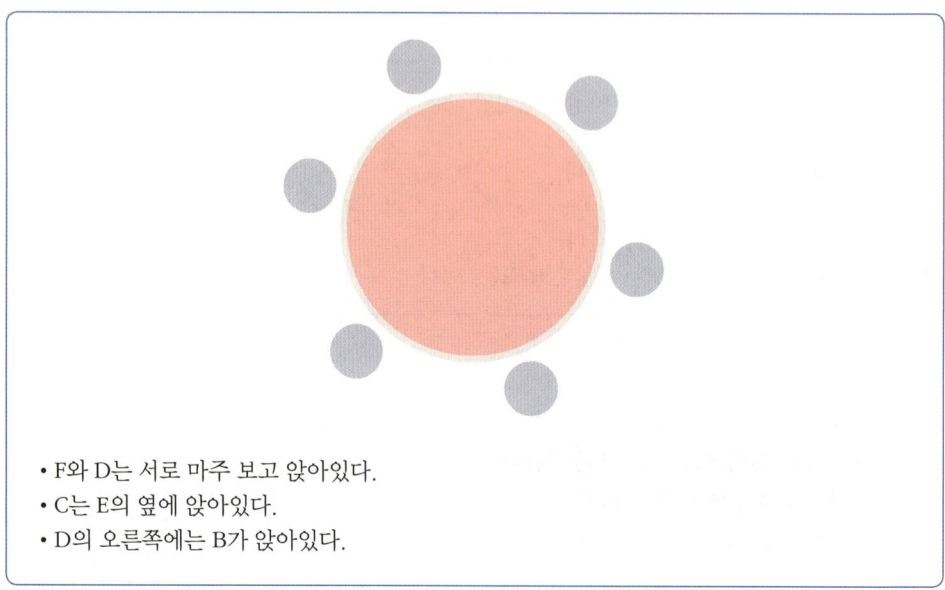

- F와 D는 서로 마주 보고 앉아있다.
- C는 E의 옆에 앉아있다.
- D의 오른쪽에는 B가 앉아있다.

① B ② C ③ D
④ E ⑤ F

 사고력 / 원탁 자리 추론하기

F와 D는 서로 마주 보고 앉아있고, D의 오른쪽에는 B가 앉아있으므로, C와 E는 두 자리가 연속으로 비어있는 D의 왼쪽에 앉아 있음을 알 수 있다. 따라서 남는 자리인 B와 F의 사이에 A가 앉아있음을 알 수 있고, A의 오른쪽에는 F, 왼쪽에는 B가 앉아있음을 알 수 있다.

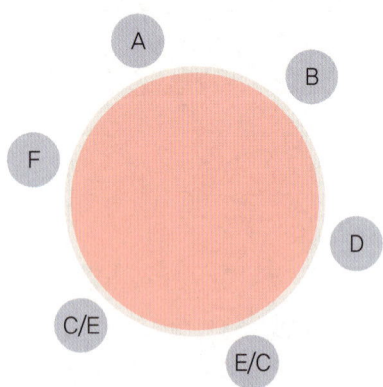

정답 ①

04 ○○기업은 신입사원 채용을 진행 중이다. 5명의 면접대상자가 받은 점수와 채용조건은 다음과 같으며, 이들 중 가장 높은 점수를 얻은 1명을 채용하려고 한다. 최종합격자를 고르면?

2020 코레일

면접자 및 평가 점수

(단위 : 점)

구분	직무적합성 (100)	직무이해도 (100)	지원동기 (100)	인성 및 태도 (100)
강유민	95	90	80	90
김주희	65	90	75	70
박나은	85	95	65	95
이혜진	70	80	80	90
최현수	95	85	90	90

| 채용조건 |

- 최종점수는 각 항목에 다음의 가중치를 적용하여 계산한다.
  - 직무적합성(40), 직무이해도(30), 지원동기(20), 인성 및 태도(10)
- '인성 및 태도' 점수가 95점 이상이면 최종점수에 3점을 가산한다.
- '직무적합성' 점수가 70점 이하이면 불합격이다.

① 강유민 ② 김주희 ③ 박나은
④ 이혜진 ⑤ 최현수

 문제처리능력 / 최종합격자 찾기

김주희와 이혜진은 '직무적합성' 점수가 70점 이하이므로 불합격이다. 남은 사람들에 대해 가중치를 적용한 점수는 다음과 같다.
박나은은 '인성 및 태도' 점수가 95점이므로 최종점수에 3점을 가산한다.
강유민 : $(95 \times 0.4) + (90 \times 0.3) + (80 \times 0.2) + (90 \times 0.1) = 90$점
박나은 : $(85 \times 0.4) + (95 \times 0.3) + (65 \times 0.2) + (95 \times 0.1) + 3 = 88$점
최현수 : $(95 \times 0.4) + (85 \times 0.3) + (90 \times 0.2) + (90 \times 0.1) = 90.5$점
따라서 최종합격자는 '최현수'이다.

정답 ⑤

05 가온, 나래, 다솜, 라온, 마루, 바론 여섯 명 중 세 명은 산으로, 세 명은 바다로 휴가를 떠났다. 이때 각 장소로 떠난 세 명은 각각 20대, 30대, 40대 1명씩으로 구성되었다. 여섯 명이 다음과 같이 진술하였는데 산으로 떠난 세 명은 진실을 말하고 바다로 떠난 세 명은 거짓을 말하고 있다. 바다로 떠난 30대는 누구인가? `2019 IBK 기업은행`

> 가온 : 바론은 바다로 떠났다.
> 나래 : 마루는 산으로 떠났다.
> 다솜 : 나래는 30대이다.
> 라온 : 마루가 30대이다.
> 마루 : 나는 가온과 동갑이다.
> 바론 : 나래와 라온의 나이대가 같다.

① 가온　　　② 나래　　　③ 다솜　　　④ 라온

사고력 / 진위여부 판단하기

가온의 말이 진실이라면 바론의 말은 거짓이고, 가온의 말이 거짓이라면 바론의 말은 진실이다. 따라서 둘은 같은 곳으로 휴가를 떠났을 수 없다. 또한 나래의 말이 참이면 마루의 말도 참이고, 나래의 말이 거짓이면 마루의 말도 거짓이다. 따라서 둘은 같은 곳으로 휴가를 떠났을 것이다.

가정 1) 가온과 나래의 말이 모두 진실일 경우

산			바다		
가온	나래	마루	다솜	라온	바론

→ 가온과 동갑이라는 마루의 말이 진실이 될 수 없으므로 틀린 가정이다.

가정 2) 가온의 말이 진실이고, 나래의 말이 거짓일 경우

산			바다		
가온	다솜	라온	나래-30대	마루-30대	바론

→ 다솜과 라온의 말이 동시에 진실이 될 수 없으므로 틀린 가정이다.

가정 3) 가온의 말이 거짓이고 나래의 말이 진실일 경우

산			바다		
나래-30대 ×	마루-30대 ×	바론-30대	가온-30대 ×	다솜-30대	라온-30대 ×

→ 모순되는 진술이 없다.
따라서 진실을 말하는 사람은 나래, 마루, 바론 세 사람이고 바다로 떠난 30대는 다솜이다.

정답 ③

06 A, B, C, D, E 다섯 약국은 공휴일마다 2지점씩만 영업을 한다. 알려진 사실이 다음과 같을 때 반드시 참인 것은? (단, 한 달간 각 약국의 공휴일 영업일수는 같다.) `2019 코레일`

- 이번 달 공휴일은 총 5일이다.
- 오늘은 세 번째 공휴일이며 A 약국, C 약국이 영업을 한다.
- D 약국은 오늘을 포함하여 이번 달에는 더 이상 공휴일에 영업을 하지 않는다.
- E 약국은 마지막 공휴일에 영업을 한다.
- A 약국과 E 약국은 이번 달에 한 번씩 D 약국과 영업을 했다.

① A 약국은 이번 달에 두 번의 공휴일을 연달아 영업한다.
② 이번 달에 B 약국, E 약국이 함께 영업하는 공휴일은 없다.
③ B 약국은 두 번째, 네 번째 공휴일에 영업을 한다.
④ 네 번째 공휴일에 영업하는 약국은 B 약국과 C 약국이다.
⑤ E 약국은 첫 번째, 다섯 번째 공휴일에 영업을 한다.

사고력 / 참·거짓 파악하기

한 달간 각 약국의 공휴일 영업일수가 같으므로 5일의 공휴일 동안 각각 두 번씩 영업한다. 세 번째 공휴일인 오늘은 A 약국, C 약국이 영업을 하며 D 약국은 오늘을 포함하여 이번 달에는 더 이상 공휴일 영업을 하지 않는다고 하였으므로 이미 두 번 영업을 했다고 할 수 있다. A 약국과 E 약국이 D 약국이 영업할 때 함께 영업을 했고, E 약국은 마지막 공휴일에 영업을 한다고 했으므로 표로 나타내면 다음과 같다.

첫 번째 공휴일	D 약국, A(E) 약국
두 번째 공휴일	D 약국, E(A) 약국
세 번째 공휴일	A 약국, C 약국
네 번째 공휴일	
다섯 번째 공휴일	E 약국

그러므로 한 번도 영업하지 않은 B 약국이 남은 공휴일에 모두 영업을 하고, 한 번 영업한 C 약국이 네 번째 공휴일에 영업을 한다.

첫 번째 공휴일	D 약국, A(E) 약국
두 번째 공휴일	D 약국, E(A) 약국
세 번째 공휴일	A 약국, C 약국
네 번째 공휴일	B 약국, C 약국
다섯 번째 공휴일	E 약국, B 약국

따라서 반드시 참인 것은 ④이다.

오답풀이

① A 약국은 이번 달에 공휴일 영업을 두 번 연달아 했을 수도 있고 그렇지 않을 수도 있다.
② 이번 달에 B 약국과 E 약국이 함께 영업하는 공휴일은 다섯 번째 공휴일이다.
③ B 약국은 네 번째, 다섯 번째 공휴일에 영업을 한다.
⑤ E 약국은 첫 번째, 다섯 번째 공휴일 또는 두 번째, 다섯 번째 공휴일에 영업을 한다.

정답 ④

07 ○○공단에서는 5월 한 달 동안 금연교육, 성교육, 직업교육 프로그램을 진행한다. 프로그램은 하루에 하나만 진행할 수 있고 토요일과 일요일에는 진행할 수 없으며, 조건이 다음과 같을 때 항상 옳은 것이 아닌 것은?

2019 한국산업인력공단

조건

- 금연교육 4회, 성교육 3회, 직업교육 2회를 실시하며 5월 넷째 주까지 모든 교육을 끝낸다.
- 금연교육은 정해진 같은 요일에만 주 1회 실시하고, 월, 화, 금요일 중에 해야 한다.
- 성교육은 수, 목요일을 제외한 다른 요일에 진행하며, 주 1회 이상 시행하지 않는다.
- 직업교육은 5월 13일 이전, 화요일을 포함하여 이틀 연속 진행한다.

2019년 5월

월요일	화요일	수요일	목요일	금요일	토요일	일요일
		1	2	3	4	5
6	7	8	9	10	11	12
13	14	15	16	17	18	19
20	21	22	23	24	25	26
27	28	29	30	31		

① 금연교육 프로그램은 금요일에 진행한다.
② 월요일에 진행되는 성교육 프로그램이 있다.
③ 직업교육 프로그램 중 1회는 수요일에 진행한다.
④ 가능한 일정 조합은 모두 네 가지이다.
⑤ 5월 21일에 교육이 있다.

 사고력 / 교육일정 파악하기

먼저 교육을 실시할 수 없는 날을 제외시키면 다음과 같다.

월요일	화요일	수요일	목요일	금요일	토요일	일요일
		1	2	3	~~4~~	~~5~~
6	7	8	9	10	~~11~~	~~12~~
13	14	15	16	17	~~18~~	~~19~~
20	21	22	23	24	~~25~~	~~26~~
~~27~~	~~28~~	~~29~~	~~30~~	~~31~~		

금연교육을 정해진 같은 요일에 4회 진행하려면 월, 화, 금요일 중 금요일에 실시해야 한다. 직업교육은 13일 이전에 화요일을 포함하여 이틀 연속 진행해야 하기 때문에 6~7일이나 7~8일에 진행해야 한다. 성교육은 월요일, 화요일 중 주 1회씩 세 번 진행해야 하므로, 6일에는 반드시 진행하게 되고, 직업교육이 7~8일로 확정된다. 나머지 성교육은 13, 14일 중에 한 번, 20, 21일 중에 한 번 진행될 것이다.

월요일	화요일	수요일	목요일	금요일	토요일	일요일
		1	2	3 금연	~~4~~	~~5~~
6 성	7 직업	8 직업	9	10 금연	~~11~~	~~12~~
13 성	14 성	15	16	17 금연	~~18~~	~~19~~
20 성	21 성	22	23	24 금연	~~25~~	~~26~~
~~27~~	~~28~~	~~29~~	~~30~~	~~31~~		

따라서 5월 21일에는 교육이 있을 수도 있고 없을 수도 있으므로, ⑤는 항상 옳은 것이 아니다.

정답 ⑤

08 다음은 사내 워크숍을 준비하기 위해 조사한 내역이다. 다음의 조사를 바탕으로 C가 반드시 참석하는 경우, 참석 인원을 타당하게 추론한 것은? (단, 부서의 총 인원은 5명이다.)

2019 코레일

> [정보 1] B가 워크숍에 참석하면 E는 참석할 수 없다.
> [정보 2] D는 B와 E 모두가 참석하지 않을 경우에만 참석한다.
> [정보 3] A가 워크숍에 갈 경우 B 혹은 D 중의 한 명이 함께 참석한다.
> [정보 4] C가 워크숍에 참석하면 D는 참석하지 않는다.
> [정보 5] C가 워크숍에 참석하면 A도 참석한다.

① A, B, C
② A, C, D
③ A, C, D, E
④ A, B, C, D
⑤ A, B, C, E

 사고력 / 조건을 통해 추론하기

[정보 5]를 보면 C가 참석하는 경우, A도 참석한다. [정보 3]을 보면 A가 참석하는 경우 B와 D 중 한 명이 함께 참석한다고 하였는데, [정보 4]에서 C가 참석하면 D는 참석하지 않는다고 하였으므로 B가 참석한다. [정보 1]을 보면 B가 참석하면 E는 참석할 수 없다고 하였으므로 참석 인원은 A, B, C이다.

정답 ①

Chapter 03 FINISH
기출·예상문제 마무리

정답과 해설 017p

01 다음 명제가 모두 참일 때, 항상 옳은 것은? `2020 한전 KDN`

> • 강아지를 좋아하면 토끼를 좋아한다.
> • 고양이를 좋아하면 토끼를 좋아하지 않는다.
> • 다람쥐를 좋아하지 않으면 강아지를 좋아한다.

① 토끼를 좋아하면 강아지를 좋아한다.
② 고양이를 좋아하면 다람쥐를 좋아한다.
③ 강아지를 좋아하면 다람쥐를 좋아하지 않는다.
④ 토끼를 좋아하지 않으면 고양이를 좋아한다.
⑤ 강아지를 좋아하지 않으면 토끼를 좋아하지 않는다.

02 연구실에서 도난사건이 발생했다. A, B, C, D, E 다섯 명 중 범인은 두 명이다. 범인은 항상 거짓을 말하고, 범인이 아닌 사람은 항상 진실만 말한다고 할 때 다음 중 진실을 말한 세 사람은 누구인가? `2020 코레일`

> • A : D가 범인이다.
> • B : A, C는 범인이 아니다.
> • C : A, D 중 한 명만 범인이다.
> • D : A가 범인이다.
> • E : C가 범인이다.

① A, B, C
② A, D, E
③ B, C, D
④ B, D, E
⑤ C, D, E

03 다음 밑줄 친 부분에 들어갈 결론으로 옳은 것은?

> [전제 1] 모든 소설가는 글을 잘 쓴다.
> [전제 2] 어떤 드라마 작가는 소설가이다.
> [결론] 그러므로 _____

① 글을 못 쓰는 모든 사람은 드라마 작가가 아니다.
② 글을 잘 쓰는 모든 사람은 작가이다.
③ 모든 드라마 작가는 글을 잘 쓴다.
④ 어떤 드라마 작가는 글을 잘 쓴다.
⑤ 모든 소설가는 드라마 작가이다.

04 다음 전제를 읽고 반드시 참인 결론을 고르면?

> [전제 1] 모든 정직한 사람은 새치기를 하지 않는다.
> [전제 2] 새치기를 하는 어떤 사람은 교활하다.
> [결론] 그러므로 _____

① 새치기를 하지 않는 사람은 모두 정직하다.
② 교활한 어떤 사람은 정직한 사람이 아니다.
③ 모든 정직한 사람은 교활한 사람이다.
④ 교활한 모든 사람은 정직한 사람이 아니다.
⑤ 새치기를 하는 어떤 사람은 정직하면서 교활하다.

05 다음 결론이 반드시 참이 되게 하는 전제를 고르면?

> [전제 1] 웃고 있는 사람은 모두 기분이 좋다.
> [전제 2] _____
> [결론] 그러므로 생일인 어떤 사람은 기분이 좋다.

① 생일인 어떤 사람은 웃고 있다.
② 기분이 좋은 사람은 모두 웃고 있다.
③ 기분이 좋지 않은 사람은 웃지 않는 사람이다.
④ 생일이 아닌 어떤 사람은 웃지 않는다.
⑤ 생일인 모든 사람은 웃고 있으며 기분이 좋다.

06 순환근무의 조건이 |보기 1|과 같다고 할 때, |보기 2|에서 옳은 것만 묶은 것은?

2019 코레일

|보기 1|

2018년부터 A, B, C, D는 각각 동부지점, 남부지점, 서부지점, 북부지점에 배치되었다.
이들은 동부-남부-서부-북부 순서로 순환 배치된다.
A는 1년에 1회, B는 2년에 1회, C는 3년에 1회, D는 4년에 1회 순환 배치된다.

|보기 2|

㉠ 2023년 B와 C는 같은 지점에 근무하게 된다.
㉡ C와 D가 같은 지점에 근무하는 일은 2030년까지 일어나지 않는다.
㉢ 2022년에는 A, B, C, D 모두 북부지점에 근무하게 된다.
㉣ 2021년에는 A, B, C, D 중에서 세 사람이 같은 지점에 근무하게 된다.
㉤ 2019년에 A와 B는 남부지점에 함께 근무하게 된다.

① ㉠, ㉣　　　② ㉣, ㉤　　　③ ㉠, ㉡, ㉢
④ ㉠, ㉣, ㉤　　⑤ ㉡, ㉢, ㉣

07 신입사원(A, B, C, D, E)이 각각 두 개 항목의 물품 구매를 신청했다. 다섯 명 중 2명은 모든 진술이 거짓이라고 할 때, 신청한 사람과 신청 항목이 바르게 짝지어진 것은?

2019 코레일

신청한 항목은 4개이며, 각 항목별로 신청한 사원 수는 다음과 같다.
• 필기구 2명, 복사용지 2명, 의자 3명, 사무용 전자제품 3명
• A : 나는 필기구 구매를 신청했고, E는 거짓말을 하고 있습니다.
• B : 나는 의자를 신청하지 않았고, D는 진실을 말하고 있습니다.
• C : 나는 의자를 신청하지 않았고, E는 진실을 말하고 있습니다.
• D : 나는 필기구와 사무용 전자제품을 신청하였습니다.
• E : 나는 복사용지를 신청하였고, B와 D는 거짓을 말하고 있습니다.

① A : 복사용지　　② A : 의자　　③ C : 필기구
④ C : 사무용 전자제품　　⑤ E : 필기구

08 ○○공사에는 기획부, 인사부, 총무부, 마케팅부, 홍보부, 영업부가 있다. 다음의 조건을 모두 고려하였을 때, 홍보부는 몇 층에 위치하는가?

2019 한국조폐공사

- ○○공사는 건물의 6층~10층을 사용하고 있다.
- 모든 층에는 적어도 1개의 부서가 존재한다.
- 기획부와 총무부는 같은 층을 사용한다.
- 마케팅부에서 인사부로 가기 위해서는 한 층을 올라가야 한다.
- 마케팅부에서 홍보부로 가기 위해서는 2개 층을 올라가야 한다.
- 영업부에서 기획부로 가기 위해서는 4개 층을 이동해야 한다.
- 총무부에서 인사부와 마케팅부로 가기 위해서는 위층으로 올라가야 한다.

① 6층 ② 7층 ③ 8층
④ 9층 ⑤ 10층

09 ○○공사 기획부에는 총 6명이 근무하고 있다. 다음 조건을 보고, 두 번째로 근무 기간이 긴 사람을 고르면?

2019 한국조폐공사

- ○○공사 기획부에는 A, B, C, D, E, F가 근무하고 있다.
- A, B, F는 같은 날에 입사하였다.
- D는 A, B, F가 근무한 기간을 합친 것보다 10개월 더 일했다.
- A와 B의 근무 기간을 합친 것은, C와 F의 근무 기간을 합친 것보다 크다.
- E는 A와 F가 근무한 기간을 합친 것보다 7개월 더 일했다.

① A ② C ③ D
④ E ⑤ F

 HELPFUL TIPS⁺

✅ 문제해결을 위한 4가지 기본적 사고
① 전략적 사고 ② 분석적 사고 ③ 발상의 전환 ④ 내·외부자원의 효과적인 활용

✅ 문제해결을 방해하는 장애 요소
① 문제를 철저하게 분석하지 않는 경우 ② 고정관념에 얽매이는 경우
③ 쉽게 떠오르는 단순한 정보에 의지하는 경우 ④ 너무 많은 자료를 수집하려고 노력하는 경우

10 회사원 A~F 중 세 명은 12시에, 세 명은 1시에 점심을 먹었다. 이때 시간별로 각각 찌개, 비빔밥, 덮밥을 먹었고, 다음과 같은 진술을 하였다. 이 중 12시에 점심을 먹은 세 명은 참인 말을 하고, 1시에 점심을 먹은 세 명은 거짓인 말을 하고 있다면, 1시에 비빔밥을 먹은 사원은 누구인가?

> A : F는 비빔밥을 먹었다.
> B : D가 비빔밥을 먹었다.
> C : B와 F는 같은 메뉴를 먹었다.
> D : 나와 E는 같은 메뉴를 먹었다.
> E : C는 1시에 점심을 먹었다.
> F : D는 12시에 점심을 먹었다.

① A ② B ③ C
④ D ⑤ E

11 A~C는 각각 사과와 포도 중 한 가지를 먹었다. 이들의 진술은 다음과 같으며 각각의 진술 중 한 문장은 참이고, 한 문장은 거짓이다. 다음 |보기|의 내용 중 옳은 것들끼리 짝지어진 것은?

> A : 나는 포도를 먹었다. B는 사과를 먹었다.
> B : 나는 사과를 먹었다. C도 사과를 먹었다.
> C : 나는 사과를 먹었다. B도 사과를 먹었다.

| 보기 |

ㄱ. 한 사람만 포도를 먹은 경우가 있다.
ㄴ. 두 사람이 포도를 먹은 경우가 있다.
ㄷ. 모두 함께 포도를 먹은 경우가 있다.

① ㄱ ② ㄴ ③ ㄷ
④ ㄱ, ㄴ ⑤ ㄴ, ㄷ

12 고객들을 상대로 5명의 상담사가 대면상담을 실시하였다. 이후에 상담시간에 자리를 비운 상담사가 1명 있다는 정황이 발견되었다. 다음 진술 중 3명은 진실만을, 2명은 거짓만을 말한다고 할 때, 거짓을 말하고 있는 두 사람은? 2019 코레일

> A : B는 진실만을 말하고 있습니다.
> B : C가 상담시간 내내 자리에 없는 것을 보았습니다.
> C : 저는 A가 자리에 없는 것을 보았습니다.
> D : C는 상담시간 내내 자리를 비웠습니다.
> E : D는 상담시간 내내 자리에 없었습니다.

① A, B ② A, D ③ B, C
④ B, D ⑤ C, E

13 한 노인의 집 선반 위에 노인의 유년, 소년, 청년, 장년, 중년, 노년 시절 그림이 걸려 있다. 다음 |조건|을 보고 A~F 중 유년 시절 그림이 걸려 있는 위치를 고르면? 2019 IBK 기업은행

A	B	C
D	E	F
(왼쪽)	선반	(오른쪽)

| 조건 |

- 소년 시절 그림은 선반 바로 위에 걸려 있다.
- 중년 시절 그림은 노년 시절 그림 바로 위에 걸려 있다.
- 장년 시절 그림은 중년 시절 그림과, 청년 시절 그림은 노년 시절 그림과 같은 줄에 걸려 있다.
- 청년 시절 그림은 노년 시절 그림 바로 옆 자리에 걸려 있지 않으며, 제일 오른쪽에 걸려 있다.
- 유년 시절 그림은 장년 시절 그림 바로 옆에 걸려 있으며 다른 쪽에는 아무 그림도 걸려 있지 않다.

① A ② C
③ D ④ F

14 A 씨는 공장식 축산과 관련된 글을 작성하였다. A 씨가 다음 글에서 주장한 내용에 뒤이어서 진술하기에 가장 적절한 것은? 2019 코레일

> AI 확진 판정이 나면, 반경 3km 내의 닭과 오리들은 모두 죽는다. 고병원성 바이러스의 확산을 막으려면 예방적 살처분이 불가피하기 때문이다. 2003년부터 작년까지 모두 3,873만 마리, 한 번 확진 때마다 26만 마리를 죽였다. 이번에는 하루 평균 60만 마리를 도살하고 있다.
> 가축은 살처분 후 매몰하게 되어있다. 하지만 실제 현장에서는 매몰이 살처분인 경우도 많다. 포댓자루에 닭이나 오리를 몇 마리씩 집어넣고 구덩이에 파묻어 버린다. 2010년 말의 구제역 때는 돼지 300만 마리가 대부분 생매장되었다.
> 이러한 엄청난 피해의 근원은 공장식 축산이다. 대규모 사육이 아니면, 살처분 규모가 이토록 커질 리가 없다. 게다가 공장식 축산은 AI 바이러스의 온상으로 최적지이다. 일단 AI가 들어오면 방사 사육되는 닭들과 달리 공장식 축산의 밀폐된 축사에서 사육되는 닭들은 속수무책이다. 그런데도 AI를 막겠다며, 정부는 바이러스의 진원지인 공장식 축산은 그대로 둔 채 멀쩡한 닭들만 엄청나게 죽이는 어처구니없는 일만 반복하고 있다. 공장식 축산의 문제는 생명을 물건으로 여기고, 엄연한 생명체인 가축에 대해 공장과 살처분이라는 말을 거리낌 없이 사용하고 있다는 것이다.

① 공장식 축산은 생명을 물건으로 여기고 있으므로 소비자들에게 가급적 육류소비를 줄이도록 제안한다.
② 공장이란 물건을 생산하는 곳이지 생명을 낳고 기르는 곳이 아니다.
③ 대규모 사육이 진행되는 공장식 축산은 극도로 밀집된 공간에서 심한 스트레스를 유발하여 가축들을 매우 공격적으로 변하게 만든다.
④ 인류의 복지와 지구환경을 생각하는 축산으로 전환하는 것은 우리 시대에 꼭 필요한 과제이다.
⑤ 공장식 축산은 돈과 이윤에 집착하며 생명을 경시하는 우리 현실을 적나라하게 보여준다. 가축을 돈 벌려고, 먹으려고 키우는 것으로 치부하지 말아야 한다.

15 A~F 6명이 원탁에 일정한 간격으로 둘러앉아 있다. 다음 조건을 보고 A의 오른쪽에 있는 사람부터 순서대로 배열한 것을 고르면? (단, A~F는 각각 다른 색깔의 옷을 입고 있다.)

2019 농협은행 6급

- F는 C와 D 사이에 앉아 있다.
- B는 노란색 옷을 입고 있다.
- 빨간색 옷을 입은 사람은 파란색 옷을 입은 사람과 서로 마주보고 있다.
- D와 E는 이웃하여 앉아 있다.
- F는 보라색 옷을 입고 있다.
- C 옆에는 빨간색 옷을 입은 사람이 앉아 있다.
- 노란색 옷을 입은 사람은 F와 서로 마주보고 있다.
- D의 오른쪽에는 F가 앉아 있다.

① B-E-D-F-C　　② B-F-E-D-C
③ C-F-D-E-B　　④ C-E-F-D-B
⑤ E-D-F-C-B

16 나팔꽃, 해바라기, 코스모스 씨앗이 각각 두 개씩 있다. A~E 다섯 사람 중 한 명이 나팔꽃 씨앗 한 개, 코스모스 씨앗을 한 개씩 두 개 심고, 나머지 네 사람이 남은 씨앗을 각각 한 개씩 심었다. A~E가 모두 진실을 말하고 있다고 할 때, 씨앗을 두 개 심은 사람과 E가 심은 씨앗을 바르게 연결한 것은?

- A : 나는 해바라기 씨앗을 심지 않았어.
- B : 나는 씨앗을 한 종류만 심었어.
- C : 나는 나팔꽃 씨앗만 심었어.
- D : 나는 나팔꽃 씨앗을 심지 않았어.
- E : A~D의 진술을 모두 생각해봐도 코스모스 씨앗을 심은 사람을 두 명 다 알 수는 없어.

① A, 코스모스 씨앗　　② A, 해바라기 씨앗
③ D, 코스모스 씨앗　　④ D, 해바라기 씨앗
⑤ E, 나팔꽃과 코스모스 씨앗

17 다음은 2019년 인기 있는 이앙기 제품들을 조사한 자료이다. |보기의 각 작업자가 찾고 있는 이앙기를 적절하게 짝지은 것은? `2019 농협은행 6급`

◆ **습전에 강한 6조 이앙기 'A2'**

　디젤 6조 승용 이앙기 'A2'는 22마력의 강력한 힘으로 습전에서도 바르고 빠르게 모를 심는 제품이다. A2는 22마력의 3기통 디젤 엔진을 탑재, 타사의 20마력대 디젤 이앙기보다 최대 토크가 약 20% 높은 55.15Nm로 습지 탈출 능력이 뛰어난 것이 특징이다. 연료소비율이 274g/kw.h로 높고 40리터 대용량 탱크를 채택해 잦은 주유 없이 한 번 주유 시 작업이 가능한 것도 장점이다.
　이 모델은 다년간의 이앙 작업 결과를 분석 반영해 강화한 고정밀 수평제어 시스템을 채택해 고르지 못한 지형에서도 본체의 수평을 맞춰 곧고 정확하게 모를 심는다. 노면 접지력이 높은 80mm 광폭 바퀴를 채택해 직진성이 뛰어나 이전 자사 모델인 A1 대비 이앙 속도가 1.6m/s에서 1.7m/s로 향상돼 빠른 이앙 작업이 가능하다. 여기에 전륜독립 서스펜션으로 지면 요철에 의한 진동을 1차 흡수하고 소음이 83.2dB에 불과할 정도로 저소음, 저진동을 실현, 소음과 진동으로 인한 작업 피로를 최소화해 좀 더 편안하게 작업할 수 있다.

◆ **직진자율주행 이앙기 'B'**

　이앙을 시작할 때 최초 1회 직진 자동 기능 레버를 조작해 간편하게 직진 자동 구간을 등록하면 그 이후부터는 등록 구간 내에서 작업자는 핸들 조작 없이 이앙기로 모를 심을 수 있다. 이 기능으로 작업자는 이앙 작업을 하면서 이앙부에 모판을 운반하는 등의 다른 작업을 할 수 있어 인건비 등의 경제적 부담을 덜면서 좀 더 효율적으로 작업할 수 있다.
　직진 자동 기능 레버로 시작점을 등록하고 이앙을 출발해 논의 끝 지점에 다다랐을 때 다시 레버를 조작해 종료점을 설정하면 직진 자동 구간이 저장된다. 구간 설정 후 U턴을 해 다음 작업부터 직진 자동 기능을 사용하며 논 반대쪽 끝 지점에 이를 때까지 별도의 핸들 조작 없이 이앙기가 직진하며 모를 심는다. 여기에 '듀얼 시프트' 기능으로 속도를 고정하고 직진 자동 기능을 사용하면 설정된 속도로 전진하면서 이앙을 해 작업 효율성이 높아지고 작업자의 피로도는 줄어들게 된다. 직진 자동 중 핸들을 조작하면 수동 우선 동작하고, 경로 이탈 시 엔진을 정지시켜 안전성을 확보했다.

◆ **국산 최초 밀파소식재배용 디젤이앙기 'C'**

　2018년형으로 새롭게 출시된 디젤이앙기는 다양한 기능을 탑재했다. 대부분 이앙기는 관행재배용인 반면에 국제 C 디젤이앙기는 식부 주수 미션을 선택, 관행재배 외에도 소식재배까지 가능하다. 관행재배는 통상 식부 주수 75주로 벼 사이의 간격이 좁지만, 소식재배는 식부 주수 37주로 벼와 벼 사이 간격이 여유로워 육묘 비용 절감과 병충해 예방에도 탁월하며 수확량이 증가되는 효과가 있다.
　또 다른 장점은 밀식 묘 전용의 이앙식부암도 옵션으로 장착, 밀식 이앙까지 가능하다는 것이다. 육묘 재배 공간 및 묘 운반, 이앙시간이 단축되는 효과가 있다. 엔진은 얀마 엔진을 장착, 진동과 소음이 적으며 출력이 22마력 이상으로 휘발유 엔진보다 습전작업이나 빠지는 논에서 쉽게 빠져나올 수 있다.
　이 밖에도 최고급 독립 서스펜션을 장착해 흔들림이 매우 적으며, 유압전자동 HMT 미션으로 엔진 효율과 연비가 더욱더 증대됐다. 약제살포기를 추가 장착해 모내기 작업에 따른 노동력 절감 및 병충해 예방에 탁월하다.

◆ 호퍼가 좌우로 열리는 이앙기 'D2'

'D 시리즈' 이앙기는 강력한 힘과 뛰어난 연비를 자랑하는 21마력의 디젤엔진이 장착돼 있다. 연료탱크 용량도 37리터로 4.5ha정도의 작업이 가능해 중간에 급유하지 않고 하루 작업을 넉넉히 할 수 있다. 엔진의 동력을 기체에 전달하는 미션은 HMT(Hydro-Mechanical Transmission) 방식으로 동력전달 효율은 높고 조작은 편리한 장점을 가지고 있다.

작업 시 일련의 조작(식부 승·하강, 식부클러치 입·절, 마커 작동)을 자동화하는 견고한 턴 기능과 엑셀, 클러치, 브레이크가 모터로 연동돼 작동하는 주행페달은 경쾌하고 편리한 조작을 가능하게 한다.

이앙 작업 후 관리가 중요한 측조시비기는 호퍼가 좌우로 열리는 구조로, 비료의 배출 시간을 단축할 수 있고 청소 또한 쉽게 할 수 있다. 호퍼의 용량도 D1(6조식) 90L, D2(8조식) 120L로 대폭 향상돼 이전 모델에 비해 비료 보급 시간을 대폭 단축할 수 있다.

| 보기 |

㉠ 작업자 : 저는 비용을 절감하고 수확량을 증가시키려고 벼와 벼 사이 간격을 여유롭게 해두었어요. 출력이 20마력 이상이고 약제살포기도 장착되어 있는 제품을 원합니다.

㉡ 작업자 : 저는 시끄러운 걸 싫어해서 소음이 85dB 이하인 제품이었으면 좋겠습니다. 고르지 못하고 습기도 많은 지형에 모를 심어야 하는데 적합한 제품이 있습니까?

㉢ 작업자 : 제가 지금 쓰는 제품은 주유를 너무 자주 해줘야 해요. 연료탱크 용량이 35리터 이상이어서 중간에 주유하지 않아도 되는 제품을 원합니다. 호퍼 용량도 100L 이상이어서 비료 보급 시간을 단축할 수 있는 제품이면 좋겠습니다.

㉣ 작업자 : 핸들 조작 없이 이앙기로 모를 심을 수 있는 제품도 있을까요? 지금 인건비가 너무 많이 들어서요. 아무래도 핸들 조작을 직접 하지 않으면 불안하니까 경로를 이탈하면 엔진이 정지되는 기능도 있었으면 합니다.

	㉠ 작업자	㉡ 작업자	㉢ 작업자	㉣ 작업자
①	A2	B	C	D2
②	A2	B	D2	C
③	C	B	A2	D2
④	C	A2	D2	B
⑤	C	A2	B	D2

[18~20] 다음 설명을 읽고 각 물음에 답하시오.

> 기업경영에서 SWOT 분석은 기업의 내부환경과 외부환경을 분석하여 강점(Strength), 약점(Weakness), 기회(Opportunity), 위협(Threat) 요인을 규정하고 이를 토대로 경영전략을 수립하는 기법이다. SWOT 분석의 가장 큰 장점은 기업의 내·외부환경 변화를 동시에 파악할 수 있다는 것이다. 기업의 내부환경을 분석하여 강점과 약점을 찾아내며, 외부환경 분석을 통해서는 기회와 위협을 찾아낸다.

	강점(Strength)	약점(Weakness)
기회(Opportunity)	SO 전략	WO 전략
위협(Threat)	ST 전략	WT 전략

18 ○○음료 회사에 근무하고 있는 M 사원은 신제품 관련 보고서를 작성하기 위해 SWOT 분석을 하였다. 분석한 결과를 활용하여 전략을 제시한다고 할 때, 다음 중 적절하지 않은 것은?

강점(Strength)	• 건강음료 출시로 긍정적인 기업 이미지 보유 • 다양한 유통망 확보 • 다양한 영업전략 보유
약점(Weakness)	• 원료의 수입 비중 증가 • 해외 음료 시장에서 낮은 점유율
기회(Opportunity)	• 해외 공장에서의 생산 비용 절감 • 해외에서 한국 기업에 대한 긍정적 이미지 확산
위협(Threat)	• 다수의 경쟁업체 등장 • 국내 경쟁업체의 신제품 출시

	강점	약점
기회	㉠ 다양한 유통망을 활용하여 해외 공장에서의 생산을 늘린다.	㉡ 한국 기업의 긍정적 이미지를 활용하여 해외 음료 시장에서의 점유율을 높인다.
위협	㉢ 건강음료 출시를 적극적으로 홍보하여 경쟁 업체와 제품의 차별성을 둔다.	㉣ 1+1 영업전략을 활용하여 경쟁 업체 사이에서 우위를 차지한다.

① ㉠ ② ㉡ ③ ㉢ ④ ㉣

19 ○○여행사에 근무하고 있는 K 사원은 새로운 여행상품을 홍보하기 위해 SWOT 분석을 하였다. 분석한 결과를 활용하여 전략을 제시한다고 할 때, 다음 중 옳은 것은?

강점(Strength)	• 럭셔리 브랜드 이미지 보유 • 높은 서비스 품질 유지
약점(Weakness)	• 20대에게 인지도 부족 • 경쟁사보다 높은 가격
기회(Opportunity)	• 고연령층의 해외여행 확대 • 여행 관련 TV 프로그램 유행 • 온라인을 통한 정보 검색 증가
위협(Threat)	• 경쟁사의 저가 여행상품 개발 • 가족 단위의 해외여행 감소

	강점	약점
기회	⊙ 20대가 많이 시청하는 여행 관련 TV 프로그램에 지속적으로 브랜드를 노출시켜 인지도를 높인다.	ⓒ 수준 높은 서비스를 제공한다는 것을 홍보에 적극적으로 활용하여 고연령층 소비자를 사로잡는다.
위협	ⓒ 럭셔리 브랜드 이미지를 내세워 경쟁사의 저가 상품과 차별성을 둔다.	② 20대가 많이 사용하는 SNS 등의 온라인 홍보를 확대한다.

① ⊙   ② ⓒ   ③ ⓒ   ④ ②

20 ○○화장품 회사의 마케팅부에서 근무하는 A 대리는 다음과 같은 상황에서 SWOT 전략을 세웠다. A 대리가 정리한 내용 중 적절하지 않은 것은?

> ○○화장품 회사는 고급 연구 인력을 보유하고 있으며 독자적인 기술을 확보하고 있다. 투자자들도 적극적으로 투자를 하고 있는 상황이다. 하지만 마케팅이 부족하고 브랜드의 이미지가 노후되어 매출액이 감소하고 있으며 다수의 경쟁업체까지 출현하고 있다. 다행인 점은 최근 유명 인사가 ○○화장품 회사의 제품을 사용한 후 SNS에 긍정적인 제품 후기를 등록하였고 정부의 화장품 판매 규제가 완화되었다는 것이다.

① SO 전략 : 유명 인사의 긍정적인 제품 후기를 근거로 계속해서 투자자들에게 적극적인 투자를 받는다.
② ST 전략 : 고급 연구 인력과 독자적인 기술을 활용하여 다수의 경쟁업체와 차별화된 상품을 생산한다.
③ WO 전략 : 유명 인사의 긍정적 제품 후기를 활용하여 새로운 마케팅 전략을 세운 후 노후된 이미지를 탈피한다.
④ WT 전략 : 판매 규제 완화에 따라 여러 신제품을 개발하고 그에 따른 마케팅 방법을 연구해 소비자들에게 새로운 이미지를 심어준다.

[21~22] ○○기업은 지난달부터 지구에너지 절약 실천운동을 실시하고 있다. 자료를 보고 질문에 답하시오.

`2019 코레일`

항목별 월 절감 비용

(단위 : 천 원)

구분	월 절감 비용
ㄱ. 이면지 활용하기	54,000
ㄴ. 개인컵 사용하기	48,000
ㄷ. 4층 이하 계단 이용하기	18,000
ㄹ. 점심시간 사무실 전등 끄기	35,000
ㅁ. 개인용 전열기 사용하지 않기	42,000
ㅂ. 퇴근 시 복사기 등 불필요한 전원 차단하기	45,000
ㅅ. 출장 등 장시간 부재 시 컴퓨터 전력 대기모드로 전환	20,000

- 지구에너지 절약 실천운동은 1달에 4가지를 필수적으로 실천해야 한다.

복수 항목 실천 시 추가 절감률

(단위 : %)

구분	추가 절감률
ㄱ, ㄴ, ㄷ	15
ㄱ, ㄷ, ㅁ	20
ㄱ, ㄹ, ㅁ	10
ㄴ, ㄷ, ㅂ	15
ㄴ, ㅁ, ㅂ	10
ㄷ, ㄹ, ㅂ	5
ㄷ, ㅁ, ㅂ	20

- 추가 절감 비용 : 해당 복수 항목(세 항목)의 절감 비용의 총 합×해당 추가 절감률

21 ○○기업은 지난달 '출장 등 장시간 부재 시 컴퓨터 전력 대기모드로 전환'을 포함하여 지구에너지를 절감할 수 있는 항목들을 실천하였다. 절감 비용이 가장 큰 항목들을 실천했다고 할 때, 직원들이 실천한 나머지 3개 항목은 무엇인가?

① ㄱ, ㄷ, ㅁ ② ㄱ, ㄹ, ㅁ ③ ㄴ, ㄷ, ㅂ
④ ㄴ, ㅁ, ㅂ ⑤ ㄷ, ㅁ, ㅂ

22 ○○기업은 이번 달에 이면지를 활용하고, 4층 이하는 계단을 이용했으며, 점심시간과 퇴근시간에 전력을 차단하는 에너지 절감 운동을 하였다. 이번 달 에너지 절감 비용은 지난 달과 비교하였을 때 얼마나 차이가 나는가?

① 8,900,000원 ② 11,600,000원 ③ 22,500,000원
④ 25,300,000원 ⑤ 27,800,000원

[23~24] 다음과 같이 보도블록을 사이에 두고 A 라인 상가와 B 라인 상가가 마주보고 있다. A 라인 2호에는 옷가게가 있고 나머지 상점 위치가 다음과 같다고 할 때 이어지는 물음에 답하시오. (단, 그림 외 다른 상점은 없다고 가정한다.)

(가) 음식점 두 개는 붙어 있다.
(나) 카페 두 개는 마주보고 있으며, 이 중 하나는 B 라인 1호이다.
(다) 부동산과 병원은 같은 라인에 있지만 이웃하지 않는다.

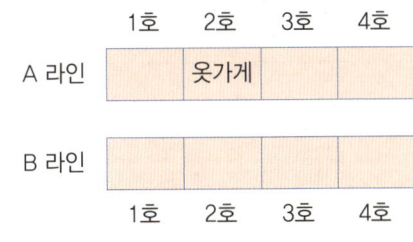

23 다음 중 제시된 조건을 통해 알 수 있는 사실이 아닌 것은?

① 옷가게 맞은편에는 부동산이 올 수 있다.
② B 라인 카페 옆에는 병원이 올 수 있다.
③ 음식점 맞은편에는 부동산이 올 수 없다.
④ 옷가게 맞은편에는 음식점이 올 수 없다.
⑤ 카페와 음식점은 이웃하지 않는다.

24 위 상가 상점 중 비어 있는 한 곳에 약국이 들어선다고 한다. 어느 곳이 가능한가?

① A 라인 3호 ② A 라인 4호 ③ B 라인 2호
④ B 라인 3호 ⑤ B 라인 4호

25 ○○회사에 다니는 A, B, C, D, E는 연봉이 각각 다르다. 다음 |보기|는 다섯 명의 연봉에 대한 내용이다. 옳은 것만 고른 것은?

작년
- C는 A보다 연봉이 500만 원 더 높다.
- A는 D보다 연봉이 200만 원 더 낮고, E보다 400만 원 더 높다.
- B는 연봉이 가장 높고 연봉이 가장 낮은 사람보다 1,100만 원 더 높다.
- 연봉이 가장 낮은 사람의 연봉은 2,200만 원이다.

올해
- D는 진급하여 연봉 600만 원이 올랐다.
- E는 D보다 연봉 200만 원이 적고, B보다는 800만 원이 적다.
- A는 연봉이 동결되었다.

| 보기 |

㉠ 작년 A의 연봉은 2,600만 원이다.
㉡ 올해 연봉이 가장 높은 사람은 작년과 똑같다.
㉢ B, D, E는 올해 연봉이 500만 원 이상씩 올랐다.

① ㉡ ② ㉠, ㉡ ③ ㉠, ㉢
④ ㉡, ㉢ ⑤ ㉠, ㉡, ㉢

26 다음 명제가 모두 참이라고 가정할 때 참인 명제는?

- 자율학습을 열심히 하는 학생은 수학을 잘한다.
- 수업시간에 집중해서 공부하지 않으면 수학을 잘 못한다.

① 수학을 잘하는 학생은 자율학습을 열심히 한다.
② 자율학습을 열심히 하지 않는 학생은 수학을 잘 못한다.
③ 수학을 잘 못하는 학생은 수업시간에 집중해서 공부하지 않는다.
④ 자율학습을 열심히 하는 학생은 수업시간에 집중해서 공부한다.
⑤ 수업시간에 집중해서 공부하는 학생은 자율학습을 열심히 한다.

27 다음은 근무지 이동 전 ○○기업의 근무 현황에 대한 자료이다. 주어진 근무지 이동 지침에 따라 이동한 후의 근무지별 인원수로 가능한 것은?

근무지 이동 전 ○○기업의 근무 현황

(단위 : 명)

근무지	부서명	인원수
본관 1층	인사부	10
	홍보부	16
	기획1부	16
본관 2층	기획2부	21
	영업1부	27
본관 3층	영업2부	30
	총무부	23
별관		0
전체		143

※ 1) ○○기업의 근무지는 본관 1, 2, 3층과 별관만 있음
   2) 부서별 인원수의 변동은 없음

근무지 이동 지침

- 지침1 : 본관 내 이동은 없고 인사부는 이동하지 않는다.
- 지침2 : 부서별로 전원 이동하며, 본관에서 별관으로 2개 부서만 이동한다.
- 지침3 : 본관 1개 층에서 최대 1개 부서만 별관으로 이동할 수 있다.
- 지침4 : 이동한 후 별관의 인원수는 40명을 넘지 않아야 한다.

	본관 1층	본관 2층	본관 3층	별관
①	26명	46명	33명	38명
②	26명	27명	53명	37명
③	42명	21명	43명	37명
④	44명	21명	40명	38명
⑤	42명	27명	30명	44명

[28~29] 다음 자료를 보고 이어지는 질문에 답하시오. `2019 코레일`

회의록		
회의명	신제품 프로모션 기획 1차 회의	
일시	201X년 11월 30일　　장소	본관 제1회의실
참석자	기획부 : A 차장, B 대리, C 사원　/　홍보부 : D 과장, E 대리, F 사원	
회의내용	1. 목적 　내년 새롭게 출시하는 화장품을 알리기 위한 프로모션 행사 기획 2. 추진방향 　- 자사 신제품 출시 기념 홍보를 통해 제품의 긍정적 이미지를 높이는 동시에 다양한 판촉 행사 기획 　- 최근의 홍보 및 판촉 행사의 트렌드를 따라가되, 타사의 방식과 변별되는 신선한 기획안 준비 3. 팀 운영 계획 및 추진방향 　- 홍보 및 판촉 성공 국내 사례 분석 : 기획부 참여 　- 자사 신제품의 장점과 특징을 타사의 제품과 비교하여 정리 : 기획부 참여 　- 최근 2년간 자사의 홍보 및 판촉 행사 분석 검토 : 홍보부 참여 　- 자사 신제품 홍보 및 판촉 행사 방안 구상 : 기획부, 홍보부 참여 　- 추가 다른 부서 협력 요청 사항 　　1) 최근 자사의 홍보용 콘텐츠 분석자료 : 미디어제작부(12/5까지) 　　2) 최근 화제성이 높은 해외 판촉 사례 분석 : 마케팅부(12/5까지) 4. 기획 및 준비 기간 : 201X년 11월 30일 ~ 201X년 12월 22일 5. To Do List 　- 최근 3년간 유사한 국내 제품의 특징 정리와 관련 제품 홍보 및 판촉 성공 사례 수집 및 분석 　- 자사 제품 홍보와 판촉 행사 이전 사례 정리 및 분석 　- 최근 화제가 된 판촉 이벤트 사례 조사 　- 화제가 된 홍보물 조사, 홍보물 유통의 다양한 경로 체크 6. 다음 회의 일정 : 201X년 12월 28일 　- 2차 회의는 1차 회의 참석 예정 명단에 마케팅부 2명, 미디어제작부 2명 참석 의뢰 　- 최근 자사 홍보 콘텐츠의 경향 분석 및 정리 자료 미디어제작부에 사전 요청		

28 회의록을 참고하여 다음 회의까지 각 부서별로 수행해야 할 업무로 적절한 것을 모두 고르면?

> 가. 기획부 B 대리는 자사의 신제품이 가진 특징을 타사의 제품과 차이를 비교, 조사하고, 제품 판촉 행사 및 홍보를 성공적으로 진행했던 국내의 사례를 살펴본다.
> 나. 홍보부 E 대리는 최근 화제가 된 국내·외 판촉 행사 사례를 조사하고, 자사 신제품 홍보와 관련된 아이디어 구상에 활용한다.
> 다. 기획부 C 사원은 해외기업 홍보 사례를 분석하여 자사 제품의 특징을 좀 더 차별적으로 부각할 수 있는 새로운 홍보 방안을 구상해본다.
> 라. 홍보부 F 사원은 최근 2년간 자사의 홍보 및 판촉 행사를 정리 분석하여, 신제품 판매 행사 방안을 구상한다.

① 가, 나　　② 가, 라　　③ 나, 다
④ 가, 나, 다　　⑤ 나, 다, 라

29 윗글과 다음의 글을 참고하여 구상한 홍보 기획안으로 적절하지 않은 것은?

> 최근 국내 화장품 로드숍이 사회관계망서비스(SNS)를 활용해 반전을 시도하고 있다. 최근 국내에서 각광받고 있는 SNS에서 해시태그(#기호로 게시글을 묶는 기능)를 만들거나 영향력 있는 개인을 통해 신제품을 소개한다. 이 방법은 빠르게 소비자들에게 신제품을 홍보할 수 있는 방법이다. A 기업은 SNS상에서 유명 인사를 상품 모델로 내세워 영상을 제작했는데, 그 제품은 일부 매장에서 품절될 정도로 화제가 되었다. 화장품 홍보 게시글을 올리고, 소비자들의 질문에 적극적으로 댓글을 달면서 소통을 이어가기도 했다. B 기업은 화장법을 알리는 영상을 유통하였다. 제품의 특징을 파악하는 동시에 화장을 손쉽게 배울 수 있다는 이점이 소비자들의 뜨거운 반응을 이끌었다. 최근 여러 기업들은 SNS에 올린 게시물을 클릭하여 손쉽게 상품을 구매할 수 있도록 유도하고 있다. 또한 친숙한 해시태그를 만들어 홍보하거나 각종 이벤트에도 활용하는 모습을 보이고 있다. 이는 중요 소비자층인 20~30대가 SNS를 많이 이용한다는 점을 염두에 둔 홍보 방식이다.

① 화장품에 관심이 많은 SNS 유명 뷰티 인플루언서에게 자사의 신제품을 무료로 제공하여 체험하게 한 뒤, SNS에 제품 사용 후기 글을 올려 제품을 홍보하도록 제안한다.
② 해시태그를 통해 게시글이 쉽게 퍼질 수 있도록 대중이 쉽게 기억할 수 있는 기발한 해시태그를 만든다.
③ SNS 계정을 만들어서 자사 화장품에 대한 정보뿐만 아니라 최근 유행하는 화장법 영상을 함께 올려 소비자들과 활발히 소통한다.
④ 최근 화제가 된 A와 B를 비롯한 기업의 사례에서 가장 인기 있었던 경우만을 취합하여 홍보 내용과 방식을 유사하게 구성한다.
⑤ SNS에서 해시태그를 통해 게시글이 빠르게 확산되는 점을 고려하여 해시태그 용어를 신중하게 선택하고 제품의 이미지가 하락하지 않도록 콘텐츠를 제작한다.

30 ○○시 △△구에서는 최근 층간소음에 대한 민원이 자주 발생하고 있다. 다음 층간소음 방지에 관한 조례를 보고 |보기|와 같은 민원에 대처한다고 할 때, 담당 부서의 대응으로 가장 적절하지 않은 것은?

○○시 △△구 공동주택 층간소음 방지에 관한 조례

[시행 2019.02.15.]

관리책임부서 : 주택과

제1조(목적) 이 조례는 공동주택의 층간소음 방지를 위하여 필요한 사항을 규정함으로써 공동주택 층간 소음을 예방하고 입주자의 갈등을 해결하여 주민의 삶의 질 향상에 이바지함을 목적으로 한다.

제5조(실태조사) 구청장은 추진계획을 효율적으로 수립·시행하기 위하여 공동주택 층간소음 피해 실태 조사를 실시할 수 있다.

제6조(층간소음 방지를 위한 시책)
　제1항 구청장은 공동주택 층간소음을 방지하기 위하여 다음 각 호의 시책을 추진할 수 있다.
　　제1호 입주자 등의 자율에 따른 공동주택 층간소음 방지 생활수칙 홍보
　　제2호 전문 컨설팅단 운영을 통한 자문·상담·정보 제공
　　제3호 위원회에 대한 층간소음 교육 실시
　　제4호 공동주택 층간소음 예방교육 및 체험프로그램 운영
　　제5호 그 밖에 공동주택 층간소음 방지를 위하여 필요한 사항
　제2항 제1항 제2호에 따른 전문 컨설팅단의 구성 및 운영에 관한 사항은 규칙으로 정한다.

제7조(공동주택 층간소음 관리위원회 설치·운영 권고) 구청장은 입주자가 자체적으로 분쟁을 조정할 수 있도록 입주자대표회의 회장에게 공동주택 층간소음 관리위원회(이하 "위원회"라 한다)를 설치·운영하도록 권고할 수 있다.

제9조(홍보) 구청장은 공동주택 층간소음 방지를 위한 시책을 ○○시 △△구 인터넷 홈페이지 등을 통하여 적극 홍보하여야 한다.

제10조(포상) 구청장은 공동주택 층간소음 분쟁을 자율적으로 예방하고 조정하여 건전한 공동체의 생활 여건 조성에 이바지한 입주자에 대하여「○○시 △△구 포상 조례」에 따라 포상할 수 있다.

| 보기 |

　매일같이 반복되는 층간소음으로 인해 온 가족이 고통을 받고 있습니다. 저희 집은 3층에 위치하고 있으며, 윗집에 새로운 가족이 이사를 온 이후로 1년 넘게 하루도 조용한 날이 없습니다. 특히 지난달부터는 새벽부터 아이들이 공을 차고 소리를 지르며 뛰어 노는 듯한 소리가 들립니다. 저희 집이 제일 심하긴 하지만 저희 집뿐만 아니라 3층에 있는 대부분의 가구가 윗집의 소음에 시달리고 있습니다. 1년 넘게 층간소음에 시달리다보니 가족 간에도 신경이 날카로워져 불화가 생길 지경입니다. 게다가 부모님 모두 팔순이 넘으신 나이에 불면증에 시달리고 계십니다. 우리 가족은 집안 어디에서도 편히 쉴 수 없습니다. 도저히 이대로는 안 될 것 같아 민원을 신청합니다. 조처를 마련해 주시기 바랍니다.

① 조례 제7조에 따라 입주자가 자체적으로 분쟁을 조정할 수 있도록 입주자대표회의 회장에게 공동주택 층간소음 관리위원회를 설치하고 운영하도록 권고한 후 제6조 제1항 제3호에 따라 위원회에 대한 층간소음 교육을 실시하겠습니다.

② 조례 제5조에 따라 민원인의 공동주택에 층간소음 피해 실태 조사를 실시하고 제6조 제1항 제4호에 따라 공동주택 층간소음 예방교육 및 체험프로그램을 운영하여 주민들이 참여할 수 있도록 하겠습니다.

③ 조례 제10조에 따라 만약 층간소음 분쟁을 예방하고 조정하여 건전한 공동체의 생활 여건 조성에 이바지한 공무원이 있다면 포상하겠습니다.

④ 조례 제6조 제1항 제2호에 따라 전문 컨설팅단을 운영하여 자문을 구하고 상담을 받을 수 있게 하며, 층간소음에 관한 정보를 제공하겠습니다.

⑤ 조례 제9조에 따라 공동주택 층간소음 방지를 위한 시책을 △△구 인터넷 홈페이지를 통하여 적극적으로 홍보하고, 제6조 제1항 제1호에 따라 입주자 등의 자율에 따른 공동주택 층간소음 방지 생활수칙도 함께 홍보하겠습니다.

31 인사팀에 근무하는 귀하는 회의실에서 사용할 빔프로젝터를 구입하고자 한다. 다음 조건을 보고 구입할 제품의 알맞은 내용을 고르면?

- 회의실 특성상 4,000안시(ANSI) 이상의 제품 (ANSI : 램프의 밝기 단위)
- 램프의 수명이 10,000시간 이상인 제품
- HDMI와 연결 가능한 제품
- 예산은 100만 원 이내
- 위 조건을 모두 충족할 경우 가격이 저렴한 제품 구매

	가격(만 원)	램프 수명(시간)	램프 밝기(ANSI)	입출력 단자
①	76	9,000	5,000	DVI, RGB
②	56	12,000	3,300	HDMI, DVI
③	96	12,000	4,500	HDMI, DVI, RGB
④	85	12,000	4,400	HDMI, DVI
⑤	120	13,000	4,800	HDMI, DVI, RGB

32 다음은 ○○기업이 직원들의 복지를 위해 운영하는 체육시설 현황이다. 다음 |보기| 중 옳은 것을 모두 고르면? (단, 평일 근무 시간은 9:00~18:00이다.)

건물위치		이용시설	시설현황	운영시간
복지 1관	지하 1층	헬스장	웨이트기구 10대	평일 : 06:00~08:00 / 18:00~22:00 토·일·공휴일 : 09:00~18:00
			러닝머신 20대	
			헬스사이클 10대	
		요가·필라테스실	필라테스 기구 10대	
		실내체육관	배드민턴장 1면	
			농구장 1면	
			배구장 1면	
			핸드볼장 1면	
			탁구대 5대	
	지하 2층	수영장		
복지 2관	지하 1층	샤워실	샤워부스 30개	평일 : 06:00~09:00 / 18:00~23:00 토·일·공휴일 : 09:00~19:00
		락카룸	물품보관함 50개	
		휴게실	테이블 5개	
야외	대운동장		인조 잔디 축구장 1면	월·수·금·토 개방 06:00~08:00 18:00~22:00 (단, 일요일 개방 여부는 체육시설 관리자의 재량에 따라 가능)

| 보기 |

㉠ 금요일 퇴근 후 축구경기를 한 직원 25명은 동시에 샤워를 할 수 있다.
㉡ 겨울철 눈이 내리는 날에는 요가와 필라테스를 할 수 없다.
㉢ ○○기업 부서별 축구대회를 일요일에 개최할 수도 있다.
㉣ 평일 근무 시간 이후에 농구 시합과 축구 시합을 동시에 진행할 수 없다.

① ㉠, ㉡   ② ㉡, ㉢   ③ ㉠, ㉢
④ ㉡, ㉣   ⑤ ㉢, ㉣

33 다음 표는 사원 5명의 진급 점수표 일부이다. 이에 대한 |보기|의 설명 중 옳은 것만을 모두 고르면?

진급 점수표

(단위 : 점)

과목 / 사원	상사와 관계	융통성	업무 이해력	작업속도	동료와 관계	합계
A 사원	7	8	5	5	9	34
B 사원	6	9	8	5	8	36
C 사원	5	( )	9	6	7	( )
D 사원	8	6	6	( )	8	( )
E 사원	( )	7	6	9	7	( )
계	( )	( )	34	( )	39	( )

- 각 과목의 점수 범위는 0~10점이다. 진급의 결과는 총점을 기준으로 결정한다.
  - 총점이 40점 이상 : 진급 + 상여금
  - 총점이 30점 이상~40점 미만 : 진급 보류 + 상여금
  - 총점이 30점 미만 : 진급 보류
    (단, 대상자 중 총점이 40점 이상이 없다면 최고점인 사람을 진급시킨다.)

| 보기 |

㉠ C 사원이 B 사원보다 점수가 높기 위해서는 융통성에서 10점을 받아야 한다.
㉡ D 사원이 작업속도 부분에서 10점을 받았다면 진급도 하고 상여금도 받는다.
㉢ A 사원과 B 사원의 융통성 부분의 점수가 바뀐다면 총점에서 A 사원이 더 높은 점수를 받았을 것이다.
㉣ 진급한 사람은 40점은 넘지 못했지만 1등이기 때문에 진급할 수 있었다.

① ㉠, ㉡ ② ㉠, ㉢ ③ ㉠, ㉣
④ ㉡, ㉣ ⑤ ㉡, ㉢, ㉣

34 다음은 ○○공사의 민원처리 원칙이다. 만약 4월 20일 오후에 민원을 신청하였다면, 언제까지 처리가 완료되어야 하는가? (단, 민원서류 보정에 1일, 민원조사에 3일의 기간이 소요된다.)

민원처리 부서는 민원 접수일로부터 영업일 20일 이내 사실관계조사 결과를 토대로 해당 부서에 시정 요구 및 민원인에게 처리결과를 안내하며 다음의 경우는 처리기간 산입에서 제외됩니다.(오전에 접수된 민원은 그 해당일부터 계산, 오후에 접수된 민원은 다음 날부터 계산한다.)
- 민원인의 귀책사유로 민원처리가 지연되는 기간
- 민원서류의 보완 또는 보정에 소요되는 기간
- 검사, 조사 및 외부기관 질의 등에 소요되는 기간
- 토요일, 공휴일(임시공휴일 포함), 휴일

4월 달력

일	월	화	수	목	금	토
					1	2
3	4	5	6	7	8	9
10	11	12	13	14	15	16
17	18	19	20	21	22	23
24	25	26	27	28	29	30

5월 달력

일	월	화	수	목	금	토
1	2	3	4	5	6	7
8	9	10	11	12	13	14
15	16	17	18	19	20	21
22	23	24	25	26	27	28
29	30	31				

※ 5월 공휴일은 5일(어린이날), 6일(임시공휴일), 13일(석가탄신일)이다.

① 5월 25일　　② 5월 26일　　③ 5월 27일
④ 5월 30일　　⑤ 5월 31일

35 K 씨는 울산 V 컨벤션 센터에서 열리는 회의에 참석하기 위하여 출장이 잡혔다. K 씨는 당일 7시에 출발하려고 준비하던 중 발표 자료를 회사에 놓고 왔다는 걸 알게 되었고, 회사에 들렸다가 울산에 내려가는 교통편을 알아보고 있다. K 씨가 선택할 교통편으로 가장 적절한 것은?

※ 울산 V 컨벤션 센터 회의
- 일시 및 장소 : 2019. 2. 14. (목) PM 17:00~20:00, 울산 V 컨벤션 센터(울산 V 컨벤션 센터에 도착하여 회의 전까지 프레젠테이션 준비를 끝마쳐야 한다. 준비 시간은 3시간 예상된다.)

※ 회사에서 집 및 기차, 버스터미널까지 소요시간

출발지	도착지	소요시간
회사	동서울터미널	40분
	서울역	60분
집	회사	50분

※ 이동수단별 소요시간

구분	출발지	출발 시간	소요시간
버스	동서울터미널	05:00 이후(60분 간격)	250분
기차	서울역	06:00 이후(100분 간격)	200분

- 버스는 추가로 휴게소에서 30분 정차 시간이 있다.

※ 울산 V 컨벤션 센터 오시는 길

교통편	출발지	소요시간
시내버스	울산터미널	30분
	울산역	100분
택시	울산터미널	25분
	울산역	80분
셔틀버스	울산역	95분

① 기차 – 택시 ② 기차 – 시내버스 ③ 버스 – 택시
④ 버스 – 시내버스 ⑤ 기차 – 셔틀버스

[36~37] 다음은 근로자 휴양콘도 이용에 관한 내용 중 일부이다. 다음을 보고 이어지는 물음에 답하시오.

1. 이용대상

구분	주말	성수기	평일	비고
이용대상자	월평균 임금 251만 원 이하 노동자		- 소득 관계없이 모든 노동자 - 고용보험 또는 산재보험 가입 사업주(사내워크숍 등에 한함)	- 주말 : 금요일, 토요일, 연휴 - 성수기 : 별도공지 - 평일 : 일요일~목요일(성수기 제외)
신청기간	이용 희망일 2개월 전 ~ 3일 전	별도공지	이용 희망일 2개월 전 ~ 3일 전	

2. 휴양콘도 이용 우선순위

(1) 주말·성수기
  ① 주말·성수기 선정박수가 적은 노동자
  ② 이용 가능 점수가 높은 노동자
  ③ 월평균 소득이 낮은 노동자
  ※ 노동자 신혼여행의 경우 최우선으로 선정
(2) 평일 : 선착순

3. 기본점수 부여 및 차감 방법 안내

(1) 매년(연 1회) 연령에 따른 기본점수 부여
  - 월평균 소득 246만 원 이하 노동자

연령대	50세 이상	40~49세	30~39세	20~29세	19세 이하
점수	100점	90점	80점	70점	60점

※ 월평균 소득 246만 원 초과 노동자, 특수형태근로종사자, 고용·산재보험 가입사업장 : 0점

(2) 기 부여된 점수에서 연중 이용점수 및 벌점에 따라 점수 차감

구분	이용점수			벌점	
	성수기	주말	평일	이용취소(9일~1일 전 취소)	No-show(당일 취소, 미이용)
차감점수	20점	10점	0점	50점	1년 사용제한

(3) 벌점(이용취소, No-show) 부과 예외
  - 이용자의 배우자·직계존비속 또는 배우자의 직계존비속이 사망한 경우
  - 이용자 본인·배우자·직계존비속 또는 배우자의 직계존비속이 신체 이상으로 3일 이상 의료기관에 입원하여 콘도 이용이 곤란한 경우
  - 운송기관의 파업·휴업·결항 등으로 운송수단을 이용할 수 없어 콘도 이용이 곤란한 경우
  ※ 벌점 부과 예외 사유에 의한 취소 시에도 선정박수에는 포함되므로 이용 우선순위에 유의하시기 바랍니다.

36 ○○공단에서 근무하고 있는 H 사원은 근로자 휴양콘도 이용에 관한 문의 사항에 대해 다음과 같이 답변하였다. H 사원의 답변 중 옳지 않은 것은?

① Q : 월평균 소득이 251만 원 초과인 근로자도 주말에 이용 가능한가요?
   A : 네. 이용희망일 2개월 전 ~ 3일 전에 신청하시면 이용 가능합니다.
② Q : 사업주도 평일에 예약할 수 있나요?
   A : 고용 또는 산재보험 가입 사업주이고, 콘도 이용 목적이 사내워크숍이나 교육용일 경우에만 예약할 수 있습니다.
③ Q : 월평균 소득 246만 원 이하이면 누구나 매년 기본점수를 받을 수 있나요?
   A : 특수형태근로종사자, 고용・산재보험 가입사업장은 기본점수를 받을 수 없습니다.
④ Q : 폭설 때문에 비행기가 결항하여 콘도 이용을 할 수 없는데, 몇 점이 차감되나요?
   A : 운송기관의 파업・휴업・결항 등으로 운송수단을 이용할 수 없어 콘도 이용이 곤란한 경우는 벌점이 부과되지 않습니다.
⑤ Q : 철도 노조의 파업으로 인해 콘도 이용을 할 수 없어 4일 중 2일을 취소하였는데요. 취소한 일수는 선정박수에 포함되지 않는 건가요?
   A : 벌점 부과 예외 사유에 의한 취소 시에도 선정박수에는 포함되기 때문에 이용 우선순위에 유의하셔야 합니다.

37 근로자 휴양콘도 이용에 관한 내용을 토대로, 성수기 휴양콘도 이용 우선순위를 순서대로 바르게 나열한 것은?

> ㉠ 월평균 소득 220만 원, 주말・성수기 선정박수 5일, 이용 가능 점수 80점
> ㉡ 월평균 소득 210만 원, 주말・성수기 선정박수 7일, 이용 가능 점수 100점
> ㉢ 월평균 소득 190만 원, 주말・성수기 선정박수 7일, 이용 가능 점수 70점
> ㉣ 월평균 소득 240만 원, 주말・성수기 선정박수 10일, 신혼여행으로 휴양콘도 이용 예정

① ㉠ → ㉡ → ㉢ → ㉣
② ㉠ → ㉢ → ㉡ → ㉣
③ ㉣ → ㉠ → ㉡ → ㉢
④ ㉣ → ㉠ → ㉢ → ㉡
⑤ ㉢ → ㉠ → ㉡ → ㉣

38 다음은 각 노선별 코레일 요금표 및 할인 규정이다. |보기| 중 열차 요금이 가장 적은 가족과 가장 많은 가족을 순서대로 바르게 짝지은 것은?

요금표

노선 \ 열차종류	KTX	새마을호	무궁화호
서울~대전	19,000원	14,000원	10,000원
대전~부산	28,000원	19,000원	16,000원
대구~부산	17,000원	11,000원	8,000원

할인 규정

1. 모든 열차에 대하여 연령별 기본 할인은 8세 이하의 경우 30%, 60세 이상의 경우 30% 할인이 적용됩니다.
2. KTX 이용 시 청소년(13세 이상 18세 이하)은 20% 할인 적용됩니다.
3. 가족석은 각 호차 중앙의 마주보는 4개 좌석을 1세트로 판매하며 20% 할인이 적용됩니다.
4. 3세 이하 유아를 2명 이상 동반하는 경우 유아 좌석권은 50% 할인이 적용됩니다.
5. 모든 할인은 중복 적용되지 않으며 가장 높은 할인 규정 하나만 적용됩니다.

| 보기 |

㉠ KTX로 서울에서 대전까지 가족석으로 여행하려는 아버지(56세)와 어머니(51세), 아들(21세)
㉡ 새마을호를 이용하여 서울에서 대전까지 여행하려는 아버지(63세)와 어머니(59세), 두 자매(언니 28세, 동생 25세)
㉢ 무궁화호를 이용하여 대전에서 부산까지 여행하려는 아버지(35세)와 어머니(30세), 3세와 1세인 두 자녀
㉣ KTX를 이용하여 대전에서 부산까지 여행하려는 60대 부부
㉤ 새마을호를 이용하여 대전에서 부산까지 여행하려는 어머니(55세)와 두 형제(형 25세, 동생 23세)

① ㉠, ㉢　　　② ㉢, ㉡　　　③ ㉣, ㉤
④ ㉣, ㉠　　　⑤ ㉤, ㉢

Chapter 04
자기개발능력

자기개발능력은 직장에서 직업인으로서 자신의 적성, 능력, 특성을 바르게 이해하고 이를 토대로 자기발전 목표를 스스로 수립하여 자기관리를 통해 성취해나가는 능력을 뜻한다.

자기개발능력은 자신의 성격, 흥미, 적성, 특성을 이해하고 자신의 정체감을 확고하게 하는 능력인 **자아인식능력**, 자신의 행동 및 업무수행을 통제하고 관리하며 합리적으로 조정하는 능력인 **자기관리능력**, 자신의 진로에 대해 단계적인 목표를 설정하여 달성에 필요한 역량을 개발해나가는 능력인 **경력개발능력** 등으로 구분된다.

04 Chapter

START
NCS 모듈 학습

개념정리 • 자기개발능력

1 자기개발과 자기개발능력의 의미

- **자기개발** : 자기 자신을 개발하는 것으로, 자신의 능력, 적성, 특성 등을 파악하고 강점과 약점을 확인하여 강점은 강화시키고 약점은 관리하여 성장의 기회로 활용하는 것을 의미한다.
- **자기개발능력** : 직업인으로서 자신의 능력, 적성, 특성 등을 이해하고 자기발전목표를 위해 스스로 수립 하며 성취해 나가는 능력을 의미한다.

2 자기개발의 구성

자아인식	직업생활과 관련하여 자신의 가치, 신념, 흥미, 적성 등 자신을 아는 것
자기관리	자신을 이해하고 목표 성취를 위해 자신의 행동과 업무수행을 관리·조정하는 것
경력개발	개인의 경력목표와 전략을 수립하고 실행하며 피드백하는 것으로 일생에 걸쳐 지속되는 과정

3 자기개발의 필요성

- 업무를 효과적으로 처리하여 성과를 높일 수 있다.
- 변화하는 환경에 유연하게 적응하고 대처할 수 있다.
- 긍정적인 인간관계를 형성할 수 있다.
- 인생의 목표와 자기개발목표를 달성할 수 있다.
- 보람 있는 삶을 영위할 수 있다.

4 자기개발의 특징

- 자기개발의 주체는 타인이 아닌 자신이다.
- 자기개발은 개별적인 과정으로서, 자기개발을 통해 달성하려는 바와 선호하는 방법은 사람마다 다르다.

- 자기개발은 단기간에 이룰 수 있는 것이 아닌 평생에 걸쳐서 이루어지는 과정이다.
- 자기개발은 일과 관련하여 개발할 수 있으며, 생활 속에서 이루어지는 활동이다.
- 자기개발은 모든 사람에게 필요한 과제이다.

5 자기개발을 방해하는 요인

누구나 자기개발의 중요성에 공감하더라도 자기개발을 실행하는 일은 쉽지 않다. 자기개발을 방해하는 장애 요인으로는 내재적 요인과 외재적 요인으로 나눌 수 있다.

- 경제적인 이유 : 교육비 등
- 물리적인 이유 : 시간 부족, 필요한 교육을 받기 위한 거리가 먼 경우, 업무 과다 등
- 체력적인 이유 : 피로 누적, 장기적인 치료 등

6 자기개발 설계 전략

- 장단기 목표를 수립 : 보통 장기목표는 5~20년 뒤로 설계하고, 단기목표는 1~3년 정도를 고려한다.
- 인간관계 고려 : 가족, 동료, 고객, 상사 등 다양한 인간관계를 고려한다.
- 현재의 직무 고려 : 자신이 담당하고 있는 현재 업무와 직무를 고려하여 수립한다.
- 구체적으로 수립 : 현재의 인생단계, 건강상태, 직업의식, 경험, 성격 등을 고려하여 구체적으로 계획한다.
- 자기브랜드화 : 단순히 자신을 알리는 것을 넘어 다른 사람과 차별된 특징을 부각하는 것이며 그 방법으로는 소셜 네트워크 서비스(SNS) 활용, 인적 네트워크 활용, 경력 포트폴리오 작성 등이 있다.

7 자기 개발 수립의 방해 요인

- 자기정보의 부족 : 자신의 흥미, 장점, 가치, 라이프스타일을 충분히 이해하지 못함
- 내부 작업정보 부족 : 회사 내의 경력기회 및 직무 가능성에 대해 충분히 알지 못함
- 외부 작업정보 부족 : 다른 직업이나 회사 밖의 기회에 대해 충분히 알지 못함
- 의사결정시 자신감의 부족 : 자기개발과 관련된 결정을 내릴 때 자신감 부족
- 일상생활의 요구사항 : 개인의 자기개발 목표와 일상생활(가정) 간 갈등
- 주변상황의 제약 : 재정적 문제, 연령, 시간 등

하위능력 1 • 자아인식능력

1 자아인식능력이란?

자신의 흥미, 적성, 특성 등을 이해하고 자기 정체감을 확고히 하는 능력이다. 자아인식은 직업 생활에서 자신의 요구를 파악하고 자신의 능력 및 기술을 이해하여 자신의 가치를 확신하는 것으로 개인과 팀의 성과를 높이는 데 필수적으로 요구된다.

2 올바른 자아인식의 효과

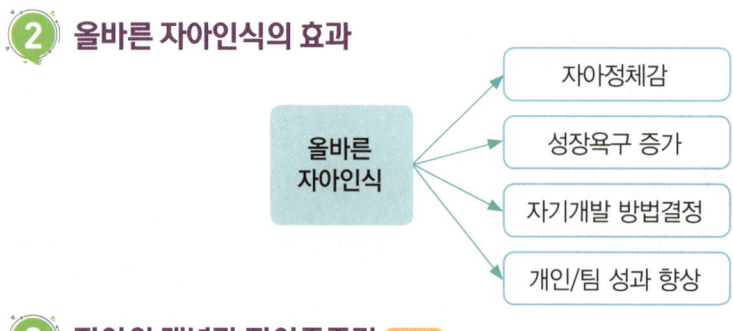

3 자아의 개념과 자아존중감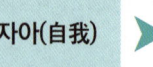

자아(自我)	• 자신에 대한 인식과 신념의 체계적이고 일관된 집합 • 내면적인 성격 및 정신 • 자신의 삶에서 갖고 있는 경험과 경험에 대한 해석에 영향을 받음
자아존중감	• 개인에 대한 주관적 평가와 판단을 통해 자기결정에 도달하는 과정 • 스스로에 대한 긍정적 또는 부정적 평가를 통해 가치를 결정짓는 것 • 자신에 대한 가치 판단은 자신의 정체성 형성에 큰 영향을 미침

4 나를 아는 방법

나에게 질문하기	• 일을 할 때 나의 성격의 장단점은 무엇인가? • 현재 일과 관련된 나의 부족한 부분은 무엇인가? • 일과 관련한 나의 목표는 무엇인가? • 그것은 나에게 어떠한 의미가 있는가? • 지금 현재 내가 하고 있는 일이 정말로 내가 원했던 일인가?
다른 사람과의 대화	• 나의 장단점은 무엇인가? • 내가 무엇을 하고 있을 때 가장 재미있어 보이는가? • 어려움이나 문제 상황에 처했을 때 나는 어떠한 행동을 하는가?
표준화 검사도구 활용	• 자신을 다른 사람과 객관적으로 비교할 수 있는 척도를 제공 • 커리어넷, 워크넷, 한국적성연구소 등의 기관에서 진행하는 직업흥미검사, 직업적성검사, 직업가치관검사 등을 이용

5 흥미와 적성 개발

흥미란 일에 대한 관심이나 재미를 의미하며, 적성이란 개인이 잠재적으로 가지고 있는 재능, 개인이 보다 쉽게 잘 할 수 있는 주어진 학습 능력을 의미한다.

직장생활에서 자신이 처한 상황과 업무에 맞는 흥미나 적성을 개발하기 위해 다음과 같은 노력을 강구해야 한다.

- 기업 문화와 조직 풍토를 고려한다.
- '할 수 있다'는 지속적인 자기 암시를 통한 마인트 컨트롤을 한다.
- 작은 단위로 수행한 일의 성공 경험을 축적하며 성취감을 느낀다.

6 성찰의 필요성과 연습 방법

- 성찰은 다른 일을 하는 데 필요한 노하우를 축적해준다.
- 성찰로 자신의 부족한 부분을 보완하고, 목표 성취를 위한 노력은 지속적으로 성장할 수 있는 기회를 제공해준다.
- 성찰을 통해 실수의 원인을 파악하고 이를 수정하게 되므로 다른 사람에게 신뢰감을 줄 수 있다.
- 꾸준한 성찰은 창의적인 사고를 가능하게 한다.
- 성찰노트를 작성하고, 끊임없이 질문하는 습관을 들여 지속적으로 성찰을 연습한다.

1 ● 자아인식능력 》》 바로확인문제

01 다음 중 자기개발에 대한 설명으로 옳지 않은 것은?

① 자기개발의 주체는 타인이 아닌 자신이다.
② 자기개발을 통해 달성하려는 바와 선호하는 방법은 사람마다 다르다.
③ 자기개발은 단기간에 이룰 수 있는 것이 아닌 평생에 걸쳐서 이루어지는 과정이다.
④ 자기개발은 일과 관련하여 개발할 수 있으며, 생활 속에서 이루어지는 활동이다.
⑤ 자기개발은 개별적으로 필요한 과정이므로 모든 사람에게 필요한 것은 아니다.

 자기개발능력 / 자기개발의 특징 알기

자기개발은 자신의 적성과 능력을 올바로 파악하고 강점과 약점을 확인하여 강점은 강화시키고 약점은 보완함으로써 성장의 기회로 활용하는 것을 의미한다. 따라서 자기개발은 모든 사람에게 필요한 과정이다.

정답 ⑤

02 다음에 들어갈 용어로 적절한 것은?

(㉠)(이)란 일에 대한 관심이나 재미를 의미하며, (㉡)(이)란 개인이 잠재적으로 가지고 있는 재능이나 개인이 보다 쉽게 학습할 수 있는 잠재력을 의미한다.

	㉠	㉡		㉠	㉡
①	성찰	적성	②	적성	성찰
③	적성	흥미	④	흥미	성찰
⑤	흥미	적성			

 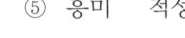

자아인식능력 / 흥미와 적성의 의미 알기

흥미란 일에 대한 관심이나 재미를 의미하며, 적성이란 개인이 잠재적으로 가지고 있는 재능이나 개인이 보다 쉽게 학습할 수 있는 잠재력을 의미한다.

정답 ⑤

03 다음 중 자아를 구성하는 요소가 다른 것은?

① 흥미   ② 성격   ③ 적성
④ 외모   ⑤ 가치관

 자아인식능력 / 자아 구성요소 이해하기

자아는 '내면적 자아'와 '외면적 자아'로 구분할 수 있다. 흥미, 성격, 적성, 가치관은 내면적 자아이고, 외모는 외면적 자아이다.

정답 ④

04 다음 중 자아인식에 대한 설명으로 옳지 않은 것은?

① 자아인식은 일과 관련된 경험을 관리하는 것이다.
② 다른 사람과의 대화를 통해 자아를 인식할 수 있다.
③ 자아인식의 대표적인 방법은 표준화된 검사를 활용하는 것이다.
④ 자아인식에는 자신의 직업에 대한 흥미를 파악하는 것이 포함된다.
⑤ 자아인식은 자기개발의 가장 첫 단계에서 이루어지는 것이다.

 자아인식능력 / 자아인식의 개념 이해하기

자아인식은 자신의 직업 흥미, 적성, 장단점을 분석하고 인식하는 것으로 자기개발의 첫 단계에서 이루어진다. 자아인식의 대표적인 방법은 표준화된 검사를 활용하는 것이며, 스스로에 대한 성찰과 다른 사람과의 대화를 통해서도 알아볼 수 있다. ①에서 일과 관련된 경험을 관리하는 것은 '경력관리'에 해당하는 내용이다.

정답 ①

05 다음 중 성찰에 대한 설명으로 옳지 않은 것은?

① 성찰은 성장의 기회가 된다.
② 성찰은 신뢰감 형성에 도움을 준다.
③ 성찰을 통해 창의적인 사고를 개발할 수 있다.
④ 성찰을 통해 현재의 부족한 부분을 아는 것은 어렵다.
⑤ 성찰은 다른 일을 하는 데 필요한 노하우를 축적할 수 있게 한다.

자아인식능력 / 성찰의 필요성과 효과 파악하기

성찰을 통해 과거의 일을 반성하고, 현재의 부족한 부분을 인식함으로써 성장할 수 있다.

성찰의 필요성과 효과
• 다른 일을 하는 데 필요한 노하우가 축적된다.
• 성장의 기회가 된다.
• 신뢰감을 형성할 수 있다.
• 창의적인 사고를 가능하게 한다.
• 성찰은 지속적인 연습의 과정이다.

정답 ④

하위능력 2 • 자기관리능력

1 자기관리능력이란?

자기관리는 자신을 이해하고 목표를 성취하기 위해 자신의 행동 및 업무수행을 관리하고 조정하는 것을 의미하며, 자기관리능력은 이러한 자기관리를 잘할 수 있는 능력을 의미한다.

2 자기관리 단계

1단계 비전 및 목적 정립	• 자신에게 가장 중요한 것 파악 • 가치관, 원칙, 삶의 목적 정립 • 삶의 의미 파악
2단계 과제 발견	• 현재 주어진 역할 및 능력 파악 • 역할에 따른 활동목표 수립 • 각 역할 및 활동목표별로 해야 할 일을 우선순위에 따라 구분
3단계 일정 수립	일의 우선순위에 따라 월간계획 → 주간계획 → 하루계획순으로 작성
4단계 수행	• 수행에 영향을 미치는 요소 분석 (예 시간, 능력, 돈 등) • 수행방법 찾기 • 계획에 따라 수행
5단계 반성 및 피드백	• 수행결과 분석 • 결과를 피드백하여 다음 수행 시 반영

3 일의 우선순위와 일정 수립

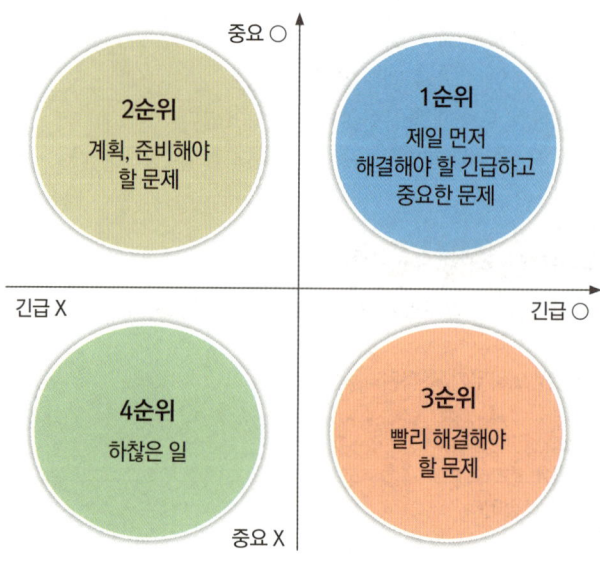

④ 일정 수립 시 유의사항

중요하고 긴급한 일일수록 우선순위가 높으며, 일정은 월간-주간-일간 순으로 작성한다. 월간계획은 장기적인 관점으로 작성하고, 주간계획은 우선순위가 높은 일을 먼저 하도록 계획하며, 일간 계획은 시간단위로 보다 자세하게 작성한다.

⑤ 합리적인 의사결정

합리적인 의사결정이란 자신의 목표를 정하여 몇 가지 대안을 찾아보고 실행 가능한 최상의 방법을 선택하여 행동하는 과정을 의미한다.

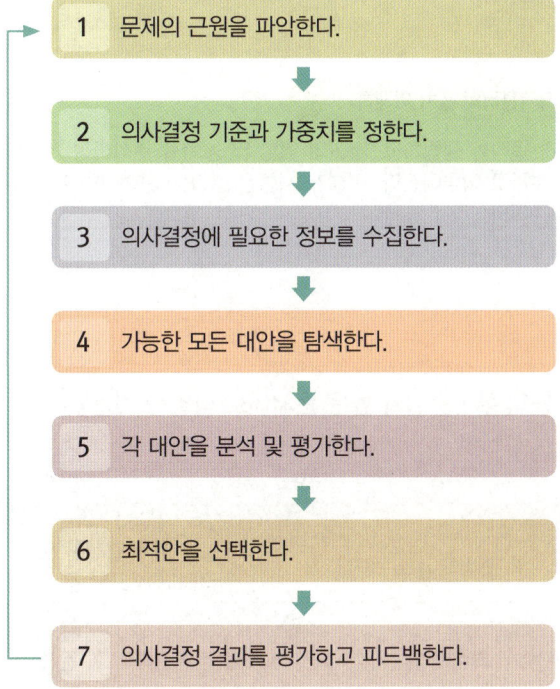

1. 문제의 근원을 파악한다.
2. 의사결정 기준과 가중치를 정한다.
3. 의사결정에 필요한 정보를 수집한다.
4. 가능한 모든 대안을 탐색한다.
5. 각 대안을 분석 및 평가한다.
6. 최적안을 선택한다.
7. 의사결정 결과를 평가하고 피드백한다.

⑥ 업무수행 성과를 높이기 위한 행동 전략

- 일 미루지 않기
- 비슷한 속성의 업무는 묶어서 처리하기
- 다른 사람과 다른 방식으로 일하기
- 회사와 팀의 업무 지침 따르기
- 역할 모델 설정하기

2 ● 자기관리능력 》 바로확인문제

01 다음 중 자기관리의 절차를 바르게 나열한 것은?

> ㉠ 과제 발견　　㉡ 반성 및 피드백　　㉢ 비전 및 목적 정립
> ㉣ 수행　　㉤ 일정 수립

① ㉠-㉢-㉤-㉡-㉣
② ㉠-㉤-㉢-㉡-㉣
③ ㉢-㉠-㉤-㉣-㉡
④ ㉢-㉤-㉠-㉣-㉡
⑤ ㉤-㉠-㉣-㉢-㉡

자기관리능력 / 자기관리의 절차 이해하기

자기관리는 자신의 비전과 목적을 정립하고, 자신의 역할 및 능력을 분석하여 과제를 발견하며, 이에 따른 일정을 수립하여 시행하는 절차로 이루어진다. 이렇게 시행된 결과는 지속적인 자기관리를 위하여 반성하고 피드백한다. 따라서 정답은 ③이다.

정답 ③

02 ㉠~㉣을 과제수행의 우선순위가 높은 순서대로 나열한 것은?

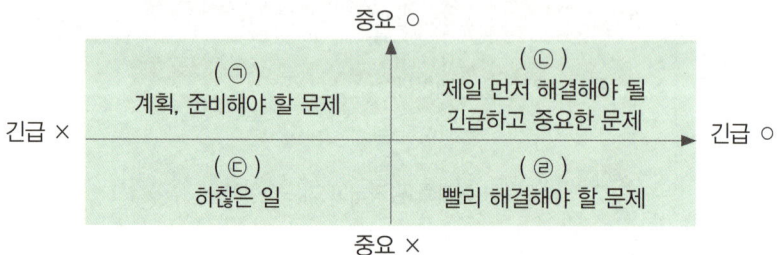

① ㉡-㉠-㉣-㉢
② ㉡-㉣-㉠-㉢
③ ㉢-㉣-㉠-㉡
④ ㉣-㉠-㉡-㉢
⑤ ㉣-㉡-㉠-㉢

자기관리능력 / 과제수행 우선순위 파악하기

과제수행의 우선순위를 고려할 때는 일반적으로 중요성과 긴급성의 두 가지 기준을 이용한다. 가장 중요하고, 가장 긴급한 일일수록 우선순위가 높다고 판단하며, 중요성이 긴급성에 비해 앞서는 기준이 된다.

정답 ①

03 P 사원은 회사 내에서 성과가 좋은 M 사원의 행동을 관찰하기로 하였다. 다음 중 P 사원이 관찰한 M 사원의 모습으로 옳지 않은 것은?

① M 사원은 일을 미루지 않는다.
② M 사원은 다른 사람과는 다른 자신만의 독창적인 방식으로 일한다.
③ M 사원은 상사의 지시가 효율적이지 않고, 부당하다고 판단하면 그 일은 정중히 거절한다.
④ M 사원은 업무 성과가 좋은 상사를 롤모델로 삼고 관찰한다.
⑤ M 사원은 비슷한 유형의 업무를 묶어서 한꺼번에 처리한다.

> 💡 자기관리능력 / 업무수행 성과 높이는 법 이해하기

업무수행 성과를 높이기 위해서는 회사와 팀의 업무 지침을 따라야 한다. 이를 지키지 않으면 공동체의 질서가 무너질 수 있다. 상사의 지시가 부당해 보일지라도 팀의 업무 지침이므로 원칙적으로는 따라야 한다.

정답 ③

04 다음 중 합리적인 의사결정 과정에 대한 설명으로 옳지 않은 것은?

① 가장 먼저 해야 할 일은 문제의 근원을 파악하는 것이다.
② 의사결정의 기준과 가중치를 정해야 한다.
③ 의사결정에 필요한 정보를 많이 수집해야 한다.
④ 가능한 모든 대안을 탐색하고, 각 대안을 분석 및 평가해야 한다.
⑤ 의사결정 과정이 반복되는 비효율을 막기 위해 처음 선택했던 최적의 대안을 유지해야 한다.

> 💡 자기관리능력 / 합리적인 의사결정 과정 파악하기

의사결정을 하고 난 뒤에는 그 결과를 평가하고 피드백하여 다시 첫 단계로 돌아가야 한다. 의사결정은 한 번으로 끝나는 것이 아니라 끊임없이 평가하고 피드백하여 최적의 방안을 찾아가는 과정이다.

합리적인 의사결정 과정
문제의 근원 파악 → 의사결정 기준과 가중치 결정 → 정보 수집 → 대안 탐색 → 대안의 분석 및 평가 → 최적안 선택 → 피드백

정답 ⑤

하위능력 3 • 경력개발능력

① 경력개발능력이란?

자신의 진로에 대하여 단계적 목표를 설정하고 목표달성에 필요한 역량을 개발해 나가는 능력이다.

② 경력개발의 구성 요소

- 경력계획 : 자신과 상황을 인식하고 분석하여 경력 관련 목표를 설정하는 과정
- 경력관리 : 경력계획을 준비하고 실행하며 피드백하는 활동

③ 경력개발능력의 필요성

환경 변화	▶	지식정보의 빠른 변화, 인력난 심화, 삶의 질 추구, 중견사원 이직 증가 등
조직의 요구	▶	조직의 경영전략 변화, 승진적체, 직무환경 변화, 능력주의 문화 등
개인의 요구	▶	발달단계에 따른 가치관 및 신념 변화, 전문성 축적 및 성장 요구 증가, 개인의 고용시장 가치 증대 등

④ 경력의 단계

직업 선택 ▶ 조직 입사 ▶ 경력 초기 ▶ 경력 중기 ▶ 경력 말기

- 직업 선택 : 자신에게 적합한 직업을 탐색·선택하고 이에 필요한 능력을 키우는 과정으로, 사람에 따라서 일생 동안 여러 번 일어날 수 있다.
- 조직 입사 : 자신이 처한 환경과 특성을 고려해 직무를 선택하는 과정
- 경력 초기 : 조직에 입사하여 직무와 조직의 규칙 및 규범에 대해 배우는 과정
- 경력 중기 : 자신이 그동안 성취한 것을 재평가하고, 생산성을 그대로 유지하는 과정
- 경력 말기 : 조직의 생산적인 기여자로 남고 자신의 가치를 유지하기 위해 노력하며, 퇴직을 고려하는 과정

5 경력개발 단계

경력개발은 경력을 탐색하고 자신에게 적합한 경력목표를 설정하며, 이에 따른 전략을 수립하여 실행하고 평가하여 관리하는 단계로 이루어진다.

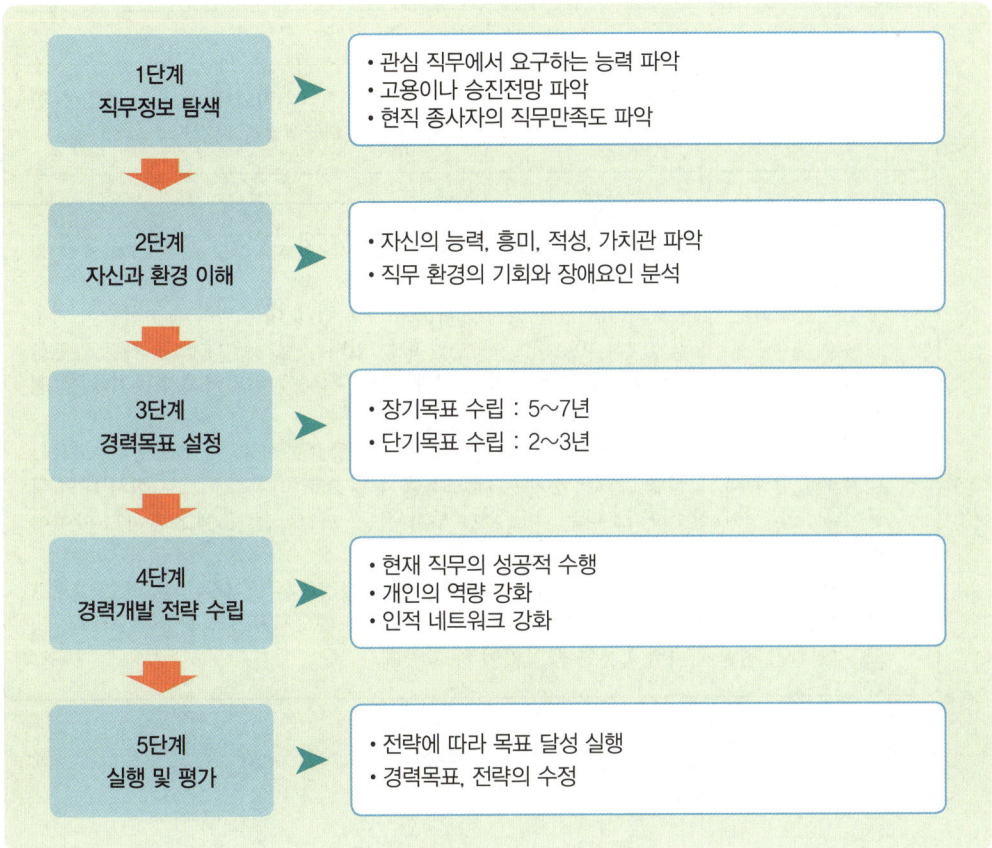

6 독립근로자와 같은 새로운 노동형태의 등장 NEW

- 프리랜서, 계약근로자, 자유근로자, 포트폴리오 근로자와 같은 독립근로 형태 등 노동방식이 변화하고 있다.
- 정보기술의 발달로 원격근무 등 근무환경이 유연해지고 있다.
- AI, IoT, 빅데이터, 가상현실과 증강현실, 블록체인 등의 4차 산업분야가 성장하면서 점차 인간의 노동력은 기계로 대체되어 일자리가 줄어들고 독립근로자들이 증가할 것이다.
- 퇴직연한이 짧아지고 있으므로 조직 안에서 나올 수밖에 없는 이들은 전문성을 갖추기 위하여 특정 조직 안에 고용된 사람들과는 다른 방식으로 경력개발 준비를 해야 한다.

3 ● 경력개발능력 >> 바로확인문제

01 아래의 〈정의〉에 입각하여 경력개발을 하는 방법으로 적절하지 않은 것을 고르면?

> 〈정의〉
> 경력개발은 개인이 경력목표와 전략을 수립하고 실행하며 피드백하는 과정으로, 개인은 한 조직의 구성원으로서 조직과 함께 상호작용하며 자신의 경력을 개발해 나간다.

> ㉠ 나는 지난달부터 체력관리를 위해 운동을 하고 있다. 또한, 자동차 동호회 활동을 통해 취미활동도 게을리하지 않고 있다.
> ㉡ 영업직에 필요한 것은 사교성일 수도 있지만, 무엇보다 사람에 대한 믿음과 성실함이 기본이라고 생각한다. 영업팀에서 10년째 근무 중인 나는 인맥을 쌓기 위해 오랜 기간 인연을 지속한 사람들을 놓치지 않으려고 노력하고 있다. 또한, 시대에 뒤떨어지지 않기 위해 최신 IT 기기 및 기술을 습득하고 있다.
> ㉢ 직장 생활은 중요하지만, 그에 못지않게 개인적인 삶도 풍요롭게 할 필요가 있다. 회사는 내가 필요한 것과 내 삶을 윤택하게 하는 데 도움을 주는 요소이다. 그러므로 회사 내의 활동이나 모임 등에 집중하기보다는 나를 위한 투자(운동, 개인학습 등)에 소홀하지 않아야 한다.
> ㉣ 전략기획팀에서 근무 중인 나는 회사의 나아갈 방향을 설정하는 업무를 주로 하고 있으므로, 시대의 흐름을 놓쳐서는 안 된다. 나는 이러한 감각을 향상시키기 위해 전문 서적을 읽고, 경영환경 변화에 대한 공부를 끊임없이 하고 있다.

① ㉠, ㉡ ② ㉠, ㉢ ③ ㉡, ㉢
④ ㉡, ㉣ ⑤ ㉢, ㉣

 경력개발능력 / 경력개발의 방법 이해하기

㉠ 자기관리를 자신의 취향 중심으로 잘 하고 있는 것으로 보이지만, 경력개발이라는 측면에서 본다면 목표가 불분명하다.
㉢ 개인은 한 조직의 구성원으로서 조직과 상호작용해야 한다는 〈정의〉에 입각하여 경력개발을 하는 방법과 거리가 멀다.

정답 ②

02 경력개발이 필요한 이유 중 개인요구에 해당하는 것으로 적절한 것은?

① 삶의 질 추구
② 직무환경 변화
③ 경영전략 변화
④ 지식정보의 빠른 변화
⑤ 전문성 축적 및 성장 요구 증가

경력개발능력 / 경력개발의 필요성 이해하기

경력개발이 필요한 이유 중 개인요구에 해당하는 것으로는 발달 단계에 따른 가치관·신념 변화, 전문성 축적 및 성장 요구 증가, 개인의 고용시장 가치 증대 등이 있다.
① · ④ 환경변화에 해당하는 것이다.
② · ③ 조직요구에 해당하는 것이다.

정답 ⑤

03 다음 중 경력개발 계획 과정을 바르게 나열한 것은?

㉠ 경력 목표 설정 ㉡ 실행 및 평가 ㉢ 자신과 환경 이해
㉣ 직무정보 탐색 ㉤ 경력 개발 전략 수립

① ㉠-㉢-㉣-㉤-㉡
② ㉢-㉠-㉤-㉣-㉡
③ ㉢-㉣-㉠-㉤-㉡
④ ㉣-㉢-㉠-㉤-㉡
⑤ ㉣-㉤-㉠-㉢-㉡

경력개발능력 / 경력개발 계획 과정 이해하기

경력개발 계획은 '직무정보 탐색 – 자신과 환경 이해 – 경력 목표 설정 – 경력 개발 전략 수립 – 실행 및 평가'의 과정으로 이루어진다. 따라서 정답은 ④이다.

정답 ④

04 Chapter FOCUS 하위능력 공략

하위능력 1 ● 자아인식능력

출제 포인트

직업인으로서 요구되는 자아인식의 필요성, 자아인식의 방법 등에 대한 문제가 출제된다. 특히 성찰을 통해 내면적 자아를 확장하는 것, 올바른 자아인식의 효과, 일과 관련한 자신의 특징을 파악하는 방법 등의 내용이 중요하므로, 꼼꼼하게 학습해두도록 한다.

대표 유형 문제

01 다음 중 성찰에 대한 내용으로 올바른 것을 모두 고르면?

> (가) 성찰을 하면 현재의 부족한 부분을 알 수 있다.
> (나) 성찰을 하더라도 한 번 한 실수는 반복적으로 하게 되므로, 처음에 실수를 하지 않는 것이 중요하다.
> (다) 성찰로 신뢰감을 형성할 수 있다.
> (라) 성찰은 지속적으로 연습해야 몸에 익혀진다.

① (가), (나)
② (나), (라)
③ (가), (다), (라)
④ (나), (다), (라)
⑤ (가), (나), (다), (라)

자아인식능력 / 성찰에 대해 이해하기

성찰을 하는 이유는 일에 필요한 노하우를 축적하고 지속적인 성장의 기회를 제공함으로써, 신뢰감의 기반을 형성하고 창의적인 사고력을 개발할 수 있기 때문이다. 사람은 누구나 실수를 하기 때문에 그 실수를 반복하지 않기 위한 성찰과 훈련은 직업인에게 무엇보다 필요한 덕목이라 할 수 있다.

따라서 (나)는 적절하지 않고, 올바른 내용을 모두 고르면 (가), (다), (라)이다.

정답 ③

02 밑줄 친 이것은 크게 두 가지로 구분할 수 있다. 다음 중 이것에 대한 구분이 나머지와 다른 것을 고르면?

> 이것은 자기 자신, 나를 일컫는 말이다. 또한 스스로 자신의 존재를 인식하고, 타인과 자기 외부에 대해서 판단하고 행동하는 독립체라고 할 수 있다. 이것을 구성하는 요소는 학자마다 다르게 분류하고 있는데, 이는 이것이 환경이나 교육에 따라 변화하기도 하며, 여러 차원의 복잡한 구조를 가지고 있기 때문이다. 대표적으로 자신의 내면과 외면으로 나누어 구분해 볼 수 있다.

① 적성　　　　② 흥미　　　　③ 성격
④ 나이　　　　⑤ 가치관

 자아인식능력 / 자아 구분하기

자아에 대한 설명이다. 자아는 크게 내면적 자아와 외면적 자아로 구분할 수 있는데 적성, 흥미, 성격, 가치관은 내면적 자아이고, 나이는 외면적 자아이므로 구분이 다른 것은 '나이'이다.

정답 ④

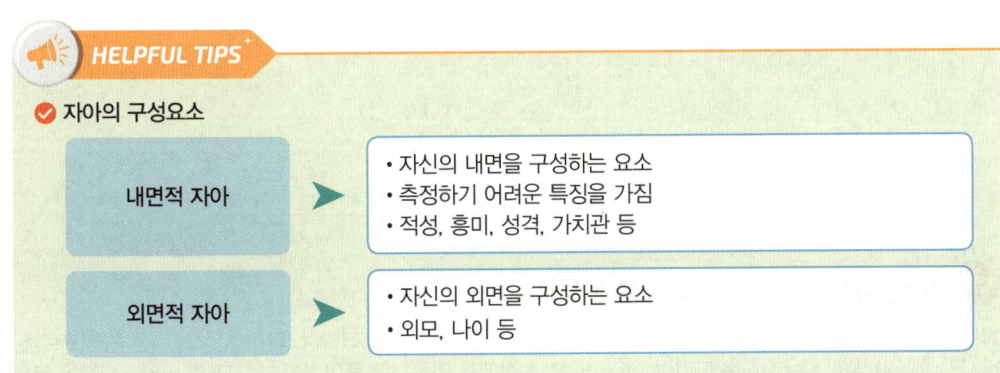

하위능력 2 ● 자기관리능력

출제 포인트

자기관리능력의 의미, 자신의 내면을 관리하는 법, 업무수행 성과를 높이는 방법, 합리적인 의사결정 과정 등이 출제된다. 특히 업무수행 성과 향상을 위한 행동전략은 직무상황과 연계되어 출제되기도 하므로 관련 내용을 학습해둘 필요가 있다.

대표 유형 문제

01 다음 중 업무수행 성과를 높이기 위한 방법으로 적절하지 않은 것을 모두 고르면?

> (가) 일을 미루지 않고 가장 중요한 일을 먼저 처리한다.
> (나) 비슷한 업무는 함께 묶어서 처리한다.
> (다) 회사와 팀의 업무 지침을 참고하기보다는 성과를 위해 자신의 주관대로 수행한다.
> (라) 직장에서 일을 잘한다고 평가받는 사람을 찾아서 롤 모델로 설정한다.
> (마) 다른 사람과 다른 방식으로 일한다.

① (가), (나)
② (다), (라)
③ (다)
④ (라)
⑤ (마)

 자기관리능력 / 업무수행 성과 향상 방법 파악하기

업무수행 성과를 높이기 위해서는 일을 미루지 않고, 업무를 묶어서 처리하며, 다른 사람과 다른 방식으로 일하지만 회사와 팀의 업무지침은 따라야 한다. 또한, 직장에서 업무능력 등이 뛰어나다고 평가받는 사람을 본보기로 삼아 역할모델을 설정하는 것도 업무수행 성과를 높일 수 있는 방법이다. 따라서 회사와 팀의 업무 지침을 따르지 않고 주관대로 수행하는 (다)는 적절하지 않다.

정답 ③

 HELPFUL TIPS⁺

✅ **인내심과 긍정적인 마음 키우기**
인내심을 키우기 위해서는 자신의 목표를 분명히 하고 다른 관점에서 상황을 분석하도록 노력하며, 긍정적인 마음을 갖기 위해서는 자기 자신을 긍정하고 어려움 속에서도 성장할 수 있다는 가능성을 믿어야 한다.

02 다음 자기관리 과정에서 각 단계에 대한 설명이 적절하지 않은 것은?

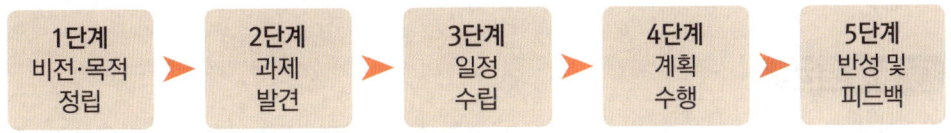

① 1단계 : 자신에게 중요한 것을 파악하여 삶의 목적을 정립하고 미래 지향적인 방향성을 갖게 된다.
② 2단계 : 수행해야 할 역할과 적합한 활동목표를 설정하여 장기적인 목표를 최우선으로 과제를 선정한다.
③ 3단계 : 과제 중 긴급한 것부터 우선적으로 일정을 수립하되 일정은 월간, 주간, 일일계획 순으로 상세하게 수립한다.
④ 4단계 : 수행과 관련된 요소를 분석하고 수행방법을 모색하며 일정대로 계획을 실행한다.
⑤ 5단계 : 수행 결과를 피드백하여 성과와 문제를 분석하고 다음 수행에 반영하도록 한다.

 자기관리능력 / 자기관리 과정 이해하기

2단계 과제발견에서는 수행해야 할 역할과 적합한 목표를 설정한다. 과제를 선정할 때에는 설정 목표를 염두에 두되 우선순위에 따라서 선정하도록 한다.

정답 ②

03 윤 대리는 동료인 박 대리가 요청한 업무 협조 건에 대해 고민하고 있다. 먼저 처리해야 할 업무로 한창 바쁘기 때문이다. 윤 대리가 박 대리에게 거절의 의사표현을 할 때 참고해야 할 사항으로 적절하지 않은 것은?

① 상대방을 배려하는 마음을 보이되 이유를 확실하게 밝히고 거절한다.
② 상대방의 요청을 들을 때에는 적극적으로 경청하도록 한다.
③ 거절에 대한 의사결정은 빠를수록 좋으며 가능하면 대안도 제시한다.
④ 모호한 표현으로 수락의 여지를 주면 안 되므로 냉정하고 단호하게 거절한다.

 자기관리능력 / 거절의 의사 표현하기

거절할 때에는 먼저 사과를 한 다음 응할 수 없는 이유를 설명한다. 불가능하다고 판단될 때에는 모호한 태도보다는 단호하게 거절하는 것이 좋지만, 정색하거나 냉정하게 말을 하면 상대방이 좋지 않은 감정을 갖게 되므로 온화한 표현으로 설명하도록 한다.

정답 ④

하위능력 3 • 경력개발능력

출제 포인트

경력개발의 의미와 중요성, 경력개발이 필요한 이유, 경력 단계 이해하고 적용하기, 경력개발 계획 수립 등에 대한 내용이 출제된다. 특히 자신의 현재 경력 단계를 올바로 인식하고, 발전의 동력이 될 수 있도록 경력개발의 계획을 수립하는 것은 자기개발능력 향상을 위해 필수적으로 알아두어야 하는 사항이다.

대표 유형 문제

01 다음 중 '경력 초기'에 대한 설명으로 적절한 것을 고르면?

① 조직에 입사하여 직무와 조직의 규칙 및 규범에 대해 배우는 과정이다.
② 조직의 생산적인 기여자로서 자신의 가치를 유지하며 퇴직을 고려하는 과정이다.
③ 자신이 그동안 성취한 활동을 재점검하여 평가하고 생산성을 유지하는 과정이다.
④ 자신에게 적합한 직업을 탐색하여 선택하고 이에 필요한 능력을 키우는 과정이다.
⑤ 자신이 선택한 경력 분야에서 원하는 조직의 직무를 선택하는 과정이다.

경력개발능력 / 경력 단계 이해하기

경력 초기는 조직에 입사하여 직무와 조직의 규칙 및 규범에 대해 배우는 과정이다. ②는 경력 말기, ③은 경력 중기, ④는 직업 선택, ⑤는 조직 입사에 대한 설명이다.

정답 ①

02 다음 중 경력개발 단계에서 '4단계 경력개발 전략수립'과 관련 있는 사항이 아닌 것은?

① 교육 프로그램, 워크숍 등에 참가하고 상급학교 진학 등을 통하여 개인의 역량을 향상시킨다.
② 타인과 상호작용할 수 있는 기회를 통해 인적 네트워크를 강화하는 데 힘쓴다.
③ 직장에서 경력개발을 실행하고 현재 직무를 성공적으로 수행한다.
④ 현직 종사자의 직무만족도를 파악하고 고용이나 승진 등의 전망도 함께 파악한다.

경력개발능력 / 경력개발 계획 수립하기

현직 종사자의 직무만족도를 파악하고, 고용 또는 승진 등의 전망을 파악해 보는 것은 1단계 직무정보 탐색 단계에 해당되는 내용이다.
4단계 경력개발 전략 수립에서는 ① 개인의 역량을 향상시키고, ② 인적 네크워크를 강화하는 데 힘쓰며, ③ 현재 직무를 성공적으로 수행할 수 있는 전략을 수립하는 것이 적절하다.

정답 ④

HELPFUL TIPS

✅ 경력개발 단계

1단계 직무정보 탐색
- 관심 직무에서 요구하는 능력 파악
- 고용이나 승진전망 파악
- 현직 종사자의 직무만족도 파악

2단계 자신과 환경 이해
- 자신의 능력, 흥미, 적성, 가치관 파악
- 직무 환경의 기회와 장애요인 분석

3단계 경력목표 설정
- 장기목표 수립 : 5~7년
- 단기목표 수립 : 2~3년

4단계 경력개발 전략수립
- 현재 직무의 성공적 수행
- 개인의 역량 강화
- 인적 네트워크 강화

5단계 실행 및 평가
- 전략에 따라 목표 달성 실행
- 경력목표, 전략의 수정

04 Chapter CHECK 주요 기출유형 익히기

01 다음 제시된 자아의 4가지 유형에 근거할 때 각 자아에 대한 설명 중 옳지 않은 것은?

`2020 서울교통공사`

	내가 아는 나	내가 모르는 나
타인이 아는 나	공개된 자아 (Open Self)	눈먼 자아 (Blind Self)
타인이 모르는 나	숨겨진 자아 (Hidden Self)	아무도 모르는 자아 (Unknown Self)

① 공개된 자아 – 표준화된 검사 도구를 통해서만 알 수 있는 자신의 적성
② 숨겨진 자아 – 다른 사람에게 들키고 싶지 않은 약점, 비밀 혹은 욕망
③ 눈먼 자아 – 자신이 앞으로 발전시켜야 할 능력 또는 고쳐야 할 습관
④ 눈먼 자아 – 같은 부서 동료의 피드백을 통해 알 수 있는 자신의 모습
⑤ 아무도 모르는 자아 – 스스로가 미처 깨닫지 못했던 잠재력이나 가능성

 자아인식능력 / 조해리의 창 이해하기

표준화된 검사로 알 수 있는 개인의 적성, 능력 또는 흥미는 제시된 자아 유형 중 '아무도 모르는 자아'에 해당한다. 검사를 통해 자기 자신과 다른 사람이 모르는 자아의 내면적 특징을 알 수 있기 때문이다.
조해리의 창(Johari's Window)
심리학자 조셉(Joseph Luft)과 해리(Harry Ingham)가 고안해낸 것으로 자신과 다른 사람의 두 가지 관점을 통해 네 유형으로 구분된 자아를 파악하는 자기인식 또는 자기이해 모형이다.
1. 공개된 자아 : 자기 자신과 다른 사람이 공통으로 알고 있는 나
2. 숨겨진 자아 : 자기 자신만 알고 있고 다른 사람은 모르는 나
3. 눈먼 자아 : 자기 자신은 모르지만 다른 사람이 알고 있는 나
4. 아무도 모르는 자아 : 자기 자신과 다른 사람 모두가 모르는 나

정답 ①

02 다음 제시된 경력개발의 필요성 중 그 이유가 다른 것은? `2020 서울교통공사`

① 이직 증가　　　　　　　② 인력난 심화
③ 삶의 질 지향　　　　　　④ 정보의 빠른 변화
⑤ 개인의 고용시장 가치 증대

경력개발능력 / 경력개발의 필요성 구분하기

경력개발의 필요성 중 '이직 증가', '인력난 심화', '삶의 질 지향'및 '정보의 빠른 변화'는 환경변화에 따른 요구인 반면 '개인의 고용시장 가치 증대'는 개인요구이다.
자기개발능력 : 자기개발능력은 자아인식능력, 자기관리능력, 경력개발능력으로 구성된다. 이 중 경력개발능력은 스스로의 경력목표와 전략을 수립하고 실행하며 피드백할 수 있는 능력이다. 경력은 일생에 걸쳐서 지속되는 일과 관련된 경험이므로 조직 구성원은 평생직업 시대를 맞이하여 경력개발을 위해 노력해야 한다.

정답 ⑤

03 다음 제시된 경력개발의 필요성 중 환경변화에 따른 필요성으로만 이루어진 것은? `2020 서울교통공사`

㈀ 가치관·신념 변화	㈁ 개인의 고용시장 가치 증가	㈂ 경영전략 변화
㈃ 능력주의 문화	㈄ 삶의 질 지향	㈅ 성장욕구 증가
㈆ 승진정체 심화	㈇ 이직 증가	㈈ 인력난 심화
㈉ 전문성 제고	㈊ 정보의 빠른 변화	㈋ 직무환경 변화

① ㈀, ㈊, ㈋　　　　　　② ㈁, ㈇, ㈋
③ ㈄, ㈇, ㈊　　　　　　④ ㈅, ㈆, ㈉
⑤ ㈈, ㈊, ㈋

경력개발능력 / 경력개발의 필요성 파악하기

- 환경변화 : ㈄ 삶의 질 지향, ㈇ 이직 증가, ㈈ 인력난 심화, ㈊ 정보의 빠른 변화
- 조직요구 : ㈂ 경영전략 변화, ㈆ 승진정체 심화, ㈃ 능력주의 문화, ㈋ 직무환경 변화
- 개인요구 : ㈀ 가치관·신념 변화, ㈁ 개인의 고용시장 가치 증가, ㈅ 성장욕구 증가, ㈉ 전문성 제고

정답 ③

04 Chapter FINISH
기출·예상문제 마무리

정답과 해설 024p

01 다음 중 자기개발을 설계하기 위해 고려해야 할 사항으로 옳지 않은 것은?

① 구체적인 방법으로 계획한다.
② 인간관계를 고려하여 설계한다.
③ 현재 맡고 있는 직무를 고려하여 설계한다.
④ 장기적인 목표를 세울 때는 자신의 적성, 흥미, 가치 등을 고려한다.
⑤ 단기적인 목표를 세우기보다는 장기적인 목표를 세우는 것에 중점을 둔다.

02 다음에 해당하는 자기개발의 구성요소를 고르면?

- 나의 업무에서 생산성을 높이기 위해서는 어떻게 해야 할까?
- 다른 사람과의 대인관계를 향상시키기 위한 방법은 무엇일까?
- 나의 장점을 살리기 위해 어떤 비전과 목표를 수립해야 할까?

① 자기반성   ② 자아인식   ③ 자기비판
④ 자기관리   ⑤ 경력개발

03 다음 중 자기개발의 특징으로 옳지 않은 것은?

① 자기개발은 개별적인 과정으로, 지향하는 바와 선호하는 방법 등은 사람마다 다르다.
② 자기개발은 일과 관련하여 개발할 수 있으며, 생활 속에서 이루어지는 활동이다.
③ 자기개발은 일시적인 과정으로 단기간에 실행하는 것이 효과적이다.
④ 자기개발의 주체는 타인이 아닌 자기 자신이다.
⑤ 자기개발은 모든 사람이 해야 하는 것이다.

04 다음에서 설명하는 경력개발 단계를 고르면?

> 이 단계는 그동안 성취한 것들을 점검·재평가하고, 생산성 유지에 힘쓰는 단계이다. 이 시기는 경력정체기에 해당하며, 새로운 환경 변화에 직면하여 생산성 유지에 어려움을 겪기도 한다.

① 직업 선택 ② 조직 입사
③ 경력 초기 ④ 경력 중기
⑤ 경력 말기

05 업무수행 시트작성 체크리스트(Checklist)에 대한 설명으로 옳지 않은 것은?

① 업무를 효율적으로 처리할 수 있다.
② 시간의 흐름을 표현하는 데는 한계가 있다.
③ 업무를 세부적인 활동들로 나누어 사용한다.
④ 각 활동별로 기대되는 수행수준을 달성했는지 확인한다.
⑤ 각 단계를 효과적으로 수행했는지 상사가 점검해볼 수 있는 도구이다.

06 D 사원은 자기관리 계획을 수립하기로 하였다. 다음 중 D 사원이 세워야 할 자기관리 계획 단계를 순서대로 바르게 나열한 것은?

> ㉠ 비전 및 목적 정립   ㉡ 수행   ㉢ 일정 수립
> ㉣ 과제 발견   ㉤ 반성 및 피드백

① ㉠ → ㉢ → ㉡ → ㉣ → ㉤
② ㉠ → ㉣ → ㉢ → ㉡ → ㉤
③ ㉢ → ㉠ → ㉣ → ㉡ → ㉤
④ ㉢ → ㉣ → ㉠ → ㉡ → ㉤
⑤ ㉣ → ㉠ → ㉢ → ㉡ → ㉤

07 인사팀 G 부장은 신입사원들에게 자기개발을 해야 하는 이유에 대하여 이야기하려고 한다. 다음 중 G 부장이 해야 할 말로 적절하지 않은 것은?

① 변화하는 환경에 적응하기 위해서는 자기개발이 필요해요.
② 자기개발을 하면 자신감이 상승하고 삶의 질이 향상될 수 있어요.
③ 자기개발은 자신이 달성하고자 하는 목표를 설정하여 성취하는 데 큰 도움을 줄 수 있어요.
④ 자기개발을 통해 기존 자신의 장점을 유지하면서, 한 분야에서 오랫동안 안정적으로 업무를 수행할 수 있어요.
⑤ 직장생활에서의 자기개발은 효율적인 업무처리를 통해서 업무의 성과를 향상시키는 데 도움이 돼요.

08 경력개발이 필요한 이유 중 환경변화의 요구에 해당하지 않는 것은?

① 인력난의 심화
② 지식정보의 빠른 변화
③ 전문성 축적 및 성장 요구 증가
④ 중견사원의 이직 증가
⑤ 삶의 질 추구

09 다음은 ○○회사 교육팀에서 근무하는 P 사원이 자신의 사원평가 결과에 대해 이야기하는 내용이다. P 사원에게 자기개발과 관련하여 조언하려 할 때, 가장 적절한 말을 고르면?

> "이번에 회사에서 사원평가를 했는데, 나보고 자기개발능력이 부족하다고 하네. 6시에 퇴근해서 집에 도착하면 8시고, 씻고, 저녁 먹고, 잠깐 쉬면 금방 10시야. 방 정리하고 설거지하면 어느새 11시가 되는데, 어느 틈에 자기개발을 하라는 건지. 이해도 잘 안 되고, 답답하기만 해."

① 업무능력 향상을 위해 컴퓨터를 배워보는 건 어때?
② 혹시 모르니까 토익 공부라도 하는 건 어떨까?
③ 힘든 것도 있겠지만, 앞으로 하고 싶은 목표 같은 것을 세워서 진행하면 좀 나아지지 않을까?
④ 회사에서 제공하는 교육과정을 들어야 회사 생활에 도움이 될 거야.
⑤ 요즘에는 평생직장이 없기는 하지. 이왕이면 집에서 가까운 회사를 알아보는 것도 방법인 것 같아.

10 ○○패션 기획홍보부에 근무하는 W 대리는 자신이 해야 할 일들을 다음과 같이 메모하였다. W 대리는 차질 없이 일을 진행하기 위해 아래의 표에 업무를 나누어 적어보려고 할 때 다음 중 2순위에 해당하는 것을 고르면?

W 대리가 해야 할 일(1월 1일 기준)

- 신입사원 기본교육 및 업무 인수인계 진행(다음 주까지)
- 3월 1일에 시작하는 중요 봄맞이 프로모션 준비 : 할인 품목 및 할인율 재점검, 프로모션 전략자료 준비(2월 15일까지)
- 경쟁업체 신규 매장 오픈(4월 1일)으로 인한 경영전략 수립(3월 중 유통부와 협업하여 진행)
- 영어학원 수강 신청

	중요한 것	
긴급하지 않은 것	2순위 계획하고 준비해야 할 문제	1순위 제일 먼저 해결해야 할 긴급하고 중요한 문제
	4순위 상대적으로 하찮은 일	3순위 신속히 해결해야 할 문제
	중요하지 않은 것	**긴급한 것**

① 영어학원 수강 신청
② 봄맞이 프로모션 전략자료 준비
③ 신입사원 기본교육 및 업무 인수인계
④ 봄맞이 프로모션 할인 품목 및 할인율 재점검
⑤ 경쟁업체 신규 매장 오픈 관련 경영전략 수립

11 ○○회사 외식사업부 상품개발팀에 근무하는 B 사원은 자기 자신만이 가지고 있는 능력을 팀원들에게 홍보하고자 한다. 이때, B 사원이 자신을 홍보하기 위해 활용할 수 있는 전략으로 적절하지 않은 것은?

① 기존의 전형적인 명함이 아닌, 자신만의 명함을 만든다.
② 자신이 개발한 메뉴를 정리하여 포트폴리오를 제작한다.
③ 미식 연구 동호회 등에 가입하여 인적 네트워크를 형성한다.
④ 자신이 개발한 메뉴가 곧 자신을 홍보하는 것이므로 메뉴개발에만 몰두한다.
⑤ 개인 블로그를 만들어 실무적인 지식과 업무 경험에 대한 자료를 꾸준히 게시한다.

12 직장생활에서 자기개발이 필요한 이유로 적절하지 않은 것은?

① 긍정적인 인간관계를 형성하기 위하여
② 변화하는 직장 환경에 신속하게 적응하기 위하여
③ 직장에서 자신의 업무를 효과적으로 처리하기 위하여
④ 직장에서 달성하고자 하는 목표를 원활하게 성취하기 위하여
⑤ 직장생활에 도움이 되는 인간관계를 선별하기 위하여

13 다음 중 자기개발의 특징을 바르게 설명한 것은?

① 자기개발은 특정한 사건이나 요구가 있을 때 일시적으로 이루어지는 과정이다.
② 자기개발은 모든 사람에게 요구되는 것은 아니다.
③ 자기개발의 주체는 자기 자신이 아니라 타인이다. 타인의 객관적인 관점에서 자신을 분석하고 성장시켜야 한다.
④ 자기개발은 개별적인 과정이다. 사람마다 자신에게 적합한 목표를 설정하고 자기개발의 전략이나 방법을 다르게 선정해야 한다.
⑤ 자기개발을 할 때, 자신의 일이나 생활과 너무 밀접하게 연관 짓지 않아야 한다.

14 ○○회사에 근무하는 K 부장은 면담을 통해 직원들이 어떻게 자기개발을 하고 있는지 알아보았다. 다음 중 자기개발 방법이 적절하지 않은 사람을 고르면?

① A 사원은 국제화 시대에 발맞추기 위해 외국어 능력을 향상시키고 있다.
② B 사원은 자신의 영업노하우를 향상시키기 위해 도움이 될 수 있는 강연, 특강 등을 수시로 찾아서 본다.
③ C 사원은 자신이 목표하는 것을 달성하기 위해 회사 동료들과의 사적인 인간관계를 멀리하고 혼자만의 공부 시간을 갖고 있다.
④ D 사원은 주어진 자신의 업무를 수행하면서, 자신의 업무에 있어서 성패 요인을 분석하기 위해 자료를 데이터화 하고 있다.
⑤ E 사원은 빠르게 변화하는 회사정책에 뒤처지지 않기 위해 수시로 회사와 관련된 자료를 수집하고 정보를 확보하여 업무에 활용하고 있다.

15 ○○회사 H 사장은 자기 역량 강화 프로그램을 운영하기 위해 직원들에게 자기개발 계획서를 작성하게 하였다. 다음 중 자기개발 계획서 작성이 적절하지 않은 사람은?

① A 사원은 효율적인 자기개발을 위해 명확하고 구체적으로 자기개발 계획서를 작성하였다.
② B 사원은 급변하는 조직 및 사회 환경에 빠르게 적응할 수 있도록 1년 이내의 기간을 설정하여 자기개발 계획을 수립하였다.
③ C 사원은 자신에게 요구되는 역량과 직장동료들과의 관계에서 요구되는 항목으로 구분하여 자기개발 계획서를 작성하였다.
④ D 사원은 자신이 담당하고 있는 업무와 관련하여 필요한 역량이 무엇인지 분석하여 역량 강화를 위한 실천계획을 수립하였다.
⑤ E 사원은 장·단기 목표를 수립한 후 자기 역량 강화를 위한 실천력을 높이기 위해 자기개발 계획을 생활계획표 형태로 구체적으로 작성하였다.

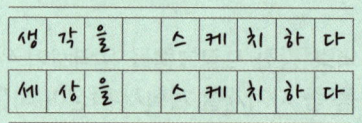

Chapter 05
자원관리능력

자원관리능력은 업무 수행 시 필요한 시간·자본·재료·시설·인력 등의 자원 가운데 무엇이 얼마나 필요한지를 확인하고, 실제 업무에 어떻게 수집하여 활용할 것인지를 계획하고 수행하는 능력이다.

자원관리능력은 직무 수행에 필요한 시간을 효율적으로 관리하는 **시간관리능력**, 직무 수행에 필요한 예산을 파악하고 실제 사용할 수 있는 예산을 확보하여 효율적으로 집행하는 **예산관리능력**, 물품 관리 등 물적자원을 효율적으로 관리하는 **물적자원관리능력**, 근로자의 기술·능력·업무 등의 인적자원을 파악하고 효율적으로 배치하여 관리하는 **인적자원관리능력** 등으로 구분된다.

05 Chapter START
NCS 모듈 학습

개념정리 • 자원관리능력

① 자원의 의미와 종류

기업 활동을 위해 사용되는 기업 내의 모든 시간, 예산, 물적, 인적 자원을 의미한다. 과거에는 제품 생산에 이용되는 원료로서의 물적 자원이 가장 중요한 자원으로 인식되었으나, 최근 무한 경쟁의 시대에서는 시간이나 예산이 중요한 자원으로 인식되고 있다. 또한 역량 있는 인적 자원을 보유했는지 여부가 기업의 경쟁력을 가늠하는 지표가 되고 있다.

② 자원관리의 중요성

자원의 유한성으로 인해 한정된 자원을 효과적으로 확보, 유지, 활용하는 것이 매우 중요하다. 따라서 자원관리능력의 하위능력인 시간관리능력, 물적자원관리능력, 인적자원관리능력은 모든 사람에게 있어 매우 중요한 능력이라고 할 수 있다.

③ 자원낭비의 요인

- 비계획적 행동
  계획 없이 충동적이고 즉흥적으로 행동하기 때문에 자신이 활용할 수 있는 자원들을 낭비하게 되는 경우

- 편리성 추구
  자원을 활용하는 데 자신의 편리함을 최우선적으로 추구하기 때문에 나타나는 경우

- 자원에 대한 인식 부재
  자신이 가지고 있는 중요한 자원을 인식하지 못하는 경우

- 노하우 부족
  자원관리에 대한 경험이나 노하우가 부족하여 자원관리의 중요성을 인식하면서도 효과적인 방법을 활용할 줄 모르는 경우

4. 효과적인 자원관리 과정

- **필요한 자원의 종류 및 양 확인하기**

  자원의 종류는 크게 시간, 예산, 물적자원, 인적자원으로 나뉘지만 실제 업무 수행에서는 이보다 더 구체적으로 나눌 필요가 있다. 구체적으로 어떤 활동을 할 것이며, 이 활동에는 어느 정도의 시간, 돈, 물적·인적자원이 필요한지를 파악한다.

- **이용 가능한 자원 수집하기**

  자원을 수집할 때 가능하면 필요한 양보다 좀 더 여유 있게 확보할 필요가 있다. 실제 준비나 활동을 하는 데 있어서 계획과 차이를 보이는 경우가 빈번하기 때문에 여유 있게 확보하는 것이 안전하다.

- **자원 활용 계획 세우기**

  이 단계에서는 업무나 활동의 우선순위를 고려하는 것이 중요하다. 만약 확보한 자원이 실제 활동 추진에 비해 부족할 경우 우선순위가 높은 것에 중심을 두고 계획하는 것이 바람직하다.

- **계획대로 수행하기**

  계획에 얽매일 필요는 없지만 최대한 계획대로 수행하는 것이 바람직하다. 불가피하게 수정해야 하는 경우에는 전체 계획에 미칠 수 있는 영향을 고려해야 한다.

하위능력1 • 시간관리능력

1 시간관리능력이란?

시간 자원이 얼마나 필요한지를 확인하고 이용 가능한 시간 자원을 최대한 수집하여 실제 업무에 어떻게 활용할 것인지를 계획하고 할당하는 능력이다.

2 시간관리의 중요성

현대사회에서 기업은 일을 수행하는 데 소요되는 시간을 줄이기 위해 많은 노력을 기울이고 있다. 기업의 입장에서 작업 소요 시간이 단축되면 위험감소, 생산성 향상, 시장점유율 증가, 가격인상과 같은 긍정적인 효과를 볼 수 있다.

3 시간관리의 효과

시간관리를 해야 하는 진정한 이유는 시간의 통제가 아니라 시간을 효율적으로 관리함으로써 삶의 여러 가지 문제를 개선하는 데 있다. 그중 스트레스 감소, 균형적인 삶, 생산성 향상, 목표 성취가 대표적인 예이다.

4 시간관리에 대한 오해

시간을 낭비하게 되는 이유로 시간관리에 대한 오해를 꼽을 수 있다. 가장 흔히 오해하는 것은 결과의 질과 마감 기한 간의 우선순위에 있어 결과의 질이 마감 기한에 우선한다는 생각이다. 하지만 어떤 일이든 기한을 넘기는 것은 인정받기 어려우므로 결과의 질보다 마감 기한을 지키는 것이 중요하다는 사실을 잊어서는 안 된다. 이 밖에도 시간관리에 대한 오해를 살펴보면 다음과 같다.

- 시간관리는 상식에 불과하다.
- 시간에 쫓기면 일을 더 잘한다.
- 시간관리는 할 일에 대한 목록만으로 충분하다.
- 창의적인 일을 하는 사람에게는 시간관리가 맞지 않는다.

⑤ 시간의 낭비요인

외적 요인	▶	동료, 가족, 고객, 문서, 교통 혼잡 등 본인이 조절할 수 없는 외부인이나 외부에서 발생하는 시간에 의한 것
내적 요인	▶	계획 부족, 우유부단함, 사회활동 등 개인 내부에 있는 습관에 의한 것
기타 요인	▶	시간에 대한 잘못된 인식, 시간관리에 대한 오해 등

⑥ 효과적인 시간계획

- 시간계획의 순서

명확한 목표 설정 ▶ 일의 우선순위 결정 ▶ 예상 소요시간 결정 ▶ 시간계획서 작성

- 일의 우선순위 판단 매트릭스

	긴급함	긴급하지 않음
	긴급하면서 중요한 일	**긴급하지 않지만 중요한 일**
중요함	• 위기상황 • 급박한 문제 • 기간이 정해진 프로젝트	• 예방 생산 능력 활동 • 인간관계 구축 • 새로운 기회 발굴 • 중장기 계획, 오락
	긴급하지만 중요하지 않은 일	**긴급하지 않고 중요하지 않은 일**
중요하지 않음	• 잠깐의 급한 질문 • 일부 보고서 및 회의 • 눈앞의 급박한 상황 • 인기 있는 활동 등	• 하찮은 일 • 우편물, 전화 • 시간낭비거리 • 즐거운 활동 등

- 60 : 40의 원칙

시간 계획의 기본 원리로 자신에게 주어진 시간 중 60%는 계획된 행동을 해야 한다는 것을 의미한다. 구체적으로 자신의 시간 계획에 포함되는 행동(60%), 계획 외의 행동(20%), 자발적 행동(20%)의 세 가지 범주로 구분할 수 있다.

1. 시간관리능력 》 바로확인문제

01 다음은 시간계획의 기본원리에 대한 설명이다. 괄호 안에 들어갈 행동으로 가장 적절한 것은?

> 시간은 무형의 자원으로, 다른 자원과는 다른 관리방식을 필요로 한다. 또한, 가용한 모든 시간을 관리한다는 것은 불가능에 가까운 일이므로 시간을 계획하는 것은 시간관리에 있어서 매우 중요한 것이다. 이에 대해 로타 J. 자이베르트(Lother J. Seiwert)는 시간계획의 기본원칙으로 '60 : 40의 원칙'을 제시하고 있다. 이 원칙은 총 가용시간의 60%를 계획하고, 나머지 40%는 예측하지 못한 사태 및 일의 중단요인, 개인의 창의적 계발 시간으로 남겨 둔다는 것이다. 보다 구체적으로 시간을 계획할 때, 60%의 시간은 (㉠)에 할애하고, 20%는 (㉡)에 할애하며, 마지막 20%를 (㉢)에 할애한다는 것이다.

	㉠	㉡	㉢
①	계획 행동	계획 외 행동	자발적 행동
②	자발적 행동	비자발적 행동	계획 외 행동
③	자발적 행동	계획 행동	계획 외 행동
④	계획 외 행동	자발적 행동	계획 행동
⑤	비자발적 행동	계획 행동	자발적 행동

 시간관리능력 / 60 : 40의 원칙 이해하기

60:40의 원칙은 본인의 시간 중 60%는 계획된 일에, 20%는 계획 외의 행동에, 나머지 20%는 창조성을 위한 자발적인 행동에 활용하는 것이다.

정답 ①

02 다음은 시간계획을 작성하는 데 필요한 항목들이다. 효율적인 시간계획을 작성하는 순서로 옳은 것은?

> ㉠ 시간계획서 작성하기 　　㉡ 명확한 목표 설정하기
> ㉢ 일의 우선순위 정하기 　　㉣ 예상 소요시간 결정하기

① ㉡-㉢-㉣-㉠ 　　② ㉡-㉣-㉢-㉠ 　　③ ㉢-㉡-㉠-㉣
④ ㉢-㉣-㉠-㉡ 　　⑤ ㉢-㉣-㉡-㉠

 시간관리능력 / 시간계획의 순서 이해하기

일반적으로 효과적인 시간계획을 작성하기 위해서는 '명확한 목표 설정하기 → 일의 우선순위 정하기 → 예상 소요시간 결정하기 → 시간계획서 작성하기'의 순서를 따른다.

정답 ①

03 다음에 해당하는 시간관리 유형을 바르게 짝지은 것은?

> ㉠ 8시간의 회사 업무 이외에도 8시간을 효율적으로 활용하고 8시간을 자는 사람으로, 정신없이 바쁘게 살아가는 유형
> ㉡ 8시간은 일하고 16시간은 제대로 활용하지 못하며 빈둥대는 사람으로, 시간이 많은 데도 불구하고 마음이 쫓겨 바쁜 척하고 허둥대는 유형

	㉠	㉡		㉠	㉡
①	시간 창조형	시간 소비형	②	시간 창조형	시간 파괴형
③	시간 절약형	시간 소비형	④	시간 소비형	시간 절약형
⑤	시간 파괴형	시간 창조형			

 시간관리능력 / 시간 관리 유형 파악하기

시간관리의 유형에는 시간 창조형, 시간 절약형, 시간 소비형, 시간 파괴형이 있다.
- 시간 창조형 : 긍정적이며 에너지가 넘치고, 빈틈없는 시간 계획을 통해 비전과 목표 및 행동을 실천하는 유형
- 시간 절약형 : 8시간의 회사 업무 이외에도 8시간을 효율적으로 활용하고 8시간을 자는 사람으로, 정신없이 바쁘게 살아가는 유형
- 시간 소비형 : 8시간은 일하고 16시간은 제대로 활용하지 못하며 빈둥대는 사람으로, 시간이 많은 데도 불구하고 마음이 쫓겨 바쁜 척하고 허둥대는 유형
- 시간 파괴형 : 주어진 시간을 제대로 활용하지 못하고, 시간관념이 없어 자신의 시간은 물론 남의 시간마저 죽이는 유형

따라서 ㉠은 시간 절약형, ㉡은 시간 소비형에 해당한다.

정답 ③

04 다음 중 시간 계획 시 주의해야 할 사항으로 적절하지 않은 것은?

① 자기 외 다른 사람의 시간 계획을 감안하면서 계획을 세운다.
② 해당 기간에 예정된 행동 중 중요한 일만 리스트화한다.
③ 예정된 시간이 모자랄 때를 대비하여 예비시간을 확보해야 한다.
④ 여러 일 중에서 어느 일을 가장 우선적으로 처리해야 할 것인지 결정해야 한다.
⑤ 무리한 계획을 세우지 않도록 해야 하며, 실현 가능한 것만을 계획화해야 한다.

 시간관리능력 / 시간 계획 시 주의사항 이해하기

해당 기간에 예정된 행동을 모두 리스트화해야 한다.

정답 ②

하위능력 2 ● 예산관리능력

① 예산관리능력이란?

이용 가능한 예산을 확인하고 어떻게 사용할 것인지 계획하여 사용하는 능력을 의미하며, 최소의 비용으로 최대의 효과를 얻기 위해 필요하다.

② 예산과 예산 관리의 개념

예산	• 사전적 의미 : '필요한 비용을 미리 헤아려 계산함, 또는 그 비용' • 넓은 범위의 의미 : 민간기업 · 공공단체 및 기타 조직체는 물론이고 개인의 수입 · 지출에 관한 것도 포함
예산관리	활동이나 사업에 소요되는 비용을 산정하고, 예산을 편성하는 것뿐만 아니라 예산을 통제하는 것 모두를 포함. 즉 예산을 수립하고 집행하는 모든 일을 예산관리라고 할 수 있다.

③ 예산관리의 중요성 및 예산 책정의 이상적 상태

대부분 한 개인이나 기업이 활용할 수 있는 예산은 한정되어 있기 때문에, 정해진 예산을 얼마나 효율적으로 사용하느냐는 중요한 문제이다.

- 책정 비용 > 실제 비용 ▶ 경쟁력 손실
- 책정 비용 < 실제 비용 ▶ 적자 발생
- 책정 비용 = 실제 비용 ▶ 이상적

④ 예산의 구성요소

- **비목** : 예산을 구성하는 모든 원가의 속성을 파악하여 유사한 군별로 묶어 표현한 대분류 원가 항목(직접비용과 간접비용으로 구분됨)
- **세목** : 비목의 구성요소를 비교적 상세하게 표현한 중분류 원가항목

직접비용	• 제품 생산 또는 서비스를 창출하기 위해 직접 소비된 것으로 여겨지는 비용 • 재료비, 원료와 장비, 시설비, 인건비, 여행(출장) 및 잡비 등
간접비용	• 제품 생산 또는 서비스 창출에 소비된 비용이지만, 제품 생산에 직접 관련되지는 않은 비용 • 보험료, 건물관리비, 광고비, 통신비, 사무비품비, 각종 공과금 등

5 효과적인 예산수립 절차

과제를 추진하는 데 있어서 다양한 활동이 뒤따르게 되는데 이를 정확하게 예측한 다음 우선순위를 결정하고 비용을 적절히 배정하는 절차를 거쳐야 한다.

필요한 과업 및 활동 규명 ▶ 우선순위 결정 ▶ 예산 배정

- **필요한 과업 및 활동 규명**
  예산을 수립하는 경우 계속해서 추가되는 항목으로 인해 어려움을 겪을 수 있기 때문에, 예산을 배정하기 전에 예산이 필요한 모든 활동과 예산을 정리할 필요가 있다.

- **우선순위 결정**
  배정된 예산으로 모든 업무를 수행할 수는 없기 때문에 우선순위를 배정함으로써 예산이 우선적으로 들어갈 활동을 도출해야 한다.

- **예산 배정**
  우선순위가 높은 활동부터 적절하게 예산을 배정하고 실제 예산을 사용하는 것이 바람직하다.

2. 예산관리능력 》 바로확인문제

01 ○○컨설팅회사에 근무하고 있는 A 씨는 팀장으로부터 새로운 프로젝트 제안서를 작성하라는 지시를 받았다. A 씨는 프로젝트 제안 비용을 결정하기 위해 직접비와 간접비를 기준으로 예산을 작성하려 한다. 다음 중 직접비와 간접비의 연결이 잘못된 것은?

	직접비	간접비
①	시설비	사무비품비
②	재료비	보험료
③	건물관리비	여행(출장) 및 잡비
④	원료와 장비	통신비
⑤	인건비	광고비

예산관리능력 / 예산의 구성요소 이해하기

건물관리비는 간접비에 해당하고, 여행(출장) 및 잡비는 직접비에 해당한다.
직접비와 간접비
- 직접비 : 재료비, 원료와 장비, 시설비, 여행(출장) 및 잡비, 인건비 등
- 간접비 : 보험료, 건물관리비, 광고비, 통신비, 사무비품비, 각종 공과금 등

정답 ③

02 다음은 예산의 항목을 파악하는 데 효과적인 방법을 설명한 것이다. 괄호 안에 들어갈 단어로 적절한 것은?

> 효과적으로 예산을 수립하기 위해서는 '필요한 과업과 활동 규명, 우선순위 결정, 예산 배정'의 단계를 거쳐야 한다. 이때, ( )를 활용하여 과업을 규명함으로써 효과적으로 예산을 수립할 수 있다.

① 플로우차트   ② 과업세부도   ③ 지출내역서
④ 간트차트   ⑤ 로직트리

예산관리능력 / 예산수립 절차 이해하기

과업세부도는 과제 및 활동의 계획을 수립하는 데 있어서 가장 기본적인 수단으로 활용되는 그래프이다.

정답 ②

03 다음은 책정 비용과 실제 비용의 관계에 따른 효과를 나타낸 것이다. ㉠~㉢에 들어갈 적절한 용어를 바르게 짝지어진 것은?

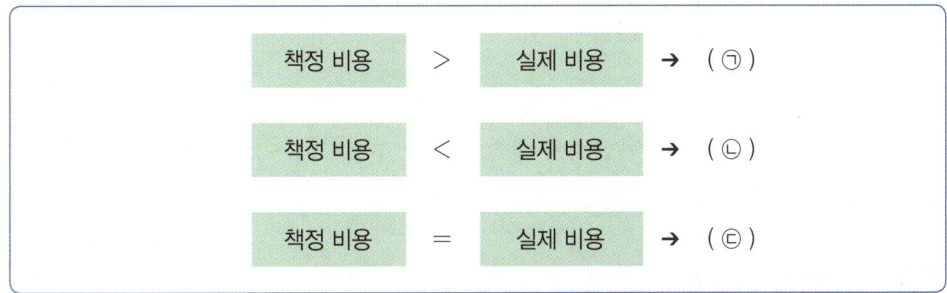

	㉠	㉡	㉢
①	경쟁력 손실	적자 발생	이상적 상태
②	경쟁력 손실	이상적 상태	적자 발생
③	적자 발생	경쟁력 손실	이상적 상태
④	적자 발생	이상적 상태	경쟁력 손실
⑤	이상적 상태	적자 발생	경쟁력 손실

 예산관리능력 / 책정 비용과 실제 비용의 관계 알기

책정 비용을 실제보다 높게 책정하면 경쟁력을 잃어버리게 되고, 반대로 낮게 책정하면 개발 자체가 이익을 주는 것이 아니라 오히려 적자가 나는 경우가 발생할 수 있다. 따라서 책정 비용과 실제 비용의 차이를 줄이고, 비슷한 상태가 가장 이상적이다. 따라서 정답은 ①이다.

정답 ①

04 다음 중 예산에 대한 설명으로 적절하지 않은 것은?

① 예산의 사전적 의미는 '필요한 비용을 미리 헤아려 계산함. 또는 그 비용'이다.
② 예산관리는 예산을 편성하는 것뿐만 아니라 예산을 통제하는 것 모두를 포함한다.
③ 예산관리가 중요한 이유는 예산의 유한성에서 비롯된다.
④ 예산책정 시 무조건 비용을 적게 들이는 것이 좋다.
⑤ 예산관리능력은 이용 가능한 예산을 확인하고 어떻게 사용할 것인지 계획하여 사용하는 능력이다.

 예산관리능력 / 예산에 대해 알기

예산책정 시 무조건 비용을 적게 들이기보다는 책정 비용과 실제 비용의 차이를 줄여 가장 비슷한 상태가 되도록 하는 것이 가장 이상적이다. 따라서 정답은 ④이다.

정답 ④

하위능력 3 • 물적자원관리능력

1. 물적자원관리능력이란?

기업활동에서 필요한 물적자원을 파악하고, 사용할 수 있는 물적자원을 최대한 확보하여 실제 업무에 어떻게 활용할 것인지에 대한 계획을 수립하고, 이에 따른 물적자원을 효율적으로 활용하여 관리하는 능력을 의미한다.

2. 물적자원의 종류

- **자연자원** : 자연 상대 그대로의 자원 (석유, 석탄, 나무 등)
- **인공자원** : 사람이 인위적으로 가공하여 만든 자원 (시설, 장비 등)

3. 물적자원관리의 중요성

물적자원을 효과적으로 관리할 경우 과제 및 사업의 성공으로 경쟁력을 향상시킬 수 있으나, 물적자원관리가 부족할 경우 과제 및 사업에 실패하여 경제적 손실을 얻게 된다.

4. 물적자원 활용의 방해요인

- 물적자원의 보관 장소를 파악하지 못하는 경우
- 물적자원이 훼손된 경우
- 물적자원을 분실한 경우
- 분명한 목적 없이 물적자원을 구입한 경우

5. 물적자원관리 절차

단계	설명
사용 물품과 보관 물품의 구분	물품을 정리하고 보관하고자 할 때, 해당 물품을 앞으로 계속 사용할 것인지, 그렇지 않은지를 구분함
동일 및 유사 물품으로의 분류	동일성의 원칙(같은 품종은 같은 장소에 보관)과 유사성의 원칙(유사품은 인접 장소에 보관)에 따라 물품을 보관하여 효율성을 높임
물품 특성에 맞는 보관 장소 선정	재질, 무게와 부피 등 물품의 특성을 반영하여 보관 장소를 선정함

⑥ 물적자원관리 기법

- **서류상자 관리**

  서류상자는 다양한 정보를 모으는 순서대로 정리할 수 있고, 표제용 라벨에 제목을 붙여서 내용에 맞는 정보를 계속 넣을 수도 있다.

- **바코드와 QR코드**

  바코드 원리는 자신의 물품을 기호화하여 관리하는 것을 의미한다. 물품의 기호화를 통하여 위치 및 정보를 작성해 놓으면 관리가 수월하다.

바코드	문자나 숫자를 흑과 백의 막대모양 기호를 조합한 것, 단 반향이라 컴퓨터가 판독하기 쉽고 데이터를 빠르게 입력하기 위하여 쓰인다.
QR코드	흑백 격자무늬 패턴으로 정보를 나타내는 매트릭스 형식의 바코드로, 기존 바코드가 용량 제한에 따라 가격과 상품명 등 한정된 정보만 담는 데 비해 QR코드는 용량 제한을 극복하고 종횡의 정보를 가져서 숫자 외에 문자 등 다양한 정보를 담을 수 있다.

- **물품출납 및 운영카드**

  물품의 상태를 지속적으로 체크함으로써 효과적으로 관리할 수 있으며, 보유하고 있는 물품의 종류 및 양을 확인함으로써 활용에 참고할 수 있다. 그러나 물품출납 및 운영카드는 지속적으로 확인하고 작성하여야 하기 때문에 일이 많다는 단점이 있다.

- **물품관리 프로그램**

  개인보다는 기업이나 조직차원에서 활용하는 경우가 많으며, 이를 통해 다량의 물품들을 효과적으로 관리할 수 있다.

3. 물적자원관리능력 》 바로확인문제

01 물적자원관리 과정에 대한 설명 중 옳지 않은 것은?

① 물품 정리 시 입출하의 빈도가 높은 품목은 출입구와 가까운 곳에 보관해야 한다.
② 물품 정리 및 보관 시 물품을 앞으로 계속 사용할 것인지 그렇지 않은지를 구분해야 한다.
③ 물품의 특성에 맞게 보관 장소를 선정해야 한다.
④ 유사성의 원칙은 유사품을 같은 장소에 보관하는 것을 말하며, 이는 보관한 물품을 더욱 쉽고 빠르게 찾을 수 있도록 하기 위해서 필요하다.
⑤ 물적자원을 효과적으로 관리하기 위해서는 사용 물품과 보관 물품의 구분, 동일 및 유사 물품의 분류, 물품 특성에 맞는 보관 장소 선정의 단계를 거쳐야 한다.

> 물적자원관리능력 / 물적자원관리 과정 이해하기

동일성의 원칙은 같은 품종을 같은 장소에 보관한다는 것이며, 유사성의 원칙은 유사품을 인접한 장소에 보관한다는 것이다.

정답 ④

02 다음 중 물적자원관리에 대한 설명으로 옳지 않은 것은?

① 분명한 목적 없이 물적자원을 구입한 경우 적재적소에 물적자원이 공급되지 못해 경제적 손실을 가져올 수 있다.
② 물품활용의 편리성을 키우기 위해 자주 사용하지 않는 보관 물품도 자주 쓰는 사무용품과 함께 보관한다.
③ 물품의 무게, 부피, 재질 등 물품의 특성을 반영한 장소를 선정하여 보관하도록 한다.
④ 같은 품종끼리 함께 보관하는 동일성의 원칙과 유사한 품종은 인접 장소에 보관하는 유사성의 원칙에 따라 보관하도록 한다.
⑤ 회전대응 보관의 원칙에 따라 입·출하 빈도가 높은 품목은 출입구에서 가까운 곳에 보관하도록 한다.

> 물적자원관리능력 / 물적자원관리 절차 파악하기

사무용품과 보관 물품은 구분하여 보관하고, 물품의 활용계획을 확인하여 물품을 꺼냈다가 다시 넣었다가 하는 반복작업이 생기지 않도록 물품활용의 편의성을 고려하도록 한다.

정답 ②

03 괄호 안에 들어갈 용어로 적절한 것은?

> (㉠)란 문자나 숫자를 흑과 백의 막대모양 기호로 조합한 것으로, 단방향이라 컴퓨터가 판독하기 쉽고 데이터를 빠르게 입력하기 위하여 쓰인다.

① 컬러코드 ② NFC
③ 전자태그 ④ QR코드
⑤ 바코드

 물적자원관리능력 / 바코드 개념 알기

바코드는 문자나 숫자를 흑과 백의 막대모양 기호로 조합한 것으로, 단방향이라 컴퓨터가 판독하기 쉽고 데이터를 빠르게 입력하기 위하여 쓰인다.

정답 ⑤

04 다음 중 물적자원 활용의 방해요인으로 적절하지 않은 것은?

① 물품을 보관한 장소를 파악하지 못하는 경우
② 보유하고 있던 물품이 훼손된 경우
③ 오래된 물품을 보유하고 있는 경우
④ 보유하고 있던 물품을 분실한 경우
⑤ 목적 없이 물품을 구입한 경우

 물적자원관리능력 / 물적자원 활용의 방해요인 이해하기

물적자원 활용의 방해요인은 보관 장소를 파악하지 못하는 경우, 훼손된 경우, 분실한 경우, 목적 없이 물건을 구입한 경우이다. 따라서 정답은 ③이다.

정답 ③

하위능력 4 • 인적자원관리능력

1 인적자원관리능력이란?

기업 활동에서 필요한 인적자원(근로자의 기술, 능력, 업무 등)을 파악하고, 동원할 수 있는 인적자원을 최대한 확보하여 실제 업무에 어떻게 배치할 것인지에 대한 예산계획을 수립하고, 이에 따른 인적자원을 효율적으로 배치하여 관리하는 능력이다.

2 효율적인 인적자원관리의 원칙

- 적재적소 배치의 원리 : 해당 직무 수행에 가장 적합한 인재를 배치한다.
- 공정 보상의 원칙 : 근로자의 인권을 존중하고 노동의 대가를 공정하게 지급한다.
- 공정 인사의 원칙 : 근무 평가, 임금, 직무 배당, 승진 등을 공정하게 처리한다.
- 종업원 안정의 원칙 : 근로자가 현 직장에서 계속 일할 수 있다는 믿음을 주어야 한다.
- 창의력 계발의 원칙 : 창의력을 발휘할 수 있는 기회와 성과에 따른 보상을 주어야 한다.
- 단결의 원칙 : 직장에서 소외감을 갖지 않도록 배려하고 협동하는 체제를 이루도록 한다.

3 인적자원관리의 중요성

- 개인적 차원 : 개인이 인맥을 활용할 경우 각종 정보와 소스의 획득, 참신한 아이디어와 해결책 도출, '나'자신을 알 수 있고, '나'의 사업을 시작할 수 있으며, 유사시 필요한 도움을 받을 수 있어 자신의 인생에 탄력을 불어넣을 수 있다는 장점이 있다. 또한 요즘 기업에서는 사내추천제도라는 것이 확산되고 있는데, 이를 통해 검증된 인재를 채용할 수 있으며, 각종 비용을 줄일 수 있다.
- 기업적 차원

능동성	인적자원의 욕구와 동기, 태도, 행동, 만족감 등에 의해 성과가 결정되므로 능동적이고 반응적임
개발가능성	인적자원은 자연적인 성장과 성숙은 물론, 오랜 기간 동안에 걸쳐서 개발될 수 있는 많은 잠재능력과 자질을 보유
전략적 자원	다른 모든 자원(물적자원, 예산, 시간 등)을 활용하는 것이 인적자원(사람)이기 때문에 전략적으로 매우 중요

④ 개인적 차원에서의 인적자원 관리

- **명함관리**

  명함은 단지 받아서 보관하는 것이 아니라, 이를 활용하고 적극적인 의사소통을 통해 자신의 인맥을 만들기 위한 도구로 활용되어야 한다. 따라서 상대의 개인 신상이나 특징 등 자신이 참고할 수 있는 정보를 명함에 메모해 두는 것이 좋다.

- **인맥관리카드**

  인맥관리카드는 자신의 주변에 있는 인맥을 관리카드에 작성하여 관리하는 것을 말한다. 인맥관리카드에 기입되는 정보로는 이름, 관계, 직장 및 부서, 학력, 출신지, 친한 정도 등의 내용이 포함된다. 그리고 인맥관리카드는 핵심 인맥과 파생 인맥을 구분하여 작성하는 것이 필요하며, 파생인맥카드에는 어떤 관계에 의해 파생되었는지 기록하는 것이 좋다.

- **소셜네트워크(SNS)**

  많이 활용되고 있는 기존의 소셜네트워크 서비스(SNS · Social Network Service)와 더불어 인맥 구축과 채용에 도움이 되는 비즈니스 특화 인맥관리서비스(BNS · Businesssocial Network Service)로 관심이 증대되고 있다.

⑤ 팀 운영에서의 인적자원 관리

- **인력배치의 3원칙**

적재적소주의	▶	팀원의 능력이나 성격 등을 고려하여 적합한 위치에 배치
능력주의	▶	개인에게 능력을 발휘할 수 있는 기회와 장소를 부여하고, 그 성과를 평가하여 그에 상응한 보상을 주는 것
균형주의	▶	모든 팀원에 대해 평등하게 고려되어야 한다는 원칙

- **인력배치의 유형**

  양적, 질적, 적성 배치가 적절히 조화되어 운영되어야 한다.

양적 배치	▶	소요인원을 결정하여 배치
질적 배치	▶	능력, 성격 등을 고려하여 적재적소의 업무에 배치
적성 배치	▶	팀원의 적성 및 흥미를 고려하여 배치

4 • 인적자원관리능력 >> 바로확인문제

01 다음 중 인적자원관리능력이 필요한 경우로 적합하지 않은 것은?

① 업무와 관련된 부서나 업체와 분리하여 독립적으로 일하는 경우
② 업무계획서에 따라 인력을 배치해야 하는 경우
③ 업무 수행에 필요한 인적 자원을 효율적으로 활용해야 하는 경우
④ 공정 진행상의 생산성 향상을 위해 제품 생산에 필요한 인적 자원을 조정해야 하는 경우
⑤ 업무 수행에 있어서 거래처의 직원을 관리해야 하는 경우

인적자원관리능력 / 인적자원관리의 필요성 확인하기

업무와 관련된 부서나 업체와 분리하여 독립적으로 일하는 경우라면 인적자원 배분 등의 관리활동을 할 필요가 없다. 인적자원관리능력이 필요한 경우는 업무와 관련된 부서나 업체와 공동으로 업무를 진행해야 하는 경우이다.

정답 ①

02 다음은 효율적이고 합리적인 인사 관리를 위한 원칙이다. 제시된 내용에 해당하지 않는 원칙은 무엇인가?

> ㉠ 회사 내에서 구성원들이 소외되지 않도록 배려하고, 서로 유대감을 가지고 단결하는 체제를 이루도록 한다.
> ㉡ 해당 직무 수행에 가장 적합한 인재를 배치하도록 한다.
> ㉢ 근로자의 인권을 존중하고 공헌도에 따라 노동의 대가를 공정하게 지급하도록 한다.
> ㉣ 직장에서 신분이 보장되고 계속해서 근무할 수 있다는 믿음을 갖게 하여 근로자가 안정된 회사 생활을 할 수 있도록 한다.

① 공정 보상의 원칙   ② 공정 인사의 원칙   ③ 적재적소 배치의 원리
④ 단결의 원칙   ⑤ 종업원 안정의 원칙

인적자원관리능력 / 인적자원관리의 원칙 이해하기

㉠은 단결의 원칙, ㉡은 적재적소 배치의 원리, ㉢은 공정 보상의 원칙, ㉣은 종업원 안정의 원칙에 대한 설명이다.

정답 ②

03 인맥관리카드에 관한 설명 중 옳지 않은 것을 모두 고르면?

> ㉠ 인맥관리카드는 자신의 주변에 있는 인맥을 관리카드에 작성하여 관리하는 것이다.
> ㉡ 인맥관리카드에는 핵심 인맥과 파생 인맥을 나란히 작성해야 한다.
> ㉢ 인맥관리카드에는 이름, 관계, 직장 및 부서, 학력 등의 내용이 포함된다.
> ㉣ 핵심인맥카드에는 어떤 관계에 의해 파생 인맥이 되었는지 기록하는 것이 좋다.

① ㉠, ㉡ ② ㉠, ㉣ ③ ㉡, ㉢
④ ㉡, ㉣ ⑤ ㉢, ㉣

 인적자원관리능력 / 인맥관리카드 이해하기

㉡ 인맥관리카드에는 핵심 인맥과 파생 인맥을 구분하여 작성해야 한다.
㉣ 파생인맥카드에는 어떤 관계에 의해 파생되었는지 기록하는 것이 좋다.

정답 ④

04 각 팀장들이 선호하는 인력배치 유형을 바르게 짝지은 것은?

> A 팀장 : 저는 능력, 성격 등을 고려하여 적재적소의 업무에 배치하는 것을 선호해요.
> B 팀장 : 저는 업무가 적성에 맞고, 흥미를 가질 때 성과가 높아진다고 생각해요. 그래서 팀원의 적성 및 흥미를 고려하여 배치하는 것을 선호해요.
> C 팀장 : 저는 인력배치를 할 때 작업량과 여유 또는 부족 인원을 감안하여 소요인원을 결정하여 배치하는 것을 선호해요.

	A 팀장	B 팀장	C 팀장
①	질적배치	적성배치	양적배치
②	적성배치	질적배치	양적배치
③	양적배치	적성배치	질적배치
④	질적배치	양적배치	적성배치
⑤	적성배치	양적배치	질적배치

 인적자원관리능력 / 인력배치 유형 이해하기

A 팀장 : 능력, 성격 등을 고려하여 적재적소의 업무에 배치하는 것은 '질적배치'이다.
B 팀장 : 팀원의 적성 및 흥미를 고려하여 배치하는 것은 '적성배치'이다.
C 팀장 : 작업량과 여유 또는 부족 인원을 감안하여 소요인원을 결정하여 배치하는 것은 '양적배치'이다.

정답 ①

05 Chapter FOCUS
하위능력 공략

하위능력 1 • 시간관리능력

출제 포인트

시간관리능력은 직장에서 주어진 업무를 얼마나 잘 효율적으로 수행할 수 있는지와 연관된 문제들이 출제된다. 일정표를 제시한 후 합리적인 업무수행 순서를 묻는 문제, 외근 및 출장 시 효율적인 이동 경로 및 단축 시간을 판단하는 문제, 일의 우선순위를 고려하여 업무를 배분하는 내용의 문제 등이 출제되고 있다. 업무를 수행하는 데 필요한 시간을 계산하는 문제 유형도 자주 출제된다.

대표 유형 문제

01 L 대리는 16시까지 끝내야 하는 프로젝트를 진행하고 있었다. 그때 누군가 업무와 관련 없는 다급한 질문을 했고 마침 L 대리의 카드 명세서 우편물이 도착했다. 그리고 동료 대리가 메신저로 새로운 장기 프로젝트를 위한 회의를 제안해 왔다. L 대리가 시간을 확인하니 15시였다. 이 경우 L 대리가 업무를 처리해나가야 하는 순서로 가장 적절한 것은?

① 프로젝트 끝내기 → 질문에 대답하기 → 우편물 확인하기 → 동료 대리와 회의하기
② 질문에 대답하기 → 프로젝트 끝내기 → 우편물 확인하기 → 동료 대리와 회의하기
③ 질문에 대답하기 → 프로젝트 끝내기 → 동료 대리와 회의하기 → 우편물 확인하기
④ 질문에 대답하기 → 동료 대리와 회의하기 → 프로젝트 끝내기 → 우편물 확인하기
⑤ 프로젝트 끝내기 → 동료 대리와 회의하기 → 질문에 대답하기 → 우편물 확인하기

 시간관리능력 / 일의 우선순위 판단하기

업무의 우선순위를 판단하기 위해서는 중요도와 긴급도를 파악해야 한다. 제일 먼저 처리해야 할 일은 '기간이 정해진 프로젝트'와 같이 중요하면서 긴급한 일이다. 이는 즉시 처리해야 한다. 다음은 '중장기 계획 세우기'와 같이 중요하지만 긴급하지 않은 일이며 이에 대해서는 전략적 계획을 세우고 완료일을 정해야 한다. 그다음은 '다급한 질문'과 같은 긴급하지만 중요하지 않은 일이다. 이런 일은 일을 축소하거나 권한을 위임하는 것이 좋다. 마지막으로 처리해야 할 일이 '우편물 확인'과 같은 중요하지도 않고 긴급하지도 않은 일이다. 이런 일은 취소하거나 연기해도 된다. 따라서 정답은 ⑤이다.

정답 ⑤

02 ○○기업의 총무부에서 근무하는 K 과장은 각 부서 팀장에게 자기 개발비 청구에 대해 설명하기 위해 한 시간가량 회의를 진행하려고 한다. 다음 각 팀장의 스케줄 표를 보고 모든 팀장이 참석할 수 있는 시간대를 고른다고 할 때 회의 시간으로 가장 적절한 시간은?

시간	인사부 팀장	기획부 팀장	영업부 팀장	관리부 팀장	기술부 팀장
9:00~10:00	회사 복지제도 문서화	아이디어 회의	영업팀 회의	오전 반차	
10:00~11:00		회의록 작성			시스템 점검
11:00~12:00					
12:00~13:00					
13:00~14:00	직원 교육 프로그램 기획		거래처 관리	비품 주문	
14:00~15:00		시스템 기획		재고 내역 작성	기술팀 회의
15:00~16:00					
16:00~17:00	직원 상담	시장 자료 조사	출장 기획안 작성, 결재	민원 업무 처리	제품 수리
17:00~18:00	근무환경 조사				

• 점심시간 : 12:00~13:00

① 11:00~12:00　　　② 12:00~13:00　　　③ 14:00~15:00
④ 15:00~16:00　　　⑤ 16:00~17:00

 시간관리능력 / 회의 시간 선택하기

스케줄이 비어있는 시간은 11:00~12:00, 12:00~13:00, 15:00~16:00로 총 세 시간이다. 하지만 11:00~12:00는 관리부 팀장이 오전 반차를 냈기 때문에 참석할 수 없고 12:00~13:00는 점심시간이라서 회의를 진행할 수 없다. 따라서 회의를 진행하기에 가장 적절한 시간은 15:00~16:00이다.

정답 ④

하위능력 2 • 예산관리능력

출제 포인트

직무상 예산을 수립할 때 우선순위를 결정하는 문제, 수행할 업무와 주어진 예산에 적합한 제품을 선택하는 문제, 출장지까지의 이동 경로에 따른 교통비 및 숙박비 등의 금액 계산 문제, 부품의 단가를 제시한 후 완성품 제작에 필요한 제작비용을 구하는 문제 등이 출제된다. 예산관리능력은 '주어진' 예산 범위를 초과하지 않으면서, 처리해야 할 '업무'를 효과적으로 이행할 수 있어야 한다는 것에 초점을 두어야 한다.

대표 유형 문제

[01~02] H 씨는 지시사항과 복합기 목록을 전달받았다. 자료를 보고 이어지는 물음에 답하시오.

지시사항

우리 부서는 복합기를 교체할 예정입니다. 예산은 총 200만 원이니 예산 내에서 적합한 복합기를 선택해주시기 바랍니다. 5분에 200장 이상 인쇄할 수 있어야 하고, 자동양면인쇄 기능은 필수입니다. 인쇄용지는 A3까지 가능해야 하며, 소음은 되도록 55dB이 넘지 않는 것으로 선택해 주시기 바랍니다.

복합기 목록

구분	A 복합기	B 복합기	C 복합기	D 복합기	E 복합기
인쇄 속도	30ppm	40ppm	45ppm	40ppm	30ppm
소음 크기	47dB	54dB	50dB	52dB	48dB
최대지원 용지크기	A4	A3	A4	A3	A4
자동양면인쇄	불가	가능	가능	불가	가능
가격	1,600,000원	1,930,000원	2,030,000원	1,800,000원	1,750,000원

※ ppm(pages per minute) : 1분 동안 출력(스캔) 가능한 매수

01 위 내용을 따를 때, H 씨가 선택할 복합기로 가장 적절한 것은?

① A 복합기 ② B 복합기 ③ C 복합기
④ D 복합기 ⑤ E 복합기

예산관리능력 / 예산 확인하기

지시사항에서 5분에 200장 이상 인쇄할 수 있어야 한다고 했기 때문에, 인쇄 속도가 40ppm 이상인 복합기를 선택해야 한다. 또한, 인쇄용지는 A3까지 가능해야 하고, 자동양면인쇄기능은 필수라고 했으므로 B 복합기를 선택하는 것이 가장 적절하다.

정답 ②

02 H 씨의 사무실에서 현재 사용하고 있는 복합기는 1시간 동안 1,200장을 인쇄할 수 있다. 기존의 복합기를 **01**에서 선택한 복합기로 교체할 경우, 1시간 동안 사무실에서 인쇄할 수 있는 문서 양은 기존의 몇 배인가?

① 1.5배　　　　② 2배　　　　③ 2.5배
④ 3배　　　　⑤ 3.5배

예산관리능력 / 인쇄 속도 비교하기

현재 사용하고 있는 복합기의 인쇄 속도는 $\frac{1,200}{60} = 20$ppm 이고, **01**에서 구매한 B 복합기는 인쇄 속도가 40ppm이다. 따라서 복합기를 교체할 경우 1시간 동안 인쇄할 수 있는 문서의 양은 기존의 2배이다.

정답 ②

03 재무팀에서 근무하는 M 대리는 직접비용과 간접비용을 구분해서 따로 정리하라는 상사의 지시로 다음 항목을 살펴보고 있다. 항목들 중 간접비용인 것을 모두 고르면?

┌─────────────────────────────────┐
│ ㉠ 인건비　　　　　　㉡ 출장비　　　　│
│ ㉢ 보험료　　　　　　㉣ 건물 관리비　　│
│ ㉤ 광고비　　　　　　㉥ 원료비　　　　│
│ ㉦ 공과금　　　　　　㉧ 비품비　　　　│
└─────────────────────────────────┘

① ㉠, ㉡, ㉦　　　　　　② ㉠, ㉢, ㉤
③ ㉢, ㉣, ㉤, ㉥　　　　④ ㉣, ㉤, ㉥, ㉦, ㉧
⑤ ㉢, ㉣, ㉤, ㉦, ㉧

예산관리능력 / 직접비용과 간접비용 구분하기

직접비용은 제품 또는 서비스를 창출하기 위해 직접 소비된 것으로 여겨지는 비용으로 인건비, 출장비, 원료비, 재료비 등이 있다. 반면에 간접비용은 생산에 직접 관련되지 않은 비용을 말하며 보험료, 건물 관리비, 광고비, 각종 공과금, 사무비품비 등이 해당된다. 따라서 정답은 ⑤이다.

정답 ⑤

하위능력 3 ● 물적자원관리능력

출제 포인트

다양한 자원을 종합적으로 분석하여 가장 합리적인 것을 고르는 유형의 문제가 출제된다. 특히 여러 조건을 제시한 후 가장 적합한 제품, 가장 적합한 거래처 등을 고르는 문제, 행사 기획안 등을 분석하여 가장 먼저 확보해야 할 물적자원을 고르는 문제 등이 출제된다.

대표 유형 문제

[01~02] ○○제품회사 직원인 Q 사원은 고객들에게 TV의 기능에 대해 설명하기 위하여 다음과 같은 비교 목록을 만들었다. 다음을 보고 이어지는 물음에 답하시오.

TV 제품 비교 목록

구분	A 제품	B 제품	C 제품	D 제품	E 제품
제품 형태	벽걸이	스탠드	스탠드	벽걸이	벽걸이
화면 크기	39인치	43인치	49인치	52인치	55인치
해상도	UHD	Full-HD	UHD	HD	Full-HD
부가기능	ⓐ, ⓓ	ⓑ, ⓔ	ⓐ, ⓑ, ⓕ	ⓑ, ⓔ, ⓕ	ⓐ, ⓒ, ⓓ
에너지효율등급	3등급	1등급	2등급	3등급	1등급
가격 (원)	1,100,000	1,200,000	1,350,000	1,250,000	1,450,000

※ 사용하는 공간에 따라 권장하는 화면 크기
　• 39~43인치 : 원룸, 작은방
　• 49~55인치 : 20평 거실
※ 부가기능
　ⓐ 인터넷　　ⓑ 음성인식　　ⓒ 3D 지원
　ⓓ USB 연결　ⓔ 카메라 내장　ⓕ 스마트폰 무선연결
※ 에너지효율등급이 1등급에 가까울수록 에너지 절약형 제품입니다.

01 고객 N 씨는 원룸에 살고 있으며, 가전제품을 살 때 에너지효율등급을 가장 중요하게 여긴다. 고객 N 씨에게 추천할 가장 적합한 제품은 무엇인가?

① A 제품　　② B 제품　　③ C 제품
④ D 제품　　⑤ E 제품

 물적자원관리능력 / 적합한 제품 추천하기

원룸에서 사용하기에 적절한 화면 크기는 39~43인치이므로 A 제품과 B 제품이 적합하다. N 씨는 가전제품을 살 때 에너지효율등급을 가장 중요하게 여긴다고 했으므로 A, B 두 제품 중 에너지효율등급이 더 좋은 B 제품을 추천하는 것이 적절하다.

정답 ②

02 Q 사원은 다음의 고객으로부터 제품을 추천해 달라는 부탁을 받았다. Q 사원이 고객에게 추천하기에 가장 적합한 제품은 무엇인가?

> 고객 : 20평대 거실에 놓을 TV를 사려고 합니다. 제품 형태와 해상도는 상관없으나, TV와 스마트폰 화면을 연결할 수 있는 기능이 있었으면 좋겠어요. 그리고 리모컨 없이 음성으로 문자를 입력하고, 정보를 검색할 수 있는 기능도 꼭 필요해요. 가격은 상관없으니 이왕이면 에너지효율등급이 더 좋은 제품으로 추천해주세요.

① A 제품   ② B 제품   ③ C 제품
④ D 제품   ⑤ E 제품

 물적자원관리능력 / 적합한 제품 추천하기

20평대 거실에 적합한 TV는 화면 크기가 49~55인치인 제품이므로 C 제품, D 제품, E 제품이 해당한다. TV와 스마트폰 화면을 연결하는 부가기능은 'ⓕ 스마트폰 무선연결' 기능이고, 리모컨 없이 음성으로 문자를 입력하고, 정보를 검색할 수 있는 기능은 'ⓑ 음성인식' 기능이다. 이 두 가지 기능이 있는 제품은 C 제품과 D 제품이고, 두 제품 중 C 제품의 에너지효율등급이 더 좋으므로 고객에게 추천하기에 가장 적합한 제품은 C 제품이다.

정답 ③

하위능력 4 • 인적자원관리능력

 출제 포인트

인적자원관리의 원칙, 인력배치 방법 등과 관련된 상황형·사례형 문제가 출제된다. 특히 여러 조건을 제시하고 가장 적합한 인재를 고르는 문제, 여러 평가 항목을 제시하고 이를 고려하여 승진대상자를 고르는 문제, 팀별 당직 인원을 선별하는 문제 등이 출제된다.

대표 유형 문제

[01~02] 다음은 ○○회사의 직원 명단과 10월 일정 및 휴가계획이다. 휴가지침이 다음과 같을 때 이어지는 물음에 답하시오.

○○회사 직원 명단

구분	팀원	구분	팀원	구분	팀원
기획팀	A 팀장, B 과장, C 대리	기술팀	D 팀장, E 대리, F 사원	영업팀	G 팀장, H 과장, I 사원

○○회사 10월 일정 및 휴가계획

일	월	화	수	목	금	토
		1 출장-A 휴가-D	2 휴가-D, G	3 국경일	4 출장-E 휴가-B, D	5
6	7 회의	8 출장-G 휴가-A	9 국경일	10 휴가-A	11 출장-H 휴가-A	12
13	14 휴가-B, H	15 휴가-B, H	16 출장-D 휴가-E	17 출장-I 휴가-E	18 휴가-C, E	19
20	21 회의	22 출장-B 휴가-H, I	23 출장-F 휴가-I	24 휴가-C, F	25 휴가-C, F	26
27	28 휴가-F, G	29 출장-C 휴가-G	30 회의	31 휴가-I		

> **휴가지침**
>
> ㉠ 휴가는 3일을 선택하여 쓸 수 있다.
> ㉡ 팀마다 최소 1명씩은 반드시 출근을 해야 한다.
> ㉢ 각 개인은 출장일 전후로는 휴가를 쓸 수 없다.
> ㉣ 회의가 있는 날은 휴가를 쓸 수 없다.

01 인사팀 M 사원은 위의 일정이 휴가지침에 부합하는지 확인하라는 지시를 받았다. 확인해 본 결과 일부 직원의 휴가계획이 지침에 어긋나 있었다. 다음 중 휴가계획의 수정이 필요한 직원은 누구인가?

① B 과장   ② D 팀장   ③ F 사원
④ G 팀장   ⑤ I 사원

 인적자원관리능력 / 휴가계획 확인하기

휴가지침 ㉢을 보면, 출장일 전후로는 휴가를 쓸 수 없다고 나와 있다. F의 경우, 23일에 출장 일정이 잡혀있으므로 24일에 휴가를 쓸 수 없다. 따라서 F의 휴가일정을 수정해야 한다.

정답 ③

02 G 팀장과 C 대리는 기존에 예정되어 있던 출장일정을 취소하고 함께 출장을 가게 되었다. 다음 중 두 사람이 함께 갈 출장일로 가장 적합한 날은 언제인가?

① 10월 1일   ② 10월 10일   ③ 10월 17일
④ 10월 22일   ⑤ 10월 23일

 인적자원관리능력 / 출장일 선택하기

G 팀장과 C 대리의 출장일은 팀마다 최소 1명씩 출근하고, 휴가일 전후와 겹치지 않으며, 회의가 없는 10월 10일이 가장 적합하다.

오답풀이

① 10월 2일은 G 팀장이 휴가이므로 휴가지침 ㉢에 의해 적합하지 않다.
③ 10월 18일은 C 대리가 휴가이므로 휴가지침 ㉢에 의해 적합하지 않다.
④ 10월 22일에는 H 과장, I 사원이 휴가이다. 만약 G 팀장이 출장을 가게 되면 영업팀의 모든 직원들이 출근을 하지 않게 된다. 따라서 휴가지침 ㉡에 어긋나므로 적합하지 않다.
⑤ 10월 24일은 C 대리가 휴가이므로 휴가지침 ㉢에 의해 적합하지 않다.

정답 ②

Chapter 05 CHECK 주요 기출유형 익히기

01 자원관리의 과정을 바르게 나열한 것은?　〔2020 경기도 공공기관 통합채용〕

> ㉠ 자원 활용 계획 세우기
> ㉡ 필요한 자원의 종류와 양 확인하기
> ㉢ 이용 가능한 자원 수집하기
> ㉣ 계획대로 수행하기

① ㉡-㉠-㉢-㉣　　② ㉡-㉢-㉠-㉣
③ ㉢-㉠-㉣-㉡　　④ ㉢-㉡-㉠-㉣

 자원관리능력 / 자원관리의 과정 이해하기

자원관리는 '필요한 자원의 종류와 양 확인하기 – 이용 가능한 자원 수집하기 – 자원 활용 계획 세우기 – 계획대로 수행하기'의 과정을 거친다.

정답 ②

02 다음 중 ㉠에 해당하는 내용으로 가장 옳은 것은?　〔2020 경기도 공공기관 통합채용〕

	긴급함	긴급하지 않음
중요함	㉠	㉡
중요하지 않음	㉢	㉣

① 중장기 계획　　② 인간관계 구축
③ 잠깐의 급한 질문　　④ 기간이 정해진 프로젝트

 시간관리능력 / 일의 우선순위 판단하기

㉠에는 급박한 문제, 기간이 정해진 프로젝트 등이 해당한다.
①, ②는 ㉡에 해당하고, ③은 ㉢에 해당한다.

정답 ④

03 다음 중 효과적인 시간 관리 방법으로 적절하지 않은 것을 모두 고르면?

`2020 경기도 공공기관 통합채용`

> (ㄱ) 실현 가능한 목표를 세우고 현실적으로 계획한다.
> (ㄴ) 부하에게 업무를 일부 위임하고 책임지도록 한다.
> (ㄷ) 자주 반복되는 업무에는 보다 적은 시간을 분배한다.
> (ㄹ) 결과의 질보다 마감기한을 지키는 것이 더 중요하다.
> (ㅁ) 일의 경중에 따라 우선순위를 정하고 반드시 지킨다.

① (ㄴ), (ㄷ), (ㄹ)   ② (ㄴ), (ㄹ)
③ (ㄷ), (ㅁ)   ④ (ㄷ), (ㄹ), (ㅁ)

시간관리능력 / 시간 관리 방법 파악하기

최단 시간 내 목표를 달성하기 위해 가장 빈번하게 반복되는 일일수록 많은 시간을 분배하는 것은 효과적인 시간 관리 방법 중 하나이다. 또한 업무의 경중에 따라 시간을 할애하고, 우선순위 및 전체적인 계획을 세워야 하지만 예상하지 못한 일이 발생했을 경우 유연성 있게 계획을 수정해야 한다.
(ㄹ) 대개 마감기한보다 결과의 질을 더 중요시 하는 경향이 있지만 기한을 넘긴 업무는 그 질을 인정받거나 평가받기 어렵다. 마감기한을 지키는 것은 업무의 기본이므로 결과의 질뿐 아니라 기한 엄수 또한 중요하다.

정답 ③

04 다음 중 물적자원 활용의 방해요인을 모두 고른 것은?

`2020 경기도 공공기관 통합채용`

> ㉠ 물품이 훼손된 경우
> ㉡ 목적 없이 물건을 구입한 경우
> ㉢ 보관 장소를 파악하지 못하는 경우
> ㉣ 오래된 물품을 보관하고 있는 경우

① ㉠, ㉡   ② ㉠, ㉡, ㉢
③ ㉢, ㉣   ④ ㉠, ㉢

물적관리능력 / 물적자원 활용 파악하기

물적자원 활용의 방해요인은 보관 장소를 파악하지 못하는 경우, 물품이 훼손된 경우, 물품을 분실한 경우, 목적 없이 물건을 구입한 경우이다. 따라서 정답은 ②이다.

정답 ②

05 서울에서 근무하는 S 대리는 대구로 출장을 가게 되었다. 주어진 조건과 표를 바탕으로 교통비 한도 내에서 가장 빠르게 대구역에 도착하는 방법을 고르면? (단, 주어진 조건 외 다른 요소는 고려하지 않는다.)

`2020 한국도로공사`

조건
• S 대리는 9시에 회사에서 출발하여 서울역을 거쳐 14시까지 대구역에 도착해야 한다. • 회사에서 서울역까지 운행하는 버스와 택시는 9시에 바로 탑승할 수 있다. • 서울역에서 기차 탑승 장소까지는 20분의 이동시간이 필요하다. • 새마을호는 매시간 20분과 50분, 무궁화호는 매시간 정각과 30분, KTX는 매시간 45분에 출발한다. • 교통비 한도는 50,000원이다.

회사 → 서울역				
출발지	교통수단	금액	소요시간	도착지
회사	택시	10,000원	30분	서울역
	버스	2,000원	1시간 20분	

서울역 → 대구역		
기차	금액	소요시간
KTX	45,000원	3시간
무궁화호	38,000원	3시간 30분
새마을호	29,000원	4시간 40분

① 택시 - 무궁화호　　　　② 택시 - 새마을호
③ 버스 - KTX　　　　　　④ 버스 - 새마을호

시간관리·예산관리능력 / 합리적인 교통편 선택하기

'택시-KTX'를 이용하면 교통비 한도를 초과하게 되고, '택시-새마을호', '버스-무궁화호', '버스-새마을호'를 이용하면 14시까지 대구역에 도착할 수 없게 된다. 따라서 '택시-무궁화호'와 '버스-KTX'중에서 더 빠르게 대구역에 도착하는 것을 찾으면 된다.

• 택시-무궁화호 : 서울역에 9시 30분에 도착하고, 9시 50분에 기차 탑승 장소에 도착하여 10시에 무궁화호를 탑승할 수 있다. 따라서 13시 30분에 대구역에 도착하게 된다.
• 버스-KTX : 서울역에 10시 20분에 도착하고, 10시 40분에 기차 탑승 장소에 도착하여 10시 45분에 KTX를 탑승할 수 있다. 따라서 13시 45분에 대구역에 도착하게 된다.

그러므로 교통비 한도 내에서 가장 빠르게 대구역에 도착하는 것은 '택시-무궁화호'이다.

정답 ①

06 전기료가 1kWh당 150원이라고 할 때, 5년 동안 정수기를 사용할 경우 가장 저렴한 제품을 고르면?

`2019 IBK 기업은행`

구분		A 정수기	B 정수기	C 정수기	D 정수기
기본 사양	크기(mm)	170×399×520	170×396×520	260×1,150×470	119×363×340
	무게(kg)	11.5	9.9	21	3.3
관리 비용	에너지사용량 (kWh/년)	38	25	16	43
	필터교체비용 (원/분기)	22,900	15,000	13,200	24,000
구입 가격(원)		154,000	299,000	360,000	121,000

① A 정수기   ② B 정수기   ③ C 정수기   ④ D 정수기

예산관리능력 / 저렴한 제품 선택하기

구입 가격과 관리 비용을 고려하여 5년 동안 사용했을 경우를 계산하면 다음과 같다.

구분	에너지사용비용(원) [사용량×5년×150원]	필터교체비용(원) [비용×4분기×5년]	구입 가격(원)	합계(원)
A 정수기	28,500	458,000	154,000	640,500
B 정수기	18,750	300,000	299,000	617,750
C 정수기	12,000	264,000	360,000	636,000
D 정수기	32,250	480,000	121,000	633,250

따라서 5년 동안 정수기를 사용할 경우 가장 저렴한 제품은 B 정수기이다.

정답 ②

✅ **예산관리능력 풀이 전략**
① 대부분 기본적인 연산을 이용하여 해결할 수 있는 수준으로 출제되므로 빠르고 정확한 연산 훈련이 필요하다.
② 문제에서 요구하는 것을 먼저 확인하고 자료에서 문제 풀이에 필요한 부분만 확인하는 것이 더욱 효율적이다.

07 ○○공단은 신입사원을 채용하여 부서 배치를 진행하려고 한다. 신입사원 평가 점수표와 부서배치 조건을 보고 판단한 내용으로 옳지 않은 것은? `2019 한국산업인력공단`

신입사원 평가 점수

구분	직무이해도 (100)	직무적합성 (100)	인성 및 태도 (100)	전공 능력 (100)	회계 능력 (100)
배경태	90	50	80	50	60
양윤동	50	60	70	80	50
이시영	80	80	70	70	90

부서배치 조건

- 다음의 가중치를 적용하여 계산했을 때, 각자 가장 높은 점수가 나오는 부서에 배치한다.
- 한 부서에 여러 명이 배치될 수 있다.

구분	직무이해도	직무적합성	인성 및 태도	전공 능력	회계 능력
인사부	40	20	30	5	5
관리부	30	40	10	10	10
총무부	20	10	20	10	40

① 인사부에 배치되는 사람은 두 명이다.
② 관리부에 배치되는 사람은 없다.
③ 이시영 사원은 총무부에 배치된다.
④ 모든 경우에서 제일 높은 총점은 79점이다.
⑤ 각 가중치를 적용했을 때 제일 높은 총점과 제일 낮은 총점의 차가 가장 작은 사원은 양윤동 사원이다.

 인적자원관리능력 / 부서 배치하기

각 사원의 점수에 각 가중치를 적용하여 계산하면 다음과 같다.

- 배경태 사원

구분	직무이해도	직무적합성	인성 및 태도	전공 능력	회계 능력	총점
인사부	0.4×90	0.2×50	0.3×80	0.05×50	0.05×60	75.5
관리부	0.3×90	0.4×50	0.1×80	0.1×50	0.1×60	66
총무부	0.2×90	0.1×50	0.2×80	0.1×50	0.4×60	68

→ 인사부에 배치한다. 가장 높은 총점과 가장 낮은 총점의 차는 9.5점(75.5−66)이다.

• 양윤동 사원

구분	직무이해도	직무적합성	인성 및 태도	전공 능력	회계 능력	총점
인사부	0.4×50	0.2×60	0.3×70	0.05×80	0.05×50	59.5
관리부	0.3×50	0.4×60	0.1×70	0.1×80	0.1×50	59
총무부	0.2×50	0.1×60	0.2×70	0.1×80	0.4×50	58

→ 인사부에 배치한다. 가장 높은 총점과 가장 낮은 총점의 차는 1.5점(59.5−58)이다.

• 이시영 사원

구분	직무이해도	직무적합성	인성 및 태도	전공 능력	회계 능력	총점
인사부	0.4×80	0.2×80	0.3×70	0.05×70	0.05×90	77
관리부	0.3×80	0.4×80	0.1×70	0.1×70	0.1×90	79
총무부	0.2×80	0.1×80	0.2×70	0.1×70	0.4×90	81

→ 총무부에 배치한다. 가장 높은 총점과 가장 낮은 총점의 차는 4점(81−77)이다.
따라서 모든 경우에서 제일 높은 총점은 81점이므로 답은 ④이다.

정답 ④

HELPFUL TIPS⁺

✔ **인적자원관리능력 풀이 전략**
① 인적자원관리는 주로 인적자원 할당과 관련된 문제가 출제되므로 제시되는 상황이나 조건에 대해 명확히 이해해야 한다.
② 인적자원관리 계산문제의 경우 대부분 기본적인 연산을 이용해 해결할 수 있는 수준으로 출제되므로 빠르고 정확한 연산 훈련이 필요하며 실수를 하지 않는 것이 가장 중요하다.

05 Chapter   FINISH
기출·예상문제 마무리

정답과 해설 026p

01 다음 중 강 팀장이 선호하는 인력배치 유형으로 옳은 것은?   `2020 경기도 공공기관 통합채용`

> 강 팀장 : 저는 인력배치를 할 때 작업량과 여유 또는 부족 인원을 감안하여 소요인원을 결정하여 배치하는 것을 선호해요.

① 양적배치   ② 질적배치   ③ 적성배치   ④ 공정배치

02 업무의 중요성과 긴급성에 따라 주간 업무계획을 다시 작성하고자 할 때, 올바른 수정 사항이 아닌 것은?   `2020 지역농협`

	긴급성	비긴급성
중요성	(1)	(2)
비중요성	(3)	(4)

※ 업무 처리 우선순위 : (1) → (2) → (3) → (4)

요일	업무 내용	중요성	긴급성
월요일	3/4분기 실적 보고서 제출	★★	★★
화요일	하반기 인사평가 계획서 작성	★★★	★★
수요일	신입사원 채용 안내문 게시	★★★	★★★
목요일	협력업체에 메일 및 택배 발송	★	★
금요일	연말 사내 워크샵 일정 공유	★★	★

① 월~수요일 업무를 우선하고, 예상하지 못한 일이 발생할 경우를 대비해 목~금요일 업무 시간을 축소할 수 있다.
② 외부 협력업체에 메일과 택배를 보내는 일은 동료들과 연말 워크샵 일정에 대해 상의한 다음에 처리해도 된다.
③ 자사 및 채용 홈페이지에 신입사원 채용 안내문을 게시하는 업무가 다른 업무보다 우선하여 처리되어야 한다.
④ 실적 보고서 제출 업무와 인사평가 계획서 작성 업무는 긴급성이 같으므로 업무를 처리해야 하는 순서가 같다.

03 △△회사 서울지사에 근무하는 P 씨는 대전지사와 부산지사로 출장을 가려 한다. 회사에서 출발하여 두 지사를 둘러보고 다시 회사로 돌아와야 한다고 할 때, 출장에 필요한 고속도로 통행요금의 최소금액은 얼마인가? (단, P 씨는 중형차를 이용하고, 지역 간 이동 시 항상 고속도로를 이용한다.) `2020 한국도로공사`

출발지명	도착지명	고속도로 통행요금			
		1종(소형차)	2종(중형차)	3종(대형차)	4종(화물차)
서울	대전	8,200원	8,400원	8,700원	11,300원
서울	부산	18,600원	19,000원	19,700원	26,100원
대전	부산	13,200원	13,500원	14,000원	18,400원
대전	서울	9,200원	9,400원	9,700원	12,300원
부산	대전	19,200원	19,500원	20,300원	26,800원
부산	서울	17,600원	18,000원	18,700원	25,100원

① 36,900원　　　② 39,900원
③ 45,900원　　　④ 47,900원

04 귀하의 회사에서 창립기념품으로 직원들에게 나누어 줄 무선이어폰 120개를 구매하려고 한다. 다음의 지시를 따른다고 할 때 선택해야 할 업체로 적절한 곳은? `2020 한국관광공사`

> "할인 시 개당 가격이 80,000원 이상인 제품 중 가장 저렴한 제품을 고르되 가격 차이가 42,000원을 초과하지 않으면 음질이 더 좋은 제품을 파는 업체를 선택해주세요."

업체	가격(원)	음질	할인율
A	88,000	상	10%
B	92,000	중	11%
C	126,000	중	8%
D	158,000	상	20%
E	165,000	상	25%

※ 대량구매(100개 이상 주문부터) 시 할인율 적용

① A　　　② B　　　③ C
④ D　　　⑤ E

05 영업팀의 A 사원은 지방 출장 중 숙박비 30만 원, 교통비 10만 원, 식비 20만 원을 사용하였다. 결재 규정이 다음과 같을 때, A 사원이 작성한 결재 양식으로 옳은 것은?

`2019 지역농협`

결재 규정

- 결재를 받으려는 업무에 대해서는 최고결재권자(대표이사)를 포함하여 이하 직책자의 결재를 받아야 한다.
- 전결이란 업무를 수행함에 있어 최고결재권자의 결재를 생략하고, 최고결재권자로부터 권한을 위임받은 자가 자신의 책임 하에 최종적으로 의사 결정을 하는 행위를 말한다.
- 전결사항에 대해서도 위임받은 자를 포함하여 이하 직책자의 결재를 받아야 한다.
- 결재를 올리는 자는 최고결재권자로부터 결재 권한을 위임받은 자가 있는 경우 결재란에 전결이라고 표시하고 최종 결재란에 위임받은 자를 표시한다.
- 결재가 불필요한 직책자의 결재란은 상향 대각선으로 표시한다.
- 최고결재권자의 결재사항 및 최고결재권자로부터 위임된 전결 사항은 아래의 표에 따른다.

구분	내용	금액 기준	결재 서류	팀장	부장	대표이사
출장비	숙박비, 교통비, 식비	30만 원 이하	출장계획서, 출장비 신청서	●, ◆		
		70만 원 이하		●	◆	
		70만 원 초과			●	◆
소모품	사무용품, 기타 소모품	30만 원 이하	지출결의서, 입금요청서	◆		
		30만 원 초과				◆
법인카드	법인카드 사용	50만 원 이하	법인카드 신청서	◆		
		70만 원 이하			◆	
		70만 원 초과				◆
접대비	거래처 식대, 경조사비	30만 원 이하	기안서, 지출품의서		●	
		70만 원 이하			●	
		70만 원 초과				●

● : 출장계획서, 기안서, 지출품의서
◆ : 지출결의서, 입금요청서, 각종 신청서

① 출장계획서

결재	담당	팀장	부장	최종 결재
	A	전결	/	대표이사

② 출장비 신청서

결재	담당	팀장	부장	최종 결재
	A		전결	부장

③
결재	\multicolumn{4}{c	}{출장계획서}
	담당	팀장	부장	최종 결재
	A		/	팀장

④
결재	\multicolumn{4}{c	}{출장비 신청서}
	담당	팀장	부장	최종 결재
	A	전결	/	팀장

⑤
결재	\multicolumn{4}{c	}{출장계획서}
	담당	팀장	부장	최종 결재
	A		전결	부장

06 ○○기업은 휴일에 행사를 하게 되어 1일 아르바이트생을 고용했다. 휴일근로수당 지급 기준과 고용 현황이 다음과 같을 때, 총 지급해야 하는 급여액은 얼마인가? [2019 지역농협]

휴일근로수당 지급 기준

\multicolumn{2}{c	}{평일 시급}	8,350원
휴일	8시간 이내 근로한 시간	평일 시급의 1.5배 지급
	8시간을 초과하여 근로한 시간	평일 시급의 2배 지급

아르바이트 고용 현황

이름	고용 시간
A	09:00~13:00
B	11:00~20:00
C	10:00~21:00

• 점심시간은 13:00~14:00이며, 점심은 무료로 제공하되 근로 시간에서 제외한다.

① 275,550원   ② 283,900원   ③ 300,600원
④ 317,300원   ⑤ 384,100원

[07~08] 다음은 장소 대관업체의 예약 현황이다. 자료를 보고 이어지는 물음에 답하시오.

5월 마지막 주 예약 현황

26(일)	27(월)	28(화)	29(수)	30(목)	31(금)
	12:00~16:00 꽃가람홀	09:00~11:00 도담홀	09:00~12:00 미르홀 12:00~16:00 도담홀	09:00~18:00 도담홀	09:00~18:00 미르홀 13:00~17:00 꽃가람홀

홀 구분	수용 가능 인원	빔 프로젝터 유무	테이블 종류
꽃가람홀	150	O	강의식 (변경 가능)
도담홀	120	O	원형 (변경 불가능)
미르홀	70	X	원형 (변경 가능)

- 모든 홀은 오전 9시부터 오후 6시까지 사용 가능하다. (단, 일요일에는 대관하지 않음)
- 테이블 종류가 변경 가능한 홀은 강의식에서 원형으로, 원형에서 강의식으로 변경할 수 있다.

07 장소 대관 업무를 하고 있는 T 사원은 ○○기업으로부터 다음과 같은 문의를 받았다. T 사원의 판단으로 적절하지 않은 것은?

> ☎ 저희 회사에서 5월 마지막 주에 특강을 진행하려고 합니다. 직원은 100명 정도 참석할 것 같고 빔 프로젝터가 필요합니다. 책상은 모두 앞을 보고 앉는 강의식 책상보다는 원형 테이블로 했으면 좋겠습니다. 아, 월요일과 금요일은 어려울 것 같습니다. 예약 가능한 공간이 있습니까?

① 문의 사항을 보니 꽃가람홀과 도담홀이 적합하겠군.
② 화요일 오후에는 도담홀 대관이 가능한데 행사가 몇 시부터인지 물어봐야겠군.
③ 행사를 화요일 오전부터 진행하려면 꽃가람홀만 사용할 수 있는데, 테이블 종류를 바꿔서 다시 세팅해야 하는군.
④ 수요일은 오전부터 오후까지 예약이 꽉 차서 대관이 안 된다고 말해야겠군.
⑤ 목요일에 행사를 진행하려면 꽃가람홀만 사용할 수 있겠군.

08 ○○기업은 목요일 오후 1시부터 6시까지 꽃가람홀을 예약한 후, 주차 비용에 대해 문의했다. 특강이 진행되는 동안 총 30대의 차량을 주차할 예정이며, 그중 임원들의 차량 12대는 3시간만 주차한 후 빠져나갈 예정이라고 한다. T 사원의 대답이 다음과 같을 때, 총 주차 비용은 얼마인가? (단, 최소 금액을 구한다.)

> 주차는 처음 30분은 무료이고, 그 후로는 10분당 500원의 요금이 부과됩니다. 최초 주차 시간으로부터 2시간 초과 시에는 30분당 2,000원의 요금이 부과되며 꽃가람홀을 예약하시면 무료 주차권 5장을 드립니다.

① 304,000원 　　　② 316,500원 　　　③ 317,000원
④ 356,500원 　　　⑤ 362,500원

09 ○○기업의 H 대리는 영국 런던에서 진행되는 세미나에 참석할 예정이다. 런던 지사에서 현지 시간으로 5월 8일 아침 6시에 공항 마중을 나올 예정이라는 연락을 받고, 아침 5시 50분에 런던 공항에 도착하는 비행기를 예매했다. 시차와 비행시간이 다음과 같을 때, H 대리가 예매한 비행기는 한국 현지 시간으로 언제 인천에서 출발하는가?

런던	서울
08:19 AM	05:19 PM
5월 6일 월요일	5월 6일 월요일

비행 노선	출발 시간(현지 시간)	비행시간	도착 시간(현지 시간)
인천 → 런던		11시간 55분	5월 8일 05:50 AM

① 5월 8일 02:55 AM 　　　② 5월 7일 02:55 AM 　　　③ 5월 7일 07:55 AM
④ 5월 6일 07:55 AM 　　　⑤ 5월 8일 07:55 AM

10 다음은 두루누리 사회보험료 지원사업에 관한 자료이다. 자료를 보고 ㉠과 ㉡의 경우 지원받을 수 있는 금액으로 맞게 짝지어진 것을 고르면?

- **두루누리 사회보험료 지원사업이란?**
  소규모 사업을 운영하는 사업주와 소속 근로자의 사회보험료(고용보험·국민연금) 일부를 국가에서 지원함으로써 사회보험 가입에 따른 부담을 덜어주고, 사회보험 사각지대를 해소하기 위한 사업

- **지원대상**
  - 근로자 수가 10명 미만인 사업에 고용된 근로자 중 월평균보수가 210만 원 미만인 근로자와 그 사업주에게 사회보험료(고용보험·국민연금)를 최대 90%까지 각각 지원함. 2018년 1월 1일부터 신규지원자 및 기지원자 지원을 합산하여 3년(36개월)만 지원
  - 기지원자의 경우 2020년까지 지원 (2021년부터 지원 중단)

- **지원금액 산정 예시**
  - 사업주지원금(신규지원자의 경우)
    → 근로자 수 5명 미만인 사업에 고용된 근로자의 월평균보수가 190만 원이라면 매월 92,340원을 지원받을 수 있음 (90% 지원)
    → 근로자 수 5명 이상 10명 미만인 사업에 고용된 근로자의 월평균보수가 190만 원이라면 매월 82,080원을 지원받을 수 있음 (80% 지원)
  - 근로자지원금(신규지원자의 경우)
    → 근로자 수 5명 미만인 사업에 고용된 근로자의 월평균보수가 190만 원이라면 매월 88,060원을 지원받을 수 있음 (90% 지원)
    → 근로자 수 5명 이상 10명 미만인 사업에 고용된 근로자의 월평균보수가 190만 원이라면 매월 78,280원을 지원받을 수 있음 (80% 지원)

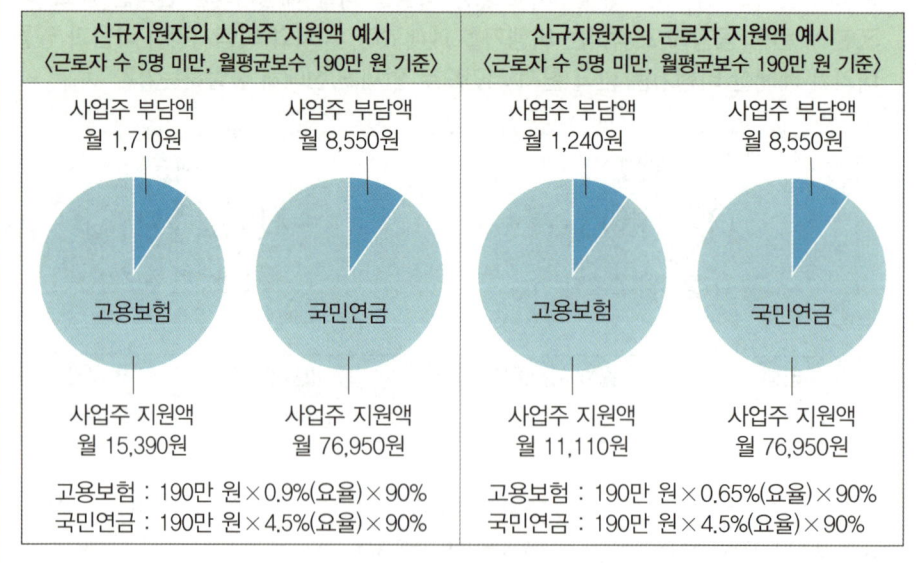

	신청자 형태	사업 근로자 수	월평균보수	지원 형태
㉠	사업주	4명	180만 원	신규
㉡	근로자	7명	200만 원	신규

       ㉠   ㉡
① 87,480원   82,400원
② 77,760원   82,400원
③ 87,480원   92,700원
④ 77,760원   92,700원
⑤ 72,000원   82,400원

11 N 사원은 같은 부서의 대리, 과장과 함께 4박 5일로 스위스 해외출장을 가게 되었다. N 사원이 출장비를 산정하여 보고하는 업무를 맡게 되어 출장비를 산정했다고 할 때 산정한 출장비는 총 얼마인가?

해외 출장비 규정

구분	교통비(왕복)	숙박비(1박)	일비(1일)	식비(1일)
임원	BUSINESS CLASS (실비)	20만 원	18만 원	5만 원
부장/과장	ECONOMY CLASS (실비)	15만 원	15만 원	4만 원
대리/사원		10만 원	12만 원	3만 원

항공료

국가 — 도시명	왕복운임	
	BUSINESS CLASS	ECONOMY CLASS
스위스 — 취리히	5,970,300원	1,500,000원

· 출장비 = 교통비＋숙박비＋일비＋식비
· 숙박비는 박 기준, 일비와 식비는 일 기준으로 지급한다.

① 820만 원   ② 825만 원   ③ 830만 원
④ 835만 원   ⑤ 840만 원

[12~13] ○○기업은 접착제를 사용해 공장에 있는 기계의 부품을 수리하려고 한다. 다음은 접착제 종류에 대한 자료와 수리 업체별 비교 현황이다. 주어진 자료를 보고 물음에 답하시오.

2019 지역농협

접착제별 적합성 및 단가

종류	적합성						단가
	금속	플라스틱	고무	목재	유리	가죽	
순간 접착제	+	++	++	+	+	+	27,100원
고무-금속 접착제	+++	+	+++			+	57,730원
스프레이 접착제				++		+	32,400원
구조용 접착제	+++	+++	+	++	+		34,750원
에폭시 접착제	++			++			28,900원

수리 업체별 비교

업체	A 업체	B 업체	C 업체	D 업체	E 업체
하루당 인건비	47,000원	35,000원	49,500원	39,700원	42,000원
수리 기간	5일	7일	4일	6일	5일
비고	10% 할인	5% 할인		3만 원 할인	4% 할인

12 ○○기업의 공장에 있는 기계의 부품은 대부분 플라스틱 재질이고 일부는 금속, 고무, 목재 재질이다. 네 가지 재질에 모두 사용할 수 있는 접착제를 구입해야 하며, 부품 수리 시 플라스틱에 대한 적합성이 +인 접착제는 12개, ++인 접착제는 9개, +++인 접착제는 7개가 필요하다고 한다. 이때 가장 저렴하게 사용할 수 있는 접착제를 고르면?

① 순간 접착제   ② 고무-금속 접착제   ③ 스프레이 접착제
④ 구조용 접착제   ⑤ 에폭시 접착제

13 ○○기업은 위에서 선택한 재료로 부품 수리 작업을 진행하게 되었다. 수리기간 동안 하루에 8,000원씩 업체에 식비를 지원해야 한다고 할 때, 가장 저렴하게 수리를 진행할 수 있는 업체를 고르면?

① A 업체   ② B 업체   ③ C 업체
④ D 업체   ⑤ E 업체

14 다음은 A~E 강사의 스케줄 표이다. ○○공단은 한 주를 정해 월요일부터 금요일까지 하루에 한 명씩 각각 다른 강사를 초대해 강의를 진행하려고 한다. 다음 A~E 강사의 규정과 스케줄 표를 참고했을 때, 강의를 진행하기에 가장 적절한 주는 언제인가?

`2019 한국산업인력공단`

강사 규정

- 하루에 한 번만 강의한다.
- 토요일, 일요일을 제외하고 적어도 하루는 강의를 쉬어야 한다.
- 한 달에 한 번 휴가를 가며, 휴가 전날과 다음날은 강의하지 않는다.

스케줄 표

월요일	화요일	수요일	목요일	금요일	토요일	일요일
4/29	30	5/1	2	3	4	5
A-기업 강의 B-학교 강의 C-구청 강의	B-학교 강의 D-구청 강의	B-학교 강의 C-기업 강의	E-학교 강의	B-학교 강의 D-공단 강의	C-기업 강의	
6	7	8	9	10	11	12
A-학교 강의 E-공단 강의	A-기업 강의	B-구청 강의 C-학교 강의 E-공단 강의	E-공단 강의 A 강사 휴가	B-학교 강의 C-공단 강의		
13	14	15	16	17	18	19
A-학교 강의 E-공단 강의	A-공단 강의 C-기업 강의	D-구청 강의 E-공단 강의 B 강사 휴가	D-학교 강의 C 강사 휴가	E-학교 강의	B-기업 강의 D-기업 강의	
20	21	22	23	24	25	26
A-공단 강의	A-학교 강의 B-학교 강의	B-학교 강의 D-기업 강의 E-구청 강의	A-학교 강의 C-공단 강의	A-기업 강의 E-학교 강의	A-기업 강의	
27	28	29	30	31	6/1	2
B-학교 강의 E-공단 강의	E-학교 강의 D 강사 휴가	C-기업 강의	C-학교 강의 D-구청 강의 E 강사 휴가	A-공단 강의 C-기업 강의 D-학교 강의	C-기업 강의	

① 첫째 주 ② 둘째 주 ③ 셋째 주
④ 넷째 주 ⑤ 다섯째 주

[15~16] 다음은 B 기업의 채용 직무기술서이다. 이어지는 물음에 답하시오.

직무	회계감사 · 세무		
직무수행내용	• (회계감사) 투명한 예산집행을 위해 규정에 부합한 회계처리업무, 내·외부 감사의 전반적인 업무 • (세무) 정확한 과세 소득과 과세표준 및 세액을 산출하여 과세당국에 신고 및 납부에 관한 전반적인 업무		
자격요건	일반요건	연령	무관
		성별	무관
	교육요건	학력	무관
		전공(우대)	경영학, 회계학, 세무회계학 등
	실무요건	경력(필수)	1년 이상 (동종업계)
		자격(우대)	전산회계1급, 전산세무2급
		기술(우대)	Excel능력, 수리능력, 의사소통능력
능력단위	• (회계감사) 전표관리, 자금관리, 결산관리, 회계정보 시스템 운용, 재무 분석, 회계 감사, 사업결합회계 • (세무) 전표처리, 결산관리, 세무정보 시스템 운용, 원천징수, 부가가치세 신고, 종합소득세 신고, 지방세 신고, 기타세무 신고, 세무조사 대응, 조세불복 청구, 법인세 세무조정, 법인세 신고		
필요지식	• 기업실무에 적용되는 회계 관련 규정 및 세법 • 회계기준과 세법의 차이점에 대한 이해 • 공공기관 통합공시 규정 • 세무조사 관련 지식 • 세금 신고 · 납부 절차 • 세무정보시스템의 이해 • 재무제표 및 재무 분석		

15 위의 직무기술서를 보고 많은 사람들이 지원을 해왔고 다음은 지원자들 중 일부의 이력이다. 다음 중 직무에 가장 적합한 지원자는 누구인가?

성명	연령	성별	학력	전공	경력	자격	특기
김영은	29	여	대졸	회계학	타업계 3년	전산회계2급	의사소통
박민수	28	남	대졸	역사학	동종업계 1년	–	Excel
이은지	33	여	초대졸	세무회계학	동종업계 4년	전산세무2급	수리
이준성	24	남	대졸	경영학	신입	전산회계1급, 전산세무1급	Excel
박보배	35	여	대학원졸	국어국문학	타업계 5년	–	의사소통

① 김영은 ② 박민수 ③ 이은지
④ 이준성 ⑤ 박보배

16 ○○○지원자는 서류전형에 통과한 후 필기평가와 면접전형에도 통과해 B 기업에 채용되어 재무부에서 근무하고 있다. 다음은 ○○○사원의 회사 이메일 화면이다. 위의 직무기술서를 참고할 때 ○○○사원에게 잘못 온 메일을 고르면?

B 기업 메일	삭제 전달			
메일쓰기	① ✉	P 과장	9월에 현금출납업무 내부 감사가 진행됩니다.	21.07.19 09:31
📁 받은메일함	② ✉	A 부장	직원 성과 평가표 양식입니다. 참고하세요.	21.07.19 09:27
✈ 보낸메일함	③ ✉	R 팀장	과세당국에 세금 신고 하셨나요?	21.07.19 09:15
🗑 휴지통	④ ✉	I 차장	우리 회사가 외부 감사 대상이 되었습니다.	21.07.19 09:10
	⑤ ✉	S 대리	전표처리 끝났습니까?	21.07.19 08:40

17 관리부의 G 사원은 창고 관리를 맡고 있다. 얼마 전 관리부의 부장이 창고를 점검했고 G 사원은 물적 자원을 적절하게 이용하지 못하고 있다는 지적을 받았다. G 사원은 원인이 무엇인지 생각해보았고 다음과 같은 생각을 했다. 물적 자원을 적절하게 이용하지 못하는 원인으로 G 사원이 잘못 생각한 것은?

① 사용한 물건을 생각 없이 아무 곳에나 놓아둔 것이 잘못인 것 같아. 보관 장소를 파악하지 못해 물건이 필요할 때 물품을 찾기 어려운 경우가 많았어.
② 관리를 제대로 하지 못해서인 것 같아. 조심히 다루지 않다가 고장 나거나 훼손된 물건이 많아. 물건을 다시 구입하느라 경제적인 손실도 있었어.
③ 물건을 분실한 것도 문제야. 제대로 챙기지 않아서 잃어버린 물건이 많았잖아. 분실한 물건도 다시 구입하느라 경제적 손실이 있었지.
④ 같은 품종을 같은 장소에 보관하고 유사품은 인접한 장소에 보관한 게 문제인 것 같아. 비슷한 것끼리 모여 있으면 눈에 잘 띄지 않고 찾기가 어려우니까.
⑤ 분명한 목적 없이 물건을 구입한 것도 잘못한 일인 것 같아. 정말 필요한 물품을 구입한 것이 아니라서 활용도 하지 못하고 아무렇게나 보관하고 있으니까.

[18~19] 다음은 꽃 축제 진행을 위한 자료이다. 다음 자료를 보고 이어지는 물음에 답하시오.

꽃 축제 입장료 및 주차료

구분		요금(원)		비고
		개인	단체	
입장료	어른	3,000	2,400	단체 : 20인 이상
	청소년	2,000	1,600	
	어린이	1,000	800	
주차료	중·소형	3,000	–	승차 정원 20인 미만
	대형	5,000	–	승차 정원 20인 이상

※ 입장료는 1인, 주차료는 1일 기준입니다.
※ 어린이 : 24개월~초등학생 / 청소년 : 중·고등학생
※ 30명 이상 입장 시 전체 입장료의 10%가 추가 할인됩니다.

꽃 축제 일정표

시간	호수거리	체험마당
10:00~11:00	꽃 장식 전시 (10:00~12:00)	–
11:00~12:00		페이스페인팅 체험 (11:00~12:50)
12:00~13:00	음악공연 (12:30~13:30)	
13:00~14:00		꽃 네일아트 체험 (13:00~14:40)
14:00~15:00	꽃 사진 전시 (14:00~16:00)	
15:00~16:00		비즈공예 체험 (15:00~16:45)
16:00~17:00	–	
17:00~18:00	꽃 포토존 (17:00~19:30)	꽃 퀴즈게임 (17:00~18:30)
18:00~19:00		
19:00~20:00		–

※ 각 프로그램 참여 완료 시 쿠폰에 도장을 찍어드립니다. 4개 이상 찍은 쿠폰을 퇴장 시 제출하면 상품을 드립니다.
※ 프로그램 중간에는 참여할 수 없습니다. 시작 시각을 반드시 확인하시기 바랍니다.
※ 호수거리와 체험마당은 도보로 이동 시 5분 정도 소요됩니다.

18 꽃 축제 일정표를 보고 행사에 참여하여 쿠폰에 도장을 받으려 한다. 다음 중 쿠폰에 4개 이상의 참여 도장을 받아 퇴장 시 상품을 받을 수 없는 경우를 고르면?

① 꽃 장식 전시 → 음악공연 → 꽃 사진 전시 → 꽃 포토존
② 페이스페인팅 체험 → 꽃 네일아트 체험 → 비즈공예 체험 → 꽃 퀴즈게임

③ 꽃 장식 전시 → 음악공연 → 비즈공예 체험 → 꽃 포토존
④ 꽃 장식 전시 → 꽃 사진 전시 → 비즈공예 체험 → 꽃 포토존
⑤ 페이스페인팅 체험 → 꽃 네일아트 체험 → 비즈공예 체험 → 꽃 포토존

19 다음 중 가장 많은 비용을 지불하게 되는 경우를 고르면?

① 어른 3명, 고등학생 5명, 초등학생 10명이 꽃 축제에 참여한다.
② 버스를 대절하여 어른 3명, 초등학생 20명이 꽃 축제에 참여한다.
③ 어른 2명, 유치원생 10명이 12인승 차를 이용하여 꽃 축제에 참여한다.
④ 어른 5명, 유치원생 3명이 꽃 축제에 참여한다.
⑤ 어른 1명, 유치원생 30명이 버스를 대절하여 꽃 축제에 참여한다.

20 ○○회사는 신입사원 채용을 진행 중이다. 이들 중 높은 점수를 얻은 2명을 채용하려고 할 때, 최종합격자로 바르게 짝지어진 것을 고르면?

평가점수

(단위 : 점)

구분	직무적합성 (100)	조직적합성		태도(100)	기타(100)
		직무이해도(100)	지원동기(100)		
A 씨	80	90	90	70	80
B 씨	75	80	80	80	60
C 씨	90	60	80	80	80
D 씨	85	70	60	90	80
E 씨	75	80	90	60	90

채용조건

- 최종점수는 각 항목에 다음의 가중치를 적용하여 계산한다.
  - 직무적합성(30%), 직무이해도(25%), 지원동기(15%), 태도(20%), 기타(10%)
- 조직적합성의 평균점수가 90점 이상이면, 최종 점수에 1점을 가산한다.
- 동점자가 있을 경우, 직무적합성이 높은 사람을 우선 채용한다.

① A 씨, B 씨　　　② A 씨, C 씨　　　③ B 씨, C 씨
④ B 씨, E 씨　　　⑤ C 씨, D 씨

[21~22] 다음을 보고 물음에 답하시오.

○○공사 대외협력부 신 과장은 박람회 안내 자료를 인쇄하기 위해 인쇄 비용 견적을 4곳의 업체에서 받아보려 한다.

1쪽 당 인쇄 비용
(단위 : 원)

구분	카피월드	인터프린트	프린컴	북카피
흑백 단면	40	40	45	38
컬러 단면	200	220	200	195
흑백 양면	50	60	55	50
컬러 양면	220	225	215	200

1부 당 제본 비용
(단위 : 원)

구분	카피월드	인터프린트	프린컴	북카피
무선 제본	2,000	2,500	3,000	2,700
스프링 제본	3,500	4,000	3,700	4,000

각 업체별 할인 혜택

업체명	할인 혜택
카피월드	• 흑백 1부 당 200쪽 이상 인쇄 시 총 인쇄 비용에서 5% 할인 • 컬러 1부 당 200쪽 이상 인쇄 시 총 인쇄 비용에서 3% 할인
인터프린트	80부 이상 제작 시 총 금액(제본 비용 포함)에서 5% 할인 (단, 1부 당 150쪽 이상인 경우)
프린컴	제본 비용 포함하여 총 제작 비용이 3,000,000원 이상인 경우 총 비용의 5% 할인
북카피	200쪽 이상 인쇄 시 무선 제본 무료

21 컬러 양면 200쪽을 스프링 제본하여 120부 제작하려고 할 때, 가장 저렴한 업체와 비용을 바르게 짝지은 것은?

	업체	금액
①	카피월드	5,641,000원
②	인터프린트	5,323,800원
③	프린컴	5,441,000원
④	북카피	5,280,000원
⑤	카피월드	5,180,000원

22 신 과장은 박람회 안내 자료를 140부 제작하려고 한다. 총 페이지가 240쪽이고 흑백 양면으로 무선 제본할 경우 가장 저렴한 비용은 얼마인가?

① 1,876,000원 ② 1,776,000원 ③ 1,780,000원
④ 1,680,000원 ⑤ 1,590,000원

23 얼마 전 팀장으로 승진한 L 팀장은 조직원들의 능력을 어떻게 활용하고 관리할지 고민이 많아 동료 팀장에게 조언을 구했다. 동료 팀장은 세 가지 인력배치의 원칙에 따라 효과적으로 인력을 관리하는 것을 추천해주었고 L 팀장은 이를 정리해두었다. L 팀장이 정리한 내용 중 적절하지 않은 것은?

① [적재적소주의] : 각각의 팀원을 능력이나 성격에 가장 적합한 위치에 배치하여 팀원 개개인의 능력을 최대로 발휘해줄 것을 기대하는 것을 말함.
② [적재적소주의] : 작업이나 직무가 요구하는 요건, 개인이 보유하고 있는 조건이 서로 균형 있고 적합하게 대응되어야 성공함.
③ [능력주의] : 개인에게 능력을 발휘할 수 있는 기회를 부여하고 그 성과를 바르게 평가한 후 평가된 능력과 실적에 대해 그에 상응하는 보상을 주는 원칙을 말함.
④ [능력주의] : 적재적소주의 원칙의 하위개념이라고 할 수 있으며 미래에 개발 가능한 능력을 생각하면 불공평할 수 있으므로 기존의 능력에 한정해서 평가해야 함.
⑤ [균형주의] : 팀 전체의 능력향상, 의식개혁, 사기앙양 등을 도모하는 의미에서 전체와 개체가 균형을 이루어야 한다는 것을 말함.

24 ○○기업 관리부의 J 사원은 사무실에 냄새가 난다는 직원들의 불만을 듣고 원인을 파악하던 중 에어컨에서 나는 냄새라는 걸 알게 되었다. 다음 에어컨 관리법을 본 후 J 사원이 판단한 내용으로 적절하지 않은 것은?

> ◆ 에어컨에서 이상한 냄새가 날 경우 아래 방법을 참고해주세요 ◆
>
> - **플라스틱 냄새, 금속 냄새** : 새 제품을 운전할 경우 날 수 있는 냄새입니다.
>   - 실내 환기와 함께 냉방으로 1시간 이상 충분히 운전해주세요.
> - **시큼한 냄새, 석유 냄새** : 에어컨 내부에 냄새를 일으키는 입자(방향제, 디퓨저, 향초 등)가 필터나 열교환기에 흡착된 후 변질되거나 썩어서 발생할 수 있는 냄새입니다.
>   - 방향제, 디퓨저, 향초 등을 에어컨 옆에서 사용하는 것을 삼가주세요.
>   - 실내 환기와 함께 냉방으로 1시간 이상 충분히 운전 후 송풍 또는 공기 청정 운전을 동작해주세요.
>   - 필터 청소를 실시해주시고 그래도 냄새가 지속될 경우 필터 교체를 권장해드립니다.
>   - 열교환기 세척 서비스를 이용해주세요.
> - **곰팡이 냄새** : 에어컨을 오래 사용하여 제품 내부에 수분이 많이 있을 경우 날 수 있는 냄새입니다.
>   - 실내 환기와 함께 송풍 또는 공기 청정 운전으로 1시간 이상 충분히 운전해주세요.
>   - 자동 건조 기능을 사용하시면 냄새 제거에 도움이 됩니다.
> - **음식 냄새** : 음식 냄새가 강하고 기름진 요리를 할 때(생선구이, 삼겹살 등) 에어컨을 가동할 경우 음식의 냄새가 에어컨 내부에 배어 날 수 있는 냄새입니다.
>   - 위에 언급한 요리를 할 경우 가능한 에어컨 작동을 삼가주세요.
>   - 위에 언급한 요리 시 발생한 냄새는 실내 환기로 없앤 후에 에어컨을 사용해주세요.
> - **화장실 하수구 냄새** : 실내기 배수호스의 끝부분이 냄새나는 곳에 있을 경우 날 수 있는 냄새입니다.
>   - 배수호스의 끝부분이 화장실 및 하수구 방향에 있을 경우 냄새가 나지 않는 방향으로 위치를 바꿔주세요.
>   - 실내 환기와 함께 냉방으로 1시간 이상 충분히 운전 후 송풍 운전을 동작해주세요.
>   - 필터 청소를 실시해주시고 그래도 냄새가 날 경우 필터 교체를 권장해드립니다.
>   - 열교환기 세척 서비스를 이용해주세요.

① 냄새를 일으키는 입자가 필터나 열교환기에 흡착된 후 변질되거나 썩으면 시큼한 냄새나 석유 냄새가 날 수 있다.
② 실내 환기와 함께 냉방으로 1시간 이상 충분히 운전하는 것은 모든 냄새의 해결 방법에 해당한다.
③ 곰팡이 냄새가 날 경우 자동 건조 기능을 사용하면 냄새 제거에 도움이 된다.
④ 열교환기 세척 서비스가 도움이 되는 경우는 두 가지 경우이다.
⑤ 화장실 하수구 냄새가 나면 실내기 배수호스의 끝부분이 냄새나는 곳에 있는지 확인하고 냄새가 나지 않는 방향으로 위치를 바꿔주어야 한다.

25 ○○마케팅에서 일하는 이행복 씨는 워크숍에서 운영 예산 진행을 맡게 되었다. 다음 워크숍 기획안을 통해 예산안을 작성할 때, 가장 큰 비중을 두어야 할 사항은?

○○마케팅 워크숍 기획안

◆ 20△△ Concept
동종 산업의 경쟁 구도가 다변화되면서 기존의 사업 방식이 위협받는 상황에서, ○○마케팅의 강점과 한계를 파악하여 대안을 마련하고자 함.

◆ 워크숍 Outline
- 일정 : 20△△년 6월 29일 금요일 ~ 6월 30일 토요일
- 장소 : ○○시 ㅁㅁ인재개발원
- 인원 : 5개 팀 총 40명

◆ 워크숍 Schedule

구분	시간	내용
1일차	08:30 ~ 10:00	회사 집결, 인재개발원 도착(리무진 전세버스 대절)
	10:00 ~ 10:30	오리엔테이션
	10:30 ~ 12:00	「2019 마케팅 산업의 오늘과 내일」 외부 초청인사 강의
	12:00 ~ 13:00	점심식사 및 숙소 배정
	13:00 ~ 14:30	1차 세미나 및 발표 준비(팀별 주제 부여)
	14:30 ~ 15:00	Break time
	15:00 ~ 18:00	2차 세미나 및 발표 준비(팀별 연속 진행)
	18:00 ~ 19:00	저녁식사
	19:00 ~ 20:30	레크리에이션
	20:30 ~ 21:00	세미나 발표 마무리 및 최종 점검
	21:00 ~	1일차 일정 종료, 자유시간 및 취침
2일차	09:30	아침식사 후 집결
	09:30 ~ 11:30	조별 세미나 발표
	11:30 ~ 12:30	○○마케팅 하반기 사업설명회
	12:30 ~ 13:30	점심식사
	13:30 ~ 14:30	시상 및 마무리, 인재개발원 퇴소

① 팀별 세미나 및 발표 준비에 많은 시간이 할애되므로 시상 비용에 큰 비중을 둔다.
② 인재개발원 사용료, 식사비, 교통비 등 워크숍 진행 시 기본적으로 들어가는 비용을 먼저 책정한다.
③ 1일차 오전에 외부 초청인사 강의가 있으므로 강의 자료와 강사에게 지급할 강의료를 먼저 책정한다.
④ 예상하지 못한 유동적인 상황 발생을 대비하여 기타 예비비용을 먼저 책정해둔다.

26 ○○기업은 신입사원을 대상으로 물품관리 교육을 실시했고 교육을 들은 관리부의 신입사원들이 물품관리규정에 대해 토론하고 있다. 다음 중 적절하지 않은 설명을 한 사원은?

물품관리규정

제1조(목적) 이 규정은 당사가 물품을 취득, 보관, 사용 및 처분함에 관하여 그 관리방법 및 절차를 규정함으로써 회사물품의 효율적이고 합리적인 관리를 도모함을 목적으로 한다.

제2조(적용범위) 이 규정은 회사의 모든 부서에 적용되며, 모든 부서는 법령에 따로 정하는 것을 제외하고는 이 규정이 정하는 바에 따른다.

제3조(용어의 정의)
① "물품"이라 함은 소모품을 제외한 사용 가능 햇수 1년 이상인 사무용 기자재류와 비품류를 말한다.
② "소모품"이라 함은 다음의 물건을 말한다.
  1. 한 번 사용하면 다시 사용할 수 없거나 사용함으로써 소모되는 물건
  2. 10만 원 이하의 저가이며 중요도가 낮은 일반 사무용품류

제4조(물품관리자 및 관계자의 기능)
① 물품의 총괄적인 관리는 관리부 과장이 관장하며 관리부 팀장에게 그 직무를 위임할 수 있다.
② 물품관리의 담당책임부서인 관리부에서는 다음 기능을 수행하여야 한다.
  1. 물품의 소요량 계산 및 판단과 수급계획수립
  2. 물품조달 및 재고품관리
  3. 물품출납 및 기록
  4. 처분

제5조(물품관리)
① 구매물품은 검수와 동시에 물품총괄대장에 등재하고 물품번호를 부여하여야 한다.
② 물품은 인수받은 즉시 지정된 장소에 보관하여야 하며 임의로 이전할 수 없다.
③ 장기보관으로 인한 훼손품이 발생하지 않도록 청결 및 정비에 최선을 다하여야 한다.
④ 물품은 기능별, 성능별, 사용목적별로 분류하여 정리 보관하여야 한다.
⑤ 특수 물품은 별도 보관하여 필요한 안전관리 조치를 취하여야 한다.

제6조(인수인계) 물품관리자(관리부 과장 또는 팀장)가 사무를 인계하려 할 때에는 장부와 물품을 대조·확인한 후 출납부를 마감하고 인계서 2통을 작성하여야 한다.

D 사원 : 모두 물품관리 교육 잘 들으셨어요? 우리 부서 과장님이 물품관리에 대한 총괄적인 관리를 맡으시는 거죠?

A 사원 : 네. 우리 부서가 해야 할 일들이 많았어요. 물품의 처분까지 우리 부서에서 해야 하니까요.

I 사원 : 물품은 지정된 장소에만 보관해야 하니까 어느 물건이 어디 있는지 빨리 파악해야겠어요.

L 사원 : 인수인계할 일이 생기면 과장님이나 팀장님께서 힘드시겠어요. 장부와 물품을 하나하나 다 대조하고 확인해야 하니까요. 인계서도 한 통 작성해야 하잖아요.

Y 사원 : 저는 "물품"과 "소모품"의 정의가 헷갈려요. 만 원짜리 포스트잇은 소모품인 거 맞죠?

① D 사원 ② A 사원 ③ I 사원
④ L 사원 ⑤ Y 사원

27 P 씨는 50만 원을 환전하여 대만으로 여행을 가려고 한다. 예산을 최대한 사용하여 환전하려 할 때, 한화에서 대만달러(TWD)로 바로 환전하였을 때와 한화를 미국달러(USD)로 환전한 후 대만달러(TWD)로 이중 환전하였을 때 환전한 금액의 차이는 얼마인가? (단, 각 계산의 단계에서 소수점 이하는 버린다.)

인천공항 환전센터

◎ 한화 → 대만달러(TWD)
　10월 25일 매매기준율 : 37.52 (1 TWD당 KRW)
　환전수수료 : 8%

◎ 한화 → 미국달러(USD)
　10월 25일 매매기준율 : 1,113.80 (1 USD당 KRW)
　환전수수료 : 2%

대만공항 환전센터

◎ 미국달러(USD) → 대만달러(TWD)
　10월 25일 매매기준율 : 30.25 (1 USD당 TWD)
　환전수수료 : 0%

---

① 795(TWD) ② 800(TWD) ③ 805(TWD)
④ 810(TWD) ⑤ 815(TWD)

[28~29] 다음을 읽고 물음에 답하시오.

신입사원 워크숍 준비물 및 재고 현황

준비물	재고
수료증	100개
노트북	1대
음료수	25병
종이컵	20줄(100EA)
필기구	100개
신입사원 명찰	100개
문화상품권	100장
비디오카메라	1대
과자	30박스
사탕	15봉지
물티슈	1개
디지털카메라	1대
커피	3박스(100EA)
일회용 접시	200개

P 대리의 조언

　신입사원 워크숍 준비는 잘 되고 있나요? 생각보다 준비해야 할 물건이 많아서 당일 쓰임에 맞게 분류하는 게 편할 거예요. 가지고 갔다가 다시 회수해서 돌아와야 할 물품, 워크숍에서 사용하고 바로 버릴 소모품, 워크숍 참가자들에게 나누어줄 배포 물품으로 분류해서 리스트 만들고, 재고를 관리하면 편할 거예요.

28 교육팀에서 근무하고 있는 K 사원은 신입사원 워크숍에 필요한 물품을 준비하고 있다. 다음 중 가장 먼저 구매해야 할 워크숍 준비물은 무엇인가?

① 음료수　　　② 커피　　　③ 사탕
④ 과자　　　⑤ 물티슈

29 K 사원이 P 대리의 조언에 따라 준비물을 분류하려고 할 때, 가장 적절한 것을 고르면?

①
1분류	디지털카메라, 비디오카메라, 노트북
2분류	음료수, 과자, 사탕, 일회용 접시, 종이컵, 물티슈, 커피
3분류	필기구, 신입사원 명찰, 문화상품권, 수료증

②
1분류	디지털카메라, 비디오카메라, 문화상품권
2분류	커피, 과자, 물티슈, 사탕, 일회용 접시, 종이컵
3분류	필기구, 신입사원 명찰, 수료증, 음료수, 노트북

③
1분류	비디오카메라, 노트북, 신입사원 명찰
2분류	필기구, 물티슈, 일회용 접시, 종이컵, 커피
3분류	디지털카메라, 음료수, 과자, 사탕, 문화상품권, 수료증

④
1분류	디지털카메라, 비디오카메라, 노트북
2분류	음료수, 과자, 사탕, 물티슈, 커피, 문화상품권, 필기구
3분류	신입사원 명찰, 수료증, 일회용 접시, 종이컵

⑤
1분류	노트북, 문화상품권, 수료증, 물티슈
2분류	음료수, 사탕, 일회용 접시, 종이컵, 커피, 과자
3분류	디지털카메라, 비디오카메라, 필기구, 신입사원 명찰

30 ○○건설 해외 영업부에 근무하는 P 과장은 한국보다 14시간 느린 뉴욕으로 출장을 가게 되었다. P 과장의 일정표가 다음과 같을 때 P 과장이 뉴욕에서 인천으로 출발하는 시간은 뉴욕 현지 시간으로 몇 시인가?

비행 노선	출발 시간(현지 시간)	비행시간	도착 시간(현지 시간)
인천 → 뉴욕	4월 8일 10:15	13시간 55분	4월 8일 10:10
뉴욕 → 인천		14시간 30분	4월 19일 17:25

① 4월 17일 12:55 ② 4월 18일 12:55
③ 4월 18일 13:45 ④ 4월 18일 14:55
⑤ 4월 19일 02:45

31 ○○공사에 근무하는 M 팀장은 공개모집으로 교수요원을 선발한다는 정보를 듣고 도전하고 싶은 마음이 들어 인사관리지침을 찾아보고 있다. 인사관리지침을 보고 M 팀장이 생각한 것으로 적절하지 않은 것은?

인사관리지침

제32조(인력개발)
① 인력개발 체계는 사내교육, 위탁교육, 양성교육 및 어학능력개발로 구분한다.
② 인력개발 세부기준 등은 교육훈련지침에 따로 정한다.

제32조의2(교수자격)
① 교사 이상 교수요원은 인품, 학력 등 기본자질과 담당분야에 대한 이론 및 실무지식이 뛰어난 자를 우선 선발하며 다음 각 호에 해당하는 자로 한다.
 1. 동일직급 근무경력 1년 이상인 자
 2. 최근 2년간 근무성적 점수를 산술평균한 점수가 B등급 이상인 자
 3. 동일직급 내에서 견책 이상의 징계처분을 받은 사실이 없는 자
② 6개월 이상의 해외교육과 1년 이상의 국내교육을 받은 자를 우선하여 선발할 수 있다.

제32조의3(교수선발 방법) 교육원장은 교수요원을 선발할 경우「사내공개모집」방법에 의함을 원칙으로 한다. 다만, 공개모집이 곤란할 경우에는 예외로 할 수 있다.

제32조의4(교수의 의무)
① 교수 이상의 교수요원은 임명 후 3년간 교수요원으로서 근무하여야 하며 다음 각 호의 임무를 수행한다. 다만, 교수로서의 적성과 능력이 부족한 자는 예외로 한다.
 1. 과정별 담당과목에 대한 교재연구 및 교안작성과 모의수업 실시
 2. 교육결과의 평가 및 효과 측정
 3. 담당분야의 업무개선을 위한 과제연구 및 발표
② 모의수업은 보직 후 3개월 이내에 실시하여야 한다.

제32조의5(교수요원 평가) 교육원장은 교수요원의 연구 의욕을 고취시키고 교육효과를 제고하기 위하여 교수요원에 대한 평가를 실시할 수 있다.

제32조의6(교수우대 및 제재)
① 교수요원에게는 다음 각 호와 같은 특전을 부여한다.
 1. 교수요원은 공사가 정하는 대학원에 진학할 수 있다.
 2. 교수요원은 선진 직무지식과 교육기법의 개발 등을 위하여 해외교육 및 출장에 우선권을 부여할 수 있다.
 3. 교수요원에 대하여는 연구 활동비를 지급한다.
② 교수요원이 다음 각 호에 해당하는 경우에는 교수직 자격을 상실할 수 있다.
 1. 교수요원 평가결과가 직군별로 2년 연속 하위 10% 이내인 자
 2. 견책 이상의 징계처분을 받은 자

---

① 교수 자격을 얻으려면 담당분야에 대한 이론 및 실무지식도 뛰어나야 하지만 인품도 지녀야 하는군.
② 동일직급 근무경력이 1년 이상이고 최근 2년간 근무성적 점수를 산술평균한 점수가 B등급 이상이기만 하면 교수 자격이 주어지는군.

③ 교수로 보직되면 3년간 교수요원으로 근무해야 하고 3개월 이내에 모의수업을 실시해야 하는군.
④ 교수요원이 되면 해외교육 및 출장에 우선권을 부여받을 수 있고 연구 활동비도 지급받는군.
⑤ 교수요원이 되었다고 끝이 아니라 교수요원 평가결과가 2년 연속 좋지 않거나 견책 이상의 징계를 받으면 교수직 자격을 상실할 수도 있으니 주의해야겠군.

32 ○○기업은 직원들을 대상으로 외국어 교육 프로그램을 진행하였다. 강사들의 수업료와 교재비용, 직원들의 신청 과목은 다음과 같다. ○○기업에서 모든 비용을 부담한다고 할 때, ○○기업이 지급해야 하는 총 비용은 얼마인가?

강사 수업료
(단위 : 원)

구분	영어	프랑스어	독일어
수업료	200,000	250,000	300,000

• 한 직원이 두 과목을 수강할 경우 수업료가 각각 10%씩 할인됨

교재비용
(단위 : 원)

구분	영어	프랑스어	독일어
교재비용	20,000	30,000	25,000

• 수강 시 교재는 반드시 구입해야 함
• 한 직원이 두 과목의 교재를 구입할 경우 교재비용이 각각 5%씩 할인됨

신청 현황

구분	A 사원	B 사원	C 대리	D 대리	E 팀장
신청 과목	독일어	영어, 독일어	프랑스어	영어	영어, 프랑스어

① 1,567,750원 ② 1,650,000원 ③ 1,770,250원
④ 1,870,000원 ⑤ 1,920,000원

33 다음은 직장보육지원센터의 보육교직원 배치 기준이다. A 어린이집에 만1세 미만의 영아 22명, 만1세 이상 만2세 미만의 영아 30명, 만3세 이상 만4세 미만 유아 40명, 만4세 이상 미취학 유아 20명, 장애아 8명의 영유아가 다니고 있다고 할 때, A 어린이집의 보육교직원은 원장을 포함해 최소 몇 명이 필요한가? (단, 보육교사는 각자 맡은 나이의 아이들만 돌본다.)

보육교직원 배치 기준

어린이집 설치·운영자는 의무적으로 배치하여야 하는 교직원 이외에 어린이집의 여건에 따라 어린이집 부담으로 보육교사 등의 교직원을 추가적으로 배치할 수 있음. 단, 어린이집 원장은 1인만 둘 수 있음.

보육교직원 구분	내용
원장	전 어린이집별 1인 • 다만, 영유아 20인 이하를 보육하는 어린이집은 어린이집 원장이 보육교사를 임할 수 있음 • 어린이집 원장이 보육교사 겸직 시 원장 자격증과 보육교사 자격증을 모두 소지하여야 함
보육교사	• 만1세 미만 ⇒ 영아 3인당 1인 • 만1세 이상 만2세 미만 ⇒ 영아 5인당 1인 • 만2세 이상 만3세 미만 ⇒ 영아 7인당 1인 • 만3세 이상 만4세 미만 ⇒ 유아 15인당 1인 • 만4세 이상 미취학 유아 ⇒ 유아 20인당 1인 • 취학 아동 ⇒ 20인당 1인 • 장애아 3인당 1인
간호사	영유아 100인 이상을 보육하는 어린이집 • 간호조무사도 가능함
영양사	영유아 100인 이상을 보육하는 어린이집 • 동일 시·군·구의 5개 이내 어린이집이 공동으로 영양사를 둘 수 있음
조리원	영유아 40인 이상을 보육하는 어린이집 • 영유아 매 80인 초과할 때마다 1인씩 증원

조리원 수	1인	2인	3인	4인	5인
영유아 수	40~80명	81~160명	161~240명	241~320명	320명 초과

원장은 어린이집 규모와 특성에 따라 의사(촉탁의사), 사회복지사, 사무원, 관리인, 위생원, 운전기사, 특수교사(치료사) 등의 교직원을 둘 수 있으며, 원장이 간호사 또는 영양사 자격이 있는 경우에는 겸직 가능하며, 원장은 정원을 기준으로 함

① 20명　　② 23명　　③ 26명
④ 29명　　⑤ 31명

Chapter 06
대인관계능력

대인관계능력은 직장생활에서 협조적인 관계를 유지하고, 조직구성원들에게 도움을 줄 수 있으며, 조직 내부 및 외부의 갈등을 원만히 해결하고, 고객의 요구를 충족시켜 줄 수 있는 능력을 말한다.

대인관계능력은 다양한 배경을 가진 사람들과 함께 업무를 수행하는 능력인 **팀워크능력**, 다른 사람을 이끄는 능력인 **리더십능력**, 사람들 사이에 갈등이 발생하였을 경우 이를 원만히 조절하는 능력인 **갈등관리능력**, 다른 사람과 협상하는 능력인 **협상능력**, 고객의 요구를 만족시키는 자세로 업무를 수행하는 능력인 **고객서비스능력** 등으로 구분된다.

06 Chapter — START
NCS 모듈 학습

 개념정리 • 대인관계능력

① 대인관계의 중요 요소

대인관계를 형성할 때 가장 중요한 요소는 '무엇을 말하느냐, 어떻게 행동하느냐'보다 우리의 사람됨이다. 우리가 주도적이고 올바른 원칙에 근거하여 계획하고 성실하게 실행해야, 다른 사람들과의 관계를 풍부하고 지속적으로 만들 수 있다.

② 대인관계 향상 → 감정은행계좌

대인관계 향상이란 인간관계에서 구축하는 신뢰의 정도를 높이는 것을 의미한다.
대인관계능력을 향상시키기 위한 개념으로 감정은행계좌라는 용어를 빗대어 사용하기도 한다.

- **감정은행계좌**
  은행에 계좌를 만들고 예입을 하며 필요할 때 인출할 수 있도록 잔고를 남기는 것처럼, 우리가 다른 사람에게 친절하고 정직하다면 그 사람이 우리에게 갖는 신뢰가 높아지기 때문에 우리는 감정을 저축하는 것이 된다. 이처럼 신뢰의 정도가 높아지는 것을 가리켜 감정 잔고가 예입되었다고 표현한다.

③ 대인관계 향상 방법 → 감정은행계좌 적립 방법

감정은행계좌를 적립하기 위한 대인관계 향상 방법은 다음과 같다.

- **상대방에 대한 이해와 배려**
  감정은행계좌에 저축하기 위해서는 상대의 입장을 먼저 이해하고 배려하는 노력이 있어야 한다.

- **사소한 일에 대한 관심**

  작은 친절과 공손함은 생각보다 매우 중요하다. 사소해 보이는 작은 관심이 자신의 이미지를 높이고 신뢰를 형성하는 데 큰 역할을 할 수 있기 때문이다.

  작은 불손, 작은 불친절, 하찮은 무례가 대인관계에 막대한 영향(감정은행계좌의 막대한 인출)을 끼치는 일이 없도록 사소한 일에 관심을 기울이는 자세가 필요하다.

- **약속 이행 및 언행일치**

  언행일치는 신뢰를 가져오고 감정은행계좌에 많은 종류의 예입을 가능하게 하는 기초가 된다.

- **칭찬하고 감사하는 마음**

  상대에 대한 칭찬과 감사의 표시는 상호 신뢰관계를 형성하고 사람의 마음을 움직이는 중요한 감정 예입 행위이다.

- **진정성 있는 태도**

  상대에 대한 태도가 상황에 따라 다르거나 앞과 뒷모습이 다르다면 그 관계를 유지하는 것은 어렵다. 따라서 진정성 있는 태도와 자신의 실수를 인정하는 태도로 사과하는 것이 중요하다.

  그러나 진지한 사과를 하되 반복적인 사과는 삼가야 하며, 의도적으로 실수하거나 처음의 실수를 덮기 위해 정당화하려는 태도 역시 지양해야 한다.

 다양한 대인관계 양식

사람마다 관계 욕구가 다르므로 관계를 맺는 형식 또한 다르다. 따라서 다양한 대인관계 양식을 이해하고 본인의 대인관계 양식에 대해 파악하는 것이 필요하다.

다양한 대인관계 양식은 지배성 차원과 친화성 차원으로 분류된다.

- **지배성(Dominance) 차원** : 다른 사람의 행동을 자신의 뜻대로 통제하려는 정도를 의미하며, 지배-복종 연속선상에서 타인을 대한다.
- **친화성(Affiliation) 차원** : 다른 사람을 호의적으로 대하는 정도를 의미하며, 사랑-미움의 연속선상에서 타인을 대한다.

다음 표는 지배성과 친화성의 2가지 차원에 따라 총 8개로 구분한 대인관계 양식 유형이다. 각 대인관계 양식의 특징과 보완점을 알아두면 관계를 형성하고 유지할 때 도움이 된다.

구분	특징	보완점
지배형	• 대인관계에 자신이 있으며 자기주장이 강하고 타인에 대해 주도권을 행사 • 지도력과 추진력이 있어서 집단적인 일을 잘 지휘함 • 강압적·독단적·논쟁적이어서 타인과 잦은 마찰을 빚음 • 윗사람의 지시에 순종적이지 못하고 거만하게 보일 수 있음	• 타인의 의견을 잘 경청하고 수용하는 자세를 기를 것 • 타인에 대한 자신의 지배적 욕구를 깊이 살펴보는 시간이 필요
실리형	• 이해관계에 예민하고 치밀하며 성취 지향적 • 자기중심적이고 경쟁적이며 자신의 이익을 우선하기 때문에 타인에 대한 관심과 배려가 부족 • 타인을 신뢰하지 못하고 불공평한 대우에 예민하며 자신에게 피해를 입힌 사람에게 보복하는 경향을 보임	• 타인의 이익을 배려하는 노력이 필요 • 타인과 신뢰를 형성하는 일에 깊은 관심을 갖는 것이 필요
냉담형	• 이성적이고 냉철하며 의지력이 강하고 타인과 거리를 두며 대인관계를 맺는 경향이 있음 • 타인의 감정에 무관심하고 상처를 주기 쉬움 • 따뜻하고 긍정적인 감정을 표현하기 어렵고 오랜 기간 깊게 사귀지 못함	타인의 감정 상태에 깊은 관심을 가지고 긍정적인 감정을 부드럽게 표현하는 기술을 습득하는 것이 필요
고립형	• 혼자 있거나, 혼자 일하는 것을 좋아하며 감정을 잘 드러내지 않음 • 타인을 두려워하고 사회적 상황을 회피하며 자신의 감정을 지나치게 억제함 • 침울한 기분이 지속되고 우유부단하며 사회적으로 고립될 가능성이 있음	타인에 대한 불편과 두려움에 대해 깊이 생각해보는 것이 바람직함
복종형	• 대인관계에서 수동적이고 의존적이며 타인의 의견을 잘 따르고 주어진 일을 순종적으로 잘함 • 자신감이 없고 타인의 주목을 받는 일을 피함 • 자신이 원하는 바를 타인에게 잘 전달하지 못함 • 어떤 일에 대한 자신의 의견과 태도가 확고하지 못하며 상급자의 위치에서 일하는 것을 매우 부담스러워 함	• 자기표현, 자기주장이 필요 • 대인관계에서 독립성을 키우는 것이 바람직함

순박형	• 단순하고 솔직하며 대인관계에서 너그럽고 겸손한 경향 • 타인에게 잘 설득당할 수 있어 주관 없이 타인에게 끌려다닐 수 있으며, 잘 속거나 이용당할 가능성이 높음 • 원하지 않는 타인의 의견에 반대하지 못하고, 화가 나도 다른 사람에게 알리기 어려움	• 타인의 의도를 더 깊게 들여다 보고 행동하는 신중함이 필요 • 자신의 의견을 표현하고 주장하는 노력이 필요
친화형	• 따뜻하고 인정이 많으며 대인관계에서 타인을 잘 배려하여 도와주고 자기희생적인 태도를 취함 • 타인을 즐겁게 해주려고 지나치게 노력하며 타인의 고통과 불행을 보면 도와주려고 과도하게 나서는 경향이 있음 • 타인의 요구를 잘 거절하지 못하고 타인의 필요를 자신의 것보다 앞세우는 경향이 있음	• 타인과 정서적 거리를 유지하는 노력이 필요 • 타인의 이익만큼 나의 이익도 중요함을 인식해야 함
사교형	• 외향적이고 쾌활하며 타인과 함께 대화하기를 좋아하고 타인으로부터 인정받으려는 욕구가 강함 • 혼자서 시간을 보내는 것을 어려워하며, 타인의 활동에 관심이 많아 간섭하며 나서는 경향이 있음 • 흥분을 잘하고 충동적인 성향이 있으며 타인의 시선을 끄는 행동을 많이 하거나 자신의 개인적인 일을 타인에게 너무 많이 이야기하는 경향이 있음	• 타인에 대한 관심보다 혼자만의 내면적 생활에 더 깊은 관심을 가져야 함 • 타인으로부터 인정받으려는 자신의 욕구에 대해 깊이 생각해 볼 필요가 있음

하위능력 1 ● 팀워크능력

① 팀워크란?

팀 구성원이 공동의 목적을 달성하기 위하여 상호관계성을 가지고 서로 협력하여 업무를 수행하는 것이다.

팀워크	응집력
팀 구성원이 공동의 목적을 달성하기 위해 상호관계성을 가지고 서로 협력하여 일을 해나가는 것	사람들로 하여금 집단에 머물도록 하고, 그 집단의 멤버로서 계속 남아 있기를 원하게 만드는 힘

② 효과적인 팀의 의미와 특징

효과적인 팀이란 팀의 에너지를 최대로 활용하는 고성과 팀이며, 다음과 같은 특징을 가지고 있다.
- 팀의 목표와 사명을 명확하게 기술함
- 팀원의 역할과 책임이 분명함
- 팀원 개개인의 능력과 강점을 활용함
- 의견 불일치나 갈등을 원만하게 해결함
- 팀원 간 협조·협력이 자발적으로 이루어짐
- 사고의 유연성과 창의성을 바탕으로 창조적으로 운영됨

③ 팀워크 촉진 방법

- 동료 피드백 장려하기
- 창의력 조성을 위해 협력하기
- 갈등 해결하기
- 참여적으로 의사결정하기

④ 리더십(Leadership)과 팔로워십(Followership)

리더십이 상사가 부하에게 영향력을 행사하는 과정이라면, 팔로워십은 부하로서 바람직한 특성과 행동을 나타내는 과정이다. 둘은 상호 보완적이며 필수적인 관계이다.
팔로워십의 유형은 크게 다음 5가지로 나뉜다.

소외형	▶	자립적인 사람, 냉소적, 부정적, 일부러 반대의견을 제시함
순응형	▶	기존의 질서를 따름, 긍정적, 획일적, 리더의 의견을 거스르지 못함
실무형	▶	규정에 따라 행동, 균형적, 조직의 운영방침에 민감, 리더와 부하 간 비인간적 풍토
수동형	▶	지시가 있어야 행동함, 판단을 리더에 의존, 리더는 항상 자기 마음대로 한다고 생각함
주도형	▶	이상적, 독립적, 적극적, 스스로 사고하면서 건설적으로 비판

5 팀워크 개발의 3요소

- 팀원 간 신뢰 쌓기
- 팀 활동에 적극 참여하기
- 팀워크 정신 발휘하여 성과 내기

6 팀워크의 강화 · 저해 요소

강화요소	저해요소
• 팀원 간 공동의 목표의식과 강한 도전의식 함양 • 팀원 간 상호 신뢰와 존중 • 상호 협력과 각자의 역할 및 책임 수행 • 솔직한 대화를 통한 상호 이해 • 강한 자신감으로 상대방의 사기를 북돋움	• 조직에 대한 이해 부족 • 자기중심적인 이기주의 • '내가'라는 자아의식의 과잉 • 질투나 시기로 인한 파벌주의 • 그릇된 우정과 인정 • 사고방식의 차이에 대한 무시

1 ● 팀워크능력 》》 바로확인문제

01 F 팀장은 ○○기업의 R 팀을 이끌고 있다. 효과적인 팀워크를 발휘하고 싶지만 같은 팀 직원들과 진행하는 업무가 잘 되지 않아 고민이 많다. F 팀장은 R 팀의 팀워크 능력을 기르기 위해 동료 팀장들에게 상황을 설명하고 조언을 구했다. 다음 중 적절하지 않은 조언을 한 사람은?

> **상황**
>
> 우리 R 팀은 모두가 뛰어난 역량을 갖추고 있기 때문에 각자의 역할과 책임을 명료하게 정해두지 않습니다. 일이 생기면 그때그때 나눠서 처리하고 있습니다. 아직은 서로의 강점을 몰라서 그런지 자신감이 부족하긴 하지만 각자 정해둔 목적을 달성하기 위해 열심히 노력합니다. 모두 자신이 맡은 업무를 훌륭하게 해내고 있으며 서로 의존하지 않고 독립적으로 일을 해내고 있습니다. 서로를 배려하는 마음이 커서 의견도 항상 일치합니다. 모두가 잘하고 있는 것 같은데 무엇이 문제일까요?

① A 팀장 : 각자의 역할과 책임을 명료화하는 것이 효과적으로 팀을 운영하는 데 도움이 돼요. R팀도 역할과 책임을 명확하게 정해보는 게 어떨까요?
② B 팀장 : 우선 서로의 강점을 인식하는 것이 중요할 것 같아요. 그래야 자신감도 생기고 이를 잘 활용할 수 있을 테니까요.
③ C 팀장 : 각자 정해둔 목적도 중요하지만 팀 공동의 목적을 명확히 정해두는 것도 협력하는 데 도움이 될 거예요. 그럼 자연스럽게 서로의 업무에 관심도 갖게 되고요.
④ D 팀장 : 팀원들끼리 서로 의존해도 괜찮아요. 너무 독립적으로 일하는 것보다 서로 업무도 지원해주고 피드백을 통해 상호 간에 소통하는 것이 팀워크 능력을 기르는 데 도움이 될 거예요.
⑤ E 팀장 : 서로 배려하는 모습은 보기 좋아요. 저희 팀은 의견이 불일치할 때가 너무 많아서 탈이에요. 다른 부분은 바꾸려고 노력하되 그 부분은 계속 지켜 나가시면 될 것 같아요.

 팀워크능력 / 효과적인 팀의 특징 알기

항상 의견이 일치하는 조직은 없다. 오히려 의견이 일치하지 않는 상황에서 긍정적이고 생산적으로 문제를 해결해나가는 것이 팀을 효과적으로 운영하는 데 도움이 된다. 따라서 E 팀장의 조언은 적절하지 않다.

정답 ⑤

02 다음 중 팔로워십 유형에 대한 설명으로 적절하지 않은 것은?

① 일부러 반대의견을 제시하는 유형은 소외형이다.
② 리더나 조직을 믿고 헌신하는 유형은 순응형이다.
③ 사건을 균형 잡힌 시각으로 보는 유형은 실무형이다.
④ 조직의 운영 방침에 민감한 유형은 수동형이다.
⑤ 가장 이상적인 유형은 주도형이다.

 팀워크능력 / 팔로워십의 유형 이해하기

조직의 운영 방침에 민감한 유형은 실무형이다.

정답 ④

03 다음 중 팀워크(Teamwork)를 저해하는 요인으로 옳지 않은 것은?

① 조직 목표를 달성하기 위해 개인의 의견을 반영하지 않는다.
② 개인의 역할과 책임보다는 조직 구성원 간 협력을 도모한다.
③ 팀 내 풍토를 발전시키기 위해 의견 불일치 팀원을 배제한다.
④ 무뚝뚝한 성격이지만 동료의 업무를 명확히 인식하고 협조한다.
⑤ 성과를 거두기보다 계속 남고 싶은 팀 분위기 형성을 우선한다.

 팀워크능력 / 팀워크 저해 요인 파악하기

대인관계능력 중 하나인 팀워크능력은 팀(조직) 구성원이 공동의 목적을 달성하기 위해 상호 협력하여 업무를 수행하는 것을 의미한다. 팀워크 저해 요인에는 다음과 같은 것이 있다.
- 조직에 대한 이해 부족
- 사고방식 차이에 대한 무시
- 지나친 자아의식 또는 이기주의
- 그릇된 인정(人情) 혹은 파벌주의

팀워크와 응집력의 차이
팀워크는 팀원들이 단순히 소통하기보다 공동의 목적을 달성하기 위해 상호 협력하는 것이다. 조직 목표를 달성하지 못하거나 팀이 성과를 내지 못한 채 분위기만 좋은 것은 응집력이다.

팀워크 발휘 요인
- 조직 구성원 간 신뢰를 구축하고 자발적으로 협력한다.
- 조직 구성원 간 개방적으로 의사소통하며 상호 의견을 존중한다.
- 목표 달성을 위한 개인의 역할과 책임을 명확히 하고 강점을 활용한다.
- 갈등의 존재를 인정하고 상호 신뢰를 바탕으로 토의해 건설적으로 해결한다.

정답 ④

하위능력 2 • 리더십능력

1 리더십이란?

조직의 공통된 목적을 달성하기 위하여 개인이 조직원들에게 영향을 미치는 과정이다.

2 리더십 의미의 변화

리더십의 발휘 구도는 산업사회에서 정보사회로 바뀌면서 수직적 구조에서 전방위적 구조의 형태로 바뀌게 되었다. 과거에는 상사가 하급자에게 리더십을 발휘하는 형태였지만 현재는 조직원이 동료나 상사에게까지 발휘하는 형태로 확장되었다.

3 리더와 관리자의 차이

리더	관리자
새로운 상황 창조자	상황에 수동적
혁신 지향적	유지 지향적
'내일'에 초점	'오늘'에 초점
사람의 마음 중시	사람 관리 중시
사람 중시	체제나 기구 중시
정신적	기계적
계산된 위험 수용	위험 회피
'무엇을 할까?' 생각	'어떻게 할까?'를 생각

4 리더십 유형

독재자 유형	▶	정책 의사결정과 대부분의 핵심 정보를 혼자 소유하려는 경향
민주주의적 유형	▶	정보를 잘 전달하고, 구성원 모두를 목표 방향 설정에 참여하게 하여 구성원에게 확신을 심어 주려고 노력함
파트너십 유형	▶	리더와 집단 구성원 구분이 희미하며, 리더가 조직에서 한 구성원이 되기도 함
변혁적 유형	▶	개개인과 팀이 유지해 온 이전의 업무수행 상태를 뛰어넘고자 함

5 동기부여 방법

조직원들이 지속적으로 자신의 잠재력을 발휘하도록 만들기 위해서는 다음과 같은 다양한 방법을 동원하여 동기를 유발해야 한다.

- 칭찬과 같은 긍정적 강화법 활용
- 새로운 도전의 기회를 부여
- 창의적인 문제해결법 도모
- 업무에 책임을 지도록 하는 환경 조성
- 코칭
- 안전지대에서 벗어나 높은 목표를 향해 나가도록 격려
- 지속적인 교육

6 임파워먼트 (Empowerment)

리더십의 핵심 개념 중 하나인 권한 위임으로, 조직 구성원들을 신뢰하고 그들의 잠재력을 믿으며, 그 잠재력의 개발을 통해 고성과 조직이 되도록 하는 일련의 행위이다.
권한 부여 혹은 권한 이양이라고도 한다.

7 변화관리 3단계 절차

절차	내용
1단계 변화이해하기	리더는 변화에 대처하려는 직원들을 어떻게 도울 것인가를 고민하기에 앞서, 변화와 관련한 몇 가지 공통 기반을 마련하고 변화 과정에 어떤 것들이 있는지를 파악해야 한다.
2단계 변화인식하기	• 직원들에게 변화와 관련된 상세한 정보를 제공해야 한다. • 직원들은 불확실한 분위기 속 두려움과 스트레스에 시달릴 수 있다. • 개방적인 분위기 조성, 객관적인 자세 유지, 직원들의 감정에 세심한 관심, 변화의 긍정적인 면 강조, 변화에 적응할 시간 부여 등의 방법으로 변화에 저항하는 직원들을 성공적으로 이끈다.
3단계 변화수용하기	• 직원들이 변화를 받아들이도록 이끄는 단계이다. • 왜 변화가 일어나야 하는지를 직원들에게 상세하게 설명한다. • 변화를 위한 직원들의 노력에 아낌없이 지원해야 한다.

2. 리더십능력 >> 바로확인문제

01 ○○기업 K 과장은 리더십에 관한 교육을 들은 후 관련 내용을 정리하였다. 다음의 자료가 K 과장이 정리한 내용 중 일부라고 할 때 옳지 않은 것은?

리더십 유형	효과	특징
독재자 유형	통제 없이 방만한 상태이거나 가시적인 성과물이 보이지 않을 때	• ㉠ <u>정보독점</u> • 실수를 용납하지 않음
민주주의적 유형	혁신적이고 탁월한 부하직원을 거느리고 있을 때	• 참여도가 높음 • ㉡ <u>최종결정권은 리더에게만 허용</u>
파트너십 유형	㉢ <u>대규모조직에서 경험이 부족한 조직원이 있을 때</u>	• 평등 • 집단의 비전 공유 • 책임 공유
변혁적 유형	㉣ <u>조직에 획기적인 변화가 요구될 때</u>	• 카리스마 • ㉤ <u>자기 확신</u> • 존경심과 충성심 • 풍부한 칭찬

① ㉠   ② ㉡   ③ ㉢
④ ㉣   ⑤ ㉤

리더십능력 / 리더십 유형 파악하기

파트너십 유형의 리더십은 소규모조직에서 풍부한 경험과 재능을 소유한 개개인들에게 적합하다.

오답풀이
㉠ 독재자 유형의 리더는 핵심적인 정보를 리더 자신이 소유한다.
㉡ 민주주의적 유형에서는 리더가 최종결정권을 행사한다.
㉣·㉤ 변혁적 유형의 리더는 변화를 추진하는 리더이고, 자기 확신과 뛰어난 예견능력을 가진다.

정답 ③

02 다음 중 코칭에 관한 설명으로 적절하지 않은 것은?

① 서로가 자유롭게 논의하고 제안할 수 있어야 한다.
② 커뮤니케이션 과정의 모든 단계에서 활용할 수 있다.
③ 리더가 지식이나 정보를 하달하는 방식으로 이루어진다.
④ 조직의 지속적인 성장과 성공을 만들어내는 리더의 능력이다.
⑤ 지침보다는 질문과 논의를 통해 상황의 발전과 좋은 결과를 이끌어 낸다.

 리더십능력 / 코칭의 개념 알기

리더가 지식이나 정보를 하달하며 의사결정의 권한을 가지는 방식은 '관리'이다.

정답 ③

03 다음 중 변화관리에 관한 설명으로 적절하지 않은 것은?

① 변화관리는 '변화 인식하기, 변화 이해하기, 변화 수용하기'의 순서로 이루어진다.
② '변화 인식하기' 단계에서 리더는 직원들에게 변화와 관련된 상세한 정보를 제공해야 한다.
③ '변화 이해하기' 단계에서 리더는 변화와 관련한 몇 가지 공통 기반을 마련하고 변화 과정에 어떤 것들이 있는지 파악해야 한다.
④ '변화 수용하기' 단계에서 리더는 왜 변화가 일어나야 하는지를 직원들에게 상세하게 설명해야 한다.
⑤ 현대 비즈니스는 끊임없이 변하고 유동적이므로, 리더에게 변화관리는 매우 중요한 자질이다.

 리더십능력 / 변화관리의 단계 이해하기

변화관리는 '변화 이해하기, 변화 인식하기, 변화 수용하기'의 순서로 이루어진다. 현대 비즈니스는 끊임없이 변하고 유동적이므로, 리더에게 변화관리는 매우 중요한 자질이다.
- 변화 이해하기 : 리더는 변화와 관련한 몇 가지 공통 기반을 마련하고 변화 과정에 어떤 것들이 있는지 파악해야 한다.
- 변화 인식하기 : 리더는 직원들에게 변화와 관련된 상세한 정보를 제공해야 한다.
- 변화 수용하기 : 리더는 왜 변화가 일어나야 하는지를 직원들에게 상세하게 설명하고, 변화를 위한 직원들의 노력에 아낌없이 지원해야 한다.

정답 ①

하위능력 3 • 갈등관리능력

1 갈등이란?

갈등이란 조직을 구성하는 개인과 집단, 조직 간에 잠재적 또는 현재적으로 대립하고 마찰하는 사회적·심리적 상태이다. 갈등이 항상 부정적인 결과만 가져오는 것은 아니며, 새로운 해결책을 만들어 주는 기회를 제공하기도 한다.

2 갈등 확인의 단서

- 지나치게 감정적인 논평, 제안
- 타인의 의견발표가 끝나기도 전에 타인 의견에 대한 공격
- 핵심을 이해하지 못한 것에 대해 서로 비난
- 편을 가르고 타협을 거부
- 개인적인 수준에서 미묘한 방식으로 서로를 공격

3 갈등 증폭의 원인

적대적 행동	팀원들이 '승패 경기'를 시작하여 문제를 '해결'하기보다는 '승리'하기를 원한다.
입장 고수	팀원들은 공동의 목표를 달성할 필요성을 느끼지 않는다. 팀원들 각자의 입장만을 고수하며, 의사소통의 폭을 줄이고, 서로 접촉하는 것을 꺼린다.
감정적 관여	팀원들은 자신의 입장에 감정적으로 묶인다.

4 갈등의 두 가지 유형

불필요한 갈등	• 개개인이 저마다 문제를 다르게 인식하거나 정보가 부족할 경우 발생 • 편견 때문에 발생한 의견 불일치로 적대적 감정이 생길 경우 발생 • 본인이 가장 중요하다고 여기는 문제가 다른 사람 때문에 해결되지 못한다고 느낄 경우 발생
해결할 수 있는 갈등	목표와 욕망, 가치, 문제를 바라보는 시각과 이해하는 시각이 다를 경우 발생

5 갈등의 변화 과정

의견 불일치 ▶ 대결 국면 ▶ 격화 국면 ▶ 진정 국면 ▶ 갈등의 해소

6 갈등해결방법 유형

회피형	자신과 상대방에 대한 관심이 낮은 경우로, 갈등 상황에 대하여 상황이 나아질 때까지 문제를 덮어두거나 위협적인 상황에서 피하고자 하는 경우, '나도 지고 너도 지는 방법'
경쟁형	자신에 대한 관심은 높고 상대방에 대한 관심은 낮은 경우로, '나는 이기고 너는 지는 방법'
수용형	자신에 대한 관심은 낮고 상대방에 대한 관심은 높은 경우로, '나는 지고 너는 이기는 방법'
타협형	자신에 대한 관심과 상대방에 대한 관심이 중간 정도인 경우로, 서로가 받아들일 수 있는 결정을 하기 위하여 타협적으로 주고받는 방식
통합형	협력형이라고도 하며, 자신은 물론 상대방에 대한 관심이 모두 높은 경우로, '나도 이기고 너도 이기는 방법'

7 조직 갈등을 줄일 수 있는 방법

- 갈등이 발생하기 전에 그 잠재력을 줄이는 조치를 취할 것
- 직무에 대한 서로의 관점을 이해하기 위해 교차훈련을 실시할 것
- 다른 팀원의 성격 특성에 민감할 것
- 팀 행동에 대한 지침, 즉 조직의 기본 원칙을 설정할 것

8 Win-Win 관리법

Win-Win 관리법은 갈등과 관련된 모든 사람들로부터 의견을 받아 문제의 본질적인 해결책을 구하는 관리법이다. 다음은 여러 모델 중 한 가지 모델에 대한 개요이다.

1 단계	충실한 사전 준비
2 단계	긍정적인 접근 방식
3 단계	두 사람의 입장을 명확히 이해하기
4 단계	Win-Win에 기초한 기준에 동의하기
5 단계	몇 가지 해결책 생각해내기
6 단계	몇 가지 해결책 평가
7 단계	최종 해결책 선택과 실행에 동의

3 • 갈등관리능력 >> 바로확인문제

01 다음은 접경도로 개선에 대하여 조정합의가 이루어진 사례와 관련한 글이다. 갈등을 해결하기 위해 ○○시에서 취한 방법으로 가장 적절한 것은?

> ○○시와 △△시의 경계 부근에 위치한 A 기업 사장이 민원을 제기하였다. ○○시와 △△시의 접경지역에는 8개의 중소기업 및 인근 경작지 300,000㎡의 통행을 위한 농로가 존재하였으나, 도로 폭이 좁아서 차량사고의 위험이 높고, 기업운영에 에러사항이 크니 이에 대한 대책을 마련해 달라는 내용이었다.
> ○○시의 위원회에서는 세 차례의 현지조사를 통해 8개 중소기업의 기업 활동에 에러가 많다고 판단하고 문제의 해결을 위해 ○○시에서 도로정비 및 개선에 필요한 부지를 △△시와 $\frac{1}{2}$씩 나누어 부담하고, ○○시에서는 도로 정비 및 개선에 필요한 설계 및 확·포장 공사를 맡아서 진행하기로 했다. △△시는 이에 대해 공사비 60% 부담하는 것을 대안으로 제시하였다. 이후 수십 차례 문제해결 방안을 협의하고, 세 차례의 업무회의 등을 거쳐 피신청기관의 의견을 계속적으로 조율한 결과, ○○시 위원회가 작성한 조정서의 내용대로 접경도로 개선을 추진하기로 의견이 모아짐에 따라 ○○시 위원회가 현지조정회의를 개최하여 조정서를 작성하고 조정 합의하였다.

① 상대방의 의지에 따라 갈등을 해결하는 방법
② 갈등상황에 대한 관심이 서로 낮은 경우 사용하는 방법
③ 상호 간의 신뢰와 공개적인 대화 또는 투명한 정보공개를 통해 성공할 수 있는 방법
④ 자신의 목표를 이루기 위해 상대방의 목표달성을 희생시키는 방법
⑤ 갈등상황을 회피하면서 위협적인 상황을 피하는 데 사용하는 방법

갈등관리능력 / 갈등해결방법 유형 파악하기

제시된 상황에서 ○○시와 △△시가 서로의 목표를 달성할 수 있는 해법을 찾으려고 하고 있으므로 통합형 갈등해결방법을 사용한 것이다. 따라서 통합형 갈등해결방법에 해당하는 내용인 ③이 정답이다.

오답풀이
① 수용형에 대한 설명이다.
② · ⑤ 회피형에 해당하는 설명이다.
④ 경쟁형에 대한 설명이다.

정답 ③

02 다음 중 갈등에 관한 내용으로 옳지 않은 것은?

① 갈등은 상호 간 의견 차이 때문에 발생한다.
② 갈등을 해결하기 위해서는 핵심적인 문제부터 해결해야 한다.
③ 갈등이 항상 부정적인 결과만 가져오는 것은 아니다.
④ 편견 때문에 발생한 의견 불일치로 적대적 감정이 생기는 것은 불필요한 갈등이다.
⑤ 역할 모호성, 통제나 권력 확보를 위한 싸움은 갈등의 감정적인 문제에 해당한다.

갈등관리능력 / 갈등 이해하기

갈등의 두 가지 쟁점에는 핵심 문제와 감정적 문제가 있다. 그 중 역할 모호성은 핵심 문제이고, 통제나 권력 확보를 위한 싸움은 감정적 문제이다.

정답 ⑤

03 다음 내용에서 설명하는 갈등해결 방법의 유형으로 가장 적절한 것은?

> 이 유형은 자신에 대한 관심은 낮고 상대방에 대한 관심은 높은 경우로서, 상대방의 목표 달성을 위해 자신을 희생하고 상대방의 의지에 따르는 경향을 보인다.

① 회피형　　　　② 경쟁형　　　　③ 수용형
④ 타협형　　　　⑤ 통합형

갈등관리능력 / 갈등해결 방법의 유형 이해하기

자신에 대한 관심은 낮고 상대방에 대한 관심은 높은 경우로서, 상대방의 목표 달성을 위해 자신을 희생하고 상대방의 의지에 따르는 경향을 보이는 유형은 '수용형'이다.

오답풀이

① 회피형 : 자신과 상대방에 대한 관심이 모두 낮은 경우로서, 갈등 상황에 대하여 상황이 나아질 때까지 문제를 덮어두거나 피하려고 하는 경우이다.
② 경쟁형 : 자신에 대한 관심은 높고 상대방에 대한 관심은 낮은 경우로서, 상대방의 목표 달성은 희생시키면서 자신의 목표를 위해 전력을 다하는 경우이다.
④ 타협형 : 자신에 대한 관심과 상대방에 대한 관심이 중간 정도인 경우로서, 갈등 당사자들이 반대의 끝에서 시작하여 중간 정도 지점에서 타협하여 해결점을 찾는 것이다.
⑤ 통합형 : 자신은 물론 상대방에 대한 관심이 모두 높은 경우로서, 문제해결을 위해 서로 정보를 교환하며 모두 목표를 달성하려는 경우이다.

정답 ③

하위능력 4 ● 협상능력

1 협상이란?

갈등상태에 있는 이해당사자들이 대화와 논쟁을 통해 서로를 설득하여 문제를 해결하려는 정보전달과정이자 의사결정과정이다.

2 협상의 개념

협상의 개념은 크게 의사소통 차원, 갈등해결 차원, 지식과 노력 차원, 의사결정 차원, 교섭 차원에서 살펴볼 수 있다.

구분	특징
의사소통 차원	이해 당사자들이 자신들의 욕구를 충족시키는 것을 목적으로, 상대방으로부터 최선의 것을 알아내기 위해 상대방을 설득하는 커뮤니케이션 과정
갈등해결 차원	갈등관계에 있는 이해 당사자들이 대화를 통하여 갈등을 해결하고자 하는 상호작용 과정
지식과 노력 차원	우리가 얻고자 하는 것을 가진 사람의 호의를 쟁취하기 위한 것에 관한 지식이며 이를 위해 노력하는 과정
의사결정 차원	둘 이상의 이해 당사자들이 여러 대안들 중 이해 당사자들 모두가 수용 가능한 대안을 찾기 위한 의사결정 과정
교섭 차원	선호가 다른 협상 당사자들이 합의에 도달하기 위해 공동으로 의사결정 하는 과정

3 협상의 과정

협상 전 단계
- 협상 기획 : 협상과정(준비, 집행, 평가 등)을 계획
- 협상 준비 : 목표설정, 협상환경분석, 협상형태파악, 협상팀 선택과 정보수집, 자기분석, 상대방분석, 협상전략과 전술수립, 협상대표 훈련

협상 진행 단계
- 협상 진행 : 상호인사, 정보교환, 설득, 양보 등 협상전략과 전술구사
- 협상 종결 : 합의 및 합의문 작성과 교환

협상 후 단계
- 협의내용 비준 : 비준
- 협의내용 집행 : 실행
- 분석평가 : 평가와 피드백

④ 협상 전략의 형태

협력 전략	• 'Win-Win' 전략, 'I Win, You Win, We Win' 전략 • 문제를 해결하는 합의에 이르기 위해 협상 당사자들이 서로 협력하는 것
유화 전략	• 'Lose-Win' 전략, 'I Lose, You Win' 전략 • 상대방이 제시하는 것을 일방적으로 수용하여 협상의 가능성을 높이려는 전략
회피 전략	• 'Lose-Lose' 전략, 'I Lose, You Lose, We Lose' 전략 • 협상을 피하거나 잠정적으로 중단하거나 철수하는 전략
강압 전략	• 'Win-Lose' 전략, 'I Win, You Lose' 전략 • 상대방보다 우위에 있을 때 자신의 이익을 극대화하기 위한 공격적 전략

⑤ 설득의 방법

See-Feel-Change 전략	직접 볼 수 있도록 시각화하여 이해시키고, 스스로가 느끼게 하여 감동시키며, 변화시켜 설득에 성공한다는 전략
상대방 이해 전략	상대방에 대한 이해를 바탕으로 갈등해결에 장애가 되는 요인을 없애는 전략
호혜관계 형성 전략	협상 당사자 간 혜택을 주고받은 관계가 형성되면 협상과정에서 갈등해결이 쉽게 작용하는 전략
헌신과 일관성 전략	협상 당사자 간 기대하는 바에 일관성 있게 헌신적으로 부응하고 행동하여 원하는 목적을 이루는 협상 전략
사회적 입증 전략	어떤 과학적 논리보다 동료 또는 사람들과의 행동에 의해 상대를 설득하는 전략
연결 전략	갈등 문제와 갈등 관리자를 연결하는 것이 아닌 갈등을 야기한 사람과 관리자를 연결하여 갈등을 해결하는 전략
권위 전략	직위나 전문성 등 권위를 이용하여 협상과정의 갈등해결을 쉽게 하는 전략, 사람들은 자신보다 더 높은 직위, 더 많은 지식을 가지고 있다고 느끼는 사람으로부터 설득 당하기 쉬움
희소성 해결 전략	인적, 물적 자원 등의 희소성을 해결함으로써 협상과정상 갈등해결을 쉽게 하는 전략, 사람들은 시간적, 사회·경제적으로 희소한 것 등에 대해서 더 강력한 소유 욕구가 있을 때 설득 당하기 쉬움
반항심 극복 전략	상대방을 설득할 때 억압하면 할수록 더욱 반항할 가능성이 높아지므로, 이를 피함으로써 협상을 용이하게 하는 전략

4. 협상능력 》 바로확인문제

01 다음은 협상 전략과 관련된 사례이다. (가)와 (나)에서 사용된 협상 전략으로 올바른 것은?

> (가) ○○기업에 근무하는 P 대리는 제품 생산에 필요한 부품을 △△기업에서 구매하는 업무를 담당하고 있다. ○○기업은 △△기업으로부터 부품을 개당 3,000원에 항상 구매해 왔다. 그런데 △△기업은 갑자기 부품의 가격을 개당 3,500원으로 올리겠다는 의사를 보였다. 이에 P 대리는 곰곰이 생각해본 후, △△기업의 제안을 받아들였다. P 대리는 단기적으로는 자신의 회사가 약간 손해를 보더라도, 장기적으로 △△기업과의 관계를 생각해볼 때, △△기업의 제안을 받아들이는 것이 훨씬 이익이라고 생각했다.
>
> (나) K 기업의 M 부장은 신제품 출시 가격을 B 업체와 협상하려 한다. 그런데 B 업체는 K 기업에서 출시한 신제품에 별로 관심을 보이지 않았고, 협상에 적극적이지 않았다. 또한, M 부장도 시간과 노력을 투자하여 B 업체와 협상을 할 필요성을 느끼지 못하였다. 따라서 M 부장은 과감하게 협상을 포기했다.

	(가)	(나)
①	협력 전략	강압 전략
②	협력 전략	회피 전략
③	유화 전략	회피 전략
④	유화 전략	협력 전략
⑤	강압 전략	회피 전략

협상능력 / 협상 전략 파악하기

(가)는 상대방이 제시하는 것을 일방적으로 수용하여 협상의 가능성을 높이는 '유화 전략'에 해당하고, (나)는 협상을 피하거나 잠정적으로 중단하는 '회피 전략'에 해당한다.

오답풀이
- 협력 전략 : 협상 참여자들이 협동과 통합으로 문제를 해결하려는 전략이다.
- 강압 전략 : 상대방의 주장을 무시하고 자신의 힘으로 일방적으로 밀어붙여 상대방에게 자신의 입장을 강요하는 전략이다.

정답 ③

02 다음 중 협상과정 3단계의 각 단계별 내용 중 적절하지 않은 것은?

협상 전 단계	• ㉠ 협상 기획 : 협상과정(준비, 집행, 평가 등)을 계획 • ㉡ 협상 준비 : 목표설정, 협상환경분석, 협상형태파악, 협상팀 선택과 정보수집, 자기분석, 상대방분석, 협상전략과 전술수립, 협상대표 훈련
협상 진행 단계	• 협상 진행 : 상호인사, 정보교환, 설득, 양보 등 협상전략과 전술구사
협상 후 단계	• ㉢ 협상 종결 : 합의 및 합의문 작성과 교환 • ㉣ 협의내용 비준 : 비준 • ㉤ 협의내용 집행 : 실행 • 분석평가 : 평가와 피드백

① ㉠ ② ㉡ ③ ㉢
④ ㉣ ⑤ ㉤

협상능력 / 협상의 과정 이해하기

협상 전 단계는 협상을 진행하기 위한 준비 단계이고, 협상 진행 단계는 협상이 실제로 진행되는 단계이며, 협상 후 단계는 합의된 내용을 집행하는 단계이다. '협상 종결'은 '협상 진행 단계'에 포함되어야 하므로 정답은 ③이다.

정답 ③

03 협상의 설득전략 중 어떤 과학적인 논리보다 동료나 사람들의 행동에 의해 상대의 설득을 진행하는 전략은?

① 희소성 해결 전략 ② 연결 전략 ③ 사회적 입증 전략
④ 상대방 이해 전략 ⑤ See-Feel-Change 전략

협상능력 / 설득의 전략 파악하기

① 희소성 해결 전략 : 자원 등의 희소성을 해결함으로써 협상과정상 갈등해결을 쉽게 하는 전략
② 연결 전략 : 갈등을 야기한 사람과 관리자를 연결하여 갈등을 해결하는 전략
④ 상대방 이해 전략 : 상대방에 대한 이해를 바탕으로 갈등해결에 장애가 되는 요인을 없애는 전략
⑤ See-Feel-Change 전략 : 직접 볼 수 있도록 시각화하여 이해시키고, 스스로가 느끼게 하여 감동시키며, 변화시켜 설득에 성공한다는 전략

정답 ③

하위능력 5 • 고객서비스능력

① 고객서비스란?

다양한 고객 요구를 파악하고, 대응법을 마련하여 고객에게 양질의 서비스를 제공하는 것이다.

② 고객서비스의 중요성

고품위 고객서비스 ▶ 고객감동 충성도 확보 ▶ 성장과 이익

③ 고객 중심 기업의 일반적 특성

- 내부고객과 외부고객 모두를 중요하게 여기며, 고객만족에 중점을 둔다.
- 고객이 정보, 제품, 서비스 등에 쉽게 접근할 수 있도록 한다.
- 기업의 전반적 관리시스템이 고객서비스 업무를 지원한다.
- 기업이 실행한 서비스에 대해 계속적인 재평가를 실시함으로써 고객에게 양질의 서비스를 제공하도록 서비스 자체를 끊임없이 변화시키고 업그레이드한다.

④ 고객 불만 유형과 대처 방법

유형	특징 및 대처 방법
거만형	• 과시욕을 드러내고 싶어 하는 고객 • 정중하게 대하는 것이 좋다.
의심형	• 직원의 설명이나 제품의 품질에 대해 의심을 많이 하는 고객 • 분명한 증거나 근거를 제시하여 스스로 확신을 갖도록 유도한다.
트집형	• 사소한 것으로 트집을 잡는 까다로운 고객 • 이야기를 경청하고, 맞장구치면서 설득하는 방법이 효과적이다.
빨리빨리형	• 성격이 급하고 애매한 화법을 싫어하는 고객 • 문제를 빠르고 정확하게 처리하는 모습을 보이면 응대하기 쉽다.

⑤ 고객 불만 처리 프로세스

경청 ▶ 감사와 공감표시 ▶ 사과 ▶ 해결약속
↓
피드백 ◀ 처리확인과 사과 ◀ 신속처리 ◀ 정보파악

경청	• 고객의 항의에 경청하고 끝까지 듣는다. • 선입관을 버리고 문제를 파악한다.
감사와 공감표시	• 일부러 시간을 내서 해결의 기회를 준 것에 감사를 표시한다. • 고객의 항의에 공감을 표시한다.
사과	고객의 이야기를 들은 후 문제점에 대해 인정 하고 잘못된 부분에 대해 사과한다.
해결약속	고객이 불만을 느낀 상황에 대해 관심과 공감을 보이며, 문제의 빠른 해결을 약속한다.
정보파악	문제해결을 위해 꼭 필요한 질문만 하여 정보를 얻는다.
신속처리	잘못된 부분을 신속하게 시정한다.
처리확인과 사과	불만처리 후 고객에게 처리 결과에 만족하는지 물어본다.
피드백	고객 불만 사례를 회사 및 전 직원에게 알려 다시는 동일한 문제가 발생하지 않도록 한다.

⑥ 고객만족 조사

고객만족 조사는 고객의 주요 요구를 파악하여 가장 중요한 고객요구를 도출하고, 자사가 가지고 있는 자원을 토대로 경영 프로세스의 개선에 활용함으로써 경쟁력을 증대시키는 것이 목적이다. 결국 기업은 수익 증대와 품질 향상으로 인해 유형 및 무형의 가치를 창출하게 된다. 고객만족 조사의 절차는 다음과 같다.

5. 고객서비스능력 >> 바로확인문제

01 고객 불만 유형 중 의심형 고객에 관한 설명으로 옳은 것을 모두 고르면?

> ㉠ 직원의 설명이나 제품의 품질에 대해 의심을 많이 한다.
> ㉡ 자신의 과시욕을 드러내고 싶어 한다.
> ㉢ 명확한 증거나 근거를 제시하여 스스로 확신을 갖도록 유도해야 한다.
> ㉣ 성격이 급하고 애매한 화법을 싫어한다.
> ㉤ 고객이 요구하는 것을 신속하게 제공함으로써 호감을 얻는다.
> ㉥ 모든 것을 부정적으로 간주하고 트집을 잡는다.
> ㉦ 책임자나 관리자가 응대하는 것이 효과적이다.
> ㉧ 이야기를 경청하고, 맞장구치면서 설득한다.

① ㉠, ㉢, ㉦
② ㉠, ㉣, ㉤
③ ㉡, ㉢, ㉦
④ ㉣, ㉤, ㉧
⑤ ㉣, ㉥, ㉧

 고객서비스능력 / 고객 불만 유형과 대처방법 알기

의심형 고객은 직원의 설명이나 제품의 품질에 대해 의심을 많이 하는 고객이다. 이런 유형의 고객을 대처할 때는 명확한 증거나 근거를 제시하여 스스로 확신을 갖도록 하고, 책임자나 관리자가 응대하는 것이 효과적이다.

오답풀이
㉡ 거만형 고객에 해당한다.
㉣·㉤ 빨리빨리형 고객에 해당한다.
㉥·㉧ 트집형 고객에 해당한다.

정답 ①

 HELPFUL TIPS⁺

✓ **고객불만에 대응하는 요령**
① 긍정적으로 고객을 응대하며 사전에 준비하고 침착하게 끝까지 경청한다.
② 고객은 잘못된 부분에 대해 친절하게 설명을 해주고 시정하겠다는 약속과 사과를 기대한다.
③ 고객의 불평을 기꺼이 받아들이고 잘못된 부분을 짚어준 부분에 대하여 고맙게 생각한다.
④ 불만사항이 접수되면 고객의 부주의인지 판매자의 설명 부족인지에 대한 사실관계를 확인한다.
⑤ 고객에게 감사 인사를 잊지 않는다.

02 다음 내용에서 제시된 고객만족 조사 방법으로 가장 적절한 것은?

- 조사자와 응답자 간의 일대일 대면접촉에 의해 응답자의 잠재된 동기, 신념, 태도 등을 발견하는 데 사용한다.
- 30분에서 1시간 정도 비교적 긴 시간이 소요된다.
- 다른 방법을 통해 포착할 수 없는 심층적이고 독특한 정보를 경험적으로 얻을 수 있다.
- 인터뷰 결과를 사실과 다르게 해석할 수 있다.

① 설문조사 ② 구매동기조사 ③ 사례연구법
④ 심층면접법 ⑤ 참여관찰법

 고객서비스능력 / 고객만족 조사 방법 파악하기

고객만족 조사에 사용되는 방법으로는 설문조사와 심층면접법이 있다.
- 설문조사 : 고객만족을 측정할 수 있는 문항으로 구성된 설문지를 통하여 응답자들의 인식을 조사하는 방법으로, 비교적 빠른 시간 내에 조사를 할 수 있다.
- 심층면접법 : 조사자와 응답자 간의 일대일 대면접촉에 의해 실시되며, 비교적 긴 시간이 소요된다.

오답풀이
② 소비자가 상품을 구매할 때의 심리과정을 조사하는 것이다.
③ 개인이나 집단, 또는 기관 등을 하나의 단위로 택하여 그 특수성을 정밀하게 연구·조사하는 방법이다.
⑤ 연구하려는 지역이나 집단의 한 구성원이 되어 직접 활동에 참여하면서 자료를 수집하여 분석하는 방법이다.

정답 ④

06 Chapter FOCUS 하위능력 공략

하위능력 1 ● 팀워크능력

출제 포인트

팀워크에 관한 기본적인 개념과 팀워크 촉진 방법, 효과적인 팀의 특성에 관한 내용이 출제된다. 팀 구성원으로서 역할 및 책임을 수행할 수 있는지를 평가하므로 팀워크에 관한 기본적인 개념을 숙지하는 것이 좋다.

대표 유형 문제

01 H 사원과 팀원들은 함께 사내에서 실시하는 팀워크에 관한 교육을 듣고, 교육 내용에 대해 이야기를 나누고 있다. 다음 중 잘못된 정보를 전달하고 있는 팀원은?

① H 사원 : 팀워크와 응집력은 거의 동일한 개념이며 구분하지 않고 쓰인다고 들었어요.
② Y 인턴 : 전 팀워크의 정의가 기억나요. 팀워크란 팀 구성원이 공동의 목적을 달성하기 위하여 상호관계성을 가지고 협력하여 일을 해나가는 것이라고 했어요.
③ E 대리 : 단순히 모이는 것을 중요시하는 것이 아니라 목표달성의 의지를 가지고 성과를 내는 것이 팀워크죠.
④ N 과장 : 또 팀워크의 세 가지 기제는 협력, 통제, 자율을 통해 구분된다고 했어요.
⑤ A 팀장 : 조직이나 팀의 목적, 추구하는 사업 분야에 따라 서로 다른 유형의 팀워크를 필요로 한다는 내용도 기억나네요.

 팀워크능력 / 팀워크와 응집력의 차이 이해하기

팀워크와 응집력은 차이가 있다. 팀워크가 팀 구성원이 공동의 목적을 달성하기 위해 상호관계성을 가지고 협력하여 일을 해나가는 것이라면, 응집력은 사람들로 하여금 집단에 머물도록 느끼게끔 만들고, 그 집단의 멤버로서 계속 남아 있기를 원하게 만드는 힘이라 할 수 있다. 즉, 팀워크와 응집력의 차이는 성과유무의 차이이다. 성과는 내지 못하면서 분위기만 좋은 팀은 팀워크가 좋은 것이 아니고 응집력이 좋은 것이다.

정답 ①

02 ○○기업 인사부 팀원들이 한 경제 잡지에 실린 두 가지 사례를 읽고 토론하고 있다. 다음 중 가장 적절하지 않은 분석을 한 팀원은?

A 기업의 사례

　A 기업은 1987년부터 1992년까지 품질과 효율 향상은 물론 생산 기간을 50%나 단축시키는 성과를 내었다. 모든 부서에서 품질 향상의 경쟁이 치열했고 그 어느 때보다 좋은 팀워크가 만들어졌다고 평가되었다. 가장 성과가 우수하였던 부서는 미국의 권위 있는 볼드리지(Baldrige) 품질대상을 수상하기도 하였다. 그런데 이러한 개별 팀의 성과가 회사 전체의 성과나 주주의 가치로 잘 연결되지 못했던 것으로 분석되었다. 시장의 PC 표준 규격을 반영하지 않은 새로운 규격으로 인해 호환성 문제가 대두되었고 대중의 외면을 받아야만 했다. 한 임원은 "아무리 빨리, 잘 제품을 만들어도 고객의 가치를 반영하지 못하거나 시장에서 고객의 접촉이 제대로 이루어지지 않으면 의미가 없다는 점을 배웠다."라고 말했다.

E 병원의 사례

　가장 정교하고 효과적인 팀워크가 요구되는 의료 분야에서 E 병원은 최고의 의료 수준과 서비스로 명성을 얻고 있다. 이 병원의 조직 운영 기본 원칙에는 '우리 지역과 국가, 세계의 환자의 니즈에 집중하는 최고의 의사, 연구원 및 의료 전문가의 협력을 기반으로 병원을 운영한다.'라고 명시되어 있다고 한다. 팀 간의 협력은 물론 지역과 전 세계의 고객을 지향하는 웅대한 가치를 공유하고 있는 것이다. E 병원이 최고의 명성과 함께 노벨상을 수상하는 실력을 갖출 수 있었던 데에는 이러한 팀워크가 중요한 역할을 하였다고 볼 수 있다.

출처 : LG 주간 경제

---

① I 과장 : 팀워크를 지나치게 강조하다 보면 외부에 배타적인 자세가 될 수 있군요.
② D 부장 : 그러니까 개인의 특성을 이해하고 개인 간의 차이를 중시해야 해요.
③ E 사원 : 팀의 사명과 목표를 명확하게 기술하는 게 팀을 효과적으로 운영하는 데 도움이 되는 것 같아요.
④ A 팀장 : 개별 팀의 팀워크가 좋다고 해서 반드시 조직 전체의 성과로 이어지는 것은 아니네요.
⑤ S 인턴 : 팀워크는 공통된 비전을 공유하고 있어야 생기는군요.

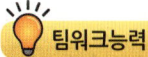 팀워크능력 / 효과적인 팀의 특성 이해하기

개인의 특성 이해 및 개인 간의 차이 중시는 그 자체가 팀워크로 이루어진다고 볼 수 없다.

정답 ②

하위능력 2 • 리더십능력

출제 포인트

리더십의 유형, 동기부여의 개념 및 방법, 임파워먼트 등에 관한 내용이 출제된다. 특히 조직의 상황을 제시하고 해당 조직의 리더가 어떤 유형의 리더인지 고르는 형태의 문제가 출제된다.

대표 유형 문제

01 ○○기업의 신입사원 5명이 각자 속한 부서의 리더에 대해 이야기하고 있다. 이 중 두 명은 같은 부서이고 나머지 세 명은 각각 다른 부서라고 할 때 같은 부서인 두 사원을 고르면?

> 명진 : 우리 부서 리더는 질문을 못하게 해요. 실수도 용납하지 않죠. 아무래도 우리 부서가 한동안 통제 없이 제멋대로 풀어져 있던 것 때문에 그런 것 같아요.
> 종진 : 그렇군요. 우리 부서 리더는 카리스마가 있어요. 칭찬도 많이 해주시고요. 존경심이 들더라고요.
> 미림 : 저희는 리더가 중요한 정보를 공유하지 않아요. 혼자만 알고 있죠.
> 소연 : 우리 부서는 토론을 많이 해요. 동등한 참여를 권장하는데 최종 결정권은 리더가 갖지요.
> 현민 : 우린 소규모이기도 하고 경험이 있는 직원들이 있어서 평등해요. 수평적이죠. 대신 책임도 다 같이 져야 해요.

① 명진, 미림 ② 종진, 소연 ③ 종진, 현민
④ 미림, 소연 ⑤ 소연, 현민

 리더십능력 / 리더 유형 파악하기

명진과 미림의 리더는 독재자 유형의 리더이다. 독재자 유형의 리더는 질문을 금지하고 모든 정보를 독점하며, 실수를 용납하지 않는다.

오답풀이

종진 부서의 리더는 변혁적 유형의 리더이다. 카리스마와 자기 확신이 있으며 풍부한 칭찬을 한다. 또한 개개인에게 존경심과 충성심을 불어넣는다. 소연 부서의 리더는 민주주의적 유형의 리더이다. 동등한 참여를 권장하며 토론을 장려한다. 최종 결정권은 리더에게만 허용된다. 현민 부서의 리더는 파트너십 유형의 리더이다. 평등하며 집단의 비전을 서로 공유한다. 수평적인 만큼 책임의 공유도 이루어진다.

정답 ①

02 다음 중 리더가 조직구성원에게 효과적으로 동기부여를 하기 위한 방법으로 적절하지 않은 것은?

① 지속적으로 교육하기
② 새로운 도전의 기회 부여하기
③ 변화에 대한 자신감 주입하기
④ 처벌을 활용하여 책임의식 강화하기
⑤ 창의적인 문제해결법을 찾도록 하기

 리더십능력 / 동기부여 방법 파악하기

리더는 처벌이 아닌 칭찬과 같은 긍정적 강화법을 활용하여 동기부여를 해야 한다.

정답 ④

03 다음 중 임파워먼트에 관한 설명으로 옳지 않은 것은?

① 임파워먼트는 조직원들에게 업무위임을 통해 업무의 효율성을 높이는 활동이다.
② 임파워먼트가 잘 실시되는 조직은 아이디어가 존중되는 조직풍토가 조성된다.
③ 임파워먼트는 혁신성과 자발성을 이끌어내고 조직 전체의 목적에 헌신하도록 유도한다.
④ 임파워먼트의 장애요인은 개인, 대인, 관리, 조직의 4가지 차원에서 살펴볼 수 있다.
⑤ 임파워먼트란 조직원들을 신뢰하고 그들의 잠재력을 믿으며, 그 잠재력을 통해 고성과 조직이 되도록 하는 것이다.

 리더십능력 / 임파워먼트 이해하기

임파워먼트란 권한위임을 통해 조직원들을 신뢰하고 그들의 잠재력을 개발함으로써 고성과 조직이 되도록 하는 행위이다. 따라서 업무위임을 한다는 ①의 설명은 틀린 설명이다.

정답 ①

하위능력 3 • 갈등관리능력

출제 포인트

갈등의 개념, 갈등해결방법 등이 실제 업무 사례를 통해 출제되고, 제시된 사례를 보고 갈등의 전개 과정, 갈등해결방법의 유형을 판단하는 문제가 출제된다. 이를 통해 업무 시 구성원들 간에 갈등이 발생했을 경우 이를 해결할 수 있는지를 평가한다.

대표 유형 문제

01 다음 중 갈등을 확인할 수 있는 단서가 아닌 것은?

① 편을 가르고 타협하기를 거부한다.
② 지나치게 감정적인 논평과 제안을 한다.
③ 개인적인 관점에서 타인을 공격한다.
④ 핵심을 이해하여 서로 의견을 공유한다.
⑤ 타인의 발언을 경청하지도 않으면서 공격한다.

💡 갈등관리능력 / 갈등의 단서 확인하기

핵심을 이해하여 서로 의견을 공유하는 것은 갈등의 단서가 아니다. 문제의 본질과 핵심내용을 이해하지 못하면서 서로 비난하는 것이 갈등의 단서에 해당한다.

정답 ④

02 다음 중 갈등해결방법을 모색할 때 옳은 행동이 아닌 것은?

① 어려운 문제는 우선 피한다.
② 다른 사람의 입장을 이해한다.
③ 마음을 열고 적극적으로 경청한다.
④ 어느 한쪽으로 치우치지 않는다.
⑤ 존중하는 자세로 상대방을 대한다.

💡 갈등관리능력 / 갈등해결방법 모색하기

갈등해결방법을 모색할 때, 어려운 문제에 직면하면 피하지 말고 적극적으로 대응하는 것이 중요하다.

정답 ①

03 ○○기업의 물류팀에서 근무하고 있는 하 대리는 영업팀의 강 대리와 협력해서 업무를 진행하는 중이다. 하지만 강 대리의 잘못으로 업무 처리에 문제가 생겨 갈등을 겪고 있다. 몇 번의 언쟁 끝에 하 대리는 갈등을 해결하기 위해 노력하기로 마음먹었다. 갈등을 해결하기 위한 하 대리의 행동으로 적절하지 않은 것은?

① 강 대리의 입장에서 생각해보고 이해하려고 노력한다.
② 열린 자세로 강 대리의 말을 적극적으로 경청한다.
③ 강 대리의 기분을 생각해서 자신의 의견을 우회적으로 이야기한다.
④ 논쟁하고 싶은 유혹이 들더라도 떨쳐내고 타협하려고 노력한다.
⑤ 승패를 가르기보다는 문제를 해결하는 것이 중요함을 피력한다.

갈등관리능력 / 갈등 해결을 위한 행동 알기

갈등을 해결하기 위해서는 자신의 의견을 명확히 제시하고 지속적으로 강화해야 한다. 돌려 말하고 불명확하게 말하는 것은 오히려 갈등을 심화시킬 수 있다.

정답 ③

04 인사부 소속인 D 사원은 회사 내에서 갈등이 발생하는 상황을 많이 겪어왔고 그럴 때마다 갈등에 대해 알게 된 사실을 메모했다. 다음 중 D 사원이 갈등에 대해 적은 메모로 적절하지 않은 것은?

① 팀원들은 문제를 해결하기보다 승리하기를 원함
② 팀원들이 공동의 목표를 달성할 필요성을 느끼지 않음
③ 의사소통의 폭을 줄이면서, 서로 접촉하는 것을 꺼리게 됨
④ 갈등은 새로운 해결책을 만들어주는 기회를 제공하기도 함
⑤ 팀원들은 자신의 입장에 이성적으로 묶임

갈등관리능력 / 갈등의 의미와 원인 이해하기

갈등을 증폭시키는 원인 중 하나는 팀원들이 자신의 입장에 감정적으로 묶인다는 것이다. 따라서 답은 ⑤이다.

정답 ⑤

하위능력 4 • 협상능력

🎯 출제 포인트

협상의 개념 · 과정 · 전략 등에 관한 내용이 출제되고, 조직생활에서 발생할 수 있는 협상 상황에서 상대방을 설득하여 문제를 해결할 수 있는지를 평가한다. 협상능력에서 제시하는 개념이나 간단한 이론을 숙지하고, 다양한 사례형 문제를 풀이하는 연습을 하는 것이 좋다.

🔗 대표 유형 문제

[01~02] ○○재단에서 학자금대출부 소속으로 근무하고 있는 A 대리는 다음과 같은 상황에 직면했다. 상황을 읽고 이어지는 물음에 답하시오.

> A 대리는 고객의 다급한 전화를 받았다. 학자금대출 받은 것을 상환해야 하는데 전산오류로 상환이 이루어지지 않고 있다는 내용이었다. 상환이 늦춰지면 추가적인 이자가 발생하는 등 고객 입장에서는 여러 가지 손해가 발생할 수 있는 사안이라 고객은 굉장히 예민한 상태로 전화 상담을 이어갔다. A 대리는 일단 고객에게 사과하고 상황을 확인하여 처리한 후 다시 연락을 드리기로 하였다.
> A 대리는 해당 건을 해결하기 위해 관련 시스템 담당자에게 전화를 했으나 담당자는 급한 업무 처리 중이라 바쁘니 나중에 다시 전화를 달라고 말하고는 서둘러 전화를 끊으려고 했다. A 대리는 상대방의 일방적인 태도에 다소 화가 났지만 더 얘기를 해봐야 상황이 달라지지 않을 것이라 생각하곤 알겠다고 말한 뒤 전화를 끊었다.

01 위의 상황에서 A 대리가 선택한 협상 전략으로 적절한 것은?

① 상대방에 대한 신뢰가 전혀 없는 경우 사용하는 경쟁 전략
② 서로 잘 되어 모두 좋은 결과를 얻을 수 있도록 하는 협력 전략
③ 내가 처한 상황보다 상대방이 처한 상황이 더 급한 것 같으니 내가 손해를 보겠다는 유화 전략
④ 내가 직면하고 있는 문제를 해결하기 위해 상대방은 조금 손해를 봐도 괜찮다는 강압 전략
⑤ 서로 힘든 상황이니 나도 손해를 감수하고, 상대방도 손해를 감수하는 선에서 타협하는 회피 전략

 협상능력 / 협상 전략 파악하기

A 대리는 자신의 입장이나 이익보다 상대방의 입장과 이익을 고려하여 상대방의 주장에 순순히 따르고 있다. 따라서 A 대리가 선택한 협상 전략은 유화 전략이다. 유화 전략은 협상으로 인해 돌아올 결과보다는 상대방과의 관계 유지를 선호하여 상대방과 충돌을 피하고자 할 때 사용한다.

오답풀이

① · ④ 경쟁 전략은 강압 전략에 해당하는 것이다. 강압 전략은 공격적 전략으로 자신이 상대방보다 힘에 있어서 우위를 점유하고 있을 때 자신의 이익을 극대화하기 위해 사용하는 전략이다.
② 협력 전략은 협상 참여자들이 협동과 통합으로 문제를 해결하고자 하는 협력적 문제해결 전략이다.
⑤ 회피 전략은 무행동 전략이며 협상을 피하거나 잠정적으로 중단하여 철수하는 전략이다. 시간과 노력을 투자할 필요가 없을 정도로 협상의 가치가 낮거나 협상 이외의 방법으로 쟁점을 해결할 수 있을 때 사용할 수 있다.

정답 ③

02 A 대리는 고객이 초조하게 기다릴 것을 생각하여 시스템 담당자를 설득하기로 마음먹었다. A 대리가 '사회적 입증 전략'을 활용하여 담당자를 설득한다고 할 때, A 대리의 발언으로 가장 적절한 것은?

> 사회적 입증 전략이란 과학적인 논리보다 동료나 다른 사람들의 말과 행동을 통해 상대방을 설득하는 협상 기술이다.

① 며칠 전에 담당자님 바쁘실 때 제가 도와드렸잖아요. 서로 도우면서 일했으면 좋겠습니다. 이 문제 좀 빨리 처리 부탁드립니다.
② 민원이 원만히 해결되지 않아서 고객만족도 조사에서 나쁜 점수를 받게 되면 팀원들로부터 부정적인 피드백을 받게 되실 겁니다.
③ 제 민원인의 문제를 먼저 해결해주시면 서비스 만족도 조사에서 담당자님이 좋은 점수를 받을 수 있게 도와드리겠습니다.
④ 고객 민원이 시스템 장애에 대한 부분인데 이 문제를 해결해줄 분은 담당자님밖에 안 계시네요. 바쁘시겠지만 지금 꼭 처리 부탁드립니다.
⑤ 많이 바쁘신가 보네요. 너무 죄송하지만 제가 지금 연락드린 사안도 워낙 긴급을 요하는 사안이라 잠시만 시간을 내주셨으면 좋겠습니다.

 협상능력 / 상대방 설득하기

사회적 입증이란, 사람은 과학적 이론보다 자신의 동료나 이웃의 말과 행동에 의해서 더 쉽게 설득된다는 것이다. 따라서 사회적 입증 전략을 사용한 발언은 ②이다.

정답 ②

하위능력 5 • 고객서비스능력

출제 포인트

직장생활에서 발생할 수 있는 고객서비스, 불만 처리 과정 등에 관한 문제가 출제된다. 특히 실제 업무에 적용되어 고객에게 적절한 서비스를 제공하는지 평가하는 문제가 출제된다.

대표 유형 문제

[01~02] ○○기관의 상담사로 근무하고 있는 C 사원은 불만고객 응대 프로세스에 따라 불만고객 응대를 하고 있다. 다음 대화문을 읽고 이어지는 물음에 답하시오.

> C 사원 : 안녕하십니까? ○○기관 상담사 C입니다.
> 고객 : 학자금 대출 이자 납입 건으로 문의할 게 있어서요.
> C 사원 : 네, 고객님. 어떤 내용인지 말씀주시면 도움을 드리겠습니다.
> 고객 : 제가 ○○기관으로부터 학자금 대출을 받고 있는데 아무래도 대출 이자가 잘못 이체된 것 같아요. 안 그래도 바쁘고 시간도 없는데 이것 때문에 비 오는 날 우산도 없이 은행에 왔다 갔다 했네요. 도대체 일을 어떻게 처리하시는 건지……
> C 사원 : 그러셨군요, 고객님. 힘드셨겠어요. 이렇게 문의 주셔서 감사합니다. 그 문제에 대해서는 정말 죄송합니다. 해결을 위해 몇 가지 정보가 필요한데 성함이랑 연락처 한 번만 말씀해 주시겠어요?
> 고객 : 네, △△△이고요, 전화번호는 012-3456-7891입니다.
> C 사원 : 확인해주셔서 감사합니다. (　　　　Ⓐ　　　　)

01 위 대화문에서 언급된 불만고객의 유형으로 적절한 것은?

① 과시형　　　　② 거만형　　　　③ 의심형
④ 트집형　　　　⑤ 빨리빨리형

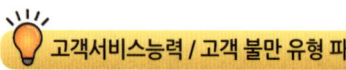

대화 내용을 보면 고객은 기관의 일처리 프로세스와 수준에 의심을 품고 불만을 제기하고 있다. 따라서 정답은 ③이다. 의심형 고객은 직원의 설명이나 제품의 품질에 대해 의심을 많이 하는 유형이며, 분명한 증거나 근거를 제시하여 스스로 확신을 갖도록 유도하는 것이 좋다.

정답 ③

02 위 대화문에서 상담사의 마지막 발언 직후 (Ⓐ)에 이어질 내용으로 적절한 것끼리 바르게 짝지어진 것은?

> ㉠ 고객 불만 사례를 동료에게 전달하겠다고 한다.
> ㉡ 고객이 불만을 느낀 상황에 대한 빠른 해결을 약속한다.
> ㉢ 어떤 해결 방안을 제시해주는 것이 좋은지 고객에게 의견을 묻는다.
> ㉣ 대출내역을 검토한 후 어떤 부분에 문제가 있었는지 확인하고 답변해준다.

① ㉠, ㉡   ② ㉠, ㉢   ③ ㉡, ㉢
④ ㉡, ㉣   ⑤ ㉢, ㉣

고객서비스능력 / 고객 불만 처리 과정 알기

신속한 문제해결을 약속함으로써 고객을 안심시키고 문제를 해결하기 위해 노력해야 한다. 따라서 정답은 ㉡, ㉣이다.

🔑 오답풀이
㉠ 내부적으로 문제를 공유하는 것은 고객 입장에서의 관심사가 아니다.
㉢ 해결 방안은 기관에서 제시해야 하는 것이므로, 고객에게 의견을 묻는 것은 적절하지 않다.

정답 ④

03 ○○기업의 고객서비스팀에서 근무하는 J 사원은 고객 만족도를 향상시키고, 지속적인 상품 구매를 유도하기 위해 노력 중이다. J 사원의 올바른 고객 응대 자세로 적절하지 않은 것은?

① 자신 있는 태도와 음성으로 전문적인 상담을 진행해 고객의 신뢰를 획득해야 한다.
② 설득력 있는 대화와 유용한 정보 제공을 통해 고객의 구매 결정에 도움을 주어야 한다.
③ 고객 관리를 위해 고객 정보나 취향을 데이터 시트에 기록하고, 지속적인 관계 유지를 위해 노력해야 한다.
④ 고객의 요구를 파악하고 대응법을 마련하여 고객에게 양질의 서비스를 제공해야 한다.
⑤ 수익을 많이 올릴 수 있는 고부가가치의 상품을 중심으로 설명하고 판매하도록 노력해야 한다.

고객서비스능력 / 올바른 고객 응대 자세 알기

고객만족도를 향상시키는 것과 고부가가치 상품의 판매는 관련이 없다.

정답 ⑤

06 Chapter CHECK
주요 기출유형 익히기

01 다음 제시된 설명에 따를 때 감정은행계좌에 예입한 경우가 아닌 것은? `2020 서울교통공사`

> 감정은행계좌란 대인관계능력을 향상시키기 위한 실천적인 방법으로 인간관계에서 구축하는 신뢰의 정도를 은행 계좌에 비유한 용어이다. 은행에 계좌를 만들고 예입을 하며 필요할 때 인출할 수 있도록 잔고를 남기는 것처럼, 우리가 다른 사람에게 친절하고 정직하다면 그 사람이 우리에게 갖는 신뢰가 높아지기 때문에 우리는 감정을 저축하는 것이 된다. 이처럼 신뢰의 정도가 높아지는 것을 가리켜 감정 잔고가 예입되었다고 표현한다.

① A 부장 : 신입사원과의 사소한 약속도 잘 지키기 위해서 노력한다.
② B 팀장 : 모든 팀원의 마음을 진심으로 헤아리기 위해 노력한다.
③ C 과장 : 자신의 사소한 실수에도 반복적이고 지속적으로 사과한다.
④ D 대리 : 상대방의 작은 정성에도 감격하며 소홀히 하지 않는다.
⑤ E 사원 : 스스로 한 말을 지키고 실천하며 동료에게 신용을 쌓는다.

 대인관계능력 / 감정은행계좌 적용하기

사과는 감정은행계좌 인출에 해당하지만 진정한 사과는 대단한 용기와 내적 안정감이 필요하기 때문에 인출을 예입으로 바꿀 수 있는 기회가 된다. 그러나 아무리 진정한 사과일지라도 지나치게 반복되는 사과는 불성실한 사과처럼 받아들여져 신용에 대한 인출이 된다.
감정은행계좌 : 스티븐 코비(Stephen Covey)는 감정은행계좌를 적립하기 위한 6가지 수단으로 다음과 같은 것을 제시했다.
- 상대방에 대한 이해심 : 다른 사람을 이해하고자 하는 노력은 가장 중요한 예입수단이다.
- 사소한 일에 대한 관심 : 사소한 일에도 정성을 기울여야 인간관계의 깊이가 더해진다.
- 약속의 이행 : 인간관계에서 가장 중요한 것은 신용이다.
- 언행일치 : 말과 행동으로 상대방에게 신뢰를 쌓아야 한다.
- 기대의 명확화 : 목표에 대한 불분명한 기대는 의사소통과 신뢰를 손상시킨다.
- 진지한 사과 : 진정한 사과는 대단한 용기와 내적 안정감을 필요로 한다.

정답 ③

02 다음 간략하게 제시된 코칭(Coaching)의 진행 과정에 대한 설명으로 옳지 않은 것은?

`2020 서울교통공사`

```
(1) 시간 및 목표 명시 → (2) 적극적 경청 및 질문 → (3) 반응 이해 및 인정
                                                              ↓
(6) 인정 및 후속 작업 ← (5) 코칭 과정 반복 ← (4) 해결책 모색 유도
```

① 예상 소요 시간과 직무별, 조직별 목표를 알린다.
② 질문과 논의를 통해 구성원을 지도하고 통제한다.
③ 직원의 능력을 신뢰하고 인정한다는 것을 표현한다.
④ 직원 스스로 해결책을 찾을 수 있도록 유도한다.
⑤ 해결책을 찾고 성과를 이룰 때까지 코칭을 반복한다.

리더십능력 / 코칭 진행 과정 파악하기

리더가 지침을 통해 하향식으로 구성원을 지도하고 통제하는 것은 전통적인 접근법으로서 관리의 도구로 활용된다.
코칭과 관리의 차이점: 코칭과 관리는 대표적인 커뮤니케이션 도구지만 다음과 같은 차이점이 있다. 관리는 리더가 지식이나 정보를 하달하며 의사결정의 권한을 행사하는 전통적인 접근법이지만, 코칭은 다른 사람들을 지도하기보다 이끌고 영향을 미치는 데 중점을 두기 때문에 통제가 아닌 경청과 지원을 통해 성취를 이룬다.

정답 ②

03 직장 동료들과 갈등을 겪고 있는 박 대리는 갈등을 해결하기 위해 노력 중이다. 갈등을 해결하기 위한 박 대리의 행동으로 적절하지 않은 것은?

`2020 한전KDN`

① 다른 사람들의 입장을 이해한다.
② 마음을 열고 적극적으로 경청한다.
③ 존중하는 자세로 사람들을 대한다.
④ 사람들과 눈을 자주 마주친다.
⑤ 어려운 문제는 우선 피한다.

갈등관리능력 / 갈등해결 방법 알기

갈등해결을 위해서는 어려운 문제에 직면하더라도 피하지 말고 적극적으로 대응하는 것이 중요하다.

정답 ⑤

06 Chapter FINISH 기출·예상문제 마무리

정답과 해설 032p

01 다음 중 팀워크(Teamwork)를 저해하는 요인을 모두 고른 것은? 『2020 서울교통공사』

> ㈀ 과도한 자신감과 자아의식
> ㈁ 목표달성보다 이해관계 중시
> ㈂ 리더와 멤버의 이분법적 구분
> ㈃ 무뚝뚝하고 자립적인 성향
> ㈄ 솔직하게 자신의 의견 표출

① ㈀
② ㈀, ㈁
③ ㈀, ㈁, ㈂
④ ㈀, ㈁, ㈂, ㈃
⑤ ㈀, ㈁, ㈂, ㈃, ㈄

02 다음 중 리더(Leader)로서 갖춰야 할 덕목으로 옳지 않은 것은? 『2020 서울교통공사』

① 전문 기술뿐 아니라 대인관계 기술도 갖춰야 한다.
② 혁신적인 변화와 창의적인 문제 해결을 지향한다.
③ 조직의 정확한 목표를 공유하고 방향을 제시한다.
④ 팀원별 강점을 찾아 적합한 업무에 배치한다.
⑤ 팀원에게 책임과 권한을 이양해서는 안 된다.

03 다음 중 조직 내 갈등을 해결할 수 있는 방법으로 적절하지 않은 것은? 『2020 한국에너지공단』

① 직무재설계나 직무순환을 통해 조직의 구조적 변수를 바꾼다.
② 갈등 당사자들 간 대면하여 대화를 통해서 오해를 풀게 한다.
③ 갈등 당사자들의 상사가 공식적인 권한을 행사하여 명령한다.
④ 공동의 적을 설정하여 조직 구성원 간 일체감을 느끼게 한다.
⑤ 구성원 간 갈등 해소 전까지 인적 변수에 변화를 주지 않는다.

04 다음 제시된 갈등해결방법 유형과 그 설명이 올바른 것끼리 묶인 것은?

`2020 서울교통공사`

		협조성		
		약함(비협조적) ←——————→ 강함(협조적)		
독단성	강함	● 경쟁형		● 통합형
	↕		● 타협형	
	약함	● 회피형		● 수용형

> (ㄱ) 회피형 : 본인과 상대방의 욕구를 동시에 만족시킬 수 없기 때문에 갈등 상황을 의도적으로 피하고자 하는 유형이다.
> (ㄴ) 수용형 : 상대를 만족시키기 위해 자신의 욕구와 이익을 포기하는 유형으로 조화와 안정이 강조되는 상황에 주로 사용된다.
> (ㄷ) 타협형 : 상호 간 절충안을 모색하는 유형으로 조직의 목표와 개인의 필요 간 균형을 맞춰 수용 가능한 해결책을 찾는다.
> (ㄹ) 경쟁형 : 자신의 욕구와 이익을 위해 상대를 희생시키는 유형으로 신속한 결정이 요구되는 긴급한 상황에 주로 사용된다.
> (ㅁ) 통합형 : 본인과 상대방의 욕구를 모두 만족시키기 위해 적극적으로 해결책을 찾는 방안으로 현실적으로 가장 널리 활용된다.

① (ㄱ)
② (ㄱ), (ㄴ)
③ (ㄱ), (ㄴ), (ㄷ)
④ (ㄱ), (ㄴ), (ㄷ), (ㄹ)
⑤ (ㄱ), (ㄴ), (ㄷ), (ㄹ), (ㅁ)

05 다음 중 팔로워십의 유형 중 실무형에 대한 설명으로 옳지 않은 것은? `2020 한국에너지공단`

① 조직의 운영 방침에 민감한 자아상을 가지고 있다.
② 조직이 나의 아이디어를 원하지 않는다고 생각하며, 리더는 항상 자기 마음대로 한다고 여긴다.
③ 동료나 리더는 이 유형의 팔로워를 개인의 이익을 극대화하기 위한 홍정에 능하다고 여긴다.
④ 조직에 대해서는 리더와 부하 간 비인간적 풍토라고 생각한다.
⑤ 사건을 균형 잡힌 시각으로 보고 규정과 규칙에 따라 행동한다.

06 중견기업의 D 부장은 타 업체와 협상을 하러 가는 H 과장에게 다음과 같이 말했다. D 부장이 선택한 협상 전략으로 적절한 것은?

> D 부장 : 일단 그 업체가 제시하는 것을 최대한 수용하세요. 단기적으로는 조금 손해를 보더라도 장기적으로 보면 우리에게 돌아오는 이익이 클 겁니다. 상대의 요구와 주장을 받아들여 우리 주장을 조정하세요.

① 협력 전략 ② 신뢰 전략 ③ 유화 전략
④ 회피 전략 ⑤ 강압 전략

07 다음 중 리더십에 관한 설명으로 적절하지 않은 것은?

① 리더십은 인간적인 관계여야 한다.
② 리더십은 목적과 방향을 가져야 한다.
③ 리더십은 조직을 통해 행사되어야 한다.
④ 리더십은 책임과 권한을 수반하여야 한다.
⑤ 리더십은 명령과 복종에 의한 수직적 관계여야 한다.

08 다음 중 리더에 해당하는 것을 모두 고르면?

> ㉠ 상황 적응에 수동적   ㉡ 혁신 지향   ㉢ 새로운 상황 창조
> ㉣ 체제, 기구를 중시   ㉤ 위험 회피   ㉥ '무엇을 할까'를 생각

① ㉠, ㉡, ㉤   ② ㉠, ㉢, ㉣   ③ ㉡, ㉢, ㉥
④ ㉡, ㉣, ㉤   ⑤ ㉢, ㉤, ㉥

09 권한위임의 장애요인 중 개인차원에 해당하는 것을 모두 고르면?

> ㉠ 제한된 정책과 절차　　㉡ 동기의 결여　　㉢ 통제적 리더십
> ㉣ 리더십 발휘 능력 결여　㉤ 책임감 부족　　㉥ 갈등처리 능력 부족

① ㉠, ㉣　　② ㉡, ㉤　　③ ㉢, ㉥
④ ㉣, ㉤　　⑤ ㉣, ㉥

10 E 사원은 첫 출근을 앞두고 팀원들과 잘 어울릴 수 있을지 걱정이 많다. 이에 E 사원보다 먼저 직장생활을 시작한 친구가 조언을 해주었다. 다음 중 친구가 E 사원에게 했을 조언으로 가장 적절하지 않은 것은?

① 상사나 동료가 의견을 내면 일단 수긍하는 자세를 보여야 해.
② 항상 적극적인 마인드를 가지고 업무에 임하고 자신을 강하게 어필할 수 있도록 해.
③ 상대방에게 호감을 줄 수 있게 항상 웃는 얼굴로 사람들을 대해.
④ 책임지지 못할 말과 지키지 못할 약속은 하지 말고 약속은 항상 지키는 습관을 들이도록 해.
⑤ 업무능력보다는 인간관계가 더 중요하다는 걸 명심하고, 구성원들과 친하게 지내는 것을 최우선으로 여겨야 해.

11 G 팀장은 훌륭한 팀워크를 유지하기 위한 기본요소에 대해 공부한 후 요약한 것을 적어두었다. 다음 G 팀장이 요약한 내용 중 훌륭한 팀워크를 유지하기 위한 기본요소로 적절하지 않은 것은?

① 팀의 규약, 절차, 방침을 명확하게 규정한다.
② 팀원 개인의 능력이 최대한 발휘되는 것이 팀워크 향상의 핵심이다.
③ 팀원 간에 상호신뢰하고 존중한다.
④ 팀원 간 공동의 목표의식과 강한 도전의식을 가진다.
⑤ 서로 협력하면서 각자의 역할에 책임을 다한다.

12 변화에 저항하는 직원들을 성공적으로 이끌기 위한 방안으로 적절하지 않은 것은?

① 개방적인 분위기를 조성한다.
② 객관적인 자세를 유지한다.
③ 직원들의 감정을 세심하게 살핀다.
④ 변화의 잠재적인 문제점을 강조한다.
⑤ 변화에 적응할 시간을 준다.

13 다음 내용에서 제시된 설득 전략으로 가장 적절한 것은?

> 어떤 과학적인 논리보다 동료 또는 사람들과의 행동에 의해 상대를 설득하는 전략이다. 예로서 광고에서 말하는 소위 '입소문'을 통해서 설득하는 것이 광고를 통해 설득하는 것보다 더 효과가 있다는 것이다.

① 사회적 입증 전략 ② 상대방 이해 전략 ③ 호혜관계 형성 전략
④ 연결 전략 ⑤ 권위 전략

14 다음 중 고객 중심 기업의 특징이 아닌 것은?

① 고객 만족에 중점을 둔다.
② 기업이 실행한 서비스에 대한 평가는 한 번만 실시한다.
③ 보다 나은 서비스를 제공할 수 있도록 기업정책을 수립한다.
④ 고객이 정보, 제품, 서비스 등에 쉽게 접근할 수 있도록 한다.
⑤ 내부고객과 외부고객 모두를 중요시한다.

15 다음 중 고객 불만 유형과 대처 방법으로 옳지 않은 것은?

① 거만형 고객은 정중하게 대하는 것이 좋다.
② 의심형 고객은 책임자가 응대하는 것이 효과적이다.
③ 빨리빨리형 고객에게 애매한 화법으로 응대를 하는 것은 비효과적이다.
④ 빨리빨리형 고객일 경우에는 문제를 빠르고 정확하게 처리하는 모습을 보이는 것이 좋다.
⑤ 트집형 고객일 경우에는 분명한 증거나 근거를 제시하여 스스로 확신을 갖도록 하는 것이 좋다.

Chapter 07
정보능력

정보능력은 직장에서 컴퓨터를 활용하여 직무에 필요한 정보를 수집·분석하여 활용하는 능력을 말한다. 업무 수행에 필요한 컴퓨터 활용능력 외에도, 각 직무와 관련된 정보 데이터를 활용하여 처리하는 능력까지 포함한다.

정보능력은 컴퓨터를 활용하여 업무와 관련된 정보를 처리하는 **컴퓨터활용능력**과 직무상 문제해결에 필요한 여러 가지 정보를 분석·활용하여 처리할 수 있는 **정보처리능력** 등으로 구분된다.

07 Chapter — START
NCS 모듈 학습

개념정리 • 정보능력

1 정보, 자료, 지식

자료(Data)	▶	정보(Information)	▶	지식(Knowledge)
• 정보 작성을 위해 필요한 데이터, 가공하기 전 순수한 상태의 수치 • 아직 특정의 목적에 대해 평가되지 않은 상태의 숫자나 문자들의 단순한 나열		• 일정한 프로그램에 따라 컴퓨터가 처리·가공한 자료 • 특정 목적 달성 및 특정한 의미를 가진 것으로 다시 생산된 자료 • 유의미하게 가공한 2차 자료		• 어떤 특정의 목적을 달성하기 위해 과학적 또는 이론적으로 추상화되거나 정립되어 있는 일반화된 정보 • 정보들 간의 관계를 통해 얻은 가치 있는 정보

2 정보의 가치

우리가 필요로 하는 정보의 가치는 여러 가지 상황에 따라서 달라질 수 있다. 즉 정보의 가치는 우리의 요구, 사용 목적, 그것이 활용되는 시기와 장소에 따라서 다르게 평가된다.

- **적시성과 독점성** : 정보는 우리가 원하는 시간에 제공되어야 하며, 원하는 시간에 제공되지 못하는 정보는 정보로서의 가치가 없다.
- **공개 정보, 반공개 정보, 비공개 정보** : 정보는 아무리 중요한 내용이라도 공개되고 나면 그 가치가 급격하게 떨어지는 것이 보통이다. 공개 정보보다는 반공개 정보가, 반공개 정보보다는 비공개 정보가 더 큰 가치를 가질 수 있다.

3 정보화 사회

정보화 사회란 이 세상에 필요로 하는 정보가 사회의 중심이 되는 사회로서, 컴퓨터 기술과 정보통신 기술을 활용하여 사회 각 분야에서 필요로 하는 가치 있는 정보를 창출하고, 보다 유익하고 윤택한 생활을 영위하는 사회로 발전시켜 나가는 것을 뜻한다. 정보화 사회의 특징은 다음과 같다.

- 미래 사회의 6T : 문화사업(CT), 우주항공기술(ST), 정보기술(IT), 환경기술(ET), 나노기술(NT), 생명공학(BT)은 미래를 이끌어갈 주요 사업으로 토지, 노동, 자본보다는 새로운 지식과 기술을 개발·활용·공유·저장할 수 있는 지식근로자를 요구하고 있다.
- 지식의 폭발적 증가
- 세계화 진전

4 IT기기를 활용한 정보처리의 과정

정보처리(Information Processing)는 자료를 가공하여 이용 가능한 정보로 만드는 과정으로, 자료처리(Data Processing)라고도 한다.

기획 ▶ 수집 ▶ 관리 ▶ 활용

- 정보의 기획 : 전략적으로 기획하는 단계이며, 보통 5W2H에 의해 기획

5W2H
WHAT(무엇을?) → 정보의 입수 대상을 명확히 한다.
WHERE(어디에서?) → 정보의 소스(정보원)를 파악한다.
WHEN(언제까지?) → 정보의 요구(수집) 시점을 고려한다.
WHY(왜?) → 정보의 필요 목적을 염두에 둔다.
WHO(누가?) → 정보 활동의 주체를 확정한다.
HOW(어떻게?) → 정보의 수집 방법을 검토한다.
HOW MUCH(얼마나?) → 정보 수집의 비용성(효용성)을 중시한다.

- 정보의 수집 : 목적에 맞는 정보를 입수하고 예측하는 단계
- 정보의 관리 : 목적이나 유용성을 고려하여 정보를 가공하고 관리하는 단계이며 **목적성, 용이성, 유용성**의 3원칙을 따름
- 정보의 활용 : 정보를 활용하고 문제해결에 적용하는 단계

5 컴퓨터 활용 분야

- 기업경영 : 경영정보시스템(MIS), 의사결정지원시스템(DSS), 사무자동화(OA), 전자상거래(EC) 등
- 행정 : 사무자동화(OA) 등
- 산업 : 공장 자동화(FA), 판매 시점관리(POS) 등
- 교육 : 컴퓨터 보조 교육(CAI), 컴퓨터 관리 교육(CMI) 등
- 기타 : 연구개발 및 출판, 가정 등

하위능력1 • 컴퓨터활용능력

1 컴퓨터활용능력이란?

업무수행에 필요한 정보를 수집, 분석, 조직, 관리, 활용하는 데 있어 컴퓨터를 활용하는 능력을 말한다.

2 인터넷 서비스

구분	설명
이메일 (E-mail)	• 인터넷을 통해 편지나 여러 정보를 주고받는 서비스 • 일반우편에 비해 빠르고 정확하게 전달됨 • 포털, 웹사이트 가입 외 회사나 학교 같은 기관에서는 자체 도메인과 계정을 만들어 활용함
메신저 (Messenger)	• 인터넷에서 실시간으로 메시지와 데이터를 주고받을 수 있는 소프트웨어 • 상대방의 접속 여부 확인 가능 • 여러 사람과 메시지 전달 및 채팅 가능
인터넷 디스크, 웹하드	• 웹 서버에 대용량의 저장 기능을 갖추고 사용자가 개인용 컴퓨터(PC)의 하드디스크와 같은 기능을 인터넷을 통하여 이용할 수 있게 하는 서비스 • 대용량의 파일을 손쉽게 저장 가능
클라우드 (Cloud)	• 사용자들이 복잡한 정보를 보관하기 위해 별도의 데이터 센터를 구축하지 않고도, 인터넷을 통해 제공되는 서버를 활용해 정보를 보관하고, 필요할 때 꺼내 쓰는 기술 • 장소와 시간에 상관없이 다양한 단말기를 통해 주소록, 동영상, 오피스 문서, 음원, 게임 등을 이용 가능
SNS (Social Networking Service)	• 온라인 인맥 구축을 목적으로 개설된 커뮤니티형 웹사이트로 1인 미디어와 정보공유 등을 포괄하는 개념 • 전자우편이나 인스턴트 메신저 서비스로 사용자끼리 서로 연락할 수 있는 수단을 제공
전자상거래	전자적인 매체를 통한 재화 및 용역 거래, 물리적 상품 및 디지털 상품의 거래

3 업무상 활용하는 소프트웨어

구분	기능 및 활용
워드프로세서	글이나 그림을 입력하여 편집하고, 작업한 문서를 저장하고 인쇄
스프레드시트	문서 작성 및 편집 기능 외에 수치나 공식을 입력하여 그 값을 계산하고 계산 결과를 차트로 표시할 수 있는 전자 계산표 또는 표 계산 프로그램
프레젠테이션	보고, 회의, 상담, 교육 등에서 정보를 전달하는 데 널리 활용
데이터베이스	대량의 자료를 관리하고 내용을 구조화하여 검색이나 자료 관리 작업을 효과적으로 실행
그래픽 소프트웨어	새로운 그림을 그리거나 그림 또는 사진 파일을 불러와 편집
유틸리티 프로그램	사용자가 컴퓨터를 사용하면서 처리하게 되는 여러 가지 작업을 편리하게 함

④ 데이터베이스의 구축

데이터베이스는 여러 개의 서로 연관된 파일을 의미한다. 컴퓨터를 이용하여 업무의 효율을 높이기 위해서는 데이터의 효과적인 활용이 필요하며 이를 위해서는 데이터베이스의 구축이 필수적이다. 데이터베이스의 필요성과 기능은 다음과 같다.

- 데이터 중복을 줄일 수 있다.
- 데이터의 무결성을 높인다.
- 데이터 검색을 쉽게 할 수 있다.
- 데이터의 안전성을 높인다.
- 프로그램 개발 기간을 단축한다.

데이터베이스 기능			
입력기능	데이터의 검색기능	데이터의 일괄 관리	보고서 기능
형식화된 폼을 사용하여 내용을 편하게 입력할 수 있다.	필터나 쿼리 기능을 이용하여 데이터를 빠르게 검색하고 추출할 수 있다.	테이블을 사용하여 많은 데이터를 종류별로 분류하여 일괄적으로 관리할 수 있다.	데이터베이스에 있는 데이터로 청구서나 명세서 등의 서류를 손쉽게 만들 수 있다.

1. 컴퓨터활용능력 》》 바로확인문제

01 아래의 정보, 자료, 지식에 관한 설명 중 옳은 것을 모두 고른 것은?

> A. 정보의 가치는 시기와 장소에 상관없이 절대적이다.
> B. 지식은 객관적 타당성을 요구할 수 있는 판단의 체계를 제시한다.
> C. 정보는 특정한 상황에 맞도록 평가한 의미 있는 기록이다.
> D. 지식은 평가되지 않은 상태의 숫자나 문자들의 나열을 의미한다.
> E. 정보는 사용하는 사람과 사용하는 시간에 따라 달라질 수 있다.

① A, B, C ② A, B, D ③ A, D, E
④ B, C, E ⑤ C, D, E

컴퓨터활용능력 / 정보, 자료, 지식 차이 이해하기

A. 정보의 가치는 사용자의 사용 목적, 정보가 활용되는 시기와 장소에 따라 다르게 평가되며 정보의 가치를 평가하는 절대적인 기준은 없다.
D. 평가되지 않은 상태의 숫자나 문자들의 단순한 나열을 뜻하는 것은 자료이다.
따라서 위 설명 중 옳은 것을 모두 고르면 B, C, E이다.

오답풀이

자료 (Data)	• 정보 작성을 위하여 필요한 것 • 아직 특정의 목적에 대하여 평가되지 않은 상태의 숫자나 문자들의 단순한 나열
정보 (Information)	• 데이터를 일정한 프로그램에 따라 처리·가공한 것 • 특정한 목적을 달성하는 데 필요하거나 특정한 의미를 가진 것으로 다시 생산된 것
지식 (Knowledge)	• 어떤 특정의 목적을 달성하기 위해 과학적 또는 이론적으로 추상화되거나 정립되어 있는 일반화된 정보 • 어떤 대상에 대하여 원리적·통일적으로 조직되어 객관적 타당성을 요구할 수 있는 판단의 체계를 제시

정답 ④

02 ○○기업의 마케팅부에서 근무하는 A 사원은 차트를 활용해 제품별 매출액 구성비를 알아보기 쉽게 정리하려고 한다. 다음과 같은 특징이 있는 차트를 활용한다고 할 때, A 사원이 사용할 형태의 차트로 가장 적절한 것은?

- 데이터 계열이 하나만 있으므로 축이 없다.
- 차트의 조각은 사용자가 직접 분리할 수 있다.
- 차트에서 첫째 조각의 각을 '0도 ~ 360도' 사이의 값을 이용하여 회전시킬 수 있다.

① 막대형 차트 　　② 영역형 차트 　　③ 꺾은선형 차트
④ 분산형 차트 　　⑤ 원형 차트

컴퓨터활용능력 / 적절한 차트 활용하기

자료가 설명하고 있는 내용은 모두 원형 차트의 특징이다. 원형 차트는 각 항목이 전체에서 차지하는 비율을 보여주며, 숫자의 총합이 100%일 때 사용한다.

오답풀이
- 막대형 차트 : 세로 또는 가로 막대형 차트가 있으며, 여러 항목의 값을 시각적으로 비교할 수 있다.
- 꺾은선형 차트 : 영역형 차트라고도 하며, 시간 또는 항목에 따른 추세를 보여준다.
- 분산형 차트 : 거품형 차트라고도 하며, 그룹화된 값 집합 간의 관계를 보여준다.

정답 ⑤

03 워크시트의 데이터 입력에 관한 설명 중 적절하지 않은 것은?

① 수치 데이터는 셀의 오른쪽으로 정렬된다.
② 문자 데이터는 기본적으로 왼쪽으로 정렬된다.
③ 날짜 데이터는 자동으로 셀의 왼쪽으로 정렬된다.
④ 셀 서식에서 데이터 표시 형식을 변경할 수 있다.
⑤ 숫자와 문자가 혼합된 데이터가 입력되면 문자열로 입력된다.

컴퓨터활용능력 / 워크시트 사용하기

날짜 데이터는 자동으로 셀의 오른쪽으로 정렬되며, 숫자와 문자가 혼합된 데이터는 문자 데이터와 같이 왼쪽으로 정렬된다.

정답 ③

하위능력 2 • 정보처리능력

 1 정보처리능력이란?

직장생활에서 필요한 정보를 수집하고 분석하여 의미 있는 정보를 찾아내며, 찾아낸 정보를 업무수행에 적절하도록 조직·관리하고 활용하는 능력이다.

 2 정보원과 정보수집 방법

정보원이란 필요한 정보를 수집할 수 있는 원천으로 다음과 같이 구분된다.

1차 자료	• 원래의 연구 성과가 기록된 자료 • 단행본, 학술지와 학술지 논문, 학술회의자료, 연구보고서, 학위논문, 특허정보, 표준 및 규격자료, 레터, 출판 전 배포자료, 신문, 잡지, 웹 정보자원 등
2차 자료	• 1차 자료를 효과적으로 찾아보기 위한 자료로, 1차 자료에 포함되어 있는 정보를 압축·정리하여 읽기 쉬운 형태로 제공하는 자료 • 사전, 백과사전, 편람, 연감, 데이터베이스 등

3 정보 분석의 절차

정보분석이란 여러 정보를 상호 관련지어 새로운 정보를 생성해내는 활동이다.

4 정보의 분석 (수집 정보 → 서열화 → 구조화)

1차 정보를 분석하고 압축, 가공하여 2차 정보를 작성하게 되는데, 1차 정보가 포함하는 주요 개념을 대표하는 키워드를 추출하여, 이를 간결하게 서열화, 구조화하여야 한다.

5 정보관리의 방법

- 목록을 이용한 정보관리 : 정보에서 중요한 항목을 찾아 기술한 후 정리
- 색인을 이용한 정보관리 : 주요 키워드나 주제어를 소장하고 있는 정보원을 관리하는 방식
- 분류를 이용한 정보관리 : 유사한 정보끼리 모아 체계화하여 정리

6 정보의 활용

- 동적정보 : 시시각각으로 변화하는 정보 (신문, 텔레비전, 뉴스 등)
- 정적정보 : 유통기간이 비교적 길고, 보존되어 멈추어 있는 정보 (잡지, 책 등)

7 정보의 활용

- 불건전 정보의 유통
- 사이버 성폭력·언어폭력
- 저작권침해
- 컴퓨터 바이러스
- 인터넷 중독
- 해킹(Hacking), 개인정보 유출

8 개인정보 유출을 방지하는 방법

- 회원가입 시 이용 약관 확인(제3자에게 정보 제공 여부 등은 재확인)
- 이용 목적에 부합하는 정보를 요구하는지 확인(학력, 결혼 여부, 소득 등)
- 비밀번호는 정기적으로 교체(유추하기 쉬운 번호는 설정 지양)
- 정체가 불분명한 사이트에서 과한 개인정보를 요구하면 가입을 고려해볼 것
- 가입 해지 시 개인정보 파기 여부 확인

2 • 정보처리능력 >> 바로확인문제

01 다음 중 컴퓨터 바이러스를 예방하는 방법으로 옳은 것을 모두 고르면?

> ㉠ 이메일은 안전한 사이트에서 보낸 것이므로 바로 열어서 확인한다.
> ㉡ 정품 소프트웨어를 구입하여 사용하는 습관을 가진다.
> ㉢ 중요한 자료는 별도 저장 장치에 백업해두도록 한다.
> ㉣ 바이러스 감염 우려가 있으므로 프로그램은 복사하지 않는다.
> ㉤ 실시간 감시 기능이 있는 백신 프로그램을 사용하고 정기적으로 업데이트한다.

① ㉠, ㉢, ㉤   ② ㉠, ㉡, ㉣   ③ ㉡, ㉢, ㉤
④ ㉡, ㉢, ㉣   ⑤ ㉢, ㉣, ㉤

정보처리능력 / 컴퓨터 바이러스 예방하기

㉠ 스팸메일 등의 불안전한 이메일은 열어보지 않는 것이 좋으며, 출처가 불분명한 이메일의 첨부파일은 백신 프로그램으로 바이러스 검사 후 사용한다.
㉣ 프로그램을 복사할 때에는 바이러스 감염 여부를 확인하고, 바이러스가 활동하는 날에는 시스템을 사전에 미리 검사한다.

정답 ③

02 전자우편(E-mail)을 사용할 때의 네티켓(Netiquette)으로 옳은 것을 모두 고르면?

> ㉠ 메일을 보내기 전 주소가 올바른지 다시 한번 확인한다.
> ㉡ 타인에게 피해를 주는 비방이나 욕설은 삼간다.
> ㉢ 메일의 메시지 끝에 서명을 포함할 경우에는 가능한 한 자세하게 쓰도록 한다.
> ㉣ 제목은 메시지 내용을 함축해 간략하게 하되, 주된 메시지는 가능한 한 길게 쓴다.

① ㉠, ㉢   ② ㉠, ㉣   ③ ㉡, ㉢
④ ㉠, ㉡   ⑤ ㉢, ㉣

정보처리능력 / 사이버 공간에서의 예절 알기

㉢ 메시지 끝에 서명(signarure : 이름, 직위, 단체명, 메일주소, 전화번호 등)을 포함시키되, 너무 길지 않도록 한다.
㉣ 메시지는 짧게 요점만 작성하는 것이 좋다.

정답 ④

03 다음이 설명하는 인터넷의 역기능은 무엇인가?

> 이것은 다른 시스템에 불법으로 침입하여 시스템에 저장된 정보를 임의로 변경, 삭제 또는 절취하는 행위를 말한다. 원래 이것은 자신의 실력을 자랑하기 위해 다른 시스템에 접근하는 행위로 네트워크의 보안을 지키는 역할을 하였으나, 점차 불법적 접근으로 다른 사람의 컴퓨터 시스템이나 통신망을 파괴하는 행위로 변질되었다.

① 사이버 언어폭력 ② 저작권 침해 ③ 인터넷 중독
④ 컴퓨터 바이러스 ⑤ 해킹(hacking)

 정보처리능력 / 인터넷의 역기능 파악하기

① 욕설, 비방(명예훼손), 도배, 성적 욕설, 유언비어, 악성댓글 등이 해당한다.
② 불법복제 소프트웨어 파일을 배포하거나 저작권자 동의 없이 공개하는 것 등이 해당한다.
③ 인터넷 이용이 보편화되면서 지나치게 빠져 생활의 곤란이 생기지 않도록 주의해야 한다.
④ 컴퓨터 내부에 침투하여 자료를 손상시키거나 다른 프로그램을 파괴시키는 프로그램이다.

정답 ⑤

04 다음 개인정보 중 일반 정보에 해당하지 않는 것은?

① 주민등록번호 ② 운전면허정보 ③ 생년월일
④ 가족병력기록 ⑤ 전화번호

 정보처리능력 / 개인정보의 종류 파악하기

가족병력기록, 과거 의료기록, 신체장애 여부, 혈액형 등은 의료 정보에 해당한다.
일반 정보는 이름, 주민등록번호, 운전면허정보, 주소, 전화번호, 생년월일, 성별, 국적 등이 해당한다.

정답 ④

간추린 HIDDEN NOTE 정보능력

 테마 1 ● Windows 주요 단축키

Windows(⊞) 조합 단축키	• ⊞ : 시작메뉴 열기 / 닫기 • ⊞ + + / − : 돋보기 • ⊞ + ↑ / ↓ : 현재창 최대화 / 최소화 • ⊞ + → / ← : 프로그램 창 정리, 창 위치 옮기기 • ⊞ + Home : 활성화된 창을 제외한 모든 창 최소화 • ⊞ + D : 바탕화면 보기 / 복구 • ⊞ + E : 탐색기 실행 • ⊞ + F : 파일 또는 폴더 검색 • ⊞ + I : 설정 화면 실행 • ⊞ + L : 잠금 화면 실행 • ⊞ + T : 작업 표시줄의 프로그램 차례대로 선택
Ctrl 조합 단축키	• Ctrl + Esc : 시작메뉴 열기 • Ctrl + Shift + Esc : 작업관리자 실행 • Ctrl + Shift + T : 탭 복구 • Ctrl + Alt + Delete : 작업관리자 창 표시 • Ctrl + Alt + Tab : 활성프로그램 전환 고정모드로 실행 • Ctrl + A : 전체선택 • Ctrl + C : 선택영역 복사 • Ctrl + F : 찾기, 바꾸기 • Ctrl + T : 인터넷 새 탭 열기 • Ctrl + V : 붙여넣기 • Ctrl + W : 활성화된 탭만 닫기 • Ctrl + X : 선택영역 잘라내기 • Ctrl + Y : 다시 실행 • Ctrl + Z : 실행 취소 • Ctrl + 드래그 : 파일 또는 폴더 복사하기
Alt 조합 단축키	• Alt + Enter ↵ : 파일 또는 폴더 속성 열기 • Alt + Esc : 실행 중인 프로그램 창 순서대로 전환 • Alt + Tab : 활성화되어 있는 프로그램 창 전환 • Alt + → / ← : 인터넷에서 다음 / 이전 페이지 이동 • Alt + Shift + Tab : 활성화되어 있는 프로그램 창 반대방향으로 전환 • Alt + F4 : 작업 중인 창 닫기
Shift 조합 단축키	• Shift + Delete : 휴지통 거치지 않고 파일 또는 폴더 삭제 • Shift + Space Bar : 인터넷에서 앞으로 (위로) 이동 • Shift + F10 : 바로가기 메뉴 • Shift + 드래그 : 파일 또는 폴더 이동하기

기타 단축키	• Back Space : 뒤로 이동 • Space Bar : 인터넷에서 뒤로 (밑으로) 이동 • F1 : 도움말 • F2 : 이름 바꾸기 • F5 : 최신 정보로 고침 • F11 : 전체 창으로 보기

 ## 테마 2 ● 아래한글 주요 단축키

Ctrl 조합 단축키	• Ctrl +] / [: 글자 크기 키우기 / 줄이기 • Ctrl + Shift + C : 가운데 정렬 • Ctrl + Shift + L : 왼쪽 정렬 • Ctrl + Shift + R : 오른쪽 정렬 • Ctrl + Shift + M : 양쪽 정렬 • Ctrl + Shift + Z : 다시 실행 • Ctrl + Insert : 개요 번호 삽입 • Ctrl + B : 진하게 • Ctrl + F : 찾기 • Ctrl + I : 기울이기 • Ctrl + N + P : 쪽 번호 매기기 • Ctrl + N + T : 표 만들기 • Ctrl + S : 저장하기 • Ctrl + U : 밑줄 • Ctrl + Z : 실행 취소 • Ctrl + F2, Ctrl + H : 찾아 바꾸기 • Ctrl + F10 : 문자표 입력
Alt 조합 단축키	• Alt + Shift + A : 줄 간격 줄이기 • Alt + Shift + Z : 줄 간격 늘리기 • Alt + Shift + W : 글 자간 넓히기 • Alt + Shift + N : 글 자간 좁히기 • Alt + L : 글자 모양 설정 • Alt + N : 새 문서 • Alt + O : 불러오기 • Alt + S : 저장하기 • Alt + T : 문단 모양 설정 • Alt + V : 다른 이름으로 저장하기
기타 단축키	• F3 : 블록 설정 • F5 : 표 블록 설정 • F7 : 편집용지 설정 • F8 : 맞춤법 검사

테마 3 • Excel 주요 단축키

Ctrl 조합 단축키	• Ctrl + Home : 셀 포인터를 1행 1열로 이동 • Ctrl + Page Down / Page Up : 다음 / 이전 워크시트로 이동 • Ctrl + Insert : 복사 • Ctrl + Space Bar : 선택한 셀의 열 전체선택 • Ctrl + + / - : 삽입 / 삭제 • Ctrl + A : 워크시트 모두 선택 • Ctrl + D : 위의 셀 아래로 복제 • Ctrl + R : 왼쪽 셀 오른쪽으로 복제 • Ctrl + S : 저장하기 • Ctrl + Y : 다시 실행 • Ctrl + Z : 실행 취소 • Ctrl + F6 : 다음 통합문서로 이동 • Ctrl + F12 : 열기
Alt 조합 단축키	• Alt + Enter ↵ : 셀 내에서 텍스트 줄 바꿈 • Alt + F1 : 차트 삽입 • Alt + F2 : 다른 이름으로 저장하기 • Alt + A : 데이터 탭 • Alt + F : 파일 탭 • Alt + M : 수식 탭 • Alt + N : 삽입 탭
Shift 조합 단축키	• Shift + Enter ↵ : 위의 행으로 이동 • Shift + Space Bar : 선택한 셀의 행 전체선택 • Shift + Delete : 잘라내기 • Shift + Insert : 붙여넣기 • Shift + ↑ ↓ → ← : 셀 중복 선택 • Shift + F2 : 메모 삽입 • Shift + F3 : 함수마법사 • Shift + F11 : 새 시트 삽입
기타 단축키	• F5 : 이동 • F11 : 차트 만들기 • F12 : 다른 이름으로 저장

 테마 4 • Excel 주요 함수

함수	수식	기능	예
IF	=IF(조건, 참, 거짓)	조건이 '참일 때의 값'과 '거짓일 때의 값'을 출력함	=IF(A1＞80, "1등급", "2등급") → A1의 값이 80 초과면 "1등급", 80 이하면 "2등급"으로 표시됨

함수	수식	기능	예
SUM	=SUM(범위)	범위의 합계를 구함	=SUM(A1:A9) → A1~A9셀의 합이 표시됨
SUMIF	=SUMIF (조건 범위, 조건, 합을 구할 범위)	조건에 만족하는 셀의 합을 구함	=SUMIF(A1:A9,"1등급",B1:B9) → A1~A9셀 중 "1등급"인 셀에 대응하는 B1~B9셀의 합이 표시됨
PRODUCT	=PRODUCT(범위)	범위의 곱을 구함	=PRODUCT(A1:A9) → A1~A9셀의 곱이 표시됨
AVERAGE	=AVERAGE(범위)	범위의 평균을 구함 (수치가 아닌 것 제외)	=AVERAGE(A1:A9) → A1~A9셀의 평균이 표시됨 (A5셀이 문자일 경우 8개의 평균)
AVERAGEA	=AVERAGEA(범위)	범위의 평균을 구함 (수치가 아닌 것 '0' 으로 처리)	=AVERAGE(A1:A9) → A1~A9셀의 평균이 표시됨 (A5셀이 문자일 경우 9개의 평균)
AVERAGEIF	=AVERAGEIF (조건 범위, 조건, 평균을 구할 범위)	조건에 만족하는 셀의 평균을 구함	=AVERAGEIF(A1:A9,"1등급",B1:B9) → A1~A9셀 중 "1등급"인 셀에 대응하는 B1~B9셀의 평균이 표시됨
COUNT	=COUNT(범위)	범위에서 숫자 셀의 개수를 구함	=COUNT(A1:A9) → A1~A9셀 중 숫자인 셀의 개수가 표시됨
COUNTA	=COUNTA(범위)	범위에서 비어있지 않은 셀의 개수를 구함	=COUNTA(A1:A9) → A1~A9셀 중 비어있지 않은 셀의 개수가 표시됨
COUNTBLANK	=COUNTBLANK (범위)	범위에서 비어있는 셀의 개수를 구함	=COUNTBLANK(A1:A9) → A1~A9셀 중 비어있는 셀의 개수가 표시됨
COUNTIF	=COUNTIF (범위, 조건)	조건에 만족하는 셀의 개수를 구함	=COUNTIF(A1:A9,"1등급") → A1~A9셀 중 "1등급"이 몇 개인지 표시됨
RANK	=RANK(셀, 범위)	범위에서 선택한 셀의 순위를 구함	=RANK(A1,A1:A9) → A1~A9셀 중 A1셀의 순위가 표시됨
ROUND	=ROUND (셀, 소수 이하 자릿수)	선택한 셀을 지정한 자릿수까지 반올림함	(A1="123.456"일 경우) =ROUND(A1,2) → 소수 두 번째 자릿수로 반올림한 "123.46" 으로 표시됨
ROUNDUP / ROUNDDOWN	=ROUNDUP(셀, 소수 이하 자릿수) =ROUNDDOWN(셀, 소수 이하 자릿수)	선택한 셀을 지정한 자릿수까지 올림 / 내림함	(A1="123.456"일 경우) =ROUNDUP(A1,1) /=ROUNDDOWN(A1,1) → ROUNDUP은 "123.5" / ROUNDDOWN은 "123.4"로 표시됨
MAX / MIN	=MAX(범위) =MIN(범위)	범위에서 가장 큰 / 작은 값을 구함	=MAX(A1:A9) /=MIN(A1:A9) → A1~A9셀에서 가장 큰 / 작은 값이 표시됨
RIGHT / LEFT	=RIGHT(셀, 문자 수) =LEFT(셀, 문자 수)	셀의 오른쪽 / 왼쪽 부터 문자 수만큼의 문자를 추출함	(A1="가나다라마"일 경우) =RIGHT(A1,2) /=LEFT(A1,1) → RIGHT는 "라마" / LEFT는 "가"로 표시됨
LARGE / SMALL	=LARGE(범위, n번째) =SMALL(범위, n번째)	범위에서 n번째로 큰 / 작은 값을 구함	=LARGE(A1:A9,4) /=SMALL(A1:A9,4) → A1~A9셀에서 네 번째로 큰 / 작은 값이 표시됨

07 Chapter FOCUS 하위능력 공략

하위능력1 ● 컴퓨터활용능력

출제 포인트

전산직, 정보직, 기술직 군에서는 컴퓨터활용능력 문제가 자주 출제되는 편이다. 특히 엑셀 사용법과 단축키 사용법 등 오피스 프로그램 활용 지식을 묻는 문제는 한국전력공사에서 많이 출제되던 유형이며 최근에는 농협과 같은 은행권 기업에서도 종종 출제되고 있다.
컴퓨터 바이러스 감염 대비, 개인정보보호, 프린터 활용 등 직장에서 접할 수 있는 컴퓨터와 관련한 여러 지식을 학습하여 대비하도록 한다.

대표 유형 문제

[01~03] 다음은 엑셀 워크시트를 이용해 작성한 내용이다. 이어지는 물음에 답하시오.

○○기업 2021년 9월 구입예정 물품

	A	B	C	D	E	F
1						
2		구분	단가	수량	금액	
3		USB (128GB)	30,770	24	738,480	
4		화이트보드	72,000	5	(ㄱ)	
5		무선 키보드	146,600	55	8,063,000	
6		무선 마우스	128,470	67	8,607,490	
7		합계		(ㄴ)	17,768,970	
8						

01 (ㄱ)에 들어갈 금액을 구하는 방법으로 적절하지 않은 것은?

① C4셀과 D4셀의 값을 곱한다.
② E4셀에 =C4*D4 수식을 입력한다.
③ PRODUCT 함수를 사용한다. 수식은 =PRODUCT(C4:D4)이다.
④ E4셀에 =C4×D4 수식을 입력한다.
⑤ E4셀에 =72000*5를 입력한다.

> **컴퓨터활용능력 / 엑셀 수식 이해하기**

'×' 기호는 사용할 수 없으므로 오류가 생긴다. ②와 같이 '*'모양을 사용해야 한다.

함수	수식	기능	예
SUM	=SUM(범위)	범위의 합계를 구함	=SUM(A1:A9) → A1~A9셀의 합이 표시됨
PRODUCT	=PRODUCT(범위)	범위의 곱을 구함	=PRODUCT(A1:A9) → A1~A9셀의 곱이 표시됨
AVERAGE	=AVERAGE(범위)	범위의 평균을 구함	=AVERAGE(A1:A9) → A1~A9셀의 평균이 표시됨

정답 ④

02 전체 금액을 똑같은 금액으로 네 번에 나누어 받아야 한다고 할 때, 한 번에 받을 수 있는 금액을 구하는 방법으로 적절한 것은?

① E3셀부터 E6셀을 드래그하여 우측 하단 상태 표시줄의 평균값을 확인한다.
② =E7/D7 수식을 입력한다.
③ =SUM(C3:C6)/4를 입력한다.
④ =(E3+E4+E5+E6+E7)/4를 입력한다.
⑤ AVERAGE 함수를 사용하여 =AVERAGE(E7)을 입력한다.

> **컴퓨터활용능력 / 엑셀 수식 이해하기**

숫자 셀을 드래그할 경우 우측 하단 상태 표시줄에서 평균, 개수, 합계를 확인할 수 있다. ②는 =E7/4, ③은 =SUM(E3:E6)/4, ④는 =(E3+E4+E5+E6)/4, ⑤는 =AVERAGE(E3:E6)을 입력해야 한다.

정답 ①

03 (ㄴ)에 들어갈 품목들의 수량 합계를 구하는 방법으로 적절하지 않은 것은?

① '=', '+' 기호를 활용한다.
② SUM 함수를 사용한다.
③ 자동합계 기능을 활용한다.
④ Ctrl + + 단축키를 활용한다.
⑤ D3셀부터 D6셀을 드래그하여 상태 표시줄을 확인한다.

> **컴퓨터활용능력 / 엑셀 수식 이해하기**

Ctrl + + 는 삽입 단축키이며 합계와는 관련이 없다.

정답 ④

하위능력 2 ● 정보처리능력

🎯 출제 포인트

상품분류코드를 해석하여 적용하는 문제, 조건에 맞는 자료를 검색하는 문제, 해당 상품 정보에 맞는 바코드를 파악하는 문제 등이 출제되고 있다. 특히 상품분류코드는 여러 형태로 자주 출제되는 유형이므로, 기본 유형으로 숙지하여 학습해두는 것이 좋다. 해당 상품군에 적용되는 기호와 숫자 등의 상품코드 규칙을 파악하여, 문제에 맞는 조건대로 적용하는 능력이 요구된다.

🔗 대표 유형 문제

[01~02] 다음은 D 가구 회사의 제품 시리얼 넘버 생성 표이다. 가구의 생산 시기, 가구 종류, 생산 공장, 생산 순번 순으로 각각의 코드를 연결하여 시리얼 넘버를 생성한다고 할 때 다음 질문에 답하시오.

생산 시기		가구 종류				생산 공장		생산 순번
코드	시기	코드	분류	코드	종류	코드	도시	
1801	2018년 1분기	01	책상	DL	일자형	S	서울	완성된 제품의 순번을 생산 순서대로 0001~9999까지 네 자리 숫자로 나타낸다.
1802	2018년 2분기			DD	서랍형	P	평택	
1901	2019년 1분기			DT	2인용	Y	용인	
1902	2019년 2분기			DF	기능성	A	안동	
		02	침대	KS	킹			
				QS	퀸			
				SU	슈퍼 싱글			
				SS	싱글			
		03	소파	SR	리클라이너			
				SL	가죽			
				SF	패브릭			
		04	식탁	TC	2인			
				TF	4인			
				TC	6인 이상			
				TI	확장형 / 기능성			

01 다음 중 2019년 2분기에 용인에서 371번째로 생산된 슈퍼 싱글 사이즈 침대의 제품 시리얼 넘버로 옳은 것은?

① 190102SUY0371
② 190102SUA0371
③ 190202SUY1371
④ 190202SUY0371
⑤ 190203SUA0371

정보처리능력 / 시리얼 넘버 생성하기

제품 시리얼 넘버는 '생산 시기 – 가구 종류 – 생산 공장 – 생산 순번' 순으로 연결되어 있다. 제시된 표를 따라서 각 항목의 코드와 연결하면 2019년 2분기는 1902, 슈퍼 싱글 사이즈의 침대는 02SU, 생산 공장은 용인이므로 Y, 생산 순번은 371번째로 생산되었으므로 0371이다. 이를 순서대로 연결하면 190202SUY0371이 알맞은 시리얼 넘버가 된다.

정답 ④

02 다음 중 2019년 1분기에 안동에서 629번째로 생산된 가죽 소파의 제품 시리얼 넘버로 알맞은 것은?

① 190104SRS0629
② 190203SLA6290
③ 190103SLA0629
④ 180204SLS0629
⑤ 190103SRA6290

정보처리능력 / 시리얼 넘버 생성하기

2019년 1분기는 1901, 가죽 소파는 03SL, 생산 공장은 안동이므로 A, 생산 순번은 629번째로 생산되었으므로 0629이다. 이를 순서대로 연결하면 190103SLA0629가 알맞은 시리얼 넘버가 된다.

정답 ③

Chapter 07 CHECK 주요 기출유형 익히기

01 다음 중 MAC 주소에 대한 설명으로 틀린 것은? `2020 공무원연금공단`

① 특정 구역 내 정보통신망인 LAN에 사용되는 네트워크 모델인 이더넷의 물리적인 주소를 말한다.
② 이더넷 카드의 읽기용 기억장치(ROM)에 기록된 것으로서 주소 크기는 48비트이며, 전반부 24비트는 공동으로 공중통신망 판매업자들에게 할당하고 이들이 다시 후반부 24비트를 세부 할당한다.
③ 통신망 운용 상태를 검사하기 위한 모니터 초기 화면에는 각 기계의 이름이 미리 인터넷 페이스 카드(NIC)에 할당돼 주소(MACA)로 표시돼 있다.
④ 일반적으로 48비트 길이이며 개인용 컴퓨터나 LAN기기 접속구상의 RAM에 기재해 두고 MAC 층 데이터 프레임의 앞쪽에는 송신처와 주소를 지정해서 사용한다.
⑤ 개인 컴퓨터에서 자신의 MAC 주소를 확인하고 싶을 때에는 시작→실행→명령 프롬프트(cmd)를 실행한 후 ipconfig /all을 입력하면 된다.

 컴퓨터활용능력 / 네트워크 맥 주소 이해하기

일반적으로 48비트 길이이며 개인용 컴퓨터나 LAN기기 접속구상의 ROM에 기재한다.

ROM	컴퓨터에 미리 장착되어 있는 메모리로, 읽을 수는 있지만 변경을 가할 수는 없다. ROM에 저장된 데이터는 영구적 또는 반영구적으로 보관되고, 전원이 꺼져도 지워지지 않는다.
RAM	기억된 정보를 읽기도 하고 다른 정보를 기억시킬 수도 있는 메모리로서, 컴퓨터의 주기억장치, 응용 프로그램의 일시적 로딩, 데이터의 일시적 저장 등에 사용된다.

정답 ④

02 다음 중 실행 중인 프로그램 창을 순서대로 전환시키는 단축키로 옳은 것은? `2020 인천교통공사`

① Alt + Esc   ② Alt + Tab   ③ Alt + F4
④ Alt + Space Bar   ⑤ Alt + Shift + Tab

 컴퓨터활용능력 / 단축키 이해하기

실행 중인 프로그램 창을 순서대로 전환시키는 단축키는 Alt + Esc 이다.
② 활성화되어 있는 프로그램 창 전환
③ 사용 중인 프로그램 창 닫기, 프로그램 종료
④ 활성화되어 있는 프로그램 창의 바로 가기 메뉴 표시
⑤ 활성화되어 있는 프로그램 창을 역방향으로 전환

정답 ①

03 다음 제시된 문서에 적용되지 않은 서식을 모두 고르면? `2019 한국전력공사`

한전 전기요금 청구서, 이젠 음성으로 듣는다
장애인의 달을 맞아 음성청구 서비스 전국 확대

 한국전력은 장애인의 달을 맞아 전기요금청구서를 스마트폰 앱을 통하여 음성으로 안내받을 수 있는 서비스를 전국적으로 실시한다고 밝혔다. 한전은 시각장애인 고객이 한전 고객센터, 전국의 한전 사업소, 스마트폰 '*전기요금알리미*' 앱에서 신청할 수 있다고 밝혔다. 해당 서비스는 스마트폰 앱으로 전기요금 청구서를 음성으로 제공하는 서비스로, 지난해 10월부터 시각장애인 고객을 대상으로 한 시범서비스가 좋은 평가를 받아, 올해 장애인의 달을 맞이하여 전국으로 확대 시행하게 되었다. 한전은 앞으로도 다양하고 유용한 전기사용 관련 정보제공을 활성화하여, 국민의 효율적인 에너지사용과 편의 향상을 위한 노력을 계속할 계획이다.

| ㉠ 밑줄 | ㉡ 오른쪽 정렬 | ㉢ 취소선 |
| ㉣ 기울임 | ㉤ 진하게 | ㉥ 셀 음영 |

① ㉠, ㉣, ㉤   ② ㉡, ㉢, ㉤   ③ ㉡, ㉢, ㉥
④ ㉢, ㉣, ㉥   ⑤ ㉣, ㉤, ㉥

 컴퓨터활용능력 / 적용되지 않은 서식 찾기

㉠, ㉤은 문서의 제목에 적용되어 있고, ㉣은 문서 내용의 세 번째 줄에 적용되어 있다. 따라서 문서에 적용되지 않은 서식은 ㉡, ㉢, ㉥이다.

정답 ③

04 ○○출판사는 일반 독자층을 대상으로 하는 연속간행물을 E-book 형태로 발행하고 있다. 다음의 부가기호 구성 체계를 보고, ( ) 안에 들어갈 두 자리 숫자로 옳은 것을 고르면?

2019 한국전력공사

부가기호 구성 체계

- 제1행 : 대상독자기호

기호	대상 독자	설명
0	교양	일반 독자층을 대상으로 한 것으로, 주로 전문적인 내용을 비전공 일반 독자들이 쉽게 알아볼 수 있도록 풀어쓴 교양 도서
1	실용	- 주로 실무에 관계된 실용적인 내용의 도서 - 실생활에 활용할 수 있는 도서 - 일반인을 대상으로 한, 어떤 목적을 가진 수험서적
4	청소년	중·고등 학습 참고서에 해당되지 않는 것으로 중·고등학생을 대상으로 한 도서
5	학습참고서1(중·고교용)	중·고등학생을 대상으로 한 학습 참고서
6	학습참고서2(초등학생용)	초등학생을 대상으로 한 학습 참고서
7	아동	초등학습참고서에 해당되지 않는 것으로 영유아·초등학생을 대상으로 한 도서
9	전문	주로 전문적인 내용의 학술 도서

- 제2행 : 발행형태기호

기호	형태	설명
0	문고본	세로 15cm 이하 자료
1	사전	사전, 사전류
2	신서판	세로 18cm 미만 자료
3	단행본	세로 18cm 이상 자료
4	전집·총서·다권본·시리즈	전집·총서·다권본·시리즈
5	전자출판물	E-Book(PDF, EPUB, XML), CD, DVD 등
6	도감	도감류
7	그림책, 만화	그림책, 만화

국제표준도서번호(ISBN) : 13자리	부가기호 : 5자리
ISBN 978 - 89 - 954321 - 0 - 5	( ) 0 5 0

① 01　　　　② 05　　　　③ 40
④ 53　　　　⑤ 72

> 정보처리능력 / 부가기호 구성 파악하기

일반 독자층을 대상으로 하는 연속간행물을 E-book 형태로 발행하고 있다고 하였으므로 제1행의 대상독자기호는 '0'이고, 제2행의 발행형태기호는 '5'가 들어가는 것이 적절하다.

정답 ②

05 다음의 주민등록번호 생성 규칙을 보고 1957년 8월 4일 제주도에서 태어나 같은 날 같은 지역에서 제일 먼저 출생신고를 한 여자의 주민등록번호로 적절한 것을 고르면? (단, 읍면동 코드는 73이라고 가정한다.) 2019 IBK 기업은행

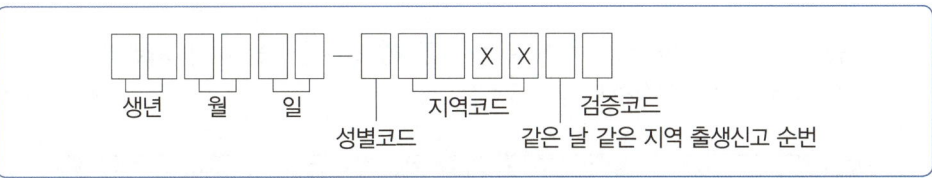

성별코드				지역코드			검증코드
구분	년도	성별	코드	광역	코드	읍면동 코드	
한국인	1900년대	남	1	서울	00		앞의 12자리 숫자에 각각 순서대로 2, 3, 4, 5, 6, 7, 8, 9, 2, 3, 4, 5를 곱한 뒤 모두 더한다. 더한 숫자를 11로 나눠서 나온 나머지를 11에서 뺀다.
		여	2	부산	09		
	2000년대	남	3	인천	13		
		여	4	경기	16		
외국인	1900년대	남	5	강원	26		
		여	6	충북	35		
	2000년대	남	7	대전	40		
		여	8	충남	41		
				세종특별시	44	XX	
				전북	48		
				광주	55		
				전남	56		
				대구	67		
				경북	70		
				경남	82		
				울산	85		
				제주	93		

① 570804-4937329
② 195784-2097312
③ 570804-2937319
④ 570804-2937312

정보처리능력 / 주민등록번호 부여하기

주민등록번호 앞 6자리는 생년월일이며, 1957년 8월 4일을 여섯 자리로 나타내면 570804이다. 1900년대에 제주도에서 태어난 한국인 여자이므로 성별코드는 2이고, 지역코드는 93이다. 읍면동코드는 73으로 가정한다고 하였고, 같은 날 같은 지역에서 처음으로 출생신고를 했으므로 순번코드는 1이다. 검증코드를 제외한 주민등록번호는 570804-293731X이다. 이를 바탕으로 검증코드를 구하면 다음과 같다.
$5×2+7×3+0×4+8×5+0×6+4×7+2×8+9×9+3×2+7×3+3×4+1×5=240$
$240÷11 = 21⋯9$ $11-9 = 2$
따라서 최종 주민등록번호는 570804-2937312이다.

정답 ④

06 다음은 과일의 단가와 주문 수량, 총 주문 금액을 기록한 자료이다. 자료의 빈칸 ㉠~㉤에 들어갈 함수식으로 적절하지 않은 것은? 2019 농협은행 6급

	A	B	C	D	E	F
1						
2		종류	단가(원)	주문 수량(개)	총 주문 금액(원)	
3		사과	3,000	15	㉠	
4		복숭아	4,500	12	54,000	
5		딸기	2,000	11	22,000	
6		참외	3,200	6	19,200	
7		포도	6,500	13	84,500	
8		파인애플	9,800	1	9,800	
9		바나나	2,500	2	5,000	
10						
11		단가가 3,500원 이하인 과일의 개수			㉡	
12		총 주문 수량			㉢	
13		총 주문 금액이 20,000원 이상인 값의 평균			㉣	
14		총 주문 금액이 세 번째로 큰 값			㉤	
15						
16						

① ㉠ =PRODUCT(C3,D3)

② ㉡ =COUNTIF(C3:C9,"<=3,500")

③ ㉢ =SUM(D3,D4,D5,D6,D7,D8,D9)

④ ㉣ =AVERAGEIF(E3:E9,">=20,000",E3:E9)

⑤ ㉤ =LARGE(3,E3:E9)

 컴퓨터활용능력 / Excel 함수 사용하기

LARGE함수는 범위에서 n번째로 큰 값을 구하는 함수로, '=LARGE(범위, n번째)'와 같이 사용한다. 따라서 ㉤에 들어갈 함수식은 '=LARGE(E3:E9,3)'이다.

오답풀이

① PRODUCT함수는 범위의 곱을 구하는 함수로 ①과 같이 사용해도 되지만 '=PRODUCT(C3:D3)'와 같이 사용해도 된다.
② COUNTIF함수는 조건에 만족하는 셀의 개수를 구하는 함수로 범위를 지정하고 조건을 입력하면 된다.
③ SUM함수는 합계를 구하는 함수로 ③과 같이 사용해도 되지만 'SUM(D3:D9)'와 같이 범위를 지정하여 사용해도 된다.
④ AVERAGEIF함수는 조건에 만족하는 셀의 평균을 구하는 함수로 조건을 걸 범위를 지정한 다음 조건을 입력하고 평균을 구할 범위를 입력한다. 여기서는 조건을 걸 범위와 평균을 구할 범위가 일치한다.

정답 ⑤

HELPFUL TIPS

✓ 소프트웨어의 종류 및 기능

① 워드프로세서
  – 여러 형태의 문서를 작성, 편집, 저장, 인쇄할 수 있는 프로그램
  – 기능 : 입력기능, 표시기능, 저장기능, 편집기능, 인쇄기능 등
② 스프레드시트
  – 수치나 공식을 입력하여 그 값을 계산해내고, 계산 결과를 차트로 표시할 수 있는 전자 계산표 또는 표 계산 프로그램
  – 기능 : 계산기능, 수식기능, 차트기능, 저장기능, 편집기능, 인쇄기능 등
③ 프레젠테이션
  – 컴퓨터나 멀티미디어를 이용하여 그 속에 담겨 있는 각종 정보를 사용자 또는 대상자에게 전달하는 프로그램
  – 기능 : 저장기능, 편집기능, 인쇄기능, 슬라이드 쇼 기능 등
④ 유틸리티 프로그램
  – 사용자가 컴퓨터를 좀 더 쉽게 사용할 수 있도록 도와주는 프로그램
  – 기능 : 압축, 바이러스 치료, 텍스트 편집, 이미지 편집 등

07 Chapter FINISH
기출·예상문제 마무리

정답과 해설 034p

01 다음 중 정보, 자료, 지식에 대한 설명으로 옳은 것을 모두 고르면?

> ㉠ 정보는 특정한 상황에 맞게 평가한 의미 있는 기록이다.
> ㉡ 자료와 정보 가치의 크기는 절대적이다.
> ㉢ 지식은 자료를 가공하여 이용 가능한 정보로 만드는 과정이다.
> ㉣ 정보는 사용하는 사람과 사용하는 시간에 따라 달라질 수 있다.

① ㉠, ㉢   ② ㉠, ㉣   ③ ㉡, ㉢, ㉣
④ ㉡, ㉣   ⑤ ㉢, ㉣

02 IT 기기를 활용한 정보처리 과정에서 다음이 설명하는 것은 무엇인가?

> 이것은 수집된 다양한 형태의 정보를 어떤 문제해결이나 결론 도출에 사용하기 쉬운 형태로 바꾸는 일이다. 이 과정에서는 다음의 세 가지를 고려해야 하는데 첫째, 사용 목적을 명확히 설명해야 하고 둘째, 쉽게 작업할 수 있어야 하며 셋째, 즉시 사용할 수 있어야 한다.

① 정보의 기획   ② 정보의 수집   ③ 정보의 관리
④ 정보의 활용   ⑤ 정보의 생성

03 어느 도서관의 인터넷 홈페이지 메뉴 중 [자료 검색]에서 [상세 검색]을 눌렀더니 다음과 같은 페이지가 나타났다. [상세 검색] 페이지에 대한 설명으로 적절하지 않은 것은?

① 일반 도서뿐만 아니라 보고서, 논문, 연속간행물, 수록기사 형태의 자료도 검색할 수 있다.
② 페이지별 검색 결과 표시 건수는 변경이 가능하지만, 내가 원하는 건수로 임의 변경할 수는 없다.
③ 상세 검색 시 검색하고자 하는 조건을 AND 또는 OR 조건으로 변경하여 검색이 가능할 것이다.
④ 상세 검색에서 한 번에 지정할 수 있는 조건은 최대 6개를 초과할 수 없다.
⑤ 대출등급 선택 버튼이 있는 것을 감안했을 때 일부 자료는 대출이 어려울 수도 있다.

04 Q 사원은 아래한글을 사용하여 보고서를 작성하고 있다. 보고서 일부를 아래와 같이 변경했다고 할 때 Q 사원이 사용한 단축키로 적절하지 않은 것은?

> 보고서
> - 2021년 상반기 매출 수익 보고서입니다.

> 보 고 서
> ♣2021년 상반기 매출 수익 보고서입니다.

① Alt + Shift + W   ② Ctrl +]   ③ Ctrl + Shift + C
④ Ctrl + B   ⑤ Alt + Shift + A

05 P 사원은 Windows를 사용하다가 메모리(RAM) 용량이 부족하다는 것을 알게 되었다. P 사원이 메모리 용량을 늘리기 위해 한 행동으로 적절하지 않은 것은?

① 불필요한 자동 시작 프로그램을 삭제하였다.
② '휴지통 비우기'를 실행하여 휴지통에 있는 파일을 모두 삭제하였다.
③ 시스템 속성 창에서 가상 메모리의 크기를 적절히 설정하였다.
④ 메모리 관리자 구동 드라이버가 설치되었는지 확인했다.
⑤ 불필요한 프로그램을 종료하였다.

06 ○○기업의 K 사원은 컴퓨터에서 자주 사용하는 항목들을 바탕화면에 정리해두려고 바로 가기 아이콘에 대해 알아보았다. 다음 중 바로가기 아이콘에 대한 설명으로 옳은 것은?

① 원본 파일을 삭제해도 바로가기 아이콘을 실행할 수 있다.
② 바로가기 아이콘을 삭제하면 원본 프로그램도 삭제된다.
③ 동일한 원본 파일에 대하여 바로가기 아이콘을 여러 개 만들 수 있다.
④ 파일이나 폴더, 드라이브의 바로가기 아이콘은 만들 수 있지만, 프린터의 바로가기 아이콘은 만들 수 없다.
⑤ 바로가기 아이콘의 확장자는 '.NLK'이다.

07 다음은 엑셀 함수를 이용해 보험회사 재무 현황 표를 작성한 것이다. 각 셀에 입력했을 함수식으로 적절하지 않은 것은?

`2019 농협은행 6급`

	B	C	D	E	F	G
2			보험회사 재무 현황			
3						(단위 : 조 원)
4		2014년	2015년	2016년	2017년	2018년
5	생명보험	662.1	724.9	782.1	832.8	856.9
6	손해보험	200.3	226.1	252.0	277.2	298.7
7	합계	862.4	951.0	1034.1	1110.0	1155.6
8	평균	431.2	475.5	517.1	555.0	577.8
9	합계 순위	5	4	3	2	1
10	평균이 500 이상이면 O			O	O	O
12			2017년 생명보험 재무 현황		832.8	
13			합계 금액이 1,000조 원이 넘은 횟수			3

① [C8] =AVERAGE(C5:C6)
② [D9] =RANK(D7,$C$7:$G$7)
③ [E10] =IF(E8＞=500,"O"," ")
④ [F12] =INDEX(B4:G6,5,2)
⑤ [G13] =COUNTIF(C7:G7,"＞1,000")

08 A 사원은 여러 개의 창을 띄워놓고 근무하던 중 바탕화면에 있는 파일이 필요해서 작업 표시줄에서 '바탕 화면 보기'를 실행하였다. 작업 표시줄의 바로 가기 메뉴에는 '바탕 화면 보기' 말고도 설정할 수 있는 것들이 많았다. 다음 중 작업 표시줄의 바로 가기 메뉴에서 설정할 수 있는 항목으로 적절하지 않은 것은?

① 폴더 새로 만들기
② 계단식 창 배열
③ 작업 관리자
④ 작업 표시줄 잠금
⑤ 창 세로 정렬 보기

[09~10] 최근 국내에 랜섬웨어가 확장되고 있다는 보도를 본 중소기업의 B 대표가 직원들에게 다음과 같은 메일을 보냈다. 메일을 보고 이어지는 물음에 답하시오.

보내기	임시저장	미리보기	
보내는 사람	B 대표 〈Bceo@OO.com〉		
받는 사람	전 직원		
제목	[공지] 랜섬웨어 유포 관련 주의사항		

안녕하십니까? B 대표입니다.
　최근 해외에서 기승을 부리던 랜섬웨어가 국내로까지 확장되고 있다는 보도가 나왔습니다. 이와 관련하여 직원 여러분들께 몇 가지 주의사항을 전달하고자 합니다.

＊ 주의사항 ＊

?

＊ 보도자료 일부 ＊

　랜섬웨어(Ransomware)란 몸값을 의미하는 랜섬(Ransom)과 소프트웨어(Software)의 합성어로 금전 갈취를 목표로 하는 신종 악성코드(Malware)의 일종이다. 랜섬웨어에 감염된 컴퓨터는 시스템에 대한 접근이 제한되고 이를 해결하기 위해서는 랜섬웨어 제작자에게 대가로 금품을 제공해야 한다. 이러한 랜섬웨어가 확산되기 시작하면서 컴퓨터 보안업계에 비상이 걸렸다. 그간 미국, 일본, 영국 등 해외에서 기승을 부리던 랜섬웨어가 이제는 한국어 버전으로 출현해 국내도 더 이상 안전지대가 아니라는 게 전문가들의 지적이다. 특히 문서, 사진, 동영상 등 데이터를 암호화하는 '크립토 랜섬웨어(Crypto Ransomware)'는 한 번 감염되면 복구가 쉽지 않아 보안이 허술한 중소기업 등의 경영활동에 걸림돌이 될 수 있다는 우려도 제기된다.

이외 랜섬웨어 대응에 관해 궁금한 점이 있으시면 언제든지 문의주시기 바랍니다.
감사합니다.

09 다음 중 B 대표가 보낸 메일에 포함된 주의사항으로 적절하지 않은 것은?

① 출처가 명확하지 않은 앱이나 프로그램은 설치하지 마십시오.
② 모바일 OS나 인터넷 브라우저 등을 최신 버전으로 유지하십시오.
③ 백신 프로그램을 설치하고 항상 최신 상태로 유지하십시오.
④ 비트코인 등 전자 화폐를 구입하라는 메시지는 즉시 삭제하고, 유사 사이트에 접속하지 마십시오.
⑤ 감염된 파일의 확장자는 무작위 영문으로 변경되는데 서둘러 원래 확장자로 다시 수정하십시오.

10 B 대표의 메일을 받은 직원 한 명이 랜섬웨어와 같은 컴퓨터 악성코드에 대해 잘 이해하지 못하고 질문을 해왔다. B 대표가 악성코드에 대해 설명한 것으로 적절하지 않은 것은?

① 악성코드는 맬웨어 또는 악성 프로그램이라고도 합니다.
② 악성코드는 악의적인 용도로 사용될 수 있는 유해 프로그램을 말합니다.
③ 악성코드는 때로 실행하지 않은 파일을 저절로 삭제하거나 변형된 모습으로 나타나게 합니다.
④ 악성코드는 자기 복제 능력과 감염 대상 유무에 따라 바이러스, 웜, 트로이목마 등으로 분류됩니다.
⑤ 악성코드는 내부에서 생성되는 프로그램으로 감염되면 잘못된 정보를 남발할 수 있습니다.

11 ○○기업에 근무하는 G 대리는 최근 업무 수행에 필요한 정보를 검색하기 위해 한 사이트에 회원가입을 하려고 하였다. 하지만 이미 회원가입이 되어있다는 알림을 보고 자신의 개인정보가 유출되었음을 알게 되었다. G 대리는 이런 일이 다시 일어나지 않게 하기 위해 개인정보 유출 방지책들을 알아보았다. 다음 중 그 방지책으로 적절한 것을 모두 고르면?

> A. 회원가입 시 이용 약관 확인하기
> B. 기억하기 쉬운 비밀번호 사용하기
> C. 비밀번호를 정기적으로 교체하기
> D. 가입 해지 시 정보 파기 요구하기
> E. 회사 업무에 필요한 개인 정보 공유하기
> F. 이용 목적에 부합하는 정보를 요구하는지 확인하기

① A, B, C, F　　② A, C, D, F　　③ B, C, D, E
④ B, D, E, F　　⑤ C, D, E, F

12 물류팀 대리인 H 대리는 상사에게 방대한 양의 납품 자료를 한눈에 파악할 수 있게 요약하라는 지시를 받았다. H 대리가 이러한 상황에 대응하기 위해 엑셀에서 사용할 기능으로 가장 적절한 것은?

① 피벗 테이블 기능을 이용한다.　　② 조건부 서식 기능을 이용한다.
③ 유효성 검사 기능을 이용한다.　　④ 매크로 기능을 이용한다.
⑤ 하이퍼링크 기능을 이용한다.

13 다음은 ○○금융투자 홈페이지에 있는 소비자보호 관련 서비스와 관련된 자료이다. 자료를 해석한 내용으로 적절하지 않은 것은?

소비자보호 관련 서비스

✓ **불만제로 & 가입 철회 서비스**
종합적 사후관리 서비스의 업그레이드를 통한 고객 신뢰도 제고와 완전 판매 문화 정착을 위하여 불만제로 서비스와 가입 철회 서비스를 시행하고 있습니다.

→ **불만제로 서비스** `D-15`
○○금융투자 영업점에서 금융상품의 불완전 판매가 이루어진 경우, 주문일(청약일) 포함 15일 이내에 고객님께서 요청을 하시면 해당 상품을 환매하고 차액을 배상해주는 서비스입니다.
`자세히 보기 ▶`

→ **가입 철회 서비스** `D-5`
○○금융투자에서 서비스 대상 금융투자상품을 가입한 고객님을 대상으로 주문일(청약일) 포함 5영업일 이내 가입 철회를 요청하시면 상품 환매와 함께 판매 수수료를 돌려드리는 서비스입니다.
`자세히 보기 ▶`

✓ **전자금융사기 예방서비스**
보이스피싱 및 피싱/파밍 사이트를 통해 고객정보를 불법으로 획득한 후 고객명의의 공인인증서를 재발급 받아 예금 등을 인출해가는 전자금융사기 피해를 예방하기 위하여, 전자금융사기 예방서비스를 2013년 9월 26일부터 금융기관을 대상으로 전면시행(의무화)하고 있습니다.
`자세히 보기 ▶`

① 소비자보호 관련 서비스로 크게 총 3가지의 서비스를 제공한다.
② '자세히 보기'를 누르면 대상고객, 신청기간, 신청기준 등 더 상세한 정보가 제공될 것이라고 예측할 수 있다.
③ 거래가 불완전하지 않았더라도 기한 내 의사를 밝힌다면 소비자의 단순 변심만으로도 가입 철회가 가능하다.
④ 3월 26일(화)에 가입한 금융상품의 가입 철회 의사를 4월 2일까지 밝히면 가입 철회 및 판매 수수료를 돌려받을 수 있다.
⑤ 5월 27일에 가입한 금융상품이 불완전한 거래일 경우, 6월 8일에 요청을 하면 상품의 환매가 이루어지고, 차액을 배상받을 수 있다.

14 D 사원은 회의록 작성 업무를 하던 상사의 퇴사로 업무회의록 작성 업무를 맡게 되었다. 그런데 상사에게 인수인계 받은 폴더를 확인하니 회의록이 하나도 정리되어 있지 않았다. D 사원은 답답한 마음에 폴더를 나눠 정리하기로 결심했다. 현재 상태가 아래와 같을 때 D 사원이 사용하기에 가장 적절한 분류 방법은?

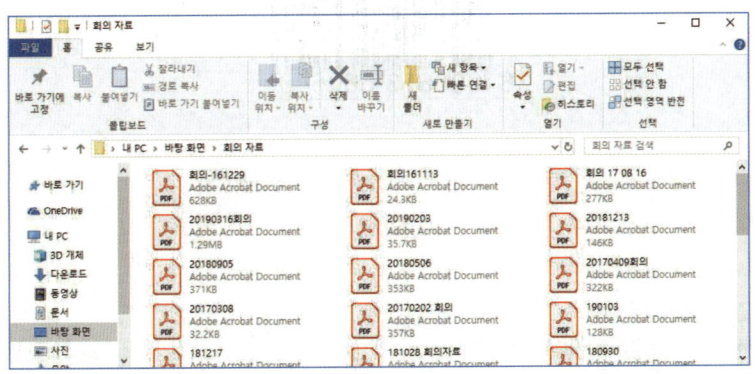

① 시간별 분류
② 주제별 분류
③ 기능별 분류
④ 용도별 분류
⑤ 유형별 분류

15 IT회사에서 근무하는 B 대리는 회사에 견학을 온 고등학생들에게 도메인 네임에 대한 질문을 받았다. 다음 ㉠~㉤ 중 B 대리가 학생들에게 설명한 내용으로 적절하지 않은 것은?

> B 대리 : 도메인 네임은 ㉠ IP 주소를 사람이 이해하기 쉬운 문자 형태로 표현한 거예요. ㉡ 소속 국가명, 소속 기관 종류, 소속 기관 이름, 호스트 컴퓨터명의 순으로 구성되지요. ㉢ 국가가 다른 경우에는 중복된 도메인 네임을 사용할 수 없어요. ㉣ '퀵돔'이라는 말이 있는데 이것은 도메인의 성격을 나타내는 'co', 'or' 등을 생략하고 2단계 체제와 같이 도메인을 짧은 형태로 줄여 쓰는 것을 말해요. ㉤ 'Quick'과 'Domain'을 결합한 합성어랍니다.

① ㉠
② ㉡
③ ㉢
④ ㉣
⑤ ㉤

[16~17] 다음은 13자리 바코드 생성 방식이다. 자료를 보고 물음에 답하시오.

국가코드 업체코드 상품코드 검증코드

예 한국 ♡♡회사에서 만든 운동화

국가코드(3자리)		제조업체코드(4자리)		자체상품코드(5자리)			검증코드(1자리)
				분류	상품		
139	미국	1031	◇◇회사	220	상의	12	반팔	
695	중국	0613	♡♡회사			23	긴팔	(1): 짝수 번째에 위치한 숫자의 합에 3을 곱한다.
880	한국	0719	☆☆회사	335	하의	34	바지	
885	태국	0713	♧♧회사			45	치마	(2): 홀수 번째에 위치한 숫자의 합을 구한다.
888	싱가포르	1205	♤♤회사	560	신발	54	운동화	
893	베트남					43	구두	(3): (1)과 (2)의 합에 더해져 10의 배수가 되도록 하는 최소 숫자를 찾는다.
939	호주			662	가방	32	백팩	
949	뉴질랜드					21	숄더백	

16 다음 중 호주 ♤♤회사에서 생산한 긴팔 옷의 바코드로 적절한 것은?

①
9 390719 220235

②
9 490713 220238

③
9 390713 220125

④
9 390713 220231

⑤
8 931205 220233

17 다음 바코드에서 검증코드 자리에 들어갈 숫자로 적절한 것은?

① 2　　　　　　　　② 3　　　　　　　　③ 5
④ 7　　　　　　　　⑤ 9

18 F 사원은 실수로 손을 다쳐 한 손에 깁스를 했고 다른 한 손으로만 키보드를 사용하고 있었다. 이때 상사가 다가와 제어판의 '접근성 센터'에 있는 기능을 이용하라고 가르쳐주었고 F 사원은 그곳에서 설정을 바꾸었다. F 사원은 '접근성 센터'에 어떤 기능이 있는지 더 살펴보았고 여러 기능이 있음을 알게 되었다. F 사원이 '접근성 센터'에서 설정할 수 있는 기능으로 적절하지 않은 것은?

① '고대비 설정'을 통해 색 대비를 높여 눈의 피로를 줄이고 내용을 쉽게 읽을 수 있다.
② '화상 키보드'를 실행하여 마우스나 다른 포인팅 장치로 키보드 이미지를 클릭하여 데이터를 입력할 수 있다.
③ '돋보기'를 실행하여 화면의 일부를 확대하여 볼 수 있다.
④ '내레이터'를 실행하여 화면의 텍스트를 소리로 들을 수 있다.
⑤ '단축키 설정'을 통해 나만의 단축키를 만들어 사용할 수 있다.

[19~21] 다음의 시리얼 넘버 생성표와 재고 관리 책임자 표를 보고 이어지는 물음에 답하시오.

시리얼 넘버 생성 방식

[생산 연월] - [생산 공장] - [제품 종류] - [생산 순서]

예) 2019년 3월 경상북도 2공장에서 12345번째로 생산된 매운맛 떡볶이
1903 - 2D - 01011 - 12345

생산 연월	생산 공장				제품 종류				생산 순서
	지역코드		생산라인코드		상품코드		분류코드		
• 1812 -2018년 12월 • 1902 -2019년 2월	1	서울	A	1공장	01	떡볶이	011	매운맛	• 00001부터 시작하여 생산 순서대로 5자리의 번호가 매겨짐
			B	2공장			012	보통맛	
	2	경상북도	C	1공장			013	순한맛	
			D	2공장			014	새우	
	3	경상남도	E	1공장	02	만두	015	김치	
			F	2공장			016	고기	
	4	전라북도	G	1공장			017	깻잎	
			H	2공장	03	어묵	018	치즈	
	5	전라남도	I	1공장			019	떡	
			J	2공장			020	매운맛	
	6	강원도	K	1공장	04	라면	021	보통맛	
			L	2공장			022	순한맛	

책임자	재고상품 시리얼 넘버	책임자	재고상품 시리얼 넘버
윤미림	18091A0402013246	장정우	18115I0101312423
이명진	17081B0301912486	임산	18104H0402113131
이소연	18104G0402211053	김새미	17062C0101113465
하도현	17125J0101309524	권현지	17073E0101200546
성시후	18122C0301808235	권순현	17122D0402212563
문한별	18094H0201400735	공현성	18026L0301710203
손채린	18054G0201514023	김민준	18013E0301910576
이동연	19015I0101110100	하진서	18023F0201611357
김루아	19036K0201409423	주민호	17091A0201400753

19 다음 중 2017년 9월 강원도 1공장에서 908번째로 생산된 새우만두의 시리얼 넘버로 적절한 것은?

① 17096K0201400908
② 17096L0201300908
③ 17096K0201490800
④ 18095I0301709008
⑤ 18055J0101380908

20 다음 사원들 중 같은 제품을 관리하고 있는 책임자들끼리 바르게 짝지어진 것은?

① 윤미림, 이소연
② 하도현, 공현성
③ 손채린, 하진서
④ 이동연, 김새미
⑤ 성시후, 김민준

21 2018년 전라도에서 생산된 제품의 재고 관리 책임자는 총 몇 명인가?

① 2명
② 3명
③ 4명
④ 5명
⑤ 6명

22 ○○기업에 입사한 S 사원은 점심시간마다 마우스로 일일이 작업 중인 문서를 저장하고 닫은 후 컴퓨터 잠금 화면을 실행하였다. 시간이 많이 걸리는 것을 지켜보던 상사가 단축키를 가르쳐주었을 때 다음 빈칸에 들어갈 단축키로 알맞게 짝지어진 것은?

> 상사 : 엑셀과 아래한글 파일은 (㉠)을(를) 누르면 저장이 돼요. 작업 중인 창을 끄는 단축키는 (㉡)이고, 잠금 화면을 실행하는 단축키는 (㉢)(이)랍니다. 처음엔 조금 헷갈려도 외워두면 작업 시간도 단축되고 아주 편할 거예요.
> S 사원 : 네, 감사합니다.

	㉠	㉡	㉢
①	Alt + N	Alt + Esc	⊞ + L
②	Ctrl + S	Alt + F4	⊞ + L
③	Ctrl + S	Alt + Esc	⊞ + Home
④	Ctrl + S	Alt + F4	⊞ + Home
⑤	Alt + N	Alt + Esc	⊞ + I

23 ○○기업은 해마다 '바이러스 예방 교육'을 실시하고 있다. 교육을 들은 기획부 팀원들은 자리로 돌아와 교육 내용을 떠올리며 이야기를 나누었다. 다음 중 적절하지 않은 설명을 한 직원은?

> K 부장 : 오늘 교육 잘 들었나요? 우리 팀도 앞으로 방화벽을 설정하여 보안에 더 관심을 기울이는 것이 좋겠어요.
> O 과장 : 네, 부장님. 저는 백신 프로그램을 최신 버전으로 업데이트하고 실행해야겠어요. 요즘 귀찮아서 자동 업데이트를 껐거든요.
> R 팀장 : 저는 '디스크 정리'를 실행해서 정기적으로 디스크를 정리하고 관리해야겠어요. 필요 없는 파일은 그때그때 지우고요.
> E 대리 : 의심이 가는 메일은 열어보지 않는 것도 중요할 것 같아요. 요즘 호기심이 생기는 제목으로 어디서 보냈는지 모를 메일이 많이 오더라고요.
> A 사원 : 맞아요. 저는 메일 비밀번호도 자주 바꿔야겠어요. 항상 '다음에 변경하기'만 누르고 한 번도 바꾼 적이 없거든요. 그리고 혹시 모를 일에 대비해서 백업도 자주 해둬야겠어요.

① K 부장　　② O 과장　　③ R 팀장
④ E 대리　　⑤ A 사원

Chapter 08
기술능력

기술능력은 일상적으로 도구, 수단, 조작 등에 관한 기술적인 요소를 이해하고 적절한 기술을 선택하여 적용하는 능력을 의미한다.

기술능력은 업무 수행에 필요한 기술적 원리와 절차를 올바르게 이해하는 능력인 기술이해능력, 도구와 장치를 포함하여 업무 수행에 필요한 기술을 선택하는 능력인 기술선택능력, 업무 수행에 필요한 기술을 업무 수행에 실제로 적용하는 능력인 기술적용능력 등으로 구분된다.

08 Chapter
START
NCS 모듈 학습

개념정리 • 기술능력

 1 기술의 의미

기술은 구체적으로 제품이나 용역을 생산하는 원료, 생산공정, 생산방법, 자본재 등에 관한 집합체로 정의한다. 기술은 모든 직업 세계에서 필요로 하는 기술적 요소들로 이루어지는 광의의 개념이며, 구체적 직무 수행 능력 형태를 의미하는 협의의 개념이다. 기술은 노하우(Know-how)와 노와이(Know-why)로 나눌 수 있다.

구분	노하우(Know-how)	노와이(Know-why)
내용	특허권을 수반하지 않는 과학자, 엔지니어 등이 가지고 있는 체화된 기술	어떻게 기술이 성립하고 작용하는 가에 관한 원리적 측면에 중심을 둔 개념
획득 방법	경험적이고 반복적인 행위에 의해 얻어지며, 이러한 성격의 지식을 흔히 Technique, 혹은 art라고 함	이론적인 지식으로서 과학적인 탐구에 의해 얻어짐

 2 기술의 특징

- 하드웨어나 인간에 의해 만들어진 비자연적인 대상, 혹은 그 이상을 의미
- 노하우(Know-how)를 포함, 즉 기술을 설계, 생산, 사용하기 위해 필요한 정보, 기술, 절차를 갖는데 노하우(Know-how)가 필요
- 하드웨어를 생산하는 과정
- 인간의 능력을 확장시키기 위한 하드웨어와 그것의 활용을 뜻함
- 정의 가능한 문제를 해결하기 위해 순서화되고 이해 가능한 노력

3 기술의 중요성

4차 산업혁명을 이끄는 사물인터넷(IoT), 3D프린팅, 로봇, 클라우드, 빅데이터, 인공지능(AI) 기술 등은 생산과 비즈니스 모델의 혁신을 견인하며, 기업경쟁력 강화에 중요한 요소이다. 이러한 미래 주도 기술은 인간의 지능을 대신하고, 새로운 형태의 산업을 탄생시키기도 한다.

4 지속가능한 발전과 지속가능한 기술

지속가능한 발전	• 현재 욕구를 충족시킴과 동시에 후속 세대의 욕구 충족을 침해하지 않는 발전을 의미 • 경제적 활력, 사회적 평등, 환경의 보존을 동시에 충족시키는 발전 • 현재와 미래 세대의 발전과 환경적 요구를 충족해야 함
지속가능한 기술	• 이용 가능한 자원과 에너지를 고려하는 기술 • 자원의 사용과 재생산되는 비율의 조화를 추구 • 자원의 질을 생각하는 기술 • 자원이 생산적인 방식으로 사용되는가에 주의를 기울이는 기술 • 태양 에너지와 같이 고갈되지 않는 자연 에너지를 활용 • 낭비적인 소비 형태를 지양하고, 환경효용(Eco-efficiency)을 추구

5 기술능력의 의미

기술능력은 직업에 종사하는 모든 사람에게 필요한 능력으로, 넓은 의미로 확대하면 기술교양(technical literacy)의 개념을 보다 구체화시킨 개념이다.

6 기술능력이 뛰어난 사람의 특징

- 실질적 해결을 필요로 하는 문제를 인식함
- 인식된 문제를 위해 다양한 해결책을 개발하고 평가함
- 실제적 문제를 해결하기 위해 지식이나 기타 자원을 선택, 최적화시키며 적용함
- 주어진 한계 속에서 제한된 자원을 가지고 일함
- 기술적 해결에 대한 효용성을 평가함
- 여러 상황 속에서 기술의 체계와 도구를 사용하고 배울 수 있음

7 기술능력 향상을 위한 방법

- 전문 연수원을 통한 기술과정 연수
- 이러닝(e-Learning)을 활용한 기술 교육
- 폴리텍대학, 인력개발원 등 실무중심 교육기관의 진학을 통한 기술교육
- OJT(On the Job Training, 직장훈련, 직무상 지도)를 활용한 기술교육

8 산업재해의 정의

- 산업 활동 중에 일어난 사고로 인해 사망하거나 부상을 당하고, 또는 유해 물질에 의한 중독 등으로 직업성 질환에 걸리거나 신체적 장애를 갖게 되는 것을 의미한다.
- 우리나라 산업 안전 보건법에서는 근로자가 업무에 관계되는 건설물·설비·원재료·가스·증기·분진 등에 의하거나, 직업과 관련된 기타 업무에 의하여 사망 또는 부상하거나 질병에 걸리게 되는 것을 산업재해로 정의하고 있다.

9 산업재해의 원인

- 기본적 원인

교육적 원인	안전 지식의 불충분, 안전 수칙의 오해, 경험이나 훈련의 불충분과 작업관리자의 작업 방법의 교육 불충분, 유해 위험 작업 교육 불충분 등
기술적 원인	건물·기계 장치의 설계 불량, 구조물의 불안정, 재료의 부적합, 생산 공정의 부적당, 점검·정비·보존의 불량 등
작업 관리상 원인	안전 관리 조직의 결함, 안전 수칙 미지정, 작업 준비 불충분, 인원 배치 및 작업 지시 부적당 등

- 직접적 원인

불안전한 행동	위험 장소 접근, 안전장치 기능 제거, 보호 장비의 미착용 및 잘못 사용, 운전 중인 기계의 속도 조작, 기계·기구의 잘못된 사용, 위험물 취급 부주의, 불안전한 상태 방치, 불안전한 자세와 동작, 감독 및 연락 잘못 등
불안전한 상태	시설물 자체 결함, 전기 시설물의 누전, 구조물의 불안정, 소방기구의 미확보, 안전 보호 장치 결함, 복장·보호구의 결함, 시설물의 배치 및 장소 불량, 작업 환경 결함, 생산 공정의 결함, 경계 표시 설비의 결함 등

10 산업재해의 영향과 예방 대책

- 산업재해가 개인과 기업에 미치는 영향

개인	재해를 당한 본인 및 가족의 정신적·육체적 고통, 일시적 또는 영구적인 노동력 상실, 본인과 가족의 생계에 대한 막대한 손실
기업	재해를 당한 근로자의 보상 부담, 재해를 당한 노동 인력 결손으로 인한 작업 지연, 재해로 인한 건물, 기계, 기구 등의 파손, 재해로 인한 근로 의욕 침체와 생산성 저하

- 산업재해의 예방과 대책 5단계

1. 안전 관리 조직	▶	경영자는 안전 목표를 설정하고, 안전 관리 책임자를 선정하며, 안전 계획을 수립하고, 이를 시행·감독해야 한다.
2. 사실의 발견	▶	사고 조사, 안전 점검, 현장 분석, 작업자의 제안 및 여론 조사, 관찰 및 보고서 연구 등을 통하여 사실을 발견한다.
3. 원인 분석	▶	재해의 발생 장소, 재해 형태, 재해 정도, 관련 인원, 직원 감독의 적절성, 공구 및 장비의 상태 등을 정확히 분석한다.
4. 시정책의 선정	▶	원인 분석을 토대로 적절한 시정책, 즉 기술적 개선, 인사 조정 및 교체, 교육, 설득, 공학적 조치 등을 선정한다.
5. 시정책 적용 및 뒤처리	▶	안전에 대한 교육 및 훈련 실시, 안전시설과 장비의 결함 개선, 안전 감독 실시 등의 선정된 시정책을 적용한다.

⑪ 불안전한 행동과 상태를 막기 위한 방법

- **불안전한 행동 방지 방법**: 안전규칙 및 안전수칙 제정, 정리·정돈, 조명, 환기 등을 잘 수행하여 쾌적한 작업 환경 조성
- **불안전한 상태 제거 방법**: 각종 기계·설비 등을 안전성이 보장되도록 제작하고, 항상 양호한 상태로 작동되도록 유지 관리를 철저히 해야 한다. 또한 기후, 조명, 소음, 환기, 진동 등의 환경 요인을 잘 관리하여 사고 요인을 미리 제거한다.

하위능력 1 • 기술이해능력

1. 기술이해능력이란?
기본적인 업무 수행에 필요한 기술의 원리 및 절차를 이해하는 능력이다.

2. 기술 시스템의 발전 단계

발전 단계		특징	핵심역할
1단계	발명·개발·혁신의 단계	기술 시스템이 탄생하고 성장	기술자
2단계	기술 이전의 단계	성공적인 기술이 다른 지역으로 이동	기술자
3단계	기술 경쟁의 단계	기술 시스템 사이의 경쟁	기업가
4단계	기술 공고화 단계	경쟁에서 승리한 기술 시스템의 관성화	자문엔지니어, 금융전문가

3. 기술혁신의 특성
- 과정 자체가 매우 불확실하고 장기간의 시간을 필요로 한다.
- 지식 집약적인 활동이다.
- 혁신 과정의 불확실성과 모호함은 기업 내 많은 논쟁과 갈등을 유발할 수 있다.
- 조직의 경계를 넘나드는 특성을 가지고 있다.

4. 기술혁신의 과정과 핵심적인 역할
- **아이디어 창안** : 아이디어를 창출하고 가능성을 검증
- **챔피언** : 아이디어의 전파 및 실현을 위해 헌신하며 혁신을 위한 자원을 확보함
- **프로젝트 관리** : 리더십을 발휘하여 프로젝트를 기획 및 조직하며 효과적인 진행까지 감독
- **정보 수문장** : 조직 외부의 정보를 내부 구성원들에게 전달하며 조직 내 정보원 기능을 함
- **후원** : 혁신에 대한 격려와 안내를 건네며 혁신에 대한 자원 획득을 지원함

5 기술 실패의 원인 10가지

- 무지
- 오만
- 차례 미준수
- 조건의 변화
- 가치관 불량
- 부주의
- 미지
- 조사 및 검토 부족
- 기획 불량
- 조직운영 불량

6 기술적 실패의 의미

- 실패 중에는 기술자들이 반드시 겪어야 하는 '에디슨식의 실패'가 있고 아무런 보탬이 되지 않는 실패도 존재한다.
- 우리의 기술 문화는 모든 실패를 다 나쁜 것으로 보지만, 그것은 올바른 태도가 아니다.
- 개개인은 연구 개발과 같이 지식을 획득하는 과정에서 항상 실패를 겪는다. 이러한 실패는 용서받을 수 있고, 오히려 바람직한 실패이다.
- 실패를 은폐하거나 과거의 실패를 반복하는 것은 어떤 의미에서도 바람직하지 않다.

7 기술 실패의 영향

기술이 인간의 삶을 급속하게 바꾸고 편리함을 증대시킨 반면 기술이 환경오염, 부실시공으로 이한 인명피해 등 우리사회의 새로운 위험과 불확실성을 만들어내고, 각종 범죄의 도구로 사용되기도 한다. 따라서 기술과 사회의 관계를 심도 있게 이해하기 위해서는 기술에 대한 반성적인 사고가 필요하다.

8 분야별 유망한 기술

미래사회에 대한 다양한 예측이 있지만 미래사회가 과학기술 혹은 첨단기술이 중심이 되는 첨단산업사회가 될 것으로 전망된다.

- **전기전자정보공학분야** : 지능형 로봇 분야
- **기계공학분야** : 하이브리드 자동차 기술
- **건설환경공학분야** : 지속 가능한 건축 시스템 기술
- **화학생명공학분야** : 재생에너지 산업

1. 기술이해능력 » 바로확인문제

01 다음 산업재해 예방 대책 단계를 정리한 표에 들어갈 내용으로 적절하지 않은 것은?

구분	확인사항
1단계 관리 조직	(ㄱ)_____ 경영자는 안전활동의 목표를 설정하고 안전관리 책임자를 임명하여 안전계획을 수립하고 시행·감독해야 한다.
2단계 사실의 발견	(ㄴ)_____을 통해 사실을 발견한다.
3단계 원인 분석	(ㄷ)_____ 재해와 관계있는 사실을 수집하고 분석하여 재해 연쇄 원인을 조사한다.
4단계 시정책의 선정	원인 분석을 토대로 기술적 개선, 인사 조정 및 교체, 교육, 설득, 공학적 조치 등 (ㄹ)_____
5단계 시정책 적용 및 뒤처리	(ㅁ)_____과 같은 선정된 시정책을 적용한다.

① (ㄱ) : 안전관리자는 문제해결의 주인공이며, 경영자와 관리자는 참모 및 조언자일 뿐이다.
② (ㄴ) : 사고조사, 안전점검, 현장분석, 작업자의 제안 및 여론조사, 관찰 및 보고서 연구 등
③ (ㄷ) : 재해의 형태, 정도, 발생장소, 관련인원, 감독의 적절성, 공구 및 장비의 상태 등
④ (ㄹ) : 적절한 시정책을 선정해서 재해의 근본적인 원인을 없애기 위한 대책을 세운다.
⑤ (ㅁ) : 안전에 대한 교육 및 훈련 실시, 안전시설과 장비의 결함 개선, 안전 감독 실시 등

 기술능력 / 산업재해 예방 대책 단계 구분하기

안전관리자가 있어도 그는 참모이며 조언자일 뿐, 문제해결의 주인공은 경영자와 관리자이다.

정답 ①

02 다음 지문이 설명하고 있는 개념으로 적절한 것은?

> 농부는 농기계와 화학비료를 써서 밀을 재배하고 수확한다. 이렇게 생산된 밀은 보관업자, 운송업자, 제분회사, 제빵 공장을 거쳐 시장으로 판매된다. 보다 높은 생산성을 위해 화학비료를 연구하고, 공장을 가동하기 위해 공작기계와 전기를 생산한다. 보다 빠른 운송을 위해서 트럭이나 기차, 배가 개발되었고, 보다 효과적으로 운송수단과 농기계를 운용하기 위해 증기기관이 석유에너지로 발전하였다. 이렇듯 우리의 식탁에 올라오는 빵은 여러 기술이 네트워크로 결합하여 시너지를 내고 있는 것이다.

① 기술교육 ② 기술이전 ③ 기술경영
④ 기술혁신 ⑤ 기술 시스템

기술이해능력 / 기술 시스템 이해하기

지문은 개별 기술이 발전하면서 서로 밀접히 연결되는 현상을 소개하고 있으므로, 기술 시스템에 대한 내용이다. 기술 시스템(technological system)은 개별 기술이 네트워크로 결합하는 것으로, 기술이 발전하면서 이전에는 없던 연관이 개별 기술들 사이에서 만들어지고 있다. 기술 시스템은 인공물의 집합체만이 아니라 회사, 투자회사, 법적 제도, 정치, 과학, 자연자원을 모두 포함하는 것이기 때문에 기술적인 것과 사회적인 것이 결합해서 공존하고 있다. 이런 의미에서 기술 시스템은 사회기술 시스템(sociotechnical system)이라고 불리기도 한다.

정답 ⑤

03 다음 글에서 나타난 산업 재해에 대한 원인으로 적절한 것은?

> 원유저장탱크에서 탱크 동체 하부에 설치된 믹서 임펠러의 날개깃이 파손됨에 따라, 과진동(과하중)이 발생하여 믹서의 지지부분(볼트)이 파손되어 축이 이탈되면서 생긴 구멍으로 탱크 내부의 원유가 대량으로 유출되었다. 분석에 따르면 임펠러 날개깃의 파손이 피로 현상에 의해 발생되어 표면에 응력집중을 일으킬 수 있는 결함이 존재하였을 가능성이 높다고 한다.

① 교육적 원인 ② 기술적 원인 ③ 작업 관리상 원인
④ 불안전한 행동 ⑤ 불안전한 상태

기술이해능력 / 산업 재해의 원인 분석하기

산업 재해의 기본적 원인 중 기술적 원인에는 건물·기계 장치의 설계 불량, 구조물의 불안정, 재료의 부적합, 생산 공정의 부적당, 점검·정비·보존의 불량 등이 있으며, 지문의 내용은 이에 해당한다.

정답 ②

하위능력 2 ● 기술선택능력

① 기술선택능력이란?

직장 생활에 필요한 기본적인 기술을 선택하는 능력이다.

② 기술선택을 위한 의사결정

상향식 기술선택	기업 전체 차원에서 필요한 기술에 대한 체계적인 분석이나 검토 없이 연구자나 엔지니어들이 자율적으로 기술을 선택하는 것 • 장점 : 기술자들의 흥미를 유발하고 창의적인 아이디어를 활용할 수 있음 • 단점 : 시장의 고객들이 요구하는 제품이나 서비스를 개발하는 데 부적합한 기술이 선택되거나, 경쟁기업과의 경쟁에서 승리할 수 없는 기술이 선택될 수 있음
하향식 기술선택	기술경영진과 기술기획 담당자들에 의한 체계적인 분석을 통해 기업이 획득해야 하는 대상기술과 목표 기술수준을 결정하는 것

③ 기술선택을 위한 우선순위 결정

- 제품의 성능이나 원가에 미치는 영향력이 큰 기술
- 기술을 활용한 제품의 매출과 이익 창출 잠재력이 큰 기술
- 쉽게 구할 수 없는 기술
- 기업 간에 모방이 어려운 기술
- 기업이 생산하는 제품 및 서비스에 보다 광범위하게 활용할 수 있는 기술
- 최신 기술로 진부화될 가능성이 적은 기술

④ 벤치마킹

특정 분야에서 뛰어난 업체나 상품, 기술, 경영 방식 등을 배워 합법적으로 응용하는 것이다. 단순 모방과는 달리 우수한 기업이나 성공한 상품, 기술, 경영 방식 등의 장점을 충분히 배우고 익힌 후 자사의 환경에 맞추어 재창조하는 것을 의미한다.

⑤ 매뉴얼

어떤 기계의 조작 방법을 설명해 놓은 사용 지침서로서 사용서, 설명서, 편람, 안내서 등을 의미한다.

- **제품 매뉴얼** : 제품의 특징이나 기능, 사용방법과 고장 조치방법, 유지 보수 및 A/S, 폐기 등 제품 관련 서비스에 대해 소비자가 알아야 할 모든 정보
- **업무 매뉴얼** : 여러 사람이 보고 따라 할 수 있도록 어떤 일의 진행 방식, 지켜야 할 규칙, 관리상의 절차 등을 일관성 있게 표준화하여 설명하는 지침서

6 지식재산권

인간의 창조적 활동 또는 경험 등을 통해 창출하거나 발견한 지식·정보·기술이나 표현, 표시 그 밖에 무형적인 것으로서 재산적 가치가 실현될 수 있는 지적 창작물에 부여된 권리이다.

7 지식 재산권 특징

- **산업자본** : 산업이 발전한 선진국은 지식재산권 특히 산업재산권을 많이 확보하여 타인에게 실시 사용권을 설정하거나 권리 자체를 양도하여 판매수입이나 로열티를 받을 수 있게 하고 있음
- **무형의 재산** : 지식재산권은 실체가 없는 기술상품으로서 상품과 같이 물체가 아니라 수출·입이 자유로워 국경 이동을 통한 세계적인 상품으로 전파될 수 있다.
- **다국적 기업화** : 다국적 기업화는 각국 경제의 상호관계를 긴밀하게 하여 기술 제휴 등의 협력을 기반으로 국가 간의 장벽을 허물에 세계화를 촉진시키고 있다.
- **연쇄적인 기술개발 촉진** : 기술개발 결과에 대해 독점적 권리를 보장해 주고, 특허를 통한 기술개발의 성과가 알려지면서 더 나은 기술개발을 촉진하는 계기를 만들어 주고 있다.

2 ● 기술선택능력 》》 바로확인문제

01 다음은 기사의 일부분이다. 자료를 보고 A 기업과 B 기업이 활용한 벤치마킹의 종류로 가장 적절한 것을 고르면?

> A 기업은 기존 신용카드사가 시도하지 않았던 새로운 분야를 개척하며 성장했다. A 기업만의 독특한 문화와 경영방식 중 상당 부분은 회사 바깥에서 얻었다. 이런 작업의 기폭제가 바로 'Insight Tour'이다. A 기업 직원들은 업종을 불문하고 새로운 마케팅으로 주목받는 곳을 방문한다. 심지어 혁신적인 미술관이나 자동차 회사까지 찾아간다. 금융회사는 가급적 가지 않는다. 카드사는 고객이 결제하는 카드만 취급하는 것이 아니라 고객의 라이프스타일까지 디자인하는 곳이라는 게 A 기업의 시각이다. A 기업의 브랜드 실장은 "카드사는 생활과 밀접한 분야에서 통찰을 얻어야 한다. 'Insight Tour'는 고객의 삶을 업그레이드시키는 데 역점을 둔다."고 강조했다.
>
> B 기업의 첫 벤치마킹 대상은 선반이 높은 창고형 매장을 운영한 ○○마트였다. 하지만 한국 문화에 맞지 않았고, 3년 후 일본 할인점인 △△마트로 벤치마킹 대상을 바꿨다. 신선식품에 주력하고 시식행사도 마련하였고, 결과는 성공이었다. 자체브랜드(PL ; Private Label) 전략도 벤치마킹을 통해 가다듬었다. 기존 B 기업의 PL은 저가 이미지가 강했다. 이를 극복하기 위해 B 기업은 'PL 종주국' 유럽을 벤치마킹했다. 유럽의 기업인 테스코는 PL 브랜드를 세분화해서 '테스코 파이니스트 – 테스코 노멀 – 테스코 벨류'란 브랜드를 달았다. 이와 유사하게 B 기업도 '베스트 – 벨류 – 세이브' 등의 브랜드로 개편했다.

	A 기업	B 기업
①	간접적 벤치마킹	내부 벤치마킹
②	경쟁적 벤치마킹	직접적 벤치마킹
③	비경쟁적 벤치마킹	글로벌 벤치마킹
④	글로벌 벤치마킹	간접적 벤치마킹
⑤	직접적 벤치마킹	경쟁적 벤치마킹

 기술선택능력 / 벤치마킹의 종류 파악하기

A 기업은 제품, 서비스 및 프로세스의 단위 분야에 있어 가장 우수한 실무를 보이는 비경쟁적 기업 내의 유사 분야를 대상으로 하는 비경쟁적 벤치마킹을 활용하였고, B 기업은 프로세스에 있어 최고로 우수한 성과를 보유한 동일업종의 비경쟁적 기업을 대상으로 하는 글로벌 벤치마킹을 활용하였다.

정답 ③

02 다음 중 올바른 매뉴얼을 작성하기 위한 방법으로 적절하지 않은 것은?

① 의미전달을 명확하게 하기 위해서는 수동태보다는 능동태의 동사를 사용하며, 명령을 사용함에 있어서 약한 형태보다는 단정적으로 표현하고, 추상적 명사보다는 행위동사를 사용한다.
② 짧고 의미 있는 제목과 비고(note)는 사용자가 원하는 정보의 위치를 파악하는 데 도움이 될 수 있다.
③ 사용자가 한 번 본 후 더 이상 매뉴얼이 필요하지 않도록, 빨리 외울 수 있도록 배려하는 것이 필요하다.
④ 매뉴얼의 서술은 가능한 한 단순하고 간결해야 하며 비전문가도 쉽게 이해할 수 있어야 한다.
⑤ 한 문장은 반드시 밀접하게 관련된 몇 가지 명령이 포함되어야 한다.

 기술선택능력 / 매뉴얼 작성을 위한 방법 파악하기

매뉴얼은 사용자가 알기 쉬운 문장으로 쓰여야 하므로, 한 문장은 통상 단 하나의 명령, 또는 밀접하게 관련된 몇 가지 명령만을 포함하여야 한다.
① 사용자가 알기 쉬운 문장으로 쓰여야 한다.
② 사용자가 원하는 정보를 쉽게 찾을 수 있어야 한다.
③ 사용자에 대한 심리적 배려가 있어야 한다.
④ 내용이 정확해야 한다.

정답 ⑤

03 다음 제시된 지식재산권 중 성격이 다른 하나는?

① 특허권 ② 의장권 ③ 상표권
④ 저작인접권 ⑤ 실용신안권

 기술선택능력 / 지식재산권의 종류 구분하기

지식재산권은 인간의 지적 창작물을 보호하는 무체(無體)의 재산권으로서 다음과 같이 분류된다.

산업재산권	저작권	신지식재산권
• 특허권 • 실용신안권 • 의장권 • 상표권	• 협의저작권(문화 · 예술 창작물) • 저작인접권	• 첨단산업저작권 • 산업저작권 • 정보재산권

정답 ④

하위능력 3 • 기술적용능력

1. 기술적용능력이란?

직장생활에 필요한 기술을 실제로 적용하고 결과를 확인하는 능력을 말한다. 업무와 관련된 매뉴얼의 숙지와 활용, 직무와 관련된 기술을 파악하여 적용하는 능력이 모두 포함된다.

2. 기술적용의 형태

기술을 이해하고 선택하였다고 하여 모두 적용할 수 있는 것은 아니며, 모두 자신의 직장에 필요한 것은 아니다. 기술적용은 다음과 같이 그 활용 형태가 다양하다.

선택한 기술을 그대로 적용	장점	시간 및 비용을 절약할 수 있고 쉽게 받아들여 적용할 수 있음
	단점	선택한 기술이 적합하지 않은 경우, 실패의 위험부담이 큼
선택한 기술을 그대로 적용하되, 불필요한 내용은 과감히 버리고 적용	장점	시간 및 비용 절감, 프로세스의 효율성이 높음
	단점	선택한 기술이 적합하지 않은 경우, 실패의 위험부담이 크고, 과감하게 버린 기술이 과연 불필요한가에 대한 문제점이 있을 수 있음
선택한 기술을 분석하고 가공하여 활용	장점	자신의 직장에 대한 여건과 환경 분석 그리고 업무 프로세스의 효율성을 최대화할 수 있음
	단점	다른 경우보다 시간적인 부담이 있음

3. 기술적용 시 고려해야 할 사항

- 기술적용에 따른 비용이 많이 드는가?
- 기술의 수명 주기는 어떻게 되는가?
- 기술의 전략적 중요도는 어떻게 되는가?
- 기술의 잠재적 응용 가능성이 있는가?

4. 기술경영자의 중요성

기술을 선택·적용하는 것만큼 중요한 것이 기술을 관리하고 유지하는 역할이다. 정보와 기술이 급변하는 사회에서는 기술적 우위를 점하기 위한 기술 경영이 무엇보다 중요하다.

5 네트워크 혁명

정보통신혁명이 우리 사회를 바꾸는 방식은 네트워크 혁명을 통해서이다. 네트워크 혁명은 사람과 사람을 연결하는 방법, 정보를 교환하는 방법, 교환한 정보를 지식으로 만드는 방법, 가장 값싼 물건을 찾는 방법 등에 혁명적인 변화가 생기고 있음을 의미한다.

무어의 법칙 (Moore's law)	• 컴퓨터의 반도체 성능이 18개월마다 2배씩 증가한다는 법칙 • 인텔의 설립자 고든 무어(Gordon Moore)가 처음 주장함
메트칼프의 법칙 (Metcalfe's law)	• 네트워크의 가치는 사용자 수의 제곱에 비례한다는 법칙 • 근거리 통신망 이더넷(ethernet)을 만든 로버트 메트칼프(Robert Metcalfe)가 주장
카오의 법칙 (Kao's law)	• 창조성은 네트워크에 접속되어 있는 다양성에 지수함수로 비례한다는 법칙 • 다양한 사고를 가진 사람이 네트워크로 연결되면 그만큼 정보교환이 활발해져 창조성이 증가 • 법칙경영 컨설턴트 존 카오(John Kao)가 주장함

6 기술융합

기술융합은 인간 활동의 향상을 위해 특별히 중요한 융합기술로, 나노기술(NT), 생명공학기술(BT), 정보기술(IT), 인지과학(Cognitive science)이 4대 핵심기술로 일컬어진다.

- 제조, 건설, 교통, 의학, 과학기술 연구에서 사용되는 완전히 새로운 물질, 장치, 시스템
- 나노 규모에서 동작하는 부품과 공정의 시스템을 가진 물질 중에서 가장 복잡한 것으로 알려진 생물 세포
- 유비쿼터스 및 글로벌 네트워크로 다양한 요소를 통합하는 컴퓨터 및 통신시스템의 기본 원리
- 사람의 뇌와 마음의 구조 및 기능

3 · 기술적용능력 » 바로확인문제

01 다음에서 설명하고 있는 네트워크 법칙은?

> 네트워크를 이용해서 만들어 낼 수 있는 창의성은 그 네트워크에 접속되어 있는 다양성에 지수함수로 비례한다. 그러므로 많은 사람을 만나서 다양한 사고를 경험하면 새로운 아이디어를 만들어 낼 가능성이 증가한다.

① 무어의 법칙 ② 카오의 법칙 ③ 황의 법칙
④ 메트칼프의 법칙 ⑤ 그로슈의 법칙

기술적용능력 / 네트워크 혁명의 3대 법칙 구분하기

카오의 법칙(Kao's Law) : 경영 컨설턴트 존 카오(John Kao)가 주장한 법칙으로, 창조성은 네트워크에 접속되어 있는 다양성에 지수함수로 비례한다는 법칙이다. 이 법칙은 지금까지 무어의 법칙이나 메트칼프 법칙에 비해 덜 주목받았지만 사회와 경제 부문에서 중요해지고 있는 창조적인 지식 생산을 위해 주목해야 할 법칙이다.

 오답풀이

네트워크 혁명의 3대 법칙 : 무어의 법칙, 카오의 법칙, 메트칼프의 법칙
① 무어의 법칙(Moore's Law) : 인텔(Intel)의 설립자 고든 무어(Gordon Moore)가 처음 주장한 것으로, 마이크로칩의 밀도가 24개월마다 2배로 늘어난다는 법칙이다.
③ 황의 법칙(Hwang's Law) : 황창규 전 삼성전자 사장이 '메모리 신성장론'에서 발표한 것으로, 반도체 메모리의 용량이 1년마다 2배씩 증가한다는 이론이다.
④ 메트칼프의 법칙(Metcalfe's Law) : 쓰리콤(3Com)의 창시자 로버트 메트칼프(Robert Metcalfe)가 주장한 것으로, 네트워크의 가치는 사용자 수의 제곱에 비례한다는 법칙이다.
⑤ 그로슈의 법칙(Grosch's Law) : 컴퓨터의 성능은 그 크기 또는 규모의 자승에 비례한다는 법칙이다. 1960년대 이후 CPU의 집적도가 급속도로 빨라지면서 이 법칙은 무너지게 되었다.

정답 ②

02 다음 중 네트워크 혁명의 역기능으로 옳지 않은 것은?

① 범죄 및 반사회적인 사이트의 활성화
② 인터넷 게임과 채팅중독
③ 디지털 가격 격차
④ 정보기술을 이용한 감시
⑤ 정보화에 따른 실업문제

💡 **기술적용능력 / 네트워크 혁명이 유발할 수 있는 역기능 이해하기**

네트워크 혁명의 역기능과 대응 방안

역기능	대응 방안
• 디지털 격차 • 정보화에 따른 실업문제 • 인터넷 게임과 채팅 중독 • 정보기술을 이용한 감시 • 범죄 및 반사회적인 사이트의 활성화	• 법적, 제도적 기반을 구축 • 사회 전반에 걸친 정보화 윤리의식을 강화 • 암호화 제품이나 시스템 보완관리의 제품 개발 및 관련 산업 육성

정답 ③

03 다음은 전력수급 비상단계 발생 시 행동요령에 관한 자료이다. 다음 중 전력수급 비상단계 발생 시 해야 할 행동으로 적절하지 않은 것은?

	전력수급 비상단계 발생 시 행동요령
가정	• 전기 냉난방기기의 사용을 중지합니다. • 다리미, 청소기, 세탁기 등 긴급하지 않은 모든 가전기기의 사용을 중지합니다. • TV, 라디오 등을 통해 신속하게 재난 상황을 파악하여 대처합니다. • 안전, 보안 등을 위한 최소한의 조명을 제외한 실내외 조명은 모두 소등합니다.
사무실	• 건물관리자는 중앙조절식 냉난방설비의 가동을 중지하거나 온도를 낮춥니다. • 사무실 내 냉난방설비의 가동을 중지합니다. • 컴퓨터, 프린터, 복사기, 냉온수기 등 긴급하지 않은 모든 사무기기의 전원을 차단합니다. • 안전, 보안 등을 위한 최소한의 조명을 제외한 실내외 조명은 모두 소등합니다.
공장	• 사무실 및 공장 내 냉난방기의 사용을 중지합니다. • 컴퓨터, 복사기 등 각종 사무기기의 전원을 일시적으로 차단합니다. • 꼭 필요한 경우를 제외한 사무실 조명은 모두 소등하고 공장 내부의 조명도 최소화합니다. • 비상 발전기의 가동을 점검하고 운전상태를 확인합니다.

① 가정 : 전기 냉난방기기의 전원을 끈다.
② 가정 : 실내외 조명을 모두 소등한다.
③ 사무실 : 급하게 필요하지 않은 사무기기의 전원을 차단한다.
④ 사무실 : 냉난방기기의 사용을 중지한다.
⑤ 공장 : 비상 발전기의 가동을 점검한다.

💡 **기술적용능력 / 행동요령 적용하기**

전력수급 비상단계 발생 시 가정에서는 모든 조명을 소등하는 것이 아니라, 안전, 보안 등을 위한 최소한의 조명을 제외한 실내외 조명을 소등해야 한다. 따라서 실내외 조명을 모두 소등해야 한다는 ②의 설명은 옳지 않다.

정답 ②

Chapter 08 FOCUS 하위능력 공략

하위능력 1 • 기술이해능력

출제 포인트

기술이해능력은 기술능력의 전반적인 기초지식과 함께 모듈형 문제로 출제되고 있다. 간단한 좌표와 도형을 제시한 규칙을 찾는 문제는 대표적인 샘플유형으로 자주 출제된 바 있다. 현재는 출제빈도가 많이 낮아졌으나, 모듈형을 출제하는 기관에서는 현재도 출제되는 경우가 있으므로 유형 파악을 해두는 것이 좋다.

대표 유형 문제

01 다음은 기술 시스템의 발전 단계를 나타낸 것이다. ㉠~㉣에 들어갈 말로 적절한 것은?

발전단계		특징	Key man
1단계	발명, 개발, 혁신의 단계	기술 시스템이 탄생하고 성장	기술자
2단계	기술 이전의 단계	성공적인 기술이 다른 지역으로 이동	㉢
3단계	㉠	기술 시스템 사이의 경쟁	기업가
4단계	㉡	경쟁에서 승리한 기술 시스템의 관성화	㉣

	㉠	㉡	㉢	㉣
①	기술 경쟁의 단계	기술 공고화 단계	기업가	기술자
②	기술 공고화 단계	기술 경쟁의 단계	기업가	자문 엔지니어
③	기술 경쟁의 단계	기술 공고화 단계	기술자	자문 엔지니어
④	기술 공고화 단계	기술 경쟁의 단계	금융전문가	기업가
⑤	기술 경쟁의 단계	기술 공고화 단계	금융전문가	기업가

💡 **기술이해능력 / 기술 시스템의 발전 단계 이해하기**

1단계와 2단계에서는 시스템을 디자인하고 초기 발전을 추진하는 기술자의 역할이 중요하다. 반면 기술 시스템의 경쟁 단계에서는 기업가들의 역할이 더 중요하며, 시스템이 굳어지고 단단해지면 자문 엔지니어와 금융전문가의 역할이 커지므로 기술 공고화 단계에서는 자문 엔지니어와 금융전문가의 역할이 중요하다.

정답 ③

02 주어진 '그래프 구성 명령어 실행 예시'를 보고 아래의 그래프에 알맞은 명령어를 고르면?

그래프 구성 명령어 실행 예시

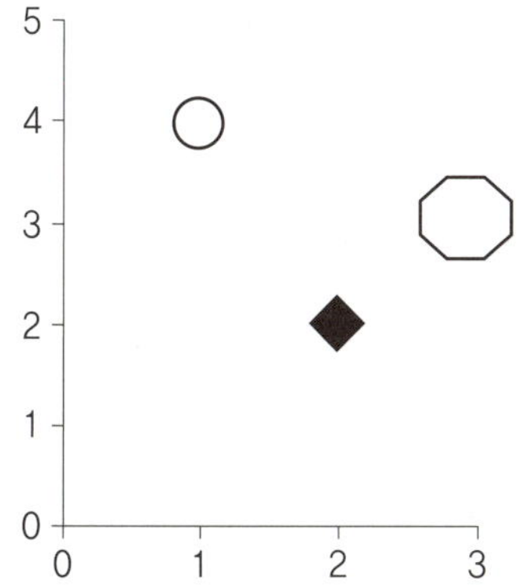

W3 / H5
O(1:4)M1 / N(2:2)P1 / G(3:3)M2

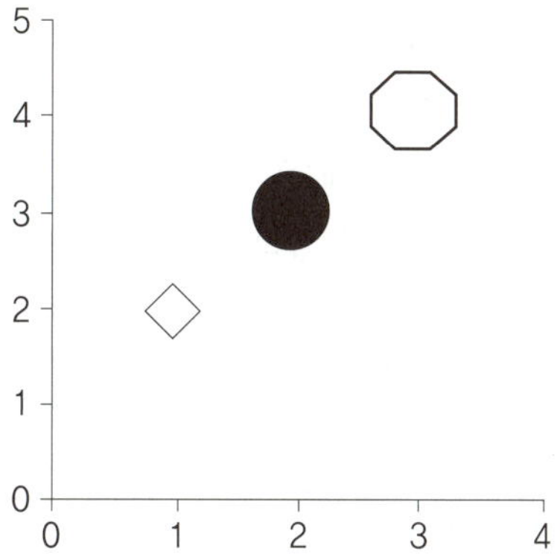

W4 / H5
O(2:3)P2 / N(1:2)M1 / G(3:4)M2

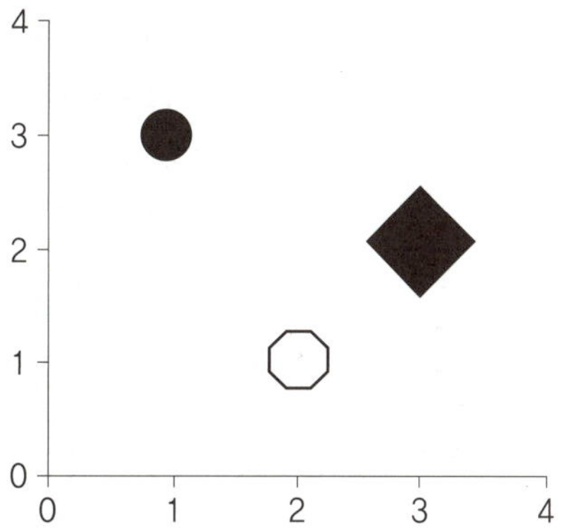

① W4/H5 O(1:3)M1 / N(3:2)P2 / G(2:1)M2
② W4/H4 O(1:3)P1 / N(3:2)P2 / G(2:1)M1
③ W4/H5 O(1:3)P2 / N(3:2)P2 / G(2:1)M1
④ W4/H4 O(1:3)P1 / N(2:1)M1 / G(3:2)P1
⑤ W4/H4 O(1:3)M1 / N(2:1)M1 / G(3:2)P1

 기술이해능력 / 명령어 고르기

W는 가로축 H는 세로축을 의미한다. O는 원, N은 다이아, G는 팔각 모양 도형을 가리키며 M은 흰색, P는 검은색을 뜻한다. 뒤의 숫자는 크기를 나타내는데 숫자가 1이면 도형이 작고 2면 큰 것을 알 수 있다. 따라서 알맞은 명령어는 W4/H4 O(1:3)P1 / N(3:2)P2 / G(2:1)M1이다.

정답 ②

팩트기출 NCS 통합기본서

하위능력 2 ● 기술선택능력

출제 포인트

직무 수행 시 필요한 기술을 적절히 선택하는 능력, 선택한 기술의 적용 후 결과를 예측할 수 있는 능력을 측정한다. NCS 학습모듈 기초 지식을 묻는 문제, 해당 조건에 맞는 사무제품 등을 고르는 문제, 지시사항 및 행동요령 등을 상황에 맞게 활용하는 문제, 매뉴얼을 활용하여 상황에 따라 적절하게 선택하는 문제 등이 출제되고 있다.

대표 유형 문제

01 다음은 ○○은행의 ARS 서비스 기능이다. 아래의 경우 A 씨가 누른 코드로 적절하지 않은 것은?

코드	서비스
1	잔액 조회
2	거래내역 조회
3	○○은행 송금
4	타 은행 송금
5	보이스 피싱 및 분실 신고
9	다시 듣기
0	상담사 연결

A 씨는 계좌의 잔액 조회를 해보고 생각보다 돈이 적게 남아 있다는 사실에 놀라 거래 내역을 조회해 보았다. 조회 결과, 타 은행으로 거액이 송금되어 있는 내역을 확인했고, 9일 전 보험 회사의 전화를 받아 개인 정보를 알려준 것을 기억해냈다. A 씨는 즉시 보이스 피싱을 의심하여 신고하려고 했으나 보이스 피싱 신고가 몇 번인지 기억나지 않아 코드 안내를 다시 들은 후 피해 신고를 접수하였다.

① 1 ② 2 ③ 4
④ 5 ⑤ 9

 기술선택능력 / 코드 매뉴얼 숙지하기

A 씨는 1번 코드를 눌러 잔액을 조회한 후 2번 코드를 눌러 거래내역을 확인하였다. 그리고 9번 코드를 눌러 안내를 다시 들은 후 5번 코드를 눌러 보이스 피싱 피해 신고를 접수하였다. 타 은행으로 거액이 송금된 사실은 맞지만, A 씨가 4번 코드를 눌러 타 은행 송금 서비스를 이용한 것은 아니므로 정답은 ③이다.

정답 ③

02 ○○기업의 대표는 시장에서 자사가 우위를 차지하기 위한 기술을 선택하려고 한다. 다음의 기술선택 절차를 따른다고 할 때, ㉠~㉣에 들어갈 말로 적절한 것은?

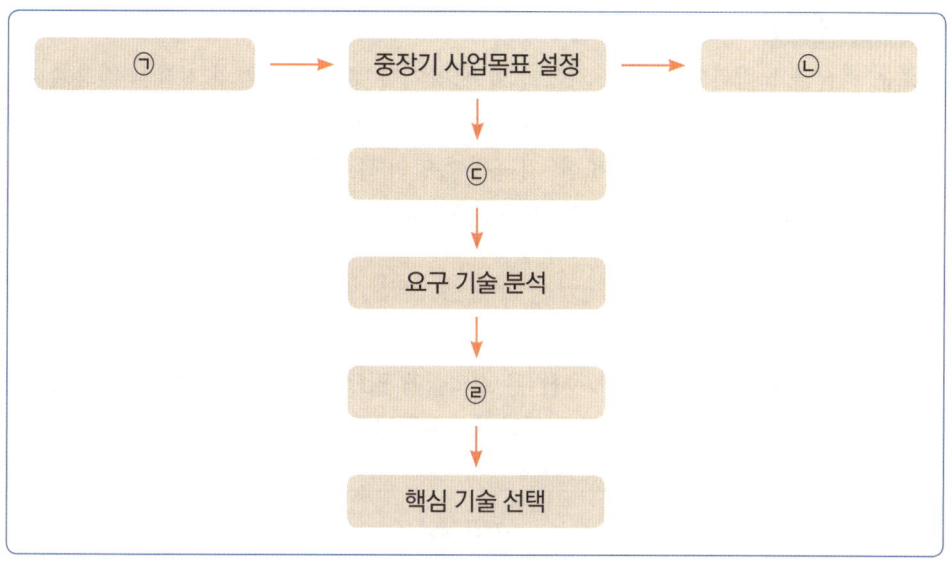

	㉠	㉡	㉢	㉣
①	외부 환경 분석	내부 역량 분석	사업 전략 수립	기술 전략 수립
②	내부 역량 분석	외부 환경 분석	사업 전략 수립	정보 전략 수립
③	외부 환경 분석	내부 역량 분석	기술 전략 수립	사업 전략 수립
④	내부 역량 분석	외부 환경 분석	기술 전략 수립	정보 전략 수립
⑤	외부 환경 분석	내부 역량 분석	정보 전략 수립	기술 전략 수립

 기술선택능력 / 기술선택 절차 이해하기

기술선택을 위한 절차는 '외부 환경 분석 → 중장기 사업목표 설정 → 내부 역량 분석'의 순서를 따르고, 중장기 사업목표를 설정한 후에는 '사업 전략 수립 → 요구 기술 분석 → 기술 전략 수립 → 핵심 기술 선택'의 순서로 진행된다.

기술선택의 절차
- 외부 환경 분석 : 수요 변화 및 경쟁자 변화, 기술 변화 등을 분석
- 중장기 사업목표 설정 : 기업의 장기비전, 중장기 매출목표 및 이익목표를 설정
- 내부 역량 분석 : 기술능력, 생산능력, 마케팅·영업능력, 재무능력 등을 분석
- 사업 전략 수립 : 사업영역 결정, 경쟁 우위 확보 방안을 수립
- 요구 기술 분석 : 제품 설계/디자인 기술, 제품 생산공정, 원재료/부품 제조기술을 분석
- 기술 전략 수립 : 기술획득 방법을 결정

정답 ①

하위능력 3 • 기술적용능력

출제 포인트

새로운 기술을 도입함에 있어 주의해야 할 사항이나 우수한 기업의 기술을 적용할 때 고려해야 할 사항을 묻는 문제, 특정 기술에 대한 설명이나 사용법을 제시한 후 올바른 적용 결과를 묻는 문제 등이 출제된다. 또한, 기술을 기업의 목표에 맞게 유도하는 기술경영자가 갖추어야 할 자세나 자질 등을 묻는 문제들도 나오고 있다.

대표 유형 문제

[01~02] ○○회사에 근무하는 M 사원은 회의실에 필요한 TV를 구매한 후, 제품설명서를 참고하여 설치하고자 한다. 다음을 보고 이어지는 물음에 답하시오.

제품설명서

(1) 벽걸이 설치 시 주의사항
- 벽걸이 설치 시 반드시 제공된 구성품 및 부품을 사용하세요.
  - 다른 구성품으로 제품을 설치하면 제품이 떨어져 고장이 나거나 상해를 입을 수 있습니다.
  - 다른 구성품으로 제품을 설치하면 통풍이 잘 안 되어 제품의 내부 온도가 상승해 화재 및 고장의 원인이 될 수 있습니다.
- 수직 벽면 이외의 장소에는 설치하지 마세요.
- 제품의 성능 보호와 고장 예방을 위해 다음 장소에는 설치하지 마세요.
  - 진동이나 충격이 가해질 염려가 있는 곳 : 제품이 떨어져서 파손될 수 있습니다.
  - 스프링클러 감지기 옆 : 제품의 열을 감지하고 스프링클러가 작동할 수 있습니다.
  - 고압 케이블 근처 : 제품이 고압 케이블의 간섭을 받아 화면이 제대로 나오지 않을 수 있습니다.
  - 난방기기 주변 : 제품이 과열되어 고장이 날 수 있습니다.
- 벽면의 안정성을 확인하세요.
- 벽면의 강도가 약한 경우에는 벽면을 보강한 다음 설치하세요.
- 벽을 뚫고 그 안에 설치하지 마세요.
- 벽걸이 설치 전 반드시 해당 기기의 연결 케이블을 제품 단자에 연결 후 설치하세요.
- 시멘트 벽면이 아닌 경우, 전문 업체에 문의하여 설치 가능 여부를 확인한 후 설치하세요.
- 설치한 후 벽면과 제품 사이의 거리는 최소 15mm 이상 유지하세요.
- TV를 15도 이상 기울여 설치하지 마세요.

(2) 문제 해결

증상	확인사항
전원이 갑자기 꺼져요.	• '취침 예약'이 설정되어 있는지 확인하세요. • '자동 전원 끄기'가 설정되어 있는지 확인하세요. • '꺼짐 시간 예약'이 설정되어 있는지 확인하세요.

전원이 켜지지 않아요.	• 전원 플러그, 리모컨 등에 문제가 있는지 확인하세요. • 안테나 케이블이 제대로 연결되어 있는지 확인하세요.
제품이 뜨거워요.	제품 특성상 장시간 시청 시 패널에서 열이 발생합니다. 패널의 열이 제품 상부의 통풍구로 방출되므로, 장시간 사용 시 제품 상단을 만졌을 때 뜨겁게 느낄 수 있으므로 주의하세요.
리모컨 동작이 안돼요.	• 새 건전지로 교체해보세요. • TV와 리모컨을 재연결해보세요.

01 M 사원은 구매한 TV를 벽면에 설치하려고 한다. 다음 중 M 사원이 반드시 확인해야 할 사항으로 적절하지 않은 것은?

① 설치할 곳의 온도를 확인한다.
② 주변에 난방기기가 있는지 확인한다.
③ 설치할 곳의 벽면이 시멘트인지 확인한다.
④ 주변에 스프링클러 감지기가 있는지 확인한다.
⑤ 연결 케이블이 제품 단자에 연결되었는지 확인한다.

 기술적용능력 / 매뉴얼 확인하기

'벽걸이 설치 시 주의사항'에 설치할 곳의 온도를 확인하라는 내용은 나와 있지 않다.

정답 ①

02 M 사원은 TV의 전원이 갑자기 꺼지는 것을 발견하였다. 위의 제품설명서를 보고, M 사원이 원인을 파악하기 위해 확인해봐야 할 사항으로 가장 적절한 것은?

① 전원 플러그에 문제가 있는지 확인한다.
② 장시간 시청하지는 않았는지 확인한다.
③ 안테나 케이블이 제대로 연결되어 있는지 확인한다.
④ TV와 리모컨이 제대로 연결되어 있는지 확인한다.
⑤ '취침 예약'이 설정되어 있는지 확인한다.

 기술적용능력 / 매뉴얼 확인하기

전원이 갑자기 꺼지는 증상이 나타날 경우, '취침 예약'이 설정되어 있는지, '자동 전원 끄기'가 설정되어 있는지, '꺼짐 시간 예약'이 설정되어 있는지 부터 확인해야 한다.

정답 ⑤

Chapter 08 CHECK 주요 기출유형 익히기

01 다음 중 기술경영자에게 요구되는 능력으로 적절하지 않은 것은? `2020 인천교통공사`

① 기술을 효과적으로 획득·관리·활용하기 위한 모든 경영지원 활동을 총괄한다.
② 전반적인 사업전략 및 목표를 기술부문과 연계해 기업의 시너지를 창출한다.
③ 조직 내 기술을 이용하고 평가할 뿐만 아니라 기술 전문 인력을 운용한다.
④ 급변하는 기술을 이해하여 최고경영자에게 기술과 관계된 정보를 조언하고 자문한다.
⑤ 기술경영자에게 요구되는 능력은 기술적 능력과 행정적 능력으로 구분된다.

 기술적용능력 / 기술경영자와 기술관리자의 능력 및 역할 구분하기

기술경영자가 아닌 기술관리자에게 요구되는 능력은 기술적 능력과 행정적 능력으로 구분해 정리할 수 있다.

기술경영인		
기술경영자	기술관리자	
	기술 능력	행정 능력
• 기술을 기업의 전반적인 전략 목표에 통합시키는 능력 • 빠르고 효과적으로 새로운 기술을 습득하고 기존의 기술에서 탈피하는 능력 • 기술을 효과적으로 평가할 수 있는 능력 • 기술이전을 효과적으로 할 수 있는 능력 • 신제품의 개발시간을 단축할 수 있는 능력 • 크고 복잡하고 서로 다른 분야에 걸쳐 있는 프로젝트를 수행할 수 있는 능력 • 조직 내 기술이용을 수행할 수 있는 능력 • 기술 전문 인력을 운용할 수 있는 능력	• 기술을 운용하거나 문제해결을 할 수 있는 능력 • 기술직과 의사소통을 할 수 있는 능력 • 혁신적인 환경을 조성할 수 있는 능력 • 기술적, 사업적, 인간적인 능력을 통합할 수 있는 능력 • 시스템적인 관점에서 인식하는 능력 • 공학적 도구나 지원방식에 대한 이해 능력 • 기술이나 추세에 대한 이해 능력 • 기술팀을 통합할 수 있는 능력	• 다기능적인 프로그램을 계획하고 조직할 수 있는 능력 • 우수한 인력을 유인하고 확보할 수 있는 능력 • 자원을 측정하거나 협력할 수 있는 능력 • 다른 조직과 협력할 수 있는 능력 • 업무의 상태, 진행 및 실적을 측정할 수 있는 능력 • 다양한 분야에 걸쳐 있는 업무를 계획할 수 있는 능력 • 정책이나 운영절차를 이해할 수 있는 능력 • 권한위임을 효과적으로 할 수 있는 능력 • 의사소통을 잘할 수 있는 능력

정답 ⑤

02 ○○기업의 기획부 팀원들은 각자 기술능력을 향상시키기 위해 노력 중이다. 다음 중 각 인물이 행하고 있는 기술능력의 향상 방법으로 적절하지 않은 것은?

- E 부장은 인적 네트워크 형성을 위해 주말을 할애해 수업을 듣고 있다.
- F 과장은 사진, 텍스트, 소리, 동영상 등 멀티미디어를 이용하여 학습하고 있다.
- G 팀장은 급변하는 변화에 대처해 매일 새로운 내용이 반영되는 수업을 듣고 있다.
- H 대리는 실습교육을 위한 각종 장비가 마련되어 있는 교육장에서 1박 2일간 합숙하기로 하였다.
- J 사원은 선배사원의 지도 아래 업무와 교육을 동시에 진행하고 있다.

① E 부장 : 상급학교 진학을 통한 기술교육
② F 과장 : OJT를 활용한 기술교육
③ G 팀장 : E-learning을 활용한 기술교육
④ H 대리 : 전문 연수원을 통한 기술과정 연수
⑤ J 사원 : OJT를 활용한 기술교육

기술능력 / 기술능력 향상 방법 이해하기

F 과장이 선택한 방법은 E-learning을 활용한 기술교육 방법이다. E-learning을 이용하면 원하는 시간과 장소에서 학습을 할 수 있으며, 원하는 내용을 원하는 순서에 맞게 원하는 시간만큼 학습할 수 있다. 또한 비디오, 사진, 텍스트, 소리, 동영상 등 멀티미디어를 이용한 학습이 가능하고 이메일, 자료실 등을 통해 의사교환과 상호작용이 자유롭게 이루어질 수 있다. 그리고 업데이트를 통해 새로운 내용을 반영하기 쉽다. 하지만 인간적인 접촉이 상대적으로 적고 중도 탈락률이 높으며 현장중심의 교육이 힘들다는 단점이 있다.

정답 ②

◉ OJT(on-the-job training, 직장 내 훈련)
조직 안에서 피교육자인 종업원이 직무에 종사하면서 받게 되는 교육 훈련 방법이다. 피교육자인 종업원이 업무수행의 중단되는 일 없이 업무수행에 필요한 지식·기술·능력·태도를 교육 훈련 받는 것을 말하며, 교육자와 피교육자 사이에 친밀감을 조성하며 시간의 낭비가 적고 조직의 필요에 합치되는 교육 훈련을 할 수 있다. 하지만 지도자의 높은 자질이 요구되며 교육 훈련 내용의 체계화가 어렵다는 단점이 있다.

03 ○○기업의 D 사원은 상사에게 기술능력이 부족하다는 지적을 받았다. D 사원은 자신의 발전을 위해 기술능력이 뛰어난 사람은 어떤 사람인지 찾아보았고 다음과 같이 정리하였다. 다음 중 적절하지 않은 것은?

① 기술능력은 직업인으로서 요구되는 기술적인 요소들을 이해하고, 적절한 기술을 선택하여 적용하는 능력을 말한다.
② 기술능력이 뛰어난 사람은 인식된 문제를 위해 다양한 해결책을 개발하고 평가한다.
③ 기술능력이 뛰어난 사람은 기술적 해결에 대한 효용성을 평가한다.
④ 기술능력이 뛰어난 사람은 주어진 한계 속에서 무한한 자원을 가지고 일한다.
⑤ 기술능력을 향상시키기 위한 방법으로는 전문연수원, OJT, 상급학교 진학 등이 있다.

기술이해능력 / 기술능력이 뛰어난 사람 분석하기

기술능력이 뛰어난 사람은 주어진 한계 속에서 제한된 자원을 가지고 일한다.　　　　　정답 ④

✅ **기술능력이 뛰어난 사람의 특징**
① 실질적 해결을 필요로 하는 문제를 인식한다.
② 인식된 문제를 위한 다양한 해결책을 개발하고 평가한다.
③ 실제적 문제를 해결하기 위해 지식이나 기타 자원을 선택, 최적화시키며 적용한다.
④ 주어진 한계 속에서 제한된 자원을 가지고 일한다.
⑤ 기술적 해결에 대한 효용성을 평가한다.
⑥ 여러 상황 속에서 기술의 체계와 도구를 사용하고 배울 수 있다.

04 ○○기업은 조직에 필요한 인재를 채용하기 위해, 높은 성과를 도출해내는 인재의 공통역량을 파악하여 채용 프로세스에 반영하고자 한다. 기획팀 소속인 B 씨는 뛰어난 기술능력으로 회사의 핵심인재로 선정되어 역량모델링 사업의 준거집단으로 선정되었다. 다음 중 B 씨의 특징으로 적절하지 않은 것은?

① 자원을 있는 그대로 사용하여 문제에 적용할 수 있다.
② 인식된 문제 해결을 위해 다양한 해결책을 개발할 수 있다.
③ 여러 상황 속에서 기술의 체계와 도구를 사용하고 습득할 수 있다.
④ 상황 속에서 실질적인 해결을 필요로 하는 문제를 인식하는 능력이 있다.
⑤ 서로 다른 분야에 걸쳐 있는 크고 복잡한 프로젝트를 수행할 능력이 있다.

기술적용능력 / 핵심인재의 역할 알기

핵심인재는 지식이나 기타 자원을 그대로 사용하지 않고, 선택하고 최적화하여 문제에 적용한다.　　　정답 ①

05 다음은 산업 재해와 관련된 뉴스 기사의 일부이다. 기사에 제시된 산업 재해의 원인으로 가장 적절한 것은?

> **○○의 등대, 잠들지 못하는 종사자들**
>
> ○○지역에 위치한 대표적인 기업에서 올해 들어 3건의 사망사고가 발생하였다. ○○의 등대라는 단어는 잦은 야근으로 인해 자정에 가까운 시간에도 사무실의 불빛이 환하게 밝혀져 있는 모습에서 나온 지금은 공공연해진 은어이다. 이처럼 계속된 과로사의 문제로 인해 작년 12월 고용노동부의 근로 감독이 이루어졌으나, 시정되지 못하고 있는 실정이다.

① 불안전한 행동 : 작업 내용 미저장 / 하드웨어 미점검
② 불안전한 상태 : 전기 시설의 손상으로 인한 누전
③ 교육적 원인 : 충분하지 못한 OJT
④ 기술적 원인 : 노후화된 기기의 오작동으로 인한 작업 속도 저하
⑤ 작업 관리상 원인 : 초과 근무를 장려하는 관리 운영 지침

💡 **기술이해능력 / 산업 재해의 원인 분석하기**

야근 문화와 이를 장려하는 관리 운영 지침으로 인해 불빛이 꺼지지 않아 등대라고 불릴 정도로 야근을 하고, 이로 인해 과로 및 과로사가 발생한 산업 재해이다. 따라서 작업 관리상 원인으로 볼 수 있다.

오답풀이
① 작업 내용을 저장하지 않았거나 하드웨어를 점검하지 못해 문제가 발생하면 초과 근무를 초래할 수 있지만, 자료에서 제시하는 산업 재해의 본질적 원인에는 맞지 않다.
② 전기 시설물이 누전되면 사고가 발생할 수 있으나 자료에서 이와 관련된 내용은 나오지 않았다.
③ OJT란 직장 내 교육 훈련을 뜻하며, 충분하지 못한 OJT는 산업 재해의 교육적인 원인이 될 수 있으나 자료에 제시된 산업 재해와는 관련이 없다.
④ 노후화된 기기의 오작동으로 인해 작업 속도가 저하되는 것 또한 작업 시간을 길게 만들어 초과근무를 초래할 수 있지만, 위에 제시된 산업 재해의 본질적인 원인에는 맞지 않다.

정답 ⑤

06 ○○기업의 새해 목표는 산업 재해를 없애는 것이므로 예방 대책을 세워 실천하려고 한다. 다음 중 산업 재해의 예방 순서로 적절한 것은?

① 안전 관리 조직 → 사실의 발견 → 원인 분석 → 시정책의 선정 → 시정책 적용 및 뒤처리
② 사실의 발견 → 안전 관리 조직 → 시정책의 선정 → 원인 분석 → 시정책 적용 및 뒤처리
③ 안전 관리 조직 → 원인 분석 → 사실의 발견 → 시정책의 선정 → 시정책 적용 및 뒤처리
④ 사실의 발견 → 안전 관리 조직 → 원인 분석 → 시정책의 선정 → 시정책 적용 및 뒤처리
⑤ 안전 관리 조직 → 사실의 발견 → 시정책의 선정 → 원인 분석 → 시정책 적용 및 뒤처리

 기술이해능력 / 산업 재해 예방 순서 파악하기

산업 재해의 예방 대책은 '안전 관리 조직 → 사실의 발견 → 원인 분석 → 시정책의 선정 → 시정책 적용 및 뒤처리'의 5단계로 이루어진다.

정답 ①

 HELPFUL TIPS⁺

🔸 **산업 재해 예방 대책 5단계**

안전 관리 조직	• 경영자 : 사업장의 안전 목표 설정, 안전 관리 책임자 선정 • 안전 관리 책임자 : 안전 계획 수립 및 시행 · 후원 · 감독
사실의 발견	사고 조사, 안전 점검, 현장 분석, 작업자 제안 및 여론 조사, 관찰 및 보고서 연구, 면담 등을 통하여 사실 발견
원인 분석	재해 발생 장소, 재해 형태, 재해 정도, 관련 인원, 직원 감독의 적절성, 공구 및 장비의 상태 분석
시정책의 선정	원인 분석을 토대로 적절한 시정책(기술적 개선, 인사 조정 및 교체, 교육, 설득, 공학적 조치 등) 선정
시정책 적용 및 뒤처리	안전에 대한 교육 및 훈련 실시, 안전 시설과 장비의 결함 개선, 안전 감독 실시 등 선정된 시정책 적용

07 다음과 같은 경우 재해를 예방하기 위한 대책으로 적절하지 않은 것은?

> ○○기업에 설치된 소각로 하부에서 소각재 및 이물질을 하부 배출구로 밀어주는 4번 푸셔가 정상 작동되지 않고 있었다. 피해자는 경고판을 무시한 채 전원부 차단 없이 에어건을 사용하여 정비 작업을 했고, 갑자기 작동된 4번 푸셔에 상체가 끼어 사망하였다.

① 끼임에 대한 위험성이 있는 장소에는 방호울이나 방책을 설치한다.
② 설비의 운전을 정지하였을 때, 타인이 설비를 운전하는 것을 방지한다.
③ 정리, 정돈, 조명, 환기 등을 잘 수행하여 쾌적한 작업 환경을 조성한다.

④ 각종 기계·설비의 안전성이 보장되도록 제작하고 양호한 상태가 지속되도록 관리한다.
⑤ 설비의 정비, 청소 등의 작업 시 근로자가 위험해질 우려가 있는 경우 설비를 정지시킨다.

기술이해능력 / 산업 재해의 예방 대책 분석하기

자료의 상황을 볼 때 재해를 예방하기 위해서는 불안전한 상태를 개선하는 것이 필요함을 알 수 있다. ①·②·④·⑤는 불안전한 상태를 제거하는 방법이지만, ③은 불안전한 행동을 방지하는 방법이다.

정답 ③

08 다음은 정수기의 제품 설명서이다. 정수기 사용 중 문제가 발생하였을 때 서비스센터에 연락하기 전 취할 수 있는 조치 방법으로 적절하지 않은 것은?

문제점	조치 방법
물이 전혀 안 나와요.	• 급수밸브를 잠가 두었으면 열어 주세요. • 급수호수가 꺾여 있으면 바르게 펴 주세요. • 부레가 작동되어 물이 유입되지 않을 수 있습니다. 부레의 작동 상태를 확인해 주세요. (냉수통 뚜껑을 열어서 확인 요망)

미지근한 물이 나와요.	**온수**
	• 220V 전용 콘센트에 전원플러그를 꽂았나요?
	• 온수 스위치를 'ON'(켜짐)으로 맞춰 두었나요?
	• 연속적으로 많은 양의 온수를 사용하고 있나요?
	  5~6분 정도 기다렸다가 사용하세요.
	냉수
	• 220V 전용 콘센트에 전원플러그를 꽂았나요?
	• 연속적으로 많은 양의 냉수를 사용하고 있나요?
	  20~30분 정도 기다렸다가 사용하세요.

이상한 맛과 냄새가 나요.	• 구입한 곳이나 서비스센터로 연락하여 프리카본 필터를 바꿔주세요. • 물을 배수시키세요. • 내부 물통을 주기적으로 청소하셨나요?
연결 부분에서 물이 새요.	• 전원플러그를 빼주세요. • 먼저 급수밸브를 잠그고 서비스센터로 연락하세요.

① 물이 나오지 않을 경우 : 꺾여 있는 급수호수를 바르게 편다.
② 온수가 나오지 않을 경우 : 온수 스위치를 'ON'으로 맞춘다.
③ 냉수가 나오지 않을 경우 : 5~6분 정도 기다렸다가 사용해본다.
④ 이상한 냄새가 날 경우 : 내부 물통을 청소해본다.
⑤ 물이 샐 경우 : 전원플러그를 빼고 급수밸브를 잠근다.

기술선택능력 / 매뉴얼 파악하기

5~6분을 기다려야 하는 경우는 연속적으로 많은 양의 온수를 사용하여 온수가 나오지 않을 때이다. 연속적으로 많은 양의 냉수를 사용하여 냉수가 나오지 않을 경우에는 20~30분 정도 기다렸다가 사용해야 한다.

정답 ③

08 Chapter FINISH
기출·예상문제 마무리

정답과 해설 038p

01 다음은 산업 재해를 예방하기 위한 하인리히의 법칙이다. 하인리히의 법칙에 따르면 산업 재해의 예방을 위해서는 어느 단계에서 조치를 취해야 하는가?

> 1931년 미국의 한 보험회사에서 근무하던 하인리히는 회사에서 접한 수많은 사고를 분석하여 하나의 통계적 법칙을 발견하였다. '1 : 29 : 300 법칙'이라고도 불리는 이 법칙은 큰 사고로 인해 산업 재해가 발생하면 이 사고가 발생하기 전 같은 원인으로 작은 사고가 29번, 잠재적 사고 징후가 300번 발생한다는 것이다.
> 하인리히는 이처럼 산업 재해의 발생 전에 여러 단계의 사건이 도미노처럼 발생하기 때문에 앞 단계에서 적절히 대처한다면 산업 재해를 예방할 수 있다고 주장한다.

① 교육적 문제가 발생한 단계
② 기술적 결함이 나타난 단계
③ 사회 환경적 문제가 발생한 단계
④ 개인 능력의 부족이 보이는 단계
⑤ 불안전한 행동 및 상태가 나타난 단계

02 K 사원은 상사의 지시로 벤치마킹의 사례가 담긴 기사를 검색해보았다. 다음 기사에 나타난 벤치마킹의 종류에 대한 설명으로 적절한 것은?

> 네스프레소는 가정용 커피머신 시장의 선두주자이다. 이러한 성장 배경에는 기존의 산업 카테고리를 벗어나 랑콤, 이브로쉐 등 고급 화장품 업계의 채널 전략을 벤치마킹한 것이 있다. 고급 화장품 업체들은 독립 매장에서 고객들에게 화장품을 직접 체험할 수 있는 기회를 제공하고, 이를 적극적으로 수요와 연계하고 있었다. 네스프레소는 이를 통해 신규 수요를 창출하기 위해서는 커피머신의 기능을 강조하는 것이 아니라, 즉석에서 추출한 커피의 신선한 맛을 고객에게 체험하게 하는 것이 중요하다는 인사이트를 도출했다. 이후 전 세계 유명 백화점에 오프라인 단독 매장들을 개설해 고객에게 커피를 시음할 수 있는 기회를 제공했다. 이를 통해 네스프레소의 수요는 급속도로 늘어나 매출 부문에서 30~40%의 고속성장을 거두게 됐고 전 세계로 확장되며 여전히 높은 성장세를 이어가고 있다.

① 경영성과와 관련된 정보 입수가 가능하나 윤리적인 문제가 발생할 소지가 있다.
② 혁신적인 아이디어의 창출 가능성은 크지만 가공하지 않고 적용할 경우 효과를 보지 못할 가능성이 크다.
③ 업무·기술에 대한 비교가 가능하지만 대상의 적대적 태도로 인해 자료 수집이 어렵다.
④ 자료수집이 쉬우며 효과가 크지만 편중된 내부시각에 대한 우려가 있다는 단점이 있다.
⑤ 비교 가능한 업무·기술 습득이 상대적으로 용이한 반면 문화 및 제도적인 차이로 발생되는 효과에 대한 검토가 없을 경우 잘못된 분석 결과가 나타날 수 있다.

03 ○○기업에서 산업 재해가 발생하였고, 기업의 대표는 그 상황에 대한 예방 대책을 세웠다. 다음 상황을 보고 재해 예방 대책에서 누락되어 보완하여야 할 항목으로 적절한 것을 고르면?

> **상황**
> ○○기업 소속 정비공인 피재자 L이 대형 해상크레인의 와이어로프 교체 작업을 위해 고소작업대(차량 탑재형 이동식크레인)바스켓에 탑승하여 해상크레인 상부 붐(33m)으로 공구를 올리던 중 해상크레인 붐이 바람과 파도에 의해 흔들려 재해자가 탑승한 바스켓에 충격을 가하여 바스켓 연결부(로드셀)가 파손되면서 바스켓과 함께 도크바닥으로 떨어져 사망하였다.

재해 예방 대책	
1단계	사고 조사, 안전 점검, 현장 분석, 작업자의 제안 및 여론 조사, 관찰 및 보고서 연구 등을 통하여 사실을 발견한다.
2단계	재해의 발생 장소, 재해 형태, 재해 정도, 관련 인원, 직원 감독의 적절성, 공구의 장비의 상태 등을 정확히 분석한다.
3단계	원인 분석을 토대로 적절한 시정책, 즉 기술적 개선, 인사 조정 및 교체, 교육, 설득, 공학적 조치 등을 선정한다.
4단계	안전에 대한 교육 및 훈련 시행, 안전시설과 장비의 결함 개선, 안전 감독 실시 등의 선정된 시정책을 적용한다.

① 안전 관리 조직　　　② 사실의 발견
③ 원인 분석　　　　　④ 시정책의 선정
⑤ 시정책 적용 및 뒤처리

04 ○○기업의 대표는 다음 지문에서 설명하는 것을 기준으로 현재 자사의 기술이 어느 단계에 있는지 파악하려고 한다. 지문에서 설명하고 있는 것으로 적절한 것은?

> 기술 혁신은 신기술이 발생·발전·채택되고, 다른 기술에 의해 사라질 때까지 일정한 패턴을 가지고 있다. 기술의 발달은 처음에는 서서히 시작되다가 성과를 낼 수 있는 힘이 축적되면 급속한 진전을 보인다. 그리고 기술의 한계가 오면 성과는 점차 줄어들게 되고, 한계가 온 기술은 다시 성과를 내는 단계로 상승할 수 없으며, 여기에 혁신적인 새로운 기술이 출현한다. 혁신적인 새로운 기술은 기존의 기술이 한계에 도달하기 전에 출현하는 경우가 많으며, 기존에 존재하는 시장의 요구를 만족시키면서 전혀 새로운 지식을 기반으로 하는 기술이다. 이러한 기술의 예로 필름 카메라에서 디지털카메라로, 콤팩트디스크(compact disk)에서 엠피쓰리플레이어(MP3 player)로의 전환 등을 들 수 있다.

① 무어의 법칙
② 생산비의 법칙
③ 빅3 법칙
④ 바그너 법칙
⑤ 기술의 S곡선

05 다음은 산업 재해의 원인을 분석한 글이다. 자료에서 나타난 산업 재해에 대한 원인으로 적절하지 않은 것은?

> 전선 제조 사업장에서 고장난 변압기 교체를 위해 ○○전력 작업자가 변전실 TR-5판넬에서 작업을 준비하던 중 특고압 배전반 내 충전부 COS 1차 홀더에 접촉 감전되어 치료 도중 사망하였다. 증언에 따르면 변전실 TR-5판넬의 내부는 협소하고, 피재자의 키에 비하여 경첩의 높이가 높아 문턱 위에 서서 불안전한 작업자세로 작업을 실시하였다고 한다. 또한 피재자는 안전 수칙을 들은 적이 없으며 경험도 없었다고 한다. 피재자는 전기 관련 자격이 없었으며, 복장은 일반 안전화와 면장갑, 패딩 점퍼를 착용한 상태였다.

① 불안전한 상태
② 불안전한 행동
③ 작업 관리상 원인
④ 기술적 원인
⑤ 교육적 원인

06 다음은 산업재산권의 분류에 대한 내용이다. ㉠~㉣에 해당하는 명칭이 순서대로 알맞게 나열된 것을 고르면?

> ㉠ 기술적 창작 수준이 소발명 정도인 실용적인 창작을 보호하는 권리
> ㉡ 제조회사 제품의 신용 유지를 위해 제품에 표시하는 상호를 보호하는 권리
> ㉢ 자신이 발명한 기술을 독점적으로 사용할 수 있는 권리
> ㉣ 물품 외관에 심미성을 가진 고안을 보호하는 권리

	㉠	㉡	㉢	㉣
①	실용신안권	의장권	특허권	상표권
②	실용신안권	상표권	특허권	의장권
③	상표권	실용신안권	의장권	특허권
④	특허권	실용신안권	상표권	의장권
⑤	실용신안권	특허권	상표권	의장권

07 다음은 신입 사원을 채용하기 위한 대화 내용이다. 이를 통해 알 수 있는 내용으로 적절한 것은?

> 기획부장 : 주어진 업무를 수행하거나 적용하는 데 필요한 잠재 능력을 파악해야 할 것 같습니다.
> 개발부장 : 제품 판매 촉진을 위해 광고업계에서 인턴경력이 있는 지원자를 더 선발하면 좋을 듯합니다.
> 제작부장 : 기능사 자격증을 취득한 지원자에게 가산점을 부여하는 것이 좋을 듯합니다.
> 인사부장 : 신입 사원 교육 훈련에 회사의 직무 분석 자료를 활용해야 할 것 같습니다.

① 기획부장은 직업 가치관 검사를 제안하고 있다.
② 개발부장의 제안은 연구활동을 강화하기 위한 것이다.
③ 제작부장이 제안한 자격증은 일정한 학력을 갖추어야 취득이 가능하다.
④ 인사부장이 말한 직무 분석 자료는 관련된 업무를 수행하는 근로자를 대상으로 관찰하여 얻을 수 있다.
⑤ 기획부장은 주어진 업무를 수행할 때 좀 더 잠재능력이 많은 사람을 채용하고자 나이대가 어린 사람에게 가산점을 주자고 하였다.

08 주어진 '그래프 구성 명령어 실행 예시'를 보고 아래의 그래프에 알맞은 명령어를 고르면?

그래프 구성 명령어 실행 예시

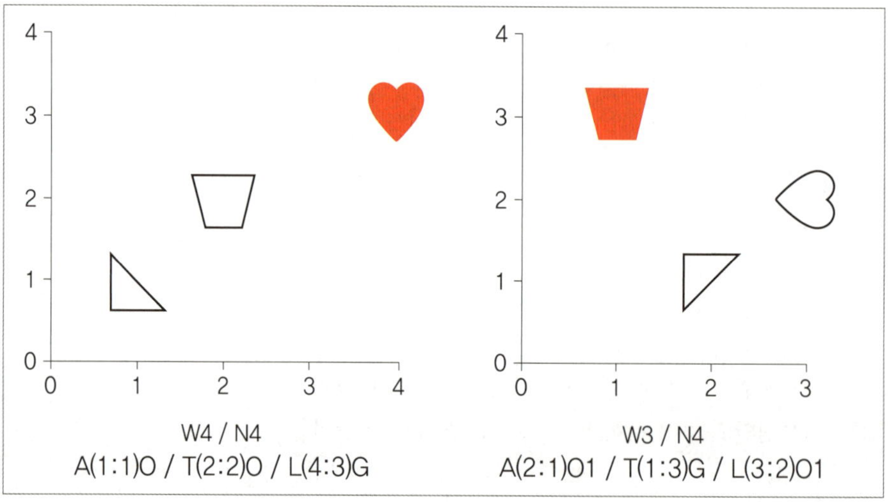

W4 / N4
A(1:1)O / T(2:2)O / L(4:3)G

W3 / N4
A(2:1)O1 / T(1:3)G / L(3:2)O1

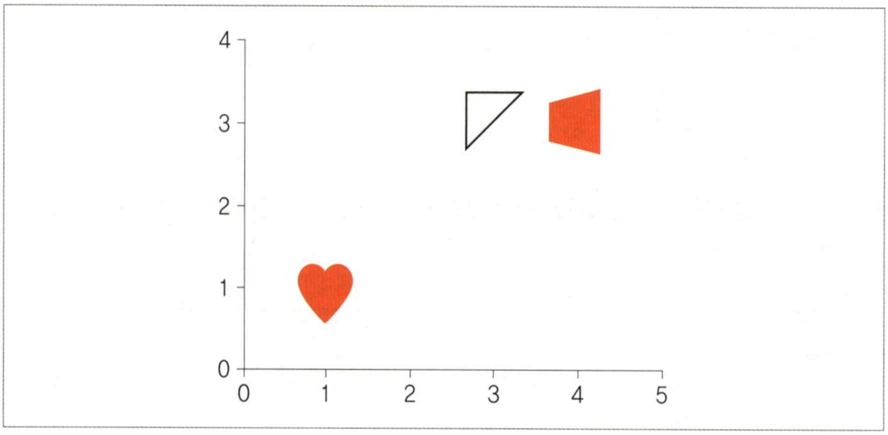

① W4/N4 A(1:1)G1 / T(3:4)G / L(3:3)O
② W4/N4 A(3:3)O1 / T(3:4)G / L(1:1)O
③ W5/N4 A(1:1)G1 / T(3:4)G1 / L(3:3)G1
④ W5/N4 A(3:3)O1 / T(4:3)G1 / L(1:1)G1
⑤ W5/N4 A(3:3)O1 / T(4:3)G1 / L(1:1)G

09 주어진 '그래프 구성 명령어 실행 예시'를 보고 아래의 그래프에 알맞은 명령어를 고르면?

그래프 구성 명령어 실행 예시

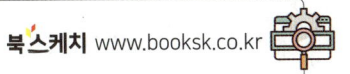

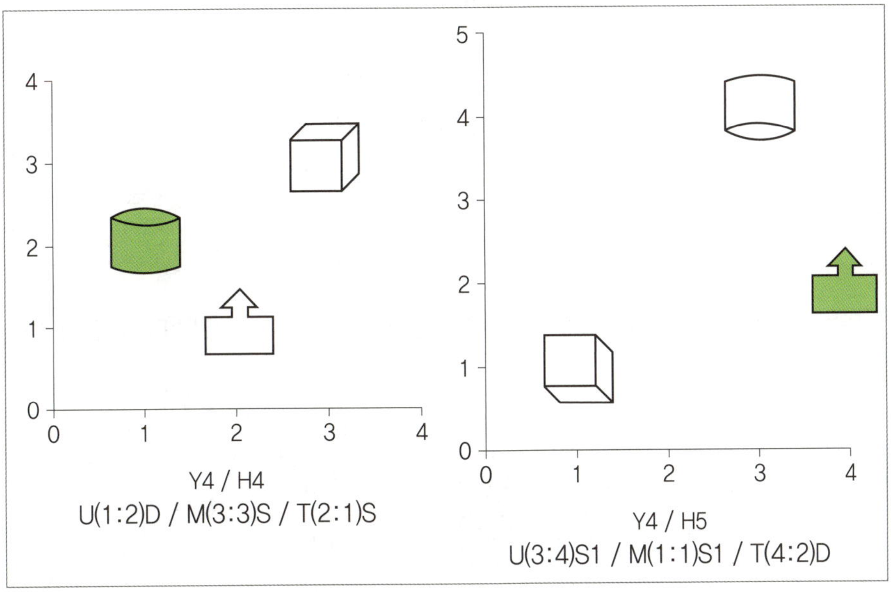

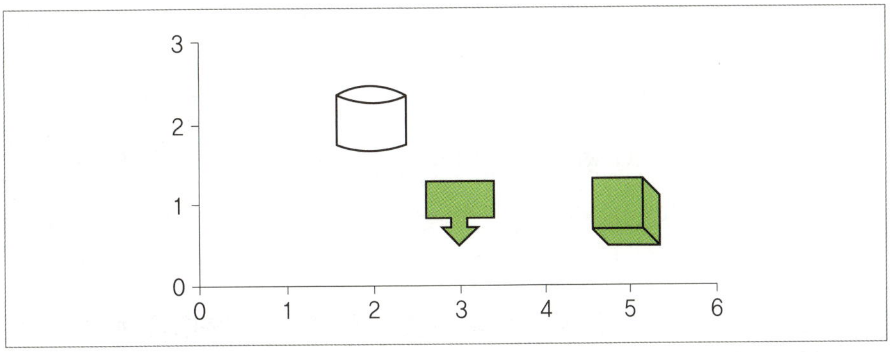

① Y3/H6 U(2:2)S / M(5:1)D / T(3:3)S
② Y3/H6 U(2:3)D / M(5:1)D / T(3:1)S
③ Y6/H3 U(2:2)S / M(5:1)S1 / T(3:3)D1
④ Y6/H3 U(2:2)S / M(5:1)D1 / T(3:1)D1
⑤ Y6/H3 U(2:2)S / M(1:5)D1 / T(3:1)D1

[10~11] 다음 제시된 기호와 변환 조건을 보고 물음에 답하시오.

기호	변환 조건
♡	A, B를 시계 방향으로 90° 회전한다.
♣	A, D를 시계 방향으로 90° 회전한다.
☆	B, C를 시계 방향으로 90° 회전한다.
◆	B, D를 시계 방향으로 90° 회전한다.
○	C, D를 시계 방향으로 90° 회전한다.

10 다음 도형의 배열이 두 기호를 거친 후 화살표 옆 도형으로 바뀌었다. 변환이 적용된 기호는 무엇인가?

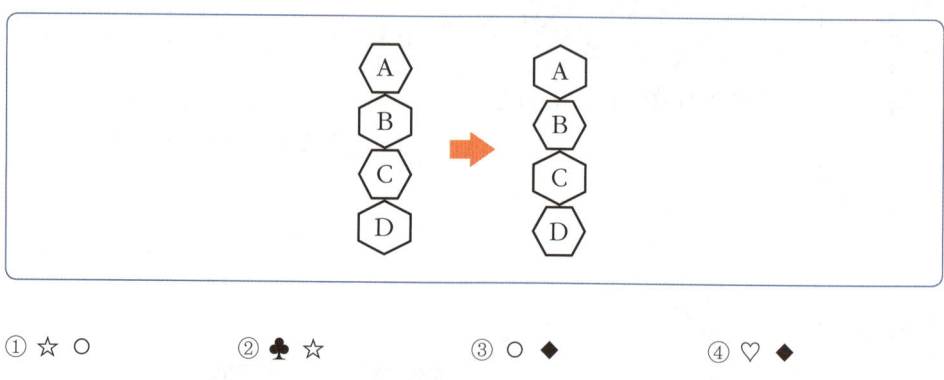

① ☆ ○   ② ♣ ☆   ③ ○ ◆   ④ ♡ ◆

11 다음 도형의 배열이 두 기호를 거친 후 화살표 옆 도형으로 바뀌었다. 변환이 적용된 기호는 무엇인가?

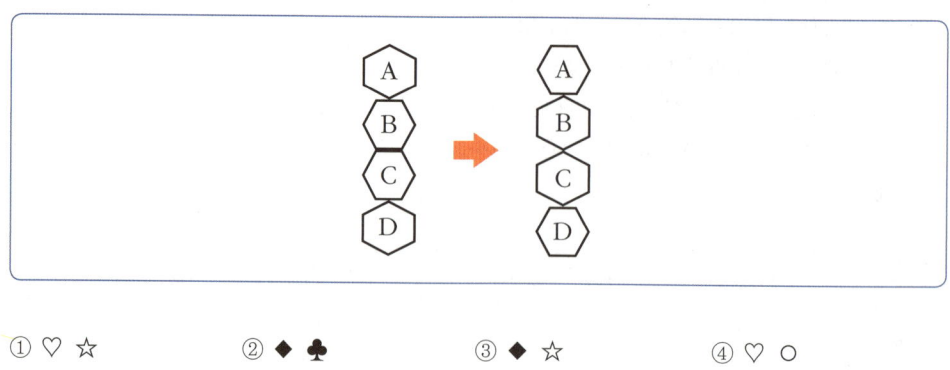

① ♡ ☆   ② ◆ ♣   ③ ◆ ☆   ④ ♡ ○

[12~13] 다음 제시된 기호와 변환 조건을 보고 물음에 답하시오.

기호	변환 조건
♪	A, B를 180° 회전한다.
♫	A, C를 180° 회전한다.
▷	B와 C를 180° 회전한다.
▶	C와 D를 180° 회전한다.
○	A와 C의 색깔을 바꾼다.
●	B와 D의 색깔을 바꾼다.
◇	모든 도형의 색깔을 바꾼다. (청 ↔ 백)

12 다음 도형의 배열이 두 기호를 거친 후 화살표 옆 도형으로 바뀌었다. 변환이 적용된 기호는 무엇인가?

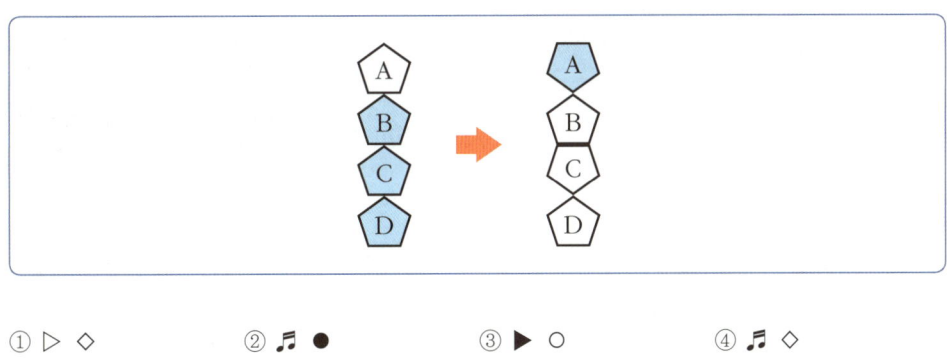

① ▷ ◇   ② ♫ ●   ③ ▶ ○   ④ ♫ ◇

13 다음 도형의 배열이 세 기호를 거친 후 화살표 옆 도형으로 바뀌었다. 변환이 적용된 기호는 무엇인가?

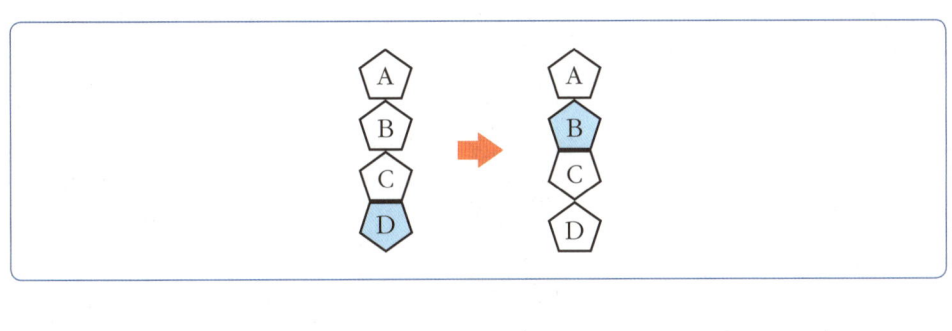

① ♫ ● ▷   ② ○ ◇ ▶   ③ ♪ ♫ ●   ④ ▶ ▷ ♪

14 ○○전자에서 초미세먼지 측정기를 제작하던 중 상사가 B 사원에게 기계가 제대로 작동하는지 확인할 것을 지시하였다. 다음의 설명서와 측정 결과를 보고 틀린 것을 고르면?

- **측정기 시작하기**
  - 전원 버튼을 3초간 길게 눌러 전원을 켜 주세요.
  - 최초 사용 시 충전케이블을 사용하여 완충 후 사용해 주세요.
- **공기 질 확인하기**
  - 전원을 켬과 동시에 공기 질을 측정하여 표시합니다.

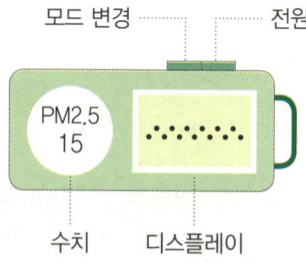

- **공기 질 상태 표시 정보**

	좋음	보통	나쁨	매우 나쁨
디스플레이				
PM10(미세먼지)	0~30	31~80	81~150	151 이상
PM2.5(초미세먼지)	0~15	16~35	36~75	76 이상

	날짜	미세먼지(PM10) 수치	미세먼지(PM10) 디스플레이	초미세먼지(PM2.5) 수치	초미세먼지(PM2.5) 디스플레이
①	2/1	35		13	
②	2/2	28		55	
③	2/3	85		18	
④	2/4	31		75	
⑤	2/5	155		38	

15 다음은 ○○회사의 겨울철 전기절약 행동요령이다. 다음을 보고, 전기절약을 하기 위한 행동으로 옳지 않은 것은?

겨울철 전기절약 행동요령		
필수사항	전기제품	• 전기온풍기, 스토브 등 전열기 사용은 자제합니다. • 컴퓨터, 프린터 등 사무기기를 장시간 미사용 시 전원을 차단합니다.
	난방	• 실내온도는 겨울철 건강온도(18~20℃)를 유지합니다. • 점심시간 및 퇴실 1시간 전에는 난방기 가동을 중지합니다.
	조명	점심시간에는 일괄 소등하고, 필요한 부분만 점등합니다.
	홍보	직원들에게 에너지 절약을 위해 주기적으로 교육을 시행합니다.
권장사항	전기제품	• 사무기기, 자동절전 멀티탭 등은 대기전력 저감 우수제품을 사용합니다. • 에너지기기 및 설비는 고효율 에너지 기자재 인증제품 또는 에너지소비효율 1등급 제품을 사용합니다.
	난방	• 전기난방은 될 수 있으면 자제하고, 지역난방 또는 가스난방 등을 활용하여 난방을 합니다. • 건물 적정온도를 유지할 수 있도록 단열을 강화합니다.
	조명	• 저효율조명은 LED 조명 등 고효율조명으로 교체합니다. • 실내조명은 개인별, 위치별 관리가 가능하도록 조명 스위치에 라벨을 붙여 관리합니다. • 건물 전체 조명용 전등은 부분 조명이 가능하도록 여러 개의 전등군으로 구분하고 전등군마다 점멸이 가능하도록 합니다. • 주간에는 창가 조명을 소등하고 자연 채광을 활용합니다.

① 퇴근 시에는 사무기기의 전원을 끈다.
② 건물 전체용 조명보다는 부분 조명을 사용한다.
③ 지역난방보다는 전기난방을 사용한다.
④ 직원들에게 에너지 절약의 필요성에 대해 주간 또는 월간으로 교육을 실시한다.
⑤ 대부분의 직원이 자리를 비우는 점심시간에는 조명을 끄고, 필요한 부분만 조명을 켠다.

16 ○○전자 서비스센터에서 근무하는 I 씨는 냉장고 고장과 관련된 문의를 자주 받는다. 다음은 냉장고의 보상 안내 기준이다. I 씨가 고객에게 유상 수리를 받도록 안내해야 하는 상황으로 적절한 것은? (단, 제품 보증기간은 1년이다.)

소비자 피해 유형		보상 내역	
		보증기간 이내	보증기간 경과 후
정상적인 사용 상태에서 자연 발생한 고장	작동이 되지 않거나 중요한 본체 수리를 요함	제품 교환 또는 구입가 환불	유상 수리
	중요한 부품 수리를 요함	무상 수리	
	하자가 발생함	무상 수리	
	동일 하자에 대해 수리했으나 고장이 재발함	제품 교환 또는 구입가 환불	정액 감가상각한 금액에 10%를 가산하여 환불
	수리가 불가능함		
	부품을 보유하고 있지 않아 수리가 불가능함		
	소비자가 수리 의뢰한 제품을 사업자가 분실함		
	운송 및 제품 설치 과정에서 피해가 발생함	제품 교환	
소비자의 고의, 과실에 의한 고장	수리가 가능함	유상 수리	유상 수리
	수리가 불가능함	유상 수리에 해당하는 금액 징수 후 제품 교환	
• 천재지변(지진, 풍수 등)에 의해 고장이 발생함 • 사용상 정상 마모되는 소모성 부품을 교환함 • 사용 전원 이상 및 접속기기 불량으로 인해 고장이 발생함 • ○○전자 수리기사가 아닌 사람이 수리하여 고장이 발생함		유상 수리	유상 수리

① P 고객 : 냉장고 구입한지 일주일도 안 됐는데 냉장고가 작동을 안 해요. 어떻게 하면 되나요?
② A 고객 : 재작년에 냉장고를 샀는데요, 얼마 전에 수리한 부분이 또 고장났어요. 수리 가능한가요?
③ R 고객 : 냉장고 설치해주시는 분이 실수를 해서 냉장고가 고장 났는데 어떡하나요?
④ T 고객 : 냉장고의 중요 부품 하나가 고장 난 거 같아요. 6개월 전에 샀는데 수리되나요?
⑤ Y 고객 : 5년 전에 산 냉장고가 고장 났는데 저번에 전화하니까 이 모델은 더 이상 부품이 없다면서요? 유상으로도 수리가 안 되나요?

17 다음 기록물 관리 방법에 대한 문서를 읽고 판단한 내용으로 적절하지 않은 것은?

> 제7조(기록물의 생산)
> ① 기록관장은 ○○기관 및 소속기관에서 수행하는 모든 업무의 과정 및 결과가 기록물로 생산·등록될 수 있도록 하여야 한다.
> ② 기록관장은 「공공기록물법 시행령」 제17조 내지 제19조에 따른 조사·연구·검토서, 회의록 및 시청각 기록물에 대한 생산등록·관리 기준을 작성·관리하여야 한다.
>
> 제8조(기록물의 등록)
> ① 모든 기록물은 생산·접수한 때에 그 기관의 전자기록생산시스템으로 생산 또는 접수 등록번호가 부여되어 등록되도록 하여야 한다.
> ② 기록관에서 직접 수집한 기록물은 기록관의 기록관리시스템에 등록하여 관리하여야 하며 비전자기록물에 대하여는 전자화 방안에 따라 전자화하여 관리되도록 하여야 한다.
>
> 제9조(기록물의 정리)
> ① 기록관의 장은 ○○기관 및 소속기관의 처리과에서 생산 완결한 기록물의 정리를 위하여 매년 2월 말까지 공개 여부·접근권한 재분류, 분류·편철·확정 등에 관한 교육을 실시하여야 한다.
> ② 처리과의 장은 제1항에 따라 전년도에 생산 완결한 기록물을 정리하여 그 결과를 3월 31일까지 기록관의 장에게 전자기록생산시스템을 통하여 통보하여야 한다.
>
> 제10조(기록물의 이관)
> ① 기록관은 처리과에서 생산 완결한 기록물을 보존기간 기산일부터 2년의 범위 안에서 이관받아야 한다. 다만, 처리과에서 업무참고 등의 필요가 있는 기록물의 경우에는 사전에 이관연기신청서를 기록관에 제출하여야 한다.
> ② 제1항 단서에 따라 이관연기가 결정된 기록물은 보존기간 기산일부터 10년의 범위 안에 처리과에서 업무참고로 활용할 수 있으며, 업무참고 활용의 목적이 달성된 경우에는 지체 없이 기록관으로 해당 기록물을 이관하여야 한다.
> ③ 직제개편, 한시조직의 해산 등의 경우에 기록관장은 업무를 인계인수하는 부서 간에 기록물 인계인수서를 작성하여 관리하도록 하여야 하며 업무승계부서가 없는 경우에는 해당 기록물을 기록관에서 이관받아 관리하여야 한다.

① 한시조직의 해산 시 업무승계부서가 없는 경우에는 해당 기록물을 기록관에서 이관받아 관리하여야 한다.
② 모든 기록물은 전자기록생산시스템으로 생산 또는 접수 등록번호가 부여되어 등록되도록 하여야 한다.
③ 기록관장은 조사·연구·검토서, 회의록 및 시청각 기록물에 대한 생산등록·관리 기준을 작성·관리하여야 한다.
④ 기록관의 장은 매년 2월 말까지 공개 여부·접근권한 재분류, 분류·편철·확정 등에 관한 교육을 하여야 한다.
⑤ 이관연기가 결정된 기록물의 활용목적이 달성된 경우에는 2년의 범위 안에서 이관받아야 한다.

18 ○○기업에서는 사무실의 오래된 에어컨을 새 제품으로 교체하였다. 그런데 며칠 후 에어컨이 제대로 작동하지 않았다. 제품의 A/S 요청을 하기 전에 사용 설명서를 통해 확인할 수 있는 내용으로 옳지 않은 것은?

A/S 요청 전 에러 코드별 점검 사항

디스플레이 표시 (에러 코드)	발생 원인	점검 및 조치사항
CI	자동청소 건조 표시	자동청소 완료 후 제품이 꺼집니다.
CO	절전 표시	실외기가 절전 모드일 때 표시됩니다.
CF	필터 청소 표시	먼지거름필터는 2주에 한 번씩 청소해 주시기 바랍니다.
C101	실내외기 통신 점검	• 실외기 전원 코드가 빠지거나 덜 체결된 게 아닌지 확인합니다. • 누전 차단기가 올라가 있는지 확인합니다.
C134	셔터 센서 점검	엔지니어를 통한 센서 점검이 필요합니다. (단, 냉방 성능에는 영향을 주지 않는 에러입니다.)
C154	(스탠드형 상단) 실내팬 점검	• 실내기 내부 팬에 이상이 생긴 경우 나타나는 표시입니다. • 전원코드를 뽑거나 차단기를 내렸다 다시 전원을 연결해 보세요.
C155	(스탠드형 중단) 실내팬 점검	
C176	(스탠드형 하단) 실내팬 점검	
C163	옵션 점검	• 실내기 옵션 설정을 다시 해주세요. • 고객센터로 전화주시면 전문상담사를 통해 자가 조치가 가능합니다.
C404	과부하 보호제어	• 실외기 과부하로 인한 일시적인 경우일 수 있습니다. • 실외기 차광막(햇빛가리개)을 설치하거나 물을 뿌려 실외기를 식혀 주세요.
C416	토출부 보호제어	• 실외기 설치 상태를 확인하시기 바랍니다. • 실외기 차광막(햇빛가리개)을 설치하거나 물을 뿌려 실외기를 식혀 주세요.
C422	EEV 밸브 막힘	• 서비스 밸브 개방 여부를 확인해 주세요. • 누설 부위가 없는지 확인해 주세요. • 전원을 내렸다가 다시 켜 주세요.
C463	OLP 보호제어	• 실외기 과부하로 인한 일시적인 경우일 수 있습니다. • 실외기 차광막(햇빛가리개)을 설치하거나 물을 뿌려 실외기를 식혀 주세요.
C554	냉매량 점검	배관 연결 상태 및 누설 여부 점검 후 냉매량을 확인해 주세요.
C574	냉매 누설 점검	

① CF 에러 코드가 떠있다면 먼지거름필터의 청소 일자를 확인해본다.
② C101 에러 코드가 떠있다면 누전 차단기를 확인해본다.
③ C404 에러 코드가 떠있다면 실외기에 물을 뿌려 열을 식혀 준다.
④ C163 에러 코드가 떠있다면 실외기 설치 확인을 위해 고객센터로 전화 연락을 한다.
⑤ C554 혹은 C574 에러 코드가 떠있다면 냉매량을 점검해 보아야 한다.

19 ○○전자에 근무하는 P 사원은 고객에게 제품을 설명하기 위해 다음과 같이 정리된 표를 살펴보았다. 다음을 보고 P 사원이 이해한 것으로 가장 적절한 것은?

냉장고 제품 비교 목록

제품	가격	용량	소비전력	에너지효율 등급
A	2,700,000원	250L	30W	1등급
B	3,100,000원	270L	50W	2등급
C	2,800,000원	420L	200W	1등급
D	2,300,000원	280L	60W	3등급
E	3,000,000원	350L	130W	5등급
F	2,000,000원	300L	80W	2등급
G	2,600,000원	290L	70W	1등급
H	2,500,000원	240L	20W	4등급
I	3,200,000원	310L	90W	3등급

※ 에너지효율 등급은 1등급에 가까울수록 에너지가 절약됩니다.

① 가격이 비쌀수록 용량은 크다.
② 용량이 클수록 소비전력은 높다.
③ 소비전력이 낮을수록 가격은 비싸다.
④ 소비전력이 높을수록 에너지효율 등급은 높다.
⑤ 에너지효율 등급이 높을수록 가격은 비싸다.

[20~21] 다음 한국전력공사의 여름철 절전요령 매뉴얼을 보고 이어지는 물음에 답하시오.

	전기절약 행동요령	절전 권장사항
사무실	• 여름철 전력피크시간대(오후 2시~5시)에는 전기 사용을 최대한 자제합니다. • 에어컨 등 전기냉방기기 사용은 자제하고 선풍기를 사용합니다. • 컴퓨터, 프린터 등 사무기기를 장시간 미사용 시 전원을 차단합니다. • 엘리베이터의 경우 4층 이하 저층은 운행하지 않고, 5층 이상은 격층 운행합니다. • 실내 온도는 26℃ 이상으로 유지합니다. • 중식 시간 및 퇴근 1시간 전에는 냉방기 가동을 중지합니다. • 여름철 전력피크시간대에는 냉방기 순차 운휴를 실시합니다. • 점심시간, 야간시간에는 일괄 소등하되 필요한 부분만 점등합니다. • 직원들에게 주기적으로 에너지 절약을 위한 교육을 시행합니다. • 에너지 절약형 의류를 입고 근무합니다.	• 사무기기, 자동절전 멀티탭 등은 대기전력 저감 우수 제품을 사용합니다. • 고효율 에너지 기자재 인증제품 또는 에너지소비효율 1등급 제품을 사용합니다. • 전기냉방은 가급적 자제하고, 지역냉방 또는 가스냉방 등을 활용합니다. • 건물 적정 온도를 유지할 수 있도록 단열을 강화합니다. • 백열등은 형광등, LED 조명과 같은 고효율조명으로 교체합니다. • 조명은 그룹별 관리가 가능하도록 여러 개의 그룹으로 구분하여 운영합니다. • 주간에는 창가 조명을 소등하고 자연 채광을 이용합니다.
상점	• 여름철 전력피크시간대(오후 2시~5시)에는 전기 사용을 최대한 자제합니다. • 에어컨 등 전기냉방기기 사용은 자제합니다. • 실내온도는 26℃ 이상으로 유지합니다. • 사용하지 않는 전기제품의 플러그는 뽑습니다. • 출입문을 닫고 에어컨을 가동합니다. • 상점의 간판이나 옥외 조명은 최대한 소등합니다. • 지사(점)별로 절전 담당자를 지정하고 전 직원에게 에너지 절약 교육을 실시합니다.	• 개방형 냉동·냉장 진열장은 냉기가 새지 않도록 비닐 커튼을 설치합니다. • 전시용 가전제품(TV, 컴퓨터)의 전원은 가급적 끄도록 합니다. • 전기냉방은 가급적 자제하고 지역냉방 또는 가스냉방 등을 활용하여 냉방을 실시합니다. • 상점 출입구에는 회전문이나 이중문을 설치합니다. • 영업시간 이외에는 모든 진열장의 조명을 소등합니다. • 백저효율 조명(백열등)은 LED 조명 등 고효율 조명으로 교체합니다. • 화장실, 복도, 탈의실 등은 인체감지 센서에 의한 점·소등을 합니다. • 주차장의 조명은 구획별로 밝기를 조절합니다. • 주간에는 창 측 조명을 소등하고 자연 채광을 이용합니다.
제조시설	• 여름철 전력피크시간대(오후 2시~5시)에는 전기 사용을 최대한 자제합니다. • 가동하지 않거나 대기 상태에 있는 설비의 전원을 차단하여 공회전을 방지합니다. • 주기적으로 설비의 유지 보수를 관리하는 구역별 담당자를 지정합니다. • 실내 온도는 26℃ 이상으로 유지합니다. • 실내용 환기팬은 상시 가동하지 않고 적정 주기로 가동합니다.	• 기존 설비(전동기, 펌프 등)를 전력 소모가 적은 고효율 설비로 교체합니다. • 전력 위기 시를 대비하여 사업장에 최대수요전력 감시제어장치를 설치합니다. • 여름철 전력피크시간대에는 냉방기 순차 운휴를 실시합니다. • 전기냉방은 가급적 자제하고, 지역냉방 또는 가스냉방을 활용하여 냉방을 실시합니다.

• 에어컨 사용을 자제하고, 사용 시에는 선풍기와 함께 사용합니다. • 퇴근 시 프린터 등 사무기기의 전원을 차단합니다. • 불필요한 장소(회의실, 복도 등)의 조명을 소등 또는 격등합니다. • 주간에는 창 측 조명을 소등하고 자연 채광을 이용합니다. • 전력 위기 시를 대비하여 주요 설비의 Shut-down 순위를 선정합니다. • 전력 위기 시 운영할 대응조직 구축 및 대응 매뉴얼을 마련합니다. • 전력피크 관리를 위해 설비의 가동 시간을 분산하도록 합니다.	• 저효율 조명(백열등)은 LED 조명 등 고효율 조명으로 교체합니다. • 자가발전 설비를 설치하고 가동 매뉴얼을 마련합니다. • 사업장 전기 낭비 점검 패트롤을 운영합니다. • 7~8월 초에 집중되어 있는 휴가 일정을 분산하여 실시합니다.

20 ○○제조업체에서 여름을 대비하여 에너지 절약을 위해 따를 수 있는 내용으로 옳지 않은 것은?

① 복도의 조명을 격등한다.
② 에어컨 사용 시 선풍기와 함께 사용한다.
③ 주간에는 자연 채광을 이용하고 창 측 조명을 소등한다.
④ 오후 4시에는 에어컨 사용을 자제한다.
⑤ 여름휴가 기간을 집중시켜 실시한다.

21 여름철 에너지 절약을 위해 사내 절전 담당자가 할 수 있는 조치로 옳지 않은 것은?

① 상점 출입구에는 이중문을 설치한다.
② 퇴근 1시간 전에는 냉방기 가동을 중지한다.
③ 백열등은 LED 조명으로 바꾼다.
④ 사무실의 조명은 각각의 관리가 가능하도록 별도로 구분하여 운영한다.
⑤ 엘리베이터의 경우 4층 이하의 저층은 운행하지 않는다.

[22~24] 사무실에 비치된 정수기에서 이상 현상을 발견한 P 사원은 문제를 해결하기 위해 제품설명서의 '고장 신고 전 확인사항'을 읽어 보았다. 다음을 보고 이어지는 물음에 답하시오.

고장 신고 전 확인사항

증상	확인사항	조치사항
불쾌한 맛과 냄새가 남	장기간 정수기를 사용하지 않았습니까?	얼음저장고의 얼음을 비워주시고 즉시 자동 살균을 진행해 주십시오.
	필터를 교체할 시기가 되지 않았습니까?	서비스센터로 필터 교체를 요청해 주세요.
물이 안 나옴	전원 코드가 연결되어 있습니까?	전원 코드를 연결해주세요.
	원수 공급이 원활합니까?	급수 호스가 꺾이지 않았는지 확인해 주세요.
	제품 아래에 물이 고여 있지 않습니까?	원수 밸브를 잠그고, 전원 플러그를 뽑으신 후, 서비스센터로 연락해 주세요.
	필터를 교체할 시기가 되지 않았습니까?	서비스센터로 필터 교체를 요청해 주세요.
냉수/얼음이 안 나옴	제빙 기능이 켜져 있습니까?	제빙 기능을 켜주세요.
	다량의 냉수를 취수하셨습니까?	냉수 탱크 용량 이상 취수 시에는 재냉각 시간이 필요합니다.
	제품 뒷면의 통풍이 원활합니까?	통풍이 잘되는 곳으로 이동 설치해 주세요. (제품 이동 설치 시에는 서비스센터로 연락해 주세요.)
온수가 미지근함	온수가 첫 잔입니까?	온수를 처음 가동할 때는 첫 잔의 온도가 낮을 수 있습니다. 둘째 잔부터 정상적인 온도로 출수 되는지 확인해주세요.
정수량이 갑자기 적어짐	원수 공급 밸브를 잠그지는 않았습니까?	원수 공급 밸브를 열어주세요.
	필터 교체 주기가 지나지는 않았습니까?	서비스센터로 필터 교체를 요청해 주세요.
소음 발생	제품이 설치된 바닥 면이 평평합니까?	바닥이 평평하고 견고한 곳에 설치해 주세요.
	다른 물건과 닿아있습니까?	다른 물건과 접촉하지 않도록 해주세요.
	물받이가 정상적으로 조립되어 있습니까?	물받이가 제대로 장착되지 않았을 경우, 이상 소음이 발생할 수 있습니다. 물받이의 조립상태를 확인해 주세요.
	제빙기능이 동작 중이지 않습니까?	제빙기능 동작 중에는 물 흐르는 소리가 날 수 있습니다.
정수기에서 물이 샘	조립 부위가 불량인 것 같습니까?	수도관의 원수 공급 밸브를 잠그고 정수기 전원 플러그를 콘센트에서 뽑은 후 서비스센터로 연락해 주세요.
	집 안이나 외부 환경이 습하지 않습니까?	정수기 내부의 찬 부분과 습기가 만나면 이슬 맺힘 현상이 나타날 수 있습니다.

22 P 사원은 사용하던 정수기에서 갑자기 물이 안 나오는 것을 발견하였다. 위의 제품설명서를 보고, P 사원이 원인을 파악하기 위해 확인해봐야 할 사항으로 가장 적절한 것은?

① 집 안의 환경이 습한지 확인해본다.
② 물받이의 조립상태를 확인해본다.
③ 제품 뒷면의 통풍이 잘되는지 확인해본다.
④ 제품 아래에 물이 고여 있는지 확인해본다.
⑤ 장기간 정수기를 사용하지 않았는지 확인해본다.

23 22에서 확인한 사항이 원인이었다면, P 사원이 해야 할 조치로 가장 적절한 것은?

① 원수 공급 밸브를 연다.
② 물받이를 제대로 장착한다.
③ 정수기를 바닥이 평평하고 견고한 곳에 설치한다.
④ 얼음저장고의 얼음을 비우고, 자동 살균을 진행한다.
⑤ 원수 밸브를 잠그고, 전원 플러그를 뽑은 후, 서비스센터로 연락한다.

24 위의 제품설명서를 참고했을 때, 사무실에서 사용하는 정수기에서 발생 가능한 이상 현상 중, 서비스센터에 문의할 필요가 없는 것은?

① 정수기의 온수가 미지근한 경우
② 정수기에서 물이 안 나오는 경우
③ 정수기에서 물이 새는 경우
④ 정수량이 갑자기 적어지는 경우
⑤ 물에서 불쾌한 맛과 냄새가 나는 경우

25 다음은 ○○회사에서 사용하는 복합기의 제품설명서에 대한 내용 중 일부이다. 사무실에서 이 제품을 사용하다 감전 사고가 발생하였을 경우, 감전의 원인을 분석하기 위해 확인해봐야 할 사항이 아닌 것은?

복합기 사용 시 안전 정보

구분	안전정보
작동환경	• 손상된 전원 코드나 헐거운 콘센트는 사용하지 마세요. 감전되거나 화재가 발생할 수 있습니다. • 제품 위에는 아무것도 올려놓지 마세요. 감전되거나 화재가 발생할 수 있습니다. • 코드 부분을 잡아당겨 빼거나 젖은 손으로 전원 플러그를 만지지 마세요. 감전되거나 화재가 발생할 수 있습니다. • 종이가 인쇄되어 나오는 부분이 뜨거우므로 주의하세요. 화상을 입을 수 있습니다. • 제품을 떨어뜨렸거나 제품 외부가 손상되어 보일 경우, 제품에 연결된 모든 코드를 분리하고 전원 플러그를 뺀 후 서비스센터로 연락해주세요.
작동방법	• 인쇄되어 나오는 종이를 무리하게 잡아당겨 빼지 마세요. 제품이 손상될 수 있습니다. • 용지를 연속하여 대량으로 인쇄하는 경우, 용지가 출력되는 바닥 면이 뜨거워질 수 있습니다. 화상을 입을 수 있으므로 주의하세요. • 제품의 환풍구를 막거나 이물질이 들어가지 않게 하세요. 내부 부품의 온도 상승으로 인해 제품 손상이나 화재의 원인이 될 수 있습니다.
설치/운반	• 습기, 먼지가 많은 곳, 물이 튀는 곳에 설치하지 마세요. 감전되거나 화재가 발생할 수 있습니다. • 제품을 옮기기 전에는 전원을 끄고 코드를 모두 빼세요. • 바닥이 평평하며 안정되고, 충분한 공간이 있는 장소를 선택해주세요. 덮개, 용지함을 열기 위한 여분의 공간을 고려해주세요. • 불안정한 곳에 설치하지 마세요. 제품이 떨어져 망가지거나 사람이 다칠 수 있습니다.
유지보수/ 점검	• 기기 내부를 청소하기 전에 벽면 콘센트에서 제품을 분리하세요. 제품에 물을 직접 뿌리거나 제품을 알코올 등으로 닦지 마세요. 감전되거나 화재가 발생할 수 있습니다. • 제품 내부의 소모품을 교환하거나 제품 내부를 청소하는 경우에는 제품을 작동하지 마세요. 다칠 수 있습니다. • 제품을 직접 분해, 수리, 개조하지 마세요. 제품이 손상될 수 있습니다. 수리해야 할 때는 서비스센터로 연락해주세요.

① 제품 위에 물건이 놓여 있는지 확인해본다.
② 제품의 환풍구가 막혀있거나 이물질이 들어가 있는지 확인해본다.
③ 손상된 전원 코드나 헐거운 콘센트를 사용했는지 확인해본다.
④ 제품이 습기나 먼지가 많은 곳, 물이 튀는 곳에 설치되어 있는지 확인해본다.
⑤ 기기 내부를 청소할 때, 제품에 물을 직접 뿌리거나 알코올 등으로 닦았는지 확인해본다.

Chapter 09
조직이해능력

조직이해능력은 조직의 구성원으로서 알아야 할 조직의 경영, 체제, 업무 등의 구성요소를 이해하고 이를 구분하여 활용할 수 있는 능력을 말한다.

조직이해능력은 경영 구성요소를 활용하여 원활한 경영관리를 할 수 있는 **경영이해능력**, 조직의 구조와 특성 및 문화를 이해하는 **체제이해능력**, 조직의 각 부서가 실행하는 업무방식을 이해하는 **업무이해능력**, 기업의 국제적 동향을 반영한 글로벌 조직에 대한 **국제감각** 등으로 구분된다.

09 Chapter — START
NCS 모듈 학습

개념정리 • 조직이해능력

1 조직의 의미

두 사람 이상이 공동의 목표를 달성하기 위해 의식적으로 구성된 상호작용과 조정을 하는 행동의 집합체이다. 조직은 목적을 가지고 있고, 구조가 있으며, 목적을 달성하기 위해 구성원들이 서로 협동적인 노력을 하고, 외부 환경과 긴밀한 관계를 가진다.

2 조직이해능력의 필요성

조직에서 자신에게 주어진 일을 성공적으로 수행하기 위해서는 조직의 목적, 구조, 환경 등을 알아야 조직을 제대로 이해할 수 있게 되며, 업무 성과도 높일 수 있다.

3 조직의 유형

공식성	공식조직	조직의 규모, 기능, 규정이 조직화된 조직 (정부, 기업, 군대)
	비공식조직	인간관계에 따라 형성된 자발적 조직 (동호회)
영리성	영리조직	이윤을 목적으로 하는 조직 (사기업)
	비영리조직	정부조직을 비롯한 공익을 추구하는 조직 (병원, 대학, 시민단체)
조직규모	소규모조직	작고 단순한 구조 (가족 소유의 상점)
	대규모조직	많은 조직원과 복잡 다양한 구조 (대기업, 다국적기업)

4 조직체제의 의미

조직은 하나의 체제(system)이다. 조직은 다양한 구성요소들이 서로 연결되어 있고, 이러한 여러 구성요소들이 특정한 방식으로 서로 결합된 부분들의 총체를 체제라고 한다.

5 조직체제의 구성요소

| 조직 목표 | ▶ | • 조직이 달성하려는 장래의 상태, 조직의 정당성과 합법성 제공 |

| 조직 구조 | ▶ | • 조직 내에서 형성된 관계로 조직목표를 달성하기 위한 조직 구성원의 상호작용을 보여줌
• 조직도를 통해 구성원의 임무와 수행 과업 등을 알 수 있음 |

| 업무 프로세스 | ▶ | • 조직에 유입된 인풋(INPUT) 요소의 흐름 관계를 나타냄
• 개발 프로세스, 오더처리 프로세스, 고객관리 프로세스 등 |

| 조직 문화 | ▶ | • 조직 구성원들이 공유하게 되는 생활양식이나 가치
• 조직 구성원의 사고와 행동에 영향, 일체감과 정체성 부여 |

| 조직 규칙 및 규정 | ▶ | • 조직의 목표나 전략에 따라 수립되며, 조직 구성원의 활동 범위를 제약하고 일관성을 부여
• 인사규정, 총무규정, 회계규정, 윤리규정, 안전규정 등 |

6 조직변화의 개념과 과정

조직은 급변하는 환경의 변화를 읽고 적응해 나가야 한다. 조직이 새로운 아이디어나 행동을 받아들이는 것을 조직변화 혹은 조직혁신이라고 한다. 조직의 변화는 환경의 변화를 인지하는 데에서 시작된다. 환경의 변화가 인지되면 이에 적응하기 위한 조직변화 방향을 수립하고, 이에 따라 조직변화를 실행한 후 조직개혁의 진행사항과 성과를 평가한다.

환경변화 인지 ▶ 조직변화 방향 수립 ▶ 조직변화 실행 ▶ 변화 결과 평가

팩트기출 NCS 통합기본서

하위능력 1 • 경영이해능력

1 경영이해능력이란?

자신이 속한 조직의 경영 목표와 경영 방법을 이해하는 능력이다.

2 경영의 구성요소

- 경영목적 : 조직의 목적을 달성하기 위한 방법이나 과정으로 경영자가 수립
- 인적자원 : 조직의 구성원, 인적자원의 배치와 활용
- 자금 : 경영활동에 요구되는 돈, 경영의 방향과 범위 한정
- 전략 : 변화하는 환경에 적응하기 위한 경영활동 체계화

3 경영의 과정

- 경영자 : 조직의 변화방향을 설정하는 리더이며, 조직 구성원들이 조직의 목표에 부합된 활동을 할 수 있도록 이를 결합시키고 관리하는 관리자
- 경영 : 경영자가 경영목표를 설정하고, 경영에 필요한 인재와 자원을 확보·배분하여 경영활동을 실행하고, 이를 평가하는 일련의 과정

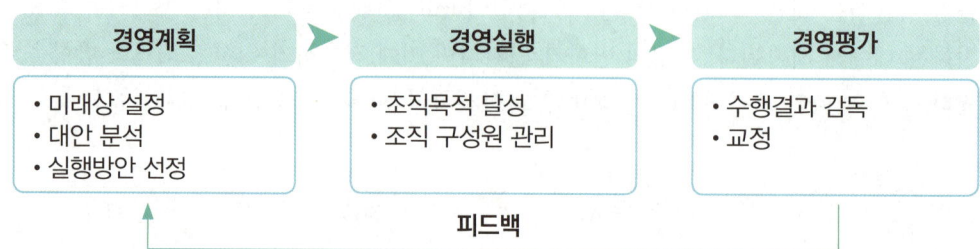

4 경영활동의 유형

- 외부경영활동 : 조직 외부에서 조직의 효과성을 높이기 위해 이루어지는 대외적 이윤추구 활동(마케팅 활동)
- 내부경영활동 : 조직 내부에서 인적, 물적 자원 및 생산기술을 관리하는 것(인사관리, 재무관리, 생산관리)

5 경영참가 제도

근로자나 노동조합이 **경영 과정에 참여**하여 공동으로 문제를 해결하고, 노사 간 세력 균형과 **경영의 민주성**을 도모할 수 있다.

- **경영에 참가** : 경영자의 권한인 의사결정과정에 근로자 또는 노동조합이 참여하는 것(공동의사결정제도, 노사협의회제도)
- **이윤에 참가** : 조직의 경영성과에 대하여 근로자에게 배분하는 것(이윤분배제도)
- **자본에 참가** : 근로자가 조직 재산의 소유에 참여하는 것(종업원지주제도, 노동주제도)

6 조직의 의사결정 과정

확인단계	의사결정이 필요한 문제를 인식하고, 이를 구체화하기 위한 정보를 진단하는 단계
개발단계	확인된 문제에 대하여 해결 방안을 모색하는 단계
선택단계	해결 방안 중에서 실행 가능한 해결안을 선택하고 이를 승인하는 단계

7 집단의사결정

(1) 장점
- 집단이 가지고 있는 지식과 정보로 효과적인 결정을 할 수 있음
- 각자 다른 시각으로 문제를 바라봄에 따라 다양한 견해를 가지고 접근할 수 있음
- 결정된 사항에 대하여 의사결정에 참여한 사람들이 해결책을 수월하게 수용할 수 있음
- 의사소통의 기회가 향상됨

(2) 단점
- 의견이 불일치하는 경우 의사결정을 내리는 데 시간이 많이 소요됨
- 특정 구성원에 의해 의사결정이 독점될 가능성이 있음

8 경영전략의 추진 과정

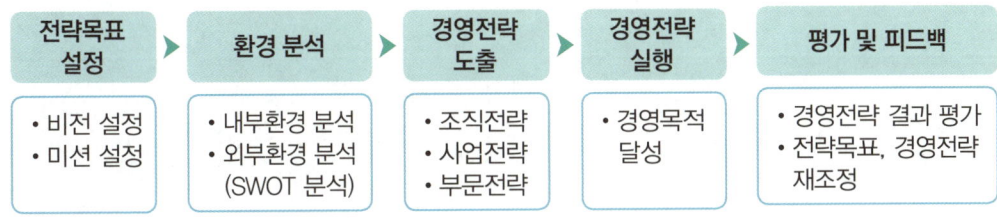

9 경영전략의 유형 – 마이클 포터의 본원적 경쟁전략

해당 사업에서 경쟁우위를 확보하기 위한 전략

원가우위 전략	• 원가절감을 통해 해당 산업에서 우위를 점하는 전략 • 대량생산을 통해 단위 원가를 낮추거나 새로운 생산기술 개발이 필요
차별화 전략	• 조직이 생산품이나 서비스를 차별화하여 고객에게 가치가 있고 독특하게 인식되도록 하는 전략 • 연구개발이나 광고를 통하여 기술, 품질, 서비스 등을 개선할 필요가 있음
집중화 전략	• 경쟁 조직들이 소홀히 하고 있는 한정된 시장을 원가우위나 차별화 전략을 써서 집중적으로 공략하는 방법 • 특정 시장이나 고객에게 한정된 전략으로, 원가우위나 차별화 전략이 산업 전체를 대상으로 하는 것에 비해 집중화 전략은 특정 산업을 대상으로 함

10 경영전략의 유형 – SWOT 분석

기업의 내부환경과 외부환경을 분석하여 강점(Strength), 약점(Weakness), 기회(Opportunity), 위협(Threat) 요인을 규정하고 이를 토대로 경영 전략을 수립하는 기법이다. SWOT 분석의 가장 큰 장점은 기업의 내·외부 환경 변화를 동시에 파악할 수 있다는 것이다. 기업의 내부환경을 분석하여 강점과 약점을 찾아내며, 외부환경 분석을 통해서는 기회와 위협을 찾아낸다.

외부환경 \ 내부환경	강점(Strength)	약점(Weakness)
기회(Opportunity)	SO 전략	WO 전략
위협(Threat)	ST 전략	WT 전략

- SO 전략 : 기회의 이점을 얻기 위해 강점을 활용하는 전략
- WO 전략 : 약점을 극복하면서 기회의 이점을 살리는 전략
- ST 전략 : 위협을 피하기 위해 강점을 활용하는 전략
- WT 전략 : 약점을 최소화하고 위협을 피하는 전략

1 ● 경영이해능력 >> 바로확인문제

01 다음 중 경영의 구성요소에 포함되지 않는 것은?

① 전략　　　　　② 경영목적　　　　　③ 자금
④ 인적자원　　　⑤ 환경

 경영이해능력 / 경영의 구성요소 파악하기

경영의 구성요소는 경영목적, 전략, 자금, 인적자원이다.

정답 ⑤

02 다음 경영 과정을 4단계로 체계화한 표에 들어간 활동으로 적절하지 않은 것은?

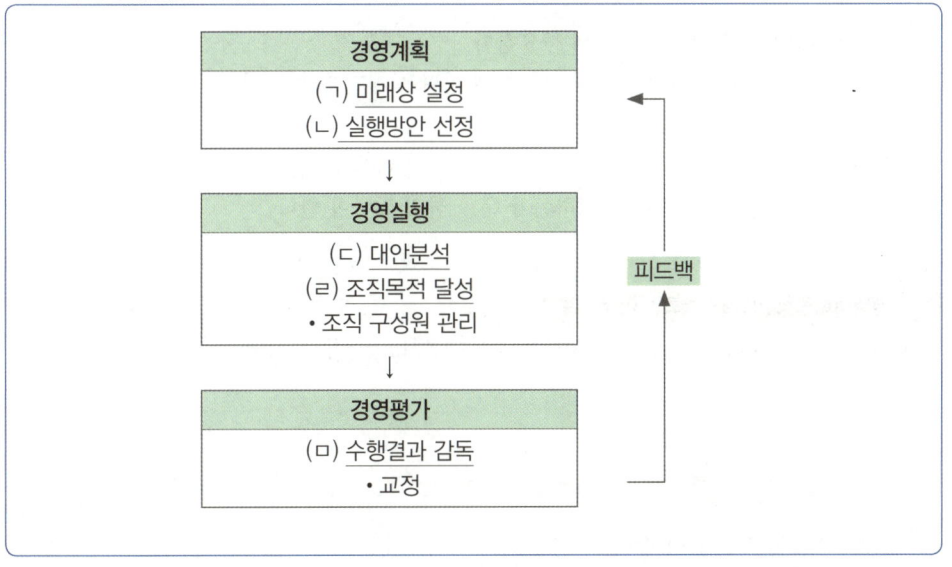

① (ㄱ)　　　　　② (ㄴ)　　　　　③ (ㄷ)
④ (ㄹ)　　　　　⑤ (ㅁ)

 경영이해능력 / 경영 과정별 활동 구분하기

'(ㄷ) 대안분석'은 '경영계획' 단계에서 수행하는 활동이다.

정답 ③

03 다음 중 집단의사결정의 장점으로 적절하지 않은 것은?

① 다양한 구성원이 있기 때문에 다양한 시각으로 문제를 볼 수 있다.
② 집단이 가진 지식과 정보로 인해 더 효과적인 결정을 할 수 있다.
③ 특정 구성원들의 의견이 잘 반영된 의사 결정이 이루어질 수 있다.
④ 각자의 경험과 특기가 다르므로 전문화된 정보를 수집하고 분석할 수 있다.
⑤ 조직 구성원 모두의 참여로 결정된 사항은 실천 시에도 높은 동기부여를 준다.

경영이해능력 / 집단의사결정 이해하기

특정 구성원들의 의견이 잘 반영된 의사 결정이 이루어지는 것은 집단의사결정의 단점이다.

정답 ③

04 기획팀에 근무하는 A 씨는 브레인스토밍을 통해 회의를 진행하려 한다. 브레인스토밍으로 회의를 할 때 지켜야 할 규칙으로 옳지 않은 것은?

① 아이디어의 질보다는 양이 더 중요하다.
② 다른 사람의 아이디어에 대해 자유롭게 비판을 제기할 수 있다.
③ 다양한 아이디어를 자유롭게 제시한다.
④ 기존의 아이디어를 결합해 새로운 아이디어가 나올 수 있다.
⑤ 참여자에게 유도하거나 위협하는 질문을 하지 말아야 한다.

경영이해능력 / 브레인스토밍 이해하기

브레인스토밍에서는 어떠한 내용의 발언이라도 그에 대해 비판을 해서는 안 된다.

정답 ②

HELPFUL TIPS

✓ **브레인스토밍(brainstorming)**
어떤 문제의 해결책을 찾기 위해 여러 사람이 생각나는 대로 자유롭게 토론하며 아이디어를 끌어내는 방법이다.

✓ **브레인스토밍의 규칙**
- 아이디어 비판금지
- 자유로운 발표
- 다량의 아이디어 창출
- 아이디어의 확장

05 다음 경영전략 추진 과정을 5단계로 구분한 표를 올바르게 이해하지 못한 사람은?

전략목표 설정	환경 분석	경영전략 도출	경영전략 실행	평가 및 피드백
• 비전 설정 • 미션 설정	• 내부환경 분석 • 외부환경 분석 (SWOT 분석)	• 조직전략 • 사업전략 • 부문전략	• 경영목적 달성	• 경영전략 결과 평가 • 전략목표, 경영전략 재조정

① 김 부장 : 경영전략은 급변하는 환경에 조직을 적응시키기 위해 경영활동을 체계화하는 것으로 경영목표 달성을 위한 수단이에요.
② 이 팀장 : 환경 분석 시 SWOT 분석 기법을 활용해서 외부 환경의 기회를 극대화할 뿐만 아니라 기업의 강점을 살릴 수 있어요.
③ 박 과장 : 위계적 수준에 따라 조직전략, 사업전략, 부문전략을 순차적으로 결정한 후 이에 따른 경영전략을 세워야 해요.
④ 최 대리 : 경영전략을 평가하는 단계에서는 평가를 토대로 전략목표나 경영전략을 재조정하는 기회를 가질 수 있어요.
⑤ 정 사원 : 경영목표를 달성하기 위한 전략을 세운 후 외부 환경 및 조직 내부 분석을 통해 전략의 목표를 설정해야 해요.

경영이해능력 / 경영전략 추진 과정별 활동 이해하기

전략의 목표를 설정한 후 외부 환경 및 조직 내부 분석을 통해 경영목표를 달성하기 위한 전략을 도출해야 한다.

정답 ⑤

06 다음 중 마이클 포터가 규정한 5 Forces Model에 해당하지 않는 것은?

① 신규 진입 위협 ② 대체품의 위협 ③ 수요자의 구매력
④ 공급자의 교섭력 ⑤ 산업 내 경쟁관계

경영이해능력 / 마이클 포터에 따른 경쟁 유발 5요인 파악하기

마이클 포터(Michael E. Porter)는 산업 구조를 결정 짓는 다섯 가지 경쟁 요인으로 '신규 진입 위협', '대체품의 위협', '구매자의 교섭력', '공급자의 교섭력', '산업 내 경쟁관계'를 주장했다.

정답 ③

하위능력 2 ● 체제이해능력

1 체제이해능력과 조직의 의미

조직은 공동의 목표를 달성하기 위해 모인 사람들의 집합체로 정의할 수 있다. 체제이해능력은 이러한 조직의 구조와 목적, 체제 구성요소, 규칙, 규정 등을 이해하는 능력을 의미한다.

2 조직목표

조직목표는 조직이 달성하려는 미래의 상태로 현재의 조직행동의 방향을 결정해 준다. 조직목표는 다수일 수 있으며, 위계적 상호관계가 있다.

(1) 조직목표의 기능과 특징

기능	특징
• 조직이 존재하는 정당성, 합법성 제공 • 조직이 나아갈 방향 제시 • 조직 구성원 의사결정의 기준 • 조직 구성원 행동수행의 동기유발 • 수행평가 기준 • 조직설계의 기준	• 공식적 목표와 실제적 목표가 다를 수 있음 • 다수의 조직목표 추구 가능 • 조직목표 간 위계적 관계가 있음 • 가변적 속성(다양한 원인들에 의해 변동 가능) • 조직의 구성요소(조직의 구조, 전략, 문화 등)와 상호관계를 가짐

(2) 조직목표의 분류

조직설계 학자인 리처드(Richard L. Daft)는 조직이 일차적으로 수행해야 할 과업인 운영목표에는 조직 **전체의 성과, 자원, 시장, 인력개발, 혁신과 변화, 생산성**에 관한 목표가 포함된다고 하였다.

3 조직구조

일 경험을 할 때, 자신에게 주어진 업무를 혼자서만 수행할 수 없으며, 조직의 구성원들과 상호작용할 필요가 있다. 조직구조는 조직 내의 부문 사이에 형성된 관계로, 조직목표를 달성하기 위한 조직 구성원들의 유형화된 상호작용을 나타낸다.

(1) 조직구조의 구분

- **기계적 조직** : 구성원들의 업무가 분명하게 정의되고 많은 규칙과 규제들이 있으며, 상하 간 의사소통이 공식적인 경로를 통해 이루어지고 엄격한 위계질서가 존재
  - 예 군대, 정부, 공공기관 등
- **유기적 조직** : 의사결정 권한이 조직의 하부구성원들에게 많이 위임되어 있으며 업무 또

한 고정되어 있지 않고 공유 가능함. 비공식적인 상호의사소통이 원활히 이루어지며, 규제나 통제의 정도가 낮아 변화에 따라 쉽게 변할 수 있음

　예 권한위임을 통해 독자적으로 활동하는 사내 벤처팀, 특정 과제를 수행하는 프로젝트팀

(2) 조직구조의 결정요인

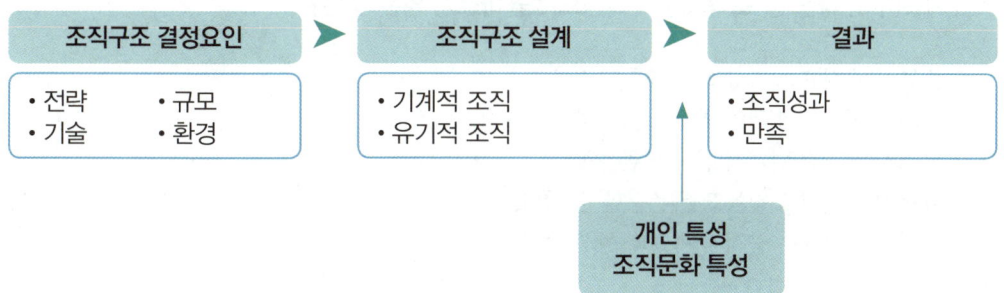

(3) 조직구조의 형태

- **기능별 조직구조** : CEO가 조직의 최상층에 있고, 조직 구성원들이 그 아래에 단계적으로 배열된 구조. 업무의 내용이 유사하고 관련성이 있는 것들을 결합해서 조직화된다.

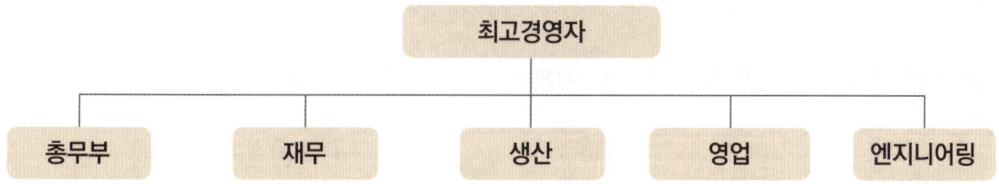

- **사업별 조직구조** : 개별제품, 주요 프로젝트 등에 따라 조직화되고, 각 구조 아래에 생산, 판매, 회계 등의 역할이 이루어진다.

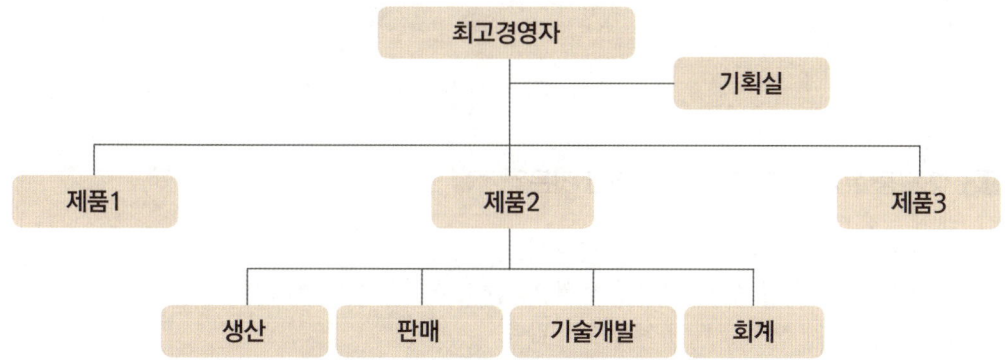

2. 체제이해능력 » 바로확인문제

01 조직목표는 조직이 달성하고자 하는 미래의 상태로, 현재 조직행동의 방향을 결정해주는 지표이다. 다음 중 조직목표의 특징으로 올바르지 않은 것은?

① 조직 구성요소와 상호 관계를 가진다.
② 여러 원인들에 의해 변동이 가능하다.
③ 조직목표 간 위계적 질서가 존재한다.
④ 동시에 여러 조직목표를 추구할 수 있다.
⑤ 실제적 목표는 공식적 목표와 항상 같다.

체제이해능력 / 조직목표의 특징 이해하기
조직의 공식적 목표와 실제적 목표는 다를 수 있다.

정답 ⑤

02 다음 중 조직구조 결정요인이 아닌 것은?

① 전략　　② 규모　　③ 환경
④ 목표　　⑤ 기술

체제이해능력 / 조직구조 결정요인 파악하기
조직구조의 결정요인은 규모, 전략, 기술, 환경 등이 있으며 요인에 따라 기계적 조직이나 유기적 조직으로 설계된다.

정답 ④

03 다음 중 유기적 조직의 특성이 아닌 것은?

① 규칙과 규제가 적고, 권한이 분권적이다.
② 광범위한 직무를 바탕으로 높은 팀워크를 보인다.
③ 통솔 범위가 좁고, 조직 내 계층 수가 많다.
④ 비공식적인 상호 간 의사소통이 활성화된다.
⑤ 급변하는 환경에 적합한 조직 구조이다.

체제이해능력 / 조직구조별 특징 구분하기

통솔 범위가 좁고 조직 내 계층 수가 많은 것은 기계적 조직의 특성이다.
통솔의 범위는 계층제의 원리와 상반 관계에 있다. 즉 통솔의 범위를 좁히면 계층 수가 늘어나고, 통솔의 범위를 늘리면 계층 수가 적어진다.

조직구조의 구분

구분	기계적 조직	유기적 조직
권한 · 통제	집권적 · 엄격한 위계질서	분권적 · 하부 구성원에게 위임
명령 계통	상하 간 공식적인 경로	상호 간 비공식적 의사소통
통솔 범위	좁음	넓음
업무 자율성	엄격하게 규정된 직무	고정되지 않은 업무, 공유 가능
팀워크	낮음	높음

정답 ③

04 다음 중 집단의 유형과 집단 간 관계를 설명한 것으로 적절하지 않은 것은?

① 조직 내 집단은 공식적인 집단과 비공식적인 집단으로 구분하며, 공식적인 집단은 조직의 공식적인 목표를 추구하기 위해 조직에서 의도적으로 만든 집단이다.
② 집단 간 발생하는 경쟁은 공통된 목적을 추구하는 조직 내에서 자원의 낭비, 업무 방해, 비능률 등의 문제를 초래하므로 경쟁을 방지해야 한다.
③ 공식적인 집단의 목표나 임무는 비교적 명확하게 규정되어 있으며, 여기에 참여하는 구성원들도 인위적으로 결정되는 경우가 많다.
④ 비공식적인 집단은 조직 구성원들의 요구에 따라 자발적으로 형성된 집단이며, 공식적인 업무 수행 이외에 다양한 요구들에 의해 이루어진다.
⑤ 집단 간 경쟁이 일어나는 원인은 조직 내의 한정된 자원을 더 많이 가지려고 하거나 서로 상반되는 목표를 추구하기 때문이다.

체제이해능력 / 집단의 유형과 집단 간 관계 이해하기

집단 간 경쟁이 일어나면 집단 내부에서는 응집성이 강화되고 집단의 활동이 더욱 조직화되기도 하지만, 경쟁이 과열되면 공통된 목적을 추구하는 조직 내에서 자원의 낭비, 업무 방해, 비능률 등의 문제를 초래하게 된다. 따라서 일 경험 과정에서 집단에 참여하여 소속감을 느끼고 다양한 요구들을 충족하는 것은 바람직하지만, 집단 간 경쟁이 심화되어 조직 전체의 효율성을 저해하는 일이 없도록 관련 집단과 원활한 상호작용을 위해 노력해야 한다.

정답 ②

하위능력 3 • 업무이해능력

① 업무이해능력이란?

주어진 업무의 성격과 내용을 알고 그에 필요한 지식, 기술, 행동을 확인하는 능력이다.

② 업무의 의미

업무는 상품이나 서비스를 창출하기 위한 생산적인 활동이다. 일 경험에서 업무 수행은 조직의 목적을 달성하고, 조직의 구조를 결정하는 과정이다.

③ 업무의 종류

부서	내용
총무부	주주총회 및 이사회개최 관련 업무, 의전 및 비서업무, 집기비품 및 소모품의 구입과 관리, 사무실 임차 및 관리, 차량 및 통신시설의 운영, 국내외 출장 업무 협조, 복리후생 업무, 법률자문과 소송관리, 사내외 홍보 광고업무 등
인사부	조직기구의 개편 및 조정, 업무분장 및 조정, 인력수급계획 및 관리, 직무 및 정원의 조정 종합, 노사관리, 평가관리, 상벌관리, 인사발령, 교육체계 수립 및 관리, 임금제도, 복리후생제도 및 지원업무, 복무관리, 퇴직관리 등
기획부	경영계획 및 전략 수립, 전사기획업무 종합 및 조정, 중장기 사업계획의 종합 및 조정, 경영정보 조사 및 기획보고, 경영진단업무, 종합예산수립 및 실적관리, 단기사업계획 종합 및 조정, 사업계획, 손익추정, 실적관리 및 분석 등
회계부	회계제도의 유지 및 관리, 재무상태 및 경영실적 보고, 결산 관련 업무, 재무제표 분석 및 보고, 법인세, 부가가치세, 국세·지방세 업무자문 및 지원, 보험가입 및 보상업무, 고정자산 관련 업무 등
영업부	판매 계획, 판매예산의 편성, 시장조사, 광고 선전, 견적 및 계약, 제조지시서의 발행, 외상매출금의 청구 및 회수, 제품의 재고 조절, 거래처로부터의 불만처리, 제품의 애프터서비스, 판매원가 및 판매가격의 조사 검토 등

④ 업무의 특성

- 공통된 조직의 목적을 지향함
- 요구되는 지식, 기술, 도구가 다양함
- 업무는 독립적으로 이루어지는 한편, 업무 간에 관계성도 고려해야 함
- 업무수행에 있어 임의로 선택할 수 있는 자율성과 재량권이 적음

5 업무수행 계획 수립의 절차

```
업무지침 확인  ▶  활용자원 확인  ▶  업무수행 시트 작성
• 조직의 업무지침    • 시간  • 예산      • 간트 차트
• 나의 업무지침      • 기술  • 인간관계    • 워크 플로 시트
                                    • 체크리스트
```

- 간트 차트(Gantt chart) : 단계별로 업무를 시작해서 끝나는 데 걸리는 시간을 바 형식으로 표시. 전체 일정을 한눈에 볼 수 있으며, 단계별로 소요되는 시간과 각 업무활동 사이의 관계를 볼 수 있음

업무	6월	7월	8월	9월
설계				
자료수집	▬▬▬	▬		
기본설계		▬▬		
타당성 조사 및 실시설계			▬	
시공				
시공			▬	▬
결과보고				▬▬

- 워크 플로 시트(Work flow sheet) : 일의 흐름을 동적으로 보여줌. 도형을 다르게 표현함으로써 주된 작업과 부차적인 작업 등을 구분해서 표현할 수 있음

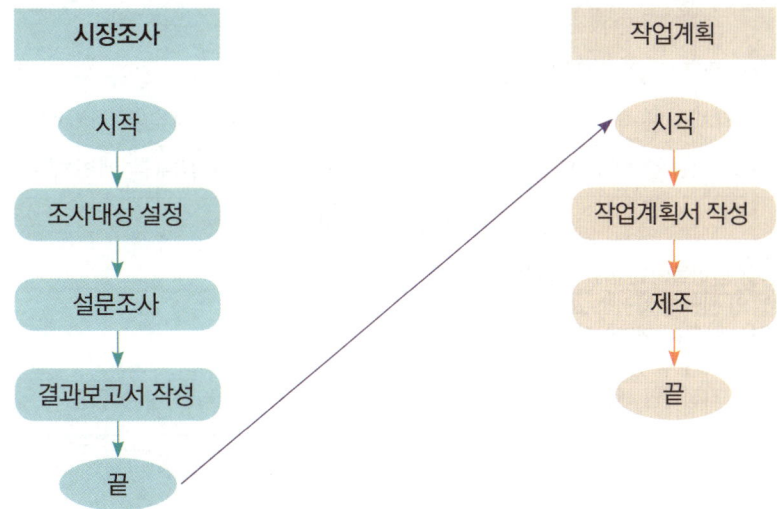

- 체크리스트(Checklist) : 업무의 각 단계를 효과적으로 수행했는지 자가 점검해볼 수 있는 도구. 시간의 흐름을 표현하는 데는 한계가 있지만, 업무별 수행 수준을 달성했는지 확인하는 데 효과적임

업무		체크	
		YES	NO
고객관리	고객 대장을 정비하였는가?		
	3개월에 한 번씩 고객 구매 데이터를 분석하였는가?		
	고객의 청구 내용 문의에 정확하게 응대하였는가?		
	고객 데이터를 분석하여 판매 촉진 기획에 활용하였는가?		

⑥ 업무 방해요인 및 해결방법

업무를 효과적으로 수행하기 위해서는 이러한 방해요인에는 어떤 것이 있는지 알아야 한다. 특히, 방해요인들을 잘 활용하면 오히려 도움이 되는 경우도 있으므로 이를 효과적으로 통제하고 관리할 필요가 있다.

- 방문, 인터넷, 전화, 메신저 등

다른 사람들의 방문, 인터넷, 전화, 메신저 등의 방해요인을 통제하기 위해서는 밀려드는 메일에 즉각적으로 응대하기보다는 일정 시간을 정해 처리하는 것처럼 시간을 정해 놓는 것과 같은 방법 등으로 자신만의 원칙을 설정하는 것이다.

- 갈등 관리

조직 내에서 갈등은 개인적인 갈등 외 집단적 갈등, 타 조직과의 갈등 등이 있다. 갈등은 업무시간을 지체하게 하고, 정신적인 스트레스를 유발하지만 새로운 시각에서 문제를 바라보게 하고, 다른 업무에 대한 이해를 증진시켜주며, 조직의 침체를 예방해주기도 한다.

갈등 관리 방법
• 갈등상황을 받아들이고 이를 객관적으로 평가 • 갈등 유발의 원인과 해결책 고민 • 대화와 협상을 통해 의견일치에 초점 • 양측에 도움이 될 수 있는 해결방법 모색 • 경우에 따라 직접적인 해결보다 갈등상황에서 벗어나는 회피전략이 효과적일 수 있음

- 스트레스

업무 스트레스는 새로운 기술, 과중한 업무, 인간관계, 경력개발 등에 대한 부담으로 발생한다. 과중한 업무 스트레스는 개인뿐만 아니라 조직에도 부정적인 결과를 초래하지만 적정 수준의 스트레스는 사람들을 자극하여 개인의 능력을 개선하고 최적의 성과를 내게 한다. 스트레스를 관리하는 방법은 다음과 같다.

개인적 차원	조직적 차원
• 시간 관리를 통해 업무과중 극복 • 긍정적인 사고방식 갖기 • 신체적 운동 • 전문가의 도움	• 직무를 재설계하거나 역할을 재설정 • 심리적으로 안정을 찾을 수 있도록 학습동아리 활동과 같은 사회적 관계 형성 장려

3 • 업무이해능력 ≫ 바로확인문제

01 다음 중 업무에 대한 설명으로 옳지 않은 것은?

① 업무는 조직의 목적 아래 통합된다.
② 업무에 따라 다른 업무와의 독립성의 정도가 다르다.
③ 업무는 상품이나 서비스를 창출하기 위한 생산적인 활동이다.
④ 일 경험에서 자신의 업무를 자유롭게 선택할 수 있다.
⑤ 조직 구성원은 업무를 수행하여 조직의 목적을 달성한다.

💡 **업무이해능력 / 업무의 개념과 특성 이해하기**

업무는 조직의 목적 아래 통합되며, 조직의 구성원들은 자신의 업무를 자유롭게 선택하기보다 주어지게 된다. 업무는 요구되는 지식, 기술, 도구가 다양하고 독립성, 자율성, 재량권의 정도도 각기 다르다.

정답 ④

02 다음과 같은 업무를 수행하는 부서는 무엇인가?

> 주주총회 및 이사회개최 관련 업무, 의전 및 비서 업무, 집기비품 및 소모품의 구입과 관리, 사무실 임차 및 관리, 차량 및 통신시설의 운영, 국내외 출장 업무 협조, 복리후생 업무, 법률자문과 소송관리, 사내외 홍보 광고 업무

① 인사부 ② 총무부 ③ 회계부
④ 영업부 ⑤ 관리부

💡 **업무이해능력 / 업무의 종류와 부서 이해하기**

제시된 업무를 수행하는 부서는 총무부이다.

정답 ②

03 다음 중 업무 수행 계획 수립과 관련된 설명으로 옳지 않은 것은?

① 조직에는 다양한 업무가 있으며, 이를 수행하는 절차나 과정이 다르다.
② 개인 업무지침은 제한 없이 자유롭게 작성한다.
③ 업무 수행 시 활용 가능한 자원으로는 시간, 예산, 기술, 인적자원 등이 있다.
④ 업무 수행 시트는 업무를 단계별로 구분하여 작성한다.
⑤ 업무 수행 계획을 짜기 전, 먼저 조직과 나의 업무지침을 확인한다.

업무이해능력 / 업무 수행 계획 이해하기

조직에는 다양한 업무가 있지만, 이러한 업무는 조직의 공동 목표를 달성하기 위한 것으로 조직이 정한 규칙과 규정, 시간 등의 제약을 따라야 한다.

정답 ②

04 다음 중 업무 방해요인의 특징과 극복 방법에 대한 설명으로 옳지 않은 것은?

① 인터넷, 전화, 메신저 등의 사용 시간을 정해 놓는 등 자신만의 기준을 세운다.
② 조직 내 갈등은 개인 간 갈등, 집단 간 갈등, 조직 간 갈등 등이 있다.
③ 갈등을 해결하는 데 가장 중요한 것은 대화와 협상이다.
④ 업무 스트레스는 없을수록 좋으므로 잘 관리해야 한다.
⑤ 방해요인을 잘 활용하면 도움이 되는 경우도 있으므로 효과적으로 관리할 필요가 있다.

 업무이해능력 / 업무 방해요인과 극복 방법 파악하기

과중한 업무 스트레스는 개인과 조직에 부정적인 결과를 가져와 과로나 정신적 불안감을 조성하지만, 적정 수준의 스트레스는 사람들을 자극하여 개인의 능력을 개선하고 성과를 내게 하므로 스트레스가 반드시 해로운 것은 아니다.

정답 ④

05 다음 중 갈등의 순기능으로 옳은 것은?

① 조직 구성원의 사기를 저하시킬 수 있다.
② 조직의 위계질서를 문란하게 할 우려가 있다.
③ 조직 구성원 간 긴장과 불안을 조장할 수 있다.
④ 조직 내 창의성과 쇄신을 봉쇄할 우려가 있다.
⑤ 합리적으로 해결되면 조직 재통합의 계기가 된다.

 업무이해능력 / 갈등의 순기능과 역기능 구분하기

갈등의 순기능	갈등의 역기능
• 창의성, 진취성, 적응성, 융통성 등 향상 • 합리적으로 갈등 해결 시 조직 재통합의 계기 • 침체된 조직을 벗어나 생동할 수 있는 계기 • 조직 내 갈등을 관리 · 방지할 수 있는 방법을 학습할 수 있는 기회	• 조직 구성원의 사기를 저하 • 조직의 위계질서를 문란하게 할 우려 • 조직 구성원 간 긴장과 불안을 조장 • 조직 내 창의성과 쇄신을 봉쇄할 우려

정답 ⑤

하위능력 4 • 국제감각

1 국제감각이란?

직장 생활을 하는 동안 다른 나라의 문화를 이해하고 국제적인 동향을 이해하는 능력이다. 3Bs(국경:Border, 경계:Boundary, 장벽:Barrier)의 완화로 국제간 물적, 인적자원의 이동이 자유롭게 되었으며 통신 산업의 발달로 네트워크가 형성되게 되었다. 이처럼 세계는 하나의 지구촌이라는 말로 표현될 만큼 밀접하게 서로 영향을 주고받으며 살아가고 있다.

2 글로벌화와 국제감각의 필요성

- **글로벌화** : 글로벌화란 경제, 산업, 문화, 정치 등의 활동범위가 세계로 확대되는 것이다.
- **국제감각의 필요성** : 글로벌화가 이루어지면 조직은 해외에 직접 투자할 수 있으며, 원자재보다 더 싼 가격에 수입할 수 있고, 수송비가 절감되며, 무역장벽이 낮아져 시장이 확대되는 경제적 이익을 얻을 수 있다. 반면에 그만큼 경쟁이 세계적인 수준에서 치열해지기 때문에 국제적인 감각을 가지고 세계화 대응 전략을 마련해야 한다.

3 국제동향 파악 방법

- 신문, 잡지, 인터넷 등 각종 매체를 활용하여 국제적인 동향을 파악한다.
- 조직의 업무와 관련된 국제적 법규나 규정을 숙지한다.
- 특정 국가의 관련 업무와 동향을 점검하고, 국제적인 변화에 능동적으로 대처한다.

4 문화충격의 의미 및 대비 방법

문화충격은 한 문화권에 속한 사람이 다른 문화를 접하게 되었을 때 체험하는 충격을 의미한다. 이러한 문화충격의 대비 방법은 다음과 같다.
- 다른 문화에 대해 개방적인 태도
- 자신이 속한 문화의 기준으로 다른 문화를 평가하지 않을 것
- 자신의 정체성을 유지하되, 새롭고 다른 것을 경험하는 데 즐거움을 느끼도록 적극적인 자세를 취할 것

5 이문화 커뮤니케이션의 의미 및 방식

서로 상이한 문화 간 커뮤니케이션을 이문화 커뮤니케이션이라고 한다. 이문화 커뮤니케이션은 언어적과 비언어적으로 구분된다. 국제 사회에서 업무 성과를 내기 위해서는 상대국의 생활양식, 행동규범, 가치관 등을 사전에 이해하기 위한 노력이 필요하다.

- 언어적 커뮤니케이션 : 의사를 전달할 때 직접적으로 이용되는 것으로 외국어 사용능력과 직결된다.
- 비언어적 커뮤니케이션 : 대화가 아닌 행동이나 느낌에 따른 것으로 이는 타문화의 가치관, 생활양식, 행동규범의 이해에 기반하고 있다.

6 기본적인 국제 매너와 명함 예절

인사 예절	영미권의 악수 예절	• 일어서서 상대의 눈이나 얼굴을 보며 악수한다. • 오른손으로 상대의 오른손을 잠시 힘주어 잡았다가 놓는다.
	미국의 대화	• 이름, 호칭을 어떻게 할지 먼저 물어본다. • 인사하거나 이야기할 때 너무 다가가서 말하지 않는다.
	러시아, 라틴아메리카	친밀함을 표현하기 위해 주로 포옹으로 인사한다.
	아프리카의 대화	• 상대와 시선을 맞추며 대화하는 것을 실례로 여긴다. • 눈을 직접 보지 않고 코끝 정도를 보며 대화한다.
시간 예절		• 미국은 시간엄수를 매우 중요하게 여긴다. • 라틴아메리카, 동부 유럽, 아랍권 국가에서는 시간 약속을 형식적으로 여겨 상대방이 기다릴 것으로 생각하므로, 상대가 늦더라도 인내를 가지고 기다리도록 한다.
식사 예절		• 서양요리에서 수프는 소리 내서 먹지 않도록 주의하며 몸 쪽에서 바깥쪽으로 향하도록 숟가락을 사용한다. 또한, 뜨거운 수프는 입으로 불지 않고 숟가락으로 저어서 식히도록 한다. • 몸 바깥쪽에 있는 포크와 나이프부터 사용하고, 빵은 손으로 떼어 먹는다. • 생선요리는 뒤집어 먹지 말고, 스테이크는 다 자르지 않고 잘라가며 먹는다.
명함 교환 예절		• 업무상 명함을 교환할 때는 이름, 직장 주소, 소속 팀, 직책, 전화번호, 이메일주소 등이 기재되어 있어야 한다. • 명함은 악수한 후 교환하며 상대에게는 오른손으로 주고, 받을 때는 두 손으로 받는다. 받은 명함은 테이블 위에 보이게 두거나 명함지갑에 넣는다.

4. 국제감각 » 바로확인문제

01 다음 중 다른 나라의 문화를 이해하는 것과 관련된 설명으로 잘못된 것은?

① 한 문화권에 속하는 사람이 다른 문화를 접하게 될 때 체험하게 되는 불일치, 위화감, 심리적 부적응 상태를 문화충격이라고 한다.
② 문화충격에 대비해서 가장 중요한 것은 자신이 속한 문화를 기준으로 다른 문화를 객관적으로 평가하는 일이다.
③ 외국문화를 이해하는 것은 많은 시간과 노력이 요구된다.
④ 일 경험 과정에서 외국인과 함께 일을 할 때 커뮤니케이션이 중요하며 이처럼 상이한 문화 간 커뮤니케이션을 이문화 커뮤니케이션이라고 한다.
⑤ 이문화 커뮤니케이션은 언어적 커뮤니케이션과 비언어적 커뮤니케이션으로 구분된다.

국제감각 / 다른 나라의 문화 이해하기

문화충격에 대비해서 가장 중요한 것은 자신이 속한 문화를 기준으로 다른 문화를 평가하지 말고 자신의 정체성은 유지하되 다른 문화를 경험하는데 개방적이고 적극적 자세를 취하는 것이다.

정답 ②

02 다음 중 외국인 고객을 대할 때의 예절로 가장 적절하지 않은 것은?

① 아프리카에서는 상대방과 시선을 마주보며 대화하는 것이 실례이므로 코 끝 정도를 보며 대화해야 한다.
② 영미권에서는 이름이나 호칭을 어떻게 부를지 물어보는 것이 예의이므로 물어보지 않고 자신의 마음대로 부르지 않는다.
③ 동부 유럽과 아랍에서는 시간 약속을 형식적인 것으로 생각하는 문화가 있으므로 인내심을 가지고 기다리는 것이 중요하다.
④ 러시아와 라틴아메리카에서는 인사할 때 포옹을 하는 것이 자연스러운 문화이다.
⑤ 영미권에서는 손님이 명함을 먼저 꺼내는 것이 실례이며, 상대방이 먼저 꺼내 오른손으로 손님에게 주고, 받는 사람도 오른손으로 받는 것이 예의이다.

국제감각 / 외국인 고객에 대한 예의 알기

영미권에서 업무용 명함은 악수를 한 이후 교환하며, 아랫사람이나 손님이 먼저 꺼내 오른손으로 상대방에게 주고, 받는 사람은 두 손으로 받는 것의 예의이다. 따라서 ⑤는 적절하지 않은 내용이다.

정답 ⑤

03 ○○기업에서는 글로벌 경쟁력을 갖추기 위해 직원들을 대상으로 국제 비즈니스에 맞는 매너 교육을 진행하기로 하였다. 교육 내용에 포함되는 다음의 사례 중 수정해야 할 부분이 있는 것을 모두 고르면?

> (A) 미국 바이어를 처음 만난 자리에서 반가움을 표현하기 위해 눈을 바라보며 악수하였고, 악수하는 손에 잠시 힘을 주었다가 놓았다.
> (B) 회사 대표로 체코에 출장을 가게 되어 담당자와 오후 2시에 만나기로 하였으나, 한 시간이 지나도록 아무도 나타나지 않았다. 계약 건에 부정적인 의견을 가지고 있다고 생각하여 일단 숙소로 돌아와 다시 연락을 취하기로 했다.
> (C) 러시아인 담당자의 승진 소식을 듣고 장미꽃 6송이로 꽃다발을 만들어 전달하였다.
> (D) 미국 출장에서 만난 협력 업체와 인사를 나눈 후 명함을 받고 담당자를 잘 기억하기 위해 명함을 탁자 위에 보이게 놓은 채로 대화를 진행하였다.
> (E) 영국 업체와의 회의에서 추가로 체결한 계약 건이 성공적이어서 엄지를 치켜들고 만족의 의미를 나타냈다.

① (A), (B)　　② (A), (C)　　③ (B), (C)
④ (C), (E)　　⑤ (D), (E)

 국제감각 / 국제 매너 파악하기

(B) 동부 유럽에서는 시간 약속을 형식적인 것으로 생각하는 경향이 있다. 따라서 상대가 약속 시간에 도착하지 않았더라도, 만날 상대가 기다리고 있을 것으로 생각할 수 있기 때문에 돌아가지 말고 약속 장소에서 연락을 취하거나 더 기다려보는 것이 좋다.
(C) 러시아에서 꽃을 선물할 때는 꽃송이 수를 홀수로 해야 하며, 짝수의 경우는 장례식에 보낼 때에 해당한다.

 오답풀이

(A) 영미권에서 악수를 할 때는 상대방의 얼굴이나 눈을 보며 상대의 오른손을 잠시 힘주어 잡았다가 놓는다.
(D) 명함을 받은 후에는 한 번 보고 탁자에 보이도록 두거나 명함 지갑에 넣어야 하며 계속 만지거나 구기지 않도록 한다.
(E) 일반적으로 엄지를 치켜드는 것은 최고의 의미를 나타낸다. 다만, 호주나 그리스에서는 모욕적인 의미로 사용하므로 금한다.

정답 ③

09 Chapter

FOCUS 하위능력 공략

하위능력 1 • 경영이해능력

출제 포인트

마케팅 및 경영전략에 속하는 SWOT 분석 문제가 대표적으로 출제된다. 해당 상황을 제시한 후 바르게 SWOT 분석한 것을 고르는 문제, 적절한 전략을 수립한 것을 고르는 문제 등이 출제되고 있다. 출제기관에 따라 SWOT 분석의 개념을 먼저 제시한 후 사례를 주는 경우도 있고, 개념 설명 없이 바로 사례를 적용한 것을 묻는 경우도 있다. 따라서 문제를 통해 각 전략에 맞는 사례를 이해하며 기본 지식을 습득해두는 것이 좋다.

대표 유형 문제

01 ○○식품업체에서 근무하는 B 사원은 현재 회사의 상황이 어떤지 분석하기 위해 SWOT 분석을 활용하였다. 주어진 분석 결과에 대응하는 전략으로 적절한 것은?

강점(Strength)	약점(Weakness)
• 높은 시장 점유율 • 온라인 시장의 지속적인 성장 • A 제품의 성공적인 개발 경험	• 마케팅 부족 • 이미지 노후 • 신제품의 혹평
기회(Opportunity)	위협(Threat)
• 유통 경로의 확대 • 1인 가구의 증대 • 판매 규제 완화	• 타사의 공격적 마케팅 증가 • 취식인구 감소 • 온라인 커뮤니티의 부정적 후기

① SO 전략 : 1인 가구를 겨냥한 식품을 개발해 높은 시장 점유율을 유지한다.
② ST 전략 : 확대된 유통경로를 이용해 마케팅 전략을 세운 후 효과적인 마케팅으로 제품을 판매한다.
③ WO 전략 : 온라인 커뮤니티의 부정적 후기를 상세히 살펴본 후 반영하여 제품 경쟁력을 높이고 마케팅 경험을 쌓아 소비자들의 요구가 반영된 제품으로 새롭게 마케팅 전략을 펼친다.
④ WT 전략 : 성공적인 개발 경험이 있는 A 제품의 품질을 높여 판매함으로써 타사의 공격적 마케팅에 대응한다.

💡 **경영이해능력 / SWOT 분석에 따른 전략 세우기**

1인 가구가 증가했다는 기회를 활용해 높은 시장 점유율의 강점을 더욱 강화하는 전략으로 SO 전략이 맞다.

 오답풀이

② 약점을 극복하고 기회를 활용하려는 전략으로 WO 전략이다.
③ 약점을 보완하고 위협을 피하려는 전략으로 WT 전략이다.
④ 강점을 사용하여 위협을 회피하는 전략으로 ST 전략에 해당한다.

정답 ①

02 다음 중 의사결정의 과정에 대한 설명으로 바르지 않은 것은?

① 조직에서 의사결정은 개인의 의사결정에 비해 복잡하며 한 사람의 관리자에 의해 결정되는 것이 아니라 많은 구성원들의 참여와 협력이 요구된다.
② 확인 단계는 의사결정이 필요한 문제를 인식하고, 이를 진단하는 단계로, 문제의 증상을 리스트한 후 그러한 증상이 나타나는 근본 원인을 찾아야 한다.
③ 개발 단계는 확인된 주요 문제나 근본 원인에 대해서 해결방안을 모색하는 단계로, 조직 내의 기존 해결방법을 기준으로 당면한 모든 문제의 해결방법을 찾는 탐색 과정이다.
④ 실행 가능한 해결안을 선택하는 3가지 방법으로는 의사결정권자 한 사람의 판단에 의한 선택, 경영과학 기법과 같은 분석에 의한 선택, 이해관계집단의 토의와 교섭에 의한 선택 등이 있다.
⑤ 해결방안이 선택되면 마지막으로 조직 내에서 공식적인 승인 절차를 거친 후 실행한다.

💡 **경영이해능력 / 의사결정의 과정 이해하기**

개발 단계는 두 가지 방식으로 이루어질 수 있다.
첫째는 조직 내의 기존 해결방법 중에서 당면한 문제의 해결방법을 찾는 탐색과정으로, 이는 조직 내 관련자와의 대화나 공식적인 문서 등을 참고하여 이루어질 수 있다.
두 번째는 이전에 없었던 새로운 문제의 경우 이에 대한 해결안을 설계해야 한다. 이 경우에는 의사결정자들이 불확실한 해결방법만을 가지고 있기 때문에 다양한 의사결정 기법을 통하여 시행착오 과정을 거치면서 적합한 해결방법을 찾아 나간다.

정답 ③

하위능력 2 ● 체제이해능력

출제 포인트

일 경험을 할 때, 자신이 속한 조직의 구조와 특징을 설명할 수 있는 능력을 측정하는 문제가 출제된다. 특히 조직목표, 조직의 구조, 집단의 특성의 개념을 이루는 세부 요소를 묻는 문제들은 모듈 학습 이론을 통해 내용을 습득해두어야 한다.

대표 유형 문제

01 다음 글에서 설명하는 개념에 대한 내용으로 적절하지 않은 것은?

> 조직에서는 다양한 기능이 서로 어우러져 고객을 위한 최종 산출물을 만들어 낸다. 그런데, 조직이 커질수록 각 기능 간의 소통과 협력은 점차 어려워지고, 부서 이기주의 등의 문제가 발생한다. 즉 전체 목표를 위해 함께 협력하지 않고, 각 부서의 이해관계를 앞세우면서 서로 책임공방이나 책임전가를 하는 경우가 많아진다.
> 이러한 문제를 해결하기 위해서 피터 드러커는 1954년에 출간한 '경영의 실제(The Practice of Management)'에서 자율과 협력을 기반으로 한 목표관리(Management by objectives and self-control through measurement)를 주장하였다. 이것은 전체 목표를 위해서 구성원들이 자율적으로, 서로 협력하면서 일하도록 하는 것을 강조하는 성과관리 기법이다.
> 실제로 국내외 많은 기업들이 기업의 목표를 각 부서와 팀, 팀원 등의 순서에 따라 하향전개(cascading)하는 방법으로 성과를 관리하고 있다. 이것은 조직의 구성원들이 자신의 업무 목표가 조직 전체 목표와 어떻게 연계되어 있는지 파악하여, 자신에게 주어진 업무의 의미와 가치를 이해하고, 목표에 열중하도록 함으로써, 성과관리의 효과성을 높이는 방법이다.

① 조직구성원들이 자신의 업무에 몰입하고 성실하게 일을 수행한다고 하여, 전체 조직의 목표가 달성되는 것은 아니다.
② 조직의 목표는 미래지향적이지만 현재의 조직행동의 방향을 결정해 주는 역할을 한다.
③ 조직목표들은 조직의 구조, 조직의 전략, 조직의 문화 등과 같은 조직체제의 다양한 구성 요소들과 상호관계를 가지고 있다.
④ 조직목표에서 조직의 사명은 조직이 실제 활동을 통해 달성하고자 하는 것으로 측정 가능한 형태로 기술되는 단기적인 목표이다.
⑤ 운영목표는 조직이 나아갈 방향을 제시하고 조직 구성원들이 여러 가지 행동 대안 중 적합한 것을 선택하고 의사를 결정할 수 있는 기준을 제시한다.

 체제이해능력 / 조직목표의 개념 파악하기

제시된 내용은 조직 구성원들이 전체 조직의 목표에 대해 알지 못하면 기업의 전략방향을 달성할 수 없다는 것을 보여 준다. 조직목표는 장기적 방향을 제시하는 '조직 사명'과 단기적 목표인 '세부목표'또는 '운영목표'로 구분할 수 있는데, 조직이 실제 활동을 통해 달성하려는 단기적인 목표는 '세부목표'또는 '운영목표'를 의미한다. '조직의 사명'은 조직의 비전, 조직의 존재 이유 등을 공식적인 목표로 표현한 것을 의미한다. 따라서 선택지 중 조직목표에 대한 설명이 잘못된 것은 ④이다.

정답 ④

02 다음 중 맥킨지 7-S 모형의 조직문화 구성요소로 옳지 않은 것은?

① Strategy : 전략
② Structure : 구조
③ System : 제도 절차
④ Sense : 사업 감각
⑤ Style : 리더십 스타일

 체제이해능력 / 조직문화 구성요소 이해하기

7-S 모형은 맥킨지에 의해 개발된 것으로, 조직문화를 구성하고 있는 '7S'는 공유가치(Shared Value), 리더십 스타일(Style), 구성원(Staff), 제도 절차(System), 구조(Structure), 전략(Strategy), 관리기술(Skill)을 말한다.

정답 ④

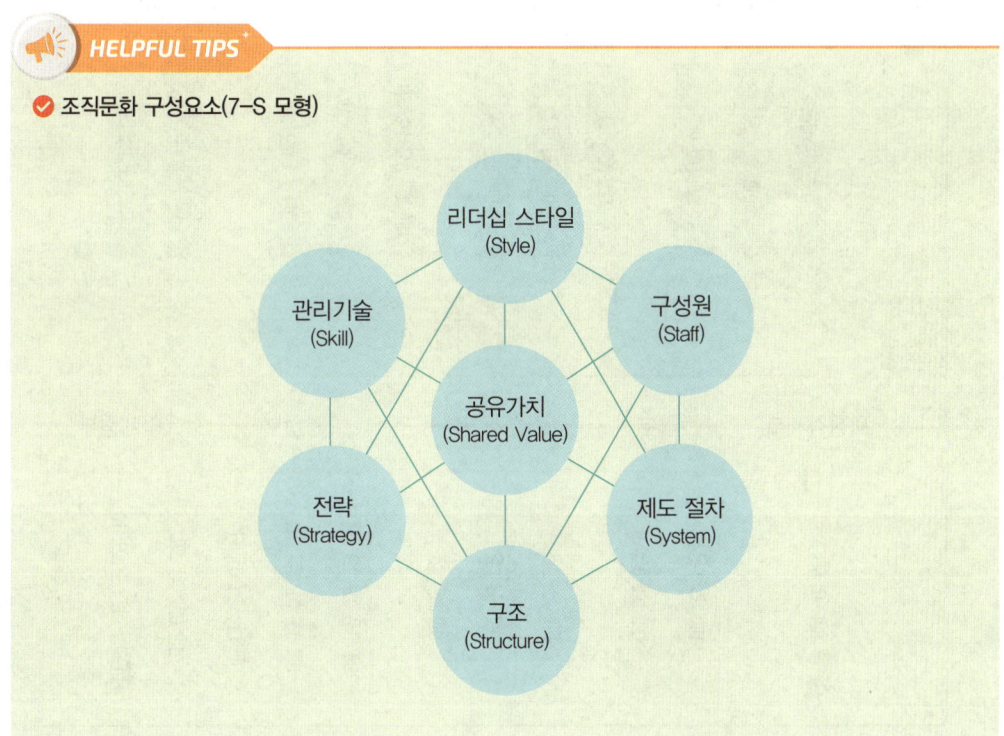

하위능력 3 ● 업무이해능력

출제 포인트

업무의 개념 및 특성, 업무수행 계획 수립과 절차, 업무수행 방해요인과 해결책 등을 묻는 학습모듈형 문제가 출제된 바 있으며, 조직도를 통해 해당 부서의 업무를 파악하는 문제는 업무이해능력에서 많이 출제된 유형이다. 특히, 조직도 문제는 조직 구성원의 변동에 따른 부서 이동 및 관계를 파악하는 문제가 나오기도 하므로, 자원관리능력의 인적자원관리와 결합한 형태로 출제될 수도 있음을 염두에 두도록 한다.

대표 유형 문제

01 ○○기업은 새해를 맞아 (가) 조직도에서 (나) 조직도로 조직 구조를 개편하였다. 다음 중 조직 개편에 대한 설명으로 적절하지 않은 것은?

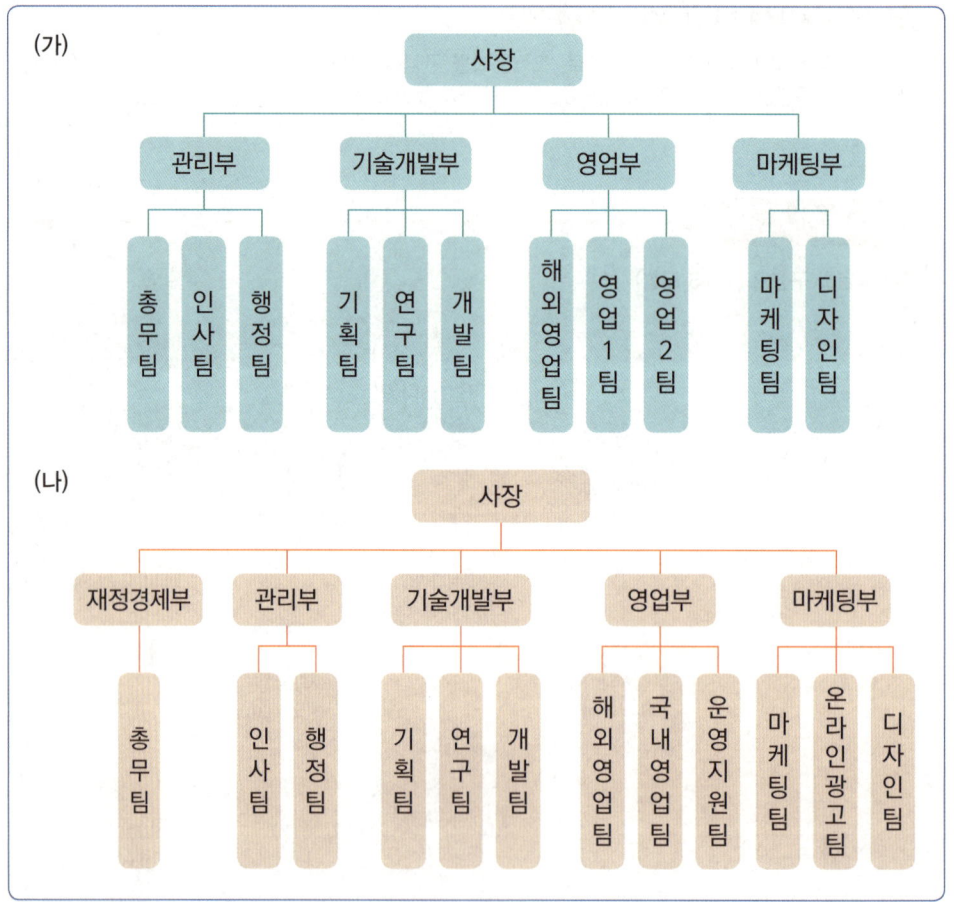

① 온라인광고팀이 추가된 것으로 보아 온라인 마케팅의 중요도가 높아졌음을 알 수 있다.
② 기존 네 개 부서에서 재정경제부가 추가되어 다섯 개 부서로 개편되었다.
③ 영업부의 영업 1팀과 영업 2팀이 국내영업팀으로 합쳐지고 운영지원팀이 추가되었다.
④ 관리부에서 총무팀이 해체된 것을 통해 총무팀의 역할이 없어졌음을 추측할 수 있다.
⑤ 개편 후 아무런 변화가 없는 부서는 기술개발부뿐이다.

업무이해능력 / 조직 구조 개편 이해하기

총무팀은 관리부에서 재정경제부로 이관되었으므로 ④는 잘못된 설명이다.

정답 ④

02 다음 중 부서별 업무분장을 보고 설명한 내용으로 적절하지 않은 것은?

부서	업무분장
경영지원부	1. 회사의 영업에 관한 기본 업무 2. 장·단기 영업계획 수립에 대한 업무 3. 영업 본점과 지점 관리에 관한 사항 4. 신규시장 진입에 대한 결정과 평가에 관한 사항 5. 새로운 시장 개척에 관한 영업 전략 수립 6. 국내외 공사에 대한 계약 및 입찰과 그 외 공사와 관련된 제반 사항
전산회계부	1. 장·단기 전산화 종합계획 수립 2. 전산기기 도입 및 운영관리 업무 3. 전산 시스템 관리 및 운영 업무 4. 전산 교육계획의 수립 및 시행 업무 5. 영업지원 전산자료에 관한 사항
감사부	1. 감사계획의 입안 및 실시 업무 2. 사고 미연 방지를 위한 업무개선 사항 3. 일상 감사에 관한 업무 4. 감사에 따른 제반 행정처리 사항 5. 보안 및 기강 확립에 관한 업무

① 새로운 아이템에 대한 시장을 조사하고 전략을 수립하는 일은 경영지원부에서 담당한다.
② 영업지원 전산자료에 관한 사항과 영업 지점 관리는 전산회계부에서 담당한다.
③ 진행 사업에 대한 정보 보안이나 사내 직원 기강에 대한 확립은 감사부에서 담당한다.
④ 전산기기를 새로 도입하거나 전산 교육을 실시할 때에는 전산회계부에서 담당한다.
⑤ 경영지원부에서는 해외 공사에 대한 계약 및 입찰 업무도 담당한다.

업무이해능력 / 부서별 업무 이해하기

영업지원 전산자료에 관한 사항은 전산회계부의 담당 업무이지만, 영업 본점과 지점 관리에 관한 사항은 경영지원부의 담당 업무이다.

정답 ②

하위능력 4 • 국제감각

🎯 출제 포인트

국가별 문화의 특성을 고려한 국제 비즈니스 예절 사항을 묻는 문제가 다수 출제되었으며, 국제 경제 상식 문제들도 출제된 바 있다. 환율 및 주가 변동, 국제 유가 등 국제 자본 유·출입에 영향을 미치는 사항에 대한 문제도 종종 출제되므로, 경제 뉴스를 통하여 국제 경제의 흐름을 파악해둘 필요가 있다.

🔗 대표 유형 문제

01 다음 중 국제 매너에 맞게 행동한 사람을 모두 고르면?

> • 이 과장 : 미국 출장에서 처음 만난 바이어의 눈을 보며 인사하면서, 바이어의 오른손을 잠시 힘주어 잡았다 놓으며 악수를 나누었어.
> • 정 차장 : 미국에서 출장 온 스티브를 사무실에서 만났을 때, 개인적 친분이 있었지만 호칭을 어떻게 부를지 먼저 물어본 후 대화를 나누었어.
> • 박 대리 : 아프리카 기자와 대화할 때 눈을 마주 보고 고개를 끄덕이며 열린 자세로 대화했어.
> • 윤 부장 : 영국 협력처 아웃소싱 담당자와 식사하는 자리에서 스테이크와 빵을 칼로 잘라서 먹었어.

① 이 과장, 정 차장　　② 박 대리, 윤 부장　　③ 이 과장, 박 대리
④ 정 차장, 윤 부장　　⑤ 이 과장, 윤 부장

💡 **국제감각 / 국제 비즈니스 매너 이해하기**

• 이 과장 : 미국에서는 악수할 때 손끝만 잡는 것을 예의에 어긋난 것으로 생각하므로, 악수는 일어서서 상대의 눈이나 얼굴을 보며 오른손으로 상대의 오른손을 잠시 힘주어 잡았다가 놓아야 한다. 따라서 이 과장의 행동은 적절하다.
• 정 차장 : 미국에서는 이름이나 호칭을 자신의 마음대로 부르지 않고 어떻게 부를지 먼저 물어보는 것이 예의이므로 정 차장의 행동은 적절하다.

 오답풀이

• 박 대리 : 아프리카에서는 상대방과 시선을 마주 보며 대화하면 실례이므로 코끝 정도를 보면서 대화해야 한다.
• 윤 부장 : 국제 매너에서 서양 요리를 먹을 때에는 스테이크는 다 자르지 않고 잘라가며 먹고, 빵은 칼이나 치아로 자르지 않고 손으로 떼어 먹도록 한다.

정답 ①

02 ○○공단은 △△지사 해외사업부 임직원 교육을 위한 기업교육 전문업체를 조사한 결과 'C 국제기업문화원'을 채택하였다. 아래는 'C 국제기업문화원' 홈페이지의 기업교육 프로그램 내용이다. 다음 중 상위 항목과 세부 항목의 연결이 어울리지 않는 것은?

글로벌 비즈니스 매너 · 의전	비즈니스 테이블 매너

• 비즈니스 미팅 사전 준비
• 비즈니스 고객 종류(외부고객/내부고객)
• 기본 직장 예절(인사/호칭/복장 등)
• 비즈니스 미팅 사전 준비 체크리스트
• 비즈니스 매너 프로토콜
  – 인사법, 악수, 명함의 의미와 활용법
  – 상호 소개의 순서
• 비즈니스 의전
  – 공간별 에스코트 요령(복도, 계단, 차량 등)
  – 직무를 고려한 좌석 배치
• 외국 미팅 담당자에게 좋은 인상을 심어주는 대화와 행동의 기술
	• 비즈니스와 테이블 매너의 상관관계
	• 테이블 매너 프로토콜(예약 및 주문)
	  – 사전예약의 목적과 방법(레스토랑 입장과 좌석 안내받기)
	  – 직무를 고려한 좌석 배치
	  – 냅킨의 의미와 올바른 사용법
	  – 메뉴판을 보는 방법과 주문 요령
	• 테이블 매너 프로토콜(식기사용법 등)
	  – 레스토랑의 양식 테이블 세팅의 이해
	  – 각종 식기의 올바른 사용법
	  – 코스별 음식 상식과 바르게 즐기는 방법
	  – 식사 중 지켜야 할 Do and Don't

비즈니스 와인 매너	리더십 · 커뮤니케이션

• 비즈니스 와인에 필요한 기초 상식
  – 와인 관련 필수 용어와 라벨 읽는 법
• 비즈니스 와인 매너(레스토랑/와인 바)
  – 선택과 주문 요령(와인 리스트 읽는 법)
  – 와인 테이스팅을 하는 이유와 방법
  – 와인 문화와 소주 문화의 차이점
  – 반드시 지켜야 할 와인 에티켓
• 비즈니스 와인 매너(프라이빗 미팅)
  – 와인을 따르고 받는 방법
  – 와인 오프너의 종류와 사용법
  – 음식 종류에 따른 와인의 선택
	• 조직을 이끄는 리더의 진짜 역할
	• 리더가 조직에 미치는 영향
	• 리더 스스로가 갖추어야 할 우선 조건
	• 비즈니스 다이닝 대화와 소통 요령
	• 현대 리더십의 종류
	• 국제 비즈니스 매너 학습의 필요성
	• 좋은 리더가 되기 위한 방법
	  – 조직과 구성원에 대한 이해와 마음가짐
	  – 구성원의 동기부여를 위한 대화의 기술
	  – 좋은 리더가 갖추어야 할 매너와 에티켓

① 글로벌 비즈니스 매너 · 의전 ② 비즈니스 테이블 매너
③ 비즈니스 와인 매너 ④ 리더십 · 커뮤니케이션

💡 **국제감각 / 국제 비즈니스 매너 이해하기**

리더십 · 커뮤니케이션 항목의 세부 항목 중 '비즈니스 다이닝 대화와 소통 요령'과 '국제 비즈니스 매너 학습의 필요성' 항목의 연결이 적절하지 않다. '비즈니스 다이닝 대화와 소통 요령'은 '비즈니스 테이블 매너'에, '국제 비즈니스 매너 학습의 필요성'은 '글로벌 비즈니스 매너 · 의전'으로 이동해야 한다.

정답 ④

09 Chapter CHECK 주요 기출유형 익히기

[01~02] 다음 조직도를 보고 이어지는 물음에 답하시오. 2020 한국도로공사

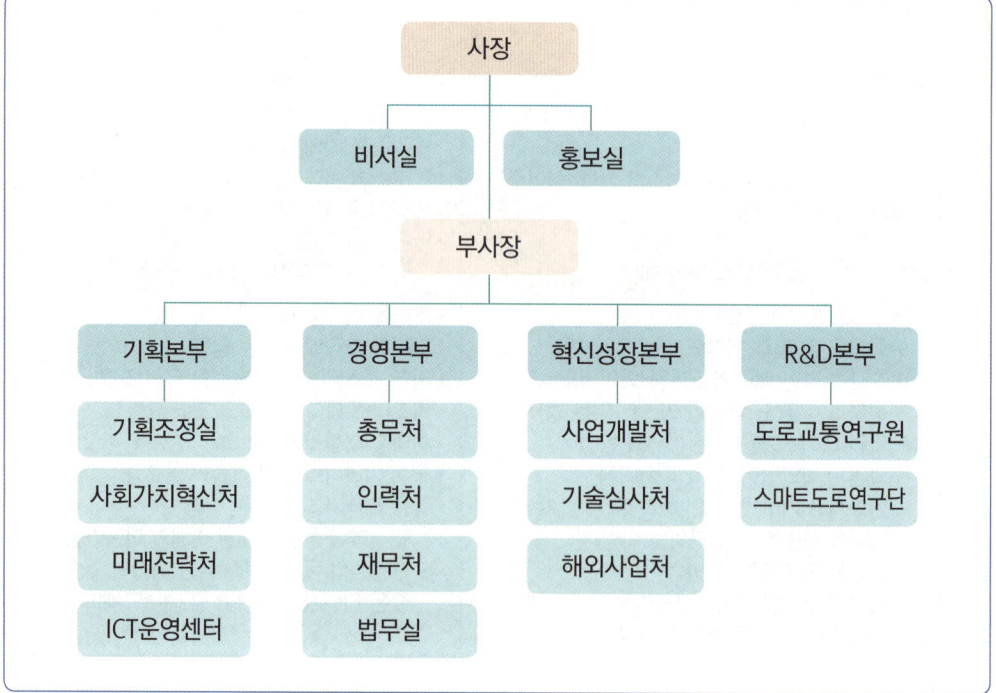

01 제시된 조직도를 보고 이해한 내용으로 적절하지 않은 것은?

① 4개 본부로 구성되어 있다.
② 인사 관련 업무는 경영본부에서 다룬다.
③ 비서실과 홍보실은 사장 직속이다.
④ 사회가치혁신처와 미래전략처는 혁신성장본부 소속이다.

 업무이해능력 / 조직도 파악하기

사회가치혁신처와 미래전략처는 기획본부 소속이다.

정답 ④

02 제시된 조직도에서 다음과 관련된 업무를 주로 처리하는 부서로 가장 알맞은 것을 고르면?

> ○○공사, 대형 해외사업 수주 연이어 성공
>
> – 2,100만 달러 규모 '카트만두~테라이 고속도로 설계 및 시공감리' 수행 –
>
> ○○공사가 네팔과 카자흐스탄에서 연이어 굵직한 해외사업 수주에 성공했다. ○○공사는 네팔 육군에서 발주한 2,100만 달러 규모의 '네팔 카트만두~테라이 고속도로 설계 및 시공감리 용역사업'을 수행한다고 밝혔다. 카트만두~테라이 고속도로(연장 72.5km)는 네팔의 수도인 카트만두와 니즈가드 국제공항 예정지를 연결하는 도로로, 총 사업비는 약 35만 달러에 달하는 초대형 사업이다.
>
> ○○공사는 2005년부터 39개국에서 166건의 사업을 수주했으며, 현재 18건의 사업을 수행하고 있다. 관련 부서 담당자는 "○○공사의 기술력과 민간 현지 네트워크를 통해 글로벌 경쟁력을 확보했으며, 앞으로도 국내 기업의 해외시장 진출과 정부의 해외건설 활성화 정책을 뒷받침하겠다."고 말했다.

① 사회가치혁신처　　　　② 미래전략처
③ 해외사업처　　　　　　④ 스마트도로연구단

 업무이해능력 / 담당 부서 파악하기

주어진 글은 해외사업 수주에 관련된 내용으로, 혁신성장본부의 해외사업처가 담당 부서이다.

정답 ③

03 다음에 해당하는 업무수행시트의 종류로 옳은 것은?   `2020 경기도 공공기관 통합채용`

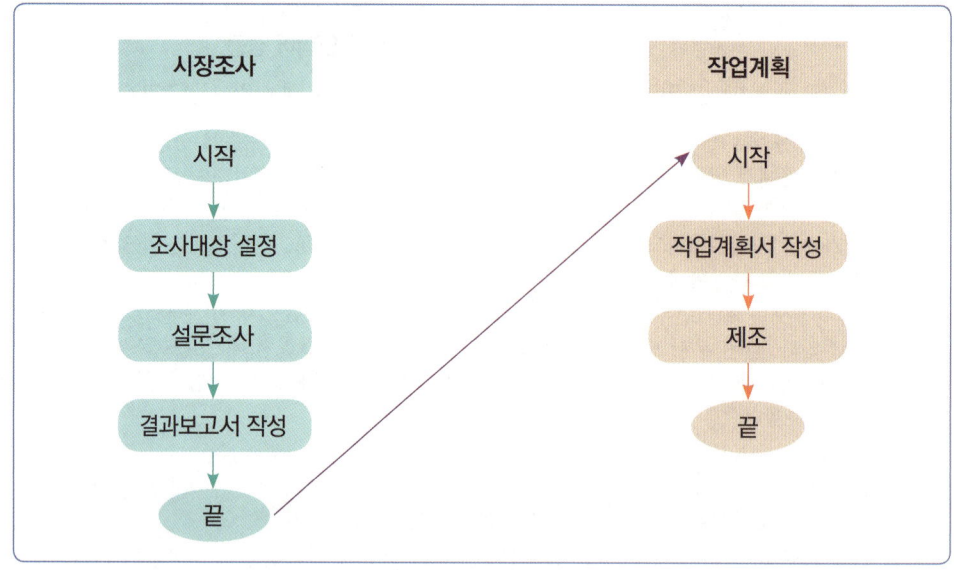

① 책임분석표　　　　　　② 간트 차트
③ 체크리스트　　　　　　④ 워크 플로 시트

 업무이해능력 / 워크 플로 시트 이해하기

워크 플로 시트는 도형과 선으로 일의 흐름을 동적으로 표시한 것으로, 워크 플로 시트에 사용하는 도형을 다르게 표현함으로써 일을 구분해서 표현할 수 있다.

정답 ④

04 다음 중 갈등관리 방법으로 옳지 않은 것은?   `2020 경기도 공공기관 통합채용`

① 갈등 상황을 주관적으로 평가해야 한다.
② 갈등 유발의 원인과 해결책을 고민한다.
③ 대화와 협상을 통해 의견을 일치시킨다.
④ 양측에 도움이 될 수 있는 해결방법을 모색한다.

 업무이해능력 / 갈등관리 방법 알기

갈등을 효과적으로 관리하기 위해서는 갈등 상황을 받아들이고 이를 객관적으로 평가해야 한다. 갈등을 유발한 원인과 해결책을 고민하고, 대화와 협상으로 의견을 일치시키며, 양측에 도움이 될 수 있는 해결방법을 찾아야 한다.

정답 ①

05 다음은 ○○휴대폰 회사의 SWOT 분석 결과이다. 이 분석 결과에 대응하는 WO 전략으로 옳은 것은?

`2020 한국수력원자력`

강점(Strength)	• 혁신적인 기술력 다수 보유 • 대규모의 생산시설을 기반으로 대량의 휴대폰을 신속하게 제조 • 풍부한 자본력
약점(Weakness)	• 고급스러운 브랜드 이미지 부족 • 저가의 휴대폰 모델 부족 • 세계 시장에서의 인지도 다소 낮음
기회(Opportunity)	• 온라인 직구 시장의 활성화 • 최근 20~30대 젊은층의 관심도 높음 • 모바일 광고 시장의 확대
위협(Threat)	• 새로운 경쟁자의 진입 가능성 높음 • 정부의 과도한 규제 정책 • 중국 휴대폰 기업의 성장과 공격적인 마케팅

① 대량의 휴대폰을 제조할 수 있는 생산시설을 기반으로 새로운 경쟁자들의 진입 가능성을 차단
② 풍부한 자본력과 대규모 생산시설을 기반으로 온라인 직구 시장에 진입
③ 저가의 다양한 휴대폰 모델들을 제조하여 20~30대 젊은층의 관심도를 더욱 제고
④ 고급스러운 브랜드 이미지를 구축하고 정부의 과도한 규제 정책에 대응
⑤ 혁신적인 기술력을 이용하여 중국의 저가 제품들과의 차별화 전략 구축

 경영이해능력 / SWOT 분석하기

WO 전략은 약점을 극복, 제거함으로써 시장의 기회를 활용하는 것이다.
①·⑤ 위협을 회피하기 위해 강점을 사용하는 ST 전략이다.
② 시장의 기회를 활용하기 위해 강점을 적극 활용하는 SO 전략이다.
④ 시장의 위협을 회피하고 약점을 최소화하거나 없애는 WT 전략이다.

정답 ③

06 △△기업 입사를 준비하는 취업 준비생 은정은 자기소개서 작성 전 해당 기업에 대한 이해를 높이기 위해 SWOT 분석을 했다. 이 분석 결과에 대응하는 전략으로 가장 적절한 것은?

`2020 지역농협`

강점(Strength)	• 강력한 브랜드 평판과 인지도 • 안정적인 체제 하에 지속되는 실적
약점(Weakness)	• 타사 브랜드 대비 고가의 상품 • 느린 혁신 속도와 취약한 기술 경쟁력
기회(Opportunity)	• 모바일 시장 활성화로 신규 수요 확대 • 해외 투자 유치 가능성
위협(Threat)	• 급격하게 변화하는 소비자 요구 • 정부의 지나친 규제 및 개입

내부환경 외부환경	강점(Strength)	약점(Weakness)
기회(Opportunity)	(ㄱ) 기존 신뢰성에 기반을 둔 높은 평판을 강조하며 애플리케이션 가입자 및 이용자 혜택을 강화해 신규 고객을 유치한다.	(ㄴ) 해외 투자자들을 대상으로 창사 이래 안정적으로 달성해 온 실적 및 성과를 홍보해 새로운 투자를 유치한다.
위협(Threat)	(ㄷ) 스마트슈머의 다양한 니즈(Needs)를 충족시키기 위해 신입 인재 채용을 통해 기업 경쟁력을 확보한다.	(ㄹ) 자동화 시스템 도입을 통한 유통 라인 단순화 및 원가 비용 절감을 통해 저비용·고품질 상품을 새롭게 개발한다.

① (ㄱ) ② (ㄴ)
③ (ㄷ) ④ (ㄹ)

 경영이해능력 / SWOT 분석하기

(ㄴ)은 강점(Strength)인 '안정적인 체제 하에 지속되는 실적'을 활용해 기회(Opportunity)인 '해외 투자 유치 가능성'을 높이고자 하는 것으로 SO 전략에 해당한다.
(ㄷ)은 위협(Threat)인 '급격하게 변화하는 소비자 요구'를 충족시키기 위한 방안이다. 스마트슈머(Smartsumer)란 '똑똑한(Smart)'과 '소비자(Consumer)'의 합성어로 이른바 '똑똑한 소비자'를 지칭하는 용어다. 지출을 통해 건강, 문화생활, 인테리어 등 부수적 효과까지 누리는 신 소비계층으로 자기만족형 소비 행태를 보인다.
(ㄹ)은 약점(Weakness)인 '타사 브랜드 대비 고가의 상품', '느린 혁신 속도와 취약한 기술 경쟁력'을 보완하기 위한 방법이다.

정답 ①

07 다음 중 비공식적 조직의 특징을 모두 고르면? 2019 지역농협

> ㉠ 구성원 간의 면접적인 관계를 통해 이루어지는 자연발생적 조직이다.
> ㉡ 인위적인 형식적 절차와 제도화에 의해 만들어진 조직이다.
> ㉢ 분업 전문화의 원리, 조정의 원리 등에 의해 구성 운영된다.
> ㉣ 자생 조직, 심리성 집단의 성격을 띤다.
> ㉤ 자연스러운 의사소통, 자발적 협력관계, 감정의 논리에 의거한 행동방식을 특색으로 한다.
> ㉥ 사립학교와 같은 야생조직과 공립학교와 같은 보호된 조직이 있다.
> ㉦ 적대 감정, 비공식적 의사전달의 역기능을 갖고 있다.

① ㉠, ㉢, ㉣ ② ㉠, ㉣, ㉤ ③ ㉡, ㉢, ㉥
④ ㉠, ㉣, ㉤, ㉦ ⑤ ㉡, ㉤, ㉥, ㉦

 경영이해능력 / 비공식적 조직의 특징 알기

비공식적 조직은 심리적, 감성적인 면의 공통성에 의해 자연발생적으로 결합되는 조직을 말하며 비공식적 조직의 특징은 ㉠, ㉣, ㉤, ㉦이다.

🔑 오답풀이

㉡·㉢·㉥은 공식적 조직의 특징이다.

정답 ④

 HELPFUL TIPS⁺

✅ **조직의 유형**

① 공식조직과 비공식조직
   조직은 공식화 정도에 따라 공식조직과 비공식조직으로 구분할 수 있다. 공식조직은 조직의 구조, 기능, 규정 등이 조직화되어 있는 조직을 의미하며, 비공식조직은 개인들의 협동과 상호작용에 따라 형성된 자발적인 집단조직이다.

② 영리조직과 비영리조직
   조직은 영리성을 기준으로 영리조직과 비영리조직으로 구분할 수 있다. 영리조직은 기업과 같이 이윤을 목적으로 하는 조직이며, 비영리조직은 정부조직을 비롯하여 공익을 추구하는 병원, 대학, 시민단체, 종교단체 등이 해당한다.

09 Chapter FINISH 기출·예상문제 마무리

정답과 해설 043p

01 다음 자료에서 제시된 조직의 특성으로 적절한 것은?

> ○○공단의 사내 봉사 동아리에 소속된 70여 명의 임직원이 연탄 나르기 봉사 활동을 했다. 이날 임직원들은 지역 주민들이 더 따뜻하게 겨울을 날 수 있도록 연탄 총 3,000장과 담요를 직접 전달했다. 사내 봉사 동아리에 소속된 ○○공단 A 대리는 "매년 연말마다 진행하는 연탄 나눔 봉사활동을 통해 지역사회에 도움의 손길을 전할 수 있어 기쁘다."라며 "오늘의 작은 손길이 큰 불씨가 되어 많은 분들이 따뜻한 겨울을 보내길 바란다."라고 말했다.

① 이윤을 목적으로 하는 조직
② 인간관계에 따라 형성된 자발적인 조직
③ 목적 달성을 위해 의도적으로 형성된 조직
④ 규모와 기능 그리고 규정이 조직화되어 있는 조직
⑤ 조직 구성원들의 행동을 통제할 장치가 마련되어 있는 조직

02 다음 중 조직목표의 기능에 대한 설명으로 옳지 않은 것은?

① 조직목표는 조직 구성원의 의사결정 기준이 된다.
② 조직목표는 조직이 나아갈 방향을 제시해 준다.
③ 조직목표는 조직 구성원의 행동에 동기를 유발한다.
④ 조직목표는 조직을 운영하는 데 융통성을 제공한다.
⑤ 조직목표는 조직이 존재하는 이유에 대한 정당성과 합법성을 제공한다.

03 다음 내용에 해당되는 조직체계 구성요소는?

> 조직 구성원들 간의 공유된 행동양식이나 가치를 의미하며 일체감과 정체성을 부여하고 조직이 안정적으로 유지되게 한다.

① 조직목표　　② 인사규칙　　③ 조직구조
④ 경영자　　　⑤ 조직문화

04 다음 조직도를 보고 이해한 내용으로 적절하지 않은 것은?

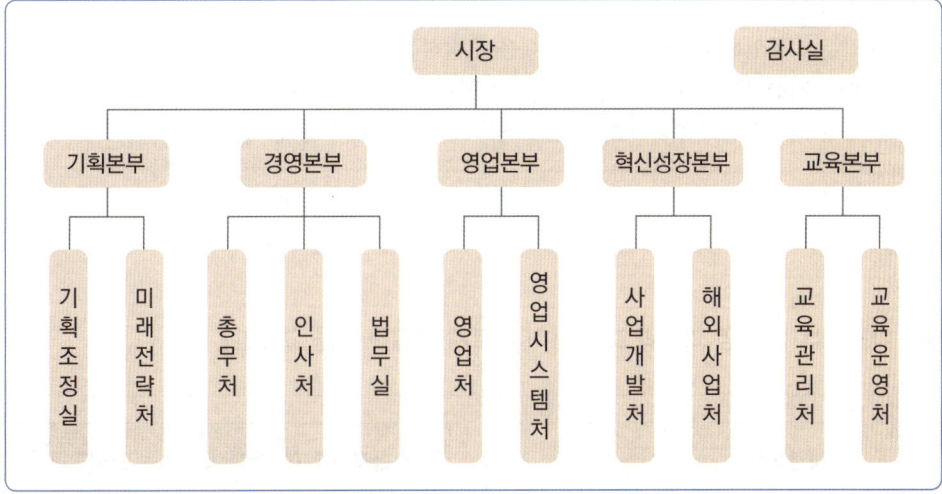

① 5개 본부, 9개 처, 3개 실로 구성되어 있다.
② 감사실은 사장 직속이 아니다.
③ 미래전략처와 총무처는 기획본부 소속이다.
④ 인사 관련 업무는 경영본부에서 다룬다.
⑤ 해외사업과 관련된 업무는 혁신성장본부에서 다룬다.

05 조직문화를 유연성·자율성 추구, 안정·통제 추구, 조직 내부 단결·통합 추구, 외부 환경에 대한 대응 추구에 따라 다음과 같은 네 가지 유형으로 구분했을 때, 합리문화에 대한 설명으로 옳지 않은 것은?

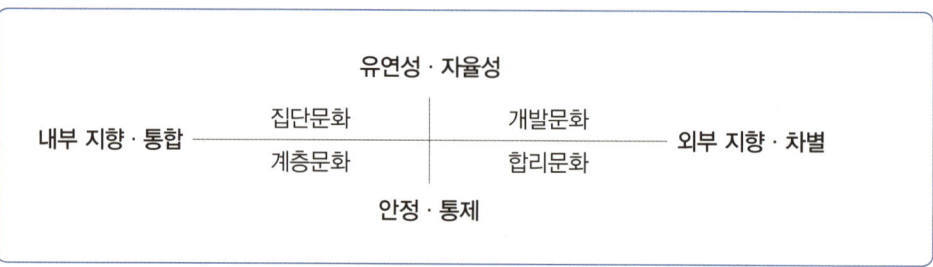

① 조직의 목표를 명확하게 설정해서 합리적으로 달성한다.
② 주어진 과업을 효과적으로 수행하기 위해서 실적을 중시한다.
③ 직무에 몰입하며 미래를 위한 계획을 수립하는 것을 강조한다.
④ 관계 지향적이며 조직 구성원 간 인간관계를 중시하는 문화이다.
⑤ 과업 지향적이며 결과 지향적인 조직으로서 업무 완수를 강조한다.

06 다음 제시된 경영 과정과 그 내용이 바르게 연결된 것을 고르면?

ⓐ 경영계획	㉠ 수행과정 통제, 수행결과 감독, 교정활동
ⓑ 경영실행	㉡ 미래상 설정, 대안 분석, 실행방안 선정
ⓒ 경영통제 및 평가	㉢ 목적 달성을 위한 실행활동, 조직 구성원 관리

① ⓐ-㉠, ⓑ-㉡, ⓒ-㉢
② ⓐ-㉡, ⓑ-㉢, ⓒ-㉠
③ ⓐ-㉢, ⓑ-㉡, ⓒ-㉠
④ ⓐ-㉠, ⓑ-㉢, ⓒ-㉡
⑤ ⓐ-㉡, ⓑ-㉠, ⓒ-㉢

07 세계적인 기업 맥킨지(McKinsey)는 조직문화의 구성요소와 이들의 상호작용을 '7-S 모형'으로 개념화했다. 다음 중 '7-S 모형'에 포함되지 않는 것은?

① 관리기술　　　　② 경영자　　　　③ 구성원
④ 전략　　　　　　⑤ 구조

08 다음 중 경영의 구성요소에 대한 설명으로 가장 적절한 것은?

① 조직에서 일하고 있는 구성원들의 직무 수행 방법은 경영의 구성요소 중 '시간 자원'에 해당한다.
② 경영을 위해서는 조직의 목적을 달성하기 위한 과정과 방법을 뜻하는 '전략'이 필요하다.
③ 기업 내 모든 자원을 조직화하는 것이 '경영목적'이다.
④ 경영의 구성요소는 일반적으로 경영목적, 인적자원, 시간, 자금, 전략 다섯 가지로 구분된다.
⑤ 경영활동을 위해서는 경영활동에 사용할 수 있는 돈인 '자금'이 있어야 한다.

09 다음은 무엇에 관한 설명인가?

> 공사를 진행하기 위한 계획을 작성할 때 어떠한 방법과 어떠한 공정의 진전 방법을 이용해야 인원이나 자재의 낭비를 막고 공정기간을 단축할 수 있는지를 밝히는 공정관리기법으로, 작업의 순서나 진행 상황을 한눈에 파악할 수 있도록 작성한다.

① JIT　　　　　② STP　　　　　③ PERT
④ MIS　　　　　⑤ OJT

[10~11] 다음 제시된 글을 읽고 물음에 답하시오.

> 경영학자 헨리 민츠버그(H. Mintzberg)는 기업 현장에 대한 심층적인 조사를 통해 경영자가 공통적으로 수행하는 역할(Managerial Roles)을 10가지로 구분했다. 모든 경영자들은 세 가지로 분류된 역할에서 제시된 열 가지 지위를 효율적으로 수행해야 함을 강조했다.

10 다음 중 민츠버그(H. Mintzberg)가 구분한 경영자 역할에 대한 설명으로 옳지 않은 것은?

① 경영자는 각자의 기술과 능력에 따라 독립적인 경영자 역할을 수행해야 한다.
② 경영자는 조직의 대표자로서 조직 구성원들의 리더이자 연결고리 역할을 한다.
③ 경영자는 조직 내 문제를 해결할 뿐만 아니라 대외적 협상을 주도하는 역할을 한다.
④ 경영자는 외부환경과 관련된 정보를 관찰·수집해 구성원들에게 전달하는 역할을 한다.
⑤ 경영자는 기업의 성과를 높이기 위해 경영활동뿐 아니라 경영자의 역할을 성공적으로 수행해야 한다.

11 다음 중 민츠버그(H. Mintzberg)에 따른 10가지 경영자 역할이 올바르게 구분되지 않은 것을 모두 고르면?

대인관계 역할	정보수집 역할	의사결정 역할
(ㄱ) 대표(Figure Head) (ㄴ) 리더(Leader) (ㄷ) 기업가(Entrepreneur) (ㄹ) 협상가(Negotiator)	(ㅁ) 정보탐색자(Monitor) (ㅂ) 정보보급자(Disseminator) (ㅅ) 연락자(Liaison)	(ㅇ) 대변인(Spokesperson) (ㅈ) 문제해결자 (Disturbance Handler) (ㅊ) 자원배분자 (Resource Allocator)

① (ㄴ), (ㄷ), (ㅇ), (ㅈ)
② (ㄴ), (ㄷ), (ㅅ), (ㅇ)
③ (ㄷ), (ㄹ), (ㅅ), (ㅈ)
④ (ㄷ), (ㄹ), (ㅅ), (ㅇ)
⑤ (ㄹ), (ㅅ), (ㅇ), (ㅈ)

12 ○○도시락 업체에서 근무하는 K 사원은 현재 회사의 상황이 어떤지 분석하기 위해 SWOT 분석을 활용하였다. 주어진 분석 결과에 대응하는 전략으로 적절한 것은?

강점(Strength)	약점(Weakness)
• 신뢰성 있는 브랜드 이미지 • 투자자들의 적극적인 투자	• 식재료비의 증가 • 영업 전략 미보유
기회(Opportunity)	위협(Threat)
• 유통 경로의 확대 • 방송 프로그램 마케팅의 기회	• 경쟁 업체의 제품 경쟁력 향상 • 유명 브랜드의 도시락 새벽 배달 서비스 시작

① SO 전략(강점-기회 전략) : 방송 프로그램에 도시락을 협찬하여 브랜드의 신뢰성을 상승시키고 투자를 증대시킨다.
② SO 전략(강점-기회 전략) : 투자자들에게 투자를 받아 배달 서비스를 시작한다.
③ ST 전략(강점-위협 전략) : 다양한 영업 전략을 세운 후 온라인과 산간 지역의 유통 경로를 확대해 영업 경쟁력을 강화시킨다.
④ WO 전략(약점-기회 전략) : 영업 전략을 세우고 1+1 전략으로 경쟁 업체를 견제한다.
⑤ WT 전략(약점-위협 전략) : 유통 경로를 확대해 투자자들의 투자를 확보한다.

13 다음 제시된 세계화의 성격과 그 내용이 바르게 연결된 것을 고르면?

ⓐ 자본주의적 속성	㉠ 세계 문화 형태의 보편성에 중점을 두고 있다. 그러면서도 다른 민족의 우수한 문화에 대한 동경도 함께 지니고 있는 것이 일반적이다.
ⓑ 문화주의적 속성	㉡ 개방화와 동일한 개념으로 경제적 보호주의를 표방하는 보호무역 정책으로부터 벗어나 시장 경제에 의한 경제적 개방을 의미한다.
ⓒ 평화주의적 속성	㉢ 전쟁에 대한 모든 인류의 공동 대처 방식으로 평화로운 국제 사회의 건설에 대한 갈망과 희망이다.

① ⓐ-㉠, ⓑ-㉡, ⓒ-㉢
② ⓐ-㉡, ⓑ-㉢, ⓒ-㉠
③ ⓐ-㉢, ⓑ-㉠, ⓒ-㉡
④ ⓐ-㉠, ⓑ-㉢, ⓒ-㉡
⑤ ⓐ-㉡, ⓑ-㉠, ⓒ-㉢

[14~15] 다음은 ○○기업에서 고시한 결재 양식 규정이다. 다음의 내용을 읽고 이어지는 물음에 답하시오.

2019 지역농협

결재 규정

- 결재를 받으려는 업무에 대해서는 최고결재권자(대표)를 포함한 이하 직책자의 결재를 받아야 한다.
- 전결이란 업무를 수행함에 있어 최고결재권자의 결재를 생략하고, 최고결재권자로부터 권한을 위임받은 자가 자신의 책임하에 최종적으로 의사 결정을 하는 행위를 말한다.
- 전결사항에 대해서도 위임받은 자를 포함하여 이하 직책자의 결재를 받아야 한다.
- 결재를 올리는 자는 최고결재권자로부터 결재 권한을 위임받은 자가 있는 경우 결재란에 전결이라고 표시하고 최종 결재란에 위임받은 자를 표시한다.
- 결재가 불필요한 직책자의 결재란은 상향 대각선으로 표시한다.
- 최고결재권자의 결재사항 및 최고결재권자로부터 위임된 전결사항은 아래의 표에 따른다.

구분	내용	금액 기준	결재 서류	팀장	부장	대표
출장비	숙박비, 교통비, 식비	30만 원 이하	출장계획서, 출장비 신청서	●, ▲		
		70만 원 이하		●	▲	
		70만 원 초과			●	▲
소모품	사무용품	–	지출결의서	▲		
	기타 소모품	30만 원 이하		▲		
		30만 원 초과			▲	
교육비	사내외 교육	50만 원 이하	기안서, 수강 신청서	●		▲
		50만 원 초과				●, ▲
법인카드	법인카드 사용	50만 원 이하	법인카드 사용 신청서	▲		
		100만 원 이하			▲	
		100만 원 초과				▲
접대비	식대, 경조사비	30만 원 이하	기안서, 접대비지출품의서		●	
		70만 원 이하			●	
		70만 원 초과				●

● : 기안서, 출장계획서, 접대비지출품의서
▲ : 지출결의서, 각종 신청서

14 인사팀에서 근무하는 H 사원은 1회에 3만 원인 영어 강의를 15회 수강하였다. H 사원이 작성해야 할 결재 양식으로 옳은 것은?

①
기안서				
결재	담당	팀장	부장	최종 결재
	H	전결		팀장

②
기안서				
결재	담당	팀장	부장	최종 결재
	H		전결	부장

③
수강 신청서				
결재	담당	팀장	부장	최종 결재
	H			대표

④
수강 신청서				
결재	담당	팀장	부장	최종 결재
	H		전결	부장

⑤
수강 신청서				
결재	담당	팀장	부장	최종 결재
	H			대표

15 다음의 상황에서 결재 양식을 작성한다고 할 때 최고결재권자가 다른 경우는?

① 법인카드로 70만 원어치 간식을 구매한 T 대리의 법인카드 사용 신청서
② 20만 원으로 거래처와 식사를 한 I 팀장의 접대비지출품의서
③ 30만 원치 소모품을 구입하고자 하는 G 사원의 지출결의서
④ 100만 원으로 출장을 갈 예정인 E 대리의 출장계획서
⑤ 수강료가 30만 원인 사내 교육에 참여하는 R 사원의 기안서

16 다음 중 조직에서 업무가 배정되는 방법에 대한 설명으로 틀린 것은?

① 업무를 배정하면 조직을 가로로 구분하게 된다.
② 업무를 배정할 때에는 일의 동일성, 유사성, 관련성에 따라 이루어진다.
③ 조직의 업무는 조직 전체의 목적을 달성하기 위해 배분된다.
④ 직위는 수행해야 할 업무가 할당되고 그 업무를 수행하는 데 필요한 권한과 책임이 부여된 조직상의 위치이다.
⑤ 직위는 조직의 업무체계 중에서 하나의 업무가 차지하는 위치이다.

17 다음은 국제 사회에서 외국인과 접하게 되는 상황과 국제 비즈니스 매너에 대한 설명이다. 옳은 것을 모두 고르면?

> ㉠ 영미권에서 악수를 할 때에는 일어서서, 상대방의 눈이나 얼굴을 보면서, 오른손으로 상대방의 오른손을 잠시 힘주어서 잡았다가 놓아야 한다.
> ㉡ 업무용 명함은 악수를 한 이후 교환하며, 아랫사람이나 손님이 먼저 꺼내 오른손으로 상대방에게 주고, 받는 사람은 두 손으로 받는 것이 예의이다.
> ㉢ 미국인은 시간을 돈과 같이 생각해서 시간엄수를 매우 중요하게 생각하며, 시간을 지키지 않는 사람과는 같이 일을 하려고 하지 않는다.
> ㉣ 서양요리에서 포크와 나이프는 바깥쪽에서 안쪽 순으로 사용한다. 수프는 소리 내면서 먹지 않으며, 뜨거울 경우 입으로 불어서 식히지 않고 숟가락으로 저어서 식혀야 한다.
> ㉤ 생선요리는 뒤집어 먹지 않고, 스테이크는 처음에 다 잘라 놓지 않고 자르면서 먹는 것이 좋다.

① ㉠, ㉡, ㉣
② ㉡, ㉢, ㉣
③ ㉡, ㉢, ㉣, ㉤
④ ㉠, ㉡, ㉢, ㉣
⑤ ㉠, ㉡, ㉢, ㉣, ㉤

Chapter 10
직업윤리

직업윤리는 업무를 수행함에 있어 원만한 직업생활을 위해 필요한 태도와 올바른 직업관을 말한다.

직업윤리는 일에 대한 존중을 바탕으로 근면 성실하고 정직하게 업무에 임하는 자세인 **근로윤리**, 인간 존중을 바탕으로 책임감 있고 규칙을 준수하며 예의 바른 태도로 업무에 임하는 자세인 **공동체윤리** 등으로 구분된다.

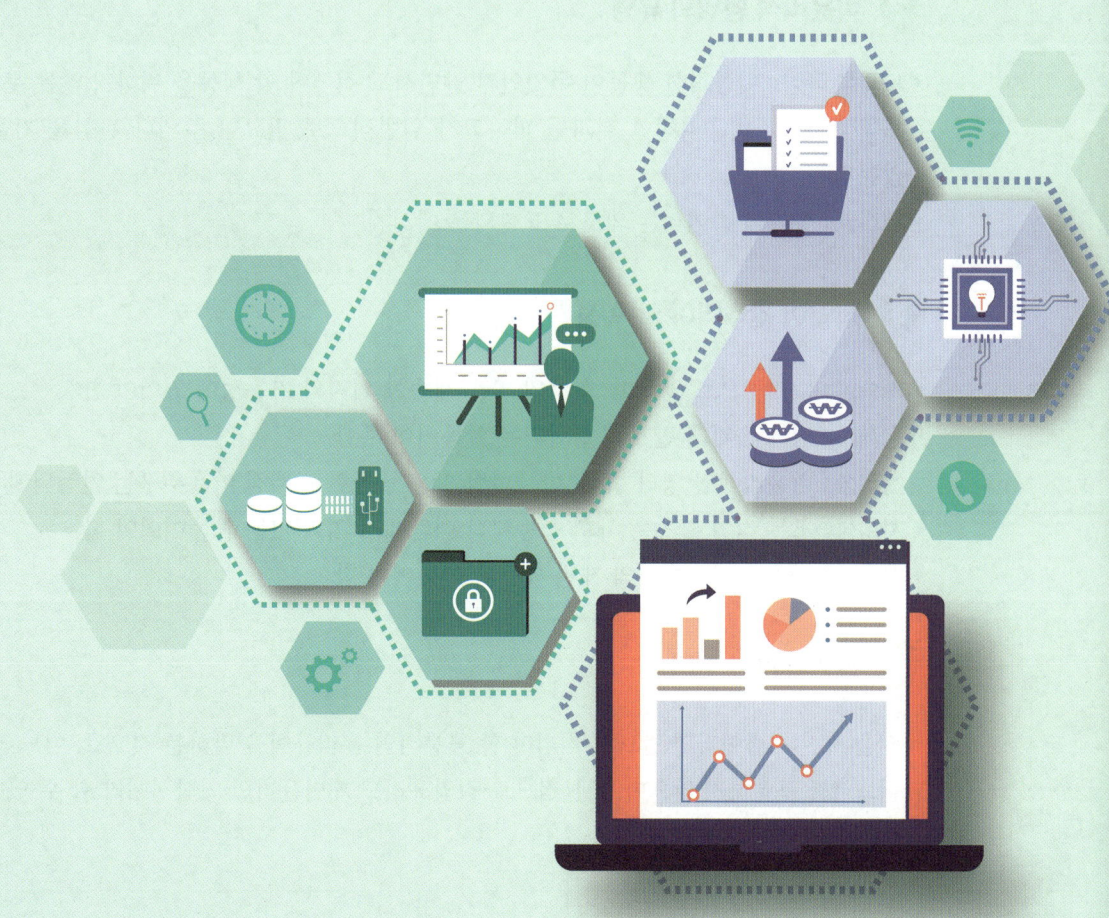

Chapter 10 START
NCS 모듈 학습

개념정리 • 직업윤리

1 윤리의 의미와 중요성

윤리란 '인간과 인간 사이에서 지켜져야 할 도리를 바르게 하는 것', '인간사회에 필요한 올바른 질서'로 살아가는 동안 해야 할 것과 하지 말아야 할 것, 책임과 의무 등을 의미한다. 인간은 결코 혼자서는 살아갈 수 없는 사회적 동물이며, 사람이 윤리적으로 살아야 하는 이유는 '윤리적으로 살 때 개인의 행복, 모든 사람의 행복을 보장할 수 있기 때문'이다.

2 비윤리적 행위의 유형

- **도덕적 타성** : 바람직한 행동이 무엇인지 알면서도 취해야 할 행동을 취하지 않는 무기력
- **도덕적 태만** : 비윤리적인 결과를 피하고자 일반적으로 필요한 주의나 관심을 기울이지 않는 것
- **거짓말** : 상대를 속이려는 의도로 표현되는 메시지

3 직업이 갖추어야 할 속성

- **계속성** : 주기적으로 일하며, 현재의 일을 계속할 의지와 가능성이 있어야 함
- **경제성** : 경제적 거래 관계가 성립되는 활동이어야 함
- **윤리성** : 비윤리적인 영리 행위, 반사회적 활동을 통한 경제적 이윤추구는 인정되지 않음
- **사회성** : 모든 직업 활동은 사회 공동체적 맥락에서 의미 있는 활동이어야 함
- **자발성** : 속박된 상태에서의 제반 활동이 아니어야 함

4 직업윤리의 의미

직업을 가진 사람이라면 반드시 지켜야 할 공통적인 윤리규범을 말하는 것으로, 어느 직장에 다니느냐를 구분하지 않으며, 기본적으로 직업윤리도 개인윤리의 연장선이라 할 수 있다.

5 일반적인 직업윤리의 덕목

- **소명의식** : 자신의 일은 하늘에 의해 맡겨진 것이라 생각하는 태도
- **천직의식** : 자신의 일은 능력과 적성이 꼭 맞다 여기고 열성을 가지고 성실히 임하는 태도
- **직분의식** : 자신의 일이 사회나 기업을 위해 중요한 역할을 하고 있다고 믿는 태도
- **책임의식** : 직업에 대한 사회적 역할과 책무를 충실히 수행하고 책임을 다하는 태도
- **봉사의식** : 직업을 통해 다른 사람과 공동체에 대해 봉사하는 정신을 갖추고 실천하는 태도
- **전문가의식** : 자신이 맡은 일의 분야에 대한 지식과 교육을 밑바탕으로 일을 성실히 수행하는 태도

6 직업윤리의 5대 기본 원칙

- **객관성의 원칙** : 업무의 공공성을 바탕으로 공사구분을 명확히 하고, 모든 것을 숨김없이 투명하게 처리하는 것
- **고객중심의 원칙** : 고객에 대한 봉사를 최우선으로 생각하고 현장중심, 실천중심으로 일하는 것
- **전문성의 원칙** : 자기업무에 전문가로서의 능력과 의식을 가지고 책임을 다하며, 능력을 연마하는 것
- **정직과 신용의 원칙** : 업무와 관련된 모든 것을 정직하게 수행하고, 본분과 약속을 지켜 신뢰를 유지하는 것
- **공정경쟁의 원칙** : 법규를 준수하고, 경쟁원리에 따라 공정하게 행동하는 것

7 개인윤리와 직업윤리의 조화

- 직업윤리는 개인윤리를 바탕으로 성립되는 규범이지만, 상황에 따라 두 윤리가 충돌하거나 배치하기도 한다. 개인윤리가 일반적 원리규범이라면 직업윤리는 구체적 상황에서의 실천규범이라고 이해해야 한다.
- 업무 수행상 직업윤리와 개인윤리가 충돌할 경우 행동기준으로는 직업윤리가 우선되지만 다른 한편으로는 기본적 윤리기준에 입각한 개인윤리를 준수하고 공인으로서의 직분을 수행하려는 지혜와 노력이 필요하다.

하위능력1 • 근로윤리

1. 근로윤리란?

직장 생활에서 일에 대한 존중을 바탕으로 근면 성실하고 정직하게 업무에 임하는 자세를 가리킨다.

2. 근면의 의미 NEW

사전에서 근면(勤勉)은 '부지런히 일하며 힘씀'(표준국어대사전)으로 풀이하고 있으며, 사회 과학적 연구에서는 근면의 개념적 특성을 크게 다음과 같이 구분한다.

고난의 극복	▶	행위자가 환경과의 대립을 극복해 나가는 과정에서 발현
비선호의 수용	▶	고난을 극복하고자 금전과 시간, 에너지를 사용할 수 있도록 준비
장기적·지속적	▶	끊임없이 달성이 유예되는 가치지향적인 목표 속에서 재생산됨

3. 근면의 종류

강요당한 근면	• 삶을 유지하기 위한 목적으로 오랜 시간 동안 열악한 노동 조건하에서 기계적으로 일을 했던 것 • 외부로부터의 압력이 사라지면 아무것도 남지 않음
자진해서 하는 근면	• 자신의 것을 창조하여 조금씩 자신을 발전시켜, 자아를 확립시켜 감 • 능동적이며 적극적인 태도가 우선시되어야 함

4. 우리 사회의 근면성 NEW

"20세기 성장을 육체노동의 생산성 향상이 이끌었다면, 21세기는 지식노동의 생산성이 이끌어야 한다."는 경영학자 피터 드러커(Peter Drucker)의 말처럼, 미래 사회에서는 일하는 양보다 일의 질을 추구하며, 근면을 기반으로 한 창의와 혁신이 뒷받침되어야 한다.
따라서 앞으로의 근면은 조금 다른 방식으로 구현될 필요가 있다.
즉 조직이나 타인 등 외부로부터 요구되는 일과 노동을 수행하기 위한 근면보다는 개인의 성장과 자아의 확립, 나아가 행복하고 자유로운 삶을 살기 위한 근면으로 구현될 필요가 있다.

5 정직의 의미

정직(正直)은 '마음에 거짓이나 꾸밈이 없이 바르고 곧음'을 의미한다. 사회시스템은 구성원 서로가 신뢰하는 가운데 운영이 가능한 것이며, 그 신뢰를 형성하고 유지하는 데 필요한 가장 기본적이고 필수적인 규범이 바로 정직이다.

6 우리 사회의 정직성 NEW

국제투명성기구(TI ; Transparency International)에서 발표한 국가별 부패인식지수(CPI)에 따르면 우리나라는 국가별 순위에서 2010년 39위, 2011년 이후 줄곧 40위권에 머물렀고, 2019년 9년 만에 세계 180개국 중 39위를 회복하였다. 이러한 결과는 우리나라의 도덕적 위기에 대한 심각성을 보여 주고 있다. 우리 사회의 심각한 도덕적 위기 문제는 근본적으로 정직성의 문제를 의미하는 것이라고 할 수 있다.

7 성실의 의미

성실(誠實)은 '정성스럽고 참됨'으로 정의된다. 심리학자들은 '책임감이 강하고 목표한 바를 이루기 위해 목표 지향적 행동을 촉진하며 행동의 지속성을 갖게 하는 성취 지향적인 성질'로 설명하기도 한다. 이러한 개인의 성향은 사회규범이나 법을 존중하고 충동을 통제하여 목표 지향적 행동을 조직하고 유지하며 목표를 추구하도록 동기를 부여하는 특징을 갖는다.

8 우리 사회의 성실성 NEW

창조, 변혁, 개혁, 혁신 등의 가치가 강조되는 현대 사회에서 성실은 다분히 도덕적 영역으로 그 범위가 위축되는 경향을 보이지만, 사회 구성원이 공동의 목표를 효율적으로 추구할 수 있게 하는 가장 확실한 사회적 자본으로 인식되고 있다.

그러나 성실이 항상 긍정적인 측면만 지니는 것은 아니며, 현대 사회와 어울리지 않는 한계성 또한 지니고 있다. 따라서 그 한계성을 명확히 인식하고 현대 사회의 성격에 부합하도록 성실의 전환을 시도하는 데 소홀해서는 안 된다.

1. 근로윤리 » 바로확인문제

01 다음 중 근면과 정직에 대한 설명이 잘못된 것은?

① 근면의 사전적 정의는 '부지런히 일하며 힘씀'이며, 정직의 사전적 정의는 '마음에 거짓이나 꾸밈이 없이 바르고 곧음'이다.
② 근면은 장기적이고 지속적인 행위 과정으로 인내를 요하며, 정직은 신뢰를 형성하기 위해 필요한 규범이다.
③ 정직은 사회 체제의 유지를 위한 기본 조건이라기보다는 인간으로서 갖추어야 할 기본적인 덕목으로 인식하는 것이 일반적이다.
④ 근면은 비선호의 수용 차원에서 개인의 절제나 금욕을 반영한다.
⑤ 사람은 혼자 살아갈 수 없으므로 다른 사람과의 신뢰가 필요하다.

> **근로윤리 / 근면과 정직의 의미 파악하기**
> 사회시스템은 구성원 서로의 신뢰가 있어야 운영이 가능하며, 그 신뢰를 형성하고 유지하는 데 필요한 가장 기본적이고 필수적인 규범이 정직이다. 따라서 정직은 사회 체제의 유지를 위한 기본 조건이라 할 수 있다.
>
> 정답 ③

02 오늘날 우리 사회의 근면성에 대한 설명으로 바르지 않은 것은?

① 한국인의 이미지에 대한 조사에 의하면, '근면'과 '일 중독'이 대표적인 이미지로 나타났다.
② 근면은 과거 한국사회의 가난을 이기는 유일한 수단으로 이해되었다.
③ 2018년 OECD 회원국 기준 임금근로자의 연간 근로시간 순위에서 우리나라 근로시간은 독일, 일본, 미국과 비슷한 수준으로 나타났다.
④ 경쟁 사회에서 발생하는 과도한 자기개발, 노동 중독 등의 현상은 개인 삶의 질을 저해하는 원인으로 지목되기도 한다.
⑤ 외부로부터 요구되는 일과 노동을 수행하기 위한 근면보다는 개인의 성장과 자아의 확립, 나아가 행복하고 자유로운 삶을 살기 위한 근면으로 구현될 필요가 있다.

> **근로윤리 / 우리 사회의 근면성 이해하기**
> 2018년 기준 우리나라의 연간 근로시간은 1,967시간으로 5위인 반면, 시간당 노동 생산성은 39.6달러로 28위에 그쳤다.
>
> 정답 ③

03 다음 중 정직과 신용을 구축하기 위한 지침으로 적절하지 않은 것은?

① 부정직한 관행은 인정하지 않는다.
② 실수한 것은 정직하게 인정하고 밝힌다.
③ 개인적인 인정에 치우쳐 부정직한 것에 눈감지 않도록 한다.
④ 정직한 이미지에 해가 되지 않도록 잘못한 것은 되도록 감춘다.
⑤ 신뢰는 축적되는 것이므로 정직과 신용을 매일 조금씩 쌓아가야 한다.

 근로윤리 / 정직과 신용 구축하기

잘못한 것에 대하여 정직하게 인정하고 밝히는 것은 잘못을 줄이고 더 큰 잘못을 막기 위한 최고의 전략이다.

정답 ④

04 다음 중 강요당한 근면과 자진해서 하는 근면의 사례로 옳은 것을 고르면?

> ㉠ 상사의 명령으로 잔업을 한다.
> ㉡ 영업사원이 자신의 성과를 높이기 위해 노력한다.
> ㉢ 회사 내 진급시험을 위해 외국어 공부를 한다.
> ㉣ 삶을 유지하기 위해 기계적으로 일을 한다.

	강요당한 근면	자진해서 하는 근면
①	㉠, ㉢	㉡, ㉣
②	㉠, ㉣	㉡, ㉢
③	㉡, ㉢	㉠, ㉣
④	㉡, ㉣	㉠, ㉢
⑤	㉢, ㉣	㉠, ㉡

 근로윤리 / 근면의 종류 파악하기

상사의 명령으로 잔업을 하는 것과 삶을 유지하기 위해 기계적으로 일을 하는 것은 외부로부터 강요당한 근면인 반면, 자신의 성과를 높이기 위해 노력하는 것과 진급을 위해 외국어 공부를 하는 것은 자진해서 하는 근면이다. 따라서 정답은 ②이다.

정답 ②

하위능력 2 • 공동체윤리

1 공동체윤리란?

인간 존중을 바탕으로 봉사하며 책임감 있게 규칙을 준수하고, 예의 바른 태도로 업무에 임하는 자세이다.

2 봉사와 책임의식의 의미

- **봉사** : 봉사의 사전적 의미는 '국가나 사회 또는 남을 위하여 자신의 이해를 돌보지 아니하고 몸과 마음을 다하여 일하는 것'이다. 현대 사회의 직업인에게 봉사란 자신보다는 고객의 가치 최우선으로 하는 서비스 개념이다.
- **책임의식** : 직업에 대한 사회적 역할과 책무를 충실히 수행하고 책임지려는 태도이며, 맡은 업무를 어떠한 일이 있어도 수행해 내는 태도이다.

3 기업의 사회적 책임 NEW

최근 기업도 단순히 이윤 추구를 하는 집단의 형태를 벗어나 벌어들인 이익의 일부를 사회로 환원하는 개념인 '기업의 사회적 책임(Corporate Social Responsibility ; CSR)'을 강조하는 형태로 변화하고 있다.

4 준법

준법은 민주 시민으로서 기본적으로 지켜야 하는 의무이며 생활 자세이다. 민주 사회의 법과 규칙을 준수하는 것은 시민으로서의 자신의 권리를 보장받고, 다른 사람의 권리를 보호해 주며 사회 질서를 유지한다.

5 우리나라 준법의식 NEW

우리 사회는 민주주의와 시장경제를 지향하지만 그것이 제대로 정착될 만한 사회적·정신적 토대를 갖추지 못하고 있다. 선진국들과 경쟁하기 위해서는 개개인의 의식변화와 함께 체계적 접근과 단계별 실행을 통한 제도와 시스템 확립이 필요하다.

6 예절의 의미

예절은 일정한 생활문화권에서 오랜 생활습관을 통해 하나의 공통된 생활방법으로 정립되어 관습적으로 행해지는 사회계약적인 생활규범으로, 예절의 핵심은 상대를 존중하는 마음이다.

7 일터에서의 예절 NEW

악수	• 비즈니스에서 가장 일반적인 인사법이며, 기본적으로 오른손으로 한다. • 우리나라는 악수할 때 가볍게 절을 하지만 서양에서는 허리를 세운 채 악수한다. • 윗사람이 아랫사람에게, 여성이 남성에게, 선배가 후배에게, 상급자가 하급자에게 청하는 게 예의다.
네티켓	• 네트워크(Network)와 에티켓(Etiquette)의 합성어로 통신상의 예절을 뜻한다. • 효율적인 업무가 가능한 인터넷과 이메일, SNS 등은 가장 많이 사용되는 매체이다. • 개인의 프라이버시 침해와 정보 유출, 범죄, 허위정보의 유통, 해킹 등의 정보화의 역기능에 대해서도 각별히 유의해야 한다.

8 상호존중의 문화 NEW

직장 내 괴롭힘	• 2017년 국가인권위원회에 따르면 직장인의 73.3%가 괴롭힘 피해를 경험했다고 답했다. • '업무와 관련된 상황에서 피해자에게 괴로움을 주는 모든 언행'을 의미한다. • 폭력·폭언 등 명백한 괴롭힘 행위, 사적 업무 지시, 회식 참여나 음주와 흡연 등의 강요, 능력 이하의 업무 또는 매우 적은 업무만을 주는 경우, 지나친 업무 감시, 실적을 뺏거나 적절하게 인정해 주지 않는 경우 등 다양한 행위가 있다.
성희롱	• '2018 성희롱 실태조사 결과'에 따르면, 전체 응답자 약 1만 명 중 8.1%가 최근 3년간 직장에서 성희롱 피해를 경험한 적이 있다고 응답했다. • 성희롱은 '업무와 관련하여 성적 언어나 행동 등으로 굴욕감을 느끼게 하거나 성적 언동 등을 조건으로 고용상 불이익을 주는 행위'이다. • 형사처벌 대상으로서의 범죄행위인 '성추행'이나 '성폭행'과는 구분되어 형사처벌 대상은 아니지만, 성희롱 행위에 대해 회사는 필요한 인사조치 또는 징계조치를 해야 하고, 피해자는 가해자에게 민사상 손해배상을 청구할 수 있다. • 법률적인 기준의 특징은 가해자가 '의도적으로 성희롱을 했느냐'를 중시하는 것이 아니라, 피해자가 '성적 수치심이나 굴욕감을 느꼈는지 아닌지'를 중요한 기준으로 삼는다.

2. 공동체윤리 》 바로확인문제

01 다음 중 봉사에 대한 설명으로 바르지 않은 것은?

① 봉사의 사전적 의미는 국가나 사회 또는 남을 위하여 자신의 이해를 돌보지 아니하고 몸과 마음을 다하여 일하는 것을 의미한다.
② 현대 사회의 직업인에게 봉사란 자신보다는 고객의 가치를 최우선으로 하고 있는 서비스 개념으로도 볼 수 있다.
③ 봉사는 어려운 사람을 돕는 자원봉사만 의미한다.
④ 봉사는 상대방을 위해 도움이나 물건을 제공하는 일을 통틀어 말한다.
⑤ 일 경험을 통해 다른 사람과 공동체에 대하여 봉사하는 정신을 갖추고 실천하는 태도이다.

 공동체윤리 / 봉사의 의미 이해하기

봉사란 어려운 사람을 돕는 자원봉사만 의미하는 것이 아니라, 자원봉사를 포함한 의미로, 나라나 사회 또는 남을 위하여 자신의 이해를 돌보지 아니하고 몸과 마음을 다하여 일하는 것을 의미한다.

정답 ③

02 다음 중 책임에 대한 설명으로 옳은 것을 모두 고르면?

㉠ 주어진 업무 또는 스스로 맡은 업무를 어떠한 일이 있어도 수행해 내는 태도이다.
㉡ 모든 일을 책임지기 위해서는 그 상황을 회피하는 것이 최고이다.
㉢ 최근에는 기업의 사회적 책임이 중요하게 강조되고 있다.
㉣ 직업에 대한 사회적 역할을 수행하려는 태도이다.
㉤ 직업인들은 자신이 속한 조직과 사회 속에서 주어진 직분을 충실히 수행해야 한다.

① ㉠, ㉡, ㉣
② ㉠, ㉢, ㉤
③ ㉠, ㉡, ㉢, ㉣
④ ㉡, ㉢, ㉣, ㉤
⑤ ㉠, ㉢, ㉣, ㉤

 공동체윤리 / 책임의 의미 이해하기

모든 일을 책임지기 위해서는 그 상황을 회피하지 않고, 상황을 맞닥뜨려 해결하려는 자세가 필요하다. 따라서 ㉡은 잘못된 설명이다.

정답 ⑤

03 다음 중 준법의 의미와 준법의식에 대해 설명한 것으로 바르지 않은 것은?

① 준법의 사전적 의미는 말 그대로 법과 규칙을 준수하는 것으로, 준법의식이 해이해지면 사회적으로 부패가 싹트게 된다.
② 선진국들과 경쟁하기 위해서는 개인의 의식변화와 이를 뒷받침할 시스템 기반의 확립도 필요하다.
③ 국민법의식조사에 따르면 우리 사회가 법치주의가 구현되지 않는 가장 큰 이유는 '사회 지도층의 법 준수미흡'으로 생각하는 것으로 나타났다.
④ 우리 사회는 민주주의와 시장경제를 지향하지만 그것이 정착될 사회적, 정신적 토대를 갖추지 못하고 있다.
⑤ 사회 구성원의 준법 정도를 묻는 조사연구에 따르면 우리 사회의 준법 정도는 2008년 조사보다 2015년 조사가 더 낮게 평가되고 있다.

공동체윤리 / 봉사의 의미 이해하기

사회 구성원의 준법 정도를 묻는 조사연구에 따르면 2008년에 비해 2015년에 '우리 사회가 법을 잘 지키고 있다.'는 의견이 증가했다. 이러한 의견은 2015년 49.5%에서 2019년 73.9%로 나타나며 지속적으로 증가하는 경향을 보이고 있다.

정답 ⑤

04 다음 중 일터에서의 예절에 대한 설명으로 바르지 않은 것은?

① 왼손잡이는 악수를 왼손으로 해야 한다.
② 직장예절은 비즈니스의 에티켓과 매너를 총칭하는 것이다.
③ 네티켓은 통신상의 예절을 뜻한다.
④ 이메일이나 SNS 등은 올바르게 사용하면 강력한 도구가 될 수 있으나 정보화의 역기능에 대해 각별히 유의하여야 한다.
⑤ 서양에서는 허리를 세운 채 악수하므로 서양인 바이어를 만날 때는 이를 기억해야 한다.

공동체윤리 / 일터에서의 예절 파악하기

악수는 기본적으로 오른손으로 하며, 왼손잡이라도 악수는 오른손으로 한다.

정답 ①

10 Chapter · FOCUS 하위능력 공략

하위능력 1 • 근로윤리

출제 포인트

비윤리적인 사례를 제시하고 이에 대한 대처법을 고르는 형태의 문제, 근면한 자세의 사례로 적절한 것을 고르는 형태의 문제 등이 출제된다.

대표 유형 문제

[01~02] 다음을 읽고 이어지는 물음에 답하시오.

> H 과장은 성격이 활달하고 사교적이다. 회사일 뿐만 아니라 사회 활동에도 무척 적극적이다. 그래서 가끔 지인들이 회사 앞으로 찾아오곤 하는데, 이때 H 과장은 회사 구내식당에서 지인들에게 식사를 대접하며 본인 이름으로 결제하고는 했다. 그러던 어느 날, H 과장은 경영지원팀 K 팀장에게 지적을 받게 되었다. 회사 구내식당에서 지나치게 많은 식대가 H 과장 이름으로 결제되었는데, 도대체 회사 직원 몇 명과 같이 저녁 식사를 했기에 그렇게 많은 비용이 나왔냐는 것이었다. H 과장은 30명에 가까운 인원이 그날 야근을 해서 식대가 많이 나온 거라며 거짓으로 둘러댔다. 얼마 후, 회사 감사팀에서 출퇴근 명부와 식대를 비교해 보고, H 과장의 말이 거짓임이 밝혀졌다. H 과장은 징계를 면할 수 없었고, 결국 견책의 징계를 받게 되었다.

01 다음 중 H 과장에게 요구되는 태도로 가장 적절한 것은?

① 늘 정직하게 임하려는 태도
② 매사에 심사숙고하려는 태도
③ 원만하게 업무수행을 하려는 태도
④ 사명감을 갖고 업무에 임하는 태도
⑤ 단호하게 의사결정을 내리는 태도

 근로윤리 / 정직한 태도 파악하기

회사 직원이 아닌 사람을 회사 구내식당을 이용하게 하였으며, 이에 대한 지적에도 거짓으로 둘러댄 것이 징계의 사유이다. 따라서 H 과장에게 요구되는 태도는 '정직'에 대한 것이다.

정답 ①

02 다음 중 H 과장에게 요구되는 태도에 대한 설명으로 바르지 않은 것은?

① 정직은 성공의 기본 조건이다.
② 신뢰를 형성하는 데 필요한 규범이 정직이다.
③ 정직은 사람과 사람 사이에서 가장 필요한 기본적인 규범이다.
④ 사람은 혼자서는 살아갈 수 없으므로, 다른 사람과의 신뢰가 필요하다.
⑤ 다른 사람이 전하는 말이나 행동에 대한 신뢰가 없어도 사회생활을 하는 데는 별로 지장이 없다.

 근로윤리 / 정직한 태도 이해하기

신뢰는 사회생활의 기본이 되는 중요한 요소이며, 정직하지 않으면 신뢰를 쌓기 어렵다.

정답 ⑤

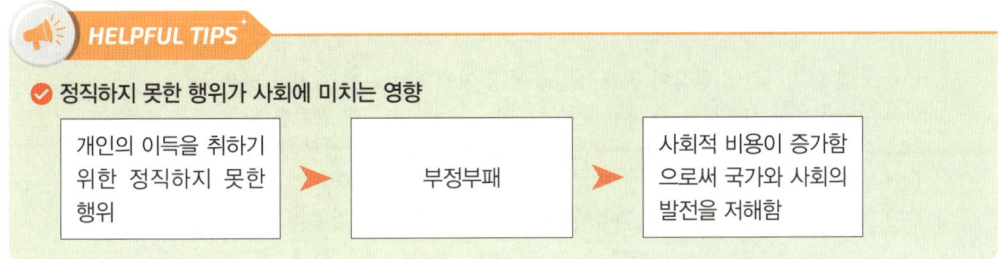

03 다음 중 직장 내에서 정직성에 어긋나는 사례로 적절한 것은?

① 근태를 엄격히 준수한다.
② 사적인 용건에 회사 전화를 쓰지 않는다.
③ 근무시간에 거짓말하고 개인적인 용무를 보지 않는다.
④ 업무 처리에서 발생한 실수를 있는 그대로 상사에게 보고한다.
⑤ 회의가 길어져서 점심시간을 15분 늦게 시작했기 때문에 점심시간을 정해진 시간보다 15분 더 가진다.

 근로윤리 / 직장에서의 정직성 이해하기

회사에서 정해진 시간을 지키는 것은 정직한 생활에 가장 중요한 일이다. 사사로이 점심시간을 연장한 것은 정직성에 어긋나는 사례이다.

정답 ⑤

하위능력 2 • 공동체윤리

출제 포인트

2021 새로 개선된 학습모듈 워크북에서 강조하는 주요 용어는 봉사, 책임의식, 준법, 예절이다. 개선 전에는 주로 직장 내 전화예절, 이메일 예절 등 특정 상황에 어울리는 예절을 고르는 문제가 많이 출제된 바 있다. 주요 용어의 의미와 이를 일 경험과 연결하여 적용시킨 사례형 문제도 출제 가능성이 있다.

대표 유형 문제

01 다음 중 직장 내 괴롭힘에 해당하는 경우를 모두 고르면?

> (ㄱ) 오전 회의시간에 팀장이 공개적으로 특정 직원의 실수를 지적한 경우
> (ㄴ) 상습적으로 지각하는 후배의 출근 시간을 기록하며 근태 관리를 하는 경우
> (ㄷ) 같은 부서 동료 한 사람만 제외한 단체 대화방을 만들어 업무에 활용한 경우
> (ㄹ) 보완이 필요한 서류의 특정 부분을 수차례 지적하며 수정할 것을 요구한 경우
> (ㅁ) 업무 실적이 높은 후배가 특정 상사의 지시를 부당하게 거부하고 무시하는 경우

① (ㄱ), (ㅁ) ② (ㄱ), (ㄴ), (ㄷ) ③ (ㄱ), (ㄴ), (ㅁ)
④ (ㄷ), (ㄹ), (ㅁ) ⑤ (ㄷ), (ㅁ)

공동체윤리 / 직장 내 괴롭힘 구분하기

(ㄷ) 업무와 관련된 상황에서 발생한 고의적 따돌림은 직장 내 괴롭힘으로 인정된다.
(ㅁ) 행위자의 직급이 낮더라도 직장 내 실세라면 직장 내 괴롭힘에 해당할 수 있다.

오답풀이

(ㄱ) 업무 실수에 대한 지적은 직장 내 괴롭힘이라고 보기 어렵다.
(ㄴ) 업무 효율을 떨어트리는 직원의 근태 관리는 직장 내 괴롭힘으로 보기 어렵다.
(ㄹ) 업무 지시를 반복한다고 해서 적정범위를 넘었다고 보기 어렵다.

정답 ⑤

02 다음 중 예절에 대한 설명으로 바르지 않은 것은?

① 예절이란 일정한 생활문화권에서 오랜 생활습관을 통해 하나의 공통된 생활방법으로 성립된 것이다.
② 서양에서는 예절을 에티켓과 매너로 표현한다.
③ 예절은 언어문화권과 상관없이 전 세계 예절은 차이가 없다.
④ 예절의 근본정신은 '인간에 대한 존중'이다.
⑤ 예절은 다소 추상적이고 주관적인 도덕적 이념을 상황에 따른 구체적 형식에 담아 일상적 삶을 가능하게 하는 관습적 규범이다.

공동체윤리 / 예절의 의미 이해하기

예절은 언어문화권과 밀접한 관계를 갖는다. 민족과 나라에 따라 언어가 다르듯이 예절도 국가와 겨레에 따라 달라진다. 또한 예절은 같은 언어문화권이라도 지방에 따라 약간씩 다를 수 있다. 이렇듯 예절이 형식적으로 다양하게 나타나는 것을 '예절의 다양성'이라 한다.

정답 ③

03 다음 중 상호존중의 문화와 관련된 설명으로 잘못된 것은?

① 갑질 행위, 직장 내 괴롭힘, 성차별 등은 우리 사회의 존중하지 않는 실태를 보여준다.
② 직장 내 괴롭힘은 업무와 관련된 상황에서 피해자에게 괴로움을 주는 모든 언행을 말한다.
③ 직장 내 괴롭힘은 폭력, 폭언과 같은 명백한 괴롭힘 행위만을 의미한다.
④ 성차별에 대해서는 여성뿐 아니라 남성도 경험을 호소하고 있다.
⑤ 일 경험을 통한 관계 속에서 우리는 모욕적이고 타인을 비하하는 언어 등 부적절한 언행을 삼가야 한다.

공동체윤리 / 상호존중의 문화 이해하기

직장 내 괴롭힘의 행위 유형은 폭력, 폭언과 같이 명백한 괴롭힘 행위뿐 아니라 사적 업무의 지시, 회식 참여나 음주 및 흡연 등의 강요, 능력 이하의 업무 또는 매우 적은 업무만을 주는 경우, 지나친 업무 감시, 실적을 뺏거나 적절하게 인정해 주지 않는 경우 등 다양한 행위가 있다.

정답 ③

10 Chapter CHECK 주요 기출유형 익히기

01 다음 중 근로윤리 교육 자료집에 넣기 위한 근면 사례로 적절하지 않은 것은?

〔2020 서울교통공사〕

① A 부장 : 다른 사원들보다 30분 일찍 출근하여 당일 업무를 파악한다.
② B 팀장 : 퇴근 후 공동으로 사용하는 회의실과 준비실을 정리한다.
③ C 과장 : 동료들과 신뢰를 쌓기 위해 사소한 약속이라도 잘 지킨다.
④ D 대리 : 매일 아침 맡은 업무와 관련된 기사나 자료 등을 검색한다.
⑤ E 사원 : 일이 남아있으면 업무시간 후에도 야근하며 업무를 수행한다.

 근로윤리 / 근면 사례 판단하기

신뢰를 형성하고 유지하는 데 가장 필요한 규범은 '정직'이다. 다양한 사람과 협력하며 더불어 살아가는 사회 체제가 유지되기 위해서는 정직에 기반을 둔 신뢰가 있어야 한다. 따라서 ③은 근면 사례보다는 정직 사례로 활용되는 것이 적절하다.

Plus 해설

근로윤리의 핵심 규범은 근면한 생활과 정직한 생활, 성실한 생활이다. 이 중 '근면'이란 성공을 이루게 되는 기본 조건으로서 게으르지 않고 부지런할 뿐만 아니라 능동적이고 적극적으로 일에 임하는 태도이다.

정답 ③

02 다음 중 직업윤리와 개인윤리 간 조화를 바르게 이해한 것으로 적절한 것은?

〔2020 서울교통공사〕

① 특정 직업에서는 일반적이고 보편적인 윤리 기준에서 용인되지 않는 특수한 직업의식과 상황이 용인될 수 있다.
② 직장이라는 특수 상황에서 맺게 되는 집단적 인간관계에서도 혈연이나 친분관계와 같은 측면의 배려가 요구된다.
③ 직업윤리는 보통 상황에서 일반적 원리규범인 반면 개인윤리는 구체적 상황에서 실천규범으로 양자의 조화가 필요하다.
④ 직업윤리는 기본적으로 개인윤리를 바탕으로 성립되는 규범이므로 양자가 배치되는 상황에서 개인윤리를 우선해야 한다.
⑤ 직업윤리란 직업을 가진 사람이라면 반드시 지켜야 할 공통적인 윤리규범으로 직장 및 직무 유형에 따라 구분된다.

직업윤리 / 개인윤리와 직업윤리 파악하기

모든 직업 상황이 반드시 일반적·보편적인 윤리와 합치되는 것은 아니다. 직무에 따라 개인적 차원의 일반 상식과 기준으로 규제할 수 없는 상황이 발생할 수 있다.

오답풀이

② 직장 내 인간관계는 사적 친분관계와 다른 측면의 배려가 요구된다.
③ 직업윤리는 기본적으로 개인윤리를 바탕으로 성립되는 규범이다. 직업윤리는 구체적 상황에서의 실천규범인 반면 개인윤리는 보통 상황에서 일반적 원리규범이다.
④ 직업윤리와 개인윤리가 배치되는 상황에서 직업인이라면 직업윤리를 우선해야 한다.
⑤ 직업윤리는 어느 직장에 다니느냐를 구분하지 않는다.

정답 ①

03 다음 제시된 자료를 읽고 이에 따른 제안으로 적절하지 않은 것은? 〔2020 서울교통공사〕

> 최근 지나치게 높은 업무 강도에 시달리거나 퇴근 후 SNS로 하는 업무 관련 연락, 잦은 야근 등으로 개인적인 삶이 없어진 현대 사회에서 워라밸은 직장이나 직업을 선택할 때 고려하는 중요한 요소 중 하나로 떠오르고 있다. 워라밸은 '일과 삶의 균형'이라는 의미인 'Work-life Balance'의 준말이다. 고용노동부에서도 '워라밸 일자리 장려금'을 지원하거나 '일·가정 양립과 업무 생산성 향상을 위한 근무혁신 10대 제안'을 발간하는 등 워라밸을 제고하고 있다.

① 회의 및 회식 일정은 사전에 공유하고 반드시 필요한 경우에 한한다.
② 자유롭게 연가를 사용하되 진행 중인 업무의 집중도를 흐리지 않는다.
③ 개인 용무는 점심시간 내 처리하고 정해진 시간을 엄수한다.
④ 출근 시간을 엄수하는 대신 퇴근 시간을 자유롭게 선택한다.
⑤ 퇴근 후 술자리를 즐기지만 절제하여 익일 업무에 지장을 주지 않는다.

 공동체윤리 / 일터에서의 예절 준수하기

직장인이 사내 업무시간을 준수하지 않고 자율적으로 업무시간 종료 전에 퇴근하는 것은 명백한 직업윤리 위반이다.

정답 ④

간추린 HIDDEN NOTE 직업윤리

테마 1 • 직장 내 성희롱 예방 가이드

1. 직장 내 성희롱의 개념

1) 직장 내 성희롱의 정의
"직장 내 성희롱"이란 사업주·상급자 또는 근로자가 직장 내의 지위를 이용하거나 업무와 관련하여 다른 근로자에게 성적 언동 등으로 성적 굴욕감 또는 혐오감을 느끼게 하거나 성적 언동 또는 그 밖의 요구 등에 따르지 아니하였다는 이유로 근로조건 및 고용에서 불이익을 주는 것을 말한다. (「남녀고용평등과 일·가정 양립 지원에 관한 법률」 제2조 제2호)

2) 직장 내 성희롱의 금지
사업주, 상급자 또는 근로자는 직장 내 성희롱을 하여서는 아니 된다. (「남녀고용평등과 일·가정 양립 지원에 관한 법률」 제12조)

2. 직장 내 성희롱의 판단 기준

1) 성적인 언동

육체적 행위	• 입맞춤, 포옹 또는 뒤에서 껴안는 등의 신체적 접촉 행위 • 가슴·엉덩이 등 특정 신체부위를 만지는 행위 • 안마나 애무를 강요하는 행위
언어적 행위	• 음란한 농담을 하거나 음탕하고 상스러운 이야기를 하는 행위(전화 통화 포함) • 외모를 평가하거나 성적으로 비유하거나 신체부위를 언급하는 행위 • 성적인 사실 관계를 묻거나 성적인 내용의 정보를 의도적으로 퍼뜨리는 행위 • 성적인 관계를 강요하거나 회유하는 행위 • 회식자리 등에서 무리하게 옆에 앉혀 술을 따르도록 강요하는 행위
시각적 행위	• 음란한 사진·그림·낙서·출판물 등을 게시하거나 보여주는 행위 (전화, 문자, SNS, 팩스 등을 이용하는 경우 포함) • 성과 관련된 자신의 특정 신체부위를 고의적으로 노출하거나 만지는 행위
기타 성희롱	그 밖에 사회통념상 성적 굴욕감 또는 혐오감을 느끼게 하는 것으로 인정되는 언어나 행동

2) 성희롱 피해의 내용

성적 굴욕감 또는 혐오감 (환경형 성희롱)	성적 굴욕감 또는 혐오감이란 성적 언동으로 인하여 상대방(피해자)이 느끼게 되는 불쾌한 감정을 말함
고용상 불이익을 주는 것 (조건형 성희롱)	성적 요구에 불응한 것을 이유로 채용 또는 근로조건을 불리하게 하는 경우로 채용 탈락, 감봉, 승진 탈락, 징계, 강등, 전직, 정직, 휴직, 해고 등과 같이 채용 또는 근로조건을 불리하게 하는 것이 고용상 불이익에 해당됨

3) 성희롱 여부 판단 시 검토해야 할 사항

성희롱 여부를 판단할 때에는 피해자의 주관적 사정을 고려하되, 사회통념상 합리적인 사람이 피해자의 입장이라면 문제가 되는 행동에 대하여 어떻게 판단하고 대응하였을 것인가를 함께 고려하여야 하며, 결과적으로 위협적·적대적인 고용환경을 형성하여 업무능률을 떨어뜨리게 되는지를 검토하여야 한다.

3. 성희롱 피해자 대응 및 유의사항

1) 성희롱은 행위자의 잘못이라는 인식 필요

성희롱은 가부장적, 권위주의적, 성차별적인 조직문화나 왜곡된 직장 내 권력관계 속에서 발생한 행위자의 불법행위일 뿐 피해자의 잘못이 아니라는 점을 인식해야 한다.

2) 성희롱 여부가 애매한 경우라도 불쾌감을 느낀다면 문제제기를 해야 함

어떠한 언행이 성희롱에 해당하는지 불분명하지만 그 언행으로 불쾌감을 느끼는 경우가 있다면 그러한 언행을 삼가줄 것을 요구하여 행위자의 잘못된 행위에 대해 경고함으로써 더 심각한 성희롱이 발생할 수 있는 위험을 예방할 수 있다.

3) 성희롱은 기본적으로 법적 문제라는 점을 인식해야 함

성희롱은 인권과 근로권, 성적 자기결정권을 침해하는 불법행위로 규율하고 근절해야 한다는 점을 인식해야 한다.

4. 성희롱 발생 시 대응

1) 성희롱 발생 당시에 어떻게 대처할 것인가?

성희롱을 당하면 **단호하게 의사 표현** ▶ 합리적 해결방안 모색 ▶ 사직을 생각하는 것은 바람직하지 않음(성희롱으로 인한 **피해를 회복**하는 것이 중요)

2) 문제 해결을 위해 어떤 방법을 선택할 것인가?

어떻게 해결할 것인지 결정(행위자의 사과 및 재발방지 약속 합의, 행위자의 처벌 내지 손해배상 등) ▶ 문제해결을 위해 자신을 소중히 여기며 누구로부터 어떤 도움을 받을 수 있는지 생각 ▶ 사내의 고충처리 절차, 여직원회, 노동조합, 외부 상담기관, 법률지원단체 등을 찾아본 후 **적절한 해결방법 선택**

3) 성희롱 증거의 수집

행위자에게 **거부의사 전달**(대면하여 밝히기 어렵다면 문자나 편지 등 내용증명) ▶ 행위자에게 직접 만나서 이야기할 경우 만나기 전에 자신의 입장을 잘 정리하여 일목요연하게 말할 수 있도록 준비 ▶ 상대방과 이야기하는 **대화내용을 녹음**하는 것은 법적으로 허용 ▶ 행위자와 직접 만나기 어렵다면 가족이나 친구 등 **믿을 만한 사람과 함께 만남**

4) 직장 내 해결절차 이용

직장 내 성희롱 구제절차 내지 고충처리 절차가 마련되어 있다면 해당기구에 신고, 기구나 담당자가 없는 경우 인사부서에 신고 ▶ 신고할 때는 행위자의 행위에 대해서 구체적 진술 ▶ 본인의 **보호조치 및 피해구제를 위해 해결책을 요구**

5) 성희롱 발생 시 외부 기관을 통한 구제방법

비사법적 구제	지방고용노동관서 진정	성희롱으로 인한 사업주 조치 요구 (가해자 징계, 피해자 불이익 처분 등)
	노동위원회 구제신청	성희롱 피해자(가해자)의 부당한 해고, 휴직, 정직, 전직 등 처분 시 구제신청 등
	국가인권위원회 진정	성희롱 행위자와 책임자에 대한 사내조치, 손해배상 등
사법적 구제	지방고용노동관서 고소/고발	성희롱으로 인한 사업주 처벌 요구 (행위자 미조치, 피해자 불이익 처분 등)
	검찰 고소/고발	형사처벌되는 법위반 행위에 대한 처벌 요구 (성폭력범죄, 형법, 남녀고용평등법 위반)
	법원 민사소송	성희롱으로 인하여 발생한 손해배상 청구

5. 성희롱 행위자 대응 및 유의사항

1) 성희롱 행위자 유의사항

① 행위자가 **성희롱하려는 의도를 가지고 있었는지 여부는 성희롱의 성립과 관련이 없음**을 유의한다.
② 평소에 성희롱으로 **의심될만한 언행은 하지 않는 것**이 바람직하다.
③ 성희롱 행위자로 지목되는 경우 무조건 성희롱 행위를 부인할 것이 아니라 문제해결을 위해 협조하면서 자신의 입장을 소명하도록 한다.
④ 조정을 받고 있다면 성실하게 조정 내용을 수용하고 피해자의 요구사항을 이행하면서 다시는 성희롱을 하지 않도록 노력한다.
⑤ 징계를 당하게 된 경우 자신이 행동의 정도와 지속성에 비추어 징계가 합당한지 여부를 확인하고 이를 수용한다.
⑥ 피해자에 대한 근거 없는 비난 등으로 **2차 가해를 하지 않도록 조심**해야 한다.

2) 성희롱 행위자가 되지 않기 위한 지침

① 공사를 구분하여 행동하고, 자신의 지위를 이용하여 사적인 만남이나 **사적업무 등을 지시하거나 강요하지 않는다.**
② 음담패설이나 음란물 보기 등 **성적인 행동을 유희로 하는 것을 자제**한다.
③ 타인의 신체, 외모, 사생활을 침해하거나 간섭하지 않는다.
④ 상대방이 불쾌감이나 **거부의사를 표현했을 때 즉각 중지**하고, 상대방의 감정이 이해되지

않더라도 그 감정 자체를 존중하여 사과하고 이해하려고 노력한다.
⑤ 상대방이 원치않는 구애행위는 범죄행위가 될 수 있다는 점, 상대방이 **명시적인 거부의 사를 표현하지 않는 것이 동의는 아닐 수 있다**는 점을 명심한다.
⑥ 타인에게 특정 행동을 요구하거나 강요하지 않는다.
⑦ 다른 직원이 성희롱하는 경우 이에 동조하지 않는 것은 물론이고 이에 이의를 제기한다.
⑧ 자신이 지위나 권한을 남용하고 있지 않는지 항상 유의하고 점검한다.
⑨ 동료 근로자, 상사 등과의 관계에서 예의는 지키되 **인간적으로 대등하다는 생각**을 가지고 서로 존중하는 태도를 가진다.
⑩ 성희롱 행위자가 되었을 때 받게 될 법적, 사회적, 개인적 불이익을 인지한다.

6. 직장 내 성희롱 예방교육

1) 사업주의 직장 내 성희롱 예방교육 실시

사업주는 직장 내 성희롱을 예방하고 근로자가 안전한 근로환경에서 일할 수 있는 여건을 조성하기 위하여 직장 내 성희롱 예방을 위한 교육을 **연 1회 이상 실시**해야 한다. (「남녀고용평등과 일·가정 양립 지원에 관한 법률」 제13조 제1항, 동법 시행령 제3조 제1항)

2) 직장 내 성희롱 예방지침 마련

사업주는 직장 내 성희롱 예방 및 금지를 위하여 성희롱 예방지침을 마련하고 사업장 내 근로자가 자유롭게 열람할 수 있는 장소에 항상 게시해 두어야 한다. (「남녀고용평등과 일·가정 양립 지원에 관한 법률 시행규칙」 제5조의2 제1항)

==직장 내 성희롱 예방교육 매뉴얼 → 고용노동부 홈페이지에 게재==

테마 2 • 직장 내 괴롭힘 판단 및 예방 가이드

1. 직장 내 괴롭힘의 개념

1) 직장 내 괴롭힘의 정의 및 금지(「근로기준법」 제76조의2)
사용자 또는 근로자는 직장에서의 지위 또는 관계 등의 우위를 이용하여 업무상 적정 범위를 넘어 다른 근로자에게 신체적·정신적 고통을 주거나 근무환경을 악화시키는 행위(직장 내 괴롭힘)를 하여서는 아니 된다.

2) 직장 내 괴롭힘 발생 시 조치(「근로기준법」 제76조의3)
① 누구든지 **직장 내 괴롭힘** 발생 사실을 알게 된 경우 그 사실을 **사용자에게 신고**할 수 있다.
② 사용자는 ①에 따른 신고를 접수하거나 직장 내 괴롭힘 발생 사실을 인지한 경우에는 지체 없이 그 사실 **확인을 위한 조사를 실시**하여야 한다.
③ 사용자는 ②에 따른 조사 기간 동안 직장 내 괴롭힘과 관련하여 피해를 입은 근로자 또는 피해를 입었다고 주장하는 **근로자(피해근로자 등)를 보호**하기 위하여 필요한 경우 해당 피해근로자 등에 대하여 **근무장소의 변경, 유급휴가 명령 등 적절한 조치**를 하여야 한다. 이 경우 사용자는 피해근로자 등의 의사에 반하는 조치를 하여서는 아니 된다.
④ 사용자는 ②에 따른 조사 결과 직장 내 괴롭힘 발생 사실이 확인된 때에는 피해근로자가 요청하면 근무장소의 변경, 배치전환, 유급휴가 명령 등 적절한 조치를 하여야 한다.
⑤ 사용자는 ②에 따른 조사 결과 직장 내 괴롭힘 발생 사실이 확인된 때에는 지체 없이 **행위자에 대하여 징계, 근무장소의 변경 등 필요한 조치**를 하여야 한다. 이 경우 사용자는 징계 등의 조치를 하기 전에 그 조치에 대하여 피해근로자의 의견을 들어야 한다.
⑥ 사용자는 직장 내 괴롭힘 발생 사실을 신고한 근로자 및 피해근로자 등에게 해고나 그 밖의 불리한 처우를 하여서는 아니 된다.
⑦ ②에 따라 직장 내 괴롭힘 발생 사실을 조사한 사람, 조사 내용을 보고받은 사람 및 그 밖에 조사 과정에 참여한 사람은 해당 조사 과정에서 알게 된 비밀을 피해근로자 등의 의사에 반하여 다른 사람에게 누설하여서는 아니 된다. 다만, 조사와 관련된 내용을 사용자에게 보고하거나 관계 기관의 요청에 따라 필요한 정보를 제공하는 경우는 제외한다.
〈신설 2021. 4. 13.〉

2. 직장 내 괴롭힘 판단 요소 3가지

행위자	• 괴롭힘 행위자가 사용자인 경우 • 괴롭힘 행위자가 근로자인 경우
행위요건	• 직장에서의 지위 또는 관계 등의 우위를 이용할 것 • 업무상 적정 범위를 넘는 행위일 것 • 신체적·정신적 고통을 주거나 근무환경을 악화시켰을 것
행위장소	• 외근·출장지 등 업무수행이 이루어지는 곳 • 회식이나 기업 행사 현장, 사적 공간 등 • 사내 메신저 SNS 등 온라인 상의 공간

3. 직장 내 괴롭힘 행위요건 판단 요소

1) 직장에서의 지위 또는 관계 등의 우위를 이용할 것

우위성	피해자가 괴롭힘 행위에 대해 저항 또는 거절이 어려울 가능성이 높은 관계를 의미
지위의 우위	괴롭힘 행위자가 지휘명령 관계에서 상위에 있거나 직접적인 지휘명령 관계가 아니어도 직위·직급 체계상 상위에 있음을 이용한다면 인정
관계의 우위	우위가 있다고 판단되는 모든 관계가 인정됨
우위성의 이용	직장에서의 지위나 관계 등의 우위를 이용한 것이 아니라면 직장 내 괴롭힘에 해당하지 않음

2) 업무상 적정 범위를 넘는 행위일 것

업무관련성	• 행위자의 우위성이 인정되더라도 문제된 행위가 업무관련성이 있는 상황에서 발생한 것이어야 함 • 업무수행 중이 아니어도 업무수행에 편승해서 이루어졌거나 업무수행을 빙자하여 발생한 것이라면 업무관련성 인정 가능
업무상 적정 범위 판단	• 문제된 행위가 사회 통념에서 봤을 때 업무상 필요한 것이 아닌 경우 • 업무상 필요성은 인정되어도 행위 양상이 사회 통념상 적절하지 않은 경우

3) 신체적·정신적 고통을 주거나 근무환경을 악화시켰을 것

① 화장실 앞 근무지시 등 근로자가 제대로 된 업무수행을 할 수 없는 환경을 조성하는 경우
② 행위자의 의도가 없었어도 그 행위로 신체적·정신적 고통을 느꼈거나 근무환경이 예전보다 나빠진 경우

4. 직장 내 괴롭힘 발생의 신고 및 주장을 이유로 불이익 조치 시 형사처벌

사용자가 직장 내 괴롭힘 발생 사실을 신고한 근로자 및 피해근로자 등에게 해고나 그 밖의 불리한 처우를 한 경우에는 **3년 이하의 징역 또는 3천만 원 이하의 벌금**에 처한다.
-「근로기준법」109조 벌칙(동법 제76조의3 위반 시 벌칙사항)

Chapter 10 FINISH
기출·예상문제 마무리

정답과 해설 045p

01 다음에서 강조하고 있는 직업윤리의 덕목으로 가장 적절한 것은? `2020 서울교통공사`

> 신입사원 ○○○ 씨는 맡은 업무를 수행하면서 스스로의 약점을 인식하고 출근 전 영어학원에 들러 자기개발에 매진하고 있다. 또한 실무 작업을 할 때 필요한 OA 활용 능력이 부족하다고 생각되어 관련 서적을 사내 도서관에 신청해 두었다.

① 책임감 ② 협조성 ③ 창의성
④ 전문성 ⑤ 성실성

02 다음 제시된 직업윤리의 기본원칙의 내용이 올바르지 않은 것은?

① 주관성의 원칙 : 공공성이나 객관적 타당성보다 본인의 견해와 관점에 따라 업무를 규정하고 처리한다.
② 고객중심 원칙 : 고객에 대한 봉사를 최우선으로 생각하고 현장중심, 실천중심으로 일한다.
③ 전문성의 원칙 : 자기 업무에 전문가로서 능력과 의식을 가지고 책임을 다하며 능력을 연마한다.
④ 정직과 신용의 원칙 : 업무와 관련된 모든 것을 정직하게 수행하고 본분과 약속을 지켜 신뢰를 유지한다.
⑤ 공정경쟁 원칙 : 법규를 준수하고 경쟁원리에 따라 공정하게 행동한다.

03 다음 중 보편적인 한국인의 직업의식으로 적절하지 않은 것은? [2020 서울교통공사]

① 과정이나 절차보다는 결과를 더 중시하는 경향이 있다.
② 입신출세론(立身出世論)의 영향으로 노동을 경시하는 측면이 강하다.
③ 아르바이트 경험과 자격증 취득이 직업의식에 긍정적인 영향을 미친다.
④ 부모와 자신이 바라는 직업을 선호하며 직업에 대한 가치가 변하고 있다.
⑤ 내재적 가치보다 외재적 가치를 인정하는 경향이 크다.

04 다음 중 직장에서 명함을 주고받을 때의 예절로 적절하지 않은 것은? [2020 서울교통공사]

① 상대방과 명함을 주고받을 때는 새것을 사용해야 한다.
② 상대방과 헤어지기 전까지 명함에 부가 정보를 적지 않는다.
③ 하위에 있는 사람이 먼저 꺼내 왼손으로 가볍게 받쳐 전달한다.
④ 동시에 명함을 꺼낼 때는 왼손으로 교환하고 오른손으로 옮긴다.
⑤ 상대방에게서 명함을 받으면 받은 즉시 호주머니에 넣는다.

05 다음 중 직장 내 소개예절로 적절하지 않은 것은? [2020 서울교통공사]

① 성과 이름을 함께 말한다.
② 비임원을 임원에게 소개한다.
③ 신참자를 고참자에게 소개한다.
④ 고객이나 손님을 동료임원에게 소개한다.
⑤ 내가 속한 회사 관계자를 타 회사 관계자에게 소개한다.

06 다음 중 근로윤리를 평가하기 위한 항목으로 적절한 것은?

① 바람직하고 올바른 마음가짐으로 다른 사람을 대하는 태도
② 본인의 일이 사회나 기업을 위한 중요한 역할을 하고 있다고 믿는 태도
③ 시대와 사회가 요구하는 윤리 규범을 이해하고 적절하게 대처하는 태도
④ 법과 규칙을 준수하며 자신의 권리를 보장받고 사회 질서를 유지하는 태도
⑤ 일이 단순한 돈벌이 수단이 아니라 본인의 행복을 위한 것으로 여기는 태도

07 다음 중 정직과 신용을 구축하기 위한 네 가지 태도로 적절하지 않은 것은?

① 정직과 신뢰를 매일 조금씩 쌓는 습관
② 본인의 직분과 역할에 책임지는 태도
③ 부정직한 관행을 묵인하지 않는 태도
④ 본인의 잘못을 겸허히 인정하는 태도
⑤ 부정직한 행위와 타협하지 않는 태도

08 다음 중 직장 내 성희롱에 해당하는 경우를 모두 고르면?

(ㄱ) 상사가 업무 지시 중 친밀감을 나타낼 목적으로 여직원의 어깨를 잡고 밀착한 경우
(ㄴ) 거부했음에도 고객이 업무 외 시간에 사적으로 연락해 만남을 요구하는 경우
(ㄷ) 매일 아침 남자 부장이 특정 여자 직원에게 반말로 커피 심부름을 시키는 경우
(ㄹ) 동료가 친밀감을 표현하기 위해 음란한 이야기로 농담을 해서 혐오감을 느낀 경우
(ㅁ) 출장 중인 차 안에서 여자 후배의 신체적인 접촉 행위 등으로 불쾌감을 느낀 경우

① (ㄱ), (ㄴ), (ㄹ), (ㅁ) ② (ㄱ), (ㄷ), (ㄹ), (ㅁ) ③ (ㄱ), (ㄹ), (ㅁ)
④ (ㄴ), (ㄹ), (ㅁ) ⑤ (ㄴ), (ㄷ), (ㅁ)

09 다음 중 직장에서의 명함 교환에 관한 설명으로 옳지 않은 것은?

① 명함은 하위에 있는 사람이 먼저 꺼내야 한다.
② 명함을 받으면 받은 즉시 주머니에 넣어야 한다.
③ 명함에 부가 정보는 상대방과의 만남이 끝난 후에 적는다.
④ 쌍방이 동시에 명함을 교환할 때는 왼손으로 받고 오른손으로 건넨다.
⑤ 명함은 반드시 명함 지갑에서 꺼내고 상대방에게 받은 명함도 명함 지갑에 넣어야 한다.

10 다음 중 악수 예절에 관한 설명으로 옳지 않은 것은?

① 장갑을 낀 손으로 악수하지 않는다.
② 악수는 웃어른, 상급자가 먼저 청한다.
③ 악수할 때는 상대방의 손을 보아야 한다.
④ 손을 잡을 때는 너무 꽉 또는 힘없이 잡지 않는다.
⑤ 오른손에 물건을 들었을 경우 물건을 왼손으로 옮겨 악수할 때 불편함이 없도록 한다.

11 다음 중 책임감이 결여된 사람을 고르면?

① A 사원 : 급한 업무가 남았다면 야근을 할 수 있어.
② B 사원 : 자기 일은 스스로 해결해야 하므로 옆 동료의 일에는 관여하지 않아.
③ C 사원 : 아주 사소한 일이라도 나에게 주어지면 항상 최선을 다하고 있어.
④ D 사원 : 나에게 주어진 업무를 끝까지 책임지고 마무리하려고 노력하고 있어.
⑤ E 사원 : 회사에 입사한 이후로 정해진 퇴근 시간을 넘긴 적은 있어도, 출근 시간을 넘긴 적은 없어.

12 다음 대화 내용을 읽고 난 후 B 대리가 취했어야 할 행동만을 순서대로 바르게 나열한 것은?

> A 팀장 : 자네 정신이 있는 건가? 임원 회의에서 PT를 맡은 사람이 지각하면 어떡하나? 그러고도 프로젝트 관리자라 할 수 있겠나?
> B 대리 : 죄송합니다. 하지만 어쩔 수 없는 사정이 있었습니다.
> A 팀장 : 무슨 큰일이라도 있었나?
> B 대리 : 출근길에 앞서가던 할머니께서 계단에서 심하게 넘어지시는 바람에 병원에 모셔다 드릴 수밖에 없었습니다.

> ⓐ 119에 신고한다.
> ⓑ 가장 가까운 병원을 검색한다.
> ⓒ 상사에게 상황을 보고하고 조치한다.
> ⓓ 할머니를 최대한 빨리 병원으로 모시고 간다.
> ⓔ 구급대원의 도착을 확인하고 회사로 이동한다.

① ⓐ – ⓑ – ⓔ
② ⓐ – ⓒ – ⓔ
③ ⓐ – ⓓ – ⓒ
④ ⓑ – ⓒ – ⓐ
⑤ ⓑ – ⓒ – ⓓ

13 다음은 ○○회사 신입사원들의 대화이다. 이들이 이야기하는 직업의 의미로 적절하지 않은 것은?

① A 사원 : 이건 나의 첫 직업이야. 나의 직업을 위해 모든 노력을 다하겠어.
② B 사원 : 내 직업이 나뿐만 아니라 우리 사회를 위해서도 활용되었으면 좋겠어.
③ C 사원 : 예전부터 입사하고 싶었던 ○○회사에 들어오게 되어서 너무 기뻐. 다른 사람에 의해서가 아닌 스스로가 선택한 직업이니, 열심히 일해야지.
④ D 사원 : 지금까지 내가 거친 직업은 너무 짧은 시간 동안 해왔던 거라서 직업이라고 말하기 어려워. 이제는 ○○회사에서 지속적으로 내 직업을 유지하고 싶어.
⑤ E 사원 : 어렸을 때부터 꿈꾸어 왔던 ○○회사에 들어와서 너무 행복해. 월급을 안 받아도 좋으니, ○○회사에서 내 직업을 유지하고 싶어.

14 다음은 직장 내 성희롱에 대한 내용이다. 옳지 않은 것은?

① 사업주 또는 상급자가 자신의 지위를 이용하여 근로자에게 성적 굴욕감을 느끼게 하는 것은 직장 내 성희롱에 해당한다.
② 상급자의 성적 언동으로 인해 성적 수치심이 들었더라도 고용상 불이익을 받지 않았다면 성희롱이 성립하지 않는다.
③ 동료 근로자가 업무와 관련하여 성적 혐오감을 준 행위도 성희롱에 포함된다.
④ 다른 직원이 성희롱하는 경우 이에 동조하지 않는 것은 물론이고 이에 이의를 제기할 수 있어야 한다.
⑤ 행위자가 성희롱하려는 의도를 가지고 있었는지 여부는 성희롱의 성립과 관련이 없다.

15 다음은 직장 내 괴롭힘이 발생한 경우 사용자가 취해야 할 조치이다. 옳지 않은 것은?

① 사용자는 근로자가 직장 내 괴롭힘에 따른 신고를 접수한 경우에는 지체 없이 그 사실 확인을 위한 조사를 실시하여야 한다.
② 사용자는 직장 내 괴롭힘 발생에 대한 조사 기간 동안에는 근로자가 원하지 않더라도 해당 근로자를 보호하기 위하여 근무장소를 변경하거나 유급휴가 등의 조치를 하여야 한다.
③ 사용자는 조사 결과 직장 내 괴롭힘 발생 사실이 확인된 때에는 지체 없이 행위자에 대하여 징계 등 필요한 조치를 하여야 한다.
④ 사용자는 직장 내 괴롭힘 발생 사실을 신고한 근로자 및 피해근로자 등에게 해고나 그 밖의 불리한 처우를 하여서는 아니 된다.
⑤ 사용자가 직장 내 괴롭힘을 가한 행위자에게 징계 등의 조치를 할 때에는 피해근로자의 의견을 들어야 한다.

Part 2

NCS 직업기초능력평가
실전모의고사

제1회
실전모의고사

영역 분리형

- ▶ 제1회는 출제비중이 가장 높은 **의사소통능력, 수리능력, 문제해결능력**으로 구성하였습니다.
- ▶ 영역별로 **20문항 20분씩 총 60문항 제한시간 60분**으로 구성하였습니다.
- ▶ 최근에 출제된 주요 공공기관의 복원 기출문제가 섞여 있습니다.
- ▶ **오지선다형**으로 맞추기 위해 기업은행, 국민건강보험공단 등 일부 공공기관의 기출 복원 문제는 사지선다에서 오지선다로 변형하였습니다.
- ▶ 시작하는 시간과 마치는 시간을 정하여, 실제 시험처럼 풀어보시기 바랍니다.

START _____ 시 _____ 분 ~ FINISH _____ 시 _____ 분

※ 수록된 복원 기출문제 및 모든 문제의 저작권은 북스케치에 있습니다.
※ 응답용지 OMR 카드는 책의 마지막 부분에 있습니다.

제1회 실전모의고사 — 영역 분리형 의사소통능력

20문항 / 20분

정답과 해설 050p

01 다음은 경기도 도우미견나눔센터에 관한 기사 내용이다. 글의 (가)~(마) 문단을 순서대로 배열한 것으로 가장 적절한 것은?

`2020 경기도 공공기관 통합채용`

경기도 도우미견나눔센터가 신종 코로나바이러스감염증(코로나19)으로 인한 '코로나 블루' 극복과 소중한 생명을 구할 수 있는 '반려견 입양'에 적극 동참해 달라고 20일 밝혔다.

(가) 지난 2월부터 코로나19로 인한 '사회적 거리두기' 캠페인이 대두되면서 도우미견나눔센터에 반려견 입양을 문의하는 일이 늘어났다. 지난 3월 센터를 통해 새로운 가정에 입양된 강아지 수는 지난해 월평균 28마리의 약 2배에 달하는 57마리였으며, 2013년부터 현재까지 누적 입양 마리 수는 1,400마리를 넘었다.

(나) 또한 반려견과 교감하며 유대감을 강화하다 보면, 정서적인 안정과 스트레스 해소에도 큰 도움이 될 수 있다.

(다) 도 도우미견나눔센터장은 "평소 반려견 입양을 원했으나 집을 비우는 시간이 많아 계속 미뤄왔던 이들에게는 지금이 입양의 적기"라며 "망설이지 말고 경기도 도우미견나눔센터에 방문해 자신과 맞는 반려견을 찾길 바란다"고 말했다.

(라) 특히 반려견에게 직접 사료와 물을 챙겨주고, 산책을 함께 다니다 보면 생명에 대한 존중감과 책임감은 물론 배려심도 함께 키울 수 있어 청소년들의 사회성 향상에 매우 효과적이라고 강조했다.

(마) 초·중·고교생 자녀를 둔 가족들이 반려견 입양에 나서고 있어, 학생들이 집에 머무르는 시간이 늘어나면서 많은 학부모들이 '반려동물 입양'에 눈을 돌리고 있다고 센터는 설명했다.

'경기도 도우미견나눔센터'는 경기도에서 직접 운영하는 유기동물 보호·입양기관으로, 지난 2013년 화성시 마도면에 문을 열었다. 이곳에서는 시·군 보호시설에서 보호 중인 유기견 중 사회성이 좋은 강아지를 선발해 치료와 훈련, 질병 예방 등의 절차를 마친 뒤 필요로 하는 도민에게 무료로 입양하는 업무를 수행 중이다.

선발한 유기견들 중 일부는 동물매개활동견으로 심층 훈련시켜 사회복지사나 동물매개활동 전문가에게 입양을 보내는 일도 하고 있다. 강아지를 입양하길 희망하는 도민은 도우미견나눔센터 또는 센터 카페를 통해 문의하면 된다.

출처 : 국민일보 2020. 04. 20. 기사

① (가) - (마) - (라) - (나) - (다)
② (가) - (다) - (라) - (나) - (마)
③ (다) - (마) - (나) - (라) - (가)
④ (다) - (가) - (마) - (나) - (라)
⑤ (가) - (마) - (나) - (라) - (다)

02 다음 중 밑줄 친 부분의 맞춤법이 잘못된 것은? [2019 한국수자원공사]

① 나는 또 **객쩍은** 생각을 했다.
② 대표치는 **대푯값**과 같은 말이다.
③ 회사에 소문이 **불거져** 나왔다.
④ 주차장의 규모를 **늘려** 달라는 건의가 들어왔다.
⑤ 그들은 간단한 **인삿말**을 주고받았다.

03 다음 중 밑줄 친 부분의 띄어쓰기가 잘못된 것은? [2019 지역농협]

저는 올해 ① **서른두 살**이며, 부산에서 직장 생활을 하다가 ② **5년차일** 때 일을 그만두고 서울에서 제빵 공부를 ③ **시작한 지** 2년이 되었습니다. 서울과 ④ **부산 간**을 오가는 것이 힘들 때도 있지만 열심히 배워서 꼭 ⑤ **뜻한 바**를 이루고 싶습니다.

04 다음 중 밑줄 친 부분의 맞춤법이 적절하게 쓰인 것은 모두 몇 개인가? [2019 한국토지주택공사]

㉠ 여기저기서 **수근거리는** 소리가 들려왔다.
㉡ 오늘은 입맛이 **당기는** 날이다.
㉢ 요즘은 **밥심**으로 살고 있다.
㉣ **오랫만**에 친구를 만났더니 옛날 생각이 난다.
㉤ 사람들은 **왠만하면** 그 일을 하지 않으려고 했다.

① 1개　　　② 2개　　　③ 3개
④ 4개　　　⑤ 5개

05 다음 중 포럼 참가자가 언급한 내용이 아닌 것은?

`2020 코레일`

　PSR(공공기관사회책임연구원)은 올해 공공기관 경영평가등급이 상향되거나 우수 등급을 받은 공공기관의 사례를 공유하는 '공공기관 사회가치구현 우수사례 및 광주포럼 공유회'를 19일 서울 대한상공회의소 의원회의실에서 개최했다. 이날 한국토지주택공사, 인천항만공사, 도로교통공단, 부산항만공사, 한국국제협력단 5개 공공기관이 우수 사회가치 구현사례, 사회적 가치 부분 경영평가 대응 방법 등을 공유했다.

　특히, 한국토지주택공사는 2년 연속으로 최고 등급을 유지했다. 경영평가가 사회가치 중심으로 바뀌었음에도 연속으로 최고 등급을 받아 현장에서도 관심이 집중됐다. 한국토지주택공사 미래혁신실장은 "지난해 사회적 가치 전담조직을 '미래혁신실'로 일원화해 사회적 가치에만 집중하는 별도 조직을 만들었다."고 말했다. 또, 공사는 사회적 가치 성과를 모니터링하기 위해 LH국민공감위원회 설치, 사회적 가치 영향평가, 임직원 대상 사회적 가치 인식도 조사 등의 시스템을 구축했다. LH국민공감위원회는 국민의 눈높이에서 사회적 가치 실현 과제의 이행성과를 점검한다. 미래혁신실장은 올해 계획으로 "지역사회를 위해 활동하고 있지만, 아직 많은 국민이 한국토지주택공사가 어떤 곳인지 모른다. 이에 사회적 가치 내재화를 통해 국민이 직접 체감할 수 있는 성과를 창출하고자 한다. 지난해는 사회적 가치 추구 방식이 탑다운(Top-down)이었지만 올해는 열린 참여와 소통을 제고하는 바텀업(Bottom-up) 방식으로 추진할 것"이라 말했다.

　인천항만공사는 공공성 강화를 위해 사회적 가치 관련 경영 목표를 새롭게 수립했다는 점이 눈에 띈다. 본래 경영 목표는 신규사업누적수입 6,000억 원, 부채비율 40% 등 재무 중심이었으나, 지난해 사회적 가치에 초점을 맞춰 경영 목표를 인천항 미세먼지 40% 저감, 항만 연계 일자리 2.5만 개 창출로 수정했다. 인천항만공사 일자리사회가치실장은 "특성화고-물류기업 매칭 지원, 기업 근로환경 개선 지원, 내일채움공제 지원사업 등 일자리를 창출하기 위해 다방면으로 노력했다."고 밝혔다.

　도로교통공단은 면허, 교통 등 국민의 삶에 밀접한 서비스를 제공하는 만큼 '안전 및 환경'을 최우선 사회적 가치로 선정했다. 도로교통공단 혁신평가처팀장은 "도로교통공단은 민원사이트 등을 통해 국민이 느끼는 불편함이 무엇인지 면밀하게 살핀다. 좋은 아이디어가 들어오면 직접 사업을 꾸리기도 한다. 대표적인 성과가 '차량 대여 시 운전면허 자동검증'이다."라고 말했다. 공단은 무면허 카셰어링 사고가 급증한다는 문제가 제기되자, 차량을 대여할 때마다 운전면허를 자동으로 검증하는 '운전면허정보 자동검증시스템'을 구축했다. 지난해 1,315만 건을 조회해 33만 건의 부정 대여를 차단했다. 이후 카셰어링 무면허 운전 사고는 없었다.

　2018년 B등급으로 한 단계 상승한 부산항만공사는 등급을 올리기 위해 전사적으로 노력했다. 부산항만공사 사회적가치혁신실장은 "조직을 신설하고, 계량 지표 실적을 관리하고, 사회적 가치 실현을 중점으로 두는 등 전사 차원으로 노력해 B등급으로 오를 수 있었다."고 말했다.

　마지막 사례 발표는 한국국제협력단(코이카) 경영성과팀장이 맡았다. 코이카는 2017년 E등급을 받았지만 2018년 C등급으로 두 계단 올랐다. 경영성과팀장은 "2017년 코이카의 코리아에이드라는 사업이 알고 보니 국정농단에 연루돼 있어 창립 이래 최대 위기를 맞이했다. 당시 청렴 등급도 4등급에서 5등급으로 떨어지고, 경영평가는 C에서 E등급으로 하락했다."고 밝혔다. 코이카는 먼저 내부 혁신이 필요하다고 봤다. 경영성과팀장은 "2017년 말 혁신위원회를 구성했다. 코이카에 비판적인 시각을 가진 사람을 혁신위원으로 영입했다. 다음 해 1월 코이카 10대 혁신 과제를 정리하고 달성을 위해 전사적 노력을 기울였다. 2018년은 내부에 집중하고, 어떤 부분을 고쳐야 할지 고찰하고 외부의 목소리도 함께 듣는 것이 중요한 해였다."라고 말했다. 그 결과, 경평 등급뿐 아니라 청렴도 평가도 5등급에서 3등급으로 상승했다.

출처 : 미디어SR, 2019. 07. 19. 기사

① 한국토지주택공사는 사회적 가치 전담조직을 미래혁신실로 일원화해 사회적 가치에만 집중하는 별도 조직을 만들었다.
② 인천항만공사는 특성화고·물류기업 매칭 지원, 기업 근로환경 개선 지원, 내일채움공제 지원사업 등 일자리를 창출하기 위해 다방면으로 노력했다.
③ 도로교통공단은 민원사이트 등을 통해 국민이 느끼는 불편함이 무엇인지 면밀하게 살폈다.
④ 부산항만공사는 조직을 신설하고, 계량 지표 실적을 관리하고, 사회적 가치 실현을 중점으로 두는 등 전사 차원으로 노력했다.
⑤ 한국국제협력단은 혁신위원회를 구성하여 코이카에 긍정적인 시각을 가진 사람을 혁신위원으로 영입했다.

06 다음 (가)~(다) 단락을 맥락에 맞게 순서대로 배열한 것은?

2020 경기도 공공기관 통합채용

(가) 즉 적정량 이상 섭취한다고 해서 정상보다 좋아지지 않는다. 오히려 인위적으로 복용하면 독성의 위험만 생길 뿐이다. 따라서 의료진과의 상담을 통해 적정량의 비타민을 섭취할 수 있도록 관리하는 것이 최선이다.
(나) 코로나19가 확산함에 따라 건강을 유지하려는 목적으로 비타민제를 복용하는 사람이 많다. 그러나 세계보건기구(WHO)와 대부분의 전문가는 비타민 섭취가 전반적 면역 기능 유지에 도움을 줄 수는 있지만 코로나19 감염 자체를 방지하거나 치료하는 역할을 하는 건 아니라고 지적한다. 또 야맹증, 괴혈병, 구루병, 면역 기능 저하 등 비타민 부족에 따른 병적 상태가 아니라면 일부 과다 복용으로 이상 반응이 발생할 수 있으니 보충제(supplement) 형태보다는 식품을 통한 섭취를 권한다.
(다) 무엇보다 적정량을 섭취하는 것이 중요하다고 강조한다. 무조건 많이 섭취한다고 시력이 정상 이상으로 좋아지거나, 뼈가 단단해지거나, 면역력이 정상보다 향상되는 등 극적으로 좋아지지는 않기 때문이다.

① (나) - (가) - (다) ② (나) - (다) - (가) ③ (다) - (가) - (나)
④ (다) - (나) - (가) ⑤ (가) - (나) - (다)

07 다음 제시된 「부정청탁 및 금품 등 수수의 금지에 관한 법률」의 일부를 보고 공직자 A~E 중 법적 제재를 받는 사람을 고르면? `2019 한국산업인력공단`

제3장 금품 등의 수수 금지 등

제8조(금품 등의 수수 금지)

① 공직자 등은 직무 관련 여부 및 기부·후원·증여 등 그 명목에 관계없이 동일인으로부터 1회에 100만 원 또는 매 회계연도에 300만 원을 초과하는 금품 등을 받거나 요구 또는 약속해서는 아니 된다.

② 공직자 등은 직무와 관련하여 대가성 여부를 불문하고 제1항에서 정한 금액 이하의 금품 등을 받거나 요구 또는 약속해서는 아니 된다.

③ 제10조의 외부강의 등에 관한 사례금 또는 다음 각 호의 어느 하나에 해당하는 금품 등의 경우에는 제1항 또는 제2항에서 수수를 금지하는 금품 등에 해당하지 아니한다.

  1. 공공기관이 소속 공직자 등이나 파견 공직자 등에게 지급하거나 상급 공직자 등이 위로·격려·포상 등의 목적으로 하급 공직자 등에게 제공하는 금품 등

  2. 원활한 직무수행 또는 사교·의례 또는 부조의 목적으로 제공되는 음식물·경조사비·선물 등으로서 대통령령(음식 3만 원 이내, 축·조의금 5만 원 이내, 축·조의금을 대신하는 화환·조화 10만 원 이내, 선물 5만 원 이내, 농수산물 및 농수산 가공품 10만 원 이내)으로 정하는 가액 범위 안의 금품 등

  3. 사적 거래(증여는 제외한다)로 인한 채무의 이행 등 정당한 권원(權原)에 의하여 제공되는 금품 등

  4. 공직자 등의 친족(「민법」 제777조에 따른 친족을 말한다)이 제공하는 금품 등

  5. 공직자 등과 관련된 직원상조회·동호인회·동창회·향우회·친목회·종교단체·사회단체 등이 정하는 기준에 따라 구성원에게 제공하는 금품 등 및 그 소속 구성원 등 공직자 등과 특별히 장기적·지속적인 친분관계를 맺고 있는 자가 질병·재난 등으로 어려운 처지에 있는 공직자 등에게 제공하는 금품 등

  6. 공직자 등의 직무와 관련된 공식적인 행사에서 주최자가 참석자에게 통상적인 범위에서 일률적으로 제공하는 교통, 숙박, 음식물 등의 금품 등

  7. 불특정 다수인에게 배포하기 위한 기념품 또는 홍보용품 등이나 경연·추첨을 통하여 받는 보상 또는 상품 등

  8. 그 밖에 다른 법령·기준 또는 사회상규에 따라 허용되는 금품 등

④ 공직자 등의 배우자는 공직자 등의 직무와 관련하여 제1항 또는 제2항에 따라 공직자 등이 받는 것이 금지되는 금품 등(이하 "수수 금지 금품 등"이라 한다)을 받거나 요구하거나 제공받기로 약속해서는 아니 된다.

⑤ 누구든지 공직자 등에게 또는 그 공직자 등의 배우자에게 수수 금지 금품 등을 제공하거나 그 제공의 약속 또는 의사표시를 해서는 아니 된다.

제10조(외부강의 등의 사례금 수수 제한) 공직자 등은 자신의 직무와 관련되거나 그 지위·직책 등에서 유래되는 사실상의 영향력을 통하여 요청받은 교육·홍보·토론회·세미나·공청회 또는 그 밖의 회의 등에서 한 강의·강연·기고 등(이하 "외부강의 등"이라 한다)의 대가로서 대통령령으로 정하는 금액(100만 원)을 초과하는 사례금을 받아서는 아니 된다.

① 10년 전 지인에게 빌려준 돈을 이자와 함께 받은 A 과장
② 기업 강의 후 80만 원의 사례금을 받은 B 대리
③ 체육대회 후 경품 추첨 시간에 상품권 10만 원의 상품에 당첨된 C 부장
④ 팀원으로부터 10만 원의 결혼 축의금을 받은 D 팀장
⑤ 갑자기 큰 질병에 걸려 자신이 속한 종교단체로부터 지원금을 받은 E 사원

08 다음 밑줄 친 Ⓐ 부분을 통해 추론할 수 있는 내용으로 가장 적절한 것은?

> 디젤 엔진의 기본 원리는 실린더 안으로 공기만을 흡입하여 피스톤으로 강하게 압축시킨 다음, 그 압축 공기에 연료를 분사하여 저절로 착화가 되도록 하는 것이다. 따라서 디젤 엔진에는 점화플러그가 필요 없는 대신, 연료 분사기가 장착되어 있다. 또 압축 과정에서 가솔린 엔진보다 훨씬 더 높은 25 : 1 정도의 압축 비율을 갖는다. 압축 비율이 높다는 것은 그만큼 효율이 좋다는 것을 의미한다.
> Ⓐ 사용하는 연료의 특성도 다르다. 디젤 연료인 경유는 가솔린보다 훨씬 무겁고 점성이 강하며 증발하는 속도도 느리다. 왜냐하면 경유는 가솔린보다 훨씬 더 많은 탄소 원자가 길게 연결되어 있기 때문이다. 일반적으로 가솔린은 5~10개, 경유는 16~20개의 탄소를 가진 탄화수소들의 혼합물이다. 탄소가 많이 연결된 탄화수소물에 고온의 열을 가하면 탄소 수가 적은 탄화수소물로 분해된다.
> 한편 경유는 가솔린보다 에너지 밀도가 높다. 1갤런의 경유는 약 1억 5,500만 줄(jule)의 에너지를 가지고 있지만, 가솔린은 1억 3,200만 줄의 에너지를 가지고 있다. 이러한 연료의 특성들이 디젤 엔진의 높은 효율과 결합되면서, 디젤엔진은 가솔린 엔진보다 좋은 연비를 내게 되는 것이다.

① 손으로 만지면 경유보다는 가솔린이 더 끈적끈적할 것이다.
② 가솔린과 경유를 섞으면 가솔린이 경유 아래로 가라앉을 것이다.
③ 특별한 공정을 거치면 경유를 가솔린으로 변화시킬 수 있다.
④ 주유할 때 차체에 연료가 묻으면 경유가 가솔린보다 더 빨리 증발할 것이다.
⑤ 같은 양의 연료를 태우면 가솔린이 경유보다 더 큰 에너지를 발생시킬 것이다.

09 다음 제시된 철도안전법의 일부를 올바르게 이해하지 못한 것은? `2020 서울교통공사`

> 제16조(운전교육훈련)
> ① 운전면허를 받으려는 사람은 철도차량의 안전한 운행을 위하여 국토교통부장관이 실시하는 운전에 필요한 지식과 능력을 습득할 수 있는 교육훈련(이하 "운전교육훈련"이라 한다)을 받아야 한다.
> ② 운전교육훈련의 기간, 방법 등에 관하여 필요한 사항은 국토교통부령으로 정한다.
> ③ 국토교통부장관은 철도차량 운전에 관한 전문 교육훈련기관(이하 "운전교육훈련기관"이라 한다)을 지정하여 운전교육훈련을 실시하게 할 수 있다.
> ④ 운전교육훈련기관의 지정기준, 지정절차 등에 관하여 필요한 사항은 대통령령으로 정한다.
> ⑤ 운전교육훈련기관의 지정취소 및 업무정지 등에 관하여는 제15조 제6항 및 제15조의2를 준용한다. 이 경우 "운전적성검사기관"은 "운전교육훈련기관"으로, "운전적성검사 업무"는 "운전교육훈련 업무"로, "제15조 제5항"은 "제16조 제4항"으로, "운전적성검사 판정서"는 "운전교육훈련 수료증"으로 본다.
>
> 제17조(운전면허시험)
> ① 운전면허를 받으려는 사람은 국토교통부장관이 실시하는 철도차량 운전면허시험(이하 "운전면허시험"이라 한다)에 합격하여야 한다.
> ② 운전면허시험에 응시하려는 사람은 제12조에 따른 신체검사 및 운전적성검사에 합격한 후 운전교육훈련을 받아야 한다.
> ③ 운전면허시험의 과목, 절차 등에 관하여 필요한 사항은 국토교통부령으로 정한다.
>
> 제18조(운전면허증의 발급 등)
> ① 국토교통부장관은 운전면허시험에 합격하여 운전면허를 받은 사람에게 국토교통부령으로 정하는 바에 따라 철도차량 운전면허증(이하 "운전면허증"이라 한다)을 발급하여야 한다.
> ② 제1항에 따라 운전면허를 받은 사람(이하 "운전면허 취득자"라 한다)이 운전면허증을 잃어버렸거나 운전면허증이 헐어서 쓸 수 없게 되었을 때 또는 운전면허증의 기재사항이 변경되었을 때에는 국토교통부령으로 정하는 바에 따라 운전면허증의 재발급이나 기재사항의 변경을 신청할 수 있다.
>
> 제19조(운전면허의 갱신)
> ① 운전면허의 유효기간은 10년으로 한다.
> ② 운전면허 취득자로서 제1항에 따른 유효기간 이후에도 그 운전면허의 효력을 유지하려는 사람은 운전면허의 유효기간 만료 전에 국토교통부령으로 정하는 바에 따라 운전면허의 갱신을 받아야 한다.
> ③ 국토교통부장관은 제2항 및 제5항에 따라 운전면허의 갱신을 신청한 사람이 다음 각 호의 어느 하나에 해당하는 경우에는 운전면허증을 갱신하여 발급하여야 한다.
>   1. 운전면허의 갱신을 신청하는 날 전 10년 이내에 국토교통부령으로 정하는 철도차량의 운전업무에 종사한 경력이 있거나 국토교통부령으로 정하는 바에 따라 이와 같은 수준 이상의 경력이 있다고 인정되는 경우
>   2. 국토교통부령으로 정하는 교육훈련을 받은 경우
> ④ 운전면허 취득자가 제2항에 따른 운전면허의 갱신을 받지 아니하면 그 운전면허의 유효기간이 만료되는 날의 다음 날부터 그 운전면허의 효력이 정지된다.
> ⑤ 제4항에 따라 운전면허의 효력이 정지된 사람이 6개월의 범위에서 대통령령으로 정하는 기간 내에 운전면허의 갱신을 신청하여 운전면허의 갱신을 받지 아니하면 그 기간이 만료되는 날의 다음 날부터 그 운전면허는 효력을 잃는다.

⑥ 국토교통부장관은 운전면허 취득자에게 그 운전면허의 유효기간이 만료되기 전에 국토교통부령으로 정하는 바에 따라 운전면허의 갱신에 관한 내용을 통지하여야 한다.
⑦ 국토교통부장관은 제5항에 따라 운전면허의 효력이 실효된 사람이 운전면허를 다시 받으려는 경우 대통령령으로 정하는 바에 따라 그 절차의 일부를 면제할 수 있다.

제20조(운전면허의 취소·정지 등)
① 국토교통부장관은 운전면허 취득자가 다음 각 호의 어느 하나에 해당할 때에는 운전면허를 취소하거나 1년 이내의 기간을 정하여 운전면허의 효력을 정지시킬 수 있다. 다만, 제1호부터 제4호까지의 규정에 해당할 때에는 운전면허를 취소하여야 한다.
  1. 거짓이나 그 밖의 부정한 방법으로 운전면허를 받았을 때
  2. 제11조 제2호부터 제4호까지의 규정에 해당하게 되었을 때
  3. 운전면허의 효력정지기간 중 철도차량을 운전하였을 때
  4. 제19조의2를 위반하여 운전면허증을 다른 사람에게 대여하였을 때
  5. 철도차량을 운전 중 고의 또는 중과실로 철도사고를 일으켰을 때
  5의2. 제40조의2 제1항 또는 제5항을 위반하였을 때
  6. 제41조 제1항을 위반하여 술을 마시거나 약물을 사용한 상태에서 철도차량을 운전하였을 때
  7. 제41조 제2항을 위반하여 술을 마시거나 약물을 사용한 상태에서 업무를 하였다고 인정할 만한 상당한 이유가 있음에도 불구하고 국토교통부장관 또는 시·도지사의 확인 또는 검사를 거부하였을 때
  8. 이 법 또는 이 법에 따라 철도의 안전 및 보호와 질서유지를 위하여 한 명령·처분을 위반하였을 때

철도안전법 [시행 2020. 10. 8.] [법률 제17457호, 2020. 6. 9. 일부개정]

① 철도차량 운전면허를 취득하기 위해서는 면허시험뿐 아니라 신체검사 및 적성검사에도 합격해야 하며 합격 후 운전교육훈련을 받아야 한다.
② 국토교통부장관은 대통령령에 근거한 기준과 절차에 따라 운전교육훈련기관을 지정하여 운전교육훈련을 실시하게 할 수 있다.
③ 운전면허를 갱신하기 위해서는 철도차량 운전업무 경력 혹은 이와 같은 수준 이상의 경력이 있거나 지정된 교육훈련을 이수해야 한다.
④ 운전면허의 유효기간이 만료되는 날 면허의 효력이 정지되며, 정지 후 6개월 내 갱신을 받지 않으면 정지 기간 만료일에 면허가 실효된다.
⑤ 국토교통부장관은 운전면허 유효기간이 만료됐으나 곧 갱신 받을 예정인 철도차량 운전자가 철도차량을 운전했을 때 면허를 취소해야 한다.

10 다음 글에 대한 내용으로 적절하지 않은 것은?

[2019 한국토지주택공사]

　에이즈(AIDS), 사스(SARS・중증급성호흡기증후군), 인플루엔자(독감), AI(조류 인플루엔자), 뇌염, 간염…. 인간의 삶에서 죽음의 공포를 불러오는 무서운 바이러스. 대장균처럼 인체에 유익한 바이러스도 있지만 현재 전 세계를 위협하는 바이러스는 인류가 지금껏 경험하지 못한 새로운 바이러스다. 세계적 대유행(팬데믹)이 우려되는 신종 인플루엔자는 특히 종간 장벽을 뛰어넘는 '변종 바이러스'로 돌변해 아직 백신조차 개발돼 있지 않다. 처음엔 돼지 인플루엔자(SI)로 불렸지만 바이러스의 출처가 돼지인지 불분명하다고 해서 세계보건기구(WHO)가 '신종 인플루엔자'로 부르기로 정정했다. WHO조차 정체를 파악하지 못할 정도로 신종 바이러스가 재앙의 그림자를 드리우고 있다. 하지만 이는 앞으로 다가올 바이러스 공포에 있어 '빙산의 일각'이라는 전망도 나오고 있다.
　지구상에는 4,000종 이상의 바이러스가 존재한다. 바이러스는 세균처럼 아주 작은 미생물이고 전염병을 일으키긴 하지만 여러 면에서 세균, 곰팡이와는 전혀 다른 생명체다. 사람을 비롯해 동물과 식물 그리고 다른 생명체(숙주 생물)에 들어가야만 증식을 하고 살아갈 수 있기 때문이다.
　바이러스는 변신의 귀재다. 예방 및 치료제를 개발했다 싶으면 재빠르게 새로운 형태로 돌변한다. 핵산의 종류에 따라 DNA 바이러스와 RNA 바이러스로 구분하는데, 특히 RNA 바이러스가 '변이'를 잘 일으킨다. 흔히 알고 있는 인플루엔자나 에이즈 바이러스(HIV), 에볼라(Evola) 바이러스, AI를 비롯해 최근 맹위를 떨치고 있는 신종 인플루엔자가 대표적 RNA 바이러스다. 특히 인플루엔자 바이러스는 주로 사람과 포유류, 조류에 살고 있다. 대부분 특정한 종에만 감염을 일으키지만 반드시 그런 것은 아니다. 바이러스가 중간 숙주에서 변이를 일으키면 이러한 특이성을 초월하기도 한다. 신종 인플루엔자 바이러스(H1N1)의 경우 사람과 조류의 인플루엔자 바이러스가 섞여 전혀 새로운 신종으로 재탄생하면서 종간 장벽을 뛰어넘고 있다. 충남대 수의학과 교수는 "사람과 가축의 생활 영역이 구분돼 있지 않은 환경에서 바이러스 재조합이 일어나면서 새로운 변종 인플루엔자가 태어나고 퍼져 나간다."고 말했다.
　끊임없이 변이를 거듭하는 인플루엔자 바이러스의 경우, 한번 창궐하면 인류에게 대재앙에 맞먹는 타격을 입히곤 했다. 특히 20세기 들어서는 모두 세 차례의 인플루엔자 대유행을 겪었다. 1918년 스페인 독감은 5,000만 명의 목숨을 앗아갔으며, 1957년 아시아 독감은 100만 명, 1968년 홍콩 독감은 80만 명의 사망자를 기록했다. 원인은 모두 비슷했다. 인플루엔자 바이러스의 구조가 크게 변하는 바람에 인체 면역체계가 이를 인식하지 못해 이들의 침투에 무방비일 수밖에 없었던 것이다.
　인류는 바이러스의 공격에 백신이라는 방패로 대처하고 있다. 백신은 일종의 가짜 병균이라고 볼 수 있는데, 이 백신을 인체에 투여하면 진짜 병균으로 인지하고 방어체계를 가동시키기 때문이다. 이 같은 시스템으로 진짜 병균이 몸에 침투해도 대등하게 맞서 싸울 수 있다. 인플루엔자 바이러스의 경우 백신을 맞으면 60~90% 예방이 가능하다.
　이밖에도 현재 예방접종이 효과적으로 시행되고 있는 바이러스 질환은 홍역, 풍진, 유행성 이하선염, 소아마비, 일본뇌염, B형간염, 광견병 등이 있다. 하지만 신종 인플루엔자와 AI를 비롯해 에이즈, 에볼라 등 아직도 많은 바이러스들은 예방 백신 개발이 요원한 실정이다. 경북대 미생물학과 교수는 "어쩌면 바이러스를 정복한다는 것 자체가 불가능한 일일지 모른다. 예방 백신을 개발했다고 해도 새로운 돌연변이를 상대해야 하기 때문"이라고 말했다.

① H1N1은 사람과 조류의 인플루엔자 바이러스가 섞여 전혀 새로운 신종으로 재탄생하면서 종간 장벽을 뛰어넘고 있는 바이러스이다.
② 백신을 인체에 투여하면 인체는 가짜 병균임을 인지하지만 방어체계를 가동시키고, 진짜 병균이 몸에 침투해도 대등하게 맞서 싸울 수 있다.
③ 현재 전 세계를 위협하는 바이러스는 인류가 지금껏 경험하지 못한 새로운 바이러스이지만, 인체에 유익한 바이러스도 있다.
④ 지구상에는 4,000종 이상의 바이러스가 존재하며, 바이러스는 세균, 곰팡이와는 전혀 다른 생명체다.
⑤ 1918년 스페인 독감은 5,000만 명의 목숨을 앗아갔으며, 1957년 아시아 독감은 100만 명, 1968년 홍콩 독감은 80만 명의 사망자를 기록했다.

11 다음 ㉠, ㉡에 들어갈 말로 알맞은 것끼리 짝지어진 것은?

- 조직의 대대적인   ㉠   이(가) 이루어졌다.
- 영화관에서 신작이   ㉡   될 예정이다.

	㉠	㉡
①	개편(改編)	송파(送波)
②	개변(改變)	방영(放映)
③	개편(改編)	상영(上映)
④	개변(改變)	송파(送波)
⑤	개화(開化)	상영(上映)

12 다음 글을 읽고 묵자의 생각으로 적절하지 않은 것을 |보기|에서 모두 고르면?

고대 중국의 천(하늘)에 대한 이해는 은대의 초월적이고 절대적인 존재인 제, 상제, 또는 조상에 대한 숭배에서 시작하는데 은대 말기에 조상신 숭배의 부작용으로 방탕해진 주왕이 주에 의해 정복당함에 따라 통치자의 덕을 강조하는 덕치사상이 나타난다.
 공자는 무너져가는 봉건질서 속에서 인간의 의지와 감정을 자율적으로 규제하고 극복할 수 있는 도덕적 자제력을 함양하는 예치를 주장하였다. 그리고 덕의 기원과 역할을 사람들이 누구나 쉽게 긍정할 수 있는 자연의 이치에서 추구하고자 하였다. 공자에게 천은 최고의 권위를 지니고 만물을 생성·변화시키는 존재이며, 인간 행위의 준칙이 되는 도덕원칙을 함유한 존재로 인생법칙의 본원이다. 이러한 천의 자기의지의 표현이 '명'이다. 두임지는 공자의 '명'의 의미를 두 가지로 나누었다. 첫째는 객관적인 규율을 가리키는 것이고, 둘째는 숙명적인 것으로 설명한다. 숙명적인 것은 공자가 자연이나 사회에서 불가해한 일을 만났을 때 운명으로 돌렸다는 것이다. 공자는 비록 운명의 존재를 부정하지는 않았지만, 운명에 좌우된다거나 운명 때문에 합리적인 사고와 생활이 방해받는 일이 있어서는 안 된다고 생각하였다. 즉 군자는 자신의 할 일을 최선을 다해 수행하면서 운명을 기다리는 것이다.
 묵자가 유가를 비판한 것은 공자의 인이 이상적인 것이기는 하지만 이익과 욕심에 치중하는 사람들의 마음을 고려한다면 이 인이 현실적으로는 실천되기 어려운 점 때문일 것이다. 그러므로 묵자는 그 자율적 실천문제의 대안을 좀 더 강력한 천의 의지에서 구하고자 했다. 하늘은 강력한 권위를 지니고 있으므로 하늘의 의지에 사랑의 당위성을 실어준다면 현실적으로 사랑을 실천할 수 있는 가능성이 더 커진다. 인간의 자율적 의지는 그것만으로는 가치 있는 일이지만 타율성이 담보되지 않을 경우 실현의 가능성이 적어질 수 있다. 따라서 천을 등장시켜 천의 의지를 규정해 준다면 이 한계를 넘어설 수도 있으리라는 것이 묵자의 생각이었다.
 묵자는 하늘의 뜻을 차별 없는 만인에 대한 사랑이라는 '겸애'에서 찾았다. 그러므로 인간은 하늘의 의지를 본받아 겸애를 실천할 때 하늘과 하나가 될 수 있다. 즉, 겸애란 나와 남, 내 가정과 남의 가정, 우리 국가와 남의 국가를 차별하거나 차등을 두지 않고 똑같이 사랑하는 것이다. 만약 이러한 사랑이 가능하다면 묵자의 겸애는 구별과 차별이 없는 사랑의 세계를 실현하게 된다. 그리고 사람들이 이와 같이 서로서로 남을 아끼고 이로움을 주고자 한다면 도적과 전쟁은 자연히 없어지게 될 것이다. 뿐만 아니라 하늘이 인간을 사랑하고 이롭게 하는 것처럼 인간도 하늘의 뜻에 맞추어 살면 하늘·인간·귀신이 서로를 유익하게 하여 전쟁·도적·혼란이 없는 세상이 실현된다는 것이다. 그렇다면 묵자의 천이 공자의 그것과 다른 점은 무엇인가? 묵자는 '대(大)'로서 존재하는 하늘을 모르기 때문에 세상의 모든 혼란이 야기된다고 한다. 만약 천을 바르게 알고 하늘의 권위를 인정한다면 세상에는 평화와 안정이 올 것이다. 그러므로 하늘의 뜻에 따르는 정치는 의로써 다스리는 정치, 곧 의치이요, 천의 뜻을 거스르는 정치는 힘으로 다스리는 것, 곧 역치이다.
 공자의 천은 인간에 내재하므로 인간은 자각과 주체적 선택으로 천명을 실천할 수 있다. 그러나 묵자의 천은 인격적이고 상벌로써 인간의 행위를 주관한다. 묵자는 천을 권위화 함으로써, 천의 내재적인 문화로 빚어진 당시 유가의 폐단을 비판하고 자신의 구도를 제시하여 이상사회를 이루고자 했다. 따라서 묵자의 '하늘의 뜻'은 대상화될 수 있는 것이다. 이 천은 인간이 인식할 수 있으며 '증명'될 수 있다. 또한 '귀신'에게 명령을 내린다. 묵자의 천은 인간의 이익을 위한 것이므로 종교적이라고 보기는 힘들다. 따라서 묵자의 천은 공자에 비해 공리적인 성격을 더 많이 갖는다고 할 것이다.

> **보기**
> ㉠ 인간은 하늘의 의지를 본받아 겸애를 실천할 때 하늘과 하나가 될 수 있으며, 인간의 자각과 주체적 선택으로 천명을 실천할 수 있다.
> ㉡ 공자의 인은 이상적인 것이기는 하지만 이익과 욕심에 치중하는 사람들의 마음을 고려한다면 현실적으로 실천되기 어렵다.
> ㉢ 천은 인격적이고 상벌로써 인간의 행위를 주관하며, 하늘의 뜻은 인간이 인식할 수 있으며 증명될 수 있다.

① ㉠   ② ㉡   ③ ㉢
④ ㉠, ㉡   ⑤ ㉡, ㉢

13 다음 보도자료에 대한 내용으로 옳지 않은 것은?   2019 국민건강보험공단

> 보건복지부는 2월 1일부터 흡연자들이 국가금연지원서비스를 쉽게 이용할 수 있도록 전문치료형 금연캠프를 소개하는 금연광고를 선보인다. 흡연의 위해성을 강조한 기존 금연광고와는 달리, 이번 광고는 밝고 재미있는 소재와 분위기로 국가금연지원서비스 중 하나인 전문치료형 금연캠프를 안내하기 위해 제작되었다. 특히 홍콩 암흑가(느와르) 영화의 주인공들이 흡연을 하는 장면을 연출하다가, 의사가 친근하게 담배를 일일이 뺏고 부러뜨리는 재미있는 반전을 통해 금연을 권유하며 금연캠프를 소개한다.
> 전문치료형 금연캠프는 전국 17개 지역금연지원센터에서 중증·고도흡연자를 대상으로 4박 5일간 합숙하며 전문적인 금연서비스를 제공하는 국가금연지원서비스 중 하나이다. 전문치료형 금연캠프에서는 금연상담 및 교육, 건강검진, 금연상태평가, 운동프로그램, 집중심리상담, 니코틴보조제 또는 금연치료제 등 서비스를 제공하고 있다. 또한, 금연캠프 수료 후에도 6개월간 금연상담 등 사후관리를 제공하고, 6개월 금연성공자에게는 기념품을 증정하고 있다. 금연캠프 개최 일정 및 프로그램은 17개 지역금연지원센터별로 다를 수 있으므로 가까운 지역금연지원센터로 연락하거나, 금연두드림 홈페이지를 통해 확인할 수 있다.

① 금연캠프는 기존과는 다르게 밝고 재미있는 분위기로 진행될 예정이다.
② 금연캠프 수료 후에도 6개월간 사후관리 서비스를 제공한다.
③ 전문치료형 금연캠프는 4박 5일간 합숙하며 진행된다.
④ 이번에 제작된 금연광고는 전문치료형 금연캠프를 안내하기 위해 제작되었다.
⑤ 금연캠프 일정 등에 대한 세부 내용은 금연두드림 홈페이지에서 확인할 수 있다.

14 다음 글을 읽고 |보기|의 내용이 들어가기에 가장 적절한 곳을 고르면?

(가) 화장의 기원을 더듬어 보면 화장은 시대와 지역을 불문하고 누구나 가지는 아름다움을 추구하는 욕망에서 비롯되었음을 알 수 있다. 물론 종교적인 목적이나 자신의 신분을 드러내기 위해서 화장을 한 경우도 있지만, 이러한 행위도 전자의 범위를 크게 벗어나지는 않는다.

(나) 화장품은 크게 두 가지로 나뉜다. 시각적인 효과를 중시하는 화장품과 후각적인 효과를 중시하는 향료 제품이다. 대개 이 두 가지를 구분하지 않고 화장품이라 통칭하는데, 이를 전통적인 관점에서 세분화해보면 분, 연지, 향료 등으로 나뉘며 이는 현대에서도 각각 발전된 형태로 전승되어 왔다.

(다) 우리 화장품의 시작을 더듬어 보면 삼한 시대에 북방의 거주민들이 동상을 막기 위해서 동물의 기름을 피부에 발랐다는 기록을 찾아볼 수 있으며, 이 시대의 고분에서 출토되는 화려한 장신구의 수준으로 볼 때 상당한 수준의 치장이 이루어졌음을 짐작할 수 있다. 한편 신라에서는 귀족들이 향을 담은 향낭을 패용하고 다녔으며 당나라에 가발을 수출하였는데, 신라인들이 평소에 사용하는 양질의 머릿기름으로 인해 호평을 받았다는 기록이 전해진다. 하지만 선사 시대에서 고려 시대까지의 기록은 그 양이 적고 게다가 서민들의 생활을 살펴볼 수 있는 자료가 거의 없어 창포를 우려 머리를 감았다거나 콩이나 팥으로 비누를 만들었다는 사실 외에는 더 알려진 것이 없다.

(라) 구체적인 사례를 언급할 수 있는 시기는 다른 분야와 마찬가지로 조선 시대, 그것도 후기에 들어와서야 화장품에 대한 구체적인 실례를 찾아볼 수 있다. 우리가 현재 흔히 쓰고 있는 파운데이션의 개념인 분은 쌀과 분꽃을 가루 내어 만들었으며, 주로 집집마다 분꽃을 재배해서 자가(自家) 제조하였다. 한편 백분에 납을 첨가하면 부착력이 우수해지고 골고루 발라진다는 것이 경험적으로 알려지면서 화장품 제조에 획기적인 발전을 가져왔다. 하지만 납의 해독으로 분독(粉毒)이 생긴다는 사실이 밝혀지면서 현대에 이르러서는 연분(鉛粉)의 제조가 금지되고 있다.

(마) 한편 크림과 같은 기능을 가진 면약(面藥)은 액상으로, 그 이름에서도 알 수 있듯이 얼굴에 발라 피부를 보호하고 희게 보이는 효과를 냈다. 이것은 주로 남자들이 사용하였는데 남자들이 차고 다닌 향낭과 함께 엄격한 유교 사회의 남성상에는 어딘가 어울리지 않는 모습이다. 하지만 화장의 기원이 아름다움의 추구라는 사실을 생각해 볼 때 이러한 남성들의 치장은 여성들의 화장과 함께 오히려 자연스러운 것이라 볼 수 있고, 이러한 현상은 현대 화장품에서도 남성 화장품의 비중이 작지 않음에서 알 수 있다.

| 보기 |

오늘날 색조 화장품의 개념을 가지고 있는 연지는 홍화(紅花)나 주사(朱沙)로 제조하였다. 역시 대개가 집에서 자가 제조되었으며 변질을 막기 위해 꼭 밀폐된 도자기에 보관하였다.

① (가)의 뒤   ② (나)의 뒤   ③ (다)의 뒤
④ (라)의 뒤   ⑤ (마)의 뒤

15 다음 글을 읽고 본문의 빈칸 Ⓐ에 들어갈 적절한 내용을 고르면?

> '집단 지성'은 다수의 개체가 협동하는 과정에서 알게 된 집단의 지적 능력을 의미한다. 이는 캐나다의 곤충 학자인 스탠튼이 개체로는 보잘것없는 개미가 공동체를 만들어 협업하여 커다란 개미집을 만드는 장면을 관찰하는 과정에서 착안한 개념으로, 여러 마리의 개미가 모인다면 한 마리의 개미보다 높은 지능을 형성할 수 있다는 논의로 발전된다.
> 개미뿐만 아니라 인간에게서도 이러한 집단 지성을 찾아낼 수 있다. 인터넷 공간 내에서 사람들이 서로 의견을 나누고 그 결과물을 공유하는 것은 집단 지성이 구현되고 있는 대표적인 예라고 할 수 있다. 누구나 자유롭게 글을 써서 올릴 수 있고 고쳐 쓸 수 있는 방식으로 만들어지는 온라인 백과사전은 집단 지성의 대표적인 산물이다. 과거에는 백과사전을 만드는 데 참여할 수 있는 사람들이 몇몇 학자들로 제한될 수밖에 없었고, 한 번 수록된 항목이나 내용을 고치기 위해서는 꽤 오랜 시간이 필요했다. 그러나 온라인 백과사전을 만드는 데에는 비전문가도 참여할 수 있으며, 수정 또한 실시간으로 가능하다. 한두 명에 국한되지 않고 여러 명이 한 번에 참여할 수 있기 때문에, 잘못된 정보는 다수의 협업으로 수정할 수 있게 되었다. 이렇게 온라인 백과사전은 집단 지성의 협업과 참여로 만들어진다.
> 그러나 누구나 참여할 수 있다는 속성으로 인해 오히려 온라인 백과사전은 신뢰성을 의심받기도 한다. 접근의 용이성과 개방성으로 인해 온라인 백과사전 고유의 장점을 의도적으로 악용하는 사례도 나타나는 것이다. (Ⓐ   )
> 이러한 점으로 인해 온라인 백과사전이 백과사전으로서 가지는 지위에는 논란이 있을 수밖에 없는 한계도 지니고 있다.

① 이를 구체적으로 살펴보면, 온라인 백과사전 전체 내용의 80% 정도는 소수의 사람이 서술하고 있음을 확인할 수 있다. 이용자는 엄청난 수에 이르지만 그것을 작성하는 사람은 몇몇에게 집중되어 있는 것이다.

② 이를 반증하듯, 전 세계의 수많은 사람이 온라인 백과사전의 내용 서술에 참여하고 있다. 온라인 백과사전은 누구에게나 열려 있는 우리 모두의 백과사전의 지위를 가지게 되는 것이다.

③ 이를 방증하듯, 온라인 백과사전의 내용을 서술하는 참여자는 현재 진행 중인 사안이나 확실하게 결론이 내려지지 않은 항목에 대해서도 서술하고 고쳐 쓰면서 온라인 백과사전의 집단 지성을 보여 준다.

④ 이를 증명하듯, 온라인 백과사전을 운영하는 단체는 최근 수백 개의 가짜 계정으로 백과사전에 실린 특정 단체에 대한 정보를 조직적으로 수정한 사례가 발견되었다고 발표하였다.

⑤ 이를 예로 들어 보면, 온라인 백과사전은 영어는 물론 한국어, 중국어, 스페인어부터 아프리카의 지방 언어에 이르기까지 300여 개 이상의 언어로 존재함을 확인할 수 있다.

[16~17] 다음 글을 읽고 이어지는 문제에 답하시오.

　최근 천연 섬유에 대한 관심이 ⓐ **뜨겁다**. 1936년 최초의 합성 섬유 나일론이 등장한 이후 패션 업계에서 설 자리를 잃어가던 천연 섬유가 환경에 대한 사람들의 관심이 커지면서 생산량이 다시 늘고 있다. 게다가 건축, 자동차, IT 같은 산업 전반에 천연 섬유를 활용하는 사례가 늘어나면서 과학자들은 '천연 섬유 다시 보기'에 열을 올리고 있다.
　최근 천연 섬유의 활용 범위가 전통적인 패션 업계를 넘어 산업 전반으로 넓혀진 이유는 플라스틱을 빼놓고 이야기할 수 없다. 플라스틱은 가볍고 튼튼하며 모양을 자유자재로 바꿀 수 있는 장점이 있지만, 플라스틱만으로는 강도나 유연성을 높이는 데 한계가 있다. 이런 플라스틱의 단점을 보완하기 위해 등장한 신소재가 플라스틱에 섬유를 넣어 만든 FRP(섬유 강화 플라스틱)이다. 섬유는 수많은 분자가 정연하게 배열되어 있기 때문에 플라스틱에 섬유가 들어가면 플라스틱은 더욱 강해지고 유연해진다.
　그동안 FRP에는 유리섬유나 합성 섬유 또는 탄소 섬유가 쓰였으며, 이 가운데 약 90%가 유리 섬유였다. FRP는 자동차 부품이나 건축용 소재, 선박 부품, 전자 부품, 생활용품 그리고 항공 부품까지 광범위하게 사용되고 있다. 고분자시대의 뼈대 역할을 하고 있는 셈이다. 하지만 FRP에는 큰 문제가 있다. FRP를 폐기할 경우 그 안에 들어 있는 유리 섬유나 합성 섬유 또는 탄소 섬유가 자연적으로는 거의 분해되지 않아 환경오염을 일으키기 때문이다. 따라서 과학자들은 환경 문제를 일으키지 않으면서도 값싸고 풍부한 친환경 플라스틱 강화 섬유 소재를 찾는 데 힘써 왔다.
　이런 목적에 가장 적절한 소재가 바로 천연 섬유이다. 천연 섬유가 들어간 강화 플라스틱을 바이오 플라스틱이라고 한다. 바이오 플라스틱에 사용되는 천연 섬유로는 마 종류와 모시, 선인장 잎에서 얻어지는 사이잘과 헤네켄, 바나나 섬유, 야자나무 씨와 열매에서 얻는 코이어, 그리고 대나무, 일반 목재류까지 다양하다. 천연 섬유는 자연 상태에서 완전히 생분해되어 쓰레기 걱정이 없으며, 재배 과정에서 대기에 존재하는 이산화탄소를 흡수하고 산소를 배출하기 때문에 지구 온난화를 막는 데도 일조한다. 천연 섬유의 가격이 싸다는 점도 큰 장점이다. 천연 섬유 대부분은 다모작이 가능하므로 생산성이 매우 높으며, 재배 국가의 풍부한 노동력을 활용하기 때문에 생산 단가가 유리 섬유의 30~40% 정도로 저렴하다. 또한 천연 섬유는 유리 섬유보다 훨씬 가벼워 제품의 무게를 줄이는 데도 한몫을 한다.
　현재 바이오 플라스틱은 다양한 분야에서 플라스틱을 하나씩 교체하고 있다. 가정과 사무실에서 쉽게 볼 수 있는 '무늬만 나무'인 각종 가구와 내장재는 바이오 플라스틱으로 이루어진 경우가 많고, 소비자들도 이것에 대한 적극적인 사용을 반기며, 친환경적인 제품에 적극적 지지를 보내고 있다. 자동차 회사 역시 바이오 플라스틱을 활용한 자동차 개발에 뛰어들어 천연 섬유 자동차의 시대를 열고 있다. IT 업계에서도 바이오 플라스틱의 활용 범위가 넓어지고 있는 추세이다.

16 윗글을 읽은 사원들이 |보기|의 내용을 읽고 보일 수 있는 반응으로 적절하지 않은 것은?

| 보기 |

로하스(LOHAS)란 '건강과 환경을 배려하며 지속 가능한 사회를 지향하는 라이프 스타일'을 의미한다. 하지만 단순히 삶의 기호나 양식으로 그치는 것이 아니라 로하스적 가치에 부합하는 적극적인 소비를 통해 로하스적 생산을 유도하는 로하스 운동으로까지 나아간다. 그 때문에 이미 서구에서는 소위 로하스족, 로하스 소비자를 겨냥한 상품과 서비스 개발이 이루어지고 있으며, 로하스적 경영 가치를 도입하여 공익성을 추구하는 기업들도 증가하고 있는 추세이다.

① "바이오 플라스틱을 이용한 제품은 로하스적 가치에 부합하는 제품이라고 할 수 있겠네요."
② "바이오 플라스틱을 활용한 제품을 만듦으로써 기업은 수익성과 공공성이라는 두 마리 토끼를 모두 잡을 수 있겠군요."
③ "바이오 플라스틱을 이용한 제품을 생산하는 데 소비자들이 영향을 미쳤을 수도 있겠네요."
④ "바이오 플라스틱을 활용한 제품이 점점 늘어나고 있는 것은 건강과 환경에 대한 관심이 증가하는 추세와 관련이 있을 것 같아요."
⑤ "바이오 플라스틱을 활용한 제품은 내구성과 경제성이 높기 때문에 생산자뿐만 아니라 로하스 소비자도 이를 선호하는 것이군요."

17 다음 중 밑줄 친 단어가 Ⓐ와 유사한 의미로 사용되고 있는 것은?

① 여름 한낮의 태양은 정말 **뜨거웠다**.
② 그녀는 얼굴이 **뜨거워** 고개를 들 수 없었다.
③ 이 난로는 매우 **뜨거우니** 조심해서 다루어야 한다.
④ 그들의 신앙은 너무나 **뜨거웠고** 간절했다.
⑤ 열이 올라 몸이 불덩이처럼 **뜨거워진** 몸으로 그는 출근할 수밖에 없었다.

[18~19] 다음 글을 읽고 질문에 답하시오. `2019 코레일`

　많은 사람들은 갈등을 안 좋은 것으로 생각한다. 한 연구에 따르면 사람들이 갈등을 이야기할 때 사용하는 자발적인 은유들을 녹음하여 분석한 결과, 그것들의 대부분은 강하게 부정적이었다. 문제는 사람들이 갈등에 대해 생각할 때, 그들이 오직 그것의 한 부분만을 생각한다는 것이다. 우리가 갈등을 두려워하는 것은, 아마 우리가 갈등 이전이나 갈등을 겪는 동안 느끼는 감정들을 선명하고 강렬하게 기억하는 반면 갈등이 해결된 후의 것은 그에 비해 아주 미미하게 기억하기 때문일 것이다. 심한 갈등이 진행되는 동안 겪는 것은 대개 우리에게 스트레스를 주고 위협적인 것들이다. 하지만 갈등이 해결된 후에는, 마침내 해결했다는 것에서나 혹은 우리의 관계가 그러한 어려움을 이겨냈다는 것에서 오는 만족감을 느낄 수 있을 것이다. 이처럼 갈등은 긍정적인 결과를 가져올 수 있다.

　갈등이 주는 또 다른 이점은 현재의 집단이 더 나은 결정을 하도록 돕는다는 것이다. 연구자들은 어떤 집단에서 갈등이 없다는 것은 그 집단이 건강하지 못하다는 것을 보여준다고 주장한다. 왜냐하면 이렇게 될 경우 (　　　㉠　　　) 이른바 "집단주의적 사고(groupthink)"가 나타나는 결과를 초래하기 때문이다. 갈등을 효과적으로 관리하기만 하면 보다 나은 결정을 하는 데 도움이 된다는 인식을 공유할 때, 그 집단은 더욱 나은 성과를 산출할 수 있다. 갈등이 포함된 업무는 구성원을 이전보다 더 가깝게 묶어 주고, 구성원들이 집단의 구조를 정의하는 것을 도와주며, 그 집단이 협조적인 관계가 되는 것을 촉진시킨다.

　갈등은 또한 사람들이 자신의 감정을 어딘가에 쏟아 꺼내 놓을 수 있도록 도와준다. 그곳은 개방된 공간이며 사람들이 그러한 감정을 충분히 감당하고 처리할 수 있는 공간이다. 감정을 숨기는 것은 종종 현명한 일이 아니다. 특히 강한 감정일 경우에는 더욱 그러하다. 하지만 이렇게 감정을 숨기는 일들은 발생하기 마련이고, 결국 그것은 갈등이 충돌할 때에야 비로소 표출된다. 누군가 감정을 표현해야 비로소 그것을 직접 다룰 수 있게 되는데, 이를 통해 구성원들은 서로가 느끼는 실망감, 조바심, 두려움들에 대해 반응하는 방법을 알아가게 된다.

　앞서 언급한 바와 같이 갈등은 또 하나의 이점을 가지고 있는데, 그것은 바로 그들의 관계에 대한 신뢰를 증진시킨다는 점이다. 예를 들어 대부분 커플은 결혼하기 전에 많은 시간을 함께 보낼 것이다. 하지만 그들은 아무리 서로를 잘 안다고 하더라도 여전히 어떤 실제적인 어려움이 닥쳤을 때 상대방에게 어떻게 행동할 것인가에 대해서는 확신이 없다. 그들 사이에 있었던 첫 번째 심각한 논쟁은 분명 큰 사건이라고 할 수 있다. 하지만 그것을 잘 해결했을 때 따라오는 신뢰감은 훨씬 더 중요하다. 두 사람 모두 그들의 관계가 얼마나 깊고 견고해졌는지 확실하게 느낄 것이다. 갈등은 이러한 감정을 향상시키는 것을 돕는다.

　갈등은 사람들의 진실한 만남을 촉진시키기도 한다. 예를 들어 어떤 관계에서 권력이 낮은 위치에 있는 사람은 항상 결정에 따르기만 하는 것에 싫증을 느끼고 관계를 변화시키기 위해 갈등을 사용할 수 있다. 이 경우 갈등은 한 개인에게 힘을 부여한다. 또는 여러분이 직장과 전공을 선택할 때 한 친구가 강하게 자신의 의견을 피력한다면, 그것은 여러분과 그 친구 사이의 독특한 차이점을 경험하게 하는 기회를 제공한다. 만약 여러분이 여러분의 결정에 대해서 신중하게 생각하고 친구도 그러했다면 많은 허울들을 벗고 진실하게 그와 대면할 수 있다. 그때 여러분은 다른 누구의 생각이나 입장을 대변하는 것이 아닌 현재 자신을 온전히 드러내게 된다. 여러분의 친구도 그러할 것이다. 물론 이런 일들이 항상 일어나는 것이 아니다. 사람들은 이따금 진정한 자신을 뒤로 숨기고 다른 것을 앞에 내세워 갈등에 반응하기도 한다. 하지만 갈등은 대부분 사람들에게 진실한 대인 간 만남을 갖도록 도와준다.

　요컨대 서구의 관점에서 갈등은 친한 관계뿐만 아니라 직장, 동네, 가족, 클럽, 혹은 다른 조직에서도 긍정적인 역할을 할 수 있다. 우리가 앞서 언급한 바와 같이, 사람들이 고유함을 유지하는 한 여러분은 그들과의 의사소통에서 갈등을 제거할 수 없다. 또한, 억지로 시도할 필요도 없다. 왜냐하면 그것이 본질적으로 '나쁜' 것은 아니기 때문이다. 사실 갈등이 좋은지 나쁜지는 전적으로 그것을 어떻게 다루느냐에 달려있다.

18 다음 중 글의 제목으로 가장 적절한 것은?

① 좋은 갈등을 만드는 방법
② 갈등에 대한 부정적인 인식의 재고
③ 집단 내부에 존재하는 갈등의 유형
④ 바람직한 갈등과 효율적인 의사소통
⑤ 갈등이 개인에게 미치는 긍정적인 영향

19 다음 중 ㉠에 들어갈 내용으로 가장 적절한 것은?

① 무엇을 결정함에 있어 집단의 이익을 최우선으로 하는
② 집단의 모든 구성원이 동의하는 의견만을 채택하는
③ 집단 내부에 존재하는 갈등의 소지를 없애는
④ 구성원들의 개별적인 의견을 종합하여 결정에 반영하는
⑤ 어떠한 대안에 대한 탐색이나 논의 없이 바로 결정되는

20 다음은 축산업 허가 및 가축사육업 등록에 대한 자료이다. 자료에 대한 설명으로 적절하지 않은 것은?   2019 농협은행 6급

축산업 허가 및 가축사육업 등록

1. 도입 배경 및 목적
   - 2010 / 2011년 구제역, 고병원성 조류인플루엔자(AI) 등 악성가축질병 발생으로 인해 3조 원 수준(직접피해액 기준)의 심각한 피해가 발생함
   - 효율적인 방역관리 및 축산업 선진화를 위해 일정규모 이상 가축을 사육하는 농가에 대해서 시설·장비, 교육이수 등을 거쳐 지자체에게 허가를 받거나 등록하도록 함
   - 2012. 2. 22. 축산법 개정·공포(2013. 2. 23. 시행)로 축산업 허가제 도입 근거 마련됨

2. 축산업 허가 및 가축사육업 등록 대상
   - 축산업 허가 대상(축산법 시행령 제13조)
     → 종축업, 부화업, 정액 등 처리업은 규모에 관계없이 2013. 2. 23 부터 시행, 가축사육업은 규모별로 단계적으로 도입

구분	2014. 2. 23. 이후	2015. 2. 23. 이후	2016. 2. 23. 이후
소 사육업	600m² 초과	300m² 초과	50m² 초과
돼지 사육업	1,000m² 초과	500m² 초과	50m² 초과
닭 사육업	1,400m² 초과	950m² 초과	50m² 초과
오리 사육업	1,300m² 초과	800m² 초과	50m² 초과

   - 가축사육업 등록 대상(12개 축종)(축산법 제22조 제2항)
     → 허가대상에 포함되지 않은 가축사육업(소·돼지·닭·오리)과 면양·염소·사슴·거위·칠면조·메추리·타조·꿩 사육업
   - 등록 대상에서 제외되는 가축사육업(축산법 시행령 제14조의3 및 시행규칙 제27조의4)
     → 가축 사육시설의 면적이 10m² 미만인 닭, 오리, 거위, 칠면조, 메추리, 타조, 꿩 사육업
     → 말, 노새, 당나귀, 토끼, 개, 꿀벌, 오소리, 관상용 조류(15종*), 지렁이 사육업
       * 농림축산식품부 고시 제2015-100호(가축으로 정하는 기타 동물) 참조

3. 축산업 허가기준(축산법 시행령 별표 1)
   - 시설 및 장비 : 법령에 따른 사육시설, 소독시설, 방역시설 등
   - 적정사육면적

구분	비육우	착유젖소	돼지		산란계	육용오리
형태	방사식	깔짚	임신돈	비육돈	케이지	평사
m²/두	7.0	16.5	1.4	0.8	0.05	0.246

   → 케이지 사육 산란계 적정사육면적 마리당 0.075m²로 상향 조정 중
   - 위치기준 : 지방도로 이상에서 30m 이내, 축산 관련 시설(도축장, 사료공장, 원유 집유장, 종축장 등)에서 500m 이내는 신규 허가 제한
     → 지방자치단체의 조례로 제한거리를 1/2 범위 내에서 늘리거나 줄여 정할 수 있음
   - 교육이수 : 축산업 허가 대상 및 가축사육업 등록 대상, 가축거래상인은 법령에서 정한 교육과정을 이수하여야 함

4. 가축사육업 등록 기준(축산법 시행령 별표 1)
　가축을 사육하는 축사시설은 통풍이 잘 이루어지는 구조로 설치하고, 환기시설을 갖출 것.
　다만, 사슴·양과 같이 축사시설 없이 가축을 사육하는 경우에는 울타리를 설치하여야 한다.
　→ 소독시설 기준 추가 예정

① 100m² 규모에서 소 사육업을 하는 경우 2016년 1월에는 축산업 허가 대상이 아니었지만, 2016년 3월에는 축산업 허가 대상이었다.
② 축산업 허가를 받기 위해서는 법령에 따른 사육시설, 소독시설, 방역시설 등이 갖추어져 있어야 하며 어떤 경우라도 축사시설 없이 가축을 사육할 수 없다.
③ 비육우의 경우 무리로 사육하는 형태가 적절하며, 한 마리당 7m²의 면적이 확보되어 있어야 축산업 허가기준을 충족한다.
④ 임신돈 스물한 마리를 사육한다면 29.4m²의 면적이 필요하며, 비육돈 스물한 마리를 사육한다면 16.8m²의 면적이 필요하다.
⑤ 축산 관련 시설에서 500m 이내에는 신규 허가가 제한되는 것이 원칙이나, 지방자치단체의 조례가 있다면 250m 내에서 신규 허가가 가능하다.

제1회 실전모의고사 — 영역 분리형 수리능력

20문항 / 20분

정답과 해설 053p

01 소형차 2대와 트럭 3대가 주차를 하려 한다. 주차장에 주차 가능한 공간이 10개가 있고, 그중 2개는 소형차 전용 주차 공간이다. 소형차는 소형차 전용 공간에만 주차를 하고, 트럭은 남은 공간에 주차를 하려 할 때, 주차할 수 있는 방법의 수는?

[2020 경기도 공공기관 통합채용]

① 66가지 ② 122가지 ③ 336가지
④ 672가지 ⑤ 732가지

02 다음 자료를 보고 옳은 설명을 고르면?

[2020 한전KPS]

재생에너지 생산량

(단위 : toe)

구분	2015년	2016년	2017년
소계	13,061,532	13,860,689	15,861,222
태양열	28,469	28,495	28,121
태양광	849,379	1,092,832	1,516,349
풍력	283,455	355,340	462,162
수력	453,787	603,244	600,690
해양	104,731	104,562	104,256
지열	135,046	162,047	183,922
수열	4,791	5,989	7,941
바이오	2,765,657	2,765,453	3,598,782
폐기물	8,436,217	8,742,726	9,358,998

① 조사 기간 동안 태양광의 생산량은 풍력의 생산량보다 항상 많다.
② 조사 기간 동안 모든 재생에너지의 생산량은 전년 대비 증가하였다.
③ 2017년 재생에너지 항목 중 생산량이 가장 적은 것은 태양열이다.
④ 2016년 수력의 생산량은 2017년 지열의 생산량보다 적다.
⑤ 조사 기간 동안 해양의 생산량은 매년 증가한다.

03 ○○기업은 신입 직원 50명을 채용하여 60%는 A팀에 배치하고, 40%는 B팀에 배치하였더니 A팀의 직원 수는 A, B팀 전체 직원 수의 32%가 되었다. 신입 직원 배치 전의 A팀 직원 수가 130명일 때, 현재 B팀의 직원 수는 몇 명인가? `2020 한국중부발전`

① 280명　　　　② 310명　　　　③ 340명
④ 370명　　　　⑤ 390명

04 다음 자료를 보고 옳지 않은 설명을 고르면? `2020 한국농어촌공사`

식량작물 생산량
(단위 : 톤)

구분	2016년	2017년	2018년
합계	4,706,554	4,465,983	4,397,532
미곡	4,196,691	3,972,468	3,868,045
맥류	112,598	112,278	128,490
잡곡	89,647	86,026	90,658
두류	90,719	101,166	106,082
서류	216,899	194,045	204,257

① 2018년 맥류의 생산량은 전년 대비 16,212톤 증가하였다.
② 2017년 서류의 생산량은 같은 해의 잡곡과 두류의 생산량의 합보다 많다.
③ 조사 기간 동안 생산량이 매년 증가하는 식량작물은 두류뿐이다.
④ 조사 기간 동안 잡곡의 생산량은 두류의 생산량보다 항상 적다.
⑤ 조사 기간 동안 미곡의 생산량은 증감을 반복한다.

[05~06] 다음은 OECD에서 2017년 7월에 발표한 OECD 회원국의 국가별 고용률에 대한 자료 중 일부이다. 다음을 보고 이어지는 물음에 답하시오.

OECD 국가별 고용률 비교

(단위 : %)

국가별	성별	2012	2013	2014	2015	2016
대한민국	전체	64.2	64.4	65.3	65.7	66.1
	남자	74.9	74.9	75.7	75.7	75.8
	여자	53.5	53.9	54.9	55.7	56.2
A 국가	전체	66.5	67.1	67.9	68.3	69.4
	남자	70.7	71.2	71.5	72.1	72.0
	여자	62.4	63.0	64.2	64.6	66.0
일본	전체	70.6	71.8	72.8	73.4	74.4
	남자	80.4	80.8	81.6	81.9	82.6
	여자	60.7	62.5	63.7	64.7	66.1
터키	전체	48.9	49.5	49.5	50.2	50.7
	남자	69.2	69.5	69.5	69.8	70.1
	여자	28.7	29.7	29.5	30.5	31.2

[출처 : OECD]

05 대한민국과 A 국가는 매년 국가 통계에서 남녀 총 인구수가 같은 것으로 확인되었다. 이런 경우 고용된 남자와 여자 고용인구 중에서 대한민국과 A 국가의 차가 가장 큰 경우는?

① 2012년 남자　　② 2013년 여자　　③ 2014년 남자
④ 2015년 여자　　⑤ 2016년 여자

06 생산가능인구(15~64세) 대비 취업자 비율을 나타내는 고용률에 관한 위 자료를 통해 |보기와 같이 분석하였을 때 옳지 않은 것끼리 짝지은 것은?

| 보기 |

㉠ 조사 기간 동안 터키에서 여자의 고용률은 2014년에만 감소하였다.
㉡ 조사 기간 동안 A 국가에서 남자의 고용률은 감소하지 않았다.
㉢ 일본은 위 조사 기간 동안 전체 고용률이 점차 증가하고 있으므로 생산가능인구와 취업자가 모두 증가하였다.
㉣ 조사 기간 동안 대한민국의 남자 고용률은 0.9%p 증가하였고, 여자 고용률은 2.7%p 증가하였다.

① ㉠, ㉡
② ㉡, ㉢
③ ㉠, ㉢
④ ㉠, ㉣
⑤ ㉡, ㉣

07 다음은 수자원 현황에 대한 자료이다. 자료를 분석한 내용으로 옳은 것은?

2019 한국수자원공사

수자원 현황

(단위 : mm, 억㎥/년)

구분		1994	1998	2003	2007
수자원 총량		1,267	1,276	1,240	1,294
이용 현황	총 이용량	301	331	337	333
	생활용수	62	73	76	75
	공업용수	26	29	26	21
	농업용수	149	158	160	159
	유지용수	64	71	75	78
당해 연도 강수량		923	1,630	1,756	1,380

① 조사 기간 동안 수자원 총량은 꾸준히 증가하고 있다.
② 당해 연도 강수량이 많은 해일수록 수자원의 총 이용량이 많다.
③ 2007년 농업용수로 사용된 수자원은 공업용수로 사용된 수자원의 8배 이상이다.
④ 1998년 수자원 총 이용량의 약 22%가 생활용수로 사용되었다.
⑤ 2007년 유지용수로 사용된 수자원은 1994년에 비해 약 14% 증가하였다.

08 다음은 ○○유통 기획실에서 새로운 시제품을 준비하기 위하여 시장 조사의 일환으로 기존 자사 제품 중 일부의 원재료 첨가 비율과 판매량을 나타낸 자료의 일부이다. 다음 설명 중 옳은 것은?

연도별 원재료 첨가 비율
(단위 : %)

구분	2014년	2015년	2016년	2017년
원재료 첨가 비율	60.6	46.1	54.2	58

연도별 판매된 제품 수량 비교
(단위 : 만 개)

구분	2014년	2015년	2016년	2017년
제품 판매 수량	21,582	17,416	21,807	24,433

제품별 원재료 첨가 비율
(단위 : %)

제품명	2014년	2015년	2016년	2017년
A	44.5	43.8	55.5	59.8
B	40.8	42.9	54.6	55.4
C	43.6	45.1	52.3	54.8
D	40.1	42.3	51.4	54.6
E	40.5	42.4	52.7	61.6
F	42.8	45.3	54.2	58.6

① 2016년 가장 적게 판매된 제품은 제품 D이다.
② 2014년의 전체 제품 판매 수량은 2016년보다 많다.
③ 제품 A의 원재료 첨가 비율은 매년 증가하였다.
④ 2016년부터 모든 제품의 원재료 첨가 비율은 전년의 원재료 첨가 비율에 비해 모두 증가하였다.
⑤ 2017년의 전년 대비 제품 E의 원재료 첨가 비율의 증감률은 2016년의 전년 대비 제품 F의 원재료 첨가 비율의 증감률보다 높다.

09 귀하는 교통사고 사망 원인에 관한 분석 업무를 시작하였는데, 우선 14세 미만의 어린이에 대한 자료를 제공받았다. 다음은 2014년에서 2016년까지의 합산 자료이며 연령별 사망 원인 순위 집계와 사망 원인의 비율을 나타내고 있는 자료이다. 다음 자료에 대한 설명으로 옳지 않은 것은?

비의도적 사고 연령별 사망 원인 순위(2014~2016 합산)

순위	계	0세	1~4세	5~9세	10~14세
1	운수사고	질식사고	운수사고	운수사고	운수사고
2	질식사고	운수사고	추락사고	익사사고	익사사고
3	익사사고	추락사고	익사사고	추락사고	추락사고
4	추락사고	익사사고	질식사고	질식사고	화재사고
5	화재사고		화재사고	화재사고	질식사고

비의도적 사고 연령별 사망 원인 비율(2014~2016 합산)

(단위 : %)

	운수사고	질식사고	익사사고	추락사고	화재사고
계	42.5	27.9	14.5	12.3	3.1
0세	12.2	61.8		3.8	8.4
1~4세	45.7	10.6	12.2	19.1	16
5~9세	56.1	5.2	16.8	10.4	4.6
10~14세	49.3	2.8	24.3	9	6.3

① 0세는 질식 사고에 의한 사망이 가장 많다.
② 어린이 사망 원인 중 가장 큰 비율을 차지하는 것은 운수사고이다.
③ 0세 어린이에서 운수사고에 의한 사망자 비율과 1~4세 어린이에서 익사사고에 의한 사망자 비율은 같다.
④ 5~9세의 질식사고에 의한 사망자 수가 520명이라면 10~14세의 질식사고에 의한 사망자 수는 280명이다.
⑤ 5~9세의 어린이 사고 사망자 중 익사사고에 의한 사망자 수가 두 번째로 많다.

10 A, B 가족이 오후 3시에 함께 워터 파크에 가기로 했다. A 가족은 32세, 30세 부부와 만 5세, 만 13세 자녀가 있으며, 32세 남자는 3급 장애인이다. B 가족은 40세, 38세 부부와 만 18세, 만 16세, 만 12세 자녀가 있다. 각 가족당 실내 락커와 대형 타월을 하나씩 대여하고, 자녀들은 모두 구명조끼를 대여할 예정이다. 32세 남자가 두 가족의 요금을 모두 자신의 S 카드로 한꺼번에 계산한다고 할 때, 총 이용 요금은 얼마인가? [2019 한국수자원공사]

이용권

구분	주간권(종일)		오후권(14:30 이후)	
	대인	소인/경로	대인	소인/경로
일반	50,000원	39,000원	42,000원	33,000원
장애인 우대	38,000원	29,000원	31,000원	24,000원
국가유공자 우대	38,000원	29,000원	31,000원	24,000원
다자녀 가정 우대	40,000원	31,000원	33,000원	26,000원

우대 정보

- 연령에 따른 우대
  - 경로 : 만 65세 이상, 소인 : 36개월~만 12세
  - 36개월 미만 : 무료 이용
- 장애인 우대
  - 1~3급 : 본인+동반 1인
  - 4급 이하 : 본인
- 국가유공자 우대
  - 본인
- 다자녀 가정 우대
  - 막내 자녀가 만 15세 이하인 3명 이상의 다자녀 가정 부부, 직계 자녀
  - 해당 가정 내 일부 가족만 이용 시에도 혜택 적용
- S 카드로 결제 시 본인에 한해 이용권 30% 할인

대여 요금

종류		대여료
구명조끼		7,000원
락커	실외	500원
	실내	2,000원
타월	대형	3,000원
	중형	1,000원

① 340,000원 ② 330,700원 ③ 325,700원
④ 297,700원 ⑤ 285,700원

11 다음의 농업 기계화 현황 자료를 보고 해석한 것으로 적절하지 않은 것은?

`2019 농협은행 6급`

농업 기계화 현황
(단위 : 천 대, %)

구분		2013	2014	2015	2016	2017
보유대수	소계	1,233	1,183	1,173	1,147	1,130
	트랙터	278	277	283	286	290
	콤바인	79	76	79	77	77
	이앙기	236	220	213	202	196
	경운기	640	610	598	582	567
기계화율	벼농사	94.1	97.8	97.8	97.9	98.4
	밭농사	55.7	56.3	56.3	58.3	60.2

• 기계화율 : 농업기계 작업 면적/전체 농작업 면적×100

① 조사 기간 동안 벼농사의 농업 기계화율이 밭농사의 농업 기계화율보다 항상 높았다.
② 2014년 전체 보유대수 중 이앙기가 차지하는 비율은 약 18.6%이다.
③ 조사 기간 동안 전체 보유대수 중 경운기가 차지하는 비율은 항상 50%를 넘는다.
④ 2017년 전체 밭농사 작업 면적이 150평이었다고 가정하면, 그중 농업기계 작업 면적은 90.3평이었을 것이다.
⑤ 2016년의 전년 대비 콤바인 보유대수 증감률은 약 −5.2%이다.

12 짐을 운반할 때 큰 트럭으로 2번, 작은 트럭으로 5번 옮겼더니 전체의 $\frac{7}{10}$을 운반할 수 있었고, 같은 양의 짐을 큰 트럭으로 5번, 작은 트럭으로 2번 옮겼더니 전체의 $\frac{3}{4}$을 운반할 수 있었다. 같은 양의 짐을 작은 트럭으로만 모두 옮긴다면 최소 몇 번 옮겨야 하는가?

① 8번 ② 9번 ③ 10번
④ 11번 ⑤ 12번

[13~14] 다음 표는 국가 채무 현황에 대한 자료 중 일부이다. 다음 물음에 답하시오.

국가 채무 현황

(단위 : 조 원, %)

채무내역별	2012	2013	2014	2015	2016	2017
국가 채무	443.1	489.8	533.2	591.5	626.9	660.7
GDP 대비(%)	32.2	34.3	35.9	37.8	38.2	38.2
일반회계 적자보전	148.6	172.9	200.6	240.1	271.3	289.6
외환시장 안정용	153.0	171.0	185.2	198.3	209.8	222.3
서민주거 안정용	49.6	51.3	52.8	59.3	64.0	69.4
지방정부 순채무	18.0	25.7	30.1	34.9	35.0	33.4
공적자금 등	73.9	68.9	64.5	58.8	46.8	46.0

13 다음 중 표의 내용과 그래프가 바르게 연결된 것은?

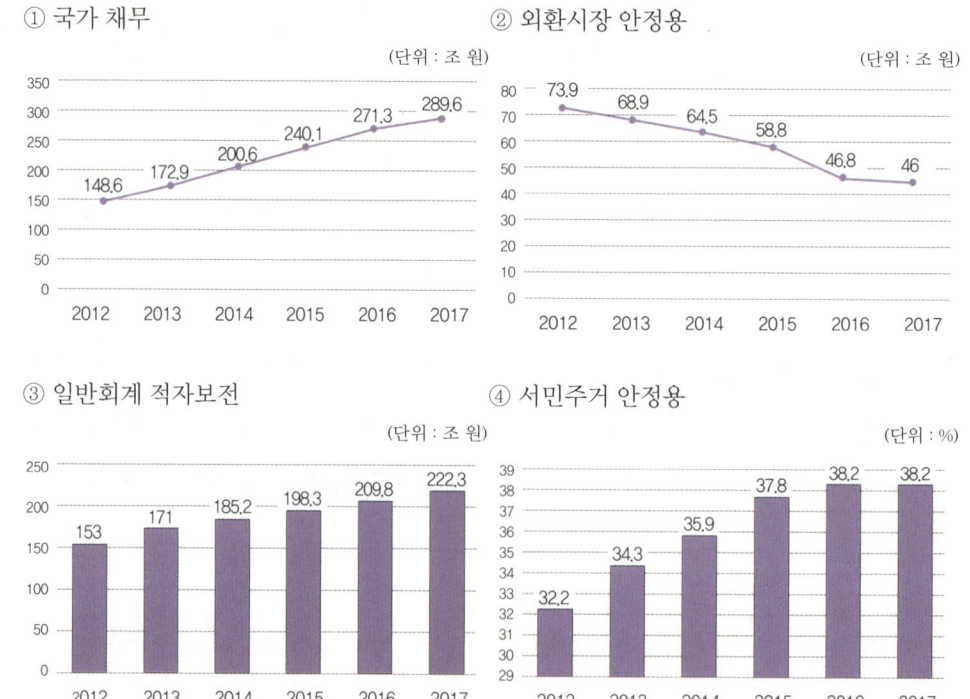

⑤ 공적자금 등

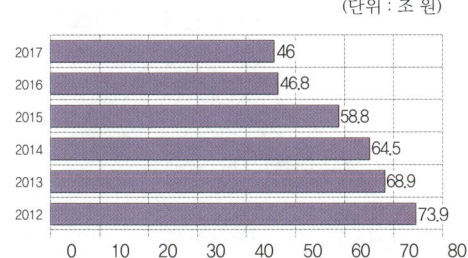

(단위 : 조 원)

14 채무 내역 중 일반회계 적자보전 채무의 2012년과 2017년 사이의 차는 서민주거 안정용 채무의 2012년과 2017년 사이의 차의 몇 배인가? (단, 소수점 둘째 자리에서 반올림한다.)

① 약 6.7 배 ② 약 6.8 배 ③ 약 6.9 배
④ 약 7.0 배 ⑤ 약 7.1 배

15 주머니 안에 20개의 공이 있다. 이 중 4개의 공에 별이 그려져 있다고 할 때, 두 번을 뽑아 적어도 한 번 이상 별이 그려진 공을 뽑을 확률은? (단, 한 번 뽑은 공은 다시 주머니에 넣지 않는다.) 2019 한국수자원공사

① $\frac{12}{25}$ ② $\frac{9}{25}$ ③ $\frac{12}{19}$
④ $\frac{7}{19}$ ⑤ $\frac{5}{19}$

[16~17] ○○유업에서 근무 중인 귀하는 젖소의 생체 변화 및 건강 상태를 확인하기 위한 기초 조사 자료를 작성 중이다. 다음은 젖소 사육 현황 중 사육 장소에 대한 분석 자료이다. 이어지는 물음에 답하시오.

젖소 두당 사육 현황(건물 및 토지 이용)

(단위 : m²)

구분	40두 미만	40~59두	60~79두	80두 이상	평균
건물	47.6	42.6	34.3	38.2	38.6
토지	279.5	159.7	276.4	176.6	200.7
기타	0.7	0.2	0.8	0.2	0.4

젖소 두당 사육 현황(건물 이용)

(단위 : m²)

건물	40두 미만	40~59두	60~79두	80두 이상	평균
축사	36.0	30.0	25.8	32.1	30.8
창고	4.7	2.5	2.0	1.5	1.9
퇴비사	3.8	2.1	2.6	2.6	2.6
기타	3.2	8.1	3.9	2.1	3.3

젖소 두당 사육 현황(토지 이용)

(단위 : m²)

토지	40두 미만	40~59두	60~79두	80두 이상	평균
초지	0.0	0.0	86.3	7.4	21.6
사료포	173.6	82.7	117.3	97.0	104.1
답리작	10.8	4.4	2.7	13.2	9.8
축사 부지	80.0	61.6	68.8	57.7	61.8
운동장	8.2	2.8	1.1	0.7	1.6
기타	6.9	8.3	0.3	0.5	1.9
(자가 토지)	108.5	89.6	185.4	103.6	118.3
(차용지)	171.0	70.2	91.0	72.9	82.5

16 주어진 자료를 보고 분석한 |보기|의 내용으로 옳지 않은 것을 모두 고르면?

| 보기 |

㉠ 젖소 사육에 토지를 이용하는 면적 중 40두 미만이 차지하는 면적의 비중이 가장 크다.
㉡ 젖소 사육에 사료포를 사용하는 면적의 평균은 토지를 이용하는 면적 평균의 2분의 1 이상이다.
㉢ 젖소 40두 미만 사육에 토지를 이용하는 면적 중 가장 넓은 면적은 자가 토지를 이용하는 면적이다.
㉣ 젖소 사육에 퇴비사를 이용하는 면적의 합은 운동장을 이용하는 면적의 합과 같다.

① ㉠, ㉡ ② ㉠, ㉢ ③ ㉠, ㉣
④ ㉡, ㉣ ⑤ ㉢, ㉣

17 젖소 60두 미만을 사육하는 면적에 대하여 건물 사육 면적 중 퇴비사가 차지하는 비율과 젖소 60두 이상을 사육하는 면적에 대하여 토지 사용 면적 중 축사 부지가 차지하는 비율을 짝지은 것으로 적절한 것은? (단, 소수점 둘째 자리에서 반올림한다.)

① 6.4%, 28.0% ② 6.4%, 27.9% ③ 6.5%, 27.9%
④ 6.5%, 27.8% ⑤ 6.6%, 27.8%

18 G 공단 식품관리부에서 근무하는 귀하의 업무 중에는 구내식당에서 필요한 식자재를 구매한 내역을 확인하여 거래처에 결제해 주는 업무를 포함하고 있다. 평소 거래하는 업체에서 식자재를 구매하는 단가는 다음 표와 같다. 내일 제공될 메뉴는 제육볶음, 닭가슴살 샐러드 각 50인분, 황태뭇국 100인분이고 비축분이 없어 구매가 필요한 식자재는 |보기|와 같을 때, 내일 결제할 금액 중 제육볶음과 황태뭇국의 결제 금액의 차로 옳은 것은?

식자재 단가표

(단위 : 천 원)

구분		100g당 가격
육류	소고기	6.5
	돼지고기	1.3
	닭고기	2.0
야채류	배추	0.2
	무	0.2
	대파	0.5
	양파	0.3
	당근	1.0

※100g 단위로만 판매함

| 보기 |

- 제육볶음 1인분 : 돼지고기 200g, 양파 50g, 대파 20g, 당근 25g
- 닭가슴살 샐러드 1인분 : 닭가슴살 3쪽(300g), 양파 100g
- 황태뭇국 1인분 : 무200g, 대파 50g, 양파 25g

① 7만 5천 원 ② 7만 9천 원 ③ 8만 원
④ 8만 3천 원 ⑤ 8만 5천 원

19 어떤 고속버스가 서울에서 320km 떨어진 경상남도 밀양시까지 가는데 국도를 1시간 30분, 고속국도를 2시간 달렸다. 고속국도에서는 국도에서보다 시속 20km 더 빨리 달렸다고 할 때, 국도에서의 속력은?

① 80km/h ② 85km/h ③ 90km/h
④ 95km/h ⑤ 100km/h

20 다음은 RCP 시나리오에 따른 한반도의 21세기 기후변화 전망이다. 표를 보고 알 수 있는 내용으로 적절하지 않은 것은?

구분	단위	현재 (1981~2019)	21세기 전반기 (2020~2040)		21세기 중반기 (2041~2070)		21세기 후반기 (2071~2100)	
			RCP 4.5	RCP 8.5	RCP 4.5	RCP 8.5	RCP 4.5	RCP 8.5
평균기온	℃	11.0	12.4	12.5	13.4	14.4	14.0	16.7
강수량	mm	1,162.2	1,234.3	1,201.1	1,283.7	1,342.1	1,348.1	1,366.9
평균풍속	m/s	1.9	1.9	1.9	1.9	1.9	1.8	1.9
상대습도	%	70.2	70.1	70.0	69.8	70.4	70.4	70.3
폭염일수	일	7.3	8.8	10.2	11.1	15.2	13.1	30.2
열대야일수	일	2.8	4.1	5.7	9.0	16.6	13.6	37.2
호우일수	일	2.0	2.3	2.1	2.6	2.8	2.7	2.8

- RCP 시나리오 : Representative Concentration Pathways
- 4.5/8.5 : 복사강제력으로 온실가스 등으로 대기 중의 에너지의 평형을 변화시키는 영향력의 정도 (단위 : W/m^2)

① 21세기 후반기의 한반도 평균기온은 RCP 4.5에서는 현재보다 2℃ 이상, RCP 8.5에서는 현재보다 5℃ 이상 상승할 것으로 전망된다.
② 평균풍속과 상대습도는 RCP 4.5와 RCP 8.5에서 모두 급격한 변화가 없을 것으로 전망되지만, 열대야일수는 급격히 증가할 것으로 전망된다.
③ 강수량은 RCP 4.5에서 현재 기후 대비 21세기 전반기에는 약 6.2%, 중반기에는 약 10.5%, 후반기에는 약 16% 증가할 것으로 전망된다.
④ RCP 8.5에서 21세기 중반기의 폭염일수는 21세기 전반기 대비 50% 이상 증가할 것으로 전망된다.
⑤ 21세기 후반기의 호우일수는 RCP 4.5와 RCP 8.5의 두 시나리오에서 모두 현재보다 1일 이하로 증가할 것이라고 전망된다.

제1회 실전모의고사 — 영역 분리형: 문제해결능력

20문항 / 20분

정답과 해설 057p

01 A, B, C, D, E 5명은 다음의 조건에 따라 나란히 자리에 앉아있다. 다음 중 양 끝에 앉아 있는 사람을 고르면?

[2020 한국가스공사]

- C의 왼쪽에는 2명 이상의 사람이 앉아있다.
- B는 C보다 오른쪽에 앉아있다.
- E의 왼쪽에는 A가 앉아있다.
- D의 오른쪽에는 2명이 앉아 있다.

① A, B ② A, C ③ B, E
④ C, D ⑤ D, E

02 관리팀 직원 6명(부장, 차장, 과장, 대리, 사원, 인턴)은 한 명씩 당직 근무를 하려 한다. 다음 조건을 모두 고려하였을 때, 다섯 번째로 당직 근무를 하게 되는 직원을 고르면?

[2020 한국에너지공단]

- 차장과 사원은 연달아 근무한다.
- 과장은 차장보다 늦게 근무한다.
- 대리는 사원보다 먼저 근무한다.
- 네 번째로 근무하는 직원은 대리 또는 부장이다.
- 차장은 세 번째로 근무한다.
- 부장과 인턴은 연달아 근무하지 않는다.

① 부장 ② 과장 ③ 대리
④ 사원 ⑤ 인턴

03 수박을 먹은 두 명은 거짓말을 하고 있고 나머지 세 명은 진실을 이야기하고 있다고 할 때, 수박을 먹은 두 사람은 누구인가? 2019 한국수자원공사

- 영은 : 미나가 수박을 먹었다.
- 은지 : 수민이가 수박을 먹었다.
- 수민 : 은지가 수박을 먹었다.
- 미나 : 은지와 수민이는 수박을 먹지 않았다.
- 보배 : 수민이와 미나 중 한 명만 수박을 먹었다.

① 영은, 은지 ② 은지, 수민 ③ 은지, 미나
④ 수민, 미나 ⑤ 미나, 보배

04 다음 인사팀 직원들 간에 나눈 대화의 내용이 모두 참이라고 할 때 마지막 인사팀 부장의 진술이 타당하기 위한 대리의 진술로 가장 적절한 것은?

- 부장 : 이번에 대대적으로 이루어지는 인사이동 때에는 사원들의 특성을 세밀하게 파악하여 적성에 맞는 부서에 배치하는 데 주안점을 두도록 합시다. 그동안의 인사 경험을 바탕으로 할 때 적극적인 사원들은 모두 영업팀에서 좋은 성과를 내던데, 각 부서별로 적극적인 사원들 명단을 취합해 주세요.
- 과장 : 네, 부장님께서는 영업팀 인사이동부터 고민하고 계시는군요. 제 경험에 비춰볼 때 총무팀에서 좋은 성과를 내지 못한 사원들은 예외 없이 영업팀에서도 좋은 성과를 내지 못하더라고요.
- 부장 : 활동적이고 추진력이 강한 친구들은 꼼꼼하고 세밀한 업무를 수행해야 하는 총무팀에서 좋은 성과를 내기 어려울 수 있어요.
- 대리 : (㉠)
- 부장 : 맞아요. 결국 일을 처리하는 속도가 느린 직원은 영업팀에서 좋은 성과를 얻기 힘들다는 결론을 얻을 수 있어요.

① 그리고 영업팀에서 좋은 성과를 내는 직원은 적극적인 성격이더라고요.
② 그런데 총무팀에서 좋은 성과를 내는 직원은 일처리 속도가 빠르더라고요.
③ 또한 총무팀에서 좋은 성과를 내지 못하는 직원은 활동적이고 추진력이 강한 성격이더라고요.
④ 그리고 일처리 속도가 빠른 직원은 영업팀에서 좋은 성과를 내더라고요.
⑤ 그리고 영업팀에서 좋은 성과를 내지 못하는 사람은 총무팀에서도 좋은 성과를 내지 못하더라고요.

[05~06] 다음 글을 읽고 질문에 답하시오.

2018년도 ○○연구원 연구직 채용공고

1. 모집분야 및 채용인원

직종	직급	모집분야	채용 인원	응시자격
연구직	부연구위원급 이상	경제학, 경영학, 통계학, 에너지자원 관련 분야	4명 이내	모집분야 박사학위 소지자 (19년 상반기 취득예정자 포함)
연구직	전문연구원	경제학, 경영학, 통계학, 에너지자원 관련 분야, 국제협상 및 국제관계 관련 분야	6명 이내	모집분야 석사학위 소지자 (19년 2월 취득예정자 포함)

2. 임용기간 및 조건
   일 년 근무 후 평가를 통해 정규직 임용(본원의 운영규칙 적용)

3. 전형방법
   - 부연구위원급 이상 : 1차 시험 블라인드 전형, 2차 시험 세미나(논문 또는 연구 발표), 면접
   - 전문연구원

전형	시행방법
1. 서류	블라인드 입사지원서 심사
2. 직업기초능력 및 직무수행능력 평가	○○시험을 통한 직업기초능력 평가 논술 시험을 통한 직무수행능력 평가
3. 세미나	에너지경제연구 분야 또는 기타 관련(관심) 주제 세미나
4. 블라인드 면접	직무 중심 다대일 면접
5. 신원조사	신원조사, 신체검사, 비위면직자 조회

4. 응시 제출 서류
   모든 제출 서류에 학교명 삭제하며 각 1부씩 본원 홈페이지 온라인 접수하면서 탑재
   - 부연구위원 : 응시원서 및 자기소개서, 박사논문 요약문과 전문, 최근 4년 이내 연구실적목록(학위 논문 제외), 박사학위증 또는 졸업(예정) 증명서
   - 전문연구원 : 응시원서 및 자기소개서, 석사논문 요약문과 전문, 공인어학성적 증명서, 최종학력 성적증명서
   - 공통 적용사항 : 취업지원대상자증명서 등 가점 관련 증명서, 재직/경력증명서는 해당자의 경우 제출

5. 응시원서 접수 기간 및 제출방법 : 2018.11.01. ~ 2018.11.30. 본원 홈페이지 온라인 접수

6. 기타사항
   - 국가유공자 등 예우 및 지원에 관한 법률, 장애인 고용촉진 및 직업재활법 해당자는 법령에 의하여 우대함.
   - 비수도권 지역 인재, 기초생활수급자, 연구원 소재지 지역 인재의 경우 서류전형 단계에서 가점 부여. 단, 가점 등 우대혜택이 중복되는 경우 가점이 제일 높은 항목 한 개만 적용함.

05 채용공고를 본 A~E는 위 내용을 참고하여 지원서를 제출하였다. 적절한 경우를 고른 것은?

① A : 학사전공은 경제학과 경영학이다. 학사졸업 후 국제협상 관련 연구소에서 5년 동안 근무했다. 이 경력을 살려 전문연구원에 지원했다.
② B : 에너지자원 관련 박사학위를 2018년 2월에 취득하였고, 부연구위원에 지원한다. 박사학위 논문을 연구실적으로 제출하였다.
③ C : 비수도권 지역에 거주하며 기초생활수급자이다. 이 두 가지 부분에 대한 관련 증명서를 제출하였고, 중복 가점을 받을 수 있어서 유리하다.
④ D : 2017년 2월 통계학 박사학위를 받았다. 평소 에너지자원 문제에 관심이 있었기에 학위증명서와 최종학력 성적증명서를 준비하여 부연구위원 채용에 지원하였다.
⑤ E : 2018년 8월에 석사학위를 취득하였으며, 최종학력 성적증명서에 출신학교를 삭제한 뒤 전문연구원에 지원하였다.

06 |보기|의 내용은 국제협상 및 국제관계 연구직 채용자에게 요구되는 필요지식이다. 이에 해당하는 연구원을 선발하기 위해 지원 서류를 심사하는 과정에서 담당자가 떠올릴 수 있는 생각으로 적절하지 않은 것은?

| 보기 |

- 에너지 국제협력 또는 개발 선행연구에 대한 지식, 관련 분야
- 사업성 분석 및 경영전략에 대한 이해
- 고객 데이터 수집, 관리 및 분석, 처리 방법에 대한 이해
- 영어 등 외국어 구사 및 활용 능력

① 공인어학성적 증명서를 통해 영어 등 외국어 구사 및 활용 능력을 일차적으로 검증하고, 면접 과정에서 외국어 활용 능력을 확인해 본다.
② 세미나와 면접 전형 때 에너지자원 문제의 국제적 동향을 얼마나 이해하고 있는지 확인한다.
③ 석사논문의 내용을 통해 에너지 국제협력 문제에 대한 이해가 충분한지를 살펴본다.
④ 국제협상 및 국제관계 분야 연구직으로 채용되었더라도, 사업과 경영전략에 대한 이해 능력에 두각을 보이면 일 년 후 근무 평가에서 업무 분야를 변경할 수 있음을 고려하여 채용한다.
⑤ 국제협상 및 국제관계 분야의 연구원을 채용하는 것이지만, 에너지 자원에 대한 관심이 얼마나 되고 직무수행과 관련된 데이터 처리 능력에 대한 지식을 어느 정도 갖추고 있는지를 확인하여 심사해야 한다.

07 한국수자원발전에서 가뭄 상황을 모니터링하고 각 상황에 따라 관련 부처와 지자체 및 기관에 대응 의사결정을 지원한다고 할 때 알맞은 조치사항이 아닌 것은?

단계별 가뭄 상황 및 부처 조치사항 일부

구분		가뭄 상황	부처 조치사항
농업용수	주의	영농기(4~10월)의 저수지 저수율이 평년의 60% 이하 또는 밭 토양 유효 수분율이 15~45%에 해당되는 경우, 비영농기(11월~익년 3월)의 저수지 저수량이 다가오는 영농기 모내기 때 공급할 용수보다 부족할 것이라 예상되는 경우	• 가뭄 피해 예상지역 관리(농식품부) • 유관기관별 장비 점검 및 정비, 가동 준비(농식품부) • 물 절약 교육 및 홍보(농식품부)
	심함	영농기(4~10월)의 저수지 저수율이 평년의 50% 이하 또는 밭 토양 유효 수분율 15~45%가 10일 이상 지속되는 상황에서 가뭄 피해가 발생하였거나 예상되는 경우	• 소방차 등 소방력 동원 급수 지원(행정안전부) • 가뭄 피해 및 우려 지역 가뭄대책비 지원(농식품부) • 저수지 물 채우기, 용수로 직접 급수(농식품부)
	매우 심함	영농기(4~10월)의 저수지 저수율이 평년의 40% 이하 또는 밭 토양 유효 수분율이 15% 이하에 해당되는 경우	• 필요시 중앙재난안전대책본부 운영(행정안전부) • 소방력 광역 급수지원체계 가동(행정안전부) • 가뭄 피해 및 우려 지역 가뭄대책비 지원(농식품부) • 저수지 물 채우기, 용수로 직접 급수(농식품부)
생활 및 공업용수	주의	수자원 시설 및 하천에서 생활 및 공업용수 확보를 위해 하천유지용수 공급 제한이 필요한 경우	• 상황별 비상 대체급수 점검(환경부) • 용수수급상황실 운영(국토부) • 다목적 용수댐 하천유지용수 감량(국토부)
	심함	수자원 시설 및 하천에서 생활 및 공업용수 확보에 일부 제약이 발생하였거나 우려되어 하천유지용수 및 농업용수 공급 제한이 필요한 경우	• 소방차 등 소방력 동원 급수지원(행정안전부) • 필요시 중앙사고수습본부 가동(환경부, 국토부) • 물 절약 운동 등 대국민 홍보(환경부) • 대체자원 투입 및 예비시스템 가동(환경부) • 용수수급상황실 운영 강화(국토부) • 다목적 용수댐 농업용수 감량(국토부)
	매우 심함	수자원 시설 및 하천에서 생활 및 공업용수 공급 제한이 불가피한 경우	• 필요시 중앙재난안전대책본부 운영(행정안전부) • 소방력 광역 급수지원체계 가동(행정안전부) • 중앙사고수습본부 운영(환경부, 국토부) • 물 절약 운동 등 대국민 홍보(환경부) • 다목적 용수댐 생활 및 공업용수 감량(국토부) • 댐-보 비상용량 활용 공급(국토부)

① 7월의 밭 토양 유효 수분율이 15% 이하일 경우 농식품부에서는 물 절약 교육과 동시에 가뭄 피해 예상지역을 관리한다.
② 5월의 저수지 저수율이 평년의 50% 이하로 10일 이상 지속되는 상황일 때, 행정안전부에서는 소방력을 동원해 급수를 지원한다.
③ 하천에서 생활용수 공급 제한이 불가피한 경우 환경부와 국토부는 중앙사고수습본부를 운영한다.
④ 수자원 시설에서 공업용수 확보에 일부 제약이 발생한 경우 환경부에서는 대체자원 투입 및 예비시스템을 가동하고 물 절약 운동 등의 대국민 홍보를 시행한다.
⑤ 3월의 저수지 저수량이 다가오는 영농기 모내기 때 공급할 용수보다 부족할 것이라 예상되는 경우 농식품부에서는 가뭄 피해 예상지역을 관리하고 유관기관별 장비를 점검 및 정비한다.

08 |보기는 원자력 발전소의 순찰 순서에 대해 적어놓은 것이다. A팀 4명, B팀 4명의 사람이 새벽 1시~8시까지 40분 간격으로 출발했다고 할 때, 5시 40분에 순찰한 사람은 누구인가?

| 보기 |

- 마지막에 출발한 사람은 7시에 출발하였다.
- A팀 3번이 출발한 시각은 3시이다.
- A팀 4번보다 일찍 간 사람은 4명이다.
- B팀 1번보다 늦게 출발한 사람은 4명이다.
- B팀 4번은 B팀 3번보다 늦게 출발하였지만 마지막은 아니었다.
- B팀이 처음과 끝에 순찰하였다.
- A팀 1번은 A팀 중 가장 마지막으로 순찰하였다.
- A팀 2번은 B팀 3번보다 늦게 순찰하였지만, B팀 4번보다는 먼저 돌았다.
- B팀 2번은 A팀 1번보다 늦게 순찰하였다.
- A팀 4번과 B팀 4번은 연달아 순찰하지 않았다.

① A팀 3번   ② B팀 1번   ③ A팀 2번
④ B팀 4번   ⑤ A팀 1번

09 K 회사에서 일하는 회계팀 A 씨는 7월에 있을 회계팀(15명)의 단체 세미나를 위해 장소 대관을 알아보고 있다. 다음 |보기| 중 옳은 것만 고른 것은?

대관 절차 : 방문 접수 또는 인터넷 홈페이지를 통한 접수
(인터넷 홈페이지 접수 시 대관료 20% 할인)

	기본 대관료	철수 후 환불 금액	수용 인원	기본 이용 시간
장미 홀	34만 원	15만 원	Max : 10명	2시간
튤립 홀	45만 원	15만 원	Max : 20명	6시간
백합 홀	70만 원	20만 원	Max : 36명	9시간

* 기본 이용 시간 초과 시 환불 금액에서 시간당 5만 원씩 차감됩니다.(인터넷 할인 적용 불가)
* 모든 시설물 이용 후 장비 파손 및 뒷정리 상황 체크 후 환불 금액을 돌려드립니다.
* 모든 홀에는 물을 제외한 음식물 반입이 절대 불가합니다.
* 이용 가능 시간은 06:00~24:00입니다.
* 예약은 한 달 전부터 가능합니다.
* 기본 대관료의 50%의 금액을 입금하셔야 예약이 확정됩니다.(나머지 차액은 대관 당일 지불)
* 취소에 의한 위약금은 다음과 같습니다.

이용일 2주일 전	위약금 없음	이용일 3일 전	예약금의 30%
이용일 1주일 전	예약금의 20%	이용일 당일 취소	예약금 반환 없음

* 대여 가능한 시설은 다음과 같고, 각 홀의 대관 시간만큼 대여 가능합니다.
 - 시설물 대여료는 당일 지불하시면 됩니다.
 - 각 시설물 대여료의 30%는 철수 후 환불됩니다.

시설물 명	사용 금액 (1개당)	수량	시설물 명	사용 금액 (1개당)	수량
무선마이크	5,000	15	빔 프로젝터	25,000	5
유선마이크	3,000	10	녹화 시스템	30,000	3

* 총 52대 주차 가능한 규모의 주차장이 있으나 혼잡할 수 있으므로 미리 확인하시기 바랍니다.
* 7월은 전산 이상으로 인터넷 예약이 불가합니다.
* 문의사항이 있으시면 000-000-0000으로 연락 주시거나, 당사 홈페이지의 '1:1 질문'란을 이용해주시기 바랍니다.

| 보기 |

㉠ 9시간 이용 시 백합 홀보다 튤립 홀을 대관하는 것이 더 경제적이다.
㉡ 장미 홀 4시간 대관과 함께 무선마이크 2개, 빔 프로젝터 1개를 이용하려고 할 때 총 입금해야 하는 예약금은 34만 원이다.
㉢ 백합 홀을 6시간 대관하였는데 세미나 8일 전 일정이 바뀌어서 취소하게 되었다면 돌려받는 금액은 280,000원이다.

① ㉡ ② ㉠, ㉡ ③ ㉡, ㉢
④ ㉠, ㉢ ⑤ ㉠, ㉡, ㉢

10 ○○건설은 박물관을 건설할 용역 업체를 선정하고자 한다. 아래 자료를 보고 ○○건설이 선정할 업체를 고르면?

조건
- 가중치를 적용한 총점이 70점 미만이거나, 평가 항목 중 40점 이하인 점수가 있는 업체는 선택하지 않는다.
- 착공일은 6월 1일이며, 10월 31일 전에 박물관이 완공되어야 한다.

업체별 점수

평가 항목	가중치(%)	A 업체	B 업체	C 업체	D 업체	E 업체
기술 능력	20	50	60	90	80	60
수행 실적	20	70	60	80	70	60
신용도	30	80	70	40	70	90
입찰 가격	30	60	80	70	70	70
총점	100					

업체별 공사 소요 기간

구분	A 업체	B 업체	C 업체	D 업체	E 업체
소요 기간(일)	150	160	130	165	140

① A 업체   ② B 업체   ③ C 업체
④ D 업체   ⑤ E 업체

11 A, B, C, D, E가 키를 측정한 후 키가 큰 순서대로 나란히 서있다. 측정을 도와준 네 사람이 다음과 같이 진술했다고 할 때, 두 번째로 키가 큰 사람은 누구인가?

갑 : E는 A와 D 사이에 서있다.
을 : A는 B와 C 사이에 서있다.
병 : D는 키가 제일 작지 않다.
정 : A와 E는 바로 옆에 서있지 않다.

① A   ② B   ③ C
④ D   ⑤ E

[12~13] 다음은 ○○전자 청소기 사용설명서의 일부분이다. 이어지는 물음에 답하시오.

청소기 고장 신고 전에 먼저 확인해 보세요!

잠깐만! 먼저 확인하세요.	조치하세요.
Q. 청소기가 전혀 작동되지 않나요?	1. 전선이 콘센트에 잘 꽂혀 있는지 확인하세요. 2. 본체와 호스를 분리한 다음 다시 결합해 주세요. 3. 다른 제품을 콘센트에 꽂아 전기가 잘 들어오는지 확인하세요.
Q. 청소기 뒤쪽에서 냄새가 나나요?	1. 정상적으로 작동된다면 고장이 아닙니다. 2. 구입 초기 후 3개월가량은 새 제품으로 인한 고무류 냄새가 날 수 있습니다. 3. 장기간 사용할 경우 먼지통 내의 먼지로 인해 냄새가 발생할 수 있으니 먼지통 및 먼지통 필터를 세척한 후 사용하세요.
Q. 흡입력이 약한가요?	먼지통을 먼저 비운 다음 먼지통 필터와 필터 프레임을 세척 건조 후 사용하세요.
Q. 청소기 본체가 뜨겁고 뜨거운 바람이 나오나요?	배기구에서 나오는 바람은 모터의 열을 냉각시킨 다음 나오는 바람이므로 안심하세요.
Q. 코드가 끝까지 감기지 않거나 완전히 안 나오나요?	1. 코드를 끝까지 끄집어낸 다음 다시 감아주세요. 2. 코드가 빠지지 않을 경우 코드를 세게 당겨서 빼내 주세요.

12 다음은 ○○전자 청소기를 구입하여 사용하던 중 문제가 발생한 고객이 고객지원센터에 문의한 내용이다. 고객지원센터의 직원들이 위의 사용설명서를 바탕으로 고객 상담을 진행한다고 할 때, 김지원 씨가 고객의 마지막 질문에 대해 응답한 내용으로 옳은 것은?

> 김지원 씨 : 네, ○○전자 고객지원센터 직원 김지원입니다. 무엇을 도와드릴까요?
> 고객 : 안녕하세요? 다름이 아니라 청소기 사용 도중에 문제가 발생해서 문의드려요.
> 김지원 씨 : 네, 고객님. 어떤 문제가 발생하여 연락을 주셨는지 자세히 말씀해주시겠어요?
> 고객 : 청소기를 돌릴 때마다 어디선가 매캐한 냄새가 나요. 아무래도 청소기 뒤쪽에서 냄새가 나는 거 같은데요. 혹시 청소기 작동에 문제가 있는 게 아닌가요?
> 김지원 씨 : _____

① 코드를 끝까지 끄집어낸 다음에 다시 감아주시면 문제가 해결될 겁니다.
② 청소기가 정상적으로 작동되시나요? 그렇다면 고장은 아니고 장기간 사용할 경우 먼지통 내의 먼지로 인해 냄새가 날 수 있어요. 먼지통과 먼지통 필터를 세척한 다음 사용해보세요.
③ 먼저 콘센트에 다른 제품을 꽂아 전기가 잘 들어오는지 확인하세요.

④ 배기구에서 나오는 바람은 모터의 열을 냉각시킨 다음 나오는 바람이니 고장이 아니므로 안심하시고 사용하시면 됩니다.
⑤ 구입 후 1년 동안은 고무류 냄새가 날 수 있기 때문에 고장은 아닙니다. 1년이 지난 후에도 지속적으로 냄새가 날 경우 서비스센터로 연락주세요.

13 주말을 맞아 집안 대청소를 하던 주부 이채원 씨는 청소기가 전혀 작동되지 않아 당황하였다. 주말인지라 ○○전자 서비스센터도 근무를 하지 않아 혼자 해결해보기 위해 사용설명서를 살펴보던 중 '청소기 고장 신고 전에 먼저 확인해 보세요!'라는 페이지를 발견하였다. 이 설명서에 따라 이채원 씨가 확인할 사항의 순서를 바르게 나열한 것은?

> ㉠ 다른 제품을 콘센트에 꽂아 전기가 잘 들어오는지 확인하세요.
> ㉡ 본체와 호스를 분리한 다음 다시 결합해 주세요.
> ㉢ 전선이 콘센트에 잘 꽂혀 있는지 확인하세요.

① ㉠ → ㉡ → ㉢　　② ㉠ → ㉢ → ㉡　　③ ㉡ → ㉢ → ㉠
④ ㉢ → ㉡ → ㉠　　⑤ ㉢ → ㉠ → ㉡

14 경찰관 또는 소방관을 직업으로 갖는 네 사람 A, B, C, D에 대하여 다음이 모두 참일 때, 다음 중 항상 참인 것은?

> 1. A, B, C, D는 모두 같은 직장의 동료가 있다.
> 2. A가 경찰관이면 C가 경찰관이거나 D가 소방관이다.
> 3. D가 소방관이면 B는 경찰관이다.
> 4. B는 A의 상관이다.

① A, B의 직업은 다르다.　② A, C의 직업은 다르다.　③ B, C의 직업은 같다.
④ C, D의 직업은 같다.　⑤ B, D의 직업은 다르다.

15 다음 K 기업에 대한 SWOT 분석 자료를 읽고, ST 전략을 제시한 팀원을 고르면?

2019 농협은행 6급

K 기업은 시장 1위의 자리를 차지하고 있는 서비스를 다수 보유하고 있다. 대표적으로 꼽을 수 있는 서비스가 'K톡'일 것이다. K 기업이 가지고 있는 가장 큰 강점이기도 한 K톡은 우리나라 모바일 이용자의 대부분이 사용하고 있는 서비스로, 모바일 시장에서 절대적인 영향력을 보유하고 있다.

K톡이 가지고 있는 무한한 가능성은 이루 말로 설명할 수 없다. 거리를 거니는 모든 이들이 스마트폰에 설치해 두고 있는 앱이며, 또 그 대부분이 실제로 서비스를 이용하고 있으니 말이다. K 기업은 K톡을 보유하고 있는 앱 이용자들을 기반으로 어떻게 수익을 창출해야 하는가에 있어서는 교과서적인 사례를 보유하고 있다. 바로 K게임에 대한 이야기로, 플랫폼의 게임에서 발생하는 수익의 일부를 수취함으로 K톡은 그전까지 제기되던 K톡의 수익성에 대한 우려를 일축시킨 바 있다. 또한 K톡의 캐릭터도 국내 캐릭터 시장을 휩쓸고 있는 상황이다.

2조 원에 가까운 금액으로 인수한 음원 서비스 또한 마찬가지다. K 기업이 인수한 음원 사이트는 7년 연속 음원 서비스 브랜드 인지도 1위를 기록하고 있는 서비스이며, 가입자 또한 동 카테고리 내에서 부동의 1위를 기록하고 있다. K의 브랜드를 달고 있는 다수의 앱이 시장을 점유하고 있으며, 특히 대중교통에 있어서는 경쟁자가 없을 정도로 막강한 영향력을 가지고 있다. 막대한 광고 수익을 거두고 있는 것은 물론이다.

탄탄한 수익성의, 시장 수위권의 서비스를 다수 보유하고 있음에도 K 기업을 바라보는 가장 큰 우려는 여전히 '수익성'에 있다. 이미 탄탄한 기반을 다진 서비스들을 제외한 신사업 분야에서는 아직 수익성을 제대로 입증하지 못하고 있기 때문이다. K 기업은 신사업으로 O2O 서비스를 주목하고 여기에 천문학적인 투자와 공격적인 인수합병을 진행해 왔다. K톡이라는 플랫폼과 연계된 'K택시'는 택시 시장을 뒤흔들었으며, 수익성을 위한 O2O인 'K드라이버', 그 뒤를 이어서 연이어 선보일 예정인 K 기업의 새로운 O2O 서비스들 또한 시장에서 많은 주목을 받았다. 하지만 K 기업의 O2O 서비스들은 두 가지의 상반된 평가를 들어야만 했다. 이용자 확보의 면에서 K톡 플랫폼을 영리하게 잘 사용했으며 또 기대 이상의 성공을 거뒀다는 긍정적인 평가, 그리고 그럼에도 불구하고 제대로 수익성을 실현하지 못하고 있다는 부정적인 평가의 두 가지 상반된 평가를 말이다. K 기업의 주가는 작년 초의 고점에 비해 40% 가까이 하락한 상태다. 이와 같은 주가 하락은 잇따라 출시한 K 기업의 O2O 사업이 제대로 된 성과를 거두지 못한 것이 배경이 되고 있다.

O2O 서비스에서의 수익성 개선에 대한 우려가 많지만, 그럼에도 불구하고 O2O 서비스가 이후 성장하게 될 것이라는 건 분명한 사실이다. 공격적인 투자를 감행한 다른 O2O 서비스들은 작년 한 해 눈에 띄는 실적 개선을 이뤄냈다. 마케팅과 투자를 통해 시장에 자리를 잡은 기업들이 이제 성장의 과실을 취할 때가 온 것이다. 우리나라의 시장 상황을 보더라도, 그리고 O2O 기업들이 큰 성공을 거둔 해외의 사례를 보더라도 O2O 서비스는 앞으로도 당분간 시장의 대세가 될 것으로 전망된다.

이미 택시, 대리운전, 주차 등 교통에 관한 O2O 시장은 타사가 넘볼 수 없는 점유율을 확보하고 있다. 올해에는 더 많은 분야에서 K톡 플랫폼과 연계한 K 기업의 O2O 서비스가 개시될 예정이다. 수익성에 어려움을 겪으면서도 묵묵히 참아오다, 마침내 게임 콘텐츠로 잭팟을 터트렸던 K톡의 사례가 O2O 시장에서도 재현될 가능성이 높아 보인다. 장기적인 안목에서 보자면 시장은 앞으로도 O2O가 가리키는 방향으로 나아갈 것이 분명하며, 그 길목에 이미 많은 투자를 감행한 K 기업의 실적 개선이 올해는 일어날 것으로 기대되고 있다.

현재까지의 K 기업의 수익을 지탱해 왔던 것은 게임이었지만 이제는 사정이 달라졌다. 그나마 작년 지속적인 매출의 증가와 영업이익을 기록할 수 있었던 것은 수익성이 높은 음원사이트 덕이다. 하지만 K 기업은 그 음원사이트를 인수하기 위해 금융기관으로부터 자기자본의 약 30%에 해당되는 8,000억 원을 단기 차입한 것으로 전해진다. 영업이익의 주된 동력인 음원 사이트의 인수를 위해 많은 것을 감내해야 했다는 점은 상황을 마냥 긍정적으로 볼 수 없도록 하고 있다.

K 기업이 대박을 꿈꾸고 있는 것은 독립법인 'K게임즈'의 상장이다. 작년 새로운 체제를 갖춘 K게임즈는 올해 기업공개를 통해 투자금을 확보하고 대박을 노리려 하고 있다. 하지만 K 기업의 게임사업은 승승장구해 왔던 이전과는 다른 상황에 처해있음을 부정할 수 없다. 모바일 게임의 성공을 위한 필수 요소였던 K게임 플랫폼을, 이제는 많은 게임사들이 수수료 공유의 부담을 이유로 거부하고 있다. 이전까지는 하지 않았던 연예인 기용 광고의 대규모 집행은 K 기업 그리고 게임 시장의 변화를 추측하게 한다. 과거와는 달리 이제는 K게임즈가 성장세를 유지할 수 있을지를 낙관할 수 없는 시장이 된 것이다.

① B 부장 : 'K톡' 플랫폼과 연계한 O2O 서비스를 목적한 대로 이루어지게 하여 하락한 주가를 다시 상승시켜야 합니다.
② A 과장 : O2O 서비스의 성장 가능성을 강조해 광고주들의 관심을 불러일으키고 광고 수익을 더 올려야 합니다.
③ N 팀장 : 게임 시장의 변화에 민감하게 반응하여 게임 사업의 불확실성을 최대한 줄이고, O2O 사업의 성과를 올려 주가 상승의 가능성을 높여야 합니다.
④ G 대리 : 게임 시장에서 성공한 경험을 활용하여 새로운 게임 사업을 안전하게 진행하고, 음원 사이트와 대중교통 앱의 영향력을 꾸준히 유지해 단기 차입으로 인한 부담을 줄여야 합니다.
⑤ S 사원 : K 기업의 캐릭터가 캐릭터 시장에서 성공했으므로, 개시 예정인 'K톡' 플랫폼과 연계된 O2O 서비스에 소비자들이 긍정적 반응을 보이는 캐릭터들을 반영하여 개시해야 합니다.

16 △△광고회사 이 팀장은 '2019년 올해의 광고인상'을 수상하기 위해 이동하던 중 휴대폰을 바닥에 떨어뜨려 한쪽 모서리 부분의 액정이 파손되었다. 주어진 ○○휴대폰 파손보험에 관한 상담원 질의응답 내용을 참고하였을 때, 이 팀장이 사고를 처리하는 방법으로 옳지 않은 것은?

Q : 사고 접수 기한이 있나요?
A : 2015년 12월 31일까지의 사고 건은 사고일로부터 2년 이내에 사고 접수 및 서류 제출을 해야 하고, 2016년 1월 1일부터의 사고 건은 사고일로부터 3년 이내에 사고 접수 및 서류 제출을 하면 됩니다. 단, 경우에 따라 추가 서류 제출 요청 및 심사가 진행될 수 있습니다.

Q : 보험 가입 기간이 만료된 이후에도 사고 접수를 할 수 있나요?
A : 보험 가입 기간 내에 발생한 사고일 경우 사고 접수 및 서류 제출이 가능합니다. 그러나 보험 만기 이후 발생한 사고의 경우는 보상되지 않으며, 가입 기간 내에 발생한 사고임을 입증할 수 있는 객관적인 증빙자료를 추가로 제출해주셔야 보상 절차 진행이 가능합니다. 보험 가입 기간 내에 발생한 사고임을 입증할 수 있는 객관적인 증빙자료로는 분손 또는 해지 이전에 수리한 견적서와 영수증, 통신사 고객센터 또는 제조사 AS센터 문의 이력 등이 있습니다.

Q : 사고 접수 방법을 알 수 있을까요? 자세한 설명 부탁드려요.
A : 1. 온라인 보상센터 또는 모바일 보상센터를 이용할 경우, 명의자분의 휴대폰 정보를 입력한 다음 본인인증을 통해 24시간 접수가 가능합니다.
   2. 보상센터를 이용할 경우, 1212-3344로 연결 시 ARS멘트 청취 후 9번을 누르시면 상담원 연결이 가능합니다. 단, 상담사 운영시간은 평일 9시부터 18시, 토요일 9시부터 13시이며, 일요일·공휴일은 운영하지 않습니다.

Q : 휴대폰 명의자가 미성년자일 경우도 온라인이나 모바일을 통해 간편하게 사고 접수를 할 수 있나요?
A : 명의자가 미성년자일 경우 보상센터로 연락주셔야만 사고 접수가 가능하고, 추가 서류 제출 요청이 있을 수 있습니다.

Q : 보험금 지급(입금)은 언제 되나요?
A : 보험 승인 완료일 익일부터 토요일, 공휴일을 제외한 영업일 기준 5~7일 이내로 소요되며 입금 시 비상연락처로 문자가 발송되고 있습니다. 정확한 입금 일자 관련 안내는 보상센터로 문의주시기 바랍니다.

Q : 보험금을 받은 후 수리를 하면 안 되나요?
A : 휴대폰 보험은 선 수리 후 보상 제도이므로 수리 이후 납부하신 비용 중 기본부담금을 제외한 나머지를 현금으로 보상해드립니다. 따라서 공식 AS센터에서 발생한 유상 수리 비용을 납부하신 후 정확한 비용을 청구해주시기 바랍니다.

① 보상센터를 통해서만 사고 접수가 가능하므로 상담사 운영시간을 고려하여 ARS 1212-3344를 통해 상담원과 통화를 해야 한다.
② 휴대폰 액정이 파손된 날이 2019년 올해이므로 사고일로부터 3년 이내에 사고 접수 및 서류 제출을 하면 되므로 급한 일정을 모두 마치고 서비스센터를 방문할 예정이다.
③ 보험 만기 이후 발생한 사고의 경우는 따로 보상이 이루어지지 않으므로 통신사에 먼저 보험 가입 기간을 확인해봐야 한다.
④ 휴대폰 보험은 선 수리 후 보상 제도이므로 공식 AS센터부터 방문하여 수리를 받고, 제출해야 하는 증빙 서류를 잘 챙겨 납부한 비용 중 기본부담금을 제외한 나머지를 현금으로 보상받아야 한다.
⑤ 보험금 지급은 보험 승인 완료일 익일부터 토요일, 공휴일을 제외한 영업일 기준 5~7일 이내로 소요되므로 월요일에 보험 승인이 날 경우 빠르면 다음 주 월요일에 보험금을 지급받을 수 있다.

17 호경, 경희, 시영, 원빈, 현빈 다섯 명이 소풍을 가기로 했는데 한 명이 오지 않았다. 이들이 다음과 같이 진술했고 이 중에 한 명이 거짓말을 하고 있다고 할 때, 거짓말을 하는 사람과 소풍에 오지 않은 사람을 순서대로 짝지은 것은?

> 호경 : 현빈은 왔다.
> 경희 : 원빈과 현빈 둘 다 왔다.
> 시영 : 경희 또는 현빈 둘 중 한 명이 오지 않았다.
> 원빈 : 나와 호경, 시영은 왔다.
> 현빈 : 경희와 원빈은 왔다.

① 호경-경희 ② 경희-현빈 ③ 시영-원빈
④ 원빈-호경 ⑤ 현빈-경희

[18~20] △△공단 ○○지부에서 일하는 최우진 대리는 제주도 워크숍에 참가한 직원들의 객실 배정을 맡게 되었다. 다음 자료를 보고 물음에 답하시오.

> 김성훈 팀장 : 최우진 씨, 다음주 제주 워크숍에서 묵을 펜션 객실들 예약은 다 마쳤는데 객실 배정도 미리 해두는 게 좋겠어요. 우진 씨가 배정 좀 해주겠어요? 내가 팀장님들과 의논해서 배정 기준은 대략 정해뒀어요. 아무래도 남자는 남자 직원끼리, 여자는 여자 직원끼리 써야겠지요? 직급이 있는 사원은 각 방에 한 명씩 들어가야 하고, 2인실을 제외한 나머지 객실에는 팀장님들이 들어갈 수 있게 해주세요. 객실 정보와 사전조사 자료가 있으니 잘 읽어보고, 그에 맞게 방 배정을 잘 마쳐주세요.

객실 정보

객실 이름	침대	TV	특이사항
라일락	2인용 침대 2개 (최대 수용인원 4명)	스마트TV	스팀다리미 있음
튤립	2인용 침대 2개 (최대 수용인원 6명)	일반TV	
벤자민	침대 없음 (최대 수용인원 4명)	스마트TV	
허브	1인용 침대 2개 (최대 수용인원 2명)	일반TV	
라벤더	2인용 침대 2개 (최대 수용인원 4명)	일반TV	공기청정기 있음

참석자 명단 및 사전조사 내용

이름	소속	성별	희망사항	이름	소속	성별	희망사항
김성훈 팀장	기획팀	남	바닥에서 자기 원함	정민경	유통팀	여	
최우진	기획팀	남	공기청정기 희망	윤아영	홍보팀	여	스팀다리미 희망
강진선	기획팀	여		송현정	홍보팀	여	
박하연	기획팀	여		한서연 팀장	홍보팀	여	발표준비로 같은 팀 직원과 사용해야 함
정호준	기획팀	남	침대 사용 원함 크기는 상관없음	박경우	홍보팀	남	김태호 사원과 같은 객실 사용 희망
김석현	유통팀	남	스마트TV 희망	강현희	홍보팀	여	스마트TV 희망
유미희 팀장	유통팀	여		이진욱 팀장	재무팀	남	
신혜경	유통팀	여	1인용 침대 원함	고성주	재무팀	여	
오나래	유통팀	여		이선화 과장	재무팀	여	
조현동	유통팀	남		김태호	재무팀	남	바닥에서 자기 원함

18 다음 중 최우진 씨가 객실을 성별에 따라 바르게 정리한 것은? (남자/여자 순)

① 벤자민, 허브, 라벤더 / 라일락, 튤립
② 라일락, 라벤더 / 튤립, 벤자민, 허브
③ 벤자민, 라벤더 / 라일락, 튤립, 허브
④ 튤립, 허브 / 라일락, 벤자민, 라벤더
⑤ 벤자민, 허브 / 라일락, 튤립, 라벤더

19 유미희 팀장과 같은 객실에 묵지 않는 사원은 누구인가?

① 강진선   ② 오나래   ③ 송현정
④ 정민경   ⑤ 박하연

20 다음 중 최우진 씨가 배정한 객실 정보의 내용으로 틀린 것은?

① 튤립은 같은 팀 인원이 3명 배정된다.
② 벤자민은 모두 다른 팀 인원으로 배정된다.
③ 고성주 사원은 같은 팀 과장과 함께 묵을 수 없다.
④ 라벤더는 같은 팀인 사원이 한 명도 없다.
⑤ 이선화 과장은 2인실로 배정된다.

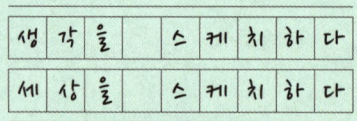

www.booksk.co.kr

제2회
실전모의고사

영역 통합형

- ▶ 제2회는 **직업기초능력 10개 영역**이 출제빈도에 맞게 모두 분포되어 있습니다.
- ▶ **총 50문항 제한시간 50분**으로 구성되어 있습니다.
- ▶ 최근에 출제된 주요 공공기관의 복원 기출문제가 섞여 있습니다.
- ▶ **오지선다형**으로 맞추기 위해 기업은행, 국민건강보험공단 등 일부 공공기관의 기출 복원 문제는 사지선다에서 오지선다로 변형하였습니다.
- ▶ 시작하는 시간과 마치는 시간을 정하여, 실제 시험처럼 풀어보시기 바랍니다.

    START _____ 시 _____ 분 ~ FINISH _____ 시 _____ 분

※ 수록된 복원 기출문제 및 모든 문제의 저작권은 북스케치에 있습니다.
※ 응답용지 OMR 카드는 책의 마지막 부분에 있습니다.

제2회 영역 통합형 실전모의고사

50문항 / 50분

정답과 해설 062p

01 다음 기사문에서 강조하는 능력에 대한 설명으로 바르지 않은 것은?

> 가까이 지내는 변호사가 나에게 이런 어려움을 토로한 적이 있다.
> "예전과 달리 요즘은 변호사도 영업해야 하는 시대인 건 사실입니다. 그래서 예전과 달리 좀 더 공감하는 자세로 의뢰인과 대화를 해야 한다는 점도 동의하고요. 그런데 정말 마음처럼 쉽지 않아요. 의뢰인 이야기에 경청하리라 마음먹었는데 이야기를 들어주다 보면 10분이면 끝날 상담이 40분, 50분이 되도록 끝나질 않으니…. 게다가 불필요한 이야기를 다 들어주다 보면 몸도 마음도 지치고 말이죠. 경청하라고 하는데 실제로는 너무 어렵기도 하고 아무래도 비효율적인 것 같다는 생각도 듭니다. 그래도 계속 그렇게 해야 하는 걸까요?"
> 변호사에게만 국한된 일은 아닐 것이다. 우리는 모두 경청의 중요성에 대해서는 익히 많이 들어왔다. 그런데 막상 경청은 어렵다. 마음을 먹는 것까지는 쉽게 동의하는데, 현실적으로 마음먹은 대로 잘 안 된다. 왜 그럴까. 결론부터 이야기하자면 경청은 '마음가짐'이 아니라 '방법'이기 때문이다. 경청은 인간의 자연스러운 본성에 비추어보면 부자연스러운 것이기도 하다.
>
> 출처 : 중앙일보 '이경랑의 4050 세일즈법', 2018. 12. 18 기사

① 적극적 경청은 자신이 상대의 이야기에 주의를 집중하고 있음을 행동을 통해 외적으로 표현하며 듣는 것이다.
② 소극적 경청은 상대의 이야기에 특별한 반응을 표현하지 않고 수동적으로 듣는 것이다.
③ 적극적 경청을 위해서는 단어 이외의 보여지는 표현에는 신경쓰지 않고 비판적인 태도를 버려야 한다.
④ 대답할 말을 준비하거나 짐작하며 듣는 것은 올바른 경청의 방해 요인이다.
⑤ 부정적이고 추궁적인 느낌을 주는 '왜?'라는 질문은 피하는 것이 좋다.

02 다음 제시된 문장이 들어갈 자리로 가장 적절한 곳은?

2020 경기도 공공기관 통합채용

　영화관에 가고, 카페에서 커피를 마시고, 공원을 걷는 평범한 일상이 이제는 특별한 일이 되어버렸다. 사람과 사람이 마주 보며 하던 일이 점점 사라지고 있는 요즘, 우리는 '언택트 시대'를 마주하고 있다. (㉠) '언택트'란 'contact(접촉)'라는 단어에 부정의 의미 'un'을 붙인 '접촉하지 않는다'는 뜻의 신조어다. 코로나19 확산을 막기 위한 사회적 거리 두기 운동이 필수가 되면서 언택트 문화는 우리의 일상과 문화, 산업, 정치, 비즈니스 등 사회 전반을 바꾸고 있다. 특히 기술 발전에 익숙한 2030 세대를 중심으로 스마트폰이나 디스플레이 화면을 통해 상품이나 서비스를 소비하는, 언택트 소비생활을 선호하는 현상이 뚜렷하게 나타나고 있다.
　집에 있는 시간이 많아지면서 온라인을 통해 다양한 클래스가 인기를 얻고 있다. 유튜브, 온라인 클래스 플랫폼 등을 이용해 운동, 공부, 요리, 그림, DIY 등 자신이 원하는 클래스를 골라 들을 수 있다. (㉡) 특히 집에서 자신이 원하는 취미를 받아볼 수 있는 온라인 클래스 플랫폼의 경우, 자수나 공예로 나만의 물건을 만들 수 있고, 영상을 통해 그림 그리는 방법이나 영상 편집을 배울 수 있어 인기를 얻고 있는 추세다. 또 강의에 필요한 모든 재료와 도구가 담긴 패키지가 배달되어 전문가의 강의 영상과 함께 쉽게 따라 하며 배울 수 있다.
　언택트는 여행에도 영향을 미치고 있다. (㉢) 최근에는 독립된 공간에서 생활 속 거리 두기 실천이 가능한 숙소를 선호하다 보니 텐트를 치지 않고 자동차에서 숙박을 해결하는 '차박'이나 '글램핑' 등도 인기를 얻고 있다. 이 밖에도 자전거만 있으면 혼자 어디든 갈 수 있는 '라이딩', 바닷바람을 맞으며 한적한 자연에서 즐기는 '백패킹', 호텔로 떠나는 바캉스 '호캉스'도 언택트 여행으로 사랑받고 있다.
　언택트 문화의 영향은 공항에도 예외는 아니다. 코로나19 장기화로 공항 역시 언택트 시대에 맞춰 변화하고 있고, 기존의 스마트 공항 기술이 새롭게 주목받기도 했다. 바이오인증 신분 확인 시스템 역시 대표적인 언택트 서비스로 작년 대비 이용률이 크게 증가했다. (㉣) 손을 기기에 접촉해야 하는 지문 인증이나 마스크를 벗어야 하는 안면 인식과 달리, 스캐너 위쪽에 손바닥을 대면 정맥과 지문을 읽어 안전하고 편리하게 신분 확인을 마칠 수 있다. (㉤) 또한, 공항 주차장 사전예약 서비스, 셀프 체크인 등으로 감염 우려 없이 비대면으로 공항을 이용할 수 있다.

　사회적 거리 두기가 자리 잡으면서 다른 여행자들과 일정 거리를 유지하고, 접촉을 최소화하면서 안전하게 여행할 수 있는 비대면 여행이 대세로 떠오르고 있다.

① ㉠　　　　　　② ㉡　　　　　　③ ㉢
④ ㉣　　　　　　⑤ ㉤

[03~04] 다음 자료를 보고 질문에 답하시오. 2019 코레일

지리여행(地理旅行)은 역사 중심의 관광패턴을 크게 뛰어넘는 포괄적 국토환경여행으로, 지구를 구성하고 있는 기권, 암권, 수권, 생물권 등의 4권역을 관광의 대상으로 삼는 신개념 탐구여행이다. 또한 지리여행은 특정의 자연환경을 토대로 살아온 지역 주민들의 의식주를 탐미하는 향토여행이기도 하다. 지리여행은 우리 주변의 산지, 하천, 해안지형 및 물이 빚어낸 자연경관, 그리고 이러한 자연경관 위에 펼쳐지고 있는 도시, 농산어촌의 생활양식이 시공간적으로 결합된 지리콘텐츠(geographical content)를 현장답사를 통해 이해하는 체험여행인 것이다.

반만 년의 유구한 전통을 갖고 있는 우리나라 곳곳에는 역사와 관련된 국보와 보물 등의 문화재로 가득하다. 우리나라가 세계유산으로 등재한 11곳의 내역을 보면, 10곳이 해인사장경판전, 종묘, 석굴암·불국사 등과 같은 문화유산들이며, 자연유산으로는 제주 화산섬과 용암동굴 만이 지정되어 있을 뿐이다. 역사문화 편중의 관광 콘텐츠만으로는 우리의 국토공간을 제대로 즐기기 어렵다. 이러한 콘텐츠로는 국내여행의 다양성을 확보하기 힘들다. 국립공원과 같은 관광지에서 한눈에 볼 수 있는 것은 산, 강, 바다와 같은 대자연으로 고궁, 사찰 등의 관광 소재만으로는 우리의 자연경관을 음미하기에는 제한적일 수밖에 없는 것이다. 이러한 현실을 극복하기 위해 삶의 공간을 탐미하는 지리여행은 관광 활성화를 위한 적절한 대안이 될 수 있다.

지리여행과 비슷한 탐구 성격을 지닌 여행으로 생태관광과 지질관광이 있다. 2010년부터 문화체육관광부와 환경부가 전국 11개 지역에서 선정한 생태관광 모델사업도 국내관광 활성화를 위해 시도된 테마여행이다. 지질관광 역시 지질공원과 함께 생긴 테마여행으로 2012년 환경부가 마련한 국가지질공원제도는 지질관광 대중화를 위한 활력소가 되고 있다. 현재 우리나라의 국가지질공원은 2013년에 지정된 제주도와 울릉도·독도 등 모두 6곳이 지정되어 있다. 생태관광이나 지질관광은 아직 초기단계여서 그 성과를 평가하기에는 성급함이 있으나 벌써부터 대중화를 위한 적지 않은 한계점이 나타나고 있다. 예컨대 생태관광 사업은 원래 우수한 생태자원을 발굴하고 주변의 역사와 문화자원을 더불어 체험하기 위해 마련된 소프트웨어 중심의 사업이다. 그러나 문화체육관광부에서 환경부로 생태관광 업무가 이관된 후로는 국립공원과 자연공원, 생태경관보전지역, 철새 도래지 등 환경적으로 우수한 대다수의 보호지역이 생태관광지로 소개되며 생태관광 본래의 사업목적이 변질되기에 이르렀다. 또한 지질관광의 경우에도 울릉도의 지질관광 안내서에서 보듯 광물과 암석에 관한 깊은 지질학적 지식을 요구하고 있어 방문객들이 그 내용을 근본적으로 이해하기 어려운 구조적 문제점을 안고 있다. 이는 지질관광의 일반화를 위해 지질관광의 콘텐츠 개발이 재고되어야 함을 의미한다.

지리여행이 지질관광이나 생태관광과 다른 점은 지리여행은 점(點)의 여행이 아니라, 답사 코스를 따르는 공간여행의 성격이 강하다는 것이다. 광범위한 지역의 공간 특성을 관광 대상으로 하는 지리여행은 어떤 지역의 자연은 물론 문화, 역사, 민속 등 인문적 특성 모두를 관광의 관심대상으로 삼는다. 장(場, field)의 환경 특성을 기초로 한 21세기형 문화여행은 지리여행의 근간을 이루는 주요 융복합 콘텐츠이다. 지리여행 콘텐츠는 우리의 땅의 특성은 무엇이고, 그러한 땅 위에서 선조들이 어떤 삶의 형태를 이루어 왔는지를 의미하는 내용으로 구성된다. 지리여행은 자연스럽게 지구환경 보전사상을 균형감 있게 갖추는 계기를 마련해 줄 것이며, 향토애를 느끼고 또 우리 땅의 가치를 새롭게 인식할 계기가 될 것이다.

03 제시된 내용을 바탕으로 추론한 것으로 가장 적절한 것은?

① 현재 여행 콘텐츠는 대체로 역사 중심으로 이루어져 있다는 점이 한계로 지적된다.
② 대한민국의 지리적 특성상 지리 콘텐츠가 부족해 지리여행을 활성화하기에 어려움이 있다.
③ 지리여행은 참가자들이 다양한 체험을 통해 해당 지역에 관한 전문적 지식을 갖추는 것을 목표로 한다.
④ 고궁이나 사찰 중심의 여행이 아니라, 현대의 건축물이나 시장 중심의 문화 여행 콘텐츠가 개발될 필요가 있다.
⑤ 생태관광의 본래 사업 목적을 실현하기 위해서는 자연 환경에 관련된 지식을 쉽게 전달할 수 있는 프로그램을 다양하게 개발해야 한다.

04 윗글을 고려하여 ○○강 지리여행을 위한 체험학습 안내서를 작성하고자 한다. 적절하지 않은 것은?

○○강 지리여행 목적

- 인간의 필수 생활요소인 물 환경의 관찰을 토대로 유역의 소중함을 인식해 유역여행을 환경적 관점에서 즐길 수 있는 의미를 느끼도록 한다. ·········· ㉠
- ○○강 유역 속에 담겨 있는 지역의 향토문화 특색을 여행지 방문을 통해 자연스레 깨닫도록 한다. 이는 탐방객들에게 문화 태생지인 하천공간을 둘러보게 함으로써 문화공간으로서의 유역의 의미를 되새기게 하는 데 의의를 갖는다. ·········· ㉡

○○강 지리여행 방법

1. 시점
- ○○강 발원지 : 우리나라 5대강 발원지의 지형학적 특성과 해당 지역의 전설을 흥미롭게 설명
2. 중간점
- 마이산 : 역암의 최대 산지인 마이산의 지질, 지형학적 특징, 자연적 경관에 대해 중점적으로 전달 ·········· ㉢
- 치즈마을, 고추장 단지 방문 : 지역경제 대안으로 각광받고 있는 임실 치즈마을의 유래 및 치즈, 피자 만들기 체험을 통해 마을 사람들의 삶을 가까이서 느껴볼 수 있는 시간을 가지며 고추장의 종가인 순창에서 된장, 고추장을 체험함 ·········· ㉣
3. ○○강 지리여행 기대효과
- ○○강의 광대한 자연환경 구성 요소를 올바로 파악할 수 있다.
- ○○강 유역의 다양한 향토문화 특성을 파악할 수 있다.
- ○○강 유역 내의 지리여행 방문지들의 위치와 특성을 말이나 글로 표현할 수 있다. ·········· ㉤

① ㉠ ② ㉡ ③ ㉢
④ ㉣ ⑤ ㉤

05 다음 기사문에서 강조하는 능력을 향상시키기 위한 방법으로 적절하지 않은 것은?

> 일반적으로 성공하는 직업인의 처세술을 '상사에게 아부를 잘해 성공하는 것'으로 오해한다. 하지만 진정한 처세술은 '동료와의 관계를 합리적으로 정의하는 기술로, 사람들과 사귀며 세상을 살아가는 방법이나 수단'이다. 즉, 처세술은 대인관계 능력인 것이다.
> 직장에서 처세술이 필요한 이유는 무엇일까? 구인구직 매칭플랫폼 사람인은 2019년에 직업인 679명을 대상으로 '직장 내 처세술'에 대해 조사했다. 그 결과, 94.4%가 직업생활에 처세술이 필요하다고 답했다. 그 이유로는 '동료 및 상사와의 원만한 인간관계 (80.5%, 복수응답)'가 가장 많이 나왔다.
> 처세술이 직업생활에 미치는 영향력에 대해서는 50%(22.5%) > 30%(17%) > 70%(15%) > 60%(14.5%) > 80%(12.2%) 순으로 답해 대부분의 사람들이 처세술이 직업생활에 미치는 영향력이 크다고 생각한다는 것을 알 수 있다. 흥미로운 사실은 같은 내용으로 2017년에 설문조사를 했을 때에도, 90.4%가 처세술이 필요하다고 답했다는 것이다. 또한 2011년에도 97.8%가 처세술이 필요하다고 답하였다.
> 결국 과거나 현재 성공적인 직업생활에서는 처세술이 필요하고, 업무 능력 이상으로 인정받기 위한 핵심은 '동료 및 상사와의 원만한 인간관계'라는 것이다.
> 출처 : 이데일리 '직장인 처세술 : 롱런하는 직장인의 비결', 2020. 06. 20. 기사

① 나보다 상대방의 입장을 이해하고 양보하며 배려하는 노력이 필요하다.
② 약간의 친절과 공손함은 매우 중요하며, 작은 불손 및 하찮은 무례는 인간관계에서 큰 손실을 가져올 수 있다.
③ 진정성 있는 태도는 신뢰 관계 형성에 매우 중요하므로 진지한 사과를 반복적으로 하는 것이 필요하다.
④ 사람들은 작은 배려에 감동하지만 사소한 무관심과 불만에 쉽게 상처를 받으므로, 상대에게 칭찬과 감사를 표하는 것은 상호 신뢰관계를 형성하는 중요한 행위이다.
⑤ 언행일치는 정직 이상의 의미를 갖는 행위로 약속을 지키고 기대를 충족시키는 결과를 가져온다.

06 다음 중 막대그래프 작성 시의 유의사항으로 가장 옳지 않은 것은?

① 세로로 하는 것이 일반적이다.
② 축은 L자형이 일반적이나 가로 막대 그래프는 사방을 틀로 싸는 것이 좋다.
③ 가로축은 명칭 구분(금액, 매출액 등)으로, 세로축은 수량(연, 월, 장소, 종류 등)으로 한다.
④ 막대 수가 부득이하게 많을 경우에는 눈금선을 기입하는 것이 알아보기 쉽다.
⑤ 막대의 폭은 모두 같게 해야 한다.

07 다음 글을 논리적 전개 순서에 맞게 배열한 것은?

인간의 본성에는 싸움을 불러일으키는 세 가지 요소가 있음을 알 수 있다. 첫째는 경쟁심이고, 둘째는 소심함이며, 셋째는 명예욕이다. 경쟁심은 인간으로 하여금 이득을 보기 위해, 소심함은 안전을 보장받기 위해, 명예욕은 좋은 평판을 듣기 위해 남을 해치도록 유도한다. 따라서 강력한 국가가 모든 이에게 두려움의 대상으로 존재하지 않는 상황에서 살아갈 때 인간은 '전쟁'이라고 불리는 상태에 놓일 것이 분명하다.

Ⓐ 국가가 등장하는 까닭이 여기에 있다. 천성적으로 자유를 사랑하는 동시에 타인을 지배하기 좋아하는 인간이 국가의 구속 아래 살아가고 자기 자신에게 제약과 통제를 가하는 것에 동의하게 되는 궁극적 원인이나 목적 및 동기는, 그들 자신의 생명을 보존하고 그 결과 더욱 만족스러운 삶을 누리려는 인간 자신의 통찰력에 있다. 다시 말하면 인간 위에 무서운 존재로 군림하고 그들에게 처벌에 대한 공포감을 불어넣어 옭아매는 가시적 권력이 없을 때, 인간의 자연스러운 욕구와 열망에 의하여 빚어질 수밖에 없는 처참한 전쟁 상태에서 벗어나기 위하여, 인간 자신이 국가에 의한 구속을 받아들이는 것이다.

Ⓑ 그러한 전쟁 상태는 만인에 대한 만인의 전쟁을 의미한다. 그러한 상태에서는 노동의 결실을 누릴 수 없는 불확실성이 삶을 지배하기 때문에 노동을 할 이유가 없다. 특히 그 무엇보다 나쁜 것은 끝이 보이지 않는 공포감이고 피비린내 나는 죽음의 위험성이다. 전쟁 상태에서 인간은 고립되고 비참하며 험악하고 단명하며 짐승 같은 삶을 살아갈 수밖에 없다.

Ⓒ 이것은 만인으로 하여금 그들 모두의 권력과 힘을 한 사람이나 한 집단에 양도하게 하고 그들 모두의 의지를 다수결에 따라 그 사람이나 그 집단의 의지로 축소, 대체시키는 것이다.

Ⓓ 이러한 행위는 만인에 대한 만인의 제약에 의해 만들어진 단일한 권력체인 국가 내로 만인을 끌어넣는 것으로, 만인의 진정한 통일을 의미한다. 마치 만인이 만인에게, "당신이 그 권력체에 당신의 권리를 포기하고 그 모든 행동과 조치를 승인한다는 조건으로 나 역시 나 자신에 대한 나의 지배권을 그 권력체에 포기하고 그 행동과 조치를 받아들일 것이다."라는 식의 선언을 동시에 하는 것과 같다. 이는 저 위대한 '리바이어던', 더욱 경건한 자세에서 말한다면 인간적 신(神)인 국가가 형성되는 것을 의미한다.

① Ⓐ – Ⓑ – Ⓒ – Ⓓ
② Ⓑ – Ⓐ – Ⓒ – Ⓓ
③ Ⓓ – Ⓑ – Ⓒ – Ⓐ
④ Ⓒ – Ⓑ – Ⓐ – Ⓓ
⑤ Ⓐ – Ⓒ – Ⓓ – Ⓑ

08 다음은 산업인력공단 민원처리규칙의 일부이다. 자료를 보고 ㉠~㉣ 중 민원에 적절하게 대응하지 못한 직원을 모두 고르면? `2019 한국산업인력공단`

> **민원처리규칙**
> **제3장 민원의 처리방법**
>
> 제14조(처리기간의 계산)
> ① 민원의 처리기간을 5일 이하로 정한 경우에는 민원의 접수시각부터 "시간" 단위로 계산하되, 공휴일 및 토요일은 산입하지 아니한다.
> ② 민원의 처리기간을 6일 이상으로 정한 경우에는 "일" 단위로 계산하고 첫날을 산입하되, 공휴일과 토요일은 산입하지 아니한다.
> ③ 민원의 처리기간을 "즉시"로 정하는 경우에는 정당한 사유가 있는 경우를 제외하고는 근무시간 이내에 처리하여야 한다.
> ④ 민원의 처리기간을 주·월·연으로 정한 경우에는 첫날을 산입하되, 「민법」 제159조부터 제161조까지의 규정을 준용한다.
>
> 제16조(처리기간의 연장 등)
> ① 부득이한 사유로 처리기간 내에 민원을 처리하기 어렵다고 인정되는 경우에는 그 민원의 처리기간의 범위에서 그 처리기간을 한 차례 연장할 수 있다.
> ② 제1항에 따라 처리기간을 연장하였을 때에는 처리기간의 연장 사유와 처리예정기한을 지체 없이 민원인에게 통지하여야 한다.
>
> 제17조(민원의 처리원칙)
> ① 처리주무부서는 접수된 민원서류를 소정기간 내에 처리하고 그 결과를 즉시 민원인 및 문서담당부서에 통보하여야 한다.
> ② 민원문서를 접수한 처리주무부서는 다른 문서에 우선하여 이를 처리하여야 한다.
> ③ 민원사항의 실현이 불가능하거나, 민원인의 인가·허가 등의 요구에 대하여 이를 거부한 때에는 그 결과를 통보할 때에 해당사유를 밝혀야 한다.
> ④ 처리주무부서에서는 민원서류의 내용이 부정비리 등에 관한 사항인 경우에는 특별한 사정이 없는 한 해당 민원을 접수한 직후 처리주무부서장 또는 소속기관장의 선람을 득하여야 한다.
>
> 제18조(전자민원의 처리)
> ① 전자민원을 신속하고 효율적으로 처리하기 위하여 문서담당부서는 처리주무부서별로 민원담당자를 지정·운영하여야 하며, 해당 민원담당자는 매일 2회 이상 "전자민원창구"를 검색하여 민원을 신속하게 처리하여야 한다.
> ② 민원담당자가 변동, 휴가 및 출장 등에 의하여 민원처리를 할 수 없을 경우에는 업무인수인계를 철저히 하여 민원처리에 소홀함이 없도록 하여야 하며, 담당자 변경 시에는 문서담당부서장에게 그 명단을 제출하여야 한다.
>
> 제20조(반복 및 중복 민원의 처리)
> ① 민원인이 동일한 내용의 민원을 정당한 사유 없이 3회 이상 반복하여 제출한 경우에는 2회 이상 그 처리결과를 통지하고, 그 후에 접수되는 민원에 대하여는 처리주무부서장의 결재를 받아 내부적으로 종결처리 할 수 있다.
> ② 민원인이 2개 이상의 행정기관에 제출한 동일한 내용의 민원을 다른 행정기관으로부터 이송받은 경우에도 제1항을 준용하여 처리할 수 있다.

③ 제1항과 제2항에 따른 동일한 내용의 민원인지 여부에 대하여는 해당 민원의 성격, 종전 민원과의 내용적 유사성·관련성 및 종전 민원과 동일한 답변을 할 수밖에 없는 사정 등을 종합적으로 고려하여 결정하여야 한다.

제23조(민원문서의 반려 등)
① 민원인이 제22조의 규칙에 따른 기간 내에 민원문서를 보완하지 아니하였을 때에는 그 이유를 분명히 밝혀 접수된 민원문서를 되돌려 보낼 수 있다.
② 민원인의 소재지가 분명하지 아니하여 보완 요구가 2회에 걸쳐 반송된 때에는 민원인이 민원을 취하한 것으로 보아 이를 종결 처리할 수 있다.
③ 민원인이 민원을 취하하여 민원문서의 반환을 요청한 경우에는 다른 법령에 특별한 규정이 있는 경우를 제외하고는 그 민원문서를 민원인에게 되돌려 주어야 한다.

㉠ A 주무관은 5월 10일 금요일 15시에 들어온 민원의 처리기간을 5일 이하로 정하고 17일 금요일 13시에 처리 완료하였다.
㉡ 처리주무부서의 B 주무관은 민원문서를 접수해두고 작성 중이던 다른 문서를 처리한 후 민원을 처리했으며, 그 결과를 해당 민원인에게만 통보하였다.
㉢ C 주무관은 어떤 민원인이 동일한 내용의 민원을 정당한 사유 없이 3회 이상 반복 제출하여 2회 이상 그 처리결과를 통지했으나, 또 동일한 내용의 민원이 제출되어 처리주무부서장의 결재를 받아 내부적으로 종결 처리했다.
㉣ D 주무관은 민원인에게 보완을 요구했으나 민원인의 소재지가 분명하지 않아 한 번 반송되었고, 민원인이 민원을 취하한 것으로 보고 이를 종결 처리하였다.

① ㉠, ㉡
② ㉠, ㉣
③ ㉡, ㉢
④ ㉡, ㉣
⑤ ㉢, ㉣

09 A, B 두 제품을 합하여 50,000원에 사서 A 제품은 20%, B 제품은 30%의 이익을 붙여 정가를 정하였으나, 잘 팔리지 않아서 A, B 두 제품을 정가에서 10%씩 할인하여 팔았더니 7,150원의 이익을 얻었다. A 제품의 원가는 얼마인가?

① 15,000원
② 18,000원
③ 21,000원
④ 24,000원
⑤ 27,000원

10 다음은 댐 저수 현황에 대한 자료이다. 자료를 분석한 내용으로 적절하지 않은 것은?

2019 한국수자원공사

댐 저수 현황

(단위 : 백만m³, mm, %)

구분	2013년	2014년	2015년	2016년	2017년
강수량(mm)	1,169	1,042	846	1,193	962
유입량(백만m³)	14,458	11,329	7,832	12,581	9,944
방류량(백만m³)	15,985	11,598	8,842	11,275	10,579
평균 저수량(백만m³)	7,037	5,885	5,474	6,108	6,093
평균 저수율(%)	55.7	46.6	43.1	47.9	43.5

① 조사기간 동안 모든 항목의 증감 추세가 일정한 패턴을 보인다.
② 평균 저수율이 가장 낮은 해는 다른 항목의 수치도 모두 가장 적다.
③ 2015년의 강수량은 전년 대비 20% 이상 감소하였다.
④ 2017년의 방류량은 2013년에 비해 약 34% 감소하였다.
⑤ 평균 저수율이 가장 높았던 해와 가장 낮았던 해의 수치는 10%p 이상 차이가 난다.

11 다음은 지하수 및 지표수의 연간 취수량에 대한 자료이다. 자료를 분석한 내용으로 적절하지 않은 것은?

2019 한국수자원공사

지하수 및 지표수의 연간 취수량

(단위 : 백만m³/년)

구분		2014년	2015년	2016년
합계		7,300	6,552	6,672
지하수		163	170	146
지표수	소계	7,137	6,382	6,526
	하천표류수	3,235	2,599	2,635
	하천복류수	437	450	445
	댐	3,404	3,269	3,377
	기타 저수지	61	64	70

① 조사기간 동안 지하수와 지표수의 증감 패턴은 반대이다.
② 2015년 지표수의 연간 취수량 중 하천복류수가 차지하는 비율은 약 7%이다.
③ 2016년 댐의 연간 취수량은 기타 저수지의 연간 취수량보다 약 48배 많다.
④ 2016년 지하수의 연간 취수량은 2014년에 비해 약 10% 감소하였다.
⑤ 2015년의 하천표류수 연간 취수량은 전년 대비 20% 이상 감소하였다.

12 영업팀에 근무하는 김 대리, 박 과장, 최 대리, 이 주임 4명은 컴퓨터능력을 향상시키기 위하여 다음과 같이 스프레드시트 과정, 데이터베이스 과정, 포토샵 과정, 자바베이직 과정을 배운다. 주어진 조건을 보고 항상 옳은 것을 고르면?

> ㉮ 네 사람은 각각 최소 한 가지 과정, 최대 세 가지 과정을 배운다.
> ㉯ 스프레드시트 과정을 배우는 사람은 한 사람이다.
> ㉰ 데이터베이스 과정을 배우는 사람은 두 사람이다.
> ㉱ 포토샵 과정을 배우는 사람은 최소 두 명이다.
> ㉲ 자바베이직 과정을 배우는 사람은 모두 세 명이다.
> ㉳ 김 대리와 박 과장이 배우는 어떤 과정도 최 대리는 배우지 않는다.
> ㉴ 최 대리가 배우는 어떤 과정도 이 주임은 배우지 않는다.
> ㉵ 김 대리가 배우는 과정은 모두 이 주임도 배운다.
> ㉶ 이 주임이 배우는 과정 중에서 김 대리는 배우지만 박 과장은 배우지 않는 과정이 있다.

① 최 대리는 자바베이직 과정을 배운다.
② 최 대리는 스프레드시트 과정과 데이터베이스 과정을 배운다.
③ 박 과장은 포토샵 과정과 자바베이직 과정을 배운다.
④ 이 주임은 데이터베이스 과정, 포토샵 과정, 자바베이직 과정을 배운다.
⑤ 김 대리는 스프레드시트 과정, 데이터베이스 과정, 포토샵 과정을 배운다.

13 다음은 기술의 특징을 요약하여 정리한 것이다. 다음 내용 중 적절하지 않은 것은?

> 기술의 특징은 다음과 같이 정리할 수 있다.
> ① 첫째, 하드웨어나 인간에 의해 만들어진 비자연적인 대상, 혹은 그 이상을 의미한다.
> ② 둘째, 기술은 '노하우'를 포함하지 않는다.
> ③ 셋째, 기술은 하드웨어를 생산하는 과정이다.
> ④ 넷째, 기술은 인간의 능력을 확장시키기 위한 하드웨어와 그것의 활용을 뜻한다.
> ⑤ 다섯째, 기술은 정의 가능한 문제를 해결하기 위해 순서화된다.
>
> 기술은 두 개의 개념으로 구분될 수 있으며, 하나는 모든 직업 세계에서 필요로 하는 기술적 요소들로 이루어지는 광의의 개념이며, 다른 하나는 구체적 직무 수행 능력 형태를 의미하는 협의의 개념이다.

14 다음은 △△국제교류재단의 조직구조도이다. 해당 조직구조도에 대해 잘못 이해한 사람을 고르면?

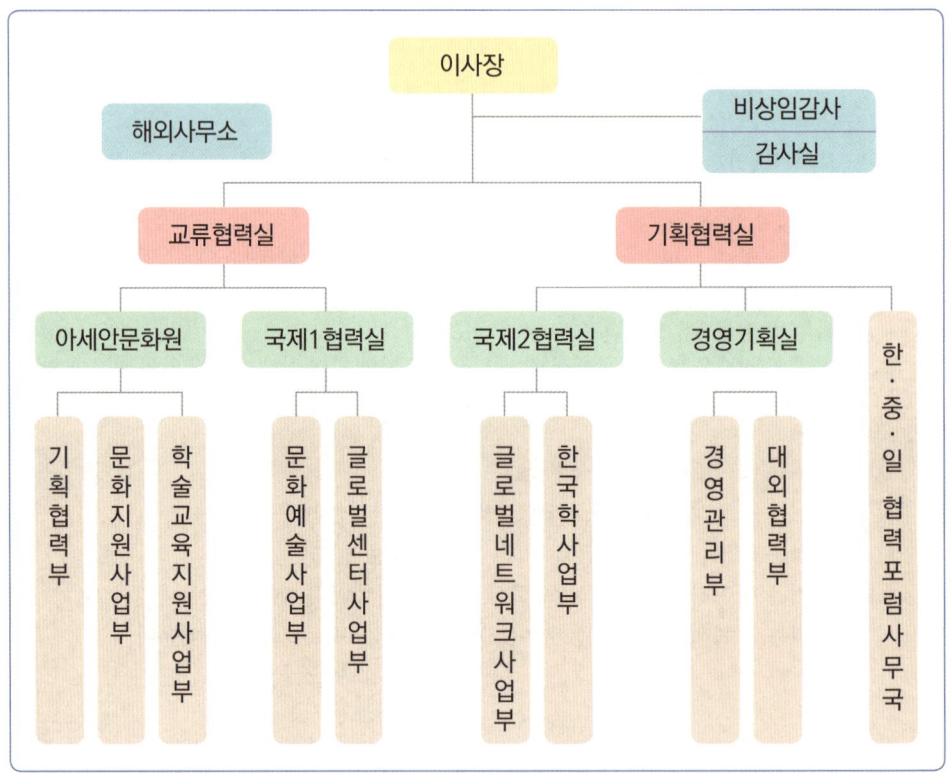

① 감사실은 이사장 직속 부서로서 비상임감사가 전반적인 업무를 총괄하겠군요.
② △△국제교류재단이란 조직을 크게 나눠 살펴보면 이사장을 필두로 두 개의 실과 한 명의 비상임감사가 총괄하는 감사실, 그리고 해외사무소로 이루어져 있군요.
③ 해외사무소는 독립적인 조직으로서 이사장의 권한이 직접적으로 미치지 않을 것임을 유추할 수 있어요.
④ 국제1협력실과 국제2협력실은 교류협력실로부터 업무지시를 받고 아세안문화원과 서로 긴밀하게 협력하여 재단업무를 수행하겠군요.
⑤ 한·중·일 협력포럼사무국은 기획협력실의 직속 부서로서 결정 사안이 있을 경우 국제2협력실과 경영기획실과의 논의가 따로 필요하지 않고, 바로 기획협력실에 결재를 요청할 수 있겠군요.

15 ○○발전 직원 6명은 부산 컨벤션 센터에서 개최되는 '신재생에너지의 개발'과 관련된 박람회에 참여하기 위해 서울역에 모였다. 정 사원은 서울역에서 몇 시에 출발하는 KTX 열차를 예매하면 되는가? (단, 제시된 조건 이외의 다른 조건은 고려하지 않는다.)

김 부장: 일단 다들 모였으니 정 사원이 KTX 열차표를 예매하는 것이 좋을 것 같은데요.
정 사원: 네, 알겠습니다. 그럼 인원은 모두 6명이고 다 같은 시간대의 열차를 예매하면 될 것 같은데, 몇 시에 출발하는 열차를 예매해야 할까요? 가장 빠른 시간대로 예매하면 될까요?
김 부장: 별다른 일이 없으면 그렇게 하도록 하죠. 가장 빠른 시간대로 예매할 때 특실이 아닌 일반실로 예매하도록 하고, 지정 좌석 표가 없을 경우에는 그 다음 열차라도 상관없으니 꼭 좌석으로 예매해주세요.
박 대리: 잠깐만요. 제가 지금 은행에서 급히 처리해야 할 일이 있는데요. 급한 일 처리한 다음 출발할 수 있도록 해주시면 안 될까요?
서 팀장: 저도 갑자기 화장실이 너무 가고 싶네요. 화장실 다녀오는 길에 서점에 들러 열차 안에서 읽을 책도 좀 구입해야겠어요.
황 과장: 그럼 당장 출발하는 것은 무리일 것 같은데요. 각자 볼일 보고 여기서 다시 모이도록 합시다. 점심도 못 먹고 출발하는 것이니 제가 편의점에 가서 간단하게 먹을 거라도 사올게요.
이 대리: 과장님, 그럼 저와 같이 가시죠. 돌아오는 길에 커피숍에서 음료도 사가지고 오고요.
황 과장: 음료는 열차 안에서도 판매하니깐 편의점에서 먹을 간식거리만 사오는 게 좋겠어요.
김 부장: 지금 시간이 11시 25분이니깐 황 과장 말대로 각자 해야 할 일들 처리한 다음에 여기서 다시 모이죠. 저는 정 사원이랑 같이 열차표를 예매하도록 할게요.

시설별 이용 소요 시간

시설 명칭	소요 시간
은행	20분
화장실	10분
서점	15분
편의점	15분
커피숍	15분

열차 시간표 및 잔여 좌석 수

열차	출발(서울)	도착(부산)	잔여 좌석 수	
			일반실	특실
KTX 129	12 : 00	14 : 42	매진	매진
KTX 131	12 : 30	15 : 07	입석	22
KTX 253	13 : 00	15 : 45	7	10
KTX 207	13 : 20	15 : 52	15	34
KTX 155	13 : 30	16 : 10	24	48

① 12 : 00 ② 12 : 30 ③ 13 : 00 ④ 13 : 20 ⑤ 13 : 30

16 ○○공사의 신입사원 A~E는 각자 희망하는 부서가 달랐고, 그중 한 명만 희망하는 부서에 배치되었다. 인사부, 총무부, 홍보부, 기획부, 영업부에 각각 한 명씩 배치되었고 직원 한 명이 거짓말을 하고 있다고 할 때, 희망하는 부서에 배치된 직원과 그 부서로 맞게 짝지어진 것은?

2019 한국수자원공사

- A : B는 희망하는 부서에 배치되었고, 나는 기획부를 희망했어.
- B : 나는 D가 희망했던 기획부에 배치되었어.
- C : 내가 희망한 부서에 D가 배치되었어.
- D : 나는 인사부를 희망하지 않았고, C의 희망 부서는 총무부였어.
- E : 난 영업부를 희망했지만 인사부에 배치되었어.

① A – 기획부 ② A – 홍보부 ③ B – 기획부
④ B – 홍보부 ⑤ C – 총무부

17 ○○기업 대표는 최근 미세먼지가 심해진 것을 고려해 E 대리에게 사무실에서 사용할 공기청정기 구입을 지시했다. 대표가 다음과 같이 지시했을 때 E 대리가 선택할 공기청정기 모델로 가장 적절한 것은?

대표 : 성능을 신뢰할 수 있어야 하니 한국공기청정협회 CA 인증 여부를 확인하도록 해요. 소비 전력은 40W 이하로 알아보고 가격은 50만 원 이하면 좋겠어요. 우리 사무실이 20평 정도인 건 알죠? 사용 면적이 20평보다 큰 건 괜찮지만 작은 건 선택하지 말고요. 그중에서 미세먼지 제거율이 제일 높은 걸로 알아봐 주세요.

구분	A 모델	B 모델	C 모델	D 모델	E 모델
사용 면적	23평형	25평형	22평형	40평형	18평형
CA 인증	O	O	O	O	X
가격	47만 원	52만 원	45만 원	58만 원	35만 원
소비 전력	34W	40W	40W	58W	36W
미세먼지 제거율	95.9%	99.98%	97.5%	99.5%	89.9%

① A ② B ③ C
④ D ⑤ E

[18~19] ○○은행에서 6월 셋째 주에 세미나를 진행하기 위해 강의실을 대관하려고 한다. 다음 주어진 안내 사항과 대관 일정을 보고 물음에 답하시오.

2019 지역농협

대관 안내

구분	수용 인원 수	사용 시간	금액 (2시간 기준)
꽃가람실	40명	주간 : 09:00~18:00 야간 : 18:00~21:00 ※야간 사용 시 30% 추가금 적용 ※금요일 사용 시 10% 추가금 적용 ※주말 및 공휴일 사용 불가	270,000원
나린실	30명		215,000원
보드레실	50명		340,000원
샛별실	15명		113,000원

- 추가금이 중복될 때는 둘 다 기본 금액에서 %를 적용하여 가산한다.

대관 일정

월요일	화요일	수요일	목요일	금요일
10 • 꽃가람실 야간 • 보드레실 야간	11 • 나린실 주간 • 샛별실 주간 • 보드레실 야간	12 • 꽃가람실 주간 • 샛별실 주간 • 꽃가람실 야간	13 • 나린실 주간 • 꽃가람실 야간 • 보드레실 야간	14 • 꽃가람실 주간 • 나린실 야간

18 세미나 참석자가 총 37명이고, 세미나를 오후 7시에서 9시까지 진행한다고 할 때, 가장 저렴하게 사용하기 위해 진행해야 할 날짜와 장소를 고르면?

① 6월 10일 월요일 나린실
② 6월 11일 화요일 꽃가람실
③ 6월 12일 수요일 보드레실
④ 6월 13일 목요일 샛별실
⑤ 6월 14일 금요일 꽃가람실

19 강사의 일정에 따라 세미나를 금요일에 꽃가람실에서 진행하게 되었다고 할 때, 총 금액은 얼마인가?

① 297,000원
② 351,000원
③ 378,000원
④ 402,000원
⑤ 429,000원

[20~22] ○○기업은 최근 회사 홈페이지를 개설한 후 직원들에게 로그인을 위한 사원번호를 부여했다. 아래의 사원번호 부여 방식 표와 직원들의 사원번호 표를 보고 이어지는 물음에 답하시오.

사원번호 부여 방식

[입사 시기] - [근무지사] - [근무부서] - [직급] - [고용형태]

예) 2019년 하반기 공채로 서울지사 인사부에 입사한 정규직 인턴
1909 - SE - P - 01 - 11

입사 시기		근무지사		근무부서		직급		고용형태	
연도	구분								
입사 연도를 YY 형식으로 나타낸다.	03 상반기 공채	SE	서울	P	인사부	01	인턴	11	정규직
		GY	경기	G	총무부	23	사원	22	계약직
		DA	대구	E	관리부	45	대리	33	파견직
	09 하반기 공채	GW	광주	S	영업부	67	과장	44	프리랜서
		BU	부산	R	연구부	89	부장		
		JE	제주			10	대표		

성명	사원번호	성명	사원번호
김남준	1703SEP2311	박초롱	1909JEE0122
민윤기	0503BUE6733	윤보미	1803DAS2333
김석진	1609GYG4511	김남주	1703JEG2344
정호석	1809DAG2322	오하영	1003GWE4511
박지민	1103JES6711	이진기	1909DAS0122
김태형	1009SEP6711	김기범	1709GYR4511
전정국	1803BUS2322	정윤호	0009GWE1011
손나은	1709GWR4533	심창민	0203BUP8911
정은지	1509GYR6744	김민석	1909SER0133

20 2018년 2월 실시된 상반기 공채에 합격해 광주지사 연구부에서 프리랜서로 근무하고 있는 E 사원은 부여받은 사원번호를 잊어버렸다. 사원번호 부여 방식 표를 찾아보고 사원번호를 다시 생각해냈다고 할 때 E 사원의 사원번호로 적절한 것은?

① 1802GWP2344 ② 1803GWR2344 ③ 1802GWR2344
④ 1803GYR0133 ⑤ 1802GYP4533

21 위의 표에 나와 있는 직원들 중 과장 이상의 직급을 가진 직원은 몇 명인가?

① 2명　　　　　② 3명　　　　　③ 4명
④ 5명　　　　　⑤ 6명

22 다음 중 같은 지사의 같은 부서에서 근무하는 사람끼리 바르게 짝지어진 것은?

① 김남준-김민석　　② 정호석-이진기　　③ 전정국-심창민
④ 손나은-오하영　　⑤ 정은지-김기범

23 다음 내용을 바탕으로 제시된 산업재해의 원인 중 나머지와 다른 것은?

> 허버트 하인리히(Herbert W. Heinrich)는 재해가 발생하는 사고의 원인 중 88%는 인간의 불안전한 행위 때문이고 10%는 불안전한 상태 때문이며 나머지 2%는 피할 수 없는 이유 때문이라고 분석했다. 안전 관리에서 작업자의 심리와 의식을 강조한 것이다.

① 방호 조치의 결함　　② 작업 환경의 결함　　③ 작업 방법의 결함
④ 안전장치의 기능 제거　⑤ 복장 및 보호구 등 결함

24 제품 3,000개를 제조하면 5%의 불량률이 나온다고 한다. 현재의 불량률에서 불량률을 90% 줄이면 불량품은 몇 개가 되는가?　　2019 국민건강보험공단

① 15개　　　　　② 20개　　　　　③ 25개
④ 30개　　　　　⑤ 35개

[25~26] 다음을 보고 이어지는 물음에 답하시오.

산업공학은 제한된 자원과 급변하는 시장의 불확실성을 고려하며 프로세스의 혁신을 통해 생산성을 극대화하는 것이다. 제조업뿐 아니라 항공·항만·의료 산업 등 서비스 산업에서도 생산성 향상과 서비스 및 품질 향상에 크게 기여하고 있다. 산업공학은 프로세스 혁신을 위해 최적화, 인공지능, 데이터 사이언스뿐만 아니라 자동·무인화, 가상현실·증강현실 등 4차 산업혁명으로 대변되는 스마트기술 개발을 주도한다. 특히 산업이 고도화됨에 따라 프로세스가 복잡해지면서 생산성 향상과 서비스 및 품질 향상을 위한 산업공학의 역할은 더욱 중요해지고 있다. (㉠)

현재 인천공항은 증가하는 항공 수요를 감당하기 위하여 여객 프로세스 개선을 위해 노력하고 있지만, 시설 및 자원의 부족, 여객 프로세스 중 특정 지역 밀집 현상으로 인한 혼잡 증가와 항공기 도착 불확실성에 의한 불편, 타 공항과의 경쟁 심화 등 고질적인 문제를 떠안고 있다. 이러한 문제는 공항만의 문제가 아닌 제조·물류·서비스 산업에서 공통으로 나타나며, 문제 해결을 위해 비약적인 생산성 혁신이 절대적으로 필요한 상황이다. 다행히 여러 산업의 집약체인 공항은 산업공학 기법을 적극 활용함으로 공항의 효율성 향상과 고객의 편의성 향상을 위하여 여러 노력을 꾀할 수 있다. (㉡)

대표적으로 탑승 수속 간소화를 위하여 무인화 셀프 체크인을 도입하였고, 증강현실을 활용한 디지털 스크린을 통하여 공항 운영 정보를 공항 이용객들과 공유하면서 공항 제어의 유연성을 높이고 있다. 또한, 보안 프로세스 생산성 향상을 위하여 지능형 X-Ray 시스템 개발을 시작으로 비간섭적 보안 기술(Non-intrusive security technologies)이 적용된 터널형 Walking Through 보안 검색 시스템 개발을 추진하고 있다. (㉢)

공항과 유사한 서비스 산업 영역에서 생산성 향상을 위하여 산업공학이 활용된 사례를 살펴보자. 대표적으로 항만 컨테이너 터미널은 주어진 시간과 공간에서 컨테이너 취급량을 최대화하고, 선박이 양하와 선적을 마치고 출항하는 데 걸리는 시간을 최소화하는 것이 허브 항만의 경쟁력을 결정한다는 점에서 공항과 많은 유사성을 가지고 있다. 항만운영시스템인 TOS(Terminal Operating System)는 효율적인 컨테이너 터미널 운영 관리를 위하여 선박 도착, 출발 시각을 비롯한 선박 정보와 컨테이너 무게 및 종류를 비롯한 컨테이너 정보를 통합 관리하는 데이터 기반의 운영시스템이다. (㉣)

아시아·태평양 지역의 주요 항만들은 대표 허브 항만 지위를 위해 치열하게 경쟁하면서 생산성 향상에 효과적인 지능형 TOS를 개발 및 도입하여 자동화 초고효율 허브 항만으로 탈바꿈하기 위해 노력하고 있다. 마찬가지의 인공지능 및 최적화 방법론은 공항에서도 적용될 수 있으며, 항공기, 공항 자원 현황 정보를 통합 관리하는 데이터 기반의 공항용 통합형 운영시스템을 통해 활주로 배정, 게이트 할당, Manpower Planning 등에서 최적화하여 여객 및 화물 처리 시간 향상은 물론 효율적인 공항 운영에 크게 기여할 수 있을 것으로 판단된다. (㉤)

25 다음 제시된 문장이 들어갈 자리로 가장 적절한 곳은?

> 본 시스템은 항만 터미널에서 선박 부두 배정, 컨테이너 보관 문제 등 다양한 의사결정 문제를 인공지능과 최적화 방법론 기반의 자동 의사결정 및 집행을 통하여 해결했다.

① ㉠ ② ㉡ ③ ㉢
④ ㉣ ⑤ ㉤

26 이 글에 대한 내용으로 적절하지 않은 것은?

① 인공지능 및 최적화 방법론은 공항에서는 적용될 수 없다.
② 산업공학 기법을 활용하여 공항의 효율성과 고객의 편의성을 향상할 수 있다.
③ TOS는 선박 정보와 컨테이너 정보를 통합 관리하는 데이터 기반의 운영시스템이다.
④ 산업공학은 서비스 산업의 생산성 향상과 서비스 및 품질 향상에 크게 기여하고 있다.
⑤ 산업이 고도화됨에 따라 생산성 향상과 서비스 및 품질 향상을 위한 산업공학의 역할은 더욱 중요해지고 있다.

27 다음과 연결되는 리더십 핵심 개념으로 옳지 않은 것은?

> 윤 팀장은 권 대리에게 지난 몇 달간의 고객만족도 조사 자료를 정리해달라고 요청하였다. 권 대리는 맡은 바 업무를 빠른 시간 안에 정확히 처리하였지만, 특별한 열의 없이 업무를 처리하는 모습이 눈에 띄었다. 윤 팀장은 그와 함께 고객만족도 조사 자료를 살펴본 후에 한층 더 나은 고객서비스를 제공하기 위한 방안을 모색해보도록 그를 격려하였다. 권 대리는 윤 팀장으로부터 부여받은 새로운 업무 과제를 통해 막중한 책임감을 느끼게 되었고, 자신의 판단에 따라 효과적인 고객서비스 제공 방안에 대한 아이디어를 제시하였다.

① 업무 위임이라고도 부르며 직원들에게 일정 업무를 위임함으로써 성공의 목표를 훨씬 수월하게 이룰 수 있다.
② 임파워먼트는 자유롭게 참여할 수 있는 여건을 조성하는 것이다.
③ 조직원들에게 일정 권한을 위임하여 잠재력을 개발시킴으로써 고성과 조직이 되도록 하는 일련의 행위이다.
④ 조직원들의 동기와 잠재력, 창의력, 에너지 등이 극대화된다.
⑤ 임파워먼트의 극대화를 위해 조직의 목표는 높을수록 좋다.

[28~29] ○○기업의 직원들 중 40명이 1박 2일로 연수를 떠나게 되었다. 다음 자료를 보고 이어지는 물음에 답하시오.

연수비용

숙박비	100만 원
교통비	70만 원
교육비	130만 원
식비	
예비비	50만 원

총 예산	450만 원

1박(세 끼) 식사비용

구분	A	B	C	가격(원)
메뉴 1	새우볶음밥	토마토파스타	뚝배기불고기	22,000
메뉴 2	제육불고기 덮밥	순대국밥	돈가스 정식	25,000
메뉴 3	한우 순두부찌개	장조림 비빔밥	갈비탕 정식	28,000
메뉴 4	등심 스테이크	삼계탕 정식	전복해물짬뽕	31,000
메뉴 5	뷔페식			34,000

- 식사는 총 세 번 하며, 식사 때마다 선택한 메뉴의 A, B, C 음식 중 한 가지를 선택할 수 있음
- 가격은 1인 기준이며 부가세가 포함된 금액임

28 재무부에서 근무하는 K 대리는 예산을 되도록 모두 사용하라는 상사의 지시로 예산에 맞게 연수 식사 메뉴를 선택하려고 한다. 모두가 동일한 금액의 메뉴를 선택해야 한다고 할 때 K 대리가 선택할 메뉴로 가장 적절한 것은?

① 메뉴 1 ② 메뉴 2 ③ 메뉴 3
④ 메뉴 4 ⑤ 메뉴 5

29 기획부의 T 과장은 연수원 관리자로부터 행사 기간이라 숙박비를 25% 할인해준다는 연락을 받았다. 이 소식을 들은 재무부의 K 대리는 숙박비를 수정하고 식사 메뉴를 다시 선택하려고 한다. K 대리가 다시 선택할 메뉴로 가장 적절한 것은? (단, 변동된 예산은 모두 식비에 포함한다고 가정한다.)

① 메뉴 1 ② 메뉴 2 ③ 메뉴 3
④ 메뉴 4 ⑤ 메뉴 5

30 회사에서 비품 관리를 맡고 있는 M 대리는 남은 예산으로 주문 가능한 비품을 더 주문하라는 상사의 지시로 엑셀 작업을 하던 중 오류 메시지를 발견하였다. 다음 중 오류 메시지의 발생 원인으로 적절하지 않은 것은?

	A	B	C	D	E	F
1						
2		물품	예산	개당 가격	주문가능수량	
3		칼	16,000	2,000	8	
4		수정테이프	16,000	1,600	#DIV/0!	
5		펜	21,000	700	#NAME?	
6		포스트잇	21,000	2,100	10	
7		커피	30,000	400	#NULL!	
8		녹차	30,000	500	#VALUE!	
9						
10		현재 재고량 합계			#REF!	
11						

	오류 메시지	발생원인
①	#DIV/0!	특정 값을 0 또는 빈 셀로 나누었다.
②	#NAME?	함수 이름을 잘못 입력했거나 수식에 인식할 수 없는 텍스트를 사용하였다.
③	#NULL!	참조와 참조 사이 삽입 문자를 잘못 입력했거나 공백으로 연결된 둘 이상의 범위에 교차하는 셀이 없다.
④	#VALUE!	수식에 잘못된 인수를 사용했거나 피연산자를 사용하였다.
⑤	#REF!	해당 셀에서 일치하는 결과 값을 찾지 못했다.

31 다음은 '직장 내 성희롱'의 정의이다. 빈칸에 들어갈 말이 순서대로 바르게 나열된 것은?

> 사업주·상급자 또는 근로자가 직장 내의 지위를 이용하거나 업무와 관련하여 다른 근로자에게 성적 언동 등으로 성적 굴욕감 또는 혐오감을 느끼게 하거나 성적 언동 또는 그 밖의 요구 등에 따르지 아니하였다는 이유로 (   ) 및 (   )에서 (   )을 주는 것을 말한다.

① 근로조건, 승진, 차별 ② 승진조건, 고용, 차별
③ 근로조건, 고용, 불이익 ④ 승진조건, 고용, 차등
⑤ 계약조건, 승진, 불이익

[32~33] 다음은 공문서 작성법에 관한 내용 중 일부이다. 다음을 보고 이어지는 물음에 답하시오.

`2019 국민건강보험공단`

1. 공문서의 작성 기준
   1) 문서의 형식적인 면에서 내용 전개가 올바르게 되어야 한다.
   2) 문장은 간결하게 하고, 전문용어 등의 사용을 피하여 이해하기 쉽게 작성한다.
   3) 내용을 전개할 때 부정문이나 의문문의 형식보다는 긍정문으로 작성한다.
   4) 문서작성 후 다시 한번 내용을 검토한다.
2. 항목의 표시

구분	항목 기호
첫째 항목	1., 2., 3., 4., …
둘째 항목	가., 나., 다., 라., …
셋째 항목	1), 2), 3), 4), …
넷째 항목	가), 나), 다), 라), …
다섯째 항목	(1), (2), (3), (4), …
여섯째 항목	(가), (나), (다), (라), …
일곱째 항목	①, ②, ③, ④, …
여덟째 항목	㉮, ㉯, ㉰, ㉱, …

3. 표시위치 및 띄우기
   1) 첫째 항목 기호는 왼쪽 처음부터 띄어쓰기 없이 시작한다.
   2) 둘째 항목부터는 상위 항목 위치에서 오른쪽으로 2타씩 옮겨 시작한다.
   3) 항목 기호와 그 항목의 내용 사이에는 1타를 띄운다.
   4) 하나의 항목만 있는 경우에는 항목 기호를 부여하지 아니한다.

32 다음 중 자료의 내용을 잘못 이해한 것을 고르면?

① 공문서의 작성을 끝낸 후에는 내용을 다시 한번 검토해야 한다.
② 공문서를 작성할 때는 전문적인 한자사용을 지향해야 한다.
③ 공문서를 작성할 때 부정문의 사용은 피하는 것이 좋다.
④ 공문서를 작성할 때는 올바른 형식에 따라 작성해야 한다.
⑤ 의문문의 형식으로 작성하기보다는 긍정문으로 작성하는 것이 좋다.

33 다음 중 공문서 작성법에 따라 올바르게 작성한 것을 고르면? (단, ∨는 띄어쓰기 표시이고, ○는 내용 표시이다.)

①
```
1.○○○○
∨∨가.○○
∨∨∨∨1)○○
∨∨∨∨∨가)○○
∨∨∨∨∨∨(1)○○
∨∨∨∨∨∨∨(가)○○
2.∨○○○○○○○○○○○
```

②
```
1.∨○○○○
∨가.∨○○
∨∨1)∨○○
∨∨∨가)∨○○
∨∨∨∨(1)∨○○
∨∨∨∨∨(가)∨○○
2.∨○○○○○○○○○○○
```

③
```
1.∨○○○○
∨∨가.∨○○
∨∨∨∨1)∨○○
∨∨∨∨∨가)∨○○
∨∨∨∨∨∨(1)∨○○
∨∨∨∨∨∨∨(가)∨○○
2.∨○○○○○○○○○○○
```

④
```
∨1.∨○○○○
∨∨가.∨○○
∨∨∨∨1)∨○○
∨∨∨∨∨가)∨○○
∨∨∨∨∨∨(1)∨○○
∨∨∨∨∨∨∨(가)∨○○
2.∨○○○○○○○○○○○
```

⑤
```
∨1.∨○○○○
∨가.∨○○
∨∨∨1)∨○○
∨∨∨∨가)∨○○
∨∨∨∨∨(1)∨○○
∨∨∨∨∨∨(가)∨○○
2.○○○○○○○○○○○
```

[34~35] 사무실의 공기청정기에서 이상 현상을 발견한 M 사원은 문제를 해결하기 위해 제품설명서를 확인하였다. 다음을 보고 이어지는 물음에 답하시오.

고장 신고 전 확인사항

증상	조치사항
제품이 작동되지 않아요.	• 전기가 들어오는지 확인한 후에 다시 작동시켜 보세요. • 전원 플러그를 꽂은 후에 다시 작동시켜 보세요. • 다른 콘센트를 사용해 다시 작동시켜 보세요.
필터 교체 알림 표시등이 계속 깜빡거려요.	필터 교체 후에 필터리셋 버튼을 3초 이상 눌러 필터 교체 알림을 리셋해주세요.
이상한 냄새가 나요.	• 먼지거름필터를 확인하고, 지저분할 경우 청소해주세요. • 탈취필터에서 이상한 냄새가 날 경우, 새 탈취필터를 구입하여 교체해주세요.
이상한 소리가 나요.	• 이온 발생 중 '지지직' 소리가 날 수 있습니다. 정상적인 소음이므로 안심하세요. • 작동 중에 제품을 이동하면 소음이 발생할 수 있으므로 제품 이동 시에는 전원을 꺼주세요. • 제품이 비뚤게 설치돼있다면 수평으로 다시 설치해주세요. • 제품 내부에 이물질이 들어갔다면 서비스센터로 연락해주세요. • 제품에서 마찰/걸림 소음이 나면 서비스센터로 연락해주세요.
청정도 표시등이 계속 빨간색으로만 켜져 있어요.	• 실내에 미처 발견하지 못한 먼지나 냄새 유발 물질이 있을 수 있습니다. 제품을 다른 깨끗한 실내로 이동시켜 청정도 표시등의 색상이 바뀌는지 확인해주세요. • 먼지/냄새센서를 주기적으로 청소해주세요. • 먼지/냄새센서를 청소하고 제품을 깨끗한 실내로 이동시켰는데도 빨간색 표시등이 계속 켜져 있다면, 센서 동작 이상일 수 있으니 서비스센터에 문의해주세요.
청정도 표시등이 계속 빨간색/주황색으로 켜져 있는데 바람세기가 변하지 않아요.	운전모드를 자동모드로 설정해주세요. 강풍/약풍/취침모드의 경우 바람세기가 바뀌지 않습니다.
이상한 표시가 나타나요.	화면에 C107, C245, C378과 같은 표시가 나타날 경우, 서비스센터에 연락해주세요. 단, C107 표시가 나타난 경우, 극세필터를 청소해주세요. 청소 후에도 동일한 표시가 나타난다면 서비스센터에 연락해주세요.

34 M 사원은 공기청정기의 청정도 표시등이 계속 빨간색으로만 켜져 있는 것을 발견하였다. 위의 제품설명서를 보고, M 사원이 조치해야 할 사항으로 가장 적절한 것은?

① 극세필터를 청소한다.
② 제품을 수평으로 다시 설치한다.
③ 먼지거름필터를 청소한다.
④ 다른 콘센트를 사용해 다시 작동시켜 본다.
⑤ 먼지/냄새센서를 주기적으로 청소한다.

35 다음은 공기청정기의 이상 증상에 대한 직원들의 발언이다. 이 중에서 서비스센터에 문의할 필요가 없는 것은?

① A 사원 : "제품에서 계속 마찰/걸림 소리가 나요."
② B 대리 : "제품 내부에 이물질이 들어가 있어요."
③ C 과장 : "제품 화면에 C245 표시가 계속 나타나요."
④ D 사원 : "청정도 표시등이 빨간색인데 바람세기가 변하지 않아요."
⑤ E 대리 : "먼지/냄새센서를 청소하고, 제품을 깨끗한 실내로 이동시켰는데도 빨간색 표시등이 계속 켜져 있어요."

36 전제가 다음과 같을 때, 반드시 참인 결론으로 옳은 것은?

[전제 1] 색연필을 구입한 사람은 크레파스도 구입하였다.
[전제 2] 물감을 구입한 사람 중에는 색연필을 구입한 사람도 있다.
[결론] 그러므로 _____

① 색연필을 구입한 사람은 모두 물감을 구입하였다.
② 색연필과 크레파스, 물감을 모두 구입한 사람이 있다.
③ 크레파스를 구입한 모든 사람은 색연필을 구입하였다.
④ 크레파스를 구입한 모든 사람은 물감을 구입하지 않았다.
⑤ 물감을 구입한 모든 사람은 색연필과 크레파스도 구입하였다.

[37~38] ○○기업 영업부 P 대리는 A~E 지역으로 출장을 가려 한다. 다음 자료를 보고 이어지는 물음에 답하시오. 2019 한국도로공사

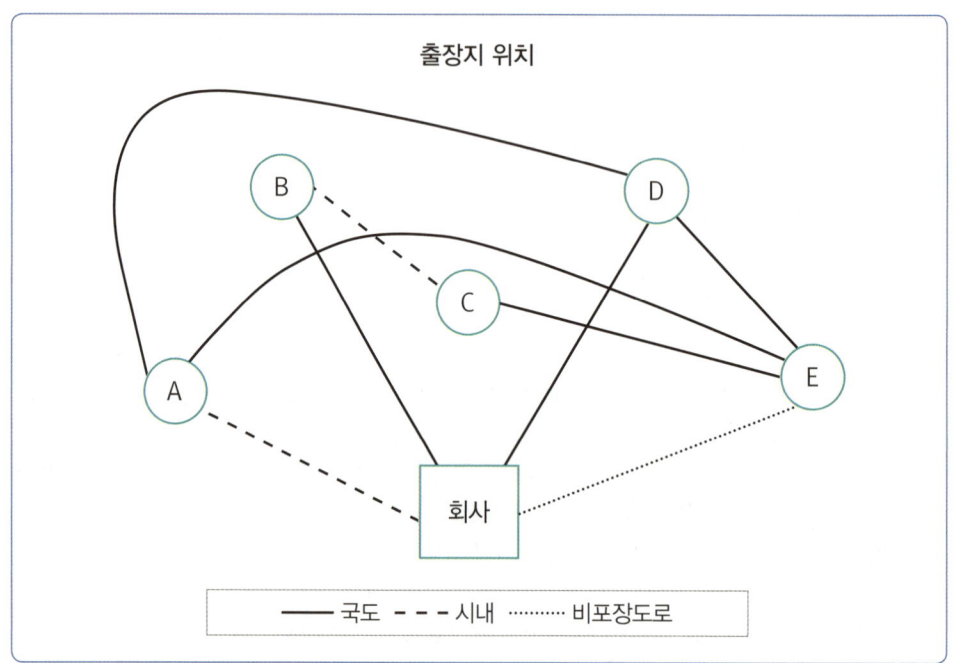

이동 거리

(단위 : km)

구분	회사	A	B	C	D	E
A	50					
B	80					
C			40			
D	100	150				
E	90	130		100	60	

도로별 연비

구분	연비
국도	20km/L
시내	5km/L
비포장도로	10km/L

※ 연비는 휘발유 1L당 자동차가 달릴 수 있는 거리(km)를 나타낸다.

37 P 대리는 회사에서 출발하여 모든 지역으로 출장을 가려 한다. 최단 거리로 모든 지역을 한 번씩 둘러보려고 할 때, P 대리가 선택해야 할 경로는? (단, 마지막 출장 지역에서 회사로 다시 돌아오는 경우는 고려하지 않는다.)

① 회사 → A → D → E → C → B
② 회사 → B → C → E → A → D
③ 회사 → B → C → E → D → A
④ 회사 → D → A → E → C → B
⑤ 회사 → A → D → C → B → E

38 P 대리는 모든 출장지를 연료가 가장 적게 드는 방법으로 다녀오려고 한다. 현재 휘발유 가격은 1L당 1,000원이고, 회사에서 출발하여 모든 지역을 한 번씩 둘러보려 할 때, 출장에 필요한 연료비는 얼마인가? (단, 마지막 지역에서 회사로 다시 돌아오는 경우는 고려하지 않는다.)

① 27,000원　　② 27,500원　　③ 28,000원
④ 28,500원　　⑤ 29,500원

39 P 공단 J 지부의 입사 1년 차인 K 사원은 점점 많아지는 업무수행의 성과를 높이기 위한 전략을 찾아보고 있다. 다음 중 이와 관련이 가장 적은 것은?

① 긍정적인 마인드를 갖고 인내심을 키운다.
② 팀에서 귀감이 되는 역할 모델을 설정한다.
③ 팀에서 만들어진 규정 및 기준 등의 업무지침을 따른다.
④ 유사한 업무는 묶어서 동시에 처리한다.
⑤ 일을 미루지 않고 가장 중요한 일을 먼저 처리한다.

40 ○○주식회사 총무부 박 부장은 야근하는 직원들에게 야식으로 할인 행사를 진행하는 ABC치킨에서 치킨을 주문하려고 한다. ABC치킨 1마리의 가격은 22,000원이고 4마리를 주문하려고 한다. 치킨 주문 방법에 따른 할인 혜택이 다음과 같을 때, 가장 저렴하게 구입하는 방법은? (단, 할인 혜택은 한 가지만 사용할 수 있고, 매장을 방문하여 테이크아웃하는 경우를 제외한 주문 방식에는 주문 수량에 관계없이 배달비 3,000원이 추가되며, 배달비는 할인 혜택이 적용되지 않는다.)

주문 방법	할인 혜택·소요 비용
전화 주문 배달	• 3마리 이상 주문 시 한 마리당 정가에서 1,500원 할인 • 1,500원 할인 후 총 금액이 8만 원 이상이면 10% 추가 할인
매장 방문 테이크아웃	• 치킨 가격의 20% 할인 • 왕복 교통비 5,000원 발생
이전 주문 시 받은 교환권 사용 (매장 방문 포장 시 사용 가능)	• 치킨 1마리 교환 가능 • 왕복 교통비 5,000원 발생
ABC치킨 적립 포인트 사용	적립 포인트 8,300p 사용 가능(1,000p부터 1p당 1원으로 계산)
스마트폰 앱(App) 주문	정가의 15% 할인

① 전화 주문 배달 ② 매장 방문 테이크아웃
③ 이전 주문 시 받은 교환권 사용 ④ ABC치킨 적립 포인트 사용
⑤ 스마트폰 앱 주문

41 회계부서에 근무하는 A 씨는 신규 프로젝트에 대한 인건비, 재료비, 운영비, 홍보비, 시설비, 기타 경비 등 6개 항목에 대한 예산을 산출하였으나 회계 팀장으로부터 아래 |조건|으로 산출한 예산의 변경을 지시받았다. 다음 |조건|에 따라 A 씨가 결정한 결과 중 옳지 않은 것은?

| 조건 |

㉮ 예산을 증액하거나 감액하지 않고 처음 산출한 예산을 그대로 진행하는 항목이 있을 수 있다.
㉯ 인건비와 재료비는 동시에 증액하거나 동시에 감액하여야 한다.
㉰ 운영비와 시설비는 동시에 감액할 수 없다.
㉱ 홍보비와 기타 경비는 동시에 증액할 수 없다.
㉲ 운영비는 반드시 감액하여야 한다.
㉳ 증액이 가능한 항목은 2가지이며, 3가지 항목에 대해서는 반드시 예산이 감액되어야 한다.

① 인건비를 증액하면 홍보비를 감액하여야 한다.
② 재료비를 증액하면 기타 경비를 감액하여야 한다.
③ 시설비를 증액하면 재료비를 감액하여야 한다.
④ 홍보비를 증액하면 인건비를 감액하여야 한다.
⑤ 기타 경비를 증액하면 시설비를 증액할 수 없다.

42 국제사회에서 일 경험을 할 때 원활한 소통을 위해서는 외국인과 적절한 커뮤니케이션이 중요하다. 다음 중 나라별 비즈니스 매너에 대한 설명으로 옳지 않은 것은?

① 중국인은 명함을 교환하는 것을 좋아하므로 충분한 양을 준비하는 것이 좋다. 명함은 한쪽은 영어로, 다른 한쪽은 가능하면 중국어로 표기하는 것이 좋고, 중국에서는 황금색이 위상과 번영을 나타내므로 금색으로 인쇄하는 것이 좋다.
② 중국인들은 첫 인사 때 악수나 목례를 하거나 허리를 약간 굽힌다. 중국인 파트너가 하는 방법을 관찰하고 이를 따르는 것도 무방하다. 중국인은 겸허함이 미덕이라고 여기기 때문에 중국인과의 비즈니스 협상이나 교제 시 뻣뻣한 태도는 좋지 않다.
③ 미국에서는 업무시간과 시간 약속에 있어서 정확성을 가져야 한다. 미국은 약속사회라고 불릴 만큼 많은 약속 속에 하루하루를 쪼개어 살며, 약속은 점심이든 저녁이든 적어도 1주일 전에 해야 한다.
④ 미국에서는 어떤 미팅이든 업무적인 약속에서는 상대방과 명함을 주고받는 것이 기본이다. 명함을 받은 후 바로 지갑에 넣는 행위는 형식을 따지지 않는 미국인들의 편의주의 사고방식으로 이해하여 무례로 여기지 않도록 한다.
⑤ 독일은 비즈니스 문화에서 약속시간에 2~3분 늦게 도착하는 것도 결례로 여기며, 금요일 2시나 3시에 업무를 종료하는 회사도 많으므로 금요일 오후에는 약속을 잡지 않아야 한다. 대화 시에는 얼굴을 맞대고 눈을 보며 말하는 것이 신뢰감을 주며, 아주 친밀한 사이가 아니면 결혼 여부나 나이와 같은 개인적 사항은 묻지 않는 것이 좋다.

43 양수동 씨는 강원도 행복 집하장에서 3번 계군을 관리하고 있다. 닭들이 알을 낳아 2019년 3월 8일에 등급판정을 받았다고 할 때 계란에 들어갈 생산 번호로 적절한 것은?

지역번호		생산자 약자	계군번호	집하장 코드		등급판정 일자
지역	번호			이름	코드	
서울	01	영문 약자(3자리) 사용	01	두리	DR	YYMMDD(6자리) 표시
부산	02		02	미래	MR	
대구	03					
인천	04		03	봉황	BH	
광주	05					
대전	06		04	사랑	SR	
울산	07		05	세알	SA	
경기	08					
강원	09		06	시골	SG	
충북	10					
충남	11		07	일등	ID	
전북	12		08	제주	JJ	
전남	13					
경북	14		09	하나	HN	
경남	15					
제주	16		10	행복	HB	
세종	17					

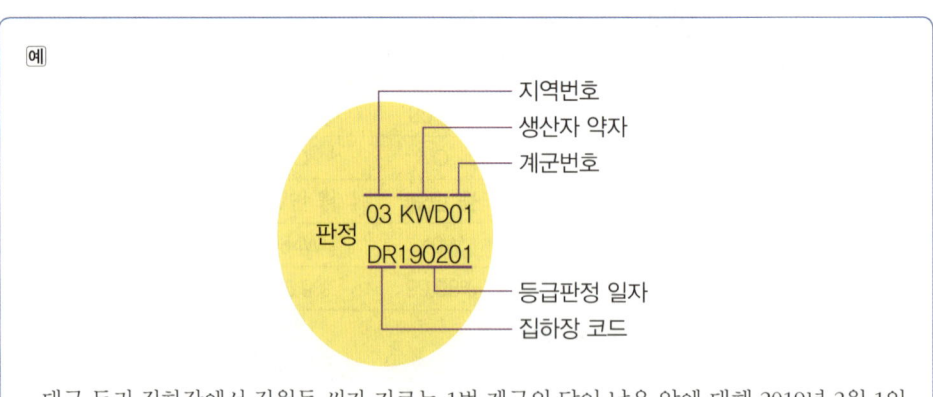

[예]
대구 두리 집하장에서 김월동 씨가 기르는 1번 계군의 닭이 낳은 알에 대해 2019년 2월 1일 등급판정

① 판정	09 YSD03 HB190308	② 판정	03 YSB09 DR190318	③ 판정	03 YSD09 HB180308
④ 판정	08 YUD02 MR190308	⑤ 판정	09 YSD03 BH190308		

44 다음 글의 내용과 연결되는 윤리의식에 대한 설명으로 바르지 않은 것은?

> 코로나19가 경제에 미친 충격에 신음하면서도 자신보다 어려운 이들을 위해 발 벗고 나선 자영업자들이 있다. 음식점을 하는 P 씨는 인근 독거노인에게 하루 설렁탕 30그릇씩 한 달에 1천 그릇을 무상으로 제공하고 있다. 코로나19로 경로당이 폐쇄돼 끼니를 해결하기 어려운 노인이 늘었다는 소식을 듣고서다. P 씨는 "음식 장사를 30년 했지만 지금이 제일 힘들긴 하다."면서도 "이제 은퇴가 머지않았는데 이때 아니면 언제 좋은 일을 할까 싶어서 결심했다. 음식 재료가 빨리 회전되니 장사에도 도움이 된다."며 웃었다.
> 코로나19 확산세가 이어지자 전날 발생한 확진자의 동선을 먼저 확인하는 게 L 씨의 하루 일상이 됐다. 확진자 경로를 밝혀내기 위해 L 씨는 사흘 밤을 꼬박 새웠다. 몸은 부서질 것처럼 힘들었지만 실시간으로 경로 파악과 접촉자 격리 등 후속 조치를 위해서는 일분일초가 아까웠다. 확진 판정으로 혼란스러워하는 환자를 직접 어르고 달래 동선을 파악하고, 빠진 동선이 있는지 CCTV와 신용카드 사용내역으로 시간과 장소를 교차 검증한다. 밀접 접촉자는 누구인지, 자가격리 대상자를 누구로 해야 하는지, 접촉자 분류와 방역 조치까지 모두 L 씨의 손끝에서 시작된다. L 씨는 "저뿐만 아니라 일선에 있는 모든 담당자가 보이지 않는 곳에서 고생하고 있다."며 "제가 이 일을 맡은 이상 끝까지 책임지고 안전한 대한민국을 만들기 위해 최선을 다하겠다."고 말했다.
>
> 출처 : 굿뉴스코리아 '코로나 속에 빛난 영웅들', 2020. 07. 기사

① 사회 또는 조직이 유지되고 발전하기 위해서는 구성원들이 자신이 맡은 역할을 충실히 해내는 것이 중요하지만, 명시화된 업무가 아니라도 타인을 배려하고 자신을 희생하여 조직과 사회에 기여하는 태도가 필요하다.
② 일 경험에서 자신의 이해만을 생각하기보다 국가나 기업, 또는 남을 위해 일하며, 맡은 업무를 책임지고 수행하는 자세가 매우 중요하다.
③ 모든 직업인은 생계를 위해서뿐만 아니라 자신이 속한 조직의 번영을 위해서, 나아가 자신이 살고 있는 사회 전체의 발전을 위해서 '봉사 정신'과 강한 '책임 의식'을 갖고 직업 활동에 임해야 한다.
④ 봉사 정신은 직업에 대한 사회적 역할과 책무를 충실히 수행하고 책임지려는 태도이며, 맡은 업무를 어떠한 일이 있어도 수행해 내는 태도이다.
⑤ 직업세계에서 다른 직종에 비해 더 많은 이익을 얻는 집단은 그렇지 않은 집단들에게 그들의 이익을 분배할 수 있는 사회 환원 의식도 가져야 할 것이다.

45 다음은 수자원 이용 현황에 대한 내용이다. 이를 보고 알 수 있는 내용으로 적절하지 않은 것은?

2019 한국수자원공사

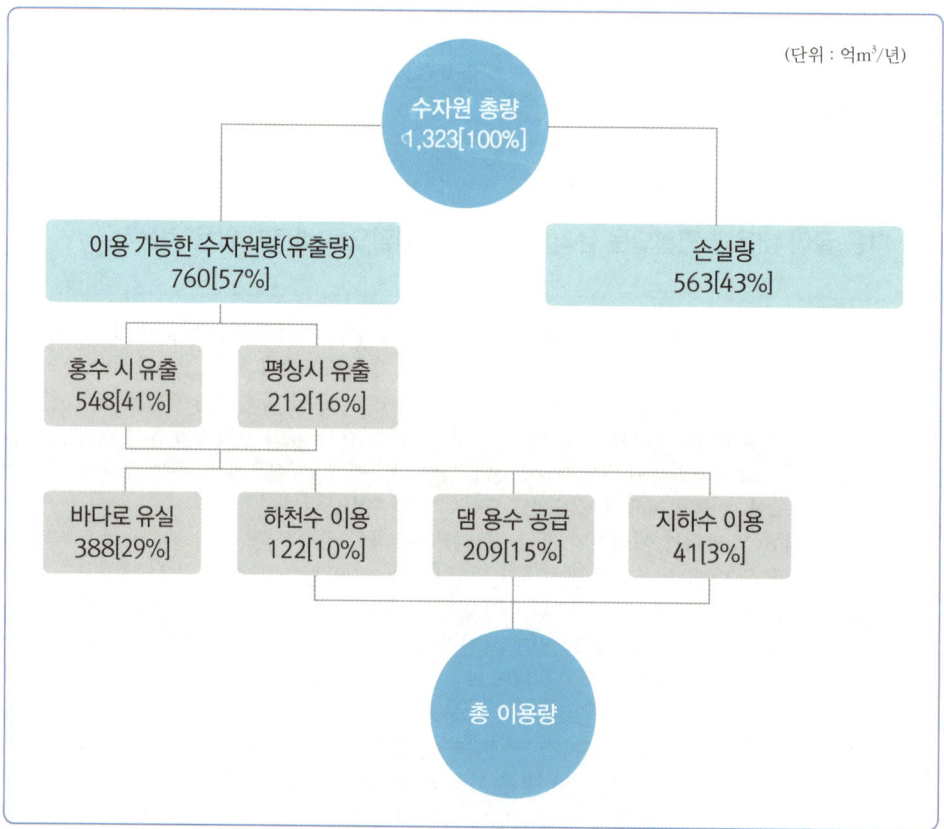

- '수자원 총량'은 연평균강수량×국토면적이며, 북한지역의 23억m³/년이 포함된 수량임
- '홍수기 유출량'은 6~9월의 유출이고, 나머지 기간은 '비홍수기(평상시) 유출량'임
- '바다로 유실'은 이용 가능한 수자원량에서 총 이용량을 제외한 값으로 간접적으로 산정함
- '총 이용량' 중 생활, 공업, 농업용수 이용량은 251억m³/년임

① 총 이용량 중 생활, 공업, 농업용수 이용량은 이용 가능한 수자원량의 약 33%이다.
② 이용 가능한 수자원량은 총 이용량의 두 배가 넘지 않는다.
③ 바다로 유실된 양은 760억m³/년에서 372억m³/년을 제외한 값으로 산정되었다.
④ 총 이용량은 수자원 총량의 약 28%이다.
⑤ 홍수 시 유출량은 평상시 유출량의 약 2.6배이다.

46 다음 내용은 A 사원의 출장 일정표와 K 회사의 출장비 규정을 나타낸 것이다. 매달 30일에 그 달의 출장비가 지원된다면, K 회사가 A 사원에게 지원해야 하는 출장비는 총 얼마인가?

A 사원 출장 일정표

일	월	화	수	목	금	토
15	16	17	18	19	20	21
			부장님, 과장님과 출장 (부산)			
22	23	24	25	26	27	28
	차장님, 대리님과 출장(제주도) 부장님은 25일에 합류					

K 회사의 출장비 규정

구분	호텔	교통비(왕복)	일비(1일)	식비(1일)	비고
임원	지원	10만 원	15만 원	5만 원	
부장	지원	10만 원	13만 원	4만 원	
차장	지원	9만 원	11만 원	3만 원	
과장	지원	9만 원	10만 원	3만 원	
대리	지원	8만 원	9만 원	3만 원	
사원	지원	8만 원	9만 원	3만 원	

- 2인 이상 출장 시에 식비는 가장 높은 등급을 받는 사람의 식비로 적용된다.
- '출장비 = 교통비 + 일비 + 식비'이다.
- 출장 보고를 하고 나서부터 돌아온 날까지를 출장일로 본다.
- 식비는 출장일 일수만큼 지급한다.

① 84만 원 ② 86만 원 ③ 88만 원
④ 90만 원 ⑤ 92만 원

[47~49] 다음은 건강보험에 관한 내용 중 일부이다. 다음을 보고 이어지는 물음에 답하시오.

직장가입자 보수월액보험료

(1) 보험료 산정방법
- 건강보험료 = 보수월액 × 건강보험료율
  ※ 보수월액은 동일사업장에서 당해연도에 지급받은 보수총액을 근무월수로 나눈 금액을 의미
- 장기요양보험료 = 건강보험료 × 장기요양보험료율

(2) 보험료율
- 건강보험료율 : 6.46%
- 장기요양보험료율 : 8.51%

※ 보험료 부담비율

구분	계	가입자부담	사용자부담	국가부담
근로자	6.46%	3.23%	3.23%	–
공무원	6.46%	3.23%	–	3.23%
사립학교 교원	6.46%	3.23%	1.938%(30)	1.292%(20)

(3) 건강보험료 경감 종류 및 경감률
- 국외 근무자 경감 : 가입자 보험료의 50% (국내에 피부양자가 있는 경우)
- 섬·벽지 경감 : 가입자 보험료액의 50%
- 군인 경감 : 가입자 보험료액의 20%
- 휴직자 경감 : 가입자 보험료액의 50% (다만, 육아휴직자는 60%)
- 임의계속가입자 경감 : 가입자 보험료액의 50%
  ※ 종류가 중복될 경우 최대 경감률은 50%임 (육아휴직자는 60%)

(4) 건강보험료 면제 사유
- 국외 체류 (여행·업무 등으로 1월 이상 체류하고 국내 거주 피부양자가 없는 경우)
- 현역병 등으로 군 복무

직장가입자 소득월액보험료

(1) '보수월액의 산정에 포함된 보수를 제외한 직장가입자의 소득(이하 '보수 외 소득')이 연간 3,400만 원을 초과하는 직장가입자는 소득월액보험료 부과대상자가 됨

(2) 소득월액
- 소득월액 = (연간 보수 외 소득 − 3,400만 원) × 1/12 × 소득평가율
- 소득종류별 평가
  - 이자·배당·사업·기타소득 : 100%
  - 근로·연금소득 : 30%

47 ○○회사에 근무 중인 K 씨의 보수월액이 280만 원일 경우, K 씨가 이번 달에 납부해야 할 건강보험료로 옳은 것은? (단, K 씨는 건강보험료 경감 및 면제 대상자가 아니다.)

① 280만 × 0.0323
② 280만 × 0.0646
③ 280만 × 0.0851
④ 280만 × 0.01938
⑤ 280만 × 0.0329

48 공무원인 P 씨의 보수월액이 340만 원일 때, P 씨가 이번 달에 납부해야 하는 장기요양보험료로 옳은 것은? (단, P 씨는 건강보험료 경감 및 면제 대상자가 아니다.)

① 340만 × 0.0851
② 340만 × 0.0323
③ 340만 × 0.0323 × 0.0851
④ 340만 × 0.0646 × 0.0851
⑤ 340만 × 0.0646

49 연간 보수 외 이자소득이 9,400만 원인 직장가입자의 소득월액은 얼마인가?

① 400만 원
② 450만 원
③ 480만 원
④ 500만 원
⑤ 520만 원

50 귀하는 예술인들을 위한 지원금이 정확히 지급되었는지 감사하는 업무를 담당하게 되었다. 그런데 대구와 경기를 담당하는 담당자들의 서류를 조사하던 중 대구 지역의 500만 원 미만 수혜자와 경기 지역의 3,000만 원 이상 수혜자들에게 지급한 지원금에 대한 내역이 빠져있었다. 귀하는 담당자들에게 통화하여 이 사실을 알리기 전 미리 자료를 확인하려고 한다. 알아본 바에 의하면 당시 대구 지역의 수혜자와 경기 지역의 수혜자는 각각 1,500명과 2,800명이라고 할 때, 귀하가 계산한 두 항목 수혜자 수의 합은 얼마인가?

지역별 지원금 수혜금액 [공공기관]

(단위 : %)

구분	수혜경험 없음	500만 원 미만	500만~1,000만 원 미만	1,000만~3,000만 원 미만	3,000만 원 이상	모름/무응답
서울	28.8	22.3	24.3	16.8	5.3	2.6
부산	38.1	34.4	17.3	7	3.3	0
대구	51.2	21	15.5	12.3	0	0
인천	47.4	20.2	13	11.5	4.2	3.8
광주	17.5	56.8	0	0	25.8	0
대전	33.6	33.3	16.7	16.4	0	0
울산	66.4	23.2	0	7.6	2.7	0
경기	37.1	23.8	21.4	11.2	5.0	2.1
강원	37.3	31.6	19.7	7.5	2	2
충북	43.1	42.7	11	3.2	0	0
충남	32.8	24.2	15.8	9.8	17.5	0
전북	53	25.8	7.6	13.6	0	0
전남	60.4	21.7	0	6.9	6.4	4.6
경북	66.4	19.1	6.6	2	3.6	2.2
경남	32.9	43.2	8.9	3.9	6.5	4.5
제주	35.1	41.1	8.3	11.3	3.4	0.7

① 455명　　② 460명　　③ 466명
④ 477명　　⑤ 488명

제3회
실전모의고사

기출 혼합형

▶ 제3회는 **최근 실시된 주요 공사공단의 기출 복원 문제**를 혼합하여 구성하였습니다.

▶ **총 50문항 제한시간 50분**으로 구성되어 있습니다.

▶ 의사소통능력, 수리능력, 문제해결능력, 자원관리능력, 정보능력, 기술능력, 조직이해능력 **총 7개 영역**의 문제로 구성하였습니다.

▶ **오지선다형**으로 맞추기 위해 일부 공공기관의 기출 복원 문제는 사지선다에서 오지선다로 변형하였습니다.

▶ 시작하는 시간과 마치는 시간을 정하여, 실제 시험처럼 풀어보시기 바랍니다.

START _____ 시 _____ 분 ~ FINISH _____ 시 _____ 분

※ 수록된 복원 기출문제 및 모든 문제의 저작권은 북스케치에 있습니다.
※ 응답용지 OMR 카드는 책의 마지막 부분에 있습니다.

제3회 실전모의고사 (기출 혼합형)

50문항 / 50분

정답과 해설 071p

01 다음 글의 내용과 일치하지 않는 것은? [2021 서울교통공사]

기초과학연구원(IBS) 유전체 교정 연구단이 시토신 염기교정효소(DdCBE)를 이용해 생쥐 미토콘드리아 DNA의 특정 염기를 바꾸는 데 성공했다. DdCBE를 동물에 적용한 세계 최초의 사례로서, 치료가 어려웠던 미토콘드리아 질환 연구와 치료제 개발에 기여할 것으로 기대된다.

미토콘드리아는 에너지를 만들어내는 세포 내 소기관이다. 미토콘드리아 DNA에 변이가 일어날 경우 시력·청력뿐 아니라 에너지가 많이 필요한 중추신경계·근육·심장 등에 치명적인 결함을 야기한다. 미토콘드리아 DNA는 모계 유전되기 때문에 모체의 미토콘드리아 DNA에 결함이 있을 경우 다음 세대로 고스란히 전달된다.

미토콘드리아 질환은 5,000명 중 한 명꼴로 발생하는 비교적 흔한 유전질환이지만 아직까지 마땅한 치료법이 없다. 현재 유전체 교정 기술로 널리 활용되는 크리스퍼 유전자가위(CRISPR-Cas9)로는 미토콘드리아 DNA 교정이 불가했다. 지난해 세균에서 유래한 DddA 탈아미노 효소가 DNA 이중 나선의 시토신(Cytosine) 염기를 티민(Thymine)으로 바꿀 수 있다는 사실이 밝혀지면서 이를 활용한 새로운 염기교정효소인 DdCBE가 제작되었다. 이로써 미토콘드리아 DNA 교정은 가능해졌지만 이는 세포 수준의 연구로서, 질환 치료로 이어지기 위해서는 DdCBE가 동물 개체 수준에서도 정상 작동하는지 확인이 필요했다.

연구진은 우선 다양한 조합의 DdCBE를 생쥐 세포주 수준에서 선별하여 가장 효율이 높은 DdCBE를 선정하였다. 최적의 조건에서 DdCBE를 생쥐 배아에 미세주입하여 미토콘드리아 DNA에 작용시킴으로써 시토신 염기를 티민으로 치환하는 데 성공했다. 정확하고 효과적인 방식으로 미토콘드리아 DNA 서열이 변환된 동물을 최초 제작한 것이다. 나아가 어미 생쥐의 교정된 미토콘드리아 DNA 서열이 다음 세대에게도 온전히 전달됨을 확인했다. DdCBE가 동물 개체 수준에서 정상 작동함을 최초로 확인한 것이다.

연구를 주도한 선임연구원은 "미토콘드리아 DNA를 동물 배아 수준에서 정밀하게 교정할 수 있게 됐다"며 "향후 미토콘드리아 질환 기작 연구와 치료제 개발에 새 길을 열 것으로 기대한다"고 전했다.

① 미토콘드리아 DNA에 변이가 일어날 경우 시력, 청력 등에 치명적인 결함이 생길 수 있다.
② 모체의 미토콘드리아 DNA에 결함이 있을 경우 다음 세대에 전달된다.
③ 크리스퍼 유전자가위(CRISPR-Cas9)로는 미토콘드리아 DNA 교정이 불가능하다.
④ 미토콘드리아는 에너지를 만들어내는 세포 내 소기관으로, 미토콘드리아 질환은 흔한 유전질환이다.
⑤ 기초과학연구원은 크리스퍼 유전자가위를 이용해 생쥐 미토콘드리아 DNA의 특정 염기를 바꾸는 데 성공했다.

02 다음 글의 내용과 일치하지 않는 것은?

[2021 서울교통공사]

> 1990년대 우리 정부는 경부고속철도 건설 계획을 수립하고 열차 도입을 위해 일본, 독일, 프랑스와 협상을 진행했다. 1994년 프랑스 TGV 차량 도입을 결정했고 10년 후인 2004년 4월 경부고속철도가 개통됐다. 이렇게 대한민국은 세계 5번째 고속열차 운영국이 됐다.
>
> 시속 300km로 달리는 KTX(Korea Train Express) 개통은 교통혁명이었다. 전국은 반나절 생활권이 됐고, 지역 간의 교류와 경제 전반의 혁신을 이끌어냈다. 2010년 3월에는 국내기술로 제작한 KTX-산천이 영업을 개시, 고속철도는 우리나라 대표 교통수단으로 자리 잡았다.
>
> 10년이 지난 올 초 철도업계에 다시 한번 지각변동이 일었다. 저탄소 친환경 고속열차가 첫 선을 보인 것이다. 우리나라가 설계부터 제작까지 맡은 KTX-이음이 주인공이다. 한국철도(코레일)에 따르면 KTX-이음은 국내 기술로 탄생한 최초의 동력분산식 고속차량이다. 앞뒤에 동력차가 있는 기존 열차와 달리 모든 열차에 동력 장치를 골고루 분산시켰다. 속도 조절이 뛰어나 수송량이 많고 역 간 거리가 짧은 우리나라 지형과 특성에 최적화된 개발이라는 평가다.
>
> 특히 KTX-이음은 전기로 움직이는 저탄소, 친환경 열차다. 탄소배출량은 승용차의 15%, 디젤기관차에 비해서도 70% 수준이다. 에너지 소비량은 승용차의 약 13분의 1로 추산된다. EMU로 불리는 이 전기열차는 지난해 기준 338대인 디젤기관차를 대신해 단계적으로 전국 각지에서 운행될 예정이다. 전기철도 차량 도입으로 2029년 우리나라 디젤철도 차량은 40대 수준으로 감축될 전망이다. 코레일 관계자는 "이로 인한 온실가스 저감 효과는 연간 7만 톤에 달할 전망으로, 정부가 추진 중인 '2050 탄소중립(Net Zero)' 실현을 이끌어갈 것"이라고 말했다.
>
> 세계 최초 신기술도 투입됐다. KTX-이음 운전실의 열차운전 안내 장치는 위치기반서비스(GPS)를 기반으로 작동한다. 세계 최초로 4세대 무선통신 기술인 LTE를 철도환경에 최적화하여 개발한 철도통합무선망시스템(LTE-R)을 도입해 열차속도, 영상, 위치 등을 관제사, 기관사, 역무원 및 유지보수 담당자 간 공유할 수 있도록 했다.
>
> 또 열차종합제어장치를 통해 각종 운행정보 및 고장신호를 실시간으로 운전실 모니터에 나타내며, 자동 열차보호장치와 자동 열차정지장치의 신호장치가 탑재돼 제한 속도 초과 시 안전한 열차 제어 기능을 수행할 수 있다. 주요 장치 및 회로에는 이중계 시스템을 적용해 한쪽 장치에 고장이 발생하더라도 나머지 장치는 정상작동이 가능한 구조로 설계해 안정적인 운행이 가능하다.
>
> 디자인도 공들였다. 터널이 많은 한국의 지형적 특성을 반영해 공기역학적 요소가 고려된 외형 디자인을 적용했다. 또 차세대 고속열차의 미래지향적 이미지를 강조하기 위해 국내 최초로 열차에 메탈릭블루 컬러를 입혔다.
>
> 출처 : 파이낸셜 뉴스

① KTX-이음은 전기로 움직이는 동력분산식 열차이다.
② KTX-이음은 우리나라가 설계부터 제작까지 맡아서 진행한 고속열차이다.
③ KTX-이음은 저탄소, 친환경 열차로, 탄소배출량은 디젤기관차의 15% 정도이다.
④ 철도통합무선망시스템의 도입으로 열차속도, 영상, 위치 등을 관제사, 기관사, 역무원 및 유지보수 담당자가 공유할 수 있게 되었다.
⑤ 이중계 시스템이 적용된 열차는 한쪽 장치가 고장이 나더라도 나머지 장치는 정상작동하므로 안정적인 운행이 가능하다.

03 다음 문장 중 밑줄 친 부분이 잘못 쓰인 것은? [2021 한국국토정보공사]

① 더 이상 마음에 **거칠** 것이 없다.
② 수원을 **거쳐** 대전으로 갔다.
③ 해가 뜨자 안개가 **걷히기** 시작했다.
④ 그물이 **걷히자** 팔뚝만 한 고기가 올라오기 시작했다.
⑤ 이번 달 외상값이 잘 **거쳐서** 기분이 좋다.

04 다음에서 설명하고 있는 집단의사결정 방법은 무엇인가?

- 참석자는 제시된 문제에 대한 해결안을 서면으로 제출한다.
- 참석자는 일정 시간 동안 자신의 생각을 정리하고 기록한다.
- 해결안에 대한 장·단점, 타당성 등에 대해 토의하고 평가한다.
- 최종 결정은 투표로 한다.

① 브레인스토밍 ② 델파이 기법 ③ 명목집단 기법
④ 시네틱스 기법 ⑤ 쓰레기통 모형

05 ○○회사 영업부에 근무하고 있는 A~D 4명 중 2명이 출장을 가게 되었다. 제시된 진술들 중 출장을 가게 된 2명의 진술만이 참이라고 할 때, 출장을 가는 사람은 누구누구인가? [2021 한국국토정보공사]

- A : 출장을 가게 될 사람은 C와 D이다.
- B : C는 출장을 가지 않는다.
- C : B는 출장을 가지 않는다.
- D : A와 C는 출장을 가지 않는다.

① A, C ② A, D ③ B, C
④ B, D ⑤ C, D

[06~07] 다음 기사문을 읽고, 이어지는 물음에 답하시오. 2021 한국도로공사

대마는 현재 마약류로 관리되어 일반인들의 접근이 제한되어 있지만, 인류는 꽤 오래전부터 대마를 이용해 삼베와 기름을 얻고, 환각물질·약재 등으로 사용해왔다. 인류는 이 대마를 신석기시대 초기인 약 1만 2,000년 전부터 재배해왔고, 중국이 기원이라는 연구결과가 나왔다. 19일 AFP통신 등 외신에 따르면 스위스 로잔대 연구팀을 필두로 한 국제연구팀은 야생 대마부터 삼베·약재용 대마 등 총 110개 품종의 게놈 분석을 통해 재배 기원을 밝혀냈고, 이를 과학저널 '사이언스 어드밴시스(Science Advances)'에 발표했다.

연구팀은 먼저 게놈 분석 결과를 바탕으로 대마 품종을 네 개의 주요 그룹으로 분류했다. 이를 통해 삼베용과 약재용 대마의 초기 재배종이 약 1만 2,000년 전 기본 대마종에서 분리된 것을 확인했다. 연구팀은 "신석기시대 초에 이미 대마가 재배되기 시작한 것을 의미한다"고 설명했다. 또 삼베용과 약재용 모두 중국 원시 품종의 고대 유전자 풀에서 갈라져 나왔으며, 최초 수천 년간은 다목적으로 재배했던 것으로 분석됐다.

삼베나 약재 생산에 적합하게 품종이 개량된 건 약 4,000년 전부터다. 삼베용은 줄기에서 최대한 많은 섬유를 얻을 수 있게 가지를 분화시키지 않고 크게 키운 것이다. 약물용의 경우 잎과 꽃에서 약재 성분인 '카나비노이드'를 최대한 많이 추출하기 위해 줄기 대신 가지를 분화시켜 재배한 것이다.

인류가 초기에 재배한 대마 품종은 '테트라하이드로카나비놀(THC)' 등 환각 물질이 적었지만, 품종 개량을 통해 약물용 대마는 환각 물질 함유량이 많아졌다. 환각용 대마에서 꽃·잎을 말린 건 마리화나(대마초)로, 꽃대 부분에 얻은 진액을 굳힌 것은 '하시시'로 불린다. 목적에 맞게 품종이 개량된 뒤엔 중국에서부터 유럽과 중동 등지로 퍼져 나갔다.

연구팀은 "(중국이 속한) 동아시아는 여러 작물 종의 재배가 시작된 중요한 지역임을 보여 왔고 대마는 또 하나의 증거"라며 이번 연구 결과가 기존 '대마의 중앙아시아 기원설'과는 차이가 있지만, 초기 고고학적 증거와는 일치한다고 설명했다.

출처 : 중앙일보

06 제시된 기사문을 읽고 기사의 내용과 일치하지 않는 것을 고르면?

① 연구팀은 이번 연구 결과가 기존의 '대마의 중앙아시아 기원설'과는 차이가 있지만, 초기 고고학적 증거와는 일치한다고 설명했다.
② 삼베용 대마는 줄기에서 최대한 많은 섬유를 얻을 수 있게 가지를 분화시키지 않고 크게 키웠다.
③ 환각용 대마에서 꽃·잎을 말린 건 '하시시'로, 꽃대 부분에 얻은 진액을 굳힌 것은 '마리화나'로 불린다.
④ 품종 개량을 통해 약물용 대마는 초기 대마보다 환각 물질 함유량이 많아졌다.
⑤ 연구 결과 삼베용과 약재용 대마의 초기 재배종이 약 1만 2,000년 전 기본 대마종에서 분리된 것을 확인했다.

07 제시된 기사문에 붙일 기사제목으로 가장 적절한 것은?

① 인류의 대마재배, '신석기 시대' 중국에서 시작
② 대마의 품종별 재배 방법 차이
③ 4,000천 년 전부터 다목적으로 재배한 대마
④ 대마가 마약류로 관리되는 이유
⑤ 대마의 중앙아시아 기원설의 증거

08 다음 제시된 수열의 규칙을 찾아 빈칸에 들어갈 수를 고르면? `2021 부산교통공사`

$$\square - 19 - 36 - 75 - 146$$

① 3　　　　　　② 5　　　　　　③ 7
④ 9　　　　　　⑤ 11

09 다음 제시된 A 과장의 지시를 듣고 귀하가 활용해야 할 가장 적절한 그래프의 종류를 고르면? `2021 근로복지공단`

> A 과장 : "고객들의 민원응대 만족도 조사표를 활용하여 고객들의 만족도가 시간 경과에 따라 어떻게 변화하고 있는지 한눈에 알 수 있게 그래프로 만들어 보고서를 올리도록 하세요."

① 막대그래프　　　② 원그래프　　　③ 선그래프
④ 점그래프　　　　⑤ 층별그래프

10 다음 글의 제목으로 가장 적절한 것을 고르면?

국민건강보험공단은 어르신들의 건강한 노후생활을 지원하기 위해 '통합재가급여 예비사업'을 실시하여 이용자 중심의 맞춤형 서비스를 제공하고 있다고 밝혔다. 2019년 8월부터 시행된 통합재가급여 예비사업은 현재 전국 142개소의 서비스 제공기관을 확보하여 운영 중이다.

통합재가 서비스는 하나의 장기요양기관에서 간호사·사회복지사·요양보호사가 함께 이용자의 개별적 상태와 수요를 파악해 두 가지 이상의 재가 서비스를 제공하는 것이다. 주야간보호통합형[주·야간보호+방문요양(목욕)]과 가정방문통합형[방문간호+방문요양(목욕)] 중 하나를 선택해 이용 가능하며, 방문요양의 경우 유형에 관계없이 1일 2회 이상 제공받을 수 있다.

2021년에는 기존 통합재가 예비사업에 참여했던 기관들의 목소리를 적극 반영하여 행정 지침 일부를 개선하여, 다횟수 방문요양 가산금 지급 지침을 신설하여 통합재가 서비스 제공 기관만의 차별성을 높였다.

장기요양기관센터장의 권유로 처음 통합재가 서비스를 접하게 되었다는 한 수급자는 "위급상황 시 간호사가 수급자의 상태를 바로 인지하고 전문 의료 처치를 수행한다는 점에 신뢰를 느낀다."며 지속적인 서비스 이용 의사를 밝혔다. 통합재가 서비스 제공 기관들 역시 긍정적인 반응을 보였으며, 창원 마산의 한 기관 담당자에 따르면 "매월 간호사와 사회복지사가 사례 관리와 전문 회의를 시행하기 때문에 이용자에 대한 종합점검 및 체계적인 관리가 가능하다."며, "이용자들 역시 전문화된 서비스를 제공받는다고 느껴 통합재가 서비스에 대한 문의도 점점 늘어나고 있다."고 말했다.

건보공단 관계자는 "재가 서비스에 대한 다양한 수요가 발생하고 있는 만큼, 여러 서비스를 복합적으로 제공하는 시스템이 필요하고, 이런 흐름을 반영한 통합재가 서비스를 통해 안정적인 노후생활(Aging In Place)이 가능해질 것"이라며 기대감을 보였다.

출처 : 국민건강보험공단

① 건보공단, 퇴원 어르신에게 돌봄통합 지원한다.
② 건보공단, 장기요양기관 재가급여 평가 실시한다.
③ 건보공단, '통합재가 서비스'로 안정적인 노후생활 돕는다.
④ 건보공단, 장기요양 수급자의 생활을 돕는 통합 서비스 제공한다.
⑤ 건보공단, 안정적인 노후생활을 위한 지원금을 확대한다.

11 다음 글의 내용과 일치하는 것을 고르면? `2021 국민건강보험공단`

> 국민건강보험공단은 12월 3일, 프랑스 국민건강보험기금(CNAM)과 코로나 대응 관련 정보를 공유하고 양국 건강보험 제도 발전과 협력방안을 모색하기 위한 영상 회의를 개최하였다고 밝혔다.
> 프랑스 CNAM은 국제사회보장협회(ISSA) 회원기관으로 공단과 함께 의료 및 건강보험 위원회 소속으로 되어 있으며, 프랑스 내 101개의 지역 건강보험 기금을 통해 전체 인구의 93%(연봉 근로자, 자영업자, 학생)의 건강을 보장하는 기관이다.
> 프랑스는 최근 코로나 2차 대유행으로 일평균 확진자 1만 명, 사망자가 400명 이상 발생하는 등 어려움을 겪고 있으며, 최근 한국 및 공단의 코로나 대응에 관한 발표 사례가 프랑스 코로나 대응에 큰 시사점을 주어 추가적인 논의를 위한 화상 회의를 요청하였다.
> 이번 화상 회의를 통해 CNAM은 "한국이 ICT와 빅데이터를 활용해 빠르고 정확한 확진자 동선 추적, 문자 알림, 중증도에 따른 환자 배분 등을 실시한 것에 놀랐으며, 특히 개인정보를 안전하게 수집하여 감염병 등 대규모 위험 상황에 공공이익을 위해 사용하는 것이 가능한 것에 감명을 받았다."고 밝혔다.
> 건강보험 글로벌협력실장은 "이번 코로나 팬데믹 사태를 극복하기 위해 전 세계가 함께 정보를 공유하고 연대해 나가야 하며, 특히 한국도 이번 코로나 사태를 통해 공공병원의 확충 및 상병수당 등 제도 도입을 논의하는 과정에 있으므로 향후 복지선진국인 프랑스와도 꾸준히 협력해 나갈 수 있는 계기가 되었다."고 밝혔다.
> 양 기관은 이번 화상 회의를 바탕으로 지속적으로 교류하기로 협의하였는데, 특히 COVID-19 및 건강보험 관련 한국과 프랑스 간 제도, 복지체계 비교 등 다양한 사회보장 관련 현안에 대하여 양 기관이 협력할 수 있는 분야를 발굴하고 실질적이고 지속적인 협력을 집중하기로 논의하였다.
>
> 출처 : 국민건강보험공단

① 프랑스는 코로나 사태를 통해 공공병원의 확충 및 상병수당 등의 제도 도입을 논의 중이다.
② ISSA는 프랑스 내 101개의 지역 건강보험 기금을 통해 전체 인구의 93%의 건강을 보장하는 기관이다.
③ 프랑스는 최근 코로나 2차 대유행으로 어려움을 겪고 있으며, 한국과 논의를 위해 대면 회의를 요청하였다.
④ 한국은 ICT와 빅데이터를 활용하여 빠르고 정확한 확진자 동선 추적, 문자 알림, 중증도에 따른 환자 배분 등을 실시하였다.
⑤ 한국은 이번 코로나 사태를 통해 개인병원의 확충 및 상병수당 등 제도 도입을 논의하는 과정에 있다.

12 제시된 글을 읽고 아래 그림에 대해 이해한 내용으로 적절하지 않은 것은?

온돌(溫堗)은 이름 그대로 따뜻한 돌로, 방바닥에 놓인 돌을 달궈 방 안을 데우는 난방법이다. 지난 2018년 4월 우리나라 고유의 난방 방식으로서 국가무형문화재에 지정되었다. 문화재청에 따르면 온돌은 혹한의 환경에 적응하고 대처해 온 한국인의 창의성이 발현된 문화이면서 고유한 주거기술과 생활을 보여준다.

서양의 벽난로와 다르게 연기를 바로 높은 굴뚝으로 내보내지 않고, 아궁이에서 불을 때서 생긴 뜨거운 불기운이 방 밑의 고래를 지나며 방바닥 전체를 따끈하게 데우고 가장 마지막에 굴뚝으로 빠져나간다. 아궁이에서 굴뚝까지 도랑 모양으로 만들어 그 위에 구들장을 덮고 연기가 흘러나가게 만든 곳을 고래라 하고, 고래 옆에 쌓아 구들장을 받치는 것을 두둑이라 한다.

온돌은 아궁이, 부넘기, 고래, 개자리, 굴뚝개자리, 굴뚝 등으로 구성되어 있다. 아궁이에서 발생한 열기가 고래로 들어가면서 불길을 잘 넘어 가게 하고 불을 거꾸로 내뱉지 않도록 하는 부넘기를 지나, 역류되는 연기를 바깥으로 내미는 굴뚝개자리를 통해 굴뚝으로 연기가 나가게 하는 구조이다. 부넘기에서 개자리까지는 안쪽이 높게 약간 경사를 두어 아궁이 쪽이 낮아지게 하고 있는데, 이때 아궁이 쪽을 아랫목, 굴뚝 쪽을 윗목이라 부른다.

온돌은 아랫목과 윗목으로 구성된 전통 가옥의 특징이 잘 활용된 난방 장치이다. 바닥을 데우는 난방 방식은 방 안에 연기를 발생시키지 않아 쾌적하고, 따뜻함을 오래 유지할 수 있어 경제적이기 때문에 전 세계적으로도 온돌의 난방법을 주목하고 있는 추세이다. 우리 선조들의 지혜가 세계 각국을 따뜻하게 만들고 있는 것이다.

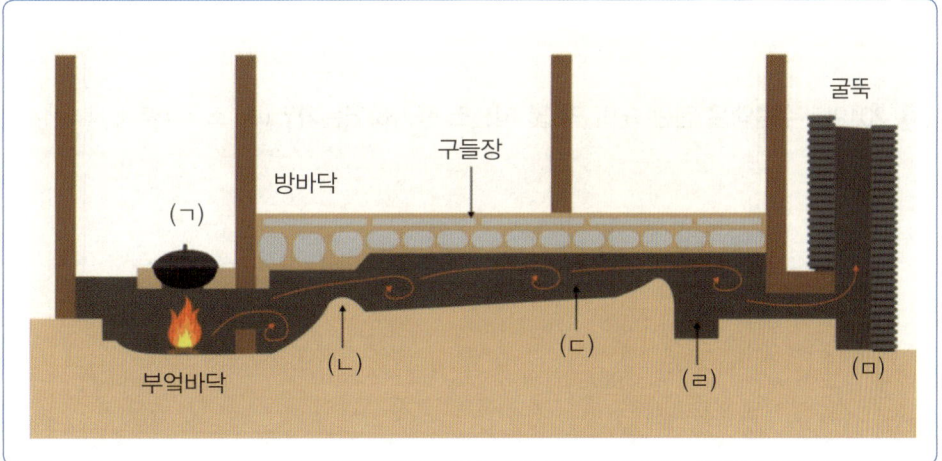

① (ㄱ) 아궁이 : 불을 피워 뜨거운 공기를 만드는 곳이다.
② (ㄴ) 부넘기 : 아궁이에서 발생한 열기가 온돌로 잘 들어가게 만드는 곳이다.
③ (ㄷ) 고래 : 연기와 불길이 지나가며 구들장을 데우는 통로이다.
④ (ㄹ) 두둑 : 고래가 끝나는 부분에 만들어 열기는 남게 하고 연기만 굴뚝으로 보낸다.
⑤ (ㅁ) 굴뚝개자리 : 연기가 굴뚝으로 나가기 전 역류하는 것을 막는다.

[13~14] 다음 자료를 보고 이어지는 물음에 답하시오.

2021 상반기 코레일

자동차 수출입액

(단위 : 억 불)

구분	2015년	2016년	2017년	2018년	2019년
수출액	452	402	417	409	431
수입액	107	105	109	121	120

13 위의 자료에 대한 설명으로 옳은 것을 고르면?

① 조사 기간 동안 수출액이 가장 많은 해는 수입액도 가장 많다.
② 조사 기간 동안 수출액은 수입액보다 항상 4배 이상 많다.
③ 수출액과 수입액의 차이가 가장 적은 해는 2018년이다.
④ 수출액과 수입액의 차이가 가장 많은 해는 2019년이다.
⑤ 조사 기간 동안 자동차 수출액과 수입액의 증감패턴은 동일하다.

14 2019년 수출액은 전년 대비 약 몇 퍼센트 증가하였는가? (단, 소수점 둘째 자리에서 반올림한다.)

① 3.9% ② 4.2% ③ 4.7%
④ 5.4% ⑤ 5.8%

15 인사팀, 재무팀, 영업팀, 개발팀, 관리팀, 연구팀의 직원 각각 1명씩 총 6명이 모여 회의를 진행하려 한다. 다음 조건을 모두 고려하였을 때, 개발팀 직원의 오른쪽에 앉은 직원은 어느 팀인가?

<전체 2021 서울교통공사>

- 회의는 원형 테이블에서 진행한다.
- 원형 테이블의 자리 간격은 일정하여 두 사람씩은 반드시 서로 마주 보고 앉는다.
- 영업팀 직원과 개발팀 직원은 서로 마주 보고 앉아 있다.
- 개발팀 직원의 왼쪽에는 인사팀 직원이 앉아 있다.
- 인사팀 직원과 재무팀 직원은 나란히 앉아 있다.
- 관리팀 직원은 재무팀 직원과 한 자리를 사이에 두고 앉아 있다.

① 인사팀　　　　② 재무팀　　　　③ 영업팀
④ 관리팀　　　　⑤ 연구팀

16 다음 조건을 모두 고려하였을 때, 36세인 사람을 고르면?

<전체 2021 서울교통공사>

- A, B, C, D, E, F, G 7명은 각각 나이가 다르다.
- 7명 중 나이가 가장 적은 사람은 31세고, 나이가 가장 많은 사람은 37세다.
- A와 C는 한 살 차이다.
- B와 G는 두 살 이상 차이가 난다.
- D는 나이가 제일 많거나 제일 적다.
- D와 F는 두 살 차이다.
- G는 33세이다.

① A　　　　② B　　　　③ D
④ E　　　　⑤ F

[17~18] 다음 기사문을 읽고 이어지는 물음에 답하시오.　2021 한국남동발전

　　2018년 국가인권위원회는 사업장의 규모와 건축년도를 기준으로 편의시설 설치 의무 적용을 달리 하는 편의증진법이 장애인의 권리를 ㉠침해(侵害)한다며 개정을 권고했다. 소규모에도 적용되도록 해야 한다는 것과 함께 편의시설 설치를 촉진하기 위한 세액 공제와 비용 지원, 관련 공무원을 비롯해 사업장에 대한 인식 개선 교육, 그리고 의무 대상이 아닌 경우에도 대안적 조치를 강구하라는 내용이었다. 하지만 3년이 지나 정부가 내놓은 답변은 면적 기준 변경이 전부다. 2022년부터 새로 짓거나 고치는 건물에 한해 편의시설 설치 의무 대상 면적 기준을 기존 300제곱미터 이상에서 50제곱미터 이상으로 변경한다는 것이다. 50제곱미터 미만 사업장에는 편의시설 설치 의무를 일률적으로 제외한다.

　　공중이용시설은 누구나 접근하고 이용할 수 있어야 한다. 이러한 원칙을 현실에서 실현해가기 위해 제도와 정책이 존재한다. 5만 개의 편의점에서 장애인이 접근할 수 있는 편의시설이 설치된 곳이 2%가 채 되지 않는 현실 뒤에는 300제곱미터 이상인 경우에만 편의시설 설치를 의무화한 현행 규정이 있었다. 하지만 20여 년 만에 정부가 공중이용시설의 접근성 확대 방안으로 내놓은 것은 여전히 50제곱미터라는 면적을 기준으로 편의시설 설치 의무를 달리 적용하겠다는 것이다. 기존의 건물과 공간에 대해서는 아무런 대책도 없다. 일상과 밀접한 공간을 누구나 접근하고 이용할 수 있도록 한다는 방향 속에서 접근성을 확보해갈 방안을 찾고 계획을 수립해야 하지만, 그 경로와는 거리가 멀기만 한 개정안이다. 더욱이 정부는 개정 이후 별도의 예산 조치가 불필요하다고 했는데, 이는 편의시설 설치 의무 대상을 확대한다고 생색낼 뿐 실질화하기 위한 의지와 계획이 없음을 단적으로 보여준다.

　　면적에 따른 기준을 고수하는 이유에 대해 정부는 '소상공인 보호 조치'라고 말한다. 이는 접근성을 장애인과 소상공인 간 구도로 왜곡한다. "소상공인의 과도한 부담"이라거나 "보행자의 불편 초래"를 이야기하면서 개인 간 권리와 이익이 충돌하는 문제처럼 말하고 정부는 그 사이 중재인인 것처럼 군다. 정부가 해야 할 일은 소상공인 보호를 핑계 삼는 것이 아니라, 면적 기준을 폐기하고 해당 공간의 현황과 사업주 부담 능력 등을 고려해 여러 방안을 모색하고 실행하는 것이다. 하지만 이러한 고려는 전혀 하지 않고, 손쉽게 예외지대를 줄였으니 충분하다는 식이다. 예외지대는 접근성을 권리가 아니라 조건에 따라 달리 제공하는 서비스로 뒤바꾼다. 모두가 동등하게 이용할 수 있어야 한다는 원칙을 흔들면서 제공자의 형편에 따라 달리 제공될 수 있는 혜택처럼 여겨지는 것이다.

　　접근성의 배제는 물리적인 공간으로부터의 배제라는 차원에 국한하지 않는다. 공간에서의 배제는 곧 존재의 배제이기 때문이다. 2001년 오이도역 장애인 리프트 추락 사고로 촉발한 이동권 투쟁은 더 이상 사회와의 단절을 강요받는 삶을 살지 않겠다는 선언이었다. 지하철 역사에 엘리베이터를 설치하고 저상버스도 도입하라는 요구가 그저 서비스 확장이 아니라 이 사회를 함께 살아가는 동등한 성원으로 인정하라는 외침인 이유다. 공중이용시설에 대한 접근성을 권리로 보장하라는 것도 마찬가지다. 정부가 정한 기준에 만족해야 하는 수혜자의 위치에 머물도록 놔둘 때 사회적 배제는 끝나지 않는다. 이 배제를 끊어내야 한다.

　　2016년 국가인권위원회의 '일정기준 미만 공중이용시설에 대한 장애인 접근성 실태조사'에 따르면 인터뷰에 참여한 사업주가 대부분 편의시설 설치에 대해 의무라는 인식이 없었고 "소수의 장애인을 위해 많은 비용을 사용할 순 없다"는 입장이었다고 한다. 소수를 위해 감수해야 하는 번거롭고 불필요한 규제가 아니라, 공중이용시설을 소유하고 운영할 때 갖춰야 할 조건으로, 지출해야 할 비용으로 인식을 바꿔가는 것이 필요하다. 이 과정을 만들어가야 하는 역할이 바로 정부에 있는 것이다. 지출한 비용이 만들 효과와 의미를 짚으며, 개인에게만 그 부담이 내맡겨지지 않도록 지원하고, 그렇게 접근성의 확장을 이끌어야 한다.

최근 '무장애도시'를 선언하며 관련 조례들이 많이 만들어지고, 지자체 차원에서 경사로 설치를 지원한다는 소식이 전해지기도 한다. 이렇듯 최소 조건으로서 이동식 경사로를 설치하는 것에서부터 이행과정에서 필요한 상담과 지원까지 정부가 해야 할 것들은 무궁무진하게 많다. 당장 모든 곳에서 접근성을 확보하는 것을 말하는 것이 아니다. 단계적으로 확장해갈 수 있는 방향을 세우며 이에 대한 의지를 분명히 해야 한다는 것이다. 공간이 지나치게 협소하거나 지리적인 위치, 안전상의 문제 등 편의시설 설치를 하기 어려운 경우에는 그냥 방치하는 것이 아니라, 이러한 조건에서 어떻게 이용과 접근이 가능할지 대면이나 방문 등 대안적인 조치를 고민하고 마련해야 한다.

출처 : 프레시안

17 다음 중 제시된 기사문의 내용과 일치하지 않은 것은?

① 20여 년 만에 정부가 내놓은 공중이용시설의 접근성 확대 방안에는 기존의 건물과 공간에 대해서는 아무런 대책이 없다.
② 2022년부터 새로 짓거나 고치는 건물에 한해 편의시설 설치 의무 대상 면적 기준을 기존 300제곱미터 이상에서 50제곱미터 이상으로 변경한다.
③ 정부는 편의시설 설치 의무 대상 면적 기준을 여전히 달리 한 이유에 대해 '장애인 보호 조치' 때문이라고 말한다.
④ 최근 '무장애도시'를 선언하며 관련 조례들이 많이 만들어지고, 지자체 차원에서 경사로 설치를 지원하기도 한다.
⑤ 접근성의 배제는 물리적인 공간으로부터의 배제라는 차원에 국한하지 않는다. 공간에서의 배제는 곧 존재의 배제이다.

18 다음 중 제시된 기사문의 '㉠ 침해(侵害)'와 유사한 뜻을 가진 단어가 아닌 것은?

① 유린   ② 가해   ③ 유해
④ 침손   ⑤ 침범

19 다음은 한국도로교통공사가 개최하는 공모전 내용이다. 내용을 읽고 일치하지 않은 설명을 고르면?　　`2021 한국도로공사`

제20회 우리나라 아름다운 길, 길사진 공모전

공모주제
- 자연과 어우러진 아름다운 길
- 길 위의 시설물, 그 시설물을 이용하는 사람 또는 길 위 시설물에서의 코로나19 극복을 위한 노력
- 길의 역사와 발전을 담은 사진

접수기간 2021. 7. 1(목) ~ 7. 30(금)	**접수방법** 공모전 전용 홈페이지를 통해 온라인 접수
공모분야 고속도로 부분 / 일반도로 부문	**출품규격** - 카메라, 휴대폰으로 촬영한 사진(JPEG 형태) - 용량 3~20MB, 해상도 3,000픽셀 이상 크기 * 드론을 활용한 사진의 경우 '비행 및 촬영 허가서'를 반드시 첨부하여야 함.
공모대상 대한민국 국민 누구나	
시상내역 총 50점 / 총상금 2,380만 원	**문의/안내** 공모전 운영사무국 : 02-1234-5678 * 자세한 내용은 공모전 홈페이지를 반드시 확인해 주세요.

---

① '대한민국의 길'을 주제로 전 국민을 대상으로 개최한 제20회 길사진 공모전이다.
② 공모전 전용 홈페이지를 통한 온라인 접수만 가능하다.
③ 수상작은 8월 중 발표 예정이며, 모두 2,380만 원의 상금을 수여한다.
④ 카메라 또는 휴대폰으로 촬영한 사진으로 JPEG 형태 파일이여야 하며, 드론을 활용한 사진의 경우 '비행 및 촬영 허가서'를 반드시 첨부하여야 한다.
⑤ 공모분야는 고속도로와 일반도로 2개 부문이며, 도로를 촬영한 사진은 물론 길 위의 시설물과 그것을 이용하는 사람, 길의 역사와 발전, 길 위 시설물에서 코로나19 극복을 위한 노력을 주제로 한 사진들도 출품이 가능하다.

[20~21] 다음은 20세 미만의 연도별 수술건수를 나타낸 자료이다. 다음을 보고 이어지는 물음에 답하시오.

(단위 : 건)

구분	2015년	2016년	2017년	2018년	2019년
0세	(㉠)	39	35	23	30
1~4세	126	142	123	88	85
5~9세	311	368	348	305	304
10~14세	511	508	490	404	343
15~19세	1,360	1,318	1,148	(㉡)	778
계	2,463	2,375	2,144	1,775	1,540

20 위의 자료에 대한 설명으로 옳지 않은 것을 고르면?

① 2016년 5~9세의 수술건수는 전년 대비 약 18% 증가하였다.
② 2017년 15~19세의 수술건수는 전년 대비 약 15% 감소하였다.
③ 2018년 0세의 수술건수는 전년 대비 약 34% 감소하였다.
④ 2019년 10~14세의 수술건수는 전년 대비 약 15% 감소하였다.
⑤ 20세 미만의 전체 수술건수는 매년 감소하였다.

21 위의 자료에서 ㉠, ㉡에 들어갈 수의 합을 구하면?

① 1,110　　② 1,120　　③ 1,210
④ 1,220　　⑤ 1,310

22 다음은 20~30대의 연도별 진료비 총액을 나타낸 자료이다. 다음 중 20대의 진료비가 가장 큰 해는 언제인가? `2021 국민건강보험공단`

(단위 : 천 원)

구분	2015년	2016년	2017년	2018년	2019년
20~24세	1,981,867	2,018,199	2,186,103	2,184,100	2,372,866
25~29세	1,194,359	1,451,110	1,328,661	1,370,959	1,347,393
30~34세	1,904,876	1,641,770	1,638,158	2,167,149	1,709,748
35~39세	3,452,561	3,536,890	3,633,381	4,245,121	4,209,567

① 2015년 ② 2016년 ③ 2017년
④ 2018년 ⑤ 2019년

23 다음 숫자들은 일정한 규칙을 통해 나열되어 있다. 빈칸에 알맞은 숫자를 고르면? `2021 한전KDN`

1	7	42	210	840		5,040

① 1,420 ② 1,520 ③ 2,520
④ 3,420 ⑤ 4,520

24 다음 제시된 레윈(K. Lewin)의 3단계 변화모델 중 2단계 '변화 실행'에 대한 설명으로 틀린 것은?

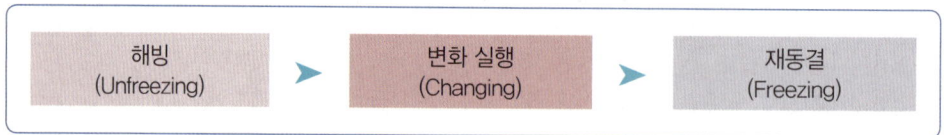

① 기업의 전략, 구조, 문화 등을 변화시키는 단계이다.
② 새로운 행동패턴을 개발하거나 변화기법을 사용하는 단계이다.
③ 변화시키고자 하는 방향으로 조직 구조, 기술, 구성원 행동양식 등을 결정한다.
④ 새로운 행동패턴이 영구적으로 정착할 수 있도록 변화를 지원하고 강화시킨다.
⑤ 경영자는 조직 구성원에게 새로운 조직 변화가 유리하다는 확신을 주어야 한다.

25 다음 조건을 모두 고려하였을 때, 2층에 있는 부서를 고르면? [2021 서울교통공사]

- 5층짜리 건물에 영업부, 재무부, 인사부, 기획부, 마케팅부가 각각 한 층씩 사용하고 있다.
- 영업부는 재무부보다 위층에 있다.
- 재무부는 인사부 바로 아래층에 있다.
- 마케팅부는 5층에 위치한다.
- 기획부는 1층에 위치하지 않는다.

① 영업부   ② 재무부   ③ 인사부
④ 기획부   ⑤ 마케팅부

26 다음 중 경영의 4요소가 아닌 것은? [2021 한국국토정보공사]

① 자금
② 전략
③ 경영목적
④ 인적자원
⑤ 대규모 조직

27 다음 중 데이터베이스의 필요성으로 옳지 않은 것은?

① 데이터 중복을 높일 수 있다.
② 데이터 무결성을 높일 수 있다.
③ 검색을 쉽게 해준다.
④ 데이터의 안전성을 높일 수 있다.
⑤ (프로그램의) 개발기간을 단축할 수 있다.

28 발산적 사고를 일으키는 대표적인 기법인 브레인스토밍의 원칙으로 옳은 것끼리 짝지어진 것은? `2021 한국국토정보공사`

① 자유로운 비판, 자유분방
② 자유분방, 양보다 질
③ 자유로운 비판, 결합과 개선
④ 결합과 개선, 자유로운 비판
⑤ 비판엄금, 질보다 양

29 다음은 국민건강보험공단 홈페이지의 메뉴 목록이다. 메뉴를 보고, |보기|가 들어갈 위치를 가장 적절하게 짝지은 것을 고르면? `2021 국민건강보험공단`

민원여기요	건강iN	정책센터	국민과 함께	공단요모조모
- (㉠) - 개인민원 - 사업장민원 - 상담문의 - 신고센터	- 나의 건강관리 - 가족 건강관리 - 건강프로그램 - 건강생활 - (㉡) - 검진기관/병원찾기 - 국민건강알람	- 국민건강보험 - 노인장기요양보험 - 사회보험통합징수 - 정책홍보관	- 정보공개 - 경영공시 - (㉢) - 뉴스/소식	- (㉣) - 조직 및 인원 - 홍보센터 - 경영철학 - 사회공헌

보기
• 공단소개   • 국민참여   • 민원안내   • 건강자료실

	㉠	㉡	㉢	㉣
①	민원안내	국민참여	건강자료실	공단소개
②	국민참여	건강자료실	공단소개	민원안내
③	민원안내	건강자료실	국민참여	공단소개
④	공단소개	민원안내	건강자료실	국민참여
⑤	건강자료실	민원안내	국민참여	공단소개

30 다음 조건에 따라 비타민 A~E의 복용 순서를 정할 때, 반드시 옳은 것은?

2021 상반기 코레일

- 비타민 B는 가장 먼저 복용한다.
- 비타민 C는 비타민 D 바로 다음에 복용한다.
- 비타민 E는 비타민 C보다 먼저 복용한다.
- 비타민 A는 가장 늦게 복용하지 않는다.

① 비타민 A는 두 번째로 복용한다.
② 비타민 C는 비타민 E보다 먼저 복용한다.
③ 비타민 E는 세 번째로 복용한다.
④ 비타민 C는 가장 늦게 복용하지 않는다.
⑤ 비타민 D는 비타민 A보다 늦게 복용한다.

31 ○○기업은 직원 평가 점수에 항목별 가중치를 적용하여 가장 높은 점수를 받은 직원을 회계부서로 배치하려 한다. 다음 중 회계부서에 배치될 직원은 누구인가?

2021 상반기 코레일

직원 평가 점수

구분	직무적합성	직무이해도	회계 능력	태도
A 사원	9	8	10	7
B 사원	9	8	7	10
C 사원	8	9	10	7
D 사원	7	9	9	8
E 사원	9	9	8	7

항목별 가중치

구분	직무적합성	직무이해도	회계 능력	태도
가중치	0.4	0.3	0.2	0.1

① A 사원
② B 사원
③ C 사원
④ D 사원
⑤ E 사원

32 ○○ 공사 서울본부 소속 A 대리는 곧 있을 출장과 관련하여 출장 예산 계획서를 작성 완료 하였으나 고속도로 통행요금 인하로 인해 예산 계획서를 수정하게 되었다. 고속도로 통행요금 인하로 인해 예산이 총 얼마 절약되었나? (단, 편도 요금만 계산한다.)

`2021 한국도로공사`

1. 출장 개요
   - 일시 : 2021.4.12.(월) ~ 4.13.(화), 2일간
   - 출장 장소 : 춘천, 평택
   - 출장자 : B 임원, C 과장, A 대리 총 3인

2. 출장 참고 사항
   - 2021.4.12.(월) : B 임원, A 대리 춘천 지사 방문, C 과장 평택 지사 방문
   - 2021.4.13.(화) : C 과장, A 대리 평택 지사 방문
   - 회사 소유 1종, 2종 차량으로 이동 예정
     (탑승자가 2명 이상일 때에는 2종 차량, 1명일 때에는 1종 차량을 이용한다.)

고속도로 통행요금 인하

(단위 : 원)

차종	서울 ↔ 평택	서울 ↔ 춘천
1종	5,000 → 4,100	5,700 → 4,100
2종	5,100 → 4,200	6,400 → 4,200
3종	5,300 → 4,300	6,700 → 4,400
4종	6,100 → 5,400	9,500 → 5,900
5종	7,000 → 6,300	9,600 → 7,000

① 3,400원 ② 3,600원 ③ 3,800원
④ 4,000원 ⑤ 4,200원

33 주인이 잠시 자리를 비운 사이에 카페에 있는 현금 전부가 도난당했다. 당시 카페에 있던 손님은 A~E 5명뿐이었다. 손님들은 다음과 같이 진술했고, 단 한 명만 거짓말을 하고 있다고 할 때, 돈을 훔친 범인은 누구인가? (단, 범인은 한 명이다.) `2021 한국국토정보공사`

- A : C가 돈을 훔치는 걸 봤습니다.
- B : 저는 돈을 훔치지 않았습니다.
- C : D가 돈을 훔치는 걸 봤습니다.
- D : C는 거짓말을 하고 있습니다.
- E : 저는 절대 돈을 훔치지 않았습니다.

① A　　② B　　③ C
④ D　　⑤ E

34 팀제에서의 인적자원관리 방법에 대한 설명으로 적절하지 않은 것은?

① 인력배치의 원칙으로 적재적소주의, 능력주의, 균형주의가 있다.
② 작업량과 조업도, 여유 또는 부족 인원을 고려하여 소요인원을 결정하여 배치하는 것을 양적 배치라고 한다.
③ 능력과 성격을 고려하여 가장 적합한 위치에 배치하는 것을 질적 배치라고 한다.
④ 팀원의 적성 및 흥미에 따라 배치하는 것을 적재적소의 배치라고 한다.
⑤ 인력배치 시 어느 한 방법에 의존하지 않고 다양한 관점과 방법으로 배치할 때 효과가 극대화되고 팀원들의 욕구도 충족시킬 수 있다.

[35~36] 다음 부산도시철도 운임제도 및 운임표에 대한 자료를 바탕으로 이어지는 질문에 답하시오. `2021 부산교통공사`

▶ 운임제도 : 이동구간제
 - 2구간 적용 시 초과 10km당 200원 추가요금

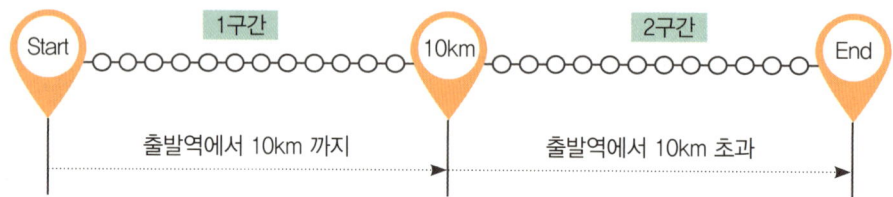

▶ 주요 운임구간별 거리

(단위 : km)

도착역 출발역	1호선			도착역 출발역	2호선		
	남포	부산역	서면		벡스코	수영	서면
자갈치	0.7	1.6	2.7	해운대	3.1	5.0	13.1
남포	0.0	2.0	7.5	벡스코	0.0	1.9	10.0
부산역	2.0	0.0	5.5	수영	1.9	0.0	8.1

도착역 출발역	3호선			도착역 출발역	4호선		
	덕천	연산	수영		영산대	동래	미남
대저	4.6	13.7	18.1	안평	3.0	11.0	12.0
덕천	0.0	9.1	13.5	영산대	0.0	8.0	9.0
연산	9.1	0.0	4.4	동래	8.0	0.0	1.0

▶ 운임표

구분	교통카드			1회용 승차권		
	어른	청소년	어린이	어른	청소년	어린이 · 다자녀 가정
1구간	1,300원	1,050원	650원	1,400원	1,150원	700원
2구간	1,500원	1,200원	750원	1,600원	1,300원	800원

- 어른 : 만 19세 이상 / 청소년 : 만 13세~만 18세 / 어린이 : 만 6세~만 12세
- 다자녀 가정(할인) : 부산시 거주 다자녀 가정 구성원(1회용 승차권 이용 시)
- 무임(우대권 발급)
  - 경로우대자(만 65세 이상), 장애인(1-3급 경우 보호자 1인 포함)
  - 국가유공자(1-7급), 독립유공자, 5·18민주유공자 : 1급은 보호자 1인 포함
  - 선·후불, 정기권 교통카드(1회용 승차권 제외) 사용여객이 이용방향 착오 등의 사유로 최초 개표 후 5분 이내에 동일 역에서 동일 카드로 다시 개표하는 경우 1회에 한하여 기본운임을 면제합니다.
    ※ 최초 승차역과 다른 역에서는 적용되지 않는다.

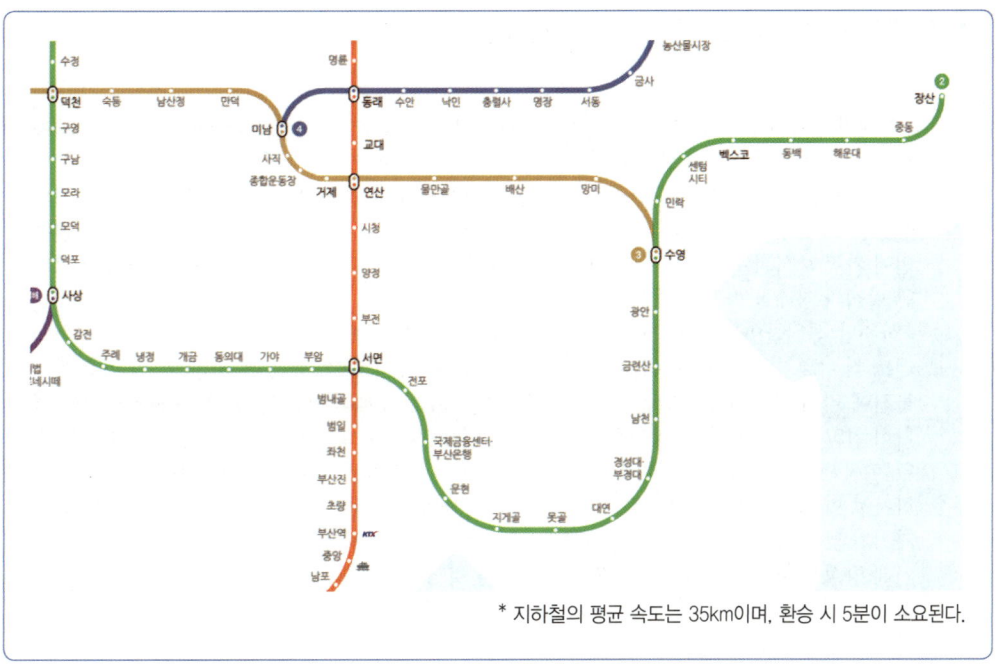

* 지하철의 평균 속도는 35km이며, 환승 시 5분이 소요된다.

35 벡스코에서 개최하는 베이비페어에 부산시 중앙동의 다자녀가정 대표로 초대를 받은 A 씨는 자녀 B 양와 함께 박람회에 참석하기 위해 부산역에서 최소 환승 구간을 이용해 벡스코역에서 하차하기로 했다. 실수로 부산역에서 목적지의 반대방향 플랫폼으로 잘못 가게 되어 개찰구를 나와 자녀 B양의 승차권을 재구매한 후 목적지 방향의 플랫폼으로 다시 승차했다고 할 때, A 씨와 B 양의 부산역에서 벡스코역까지의 지하철 총 이용요금은 얼마인가? (단, A 씨는 후불 교통카드를 이용하고 B 양은 1회용 승차권 이용하며, B 양은 만 10세이다.)

① 2,800원 ② 2,900원 ③ 3,000원 ④ 3,100원 ⑤ 3,200원

36 2·3호선 덕천역에서 2호선 해운대역까지 가장 적은 역을 지나는 방법으로 간다고 할 때, 걸리는 시간을 구하면? (단, 소수점 둘째 자리에서 반올림한다.)

① 31분 ② 34분 ③ 35분 ④ 37분 ⑤ 39분

37 주어진 지문의 내용은 자원의 어떤 속성과 관련이 있는가? [2021 경기도 공공기관 통합채용]

> 아메리카 대륙을 처음으로 찾은 유럽인인 크리스토퍼 콜럼버스의 탐험대는 서인도제도에서 마주친 원주민들을 대상으로 자신들이 가지고 있던 하찮은 물건을 건네고 대신 금으로 만든 장신구들을 받았다. 원주민들도 그러한 거래에 기꺼이 응했다. 콜럼버스는 일기에 당시의 상황을 묘사하면서 자신의 선원들이 유럽에서라면 버릴 만한 물건을 가지고 아메리카 원주민이 가진 보석과 교환하는 모습에 양심의 가책을 느꼈다고 적었다. 또 그는 선원들에게 그러한 방식의 거래를 하지 못하게 하기도 했다.
> 하지만 선원들이 자신이 가진 하찮은 물건과 원주민의 보석 등을 교환한 것은 인디언들에게도 썩 나쁜 거래는 아니었을 것이다. 원주민들에게 금과 보석 등은 유럽인들이 보여준 여러 물건에 비해 흔한 물건이었을 것이다. 금과 보석은 어디에 가면 구할 수 있는 물건인지를 명확히 알고 있었지만, 유럽 선원들이 보여준 여러 물건들은 그들에게서 구하지 못하면 얻을 수 없는 귀한 물건이었을 것이기 때문이다. 따라서 원주민들에게 금과 보석이 유럽인들이 교환하자고 한 물건들에 비해서 부존량이 많은 재화들이었을 것이다. 따라서 부존량이 많아 교환가치가 낮은 재화인 금과 보석을 내주고, 구하기 어려운 선원들의 물건과 교환한 원주민들의 거래 방식은 결코 손해 보는 장사라 할 수 없을 것이다.

① 자원의 가변성 ② 자원의 유한성 ③ 자원의 편재성
④ 자원의 희소성 ⑤ 자원의 무한성

38 다음 중 직접비를 모두 합한 값은 얼마인가? [2021 경기도 공공기관 통합채용]

항목	금액(원)
급여	2,500,000
교통비	500,000
통신비	100,000
출장비	1,000,000
보험료	300,000
사무용품비	800,000
건물관리비	3,200,000

① 3,500,000원 ② 4,000,000원 ③ 4,500,000원
④ 5,000,000원 ⑤ 5,500,000원

39 조직목표의 기능 및 특징에 대한 설명 중 틀린 것을 모두 고르면?

> (ㄱ) 조직목표는 곧 조직이 나아갈 방향이다.
> (ㄴ) 조직구성원 행동수행의 동기를 유발한다.
> (ㄷ) 공식 목표와 실제 목표는 항상 일치한다.
> (ㄹ) 조직목표 간 수평적인 관계를 유지해야 한다.
> (ㅁ) 여러 가지 조직목표를 동시에 추구할 수 있다.

① (ㄱ), (ㄴ), (ㄷ)　　② (ㄴ), (ㄷ)　　③ (ㄷ), (ㄹ)
④ (ㄷ), (ㄹ), (ㅁ)　　⑤ (ㄷ), (ㅁ)

40 A 씨는 원활한 업무를 위해 Windows 주요 단축키를 익히는 중이다. 다음 중 [시작] 메뉴를 열기위해 Ctrl 키와 함께 눌러야 할 키는 무엇인가?

① Esc
② Shift + Esc
③ Tab
④ Alt + Del
⑤ Alt + Tab

41 개인의 인맥관리 방법 중 명함관리 방법으로 적절하지 않은 것은?

① 가나다 또는 ABC순으로 정리하여 관리한다.
② 업종 내용에 따라 분류하여 관리한다.
③ 받은 명함은 적극적인 의사소통을 통해서 인맥을 만들기 위한 도구로 활용한다.
④ 상대의 특징 등의 정보는 따로 수첩에 적어 놓고 명함은 깨끗하게 관리한다.
⑤ 스마트 폰이나 태블릿 PC의 명함관리 애플리케이션을 통해 관리한다.

[42~43] 다음 제시된 제품의 매뉴얼을 읽고 질문에 답하시오.

⟨안전을 위한 주의사항⟩

다음은 제품을 안전하고 정확하게 사용하여 예기치 못한 위험이나 손해를 사전에 방지하기 위한 것입니다.
- 전원 및 설치
  - 본 제품은 교류 220V 전용입니다. 전원 플러그를 콘센트에 꽂기 전에 반드시 접지하거나 누전차단기를 연결해주세요.
  - 전원코드, 플러그, 콘센트가 파손 또는 손상되었을 경우에는 사용하지 마세요.
  - 전원플러그나 스위치는 젖은 손으로 조작 또는 취급하지 마세요.
- 사용 및 청소
  - 도시가스 등의 가스누출이 있을 때는 세탁기나 전원코드를 조작하지 말고 창문을 열어 환기를 시켜주세요.
  - 세탁기 밑면까지 물이 찬 경우 세탁실에 들어가지 마세요. 감전 위험이 있습니다.
  - 수리 기술자 이외에는 절대로 분해하거나, 개조하지 마세요.

⟨○○전자 서비스 안내⟩

고객님께서는 제품 사용 중 고장이 발생한 경우, 구입일로부터 1년 동안 무상서비스를 받으실 수 있는 소중한 권리가 있습니다.
단, 고객 과실 및 천재지변에 의해 고장이 발생한 경우는 무상서비스 기간 내에도 유상 처리됨을 알려드립니다.
다음은 무상서비스 기간 내에도 유상 처리되는 경우입니다.
- 유상서비스(고객 비용부담)에 대한 책임
  - 제품을 떨어뜨리거나 충격으로 인해 제품 파손 및 기능상 고장이 발생한 경우
  - 본사 정품이 아닌 부품 또는 소모품을 사용해 제품 고장이 발생한 경우
  - 본사 수리기사가 아닌 사람이 제품을 수리 또는 개조하여 고장이 발생한 경우
  - 고객이 제품을 임의로 분해하여 부속품이 분실 및 파손된 경우
  - 자료 내 '안전을 위한 주의사항'을 지키지 않아 고장이 발생한 경우

42 다음 중 제시된 자료에 대한 설명으로 옳지 않은 것은?

① 실제 사용자를 위해 제품의 기능 및 사용방법을 설명한다.
② 소비자가 알아야 할 제품 관련 정보와 서비스를 기술한다.
③ 고장을 대비해 사용자의 오작동까지 고려해야 한다.
④ 제품의 설계상 결함이나 위험 요소를 명시해야 한다.
⑤ 사용자가 제품 사용 시 주의해야 할 사항을 기재한다.

43 제시된 자료를 작성하기 위한 방법으로 적절하지 않은 것은?

① 비전문가도 쉽게 이해할 수 있도록 단순하고 간결하게 작성해야 한다.
② 사용자가 필요로 하는 정보의 위치를 빨리 파악할 수 있도록 구성한다.
③ 단정적인 표현보다 완곡하게 표현하고, 추상적 명사보다 행위 동사를 쓴다.
④ 사용자가 한 번 본 후 더 이상 필요하지 않도록 빨리 외울 수 있도록 작성한다.
⑤ 추측성 내용을 서술하지 않고, 복잡하거나 불편한 형태로 제작하지 않는다.

44 A 씨는 사무실 리모델링 의뢰를 받았다. 진행해야 할 작업들과 작업별 소요시간이 다음과 같을 때, 작업이 최대한 빠르게 최종 마무리되는 날짜는 언제인가? `2021 한국남동발전`

⟨방별 진행해야 할 작업⟩

구분	진행해야 할 작업
A방	창문·창틀 교체, 도배·장판, 문 교체
B방	도배·장판, 문 교체, 화장실 공사
C방	창문·창틀 교체, 도배·장판, 문 교체
D방	창문·창틀 교체, 도배·장판, 화장실 공사, 문 교체

⟨작업별 소요시간⟩

구분	소요시간
창문·창틀 교체	2시간
도배·장판	3시간
화장실 공사	8시간
문 교체	1시간

⟨작업 진행 조건⟩
- 8월 2일 월요일 9시부터 첫 작업을 시작한다.
- 작업 시간은 9시부터 15시까지이다.
- 12시부터 13시는 점심시간이다.
- 수요일과 일요일은 작업하지 않는다.

① 8월 7일 ② 8월 10일 ③ 8월 12일
④ 8월 14일 ⑤ 8월 15일

[45~46] 다음 제시된 산업재해 관련 기사문을 읽고 질문에 답하시오.

> ○○시 소재 건물 신축공사 현장에서 승강기 출입구의 용접 작업을 진행하던 엘리베이터 설치공 A 씨(38세)가 추락사했다. 현장은 식자재 가공센터 신축공사장으로, A 씨는 14:30경 승강기 내부에서 3층 출입구를 용접하고 있었다. 용접기의 전원을 2층 분전반에서 연결해서 사용하던 중 갑자기 전기 공급이 끊어지자 분전반 점검을 위해 승강기를 2층으로 하강시킨 것으로 추정된다. 경찰 관계자는 "승강기 외부로 나가기 위해 탑승구 입구에 설치된 안전난간을 밟는 순간 난간이 미끄러져 추락한 것으로 보인다"고 밝혔다. 이는 피재자가 안전난간의 상부 난간대를 밟고, 승강기 외부인 2층으로 나가려는 순간 안전난간의 상부 난간대가 미끄러져 내리며 전도되자 피재자도 몸의 균형을 잃고 추락하여(9m) 사망한 재해이다.

45 위 기사문을 읽고 산업재해를 예방하기 위한 계획을 세우고자 할 때, 그 순서로 옳은 것은?

> (ㄱ) 사고 조사 및 현장 분석을 통한 사실의 발견
> (ㄴ) 시설·장비 결함 개선 등 시정책 적용 및 뒤처리
> (ㄷ) 재해 발생 장소, 형태, 정도 등의 원인 분석
> (ㄹ) 목표 설정, 책임자 선정 등 안전 관리 조직 구성
> (ㅁ) 기술 개선, 인사 조정, 교육 등 시정책 선정

① (ㄱ) - (ㄹ) - (ㄷ) - (ㅁ) - (ㄴ)
② (ㄱ) - (ㄷ) - (ㄹ) - (ㅁ) - (ㄴ)
③ (ㄹ) - (ㄱ) - (ㄷ) - (ㅁ) - (ㄴ)
④ (ㄹ) - (ㄷ) - (ㄱ) - (ㅁ) - (ㄴ)
⑤ (ㄹ) - (ㄷ) - (ㅁ) - (ㄱ) - (ㄴ)

46 다음 중 A 씨에게 적용되는 산업재해의 기본적 원인은 무엇인가?

① 교육적 원인　　② 기술적 원인　　③ 작업 관리상 원인
④ 불안전한 행동　　⑤ 불안전한 상태

47 공식성을 기준으로 구분한 조직의 유형에 대한 설명 중 옳지 않은 것은?

① 대표적인 공식 조직에는 정부, 기업, 군대 등이 있다.
② 공식 조직 내에서 비공식 조직이 새롭게 생성되기도 한다.
③ 공식 조직은 비공식 조직보다 높은 심리적 안정감을 준다.
④ 비공식 조직은 낮은 수준의 생산적 규범이 형성될 수 있다.
⑤ 조직은 일반적으로 비공식 조직에서 공식 조직으로 발전한다.

48 다음 제시된 경영전략 추진과정의 각 단계에 대한 설명으로 옳지 않은 것은?

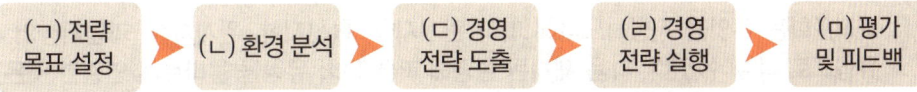

① (ㄱ) – 조직이 도달하고자 하는 비전을 규명하고 미션을 설정한다.
② (ㄴ) – SWOT 분석 기법을 통해 조직의 내·외부 환경을 분석한다.
③ (ㄷ) – 조직의 경영전략은 부문전략, 사업전략, 조직전략으로 구분된다.
④ (ㄹ) – 가장 상위 전략인 부문전략–사업전략–조직전략순으로 실행한다.
⑤ (ㅁ) – 경영전략 결과를 평가하고 그에 따른 목표 및 전략을 재조정한다.

49 다음 사례에서 설명하고 있는 경영전략의 유형은 무엇인가?

> 미국에서 편의점 열풍을 일으키며 시장을 선도했던 세븐일레븐은 1990년대 들어서면서 위기에 직면했다. 메이저 석유회사들이 주유소에 소형마트를 설치하기 시작하면서 시장이 포화됐고, 경쟁이 심해져 수익성이 떨어지게 된 것이다. 이에 세븐일레븐은 효율적인 운영 시스템을 위한 전사적인 조사에 착수했고, 비용절감과 품질향상을 위해 외부업체와 긴밀한 협조체제를 구축하기 시작했다.
> 예를 들어 맥주를 다른 상품과 묶어서 판매했을 때 판매율이 증가한다는 사실을 밝혀냈다. 이에 세븐일레븐은 '버드와이저' 맥주로 유명한 안호이저부시(Anheuser-Busch)와 제휴를 맺고, 신제품을 제일 먼저 판매할 기회를 얻었다. 또한 세븐일레븐은 안호이저부시에 각종 프로모션에서 사용할 수 있도록 고객 정보를 줬으며, 안호이저부시는 주문 배달 예측 시스템을 테스트하기 위해 세븐일레븐의 데이터를 사용하고 있다.
> 현재 제품 유통, 광고, 물품 조달 등 많은 부분이 외부업체를 통해 처리되고 있지만 필수적인 데이터에 대한 통제권은 세븐일레븐이 갖고 있다. 세븐일레븐만의 경쟁력 확보를 위해서다. 세븐일레븐 사례가 보여주듯 외부업체와의 창의적인 파트너십을 위해서는 먼저 자사의 경영전략이 무엇이며 어떻게 경쟁 우위를 확보할 것인지 고민해야 한다.

① 다각화 전략 ② 아웃소싱 전략 ③ 전략적 제휴 전략
④ 수직적 통합 전략 ⑤ 해외시장 진출 전략

50 조직문화는 무엇을 지향하느냐에 따라 관계지향, 혁신지향, 위계지향, 과업지향의 4가지 유형으로 나눌 수 있다. 다음 제시된 설명에 따른 문화 유형을 올바르게 연결한 것은?

> (ㄱ) 조직목표를 명확하게 설정하고 합리적으로 달성할 것을 강조한다.
> (ㄴ) 조직 내부의 안정적이고 지속적인 통합 및 책임소재를 강조한다.
> (ㄷ) 조직 구성원 간 단결, 협동, 팀워크 및 공유가치를 중시한다.
> (ㄹ) 환경변화에 적응하기 위해 창의성, 도전정신, 자원획득을 중시한다.

	관계지향	혁신지향	위계지향	과업지향
①	(ㄴ)	(ㄷ)	(ㄱ)	(ㄹ)
②	(ㄴ)	(ㄹ)	(ㄷ)	(ㄱ)
③	(ㄷ)	(ㄱ)	(ㄴ)	(ㄹ)
④	(ㄷ)	(ㄹ)	(ㄴ)	(ㄱ)
⑤	(ㄷ)	(ㄹ)	(ㄱ)	(ㄴ)

| 생 | 각 | 을 | | 스 | 케 | 치 | 하 | 다 |
| 세 | 상 | 을 | | 스 | 케 | 치 | 하 | 다 |

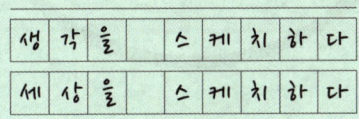

북스케치
www.booksk.co.kr

Part 3
인성검사

Chapter 01 인성검사 안내
Chapter 02 인성검사 실전연습
  01 Yes / No 택일형
  02 동의 척도 표시형
  03 Most / Least 선택형

01 Chapter 인성검사 안내

❶ 인성검사 개요

인성(人性)은 사람의 바탕이 되는 성품, 즉 인간다운 면모와 자질을 의미한다. 사람의 성품은 각기 다르기 때문에, 개인의 인성을 객관적인 지표로 측정하기란 그 기준이 모호하고 평가의 신뢰성이 떨어질 수 있다. 그러나 기업에서는 다양한 범주를 통해 각 **응시자의 대인관계능력을 비롯한 정서적 측면** 등을 측정할 필요가 있다. 모든 응시자를 대면하면서 그 사람의 자질을 깊이 있게 파악하기란 사실상 어렵기 때문이다.

따라서 기업은 지원자가 질문에 답한 일관성을 토대로 개인의 성향을 파악하고, 지원자가 해당 기업의 인재상과 얼마나 부합하는지를 판단하며, 해당 직군의 **조직 적합성과 직무 적응도를 살피는 준거**로서 인성검사를 활용하고 있다.

❷ 인성검사 응답의 유의점

인성검사는 자신을 실제보다 '**더 좋게 보이려는 의도**'와 '**무성의한 응답**'을 가려낼 수 있도록 **개발**되었기 때문에 응답하지 않은 문항이 많거나, 솔직하게 응답하였다고 보기 어려운 문항은 측정에서 제외될 수 있음을 염두에 두어야 한다.

| 오래 생각하지 말고 **직관적**으로 | | 응시자의 의견을 **솔직**하게 | | 개인의 성향과 직무역량을 객관적으로 진단 |

❸ 인성검사 평가 역량

평가 역량	세부 역량	역량의 의미
업무능력	일처리, 전문성 추구	• 문제의 원인을 이해하여 적극적인 해결 시도 • 업무에 필요한 지식과 기술, 자기개발을 위한 노력
관계적응	외향/친화력, 팀지향/협동	• 처음 보는 사람과 쉽게 친해지며, 활기찬 분위기 유도 • 솔선수범하며 팀 활동에 적극적으로 참여
정서적응	감정이해, 감정조절	• 타인의 감정과 기분을 잘 파악하여 갈등 해결 유도 • 감정변화가 안정적이고 감정을 잘 다스려 표현을 자제
조직적응	조직순응성, 조직시민정신	• 기존 체계와 관습 존중, 새로운 문화에도 잘 적응함 • 타인에게 해가 되는 행동 자제, 타인 배려, 윗사람 존중

4 인성검사 평가 척도와 내용

평가 척도	내용
개방성 (openness)	변화와 다양성에 대해 우호적인 성향을 측정한다. 개방성이 높은 사람은 독창적인 사고력을 지닌 사람일 가능성이 높고, 개방성이 낮은 사람은 관습을 중시하는 사람일 가능성이 높다.
결단력 (decision)	결정적인 판단을 빠르게 내릴 수 있는 능력을 측정한다. 결단력이 높은 사람은 조직에서 발생한 문제에 대해 신속한 상황 파악이 가능하다.
계획성 (planning)	계획을 짜서 업무를 처리하려고 하는 성향을 측정한다. 계획성이 높은 사람은 조직 내 업무의 원활한 진행을 돕고, 다음 계획을 구상할 가능성이 높다.
규범성 (normativity)	규범, 행동준칙 등을 따르는 성향을 측정한다. 조직 내 갖추어진 규범을 받아들여 적응하는 정도를 파악할 수 있다.
낙관성 (optimism)	사물 또는 현상에 대해 긍정적으로 보는 성향을 측정한다. 낙관성이 높은 사람은 조직 내 발생한 문제를 긍정적으로 진행하여 해결할 가능성이 높다.
사회성 (sociality)	자신이 속한 사회 구성원으로서의 소속감을 측정한다. 외향적인 성향의 사람이 사회성 항목에서 높은 점수를 받는 경향을 보인다.
성실성 (sincerity)	진중함과 끈기를 측정한다. 조직 규범 및 업무에 대한 마찰을 통제하며, 목표 지향적인 행동을 꾸준히 지속할 수 있는 정도를 파악할 수 있다.
신경성 (neuroticism)	조직에서 발생하는 힘든 경험에 대해 부정적인 정서를 얼마나 보이는지를 측정한다. 신경성이 높은 사람은 업무, 대인관계 등에 대해 과민함을 드러낼 수 있다.
우호성 (agreeableness)	타인과 친밀한 관계를 맺고 그 관계를 지속하려는 성향을 측정한다. 우호성이 높은 사람은 조직 구성원을 배려하고 반대 입장을 헤아리는 이타심을 보인다.
외향성 (extroversion)	타인과의 관계에서 상호작용을 주도하려는 정도를 측정한다. 외향성이 높은 사람은 능동적이고 개방적인 반면에 외향성이 낮은 사람은 낯을 잘 가리고 냉정한 면을 보인다.
자기조절력 (self-regulation)	충동적인 감정 표출과 돌출 행동에 대한 조절능력을 측정한다. 차분함과 변덕 성향, 융통성 등을 평가하는 요소로도 활용된다.
정서적 안정성 (emotional stability)	정서적으로 얼마나 안정되어 있는지를 측정하며, 자기 자신과 주변 환경에 대해 가지고 있는 불안함을 측정하는 요소로도 활용된다.
정직성 (probity)	거짓이나 꾸밈이 없이 바르고 곧은 성향을 측정한다. 정직성이 높은 사람은 타인을 과하게 칭찬하지 않으며 뒤에서 험담하지 않는 과묵함을 보인다. 자신의 실수를 솔직하게 인정하는 반면 타인의 잘못은 냉정하게 지적하는 면도 보인다.
지도성 (leadership)	팀을 조직하여 지도하는 것을 좋아하는 성향을 측정한다. 조직 구성원의 능력에 따른 업무를 할당하고 조화로운 조직을 구성할 수 있는 능력을 평가한다.
창의성 (creativity)	새롭고 독창적인 것을 만드는 것을 좋아하는 성향을 측정한다. 지적호기심과 상상력, 실행력 등을 함께 측정하는 요소로도 활용된다.

※ 기업의 핵심가치, 인재상, 검사 방식에 따라 평가 척도는 각각 다르게 적용될 수 있다.

02 Chapter 인성검사 실전 연습

인성검사는 지원자의 가치관 및 성향을 알아보기 위한 검사이므로 정답이 없습니다.
여러 기관에서 활용되는 몇 가지 대표적인 유형으로 실전 연습을 해보시기 바랍니다.
직관에 따라 **솔직하게 응답하되 일관성 유지**에 유의하도록 합니다.

01 • Yes / No 진위 선택형

[01~100] 다음 각 질문에 대해 본인이 맞다고 생각하면 Yes, 그렇지 않으면 No에 체크하시오.

번호	질문	Yes	No
01	평소 다양한 분야에 관심이 많다.	○	○
02	집에 있는 것을 좋아한다.	○	○
03	맡은 임무에 대해서는 끝까지 책임지고 해낸다.	○	○
04	구체적인 계획이 없으면 행동에 옮기기 어렵다.	○	○
05	직책이나 직권 등의 권위를 가지고 싶다.	○	○
06	남의 말이나 행동에 쉽게 상처 받는다.	○	○
07	나와 마음이 맞는 사람이 주변에 별로 없다.	○	○
08	남을 잘 배려한다는 소리를 듣는 편이다.	○	○
09	한 가지 일에 몰입하면 다른 것은 못 한다.	○	○
10	혼자 집중하여 하는 일을 즐긴다.	○	○
11	몸에 무리가 가는 일은 하지 않는다.	○	○
12	나를 나쁘게 말하는 사람이 주변에 많다.	○	○
13	일이 생겼을 때 정확한 판단이 설 때까지 행동하지 않는다.	○	○
14	일을 시작하기 전에 세부계획을 먼저 세운다.	○	○
15	정신력이 강하다.	○	○
16	규칙은 반드시 준수한다.	○	○
17	나의 의견이 받아들여지지 않으면 화가 난다.	○	○

번호	질문	Yes	No
18	남이 나를 비판하는 것을 받아들이기 어렵다.	○	○
19	돌다리도 두들겨 보고 걷는다.	○	○
20	조직 생활이 즐겁다.	○	○
21	나는 낙천적인 성격을 가지고 있다.	○	○
22	노력만으로는 안 되는 것들이 있다.	○	○
23	일을 할 때에는 나를 도와주는 사람이 필요하다.	○	○
24	틈틈이 나의 미래를 생각한다.	○	○
25	급한 일도 기한 내에 마무리할 수 있다.	○	○
26	개인의 능력보다는 팀워크가 중요하다.	○	○
27	처음 가보는 곳은 철저히 조사한다.	○	○
28	조직을 위하여 자존심을 굽힐 수 있다.	○	○
29	공과 사는 명확하게 구분한다.	○	○
30	한번 좋아하는 것은 끝까지 좋아한다.	○	○
31	남이 나를 신뢰할 때 더욱 열심히 일한다.	○	○
32	나는 조직 구성원에게 도움을 줄 수 있다.	○	○
33	조직 구성원과 협조적인 관계를 유지한다.	○	○
34	조직의 내부 및 외부 갈등을 원만하게 해결할 수 있다.	○	○
35	상대방을 진정으로 이해하며 노력하는 편이다.	○	○
36	친절함과 공손함은 매우 중요한 덕목이다.	○	○
37	약속을 지키는 것이 신뢰성을 높인다고 생각한다.	○	○
38	나는 실험정신이 투철하다.	○	○
39	끊임없이 변화하고 환경에 적응을 잘한다.	○	○
40	보람된 삶을 사는 것이 인생의 목표다.	○	○
41	나의 주장과 반대되는 의견이 있을 시 배척한다.	○	○
42	내가 목표로 한 바에 대해 정확한 피드백을 할 수 있다.	○	○
43	내가 가지고 있는 흥미가 무엇인지 이해하고 있다.	○	○
44	직무에 대한 구체적인 정보를 가지고 있다.	○	○
45	나를 가로막고 있는 것이 무엇인지 알고 있다.	○	○
46	공정하게 경쟁하는 것을 즐긴다.	○	○
47	직업 선택에 있어서 경제적인 보상을 우선순위에 둔다.	○	○
48	계획을 세운 것은 반드시 실천한다.	○	○
49	나는 미래에 대한 단기, 중기, 장기 목표를 세웠다.	○	○

번호	질문	Yes	No
50	타인과의 협상 및 설득에 능하다.	○	○
51	일을 저돌적으로 밀어붙이는 면이 있다.	○	○
52	어느 모임에서든 중요한 역할을 한다.	○	○
53	남에게 없는 나만의 매력이 있다.	○	○
54	다른 사람에게 나의 장점을 어필할 수 있다.	○	○
55	상대가 나를 존중하지 않으면 일을 제대로 하지 않는다.	○	○
56	생각이 기발하다는 말을 종종 듣는다.	○	○
57	좋고 싫음의 구분이 분명하다.	○	○
58	전망이 어둡다고 판단되면 생각을 접는다.	○	○
59	주변에서 나에게 거는 기대가 크다.	○	○
60	그래프를 분석하고 도표를 작성하는 업무는 즐겁다.	○	○
61	주변 사람의 단점이나 잘못된 행동을 보면 지적한다.	○	○
62	미래에 대한 명확한 기준을 가지고 있다.	○	○
63	복잡한 일일수록 천천히 한다.	○	○
64	모르는 사람과는 어울리기 힘들다.	○	○
65	그룹과 단체보다는 나를 중시한다.	○	○
66	기존 방식이나 관습을 따를 필요는 없다.	○	○
67	맡은 임무에 대해서는 끝까지 책임지고 해낸다.	○	○
68	감정 조절이 힘든 편이다.	○	○
69	다양한 분야에 관심이 많다.	○	○
70	몸에 무리가 가는 일을 하지 않는다.	○	○
71	여러 사람을 만나는 것이 부담된다.	○	○
72	거짓말을 하지 못해 낭패를 본 적이 있다.	○	○
73	일을 할 때 산만한 편이다.	○	○
74	때로 죽고 싶을 때가 있다.	○	○
75	가족을 선택할 수 있다면 다른 부모를 만나고 싶다.	○	○
76	살면서 거짓말을 해본 적이 거의 없다.	○	○
77	남의 물건을 슬쩍 가져온 경험이 있다.	○	○
78	이유 없이 불안한 생각이 들 때가 있다.	○	○
79	어떤 사안을 결정할 때에는 다수결 원칙을 따른다.	○	○
80	질서와 준칙을 지키는 것이 좋다.	○	○
81	나와 생각이 다른 사람과의 언쟁에서는 반드시 이기는 편이다.	○	○

번호	질문	Yes	No
82	편한 사람과 나누는 저속한 대화를 즐긴다.	○	○
83	난민을 돕는 것은 인류로서 당연한 일이다.	○	○
84	기회가 된다면 봉사활동을 꾸준히 하고 싶다.	○	○
85	개인의 생활과 국가의 정치는 별개의 문제다.	○	○
86	통일은 후손을 위해 반드시 이루어야 할 과업이다.	○	○
87	지시를 따르기보다는 지시를 내리는 리더가 되고 싶다.	○	○
88	나와 관계가 틀어진 사람은 다시 보지 않는 편이다.	○	○
89	실현 불가능한 이상은 갖지 않는 것이 좋다.	○	○
90	나의 공적을 타인에게 내세우지 않는다.	○	○
91	다른 사람의 간섭을 받으며 일하는 것이 싫다.	○	○
92	혼자 있기보다는 밖에서 친구를 만나는 일이 더 좋다.	○	○
93	사색과 독서를 즐긴다.	○	○
94	신경에 거슬리면 겉으로 짜증을 드러낸다.	○	○
95	처음 보는 사람에게 거리낌 없이 말을 건넬 수 있다.	○	○
96	회사의 부당한 업무 강제, 부도덕한 행태를 고발할 수 있다.	○	○
97	오래 고민하지 않고 결정하는 편이다.	○	○
98	갈등이 생기더라도 솔직하게 말하는 것이 낫다.	○	○
99	자유로운 몽상가라는 말을 듣는다.	○	○
100	단계적으로 일하는 것이 좋다.	○	○

02 • 동의 척도 표시형

[01~59] 다음 질문을 읽고 ①~⑤ 중 자신에게 가장 가까운 것 하나에 체크하시오.

01 부정적인 생각을 자주 한다.

① 전혀 그렇지 않다.　② 그렇지 않다.　③ 보통이다.　④ 그렇다.　⑤ 매우 그렇다.

02 일보다 사람의 관계가 우선이다.

① 전혀 그렇지 않다.　② 그렇지 않다.　③ 보통이다.　④ 그렇다.　⑤ 매우 그렇다.

03 남이 나를 어떻게 생각하는지는 중요하지 않다.

① 전혀 그렇지 않다.　② 그렇지 않다.　③ 보통이다.　④ 그렇다.　⑤ 매우 그렇다.

04 타인의 마음을 꿰뚫어 볼 수 있다.

① 전혀 그렇지 않다.　② 그렇지 않다.　③ 보통이다.　④ 그렇다.　⑤ 매우 그렇다.

05 혼자 있는 것을 좋아하지 않는다.

① 전혀 그렇지 않다.　② 그렇지 않다.　③ 보통이다.　④ 그렇다.　⑤ 매우 그렇다.

06 느림보라는 말을 종종 듣는다.

① 전혀 그렇지 않다.　② 그렇지 않다.　③ 보통이다.　④ 그렇다.　⑤ 매우 그렇다.

07 생각에서 끝나는 경우가 많다.

① 전혀 그렇지 않다.　② 그렇지 않다.　③ 보통이다.　④ 그렇다.　⑤ 매우 그렇다.

08 권력에 대한 욕구가 있다.

① 전혀 그렇지 않다.　② 그렇지 않다.　③ 보통이다.　④ 그렇다.　⑤ 매우 그렇다.

09 도전하지 않으면 얻을 수 없는 것이 많다.

① 전혀 그렇지 않다.　② 그렇지 않다.　③ 보통이다.　④ 그렇다.　⑤ 매우 그렇다.

10 외향적 성격이라고 생각한다.

① 전혀 그렇지 않다.　② 그렇지 않다.　③ 보통이다.　④ 그렇다.　⑤ 매우 그렇다.

11 준비 없는 일에는 뛰어들지 않는다.

① 전혀 그렇지 않다.　② 그렇지 않다.　③ 보통이다.　④ 그렇다.　⑤ 매우 그렇다.

12 성격이 온순하고 다감한 편이다.

① 전혀 그렇지 않다.　② 그렇지 않다.　③ 보통이다.　④ 그렇다.　⑤ 매우 그렇다.

13 나에게 필요한 것은 결정력이다.

① 전혀 그렇지 않다.　② 그렇지 않다.　③ 보통이다.　④ 그렇다.　⑤ 매우 그렇다.

14 항상 결과를 생각하며 행동한다.

① 전혀 그렇지 않다.　② 그렇지 않다.　③ 보통이다.　④ 그렇다.　⑤ 매우 그렇다.

15 타인의 실수와 잘못에 관대하다.

① 전혀 그렇지 않다.　② 그렇지 않다.　③ 보통이다.　④ 그렇다.　⑤ 매우 그렇다.

16 누구와도 잘 어울릴 자신이 있다.

① 전혀 그렇지 않다.　② 그렇지 않다.　③ 보통이다.　④ 그렇다.　⑤ 매우 그렇다.

17 매사에 조용한 편이라고 생각한다.

① 전혀 그렇지 않다.　② 그렇지 않다.　③ 보통이다.　④ 그렇다.　⑤ 매우 그렇다.

18 시간약속을 잘 지킨다.

① 전혀 그렇지 않다.　② 그렇지 않다.　③ 보통이다.　④ 그렇다.　⑤ 매우 그렇다.

19 낯선 곳을 여행하는 일은 즐겁다.

① 전혀 그렇지 않다.　② 그렇지 않다.　③ 보통이다.　④ 그렇다.　⑤ 매우 그렇다.

20 매사에 조심하는 성격이다.

① 전혀 그렇지 않다.   ② 그렇지 않다.   ③ 보통이다.   ④ 그렇다.   ⑤ 매우 그렇다.

21 활달하고 외향적인 성격이다.

① 전혀 그렇지 않다.   ② 그렇지 않다.   ③ 보통이다.   ④ 그렇다.   ⑤ 매우 그렇다.

22 행동과 동작이 빠른 편이다.

① 전혀 그렇지 않다.   ② 그렇지 않다.   ③ 보통이다.   ④ 그렇다.   ⑤ 매우 그렇다.

23 노력은 절대 배신하지 않는다고 생각한다.

① 전혀 그렇지 않다.   ② 그렇지 않다.   ③ 보통이다.   ④ 그렇다.   ⑤ 매우 그렇다.

24 시간 계획을 세우는 것을 좋아한다.

① 전혀 그렇지 않다.   ② 그렇지 않다.   ③ 보통이다.   ④ 그렇다.   ⑤ 매우 그렇다.

25 다른 사람과 공유한 비밀은 절대 누설하지 않는다.

① 전혀 그렇지 않다.   ② 그렇지 않다.   ③ 보통이다.   ④ 그렇다.   ⑤ 매우 그렇다.

26 남에게 지는 것을 싫어한다.

① 전혀 그렇지 않다.   ② 그렇지 않다.   ③ 보통이다.   ④ 그렇다.   ⑤ 매우 그렇다.

27 내 의견을 피력하는 데 주저함이 없다.

① 전혀 그렇지 않다.   ② 그렇지 않다.   ③ 보통이다.   ④ 그렇다.   ⑤ 매우 그렇다.

28 결정하는 데 시간이 오래 걸린다.

① 전혀 그렇지 않다.   ② 그렇지 않다.   ③ 보통이다.   ④ 그렇다.   ⑤ 매우 그렇다.

29 하나 이상의 취미를 가지고 있다.

① 전혀 그렇지 않다.   ② 그렇지 않다.   ③ 보통이다.   ④ 그렇다.   ⑤ 매우 그렇다.

30 내가 책임질 수 없는 일은 하지 않는다.

① 전혀 그렇지 않다.　② 그렇지 않다.　③ 보통이다.　④ 그렇다.　⑤ 매우 그렇다.

31 말과 행동이 일치하지 않는다.

① 전혀 그렇지 않다.　② 그렇지 않다.　③ 보통이다.　④ 그렇다.　⑤ 매우 그렇다.

32 남들과는 차별성을 두고 싶다.

① 전혀 그렇지 않다.　② 그렇지 않다.　③ 보통이다.　④ 그렇다.　⑤ 매우 그렇다.

33 오늘 할 일은 오늘 한다.

① 전혀 그렇지 않다.　② 그렇지 않다.　③ 보통이다.　④ 그렇다.　⑤ 매우 그렇다.

34 처음 만나는 사람과도 잘 어울린다.

① 전혀 그렇지 않다.　② 그렇지 않다.　③ 보통이다.　④ 그렇다.　⑤ 매우 그렇다.

35 생각을 깊게 오래 한다.

① 전혀 그렇지 않다.　② 그렇지 않다.　③ 보통이다.　④ 그렇다.　⑤ 매우 그렇다.

36 무엇이든 행동을 우선한다.

① 전혀 그렇지 않다.　② 그렇지 않다.　③ 보통이다.　④ 그렇다.　⑤ 매우 그렇다.

37 인간관계가 복잡하다.

① 전혀 그렇지 않다.　② 그렇지 않다.　③ 보통이다.　④ 그렇다.　⑤ 매우 그렇다.

38 자신이 없는 것은 도전하지 않는다.

① 전혀 그렇지 않다.　② 그렇지 않다.　③ 보통이다.　④ 그렇다.　⑤ 매우 그렇다.

39 주변 사람을 세심하게 살피고 배려한다.

① 전혀 그렇지 않다.　② 그렇지 않다.　③ 보통이다.　④ 그렇다.　⑤ 매우 그렇다.

40 부당한 일은 그냥 넘기지 않는다.

① 전혀 그렇지 않다.　② 그렇지 않다.　③ 보통이다.　④ 그렇다.　⑤ 매우 그렇다.

41 교통신호는 반드시 지킨다.

① 전혀 그렇지 않다.　② 그렇지 않다.　③ 보통이다.　④ 그렇다.　⑤ 매우 그렇다.

42 나태함과 무력감에 잘 빠진다.

① 전혀 그렇지 않다.　② 그렇지 않다.　③ 보통이다.　④ 그렇다.　⑤ 매우 그렇다.

43 활동적이기보다는 조용한 편이다.

① 전혀 그렇지 않다.　② 그렇지 않다.　③ 보통이다.　④ 그렇다.　⑤ 매우 그렇다.

44 여럿이 다니는 것보다 혼자 자유롭게 다니는 것이 좋다.

① 전혀 그렇지 않다.　② 그렇지 않다.　③ 보통이다.　④ 그렇다.　⑤ 매우 그렇다.

45 정치적인 발언을 하는 것은 국민으로서 자연스러운 일이다.

① 전혀 그렇지 않다.　② 그렇지 않다.　③ 보통이다.　④ 그렇다.　⑤ 매우 그렇다.

46 나와 뜻이 맞지 않는 사람과는 대화를 나누지 않는다.

① 전혀 그렇지 않다.　② 그렇지 않다.　③ 보통이다.　④ 그렇다.　⑤ 매우 그렇다.

47 내가 속한 팀에서 인정받기 위해 늘 노력한다.

① 전혀 그렇지 않다.　② 그렇지 않다.　③ 보통이다.　④ 그렇다.　⑤ 매우 그렇다.

48 회사 동료와 개인적인 친분을 오래 유지할 수 있다.

① 전혀 그렇지 않다.　② 그렇지 않다.　③ 보통이다.　④ 그렇다.　⑤ 매우 그렇다.

49 상사에게 업무와 복지에 대한 고충을 이야기할 수 있다.

① 전혀 그렇지 않다.　② 그렇지 않다.　③ 보통이다.　④ 그렇다.　⑤ 매우 그렇다.

50 주변 소음과 움직임에 민감한 편이다.

① 전혀 그렇지 않다.　② 그렇지 않다.　③ 보통이다.　④ 그렇다.　⑤ 매우 그렇다.

51 어려운 일이 닥칠 때 대처할 수 있는 나만의 방식이 있다.

① 전혀 그렇지 않다.　② 그렇지 않다.　③ 보통이다.　④ 그렇다.　⑤ 매우 그렇다.

52 가족 및 종교 등의 개인적인 활동보다 회사 업무가 우선이다.

① 전혀 그렇지 않다.　② 그렇지 않다.　③ 보통이다.　④ 그렇다.　⑤ 매우 그렇다.

53 복권 1등에 당첨되면 회사를 그만둔다.

① 전혀 그렇지 않다.　② 그렇지 않다.　③ 보통이다.　④ 그렇다.　⑤ 매우 그렇다.

54 직장 내 화목한 문화가 형성되도록 노력한다.

① 전혀 그렇지 않다.　② 그렇지 않다.　③ 보통이다.　④ 그렇다.　⑤ 매우 그렇다.

55 친한 동료에게 개인적인 고민을 털어놓을 수 있다.

① 전혀 그렇지 않다.　② 그렇지 않다.　③ 보통이다.　④ 그렇다.　⑤ 매우 그렇다.

56 시간 약속을 철저하게 지키는 것은 사회생활의 기본이다.

① 전혀 그렇지 않다.　② 그렇지 않다.　③ 보통이다.　④ 그렇다.　⑤ 매우 그렇다.

57 혈액형에 따른 특질과 성향을 믿는 편이다.

① 전혀 그렇지 않다.　② 그렇지 않다.　③ 보통이다.　④ 그렇다.　⑤ 매우 그렇다.

58 내가 저지른 잘못을 인정하고 사과하는 것은 어려운 일이다.

① 전혀 그렇지 않다.　② 그렇지 않다.　③ 보통이다.　④ 그렇다.　⑤ 매우 그렇다.

59 기한 내 마치치 못한 업무는 야근이나 특근을 해서라도 끝마친다.

① 전혀 그렇지 않다.　② 그렇지 않다.　③ 보통이다.　④ 그렇다.　⑤ 매우 그렇다.

03 • Most / Least 정도 선택형

[01~34] 다음 각 질문의 ①~④ 중 자신과 가장 가까운 것은 M을 선택하고, 가장 먼 것은 L을 선택하시오.

01
① 나는 어른에 대한 예의를 중시한다.
② 나는 형식보다는 편안함을 추구한다.
③ 나는 다른 사람의 잘못을 솔직하게 지적한다.
④ 나는 개방적이고 자유로운 사고를 가지고 있다.

| M | ① ② ③ ④ |
| L | ① ② ③ ④ |

02
① 나는 공과를 겉으로 드러내지 않는다.
② 나는 개인의 장점에 따라 업무를 배분해야 한다고 생각한다.
③ 나는 상사의 부당한 지시에 대해 정중하게 거부할 수 있다.
④ 나는 업무에 대해 대화보다는 메신저로 소통하는 것이 편하다.

| M | ① ② ③ ④ |
| L | ① ② ③ ④ |

03
① 나는 독서보다는 영화 감상을 즐긴다.
② 나는 직접 운동하는 것보다 관람하는 것이 좋다.
③ 나는 꾸준히 하는 한 가지 이상의 취미가 있다.
④ 나는 호기심이 많아 취미를 자주 바꾼다.

| M | ① ② ③ ④ |
| L | ① ② ③ ④ |

04
① 나는 타인의 지적에 불편하게 대응한다.
② 나는 경쟁을 통해 발전할 수 있다고 생각한다.
③ 나는 혼자 하는 일보다는 협력하는 일이 좋다.
④ 나는 다른 사람에게 불편한 말을 못 한다.

| M | ① ② ③ ④ |
| L | ① ② ③ ④ |

05
① 나는 데이터를 찾아보며 일하는 것이 좋다.
② 나는 직접 경험하며 체득하는 일이 좋다.
③ 나는 겪어보지 않은 지식은 믿지 않는다.
④ 나는 통계자료를 분석하는 일이 어렵다.

| M | ① ② ③ ④ |
| L | ① ② ③ ④ |

06
① 나는 조급함보다는 느긋함을 추구한다.
② 나는 세부적인 계획을 세우고 일을 시작한다.
③ 나는 상황에 따라 계획을 유동적으로 수정한다.
④ 나는 타이트하게 기한을 정하는 것이 익숙하다.

| M | ① ② ③ ④ |
| L | ① ② ③ ④ |

07
① 나는 이성보다 감성에 따른다.
② 나는 논리적으로 사고한다.
③ 나는 메모하는 습관이 있다.
④ 나는 금전관리를 철저히 한다.

M	① ② ③ ④
L	① ② ③ ④

08
① 나는 주변의 반응에 둔감하다.
② 나는 타인의 말에 쉽게 반응한다.
③ 나는 반대 의견을 잘 설득한다.
④ 나는 내 주장을 끝까지 관철한다.

M	① ② ③ ④
L	① ② ③ ④

09
① 나는 동성인 동료가 더 많은 것이 좋다.
② 나는 동갑인 동료와 친구로 지낼 수 있다.
③ 나는 나보다 나이가 적은 상사를 깍듯이 대한다.
④ 나는 나이와 성별 관계 없이 편하게 일할 수 있다.

M	① ② ③ ④
L	① ② ③ ④

10
① 나는 정기적으로 기부하는 기관이 있다.
② 나는 재난 및 참사 시 기부 또는 봉사활동을 한다.
③ 나는 난민의 수용을 거부한다.
④ 나는 사회적 약자를 위해 희생할 수 있다.

M	① ② ③ ④
L	① ② ③ ④

11
① 나는 동성애자인 동료를 편하게 대할 수 있다.
② 나는 개성이 강한 사람과 지내는 것이 불편하다.
③ 나는 사내 연애에 대해 부정적이다.
④ 나는 부서 이동이 활발한 회사가 좋다.

M	① ② ③ ④
L	① ② ③ ④

12
① 나는 우리나라는 외모지상주의가 심하다고 생각한다.
② 나는 계획보다는 행동이 우선한다.
③ 나는 정해진 계획을 벗어나면 불안하다.
④ 나는 상황에 따라 기한을 유동적으로 수정한다.

M	① ② ③ ④
L	① ② ③ ④

13
① 나는 공동의 성과를 위해 내 이익을 양보할 수 있다.
② 나는 업무 시간 내 마치지 못할 일은 하지 않는다.
③ 나는 형식적인 회의는 하지 않는 것이 낫다고 생각한다.
④ 나는 자유로운 분위기가 업무능력 향상에 도움이 된다고 생각한다.

M	① ② ③ ④
L	① ② ③ ④

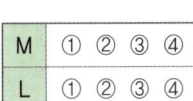

14
① 나는 스트레스를 푸는 나만의 방법이 있다.
② 나는 평소 술을 즐겨 마시지 않는다.
③ 나는 친구들과 모일 때는 식사보다 술을 마신다.
④ 나는 직장 내 회식 문화는 사라져야 한다고 생각한다.

| M | ① ② ③ ④ |
| L | ① ② ③ ④ |

15
① 나는 성공한 삶을 위해 남들보다 노력한다.
② 나는 매너리즘에 빠질 때가 많다.
③ 나는 익숙함이 나태함의 지름길이라고 생각한다.
④ 나는 스스로 게을러지지 않기 위해 항상 단련한다.

| M | ① ② ③ ④ |
| L | ① ② ③ ④ |

16
① 나는 시간이 오래 걸려도 매사 꼼꼼하게 일한다.
② 나는 업무 기한을 위해 일정 부분은 포기하고 넘어간다.
③ 나는 후배 직원의 실수를 일일이 지적한다.
④ 나는 상사라도 잘못된 언행은 바로잡는다.

| M | ① ② ③ ④ |
| L | ① ② ③ ④ |

17
① 나는 내 기분을 겉으로 잘 드러내지 않는다.
② 나는 기분이 상하면 표정으로 나타난다.
③ 나는 공사를 구분하면서 감정을 표출한다.
④ 나는 내 기분보다 타인의 기분을 맞추려고 애쓴다.

| M | ① ② ③ ④ |
| L | ① ② ③ ④ |

18
① 나는 타인과의 갈등 해결 뒤에는 뒤끝이 없다.
② 나는 서운한 일은 마음에 담아두는 편이다.
③ 나는 불만을 참았다가 한번에 터뜨리는 편이다.
④ 나는 나와 맞지 않는 사람과 거리를 둔다.

| M | ① ② ③ ④ |
| L | ① ② ③ ④ |

19
① 나는 타인의 행동과 기분을 잘 분석한다.
② 나는 다른 사람의 말을 잘 신경 쓰지 않는다.
③ 나는 주변에 휘둘리지 않고 신념을 지킨다.
④ 나는 의사결정을 빨리하는 편이다.

| M | ① ② ③ ④ |
| L | ① ② ③ ④ |

20
① 나는 정치 성향이 다른 사람과도 친하게 지낸다.
② 나는 변화보다는 안정을 추구한다.
③ 나는 직장을 위해 거주지를 옮길 수 있다.
④ 나는 프로젝트를 위해 주말을 포기할 수 있다.

| M | ① ② ③ ④ |
| L | ① ② ③ ④ |

21
① 나는 여러 사람과 함께하는 일에서는 불만을 표현하지 않는다.
② 나는 내가 앞서서 해야 하는 일은 별로 하고 싶지 않다.
③ 나는 동료나 리더의 의견에 전적으로 따르는 편이다.
④ 나는 리더라면 팀원의 성향대로 일을 배분해야 한다고 생각한다.

M	① ② ③ ④
L	① ② ③ ④

22
① 나는 평소 존경하는 인물이나 롤모델이 있다.
② 나는 자기계발 서적을 즐겨 읽는다.
③ 나는 베스트셀러보다는 작가 위주로 찾아 읽는다.
④ 나는 대형서점에서 시간을 보내는 것이 좋다.

M	① ② ③ ④
L	① ② ③ ④

23
① 나는 돌려 말하지 않고 직설적으로 말한다.
② 나는 선의의 거짓말이 가끔은 필요하다고 생각한다.
③ 나는 조직 내 규율과 준칙은 반드시 지키는 편이다.
④ 나는 혼자 하는 일보다 협력하는 일이 더 좋다.

M	① ② ③ ④
L	① ② ③ ④

24
① 나는 새로운 장소에 가보는 것이 좋다.
② 나는 손으로 조립하고 만드는 일을 좋아한다.
③ 나는 레시피를 찾아 요리하는 것보다 외식이 편하다.
④ 나는 유명한 장소보다는 숨겨진 오지가 좋다.

M	① ② ③ ④
L	① ② ③ ④

25
① 나는 합리적인 성격이라고 생각한다.
② 나는 감정이 격해지면 폭언하는 경향이 있다.
③ 나는 기분이 나빠도 속으로 삭이려고 한다.
④ 나는 막연한 불안으로 잠을 설칠 때가 있다.

M	① ② ③ ④
L	① ② ③ ④

26
① 나는 시계 초침 소리에 예민한 편이다.
② 나는 잠잘 때 이어플러그나 안대를 종종 사용한다.
③ 나는 전화 응대가 많은 업무는 피하고 싶다.
④ 나는 조용히 몰두하는 일이 적성에 맞는다.

M	① ② ③ ④
L	① ② ③ ④

27
① 나는 많은 사람들 앞에서 이야기하는 것을 즐긴다.
② 나는 주로 모임을 주최하는 역할을 맡는다.
③ 나는 민원인을 친절하게 응대할 수 있다.
④ 나는 곤란한 상황에 처한 동료를 외면할 수 없다.

M	① ② ③ ④
L	① ② ③ ④

28
① 나는 쓸데없이 고민이 많다는 말을 듣는다.
② 나는 걱정 없이 편하게 산다는 말을 듣는다.
③ 나는 부모님 말씀은 틀리지 않다고 생각한다.
④ 나는 주관대로 행동하는 것이 옳다고 생각한다.

M	① ② ③ ④
L	① ② ③ ④

29
① 나는 두루두루 무난하고 원만한 성격이다.
② 나는 성격이 까다롭고 모난 구석이 있다.
③ 나는 학창시절 왕따를 당하거나 친구를 따돌렸던 적이 있다.
④ 나는 필요한 경우 집회 등에 참가해서 사회적으로 목소리를 낸다.

M	① ② ③ ④
L	① ② ③ ④

30
① 나는 날씨에 따라 신체 리듬이 달라진다.
② 나는 여행지에서는 쉽게 잠들지 못하는 편이다.
③ 나는 한번 잠들면 업어가도 모를 만큼 깊이 잔다.
④ 나는 새벽에 잠을 자주 깨고 꿈도 많이 꾼다.

M	① ② ③ ④
L	① ② ③ ④

31
① 나는 빈부격차는 해소할 수 없다고 생각한다.
② 나는 재벌은 없어져야 한다고 생각한다.
③ 나는 투명한 사회를 위해 내부고발이 필요하다고 생각한다.
④ 나는 경영능력이 없는 사람은 기업을 운영해서는 안 된다고 생각한다.

M	① ② ③ ④
L	① ② ③ ④

32
① 나는 직장 내 성차별을 목격하면 고발할 수 있다.
② 나는 상사의 부당한 언행에 대해 대응할 수 있다.
③ 나는 동료의 험담이나 수군거림에 반응하지 않는다.
④ 나는 상사에게 일을 게을리하는 동료를 말할 수 있다.

M	① ② ③ ④
L	① ② ③ ④

33
① 나는 한번 맡은 일은 끝까지 책임진다.
② 나는 내가 해결할 수 없는 일은 아예 수락하지 않는다.
③ 나는 적성에 맞지 않으면 바로 이직을 알아본다.
④ 나는 회사에 말하지 않고 야간에 다른 일을 겸할 수 있다.

M	① ② ③ ④
L	① ② ③ ④

34
① 나는 다른 사람이 나와 같은 물건을 쓰는 것이 싫다.
② 나는 혼자 쇼핑하는 것이 편하다.
③ 나는 번화가보다 한적한 길을 거니는 것이 좋다.
④ 나는 휴양지에서 편히 쉬는 것보다 관광지를 돌아다니는 것이 좋다.

M	① ② ③ ④
L	① ② ③ ④

Part 1

직업기초능력평가 정답과 해설

Chapter 01 의사소통능력

FINISH
기출 · 예상문제 마무리

본문 054p

01	02	03	04	05	06	07	08	09	10
③	②	③	①	③	①	⑤	⑤	⑤	③
11	12	13	14	15	16	17	18	19	20
④	④	④	⑤	①	⑤	①	④	③	⑤
21	22	23	24	25	26	27	28	29	30
③	②	②	④	②	④	②	③	②	②
31	32	33							
⑤	③	①							

01 [문서이해능력] 표준발음법 이해하기

정답 ③

해설
다만 4에서 조사 '의'는 [ㅔ]로 발음함도 허용한다고 했으므로, '가정의'의 발음은 [가정의/가정에]가 옳다.

 Plus 해설
① '예, 례'는 [예, 례]로 발음한다.
② '예, 례' 이외의 'ㅖ'는 [ㅔ]로도 발음한다.
④ 단어의 첫음절 이외의 '의'는 [ㅣ]로 발음할 수 있다.
⑤ 자음을 첫소리로 가지고 있는 음절의 'ㅢ'는 [ㅣ]로 발음한다.

02 [문서이해능력] 어휘 의미 파악하기

정답 ②

해설
형용사 '성마르다'는 '참을성이 없고 성질이 조급하다'는 의미이다.

 Plus 해설
① 가즈럽다 : 가진 것도 없으면서 가진 체하며 뻐기는 티가 있다는 뜻이다.
③ 무사(無邪)하다 : 사심(邪心)이나 악의가 없다는 뜻이다.
　무사(無私)하다 : 사사로움이 없이 공정하다는 뜻이다.
④ 저어하다 : 익숙하지 않아 서름서름하거나 의견이 맞지 않아 조금 서먹하다는 뜻이다.

03 [문서작성능력] 문단 배열하기

정답 ③

해설
글의 맨 처음에는 환경에 대한 사회적 관심이 고조되고 있는 상황임을 언급하고 있는 (나)가 오는 것이 가장 적절하다. (나)의 마지막 부분에서 그린본드가 언급되었으므로, (나)의 뒤에는 그린본드에 관한 설명이 제시된 (다)가 나와야 한다. 마지막으로 그린본드의 전망을 언급하고 있는 (가)가 와야 한다. 따라서 정답은 (나)-(다)-(가)이다.

04 [문서이해능력] 세부 내용 파악하기

정답 ①

해설
원서 접수는 인터넷 원서접수처에서 온라인으로 접수할 수 있다. 공단 방문, 이메일, 우편접수는 불가능하다.

05 [문서이해능력] 세부 내용 파악하기

정답 ③

해설
신입/전산 부문은 성별, 학력, 전공에는 제한이 없으나, 관련 자격증을 소지해야 한다. 신입/전산 부문에 지원한 이현민 지원자는 전산 관련 자격증이 없으므로 지원 자격에 맞지 않는다.

06 [문서이해능력] 기사 내용 파악하기

정답 ①

해설
3문단 두 번째 문장을 보면, 기획공모는 최대 1,500만 원(자부담 10%)을 지원하지만, '지역의 특성을 반영한 상품 개발'의 경우 최대 2,500만 원(자부담 10%)까지 지원한다고 나와 있으므로 틀린 설명이다.

Plus 해설
②, ③ 5문단에서 확인할 수 있는 내용이다.
④ 1문단 두 번째 줄에서 알 수 있는 내용이다.
⑤ 4문단에서 알 수 있다.

07 [문서이해능력] 글의 내용 이해하기

정답 ⑤

해설
2문단 두 번째 문장에서 알 수 있다.

08 [문서이해능력] 글의 적절한 제목 찾기

정답 ⑤

해설
윗글은 첫 문단의 스마트 스테이션의 개념 및 기능을 도입부로 하여 서울교통공사가 서울 지하철 전역을 스마트 스테이션으로 탈바꿈한다는 내용을 알리는 글을 전개하고 있다.

Plus 해설
4차 산업혁명 기술을 적용한 도시철도 혁신 전략 중 스마트 스테이션을 중심으로 글을 전개하고 있다. 따라서 '① 서울교통공사의 도시철도 혁신 전략'이나 '② 도시철도 내 4차 산업혁명 기술 적용'은 지나치게 포괄적이다.
스마트 스테이션 도입에 따른 안전과 보안, 운영 효율 향상에 대한 내용은 서울교통공사의 스마트 스테이션 도입 타당성과 실효성을 뒷받침하기 위한 부연 설명에 불과하다. 따라서 '③ 스마트 스테이션의 기능 및 활용 방안'은 글의 중심이 되는 논제가 되기에 역부족이다.
④ 5호선 군자역에 스마트 스테이션을 시범 운영한 사례가 나오긴 했지만, 다른 사례와 비교 및 분석되며 글이 전개되고 있지 않다.

09 [문서이해능력] 글의 내용 추론하기

정답 ⑤

해설
제시된 글의 첫 문단에서 설명한 스마트 스테이션의 정의와 글의 전체 내용을 통해 올바로 추론할 수 있는 내용은 ⑤이다.

Plus 해설
① 5호선 군자역에서 스마트 스테이션을 시범 구축한 결과 역사 순회시간과 돌발상황 대응시간이 단축되었다는 내용은 맞지만 제한 구역 내 무단 침입, 역사 화재 등이 발생했을 때 실시간으로 알 수 있는 혁신 기술이 이미 적용되고 있는지는 추론할 수 없다.
② 3문단 내 마지막 문장인 '또한 시설물 장애 등에 빠르게 대응할 수 있도록 각 부서에서 운용 중인 IoT 단말 수집 정보를 표준화하고 …'를 통해서 보기 ② 내 'IoT 센서를 통해 부서별 정보를 표준화한다면 긴급 상황에 신속하게 대처할 수 있을' 것이라는 추론은 가능하지만, '타 부서 업무까지 효율적으로 관리할 수 있다.'는 지문 내 근거를 찾을 수 없는 지나치게 확대된 추론이므로 적절하지 않다.
③ 5문단의 '선로 시설물을 점검하기 위해 열차운행이 종료될 때까지 기다리지 않아도 된다'를 통해 점검 시간의 제약이 있었다는 내용은 추론할 수 있지만 작업자의 감각에 의존한 점검 등의 한계가 있었다는 내용은 글을 통해 추론할 수 없다.
④ 5문단을 통해 전동차의 고장 징후를 사전에 인지할 수 있는 분석 시스템을 구축할 예정이라는 내용은 알 수 있지만, 이 내용만으로 기존의 기계 시설물 점검 방식이 사후 조치 및 정기 점검 방식에 의존하고 있었다고 추론하기는 어렵다.

10 [문서이해능력] 글의 흐름 파악하기

정답 ③

해설
제시된 글에서는 지능형 CCTV가 스마트 스테이션이 하나의 시스템을 통해 유기적으로 기능하도록 하는 효율적인 도구로 서술하고 있다. 따라서 (다)의 지능형 CCTV의 활용 시 주의해야 하는 개인정보 보호에 대한 과제 언급은 글의 내용과 어울리지 않는다.

11 [문서이해능력] 동음이의어 의미 구분하기

정답 ④

해설
(가)와 (마)의 '공사'는 서울교통공사를 의미한다. 따라서 국가적 사업을 수행하기 위해 설립된 공공 기업체를 뜻하는 공사(公社)로 표기해야 한다.

Plus 해설
• 공사(工事) : 토목이나 건축 등에 관한 일
• 공사(公事) : 국가나 공공단체의 일

12 [문서작성능력] 문단 배열하기

정답 ④

해설
㉠의 '한편~', ㉢의 '이 두 정의에서 알 수 있듯이~'라는 표현으로 보아 ㉡과 ㉣문단이 맨 처음에 올 수 있다. 워서와 챈들러가 기업의 사회적 책임을 기업이 제품이나 서비스를 소비자들에게 전달하는 '과정'인 동시에 사회에서 기업 활동의 정당성을 유지하기 위한 방안이며 '목표'라고 정의한 이유에 대해 설명하는 ㉣은 워서와 챈들러의 기업의 사회적 책임의 정의를 설명하는 ㉡의 뒤에 와야 하고, ㉢의 '이 두 정의에서 알 수 있듯이~'라는 표현으로 보아 ㉠의 유럽연합(EU) 집행위원회는 기업의 사회적 책임에 대한 정의의 설명 뒤에 올 수 있다. 따라서 ㉡-㉣-㉠-㉢이 옳은 순서이다.

팩트기출 NCS 통합기본서 **정답과 해설**

13 [문서이해능력] 글의 내용 파악하기

정답 ④

해설
ⓒ문단의 마지막 문장을 통해 '기업의 사회적 책임은 기업의 목적이나 비전과 경쟁 관계에 있는 것이 아니다.'라는 것을 알 수 있다.

Plus 해설
① ⓔ문단을 통해서 확인할 수 있다.
② ⓒ문단을 통해서 확인할 수 있다.
③ ⓛ문단을 통해서 확인할 수 있다.
⑤ ⓙ문단을 통해서 확인할 수 있다.

14 [문서이해능력] 글의 전개방식 파악하기

정답 ⑤

해설
2문단에 표준시의 필요성이 대두되게 된 배경이 나타나 있으며, 3문단에 표준시의 도입 과정이 나와 있다. 4문단에서 그에 따른 의의를 설명하고 있다.

Plus 해설
① 표준시를 일정한 기준에 따라 나누지 않았고, 단점 또한 열거되어 있지 않다.
② 표준시에 적용된 과학적 원리와 역사적 변천 둘 다 나와 있지 않다.
③ 표준시의 도입에 따른 문제점에 대해 이야기하고 있지 않고, 대안 또한 나와 있지 않다.
④ 표준시가 한국에 처음 도입된 것은 고종의 대한제국 시기라고 나와 있다. 하지만 다른 나라의 사례들과 비교하고 있지는 않다.

15 [문서이해능력] 세부 내용 파악하기

정답 ①

해설
표준시가 생기기 전, 사람들은 그림자가 생기지 않는 정오를 시간의 기준점으로 삼았다. 이 기준점은 관측 지점마다 시간이 달라 문제점이 생겼고, 이러한 문제를 해결하기 위해 표준시가 생겼다.

Plus 해설
② 2문단 첫 번째 줄에서 알 수 있다.
③ 3문단 첫 번째 문장에서 알 수 있다.
④ 3문단 마지막 문장에서 알 수 있다.
⑤ 5문단 마지막 문장에서 알 수 있다.

16 [문서이해능력] 적절한 어휘 찾기

정답 ⑤

해설
'분위기를 띠고 있었고'에서 '띠다'는 '감정이나 기운 따위를 나타내다'라는 의미이다. 선택지에서 동일한 의미로 쓰인 것은 ⑤ '미소를 띤 채'의 '띠다'이다.

Plus 해설
① '추천서를 띠고'의 '띠다'는 '물건을 몸에 지니다'라는 의미이다.
② '전문성을 띠고'의 '띠다'는 '어떤 성질을 가지다'라는 의미이다.
③ '임무를 띠고'의 '띠다'는 '용무나 직책, 사명 따위를 지니다'라는 의미이다.
④ '홍조를 띠면서'의 '띠다'는 '빛깔이나 색채 따위를 가지다'라는 의미이다.

17 [문서이해능력] 문단 배열하기

정답 ①

해설
이런 유형의 문제는 우선 선택지를 확인한 후, 글의 맨 처음에 올 수 있는 경우와 처음에 올 수 없는 경우를 구별한다. 처음에 올 수 있는 경우는 일반적인 상황이나 개념 정의 등이 오게 되며, 지시어나 접속어로 시작하는 내용은 앞의 내용이 있어야 하므로 처음에 올 수 없다. 따라서 (마)가 가장 맨 앞에 위치한다. 그리고 (가)의 '이런 이질적인 개인의 삶과 ~ '라는 부분으로 미루어 '한 사람 한 사람 개성에 따라 살아가는 사람들의 삶', 즉 '이질적인 개인의 삶'을 말하는 (마)가 그 앞에 올 것이라는 짐작이 가능하다. 또한 외부 세계의 인식 방법을 말하는 (다)와 (라)가 앞과 뒤의 동등한 위상을 가진 것임을 보여주는 '또'라는 접속어를 중심으로 묶일 수 있다. (나)의 '따라서 ~'로 미루어 보아 (나)의 원인과 근거가 되는 (다)와 (라)가 그 앞에 올 것이라 생각할 수 있다.
따라서 적절한 배열은 (마)-(가)-(다)-(라)-(나)이다.

18 [문서이해능력] 글쓴이의 의견 파악하기

정답 ④

해설
4문단의 두 번째 문장 '여론조사 결과가 유권자들의 표심을 한쪽으로 몰리게 만들어 여론의 왜곡 현상을 초래한다는 비판 ~'을 통해 ④는 여론조사를 부정적으로 생각하는 측의 주장일 뿐, 글쓴이의 의견은 아니라는 사실을 알 수 있다. 또한 4문단의 세 번째 문장인 '여론조사 결과가 이후의 여론 동향에 영향을 미치는 것은 문제점이라고 보기 어렵다'는 내용을 통해서도 글쓴이는 ④를 크게 중요하게 여기지 않고 있음을 알 수 있다.

Plus 해설
① 제시된 글의 5문단에서 글쓴이는 여론조사가 국민의 알 권리를 충족시켜 주는 수단임을 근거로 여론조사의 필요성을 제기하고 있다.
② 3문단의 다섯 번째 문장 '어떤 여론조사든 정확한 결과를 콕 집어낼 수는 없기에 ~'라는 내용을 통해, 글쓴이는 '결과가 정확한 여론조사는 존재할 수 없다'는 생각을 하고 있음을 알 수 있다.
③ 4문단의 마지막 문장 '다수의 여론 지형 속에서 자신의 신념을 더욱 공고히 하거나 혹은 신념을 바꾸는 과정은 지극히 정상적인 여론 형성의 과정 ~'이라는 내용을 통해, 글쓴이는 '자신의 신념을 바꾸는 것은 이상한 것이 아니다.'는 생각을 하고 있음을 알 수 있다.
⑤ 3문단의 네 번째 문장 '여론조사 자체보다 결과를 보도하는 언론에 더 책임이 크다.'라는 내용과 마지막 문장을 통해, 글쓴이는 여론조사의 부정확성 문제보다 우열과 순위를 갈라 보도하는 언론사의 경마식 보도태도를 더 문제 삼고 있음을 알 수 있다.

19 [문서이해능력] 글의 주제 파악하기

정답 ③

해설
이 글은 2문단에서 포퍼의 '지적 정직함'에 대한 설명을 하고, 3문단에서 이런 생각을 사회 변혁을 설명하는 과정에 적용했다는 점을 말하고 있다. 4문단에서는 패러다임 개념으로 유명한 토머스 쿤이 과학 연구가 진행되는 방식에 대해 포퍼와는 다른 입장이었음을 설명하고, 마지막 문단에서 토머스 쿤의 과학관이 사회변혁에 확장될 수 있을지에 대한 고찰이 필요하다고 말하고 있다. 주제는 전체 내용을 포괄해야 하므로 쿤과 포퍼의 생각 차이와 사회 변혁에 어떻게 적용시킬지를 말하는 내용이 필요하므로 ③이 가장 적절하다.

PLUS TIP 글의 주제ㆍ중심내용 찾기
1. 단락별로 나뉘어 있을 때는 각 단락과 선택지를 하나씩 비교하면서 확인한다.
2. 글의 앞이나 마지막, 전환이 되는 접속어 등을 살펴보면서, 포인트가 되는 핵심어는 표시하면서 읽는다.

20 [문서이해능력] 세부 내용 파악하기

정답 ⑤

해설
마지막 문단을 보면 '쿤은 포퍼와 달리 자신의 철학적 입장을 철저하게 과학 연구를 설명하는 데 한정하였다.'라고 되어있으므로 ⑤는 쿤의 입장에 대한 설명이다.

Plus 해설
① 5문단의 마지막 문장 '그래서인지 과학의 역사를 보면 기존 패러다임에 익숙한 나이든 과학자보다 젊은 세대 과학자들이 ~'에서 확인할 수 있는 내용이다.
② 4문단을 종합해 보면, 쿤은 대안적 패러다임이 미해결 문제들을 잘 풀어내면 다수의 과학자들이 새로운 패러다임을 채택하면서 '과학혁명'이 일어난다고 주장한다.
③ 3문단의 세 번째 문장에서 '즉, 자유로운 토론을 통해 다양한 사회제도와 정치체제에 ~ 새로운 제도로 이행해야 하는 것이다.'라고 했으므로 맞는 내용이다.
④ 2문단의 마지막 부분을 종합해 보면, 포퍼는 아인슈타인의 강연에 참석한 일화를 소개하면서 아인슈타인의 정직한 모습을 보았다고 했다. 그러므로 아인슈타인도 '지적 정직함'을 갖고 있었다고 유추할 수 있다.

21 [문서이해능력] 어휘ㆍ어법 고쳐 쓰기

정답 ③

해설
ⓒ에 사용된 '오롯이'는 '모자람이 없이 온전하게'라는 뜻으로 문맥에 맞는 적절한 단어이다. 따라서 유의어인 '온전히'로 수정할 필요가 없다.

22 [문서이해능력] 유의어 이해하기

정답 ③

해설
제시된 지문을 보면 '모호하다'와 '애매하다'는 같은 의미로 사용되고, 국어 화자들이 두 단어를 합쳐서 '애매모호하다'라는 단어로도 사용하고 있으나, 국어 순화 차원에서 일본식 한자어인 '애매하다'는 되도록 사용하지 않기를 바란다고 이야기하고 있다. 아울러 고유어 '애매하다'는 일본식 한자어인 '애매하다'와는 의미가 다르다고 언급하고 있다. 선택지 중 ③은 고유어의 의미(아무 잘못 없이 꾸중을 듣거나 벌을 받아

억울하다)이고, 나머지는 모두 '희미하여 분명하지 아니하다.'라는 의미이다.

23 [문서이해능력] 문장·문단 배열하기

정답 ②

해설

제시된 글은 건강보험 부과 체계의 개편에 대해 말하고 있다. 따라서 전체적인 개편의 방향을 소개하고 있는 (라)가 첫 문단으로 가장 적절하다. (라)에서 개편의 방법과 효과를 알아보고자 하였으므로 (라)의 다음으로는 개편의 방법에 해당하는 (마)–(가)가 오는 것이 적절하다. 그리고 개편으로 인한 효과를 설명하는 (나), (다)가 오는 것이 적절한데, (다)가 부과 체계 개편의 의의를 다시 한 번 정리하고 있으므로 마지막 문단으로 적절하다. 따라서 논리적 순서에 맞게 배열한 것은 '② (라)–(마)–(가)–(나)–(다)'이다.

24 [문서이해능력] 세부 내용 파악하기

정답 ④

해설

4문단의 마지막 문장을 보면, HDA1 시스템은 '센서 인지 범위의 한계로 끼어드는 차량에 대한 대응이 늦은 편'이라고 되어 있으므로 ④의 내용은 옳지 않다.

 Plus 해설

① 3문단의 두 번째 문장인 '레벨 2 단계의 자율 주행 기술은 상용화에 근접했다.'에서 확인 가능하다.
② 2문단의 두 번째 문장인 '자율 주행은 기술화 수준에 따라 4단계로 구분된다.'에서 확인 가능하다.
③ 1문단의 마지막 문장인 '미국 시장조사 기관인 스타틱애널로지(SA)는 ~'에서 알 수 있는 내용이다.
⑤ 5문단의 마지막 문장인 '전방과 측방에 레이더를 추가로 장착해 갑자기 끼어드는 차량이 있을 경우 속도 제어를 통한 빠른 대응도 가능하다.'를 통해 확인 가능하다.

25 [문서이해능력] 자료 해석하기

정답 ②

해설

'스마트 팜 도입 장비' 표에 '공조기'는 나와 있지 않다. 따라서 H 씨가 공조기를 도입하여 사용하고 있다는 설명은 잘못되었다.

Plus 해설

① '기사 내용'의 2문단과, 3문단에 나와 있는 내용이다.
③ '기사 내용'의 2문단에 나와 있는 내용이다.

④ 'ICT 도입 목적' 그래프를 보면 알 수 있는 내용이다.
⑤ '기사 내용'의 3문단을 보면 알 수 있는 내용이다.

26 [문서이해능력] 법조문 파악하기

정답 ④

해설

제4조(등록대상재산) ②의 3의 바에서 금 제품은 소유자별 합계액이 500만 원 이상일 때 등록 대상에 해당됨을 확인할 수 있다. 따라서 700만 원의 금 제품은 등록 대상에 포함된다. 반면에 채무의 경우는 소유자별 합계액이 1천만 원 이상일 때 등록 대상에 해당하므로 소유자별 합계액 700만 원의 채무는 등록 대상에 포함되지 않는다.

Plus 해설

① 제5조(재산의 등록기관과 등록시기 등)의 내용을 보면 알 수 있는 내용이다.
② 제5조(재산의 등록기관과 등록시기 등)의 6, 7, 8에서 확인할 수 있는 내용이다.
③ 제4조(등록대상재산) 항목에 명시되어 있다.
⑤ 제4조(등록대상재산) ②의 3의 아, 자, 차 항목에서 확인할 수 있다.

27 [문서이해능력] 어휘의 뜻 이해하기

정답 ②

해설

빈칸 ㉠에는 '음주 운전을 했느냐, 하지 않았느냐'를 구분하는 의미의 단어가 들어가야 하므로, '판단하여 구별한다.'라는 뜻의 '판별(判別)'이 들어가야 한다. '판별' 말고도 '판단'이나 '판정'이란 단어가 들어갈 수 있다. 빈칸 ㉡에는 호흡을 통해 측정한 결과로 혈중 알코올 농도를 짐작하는 것이므로, 추측하여 그 결과를 판정한다는 뜻의 '추정(推定)'이 들어가야 한다.

Plus 해설

① 판단(判斷) : 사물을 인식하여 논리나 기준 등에 따라 판정을 내리는 것이다.
   결단(決斷) : 결정적으로 판단을 하거나 단정을 내리는 것이다.
③ 판정(判定) : 판별하여 결정하는 것이다.
   예측(豫測) : 미리 헤아려 짐작하는 것이다.
④ 판결(判決) : 시비나 선악을 판단하여 결정하는 것이다.
   추리(推理) : 알고 있는 것을 바탕으로 알지 못하는 것을 미루어서 생각하는 것이다.
⑤ 판독(判讀) : 어려운 문장이나 암호의 뜻을 헤아리며 읽는 것이다.

유추(類推) : 같은 종류의 것 또는 비슷한 것에 기초하여 다른 사물을 미루어 추측하는 일이다.

28 [문서이해능력] 세부 내용 파악하기

정답 ③

해설
- 윤 팀장 : 2문단의 세 번째 문장인 '에탄올은 황산이 포함된 산성 용액에 녹으면 진산은을 촉매로 하여 적황색의 다이크로뮴산 이온에 의해 산화된다. 그리고 ~'를 보면, '흡수'되는 것이 아니라 '산화'와 '환원'되는 원리를 이용한 것임을 알 수 있다.
- 조 부장 : 3문단의 마지막 부분인 '~검출기에 도달하는 빛의 양은 크로뮴 이온 농도에 비례하여 감소한다. 결국 ~'을 보면 '반비례'관계가 아니라 '비례' 관계이고 증가가 아니라 감소하는 수치임을 알 수 있다.

Plus 해설
- 김 사원 : 3문단의 세 번째 문장인 '검출기가 크로뮴 이온의 흡수 파장에 감응하도록 고정을 하고 ~'를 통해 알 수 있는 내용이다.
- 강 사원 : 4문단의 두 번째 문장을 보면, 시중에서 팔리는 일부 구강 청정용액 제품에는 소주에 포함된 에탄올보다 더 많은 양의 에탄올을 포함하고 있는 것도 있다고 했으므로 추측이 가능한 내용이다.
- 이 과장 : 2문단의 다섯 번째 문장과 마지막 문장인 '~ 용액의 색깔이 변화하는 것을 기계로 읽는 것이다. 에탄올의 양이 많으면 환원되는 크로뮴 이온이 많아 짙은 초록색이 된다.'에서 확인할 수 있다.

29 [문서이해능력] 인사규정 이해하기

정답 ②

해설
제55조(징계사유의 시효) ①을 보면 징계의결요구는 징계사유가 발생한 날로부터 3년이 지나면 하지 못한다고 되어 있는데, 금품·향응 수수 및 공금횡령·유용, 채용비리의 경우에는 5년이라고 명시되어 있다.

Plus 해설
① 제51조(징계)의 3에서 확인할 수 있다.
③ 제52조(징계의 종류 및 효력)의 4에서 확인할 수 있는 내용이다.
④ 제51조의2(징계부가금)에 명시되어 있다.
⑤ 제56조(형사사건과의 관계 등)의 ②에서 알 수 있는 내용이다.

30 [문서이해능력] 법조문 파악하기

정답 ②

해설
제3장 제9조(비공개 대상 정보) 6의 라 항목을 보면 직무를 수행한 공무원의 성명·직위는 사생활의 비밀 또는 자유를 침해할 우려가 있다고 인정되는 정보에서 제외됨을 알 수 있다.

Plus 해설
① 제3장 제9조(비공개 대상 정보)의 4에서 확인할 수 있는 내용이다.
③ 제3장 제9조(비공개 대상 정보)의 3에서 알 수 있는 내용이다.
④ 제2장 제7조(행정정보의 공표 등)의 3에서 알 수 있다.
⑤ 제3장 제9조(비공개 대상 정보)의 2에서 확인할 수 있다.

31 [문서이해능력] 세부 내용 파악하기

정답 ⑤

해설
4문단 세 번째 줄을 보면 장소는 추상적 개념이 아니며 생활 세계가 직접 경험되는 현상이라고 나와 있다. 그래서 장소는 의미, 실재 사물, 계속적인 활동으로 가득 차 있다고 하였으므로 '개인의 주관에 의하여 오직 관념 또는 표상으로서만 존재하는 성질'인 '관념성'은 장소의 특성과 거리가 멀다.

Plus 해설
① 3문단 세 번째 줄을 보면 장소는 '~다른 장소들과의 맥락 속에서 느껴진다.'고 되어 있으므로 장소의 특성에 '맥락성'이 포함된다.
② 5문단 네 번째 줄 '장소의 정체성이란 특별한 성격을 가진 내부성이자 내부에 있다는 경험으로서~' 부분을 보면 장소의 특성에 '내부성'이 있음을 알 수 있다.
③ 2문단 네 번째 줄을 보면 '그에 따라 장소를 개념적, 경험적 맥락에서 분리시키지 않는 일이 중요하다. 이 딜레마는 직접 경험과 추상적 사고라는 양극단을 가진 연속체 속에 다양한 형태의 공간이 자리 잡고 있음을 인식함으로써~'라고 나와 있으므로 '연속성'도 장소의 특성이다.
④ 5문단 첫 번째 줄 '그러나 규모에 상관없이 모든 장소는 자연물과 인공물, 활동과 기능, 그리고 의도적으로 부여된 의미가 종합된 총체적인 실체이다.' 부분을 보면 '총체성'도 장소의 특성임을 알 수 있다.

32 [문서이해능력] 글쓴이의 의도 추론하기

정답 ③

해설
1문단 마지막 줄을 보면 '공간은 그 의미를 특정한 장소들로부터 얻는다.'고 나와 있으므로 장소를 공간과 독립적으로 이해해야 한다고 보기 어렵다.

Plus 해설
① 3문단 두 번째 줄을 보면 '오히려 장소는 환경·경관·의식·일상적인 일·다른 사람들·개인적인 체험·가정에 대한 배려와 같은 것들이 뒤섞인 데서, 그리고 다른 장소들과의 맥락 속에서 느껴진다.'고 하였으므로 적절한 설명이다.
② 2문단 네 번째 줄을 보면 장소를 개념적, 경험적 맥락에서 분리시키지 않는 일이 중요하며 직접 경험과 추상적 사고라는 양극단을 가진 연속체 속에 다양한 형태의 공간이 자리 잡고 있다고 설명하고 있다.
④ 5문단 첫 번째 줄 '그러나 규모에 상관없이 모든 장소는 자연물과 인공물, 활동과 기능, 그리고 의도적으로 부여된 의미가 종합된 총체적인 실체이다.' 부분을 보면 장소를 현상이 아닌 실체로 파악하는 것이 중요함을 알 수 있다.
⑤ 4문단 다섯 번째 줄을 보면 장소가 '때로는 사람들이 정서적·심리적으로 깊은 유대를 느끼는 인간 실존의 심오한 중심이 된다.'고 나와 있으므로 적절한 설명이다.

33 [문서이해능력] 세부 내용 파악하기

정답 ①

해설
4문단 두 번째, 세 번째 문장인 '이 세이프 메이트(Safe Mate) 장치는 비명이 감지되면 화장실 입구의 경광등이 울리고 역 직원의 휴대전화로 모든 상황이 전달된다. 범죄예방센터와 협력하여 경찰서로도 사고 상황이 전송될 수 있는 시스템을 구축할 예정이다.'를 보면 세이프 메이트 장치는 여자 화장실에 비상 상황이 발생하였을 때 역 직원의 휴대전화로 상황이 전달되는 장치인데, 사고 상황이 경찰서로 전송되는 시스템은 아직 구축되지 않아 앞으로 설치할 예정이므로 지금 당장 실용화된 시스템은 아니다.

Plus 해설
② 5문단의 첫 번째 문장에 '광화문역, 천호역, 고덕차량기지에는 지능형 CCTV와 사물인터넷 기반 관제 시스템이 설치되었다.'라고 되어 있으므로 옳은 내용이다.
③ 세이프 메이트 장치를 설치한 역 중에 지하철 5호선 영등포구청역이 포함되어 있다.
④ 3문단의 세 번째 문장인 '관제센터에서는 공기질 데이터를 실시간으로 확인해 역 환기시스템 운영 시점과 횟수를 조절할 수 있다.'에서 확인이 가능한 내용이다.
⑤ 1문단을 보면 정보통신기술(ICT) 시스템을 우선 지하철 5호선 주요 역사와 차량기지에만 시범 설치했다고 되어 있으므로 다른 지하철 노선에는 아직 설치되지 않았음을 추측할 수 있다.

Chapter 02
수리능력

FINISH
기출·예상문제 마무리

본문 130p

01	02	03	04	05	06	07	08	09	10
②	①	④	④	①	①	④	①	③	④
11	12	13	14	15	16	17	18	19	20
③	②	③	①	②	①	②	②	③	④
21	22	23	24	25	26	27	28	29	30
⑤	③	④	③	③	②	②	④	②	④
31	32	33	34	35	36	37	38		
②	②	③	③	②	④	②	④		

---

01 [기초연산능력] 수의 규칙 찾기

정답 ②

해설

$1 \xrightarrow{\times 1} 1 \xrightarrow{\times 2} 2 \xrightarrow{\times 3} (\ ) \xrightarrow{\times 4} 24 \xrightarrow{\times 5} 120 \xrightarrow{\times 6} 720$

따라서 빈칸에 들어갈 숫자는 $2 \times 3 = 6$이다.

---

02 [기초연산능력] 수의 규칙 찾기

정답 ①

해설

주어진 수는 $(\div 2) \to (+2) \to (\times 2) \to (-2)$가 반복되는 규칙을 갖고 있다. 따라서 빈칸에 들어갈 숫자는 $10 \div 2 = 5$이다.

---

03 [기초연산능력] 수의 규칙 찾기

정답 ④

해설

$3 \xrightarrow{+(-2)^0} 4 \xrightarrow{+(-2)^1} 2 \xrightarrow{+(-2)^2} 6 \xrightarrow{+(-2)^3} -2 \xrightarrow{+(-2)^4} (\ )$

$(-2)^{n-1}$씩 증가하는 규칙을 가지고 있으므로 빈칸에 들어갈 숫자는 $(-2) + (-2)^4 = 14$이다.

---

04 [기초연산능력] 수열 추리하기

정답 ④

해설

앞의 항이 $\dfrac{B}{A}$일 때, 다음 항은 $\dfrac{A-1}{A+B}$의 규칙이 있다.
나열된 수를 차례로 살펴보면
$\dfrac{7-1}{7+2} = \dfrac{6}{9}, \dfrac{9-1}{9+6} = \dfrac{8}{15}, \dfrac{15-1}{15+8} = \dfrac{14}{23},$
$\dfrac{23-1}{23+14} = \dfrac{22}{37}$ 이므로 빈칸에 들어갈 알맞은 숫자는 $\dfrac{37-1}{37+22} = \dfrac{36}{59}$이다.

---

05 [기초연산능력] 수열 추리하기

정답 ①

해설

나열된 수는 $+5$와 $\times(-2)$가 반복되고 있다. 즉, $(-9)+5=(-4), (-4)\times(-2)=8, 8+5=13, 13\times(-2)=(-26)$이므로 빈칸에 들어갈 알맞은 숫자는 $(-26)+5=(-21)$이다.

---

06 [기초연산능력] 수열 추리하기

정답 ①

해설

그룹 안에 나열된 숫자를 각각 A B C라고 하면, $A^2 - B^2 = C$의 일정한 규칙이 있다. 따라서 빈칸에 들어갈 알맞은 숫자는 $4^2 - (-4)^2 = 0$이다.

---

07 [기초연산능력] 수열 추리하기

정답 ④

해설

그룹 안에 나열된 숫자를 각각 A B C D라고 하면, $(A \times B) - C = D$의 일정한 규칙을 가지고 있다. 따라서 $(8 \times 3) - (\ ) = 13$이므로 빈칸에 들어갈 알맞은 숫자는 11이다.

---

08 [기초연산능력] 불량률 계산하기

정답 ①

해설

작년의 불량률은 $\dfrac{80}{2,000} \times 100 = 4\%$이다.
올해 불량품의 수를 x라고 하면,

$$\frac{x}{2,800} \times 100 < 4$$
$$x < 112$$

따라서 작년보다 불량률을 낮추려면 불량품의 수는 최대 111개여야 한다.

09 [기초연산능력] 경우의 수 구하기

정답 ③

해설

비밀번호의 맨 앞에는 A, B, C 3개가 올 수 있고, 숫자는 천의 자리로 만들어야 하기 때문에 두 번째 자리에는 0을 제외한 숫자 1~9, 9개가 온다. 세 번째 자리에는 두 번째 자리에 쓰인 수를 제외한 숫자 8개와 0을 포함한 9개의 숫자가 올 수 있다. 네 번째 자리에는 두 번째 자리와 세 번째 자리의 수를 제외한 8개의 숫자가 올 수 있다. 다섯 번째 자리에는 두 번째, 세 번째, 네 번째 자리의 수를 제외한 7개의 숫자가 올 수 있다. 따라서 총 $3 \times 9 \times 9 \times 8 \times 7 = 13,608$가지 비밀번호를 만들 수 있다.

10 [기초연산능력] 일의 양 구하기

정답 ④

해설

현수와 연희가 하루에 할 수 있는 일의 양을 각각 x, y라 하고,

전체 일의 양을 1로 보면 $\begin{cases} 4x + 4y = 1 \\ 3x + 8y = 1 \end{cases}$ 이 성립한다.

이를 풀면 $x = \frac{1}{5}$, $y = \frac{1}{20}$ 이므로, 연희가 하루에 할 수 있는 일의 양은 $\frac{1}{20}$ 이고, 전체 1만큼의 일을 마치려면 20일이 걸린다.

PLUS TIP 일의 양

1. 전체 일의 양을 1로 놓고 푼다.
2. 전체 일을 마치는 데 x일 걸리는 일을 하루 동안 했을 때의 양은 $\frac{1}{x}$ 이다.

11 [기초연산능력] 거리 구하기

정답 ③

해설

시속 3km로 걸은 거리를 $x$km, 시속 4km로 걸은 거리를 $y$km라 하면
$\begin{cases} x + y = 7 \\ \frac{x}{3} + \frac{y}{4} = 2 \end{cases}$ 가 성립한다.

연립방정식을 풀면 $x = 3$, $y = 4$ 이므로, 내리막길의 거리는 4km이다.

12 [기초연산능력] 원가 정하기

정답 ②

해설

물건의 원가를 x원, 정가를 $1.2x$원이라 하면
$$1.2x - 1,500 \geq x\left(1 + \frac{5}{100}\right)$$
$$24x - 30,000 \geq 21x$$
$$3x \geq 30,000$$
$$x \geq 10,000$$

따라서 원가는 10,000원 이상으로 정해야 한다.

13 [기초연산능력] 제품의 불량률 구하기

정답 ③

해설

전체 불량률을 구하려면 전체 기계가 생산하는 제품의 수와 그중에서 불량이 나는 제품의 수를 알아야 한다. 첫 번째 기계는 5,000개의 제품을 생산하고 두 번째 기계는 10% 더 많은 5,500개의 제품을 생산한다. 세 번째 기계는 두 번째 기계보다 500개 더 많은 6,000개의 제품을 생산하므로 전체 기계는 총 16,500개의 제품을 생산한다. 각각 불량이 나는 제품 수를 구하면 다음과 같다.

첫 번째 기계 : $5,000 \times \frac{0.7}{100} = 35$개

두 번째 기계 : $5,500 \times \frac{1}{100} = 55$개

세 번째 기계 : $6,000 \times \frac{0.3}{100} = 18$개

따라서 전체 제품에서 불량이 나는 제품의 수는 $35 + 55 + 18 = 108$개이고,

전체 불량률은 $\frac{108}{16,500} \times 100 = 0.6545 \cdots \%$이다.

소수 셋째 자리에서 반올림하면 정답은 0.65%이다.

14 [기초연산능력] 월급 총액 구하기

정답 ①

해설

사원 수를 x라고 하고 월급을 y라고 했을 때 현재의 총 월급은 xy이다.
사원이 10명 늘어나고 각 사원들의 월급을 100만 원씩 줄였을 경우의 식은 다음과 같다.
$xy + 10y - 1,000,000(x+10) = 0.8xy$ …… ㉠
사원이 20명 줄었을 경우의 식은 다음과 같다.
$xy - 20y = 0.6xy$ …… ㉡
㉡의 식을 풀면 $x - 20 = 0.6x$, $0.4x = 20$, $x = 50$이다.
x를 대입해서 ㉠의 식을 풀면
$50y + 10y - 60,000,000 = 40y$
$20y = 60,000,000$
$y = 3,000,000$이다.
따라서 현재 사원 수는 50명, 월급은 300만 원이고, 현재 지급하고 있는 월급의 총액은
$50 \times 3,000,000 = 150,000,000$원, 즉 1억 5천만 원이다.

15 [기초연산능력] 개수 구하기

정답 ①

해설

1,000원짜리 간식의 개수를 x, 5,000원짜리 간식의 개수를 y라고 하면,
$128 + x + y = 320$ 이므로 $x = 192 - y$ …㉠
$(500 \times 128) + 1,000x + 5,000y = 500,000$이므로
$x + 5y = 436$ …㉡
㉠을 ㉡에 대입하여 풀면,
$192 - y + 5y = 436$이므로 $y = 61$이다.
따라서 5,000원짜리 간식의 개수는 61개이다.

16 [도표분석능력] 매출액 자료 분석하기

정답 ②

해설

2015년부터 2018년까지 프로그램 제작·공급 매출액은 6,222 → 6,380 → 6,640 → 6,840으로 매년 증가하였다.

Plus 해설

① 2015년~2017년의 방송서비스 시장 매출액은 꾸준히 감소하는 추세를 보이지만, 2018년의 방송서비스 시장 매출액은 전년 대비 증가하였다.
③ 위성방송 서비스 매출액이 가장 적은 해는 2015년이고, 유선방송 서비스 매출액이 가장 적은 해는 2018년이다.
④ 지상파방송 서비스 매출액이 가장 많은 해는 2015년이고, 프로그램 제작·공급 매출액이 가장 많은 해는 2018년이다.

17 [도표분석능력] 증가율 구하기

정답 ①

해설

$\dfrac{13,294 - 13,043}{13,043} \times 100 \fallingdotseq 1.92$ 이므로 2018년의 방송 서비스 전체 매출액은 전년 대비 1.9% 증가하였다.

18 [도표분석능력] 유연근무 현황 파악하기

정답 ④

해설

2017년 시차출퇴근 탄력근무제를 이용한 사람은 2014년에 비해 $\dfrac{420 - 279}{279} \times 100 \fallingdotseq 50.5\%$ 로, 50% 이상 증가하였다.

Plus 해설

① 2014년, 2015년, 2017년, 2018년에 스마트워크근무를 이용한 사람은 집약근무를 이용한 사람보다 두 배 이상 많지만, 2016년에는 약 1.4배 많으므로 틀린 설명이다.
② 시차출퇴근형 유연근무제는 여자가 남자보다 많이 이용하였다.
③ 2014년부터 2018년까지 스마트워크근무를 이용한 사람은 꾸준히 늘어나고 있다.

	2014	2015	2016	2017	2018
스마트워크 근무형	6	15	20	28	46(31+15)

⑤ 1일 8시간에 구애받지 않고 근무시간을 자율 조정하는 것은 근무시간선택형에 대한 설명이다. 근무시간선택을 이용한 사람이 가장 많았던 해는 2017년으로 1,078명이 이용하였고, 가장 적었던 해는 2016년으로 247명이 이용하였다. $1,078 \div 247 \fallingdotseq 4.4$이므로, 5배 미만이다.

19 [도표분석능력] 여객 수송실적 파악하기

정답 ③

해설
2월 공항철도 유입인원은 5,520−2,703 = 2,817천 명이고, 1월 공항철도 유입인원은 2,979천 명이다. 따라서 2월 공항철도 유입인원은 1월에 비해 2,979−2,817 = 162천 명, 즉 162,000명 감소하였다.

Plus 해설
① 2016년 공항철도의 수송인원은 증가와 감소를 반복하고 있다.
② 2016년 3분기 공항철도 총 수송인원은 6,431+6,720+6,333 = 19,484천 명, 즉 19,484,000명으로 1,950만 명 이하이다.
④ 11월 승차인원은 2,923천 명(6,717−3,794)이므로 승차인원이 가장 적은 달은 2월이다.
⑤ 8월의 수송인원은 6,720천 명(3,103+3,617)이므로 수송인원이 가장 많은 달은 12월이다.

20 [도표분석능력] 자료 분석하기

정답 ④

해설
ⓒ (×) '1일 평균 교환금액'의 경우 2월에 1조 4,460억 원 증가로 대폭 증가하였고 이후 꾸준히 감소하였으나 6월에는 전월 대비 증가하였다.
ⓔ (×) 교환금액 대비 부도금액의 비중이 가장 컸던 시기는 5월(약 0.22%)이고 4월은 두 번째로 컸던 시기이다.

어음교환 및 부도별	1월	2월	3월	4월	5월	6월
교환금액 (십억 원)	192,581.8	183,594.5	201,244.6	193,719.8	190,928.3	174,761.1
부도금액 (십억 원)	291.3	172.4	249.7	375.0	415.9	247.8
부도금액/ 교환금액 (%)	0.1513%	0.0939%	0.1241%	0.1936%	0.2178%	0.1418%

Plus 해설
㉠ (○) 교환장수는 6월 6,249만 7천 장으로, 1월 8,437만 장의 약 74%로 감소한 수치이다.
ⓒ (○) 교환장수 대비 부도장수의 비중이 가장 컸던 시기는 4월이다.

어음교환 및 부도별	1월	2월	3월	4월	5월	6월
교환장수 (천 장)	8,437.0	7,292.2	7,615.9	7,198.4	7,422.1	6,249.7
부도장수 (천 장)	3.2	2.7	2.3	3.9	3.0	2.3
부도장수/ 교환장수 (%)	0.0379%	0.0370%	0.0302%	0.0542%	0.0404%	0.0368%

21 [도표분석능력] 도표 해석하기

정답 ⑤

해설
㉠ (○) 2013년 농가 소득을 x라 하면, ⓐ에 들어갈 값을 구하는 식은
$\frac{10,035}{x} \times 100 = 29.1$ 이다.
계산하면 $x = 34,484.5\cdots$이고, 소수 첫째 자리에서 반올림하면 34,485이다.
ⓒ (×) ⓑ에 들어갈 값은 $\frac{11,257}{37,215} \times 100 = 30.24$
$\cdots$이고, 소수 둘째 자리에서 반올림하면 30.2이다.
ⓒ (○) 조사 기간 동안 50~59세의 농가 소득이 항상 가장 높다.
ⓔ (○) 조사 기간 동안 농업 이외 소득이 가장 높았던 해는 2017년이고, 가장 낮았던 해는 2013년이다. 둘의 증감률을 구하면
$\frac{28,193 - 24,489}{24,489} \times 100 ≒ 15.1\%$ 이다.
ⓜ (○) 도시근로자 가구 소득 대비 농가 소득 비율이 가장 높았던 해는 2015년으로, 같은 해의 농업 소득 또한 조사 기간 중 가장 높다.
따라서 옳은 것을 모두 고른 것은 ㉠, ⓒ, ⓔ, ⓜ이다.

22 [도표분석능력] 자료 해석하기

정답 ③

해설
㉠ (○) 지역별로 사업금액이 클수록 계약면적이 더 커지고 있다.
ⓒ (×) 강원과 경남의 경우 계약건수는 강원이 71건과 경남이 92건으로 경남이 더 크지만 계약면적은 강원이 63ha, 경남이 32ha로 경남이 더 작다.
ⓒ (×) 계약면적당 사업금액이 가장 적은 지역은 전남이다.

경기 : $\frac{2,787}{26} = $ 약 107.19(백만 원/ha)

강원 : $\dfrac{6,602}{63}$ = 약 104.79(백만 원/ha)

충북 : $\dfrac{2,423}{23}$ = 약 105.35(백만 원/ha)

충남 : $\dfrac{21,473}{203}$ = 약 105.78(백만 원/ha)

전북 : $\dfrac{24,943}{236}$ = 약 105.69(백만 원/ha)

전남 : $\dfrac{47,006}{475}$ = 98.96(백만 원/ha)

경북 : $\dfrac{5,453}{52}$ = 약 104.87(백만 원/ha)

경남 : $\dfrac{3,345}{32}$ = 약 104.53(백만 원/ha)

ㄹ (○) 전라도와 경상도의 계약건수당 사업금액은 아래와 같다.

전라도 : $\dfrac{24,943 + 47,006}{453 + 753}$ = 약 59.7(백만 원/건)

경상도 : $\dfrac{5,453 + 3,345}{133 + 92}$ = 약 39.1(백만 원/건)

23 [기초연산능력] 경우의 수 계산하기

정답 ③

해설

각 역에서 준비하는 승차권에는 그 역이 출발역으로 표시되고, 나머지 네 역은 도착역으로 표시되므로 모두 4종류의 승차권을 준비하면 된다. 역은 총 5개가 있으므로 모든 종류의 승차권은 4×5 = 20가지이다.

PLUS TIP 순열

서로 다른 n개에서 r개를 택하여 일렬로 나열하는 경우의 수를 $_nP_r$이라고 한다.
$_nP_r = n \times (n-1) \times (n-2) \times \cdots \times (n-r+1)$
즉, n 이하의 자연수를 큰 순서대로 r개 곱하는 것이다.
위 문제는 출발역과 도착역을 정해야 하는데, 순열을 이용한다면 서로 다른 5개의 역 중에서 출발역과 도착역으로 선택할 2개의 역을 정하고, 두 역을 출발역과 도착역 순으로 나열하는 경우의 수이다.
따라서 $_5P_2 = 5 \times 4 = 20$이다.

24 [도표분석능력] 자료 해석하기

정답 ④

해설

2017년 지방도의 평균 교통량은 2014년 대비
$\dfrac{6,021 - 5,566}{5,566} \times 100 ≒ 8.2\%$ 증가하였다.

Plus 해설

① 2017년에 고속국도의 평균 교통량은 감소하였다.
② 2016년 고속국도의 평균 교통량은 전년 대비
$\dfrac{50,098 - 48,505}{48,505} \times 100 ≒ 3.3\%$ 증가하였다.
③ 2017년 일반국도의 평균 교통량은 2012년 대비
$\dfrac{12,897 - 11,176}{11,176} \times 100 ≒ 15.4\%$ 증가하였다.

25 [도표작성능력] 그래프 작성하기

정답 ②

해설

2014년 고속국도의 평균 교통량은 46,403대이고, 2015년은 48,505대이다. 두 연도의 수치가 바뀌었으므로 ②는 옳지 않다.

26 [도표분석능력] 지원금 계산하기

정답 ③

해설

5인 미만 사업장의 상용 노동자는 월 15만 원을 받는다. 그러므로 A 직원은 15만 원의 지원금을 받는다. B, E 직원은 일용 노동자로 월 근로일수에 따라 지급액을 다르게 받는다. B 직원은 10일 이상~14일 이하에 해당하므로 8만 원을 받고, E 직원은 19일 이상~21일 이하에 해당하므로 12만 원을 받는다. C, D 직원은 단시간 노동자로 소정근로시간에 따라 지급액을 다르게 받는다. C 직원은 20시간 이상 30시간 미만에 해당하므로 12만 원을 받고, D 직원은 10시간 이상 20시간 미만에 해당하므로 9만 원을 받는다. 따라서 정답은 15+8+12+9+12 = 56만 원이다.

27 [도표분석능력] 도표 분석하기

정답 ③

해설
2015년의 전체 응답자 수는 $1,615+579+2,160+751=5,105$명이다. 전체 응답자 수 중 65세 이상 여자의 응답자 수 비율을 구하면 $\frac{751}{5,105} \times 100 = 14.71\cdots\%$ 이므로 15% 이하를 차지한다.

Plus 해설
① 2017년 19~29세의 접종률은 15.9%로 전년 14.8% 대비 1.1%p 증가했다.
② 65세 이상 남자의 응답자 수가 가장 많았던 해는 2016년으로, 2016년의 65세 이상 여자의 응답자 수 중 접종자 수를 구하면 다음과 같다.
$85.1 = \frac{x}{839} \times 100 \quad \therefore x = 713.989$
따라서 접종자 수는 약 713명이다.
④ 각 년도의 총응답자 수는 다음과 같다.
2014년 : $1,052+576+2,192+746=4,566$명
2015년 : $1,615+579+2,160+751=5,105$명 (539명 증가)
2016년 : $1,833+664+2,495+839=5,831$명 (726명 증가)
2017년 : $1,927+654+2,399+859=5,839$명 (8명 증가)
따라서 총응답자 수가 가장 많이 증가한 해는 2016년이다.

28 [도표분석능력] 자료 해석하기

정답 ②

해설
2018년 출퇴근 관련 요양급여 신청 건수는 전체 신청 건수의 약 $\frac{5,746}{114,687} \times 100 = 5\%$를 차지한다.

Plus 해설
① 2016년의 요양급여 신청 건수는 전년도보다 감소하였다.
③ 2018년 질병 관련 요양급여 신청 건수는 2018년 전체 신청 건수의 약 $\frac{12,975}{114,687} \times 100 = 11\%$를 차지한다.
④ 2018년 업무상 사고 중 두 번째로 신청 건수가 많은 유형은 '출장 중 재해'로, 업무상 사고 중 세 번째로 승인율이 높다.

29 [기초통계능력] 백분율 구하기

정답 ④

해설
전체 승인율은 $\frac{97,168}{101,712} \times 100 = 95.5\%$ 이다.

30 [도표분석능력] 자료 내용 파악하기

정답 ④

해설
전체 인구의 필수시간 총합은 1999년 $442+94+8=544$분, 2004년 $445+111+8=564$분, 2009년 $450+116+7=573$분, 2014년 $480+127+6=613$분으로 점점 증가하고 있다. 반면 근로시간은 점점 감소하고 있으므로 정답은 ④이다.

Plus 해설
① 수면과 식사시간이 증가하고 근로시간은 감소한 것이 맞지만, 게임시간, 학습시간, 가정관리 시간은 증감 추세가 일정하지 않다.
② 2014년 식사시간은 127분으로 1999년 식사시간인 94분에 비해 $\frac{127}{94} \times 100 = 135\%$ 증가하였으므로 130% 이상 증가한 것이 맞지만, 게임시간의 증가폭이 더 크다.
③ 주어진 자료 이외에는 인구에 대한 수치가 따로 제공된 것이 없으므로 가정관리에 시간을 투입하는 인구가 증가했는지, 얼마나 증가했는지에 대한 내용을 확인할 수 없다.
⑤ 건강관리에 투자하는 시간은 감소한 것이 맞지만 건강관리에 시간을 투자하는 인구가 감소하고 있는지는 알 수 없다.

31 [도표분석능력] 자료를 통해 추론하기

정답 ②

해설
1999년 건강관리 항목은 행위자 평균과 전체 인구 평균이 8분으로 같다.

Plus 해설
① 건강관리 행위자 인구가 건강관리에 투자하는 시간은 1999년 8분에서 2004년 60분으로 상당히 늘어났다.
③ 2014년 학습시간의 전체 인구 평균은 23분이고, 행위자 인구 평균은 232분으로 10배 이상의 차이를 보인다.

④ 행위자 인구의 게임시간은 계속 줄고 있고 전체 인구가 게임을 하는 총 시간은 5분에서 10분으로 늘었다.
⑤ 2014년 건강관리 행위자의 평균 시간은 43분으로 전체 인구 평균 시간인 6분에 비해 7배 이상이다.

32 [도표분석능력] 자료 해석하기

정답 ②

해설
㉠ (×) 여아의 경우 사망인원이 1명인 사망원인은 '감염성 질환', '면역기전', '순환기 계통'의 3가지이다.
㉡ (○) 남아의 경우 28일 미만으로 생존하는 경우 19명(10+9)은 28일 이상 생존하는 경우 38명의 $\frac{1}{2}$이다.
㉢ (×) 사망한 남아 수의 합계는 여아 수의 합계보다 많지만, 사망원인별로는 그렇지 않다.
㉣ (○) 전체에서 가장 큰 비중을 차지하는 사망원인은 '순환기 계통'으로 전체의 약 $\frac{22}{104} \times 100 ≒ 21.2\%$ 이다.

33 [도표작성능력] 자료 변환하기

정답 ③

해설
순환기 계통 질환의 생존기간 '7~27일'과 '28일 이상'의 수치가 바뀌었다.

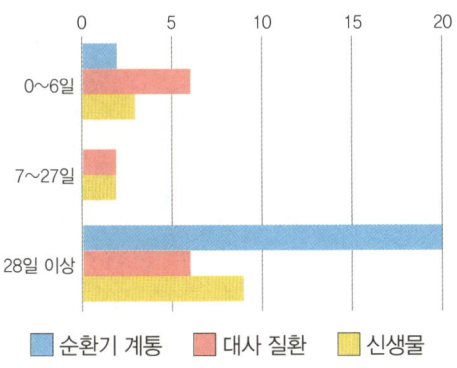

34 [도표분석능력] 자료 분석하기

정답 ③

해설
조사 기간 동안 '민자' 합계금액이 가장 큰 달인 1월(4,220,989)을 뺀 나머지 달의 합계는 248,492백만원(11,817+100,650+41,949+94,076)이며, '민자' 합계금액이 가장 큰 달은 나머지 달 합계의 약 17배이다.

Plus 해설
② 조사 기간 동안 '민간부분'의 '건축' 수주액이 가장 높았던 달은 3월(8,361,002)이고 같은 달 '토목'의 수주액(822,403)과 비교할 때 10배 이상의 수주액을 기록하고 있다.
④ 조사 기간 동안 '국내 외국기관' 합계금액은 4월의 수주액(227,083)이 최고치였고 이는 두 번째로 많았던 2월(3,716)의 약 61배이므로 50배 이상은 맞는 설명이다.

35 [도표분석능력] 자료 계산하기

정답 ②

해설
2010년의 북한 무역총액을 x라 하면 2011년의 증감률 52.3%를 구하는 식은 다음과 같이 예상할 수 있다.
$6,357,060 \div x \times 100 = 152.3(\%)$
위 식을 역연산하여 2010년의 북한 무역총액 x를 구하면 $x = 6,357,060 \times 100 \div 152.3 = 4,174,038.1$(만 달러)이므로 4,000,000만 달러 이상이다.

Plus 해설
① 조사 기간 동안 남한의 무역총액이 가장 많이 감소한 해는 2015년이고 12.3%(963,255,480÷1,098,179,110×100 = 약 87.7%) 감소하였다.
③ 2016년 남한의 무역총액은 북한 무역총액의 약 138.04배이다.
④ 2012년 북한의 무역총액은 6,811,280만 달러이고 수출액이 무역총액의 40%였다면 수입액은 60%이므로 4,086,768만 달러(6,811,280×60÷100)이다.
⑤ 남북한 교역액이 가장 적은 해의 교역액(332,560만 달러)은 교역액이 두 번째로 큰 해(2,342,640만 달러)의 약 14.2%(332,560÷2,342,640×100)이다.

36 [기초통계능력] 가중치 이해하기

정답 ④

해설

(최종 점수) = (평가 점수)×(1+가중치)이므로 계산한 결과는 다음 표와 같다.

구분	회전력 (가중치 10%)	평형유지 (가중치 20%)	디자인 (가중치 40%)	가격 (가중치 30%)
제품1	8×1.1+5×1.2+5×1.4+6×1.3 = 29.6			
제품2	6×1.1+8×1.2+4×1.4+6×1.3 = 29.6			
제품3	7×1.1+6×1.2+6×1.4+7×1.3 = 32.4			
제품4	7×1.1+6×1.2+8×1.4+6×1.3 = 33.9			
제품5	5×1.1+5×1.2+6×1.4+8×1.3 = 30.3			

따라서 제품별 총점이 가장 높은 제품 4가 선정된다.

37 [도표분석능력] 그래프 해석 및 계산하기

정답 ②

해설

|보기|에 제시된 내용을 통해 하반기 예상 매출액을 계산하면 다음과 같다.

구분	자동차	커피	음료	주류	의류	합계
기대되는 매출 증가율	10%	10%	30%	20%	40%	
A 사	12.1	5.5	6.5	6	8.4	38.5
B 사	20.9	8.8	5.2	7.2	8.4	50.5
C 사	16.5	6.6	7.8	8.4	9.8	49.1
D 사	13.2	6.6	10.4	8.4	8.4	47
E 사	13.2	5.5	7.8	8.4	11.2	46.1

따라서 하반기 매출이 가장 높을 것으로 예상되는 계열사는 B 사이다.

38 [도표분석능력] 자료 해석하기

정답 ④

해설

2016년의 국내 판매액 최하위 의약품 '신개념치료제'의 수출액은 271(백만 원)이고, 2017년의 국내 판매액 최하위 의약품 '성장인자'의 수출액은 100(백만 원)이다. 따라서 두 금액의 차는 171(백만 원)이다.

Plus 해설

① 제시된 표를 통해 2016년 국내 판매액이 가장 높은 바이오 의약품은 '혈액제제'임을 알 수 있다.
② 2017년 '백신'의 국내 판매액 116,339(백만 원)은 같은 해 수출액 72,321(백만 원)의 1.608…배이다.
③ 2018년 '항암제'의 수출액 26,050(백만 원)은 2016년 '항생제' 수출액 63,520(백만 원)의 약 41%이다.
⑤ '면역제제'의 수출액은 2017년 716(백만 원)에서 2018년 11,153(백만 원)으로 약 15.57배 이상 급증했다.

Chapter 03
문제해결능력

FINISH
기출·예상문제 마무리

본문 198p

01	02	03	04	05	06	07	08	09	10
②	①	④	②	①	④	②	④	④	①
11	12	13	14	15	16	17	18	19	20
④	⑤	②	②	①	②	④	④	③	④
21	22	23	24	25	26	27	28	29	30
④	④	③	③	④	②	②	④	④	③
31	32	33	34	35	36	37	38		
④	③	③	③	①	①	③	④		

01 [사고력] 참인 명제 찾기

정답 ②

해설

명제가 참이면 그 명제의 대우도 참이므로, 주어진 명제와 명제의 대우를 정리하면 다음과 같다.
- 강아지 → 토끼, ~토끼 → ~강아지
- 고양이 → ~토끼, 토끼 → ~고양이
- ~다람쥐 → 강아지, ~강아지 → 다람쥐

또한, 삼단논법에 따라 '고양이 → ~토끼 → ~강아지 → 다람쥐'가 성립하므로 항상 옳은 것은 ②이다.

02 [사고력] 참·거짓 파악하기

정답 ①

해설

A와 D의 진술은 서로 모순된다. 따라서 A와 D 중 한 명은 거짓을 말하고 있는 범인이다.

1) A가 참, D가 거짓인 경우
A는 범인이 아니고, D는 범인이다. C는 참을 말했으므로 범인이 아니고, B의 말도 참이므로 범인이 아니다. E는 C가 범인이라고 했으므로 거짓을 말하고 있으며 범인이다. 이 경우 거짓을 말한 사람은 D, E이고, 진실을 말한 사람은 A, B, C이다.

A	B	C	D	E
참(범인×)	참(범인×)	참(범인×)	거짓(범인)	거짓(범인)

2) A가 거짓, D가 참인 경우
D는 범인이 아니고, A는 범인이다. C는 참을 말했으므로 범인이 아니며, E는 C가 범인이라고 했으므로 거짓을 말하고 있다. 또한, A가 범인이므로 B의 말은 거짓이 된다. 이 경우 거짓을 말한 사람이 A, B, E 세 명이 되므로 범인이 두 명이라는 가정에 모순이 생긴다.

A	B	C	D	E
거짓(범인)	거짓(범인)	참(범인×)	참(범인×)	거짓(범인)

따라서 진실을 말한 사람은 A, B, C이다.

03 [사고력] 전제를 통해 결론 도출하기

정답 ④

해설

제시된 두 전제를 벤다이어그램으로 나타내면 다음과 같다.
소설가 = P, 글을 잘 씀 = Q, 드라마 작가 = R

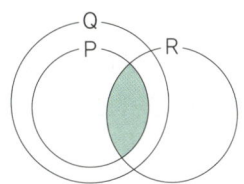

따라서 보기 중 옳은 결론은 '어떤 드라마 작가는 글을 잘 쓴다.'이다.

04 [사고력] 전제를 통해 결론 도출하기

정답 ②

해설

제시된 두 전제는 벤다이어그램으로 다음과 같이 나타내볼 수 있다.
정직한 사람 = P, 새치기를 하는 사람 = Q, 교활한 사람 = R

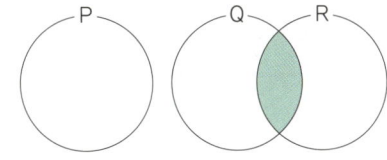

또는

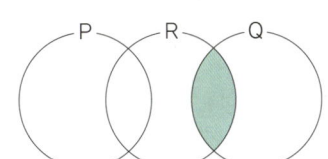

Q는 P가 아닌데 R의 일부가 Q이므로, R의 일부는 P가 아니다. 따라서 반드시 참인 결론은 '교활한 어떤 사람은 정직한 사람이 아니다.'이다.

05 [사고력] 결론에 대한 전제 파악하기

정답 ①

해설

[전제 1]에서 '웃고 있는 사람 → 모두 기분이 좋음'이라고 하였고, [결론]에서 '생일인 어떤 사람 → 기분이 좋음'이라고 하였다. 삼단논법으로 추리해보면 '생일인 어떤 사람 → 웃고 있는 사람 → 기분이 좋음'이 되므로 [전제 2]에 들어갈 답은 '생일인 어떤 사람은 웃고 있다.'이다.

06 [사고력] 조건을 통해 추론하기

정답 ④

해설

|보기 1|의 내용을 표로 정리하면 다음과 같다.

	동부지점	남부지점	서부지점	북부지점
2018년	A	B	C	D
2019년		A, B	C	D
2020년			A, B, C	D
2021년			B	A, C, D
2022년	A, D			B, C
2023년	D	A		B, C

따라서 옳은 것은 ㉠, ㉢, ㉤이다.

 Plus 해설

㉡ C와 D는 2021년에 북부지점에서 같이 근무하게 된다.
㉢ 2022년에 A와 D는 동부지점에서, B와 C는 북부지점에서 근무하게 된다.

07 [사고력] 조건을 통해 추론하기

정답 ②

해설

A의 말이 거짓이면, E의 말은 진실이고, B와 D의 말은 거짓이 된다. 이 경우, 다섯 명 중 A, B, D 세 명의 말이 거짓이 되므로, A의 말은 거짓이 될 수 없다.
A의 말이 진실이면, E의 말은 거짓이고, B와 D의 말은 진실이 된다. 또한 E가 진실을 말하고 있다고 진술한 C의 말은 거짓이 된다. 따라서 A, B, C, D, E 중 거짓을 말하고 있는 신입사원은 C, E이고, 진실을 말하고 있는 신입사원은 A, B, D이다.
A~E는 각각 두 개 항목의 물품 구매를 신청했고, 신청 항목은 필기구 2명, 복사용지 2명, 의자 3명, 사무용 전자제품 3명이므로 A~E의 진술을 표로 정리하면 다음과 같다.

A	필기구, 의자
B	복사용지, 사무용 전자제품
C	의자, 복사용지
D	필기구, 사무용 전자제품
E	의자, 사무용 전자제품

따라서 답은 ②이다.

08 [사고력] 조건 파악하기

정답 ④

해설

○○공사는 총 6개의 부서가 있고, 기획부와 총무부는 같은 층을 사용한다고 했으므로, 기획부와 총무부를 제외한 나머지 부서는 한 개의 층을 하나의 부서가 사용하고 있음을 알 수 있다. 네 번째와 다섯 번째 조건을 통해 아래층부터 '마케팅부-인사부-홍보부'의 순으로 건물을 사용하고 있음을 알 수 있고, 여섯 번째 조건을 통해 영업부와 기획부(=총무부)는 각각 6층 또는 10층을 사용하고 있음을 알 수 있다. 마지막 조건을 보면, 총무부(=기획부)에서 인사부와 마케팅부로 가기 위해서는 위층으로 올라가야 한다고 했으므로, 총무부(=기획부)가 6층을 사용하고 있음을 알 수 있다.

10층	영업부
9층	홍보부
8층	인사부
7층	마케팅부
6층	기획부, 총무부

따라서 홍보부는 9층에 있다.

09 [사고력] 조건에 맞는 사람 고르기

정답 ④

해설

두 번째 조건으로 A = B = F임을 알 수 있다. 세 번째 조건(D = A + B + F + 10)에서 D가 A, B, F보다 먼저 입사했음을 알 수 있다. 네 번째 조건(A+B > C + F)에서 C는 A, B, F보다 늦게 입사했음을 알 수 있다. 다섯 번째 조건(E = A + F + 7)에서 E는 A, B, F보다 먼저 입사했음을 알 수 있다. 세 번째 조건과 다섯 번째 조건으로 D가 E보다 먼저 입사했음을 알 수 있다. 따라서 A~F의 근무 기간이 긴 순서는 D, E, A = B = F, C이고, 두 번째로 근무 기간이 긴 사람은 E이다.

10 [사고력] 참·거짓 진위여부 판단하기

정답 ①

해설

우선 12시에 점심을 먹은 사원과 1시에 점심을 먹은 사원을 구분해야 한다. E의 말이 참이면 E는 12시에, C는 1시에 점심을 먹었을 것이고, E의 말이 거짓이면 E는 1시에, C는 12시에 점심을 먹었을 것이다. 따라서 둘은 같은 시간에 점심을 먹지 않았음을 알 수 있다.
다음으로 F의 말이 참이면, D와 F는 12시에 점심을 먹었을 것이고, F의 말이 거짓이면 D와 F는 1시에 점심을 먹었을 것이다. 두 경우 모두 D와 F는 함께 점심을 먹었음을 알 수 있다.
따라서 다음과 같이 네 가지 가정을 해볼 수 있다.
가정 1) E와 F의 말이 모두 참일 경우 : 12시(D, E, F), 1시(A, B, C)
→ 같은 시간에 같은 메뉴를 먹지 않았기 때문에 D의 말이 참이 될 수 없으므로 모순된다.
가정 2) E의 말이 참이고 F의 말이 거짓일 경우 : 12시(A, B, E), 1시(C, D, F)
→ A와 B의 말이 모두 참이면 D와 F가 같은 시간에 같은 메뉴를 먹은 상황이 발생하므로 모순된다.
가정 3) F의 말이 참이고 E의 말이 거짓일 경우 : 12시(C, D, F), 1시(A, B, E)
→ 모순되는 점이 없다.
가정 4) E와 F의 말이 모두 거짓일 경우 : 12시(A, B, C), 1시(D, E, F)
→ 가정 2의 상황과 같은 이유로 모순된다.
모순되지 않는 상황은 '가정 3'뿐이므로 '가정 3'에 따라 정리하면 다음과 같다.

	찌개	비빔밥	덮밥
12시	D/F	C	F/D
1시	B/E	A	E/B

따라서 1시에 비빔밥을 먹은 사원은 A 사원이다.

11 [사고력] 참·거짓 진위여부 판단하기

정답 ④

해설

B의 첫 번째 진술이 참일 경우, A와 C의 두 번째 진술이 참이 된다. 반대로 B의 첫 번째 진술이 거짓일 경우, A와 C의 두 번째 진술도 거짓이 된다. 두 가지 가정을 표로 나타내면 다음과 같다.

가정 1) B의 첫 번째 진술이 참일 경우

A	B	C
거짓/참	참/거짓	거짓/참
사과	사과	포도

→ 보기 중 'ㄱ'의 경우에 해당한다.

가정 2) B의 첫 번째 진술이 거짓일 경우

A	B	C
참/거짓	거짓/참	참/거짓
포도	포도	사과

→ 보기 중 'ㄴ'의 경우에 해당한다.
다른 경우는 존재하지 않으므로 답은 ④이다.

12 [사고력] 참·거짓 파악하기

정답 ⑤

해설

B와 D가 같은 주장을 하고 있으므로 둘 다 거짓이거나 둘 다 진실이다. B가 거짓일 경우 A도 거짓을 말하는 것이 되므로 거짓을 말하는 사람이 3명이 되고, 이는 2명이 거짓을 말한다는 조건과 모순된다. 따라서 B와 D는 진실을 말하고 있다. B가 진실일 때 A도 진실을 말하는 것이 되므로 A, B, D가 진실을 말하고 있다. 따라서 거짓을 말하는 두 사람은 C와 E이다.

13 [사고력] 위치관계 파악하기

정답 ②

해설

조건을 보고 그림 위치를 추측해보면 다음과 같다.

중년 (노년 바로 위)	장년 (중년과 같은 줄)	유년 (장년 옆, 다른 쪽에 그림 없음)
노년 (청년 바로 옆 아님)	소년 (선반 바로 위)	청년 (노년과 같은 줄, 제일 오른쪽)

(왼쪽)   선반   (오른쪽)

따라서 유년 시절 그림이 걸려 있는 위치는 C이다.

14 [사고력] 이어지는 진술 추론하기

정답 ⑤

해설

글의 마지막에서 A 씨는 생명을 물건으로 여기고, 엄연한 생명체인 가축에 대해 공장과 살처분이라는 말

팩트기출 NCS 통합기본서 **정답과 해설**

을 거리낌 없이 사용하고 있는 것이 공장식 축산의 문제라고 주장하고 있다. 따라서 뒤이어 진술하기에 가장 적절한 것은 공장식 축산이 생명을 경시하는 우리 현실을 적나라하게 보여준다는 내용이 들어간 ⑤이다.

15 [사고력] 원탁에 앉은 순서 추리하기

정답 ①

해설

F는 C와 D 사이에 앉아 있다고 하였고, D의 오른쪽에 F가 앉아 있다고 하였다. 또 D와 E가 이웃하여 앉아 있다고 하였으므로 D의 왼쪽에 E가 앉아 있는 것을 알 수 있다. 따라서 'E-D-F-C'의 순서로 앉아 있는 것을 알 수 있다. C 옆에는 빨간색 옷을 입은 사람이 앉아 있다고 했고, F는 보라색 옷을 입고 있다고 하였으므로, 'E-D-F(보라색 옷)-C-빨간색 옷'까지 추리해볼 수 있다. 빨간색 옷을 입은 사람과 파란색 옷을 입은 사람이 마주보고 있고, 노란색 옷을 입은 B가 F와 마주보고 있다고 하였으므로 그림으로 나타내면 다음과 같다.

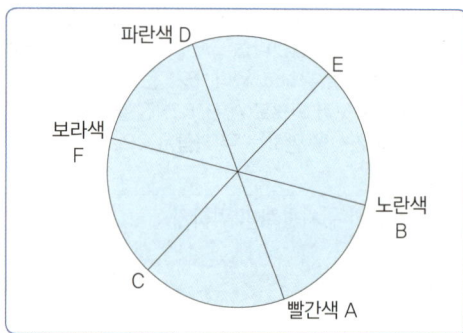

따라서 A의 오른쪽에 있는 사람부터 순서대로 배열하면 B-E-D-F-C가 된다.

16 [사고력] 씨앗 두 개 심은 사람 찾기

정답 ②

해설

A~E의 진술이 모두 참이므로 가능한 상황을 정리하면 다음과 같다.

A	B	C	D	E
코스모스 or 나팔꽃+코스모스	해바라기 or 코스모스	나팔꽃	해바라기 or 코스모스	해바라기 or 코스모스 or 나팔꽃+코스모스

가정 1) A가 씨앗을 두 개 심은 경우
E가 코스모스 씨앗을 심었다면 E가 코스모스 씨앗을 심은 두 사람(A, E)을 다 알 수 있게 되므로 이 경우 E는 코스모스 씨앗을 심지 않았다.

A	B	C	D	E
나팔꽃+코스모스	해바라기 or 코스모스	나팔꽃	해바라기 or 코스모스	해바라기

→ 모순되는 진술이 없다.

가정 2) E가 씨앗을 두 개 심은 경우

A	B	C	D	E
코스모스	해바라기	나팔꽃	해바라기	나팔꽃+코스모스

→ E가 코스모스 씨앗을 심은 두 사람을 다 알 수 있게 되므로 모순된다.
따라서 씨앗을 두 개 심은 사람은 A이고, E가 심은 씨앗은 해바라기 씨앗이다.

17 [문제처리능력] 조건에 적합한 제품 선택하기

정답 ④

해설

㉮ 작업자의 상황과 조건을 만족하는 이앙기는 'C' 제품이다. C 제품은 벼와 벼 사이의 간격이 여유로운 소식재배에 적합하며 출력이 22마력 이상이고 약제살포기도 추가 장착되어 있다.
㉯ 작업자의 조건을 만족하는 이앙기는 'A2' 제품이다. A2 제품은 소음이 83.2dB에 불과하며 습전에 강하고 고정밀 수평제어 시스템이 있어 고르지 못한 지형에서도 본체의 수평을 맞춰 곧고 정확하게 모를 심는다.
㉰ 작업자의 조건을 만족하는 이앙기는 'D2' 제품이다. 연료탱크 용량이 37리터로 중간에 급유하지 않고도 하루 작업을 넉넉히 할 수 있다. 또한 호퍼 용량이 120L로 대폭 향상돼 비료 보급 시간을 단축시킬 수 있다.
㉱ 작업자의 요구를 만족하는 제품은 'B' 제품이다. 핸들 조작 없이 이앙기로 모를 심는 기능이 있어 이앙 작업을 하면서 이앙부에 모판을 운반하는 등의 다른 작업을 할 수 있고, 인건비의 부담을 덜 수 있다. 또한 경로 이탈 시 엔진이 정지되기 때문에 안전성도 확보하였다.

18 [문제처리능력] SWOT 분석하기

정답 ④

해설
ⓒ은 강점인 '다양한 영업전략'을 활용하여, 위협인 '다수의 경쟁업체'를 피하고자 하였으므로 ST 전략에 해당한다.

19 [문제처리능력] SWOT 분석하기

정답 ③

해설
ⓒ '경쟁사의 저가 여행상품 개발'의 위협을 피하고자, 강점인 '럭셔리 브랜드 이미지'를 활용하였으므로 ST 전략에 해당한다.

Plus 해설
㉠ '20대에게 인지도 부족'이라는 약점을 극복하기 위해, 기회인 '여행 관련 TV 프로그램 유행'을 활용하는 것이므로 WO 전략에 해당한다.
ⓒ 강점인 '높은 서비스 품질'을 활용하여, 기회인 '고연령층의 해외여행 확대'의 이점을 얻고자 하였으므로 SO 전략에 해당한다.
㉣ '20대에게 인지도 부족'이라는 약점을 극복하기 위해, 기회인 '온라인을 통한 정보 검색 증가'를 활용하는 것이므로 WO 전략에 해당한다.

20 [문제처리능력] SWOT 분석하기

정답 ④

해설
판매 규제 완화의 기회를 이용해 부족한 마케팅과 노후된 이미지의 약점을 극복하는 WO 전략이다. WT 전략은 내부 약점과 내부 위협을 최소화하는 전략이다.

Plus 해설
① 기회 요인인 유명 인사의 긍정적인 제품 후기를 활용해 강점인 투자자들의 적극적인 투자를 극대화하는 SO 전략이다.
② 고급 연구 인력, 독자적 기술의 강점을 활용해 경쟁업체의 위협 요인을 최소화하는 ST 전략이다.
③ 유명 인사의 긍정적 제품 후기라는 기회를 활용하여 부족한 마케팅 전략을 세우고 약점인 노후된 이미지를 탈피하려는 WO 전략이다.

21 [문제처리능력] 자료를 통해 추론하기

정답 ④

해설
'ㅅ'을 포함한 각 항목들의 절감 비용을 구한 뒤 절감 비용의 합이 가장 큰 것을 찾으면 된다.

① ㄱ, ㄷ, ㅁ, ㅅ 항목을 실천했을 경우 절감 비용
$54,000+18,000+42,000+20,000+\{(54,000+18,000+42,000)\times 0.2\}=156,800$(천 원)
② ㄱ, ㄹ, ㅁ, ㅅ 항목을 실천했을 경우 절감 비용
$54,000+35,000+42,000+20,000+\{(54,000+35,000+42,000)\times 0.1\}=164,100$(천 원)
③ ㄴ, ㄷ, ㅂ, ㅅ 항목을 실천했을 경우 절감 비용
$48,000+18,000+45,000+20,000+\{(48,000+18,000+45,000)\times 0.15\}=147,650$(천 원)
④ ㄴ, ㅁ, ㅂ, ㅅ 항목을 실천했을 경우 절감 비용
$48,000+42,000+45,000+20,000+\{(48,000+42,000+45,000)\times 0.1\}=168,500$(천 원)
⑤ ㄷ, ㅁ, ㅂ, ㅅ 항목을 실천했을 경우 절감 비용
$18,000+42,000+45,000+20,000+\{(18,000+42,000+45,000)\times 0.2\}=146,000$(천 원)
따라서 ㅅ과 함께 실천했을 때 절감 비용이 가장 큰 3개 항목은 ㄴ, ㅁ, ㅂ이다.

22 [문제처리능력] 에너지 절감 비용 구하기

정답 ②

해설
이번 달에 실천한 항목들은 ㄱ, ㄷ, ㄹ, ㅂ이고 추가 절감률은 5%이다. 절감 비용을 구하면
$54,000+18,000+35,000+45,000+\{(18,000+35,000+45,000)\times 0.05\}=156,900$(천 원)이다.
○○기업의 지난달 절감 비용은 **21**에서 구한 168,500천 원이므로 이번 달과 지난달의 에너지 절감 비용의 차이는 $168,500-156,900=11,600$(천 원), 즉 11,600,000원이다.

23 [사고력] 조건을 통해 추론하기

정답 ③

해설
(가), (나) 조건을 먼저 대입했을 때, 부동산과 병원이 같은 라인에 있지만 이웃하지 않으려면 A 라인에는 올 수 없다. 주어진 조건을 표로 나타내면 다음과 같다.

A 라인	카페	옷가게	음식점	음식점
B 라인	카페	부동산 / 병원		병원 / 부동산

따라서 음식점 두 개는 A 라인 상가 3호와 4호에 붙어 있고, 부동산과 병원은 B 라인 상가 2호와 4호에 교차하여 올 수 있으므로 답은 ③이다.

24 [사고력] 조건을 통해 추론하기

정답 ④

해설

23 해설을 보면 A 라인은 1호부터 순서대로 카페 - 옷가게 - 음식점 - 음식점이고, B 라인은 카페 - 부동산 또는 병원 - (　　) - 병원 또는 부동산이다. 따라서 약국이 올 수 있는 곳은 B라인 3호이다.

25 [사고력] 조건을 통해 추론하기

정답 ③

해설

㉠ (○) 작년 기준으로 연봉은 A가 2,600만 원, B가 3,300만 원, C가 3,100만 원, D가 2,800만 원, E가 2,200만 원을 받았다.

㉡ (×) 작년에 연봉이 가장 높은 사람은 B(3,300만 원)였지만, 올해 C의 연봉을 알 수 없으므로 연봉이 가장 높은 사람이 누구인지 알 수 없다.

㉢ (○) 올해 기준으로 연봉은 A가 2,600만 원, B가 4,000만 원, D가 3,400만 원, E가 3,200만 원이고, C의 연봉 액수는 알 수 없다. 따라서 B, D, E는 모두 작년보다 연봉이 500만 원 이상씩 올랐음을 알 수 있다.

26 [사고력] 명제와 대우 이해하기

정답 ④

해설

주어진 조건을 p, q, r로 정리하면

> - p : 자율학습을 열심히 하는 학생
> - q : 수학을 잘한다.
> - r : 수업시간에 집중에서 공부한다.

p → q, ~r → ~q가 성립하고 ~r → ~q의 대우인 q → r도 성립한다. 따라서 삼단논법에 의해 p → q → r이므로 ④의 p → r은 참인 명제이다.

27 [사고력] 조건을 이용한 인원 구하기

정답 ②

해설

지침2와 지침3, 지침4에서 본관 1개 층에서 1개 부서만, 본관에서 별관으로 2개 부서만 이동하여 별관인원수가 40명 이하가 되어야 함을 알 수 있다.
본관 2층과 본관 3층의 각 층에서 인원이 가장 적은 부서인 기획2부(21명)와 총무부(23명)의 근무 인원수 합이 40명을 넘으므로 반드시 본관 1층의 한 개 부서가 별관으로 이동하여야 한다.
본관 1층에서 인사부는 이동하지 않는다고 하였고 남은 2개 부서의 근무 인원수는 16명으로 동일하며, 본관 2층의 부서가 이동하려면 기획2부(21명)가 이동하여야만 별관 인원수가 37명이 된다.(본관 1층의 인원수 : 26명, 본관 2층의 인원수 : 27명, 본관 3층의 인원수 : 53명) 또한, 본관 3층의 부서가 이동하려면 총무부(23명)가 이동하여야만 별관 인원수가 39명이 된다.(본관 1층의 인원수 : 26명, 본관 2층의 인원수 : 48명, 본관 3층의 인원수 : 30명)
따라서 정답은 ②이다.

28 [문제처리능력] 회의록 통해 업무 파악하기

정답 ②

해설

'3. 팀 운영 계획 및 추진방향' 항목을 보면 알 수 있다.
가. 자사 신제품의 특징을 타사의 제품과 비교하여 정리하고, 홍보 및 판촉 행사를 성공적으로 진행했던 국내 사례를 분석하는 업무는 기획부 담당이다.
라. 최근 2년간 자사의 홍보 및 판촉 행사를 분석하고, 신제품 판매 행사 방안을 구상하는 업무는 홍보부 담당이다.
따라서 각 부서별로 수행해야 할 업무로 적절한 것은 '가, 라'이다.

Plus 해설

나. 최근 화제성이 높은 해외 판촉 사례를 분석하는 업무는 마케팅부 담당이다.
다. 기획부는 해외기업 홍보 사례를 분석하는 것이 아니라, 국내 사례를 분석하는 업무를 담당하고 있다.

29 [문제처리능력] 자료 반영하여 기획안 구상하기

정답 ④

해설

회의록의 '2. 추진방향'을 보면 최근의 트렌드를 따라가되, 타사의 방식과 변별되는 신선한 기획안을 준비해야 한다고 되어있으므로 다른 기업과 유사하게 홍보 내용과 방식을 구성하는 것은 적절하지 않다.

30 [문제처리능력] 조례 분석, 민원 대응하기

정답 ③

해설

조례 제10조에 구청장은 공동주택 층간소음 분쟁을 자율적으로 예방하고 조정하여 건전한 공동체의 생활 여건 조성에 이바지한 입주자에 대하여 「○○시 △△구 포상 조례」에 따라 포상할 수 있다고 명시되어 있다. 따라서 공무원이 아닌 입주자에게 포상하는 것이므로 ③은 적절하지 않은 설명이다.

31 [문제처리능력] 조건에 맞는 제품 선택하기

정답 ④

해설

가격, 램프 수명과 밝기, 입출력 단자 면에서 가장 많이 부합하는 제품을 선택한다.

Plus 해설
① 램프 수명과 입출력 단자가 맞지 않는다.
② 램프 밝기가 맞지 않는다.
③ 조건에는 부합하지만 조건을 모두 충족하는 더 저렴한 제품이 있으므로 구입하지 않는다.
⑤ 예산을 초과한다.

32 [사고력] 시설 현황 분석하기

정답 ③

해설

㉠ (○) 금요일 근무 시간 이후 복지 2관 지하 1층의 샤워실이 18시부터 23시까지 운영되며, 샤워부스가 총 30개 설치되어 있기 때문에 축구경기를 끝마친 직원 25명이 동시에 샤워를 할 수 있다.
㉡ (×) 요가와 필라테스실이 복지 1관의 지하 1층에 있으므로 겨울철 눈이 내리는 날에도 요가와 필라테스를 할 수 있다.
㉢ (○) 대운동장은 체육시설관리자의 재량에 의하여 일요일에도 개방할 수 있으므로 일요일에 ○○기업 부서별 축구대회를 진행할 수 있다.
㉣ (×) 월·수·금 18시부터 22시 사이에 농구 시합은 복지 1관의 지하 1층 실내체육관에서, 축구 시합은 대운동장에서 동시에 진행할 수 있다.
따라서 옳은 것은 ㉠, ㉢이다.

33 [문제처리능력] 조건 적용하기

정답 ③

해설

㉠ (○) B 사원과 C 사원은 융통성을 제외한 나머지 부분의 점수의 합이 같으므로 C 사원의 융통성 점수가 B 사원보다 높아야 높은 총점을 받을 수 있다. 따라서 C 사원이 B 사원보다 총점이 높기 위해서는 융통성에서 10점을 받아야 한다.
㉡ (×) D 사원은 작업속도 부분에서 10점을 받더라도 총점이 38점이기 때문에 상여금은 받을 수 있지만 진급은 하지 못한다.
㉢ (×) A 사원과 B 사원의 융통성 부분의 점수가 바뀐다면 A 사원은 1점이 증가하고 B사원은 1점이 감소하기 때문에 A 사원과 B 사원은 동점인 상황이 된다.
㉣ (○) 진급 점수표에서 괄호 부분의 점수를 모두 10점을 준다 하더라도 A 사원이 34점, B 사원이 36점, C 사원이 37점, D 사원이 38점, E 사원이 39점이므로 총점 40점 이상인 사원은 없다. 따라서 총점이 40점 이상인 사원이 없으므로 최고점인 사람이 진급을 하게 되고, E 사원은 총점이 40점을 넘지 못하였지만 최고점을 받았기에 진급할 수 있었다.

34 [문제처리능력] 상황제시 유형 이해하기

정답 ③

해설

4월 20일 오후에 접수된 민원은 다음 날부터 계산이 되어 4월 21일에 민원서류 보정, 4월 22일, 4월 25일, 26일 3일간 민원조사에 소요되는 기간은 산입에서 제외된다. 4월 27일부터 토요일, 일요일, 공휴일(임시공휴일 포함)을 제외한 20일 이내에 처리가 완료되어야 하므로 5월 27일까지 처리가 완료되어야 한다.

35 [문제처리능력] 적절한 교통편 선택하기

정답 ①

해설

K 씨는 울산 V 컨벤션 센터에 도착하여 회의 전까지 프레젠테이션 준비를 끝마쳐야 하므로, 회의 시간인 17시보다 3시간 일찍, 14시 이전까지 도착하여야 무사히 회의를 마칠 수 있다.

집 → 회사	
(50분) 07:00~07:50	
회사 → 울산	
〈경우1〉 동서울터미널 이용	〈경우2〉 서울역 이용
(40분) 07:50 ~ 08:30	(60분) 07:50 ~ 08:50

집 → 회사
(50분) 07:00~07:50

회사 → 울산	
05:00 이후 60분 간격 09:00 출발 ~ (휴게소 30분 추가) 13:40 도착	06:00 이후 100분 간격 09:20 출발 ~ 12:40 도착
20분 만에 V 컨벤션 센터에 도착해야 함	80분 만에 V 컨벤션 센터에 도착해야 함

따라서 K 씨는 기차를 타고 택시를 타야 제시간에 도착 할 수 있다.

36 [문제처리능력] 규정 이해하기

정답 ①

해설
월평균 소득이 251만 원 초과일 경우, 평일(일~목)에만 이용 가능하다. 주말 및 성수기에는 월평균 소득 251만 원 이하의 근로자만 이용할 수 있다.

37 [문제처리능력] 규정 이해하기

정답 ③

해설
성수기 휴양콘도 이용순서는 '주말·성수기 선정박수가 적은 노동자 → 이용 가능 점수가 높은 노동자 → 월평균 소득이 낮은 노동자' 순서이다. 단, 신혼여행의 경우에는 최우선으로 선정된다. 따라서 정답은 ③이다.

38 [문제처리능력] 요금 계산하기

정답 ④

해설
㉠ 서울에서 대전까지 KTX 가족석 요금(20% 할인 적용) : $19,000(원) \times 4 \times 0.8 = 60,800원$
㉡ 서울에서 대전까지 새마을호 요금(아버지만 30% 할인 적용) : $14,000(원) \times 0.7 + 14,000(원) \times 3 = 51,800원$
㉢ 대전에서 부산까지 무궁화호 요금(3세와 1세인 두 자녀 50% 할인 적용) : $16,000(원) \times 2 + 16,000(원) \times 0.5 \times 2 = 48,000원$
㉣ 대전에서 부산까지 KTX 열차요금(60세 이상 30% 할인 적용) : $28,000(원) \times 0.7 \times 2 = 39,200원$
㉤ 대전에서 부산까지 새마을호 요금(할인 적용 없음) : $19,000(원) \times 3 = 57,000원$
따라서 열차요금이 가장 적은 가족은 ㉣이고, 열차요금이 가장 많은 가족은 ㉠이다.

Chapter 04 자기개발능력

FINISH
기출·예상문제 마무리

본문 248p

01	02	03	04	05	06	07	08	09	10
⑤	④	③	④	⑤	④	④	③	④	⑤
11	12	13	14	15					
④	⑤	④	③	②					

01 [자기개발능력] 자기개발 설계 전략 파악하기

정답 ⑤

해설
자기개발을 설계할 때는 장기적 목표와 더불어 단기적인 목표도 함께 수립해야 한다. 단기적 목표는 장기적 목표를 이루기 위한 기본 단계가 된다.

Plus 해설
자기개발 설계 전략
• 장·단기 목표를 수립한다.
• 인간관계를 고려한다.
• 현재의 직무를 고려한다.
• 구체적인 방법으로 계획한다.

02 [자기개발능력] 자기개발 구성요소 파악하기

정답 ④

해설
자기관리란 목표를 성취하기 위해 자신의 행동 및 업무수행을 관리하는 것이다. 자신에 대한 이해를 바탕으로 비전과 목표를 수립하고, 피드백 과정을 통해 부족한 점을 고쳐 나가야 한다.

03 [자기개발능력] 자기개발의 특징 이해하기

정답 ③

해설
자기개발은 일시적인 과정이 아니라 평생에 걸쳐서 이루어지는 과정이다. 자아를 실현하고 원하는 바를 이루기 위해서는 평생에 걸친 자기개발이 필요하다.

04 [경력개발능력] 경력개발 단계 파악하기

정답 ④

해설

경력개발 단계는 '직업 선택, 조직 입사, 경력 초기, 경력 중기, 경력 말기'의 5단계로 이루어진다. 그동안 성취한 것들을 점검하고 생산성을 유지하는 단계는 '경력 중기'에 해당한다.

05 [자기관리능력] 체크리스트 이해하기

정답 ⑤

해설

체크리스트는 본인이 업무의 각 단계를 효과적으로 수행했는지 자가 점검을 하기 위한 도구이지, 상사가 점검해볼 수 있는 도구는 아니다.

06 [자기관리능력] 자기관리 과정 파악하기

정답 ②

해설

자기관리의 과정은 '비전 및 목적 정립 → 과제 발견 → 일정 수립 → 수행 → 반성 및 피드백'의 5단계로 이루어진다.

07 [자기개발능력] 자기개발의 필요성 알기

정답 ④

해설

자기개발은 한 분야에서 안정적인 업무를 수행하기 위해서가 아니라 변화하는 환경에 적응하고, 이러한 변화에 대응하기 위해 필요한 것이다.

08 [경력개발능력] 경력개발의 필요성 알기

정답 ③

해설

'전문성 축적 및 성장 요구의 증가'는 경력개발의 필요성 중 '개인의 요구'에 해당한다.

09 [자기관리능력] 자기개발 방법 조언하기

정답 ③

해설

①・②・④도 자기개발에 대한 내용이지만, P 사원이 가지고 있는 불만을 해결해줄 수 있는 말로는 적절하지 않다. 또한 ⑤는 자기개발과 관련이 없는 조언이다.

10 [자기관리능력] 일의 우선순위 파악하기

정답 ⑤

해설

W 대리가 해야 할 일들 중 업무와 직접적으로 관련된 중요한 일은 두 번째, 세 번째 항목이다. 두 번째 항목은 2월 15일까지, 세 번째 항목은 3월 중 진행하는 것이므로 더 긴급한 일은 두 번째 항목이다. 또한 업무와 직접적으로 관련되지 않아 중요하지는 않지만 다음 주까지 해결해야 할 일은 첫 번째 항목이고, 항목 중에서 상대적으로 하찮은 일은 네 번째 항목이다. 따라서 일의 우선순위를 정하면 다음과 같다.
- 1순위 : 봄맞이 프로모션 준비
- 2순위 : 경영전략 수립
- 3순위 : 신입사원 기본교육 및 업무 인수인계
- 4순위 : 영어학원 수강 신청

따라서 답은 ⑤이다.

11 [자기관리능력] 자기 브랜드화하기

정답 ④

해설

자기개발을 통해서 능력을 신장시키고 다른 사람과 차별성을 가지더라도, 이에 대해 홍보를 하지 않으면 다른 사람들은 나의 브랜드를 알지 못한다. 따라서 자신의 브랜드를 타인에게 각인시킬 필요가 있다.

Plus 해설

자기 브랜드 PR 방법
- 블로그 등의 소셜 네트워크 이용
- 인적 네트워크 이용
- 자신만의 명함 제작
- 경력 포트폴리오 작성 및 지속적인 업데이트

12 [자기개발능력] 자기개발 필요성 알기

정답 ⑤

해설

직장생활에서 자기개발은 모든 직장동료와의 원만한 인간관계를 유지하기 위해 필요하다. 따라서 승진이나 성공을 위해 차별적으로 인간관계를 맺는 것은 바람직한 자기개발 태도로 볼 수 없다.

13 [자기개발능력] 자기개발 특징 파악하기

정답 ④

해설

자기개발은 개별적인 과정으로, 사람마다 지향하는

바와 선호하는 방법 등이 다르다.

Plus 해설
① 자기개발은 평생에 걸쳐서 이루어지는 과정이다.
② 자기개발은 현대사회에 적응하고 보람되고 나은 삶을 살기 위한 모든 사람에게 필요한 것이다.
③ 자기개발의 주체는 자기 자신이어야 한다.
⑤ 자기개발은 생활 가운데 실천되어야 한다.

14 [자기개발능력] 자기개발 방법 알기

정답 ③

해설
직장생활에 있어서 인간관계를 배제한 자기개발은 바람직한 방법이 아니다. 조직에서 인간관계를 발전시키는 것 자체가 중요한 자기개발 요소이기 때문이다.

15 [자기개발능력] 자기개발 계획 수립하기

정답 ②

해설
B 사원은 장기 목표를 수립하지 않았다. 1년 이내의 계획은 자기개발의 궁극적인 목표 달성이 아니라 생활개선 등을 위한 실천 계획표로 전락할 수 있다. 급변하는 사회에 적응하기 위해서라도 미래를 예측할 수 있는 준비와 목표를 설정하는 것이 자기개발을 위해 매우 중요하다.

Chapter 05 자원관리능력

FINISH 기출·예상문제 마무리

본문 288p

01	02	03	04	05	06	07	08	09	10
①	④	②	⑤	②	②	④	②	①	①
11	12	13	14	15	16	17	18	19	20
④	④	③	③	③	②	④	④	①	②
21	22	23	24	25	26	27	28	29	30
④	④	④	②	②	④	④	⑤	①	②
31	32	33							
②	③	③							

01 [인적자원관리능력] 인력배치의 유형 이해하기

정답 ①

해설
- 양적배치 : 작업량과 여유 또는 부족 인원을 감안하여 소요인원을 결정하여 배치하는 것
- 질적배치 : 능력, 성격 등을 고려하여 적재적소의 업무에 배치하는 것
- 적성배치 : 팀원의 적성 및 흥미를 고려하여 배치하는 것

02 [시간관리능력] 일의 우선순위 결정하기

정답 ④

해설
'3/4분기 실적 보고서 제출' 업무와 '하반기 인사평가 계획서 작성' 업무의 긴급성은 같지만 중요성에 있어서 차이를 보이기 때문에 '하반기 인사평가 계획서 작성'이 '3/4분기 실적 보고서 제출'보다 우선 처리되어야 한다.

Plus 해설
시간계획의 순서 : 명확한 목표 설정 → 일의 우선순위 결정 → 예상 소요 시간 결정 → 시간계획서 작성
일의 우선순위 판단 매트릭스는 다음과 같다.

	긴급함	긴급하지 않음
중요함	긴급하면서 중요한 일 • 위기상황 • 급박한 문제 • 기간이 정해진 프로젝트	긴급하지 않지만 중요한 일 • 예방 생산 능력 활동 • 인간관계 구축 • 새로운 기회 발굴 • 중장기 계획, 오락
중요하지 않음	긴급하지만 중요하지 않은 일 • 잠깐의 급한 질문 • 일부 보고서 및 회의 • 눈앞의 급박한 상황 • 인기 있는 활동 등	긴급하지 않고 중요하지 않은 일 • 하찮은 일 • 우편물, 전화 • 시간낭비거리 • 즐거운 활동 등

03 [예산관리능력] 최소 요금 구하기

정답 ②

해설
출장에 필요한 고속도로 통행요금은 다음과 같다.
- 서울 → 대전 → 부산 → 서울 :
  8,400＋13,500＋18,000＝39,900원
- 서울 → 부산 → 대전 → 서울 :
  19,000＋19,500＋9,400＝47,900원

따라서 최소금액은 39,900원이다.

04 [예산관리능력] 예산에 맞는 업체 결정하기

정답 ⑤

해설
업체별 할인율 적용 시의 개당 가격은 다음 표와 같다.

업체	할인율 적용 시 개당 가격(원)	음질
A	79,200	상
B	81,880	중
C	115,920	중
D	126,400	상
E	123,750	상

A업체를 제외한 80,000원 이상인 제품을 파는 업체들 중에서 B업체의 제품이 가장 저렴하다. B업체보다 좋은 음질을 제품을 파는 D와 E업체의 제품은 B업체의 제품 가격보다 각각 44,520원, 41,870원 비싸기 때문에 B업체보다 음질이 좋고 42,000원을 초과하지 않는 E업체의 제품을 선택하는 것이 가장 적절하다.

05 [예산관리능력] 결재 양식 작성하기

정답 ②

해설
총 출장비가 30＋10＋20＝60만 원이므로, 출장계획서는 팀장에게, 출장비 신청서는 부장에게 결재받아야 한다. 각각의 결재 양식을 작성하면 다음과 같다.

출장 계획서				
결재	담당	팀장	부장	최종 결재
	A	전결		팀장

출장비 신청서				
결재	담당	팀장	부장	최종 결재
	A		전결	부장

따라서 알맞게 작성한 결재 양식은 ②이다.

06 [예산관리능력] 수당 계산하기

정답 ②

해설
A는 휴일 4시간을 근로하였으므로 휴일근로수당을 적용하여 평일 시급의 1.5배를 지급해야 한다. 따라서 A에게 지급해야 할 급여액은 50,100원(8,350×1.5×4)이다.
B는 휴일 9시간을 근로하였지만 점심시간 1시간이 근로 시간에서 제외되므로 8시간 근로로 계산해야 한다. 따라서 휴일근로수당을 적용한 B의 급여액은 100,200원(8,350×1.5×8)이다.
C는 휴일 11시간을 근로하였지만 점심시간 1시간이 근로 시간에서 제외되므로 10시간 근로로 계산해야 한다. 여기서 휴일근로수당을 계산할 때 8시간을 초과한 2시간에 대해서는 따로 계산을 해야 한다. 따라서 C에게 지급해야 할 급여액은 133,600원(8,350×1.5×8＋8,350×2×2)이다.
따라서 ○○기업에서 아르바이트생에게 지급해야 할 총 급여액은 283,900원(50,100＋100,200＋133,600)이다.

07 [시간관리능력] 장소 예약하기

정답 ④

해설
수요일 오전에 도담홀 이용이 가능하고, 꽃가람홀은 오전·오후 모두 이용할 수 있다. 따라서 수요일은 오전부터 오후까지 예약이 꽉 차서 대관이 안 된다는 판단은 적절하지 않다.

08 [예산관리능력] 주차비용 계산하기

정답 ②

해설

총 30대의 차량 중 18대는 5시간을 주차하고, 12대는 3시간을 주차한다. 이 중 5대는 무료로 주차할 수 있으며, 최소 금액을 구해야 하므로 주차 비용이 더 비싼 18대의 차량 중 5대에 무료 주차권을 적용한다. 30분은 무료이므로, 각각 4시간 30분, 2시간 30분의 주차 요금을 구하면 된다.

- 4시간 30분
  4,500원(1시간 30분)+12,000원(3시간)=16,500원
  16,500원×13대=214,500원
- 2시간 30분
  4,500원(1시간 30분)+4,000원(1시간)=8,500원
  8,500원×12대=102,000원

따라서 총 주차 비용은 214,500+102,000=316,500원이다.

09 [시간관리능력] 시차 계산하기

정답 ①

해설

런던과 서울의 시차는 9시간으로 서울이 9시간 빠르다. H 대리가 탄 비행기는 런던 현지 시간으로 5월 8일 아침 5시 50분에 도착하고 비행시간이 11시간 55분이므로, 런던 현지 시간으로 5월 7일 오후 5시 55분에 출발한 것이다. 서울 시간은 런던 시간보다 9시간이 빠르므로, 시차를 적용하면 서울 시간으로 5월 8일 오전 2시 55분이 된다.

10 [예산관리능력] 지원액 산정하기

정답 ①

해설

㉠의 경우 근로자 수가 5인 미만인 신규지원자 사업주이므로 90%를 지원받을 수 있다. 월평균보수가 180만 원이므로 지원금액 산정 예시에 따른 각각의 식은 다음과 같다.

- 고용보험 :
  180만 원×0.9%(요율)×90%=14,580원
- 국민연금 :
  180만 원×4.5%(요율)×90%=72,900원
  ∴ 14,580+72,900=87,480원

㉡의 경우 근로자 수가 5명 이상 10명 미만인 신규지원자 근로자이므로 80%를 지원받을 수 있다. 월평균보수가 200만 원이므로 지원금액 산정 예시에 따른 각각의 식은 다음과 같다.

- 고용보험 :
  200만 원×0.65%(요율)×80%=10,400원
- 국민연금 :
  200만 원×4.5%(요율)×80%=72,000원
  ∴ 10,400+72,000=82,400원

11 [예산관리능력] 출장비 산정하기

정답 ④

해설

과장과 대리/사원은 교통비는 동일하게, 나머지 비용은 다르게 지급받는다. 교통비는 왕복 기준으로 세 명 모두 'ECONOMY CLASS'를 탔으므로 450만 원(150만 원×3)이다. 과장의 나머지 비용은 (15만 원×4박)+(15만 원×5일)+(4만 원×5일)=155만 원이고, 대리와 사원의 나머지 비용은 한 사람당 (10만 원×4박)+(12만 원×5일)+(3만 원×5일)=115만 원이므로 대리와 사원의 나머지 비용 총합은 230만 원(115만 원×2명)이다.
따라서 총 출장비는 835만 원(450만 원+155만 원+230만 원)이다.

12 [물적자원관리능력] 재료 선택하기

정답 ④

해설

플라스틱, 금속, 고무, 목재 네 가지 재질에 모두 사용할 수 있는 접착제는 순간 접착제와 구조용 접착제뿐이다. 순간 접착제는 플라스틱에 대한 적합성이 ++이므로 총 9개가 필요하고 총 금액은 27,100×9=243,900원이다. 구조용 접착제는 플라스틱에 대한 적합성이 +++이므로 7개가 필요하며 총 금액은 243,250원이다. 따라서 가장 저렴하게 사용할 수 있는 접착제는 구조용 접착제이다.

13 [예산관리능력] 업체 선정하기

정답 ③

해설

각 수리 업체별 최종 금액은 다음과 같다.

업체	A 업체(5일)	B 업체(7일)	C 업체(4일)
인건비	235,000원	245,000원	198,000원
식비	40,000원	56,000원	32,000원
합계	275,000원	301,000원	230,000원
비고	10% 할인	5% 할인	
총 금액	247,500원	285,950원	230,000원

업체	D 업체(6일)	E 업체(5일)
인건비	238,200원	210,000원
식비	48,000원	40,000원
합계	286,200원	250,000원
비고	3만 원 할인	4% 할인
총 금액	256,200원	240,000원

따라서 가장 저렴하게 수리를 진행할 수 있는 업체는 C 업체이다.

14 [시간관리능력] 강의 일정 정하기

정답 ③

해설
토요일, 일요일을 제외하고 적어도 하루는 강의를 쉬어야 하기 때문에 첫째 주는 B 강사의 강의를 진행할 수 없다. 휴가 전날과 다음날은 강의하지 않기 때문에 둘째 주는 A 강사의 강의를 진행할 수 없다. 셋째 주는 모든 강사가 가능한 날이 있으며 정리하면 다음과 같다.

13	14	15	16	17
C	D	A	E	B

넷째 주는 A 강사, 다섯째 주는 D, E 강사의 스케줄이 맞지 않기 때문에 진행할 수 없다. 따라서 답은 ③이다.

15 [인적자원관리능력] 직무에 적합한 지원자 찾기

정답 ③

해설
자격요건 중 필수인 요건을 먼저 보아야 한다. 필수 요건은 동종업계에서 1년 이상의 경력이 있어야 한다는 것이다. 필수 요건을 충족하는 지원자는 '박민수'와 '이은지' 지원자이다. 연령, 성별, 학력은 무관하므로 보지 않아도 되고 다음으로 우대 요건을 살펴보면 된다. 기술 우대 요건은 각각 하나씩 가지고 있지만 전공과 자격 우대 요건은 '이은지' 지원자만 가지고 있다. 따라서 직무에 가장 적합한 지원자는 '이은지' 지원자이다.

16 [인적자원관리능력] 직무기술서 이해하기

정답 ②

해설
직무기술서의 '직무수행내용'에 직원 성과 평가와 관련된 것은 없다. 직원 성과 평가와 같은 업무는 인사부에서 하는 일이다.

①·④ 내·외부 감사의 전반적인 업무를 한다고 나와 있다.
③ 정확한 과세 소득과 과세표준 및 세액을 산출하여 과세당국에 신고 및 납부에 관한 전반적인 업무를 한다고 되어 있다.
⑤ 투명한 예산집행을 위해 규정에 부합한 회계처리 업무를 한다고 나와 있다.

17 [물적자원관리능력] 물적 자원 활용 방해 요인 이해하기

정답 ④

해설
동일 및 유사 물품은 동일성의 원칙, 유사성의 원칙에 따라서 보관해야 한다. 따라서 ④는 잘못된 생각이다. 보유하고 있던 물품을 적절하게 활용하지 못하게 하는 방해요인은 크게 세 가지가 있는데 보관 장소를 파악하지 못한 경우, 훼손된 경우, 분실한 경우이다. 그 외에도 분명한 목적 없이 물건을 구입하여 관리에 소홀해지는 경우가 있다.

Plus 해설
동일성의 원칙은 같은 품종은 같은 장소에 보관한다는 것이며, 유사성의 원칙은 유사품은 인접한 장소에 보관한다는 것이다. 이는 보관한 물품을 다시 활용할 때 더 쉽고 빠르게 물품의 위치를 찾을 수 있게 해준다. 또한 특정 물품의 정확한 위치를 몰라도 대략의 위치를 알고 있으므로 찾는 시간을 단축할 수 있다.

18 [시간관리능력] 일정표에 따른 시간 계획하기

정답 ④

해설
꽃 사진 전시는 16시에 종료되고, 비즈공예 체험은 15시에 시작하므로 두 프로그램에 동시에 참여할 수 없다.

19 [예산관리능력] 비용 구하기

정답 ①

해설
① $(3,000 \times 3) + (2,000 \times 5) + (1,000 \times 10) = 29,000$원
② $(2,400 \times 3) + (800 \times 20) + 5,000 = 28,200$원
③ $(3,000 \times 2) + (1,000 \times 10) + 3,000 = 19,000$원
④ $(3,000 \times 5) + (1,000 \times 3) = 18,000$원
⑤ $\{(2,400 \times 1) + (800 \times 30)\} \times 0.9 + 5,000 = 28,760$원
따라서 가장 많은 비용을 지불하게 되는 경우는 ①이다.

20 [인적자원관리능력] 신입사원 채용하기

정답 ②

해설
가중치를 적용한 최종점수는 다음과 같다.
A 씨 : $(80 \times 0.3) + (90 \times 0.25) + (90 \times 0.15) + (70 \times 0.2) + (80 \times 0.1) + 1 = 83$점
B 씨 : $(75 \times 0.3) + (80 \times 0.25) + (80 \times 0.15) + (80 \times 0.2) + (60 \times 0.1) = 76.5$점
C 씨 : $(90 \times 0.3) + (60 \times 0.25) + (80 \times 0.15) + (80 \times 0.2) + (80 \times 0.1) = 78$점
D 씨 : $(85 \times 0.3) + (70 \times 0.25) + (60 \times 0.15) + (90 \times 0.2) + (80 \times 0.1) = 78$점
E 씨 : $(75 \times 0.3) + (80 \times 0.25) + (90 \times 0.15) + (60 \times 0.2) + (90 \times 0.1) = 77$점
가장 높은 점수를 받은 사람은 A 씨이다. 두 번째로 높은 점수를 받은 C 씨와 D 씨는 동점이므로, 채용조건에 따라 직무적합성의 점수가 높은 C 씨를 우선 채용해야 한다. 따라서 최종합격자 두 명은 A 씨와 C 씨이다.

21 [예산관리능력] 비용 계산하기

정답 ④

해설
- 카피월드
  $200(쪽) \times 220(원) \times 0.97 \times 120(부) + 3,500(원) \times 120(부) = 5,541,600(원)$
- 인터프린트
  $200(쪽) \times 225(원) \times 120(부) + 4,000(원) \times 120(부) = 5,880,000(원)$
  $5,880,000(원) \times 0.95 = 5,586,000(원)$
- 프린컴
  $200(쪽) \times 215(원) \times 120(부) + 3,700(원) \times 120(부) = 5,604,000(원)$
  $5,604,000(원) \times 0.95 = 5,323,800(원)$
- 북카피
  $200(쪽) \times 200(원) \times 120(부) + 4,000(원) \times 120(부) = 5,280,000(원)$

따라서 가장 저렴한 업체는 북카피이며 비용은 5,280,000원이다.

22 [예산관리능력] 비용 계산하기

정답 ④

해설
- 카피월드
  $240(쪽) \times 50(원) \times 0.95 \times 140(부) + 2,000(원) \times 140(부) = 1,876,000(원)$
- 인터프린트
  $240(쪽) \times 60(원) \times 140(부) + 2,500(원) \times 140(부) = 2,366,000(원)$
  $2,366,000(원) \times 0.95 = 2,247,700(원)$
- 프린컴
  $240(쪽) \times 55(원) \times 140(부) + 3,000(원) \times 140(부) = 2,268,000(원)$
- 북카피
  $240(쪽) \times 50(원) \times 140(부) = 1,680,000(원)$

따라서 가장 저렴한 비용은 1,680,000원이다.

23 [인적자원관리능력] 인력배치의 원칙 이해하기

정답 ④

해설
'능력주의'는 적재적소주의 원칙의 상위개념이라고 할 수 있으며, 능력주의 원칙을 따를 때는 개인이 가진 기존의 능력에만 한정하지 않고, 미래에 개발 가능한 능력도 생각하여 능력을 개발하고 양성하는 측면도 고려해야 한다.

24 [물적자원관리능력] 물품 관리하기

정답 ②

해설
실내 환기와 함께 냉방으로 1시간 이상 충분히 운전하는 것은 많은 경우에 도움이 되지만, 모든 냄새의 해결 방법에 해당하지는 않는다. 곰팡이 냄새가 날 경우에는 냉방이 아니라 송풍 또는 공기 청정 운전으로 1시간 이상 운전해야 하며 음식 냄새가 날 경우에도 해당하지 않는다.

25 [물적자원관리능력] 예산 책정 우선순위 파악하기

정답 ②

해설
1박 2일로 진행되는 워크숍이므로 행사장과 숙소로 이용하는 인재개발원 사용료를 기본비용으로 책정해야 하고, 워크숍 일정 동안 식사가 네 번 있고 리무진 버스를 대절하여 이동하므로 식사비와 교통비도 함께 책정하는 것이 적절하다.

26 [물적자원관리능력] 물품관리규정 이해하기

정답 ④

해설
'제6조'를 보면 사무를 인계할 때는 장부와 물품을 대조·확인한 후 출납부를 마감하고 인계서를 '2통' 작성해야 함을 알 수 있다.

Plus 해설
① '제4조'를 보면 물품의 총괄적인 관리는 관리부 과장이 관장한다는 내용이 있고 대화를 하는 사원들은 관리부 신입사원들이므로 맞는 설명이다.
② '제4조'의 ②를 보면 관리부에서 수행해야 할 기능이 나와 있고 '처분'도 이에 해당한다.
③ '제5조'의 ②에 물품은 인수받은 즉시 지정된 장소에 보관하여야 한다고 되어 있으므로 물건의 위치를 파악해두면 도움이 된다.
⑤ '제3조'의 ②를 보면 한 번 사용하면 다시 사용할 수 없거나 사용함으로써 소모되는 물건, 10만 원 이하의 저가이며 중요도가 낮은 일반 사무용품류를 "소모품"이라고 하므로 만 원짜리 포스트잇은 소모품이 맞다.

27 [예산관리능력] 환전금액 차이 구하기
정답 ④
해설
- 한화 → 대만달러
  $37.52 \times 1.08 = 40$(KRW)
  $500,000 \div 40 = 12,500$(TWD)
- 한화 → 미국달러 → 대만달러
  $1,113.80 \times 1.02 = 1,136$(KRW)
  $500,000 \div 1,136 = 440$(USD)
  $440 \times 30.25 = 13,310$(TWD)

따라서 금액의 차이는 $13,310 - 12,500 = 810$(TWD)이다.

28 [물적자원관리능력] 재고 확인하기
정답 ⑤
해설
물티슈는 재고가 1개뿐이므로 가장 먼저 구매해야 한다.

29 [물적자원관리능력] 물품 분류하기
정답 ①
해설
P 대리의 조언에 따라 회수하여 다시 사무실로 가져올 물품(1분류), 소모품(2분류), 배포 물품(3분류)으로 나누면 ①과 같이 분류하는 것이 가장 적절하다.

30 [시간관리능력] 시차 계산하기
정답 ②
해설
우선 한국 시간으로 출발 시간이 몇 시인지 구해볼 수 있다. 4월 19일 17시 25분의 14시간 30분 전은 4월 19일 02시 55분이다. 한국 시간으로 4월 19일 02시 55분에 출발하는 것이다. 뉴욕은 한국보다 14시간 느리므로 시차를 적용하면 4월 18일 12시 55분이 된다. 따라서 P 과장이 인천으로 출발하는 시간은 뉴욕 현지 시간으로 4월 18일 12시 55분이다.

31 [인적자원관리능력] 인사관리지침 이해하기
정답 ②
해설
'제32조의2'의 ①을 보면 두 가지 조건 말고도 동일직급 내에서 견책 이상의 징계처분을 받은 사실이 없는 자여야 한다는 한 가지 조건이 더 있다.

Plus 해설
① '제32조의2' ①에서 알 수 있는 내용이다.
③ '제32조의4'에서 알 수 있는 내용이다.
④ '제32조의6' ①에서 알 수 있는 내용이다.
⑤ '제32조의6' ②에서 알 수 있는 내용이다.

32 [예산관리능력] 수업료 산정하기
정답 ③
해설
각 사원의 수업료와 교재비를 표로 정리하면 다음과 같다.

구분	A 사원	B 사원
과목	독일어	영어, 독일어
수업료	300,000	$200,000 \times 0.9 = 180,000$ $300,000 \times 0.9 = 270,000$
교재비용	25,000	$20,000 \times 0.95 = 19,000$ $25,000 \times 0.95 = 23,750$
합계	325,000	492,750

구분	C 대리	D 대리	E 팀장
과목	프랑스어	영어	영어, 프랑스어
수업료	250,000	200,000	$200,000 \times 0.9 = 180,000$ $250,000 \times 0.9 = 225,000$
교재비용	30,000	20,000	$20,000 \times 0.95 = 19,000$ $30,000 \times 0.95 = 28,500$
합계	280,000	220,000	452,500

따라서 ○○기업이 지급해야 하는 총 비용은 325,000＋492,750＋280,000＋220,000＋452,500 ＝ 1,770,250원이다.

33 [인적자원관리능력] 인력 배치하기

정답 ③

해설

A 어린이집에 다니는 영유아의 총 인원은 22＋30＋40＋20＋8＝120명이므로 원장이 보육교사를 겸임할 수 없다. 영유아별 보육교사의 수를 표로 나타내면 다음과 같다.

구분	기준	A 어린이집 영유아 수	A 어린이집 보육교사 수
만1세 미만	영아 3인당 1인	22명	8명
만1세 이상 만2세 미만	영아 5인당 1인	30명	6명
만3세 이상 만4세 미만	유아 15인당 1인	40명	3명
만4세 이상 미취학 유아	유아 20인당 1인	20명	1명
장애아	3인당 1인	8명	3명

영유아 인원이 100명 이상이므로 간호사와 영양사도 필요하며, 조리원은 2명이 필요하다. 따라서 A 어린이집에 필요한 보육교직원의 최소 인원수는 1(원장)＋21(보육교사)＋1(간호사)＋1(영양사)＋2(조리원)＝26명이다.

Chapter 06
대인관계능력

FINISH
기출·예상문제 마무리

본문 350p

01	02	03	04	05	06	07	08	09	10
③	⑤	⑤	④	②	③	⑤	③	②	⑤
11	12	13	14	15					
②	④	①	②	⑤					

01 [팀워크능력] 팀워크 저해 요인 파악하기

정답 ③

해설

효과적인 팀은 구성원 간 자발적인 협력을 통해서 조직의 목표 달성을 위한 업무를 수행한다. 또한 구성원 개인은 강한 자신감으로 동료의 사기를 양양하고 상호 신뢰를 구축하며, 멤버십뿐 아니라 리더십의 역량을 공유하는 등의 특성을 보인다.

02 [리더십능력] 리더의 덕목 파악하기

정답 ⑤

해설

리더는 팀 혹은 조직 구성원에 대한 책임과 권한을 수반해야 하는 위치에 있지만, 최근 고객 요구에 대한 신속·정확한 대응뿐 아니라 직무 현장 개선·변혁을 위해 조직 구성원이 직접 의사결정에 참여하는 등 임파워먼트(Empowerment)의 활용도가 높아지고 있다.

Plus 해설

임파워먼트란 조직 구성원에게 재량권을 위임하여 주체적이고 능동적인 업무 수행 및 성과를 이끌어 내기 위한 '권한부여' 또는 '권한이양'을 의미한다.

03 [갈등관리능력] 갈등해결 방법 알기

정답 ⑤

해설

교육 또는 훈련, 새로운 팀 구성 등 인적 요인 변수를 바꿔 환경 및 욕구 수준 등에 변화를 주어 조직 내 갈등을 해결할 수 있다. 조직 구성원 간 사회적 접촉을 활성화하는 것은 갈등해소방법 중 하나이다.

04 [갈등관리능력] 갈등 해결방법 파악하기

정답 ④

해설

토마스(Thomas)는 독단성(자신의 이익을 충족시키려는 정도)과 협조성(타인의 이익을 충족시키려는 정도)을 기준으로 조직 상황에 따른 갈등관리방식을 다섯 가지 유형으로 구분했다. 이 중 'ⓜ 통합형(Integrating) 또는 협력형(Collaborating)'은 양자의 이익을 모두 충족시키는 최선의 갈등해결방안이지만 현실적으로 실현하기 힘들기 때문에 빈번하게 활용되기는 어렵다. 반면 'ⓒ 타협형(Compromising)'은 상호 간의 이익을 충족시키기 위한 최선의 방법은 아니지만 양자가 조금씩 양보하여 수용 가능한 절충안을 찾는 방식으로 현실적으로 가장 많이 활용된다.

05 [팀워크능력] 팔로워십 유형 파악하기

정답 ②

해설

②는 수동형 팔로워가 조직에 대해 주로 여기는 경향을 설명한 것이다.

06 [협상능력] 협상 전략 이해하기

정답 ③

해설

D 부장이 말한 전략은 유화 전략인 'Lose-Win' 전략으로 상대방이 제시하는 것을 일방적으로 수용하여 협상의 가능성을 높이려는 전략이다. 화해 전략, 수용 전략, 굴복 전략이라고도 할 수 있다. 결과보다 상대방과의 관계 유지가 중요하거나, 단기적으로 손해를 보더라도 장기적으로 봤을 때 이익이 되는 경우에 사용하는 협상 전략이다.

07 [리더십능력] 리더십의 기능 이해하기

정답 ⑤

해설

리더십은 명령과 복종의 관계가 아니라 협력과 조화의 관계이며, 상명하복의 수직적 개념이 아니라 상호작용의 수평적 개념이다.

08 [리더십능력] 리더와 관리자의 차이 알기

정답 ③

해설

리더는 혁신 지향적이고, 새로운 상황을 창조하며, '무엇을 할까'를 생각한다. 따라서 리더에 해당하는 것은 ⓒ, ⓒ, ⓑ이다.

Plus 해설

㉠·㉣·㉤ 관리자에 해당하는 설명이다.

리더	
• 혁신 지향	• 새로운 상황 창조
• 내일에 초점	• 위험에 대비
• 사람을 중시	• 사람의 마음 중시
• 정신적	• '무엇을 할까'를 생각
관리자	
• 현상유지 지향	• 상황 적응에 수동적
• 오늘에 초점	• 위험 회피
• 체제나 기구를 중시	• 사람을 관리하는 것을 중시
• 기계적	• '어떻게 할까'를 생각

09 [리더십능력] 권한위임의 장애요인 확인하기

정답 ②

해설

권한위임의 장애요인 중 개인차원에 해당하는 것은 ⓒ, ⓜ이다.

Plus 해설

㉠ 조직차원에 해당한다.
㉢ 관리차원에 해당한다.
㉣ 관리차원에 해당한다.
㉥ 대인차원에 해당한다.

10 [팀워크능력] 대인관계 향상 방법 파악하기

정답 ⑤

해설

인간관계가 중요하다고 해도 정작 자신의 일을 못하면 아무런 의미가 없다. 직장생활에서는 기본적으로 업무를 잘 해내는 것이 중요하다.

11 [팀워크능력] 팀워크 유지를 위한 기본요소 알기

정답 ②

해설

팀워크는 팀원 간의 상호작용과 협력이 전제되는 것이다. 개인의 능력의 최대치의 합이 팀워크라고 볼 수는 없다.

12 [리더십능력] 변화관리 이해하기

정답 ④

해설
변화에 저항하는 직원들을 성공적으로 이끌기 위해서는 변화의 잠재적인 문제점을 최소화하고, 변화의 긍정적인 면을 강조해야 한다.

13 [협상능력] 설득의 방법 파악하기

정답 ①

해설
사회적 입증이란 어떤 과학적인 논리보다도 동료나 사람들의 행동에 의해서 상대를 설득하는 것이 협상과정상의 갈등해결이 더 쉽다는 것이다. 이는 사람은 과학적 이론보다 자신의 동료나 이웃의 말이나 행동에 의해서 쉽게 설득된다는 것과 관련된 기술이다.

Plus 해설
② 상대방에 대한 이해를 바탕으로 갈등해결에 장애가 되는 요인을 없애는 전략이다.
③ 협상 당사자 간에 어떤 혜택을 주고받은 관계가 형성되면 협상과정에서 갈등해결이 쉽게 작용하는 전략이다.
④ 갈등문제와 갈등관리자를 연결하는 것이 아닌 갈등을 야기한 사람과 관리자를 연결하여 갈등을 해결하는 전략이다.
⑤ 직위나 전문성 등 권위를 이용하여 협상과정의 갈등해결을 쉽게 하는 전략이다.

14 [고객서비스능력] 고객 중심 기업의 특성 알기

정답 ②

해설
고객 중심 기업은 기업이 실행한 서비스에 대해 계속적인 재평가를 실시함으로써 고객에게 양질의 서비스를 제공하도록 서비스 자체를 끊임없이 변화시키고 업그레이드한다.

15 [고객서비스능력] 고객 불만 대처 방법 파악하기

정답 ⑤

해설
트집형 고객일 경우에는 고객의 의견을 경청하고, 잘못된 부분이 있다면 사과를 하는 응대가 바람직하다. 분명한 증거나 근거를 제시하여 스스로 확신을 갖도록 하는 것은 의심형 고객에 관한 설명이다.

Chapter 07
정보능력

FINISH
기출·예상문제 마무리

본문 380p

01	02	03	04	05	06	07	08	09	10
②	③	④	⑤	②	③	④	①	⑤	⑤
11	12	13	14	15	16	17	18	19	20
②	①	④	①	②	④	⑤	⑤	①	④
21	22	23							
④	②	③							

01 [정보능력] 정보, 자료, 지식의 차이 파악하기

정답 ②

해설
ⓒ 자료와 정보 가치의 크기는 상대적이다.
ⓒ 정보처리는 자료를 가공하여 이용 가능한 정보로 만드는 과정이다.

02 [정보능력] 정보처리 과정 이해하기

정답 ③

해설
제시된 내용은 정보의 관리에 대한 설명이며 정보관리의 3원칙은 사용 목적을 명확히 하는 목적성, 쉽게 작업할 수 있는 용이성, 즉시 사용할 수 있는 유용성이다.

03 [컴퓨터활용능력] 정보 검색 페이지 이해하기

정답 ④

해설
상세 검색에서 한 번에 지정할 수 있는 조건은 자료명, 저자, 발행처, 자료 유형, 발행연도, 대출등급, 결과제한, 표시건수로 총 8개이다.

04 [컴퓨터활용능력] 단축키 사용하기

정답 ⑤

해설
Alt + Shift + A는 줄 간격을 줄일 때 쓰는 단축

키로 이 경우에는 사용되지 않았다.
① [Alt] + [Shift] + [W] : 글 자간 넓히기
② [Ctrl] + []] : 글자 크기 키우기
③ [Ctrl] + [Shift] + [C] : 가운데 정렬
④ [Ctrl] + [B] : 진하게
①~④까지는 모두 '보고서'에 적용되었다. 보기에 없는 것 중 '[Ctrl] + [F10] : 문자표 입력'과 '[Ctrl] + [U] : 밑줄'도 사용되었다.

05 [컴퓨터활용능력] Windows 이해하기

정답 ②

해설
'휴지통 비우기'를 실행하여 휴지통에 있는 파일을 삭제하는 것은 디스크 공간이 부족할 때 쓰는 방법이다. 나머지는 모두 메모리 용량을 늘리기 위한 방법으로 적절하다.

06 [컴퓨터활용능력] 바로가기 아이콘 이해하기

정답 ③

해설
동일한 원본 파일에 대해 바로가기 아이콘을 여러 개 만드는 것은 가능하다. 원본 파일을 삭제하면 바로가기 아이콘을 실행할 수 없지만, 바로가기 아이콘을 삭제하면 원본 프로그램에 영향을 미치지 않는다. 파일이나 폴더, 드라이브, 프린터의 바로가기 아이콘을 모두 만들 수 있고 바로가기 아이콘의 확장자는 '.LNK'이다.

07 [컴퓨터활용능력] Excel 함수 사용하기

정답 ④

해설
INDEX함수는 원하는 데이터를 찾는 함수로 '=INDEX(범위, 행 번호, 열 번호)'를 입력하여 사용하여야 한다. 2017년 생명보험 재무 현황은 'B4:G6' 범위 내에서 행 번호가 '2'이고 열 번호가 '5'이므로 '=INDEX(B4:G6,2,5)'와 같이 입력해야 한다.

Plus 해설
① AVERAGE함수는 평균을 구하는 함수로 범위를 지정하면 범위의 평균을 구한다. 따라서 적절하게 쓰였다.
② RANK함수는 범위에서 선택한 셀의 순위를 구하는 함수로 '=RANK(셀, 범위)' 형식으로 사용해야 한다. 순위를 구할 셀을 먼저 지정하고 범위를 지정하였으므로 적절하다. 이때 채우기 핸들로 옆으로 끌어도 범위는 변하지 않으므로 범위에 절댓값을 지정해주는 것이 좋다.
③ IF함수는 조건이 참일 때의 값과 거짓일 때의 값을 출력하는 함수로 'IF(조건, 참일 때, 거짓일 때)'의 형식으로 사용한다. 참일 때는 "○" 표시를 하고 거짓일 때는 아무 표시도 하지 않으므로 공백을 입력하면 된다. 따라서 적절히 쓰인 함수식이다.
⑤ COUNTIF는 조건에 만족하는 셀의 개수를 구하는 함수로 'COUNTIF(범위, 조건)'과 같이 사용한다. 범위와 조건을 적절하게 지정하였으므로 옳은 함수식이다.

08 [컴퓨터활용능력] 작업 표시줄 사용하기

정답 ①

해설
새 폴더를 생성하는 것은 바탕화면에서 할 수 있는 작업이다. 나머지는 모두 작업 표시줄의 바로 가기 메뉴에서 설정할 수 있다.

09 [컴퓨터활용능력] 랜섬웨어 감염 대처하기

정답 ⑤

해설
랜섬웨어에 파일이 감염되면 확장자가 무작위 영문으로 변경된다. 이때 확장자를 다시 원래대로 수정하면 오히려 파일이 손상되므로 가급적 가만히 두어야 한다. 나머지는 랜섬웨어 감염을 예방하기 위한 적절한 방법이다.

10 [컴퓨터활용능력] 악성코드 이해하기

정답 ⑤

해설
악성코드는 외부에서 침입하는 프로그램으로 주로 웹페이지를 검색할 때, P2P 서비스를 이용할 때, 셰어웨어를 사용할 때, 불법복제 프로그램을 사용할 때, 전자우편의 첨부파일 또는 메신저 파일을 열 때 침투한다.

11 [정보처리능력] 개인정보 유출 방지하기

정답 ②

해설
A. 이용 약관에 기재된 항목 중 개인정보보호와 이용자 권리에 대한 조항을 자세히 읽어야 하며, 혹시 제3자에게 정보를 제공할 수 있다고 명시된 부분

이 있는지 확인해야 한다.
C. 평상시 비밀번호를 주기적으로 바꾸는 것이 좋다. 몇 년 동안 동일한 ID와 비밀번호를 사용하면 노출되기 쉽다.
D. 가입만 해지해선 소용이 없고 개인정보도 탈퇴 즉시 해지하는지 여부를 확인해야 한다.
F. 정보를 수집할 때는 수집 및 이용목적을 제시해야 한다. 특별한 설명 없이 정보를 요구한다면 가입여부를 재고해봐야 한다.

Plus 해설

B. 기억하기 쉬운 비밀번호를 사용하는 것은 개인정보 유출 방지책으로 보기 어렵다. 생년월일이나 전화번호 등 남들이 쉽게 유추할 수 있는 비밀번호는 자제해야 하며, 동일한 번호를 연속적으로 사용하는 것도 바람직하지 않다.
E. 개인정보 유출을 방지하기 위해서는 개인 정보를 공유하지 않는 것이 좋다.

12 [컴퓨터활용능력] 엑셀 기능 활용하기

정답 ①

해설

피벗 테이블은 많은 양의 데이터를 한눈에 쉽게 파악할 수 있도록 요약하고 분석하여 보여주는 대화형 테이블로 [삽입] 메뉴에서 이용할 수 있다.

Plus 해설

② 조건부 서식은 특정 조건을 만족하는 셀에 대하여 글꼴 색, 표시형식 등을 부여할 수 있는 기능이다.
③ 유효성 검사는 데이터를 입력할 때 오류를 없애고 기존의 데이터 중에 잘못된 것을 걸러내는 기능이다.
④ 매크로는 반복적인 작업을 해야 할 경우 여러 개의 명령을 하나의 명령으로 만들어두고 필요할 때마다 실행할 수 있는 기능이다.

13 [정보처리능력] 정보 해석하기

정답 ④

해설

이 경우 불완전 판매가 아니므로 주문일(청약일) 포함 5영업일 이내 가입 철회를 요청하면 상품 환매와 함께 판매 수수료를 돌려받을 수 있다. 토요일과 일요일은 영업일이 아니므로 제외시키면
· 1일 : 3월 26일(화)
· 2일 : 3월 27일(수)
· 3일 : 3월 28일(목)
· 4일 : 3월 29일(금)
· 제외 : 3월 30일(토), 3월 31일(일)
· 5일 : 4월 1일(월)
이므로, 4월 1일까지 가입 철회가 가능하다.

Plus 해설

⑤ 불완전한 거래일 경우 주문일(청약일) 포함 15일 이내에 요청 시 환매 및 차액 배상이 가능하므로, 5월 27일에 주문했다면 6월 10일까지 환매 및 차액 배상이 가능하다.

14 [정보처리능력] 분류를 이용하여 정보 관리하기

정답 ①

해설

현재 주어져 있는 정보는 회의 날짜이다. 회의 자료는 회의를 한 후 업무회의록이 작성된 날짜별로 분류하는 것이 적절하므로 시간적 기준을 가지고 분류해야 한다. 이 경우에는 파일명을 통일되게 변경한 후 연도별로 폴더를 만들어 정리해두는 것이 좋다.

Plus 해설

주제별 분류는 정보의 내용에 따라 분류하는 것이고 기능별, 용도별 분류는 정보가 이용되는 기능 및 용도에 따라 분류하는 것이다. 유형별 분류는 정보의 유형에 따라 분류하는 것이다.

15 [컴퓨터활용능력] 도메인 네임 이해하기

정답 ②

해설

도메인 네임은 호스트 컴퓨터명, 소속 기관 이름, 소속 기관 종류, 국가명 순으로 구성된다. ⓒ은 반대로 말하고 있으므로 적절하지 않은 설명이다. 예를 들어 청와대 홈페이지 주소인 www.president.go.kr에서 www는 인터넷 서비스를, president는 소속 기관 이름을, go는 소속 기관 종류인 government(정부 기관)를, kr은 국가명인 대한민국을 나타낸다.

16 [정보처리능력] 바코드 이해하기

정답 ④

해설

호주의 국가코드는 '939'이고 회사의 제조업체코드는 '0713'이다. 긴팔 옷의 자체상품코드는 '22023' 다섯 자리이고 모두 합치면 '939071322023'이 된다. 검증코드를 구하기 위해서는 먼저 짝수 번째에 위치한 숫자의 합에 3을 곱해야 한다. 계산하면 $(3+0+1+2+0+3) \times 3 = 27$

이다. 다음으로 홀수 번째에 위치한 숫자의 합을 구해야 한다. 계산하면 $9+9+7+3+2+2=32$이다. 둘을 합하면 59이고 10의 배수가 되려면 1을 더해야 한다. 따라서 검증코드는 '1'이고 정답은 '9390713220231'이다.

17 [정보처리능력] 바코드 이해하기

정답 ⑤

해설
검증코드를 구하기 위해서는 먼저 짝수 자리의 수를 모두 더한 값에 3을 곱해야 한다. 계산하면 $(3+1+3+6+2+2)\times 3=51$이다. 다음으로 홀수 자리의 수를 모두 더하면 $1+9+0+1+6+3=20$이다. 둘을 합하면 71이고 10의 배수가 되려면 9를 더해야 한다. 따라서 검증코드는 '9'이다.

18 [컴퓨터활용능력] 접근성 센터의 기능 이해하기

정답 ⑤

해설
'접근성 센터'는 컴퓨터를 사용하기 쉽게 만들 수 있으며, 신체가 불편한 사람들이 컴퓨터를 사용할 때 접근의 어려움을 해소하기 위해 만들어진 기능이다. '단축키 설정'은 이에 해당하지 않으며 '고대비 설정, 화상 키보드, 돋보기, 내레이터' 이외에도 '디스플레이가 없는 컴퓨터 사용, 소리 대신 텍스트나 시각적 표시 방법 사용' 등 여러 기능을 설정할 수 있다.

19 [정보처리능력] 시리얼 넘버 이해하기

정답 ①

해설
2017년 9월의 생산 연월은 '1709'로 표시한다. 강원도 1공장의 고유번호는 '6K'이며 새우만두의 고유번호는 '02014'이다. 908번째로 생산된 것은 '00908'로 표시한다. 따라서 시리얼 넘버로 적절한 것은 '17096K0201400908'이다.

20 [정보처리능력] 시리얼 넘버 이해하기

정답 ④

해설
제품 종류의 코드가 같은 것을 찾으면 된다. 이동연 사원이 관리하는 재고의 시리얼 넘버는 '19015<u>0101</u>110100'이고, 김새미 사원이 관리하는 재고의 시리얼 넘버는 '17062C<u>0101</u>113465'이므로 똑같이 매운맛 떡볶이를 관리하고 있음을 알 수 있다. 따라서 ④가 정답이다.

Plus 해설
① 윤미림 사원은 매운맛 라면(04020)을 관리하고, 이소연 사원은 순한맛 라면(04022)을 관리한다.
② 하도현 사원은 순한맛 떡볶이(01013)를 관리하고, 공현성 사원은 깻잎 어묵(03017)을 관리한다.
③ 손채린 사원은 김치 만두(02015)를 관리하고, 하진서 사원은 고기 만두(02016)를 관리한다.
⑤ 성시후 사원은 치즈 어묵(03018)을 관리하고, 김민준 사원은 떡 어묵(03019)을 관리한다.

21 [정보처리능력] 시리얼 넘버 이해하기

정답 ④

해설
전라도의 지역코드는 4, 5이고, 생산라인코드는 G, H, I, J 이다. 18년도에 전라도에서 생산된 식품을 찾으면 다음과 같다.

책임자	재고상품 코드번호
이소연	18104G0402211053
문한별	18094H0201400735
손채린	18054G0201514023
장정우	18115I0101312423
임산	18104H0402113131

따라서 정답은 5명이다.

22 [컴퓨터활용능력] 단축키 사용하기

정답 ②

해설
작업 중인 엑셀과 아래한글 파일을 저장하는 단축키는 'Ctrl + S'이다. 작업 중인 창을 끄는 단축키는 'Alt + F4'이며, 잠금 화면을 실행하는 단축키는 '⊞ + L'이다.

Plus 해설
엑셀에서 'Alt + N'은 삽입 탭을 실행하는 단축키이며, 한글에서 'Alt + N'은 새 문서를 실행하는 단축키이다. 'Alt + Esc'는 실행 중인 프로그램 창을 순서대로 전환해주는 단축키이고 '⊞ + Home'는 활성화된 창을 제외한 모든 창을 최소화하는 단축키이다. 마지막으로 '⊞ + I'는 설정 화면을 실행시키는 단축키이다.

23 [컴퓨터활용능력] 바이러스 예방하기

정답 ③

해설
디스크를 정리하는 것은 컴퓨터 저장 공간 확보·유지를 위해 필요한 일이며, 바이러스 예방과는 직접적인 관련이 없다. 따라서 바이러스 예방법으로 '디스크 정리하기'는 적절하지 않다. 나머지는 모두 바이러스를 예방하기 위한 방법이다.

Chapter 08 기술능력

FINISH 기출·예상문제 마무리

본문 422p

01	02	03	04	05	06	07	08	09	10
⑤	②	①	⑤	④	②	④	⑤	④	②
11	12	13	14	15	16	17	18	19	20
④	④	②	④	③	②	⑤	④	②	⑤
21	22	23	24	25					
④	④	⑤	①	②					

01 [기술이해능력] 산업 재해 예방하기

정답 ⑤

해설
심각한 사고가 발생하기 전 경미한 사고 및 징후가 보이기 때문에 이와 같은 단계에서 적절한 대처를 취해 산업 재해를 예방하자는 것이 하인리히의 주장이다. 여기서 잠재적 사고 징후가 보인다는 것은 불안전한 행동 및 상태가 나타난다는 뜻이다.

02 [기술선택능력] 벤치마킹 종류 이해하기

정답 ②

해설
벤치마킹은 비교대상에 따라 내부 벤치마킹, 경쟁적 벤치마킹, 비경쟁적 벤치마킹, 글로벌 벤치마킹으로 나눌 수 있다. 본문의 내용은 비경쟁적 벤치마킹에 해당한다. 비경쟁적 벤치마킹은 제품, 서비스 및 프로세스의 단위 분야에 있어 가장 우수한 실무를 보이는 비경쟁적 기업 내의 유사 분야를 대상으로 하는 방법이다. 혁신적인 아이디어의 창출 가능성은 높은 반면 다른 환경의 사례를 가공하지 않고 적용할 경우 효과를 보지 못할 가능성이 높다.

Plus 해설
①·③ **경쟁적 벤치마킹** : 동일 업종에서 고객을 직접적으로 공유하는 경쟁기업을 대상으로 한다. 경영성과와 관련된 정보 입수가 가능하며, 업무·기술에 대한 비교가 가능한 반면 윤리적인 문제가 발생할 수 있으며, 대상의 적대적 태도로 인해 자료 수집이 어렵다.

④ **내부 벤치마킹** : 같은 기업 내의 다른 지역, 타 부서, 국가 간의 유사한 활용을 비교 대상으로 한다. 자료 수집이 용이하지만 관점이 제한적일 수 있고 편중된 내부 시각에 대한 우려가 있다.
⑤ **글로벌 벤치마킹** : 프로세스에 있어 최고로 우수한 성과를 보유한 동일업종의 비경쟁적 기업을 대상으로 한다. 접근 및 자료 수집이 용이한 반면 문화 및 제도적인 차이로 발생되는 효과에 대한 검토가 없을 경우 잘못된 분석 결과의 발생 가능성이 높다.

03 [기술이해능력] 산업 재해 예방 대책 보완하기

정답 ①

해설

산업 재해의 예방 대책은 '안전 관리 조직 → 사실의 발견 → 원인 분석 → 시정책의 선정 → 시정책 적용 및 뒤처리'의 5단계로 이루어진다. 재해 예방 대책 자료를 살펴보면 '1단계-사실의 발견, 2단계-원인 분석, 3단계-시정책의 선정, 4단계-시정책 적용 및 뒤처리'에 해당하므로 '안전 관리 조직'이 누락되어 있음을 알 수 있다.

04 [기술이해능력] 기술의 S곡선 이해하기

정답 ⑤

해설

지문은 기술의 S곡선에 대한 설명이다. 기술의 S곡선은 기술의 변화과정이 S자 모양이어서 붙여진 이름이다. 이는 한 기술이 나타나 초기에는 노력을 해도 쉽게 향상되지 않다가, 어느 시기가 되면 급격히 기술이 향상되고, 다시 기술 향상이 더디게 진행되다가, 더 이상 변화가 없게 되는 것을 말한다.

05 [기술이해능력] 산업 재해의 원인 분석하기

정답 ④

해설

건물·기계 장치의 설계 불량, 재료의 부적합 등의 기술적 원인에 대한 내용은 나타나지 않는다.

Plus 해설

① 불안전한 상태 중 안전 보호 장치 결함, 복장·보호구의 결함, 작업 환경 결함 등이 해당하는 경우이다.
② 불안전한 행동 중 위험 장소 접근, 보호 장비의 미착용 및 잘못 사용, 위험물 취급 부주의, 불안전한 자세와 동작 등이 해당한다.
③ 작업 관리상 원인 중 안전 수칙 미제정, 작업 준비 불충분 등이 해당한다.
⑤ 교육적 원인 중 안전 지식의 불충분, 안전 수칙의 오해, 경험이나 훈련의 불충분, 작업관리자의 작업 방법 교육 불충분, 유해 위험 작업 교육 불충분 등이 해당한다.

06 [기술선택능력] 산업재산권 이해하기

정답 ②

해설

㉠ **실용신안권** : 기술적 창작 수준이 소발명 정도인 실용적인 창작을 보호하는 권리이다.
㉡ **상표권** : 제조회사의 자사제품 신용 유지를 위해 제품 등에 표시하는 상호, 마크를 보호하는 권리이다.
㉢ **특허권** : 자신이 발명한 기술을 독점적으로 사용할 수 있는 권리이다.
㉣ **의장권** : 물품의 외관에 심미성을 가진 고안을 보호하는 권리이다.

07 [기술이해능력] 기술능력에 맞는 인재 판단하기

정답 ④

해설

인사부장이 말한 직무 분석 자료는 관련된 업무를 수행하는 근로자를 대상으로 관찰하여 얻을 수 있다.

Plus 해설

① 기획부장은 업무를 수행하는 데 필요한 잠재 능력을 파악하고자 하였다.
② 개발부장의 제안은 마케팅 활동을 강화하기 위한 것이다.
③ 제작부장이 제안한 자격증은 학력에 상관없이 취득이 가능하다.
⑤ 기획부장은 주어진 업무를 수행할 때 좀 더 잠재 능력이 많은 사람을 채용하기를 원하는 것을 알 수 있으나 나이에 대한 언급은 없었다.

08 [기술이해능력] 명령어 고르기

정답 ⑤

해설

W는 가로축 N은 세로축을 의미한다. A는 직각삼각형, T는 사다리꼴, L은 하트 모양 도형을 가리키며 O는 무색, G는 유색을 뜻한다. 1은 시계방향으로 90도 회전을 의미한다. 따라서 알맞은 명령어는 'W5/N4 A(3:3)O1 / T(4:3)G1 / L(1:1)G'이다.

09 [기술이해능력] 명령어 고르기

정답 ④

해설
Y는 가로축, H는 세로축을 의미한다. U는 원통, M은 정육면체, T는 화살표 도형을 나타내며, D는 유색, S는 무색을 가리킨다. 또한 1은 상하 반전된 모양을 의미한다. 따라서 알맞은 명령어는 'Y6/H3 U(2:2)S / M(5:1)D1 / T(3:1)D1'이다.

10 [기술이해능력] 변환 조건 적용하기

정답 ②

해설
변환 조건에 따라 ①~④를 변환시키면 다음과 같다.

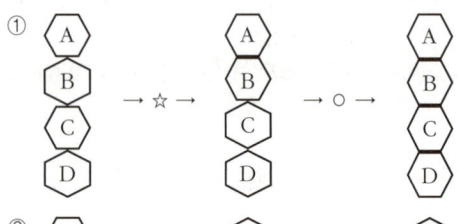

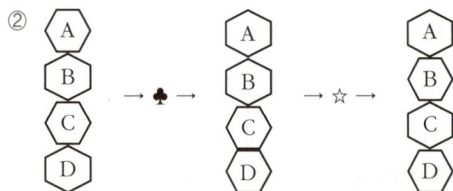

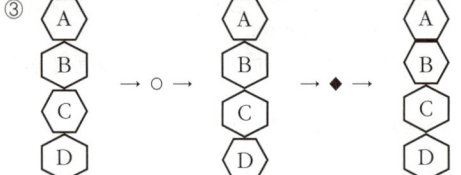

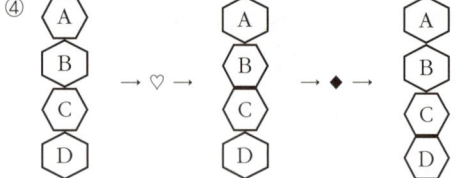

따라서 화살표 옆 도형이 나오기 위해서는 ♣ → ☆ 를 거쳐야 한다.

11 [기술이해능력] 변환 조건 적용하기

정답 ④

해설
변환 조건에 따라 ①~④를 변환시키면 다음과 같다.

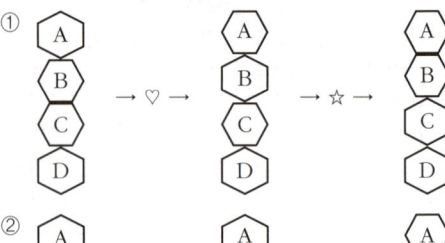

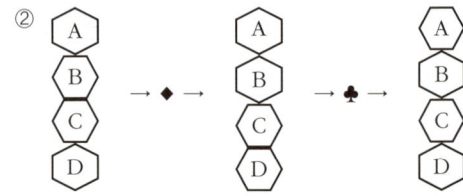

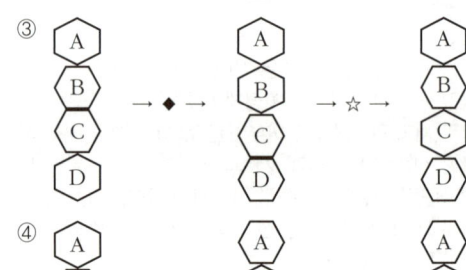

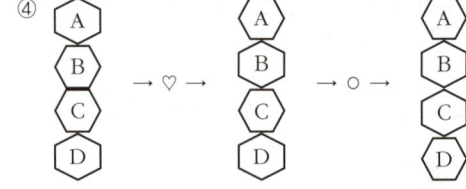

따라서 화살표 옆 도형이 나오기 위해서는 ♡ → ○ 를 거쳐야 한다.

12 [기술이해능력] 변환 조건 적용하기

정답 ④

해설
변환 조건에 따라 ①~④를 변환시키면 다음과 같다.

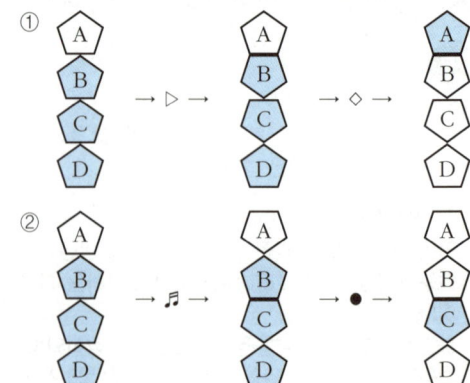

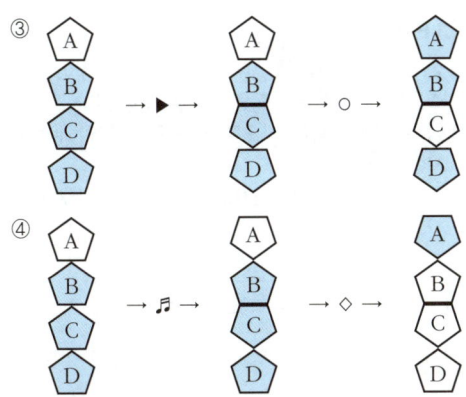

따라서 화살표 옆 도형이 나오기 위해서는 ♬ → ◇ 의 과정을 거쳐야 한다.

13 [기술이해능력] 변환 조건 적용하기

정답 ②

해설
변환 조건에 따라 ①~④를 변환시키면 다음과 같다.

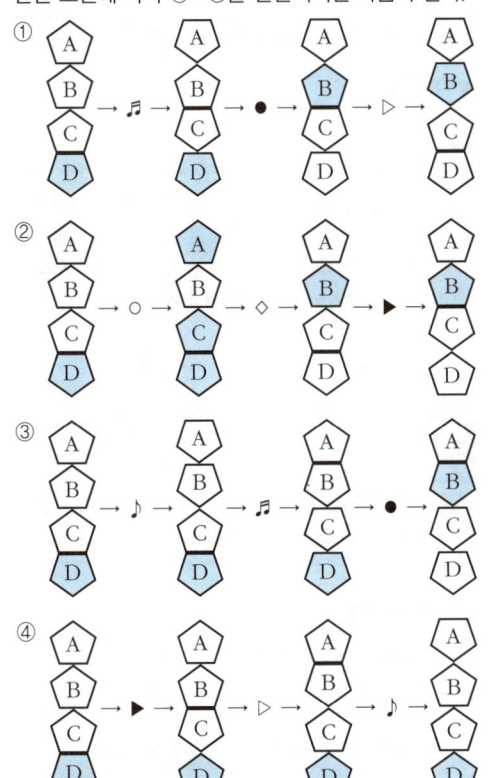

따라서 화살표 옆 도형이 나오기 위해서는 ○ → ▶ 의 과정을 거쳐야 한다.

14 [기술적용능력] 미세먼지 측정기 분석하기

정답 ④

해설
초미세먼지 수치가 75이면 '나쁨'인데 '매우 나쁨'의 모양이 표시됐으므로 틀린 것은 ④이다.

15 [기술선택능력] 적절한 행동 선택하기

정답 ③

해설
'권장사항 – 난방' 부분에서 확인할 수 있다. 전기난방은 자제하고 지역난방 또는 가스난방 등을 활용하여 난방을 하는 것이 좋다.

🔍 Plus 해설
① '필수사항 – 전기제품' 부분에서 확인할 수 있다.
② '권장사항 – 조명' 부분에서 확인할 수 있다.
④ '필수사항 – 홍보' 부분에서 확인할 수 있다.
⑤ '필수사항 – 조명' 부분에서 확인할 수 있다.

16 [기술선택능력] 보상내역 매뉴얼 안내하기

정답 ②

해설
동일 하자에 대해 수리했으나 고장이 재발한 경우 보증기간 이내에는 제품 교환 또는 구입가 환불이 가능하고 보증기간 경과 이후에는 유상 수리가 가능하다. A 고객은 재작년에 구입해 보증기간이 끝났기 때문에 유상 수리를 해야 한다.

🔍 Plus 해설
① 보증기간 이내 작동이 되지 않을 경우 제품 교환 또는 구입가 환불이 가능하다.
③ 운송 및 제품 설치 과정에서 피해가 발생했을 경우 제품 교환이 가능하다.
④ 보증기간 이내 중요한 부품 수리가 필요할 경우 무상 수리가 가능하다.
⑤ 보증기간 경과 후 부품을 보유하고 있지 않아 수리가 불가능할 경우 정액 감가상각한 금액에 10%를 가산하여 환불해주고 있다.

17 [기술선택능력] 매뉴얼 파악하기

정답 ⑤

해설
'제10조(기록물의 이관) ②'를 보면 이관연기가 결정된 기록물의 활용목적이 달성된 경우에는 지체 없이 기록관으로 해당 기록물을 이관해야 한다고 제시하고 있다.

🔍 Plus 해설
① '제10조(기록물의 이관) ③'에 해당하는 내용이다.
② '제8조(기록물의 등록) ①'에 해당하는 내용이다.
③ '제7조(기록물의 생산) ②'에 해당하는 내용이다.
④ '제9조(기록물의 정리) ①'에 해당하는 내용이다.

18 [기술선택능력] 매뉴얼 파악하기

정답 ④

해설
C163 코드는 실외기가 아닌 '실내기 옵션 설정'을 다시 해보아야 한다.

19 [기술적용능력] 제품 정보 비교하기

정답 ②

해설
P 사원이 표를 보고 바르게 이해한 것을 찾아야 하므로 일관된 양상을 발견하는 것이 중요하다. 자료를 보면, 용량이 클수록 소비전력이 높은 것을 알 수 있다.

20 [기술선택능력] 적절한 행동 선택하기

정답 ⑤

해설
여름철 제조시설의 절전 권장사항으로, 7~8월 초에 집중되어 있는 휴가 일정을 분산하여 실시하는 것이 좋다.

21 [기술선택능력] 적절한 행동 선택하기

정답 ④

해설
사무실의 조명은 그룹별 관리가 가능하도록 여러 개의 그룹으로 구분하여 운영한다.

22 [기술선택능력] 매뉴얼 파악하기

정답 ④

해설
정수기에서 물이 안 나올 경우 전원 코드가 연결되어 있는지, 원수 공급이 원활한지, 제품 아래에 물이 고여 있는지, 필터를 교체할 시기가 되지는 않았는지 등을 확인해보아야 한다. 따라서 정답은 ④이다.

🔍 Plus 해설
① 정수기에서 물이 샐 경우 확인해야 할 사항이다.
② 소음이 발생할 경우 확인해야 할 사항이다.
③ 냉수 또는 얼음이 나오지 않는 경우 확인해야 할 사항이다.
⑤ 물에서 불쾌한 맛과 냄새가 날 경우 확인해야 할 사항이다.

23 [기술선택능력] 매뉴얼 파악하기

정답 ⑤

해설
제품 아래에 물이 고여 있는 경우 원수 밸브를 잠그고, 전원 플러그를 뽑은 후 서비스센터로 연락해야 한다.

🔍 Plus 해설
① 정수량이 갑자기 적어졌을 때 해야 할 조치이다.
② 소음이 발생할 때 해야 할 조치이다.
③ 소음이 발생할 때 해야 할 조치이다
④ 물에서 불쾌한 맛과 냄새가 날 때 해야 할 조치이다.

24 [기술선택능력] 매뉴얼 파악하기

정답 ①

해설
온수가 미지근한 경우에 대한 조치사항을 보면, 온수를 처음 가동할 때는 첫 잔의 온도가 낮을 수 있으므로 둘째 잔부터 정상적인 온도로 출수되는지 확인하라고 나와 있다. ②~⑤의 경우는 조치사항에 서비스센터로 연락하라는 지시가 포함되어 있다.

25 [기술선택능력] 매뉴얼 파악하기

정답 ②

해설
제품의 환풍구가 막혀있거나 이물질이 들어가 있으면, 감전이 아닌 제품 손상이나 화재의 원인이 될 수 있다.

🔍 Plus 해설
① '작동환경' 부분에서 확인할 수 있다.
③ '작동환경' 부분에서 확인할 수 있다.
④ '설치/운반' 부분에서 확인할 수 있다.
⑤ '유지보수/점검' 부분에서 확인할 수 있다.

Chapter 09
조직이해능력

FINISH
기출·예상문제 마무리

본문 478p

01	02	03	04	05	06	07	08	09	10
②	④	⑤	③	④	②	②	⑤	③	①
11	12	13	14	15	16	17			
④	①	⑤	⑤	③	①	⑤			

01 [체제이해능력] 조직 분류하기

정답 ②

해설
사내 동아리의 경우 비공식 조직에 해당한다. 비공식 조직의 특성은 인간관계에 따라 형성된 자발적인 조직이라는 것이다.

Plus 해설
①은 영리 조직, ③·④·⑤는 공식 조직에 해당한다.

02 [체제이해능력] 조직목표의 기능 이해하기

정답 ④

해설
조직을 운영하는 데 융통성을 제공하는 것은 조직목표의 기능이 아니다.

03 [체제이해능력] 조직체계 구성요소 이해하기

정답 ⑤

해설
조직문화는 조직 구성원들의 공유된 생활양식이나 가치이다. 조직문화는 조직 구성원들의 사고와 행동에 영향을 미치며, 일체감과 정체성을 부여하고, 조직이 안정적으로 유지되게 한다.

04 [업무이해능력] 조직 구성 파악하기

정답 ③

해설
미래전략처는 기획본부 소속이지만, 총무처는 경영본부 소속이다.

PLUS TIP 조직도 이해

도표로 구성된 조직도를 보고 상위 부서와 하위 부서를 연결하는 문제, 해당 부서가 어떤 업무를 담당하는지 추론하는 문제 등이 자주 출제된 바 있다. 지원하는 공공기관의 홈페이지를 통해 해당 기관의 조직 체계를 익혀두면 부서의 배치를 이해하는 데 도움이 된다.

05 [체제이해능력] 조직문화 유형 구분하기

정답 ④

해설
관계 지향적이며 조직 구성원 간 인간관계를 중시하는 문화는 '집단문화'이다.

Plus 해설
카메론과 퀸(Cameron & Quinn)은 내부와 외부, 통제와 자율성의 두 가지 차원을 축으로 8개의 핵심 요소의 정도를 측정해 4가지 조직문화 유형을 도출했다. 유연성·자율성 지향의 가치는 분권화와 다양성을 강조하는 반면, 안정·통제 지향의 가치는 집권화와 통합성을 강조한다. 내부 지향성은 조직의 유지를 위한 조정과 통합을 강조하는 반면, 외부 지향성은 조직의 환경에 대한 적응, 경쟁, 상호관계를 강조한다.

06 [경영이해능력] 경영과정 이해하기

정답 ②

해설
경영 과정은 경영계획–경영실행–경영통제 및 평가 순으로 이루어진다. 경영계획은 미래상 설정, 대안 분석, 실행방안 선정으로 구성되며 경영실행은 목적 달성을 위한 실행활동, 조직 구성원 관리를 포함한다. 경영통제 및 평가는 수행과정 통제, 수행결과 감독, 교정활동으로 구성된다.

07 [체제이해능력] 조직문화 구성요소 파악하기

정답 ②

해설
맥킨지에 의해 개발된 '7-S 모형'은 공유가치(Shared Value)를 중심으로 리더십 스타일(Style), 구성원(Staff), 제도 절차(System), 구조(Structure), 전략(Strategy), 관리기술(Skill)을 말한다.

08 [경영이해능력] 경영의 구성 요소 파악하기

정답 ⑤

해설
'자금'은 경영활동에 사용할 수 있는 돈을 뜻하며, 경영의 구성요소 중 하나이다. 따라서 ⑤가 적절한 설명이다.

Plus 해설
① 조직에서 일하고 있는 구성원들의 역량과 직무 수행 방법은 경영의 구성요소 중 '인적자원'에 해당한다.
② 조직의 목적을 달성하기 위한 과정과 방법은 '경영목적'이다.
③ 기업 내 모든 자원을 조직화하고, 실행에 옮겨 경쟁우위를 달성하는 방침 및 활동은 '전략'이다.
④ 경영의 구성요소는 경영목적, 인적자원, 자금, 전략 4가지이다.

09 [업무이해능력] PERT 이해하기

정답 ③

해설
PERT(Program Evaluation and Review Technique)는 공사를 진행하기 위한 계획을 작성할 때 어떠한 방법과 어떠한 공정의 진전 방법을 이용해야 인원이나 자재의 낭비를 막고 공정기간을 단축할 수 있는지를 밝히는 공정관리기법이다.

Plus 해설
① JIT : 입하된 재료를 재고로 남겨두지 않고 그대로 사용하는 상품관리 방식
② STP : 마케팅 전략과 계획수립 시 소비자행태에 따라 시장을 세분화(Segmentation), 표적시장의 선정(Targeting), 표적시장에 적절하게 제품을 포지셔닝(Positioning)하는 활동
④ MIS : 경영정보시스템. 기업 경영에서 의사결정의 유효성을 높이기 위하여, 경영 내외의 관련 정보를 필요에 따라 즉각적으로, 대량으로 수집·전달·처리·저장·이용할 수 있도록 편성한 인간과 컴퓨터와의 결합 시스템
④ OJT : 직장 내 교육훈련

10 [경영이해능력] 민츠버그의 이론에 따른 경영자 역할 구분하기

정답 ①

해설
민츠버그가 구분한 대인적 역할 3가지, 정보적 역할 3가지, 의사결정적 역할 4가지의 총 10가지 경영자 역할은 독립적으로 행해지는 것이 아니라 상호 연관되어 있다.

11 [경영이해능력] 민츠버그의 이론에 따른 경영자 역할 구분하기

정답 ④

해설

대인관계 역할	정보수집 역할	의사결정 역할 (decisional roles)
• 대표 (Figure Head)	• 정보탐색자 (Monitor)	• 기업가 (Entrepreneur)
• 리더 (Leader)	• 정보보급자 (Disseminator)	• 문제해결자 (Disturbance Handler)
• 연락자 (Liaison)	• 대변인 (Spokesperson)	• 자원배분자 (Resource Allocator)
		• 협상가 (Negotiator)

12 [경영이해능력] SWOT 분석 활용하기

정답 ①

해설
방송 프로그램 마케팅의 기회를 활용해 강점을 더욱 강화하는 전략으로 SO 전략이 맞다.

Plus 해설
② 강점을 사용하여 위협을 회피하는 전략으로 ST 전략에 해당한다.
③ 약점을 극복하여 기회를 활용하려는 전략으로 WO 전략이다.
④ 약점을 보완하고 위협을 피하려는 전략으로 WT 전략이다.
⑤ 기회를 활용해 강점을 살리는 SO 전략에 해당한다.

13 [국제감각] 세계화의 성격 파악하기

정답 ⑤

해설
세계화의 성격은 자본주의적, 문화주의적, 평화주의적 세 가지 속성을 가지고 있다. 제시된 내용 중 자본주의적 속성은 ㉡, 문화주의적 속성은 ㉠, 평화주의적 속성은 ㉢에 해당된다.

14 [체제이해능력] 결재 양식 작성하기

정답 ⑤

해설

교육비로 총 45만 원을 썼기 때문에 총 금액이 50만 원 이하이다. 이 경우 기안서의 최고결재권자는 부장이고, 수강 신청서의 최고결재권자는 대표이다. 결재를 받으려는 업무에 대해서는 최고결재권자를 포함하여 이하 직책자의 결재도 받아야 하므로 정답은 ⑤이다. 기안서의 결재 양식은 아래와 같다.

기안서				
결재	담당	팀장	부장	최종결재
	H		전결	부장

15 [체제이해능력] 결재 양식 이해하기

정답 ③

해설

30만 원 이하의 소모품을 구입할 경우 지출결의서의 최고결재권자는 팀장이다. 나머지는 모두 부장에게 최종 결재를 받아야 한다.

16 [업무이해능력] 업무 배정 방법 이해하기

정답 ①

해설

조직에서는 조직 전체의 목적을 효과적으로 달성하기 위하여 업무를 배분한다. 업무의 배분은 일의 동일성, 유사성, 관련성에 따라 이루어지며, 이는 조직을 세로로 구분하게 된다. 조직을 가로로 구분하는 것은 계층이나 직급이다.

17 [국제감각] 국제 비즈니스 매너 파악하기

정답 ⑤

해설

㉠~㉤ 모두 맞는 설명이다.

Chapter 10 직업윤리

FINISH
기출·예상문제 마무리

본문 510p

01	02	03	04	05	06	07	08	09	10
④	①	⑤	⑤	④	⑤	②	③	②	③
11	12	13	14	15					
②	②	⑤	②	②					

01 [직업윤리] 직업윤리의 덕목 파악하기

정답 ④

해설

직업윤리 덕목 중 하나인 '전문가의식'은 자신이 맡은 일의 분야에 대한 지식과 교육을 바탕으로 성실하게 일을 수행하는 태도이다. 본인의 업무에 전문가로서의 능력과 의식을 갖고 책임을 다할 뿐 아니라 그 능력을 계속해서 연마하는 것이다.

Plus 해설

직업윤리란 직장 내 업무를 수행함에 있어 원만한 직업생활을 위해 필요한 태도와 올바른 직업관을 말한다. 직업을 가진 사람이라면 반드시 지켜야 할 공통적인 윤리규범으로 직업윤리의 확립을 통해 존경 받는 인간으로서의 인격을 완성하고 사회발전에 기여할 수 있다. 하위능력은 근로윤리와 공동체윤리로 구성된다.

02 [직업윤리] 직업윤리의 기본 원칙 파악하기

정답 ①

해설

직업윤리의 기본원칙 5가지는 '객관성의 원칙', '고객중심 원칙', '전문성의 원칙', '정직과 신용의 원칙', '공정경쟁 원칙'이다. 이 중 객관성의 원칙은 업무의 공공성을 바탕으로 공사 구분을 명확히 하고 모든 것을 숨김없이 투명하게 처리하는 것이다.

03 [직업윤리] 한국인의 직업의식 파악하기

정답 ⑤

해설

우리나라는 전통적으로 세속주의와 물질만능주의를 지양하는 문화이다. 따라서 한국인은 아직까지 직업인으로서 내재적 가치보다 외재적 가치를 부정하는 경향이 크다.

04 [공동체윤리] 명함예절 파악하기

정답 ⑤

해설

상대방과 명함을 교환할 때 명함은 반드시 명함지갑에서 꺼내고 상대방에게 받은 명함도 명함지갑에 넣어야 할 뿐만 아니라 명함을 받은 즉시 호주머니에 넣지 않아야 한다.

05 [공동체윤리] 직장 소개예절 파악하기

정답 ④

해설

직장 동료가 아닌 고객이 소개를 받는 것이 올바른 직장예절이므로 동료임원을 고객이나 손님에게 소개해야 한다.

06 [근로윤리] 직업윤리의 하위 능력 구분하기

정답 ⑤

해설

근로윤리를 실천하기 위한 덕목에는 '근면', '정직', '성실'이 있다.
업무가 단순히 돈벌이를 위한 수단이 아니라 자신의 행복을 위해서 필요한 일임을 명심하고, 근무에 능동적이고 적극적으로 임하는 태도는 근로윤리 중 근면에 해당한다.

Plus 해설

①, ④ 공동체윤리에 해당한다.
②, ③ 직업윤리에 해당한다.

07 [근로윤리] 조직인의 적절한 행동 파악하기

정답 ②

해설

본인의 직분과 역할에 책임지는 태도는 정직과 신용이 아닌 책임에 필요한 자세이다.

08 [공동체윤리] 직장 내 성희롱 구분하기

정답 ③

해설

(ㄱ) 어깨를 잡고 밀착하는 행위 등 원하지 않는 신체접촉이나 특정 신체부위를 만지는 행위는 육체적 성희롱에 해당한다.
(ㄹ) 음란한 농담이나 전화 통화를 하거나 외모에 대한 성적 비유를 하는 등의 행위는 언어적 성희롱에 해당한다.
(ㅁ) 출장이나 회식 등 업무와 관련 있는 장소에서 피해자가 성적 굴욕감이나 혐오감을 느꼈다면 직장 내 성희롱에 해당한다. 또한 남녀 근로자 모두 직장 내 성희롱 피해자가 될 수 있다.

Plus 해설

(ㄴ) 「남녀고용평등법」상 가해자는 고용 및 근로조건에 관한 결정권한을 가지는 사업주나 직장 상사를 비롯한 동료 근로자와 부하직원까지 포함되지만 거래처 관계자나 고객 등 제3자는 가해자의 범위에서 제외되고 있다.
(ㄷ) 매일 아침 특정 여자 직원에게 반말로 커피 심부름을 시키는 경우는 고정적인 성별 역할을 강요하는 성차별적인 행동이지만, 성적인(sexual) 언동은 아니므로 직장 내 성희롱에 해당하지 않는다. 그러나 이러한 행동은 직장 내 성희롱으로 발전할 수 있으므로 반드시 지양해야 하는 행동임을 숙지해야 한다.

09 [공동체윤리] 직장에서의 명함 교환 예절 이해하기

정답 ②

해설

명함을 받으면 그대로 집어넣지 말고 명함에 관해서 한두 마디 대화를 건네는 것이 좋다.

10 [공동체윤리] 악수 예절 이해하기

정답 ③

해설

악수를 할 때는 상대방의 손보다 눈을 보아야 한다.

11 [근로윤리] 책임감 있는 행동 파악하기

정답 ②

해설
동료의 일도 팀의 업무라 생각하고 적극적으로 도와주는 것이 책임감 있는 태도이다.

12 [직업윤리] 올바른 행동 순서 파악하기

정답 ②

해설
임원 회의에서 PT를 수행하기 위해 늦지 않게 도착하는 것이 중요하다. 따라서 할머니를 직접 병원으로 모시고 가기보다 119에 신고를 하고, 상사에게 상황을 보고하고 조치한 후, 구급대원 도착을 확인하고 회사로 이동하는 것이 가장 적절하다.

13 [직업윤리] 직업의 의미 이해하기

정답 ⑤

해설
직업은 경제적 보상을 받는 일이다. 따라서 월급을 안 받아도 직업을 유지하고 싶다는 E 사원의 말은 적절하지 않다.

14 [공동체윤리] 직장 내 성희롱 이해하기

정답 ②

해설
성적 굴욕감 또는 혐오감을 느끼게 하거나 성적 언동 등에 따르지 아니하였다는 이유로 고용상 불이익을 주는 것 모두 성희롱에 포함된다. 따라서 고용상 불이익이 없었더라도, 상대에게 성적 굴욕감 또는 혐오감을 느끼게 했다면 성희롱이 성립한다.

15 [공동체윤리] 직장 내 괴롭힘 방지 이해하기

정답 ②

해설
사용자는 조사 기간 동안 직장 내 괴롭힘과 관련하여 피해를 입은 근로자 또는 피해를 입었다고 주장하는 근로자(피해근로자 등)를 보호하기 위하여 필요한 경우 해당 피해근로자 등에 대하여 근무장소의 변경, 유급휴가 명령 등 적절한 조치를 하여야 한다. 이 경우 사용자는 피해근로자 등의 의사에 반하는 조치를 하여서는 아니 된다.

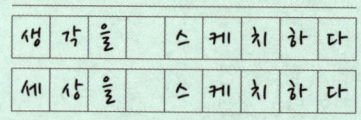

생각을 스케치하다
세상을 스케치하다

북스케치
www.booksk.co.kr

Part 2
NCS 실전모의고사 정답과 해설

제1회 실전모의고사

영역 분리형
의사소통능력

본문 518p

01	02	03	04	05	06	07	08	09	10
①	⑤	②	②	⑤	②	④	③	④	②
11	12	13	14	15	16	17	18	19	20
③	①	①	④	④	⑤	④	②	⑤	②

01 [문서이해능력] 문단 배열하기

정답 ①

해설
객관적 근거를 이용해 새로운 사실을 전달하고 있는 (가) 문단이 제일 앞에 와야 한다. (가)에 나타난 현상에 대한 이유를 설명하는 (마) 문단이 바로 다음 이어지는 것이 자연스러우며, (마) 문단의 마지막 문장인 '센터가 설명했다'에 이어 센터가 특히 강조한 내용인 (라) 문단이 와야 한다. '또한'이라는 접속사로 시작해 (라) 문단의 내용을 보충해주는 (나) 문단이 이어서 와야 하며, 도우미견나눔센터장의 인터뷰가 마지막에 오는 것이 자연스럽다. 따라서 답은 (가)-(마)-(라)-(나)-(다)이다.

02 [문서작성능력] 올바른 맞춤법 사용하기

정답 ⑤

해설
한글 맞춤법 사이시옷 규정에 따르면 순우리말과 한자어로 된 합성어로서 앞말이 모음으로 끝난 경우, 뒷말의 첫소리가 된소리로 나거나 뒷말의 첫소리 'ㄴ, ㅁ' 앞에서 'ㄴ' 소리가 덧나거나 뒷말의 첫소리 모음 앞에서 'ㄴㄴ' 소리가 덧나는 것에 한하여 사이시옷을 사용한다. '인사말'의 표준 발음은 'ㄴ' 소리가 덧나지 않으므로 '인사말'로 써야 한다.

Plus 해설
① 객쩍다 : 행동이나 말, 생각이 쓸데없고 싱겁다.
② 대푯값 : 자료의 특징이나 경향을 가리키는 수의 값.
③ 불거지다 : 어떤 사물이나 현상이 두드러지게 커지거나 갑자기 생겨나다.
④ 늘리다 : 물체의 넓이, 부피 따위를 본디보다 커지게 하다.

03 [문서작성능력] 띄어쓰기 바르게 하기

정답 ②

해설
여기서 '차'는 일정한 기간을 나타내는 명사구 뒤에 쓰여 주기나 경과의 해당 시기를 나타내는 말로 의존 명사이다. 따라서 '5년 차'와 같이 띄어 써야 한다.

04 [문서작성능력] 올바른 맞춤법 사용하기

정답 ②

해설
ⓒ '당기다'는 '좋아하는 마음이 일어나 저절로 끌리다', '입맛이 돋우어지다'의 뜻이 있는 동사이다.
ⓒ '밥심'은 '밥을 먹고 나서 생긴 힘'을 뜻하는 명사이다. 따라서 적절하게 쓰인 것은 ⓒ과 ⓒ이다.

Plus 해설
㉠ '수근거리다'는 '남이 알아듣지 못하도록 낮은 목소리로 자꾸 가만가만 이야기하다'라는 뜻을 가진 '수군거리다'로 써야 한다.
㉣ '오랫만'은 '오래간만'의 준말인 '오랜만'으로 써야 한다. '어떤 일이 있은 때로부터 긴 시간이 지난 뒤'의 뜻이 있다.
㉤ '왠만하면'은 '웬만하면'으로 써야 하며, '정도나 형편이 표준에 가깝거나 그보다 약간 낫다', '허용되는 범위에서 크게 벗어나지 아니한 상태에 있다'의 뜻이 있다.

05 [문서이해능력] 글의 내용 이해하기

정답 ⑤

해설
한국국제협력단은 혁신위원회를 구성하여 코이카에 부정적인 시각을 가진 사람을 혁신위원으로 영입했다.

06 [문서이해능력] 문단 배열하기

정답 ②

해설
(가)는 '즉'으로 문장이 시작하므로 글의 맨 앞에 올 수 없고, (다)의 앞에는 다른 내용이 있어야 글의 내용이 연결되므로 (나)가 글의 맨 앞에 와야 한다. 또한 (다)의 마지막 문장과 (가)의 첫 번째 문장이 내용상 이어지므로 (다) 뒤에 (가)가 와야 한다. 따라서 적절한 배열은 (나)-(다)-(가)이다.

07 [문서이해능력] 청탁금지법 파악하기

정답 ④

해설
제8조(금품 등의 수수 금지) ③의 2를 보면 대통령령으로 정해진 축·조의금은 5만 원 이내이다. 따라서 10만 원의 축의금을 받은 D 팀장은 법적 제재를 받을 수 있다.

Plus 해설
① 제8조(금품 등의 수수 금지) ③의 3에서 사적 거래로 인한 채무의 이행 등 정당한 권원에 의하여 제공되는 금품 등은 수수를 금지하는 금품 등에 해당하지 않음을 알 수 있다.
② 제10조(외부강의 등의 사례금 수수 제한) 항목을 보면 강의의 대가로서 대통령령으로 정하는 금액(100만 원)을 초과하는 사례금을 받아서는 안 된다고 나와 있다. 따라서 80만 원의 사례금은 법적 제재를 받지 않는다.
③ 제8조(금품 등의 수수 금지) ③의 7을 보면 불특정 다수인에게 배포하기 위한 기념품 또는 홍보용품 등이나 경연·추첨을 통하여 받는 보상 또는 상품 등은 수수를 금지하는 금품 등에 해당하지 않음을 알 수 있다.
⑤ 제8조(금품 등의 수수 금지) ③의 5에서 공직자 등과 관련된 종교단체 등이 정하는 기준에 따라 구성원에게 제공하는 금품과 그 소속 구성원 등 공직자 등과 특별히 장기적·지속적인 친분관계를 맺고 있는 자가 질병·재난 등으로 어려운 처지에 있는 공직자 등에게 제공하는 금품 등은 수수 금지 금품이 아님을 알 수 있다.

08 [문서이해능력] 글의 내용 추론하기

정답 ③

해설
밑줄 친 Ⓐ 부분을 보면 '일반적으로 가솔린은 5~10개, 경유는 16~20개의 탄소를 가진 탄화수소들의 혼합물이다. 탄소가 많이 연결된 탄화수소물에 고온의 열을 가하면 탄소 수가 적은 탄화수소물로 분해된다.'라는 내용이 있다. 이를 전제로 하면 가솔린보다 많은 수의 탄소를 가진 경유에 고온의 열을 가하면 탄소 수가 적은 가솔린을 얻을 수 있음을 추론할 수 있다.

Plus 해설
① 2문단의 첫 번째 줄에서 '경유는 가솔린보다 훨씬 무겁고 점성이 강하며 ~'라고 했으므로 경유가 더 끈적끈적함을 알 수 있다.
② 2문단의 첫 번째 줄에서 '경유는 가솔린보다 훨씬 무겁고 ~'라고 했으므로 가솔린과 경유를 섞으면 경유가 가라앉을 것이다.
④ 2문단의 첫 번째 줄에서 '디젤 연료인 경유는 가솔린보다 훨씬 무겁고 점성이 강하며 증발하는 속도도 느리다.'고 했으므로 잘못된 내용임을 알 수 있다.
⑤ 3문단의 첫 번째 줄에서 '1갤런의 경유는 약 1억 5,500만 줄(jule)의 에너지를 가지고 있지만, 가솔린은 1억 3,200만 줄의 에너지를 가지고 있다.'고 했으므로 더 큰 에너지를 갖는 것은 경유이다.

09 [문서이해능력] 철도안전법 파악하기

정답 ④

해설
제19조 제4항과 제5항에 따르면 갱신을 받지 않은 운전면허는 그 유효기간이 만료되는 다음 날부터 효력이 정지되며, 6개월 범위의 대통령령으로 정하는 기간 내 정지된 운전면허의 갱신을 받지 않으면 그 기간이 만료되는 다음 날부터 효력을 잃는다.

Plus 해설
① 제17조 제1, 2항에서 확인할 수 있다.
② 제16조 제3, 4항에서 확인할 수 있다.
③ 제19조 제3항에서 확인할 수 있다.
⑤ 제20조 제1항에서 확인할 수 있다.

10 [문서이해능력] 기사 내용 파악하기

정답 ②

해설
백신을 인체에 투여하면 진짜 병균으로 인지하고 방어체계를 가동시키므로, 인체가 가짜 병균임을 인지한다는 설명은 틀린 설명이다.

Plus 해설
① 세 번째 문단 일곱 번째 줄에서 알 수 있는 내용이다.
③ 첫 번째 문단 두 번째 줄에서 알 수 있다.
④ 두 번째 문단에서 알 수 있는 내용이다.
⑤ 네 번째 문단 세 번째 줄에서 확인할 수 있다.

11 [문서이해능력] 적절한 단어 사용하기

정답 ③

해설
㉠에는 '조직 따위를 고쳐 편성함'의 뜻이 있는 '개편(改編)'이, ㉡에는 '극장 따위에서 영화를 영사하여 공

개하는 일'의 뜻이 있는 '상영(上映)'이 들어가는 것이 가장 적절하다.

Plus 해설
- 개변(改變) : 상태, 제도, 시설 따위를 근본적으로 바꾸거나 발전적인 방향으로 고침
- 개화(開化) : 사람의 지혜가 열려 새로운 사상, 문물, 제도 따위를 가지게 됨
- 송파(送波) : 전파를 내보냄
- 방영(放映) : 텔레비전으로 방송을 하는 일

12 [문서이해능력] 글의 내용 이해하기

정답 ①

인간이 하늘의 의지를 본받아 겸애를 실천할 때 하늘과 하나가 될 수 있다는 것은 묵자의 생각이 맞지만, 인간의 자각과 주체적 선택으로 천명을 실천할 수 있다는 것은 공자의 천에 대한 설명이다.

Plus 해설
ⓒ 3문단 첫 번째 줄에서 확인할 수 있는 내용이다.
ⓒ 마지막 문단 두 번째 줄, 네 번째 줄에서 확인할 수 있는 내용이다.

13 [문서이해능력] 세부 내용 이해하기

정답 ①

해설

밝고 재미있는 분위기로 진행되는 것은 금연캠프가 아니라 금연광고이다.

Plus 해설
② 2문단 네 번째 줄에서 알 수 있다.
③ 2문단 첫 번째 줄에서 알 수 있다.
④ 1문단 첫 번째 줄에서 알 수 있다.
⑤ 2문단 마지막 줄에서 알 수 있다.

14 [문서이해능력] 논리적 전개방식 이해하기

정답 ④

|보기는 색조 화장품의 제조 과정에 대한 이야기인데, |보기에 있는 '역시 대개가 집에서 자가 제조되었으며'라는 표현을 보면 이미 |보기 앞에 '자가 제작'에 관한 이야기가 나온다는 것을 알 수 있다. 따라서 |보기의 내용은 (라)의 뒤에 나오는 것이 적절하다.

15 [문서이해능력] 내용 추론하기

정답 ④

해설

빈칸 Ⓐ에는 온라인 백과사전 고유의 장점을 의도적으로 악용한 사례인 정보를 조직적으로 수정한 사례를 제시하여, 온라인 백과사전이 백과사전으로서의 지위를 가지는 것에 논란이 있을 수 있다는 의미가 와야 하므로 ④가 가장 적절하다.

Plus 해설
① 온라인 백과사전을 몇몇 소수의 사람이 작성한다는 것은 온라인 백과사전의 장점이 아니며, 장점을 의도적으로 악용하는 사례도 아니다.
② 온라인 백과사전의 항목 서술에 전 세계의 수많은 사람이 참여한다는 것은 온라인 백과사전 고유의 장점을 보여주는 사례이다.
③ 온라인 백과사전이 현재 진행 중인 사안이나 확실하게 결론이 내려지지 않은 항목에 대해서도 서술한다는 것은 온라인 백과사전 고유의 장점을 보여주는 사례이다.
⑤ 온라인 백과사전이 전 세계 300여 개 이상의 언어로 존재한다는 것은 온라인 백과사전 고유의 장점을 잘 보여주는 사례이다.

16 [문서이해능력] 내용 추론하기

정답 ⑤

본문에서는 바이오 플라스틱을 활용한 제품의 내구성과 경제성이 높다는 것을 설명하고 있다. 하지만 로하스적 가치관을 가지고 있는 소비자는 그들의 소비에 있어 건강과 환경을 우선시한다고 했으므로 제품의 내구성과 경제성을 기준으로 제품을 소비하지 않을 것임을 알 수 있다.

Plus 해설
① 3문단의 마지막 부분과 4문단의 첫 문장을 종합해 보면, 바이오 플라스틱을 이용한 제품은 친환경적이기 때문에 로하스적 가치관과 부합한다고 할 수 있다.
② 4문단 여섯 번째 줄인 '천연 섬유의 가격이 싸다는 점도 큰 장점이다.'와 |보기의 마지막 문장을 연결해 보면 ②는 맞는 내용이다.
③ 5문단의 세 번째 줄인 '소비자들도 이것에 대한 적극적인 사용을 반기며, 친환경적인 제품에 적극적 지지를 보내고 있다.'를 통해 알 수 있다.
④ 4문단의 내용과 |보기의 첫 문장을 통해 확인할 수 있다.

17 [문서이해능력] 유의어 이해하기

정답 ④

해설
ⓐ의 '뜨겁다'는 비유적으로 사용되어 '감정이나 열기가 격렬하다.'의 의미를 가진다.

Plus 해설
①·③ 손이나 몸에 상당한 자극을 느낄 정도로 온도가 높다.
② 무안하거나 부끄러워 얼굴이 화끈거리다.
⑤ 사람의 몸이 정상보다 열이 높다.

18 [문서이해능력] 글의 제목 파악하기

정답 ②

해설
글의 첫 문단은 '많은 사람들은 갈등을 안 좋은 것으로 생각한다.'라는 문장으로 시작해서 '이처럼 갈등은 긍정적인 결과를 가져올 수 있다.'로 끝맺고 있다. 두 번째 문단부터 다섯 번째 문단까지는 갈등의 이점을 소개하고 있고, 마지막 문단에서는 갈등이 본질적으로 '나쁜' 것은 아니라고 하며 '갈등이 좋은지 나쁜지는 전적으로 그것을 어떻게 다루느냐에 달려있다.'고 글을 마무리하고 있다. 따라서 본문에서는 부정적으로만 생각했던 갈등이 나쁜 것만은 아니고, 여러 가지 이점도 가지고 있으므로 갈등에 대한 부정적인 인식에 대해 다시 생각해 봐야 한다고 말하고 있다. 따라서 글의 제목으로 '갈등에 대한 부정적인 인식의 재고'가 적절하다.

19 [문서이해능력] 빈칸 추론하기

정답 ⑤

해설
㉠의 뒷부분을 보면 갈등을 효과적으로 관리하기만 하면 보다 나은 결정을 하는 데 도움이 된다고 하였다. "집단주의적 사고"는 그 결정을 하는 데 도움이 되지 않는다는 의미이므로, ㉠에는 여러 가지 대안을 충분히 고려하지 않고 아무런 탐색이나 논의 없이 바로 비합리적인 결정을 내린다는 내용이 들어가야 한다. 따라서 정답은 ⑤이다.

20 [문서이해능력] 자료 이해하기

정답 ②

해설
'4. 가축사육업 등록 기준'을 보면 사슴·양과 같이 축사시설 없이 가축을 사육하는 경우에는 울타리를 설치하여야 한다고 명시되어 있다. 이는 축사시설 없이도 가축을 사육할 수 있음을 뜻하므로 ②는 틀린 설명이다.

Plus 해설
① '축산업 허가 대상' 표를 보면 소 사육업의 경우 2015. 2. 23. 이후에는 $300m^2$ 초과 규모일 경우 허가 대상이고, 2016. 2. 23. 이후에는 $50m^2$ 초과 규모일 경우 허가 대상이다. 따라서 $100m^2$ 규모라면, 2016년 1월에는 허가 대상이 아니고, 2016년 3월에는 허가 대상이다.
③ '적정사육면적' 표를 보면 비육우의 경우 방사식 형태로 두당 $7m^2$ 면적이 필요하다고 나와 있다. 방사식이란 무리로 수용하는 형태의 우사를 말하므로, 맞는 설명이다.
④ '적정사육면적'을 참고하면 임신돈의 경우 $29.4m^2$ (1.4×21)의 면적이, 비육돈의 경우 $16.8m^2$(0.8×21)의 면적이 필요함을 알 수 있다.
⑤ '위치기준'을 보면 축산 관련 시설에서 500m 이내는 신규 허가가 제한되지만 지방자치단체의 조례로 1/2 범위 내에서 늘리거나 줄일 수 있다고 하였다. 따라서 조례가 있다면 250m까지도 신규 허가가 가능하다.

영역 분리형

수리능력

본문 538p

01	02	03	04	05	06	07	08	09	10
④	①	③	⑤	⑤	②	④	④	④	②
11	12	13	14	15	16	17	18	19	20
⑤	④	⑤	④	④	⑤	③	④	①	④

01 [기초연산능력] 경우의 수 계산하기

정답 ④

해설
소형차가 주차장에 주차를 하는 방법은 $2 \times 1 = 2$가지이다. 트럭이 주차장에 주차를 하는 방법은 남은 공간 8개 중 3개를 택하는 것이므로 $8 \times 7 \times 6 = 336$가지이다. 따라서 소형차 2대와 트럭 3대가 주차할 수 있는 방법의 수는 $2 \times 336 = 672$가지이다.

02 [도표분석능력] 자료 분석하기

정답 ①

해설
태양광의 생산량과 풍력의 생산량을 비교해보면, 2015년 849,379>283,455, 2016년 1,092,832>355,340, 2017년 1,516,349>462,162이므로 옳은 설명이다.

Plus 해설
② 2016년 해양, 바이오의 생산량과 2017년 태양열, 수력, 해양의 생산량은 전년 대비 감소하였다.
③ 2017년 재생에너지 항목 중 생산량이 가장 적은 것은 수열이다.
④ 2016년 수력의 생산량(603,244)은 2017년 지열의 생산량(183,922)보다 많다.
⑤ 조사 기간 동안 해양의 생산량은 매년 감소한다.

03 [기초연산능력] 직원 수 계산하기

정답 ③

해설
신입 직원 50명 중 A팀에는 $50 \times 0.6 = 30$명, B팀에는 $50 \times 0.4 = 20$명이 배치되었다. 신입 직원 배치 전의 A팀 직원 수는 130명이므로 신입 직원 배치 후의 A팀 직원 수는 $130+30=160$명임을 알 수 있다. 신입 직원 배치 후 A팀의 직원 수는 A, B팀 전체 직원 수의 32%라고 했으므로 A, B팀 전체 직원 수를 x라고 하면, $\frac{160}{x} \times 100 = 32\%$ 가 되고, $x=500$이므로 A, B팀 전체 직원 수는 500명이다. 따라서 현재 B팀의 직원 수는 $500-160=340$명이다.

04 [도표분석능력] 자료 분석하기

정답 ⑤

해설
조사 기간 동안 미곡의 생산량은 매년 감소하고 있다.

Plus 해설
① 2018년 맥류의 생산량은 전년 대비 $128,490-112,278=16,212$톤 증가하였다.
② 2017년 잡곡과 두류의 생산량의 합은 $8,026+101,166=187,192$톤이고, 서류의 생산량은 194,045톤이므로 서류의 생산량이 더 많다.

05 [도표분석능력] 국가별 고용률 비교하기

정답 ⑤

해설
두 국가 남녀의 총 인구수가 같으므로 비율만으로 계산하면 간단히 알 수 있다.
⑤ 2016년 여자의 고용률은 대한민국 56.2%, A 국가 66.0%이므로 9.8%p 차이로 가장 크다.

06 [도표분석능력] 고용률 자료 분석하기

정답 ②

해설
㉠ (○) 제시된 자료를 확인하면 조사 기간 동안 터키에서 여자의 고용률은 2014년에만 감소한 것으로 나타난다.
㉡ (×) 조사 기간 동안 A 국가에서 남자의 고용률은 2016년에 감소하였다.
㉢ (×) 고용률은 생산가능인구(15~64세) 대비 취업자 비율을 나타내므로 생산가능인구와 취업자의 수가 모두 증가하였는지는 주어진 자료만으로 알 수 없다.
㉣ (○) 조사 기간 동안 대한민국의 남자 고용률은 0.9%p(75.8−74.9) 증가하였고, 여자 고용률은 2.7%p(56.2−53.5) 증가하였다.

07 [도표분석능력] 수자원 현황 분석하기

정답 ④

해설
1998년 수자원 총 이용량 중 생활용수로 사용된 비율은 $\frac{73}{331} \times 100 ≒ 22\%$ 이다.

Plus 해설
① 2003년의 수자원 총량은 1998년에 비해 감소하였다.
② 당해 연도 강수량이 두 번째로 많은 해는 1998년이지만, 총 이용량이 두 번째로 많은 해는 2007년이므로 틀린 설명이다.
③ 2007년 농업용수로 사용된 수자원은 공업용수로 사용된 수자원의 $159 \div 21 ≒ 7.6$배이다.
⑤ 2007년 유지용수로 사용된 수자원은 1994년에 비해 $\frac{78-64}{64} \times 100 ≒ 22\%$ 증가하였다.

08 [도표분석능력] 원재료 첨가 비율과 판매량 분석하기

정답 ④

해설

2016년부터 모든 제품의 원재료 첨가 비율은 전년의 원재료 첨가 비율에 비해 모두 증가하였다.

🎖 Plus 해설
① 2016년 각 제품별 판매 개수가 제시되지 않으므로 알 수 없다.
② 2014년의 제품 판매 수량(2억 1,582만 개)은 2016년의 제품 판매 수량(2억 1,807만 개)보다 적다.
③ 제품 A의 원재료 첨가 비율은 2014년 44.5%에서 2015년 43.8%로 감소하였다.
⑤ 2017년 제품 E의 원재료 첨가 비율의 증감률은 2016년 제품 F의 원재료 첨가 비율의 증감률보다 낮다.

09 [도표분석능력] 자료 이해하기

정답 ④

해설
각 연령에 대한 사망자 수가 제시되지 않았으므로 알 수 없다.

🎖 Plus 해설
① 0세는 질식사고에 의한 사망이 가장 많다.
② 0세 어린이의 사망 원인 중 가장 큰 비율을 차지하는 것은 질식사고이지만, 전체 연령대의 어린이 사망 원인 중 가장 큰 비율을 차지하는 것은 운수사고이다.
③ 0세 어린이에서 운수사고에 의한 사망자 비율(12.2%)과 1~4세 어린이에서 익사사고에 의한 사망자 비율(12.2%)은 같다.
⑤ 5~9세의 어린이 사고 사망자 중 운수사고에 의한 사망 비율이 가장 높고, 다음은 익사사고로 인한 사망 비율이 높다. 따라서 같은 대상군을 비교한 비율이므로 그 수도 두 번째로 많다고 할 수 있다.

PLUS TIP 자료해석 접근하기
1. 주어진 자료의 형태와 소재를 먼저 파악한다.
2. 항목별 추세, 연도별 증감 변화 등을 빠르게 훑어본다.
3. 선택지 중에서 계산하지 않고, 자료를 통해 먼저 파악할 수 있는 것부터 확인한다.
4. 계산이 필요한 선택지는 계산 과정을 줄여서 시간을 단축한다.
5. 선택지에서 '이상', '미만' 등 일정 수치를 기준으로 대소만 판단하면 되기 때문에, 근사한 값만 구해도 된다.

10 [기초통계능력] 이용 요금 계산하기

정답 ②

해설
오후 3시부터 이용하므로 오후권을 끊으면 되고, 각각 내야 할 요금을 표로 정리해보면 다음과 같다.

		이용권	카드 할인
A 가족	32세	31,000원 (3급 장애인)	21,700원 (30% 할인)
	30세	31,000원 (동반 1인)	—
	13세	42,000원	—
	5세	33,000원	—
대여 요금		실내 락커 2,000원+대형 타월 3,000원+구명조끼 2개 14,000원 =19,000원	
B 가족 (다자녀 가정)	40세	33,000원	—
	38세	33,000원	—
	18세	33,000원	—
	16세	33,000원	—
	12세	26,000원	
대여 요금		실내 락커 2,000원 대형 타월 3,000원 구명조끼 3개 21,000원 = 26,000원	

따라서 총 이용 요금은 $21,700 + 31,000 + 42,000 + (33,000 \times 5) + 26,000 + 19,000 + 26,000 = 330,700$원이다.

11 [도표분석능력] 도표 해석하기

정답 ⑤

해설
2016년의 전년 대비 콤바인 보유대수 증감률은 $\frac{77-79}{79} \times 100 ≒ -2.5\%$ 이다.

🎖 Plus 해설
② 2014년 전체 보유대수 중 이앙기가 차지하는 비율은 $\frac{220}{1,183} \times 100 ≒ 18.6\%$ 이다.
③ 보유대수 소계의 50%보다 경운기 보유대수가 더 많은지를 확인하면 된다. 2013년 616.5<640, 2014년 591.5<610, 2015년 586.5<598, 2016년 573.5<582, 2017년 565<567로 조사 기간 동안 전체 보유대수 중 경운기가 차지하는 비율은 항상 50%를 넘는다.

④ 2017년 전체 밭농사 작업 면적이 150평일 경우, 농업기계 작업 면적을 구하는 식은 다음과 같다.
$\frac{x}{150} \times 100 = 60.2$ ∴ $x = 90.3$
따라서 농업기계 작업 면적은 90.3평이었을 것이다.

12 [기초연산능력] 일의 양 계산하기

정답 ④

해설

전체의 양 : 1
큰 트럭 한 대로 운반할 수 있는 양 : x
작은 트럭 한 대로 운반할 수 있는 양 : y
구하는 식은 다음과 같다.

$\begin{cases} 2x + 5y = \frac{7}{10} \\ 5x + 2y = \frac{3}{4} \end{cases}$

이 연립 방정식을 계산하면 $y = \frac{2}{21}$ 이다.
같은 양의 짐을 작은 트럭으로만 모두 옮길 때 횟수가 11번이면 $\frac{2}{21} \times 11 = \frac{22}{21}$ 가 되므로 만족한다.
따라서 최소 옮겨야 하는 횟수는 11번이다.

13 [도표작성능력] 그래프 작성하기

정답 ⑤

해설

주어진 자료를 해석할 때, 가로와 세로축의 관계를 정확히 이해하고 그래프를 확인하여야 한다. 데이터 수치만 비교하지 말고 범례 및 가로축과 세로축의 수치들도 정확히 이해하여야 한다.
⑤ 세로축의 연도가 역순으로 배열되어 있음을 주의하여야 한다.

Plus 해설
① '일반회계 적자보전'에 관한 그래프이다.
② '공적자금 등'에 관한 그래프이다.
③ '외환시장 안정용'에 관한 그래프이다.
④ 'GDP 대비'에 관한 그래프이다.

14 [도표분석능력] 국가 채무 현황 분석 및 계산하기

정답 ⑤

해설

채무내역별	2012	2017	차
일반회계 적자보전	148.6	289.6	141.0
서민주거 안정용	49.6	69.4	19.8

따라서 141.0 ÷ 19.8 = 7.12…이므로 약 7.1배 차이가 난다.

15 [기초연산능력] 확률 계산하기

정답 ④

해설

여사건의 확률을 이용하는 것이 좋다. 전체 확률 1에서 두 번 다 별이 그려진 공을 뽑지 못하는 경우를 빼주면, 적어도 한 번 이상 별이 그려진 공을 뽑을 확률을 알 수 있다.
따라서 답은 $1 - \left(\frac{16}{20} \times \frac{15}{19}\right) = 1 - \frac{12}{19} = \frac{7}{19}$ 이다.

16 [도표분석능력] 젖소 사육 현황 분석하기

정답 ⑤

해설

㉠ (○) 젖소 사육에 토지를 이용하는 면적 중 40두 미만이 차지하는 면적($279.5m^2$)의 비중이 가장 크다.
㉡ (○) 젖소 사육에 사료포를 사용하는 면적의 평균($104.1m^2$)은 토지를 이용하는 면적 평균($200.7m^2$)의 2분의 1 이상이다.
㉢ (×) 젖소 40두 미만 사육에 토지를 이용하는 면적 중 넓은 면적의 순서는 사료포($173.6m^2$), 차용지($171.0m^2$), 자가 토지($108.5m^2$)의 순이다.
㉣ (×) 젖소 사육에 퇴비사를 이용하는 면적의 합(3.8+2.1+2.6+2.6=11.1)은 운동장을 이용하는 면적의 합(8.2+2.8+1.1+0.7=12.8)과 같지 않다.

17 [도표분석능력] 사육 면적 비율 계산하기

정답 ③

해설

(1) 젖소 60두 미만을 사육하는 면적 중 건물 사육 면적 : 47.6 + 42.6 = 90.2
   젖소 60두 미만을 사육하는 면적 중 퇴비사 사육 면적 : 3.8 + 2.1 = 5.9
   (5.9 ÷ 90.2)×100 ≒ 6.5%
(2) 젖소 60두 이상을 사육하는 면적 중 토지 사육 면적 : 276.4 + 176.6 = 453
   젖소 60두 이상을 사육하는 토지 면적 중 축사 부지 사육 면적 : 68.8 + 57.7 = 126.5

$$(126.5 \div 453) \times 100 \fallingdotseq 27.9\%$$

18 [도표분석능력] 식자재 결제 금액 차 구하기

정답 ④

해설

제육볶음 50인분의 구매할 식재료는 돼지고기 10,000g, 양파 2,500g, 대파 1,000g, 당근 1,300g이고 각각의 가격은 130천 원, 7.5천 원, 5천 원, 13천 원이고 합계는 155.5천 원(15만 5,500원)이다. 황태뭇국 100인분의 구매할 식재료는 무 20,000g, 대파 5,000g, 양파 2,500g이고 각각의 가격은 40천 원, 25천 원, 7.5천 원이고 합계는 72.5천 원(7만 2,500원)이다. 따라서 제육볶음과 황태뭇국의 결제 금액의 차는 155.5천 원−72.5천 원이므로 83천 원(8만 3,000원)이다.

19 [기초연산능력] 속력 계산하기

정답 ①

해설

국도에서의 속력을 $x\text{km/h}$, 고속국도에서의 속력을 $y\text{km/h}$라 하면, (국도로 달린 거리) + (고속국도로 달린 거리) = 320이다.
(거리) = (속력) × (시간)을 적용해 식을 세우면,
$$\begin{cases} y = x + 20 \\ 1\frac{1}{2} \times x + 2 \times y = 320 \Rightarrow \frac{3}{2}x + 2y = 320 \end{cases}$$
이 성립하고, 이를 풀면 $y = 100$, $x = 80$이다.
따라서 국도에서의 속력은 80km/h이다.

20 [도표분석능력] 기후변화 전망 표 분석하기

정답 ④

해설

RCP 8.5에서 21세기 중반기의 폭염일수는 15.2일이고, 21세기 전반기의 폭염일수는 10.2일이다.

따라서 $\frac{15.2 - 10.2}{10.2} \times 100 \fallingdotseq 49\%$ 증가할 것으로 전망된다.

Plus 해설

① 21세기 후반기의 한반도 평균기온은 RCP 4.5에서 14−11=3℃, RCP 8.5에서 16.7−11=5.7℃ 상승할 것으로 전망된다.
③ RCP 4.5의 현재 대비 21세기 강수량 증가율을 계산하면 각각 다음과 같다.

전반기 : $\frac{1,234.3 - 1,162.2}{1,162.2} \times 100 \fallingdotseq 6.2\%$,

중반기 : $\frac{1,283.7 - 1,162.2}{1,162.2} \times 100 \fallingdotseq 10.5\%$,

후반기 : $\frac{1,348.1 - 1,162.2}{1,162.2} \times 100 \fallingdotseq 16\%$

⑤ 현재 호우일수가 2일이고, 21세기 후반기의 호우일수는 각각 2.7일, 2.8일이므로 두 경우 모두 1일 이하로 증가할 것으로 전망된다.

영역 분리형

문제해결능력

본문 552p

01	02	03	04	05	06	07	08	09	10
①	②	③	②	⑤	③	①	⑤	④	⑤
11	12	13	14	15	16	17	18	19	20
⑤	②	④	④	④	①	②	③	③	④

01 [사고력] 자리 배치 추론하기

정답 ①

해설

네 번째 조건을 통해 D가 가운데 자리에 앉아 있음을 알 수 있다. 첫 번째와 두 번째 조건을 통해 ○−○−D−C−B의 순서로 앉아있음을 알 수 있고, 세 번째 조건으로 A−E−D−C−B의 순서로 앉아있음을 알 수 있다. 따라서 양 끝에 앉은 사람은 A, B이다.

02 [사고력] 조건 파악하기

정답 ②

해설

주어진 조건 중 첫 번째, 네 번째, 다섯 번째 조건을 통해 ○−사원−차장−대리/부장−○−○의 순서임을 알 수 있다. 세 번째 조건에서 대리는 사원보다 먼저 근무한다고 했으므로 첫 번째 근무자는 대리, 네 번째 근무자는 부장임을 알 수 있다. 마지막 조건에서 부장과 인턴은 연달아 근무하지 않는다고 했으므로 인턴이 여섯 번째 근무자임을 알 수 있다. 따라서 다섯 번째 근무자는 과장이다.

첫 번째	두 번째	세 번째	네 번째	다섯 번째	여섯 번째
대리	사원	차장	부장	과장	인턴

03 [사고력] 수박 먹은 사람 찾기

정답 ③

해설
은지의 말이 참일 경우 수민의 말이 거짓이 되고, 수민의 말이 참일 경우 은지의 말이 거짓이 된다.

가정 1) 은지의 말이 참일 경우

영은	은지	수민-수박	미나-수박	보배
참	참	거짓	거짓	거짓

→ 거짓을 말한 사람이 세 명이 되므로 잘못된 가정이다.

가정 2) 수민의 말이 참일 경우

영은	은지-수박	수민	미나-수박	보배
참	거짓	참	거짓	참

→ 모순되는 점이 없으므로 옳은 가정이다.
따라서 수박을 먹은 사람은 은지와 미나이다.

04 [사고력] 타당한 진술 도출하기

정답 ②

해설
적극적인 사원을 A, 영업팀에서 좋은 성과를 내는 것을 B, 총무팀에서 좋은 성과를 내는 것을 C, 활동적이고 추진력이 강한 사람을 D, 일처리 속도가 빠른 것을 E라고 할 경우 주어진 인사팀 직원들 간의 대화를 순서대로 기호로 간단히 정리하면 다음과 같다.
- 부장 : A → B
- 과장 : ~C → ~B
- 부장 : D → ~C
- 대리 : (㉠)
- 부장 : ~E → ~B

'과장'이 언급한 명제의 대우는 'B → C'이고, 부장이 두 번째로 언급한 명제의 대우는 'C → ~D'이다. 그러므로 부장의 첫 번째, 두 번째 발언, 과장의 발언을 통해 'A → B → C → ~D'라는 결론을 도출할 수 있다. 반면에 부장의 세 번째 발언의 대우는 'B → E'이므로 부장의 마지막 결론이 타당하기 위해서는 'C → E' 또는 '~D → E'라는 조건이 추가되어야 한다.
따라서 ㉠에 들어갈 수 있는 진술은 '총무팀에서 좋은 성과를 내면 일처리 속도가 빠르다.' 또는 '활동적이고 추진력이 강한 성격이 아니면 일처리 속도가 빠르다.'이다.

05 [문제처리능력] 공고 내용 이해하기

정답 ⑤

해설
전문연구원 응시자격을 보면 석사학위 소지자라고 나와 있고 '4. 응시 제출 서류' 항목을 보면 모든 제출 서류에 학교명을 삭제하라고 되어 있다. 따라서 정답은 ⑤이다.

Plus 해설
① 전문연구원에 지원하려면 학사가 아닌 석사학위를 소지해야 하므로 적절하지 않다.
② '4. 응시 제출 서류'의 '부연구위원' 항목을 보면 '연구실적목록(학위논문 제외)'라고 되어 있으므로 박사학위 논문을 연구실적으로 제출하는 것은 적절하지 않다.
③ '6. 기타사항'의 두 번째 항목을 보면 가점 등 우대 혜택이 중복되는 경우 가점이 제일 높은 항목 한 개만 적용한다고 되어 있다. 따라서 중복 가점을 받을 수 있다는 말은 적절하지 않다.
④ 부연구위원 채용에 지원하려면 응시원서 및 자기소개서, 박사논문 요약문과 전문, 최근 4년 이내 연구실적목록, 박사학위증 또는 졸업(예정) 증명서를 제출해야 하며 최종학력 성적증명서를 제출해야 하는 경우는 전문연구원에 지원하는 경우이므로 적절하지 않다.
① 온라인 백과사전을 몇몇 소수의 사람이 작성한다는 것은 온라인 백과사전의 장점이 아니며, 장점을 의도적으로 악용하는 사례도 아니다.

06 [문제처리능력] 공고 내용 이해하기

정답 ④

해설
'2. 임용기간 및 조건'을 보면 일 년 근무 후 평가를 통해 정규직에 임용한다는 말이 있을 뿐 업무 분야를 변경할 수 있다는 내용은 나와 있지 않다.

Plus 해설
① 영어 등 외국어 구사 및 활용 능력이 채용자에게 요구되는 필요지식이므로 적절한 생각이다.
② · ③ 에너지 국제협력 또는 개발 선행연구에 대한 지식이 채용자에게 요구되는 필요지식이므로 적절한 생각이다.
⑤ 고객 데이터 수집, 관리 및 분석, 처리 방법에 대한 이해가 채용자에게 요구되는 필요지식이므로 적절한 생각이다.

07 [문제처리능력] 적절한 조치사항 파악하기

정답 ①

해설

영농기에 해당하는 7월의 밭 토양 유효 수분율이 15% 이하인 경우는 '매우 심함'에 해당하는 상황인데 ①의 조치사항은 '주의'에 해당하는 조치사항이므로 틀린 설명이다.

Plus 해설

② 농업용수의 가뭄 상황이 '심함'으로 구분되는 경우이므로 올바른 조치사항이다.
③ 생활 및 공업용수의 가뭄 상황이 '매우 심함'으로 구분되는 경우이므로 올바른 조치이다.
④ 생활 및 공업용수의 가뭄 상황이 '심함'으로 구분되는 경우이므로 맞는 설명이다.
⑤ 농업용수의 가뭄 상황이 '주의'로 구분되는 경우이므로 적절한 조치사항이다.

08 [사고력] 순찰 순서 파악하기

정답 ⑤

해설

마지막에 출발한 사람이 7시이므로 아래 표의 시간에 순찰했음을 알 수 있다.

2:20	3:00	3:40	4:20
1번째	2번째	3번째	4번째
5:00	5:40	6:20	7:00
5번째	6번째	7번째	8번째

A팀 3번이 출발한 시각은 3시이므로 2번째에 순찰하였고, A팀 4번보다 일찍 간 사람은 4명이므로 A팀 4번은 5번째, B팀 1번보다 늦게 출발한 사람은 4명이므로 B팀 1번은 4번째에 순찰하였다. B팀 4번은 B팀 3번보다 늦게 출발하였지만 마지막은 아니므로 B팀 3번, B팀 4번, B팀 2번 순으로 순찰했을 것이다. 또한, B팀이 처음과 끝에 순찰하였기 때문에 B팀 3번이 1번째, B팀 2번이 8번째에 순찰하였다. A팀 1번은 A팀 중 가장 마지막으로 순찰하였고 A팀 4번과 B팀 4번은 연달아 순찰하지 않았으므로 A팀 1번이 6번째, B팀 4번이 7번째에 순찰하였다.

2:20	3:00	3:40	4:20
B팀 3번	A팀 3번	A팀 2번	B팀 1번
5:00	5:40	6:20	7:00
A팀 4번	A팀 1번	B팀 4번	B팀 2번

따라서 5시 40분에 순찰한 사람은 A팀 1번이다.

09 [문제처리능력] 세미나 대관 장소 알아보기

정답 ④

해설

㉠ (○) 똑같이 9시간을 사용한다고 한다면 백합 홀은 70만 원-20만 원=50만 원이고, 튤립 홀은 45만 원-15만 원+추가 시간(15만 원)=45만 원이므로 튤립 홀이 더 경제적이다.
㉡ (×) 기본 대관료의 50%의 금액을 입금하면 예약이 확정되므로 장미 홀을 예약하기 위해서는 17만 원만 입금하면 된다.
㉢ (○) 백합 홀을 예약하기 위해서는 기본 대관료인 70만 원 중 35만 원만 입금하면 된다. 하지만 이용일 8일 전에 취소했기 때문에 위약금 20%를 공제한 28만 원만 돌려받게 된다.

10 [문제처리능력] 용역 업체 선정하기

정답 ⑤

해설

6월 1일부터 10월 31일까지의 일수는 $30+31+31+30+31=153$일이다. 그러므로 B, D 업체는 선정할 수 없으며, 평가 항목 중 40점 이하의 점수가 있는 C 업체도 선정할 수 없다. 따라서 A 업체와 E 업체의 총점만 계산해보면 된다.
A 업체 : $50\times0.2+70\times0.2+80\times0.3+60\times0.3=66$점
E 업체 : $60\times0.2+60\times0.2+90\times0.3+70\times0.3=72$점
가중치를 적용한 총점이 70점 미만인 업체는 선정할 수 없으므로, 최종 선정할 업체는 E 업체이다.

11 [사고력] 순서 관계 파악하기

정답 ⑤

해설

각각의 진술을 간략하게 나타내면 다음과 같다.
갑·정 → A-( )-E-D 또는 D-E-( )-A
+ 을 → B(C)-A-C(B)-E-D 또는 D-E-B(C)-A-C(B)
+ 병 → D-E-B(C)-A-C(B)
따라서 두 번째로 키가 큰 사람은 E이다.

12 [문제처리능력] 고객 문의 응답하기

정답 ②

해설

고객은 청소기를 돌릴 때마다 매캐한 냄새가 나는 것이 청소기 고장 때문이라 생각하고 있다. 그러나 주어진 사용설명서를 살펴보면 청소기 뒤쪽에서 냄새가 나도 정상적으로 잘 작동하면 고장이 아니라고 적혀 있다. 하지만 구입 초기 후 3개월가량은 새제품으로 인한 고무류 냄새가 날 수 있음을 언급하고 있고, 장기간 사용하였을 경우 먼지통 내의 먼지로 인해 냄새가 발생할 수 있으니 먼지통 및 먼지통 필터를 세척한 후 사용하기를 권고하고 있다.

13 [문제처리능력] 설명서에 따라 문제 해결하기

정답 ④

해설

갑자기 청소기가 전혀 작동되지 않을 경우 가장 먼저 전선이 콘센트에 잘 꽂혀 있는지를 확인하여야 한다. 이상이 없다면 본체와 호스를 분리한 다음 다시 결합하여 사용해보고 여전히 작동을 하지 않는다면, 다른 제품을 콘센트에 꽂아 전기가 잘 들어오고 있는지를 확인해 보아야 한다.

14 [문제처리능력] 조건 통하여 참 여부 파악하기

정답 ④

해설

1. 네 사람의 직업은 소방관 2명, 경찰관 2명이거나 또는 모두 경찰관이거나 모두 소방관이다.
2. A 경찰관 → C 경찰관 or D 소방관
3. D 소방관 → B 경찰관
4. A와 B는 같은 직업이다.

• A와 B가 경찰관이며 C와 D가 소방관일 경우 모순되는 것이 없다.

A	B	C	D
경찰관	경찰관	소방관	소방관

• A와 B가 소방관이며 C와 D가 경찰관일 경우 모순되는 것이 없다.

A	B	C	D
소방관	소방관	경찰관	경찰관

• 네 명 모두 경찰관일 경우 모순되는 것이 없다.

A	B	C	D
경찰관	경찰관	경찰관	경찰관

• 네 명 모두 소방관일 경우는 'D가 소방관이면 B는 경찰관이다.'라는 조건에 모순된다.

A	B	C	D
소방관	소방관	소방관	소방관

15 [문제처리능력] SWOT 분석하기

정답 ④

해설

G 대리의 전략은 '게임 사업의 불확실성과 음원사이트 인수를 위한 단기 차입'이라는 위협을 회피하기 위해 '게임 시장의 성공 경험과 음원 사이트, 대중교통 앱의 막강한 영향력'이라는 강점을 사용하려는 ST 전략에 해당한다.

Plus 해설

SWOT 분석 자료가 긴 지문으로 제시되었을 경우, 읽으면서 그때그때 밑줄을 치며 표시해두는 것이 유리하다. 위의 자료를 정리하면 다음과 같다.

강점 (Strength)	• 모바일 시장에서 절대적인 영향력이 있는 'K톡' 서비스 보유 • 게임 시장과 캐릭터 시장에서의 성공 경험 • 인수한 음원 사이트의 성행 • 대중교통 앱의 막강한 영향력 • 막대한 광고 수익
약점 (Weakness)	• 신사업 분야의 낮은 수익성 • O2O 사업의 낮은 성과로 인한 주가 하락
기회 (Opportunity)	• O2O 서비스의 성장 가능성 • 'K톡' 플랫폼과 연계한 O2O 서비스 개시 예정 • 실적 개선 가능성
위협 (Threat)	• 음원사이트 인수를 위한 단기 차입 감내 • 게임 사업의 불확실성

① 기회를 활용하면서 약점을 보완하는 WO 전략이다.
② 기회를 활용해 강점을 살리는 SO 전략에 해당한다.
③ 위협을 회피하고 약점을 최소화하려는 WT 전략이다.
⑤ 강점과 기회 요인을 극대화하는 SO 전략에 해당한다.

16 [문제처리능력] 휴대폰 보험 보상받기

정답 ①

해설

휴대폰 명의자가 미성년자일 경우 보상센터를 통해서만 사고 접수가 가능하고, 미성년자가 아닌 성인의 경우 보상센터뿐만 아니라 온라인 보상센터 또는 모바일 보상센터를 통해서도 사고 접수가 가능하다. 따라서 보상센터를 통해서만 사고 접수가 가능하다고 한 ①의 내용은 적절하지 않다.

17 [사고력] 참과 거짓 진술 판단하기

정답 ⑤

해설
시영의 진술과 원빈의 진술은 같은 뜻이다. 따라서 함께 참이거나 함께 거짓인데, 거짓을 말하는 사람은 한 명뿐이므로 함께 참이다. 따라서 오지 않은 사람은 경희 또는 현빈이다.

가정 1) 경희가 오지 않았을 경우

호경	경희	시영	원빈	현빈
참	참	참	참	거짓

→ 모순되는 점이 없으므로 옳은 가정이다.

가정 2) 현빈이 오지 않았을 경우

호경	경희	시영	원빈	현빈
거짓	거짓	참	참	참

→ 거짓을 말한 사람이 두 명이 되므로 잘못된 가정이다.

따라서 거짓말을 하는 사람은 현빈이며, 소풍에 오지 않은 사람은 경희이다.

18 [문제처리능력] 워크숍 객실 배정하기

정답 ③

해설
1. 참석자 인원은 남자 8명·여자 12명으로 총 20명이고, 5개 객실의 합산 최대 수용인원 역시 20명이다. 참석자 명단 및 사전조사 내용을 살펴보면 한서연 팀장은 발표준비로 같은 홍보팀 여자 직원들과 한 방을 써야 한다. 홍보팀 여자 직원은 한서연 팀장을 포함하여 4명인데, 윤아영 사원은 스팀다리미 사용을 원하고 강현희 사원은 스마트TV가 필요하므로 이 요건을 모두 충족하는 객실은 라일락이 된다.
2. 직급이 있는 사원은 김성훈 팀장, 유미희 팀장, 한서연 팀장, 이진욱 팀장, 이선화 과장으로 5명이다. 이 중 4명의 팀장은 2인실을 제외한 나머지 객실에 한 명씩 들어가야 하므로 이선화 과장은 2인실인 허브에 묵게 된다. 또한, 허브는 1인용 침대가 2개 있는 방이므로 1인용 침대를 희망하는 신혜경 사원과 함께 묵으면 된다.
3. 여기까지 라일락과 허브는 여자 직원이 들어갈 객실로 확정되었다. 라일락에 4명, 허브에 2명이 배정되었으므로 남은 여자 직원은 6명이 되는데, 참석인원과 수용인원이 같아 여유가 없으므로 4인실인 벤자민과 라벤더에는 나누어 들어갈 수 없다. 따라서 최대 수용인원이 6명인 튤립에서 함께 묵으면 된다.
4. 그러면 남은 객실은 4명씩 들어가는 벤자민과 라벤더가 된다. 김성훈 팀장과 김태호 사원은 바닥에서 자기를 원하므로 벤자민, 최우진 사원은 공기청정기를 원하므로 라벤더, 정호준 사원은 침대 사용을 원하므로 라벤더가 된다. 또한, 김석현 사원은 스마트TV를 원하므로 벤자민, 박경우 사원은 김태호 사원과 같은 객실을 원하므로 벤자민이 되며 마지막으로 남는 조현동 사원은 라벤더로 배정하면 된다.

따라서 남자 직원은 벤자민과 라벤더, 여자 직원은 라일락, 튤립, 허브로 배정된다.

19 [문제처리능력] 워크숍 객실 배정하기

정답 ③

해설
18 해설을 정리하여 표로 나타내면 다음과 같다.

객실	이름	소속	성별
라일락 (4인)	한서연 팀장	홍보팀	여자
	윤아영		
	송현정		
	강현희		
튤립 (6인)	유미희 팀장	유통팀	여자
	강진선	기획팀	
	박하연		
	오나래	유통팀	
	정민경		
	고성주	재무팀	

객실	이름	소속	성별
벤자민 (4인)	김성훈 팀장	기획팀	남자
	김석현	유통팀	
	박경우	홍보팀	
	김태호	재무팀	
허브 (2인)	이선화 과장	재무팀	여자
	신혜경	유통팀	
라벤더 (4인)	이진욱 팀장	재무팀	남자
	최우진	기획팀	
	정호준		
	조현동	유통팀	

유미희 팀장은 튤립 객실에 배정되므로 같은 객실에 묵지 않는 사람은 송현정 사원이다.

팩트기출 NCS 통합기본서 정답과 해설

20 [문제처리능력] 워크숍 객실 배정하기

 ④

19 해설 표를 참고하면
① 튤립은 같은 유통팀인 유미희 팀장, 오나래 사원, 정민경 사원 3명이 배정된다.
② 벤자민은 4명 모두 다른 팀 인원으로 배정된다.
③ 고성주 사원은 튤립, 같은 팀인 이선화 과장은 허브로 배정된다.
④ 라벤더의 최우진과 정호준 사원은 같은 기획팀이다.
⑤ 이선화 과장은 신혜경 사원과 함께 2인실인 허브로 배정된다.
따라서 틀린 설명은 ④이다.

제2회 실전모의고사

본문 570p

01	02	03	04	05	06	07	08	09	10
③	③	①	③	③	③	②	④	①	③
11	12	13	14	15	16	17	18	19	20
⑤	④	②	④	②	③	③	②	③	②
21	22	23	24	25	26	27	28	29	30
⑤	⑤	④	①	④	①	①	②	④	⑤
31	32	33	34	35	36	37	38	39	40
③	②	③	⑤	④	②	①	②	①	③
41	42	43	44	45	46	47	48	49	50
⑤	④	①	④	②	⑤	①	③	④	①

01 [의사소통능력] 경청능력 이해하기

 ③

해설

적극적인 경청을 위해서는 비판적이거나 충고적인 태도를 버리고, 상대가 말하는 의미를 이해하며, 단어 이외의 보여지는 표현에도 신경을 써야 한다. 또한, 상대가 말하는 동안 경청하고 있다는 것을 표현하며 대화 시 흥분하지 않아야 한다.

02 [의사소통능력] 글의 흐름 파악하기

정답 ③

해설

제시된 문장은 여행과 관련된 문단에 들어가야 한다. 또한 '비대면 여행이 대세로 떠오르고 있다'는 내용을 통해 제시된 문장의 앞이나 뒤에는 접촉을 최소화할 수 있는 여행에 관련된 내용이 언급되어야 한다. 따라서 주어진 문장이 들어가기에 가장 적절한 곳은 ⓒ이다.

03 [의사소통능력] 자료를 통해 추론하기

 ①

해설

2문단을 보면, 현재 여행 콘텐츠는 대체로 역사문화 중심으로 이루어져 있고, 이러한 편중된 관광 콘텐츠로는 우리의 국토공간을 제대로 즐기기 어렵다고 나와 있다.

Plus 해설
② 지리 콘텐츠가 부족하다는 내용은 나와 있지 않다.
③ 지리여행의 목표는 향토애를 느끼고 우리 땅의 가치를 새롭게 인식할 계기를 갖는 것이다.
④ 현대의 건축물이나 시장 중심의 문화 여행 콘텐츠가 개발될 필요가 있다는 내용은 나와 있지 않다.
⑤ 생태관광이 아닌 지질관광에 대한 내용이다.

04 [의사소통능력] 자료 활용하여 안내서 작성하기

정답 ③

해설
지리여행은 기권, 암권, 수권, 생물권 등의 4권역을 관광의 대상으로 삼으며 지역 주민들의 의식주를 탐미하는 향토여행이기도 하다. 문화, 역사, 민속 등 인문적 특성을 모두 관광의 관심대상으로 삼는다. 하지만 지리여행에서 지질에 관해서는 중점적으로 전달하지 않아도 된다. 따라서 적절하지 않은 것은 ③이다.

Plus 해설
① 지리여행은 역사 중심의 관광패턴을 뛰어넘는 포괄적 국토환경여행이다. 따라서 환경적 관점에서 즐길 수 있도록 하는 것은 적절하다.
② 지리여행은 지역의 자연은 물론 문화, 역사, 민속 등 인문적 특성 모두를 관심대상으로 삼는다. 또한, 지역 주민들의 의식주를 탐미하는 향토여행이기도 하다.
④ 체험을 통해 마을 사람들의 삶을 가까이서 느껴볼 수 있는 시간을 가지는 것은 지리여행 방법 중 하나이다.
⑤ 지리여행은 우리 땅의 특성은 무엇이고, 땅 위에서 선조들이 어떤 삶의 형태를 이루어 왔는지를 음미하는 내용으로 구성된다. 따라서 지리여행 방문지들의 위치와 특성을 말이나 글로 표현할 수 있는 기대 효과를 가진다.

05 [대인관계능력] 대인관계능력 향상 방법 이해하기

정답 ③

해설
진지한 사과는 진정성 있는 태도를 보여줄 수 있지만, 반복되는 사과는 불성실한 사과와 마찬가지로 받아들여져 진다. 따라서 진지한 사과를 하되 반복적인 사과는 삼가야 한다.

06 [수리능력] 도표 작성 시 유의사항 이해하기

정답 ③

해설
가로축은 명칭 구분(연, 월, 장소, 종류 등)으로, 세로축은 수량(금액, 매출액 등)으로 한다.

07 [의사소통능력] 논리적 전개방식 이해하기

정답 ②

해설
문장의 논리적 전개는 지시어나 접속사를 중심으로 처음에 올 문단을 정하는 것이 가장 중요하다. Ⓑ의 '그러한 전쟁'에서 '그러한'이 지시하는 내용은 1문단의 마지막 문장에 쓰인 '전쟁'이므로 Ⓑ는 1문단의 뒤에 올 것임을 알 수 있다. 또한 Ⓒ의 '이것'이 지시하는 내용은 Ⓐ의 '인간 자신이 국가에 의한 구속을 받아들이는 것'을 의미하므로 Ⓒ는 Ⓐ 뒤에 오고, Ⓓ의 '이러한'이 지시하는 내용은 Ⓒ문단이므로 Ⓓ는 Ⓒ의 뒤에 올 것이다. Ⓐ의 '여기'는 국가가 등장하는 까닭을 지시하는 것이므로 1문단과 Ⓑ의 뒤에 이어져야 함을 알 수 있다. 따라서 이 글을 논리적 전개 순서에 맞게 배열하면 Ⓑ-Ⓐ-Ⓒ-Ⓓ이다.

08 [의사소통능력] 민원 대응하기

정답 ④

해설
㉠ (○) 제14조(처리기간의 계산)의 ①을 보면 민원의 처리기간을 5일 이하로 정한 경우에는 민원의 접수시각부터 "시간" 단위로 계산하되, 공휴일 및 토요일은 산입하지 아니한다고 하였으므로 10일 금요일 오후 3시부터 13일 월요일 오후 3시까지를 1일로 본다. 따라서 17일 금요일 오후 3시까지가 5일이고, 오후 1시에 처리한 것은 처리기간을 지킨 것이다.
㉡ (×) 제17조(민원의 처리원칙)의 ①, ②를 보면 처리주무부서는 접수된 민원서류를 소정기간 내에 처리하고 그 결과를 즉시 민원인 및 문서담당부서에 통보하여야 한다고 되어 있으며, 민원문서를 접수한 처리주무부서는 다른 문서에 우선하여 이를 처리하여야 한다고 나와 있다. 따라서 다른 문서를 먼저 처리하고, 민원 처리 결과를 민원인에게만 통보한 B 주무관의 대응은 적절하지 못하다.
㉢ (○) 제20조(반복 및 중복 민원의 처리)의 ①에서 확인할 수 있는 내용 그대로 대응하였으므로 적절하다.

㉣ (×) 제23조(민원문서의 반려 등)의 ②를 보면 민원인의 소재지가 분명하지 아니하여 보완 요구가 '2회'에 걸쳐 반송된 때 민원인이 민원을 취하한 것으로 보아 이를 종결 처리할 수 있다고 되어 있다. 따라서 한 번 반송되었을 때 이를 종결 처리한 D 주무관의 대응은 적절하지 못하다.

09 [수리능력] 원가 구하기

정답 ①

해설
A의 원가를 x원, B의 원가를 y원이라 하면,
(A의 정가) $= x \times (1+0.2) = 1.2x$
(B의 정가) $= y \times (1+0.3) = 1.3y$
(A의 판매가) $= 1.2x(1-0.1) = 1.08x$
(B의 판매가) $= 1.3y(1-0.1) = 1.17y$
(이익) = (판매가) − (원가)이므로 식을 세우면,
$$\begin{cases} x + y = 50{,}000 \\ (1.08x - x) + (1.17y - y) = 7{,}150 \end{cases}$$
이를 풀면 $x = 15{,}000$, $y = 35{,}000$이므로 A 제품의 원가는 15,000원이다.

10 [수리능력] 댐 저수 현황 분석하기

정답 ③

해설
2015년의 강수량은 전년 대비
$\dfrac{846 - 1{,}042}{1{,}042} \times 100 ≒ -19\%$ 감소하였으므로 20% 미만으로 감소하였다.

Plus 해설
① 모든 항목의 증감 패턴이 감소 → 감소 → 증가 → 감소로 일정하다.
② 평균 저수율이 가장 낮은 해는 2015년으로 다른 항목의 수치도 모두 가장 적다.
④ 2017년의 방류량은 2013년에 비해
$\dfrac{10{,}579 - 15{,}985}{15{,}985} \times 100 ≒ -34\%$ 감소하였다.
⑤ 평균 저수율이 가장 높았던 해는 2013년으로 55.7%이고, 가장 낮았던 해는 2015년으로 43.1%이다. 55.7 − 43.1 = 12.6%p이므로, 10%p 이상 차이가 난다.

11 [수리능력] 지하수 및 지표수의 연간 취수량 분석하기

정답 ⑤

해설
2015년 하천표류수의 연간 취수량은 전년 대비
$\dfrac{2{,}599 - 3{,}235}{3{,}235} \times 100 ≒ -19.7\%$로 20% 미만으로 감소하였다.

Plus 해설
① 지하수는 증가 → 감소의 패턴을 보이고, 지표수는 감소 → 증가의 패턴을 보이므로 둘의 증감 패턴은 반대이다.
② 2015년 지표수의 연간 취수량 중 하천복류수가 차지하는 비율은 $\dfrac{450}{6{,}382} \times 100 ≒ 7\%$이다.
③ 2016년 댐의 연간 취수량은 3,377백만m^3로, 기타 저수지의 연간 취수량 70백만m^3보다 3377 ÷ 70 ≒ 48배 많다.
④ 2016년 지하수의 연간 취수량은 2014년에 비해 $\dfrac{146 - 163}{163} \times 100 ≒ -10\%$ 감소하였다.

12 [문제해결능력] 조건을 통해 교육 과정 판단하기

정답 ④

해설
조건 ㈐와 조건 ㈎에서 최 대리가 배우는 과정은 김 대리, 박 과장, 이 주임 모두 배우지 않는다. 따라서 최 대리는 한 사람만이 배우는 스프레드시트 과정을 배워야 하고(조건 ㈏), 자바베이직 과정은 김 대리, 박 과장, 이 주임이 배운다(조건 ㈐).
조건 ㈎와 조건 ㈑, 조건 ㈐와 조건 ㈒에 의해서 김 대리와 이 주임은 데이터베이스 과정 또는 포토샵 과정을 배울 수 있다. 이를 표로 정리하면 다음과 같다.

	스프레드시트	데이터베이스	포토샵	자바베이직
김 대리		○	○	○
박 과장		×	○	×
최 대리	○			
이 주임		○		○
인원	1명	2명	2명 이상	3명

따라서 조건에 따라 선택지 중에서 항상 옳은 것은 ④이다.

13 [기술능력] 기술의 특징 이해하기

정답 ②

해설

기술은 '노하우(Know-how)'를 포함한다. 즉, 기술을 설계하고 생산하고 사용하기 위해 필요한 정보나 기술, 절차를 갖는 데 노하우가 필요한 것이다.

14 [조직이해능력] 조직도 이해하기

정답 ④

해설
국제1협력실은 교류협력실의 하위 부서이고, 국제2협력실은 기획협력실의 하위 부서이다. 따라서 국제1협력실과 국제2협력실이 교류협력실로부터 업무지시를 받는다는 ④의 설명은 옳지 않다. 또한 아세안문화원과 국제2협력실의 경우 총괄 부서가 서로 다르므로 긴밀하게 협력하여 재단업무를 수행한다는 유추도 적절하지 않다.

15 [문제해결능력] 조건에 맞는 열차표 예매하기

정답 ③

해설
시설별 이용 소요 시간을 바탕으로 6명의 소요 시간을 각각 정리하면 다음과 같다.
- 박 대리 : 은행 일 처리(20분 소요)
- 서 팀장 : 화장실 이용(10분 소요)+서점에서 책 구입(15분 소요)
- 황 과장, 이 대리 : 편의점 이용(15분 소요)

이용 소요 시간이 25분으로 가장 긴 서 팀장의 볼일이 모두 끝난 이후에 열차를 탈 수 있으므로 11시 50분 이후에 서울역에서 출발하는 KTX 열차를 예매해야 한다.
열차 시간표를 보면 11시 50분 이후에 가장 빨리 출발하는 열차는 KTX 129로 12시에 출발하지만 잔여 좌석이 없어 탑승이 불가능하다. 그 다음 바로 출발하는 열차는 KTX 131로 12시 30분에 출발하지만 일반실 입석밖에 남지 않은 상황이라 김 부장의 요구에 충족되지 않는다. 13시에 출발하는 KTX 253 열차는 일반실에 좌석이 7석 남아 있기 때문에 6명의 직원이 모두 탑승 가능하다.
따라서 정 사원은 13시에 출발하는 KTX 253 열차를 예매하면 된다.

16 [문제해결능력] 부서 배치하기

정답 ②

해설
A의 말이 참이면 B의 말이 거짓이 되고 B의 말이 참이면 A의 말이 거짓이 된다.

가정 1) A의 말이 참일 때

	A	B	C	D	E
희망	기획부	홍보부	총무부	인사부	영업부
실제	영업부	홍보부	기획부	총무부	인사부

→ D가 인사부를 희망하지 않았으므로, 틀린 가정이다.

가정 2) A의 말이 거짓일 때

	A	B	C	D	E
희망	홍보부	인사부	총무부	기획부	영업부
실제	홍보부	기획부	영업부	총무부	인사부

→ 모순되는 점이 없으므로 맞는 가정이다.
따라서 희망하는 부서에 배치된 직원은 A이고, 그 부서는 홍보부이다.

17 [기술능력] 공기청정기 선택하기

정답 ③

해설
우선 대표가 말한 조건들을 충족하는 모델을 찾아야 한다.
- CA 인증을 받은 것 : A, B, C, D
- 소비 전력이 40W 이하인 것 : A, B, C, E
- 가격이 50만 원 이하인 것 : A, C, E
- 사용 면적이 20평 정도이면서 20평보다 큰 것 : A, B, C

네 가지 조건을 모두 만족하는 모델은 A와 C이다. 이 중에서 미세먼지 제거율이 더 높은 C를 선택하면 된다.

18 [문제해결능력] 세미나 장소 선정하기

정답 ②

해설
세미나 참석자가 37명이므로 꽃가람실이나 보드레실을 대관해야 하고 오후 7시부터 9시까지 진행하므로 야간 시간에 대관해야 한다. 대관 일정을 보면 월요일, 목요일은 둘 다 사용할 수 없고 화요일은 꽃가람실을 사용할 수 있다. 수요일에는 보드레실을 사용할 수 있고 금요일에는 둘 다 사용이 가능하다. 가장 저렴하게 사용할 수 있는 장소를 찾아야 하므로 보드레실보다는 꽃가람실을 이용하는 것이 좋다. 또한 금요일에는 기본금에 10%의 추가금이 붙으므로 화요일에 꽃가람실을 사용하는 것이 가장 저렴하다. 따라서 답은 ②이다.

19 [문제해결능력] 대관 금액 산정하기

정답 ③

해설

꽃가람실의 금액은 2시간에 27만 원이고, 야간에 사용하므로 30%가 가산되며, 금요일에 사용하므로 10%가 가산된다. 추가금이 중복될 때는 둘 다 기본 금액에서 %를 적용하므로, 야간 가산 금액은 270,000×0.3=81,000원, 금요일 가산 금액은 270,000×0.1=27,000원이다. 따라서 총 대관 금액은 270,000+81,000+27,000=378,000원이다.

20 [정보능력] 시리얼 넘버 이해하기

정답 ②

해설

2018년 상반기 공채에 합격했으므로 사원번호는 '1803'으로 시작한다. 광주지사 연구부에서 근무하므로 'GW'와 'R'이 들어가야 하며 사원이므로 '23', 프리랜서이므로 '44'가 들어가야 한다. 따라서 E 사원의 사원번호는 '1803GWR2344'이다.

21 [정보능력] 시리얼 넘버 이해하기

정답 ⑤

해설

과장 이상의 직급은 과장, 부장, 대표가 있고 직급번호는 '67', '89', '10' 세 가지이다. 표에서 찾으면 다음과 같다.

성명	사원번호	성명	사원번호
민윤기	0503BUE6733	정은지	1509GYR6744
박지민	1103JES6711	정윤호	0009GWE1011
김태형	1009SEP6711	심창민	0203BUP8911

따라서 정답은 6명이다.

22 [정보능력] 시리얼 넘버 이해하기

정답 ⑤

해설

근무지사와 근무부서가 같은지 확인하려면 가운데 알파벳 세 자리를 비교하면 된다. 정은지와 김기범은 가운데 알파벳이 'GYR'로 동일하며 경기지사 연구부에서 근무함을 알 수 있다.

23 [기술능력] 산업재해 원인 요소 구분하기

정답 ④

해설

방호 조치, 작업 환경, 작업 방법, 작업 기계 및 설비 자체의 결함은 물적 요인으로 불안전한 상태에 해당하지만, 기계 및 설비에 설치된 안전장치의 기능을 불편함·번거로움 등의 이유로 제거하거나 기계·기구를 잘못 사용한 것은 인적요인인 불안전한 행동에 해당한다.

Plus 해설

하인리히는 불안전한 물적 상태에 기인하게 된 대다수의 사고들이 작업자의 감각과 의식 속에 들어있지 않다는 것을 지적하며, 불안전한 행동 방지 및 상태 제거를 강조했다.

산업재해를 야기하는 직접적인 원인에는 불안전한 행동과 불안전한 상태가 있다. 불안전한 행동은 사고를 초래한 작업자 자신의 행동과 관련된 인적 요인을 의미하며, 불안전한 상태란 작업 수행 시 잠재적 위험성을 가지고 있는 모든 외적 요건·상태의 물적 요인을 나타낸다.

재해 원인 요소 분류

불안전한 행동	불안전한 상태
위험한 장소에 접근	물적 자체의 결함
안전장치 기능을 제거	방호 조치의 결함
복장·보호구를 잘못 사용	복장·보호구 등 결함
기계·기구를 잘못 사용	물건을 두는 방법 및 작업개소 결함
운전 중인 기계장치를 손질	작업 환경의 결함
불안전한 속도 조작	부외적·자연적 불안전 상태
위험물 취급 부주의	작업 방법의 결함
불안전한 상태 방치	
불안전한 자세·동작	
감독 및 연락 불충분	

24 [수리능력] 불량품 개수 구하기

정답 ①

해설

현재의 불량률이 5%이므로 현재 불량품의 개수는 $3,000 \times \dfrac{5}{100} = 150$개이다. 여기서 불량률을 90% 더 줄인다고 했으므로, 현재 불량품의 10%의 불량품만이 남아 있게 된다. 따라서 답은 $150 \times \dfrac{10}{100} = 15$개이다.

25 [의사소통능력] 글의 흐름 파악하기

정답 ④

해설
제시된 문장은 항만 터미널과 관련된 문단에 들어가야 하고, '본 시스템은'이라는 단어를 통해 제시된 문장의 앞 문장에는 시스템과 관련된 내용이 언급되어야 함을 알 수 있다. 4문단은 항만 터미널과 관련된 문단이고, ②의 앞 문장에는 항만운영시스템인 TOS(Terminal Operating System)에 관련된 내용이 나와 있으므로, 제시된 문장이 들어가기에 가장 적절한 곳은 ②이다.

26 [의사소통능력] 세부 내용 파악하기

정답 ①

해설
마지막 문단의 세 번째 줄 '마찬가지의 인공지능 및 최적화 방법론은 공항에서도 적용될 수 있으며'를 통해 인공지능 및 최적화 방법론은 공항에서도 적용될 수 있음을 알 수 있다.

Plus 해설
② 2문단의 마지막 문장에서 확인할 수 있다.
③ 4문단의 마지막 문장에서 확인할 수 있다.
④ 1문단의 두 번째 문장에서 확인할 수 있다.
⑤ 1문단의 마지막 문장에서 확인할 수 있다.

27 [대인관계능력] 임파워먼트 이해하기

정답 ①

해설
리더십의 핵심 개념 중 하나인 임파워먼트(empowerment)에 대한 사례이다. 임파워먼트는 권한 위임이라고도 부르며 직원들에게 일정 권한을 위임함으로써 성공의 목표를 훨씬 수월하게 이룰 수 있고 존경받는 리더로 평가받을 수 있다. 직원이 자신이 가진 능력을 인정받아 권한을 위임받았다고 인식하는 순간부터 직원들의 업무효율성이 높아지게 되지만, 많은 리더들이 직원들에게 권한을 위임하지 않으려고 하는 한계점을 보인다.

28 [자원관리능력] 예산 활용하기

정답 ②

해설
총 예산 450만 원 중 나머지 비용을 모두 빼면 식비로 쓸 수 있는 돈은 100만 원이다. 예산은 되도록 모두 사용해야 하며, 모두가 동일한 금액의 메뉴를 선택해야 하므로 100만 원에서 연수에 참가하는 직원 수를 나누면 된다. 1,000,000 ÷ 40 = 25,000이므로 가격이 25,000원인 '메뉴 2'를 선택하는 것이 가장 적절하다.

29 [자원관리능력] 예산 활용하기

정답 ④

해설
현재 숙박비는 100만 원이고 25% 할인되면 75만 원이 된다. 따라서 식비 예산이 125만 원으로 늘어난다. 1,250,000 ÷ 40 = 31,250이므로 가격이 31,000원인 '메뉴 4'를 선택하는 것이 가장 적절하다.

30 [정보능력] Excel 오류 이해하기

정답 ⑤

해설
'#REF!'는 Reference의 약어로 셀 참조를 잘못 사용했을 경우 나타나는 오류이다. 수식에서 참조하는 셀을 삭제하거나 사용한 수식을 다른 위치로 복사하면서 참조 범위가 변경되어 발생한다. 해당 셀에서 일치하는 결과 값을 찾지 못했을 때 나타나는 오류 메시지는 '#N/A'이다.

31 [직업윤리] 직장 내 성희롱 개념 알기

정답 ③

해설
"직장 내 성희롱"이란 사업주·상급자 또는 근로자가 직장 내의 지위를 이용하거나 업무와 관련하여 다른 근로자에게 성적 언동 등으로 성적 굴욕감 또는 혐오감을 느끼게 하거나 성적 언동 또는 그 밖의 요구 등에 따르지 아니하였다는 이유로 근로조건 및 고용에서 불이익을 주는 것을 말한다(남녀고용평등법 제2조 제2호).

32 [의사소통능력] 공문서 작성 이해하기

정답 ②

해설
'1. 문서의 작성 기준'의 두 번째 항목을 보면, 전문용어 등의 사용을 피하여 이해하기 쉽게 작성해야 한다고 하였으므로 전문적인 한자사용을 지양해야 한다.

33 [의사소통능력] 공문서 작성 이해하기

정답 ③

[해설]
첫째 항목 기호는 처음부터 띄어쓰기 없이 시작해야 하고, 둘째 항목부터는 상위 항목 위치에서 오른쪽으로 2타씩 옮겨 시작해야 한다. 항목 기호와 내용 사이에는 1타를 띄어 써야 하므로 올바르게 작성한 것은 ③이다.

34 [기술능력] 매뉴얼 확인하기

[정답] ⑤

[해설]
청정도 표시등이 계속 빨간색으로만 켜져 있을 경우 제품을 다른 깨끗한 실내로 이동시켜 청정도 표시등의 색상이 바뀌는지 확인하고, 먼지/냄새센서를 주기적으로 청소해주어야 한다.

Plus 해설
① C107 표시가 나타날 때 조치해야 할 사항이다.
② 이상한 소리가 날 때 조치해야 할 사항이다.
③ 이상한 냄새가 날 때 조치해야 할 사항이다.
④ 제품이 작동되지 않을 때 조치해야 할 사항이다.

35 [기술능력] 매뉴얼 확인하기

[정답] ④

[해설]
청정도 표시등이 계속 빨간색/주황색으로 켜져 있는데 바람세기가 변하지 않을 경우, 운전모드를 자동모드로 설정해보아야 한다.

36 [문제해결능력] 명제 추론하여 결론 도출하기

[정답] ②

[해설]
제시된 두 전제를 벤다이어그램으로 나타내면 다음과 같다.
색연필을 구입함 = P, 크레파스를 구입함 = Q, 물감을 구입함 = R

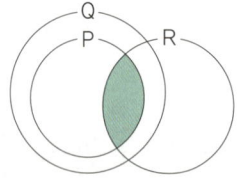

따라서 반드시 참인 결론은 '색연필과 크레파스, 물감을 모두 구입한 사람이 있다.'이다.

37 [자원관리능력] 최단 경로 선택하기

[정답] ①

[해설]
P 대리가 모든 지역을 한 번씩 둘러볼 수 있는 방법은 다음과 같다.
- 회사 → A → D → E → C → B :
  $50+150+60+100+40=400km$
- 회사 → B → C → E → A → D :
  $80+40+100+130+150=500km$
- 회사 → B → C → E → D → A :
  $80+40+100+60+150=430km$
- 회사 → D → A → E → C → B :
  $100+150+130+100+40=520km$

따라서 P 대리가 최단 거리로 이동하려고 할 때 선택해야 할 경로는 '회사 → A → D → E → C → B'이다.

38 [자원관리능력] 연료비 구하기

[정답] ②

[해설]
모든 지역을 한 번씩 둘러볼 수 있는 경로에 필요한 연료를 정리해보면 다음과 같다.
- 회사 → A → D → E → C → B :
  $10+7.5+3+5+8=33.5L$
- 회사 → B → C → E → A → D :
  $4+8+5+6.5+7.5=31L$
- 회사 → B → C → E → D → A :
  $4+8+5+3+7.5=27.5L$
- 회사 → D → A → E → C → B :
  $5+7.5+6.5+5+8=32L$

따라서 연료가 가장 적게 드는 경우는 27.5L이고, 1L당 연료 가격은 1,000원이므로 출장에 필요한 연료비는 $27.5 \times 1,000 = 27,500$원이다.

39 [자기개발능력] 업무수행 성과 높이기

[정답] ①

[해설]
긍정적인 마인드를 갖고 인내심을 키우는 것은 업무수행 성과를 높이기 위한 전략보다는 자신의 내면을 관리하는 방법에 속한다.

Plus 해설
② 조직 내에서 인정받고 자신이 존경하는 특정인을 롤 모델로 정하여 지속적으로 그 사람의 장점, 성과 등을 분석하여 업무에 적용해본다.

③ 조직에서 만들어진 규정, 지침, 기준은 업무 수행 시 반드시 참조가 되어야 하는 사항이다.
④ 유사한 업무를 동시에 처리하면 납기 단축과 생산성 향상을 기대할 수 있다.
⑤ 해야 할 일은 특별한 경우가 아니라면 뒤로 미루지 않도록 한다.

40 [자원관리능력] 합리적 구매 결정하기

정답 ③

해설

① 전화 주문 배달
20,500(3마리 이상 주문 시 한 마리당 1,500원 할인) × 4 = 82,000(원)
82,000 × 0.9(총 주문 금액이 8만 원 이상이므로 추가 10 % 할인) + 3,000(배달비) = 76,800(원)
② 매장 방문 테이크아웃
22,000 × 4 × 0.8(매장 방문 시 20% 할인) + 5,000(교통비) = 75,400(원)
③ 이전 주문 시 받은 교환권 사용
22,000 × 3(1마리 교환권 사용으로 3마리 가격만 지불) + 5,000(교통비) = 71,000(원)
④ ABC치킨 적립 포인트 사용
22,000 × 4 − 8,300(적립 포인트 사용) + 3,000(배달비) = 82,700(원)
⑤ 스마트폰 앱 주문
22,000 × 4 × 0.85(정가의 15% 할인) + 3,000(배달비) = 77,800(원)
따라서 가장 저렴하게 구입하는 방법은 ③이다.

41 [자원관리능력] 예산 산출 및 변경 판단하기

정답 ⑤

해설

조건 ㈐에 의해서 인건비와 재료비는 동시에 증액되는 경우와 동시에 감액되는 경우가 있다.
1) 인건비와 재료비를 동시에 증액하는 경우에는 조건 ㈑에 따라 추가로 증액되는 항목은 없고 예산이 감액되는 항목은 3개가 되어야 한다.
조건 ㈏에 의해 운영비와 시설비는 동시에 감액될 수 없고 조건 ㈒에서 운영비는 반드시 감액되어야 한다고 하였으므로 감액되는 항목은 운영비와 홍보비, 기타 경비이다.

인건비	재료비	운영비	홍보비	시설비	기타 경비
증액	증액	감액	감액	유지	감액

2) 인건비와 재료비를 동시에 감액하는 경우에는 다음과 같이 2가지 경우가 있다.

조건 ㈒에서 운영비는 반드시 감액되어야 한다고 하였으므로 반드시 감액되는 항목은 인건비, 재료비, 운영비이다. 조건 ㈏에서 운영비와 시설비는 동시에 감액될 수 없다고 하였고 ㈐에서 홍보비와 기타 경비는 동시에 증액할 수 없다고 하였으며 조건 ㈑에서 3가지 항목만 감액된다고 하였기 때문에 시설비는 증액되고 홍보비와 기타 경비 둘 중 하나는 증액 또는 유지되어야 한다.

인건비	재료비	운영비	홍보비	시설비	기타 경비
감액	감액	감액	증액	증액	유지
감액	감액	감액	유지	증액	증액

따라서 옳지 않은 것은 ⑤이다.

42 [조직이해능력] 국제 비즈니스 매너 숙지하기

정답 ④

해설

미국에서는 상대방에게 추후 연락할 필요가 있을 때만 명함을 주고받는다.

43 [정보능력] 생산 번호 부여하기

정답 ①

해설

강원도 행복 집하장에서 나온 알이기 때문에 지역번호는 '09', 집하장 코드는 'HB'이다. 생산자 약자는 '양수동'의 영문 약자 세 자리인 'YSD'이며 계군번호는 '03'이다. 등급판정 일자는 '190308' 여섯 자리로 표시한다. 따라서 모든 조건을 만족하는 것은 ①이다.

44 [직업윤리] 봉사와 책임 의식 이해하기

정답 ④

해설

직업에 대한 사회적 역할과 책무를 충실히 수행하고 책임지려는 태도와 맡은 업무를 어떠한 일이 있어도 수행해 내는 태도는 '봉사 정신'이 아닌 '책임 의식'이다. 현대 사회의 직업인에게 봉사란, 일 경험을 통해 다른 사람과 공동체에 대하여 봉사하는 정신을 갖추고 실천하는 태도를 의미하며, 나아가 고객의 가치를 최우선으로 하는 고객 서비스 개념으로도 설명할 수 있다.

45 [수리능력] 수자원 이용 현황 분석하기

정답 ②

해설

이용 가능한 수자원량은 760억m³/년이고, 총 이용량은 372m³/년(122+209+41)이다. 따라서 이용 가능한 수자원량은 총 이용량의 두 배(760÷372 = 2.04…)가 넘는다.

🔊 **Plus 해설**
① 총 이용량 중 생활, 공업, 농업용수 이용량은 251억 m³/년으로 이용 가능한 수자원량 760억m³/년의 $\frac{251}{760} \times 100 ≒ 33\%$이다.
③ '바다로 유실'은 이용 가능한 수자원량에서 총 이용량을 제외한 값으로 산정하므로 맞는 설명이다.
④ 총 이용량은 $122+209+41=372$억m³/년으로 수자원 총량 1,323m³/년의 $\frac{372}{1,323} \times 100 ≒ 28\%$이다.
⑤ 홍수 시 유출량은 평상시 유출량의 $548 \div 212 ≒ 2.6$배이다.

46 [자원관리능력] 출장비 계산하기

정답 ⑤

해설
A 사원의 출장 일정은 2번, 총 6일(18~19일, 23~26일)이고, 같이 가는 일행이 바뀌어도 교통비, 일비는 모두 똑같고 식비만 일행에 따라 바뀐다. 따라서 교통비는 왕복 2번이므로 총 16만 원이고, 일비는 9만 원×6일=54만 원이다. 식비는 18~19일은 부장님 식비(4만 원), 23~24일은 차장님 식비(3만 원), 25~26일은 부장님 식비(4만 원)로 계산하면 총 22만 원이다. 따라서 총 합계는 16만 원(교통비)+54만 원(일비)+22만 원(식비) = 92만 원이다.

47 [문제해결능력] 건강보험료 납부액 확인하기

정답 ①

해설
건강보험료의 산정방법은 '보수월액 × 건강보험료율'이다. K 씨는 근로자이므로 건강보험료율 6.46% 중에서 가입자 부담인 3.23%만 납부하면 된다. 따라서 K 씨가 납부해야 할 건강보험료는 '280만×0.0323'이다.

48 [문제해결능력] 장기요양보험료 납부액 확인하기

정답 ③

해설
장기요양보험료의 산정방법은 '건강보험료×장기요양보험료율'이다. 따라서 P 씨가 납부해야 할 장기요양보험료는 '340만×0.0323×0.0851'이다.

49 [문제해결능력] 직장가입자의 소득월액 구하기

정답 ④

해설
연간 보수 외 이자소득이 9,400만 원인 직장가입자의 소득월액은 $(9,400만-3,400만) \times \frac{1}{12} \times 1 = 500$만 원이다.

50 [수리능력] 지원금 수혜자 계산하기

정답 ①

해설
대구 지역의 500만 원 미만 수혜자 비율은 21%, 경기 지역의 3,000만 원 이상 수혜자 비율은 5%이다. 대구 지역의 수혜자 수는 1,500명이고 경기 지역의 수혜자 수는 2,800명이므로 각각의 항목을 계산하면 다음과 같다.
(대구 지역의 500만 원 미만 수혜자 수)
$= 1,500 \times \frac{21}{100} = 315$(명)
(경기 지역의 3,000만 원 이상 수혜자 수)
$= 2,800 \times \frac{5}{100} = 140$(명)
따라서 대구 지역의 500만 원 미만 수혜자 수와 경기 지역의 3,000만 원 이상 수혜자 수를 합한 결과는 $315+140 = 455$(명)이다.

제3회 실전모의고사

본문 606p

01	02	03	04	05	06	07	08	09	10
⑤	③	⑤	③	④	③	①	④	③	③
11	12	13	14	15	16	17	18	19	20
④	④	③	④	⑤	②	③	③	③	②
21	22	23	24	25	26	27	28	29	30
①	⑤	③	④	③	⑤	①	⑤	③	⑤
31	32	33	34	35	36	37	38	39	40
①	④	③	④	④	③	④	②	③	①
41	42	43	44	45	46	47	48	49	50
④	④	③	③	③	②	③	④	②	④

01 [문서이해능력] 글의 내용 이해하기

정답 ⑤

해설

기초과학연구원 유전체교정 연구단은 시토신 염기교정효소(DdCBE)를 이용해 생쥐 미토콘드리아 DNA의 특정 염기를 바꾸는 데 성공했다.

02 [문서이해능력] 글의 내용 이해하기

정답 ③

해설

KTX-이음은 저탄소, 친환경 열차로, 탄소배출량은 승용차의 15%, 디젤기관차의 70% 정도이다.

03 [문서작성능력] 올바른 맞춤법 사용하기

정답 ⑤

해설

'거치다'는 '무엇에 걸리거나 막히다', '오가는 도중 어디를 지나거나 들르다', '어떤 과정이나 단계를 겪거나 밟다'의 뜻으로 쓰이는 동사이고, '걷히다'는 '걷다'의 피동사이다. 따라서 ⑤는 '이번 달 외상값이 잘 걷혀서 기분이 좋다.'가 맞는 표현이다.

Plus 해설

〈한글 맞춤법〉 제6장 제57항 "다음 말들은 각각 구별하여 적는다."라는 규정에서 '걷히다'와 '거치다'를 구별하도록 하였다. '걷히다'는 '걷다'의 피동사이며, '거치다'는 '무엇에 걸려서 스치거나 경유하다'란 뜻을 나타낸다. '걷히다'의 예로는 '안개가 걷히다, 세금이 잘 걷히다' 등이 있고 '거치다'의 예로는 '대전을 거쳐서 논산으로 가다, 중학교를 거쳐 고등학교에 입학하다' 등이 있다.

04 [경영이해능력] 의사결정 방법 및 특징 구분하기

정답 ③

해설

명목집단 기법은 구성원 간 대화나 토론 없이 이루어지는 의사결정 기법이다.

Plus 해설

① 브레인스토밍(Brainstorming)은 여러 명이 한 가지 문제를 해결하기 위한 아이디어를 비판 없이 제시하여 그중에서 최선책을 찾아내는 방법이다.
② 델파이(Delphi)는 합리적인 의사결정을 위해 익명으로 아이디어를 결정해 창의성을 증진시키는 기법이다. 전문가로부터 의견과 정보를 수집하고 그 결과를 분석한 뒤 다시 응답자에게 보내 의견을 묻는 방식으로 진행된다.
④ 시네틱스(Synetics)는 은유와 유추를 통해 문제를 공식화하고 창의적 아이디어의 제안을 촉진하는 기법이다.
⑤ 쓰레기통 모형은 문제, 해결책, 참여자, 선택기회의 네 가지 요소가 뒤죽박죽 흘러 다니다 어떤 계기를 통해 우연히 만나게 될 때 의사결정이 이루어진다는 것으로, 즉 일정한 규칙에 따라 의사결정이 이루어지지 않는다는 것을 설명하는 모형이다.

05 [사고력] 조건에 맞게 추론하기

정답 ④

해설

A와 B, A와 D, C와 D은 서로 모순된 진술을 하고 있다. 이러한 관계로 보아 A와 C, B와 D의 진술은 같은 진릿값을 가진다는 것을 알 수 있다.

– A와 C의 진술이 참인 경우
  A와 C가 출장을 가야 한다. 하지만 A의 진술에 따르면 C와 D가 출장을 가야 되므로 A의 진술은 참이 될 수 없다. 따라서 이 경우는 조건에 위배된다.
– B와 D의 진술이 참인 경우
  B와 D가 출장을 가야 한다. D의 진술을 통해서 출장을 가게 될 사람이 B와 D임을 알 수 있다.

따라서 B와 D의 진술이 참이며, 출장을 가게 될 사람은 B와 D이므로 정답은 ④이다.

06 [문서이해능력] 글의 내용 이해하기

정답 ③

해설
환각용 대마에서 꽃·잎을 말린 건 '마리화나(대마초)'로, 꽃대 부분에 얻은 진액을 굳힌 것은 '하시시'로 불린다.

Plus 해설
① 마지막 문단을 통해 알 수 있다.
② 세 번째 문단을 통해서 알 수 있다.
④ 네 번째 문단을 통해 알 수 있다.
⑤ 두 번째 문단을 통해 알 수 있다.

07 [문서이해능력] 글의 제목 파악하기

정답 ①

해설
대마의 기원이 중국이라는 것이 제시된 기사문의 주된 내용이다. 따라서 기사 제목으로 가장 적절한 것은 ①이다.

Plus 해설
⑤ 마지막 문단에서 이번 연구 결과는 기존의 '대마의 중앙아시아 기원설'과는 차이가 있다고 하였으므로 기사제목으로 적절하지 않다.

08 [기초연산능력] 수열 추리하기

정답 ④

해설
제시된 수열의 규칙은 다음과 같다.

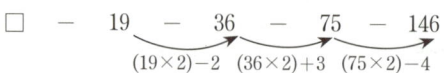

따라서 (□×2)+1=19이므로, □=18÷2=9이다.

09 [도표작성능력] 그래프 작성하기

정답 ③

해설
A 과장의 지시에 맞는 가장 적절한 그래프는 시간의 경과에 따른 변화의 상황을 나타내는 용도로 활용되는 ③ '선 그래프'이다.

Plus 해설

막대그래프	비교하고자 하는 수량을 막대 길이로 표시하고 그 길이를 비교하여 각 수량 간의 대소 관계를 나타내는 용도로 활용한다.
원그래프	내역이나 내용의 구성비를 나타내는 용도로 활용된다.
선그래프	시간의 경과에 따른 변화의 상황을 나타내는 용도로 활용된다.
점그래프	지역 분포를 비롯하여 기업, 상품 등의 평가나 위치, 성격을 표시하고자 하는 경우에 활용된다.
층별그래프	합계와 각 부분의 크기를 백분율로 나타내고 시간적 변화를 보고자 할 때, 합계와 각 부분의 크기를 실수로 나타내고 시간적 변화를 보고자 할 때 활용할 수 있는 그래프이다.

10 [문서이해능력] 글의 제목 찾기

정답 ③

해설
주어진 글은 어르신들의 안정적인 노후생활을 지원하기 위해 '통합재가 서비스'를 실시하여 이용자 중심의 맞춤형 서비스를 제공한다는 내용이다. 따라서 제목으로 가장 적절한 것은 ③이다.

11 [문서이해능력] 글의 내용 이해하기

정답 ④

해설
4문단을 보면, 한국은 ICT와 빅데이터를 활용해 빠르고 정확한 확진자 동선 추적, 문자 알림, 중증도에 따른 환자 배분 등을 실시했음을 알 수 있다.

Plus 해설
① 5문단을 보면, 코로나 사태를 통해 공공병원의 확충 및 상병수당 등의 제도 도입을 논의 중인 국가는 한국임을 알 수 있다.
② 2문단을 보면, 프랑스 내 101개의 지역 건강보험 기금을 통해 전체 인구의 93%의 건강을 보장하는 기관은 CNAM임을 알 수 있다.
③ 3문단을 보면, 대면 회의가 아닌 화상 회의를 요청했음을 알 수 있다.
⑤ 5문단을 보면, 개인병원의 확충이 아닌 공공병원의 확충임을 알 수 있다.

12 [문서이해능력] 세부내용 파악하기

정답 ④

해설
3문단 세 번째 문장에 따르면 '부넘기에서 개자리까지는 안쪽이 높게 약간 경사를 두어 아궁이 쪽이 낮아지게 하고 있는데, …'라고 했다. 따라서 (ㄹ)은 '개자리'라는 것을 알 수 있다.
고래가 끝나는 부분에 만들어 열기는 남게 하고 연기만 굴뚝으로 보내는 곳이 '개자리'이다.

13 [도표분석능력] 수출입액 자료 분석하기

정답 ③

해설
수출액과 수입액의 차이를 구해보면 다음과 같다.
- 2015년 : 452-107=345
- 2016년 : 402-105=297
- 2017년 : 417-109=308
- 2018년 : 409-121=288
- 2019년 : 431-120=311

따라서 수출액과 수입액의 차이가 가장 적은 해는 2018년(288억 불)이다.

Plus 해설
① 수출액이 가장 많은 해는 2015년이고, 수입액이 가장 많은 해는 2018년이다.
② 2015년의 수출액은 수입액의 4배 이상이지만, 다른 해는 4배 이상이 아니다.
④ 수출액과 수입액의 차이가 가장 많은 해는 2015년(345억 불)이다.
⑤ 수출액은 '감소, 증가, 감소, 증가', 수입액은 '감소, 증가, 증가, 감소'로 증감패턴이 서로 다르다.

14 [도표분석능력] 증가율 계산하기

정답 ④

해설
$\frac{431-409}{409} \times 100 ≒ 5.37$ 이므로 2019년 수출액은 전년 대비 약 5.4% 증가하였다.

15 [사고력] 자리 배치 추리하기

정답 ⑤

해설
주어진 조건을 정리하면 다음과 같다.

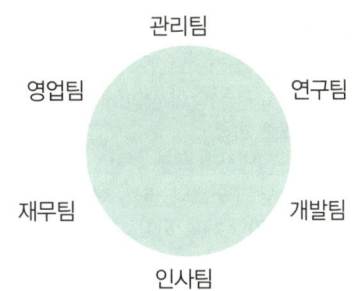

따라서 개발팀 직원의 오른쪽에 앉은 직원은 연구팀 직원이다.

16 [사고력] 나이 추리하기

정답 ②

해설
G는 33세이고, 다섯 번째 조건에 의해 D는 31세이거나 37세이다. D와 F는 두 살 차이가 나는데, D가 31세일 경우 F가 33세가 되어 G와 나이가 중복된다. 따라서 D는 37세이고, F는 35세이다.
A와 C는 한 살 차이가 나므로 31세, 32세이고, B와 G는 두 살 이상 차이가 나므로 B는 36세가 된다.

31세	32세	33세	34세	35세	36세	37세
A/C	C/A	G	E	F	B	D

17 [문서이해능력] 글의 내용 이해하기

정답 ③

해설
세 번째 문단에서 정부는 편의시설 설치 의무 대상 면적 기준을 여전히 달리 한 이유에 대해 '소상공인 보호 조치' 때문이라고 말한다.

Plus 해설
① 두 번째 문단을 통해서 알 수 있다.
② 첫 번째 문단을 통해서 알 수 있다.
④ 마지막 문단을 통해서 알 수 있다.
⑤ 네 번째 문단을 통해서 알 수 있다.

18 [문서작성능력] 어휘 이해하기

정답 ③

해설
'침해(侵害)'는 '침범하여 해를 끼친다'는 뜻이고 '유해(有害)'는 '해로움이 있다'는 뜻이다. 따라서 유사어로 볼 수 없다.

Plus 해설
① 유린(蹂躪/蹂躙/蹂躪) : 남의 권리나 인격을 짓밟음.
② 가해(加害) : 다른 사람의 생명이나 신체, 재산, 명예 따위에 해를 끼침.
④ 침손(侵損) : 침범하여 해를 끼침.
⑤ 침범(侵犯) : 남의 영토나 권리, 재산, 신분 따위를 침노하여 범하거나 해를 끼침.

19 [문서이해능력] 세부내용 이해하기

정답 ③

해설
제시된 내용으로는 수상작의 발표 예정 날짜를 알 수 없다. 따라서 정답은 ③이다.

20 [도표분석능력] 자료 분석하기

정답 ②

해설
2017년 15~19세의 수술건수는 전년 대비 약 13% 감소하였다.
$$\frac{1{,}148 - 1{,}318}{1{,}318} \times 100 ≒ -12.9\%$$

Plus 해설
① $\frac{368 - 311}{311} \times 100 ≒ 18.3\%$
③ $\frac{23 - 35}{35} \times 100 ≒ -34.3\%$
④ $\frac{343 - 404}{404} \times 100 ≒ -15.1\%$

21 [도표분석능력] 자료 계산하기

정답 ①

해설
㉠ : $2{,}463 - (126 + 311 + 511 + 1{,}360) = 155$
㉡ : $1{,}775 - (23 + 88 + 305 + 404) = 955$
따라서 ㉠ + ㉡ = $155 + 955 = 1{,}110$이다.

22 [도표분석능력] 자료 계산하기

정답 ⑤

해설
20~24세와 25~29세의 진료비를 연도별로 합산하면 다음과 같다.

- 2015년 : $1{,}981{,}867 + 1{,}194{,}359 = 3{,}176{,}226$
- 2016년 : $2{,}018{,}199 + 1{,}451{,}110 = 3{,}469{,}309$
- 2017년 : $2{,}186{,}103 + 1{,}328{,}661 = 3{,}514{,}764$
- 2018년 : $2{,}184{,}100 + 1{,}370{,}959 = 3{,}555{,}059$
- 2019년 : $2{,}372{,}866 + 1{,}347{,}393 = 3{,}720{,}259$

따라서 20대의 진료비가 가장 큰 해는 2019년이다.

23 [기초연산능력] 수열 추론하기

정답 ③

해설

1	7	42	210	840	2,520	5,040
×7	×6	×5	×4	×3	×2	

24 [조직이해능력] 레윈의 3단계 변화모델 이해하기

정답 ④

해설
새롭게 형성된 행동이 계속 반복되고 강화됨으로써 영구적인 행동패턴으로 정착될 수 있도록 변화를 지원하고 강화시키는 과정은 3단계 '재동결(Freezing)'에 해당한다.

25 [사고력] 부서 위치 파악하기

정답 ③

해설
주어진 조건을 정리하면 다음과 같다.

5층	마케팅부
4층	영업부/기획부
3층	기획부/영업부
2층	인사부
1층	재무부

따라서 2층에 있는 부서는 ③ '인사부'이다.

26 [경영이해능력] 경영의 구성요소 파악하기

정답 ⑤

해설
경영의 4요소

경영목적	조직의 목적을 달성하기 위한 방법이나 과정
인적자원	조직의 구성원, 인적자원의 배치와 활용

자금	경영활동에 요구되는 돈, 경영의 방향과 범위 한정
전략	변화하는 환경에 적응하기 위한 경영활동 체계화

27 [컴퓨터활용능력] 데이터베이스 이해하기

정답 ①

해설
데이터베이스는 검색이 용이하도록 데이터를 저장하는 것으로 데이터의 안정성을 높이고 데이터의 중복을 줄일 수 있으며, 검색이 쉬워진다.

28 [사고력] 창의적 사고 이해하기

정답 ⑤

해설
브레인스토밍의 4대 원칙

자유분방(Silly)	무엇이든 자유롭게 말한다.
비판엄금(Support)	평가 단계 이전에 비판해서는 안 된다.
질보다 양(Speed)	가능한 많은 아이디어를 내도록 격려한다.
결합과 개선(Synergy)	아이디어 조합으로 더 좋은 아이디어를 만든다.

29 [문제처리능력] 하위 메뉴 위치 찾기

정답 ③

해설
홈페이지의 상위 메뉴 이름을 통해서 어떤 하위 메뉴가 들어가야 하는지 알 수 있다.
'민원여기요'는 민원과 관련된 내용을 제공하는 메뉴이므로 ㉠에는 '민원안내'가 들어가는 것이 적절하다. '건강iN'은 건강과 관련된 자료를 제공하는 메뉴이므로 ㉡에는 '건강자료실'이 들어가는 것이 적절하다. '국민과 함께'는 국민과 소통하기 위한 메뉴이므로 ㉢에는 '국민참여'가 들어가는 것이 적절하다. '공단요모조모'는 공단의 기본적인 사항을 전달하는 메뉴이므로 ㉣에는 '공단소개'가 들어가는 것이 적절하다.

30 [사고력] 비타민 복용 순서 파악하기

정답 ⑤

해설
주어진 조건을 정리하였을 때, 복용 순서는 다음의 두 경우가 될 수 있다.
경우 1 : 비타민 B − A − E − D − C
경우 2 : 비타민 B − E − A − D − C
따라서 항상 옳은 것은 ⑤이다.

Plus 해설
① 비타민 A는 세 번째로 복용할 수도 있다.
② 비타민 C는 비타민 E보다 늦게 복용한다.
③ 비타민 E는 두 번째로 복용할 수도 있다.
④ 비타민 C는 가장 늦게 복용한다.

31 [문제처리능력] 가중치를 적용하여 부서 배치하기

정답 ①

해설
각 직원별로 가중치를 고려한 점수를 계산해보면 다음과 같다.
- A 사원 : $(9 \times 0.4) + (8 \times 0.3) + (10 \times 0.2) + (7 \times 0.1) = 8.7$
- B 사원 : $(9 \times 0.4) + (8 \times 0.3) + (7 \times 0.2) + (10 \times 0.1) = 8.4$
- C 사원 : $(8 \times 0.4) + (9 \times 0.3) + (10 \times 0.2) + (7 \times 0.1) = 8.6$
- D 사원 : $(7 \times 0.4) + (9 \times 0.3) + (9 \times 0.2) + (8 \times 0.1) = 8.1$
- E 사원 : $(9 \times 0.4) + (9 \times 0.3) + (8 \times 0.2) + (7 \times 0.1) = 8.6$

따라서 항목별 가중치를 적용한 점수가 가장 높은 직원은 A 사원으로 회계부서에 배치된다.

32 [예산관리능력] 비용 계산하기

정답 ④

해설
- B 임원, A 대리−춘천 지사 방문(서울 ~ 춘천, 2종 요금)
  6,400 − 4,200 = 2,200원 절약
- C 과장−평택 지사 방문(서울 ~ 평택, 1종 요금)
  5,000 − 4,100 = 900원 절약
- C 과장, A 대리−평택 지사 방문(서울 ~ 평택, 2종 요금)
  5,100 − 4,200 = 900원 절약

따라서 고속도로 통행요금 인하로
총 2,200 + 900 + 900 = 4,000원 절약되었다.

33 [사고력] 진술 추론하기

정답 ③

해설
여러 개의 진술 중에서 동시에 참일 수 없거나 동시에 거짓일 수 없는 관계를 가진 진술을 찾으면 나머지 진술은 반드시 진실이거나 거짓임을 알 수 있다.
A와 C의 진술은 동시에 참일 수 없는 진술로 둘 중 한 명은 거짓을 말하고 있다.
따라서 B와 D, E는 반드시 진실이며 D는 C가 거짓말을 하고 있다고 했으므로 A, B, D, E는 진실, C가 거짓이다. 따라서 범인은 A의 진술에 따라 C이다.

34 [인적자원관리능력] 팀 운영에서의 인적자원관리 이해하기

정답 ④

해설
팀원의 적성 및 흥미에 따라 배치하는 것은 '적성 배치'이다. 따라서 답은 ④이다.

35 [시간관리·예산관리능력] 운임요금 계산하기

정답 ④

해설
A 씨와 B 양이 지하철 최소 환승 시 운임구간은 다음과 같다.

부산역	→	서면 (환승)	→	벡스코
		5.5km		10km

총 15.5km 거리로 2구간 요금이 적용되어 A 씨는 1,500원을 지불했고, B 양은 800원의 요금을 내야 하지만 승차권을 하나 더 재구매 했기 때문에 1,600원의 요금을 지불했다. 따라서 A 씨와 B 양의 부산역에서 벡스코역 까지의 지하철 이용요금은 총 3,100원이다.
- 부산시 거주 다자녀 가정 구성원의 경우 1회용 승차권에 한해 할인요금을 적용받을 수 있다. 따라서 A 씨의 운임요금은 할인되지 않는다.
- 사용여객이 이용방향 착오 등의 사유로 최초 개표 후 5분 이내에 동일 역에서 동일 카드로 다시 개표하는 경우 1회에 한하여 기본운임을 면제되지만 1회용 승차권은 대상이 아니기 때문에 1회용 승차권을 구매한 B 양은 해당되지 않는다.

36 [시간관리·예산관리능력] 소요시간 계산하기

정답 ③

해설
덕천역에서 해운대역까지 가는 방법은 환승 없이 2호선을 타고 가는 방법과, 3호선을 타고 수영역에서 2호선으로 환승하는 방법 2가지가 있다. 환승 없이 2호선을 타고 가면 30개역을 지나게 되고, 3호선을 타고 수영역에서 2호선으로 환승하여 가게 되면 17개역을 지나게 된다.
따라서 덕천역에서 해운대역까지 가장 적은 역을 지나가는 방법은 '덕천역'에서 3호선을 탑승한 뒤 '수영역'에서 2호선으로 환승해 '해운대'로 가는 것이며, 거리는 다음과 같다.

덕천	→	수영 (환승)	→	해운대
		13.5km		5km

시간은 $\dfrac{거리}{속력}$ 이므로, $\dfrac{18.5}{35} ≒ 0.52$이다. 소수점 둘째 자리에서 반올림하면 0.5로, 시간으로 환산하면 30분이다. 따라서 총 소요시간은 30분 + 5분(환승시간) = 35분이다.

37 [자원관리능력] 자원의 속성 파악하기

정답 ④

해설
'자원의 희소성'이란 인간의 욕구는 무한한데 비해, 이를 충족시켜 줄 수 있는 자원의 양은 상대적으로 부족한 현상을 말한다. 희소성은 자원의 절대적인 양의 많고 적음이 아니라 인간의 필요와 욕구에 따라 달라진다. 희소성은 자원의 부존량에 따라 상대적으로 가치가 달라질 수 있기 때문에 원주민들에게 당시 금과 보석은 희소성이 낮고 유럽인과 거래한 물건의 희소성은 높다.

Plus 해설
- 자원의 가변성 : 자원의 가치는 고정된 것이 아니라 시대와 장소, 과학 기술 발달, 산업화, 사회적·경제적 수준, 문화적 배경 등에 따라 달라진다.
- 자원의 유한성 : 대부분의 자원은 매장량이 한정되어 있어 사용할 수 있는 양에 한계가 있고, 재생이 불가능하다. 어떤 자원의 확인된 매장량을 현재와 같은 수준으로 사용할 경우 앞으로 몇 년이나 더 사용할 수 있는가는 가채 연수를 통해 확인할 수 있다.
- 자원의 편재성 : 자원은 지구상에 고르게 분포하지 않고 일부 지역에 편재되어 분포한다. 이에 자원이 많은 곳과 부족한 곳이 발생하고 자원의 생산지와 소비지가 일치하지 않는 경우가 많다.
- 자원의 희소성 : 인간의 욕구와 필요에 비해, 자원의 총량은 일정하기 때문에 그 양이 한정되어 있다.

38 [예산관리능력] 직접비·간접비 구분하기

정답 ②

해설
제시된 표에서 직접비에 해당하는 것은 급여, 교통비, 출장비이며, 나머지는 간접비에 해당한다. 따라서 직접비를 모두 합한 값은 2,500,000+500,000+1,000,000=4,000,000원이다.

39 [체제이해능력] 조직목표의 기능 및 특징 이해하기

정답 ③

해설
(ㄷ) 공식 목표와 실제 목표는 다를 수 있다.
(ㄹ) 조직목표 간 위계적인 상호관계가 있다.

40 [컴퓨터활용능력] Windows 주요 단축키 파악하기

정답 ①

해설
Ctrl + Esc 키를 누르면 [시작] 메뉴를 열 수 있다.

Plus 해설
② Ctrl + Shift + Esc : 작업관리자 실행
③ Ctrl + Tab : 탭 간 이동
④ Ctrl + Alt + Del : 작업관리자 창 표시 또는 윈도우 재부팅
⑤ Ctrl + Alt + Tab : 활성 프로그램 전환을 고정모드로 실행

41 [인적자원관리능력] 개인적 차원에서의 인적자원관리 이해하기

정답 ④

해설
상대의 개인 신상, 특징 등 참고할 수 있는 정보는 명함에 메모해 놓는 것이 좋다. 따라서 정답은 ④이다.

42 [기술선택능력] 제품 매뉴얼의 특징 이해하기

정답 ④

해설
제품의 설계상 결함이나 위험 요소는 제품 출시 전, 소비자 구매 및 사용 전 처리해야 한다. 제품 매뉴얼에 제품의 설계상 결함이나 위험 요소를 명시한다는 것은 제조업자가 제품 출시 전 이와 같은 하자를 미리 알고 있었다는 것을 의미한다. 하자를 미리 알고 있었다면 제품 출시를 중단하거나 하자를 보수한 후 출시·판매해야 하므로, 제품 매뉴얼에 이를 명시하는 것은 옳지 않다.

Plus 해설
제품 매뉴얼은 제품의 특징, 기능, 사용방법, A/S 등 제품 관련 소비자가 알아야 할 모든 정보를 제공하는 자료이다.

43 [기술선택능력] 매뉴얼 작성요령 파악하기

정답 ③

해설
매뉴얼을 작성할 때는 수동태보다 능동태, 완곡한 표현보다 단정적인 표현, 추상적 명사보다 행위 동사를 사용하는 것을 권장한다.

44 [시간관리능력] 최종 날짜 예상하기

정답 ③

해설
먼저 작업별로 진행해야 할 횟수와 소요시간을 곱한 후, 총 작업 시간을 계산한다.
- 창문·창틀 교체 : 3번 × 2시간 = 6시간
- 도배·장판 : 4번 × 3시간 = 12시간
- 화장실 공사 : 2번 × 8시간 = 16시간
- 문 교체 : 4번 × 1시간 = 4시간
- 총 작업 시간 : 6 + 12 + 16 + 4 = 38시간

작업 시간 : 9시부터 15시까지이고 12시부터 13시는 점심시간이므로 하루 총 5시간 작업을 해야 한다. 전체 리모델링 작업을 마치는 데 필요한 38시간을 5시간으로 나누면 7일은 5시간, 하루는 3시간으로 모든 작업을 마칠 수 있다. 8월 2일부터 작업을 시작하여 일요일과 수요일을 제외하면 다음과 같다.

일	월	화	수	목	금	토
1	2	3	4	5	6	7
X	5시간	5시간	X	5시간	5시간	5시간
8	9	10	11	12	13	14
X	5시간	5시간	X	3시간		

따라서 8월 12일날 모든 작업이 마무리되기 때문에 정답은 ③이다.

45 [기술능력] 산업재해 예방 및 대책 과정 이해하기

정답 ③

해설
산업재해 예방·대책 단계는 다음과 같다.

1. 안전 관리 조직	경영자는 안전 목표를 설정하고, 안전 관리 책임자를 선정하며, 안전 계획을 수립하고, 이를 시행·감독해야 한다.
2. 사실의 발견	사고 조사, 안전 점검, 현장 분석, 작업자의 제안 및 여론 조사, 관찰 및 보고서 연구 등을 통하여 사실을 발견한다.
3. 원인 분석	재해의 발생 장소, 재해 형태, 재해 정도, 관련 인원, 직원 감독의 적절성, 공구 및 장비의 상태 등을 정확히 분석한다.
4. 시정책 선정	원인 분석을 토대로 적절한 시정책, 즉 기술적 개선, 인사 조정 및 교체, 교육, 설득, 공학적 조치 등을 선정한다.
5. 시정책 적용 및 뒤처리	안전에 대한 교육 및 훈련 실시, 안전시설과 장비의 결함 개선, 안전 감독 실시 등의 선정된 시정책을 적용한다.

46 [기술능력] 산업재해 원인 구분하기

정답 ②

해설
A 씨의 산업재해 원인은 안전난간 설치 불량이다. 안전난간의 구조는 임의의 점에서 임의의 방향으로 움직이는 100kg 이상의 하중에 견딜 수 있어야 하고, 처짐 등도 없어야 하지만 사고 당시 쉽게 전도되었다.

Plus 해설
A 씨의 불안전한 행동(가설통로인 계단실을 통하여 분전반의 전원상태를 확인하여야 하나 무리하게 안전난간이 설치된 승강기를 이용)을 산업재해의 원인으로 꼽을 수도 있으나, 이는 산업재해의 기본적 원인이 아닌 직접적 원인이므로 정답이 될 수 없다.
산업재해의 원인은 다음과 같이 기본적 원인과 직접적 원인으로 구분할 수 있다.

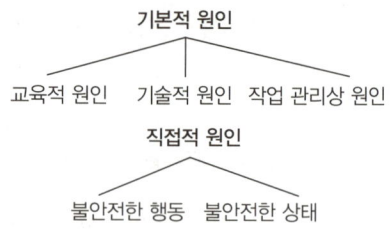

47 [조직이해능력] 공식 조직과 비공식 조직의 특성 구분하기

정답 ③

해설
비공식 조직은 공식 조직의 경직성을 완화해 조직 구성원에게 높은 수준의 심리적 안정감을 제공한다는 장점이 있다.

48 [경영이해능력] 경영전략 추진과정 이해하기

정답 ④

해설
조직의 경영전략은 위계적 수준을 가지고 있다. 가장 상위 단계 전략은 조직전략이며 그 다음으로 사업전략, 부문전략의 순서로 사업전략을 구체화하고 세부적인 수행방법을 결정한다.

49 [경영이해능력] 경영전략 유형 파악하기

정답 ②

해설
아웃소싱 전략은 기업 내부에서 수행하는 활동이 내부적으로 수행할 필요성이 없다고 판단되면 이를 효율적으로 수행할 수 있는 외부 기업에 외주를 주는 것이다.

Plus 해설
① 다각화 전략은 한 기업이 여러 다른 산업에 참여하는 것을 의미한다.
③ 전략적 제휴 전략은 경쟁관계에 있는 기업과 일부 사업 또는 기능별 활동 부문에서 일시적인 협조관계를 맺는 것을 의미한다.
④ 수직적 통합 전략은 한 기업이 수직적으로 연관된 두 개의 활동 분야를 동시에 소유하는 것을 의미한다.
⑤ 해외시장 진출 전략은 수출, 계약, 직접투자의 3가지 유형으로 실행된다.

50 [체제이해능력] 조직문화 유형 및 특성 구분하기

정답 ④

해설

조직문화는 다음과 같이 신축성 및 변화(유연성 및 자율성), 안정성 및 통제, 내부 지향 및 통합, 외부 지향 및 차별의 4가지 기준에 따라 관계지향, 혁신지향, 위계지향, 과업지향의 4가지 유형으로 나눌 수 있다.

	신축성 · 변화		
내부 지향 · 통합	관계지향	혁신지향	외부 지향 · 차별
	위계지향	과업지향	
	안정성 · 통제		

생	각	을		스	케	치	하	다
세	상	을		스	케	치	하	다

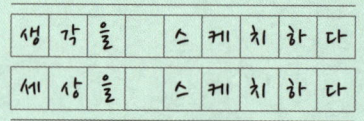

북스케치
www.booksk.co.kr

NCS 직업기초능력평가 실전모의고사 제1회 영역 분리형

수험생 유의사항

1. 답안은 반드시 하나의 답만을 골라 컴퓨터용 수성사인펜으로 예시와 같이 바르게 표기해야 합니다.
   (예) ① ② ● ④
2. 성명 위 칸에는 성명을 맨 왼쪽 칸부터 성과 이름을 붙여 한글로 쓰고, 아래 칸에는 성명을 정확하게 표기하여야 합니다.
3. 수험번호란 위 칸에는 아라비아 숫자로 쓰고, 아래 칸에는 숫자를 정확하게 표기하여야 합니다.
4. 답란 수정은 OMR 답안지를 교체하거나, 수정 테이프('만'을 사용하여 수정할 수 있습니다.

NCS 직업기초능력평가 실전모의고사 제2회 영역 통합형

수험생 유의사항

1. 답안은 반드시 하나의 답만을 골라 컴퓨터용 수성사인펜으로 예시와 같이 바르게 표기하여야 합니다.
   (예) ① ② ❸ ④
2. 성명란 위 칸에는 성명을 맨 왼쪽 칸부터 성과 이름을 붙여 한글로 쓰고, 아래 칸에는 성명을 정확하게 표기하여야 합니다.
3. 수험번호란 위 칸에는 아라비아 숫자로 쓰고, 아래 칸에는 숫자를 정확하게 표기하여야 합니다.
4. 답란 수정은 OMR 답안지를 교체하여 작성하거나, '수정 테이프·액'을 사용하여 수정할 수 있습니다.

번호	답란	번호	답란	번호	답란
1	① ② ③ ④ ⑤	21	① ② ③ ④ ⑤	41	① ② ③ ④ ⑤
2	① ② ③ ④ ⑤	22	① ② ③ ④ ⑤	42	① ② ③ ④ ⑤
3	① ② ③ ④ ⑤	23	① ② ③ ④ ⑤	43	① ② ③ ④ ⑤
4	① ② ③ ④ ⑤	24	① ② ③ ④ ⑤	44	① ② ③ ④ ⑤
5	① ② ③ ④ ⑤	25	① ② ③ ④ ⑤	45	① ② ③ ④ ⑤
6	① ② ③ ④ ⑤	26	① ② ③ ④ ⑤	46	① ② ③ ④ ⑤
7	① ② ③ ④ ⑤	27	① ② ③ ④ ⑤	47	① ② ③ ④ ⑤
8	① ② ③ ④ ⑤	28	① ② ③ ④ ⑤	48	① ② ③ ④ ⑤
9	① ② ③ ④ ⑤	29	① ② ③ ④ ⑤	49	① ② ③ ④ ⑤
10	① ② ③ ④ ⑤	30	① ② ③ ④ ⑤	50	① ② ③ ④ ⑤
11	① ② ③ ④ ⑤	31	① ② ③ ④ ⑤		
12	① ② ③ ④ ⑤	32	① ② ③ ④ ⑤		
13	① ② ③ ④ ⑤	33	① ② ③ ④ ⑤		
14	① ② ③ ④ ⑤	34	① ② ③ ④ ⑤		
15	① ② ③ ④ ⑤	35	① ② ③ ④ ⑤		
16	① ② ③ ④ ⑤	36	① ② ③ ④ ⑤		
17	① ② ③ ④ ⑤	37	① ② ③ ④ ⑤		
18	① ② ③ ④ ⑤	38	① ② ③ ④ ⑤		
19	① ② ③ ④ ⑤	39	① ② ③ ④ ⑤		
20	① ② ③ ④ ⑤	40	① ② ③ ④ ⑤		

NCS 직업기초능력평가 실전모의고사 제3회 기출 복합형

학습문의 및 정오표 안내

저희 북스케치는 오류 없는 책을 만들기 위해 노력하고 있으나, 미처 발견하지 못한 잘못된 내용이 있을 수 있습니다. 학습하시다 문의 사항이 생기실 경우, 북스케치 이메일(booksk@booksk.co.kr)로 교재 이름, 페이지, 문의 내용 등을 보내주시면 확인 후 성실히 답변 드리도록 하겠습니다.

또한, 출간 후 발견되는 정오 사항은 북스케치 홈페이지(www.booksk.co.kr)의 도서정오표 게시판에 신속히 게재하도록 하겠습니다.

좋은 콘텐츠와 유용한 정보를 전하는 '간직하고 싶은 수험서'를 만들기 위해 늘 노력하겠습니다.

2025 공사공단 · 공기업 채용 대비

팩트기출 NCS 통합기본서

초판 발행	2020년 01월 10일
개정4판 발행	2024년 03월 05일
개정5판 발행	2025년 01월 20일
지은이	취업채널 · 카이교육컨설팅
펴낸곳	북스케치
출판등록	제2022-000047호
주소	경기도 파주시 광인사길 193, 2층
전화	070-4821-5513
팩스	0303-0957-0405
학습문의	booksk@booksk.co.kr
홈페이지	www.booksk.co.kr
ISBN	979-11-94041-13-9

이 책은 저작권법의 보호를 받습니다.
수록된 내용은 무단으로 복제, 인용, 사용할 수 없습니다.
Copyright©booksk, 2025 Printed in Korea